NomosFormulare

Dr. Reinhard Marx [Hrsg.]

Ausländer- und Asylrecht

Verwaltungsverfahren | Prozess

3. Auflage

Dr. Stephan Hocks, Rechtsanwalt, Frankfurt/Main | **Tim W. Kliebe**, Rechtsanwalt, Frankfurt/Main | **Dr. Matthias Lehnert**, Rechtsanwalt, Berlin | **Dr. Reinhard Marx**, Rechtsanwalt, Frankfurt/Main | **Berthold Münch**, Rechtsanwalt, Heidelberg | **Bernward Ostrop**, LL.M. (London), Rechtsanwalt, Berlin | **Klaus-Peter Stiegeler**, Rechtsanwalt und Fachanwalt für Verwaltungsrecht, Freiburg

Nomos

Die Deutsche Bibliothek verzeichnet diese Publikation in
der Deutschen Nationalbibliografie; detaillierte bibliografische
Daten sind im Internet über http://dnb.ddb.de abrufbar.

ISBN 978-3-8487-2042-2

3. Auflage 2017
© Nomos Verlagsgesellschaft, Baden-Baden 2017. Gedruckt in Deutschland. Alle Rechte,
auch die des Nachdrucks von Auszügen, der fotomechanischen Wiedergabe und der Übersetzung, vorbehalten.

Vorwort zur dritten Auflage

Seit Herausgabe der zweiten Auflage hat der Gesetzgeber eine Vielzahl von gesetzlichen Neuregelungen insbesondere im Asyl- und Flüchtlingsrecht geschaffen. So hat er Ende 2013 die Rechtsstellung subsidiär Schutzberechtigter mit der von Flüchtlingen weitgehend gleichgestellt, die Aufenthaltsrestriktionen für Asylbewerber behutsam gelockert, das Ausweisungsrecht grundlegend umgestaltet und eine dynamische Bleiberechtsregelung für junge Erwachsene wie auch für Erwachsene eingeführt. Andererseits hat er im Jahr 2015 und 2016 mit den Asylpaketen I und II die Rechte von Asylsuchenden einschneidend eingeschränkt und dabei auch die Lockerungen der Aufenthaltsrestriktionen für bestimmte Gruppen von Asylsuchenden nicht nur wieder zurückgenommen, sondern darüber hinaus weiter als früher verschärft. Diese Änderungen wie auch die Entwicklung der Rechtsprechung seit der zweiten Auflage werden in dieser Auflage berücksichtigt.

Wie bereits beim Übergang von der ersten zur zweiten, so gilt auch für den Übergang zur dritten Auflage, dass die Methode des Formularbuchs und die Gliederung der Beiträge der einzelnen Autoren nicht verändert wurden. Allerdings mussten aufgrund gesetzlicher Neuregelungen sowohl Erweiterungen wie auch Streichungen vorgenommen werden.

Die Autoren Susanne Schröder und Andreas Becher sind auf eigenen Wunsch ausgeschieden. Ich bedanke mich bei ihnen für ihre qualifizierten und zuverlässigen Beiträge in den Vorauflagen. Die neuen Autoren Stephan Hocks und Mathias Lehnert konnten anstelle der ausgeschiedenen Autoren zur Mitarbeit gewonnen werden. Insbesondere bei ihnen, aber auch bei den übrigen Mitautoren wie auch bei den Mitarbeitern im Verlag bedanke ich mich sehr herzlich für die Erstellung der einzelnen Beiträge bzw. die Hilfe bei der Koordinierung und Betreuung des Formularbuchs sowie ihre konstruktive und kooperative Zusammenarbeit.

Frankfurt am Main, August 2016 — Reinhard Marx

Autorenverzeichnis

Dr. Stephan Hocks
Rechtsanwalt, Frankfurt am Main

Tim W. Kliebe
Rechtsanwalt, Frankfurt am Main

Dr. Matthias Lehnert
Rechtsanwalt, Berlin

Dr. Reinhard Marx
Rechtsanwalt, Frankfurt am Main

Berthold Münch
Rechtsanwalt, Heidelberg

Bernward Ostrop, LL.M. (London),
Rechtsanwalt, Berlin

Klaus-Peter Stiegeler
Rechtsanwalt und Fachanwalt für Verwaltungsrecht, Freiburg

Inhaltsübersicht

Vorwort zur dritten Auflage	5
Autorenverzeichnis	7
Musterverzeichnis	19
Abkürzungsverzeichnis	25
Literaturverzeichnis	43

Teil 1 Aufenthaltsrecht ... 45

§ 1 Ersterteilung eines Aufenthaltstitels ... 45

A. Visumverfahren ... 45
    I. Beantragung eines Visums ... 45
    II. Ablehnung des beantragten nationalen Visums / Verwaltungsstreitverfahren ... 57

B. Ausnahmen vom Visumverfahren ... 66
    I. Sachverhalt / Lebenslage ... 66
    II. Prüfungsreihenfolge ... 67
    III. Muster: Antrag auf Verlängerung einer Aufenthaltserlaubnis mit Zweckwechsel ... 67
    IV. Erläuterungen ... 68
    V. Fehlerquellen / Haftungsfallen ... 68
    VI. Weitergehende Hinweise ... 69

C. Statusumwandlung ... 70
    I. Umwandlung eines illegalen Status in einen legalen Status nach §§ 27 ff. AufenthG ... 70
    II. Umwandlung eines illegalen Status in einen legalen Status nach § 25 a und § 25 b AufenthG, weitere Bleibeperspektiven gem. § 60 a AufenthG ... 76

§ 2 Verlängerung und Verfestigung eines Aufenthaltstitels ... 89

A. Verlängerung ... 89
    I. Versäumung des fristgerechten Verlängerungsantrags / vorläufiger Rechtsschutz ... 89
    II. Prüfung der Ersterteilungsvoraussetzungen bei Verlängerung ... 96

B. Verfestigung / Niederlassungserlaubnis ... 100
    I. Sprachkompetenz und Altfälle ... 100
    II. Altersvorsorge / Ausnahmen ... 106
    III. Unterbrechung des rechtmäßigen Aufenthaltes ... 109

§ 3 Nachzug ... 115

A. Ehegattennachzug (§§ 28 Abs. 1 S. 1 Nr. 1, 30 AufenthG) ... 115
- I. Eheschließungsfreiheit / Verlöbnis ... 115
- II. Zwecküberprüfung ... 121
- III. Allgemeine und spezielle Nachzugsvoraussetzungen (§ 5 Abs. 1, 2, § 29 Abs. 1 Nr. 2 AufenthG) ... 128
- IV. „Scheinehe" / Rücknahme / Ausweisung / vorläufiger Rechtsschutz ... 135
- V. Auflösung der ehelichen Lebensgemeinschaft / nachträgliche Befristung nach § 7 Abs. 2 S. 2 AufenthG / vorläufiger Rechtsschutz ... 143

B. Kindernachzug ... 151
- I. Probleme im Zusammenhang mit der Altersbegrenzung ... 151
- II. Verfestigung, Auflösung der familiären Lebensgemeinschaft vor Erreichen der Volljährigkeit / Auszug vor Erreichen der Volljährigkeit ... 156
- III. Wegnahme des Passes der Tochter durch den Vater während des Urlaubes im Herkunftsland ... 161

C. Aufenthaltserlaubnis des nichtehelichen Elternteils eines Kindes ... 169
- I. Unterscheidung zwischen § 28 Abs. 1 S. 1 Nr. 3 und § 28 Abs. 1 S. 4 AufenthG ... 169
- II. Aufenthaltsrecht für Elternteil eines nichtdeutschen Kindes, dessen anderer Elternteil über ein verfestigtes Aufenthaltsrecht verfügt (Art. 6 Abs. 1 und 2 GG, §§ 60 a Abs. 2, 25 Abs. 5 AufenthG) ... 175
- III. Aufenthaltsrechtliche Bedeutung der Vaterschaftsanerkennung ... 181

§ 4 Aufenthaltstitel zur Ausübung einer Erwerbstätigkeit ... 187

A. Einreise zur Erwerbstätigkeit (§ 18 bis § 21 AufenthG) ... 187
- I. Aufenthaltstitel nach § 18 AufenthG iVm § 2 Abs. 3 Beschäftigungsverordnung (BeschV) ... 187
- II. Aufenthaltstitel zur selbstständigen Erwerbstätigkeit gem. § 21 AufenthG ... 192

B. Beschäftigungserlaubnis nach § 4 Abs. 2 S. 3 AufenthG ... 197
- I. Zugang zum Arbeitsmarkt für Inhaber einer Aufenthaltserlaubnis zu sonstigen Zwecken ... 197
- II. Beschäftigungserlaubnis für einen geduldeten Ausländer ... 206

§ 5 Ausweisung / Verlust EU-Freizügigkeitsrecht ... 216

A. Ausweisung nach § 53 Abs. 1 AufenthG ... 216
- I. Sachverhalt / Lebenslage ... 216
- II. Prüfungsreihenfolge ... 219
- III. Muster ... 224

IV. Fehlerquellen / Haftungsfallen	244
V. Weiterführende Hinweise	245

B. Besonderer Ausweisungsschutz für Asylberechtigte, anerkannte Flüchtlinge, türkische Arbeitnehmer im Sinne des ARB 1/80 und EU-Daueraufenthaltsberechtigte (§ 53 Abs. 3 AufenthG) 250

I. Sachverhalt / Lebenslage	250
II. Prüfungsreihenfolge	251
III. Muster	254
IV. Fehlerquellen / Haftungsfallen	256
V. Weiterführende Hinweise	256

C. Verlust des Freizügigkeitsrecht bei Unionsbürgern und ihren Familienangehörigen 257

I. Sachverhalt / Lebenslage	257
II. Prüfungsreihenfolge	258
III. Muster	260
IV. Fehlerquellen / Haftungsfallen	263
V. Weiterführende Hinweise	263

§ 6 Befristung des Einreise- und Aufenthaltsverbotes **265**

A. Befristung Einreise- und Aufenthaltsverbot nach § 11 AufenthG 265

I. Sachverhalt / Lebenslage	265
II. Prüfungsreihenfolge	266
III. Muster	274
IV. Fehlerquellen / Haftungsfallen	280
V. Weiterführende Hinweise	281

B. Befristung Einreise- und Aufenthaltsverbot nach § 7 Abs. 2 S. 2 FreizügG / EU bei Unionsbürgern und ihren Familienangehörigen 281

I. Sachverhalt / Lebenslage	281
II. Prüfungsreihenfolge	282
III. Muster	282
IV. Fehlerquellen / Haftungsfallen	286
V. Weiterführende Hinweise	287

Inhaltsübersicht

Teil 2 Einbürgerungsrecht 289

§ 7 Rechtsanspruch (§ 10 StAG) 289

A. Anrechnungsfähige Aufenthaltszeiten (§ 10 Abs. 1 S. 1 StAG) 289
    I. Sachverhalt / Lebenslage 289
    II. Prüfungsreihenfolge 289
    III. Muster: Stellungnahme an die Einbürgerungsbehörde 294
    IV. Fehlerquellen / Haftungsfallen 295
    V. Weiterführende Hinweise 296

B. Sprachkenntnisse (§ 10 Abs. 1 S. 1 Nr. 6 StAG) 301
    I. Sachverhalt / Lebenslage 301
    II. Prüfungsreihenfolge 301
    III. Muster: Widerspruchsschreiben an die Einbürgerungsbehörde ... 306
    IV. Fehlerquellen / Haftungsfallen 307
    V. Weiterführende Hinweise 307

C. Bekenntnis zur freiheitlich-demokratischen Grundordnung
(§ 10 Abs. 1 S. 1 Nr. 1 StAG) 308
    I. Sachverhalt / Lebenslage 308
    II. Prüfungsreihenfolge 308
    III. Muster: Klage auf Verpflichtung zur Erteilung einer
        Einbürgerungszusicherung 314
    IV. Fehlerquellen / Haftungsfallen 317
    V. Weiterführende Hinweise 318

D. Einbürgerungszusicherung / nachträgliche einbürgerungsschädliche Entwicklungen
(Lebensunterhalt) 320
    I. Sachverhalt / Lebenslage 320
    II. Prüfungsreihenfolge 320
    III. Muster: Klage auf Feststellung des Bestandes der Einbürgerungszusicherung .. 323
    IV. Fehlerquellen / Haftungsfallen 324
    V. Weiterführende Hinweise 325

E. Mehrstaatigkeit / Entlassungsverfahren (§§ 10 Abs. 1 S. 1 Nr. 4, 12 StAG) 328
    I. Sachverhalt / Lebenslage 328
    II. Prüfungsreihenfolge 328
    III. Muster: Schreiben an Mandanten zur isolierten Einbürgerung ihrer Tochter
        türkischer Staatsangehörigkeit 333
    IV. Fehlerquellen / Haftungsfallen 336

	V. Weiterführende Hinweise	337
F.	Miteinzubürgernder Ehegatte und Kinder / Straftaten (§ 10 Abs. 2, Abs. 1 Nr. 4 und Nr. 6 StAG)	339
	I. Sachverhalt / Lebenslage	339
	II. Prüfungsreihenfolge	339
	III. Muster: Klage auf Verpflichtung zur Miteinbürgerung	344
	IV. Fehlerquellen / Haftungsfallen	348
	V. Weiterführende Hinweise	348

§ 8 Ermessenseinbürgerung und Erwerb der Staatsangehörigkeit nach ius soli ... 351

A.	Ermessenseinbürgerung (§§ 8, 9 StAG)	351
	I. Anrechnungsfähige Aufenthaltszeiten	351
	II. Einordnung in die deutschen Lebensverhältnisse: Sprachkenntnisse	361
	III. Bekenntnis zur freiheitlich-demokratischen Grundordnung	367
	IV. Deutschverheiratete Einbürgerungsbewerber (§ 9 StAG) / Miteinbürgerung eines Kindes (§ 8 StAG)	375
	V. Hinnahme von Mehrstaatigkeit / Klärung der Identität	385
B.	Staatsangehörigkeit durch Geburt bei ausländischen Eltern (§ 4 Abs. 3 S. 1 StAG)	392
	I. Erwerb	392
	II. Option	398
	III. Verlust	405
C.	Rücknahme (§ 35 StAG)	409
	I. Sachverhalt / Lebenslage	409
	II. Prüfungsreihenfolge	409
	III. Besondere Beratungshinweise	414
	IV. Muster: Schreiben an die Einbürgerungsbehörde	414
	V. Fehlerquellen / Haftungsfallen	416
	VI. Weiterführende Hinweise	416

Teil 3 Asylrecht ... 419

§ 9 Antrag auf Asyl (§ 13 AsylG) ... 419

A.	Asylantrag ohne Dublinrelevanz	419
	I. Sachverhalt / Lebenslage	419
	II. Prüfungsreihenfolge	419
	III. Muster	430

	IV. Fehlerquellen / Haftungsfallen	436
	V. Weiterführende Hinweise	437
B.	Antrag auf Asyl mit Dublinbezug	448
	I. Sachverhalt / Lebenslage	448
	II. Prüfungsreihenfolge	449
	III. Muster: Klage und Eilrechtsschutzantrag gegen die Abschiebungsanordnung	452
	IV. Fehlerquellen	454
	V. Weitergehende Hinweise	456

§ 10 Klage und Eilrechtsschutzantrag wegen Asylanerkennung, Flüchtlingsstatus und subsidiärer Schutz ... 465

A.	Sachverhalt / Lebenslage	465
B.	Prüfungsreihenfolge	465
	I. Prüfung der Rechtsmittelfristen	465
	II. Klageeinreichung und Stellung des Eilrechtsschutzantrags	468
	III. Formelle Erfordernisse der Klageeinreichung und Antragstellung	473
	IV. Begründungsfrist	476
C.	Muster	483
	I. Muster: Klage und Antrag auf Wiederherstellung der aufschiebenden Wirkung	483
	II. Begründung des Klage- und Eilrechtsschutzantrags	484
D.	Fehlerquellen / Haftungsfallen	486
	I. Erhöhte anwaltliche Sorgfaltspflicht bei telefonischer Kontaktanbahnung	486
	II. Besonders sorgfältige Überprüfung des Zustellungsdatums	486
	III. Anwaltliche Sorgfaltspflichten bei der Diktatausführung und Ausgangskontrolle	487
	IV. Überflüssige Anträge	488
	V. Bei qualifizierter Antragsablehnung stets Klage und Eilrechtsschutz binnen Wochenfrist	488
	VI. Wenn Verlängerung der Begründungsfrist offen, stets Eilrechtsschutzantrag binnen Wochenfrist begründen	488
	VII. Überprüfung der gerichtlichen Eingangsverfügung	489
E.	Weiterführende Hinweise	490
	I. Erläuterungen zum Muster Klageerhebung und Eilrechtsschutzantrag	490
	II. Erläuterungen zur Begründung der Klage wie des Eilrechtsschutzantrags	495

III.	Voraussetzungen des Art. 33 Abs. 2 GFK (§ 60 Abs. 8 S. 1 AufenthG)	498

§ 11 Klage und Eilrechtsschutzantrag wegen Nichtdurchführung eines weiteren Asylverfahrens (Asylfolgeantrag nach § 71 AsylG) ... 500

A.	Sachverhalt / Lebenslage	500
B.	Prüfungsreihenfolge	500
	I. Prüfung der Rechtsmittelfristen	500
	II. Klageeinreichung und Stellung des Eilrechtsschutzantrags	501
C.	Muster einschließlich Begründung / Argumentationsmuster	509
	I. Muster: Klageantrag wegen internationalem Schutz	509
	II. Muster: Begründung der Klage auf Verpflichtung zur Gewährung von internationalem Schutz	509
	III. Muster: Eilrechtsschutzantrag	511
	IV. Begründung des Eilrechtsschutzantrags	511
D.	Fehlerquellen / Haftungsfallen	512
	I. Persönliche Vorsprache bei der zuständigen Außenstelle	512
	II. Besondere Begründungspflicht zur zwischenzeitlichen Ausreise	513
	III. Kein Folgeantrag anstelle des Abänderungsantrags	514
E.	Weiterführende Hinweise	515
	I. Erläuterungen zum Klageantrags-Muster	515
	II. Erläuterungen zur Klagebegründung	517
	III. Erläuterungen zum Eilrechtsschutzantrag	532
	IV. Zweistufigkeit des Verwaltungsverfahrens beim Folgeantrag	535
	V. Neue Beweismittel (§ 51 Abs. 1 Nr. 2 VwVfG)	536

§ 12 Beweisantrag im Asylprozess ... 544

A.	Sachverhalt / Lebenslage	544
B.	Prüfungsreihenfolge	545
	I. Fristenprüfung	545
	II. Mandatierung	545
	III. Vorbereitung mündliche Verhandlung	545
	IV. Vorbesprechung mit Mandanten	548
C.	Muster	548
D.	Mündliche Verhandlung	552
E.	Beweisantrag	557
	I. Allgemeines	557

II. Förmliche Antragstellung in der mündlichen Verhandlung	558
III. Keine hilfsweise Antragstellung	559
IV. Inhaltliche Anforderungen an den Beweisantrag	560
V. Fehlerquellen beim Beweisantrag im Asylprozess	566

F. Erläuterungen zum Muster „Beweisantrag zur Einholung eines Sachverständigengutachtens" – Darlegung der Tatsachenfrage, über die Beweis erhoben werden soll ... 568

I. Präzise Formulierung der Beweisfrage	568
II. Beweisantrag erstmalige Einholung eines Sachverständigengutachtens	568
III. Beweisantrag auf Einholung eines weiteren Gutachtens	569
IV. Ermessensverdichtung	569
V. Darlegung der veränderten Sachlage	570
VI. Darlegung der fehlenden eigenen Sachkunde des Verwaltungsgerichts	571
VII. Ordnungsgemäße Einführung der Erkenntnisse und Rügeerfordernis	571
VIII. Antrag auf Ladung des Sachverständigen	572

G. Echtheitsüberprüfung von Urkunden (§ 96 Abs. 1 S. 2 VwGO, §§ 438 ZPO) ... 572

I. Anforderungen an Beweisantrag	573
II. Muster: Beweisantrag auf Einholung eines Sachverständigengutachtens zur Echtheitsprüfung einer Urkunde	574

H. Zeugenbeweis (§ 96 Abs. 1 S. 2 VwGO, §§ 373–401 ZPO) ... 574

I. Funktion des Zeugenbeweis im Asylprozess	574
II. Geeignetheit des Zeugenbeweises	575
III. Vernehmung eines im Ausland lebenden Zeugen	575
IV. Unerreichbarkeit des Zeugen	576
V. Muster: Beweisantrag auf Zeugenvernehmung	576
VI. Weiterführende Hinweise	577

§ 13 Zulassungsantrag (§ 78 Abs. 4 AsylG) ... 578

A. Gehörsrüge (§ 78 Abs. 3 Nr. 3 AsylG iVm § 138 Nr. 3 VwGO) ... 578

I. Allgemeines	578
II. Sachverhalt / Lebenslage	578

B. Prüfungsreihenfolge ... 579

I. Zulassungsantrag § 78 Abs. 4 AsylG	579
II. Frist	579
III. Anwaltszwang	580
IV. Antragstellung beim Verwaltungsgericht	580

V. Gehörsrüge	580
VI. Voraussetzungen der Gehörsrüge	581
VII. Muster	582
C. Fehlerquellen	588
I. Allgemeine Funktion und Fallstricke der Zulassungsrügen	588
II. Möglicher Rügeverlust	588
III. Unklare Darlegung	588
IV. Fehler bei der Tatsachenfeststellung oder Beweiswürdigung	589
V. Mehrere tragende Gründe	589
D. Weiterführende Hinweise	589
I. Unterschied zwischen § 78 Abs. 3 und § 124 Abs. 2 VwGO	589
II. Nicht ordnungsgemäß eingeführte Erkenntnismittel	590
E. Grundsatzrüge (§ 78 Abs. 3 Nr. 1 AsylG)	591
I. Sachverhalt / Lebenslage	591
II. Prüfungsreihenfolge	592
III. Muster: Zulassungsantrag Grundsatzrüge	592
F. Fehlerquellen	596
I. Einzelfallwürdigung statt Grundsatzrüge	596
II. Überholtes, auslaufendes oder ausgelaufenes Recht	596
III. Ist die Grundsatzfrage tragend?	596
G. Weiterführende Hinweise	597
I. Bezeichnung der Grundsatzfrage	597
II. Darlegung der Klärungsbedürftigkeit der Grundsatzfrage	599
III. Darlegung der Verallgemeinerungsfähigkeit der Grundsatzfrage	600
IV. Darlegung der Entscheidungserheblichkeit	600
V. Grundsätzliche Bedeutung durch Divergenz	601
Stichwortverzeichnis	603

Musterverzeichnis

	Muster-Nr.	Paragraf	Rn
Abänderungsantrag nach § 80 Abs. 7 S. 2 VwGO in Ausweisungssachen	51	§ 5	58
Anfechtungsklage und Antrag nach § 80 Abs. 5 VwGO gegen Rücknahme der Niederlassungserlaubnis und Ausweisung wegen „Scheinehe"	23	§ 3	67
Antrag an Ausländerbehörde auf Befristung des Einreise- und Aufenthaltsverbots	66	§ 6	40
Antrag auf Akteneinsicht	93	§ 12	18
Antrag auf Akteneinsicht und Aktenübersendung	94	§ 12	19
Antrag auf Aufenthaltstitel zum Ehegattennachzug im Inland	6	§ 1	83
Antrag auf Aussetzung der Abschiebung und Ausstellung einer Bescheinigung (§ 60 a Abs. 4 AufenthG)	10	§ 1	133
Antrag auf Aussetzung der Abschiebung und Erteilung der Aufenthaltserlaubnis (§ 25 a Abs. 1, Abs. 2 S. 3 AufenthG)	11	§ 1	133
Antrag auf Beschäftigungserlaubnis bei der Ausländerbehörde	39	§ 4	49
Antrag auf Bescheinigung über den Fortbestand der Niederlassungserlaubnis gemäß § 51 Abs. 2 S. 3 AufenthG	17	§ 2	71
Antrag auf Duldungsverlängerung	5	§ 1	81
Antrag auf ein Visum zum Zweck der Erwerbstätigkeit	35	§ 4	11
Antrag auf ein Visum zum Zweck der selbstständigen Erwerbstätigkeit	38	§ 4	26
Antrag auf Erteilung einer Aufenthaltserlaubnis (§ 25 a Abs. 1, Abs. 2 S. 3 AufenthG)	9	§ 1	133
Antrag auf Erteilung einer Aufenthaltserlaubnis gem. § 25 Abs. 5 AufenthG	32	§ 3	172
Antrag auf Erteilung einer Niederlassungserlaubnis	15	§ 2	43
Antrag auf Erteilung einer Niederlassungserlaubnis für minderjährige Ausländer	16	§ 2	59
Antrag auf Feststellung der deutschen Staatsangehörigkeit	80	§ 8	151

Musterverzeichnis

	Muster-Nr.	Paragraf	Rn
Antrag auf landesinterne Umverteilung gem. § 50 AsylG	7	§ 1	84
Antrag auf Verlängerung der Aufenthaltserlaubnis	14	§ 2	26
Antrag auf Verlängerung einer Aufenthaltserlaubnis (verspätet)	12	§ 2	6
Antrag auf Verlängerung einer Aufenthaltserlaubnis mit Zweckwechsel	4	§ 1	66
Antrag auf Vorabzustimmung zur Erteilung eines Visums nach § 21 AufenthG	37	§ 4	25
Antrag auf Wiederherstellung der aufschiebenden Wirkung der Klage gegen Abschiebungsandrohung	88	§ 10	64
Antrag gem. § 123 VwGO bezüglich Feststellung des Fortbestehens der Niederlassungserlaubnis	30	§ 3	135
Antrag gem. § 123 VwGO für Vater des Geschwisterkindes eines deutschen Kindes, das die deutsche Staatsangehörigkeit gem. § 4 Abs. 3 StAG erworben hat	34	§ 3	183
Anträge nach § 25 a, § 25 b und auf fortgesetzte Duldung § 60 a AufenthG	8	§ 1	133
Antrag nach § 80 Abs. 5 VwGO gegen Sofortvollzugsanordnung im Ausweisungsbescheid	48	§ 5	38
Antrag nach § 80 Abs. 5 VwGO wegen Versagung der Verlängerung der Aufenthaltserlaubnis gem. § 34 Abs. 1 AufenthG	28	§ 3	118
Asylantrag (Antrag auf Anerkennung als Asylberechtigter)	85	§ 9	37
Befristungsantrag an die Ausländerbehörde	62	§ 6	23
Begründung der Beschwerde gegen Beschluss nach § 80 Abs. 5 VwGO in Ausweisungssachen	53	§ 5	64
Begründung der Klage auf Verpflichtung zur Gewährung von internationalem Schutz	91	§ 11	29
Begründung der Klage gegen Ausweisungsbescheid	55	§ 5	70
Begründung des Antrags nach § 80 Abs. 5 VwGO gegen Sofortvollzugsanordnung im Ausweisungsbescheid	49	§ 5	45
Begründung des Klage- und Eilrechtsschutzantrags gegen Abschiebungsandrohung	89	§ 10	65
Begründung der Klage gegen den Bescheid über den Verlust des EU-Freizügigkeitsrechts	61	§ 5	160

Musterverzeichnis

	Muster-Nr.	Paragraf	Rn
Begründung nach erfolgter Akteneinsicht	20	§ 3	37
Begründung nach erfolgter Akteneinsicht	22	§ 3	50
Beweisantrag auf Auskunft Auswärtiges Amt	97	§ 12	76
Beweisantrag auf Einholung eines Sachverständigengutachtens	95	§ 12	74
Beweisantrag auf Einholung eines Sachverständigengutachtens wegen PTBS	96	§ 12	75
Beweisantrag auf Einholung eines Sachverständigengutachtens zur Echtheitsprüfung einer Urkunde	98	§ 12	101
Beweisantrag auf Zeugenvernehmung	99	§ 12	111
Eilantrag gegen Versagung der Duldung bei bevorstehender Eheschließung	18	§ 3	15
Eilantrag gem. § 123 VwGO wegen Versagung der Duldung für nicht sorgeberechtigtes Elternteil eines ausländischen Kindes	33	§ 3	173
Eilrechtsschutzantrag bzgl Widerspruch gegen Befristung der Aufenthaltserlaubnis nach der Trennung vom Ehepartner	25	§ 3	85
Eilrechtsschutzantrag gemäß § 34 a Abs. 2 Satz 1 AsylG in Verb. mit § 80 Abs. 5 VwGO	87	§ 9	90
Eilrechtsschutzantrag: Verpflichtung der für die Abschiebung zuständigen Zentralen Ausländerbehörde beim Regierungspräsidium wie auch der für die ausländerbehördliche Behandlung des Antragstellers zuständigen Ausländerbehörde des Kreises mitzuteilen, dass ein Asylverfahren durchgeführt wird	92	§ 11	30
Einbürgerungsantrag	78	§ 8	99
Einlegung Beschwerde gegen Beschluss nach § 80 Abs. 5 VwGO in Ausweisungssachen	52	§ 5	61
Feststellungsklage bezüglich des Fortbestandes der Niederlassungserlaubnis / Anfechtungsklage bezüglich Abschiebungsandrohung	29	§ 3	134
Klage auf Feststellung des Bestandes der Einbürgerungszusicherung	72	§ 7	124
Klage auf Verpflichtung zur Erteilung einer Einbürgerungszusicherung	71	§ 7	104
Klage auf Verpflichtung zur Miteinbürgerung	74	§ 7	203

Musterverzeichnis

	Muster-Nr.	Paragraf	Rn
Klage auf Verpflichtung zur Neubescheidung eines Einbürgerungsantrags	77	§ 8	58
Klage gegen Feststellungsbescheid über Verlust des EU-Freizügigkeitsrechts	60	§ 5	156
Klage und Antrag auf Wiederherstellung der aufschiebenden Wirkung	88	§ 10	64
Klage und Eilantrag gegen Ablehnung der Verlängerung der Aufenthaltserlaubnis des nichtsorgeberechtigten Vaters eines deutschen Kindes	31	§ 3	158
Klage und Eilrechtsschutzantrag gegen die Abschiebungsanordnung	86	§ 9	89
Klage und Eilrechtsschutzantrag bei verspäteter Antragstellung	13	§ 2	7
Klage und Eilantrag nach § 80 Abs. 5 1. Alt. 1 VwGO in Ausweisungssachen	50	§ 5	55
Klage wegen Ablehnung des Visumantrages zum Familiennachzug wegen fehlender Sicherung des Lebensunterhalts	21	§ 3	49
Klageantrag auf Erteilung des Sichtvermerkes	3	§ 1	49
Klageantrag gegen Ausweisungsbescheid	54	§ 5	68
Klageantrag gegen Befristungsbescheid	67	§ 6	41
Klageantrag wegen internationalem Schutz	90	§ 11	28
Klagebegründung in Ausweisungssachen gegen ARB-Berechtigten [zu Muster Nr. 58]	59	§ 5	133
Klagebegründung gegen den Befristungsbescheid	68	§ 6	42
Remonstrationsschreiben	2	§ 1	48
Schreiben an die Behörde	81	§ 8	167
Schreiben an die Einbürgerungsbehörde (Staatsangehörigkeitsausweis für ein Kind)	83	§ 8	217
Schreiben an die Einbürgerungsbehörde (Rücknahme der Einbürgerung)	83	§ 8	217
Schreiben an die Einbürgerungsbehörde: Anregung der Zurückstellung der Entscheidung über den Einbürgerungsantrag, bis Einbürgerungsbewerber im Besitz einer Niederlassungserlaubnis gem. § 26 Abs. 4 AufenthG ist	75	§ 8	19
Schreiben an die Staatsangehörigkeitsbehörde	82	§ 8	194

Musterverzeichnis

	Muster-Nr.	Paragraf	Rn
Schreiben an Mandanten zur isolierten Einbürgerung ihrer Tochter türkischer Staatsangehörigkeit	73	§ 7	161
Schriftsatz zur Einreichung des Visumantrags	1	§ 1	14
Stellungnahme an die Einbürgerungsbehörde (Schreiben)	69	§ 7	23
Stellungnahme zum Anhörungsschreiben bei beabsichtigter Ausweisung	46	§ 5	30
Stellungnahme zum Vergleichsangebot der Ausländerbehörde in Ausweisungssachen	56	§ 5	74
Stellungnahme zur beabsichtigten Ausweisung eines anerkannten Flüchtlings	58	§ 5	132
Vergleich mit Ausländerbehörde in Ausweisungssachen	57	§ 5	75
Vergleich mit Ausländerbehörde über Befristung	65	§ 6	31
Verpflichtungsklage auf Erteilung einer Beschäftigungserlaubnis	41	§ 4	51
Verpflichtungsklage auf Erteilung einer Beschäftigungserlaubnis nach § 32 BeschV	44	§ 4	69
Verpflichtungsklage und Eilantrag gegen Ablehnung der Erteilung / Verlängerung der Aufenthaltserlaubnis zum Kindernachzug	26	§ 3	102
Verpflichtungsklage wegen Ablehnung des Visumantrages zum Ehegattennachzug bei Verdacht der Scheinehe	19	§ 3	36
Verpflichtungsklage wegen Erteilung eines Visums zur Erwerbstätigkeit	36	§ 4	12
Vorläufiger Rechtsschutz bei Versagung einer Beschäftigungserlaubnis nach § 4 Abs. 2 S. 3 AufenthG	42	§ 4	52
Vorläufiger Rechtsschutz bei Versagung einer Beschäftigungserlaubnis aufgrund von § 32 BeschV	45	§ 4	70
Widerspruch gegen Ausweisungsverfügung	47	§ 5	35
Widerspruch gegen Befristung der Aufenthaltserlaubnis	24	§ 3	84
Widerspruch gegen die Ablehnung einer Einbürgerung unter Hinnahme von Mehrstaatigkeit	79	§ 8	127
Widerspruch gegen die Befristungsentscheidung und Vergleichsangebot an die Ausländerbehörde	63	§ 6	28
Widerspruch gegen die Befristungsentscheidung	64	§ 6	30

	Muster-Nr.	Paragraf	Rn
Widerspruch gegen eine Ablehnung der Einbürgerung mangels hinreichender Sprachkenntnisse im Ermessenswege	76	§ 8	44
Widerspruch gegen Entscheidung über Antrag auf Befristung der Sperrwirkung des § 11 Abs. 1 AufenthG	64	§ 6	30
Widerspruch gegen Versagung der Beschäftigungserlaubnis	40	§ 4	50
Widerspruch gegen Versagung der Beschäftigungserlaubnis aufgrund von § 32 BeschV	43	§ 4	68
Widerspruch gegen Versagung der Verlängerung der Aufenthaltserlaubnis gem. § 34 Abs. 1 AufenthG	27	§ 3	117
Widerspruchsschreiben an die Einbürgerungsbehörde	70	§ 7	76
Zulassungsantrag Gehörsrüge (Gericht lehnte den Beweisantrag bezüglich Registrierung und Suche des Klägers durch Sicherheitsbehörden ab)	102	§ 13	17
Zulassungsantrag Gehörsrüge (Gericht stellte ohne vorherigen Hinweis Anforderungen an den Sachvortrag, mit denen auch ein gewissenhafter und kundiger Prozessbeteiligter auch unter Beachtung der Vielfalt vertretbarer Rechtsauffassungen nach dem bisherigen Prozessverlauf nicht zu rechnen brauchte)	100	§ 13	15
Zulassungsantrag Gehörsrüge PTBS	101	§ 13	16
Zulassungsantrag Grundsatzrüge (§ 78 Abs. 3 Nr. 1 AsylfG)	103	§ 13	31

Abkürzungsverzeichnis

2. AsylVfBG	2. Gesetz zur Beschleunigung des Asylverfahrens vom 16.8.1980
aA	andere(r) Ansicht
AA	Auswärtiges Amt
AAFR	Aufenthalts, Asyl- und Flüchtlingsrecht
AAG	Gesetz zur Regelung des Aufnahmeverfahrens für Aussiedler (Aussiedleraufnahmegesetz)
AAH-ARB	Allgemeine Anwendungshinweise des Bundesministeriums des Innern vom 2.5.2002 zum Beschluss Nr. 1/80 des Assoziationsrats EWG/Türkei (AAH-ARB 1/80) – Nicht bindende Meinungsäußerung des BMI zur Anwendung des ARB – InfAuslR 2002, 349
AAH-SDÜ	Allgemeine Anwendungshinweise (Stand 28.1.1998) zum Schengener Durchführungsübereinkommen – Nicht bindende Meinungsäußerung des BMI zur Anwendung des SDÜ
aaO	am angegebenen Ort
AAR	Asyl- und Ausländerrecht; Ausländer- und Asylrecht (siehe Literaturverzeichnis: *Hailbronner* bzw *Marx*)
AAV	Verordnung über Aufenthaltsgenehmigungen zur Ausübung einer unselbstständigen Erwerbstätigkeit (Arbeitsaufenthaltsverordnung)
ABH	Ausländerbehörde
Abk.	Abkommen
ABl.	Amtsblatt
abl.	ablehnend
Abs.	Absatz
Abschn.	Abschnitt
abw.	abweichend
AdWirkG	Gesetz über Wirkungen der Annahme als Kind nach ausländischem Recht in der Fassung der Bekanntmachung vom 5.11.2001
AE	Aufenthaltserlaubnis
aE	am Ende
AEinr	Aufnahmeeinrichtung
AEMR	Allgemeine Erklärung der Menschenrechte
AEntG	Arbeitnehmerentsendegesetz
AEUV	Vertrag über die Arbeitsweise der Europäischen Union
AEVO	Verordnung über die Arbeitserlaubnis für nichtdeutsche Arbeitnehmer (Arbeitserlaubnisverordnung)
aF	alte Fassung
AFG	Arbeitsförderungsgesetz
AFIS	Automatisiertes Fingerabdruck-Informationssystem
AG	Amtsgericht
allg.	allgemein
allgA	allgemeine Ansicht

Abkürzungsverzeichnis

allgM	allgemeine Meinung
Alt.	Alternative
aM	anderer Meinung
ANA-ZAR	Anwaltsnachrichten Ausländer- und Asylrecht der Arbeitsgemeinschaft Ausländer und Asylrecht des Deutschen Anwaltvereins – http://auslaender-asyl.dav.de
ANBA	Amtliche Nachrichten der Bundesanstalt für Arbeit
ÄndG	Änderungsgesetz
ÄndVO	Änderungsverordnung
Anh.	Anhang
Anl.	Anlage(n)
Anm.	Anmerkung
AnwBl.	Anwaltsblatt
AP	Arbeitsrechtliche Praxis
ARB	Beschluss des Assoziationsrats EWG/Türkei
ArbBer.	Arbeitsberechtigung
ArbErl.	Arbeitserlaubnis
ArbErlR	Arbeitserlaubnisrecht
arberlr.	arbeitserlaubnisrechtlich
ArbGen.	Arbeitsgenehmigung
ArbGenR	Arbeitsgenehmigungsrecht
arbgenr.	arbeitsgenehmigungsrechtlich
ArbGG	Arbeitsgerichtsgesetz
ArbuR	Arbeit und Recht – Zeitschrift für Arbeitsrechtpraxis
ArGV	Verordnung über die Arbeitsgenehmigung für ausländische Arbeitnehmer (Arbeitsgenehmigungsverordnung)
Art.	Artikel
AS	Amtliche Sammlung von Entscheidungen der Oberverwaltungsgerichte Rheinland-Pfalz und Saarland
ASAV	Verordnung über Ausnahmeregelungen für die Erteilung einer Arbeitserlaubnis an neueinreisende ausländische Arbeitnehmer (Anwerbestoppausnahmerverordnung)
AssAbk. EWG/Türkei	Abkommen zur Gründung einer Assoziation zwischen der Europäischen Wirtschaftsgemeinschaft und der Türkei vom 12.9.1963
ASt.	Antragsteller
Asylber.	Asylberechtigter
Asylbew.	Asylbewerber
AsylbLG	Asylbewerberleistungsgesetz
Asylmagazin	Asylmagazin (Hrsg.: Informationsverbund Asyl e.V., Greifswalderstr. Str. 4, 10405 Berlin)
AsylR	Asylrecht
asylr.	asylrechtlich

Asylverfahrens-RL	Richtlinie 2005/85/EG des Rates vom 1.12.2005 über Mindestnormen für Verfahren in den Mitgliedstaaten zur Zuerkennung und Aberkennung der Flüchtlingseigenschaft
AsylVfÄndG 1984	1. Gesetz zur Änderung des Asylverfahrensgesetzes vom 11.7.1984
AsylVfÄndG 1987	Gesetz zur Änderung asylverfahrensrechtlicher, arbeitserlaubnisrechtlicher und ausländerrechtlicher Vorschriften vom 6.1.1987
AsylVfÄndG 1988	Gesetz zur Änderung asylverfahrensrechtlicher und ausländerrechtlicher Vorschriften vom 20.12.1988
AsylVfÄndG 1992	vgl AsylVfNG
AsylVfÄndG 1993	Gesetz zur Änderung asylverfahrens-, ausländer- und staatsangehörigkeitsrechtlicher Vorschriften vom 30.6.1993
AsylVfBG	Gesetz zur Beschleunigung des Asylverfahrens vom 25.7.1978
AsylVfG	Asylverfahrensgesetz
AsylVfG 1982	Gesetz über das Asylverfahren (Asylverfahrensgesetz – AsylVfG) idF der Bek. vom 9.4.1991
AsylVfG-E	Entwurf für ein Gesetz zur Änderung asylverfahrens-, ausländer- und staatsangehörigkeitsrechtlicher Vorschriften
AsylVfG-E 1982	Entwurf eines Gesetzes über das Asylverfahren
AsylVfNG	Gesetz zur Neuregelung des Asylverfahrens vom 26.6.1992
AsylVfR	Asylverfahrensrecht
asylvfr.	asylverfahrensrechtlich
AsylVO	Verordnung über die Anerkennung und die Verteilung von ausländischen Flüchtlingen (Asylverordnung)
AsylVO-DDR	Durchführungsverordnung zum Gesetz über die Gewährung des Aufenthalts für Ausländer in der Deutschen Demokratischen Republik – Ausländergesetz – über die Gewährung von Asyl (Asylverordnung)
AsylZBV	Verordnung über die Zuständigkeit für die Ausführung des Übereinkommens vom 15.6.1990 über die Bestimmung des zuständigen Staates für die Prüfung eines in einem Mitgliedsstaat gestellten Asylantrags (Dubliner Übereinkommen) und die Zuständigkeit für die Durchführung der Verordnung (EG) Nr. 2725/2000 des Rates der Europäischen Union vom 11.12.2000 über die Einrichtung von „Eurodac" für den Vergleich von Fingerabdrücken zum Zwecke der effektiven Anwendung des Dubliner Übereinkommens (Asylzuständigkeitsbestimmungsverordnung)
AsylZust-VO	Verordnung (EG) Nr. 343/2003 vom 18.2.2003 zur Festlegung der Kriterien und Verfahren zur Bestimmung des Mitgliedsstaats, der für die Prüfung eines von einem Drittstaatsangehörigen in einem Mitgliedsstaat gestellten Asylantrags zuständig ist
AuAS	Schnelldienst Ausländer- und Asylrecht – Ausländer- und asylrechtlicher Rechtsprechungsdienst, Neuwied
AufBef.	Aufenthaltsbefugnis
AufBer.	Aufenthaltsberechtigung

AufBew.	Aufenthaltsbewilligung
Aufenthaltstitel-VO	Verordnung (EG) Nr. 1030/2002/EG vom 13.6.2002 zur einheitlichen Gestaltung des Aufenthaltstitels für Drittstaatsangehörige
AufenthG	Gesetz über den Aufenthalt, die Erwerbstätigkeit und die Integration von Ausländern im Bundesgebiet (Aufenthaltsgesetz)
AufenthG/EWG	Gesetz über Einreise und Aufenthalt von Staatsangehörigen der Mitgliedstaaten der Europäischen Wirtschaftsgemeinschaft (Aufenthaltsgesetz/EWG)
AufenthV	Aufenthaltsverordnung
AufErl.	Aufenthaltserlaubnis
AufGen.	Aufenthaltsgenehmigung
AufGest.	Aufenthaltsgestattung
Aufl.	Auflage
Aufnahme-RL bzw AufnRL	Richtlinie 2003/9/EG vom 27.1.2003 zur Festlegung von Mindestnormen für die Aufnahme von Asylbewerbern in den Mitgliedstaaten
AÜG	Arbeitnehmerüberlassungsgesetz
ausdr.	ausdrücklich
ausf.	ausführlich
Ausl.	Ausländer(in, innen)
ausl.	ausländisch
AuslBeh.	Ausländerbehörde
auslbeh.	ausländerbehördlich
AuslDatV	Verordnung über die Führung von Ausländerdateien durch die Ausländerbehörden und die Auslandsvertretungen (Ausländerdateienverordnung)
AuslDÜV	Verordnung über Datenübermittlung an die Ausländerbehörden (Ausländerdatenübermittlungsverordnung)
AuslG	Gesetz vom 9.7.1990 über die Einreise und den Aufenthalt von Ausländern im Bundesgebiet (Ausländergesetz)
AuslG 1965	Ausländergesetz (AuslG) vom 28.4.1965
AuslG 1990	Gesetz vom 9.7.1990 über die Einreise und den Aufenthalt von Ausländern im Bundesgebiet (Ausländergesetz)
AuslGebV	Gebührenverordnung zum Ausländergesetz
AuslG-VwV	Allgemeine Verwaltungsvorschriften zum Ausländergesetz 1990
AuslG-VwV-E	Entwurf für eine Allgemeine Verwaltungsvorschrift zum Ausländergesetz, s. auch VwV-E
AuslR	Ausländerrecht
auslr.	ausländerrechtlich
AuslRNÄndG	Gesetz zur Änderung des Gesetzes zur Neuregelung des Ausländerrechts
AuslRNG	Gesetz zur Neuregelung des Ausländerrechts
AuslVwV 1965	Allgemeine Verwaltungsvorschrift zur Ausführung des Ausländergesetzes 1965
Az	Aktenzeichen

AZR	Ausländerzentralregister
AZRG	Gesetz über das Ausländerzentralregister (AZR-Gesetz)
AZRG-DV	Verordnung zur Durchführung des Gesetzes über das Ausländerzentralregister (AZRG-Durchführungsverordnung)
B.	Beschluss
BA	Bundesagentur für Arbeit/Bundesanstalt für Arbeit
BAFl.	Bundesamt für die Anerkennung ausländischer Flüchtlinge
BAföG	Bundesausbildungsförderungsgesetz
BAG	Bundesarbeitsgericht
BAGE	Entscheidungssammlung des Bundesarbeitsgerichts
BAMF	Bundesamt für Migration und Flüchtlinge
BAnz.	Bundesanzeiger
BarbBl	Bundesarbeitsblatt
BauR	Baurecht
Bay	Bayer, bayerisch
BayObLG	Bayerisches Oberstes Landesgericht
BayObLGZ	Entscheidungen des BayObLG in Zivilsachen
BayVBl.	Bayerische Verwaltungsblätter
BayVGH	Bayerischer Verwaltungsgerichtshof
BayVSG	Bayerisches Verfassungsschutzgesetz
BB	Betriebsberater
Bd.	Band
BDSG	Bundesdatenschutzgesetz
BDVR	Bund deutscher Verwaltungsrichter
Begr.	Begründung
Bek.	Bekanntmachung
ber.	berichtigt
BErzGG	Gesetz über die Gewährung von Erziehungsgeld und Erziehungsurlaub (Bundeserziehungsgeldgesetz)
bes.	besonders
Beschl.	Beschluss
BeschV	Verordnung über die Zulassung von neueinreisenden Ausländern zur Ausübung einer Beschäftigung (Beschäftigungsverordnung)
BeschVerfV	Verordnung über das Verfahren und die Zulassung von im Inland lebenden Ausländern zur Ausübung einer Beschäftigung (Beschäftigungsverfahrensverordnung)
bespr.	besprochen
bestr.	bestritten
betr.	betreffend
BetrVG	Betriebsverfassungsgesetz
BfD	Bundesbeauftragter für den Datenschutz
BGB	Bürgerliches Gesetzbuch
BGBl.	Bundesgesetzblatt
BGH	Bundesgerichtshof

BGHSt.	Entscheidungssammlung des Bundesgerichtshofs in Strafsachen
BGHZ	Entscheidungssammlung des Bundesgerichtshofs in Zivilsachen
BGS	Bundesgrenzschutz
BGSG	Bundesgrenzschutzgesetz
Bh.	Buchholz (Sammlung von Entscheidungen des Bundesverwaltungsgerichts)
BK	Bonner Kommentar zum Grundgesetz
BKAG	Gesetz über das Bundeskriminalamt und die Zusammenarbeit des Bundes und der Länder in kriminalpolizeilichen Angelegenheiten
BKGG	Bundeskindergeldgesetz
Bl.	Blatt
BMI	Bundesminister (Bundesministerium) des Innern
BMV	Bundesminister (Bundesministerium) für Verkehr
BPolG	Gesetz über die Bundespolizei (Bundespolizeigesetz), Art. 1 des Gesetzes zur Umbenennung des Bundesgrenzschutzes in Bundespolizei
BR	Bundesrat
BR Deutschland	Bundesrepublik Deutschland
BReg.	Bundesregierung
BSeuchG	Bundesseuchengesetz
BSG	Bundessozialgericht
BSGE	Entscheidungssammlung des Bundessozialgerichts
BSHG	Bundessozialhilfegesetz
bspw	beispielsweise
Bst.	Buchstabe
BT	Bundestag
BtMG	Betäubungsmittelgesetz
BuBe	Bundesbeauftragter für Asylangelegenheiten
BUrlG	Bundesurlaubsgesetz
BVerfG	Bundesverfassungsgericht
BVerfG-A	Richterausschuss des Bundesverfassungsgerichts
BVerfGE	Entscheidungssammlung des Bundesverfassungsgerichts
BVerfG-K	Kammer des Bundesverfassungsgerichts
BVerfSchG	Gesetz über die Zusammenarbeit des Bundes und der Länder in Angelegenheiten des Verfassungsschutzes und über das Bundesamt für Verfassungsschutz (Bundesverfassungsschutzgesetz)
BVerwG	Bundesverwaltungsgericht
BVerwGE	Entscheidungssammlung des Bundesverwaltungsgerichts
BVFG	Gesetz über die Angelegenheiten der Vertriebenen und Flüchtlinge (Bundesvertriebenengesetz)
BW	Baden-Württemberg
bw	baden-württembergisch
BWVPr.	Baden-Württembergische Verwaltungspraxis
bzgl	bezüglich

BZRG	Gesetz über das Zentralregister und das Erziehungsregister (Bundeszentralregistergesetz)
bzw	beziehungsweise
Caritasverband	Caritasverband für das Erzbistum Berlin u.a.: Abschiebungshaft – Ultima Ratio bei Rückkehr und Rückführung? Berlin 2001 (www.jesuiten-fluechtlingsdienst.de)
CDU	Christlich Demokratische Union
CMLRev.	Common Market Law Review
CSU	Christlich Soziale Union
DA der BA	Durchführungsanweisungen der Bundesagentur für Arbeit
DAG	Deutsches Auslieferungsgesetz
DANA	Datenschutznachrichten
Datenschutz-RL	Richtlinie 95/46/EG vom 24.10.1995 zum Schutz natürlicher Personen bei der Verarbeitung personenbezogener Daten und zum freien Datenverkehr
Daueraufenthalts-RL	Richtlinie 2003/109/EG vom 25.11.2003 betreffend die Rechtslage der langfristig aufenthaltsberechtigten Drittstaatsangehörigen
DAVorm	Der Amtsvormund
DB	Der Betrieb
DDR	Deutsche Demokratische Republik
ders.	derselbe
dh	das heißt
Dok.	Dokument
DÖV	Die Öffentliche Verwaltung
DRiG	Deutsches Richtergesetz
Drittstaatsangehörige-RL	Richtlinie 2003/109/EG vom 25.11.2003 betreffend die Rechtsstellung der langfristig aufenthaltsberechtigten Drittstaatsangehörigen
DRiZ	Deutsche Richterzeitung
Drucks.	Drucksache
DSG NW	Gesetz zum Schutz personenbezogener Daten (Datenschutzgesetz Nordrhein-Westfalen)
dt.	deutsch
Dt.	Deutscher
DÜ	Übereinkommen über die Bestimmung des zuständigen Staates für die Prüfung eines in einem Mitgliedstaat der Europäischen Gemeinschaften gestellten Asylantrags – Dubliner Übereinkommen
Dublin II	Verordnung (EG) Nr. 343/2003/EG des Rates vom 18.2.2003 zur Festlegung der Kriterien und Verfahren zur Bestimmung des Mitgliedsstaates, der für die Prüfung eines von einem Drittstaatsangehörigen in einem Mitgliedstaat gestellten Asylantrages zuständig ist (= AsylZustVO)
DuD	Datenschutz und Datensicherheit

DVAuslG	Verordnung zur Durchführung des Ausländergesetzes
DVBl.	Deutsches Verwaltungsblatt
DV-Dublin II	Verordnung (EG) Nr. 1560/2003 vom 2.9.2003 mit Durchführungsbestimmungen zur Verordnung (EG) Nr. 343/2003 des Rates zur Festlegung der Kriterien und Verfahren zur Bestimmung des Mitgliedsstaates, der für die Prüfung eines von einem Drittstaatsangehörigen in einem Mitgliedstaat gestellten Asylantrages zuständig ist
DVO	Durchführungsverordnung
e.V.	eingetragener Verein
ebd	ebenda
EbRL	Einbürgerungsrichtlinien
ECRE.	European Consultation on Refugees and Exiles
EDV	Elektronische Datenverarbeitung
EFA	Europäisches Fürsorgeabkommen
EFTA	Europäisches Freihandelsabkommen
EFZG	Entgeltfortzahlungsgesetz
EG	Europäische Gemeinschaften
EGBGB	Einführungsgesetz zum Bürgerlichen Gesetzbuch
EGMR	Europäischer Gerichtshof für Menschenrechte in Strasbourg
EGV	Vertrag zur Gründung der Europäischen Gemeinschaft
Einf.	Einführung
eingetr.	eingetragen
Einl.	Einleitung
einschl.	einschließlich
einschr.	einschränkend
EMRK	Europäische Konvention zum Schutz der Menschenrechte und Grundfreiheiten
ENA	Europäisches Niederlassungsabkommen
Entsch.	Entscheidung
entspr.	entsprechend
Entw.	Entwurf
Erkl.	Erklärung
Erl.	Erlass; Erläuterung
EStG	Einkommensteuergesetz
ESVGH	Entscheidungssammlung des Hessischen Verwaltungsgerichtshofs und des Verwaltungsgerichtshofs Baden-Württemberg mit Entscheidungen der Staatsgerichtshöfe beider Länder
etc.	et cetera
EU	Europäische Union
EuG	[Europäisches] Gericht [erster Instanz]
EuGH	Gerichtshof der Europäischen Union
EuGHE	Entscheidungssammlung des EuGH
EuGHMR	Europäischer Gerichtshof für Menschenrechte in Strasbourg

EuGRZ	Europäische Grundrechte-Zeitschrift
Eurodac-VO	Verordnung (EG) Nr. 2725/2000 des Rates vom 11.12.2000 über die Einrichtung von „Eurodac" für den Vergleich von Fingerabdrücken zum Zwecke der effektiven Anwendung des Dubliner Übereinkommens
EuropolG	EUROPOL-Gesetz
EuStAngÜbk	Europäisches Übereinkommen über die Staatsangehörigkeit
EU-Stp.	Gemeinsamer Standpunkt 96/196/JI des Rats der EU vom 4.3.1996 betreffend die harmonisierte Anwendung der Definition des Begriffs „Flüchtling" in Art. 1 GK
EUV	Vertrag über die Europäische Union
evtl	eventuell
EWG	Europäische Wirtschaftsgemeinschaft
EWGV	Vertrag zur Gründung der Europäischen Wirtschaftsgemeinschaft
EWR	Europäischer Wirtschaftsraum
EzA	Entscheidungssammlung zum Arbeitsrecht
EZAR	Entscheidungssammlung zum Ausländer- und Asylrecht
f, ff	folgende, fortfolgende
FamFG	Gesetz zur Reform des Verfahrens in Familiensachen und in den Angelegenheiten der Freiwilligen Gerichtsbarkeit
Familienzusammenführungs-RL	Richtlinie 2003/86/EG vom 22.9.2003 betreffend das Recht auf Familienzusammenführung
FamRZ	Zeitschrift für das gesamte Familienrecht
FDP	Freie Demokratische Partei
FEVG	Gesetz über das gerichtliche Verfahren bei Freiheitsentziehungen
FEVS	Sammlung fürsorgerechtlicher Entscheidungen
ff	fortfolgende
FGG	Gesetz über Angelegenheiten der freiwilligen Gerichtsbarkeit
Fn	Fußnote
FreizügG/EU	Gesetz über die allgemeine Freizügigkeit von Unionsbürgern (Freizügigkeitsgesetz)
Freizügigkeits-RL	Richtlinie 2004/38/EG vom 29.4.2004 über das Recht der Unionsbürger und ihrer Familienangehörigen, sich im Hoheitsgebiet der Mitgliedstaaten frei zu bewegen und aufzuhalten
FreizügV/EG	Verordnung über die allgemeine Freizügigkeit von Staatsangehörigen der Mitgliedstaaten der Europäischen Union (Freizügigkeitsverordnung/EG – FreizügV/EG)
FV	Freundschaftsvertrag
G 10	Gesetz zu Art. 10 Grundgesetz
GAD	Gesetz über den auswärtigen Dienst
GBl.	Gesetzblatt
geänd.	geändert
gem.	gemäß

GemUnt.	Gemeinschaftsunterkunft
Ges.	Gesetz
ges.	gesetzlich
GesEntw.	Gesetzentwurf
GewArch.	Gewerbearchiv
GewO	Gewerbeordnung
GFK	Abkommen über die Rechtsstellung der Flüchtlinge (Genfer Flüchtlingskonvention)
GG	Grundgesetz für die Bundesrepublik Deutschland
ggf	gegebenenfalls
GK	Abkommen über die Rechtsstellung der Flüchtlinge (Genfer Flüchtlingskonvention)
GK-AsylVfG	Gemeinschaftskommentar zum Asylverfahrensgesetz (siehe Literaturverzeichnis)
GK-AufenthG	Gemeinschaftskommentar zum Aufenthaltsgesetz (siehe Literaturverzeichnis)
GKG	Gerichtskostengesetz
GK-StAR	Gemeinschaftskommentar zum Staatsangehörigkeitsrecht (siehe Literaturverzeichnis)
GMBl.	Gemeinsames Ministerialblatt
grds.	grundsätzlich
GVBl.	Gesetz- und Verordnungsblatt
GVG	Gerichtsverfassungsgesetz
h.M.	herrschende Meinung
hA	herrschende Auffassung
HAG	Gesetz über die Rechtsstellung heimatloser Ausländer im Bundesgebiet
HChE	Entwurf des Verfassungskonvents auf Herrenchiemsee
Hdb	Handbuch
Hess	Hessen
hess.	hessisch
HessAGVwGO	Hessisches Ausführungsgesetz zur Verwaltungsgerichtsordnung
HessVGH	Hessischer Verwaltungsgerichtshof
HessVGRspr	Rechtsprechung der hessischen Verwaltungsgerichte
HessVwVG	Hessisches Verwaltungsvollstreckungsgesetz
HK-AuslR	Handkommentar Ausländerrecht (siehe Literaturverzeichnis: *Hofmann/Hoffmann*)
hL	herrschende Lehre
hM	herrschende Meinung
HmbJMBl.	Hamburgisches Justizministerialblatt
Hrsg.	Herausgeber
hrsg.	herausgegeben
Hs	Halbsatz
HSV	Handels- und Schifffahrtsvertrag

HumAG	Gesetz über Maßnahmen für im Rahmen humanitärer Hilfsaktionen aufgenommene Flüchtlinge
HumHAG	Gesetz über Maßnahmen für im Rahmen humanitärer Hilfsaktionen aufgenommene Flüchtlinge
i.W.	im Wesentlichen
IA	Innenausschuss
iA	im Auftrag
idF	in der Fassung
idR	in der Regel
idS	in diesem Sinne
iE	im Ergebnis
ieS	im engeren Sinne
IHK	Industrie- und Handelskammer
iHv	in Höhe von
ILO	International Labour Organization
IM	Minister(ium) des Innern
IMK	Konferenz der Innenminister und -Senatoren der Länder
InfAuslR	Informationsbrief Ausländerrecht
info also	Informationen für Arbeitslosen- und Sozialhilfe
inkl.	inklusive
insb.	insbesondere
insg.	insgesamt
IntV	Verordnung über die Durchführung von Integrationskursen für Ausländer und Spätaussiedler (Integrationskursverordnung)
IPR	Internationales Privatrecht
IPrax.	Praxis des internationalen Privat- und Verfahrensrechts
IPRspr	Rechtsprechung zum IPR
IRA	Internationaler Reiseausweis gem. Art. 28 GK
IRG	Gesetz über die internationale Rechtshilfe in Strafsachen
IRO	International Refugee Organization
iS	im Sinne
iSd	im Sinne des
iSv	im Sinne von
IT-ArGV	Verordnung über die Arbeitsgenehmigung für hochqualifizierte ausländische Fachkräfte der Informations- und Kommunikationstechnologie
iÜ	im Übrigen
iVm	in Verbindung mit
iwS	im weiteren Sinne
JGG	Jugendgerichtsgesetz
JöR (NF)	Jahrbuch des öffentlichen Rechts (Neue Folge)
JR	Juristische Rundschau
JurBüro	Das juristische Büro

JuS	Juristische Schulung
JZ	Juristenzeitung
Kap.	Kapitel
KfbG	Gesetz zur Bereinigung von Kriegsfolgengesetzen
KG	Kammergericht (Berlin)
KJHG	Kinder- und Jugendhilfegesetz, vgl SGB VIII
krit.	kritisch
KRK	Übereinkommen über die Rechte des Kindes – Kinderrechtskonvention
KSchG	Kündigungsschutzgesetz
LAG	Landesarbeitsgericht
LdReg.	Landesregierung
LFZG	Lohnfortzahlungsgesetz
LG	Landgericht
li. Sp.	linke Spalte
lit.	Buchstabe
Lit.	Literatur
LS	Leitsatz
LSG	Landessozialgericht
m.	mit
m.Anm.	mit Anmerkung
Massenzustrom-RL	Richtlinie 2001/55/EG vom 20.7.2001 über Mindestnormen für die Gewährung vorübergehenden Schutzes im Falle eines Massenzustroms von Vertriebenen
MBSE	Maßnahmen zur Berufsvorbereitung und sozialen Eingliederung
MDR	Monatsschrift für deutsches Recht
mE	meines Erachtens
Menschenhandelsopfer-RL	Richtlinie 2004/81/EG vom 29.4.2004 über die Erteilung von Aufenthaltstiteln für Drittstaatsangehörige, die Opfer des Menschenhandels sind oder denen Beihilfe zur illegalen Einwanderung geleistet wurde und die mit den zuständigen Behörden kooperieren
mind.	mindestens
MindestnormAufnahme-RL	Richtlinie 2003/9/EG vom 27. Januar 2003 zur Festlegung von Mindestnormen für die Aufnahme von Asylbewerbern in den Mitgliedstaaten
MiStra	Anordnung über Mitteilungen in Strafsachen
Mitt.	Mitteilung(en)
mN	mit Nachweisen
MSA	Haager Minderjährigenschutzabkommen
MstÜbk.	Übereinkommen über die Verringerung der Mehrstaatigkeit und über die Wehrpflicht von Mehrstaatern
MuSchG	Mutterschutzgesetz

mwN	mit weiteren Nachweisen
mWv	mit Wirkung von
mzN	mit zahlreichen Nachweisen
n.r.	nicht rechtskräftig
n.v.	nicht veröffentlicht
Nachw.	Nachweise
NAK	Niederlassungsabkommen
NATO	Nordatlantikpakt
NDV	Nachrichten des Deutschen Vereins
NE	Niederlassungserlaubnis
nF	neue Fassung
NJ	Neue Justiz
NJW	Neue Juristische Wochenschrift
NJW-RR	Neue Juristische Wochenschrift – Rechtsprechungsreport
Nov.	Novelle
Nr.	Nummer
NRW	Nordrhein-Westfalen
NStZ	Neue Zeitschrift für Strafrecht
NVwZ	Neue Zeitschrift für Verwaltungsrecht
NVwZ-RR	Neue Zeitschrift für Verwaltungsrecht – Rechtsprechungsreport
NW	Nordrhein-Westfalen
NWVBl.	Nordrhein-Westfälische Verwaltungsblätter
NZA	Neue Zeitschrift für Arbeitsrecht
o.a.	oder anders; oben angegeben, angeführt
o.Ä.	oder Ähnliches
o.g.	oben genannt
OBS	Otto Benecke Stiftung
OLG	Oberlandesgericht
OVG	Oberverwaltungsgericht
OWiG	Gesetz über Ordnungswidrigkeiten
PaßG	Paßgesetz
PAuswG	Gesetz über Personalausweise
PKH	Prozesskostenhilfe
Plenarprot.	Plenarprotokoll
PTBS	posttraumatisches Belastungssyndrom bzw posttraumatische Belastungsstörung
Qualifikations-RL	Richtlinie 2004/83/EG vom 29.4.2004 über Mindestnorm für die Anerkennung und den Status von Drittstaatsangehörigen und Staatenlosen als Flüchtling oder als Personen, die anderweitig internationalen Schutz benötigen

Abkürzungsverzeichnis

RA	Rechtsausschuss
RdErl.	Runderlass
RegEntw.	Regierungsentwurf
Reparaturgesetz	Gesetz zur Änderung des Aufenthaltsgesetzes und weiterer Gesetze
resp.	respektive
RGBl.	Reichsgesetzblatt
RhPf	Rheinland-Pfalz
RIW/AWD	Recht der internationalen Wirtschaft/Außenwirtschaftsdienst
rkr.	rechtskräftig
RL	Richtlinie
Rn	Randnummer
RNotZ	Rheinische Notar-Zeitung
ROW	Recht in Ost und West
RPfl.	Der Rechtspfleger
Rs.	Rechtssache
Rspr	Rechtsprechung
Rückführungs-RL	Richtlinie 2001/40/EG vom 8.5.2001 über die gegenseitige Anerkennung von Entscheidungen über die Rückführung von Drittstaatsangehörigen
RuStAG	Reichs- und Staatsangehörigkeitsgesetz
RVG	Rechtsanwaltsvergütungsgesetz (Gesetz über die Vergütung der Rechtsanwältinnen und Rechtsanwälte)
RVO	Reichsversicherungsordnung
S.	Satz/Seite
s.	siehe
s.a.	siehe auch
s.o.	siehe oben
s.u.	siehe unten
SächsVSG	Sächsisches Verfassungsschutzgesetz
SchwarzarbeitsbekämpfungsG	Gesetz zur Bekämpfung der Schwarzarbeit und damit zusammenhängender Steuerhinterziehung
SDÜ	Übereinkommen zur Durchführung des Übereinkommens von Schengen vom 14.6.1985 betreffend den schrittweisen Abbau der Kontrollen an den gemeinsamen Grenzen
SG	Sozialgericht
SGb	Die Sozialgerichtsbarkeit
SGB I	Sozialgesetzbuch (SGB) Erstes Buch (I) – Allgemeiner Teil
SGB III	Sozialgesetzbuch (SGB) Drittes Buch (III) – Arbeitsförderung
SGB IV	Sozialgesetzbuch (SGB) Viertes Buch (IV) – Gemeinsame Vorschriften
SGB V	Sozialgesetzbuch (SGB) Fünftes Buch (V) – Gesetzliche Krankenversicherung

Abkürzungsverzeichnis

SGB VI	Sozialgesetzbuch (SGB) Sechstes Buch (VI) – Gesetzliche Rentenversicherung
SGB VIII	Sozialgesetzbuch (SGB) Achtes Buch (VIII) – Kinder- und Jugendhilfe
SGB X	Sozialgesetzbuch (SGB) Zehntes Buch (X) – Verwaltungsverfahren
SGB XI	Sozialgesetzbuch (SGB) Elftes Buch (XI) – Soziale Pflegeversicherung
SGB XII	Sozialgesetzbuch (SGB) Zwölftes Buch (XII) – Sozialhilfe
SGG	Sozialgerichtsgesetz
SigG	Signaturgesetz
SIS	Schengener Informationssystem
Slg	Sammlung
sog.	sogenannt
SozR	Sozialrecht, Rechtsprechung und Schrifttum
SozVers.	Die Sozialversicherung
SPD	Sozialdemokratische Partei Deutschlands
st.	ständig
staatl.	staatlich
StAng.	Staatsangehörigkeit/Staatsangehöriger
StAngGebV	Staatsangehörigkeits-Gebührenverordnung
StAngR	Staatsangehörigkeitsrecht
stangr.	staatsangehörigkeitsrechtlich
StAngRegG	Gesetz zur Regelung von Fragen der Staatsangehörigkeit
StAnz.	Staatsanzeiger
StAR	Staatsangehörigkeitsrecht
StAR-VwV	Allgemeine Verwaltungsvorschriften für das Staatsangehörigkeitsrecht
Statusdt.	Statusdeutscher
StAZ	Das Standesamt
Stempel-VO	Verordnung (EG) Nr. 2133/2004 vom 13.12.2004 zur Verpflichtung der zuständigen Behörden der Mitgliedstaaten zum systematischen Abstempeln der Reisedokumente von Drittausländern beim Überschreiten der Außengrenzen der Mitgliedstaaten und zur diesbezüglichen Änderung der Bestimmungen des Schengener Durchführungsübereinkommens und des Gemeinsamen Handbuchs
StGB	Strafgesetzbuch
StlÜbk	Übereinkommen über die Rechtsstellung der Staatenlosen
StPO	Strafprozessordnung
str.	streitig
SÜG	Sicherheitsüberprüfungsgesetz
TB	Tätigkeitsbericht
TerrorismusbekämpfungsG	Gesetz zur Bekämpfung des internationalen Terrorismus

Abkürzungsverzeichnis

TVG	Tarifvertragsgesetz
u.	und
u.a.	unter anderem
u.a.m.	und anderes mehr
uä	und ähnlich
uÄ	und Ähnliches
Übk.	Übereinkommen
uE	unseres Erachtens
umstr.	umstritten
UN	United Nations (Vereinte Nationen)
UN-Folterkonv.	Konvention gegen Folter und andere grausame, unmenschliche oder erniedrigende Behandlung oder Strafe
UNHCR	Hoher Flüchtlingskommissar der Vereinten Nationen
UNHCR, Beschlüsse	UNHCR (Hrsg.), Beschlüsse des Exekutivkomitees, 1988 ff
UNHCR, Hdb	UNHCR (Hrsg.), Handbuch über Verfahren und Kriterien zur Feststellung der Flüchtlingseigenschaft, 1979
Unionsbürger	Jede Person, die die Staatsangehörigkeit eines EU Mitgliedstaats besitzt (Art. 2 Nr. 1 FreizügigkeitsRL)
unstr.	unstreitig
Unterabs.	Unterabsatz
unv.	unveröffentlicht
Urt.	Urteil
USA	Vereinigte Staaten von Amerika
usw	und so weiter
uU	unter Umständen
uVm	und Vieles mehr
v.	von/vom
VA	Verwaltungsakt
VAH-AufenthG	Vorläufige Anwendungshinweise (Stand 22.12.2004) zum Aufenthaltsgesetz, verfasst von der Projektgruppe Zuwanderung im Bundesministerium des Innern. Inoffizielle und nicht bindende Meinungsäußerung des BMI zur Anwendung des Gesetzes erstellt auf der Grundlage der AuslG-VwV
VAH-FreizügG/EU	Vorläufige Anwendungshinweise (Stand 22.12.2004) zum Freizügigkeitsgesetz/EU, verfasst von der Projektgruppe Zuwanderung im Bundesministerium des Innern. Inoffizielle und nicht bindende Meinungsäußerung des BMI zur Anwendung des Gesetzes.
VAH-StAG	Vorläufige Anwendungshinweise (Stand 10.12.2004) zum StAG. Nicht bindende Meinungsäußerung des BMI zur Anwendung des Gesetzes, erstellt auf der Grundlage der StAR-VwV
VBlBW.	Verwaltungsblätter für Baden-Württemberg
VereinsG	Vereinsgesetz
Verf.	Verfahren

VerfR	Verfahrensrecht
VersammlungsG	Gesetz über Versammlungen und Aufzüge (Versammlungsgesetz)
VersR	Versicherungsrecht
VerwArch.	Verwaltungsarchiv
VerwRdsch.	Verwaltungsrundschau
VerwRspr	Verwaltungsrechtsprechung in Deutschland
VG	Verwaltungsgericht
VGH	Verwaltungsgerichtshof
VGHE	Entscheidungssammlung des Bayerischen Verwaltungsgerichtshofs und des Bayerischen Verfassungsgerichtshofs
vgl	vergleiche
Visaerteilungs-VO	Verordnung (EG) Nr. 415/2003/EG vom 27.2.2003 über die Erteilung von Visa an der Grenze einschließlich der Erteilung derartiger Visa an Seeleute auf der Durchreise
Visagestaltungs-VO	Verordnung (EG) Nr. 1683/95 des Rates vom 29.5.1995 über eine einheitliche Visagestaltung
Visums-VO	Verordnung Nr. 539/2001/EG vom 15.3.2001 zur Aufstellung der Liste der Drittländer, deren Staatsangehörige beim Überschreiten der Außengrenzen im Besitz eines Visums sein müssen, sowie der Liste der Drittländer, deren Staatsangehörige von dieser Visumspflicht befreit sind
VO	Verordnung
Vorbem.	Vorbemerkung
vorl.	vorläufig
Vorl. Nds. VV-AufenthG	Vorläufige Niedersächsische Verwaltungsvorschrift zum Aufenthaltsgesetz vom 31.3.2005 – www.mi.niedersachsen.de/master/93 51987_L20_DO_I522.html oder www.aufenthaltstitel.de
VV-RVG	Vergütungsverzeichnis zum Rechtsanwaltsvergütungsgesetz
VwGO	Verwaltungsgerichtsordnung
VwKostG	Verwaltungskostengesetz
VwV	Verwaltungsvorschrift
VwV-E	Entwurf für eine Allgemeine Verwaltungsvorschrift zum Ausländergesetz (AuslG-VwV)
VwVfG	Verwaltungsverfahrensgesetz
VwVG	Verwaltungsvollstreckungsgesetz
VwZG	Verwaltungszustellungsgesetz
wN	weitere Nachweise
WoBindG	Wohnungsbindungsgesetz
WoGG	Wohngeldgesetz
WPflG	Wehrpflichtgesetz
WRV	Weimarer Reichsverfassung
WÜD	Wiener Übereinkommen über diplomatische Beziehungen
WÜK	Wiener Übereinkommen über konsularische Beziehungen

Abkürzungsverzeichnis

z.T.	zum Teil
ZAR	Zeitschrift für Ausländerrecht und Ausländerpolitik
ZAR AKTUELL	Aktueller Informationsdienst der ZAR
zB	zum Beispiel
ZDWF	Zentrale Dokumentationsstelle der Freien Wohlfahrtspflege für Flüchtlinge
ZfSH/SGB	Zeitschrift für Sozialhilfe und Sozialgesetzbuch
Ziff.	Ziffer
zit.	zitiert
ZPO	Zivilprozessordnung
ZRP	Zeitschrift für Rechtspolitik
ZSHG	Gesetz zur Harmonisierung des Schutzes gefährdeter Zeugen (Zeugenschutz-Harmonisierungsgesetz)
zT	zum Teil
ZusProt	Zusatzprotokoll zum Abkommen vom 12.9.1963 zur Gründung einer Assoziation zwischen der EWG und der Türkei für die Übergangsphase der Assoziation vom 23.11.1970
zust.	zustimmend
zutr.	zutreffend
ZuwG	Gesetz zur Steuerung und Begrenzung der Zuwanderung und zur Regelung des Aufenthalts und der Integration von Unionsbürgern und Ausländern (Zuwanderungsgesetz)
zw.	zweifelhaft
zzgl	zuzüglich

Literaturverzeichnis

Alleweldt, Schutz vor Abschiebung bei drohender Folter oder unmenschlicher oder erniedrigender Behandlung oder Strafe, 1996

Alt, Auswirkungen des neuen Zuwanderungsgesetzes auf den Problemkomplex Illegalität, 2004 (www.joerg-alt.de → Recht → Gutachten)

Bergmann/Dienelt Ausländerrecht, Kommentar, 11. Auflage 2016

Engelhardt/App, Verwaltungsvollstreckungsgesetz, Verwaltungszustellungsgesetz, Kommentar, 9. Auflage 2011

Erbs/Kohlhaas, Strafrechtliche Nebengesetze, Loseblatt, Stand: Oktober 2011

Finkelnburg/Dombert/Külpmann, Vorläufiger Rechtsschutz im Verwaltungsstreitverfahren, 6. Auflage 2011

Fischer, Strafgesetzbuch und Nebengesetze, Kommentar, 63. Auflage 2016

Gemeinschaftskommentar zum Asylverfahrensgesetz, Loseblatt, hrsg. V. Fritz/Vormeier, 1986 ff, zitiert: GK-AsylVfG/*Bearbeiter*

Gemeinschaftskommentar zum Aufenthaltsgesetz, Loseblatt, hrsg. v. Fritz/Vormeier, 2004 ff, zitiert: GK-AufenthG/*Bearbeiter*

Gemeinschaftskommentar zum Staatsangehörigkeitsrecht, Loseblatt, hrsg. v. Fritz/Vormeier, 2000 ff, zitiert: GK-StAR/*Bearbeiter*

Gutmann, Die Assoziationsfreizügigkeit türkischer Staatsangehöriger, 1999

Hailbronner, Asyl- und Ausländerrecht, 2013, zitiert: *Hailbronner*, AAR

Hailbronner, Ausländerrecht, Loseblatt, Stand: Juni 2016, zitiert: *Bearbeiter* in: Hailbronner, AuslR

Hailbronner/Renner/Maaßen, Staatsangehörigkeitsrecht, Kommentar, 5. Auflage 2010

Hofmann, Handkommentar Ausländerrecht, 2016, zitiert: HK-AuslR/*Bearbeiter*

Kopp/Ramsauer, Verwaltungsverfahrensgesetz, Kommentar, 16. Auflage 2015

Kopp/Schenke, Verwaltungsgerichtsordnung, Kommentar, 22. Auflage 2016

Leary, Labor Migration. In: Migration and International Legal Norms. Ed. by T. Alexander Aleinikoff and Vincent Chetail. The Hague et al. 2003, S. 227–239

Marx, Aufenthalts, Asyl- und Flüchtlingsrecht, 4. Auflage 2011, zitiert: *Marx*, AAFR

Marx, Ausländer- und Asylrecht, 2. Auflage 2005, zitiert: *Marx*, AAR

Marx, Handbuch zur Qualifikationsrichtlinie, 2009, zitiert: *Marx*, HB Qualifikationsrichtlinie

Marx, Kommentar zum Asylverfahrensgesetz, 7. Auflage 2009, zitiert: *Marx*, AsylVfG

Marx, Kommentar zum Staatsangehörigkeitsrecht, 1. Auflage 1997, zitiert: *Marx*, StAR

Möller, Tatsachenfeststellung im Asylprozess, 2005

Literaturverzeichnis

Nienhaus/Depel/Raif/Renke, Praxishandbuch Zuwanderung und Arbeitsmarkt, 2006, zitiert: *Nienhaus u.a.*

Palandt, Bürgerliches Gesetzbuch, Kommentar, 75. Auflage 2016

Renner, Ausländerrecht, Kommentar, 9. Auflage 2011, zitiert: *Renner*, AuslR

Schoch/Schneider/Bier, Verwaltungsgerichtsordnung, Loseblatt, Stand: Februar 2016

Storr/Wenger/Eberle/Albrecht/Zimmermann-Kreher, Kommentar zum Zuwanderungsgesetz, 2. Auflage 2008, zitiert: *Storr u.a.*, Kommentar zum ZuwG

Zöller, Zivilprozessordnung, Kommentar, 31. Auflage 2016

Teil 1
Aufenthaltsrecht

§ 1 Ersterteilung eines Aufenthaltstitels

A. Visumverfahren
I. Beantragung eines Visums
1. Sachverhalt / Lebenslage

Beispiel: Schengen-Visum zu Besuchszwecken 1

S hat einen Besprechungstermin vereinbart, weil er seine Mutter M aus Marokko für sechs Wochen nach Deutschland einladen möchte. S lebt seit 17 Jahren in Deutschland und ist im Besitz einer Niederlassungserlaubnis. Gemeinsam mit seiner – ebenfalls marokkanischen – Ehefrau betreibt er ein Gemüsegeschäft. Von dem Gewinn kann die Familie ohne Bezug von öffentlichen Leistungen leben. Die gemeinsamen Kinder K1 und K2 besuchen die Schule. K3 – das die deutsche Staatsangehörigkeit besitzt – besucht den Kindergarten. M lebt bei einem Bruder B des S in Nador. Ihr Ehemann ist vor zwei Jahren gestorben. M bekommt eine verschwindend geringe Rente und kümmert sich ansonsten um ihre Enkelkinder, die Kinder des B, der beruflich erfolgreich in der Baubranche tätig ist. Außer B leben in Marokko noch drei weitere Kinder der M, die alle verheiratet sind und eigene Familien haben. Zu ihnen besteht ein enger Kontakt der M. Finanziell wird M von allen Kindern unterstützt, die hierzu auch in der Lage sind. S möchte, dass M ihn in Deutschland besucht, damit sie sieht, wo und wie er seit 17 Jahren lebt. Außerdem soll sie während der Sommerferien auf die Kinder aufpassen, da die Familie – statt selbst nach Marokko zu fahren – dieses Jahr eben M einladen möchte. M war noch nie zuvor im Ausland.

2. Prüfungsreihenfolge zur Beantragung eines Schengen-Visums

Das Schengen-Visum wird in § 6 Abs. 1 S. 1 AufenthG legal definiert. Das Verfahren zur Erteilung eines Schengen-Visums ist mittlerweile weitgehend gemeinschaftsrechtlich im Visakodex,[1] im Schengener Durchführungsübereinkommen (SDÜ) sowie in den Gemeinsamen Konsularischen Instruktionen (GKI) geregelt. Der Visakodex verdrängt aufgrund des Anwendungsvorrangs des Unionsrechts die nationalen Regelungen in § 6 AufenthG.[2] Neben den VwV-AufenthG enthält das Handbuch für die Bearbeitung von Visumanträgen und die Änderung von bereits erteilten Visa wertvolle Hinweise für die Praxis.[3] Folgende Voraussetzungen müssen für die Erteilung eines Schengen-Visums vorliegen: 2

a) Visierfähiges Reisedokument

Zunächst benötigt jeder Antragsteller ein **gültiges Ausweisdokument** (§§ 5 Abs. 1 Nr. 4, 3 Abs. 1 AufenthG). Die Auslandsvertretungen der Bundesrepublik Deutschland erteilen den Sichtvermerk nur in dazu bestimmten Dokumenten, also in der Regel in den Reiseausweis. Die Kommission ist beauftragt, eine Liste der visierfähigen Reisedokumente zu erstellen.[4] 3

---
1 VO (EG) Nr. 810/2009.
2 BVerwG 11.1.2011 – 1 C 1.10, BVerwGE 138, 371 Rn. 11 = ZAR 2011, 310.
3 Beschluss der Kommission vom 19.3.2010, K(2010) 1620 endgültig.
4 Beschl. Nr. 1105/2011/EU des Europ. Parlaments und des Rates vom 25.10.2011 (32011D1105).

Bis diese veröffentlicht wird, können die in Deutschland anerkannten Reisepässe visiert werden.[5] Die Gültigkeitsdauer des Reisedokuments muss die maximale Geltungsdauer des Sichtvermerkes um drei Monate überschreiten (Art. 12 Buchst. a Visakodex, Nr. V.1.3. GKI). Das Reisedokument muss zudem zwei leere Seiten enthalten und in den vergangenen zehn Jahren ausgestellt worden sein (vgl. Art. 12 Buchst. b und c Visakodex). Viele Personen, die durch ihre Verwandten eingeladen werden, reisen zum ersten Mal in ihrem Leben und besitzen daher noch keinen Reisepass. Teilweise muss für die Ausstellung eines Reisepasses auch mit einer Bearbeitungszeit von mehreren Monaten gerechnet werden. In der Regel sollte man sich daher eine Kopie des Reiseausweises übersenden lassen.

b) Formularantrag

4 Durch den Visakodex wurde ein einheitliches Antragsformular für die Beantragung eines Schengen-Visums eingeführt.[6] Das Formular kann in der Regel auf der Internetseite der zuständigen deutschen Auslandsvertretung heruntergeladen oder bei der Auslandsvertretung persönlich abgeholt werden. Im Formular sind sämtliche personenbezogenen Daten sowie sonstige Informationen zutreffend anzugeben. Häufig werden die Angehörigen, die in Deutschland sind, die Formulare ausfüllen. Dies ist nicht unzulässig, allerdings sollte dann sichergestellt sein, dass die Antragsteller den Inhalt des Formulars überprüfen, bevor sie die Angaben mit ihrer Unterschrift bestätigen.

c) Ausreichend finanzielle Mittel / Verpflichtungserklärung

5 Der Antragsteller muss im Verfahren zur Erteilung eines Visums nachweisen, dass er die Kosten für seinen Aufenthalt im Schengengebiet aufbringen kann. Bei Reisen zu touristischen oder geschäftlichen Zwecken müssen ausreichend Mittel vorhanden sein, um den gesamten beabsichtigten Aufenthalt zu finanzieren, inklusive Übernachtungen und Verpflegung.[7] Der Nachweis erfolgt durch den Nachweis von Bargeld, Reiseschecks und/oder Kreditkarten.

6 Ist der Ausländer nicht selbst in der Lage, seinen Lebensunterhalt zu sichern, so kann auch eine andere – natürliche oder juristische – Person eine **Verpflichtungserklärung** gemäß § 68 AufenthG gegenüber der Ausländerbehörde (wenn der Verpflichtungsgeber im Inland lebt) oder der zuständigen Auslandsvertretung abgeben.[8] Für die Abgabe der Verpflichtungserklärung muss der Erklärende unter Vorlage der Nachweise, dass er genug **Einkommen** erzielt, um seinen und den Lebensunterhalt der weiteren Person zu sichern, bei der entsprechenden Behörde vorsprechen.[9] Die **Nachweise** werden in der Regel durch die Vorlage der letzten drei Gehaltsabrechnungen (bei Arbeitnehmern) oder durch den letztjährigen Steuerbescheid (Selbstständige) erbracht. Um festzustellen, ob sich im Inland Verpflichtende mit seinem Einkommen über der Pfändungsgrenze liegt, wird darüber hinaus die Vorlage des Mietvertrags verlangt (aus dem der monatlich zu entrichtende Mietzins hervorgeht) sowie Belege bezüglich eventuell bestehender Unterhaltspflichten. Auch auf einen höheren Betrag abgeschlossene Kredite, die durch dauernde Raten getilgt werden müssen und die Leistungsfähigkeit einschränken, sind zu offenbaren.

---

5 Allgemeinverfügungen des BMI vom 18.2.2005 (BAnz. 2005, Nr. 11, S. 746 – 758) und vom 21.6.2006 (BAnz., 2006, S. 4753).
6 Art. 11 Abs. 1 S. 1 Visakodex iVm Anhang I.
7 Nr. 6.1.3.2.2 VwV-AufenthG; Art. 14 Abs. 1 Buchst. b Visakodex.
8 Nr. 68.0.3 VwV-AufenthG.
9 Nr. 68.1.2.2 VwV-AufenthG.

d) Reisekrankenversicherung

Der Antragsteller muss über ausreichenden Versicherungsschutz im Krankheitsfall verfügen.[10] Zahlreiche Versicherungen in Deutschland bieten hierzu entsprechende Versicherungen an, die exakt auf die gesetzlichen Vorgaben abgestimmt sind. Allerdings können auch Reiseversicherungen im Herkunftsland abgeschlossen werden. Dabei ist aber darauf zu achten, dass die gesetzlich geforderten Leistungen seitens der Krankenversicherung auch erbracht werden. Teilweise sind die Reisekrankenversicherungen der Herkunftsländer so unzuverlässig, dass die deutschen Auslandsvertretungen diese nicht akzeptieren. Hierauf wird in der Regel auf der Internetpräsenz hingewiesen.

e) Unterkunft / Einladungsschreiben

Der Antragsteller muss zudem Angaben dazu machen, wo er zu wohnen beabsichtigt. Bei geschäftlichen oder touristischen Reisen sind daher zB Hotelbuchungen etc vorzulegen. Bei Besuchsvisa wird die Unterkunft häufig durch die Gastgeber gestellt. Daher ist dies durch ein entsprechendes Einladungsschreiben des Gastgebers nachzuweisen.[11] Auch die Verpflichtungserklärung dient zum Nachweis einer Unterkunft.[12]

f) Rückkehrbereitschaft / Migrationsrisiko

Der wichtigste Prüfpunkt der Auslandsvertretung ist grundsätzlich die Frage, wie hoch das Risiko einzuschätzen ist, dass der Antragsteller nach Einreise in das Schengengebiet dieses nicht mehr verlässt bzw. verlassen möchte. Liegen deutliche Anhaltspunkte dafür vor, dass der Antragsteller nicht mehr in das Herkunftsland zurückkehren wird, ist das Visum zu versagen.[13] Die Bewertung der Rückkehrbereitschaft umfasst sämtliche Angaben des Antragstellers wie auch die vorgelegten Unterlagen. Dabei kommt der Verwurzelung des Antragstellers im Herkunftsland eine zentrale Bedeutung zu. Diese wird danach bewertet, welche familiären und privaten Bindungen der Antragsteller im Herkunfts- und im Zielland besitzt. Besteht ein Arbeitsverhältnis mit regelmäßigem Erwerbseinkommen? Ist sonstiges Vermögen oder Immobilienbesitz vorhanden, von dem der Lebensunterhalt bestritten werden kann? Zuletzt ist auch der soziale Status relevant.[14] Liegt eine Einladung vor (s. o. Rn. 8) ist auch zu berücksichtigen, ob die Einladung von einer vertrauenswürdigen Person ausgesprochen wurde.[15] Schließlich muss selbstverständlich ein Rückflugticket vorgelegt werden (zumindest eine Reservierung).

g) Belege über die Angaben

Sämtliche Angaben des Antragstellers sind durch Vorlage geeigneter Unterlagen zu belegen.[16] Andererseits ist natürlich zu berücksichtigen, dass in manchen Ländern die Ausstellung von entsprechenden Unterlagen (Lohnabrechnungen, Mietverträge o.ä.) eher unüblich ist.[17] Gemäß § 82 AufenthG obliegt es dem Ausländer, alle für seine Interessen positiv zu berücksichtigenden Aspekte vorzutragen und entsprechend zu belegen. Diese Vorschrift gilt auch im

---

10 Art. 15 Visakodex.
11 Anhang I des Schengener Grenzkodex, Buchst. c.
12 Art. 14 Abs. 4 Visakodex.
13 Art. 21 und Art. 32 Abs. 1 Buchst. b Visakodex; Nr. 6.1.3.1 VwV-AufenthG; BVerwG 15.11.2011 – 1 C 15.10.
14 Anhang II, B Visakodex.
15 Kap. 7.12, S. 74 EG-Handbuch.
16 Art. 14 Visakodex; Kap. V.1.4 GKI; Nr. 6.1.5 VwV-AufenthG.
17 Vgl. Kap. 7.3, S. 64 EG-Handbuch.

Verhältnis zu den deutschen Auslandsvertretungen.[18] Das bedeutet, dass Unterlagen zu dem angegebenen Reisezweck wie auch den Angaben, die eine Bewertung der Rückkehrbereitschaft ermöglichen, vorgelegt werden sollten.

h) Keine Gefahr für die öffentliche Ordnung oder die innere Sicherheit

11 Nach Vergemeinschaftung des Visum(verfahrens)rechts ist hier zunächst auszuschließen, dass der Antragsteller im Schengener Informationssystem (SIS) zur Einreiseverweigerung ausgeschrieben ist.[19] Die Einzelheiten zum SIS sind in Art. 92 ff. SDÜ geregelt. Wenn der Antragsteller sich in der Vergangenheit noch nie im Schengengebiet aufgehalten hat, ist dieser Punkt unproblematisch. Liegen Anhaltspunkte vor, dass der Antragsteller sich zu einem früheren Zeitpunkt in einem anderen Schengen-Mitgliedstaat aufgehalten hat, sollten die Umstände der Ausreise geklärt werden. Andernfalls kann eine Abfrage über den Eintrag im SIS erfolgen, was aber Zeit in Anspruch nimmt.[20]

12 Ebenfalls zu bedenken ist die Möglichkeit, dass ein Ausländer bereits **zu einem früheren Zeitpunkt** aus der Bundesrepublik **ausgewiesen oder abgeschoben** worden sein könnte. Bei entsprechenden Anhaltspunkten muss daher entsprechend nachgefragt werden. Routinemäßig sind daher bei allen Einreise- und Visumangelegenheiten mögliche Voraufenthalte des Antragstellers in der BRD abzuklären. Liegt ein Einreise- und Aufenthaltsverbot im Sinne des § 11 AufenthG vor, führt dies ebenfalls zu einer Versagung des Visums.[21] Ein Visumantrag wird in der Regel (auch) als Antrag auf Befristung des Einreise- und Aufenthaltsverbotes gem. § 11 AufenthG auszulegen sein.[22]

13 Schließlich ist in diesem Zusammenhang zu prüfen, ob der Antragsteller eine Gefahr für die öffentliche Gesundheit im Sinne des Art. 2 Nr. 19 Schengener Grenzkodex darstellen könnte. Hier besteht eine Divergenz zu § 5 Abs. 1 Nr. 3 AufenthG. Während nach der bundesrechtlichen Vorschrift bereits die Infektion mit einer grds. ansteckenden, also übertragbaren, Krankheit ausreicht, die Interessen der BRD zu gefährden, setzt die Vorschrift des Schengener Grenzkodexes voraus, dass gegen diese Krankheiten Maßnahmen zum Schutz der Staatsangehörigen der Mitgliedstaaten getroffen werden. Es wird vertreten, dass eine HIV-Infizierung eine Gefahr für die öffentliche Gesundheit gem. dem AufenthG darstellen könnte,[23] unter den Schengener Grenzkodex wird dieser Fall nicht zu subsumieren sein.

3. Muster: Schriftsatz zur Einreichung des Visumantrags

14 ▶ ... (Zuständige Auslandsvertretung)

... (Adresse)

Wird persönlich überbracht

... (Name), ... (Geburtsdatum) ... (Wohnanschrift im Herkunftsland)

Sehr geehrte Damen und Herren,

unter Vollmachtsvorlage beantrage ich die

Erteilung eines Schengen-Visums zu familiären/privaten Zwecken

---

[18] *Hofmann*, § 82 Rn. 4; *Samel* in: Renner/Bergmann/Dienelt, § 82 Rn. 7.
[19] Art. 21 Abs. 3 Buchst. c Visakodex.
[20] Art. 109 SDÜ.
[21] Art. 22 Abs. 3 Buchst. d Visakodex.
[22] Vgl. Nr. 11.1.3.5 VwV-AufenthG.
[23] Str., bejahend *Dienelt* in: Renner/Bergmann/Dienelt, § 5 Rn. 71; ablehnend: *Bender/Leuschner* in: Hofmann, § 5 Rn. 22.

Begründung:

Die AStin. möchte in der Zeit vom ... bis ... ihren Sohn S, wohnhaft unter der Anschrift: ..., und dessen Familie besuchen. Beigefügt überreiche ich den Formularantrag, ausgefüllt und unterschrieben durch die Astin. Des Weiteren überreiche ich eine auszugsweise Kopie des marokkanischen Reisepasses des S sowie eine Meldebescheinigung. S ist verheiratet mit F, das Ehepaar hat drei Kinder. K3 besitzt die deutsche Staatsangehörigkeit (Kopie des Kinderreiseausweises anbei). Während der Dauer des Besuchs wird die Astin. bei ihrem Sohn wohnen. Eine Kopie des Mietvertrags habe ich zum Nachweis der Wohnungsgröße beigefügt. Schließlich überreiche ich ein Einladungsschreiben des S an die Astin.

Die Astin. ist Witwe und bezieht lediglich eine geringe Rente. Sie wohnt bei ihrem Sohn B unter der og Anschrift. Insgesamt hat sie fünf Kinder, neben S und B sind dies X, Y und Z. Sämtliche Kinder unterstützen die Astin. finanziell. Zum Nachweis, dass sie hierzu in der Lage sind, überreiche ich Kopien der Kontoauszüge der Kinder, aus denen sich jeweils ein Guthaben ergibt.

Die Astin. lebt bei B und kümmert sich dort um ihre Enkelkinder. Auch zu den anderen Enkelkindern, den Kindern von X, Y und Z besteht ein enger Kontakt. Anbei wird eine Auswahl von Bildern überreicht, die die Astin. gemeinsam mit ihrer Familie bei unterschiedlichen Anlässen im vergangenen Jahr zeigt.

Auf den Bildern sind auch der S und seine Familie zu erkennen. Die Bilder entstanden anlässlich des Urlaubs der Familie des S in Marokko im vergangenen Jahr.

S und F betreiben ein Ladengeschäft, in dem sie frisches Gemüse und andere Nahrungsmittel verkaufen. Anbei überreiche ich die Einkommensteuererklärung des vorvergangenen Jahres sowie eine aktuelle BWA. S hat für die Astin eine Verpflichtungserklärung abgegeben, die im Original beigefügt ist.

Die Astin. möchte ihren Sohn, der nunmehr seit 17 Jahren in Deutschland lebt, sowie dessen Familie besuchen. Die beabsichtigte Aufenthaltsdauer fällt mit den Schulsommerferien in diesem Jahr zusammen. Die Astin. möchte sich während der Sommerferien um ihre Enkelkinder kümmern und so den S und die F entlasten.

Schließlich wird die Bestätigung einer Reisekrankenversicherung für die Astin. für die Dauer des beabsichtigten Aufenthaltes überreicht.

Hinsichtlich der Rückkehrbereitschaft wird darauf hingewiesen, dass die Astin. bei ihrem Sohn B in Rabat lebt und dort in das Familienleben integriert ist. Sie kümmert sich um die Kinder des B, kocht für die Familie und führt gemeinsam mit ihrer Schwiegertochter den Haushalt. Auch wenn sie selbst nur ein geringes Einkommen durch die Rente hat, wird sie von allen Kindern – und nicht lediglich von ihrem Sohn S – finanziell unterstützt. Es besteht in dieser Hinsicht keine finanzielle Abhängigkeit allein von S. Die Astin. lebt in geordneten Verhältnissen und ist aufgrund der Tatsache, dass sämtliche Kinder eine Berufstätigkeit ausüben, in einer gesicherten finanziellen Situation.

Rechtsanwalt ◄

4. Erläuterungen

a) Persönliche Vorsprache / Vorlage des anwaltlichen Schreibens mit Anlagen

15 Bei der erstmaligen Beantragung eines Schengen-Visums muss die Antragstellung zwingend persönlich durch den Antragsteller erfolgen.[24] Mit der persönlichen Vorsprache wird ein Vorgang angelegt. Zuvor übersandte Unterlagen können häufig einem später persönlich gestellten Visumantrag nicht zugeordnet werden. Daher ist es sinnvoll, das anwaltliche Begleitschreiben mitsamt den Anlagen an den Antragsteller zu übersenden, so dass dieser die Unterlagen bei seiner persönlichen Vorsprache bei der Auslandsvertretung abgeben kann.

b) Termin zur persönlichen Vorsprache

16 Für die persönliche Vorsprache muss zunächst ein Termin vereinbart werden.[25] Hier haben die Auslandsvertretungen eine Vielzahl von unterschiedlichen Vorgehensweisen etabliert, die nicht alle dargestellt werden können. Häufig erfolgt die Terminvergabe über das Internet. Dies ist in vielen Fällen hilfreich, kompliziert die Angelegenheit in anderen Fällen aber unnötig. So ist teilweise für jedes Familienmitglied ein eigener Termin zu vereinbaren. Da die Buchungssysteme im Internet keine Möglichkeit zulassen, einen Familienverbund anzumelden, erhalten die Mitglieder einer Familie teilweise Termine, die über eine ganze Woche verstreut stattfinden. Die Art und Weise der Terminvergabe ist auf den Internetseiten der Auslandsvertretungen jeweils ausführlich dargestellt.

c) Terminvergabe durch externen Dienstleister

17 Art. 43 Visakodex ermöglicht die Auslagerung einiger Verfahrensschritte an externe Dienstleister, ua auch die Terminvergabe bei der Auslandsvertretung. Diese firmieren unter dem Namen *Visa Reception Centers* o.ä., und werden teilweise mit mehreren anderen Schengenmitgliedstaaten gemeinsam unterhalten. Die Mitarbeitenden dieser VRC sind nicht für die abschließende Entscheidung über den Visumantrag zuständig, führen aber eine Vorprüfung hinsichtlich der vorzulegenden Unterlagen durch, beraten die Antragstellenden und vergeben dann, wenn alle Unterlagen vollständig sind, zeitnah Termine zur Vorsprache bei der Auslandsvertretung. In einigen Ländern hat die Einführung dieser VCR zu einer spürbaren Beschleunigung der Verfahren geführt. Allerdings verlangen die VCR in der Regel eine Dienstleistungsgebühr, die zusätzlich zu der Visumsgebühr anfällt (s. u. Rn. 18). Alle EU-Mitgliedstaaten sind daher verpflichtet, weiterhin die Möglichkeit zu gewährleisten, einen Termin unmittelbar bei der Auslandsvertretung zu vereinbaren. Häufig ist dies aber mit einer längeren Wartezeit verbunden, zudem muss hierzu bereits eine erste persönliche Vorsprache bei der Auslandsvertretung erfolgen. Antragstellern, die nicht in unmittelbarer Nähe zur Auslandsvertretung leben, sondern für die Vorsprache anreisen, wird daher zur Vereinbarung eines Termins über das Internet oder einen externen Dienstleister zu raten sein.

d) Gebühren

18 Die Gebühren für die Erteilung eines Schengen-Visums wurden vereinheitlicht und betragen nunmehr 60 EUR für einen Erwachsenen und 35 EUR für Kinder im Alter von sechs bis 12 Jahren.[26] Allerdings besteht die Möglichkeit, von der Erhebung einer Gebühr bei Kindern ab-

---

[24] Art. 13 Abs. 2 S. 1 Visakodex.
[25] Art. 9 Abs. 2 S. 1 Visakodex.
[26] Art. 16 Visakodex.

zusehen.²⁷ Andere Personengruppen (zB Kinder unter sechs Jahren; Schüler, Studierende und begleitendes Lehrpersonal bei Studienreisen; Vertreter gemeinnütziger Organisationen bis zum Alter von 25 Jahren) sind grundsätzlich von der Gebührenpflicht befreit.²⁸ Die Gebühren sind in bar zu entrichten, häufig in der Währung EURO. In manchen Ländern ist die Bezahlung auch in der Landeswährung gestattet. Die Umrechnung erfolgt dann nach dem Umrechnungskurs der EZB.

Neben den Gebühren für das Schengen-Visum wird häufig eine zusätzliche Gebühr für die Bearbeitung des Verfahrens durch ein VCR fällig (sog Dienstleistungsgebühr).²⁹ Die Höhe dieser Gebühr muss in einem angemessenen Verhältnis zu der erbrachten Dienstleistung stehen und wird von den Auslandsvertretungen überwacht.

e) Befragung des Antragstellers

Art. 21 Abs. 8 Visakodex sieht vor, dass das Konsulat den Antragsteller „in begründeten Fällen zu einem Gespräch bestellen" kann. Faktisch findet in den meisten Ländern routinemäßig ein persönliches Gespräch mit dem Antragsteller im Konsulat statt, in dem der Antragsteller zu seinen Reiseplänen, dem Reisezweck und seiner Verwurzelung im Ziel- und Herkunftsland befragt wird. Erst im persönlichen Gespräch kann das Konsulat prüfen, ob der Antragsteller vertrauenswürdig ist, was allerdings in vielen – auch positiv entschiedenen – Fällen zu kaum nachzuvollziehenden bzw. -prüfbaren Entscheidungen führt. Wichtig ist natürlich im Falle der Vorlage eines anwaltlichen Schreibens, dass der Antragsteller mit dem Inhalt des Schreibens vertraut ist und vor allem Kenntnis darüber hat, wie das Visumverfahren abläuft.

f) Erfassung der biometrischen Daten / VIS

Die Erfassung der biometrischen Daten nicht nur der eigenen Staatsangehörigen, sondern auch der von Inhabern einer ausländischen Staatsangehörigkeit wird immer weiter vorangetrieben. Daher müssen auch Antragsteller eines Schengen-Visums die Bereitschaft aufbringen, Abdrücke aller Finger abzugeben sowie ein biometrisches Passbild einzureichen.³⁰ Schon allein aus diesem Grund ist bei der Erstbeantragung eines Visums die persönliche Vorsprache des Antragstellers unentbehrlich. Die biometrischen Identifikatoren werden in das Visa-Informationssystem (VIS) eingespeist.³¹ Zugriff zum VIS dürfen nur konsularische Mitarbeiter, nicht etwa Mitarbeitende der externen Dienstleister erhalten. Im Rahmen der Prüfung eines Visumantrags erfolgt entsprechend eine Abfrage im VIS, ob frühere Anträge etc dokumentiert sind.

g) Antragsfrist

Gemäß Art. 9 Abs. 1 S. 1 Visakodex ist der Antrag frühestens drei Monate vor Antritt der geplanten Reise zulässig. Wird der Antrag zu einem früheren Zeitpunkt eingereicht, wird er als unzulässig beschieden und nicht weiter bearbeitet. Der Antragsteller erhält seine Unterla-

---

27 Art. 16 Abs. 5 Visakodex.
28 Art. 16 Abs. 4 Visakodex.
29 Art. 17 iVm 43 Visakodex.
30 Art. 13 Visakodex.
31 Vgl. Verordnung (EG) Nr. 767/2008 des Europäischen Parlaments und des Rates vom 9. Juli 2008 über das Visa-Informationssystem (VIS) und den Datenaustausch zwischen den Mitgliedstaaten über Visa für einen kurzfristigen Aufenthalt (VIS-Verordnung).

gen ausgehändigt und die ggf. bereits entrichtete Visumgebühr erstattet. Gegebenenfalls bereits erfasste biometrische Identifikatoren werden vernichtet.[32]

h) Bearbeitungsdauer

22 Korrespondierend mit der Antragsfrist wurden auch die Konsulate verpflichtet, die Bearbeitung der Visaanträge in einer zeitlich überschaubaren Frist zu gewährleisten. Falls das Konsulat vor Beantragung eines Visums die Vereinbarung eines Termins verlangt, soll der Termin innerhalb von zwei Wochen nach Beantragung stattfinden.[33] Daneben soll bei Notfällen eine Antragstellung ohne vorherige Terminvergabe ermöglicht werden.[34] Wurde ein Antrag mit den notwendigen Unterlagen eingereicht, ist hierüber innerhalb von 15 Kalendertagen zu entscheiden.[35] In Ausnahmefällen ist eine Verlängerung der Bearbeitungsdauer auf 30 oder gar 60 Tage zulässig.[36] Auch für den Fall, dass Unterlagen nachgefordert werden, soll damit gewährleistet werden, dass die Bearbeitung nicht so lange dauert, dass eine Entscheidung vor der geplanten Abreise nicht mehr erfolgen kann.

i) Entscheidung über den Visumantrag

23 Die Auslandsvertretung prüft zunächst die Zulässigkeit des Antrages (Art. 19 Visakodex). Im Anschluss hieran werden die weiteren Voraussetzungen (insbesondere Art. 21 Visakodex) geprüft. Liegen die Erteilungsvoraussetzungen vor und bestehen keine Verweigerungsgründe im Sinne des Visakodex, ist das Visum zu erteilen. Ein Ermessen auf der Rechtsfolgenseite sieht der Visakodex nicht vor.[37] In der Entscheidung – Koushkaki – hat sich der EuGH mit dem Prüfumfang im Visumverfahren auseinander gesetzt.[38] Dabei wurde entschieden, dass – um eine einheitliche Praxis der Mitgliedsstaaten sicher zu stellen – eine Versagung des Visums nur aus den im Visakodex genannten Gründen möglich ist. Andererseits hat der EuGH den Auslandsvertretungen einen weiten Beurteilungsspielraum eingeräumt, sowohl im Hinblick auf die Tatbestände des Visakodexes wie auch bei der Würdigung der vorgetragenen Umstände. Soweit eine Versagung wegen mangelnder Rückkehrbereitschaft zu prüfen ist, setze der Visakodex lediglich „begründete Zweifel" (und nicht etwa: Gewissheit) voraus.

Unter Berücksichtigung dieser Entscheidung des EuGH hat das Bundesverwaltungsgericht in seinem jüngsten Urteil zum Visakodex entschieden, dass hinsichtlich der gerichtlichen Überprüfbarkeit des unionsrechtlichen Beurteilungsspielraums die für den Beurteilungsspielraum nach nationalem Verwaltungsrecht entwickelten Standards Anwendung fänden.[39] Das BVerwG schließt sich der Auffassung an, dass „die nach Art. 4 VK zuständigen Behörden einen besonderen Zugang zu den für die Prognoseentscheidung maßgeblichen Bewertungsgrundlagen und vertiefte Kenntnisse über den Wohnsitzstaat haben sowie auch über die besseren Möglichkeiten zur Überprüfung verschiedener Dokumente und der Aussagen der Antragsteller verfügen. Bei der Beurteilung der Rückkehrabsicht eines Antragstellers können die Auslandsvertretungen ihre vor Ort gewonnen Erkenntnisse (zB zu den allgemeinen Lebensverhältnissen im Gastland, eventuelle regionale Unterschiede, die Migrationsbewegungen in-

---

32 Art. 19 Abs. 3 Visakodex.
33 Art. 9 Abs. 2 S. 2 Visakodex.
34 Art. 9 Abs. 3 Visakodex.
35 Art. 23 Abs. 1 Visakodex.
36 Art. 23 Abs. 2, Abs. 3 Visakodex.
37 BVerwG 17.9.2015 – 1 C 37.14, www.bundesverwaltungsgericht.de.
38 EuGH 19.12.2013 – Rs. C-84/12 „Koushkaki", ZAR 2014, 287.
39 BVerwG, aaO, Leitsatz 2.

nerhalb der Länder und in das Ausland, zur Bedeutung von Besitz und Eigentum, zum Urkundswesen und zur Fälschungssicherheit von Dokumenten) nutzen und diese in die Beurteilung des konkreten Falles einbeziehen". Eine vollständige gerichtliche Überprüfung der Entscheidung der Auslandsvertretung erfolgt daher nicht. Das BverwG spricht insoweit von einer „Letztentscheidungskompetenz über das Vorhandensein der Bewertungsmerkmale der Rückkehrabsicht". Im verwaltungsgerichtlichen Verfahren „wird die Ausübung eines Beurteilungsspielraums auf der Tatbestandsseite nur darauf überprüft, ob die Behörde die gültigen Verfahrensbestimmungen eingehalten hat, von einem richtigen Verständnis des anzuwendenden Gesetzesbegriffs ausgegangen ist, den erheblichen Sachverhalt vollständig und zutreffend ermittelt hat und sich bei der eigentlichen Beurteilung an allgemeingültige Bewertungsmaßstäbe gehalten, insbesondere das Willkürverbot nicht verletzt hat".[40] Vor diesem Hintergrund müssen im Einzelfall die Chancen eines Klageverfahrens bewertet werden.

Wird dem Antrag entsprochen, wird das Visum als einheitliches Visum gem. Art. 24 VK erteilt. Dazu wird eine Visummarke (sprich: Klebeetikett) mit den entsprechenden Angaben versehen im Reisepass des Antragstellers angebracht (sprich: eingeklebt). Teilweise werden die Antragsteller dann telefonisch kontaktiert und zur Abholung aufgefordert. Andere Auslandsvertretungen erteilen bereits nach der Vorsprache/Befragung einen neuen Termin zur Abholung des Reisepasses. Wieder andere Auslandsvertretungen übersenden das visierte Reisedokument auch an die Anschrift des Antragstellers, wenn zuvor eine Versandtasche eines Kurierdienstes mit eingereicht wurde.

In Art. 25 VK ist das Visum mit räumlich beschränkter Gültigkeit geregelt. Dieses kann durch einen Mitgliedstaat ausgestellt werden, wenn die Voraussetzungen für die Erteilung eines einheitlichen Visums nicht vorliegen. Das Visum mit räumlich beschränkter Gültigkeit ist insbesondere für die Fälle gedacht, in denen eine weitere Einreise aus wichtigem Grund notwendig ist, obwohl bereits ein Aufenthalt von mehr 90 Tagen innerhalb der vergangenen 180 Tage erfolgt ist. Des Weiteren, wenn aus humanitären Gründen eine Einreise ermöglicht werden soll, obwohl die Voraussetzungen des § 5 Abs. 1 Buchst. a), c) d) und e) SGK nicht vorliegen (also insbesondere kein gültiger Reisepass vorliegt, eine Einreiseverweigerung im SIS vorliegt oder eine besondere Gefährdung für öffentliche Sicherheit und Ordnung angenommen wird). Das Visum mit räumlich beschränkter Gültigkeit ist nach Ansicht des BverwG neben der Erteilung eines einheitlichen Visums zu prüfen.[41]

Wird der Antrag abgelehnt, erhält der Antragsteller einen schriftlichen Bescheid. Dieser entspricht dem einheitlichen Formblatt zur Unterrichtung über die Verweigerung, Annullierung oder Aufhebung eines Visums und zur entsprechenden Begründung, als Anhang VI zum Visakodex im Amtsblatt der EU veröffentlicht. Darin wird auf die nationalen Rechtsvorschriften über die Beschwerde verwiesen, in der Regel ohne Nennung einer Frist. Daher gilt dann die Rechtsmittelfrist des § 58 Abs. 2 S. 1 VwGO (ein Jahr ab Zustellung). Als Rechtsbehelfe kommen eine Remonstration oder eine Klage in Frage (siehe Rn. 49 und 51).

j) Einreiseprüfung / Schengener Grenzkodex

Die Erteilung eines Schengen-Visums berechtigt nicht automatisch zur Einreise. Vielmehr erfolgt an der Schengen-Außengrenze eine Kontrolle, in deren Verlauf ggf. die bei der Visumbe-

---

40 BVerwG, aaO, S. 13, Rn. 21, mwN.
41 BVerwG 15.11.2011 – 1 C 15.10.

antragung vorgebrachten Gründe für die Erteilung des Visums erneut überprüft werden.[42] Es ist daher notwendig, dass der Antragsteller sämtliche Dokumente, die zur Beantragung des Visums vorgelegt wurden, bei sich führt. Die Belege, anhand deren geprüft wird, ob die Einreisevoraussetzungen erfüllt sind, sind in Anhang I des SGK gesondert aufgelistet. Es kommt regelmäßig vor, dass die Grenzbehörde das Schengen-Visum aufhebt, weil nach Befragung über den Aufenthaltszweck festgestellt wird, dass zB das Hauptziel der Reise nicht Deutschland ist oder aufgrund der großen Menge an Gepäck, die die Betroffenen mitführen, die Rückkehrbereitschaft verneint wird. Gegen die Aufhebung / Annullierung kann Widerspruch bei der Bundespolizei eingelegt werden, der jedoch keine aufschiebende Wirkung hat. Daher ist auch unmittelbar ein Eilantrag beim zuständigen Verwaltungsgericht zu stellen.

k) Zuständige Auslandsvertretung

26 Natürlich muss der Antragsteller bei der zuständigen Auslandsvertretung vorsprechen. Die Zuständigkeit der Konsulate richtet sich nach dem Wohnsitz des Antragstellers. In vielen Ländern gibt es mehrere Konsulate, die jeweils für ihre Konsularbezirke zuständig sind, so dass auf der Internetpräsenz der Botschaft zunächst nachgesehen werden sollte, welches Konsulat für den Wohnort des Antragstellers zuständig ist. Lebt der Antragsteller in einem Land, dessen Staatsangehörigkeit er nicht besitzt, ist das Konsulat in diesem Land dann zuständig, wenn sich der Antragsteller dort rechtmäßig aufhält.[43] In begründeten Fällen kann die Zuständigkeit eines Konsulates angenommen werden, in dessen Konsularbezirk der Antragsteller zwar keinen Wohnsitz hat, sich aber rechtmäßig aufhalten darf.[44]

5. Fehlerquellen / Haftungsfallen
a) Mandantenverhältnis

27 Ein Nachteil bei der Bearbeitung von Visumverfahren ist, dass in der Regel kein persönliches Gespräch mit dem eigentlichen Mandanten stattfinden kann. Häufig werden Informationen nur durch Angehörige/Bekannte, die bereits im Bundesgebiet leben, mitgeteilt. Es sollte unbedingt versucht werden, persönlichen Kontakt mit dem Antragsteller selbst aufzunehmen (zB per E-Mail, Chat oder Internettelefonie). Auch umgekehrt ist es wichtig, dass die Informationen über den Ablauf des Visumantrags und den Inhalt der Befragung den Antragsteller erreichen. Nicht selten werden Informationen unzutreffend oder nicht präzise wiedergegeben. Dadurch besteht die Gefahr einer Diskrepanz zwischen anwaltlichem Schriftsatz und persönlicher Befragung des Antragstellers.

b) Rolle des Rechtsanwalts

28 Ein weit verbreitetes Vorurteil ist die Unterstellung, dass die Beauftragung eines Rechtsanwaltes den Antragsteller von allen Aufgaben hinsichtlich der Visumbeantragung befreit. Dass dies angesichts der Notwendigkeit einer persönlichen Vorsprache und auch der Mitwirkung bei der persönlichen Befragung unzutreffend ist, bedarf keiner weiteren Erläuterung. Es ist aber sinnvoll, die Reichweite der anwaltlichen Tätigkeit klarzustellen.

c) Chancenbewertung

29 Häufig möchten die Antragsteller oder insbesondere die Kontaktpersonen in Deutschland eine Einschätzung haben, wie hoch die Chancen für die Erteilung des Visums sind. Natürlich

---

[42] Art. 5 SGK.
[43] Art. 6 Visakodex.
[44] Art. 6 Abs. 2 Visakodex.

kann unter Berücksichtigung der Fakten eine erste Einschätzung abgegeben werden, ob überhaupt Chancen bestehen, ein Visum zu erhalten. Da aber häufig nur eingeschränkte oder keine direkte Kommunikation mit dem Antragsteller möglich ist, kann der persönliche Eindruck des Antragstellers nicht berücksichtigt werden. Gerade die Art und Weise, wie sich der Antragsteller bei der Befragung des Konsulates „präsentiert", dürfte aber eine wesentliche Rolle bei der Entscheidung über die Erteilung des Visums spielen.

6. Weiterführende Hinweise

a) Arten von Visa nach dem Visakodex und dem AufenthG

Der Visakodex sieht die Möglichkeit der Erteilung von drei unterschiedlichen Visa vor. Das einheitliche Visum gem. Art. 24 VK ist das mit Abstand am häufigsten erteilte Visum. Daneben besteht in Ausnahmefällen die Möglichkeit der Erteilung eines Visums mit räumlich beschränkter Gültigkeit nach Art. 25 VK. Und schließlich wird in Art. 26 VK die Erteilung eines Visums für den Flughafentransit geregelt. Gemäß Anhang IV des VK benötigen die Staatsangehörigen der folgenden Länder ein Visum für den Flughafentransit: Afghanistan, Bangladesch, D.R. Kongo, Eritrea, Äthiopien, Ghana, Iran, Irak, Nigeria, Pakistan, Somalia und Sri Lanka. Das Transitvisum ist ein Visum der Kategorie A („A-Visum"), die ersten beiden Visa unterfallen der Kategorie C („C-Visum", Anhang VII, Nr. 7, Amtsblatt der EU v. 15.9.2009, L 243/39).

30

§ 6 AufenthG regelt das **Schengen-Visum** für die Durchreise und für kurzfristige Aufenthalte (§ 6 Abs. 1 S. 1 Nr. 1 AufenthG), das **Flughafentransitvisum** für die Durchreise durch die internationalen Transitzonen der Flughäfen (§ 6 Abs. 1 S. 1 Nr. 2 AufenthG) sowie **das nationale Visum** (§ 6 Abs. 3 AufenthG). Aufgrund der Einführung des Visakodexes für alle EU-Mitgliedsstaaten besteht eine Überschneidung zwischen dem Schengen-Visum und dem „einheitlichen Visum" im Sinne des Visakodex. Das von einem deutschen Konsulat ausgestellte „einheitliche Visum" im Sinne von Art. 24 Visakodex ist ein Schengen-Visum. Das in Sonderfällen ausgestellte Visum mit räumlich beschränkter Gültigkeit (Art. 25 VK) ist dagegen kein Schengen-Visum.

b) Berechnung des erlaubten Aufenthalts

Das einheitliche Visum kann für ein, zwei oder mehrere Einreisen erteilt werden und eine Gültigkeitsdauer von bis zu fünf Jahren haben (Art. 24 VK).[45] Insbesondere für Geschäftsreisende kann das Schengen-Visum gem. § 24 Abs. 2 Visakodex mit einer Gültigkeit von bis zu fünf Jahren mit der Maßgabe erteilt werden, dass sich der Inhaber jeweils 90 Tage innerhalb eines 180-Tage-Zeitraums im Schengengebiet aufhalten kann. Die Berechnung hat sich in der Vergangenheit nach der Rspr. des EuGH gerichtet.[46] Seit Inkrafttreten der VO 610/2013 vom 26.6.2013 berechnet sich die Frist nun dynamisch. Grundsätzlich werden Ein- und Ausreisetag als Aufenthaltstage voll angerechnet. Dabei wird jeweils in der Rückschau geprüft, ob der Visumsinhaber am Tag der Berechnung in den vergangenen 180 Tagen mehr als 90 Tage im Schengenraum aufhältig war.

---

[45] Die Erteilung von Schengen-Visa richtet sich nach der Verordnung (EG) Nr. 810/2009 des Europäischen Parlaments und des Rates vom 13. Juli 2009 über einen Visakodex der Gemeinschaft (Visakodex).

[46] Zur Berechnung, insbesondere zur Definition des Tages der ersten Einreise vgl. EuGH 3.10.2006 – Rs. C-241/05 "*Bot*", ZAR 2007, 25.

c) Verlängerung des Schengen-Visums

Ein nach dem Visakodex erteiltes Visum kann gem. Art. 33 VK verlängert werden. In Fällen höherer Gewalt oder humanitärer Gründe wird verlängert (Art. 33 Abs. 1 VK), beim Vorliegen schwerwiegender persönlicher Gründe kann verlängert werden (Art. 33 Abs. 2 VK). In Art. 33 VK ist geregelt, dass die Gültigkeitsdauer wie auch die Aufenthaltsdauer verlängert werden können – eine zeitliche Einschränkung erfolgt nicht.

Zuständig ist die Ausländerbehörde am aktuellen Aufenthaltsort.

In § 6 Abs. 2 S. 1 AufenthG ist geregelt, dass die Verlängerung bis zu einer Gesamtaufenthaltsdauer von 90 Tagen innerhalb eines Zeitraums von 180 Tagen nach Art. 33 VK erfolgt. S. 1 findet daher nur Anwendung, wenn das ursprüngliche Schengen-Visum nicht über den Maximalzeitraum von 90 Tagen erteilt wurde. Nach § 6 Abs. 2 S. 2 AufenthG kann über diesen Zeitraum hinaus für weitere 90 Tage aus den in Art. 33 VK genannten Gründen oder zur Wahrung der politischen Interessen der BRD oder aus völkerrechtlichen Gründen als **nationales Visum** verlängert werden.

d) Erteilung einer Aufenthaltserlaubnis?

Der Gesetzgeber will die Begründung eines längerfristigen Aufenthaltes nach einer Einreise mit einem Schengen-Visum auf die Fälle beschränken, in denen ein Anspruch auf die Gewährung des weiteren Aufenthalts besteht. Um eine Umgehung des Verfahrens zur Erteilung eines nationalen Visums (s. unten II.) zu vermeiden, wurde zum einen in § 39 Nr. 3 AufenthV festgelegt, dass nur in Fällen der Entstehung eines Anspruchs nach Einreise der Aufenthaltstitel im Inland eingeholt werden kann, zum anderen wurde in § 5 Abs. 2 AufenthG festgelegt, dass die Erteilung eines Aufenthaltstitels voraussetzt, dass die Einreise mit dem erforderlichen Visum erfolgt ist. Das erforderliche Visum ist das nationale Visum gem. § 6 Abs. 3 AufenthG, wenn ein längerfristiger Aufenthalt beabsichtigt ist.

Um zu vermeiden, dass der Antrag auf Erteilung einer Aufenthaltserlaubnis eines Inhabers eines Schengen-Visums eine Fiktionswirkung auslöst, wurde in § 81 Abs. 4 S. 2 AufenthG die Fiktionswirkung bei der Beantragung der Verlängerung von Visa nach § 6 Abs. 1 AufenthG ausgeschlossen. In § 6 Abs. 1 AufenthG sind die Schengen-Visa definiert, in § 6 Abs. 3 AufenthG dagegen wird das nationale Visum legal definiert. Bei der Beantragung einer weiteren Verlängerung über den zweiten 90-Tage-Zeitraum im Sinne des § 6 Abs. 2 S. 2 AufenthG hinaus greift der gesetzliche Ausschluss nicht, da die zuletzt erfolgte Verlängerung zu einer Erteilung als nationales Visum geführt hat. Wird also zB wegen anhaltender Verschlechterung des Gesundheitszustandes oder eines Schlaganfalles mit anschließender Pflegebedürftigkeit nach 180 Tagen die Erteilung einer Aufenthaltserlaubnis gem. § 36 Abs. 2 AufenthG (weil Pflege durch Angehörige im Bundesgebiet erfolgt) oder gem. § 25 Abs. 5 AufenthG (tatsächliches Abschiebungshindernis infolge von Reiseunfähigkeit) beantragt, so entfaltet dieser Antrag die Fiktionswirkung.

e) Ausnahmen von der Visumpflicht

31 Nach dem in § 4 Abs. 1 S. 1 AufenthG festgeschriebenen Grundsatz bedarf ein Ausländer für die Einreise und den Aufenthalt im Bundesgebiet eines Aufenthaltstitels. **Ausländer** ist dabei jeder, der nicht Deutscher im Sinne des Art. 116 Abs. 1 GG ist (vgl. § 2 Abs. 1 AufenthG). Wichtige **Ausnahmen** hiervon gelten für Staatsangehörige der Mitgliedstaaten der Europäischen Union (sog **Unionsbürger** gemäß Art. 18 EGV), für Staatsangehörige von Staaten, die

mit der EU einen besonderen **bilateralen Vertrag** abgeschlossen haben (zB Schweiz), die Staatsangehörigen der Mitgliedstaaten des **Europäischen Wirtschaftraumes** (EWR, zB Norwegen) sowie weiterer assoziierten Staaten (insbesondere die im Gebiet der EU liegenden Kleinstaaten Andorra, Liechtenstein, San Marino, Vatikan). Darüber hinaus gelten Ausnahmen für die Staatsangehörigen der in Anlage II der Verordnung EG/538/2001 (EG-VisaVO) genannten Staaten und Sonderverwaltungsregionen der Volksrepublik China. Auch die Dauer des erlaubten Aufenthalts eines Ausländers, der visumfrei einreisen darf, berechnet sich dynamisch (s. o., b).

Dabei ist zu unterscheiden zwischen dem Privileg der visumfreien Einreise zu touristischen und Besuchszwecken und der Möglichkeit, einen Aufenthaltstitel für einen längerfristigen Aufenthalt erst nach Einreise in das Bundesgebiet zu beantragen und einzuholen (vgl. § 1 Rn. 74 – Ausnahmen vom Visumverfahren). Dies ergibt sich aus § 6 Abs. 3 S. 1 AufenthG. Die **visumfreie Einreise** impliziert grundsätzlich eine Aufenthaltsdauer von maximal 90 Tagen, die touristischen oder Besuchszwecken dient. Demnach muss auch derjenige, der ohne Visum einreisen darf, einen Antrag auf Erteilung eines nationalen Visums – dessen Erteilung dann von dem Vorliegen der Erteilungsvoraussetzungen der Aufenthalts- bzw. Niederlassungserlaubnis abhängig gemacht wird (vgl. § 6 Abs. 3 S. 2 AufenthG) – vor der Einreise stellen, wenn ein längerfristiger Aufenthalt beabsichtigt ist. Auch hiervon gibt es wichtige **Ausnahmen**: Ausgenommen hiervon sind zunächst die Unionsbürger, die Staatsangehörigen der Mitgliedstaaten des EWR sowie der Schweiz. Weitere Ausnahmen setzen einen Rechtsanspruch auf Erteilung eines Aufenthaltstitels voraus (vgl. § 39 AufenthV) oder privilegieren die Staatsangehörigen bestimmter Staaten (vgl. § 41 Abs. 1 AufenthV: Australien, Israel, Japan, Kanada, Republik Korea, Neuseeland und Vereinigte Staaten von Amerika und des weiteren – eingeschränkt – Andorra, Honduras, Monaco und San Marino). Die Staatsangehörigen der privilegierten Staaten müssen innerhalb von 90 Tagen nach der Einreise den erforderlichen Aufenthaltstitel beantragen (§ 41 Abs. 3 S. 1 AufenthV).

II. Ablehnung des beantragten nationalen Visums / Verwaltungsstreitverfahren

1. Sachverhalt / Lebenslage

Beispiel: Visumsablehnung
O ist der Onkel des kongolesischen Studenten S. O erscheint in der Kanzlei: S habe bei der deutschen Auslandsvertretung in Kinshasa/D.R. Kongo die Erteilung eines Visums beantragt, um sich in Deutschland für ein Universitätsstudium bewerben zu können. Zum Zeitpunkt der Beantragung habe lediglich die Rücksendekarte von uni-assist vorgelegen. Die sonstigen Unterlagen hätten vollständig vorgelegen. Die Botschaft habe den Visumantrag abgelehnt. Vorher habe O auch eine Einladung der Ausländerbehörde der Stadt FH erhalten und dort auch vorgesprochen. Zwischenzeitlich habe S die Einladung zu einer Aufnahmeprüfung für das Studienkolleg der Fachhochschule FH erhalten, wo auch er, O, wohne und S bei ihm wohnen könne. Mithilfe von E-Mail und Telefax-übertragungen wird eine unterschriebene Vollmacht des S übersandt und sodann Akteneinsicht bei der Ausländerbehörde FH beantragt und genommen. Daraus ergibt sich, dass die Ausländerbehörde FH die Zustimmung versagt hatte, weil noch überhaupt nicht sicher sei, ob S einen Studienplatz erhalten könne. Die Bestätigung, dass alle Unterlagen bei uni-assist eingegangen seien, reiche nicht aus. Die Rücksprache mit der zuständigen Sachbearbeiterin der Ausländerbehörde ergibt, dass bei Vorlage einer

Einladung zur Aufnahmeprüfung seitens der Ausländerbehörde eine Zustimmung wohl erfolgen würde.

2. Prüfungsreihenfolge

34 Im Gegensatz zu dem ersten Fall (s. o. Rn. 1) benötigt der S ein **nationales Visum** gem. § 6 Abs. 3 AufenthG. Die hierfür notwendigen Angaben und Belege sind nahezu identisch mit den Informationen, die auch im Verfahren zur Erteilung eines Schengen-Visums notwendig sind. Insofern wird hierauf verwiesen (siehe Rn. 3 ff.) und von einer erneuten umfangreichen Darstellung abgesehen. Allerdings richtet sich die Erteilung eines nationalen Visums nach den Vorschriften des AufenthG, da der Visakodex nur auf Visa mit einer Aufenthaltsdauer von bis zu 90 Tagen je 180-Tage-Zeitraum Anwendung findet (vgl. Art. 1 Abs. 1 Visakodex). Gemäß § 4 Abs. 1 S. 2 AufenthG ist das nationale Visum ein Aufenthaltstitel im Sinne des AufenthG, so dass sämtliche Vorschriften für die Erteilung eines Aufenthaltstitels Anwendung finden und entsprechend zu berücksichtigen sind.

a) Visierfähiges Reisedokument

35 Zur Erfüllung der Passpflicht gem. § 3 Abs. 1 AufenthG benötigt der Antragsteller einen gültigen Reisepass. Bei Anträgen auf Erteilung eines nationalen Visums wird in der Regel verlangt, dass der Reisepass noch mindestens sechs Monate über das Datum der beabsichtigten Einreise hinaus gültig ist.

b) Formularantrag

36 Für die Beantragung eines nationalen Visums wurde ein bundeseinheitlicher Formularantrag entwickelt, der kostenfrei bei allen Botschaften bzw. Konsulaten erhältlich ist und darüber hinaus auf den Internetseiten der Botschaften heruntergeladen werden kann.

c) Sicherung des Lebensunterhalts

37 Gemäß § 5 Abs. 1 Nr. 1 AufenthG muss der Lebensunterhalt gesichert sein. Die Voraussetzungen hierfür sind in § 2 Abs. 3 AufenthG legal definiert. Besonderheiten ergeben sich bei Studierenden, da insoweit lediglich die Sicherung des aktuellen Förderhöchstsatzes nach dem BAföG verlangt wird. Zudem ist es für Studierende ausreichend, wenn sie ein Sperrkonto einrichten, auf dem der Jahresfördersatz nach dem BAföG eingezahlt ist und das mit einem Sperrvermerk versehen ist, der lediglich die monatliche Entnahme von 1/12 des Sparguthabens ermöglicht.[47]

d) Krankenversicherungsschutz

38 Häufig wird die längerfristige Krankenversicherung erst nach der Einreise abgeschlossen. Studierende können erst nach Immatrikulation eine günstige Studierendenversicherung erhalten. Erwerbstätige sind erst nach Arbeitsaufnahme krankenversichert. Auch Antragsteller, die nach Einreise über einen bereits im Bundesgebiet lebenden Familienangehörigen familienversichert sind, fallen erst dann unter die Familienversicherung, wenn sie sich am Wohnort des Stammberechtigten angemeldet haben (§ 10 Abs. 1 S. 1 Nr. 1 SGB V). Daher wird häufig für die ersten Tage bzw. Wochen die Vorlage einer Reisekrankenversicherung verlangt, um eine nahtlose Krankenversicherung zu gewährleisten (siehe Rn. 7).

---

[47] Nr. 16.0.8.1 VwV-AufenthG.

e) Ausreichender Wohnraum

Die Angabe des zukünftigen Wohnortes ist notwendig, um die für die Zustimmung gem. § 31 AufenthV zuständige Ausländerbehörde bestimmen zu können. Des Weiteren ist – anders als beim Schengen-Visum – natürlich zu berücksichtigen, dass ein längerfristiger Aufenthalt beabsichtigt wird. Wenn auch nicht gesetzlich vorgeschrieben, so wird in der Regel schon bei der Beantragung des Visums ein Nachweis darüber vorzulegen sein, wo sich der Antragsteller nach Einreise – zumindest die ersten Tage oder vorübergehend – aufhalten wird. Für den Wohnraumnachweis wird gem. § 2 Abs. 4 AufenthG als ausreichend angesehen, wenn pro Person über sechs Jahren 12 qm und für Kinder unter sechs Jahren 10 qm zur Verfügung stehen.[48] Kinder in den ersten beiden Lebensjahren werden nicht berücksichtigt.[49] Eine Unterschreitung um 10 % ist zulässig.[50] Der Nachweis ausreichenden Wohnraums im Sinne des § 2 Abs. 4 AufenthG ist nur in einigen, nicht allen Aufenthaltstiteln des AufenthG als Voraussetzung genannt.[51] Insofern müssen Studierende noch keinen Mietvertrag mit einem Studentenwohnheim o.ä. vorlegen, sondern es reichen Angaben (mit Nachweisen) über die Möglichkeit, zunächst bei Verwandten oder Bekannten „unterzukommen". Allerdings ist es sicherlich sinnvoll, eine bereits erfolgte Kontaktaufnahme mit dem Studentenwerk o.ä. nachzuweisen.

39

f) Migrationsrisiko

Bei Aufenthaltszwecken, die von vornherein einen längerfristigen oder dauerhaften Aufenthalt im Bundesgebiet annehmen lassen (zB Familiennachzug zu deutschen Staatsangehörigen), spielt dieser Aspekt keine Rolle. Bei anderen Aufenthaltszwecken (insbesondere: Aupair, Sprachkurse, Studium, Praktika, Ausbildung etc) wird dieser Aspekt weiterhin geprüft. Die Prüfung erfolgt unter dem Blickwinkel, ob im Vordergrund der Aufenthalt im Bundesgebiet oder die Verwirklichung des Aufenthaltszwecks steht. Es ist in solchen Fällen daher sinnvoll, auf die zukünftigen Pläne des Antragstellers einzugehen. Mit Eröffnung einer dauerhaften Perspektive durch die Einführung des § 16 Abs. 4 AufenthG gilt dies bei Studierenden allerdings nur noch eingeschränkt, etwa wenn andere Aspekte (wie zB eine lange Zeitspanne zwischen Abitur und Bewerbung um einen Studienplatz) hinzukommen.

40

g) Zustimmungsverfahren

Während das Schengen-Visum ohne Beteiligung weiterer Stellen in eigener Zuständigkeit der Konsulate erteilt wird, ist vor der Erteilung eines nationalen Visums idR die Zustimmung der für den vorgesehenen Wohn- und Aufenthaltsort zuständigen Ausländerbehörde einzuholen.[52] Die Auslandsvertretung übermittelt hierzu die Antragsunterlagen über das Bundesverwaltungsamt an die zuständige Ausländerbehörde. Den Unterlagen fügt sie bereits ein Votum bei.[53] Die Ausländerbehörde prüft insbesondere die Angaben vor Ort (also ggf. hier lebende Familienangehörige, Ehegatten, Kinder; potenzielle Arbeitgeber, Vermieter etc). Häufig werden hierfür die im Bundesgebiet lebenden Familienangehörigen vorgeladen (bei Anträgen auf Familiennachzug). Nach Abschluss der Prüfung übermittelt die Ausländerbehörde ihr Ergebnis an die Auslandsvertretung. Nr. 6.4.3.2 VwV-AufenthG geht davon aus, dass Auslandsvertretung und Ausländerbehörde einvernehmlich entscheiden. Im Ausnahmefall kann die Aus-

41

---

48 Nr. 2.4.2 VwV-AufenthG; Ausnahme: § 31 Abs. 1 AufenthV.
49 *Dienelt/Röseler* in: Renner/Bergmann/Dienelt, § 2 Rn. 3.
50 Nr. 2.4.2 VwV-AufenthG.
51 Vgl. § 9 Abs. 2 S. 1 Nr. 9; § 9 a Abs. 2 S. 1 Nr. 6; § 18 a Abs. 1 Nr. 2; § 29 Abs. 1 Nr. 2 AufenthG.
52 § 31 Abs. 1 AufenthV; Nr. 6.4.3.2 VwV-AufenthG.
53 Nr. 6.4.3.3 VwV-AufenthG.

landsvertretung das Visum trotz Zustimmung der Ausländerbehörde versagen. Soweit sie den entscheidungserheblichen Sachverhalt eigenständig feststellen kann, bedarf es einer Beteiligung der Ausländerbehörde nicht.[54] Dieses Verfahren kommt nur für Visumanträge zur Anwendung, die abgelehnt werden.

42 In der Regel ist davon auszugehen, dass bei Ablehnungen, die nach Beteiligung der Ausländerbehörde ergangen sind, die Zustimmung durch die Ausländerbehörde versagt worden ist. Das Schreiben, mit dem dem Antragsteller die Ablehnung des Visumantrags mitgeteilt wird, ergeht in der Regel ohne (§ 77 Abs. 2 AufenthG) oder unter Angabe einer sehr kurzen Begründung. Soweit bereits aus den Angaben der Kontaktperson hervorgeht, weshalb ein Visum (wahrscheinlich) abgelehnt wurde, ist auf dieser Basis das weitere Vorgehen zu entscheiden (s. u. Rn. 49 und 51). Falls die Ablehnungsgründe unklar bleiben, empfiehlt es sich häufig, Akteneinsicht bei der Ausländerbehörde zu nehmen.[55]

h) Entscheidung über den Visumsantrag

43 Wird dem Antrag entsprochen, wird eine Visummarke (sprich: Klebeetikett) mit den entsprechenden Angaben versehen im Reisepass des Antragstellers angebracht (sprich: eingeklebt). Teilweise werden die Antragsteller dann telefonisch kontaktiert und zur Abholung aufgefordert. Andere Auslandsvertretungen erteilen bereits nach der Vorsprache/Befragung einen neuen Termin zur Abholung des Reisepasses. Wieder andere Auslandsvertretungen übersenden das visierte Reisedokument auch an die Anschrift des Antragstellers, wenn zuvor eine Versandtasche eines Kurierdienstes mit eingereicht wurde.

44 Wird der Antrag abgelehnt, erhält der Antragsteller einen schriftlichen Bescheid. Anders als bei Anträgen auf Erteilung eines Schengen-Visums wird in der Praxis eine kurze individuelle Begründung erteilt. Bei Anträgen auf Familiennachzug, in denen der verfassungsrechtliche Schutzbereich des Art. 6 Abs. 1 GG eröffnet ist, folgt die Begründungspflicht aus dem Verfassungsrang des Schutzgutes.

i) Rechtsbehelf I: Remonstrationsverfahren

45 Die Remonstration ist ein gewohnheitsrechtlich entwickeltes, nicht gesetzlich geregeltes Zwischenverfahren, das es – um nicht unmittelbar Klage vor dem Verwaltungsgericht Berlin erheben zu müssen – ermöglicht, ggf. neue Informationen und/oder Belege in das Verfahren einzuführen und eine erneute Entscheidung hierüber zu erhalten. Ein Remonstrationsverfahren nimmt mindestens einige Wochen, häufig einige Monate in Anspruch. Es ist daher unter Berücksichtigung der Erkenntnisse durch die ggf. erfolgte Akteineinsichtnahme und der Begründung im Ablehnungsbescheid abzuwägen, ob entscheidungserhebliche Informationen oder Unterlagen bislang erkennbar nicht berücksichtigt wurden, die ggf. zu einem anderen Ergebnis führen würden. Wenn dies der Fall ist, sollte ein Remonstrationsverfahren durchgeführt werden. Auch wenn das Verfahren einige Zeit in Anspruch nimmt, ist immer noch schneller mit einer Entscheidung zu rechnen als im Klageverfahren.

j) Remonstrationsbescheid

46 Auf die Remonstration wird der Vorgang erneut geprüft. Wenn neue Informationen in das Verfahren eingeführt wurden, wird in der Regel auch die zu beteiligende Ausländerbehörde

---

[54] Nr. 6.4.3.2 VwV-AufenthG.
[55] Nr. 6.4.6 VwV-AufenthG regelt nun eindeutig, dass ein Recht auf Akteneinsicht besteht.

erneut informiert und eine einheitliche Entscheidung zwischen den Behörden abgestimmt. Erteilt die Ausländerbehörde nunmehr die Zustimmung, dürfte das Visum durch die Auslandsvertretung erteilt werden. Andernfalls ergeht ein Remonstrationsbescheid. Dieser ersetzt den ursprünglichen Ablehnungsbescheid und enthält eine Rechtsbehelfsbelehrung.

k) Rechtsbehelf II: Klageverfahren

Gegen die Ablehnung des Visumantrags bzw. den Remonstrationsbescheid kann Klage zum Verwaltungsgericht Berlin erhoben werden. Im Visumverfahren ergibt sich aus § 52 Nr. 2 S. 4 VwGO in Verbindung mit § 71 Abs. 2 AufenthG die **örtliche Zuständigkeit** des Verwaltungsgerichts Berlin. Das bedeutet für die meisten Fälle, dass das Verfahren schon allein wegen der örtlichen Entfernung der Kanzlei zum Gerichtsstandort mit erheblichen Kosten verbunden ist. Entsprechend ist dies bei der Abwägung der Erfolgsaussichten und der damit verbundenen Kosten zu berücksichtigen.

3. Muster

a) Muster: Remonstrationsschreiben

▶ Deutsche Botschaft ...

... (Adresse)[56]

Betr.: ... (Name des Antragstellers)

Geburtsdatum, Geburtsort, Anschrift, Land, RK-Nr.

Sehr geehrte Damen und Herren,

unter Vollmachtsvorlage bitte ich um

Überprüfung Ihrer Verfügung vom ... im Wege der Remonstration.

S hat zwischenzeitlich eine Einladung zur Aufnahmeprüfung des Studienkollegs der Fachhochschule FH erhalten. Die Prüfung findet am ... in FH statt. Damit sind die Voraussetzungen für die Erteilung einer Aufenthaltserlaubnis gem. § 16 Abs. 1 AufenthG gegeben. Vorsorglich füge ich die Nachweise zur Sicherung des Lebensunterhalts, Wohnraums sowie die Zeugnisse der im Herkunftsland erworbenen Bildungsabschlüsse erneut bei. Ausweislich der überreichten Unterlagen ergibt sich, dass S das Abitur mit guten Noten bestanden hat und bereits zwei Studienjahre erfolgreich an der Universität studiert hat. Neben seinen fachspezifischen Lernzielen hat er sich zusätzlich deutsche Sprachkenntnisse angeeignet und den Sprachtest B1 am Goethe-Institut in Kinshasa bestanden. Auch wenn im aufenthaltsrechtlichen Verfahren die Deutschkenntnisse nicht weiter zu prüfen sind, da diese bereits von der Fachhochschule im Rahmen ihrer Zulassung zur Aufnahmeprüfung berücksichtigt wurden, zeigt dies doch ein erhebliches Engagement des S. Erfahrungsgemäß steigert ein in Deutschland erworbener Studienabschluss zudem die Chancen auf dem kongolesischen Arbeitsmarkt um ein Vielfaches. Sein Lebensunterhalt ist durch die vorgelegte Verpflichtungserklärung des Onkels gesichert. In der Wohnung des Onkels wird S auch eigenes Zimmer haben, da der älteste Sohn des O bereits ausgezogen ist. Sollten weitere Unterlagen benötigt werden, darf ich um kurze Mitteilung bitten.

...

Rechtsanwalt ◀

---

[56] Aktuelle Adressen unter www.auswaertiges-amt.de.

b) Muster: Klageantrag auf Erteilung des Sichtvermerkes

49 ▶ Verwaltungsgericht Berlin

Kirchstr. 7

10117 Berlin

Klage

des ... Staatsangehörigen ... (Name Kläger), ... (Geb.-datum), ... (Geb.-ort), ... (Land) wohnhaft: ... (derzeitige Adresse)

– Kläger –

Prozessbevollmächtigter: ...

gegen

BRD, vertreten durch das Auswärtige Amt, Referat 509, Werderscher Markt 1, 10117 Berlin

– Beklagte –

wegen

Sichtvermerk (§§ 30 Abs. 1 Nr. 2, 29 Abs. 2 AufenthG).

Unter Vollmachtsvorlage erhebe ich die Klage und werde beantragen:

Die Beklagte wird verpflichtet, unter Aufhebung der Verfügung der Deutschen Botschaft ... vom ... [Datum des Ablehnungsbescheides, ggf. des Remonstrationsbescheids], zugestellt am ..., über die Erteilung einer Aufenthaltserlaubnis zu Studienzwecken (§ 16 Abs. 1 AufenthG) in der Form eines nationalen Visums nach § 6 Abs. 3 AufenthG an den Kläger nach Maßgabe der Rechtsauffassung des Gerichts zu entscheiden.

Beizuladen ist die Stadt ..., vertreten durch den Oberbürgermeister / den Landkreis ..., vertreten durch den Landrat ....

Begründung:

Sachverhalt [kurze Darstellung wie im Sachverhalt selbst bzw. im Rahmen des Remonstrationsschreibens]

Rechtliche Ausführungen [ergeben sich aus den Erläuterungen]

Rechtsanwalt ◀

4. Erläuterungen

50 Bei der **Beiladung** im Verwaltungsprozess handelt es sich um eine *notwendige* Beiladung im Sinne des § 65 Abs. 2 VwGO, da die Entscheidung nur einheitlich ergehen kann. Aufgrund der Bindungswirkung, die die Entscheidung auch gegenüber dem Beigeladenen entfaltet, ist die zuständige Ausländerbehörde an die Feststellungen bzw. Verpflichtung des Gerichts gemäß § 121 VwGO gebunden.[57] Insbesondere in Fällen, in denen gerade die Ausländerbehörde ihre Zustimmung verweigert, kommt es damit zu Verfahren, die sich im Ergebnis ausschließlich auf die Ersetzung der Zustimmung der Ausländerbehörde nach § 31 Abs. 1 S. 1 Nr. 1 AufenthV richten, aber gegen die Bundesrepublik Deutschland erhoben werden müssen, um die Ausländerbehörde als Beigeladene zu verpflichten. Die Beiladung hat von Amts wegen zu erfolgen.

---

57 *Kopp/Schenke*, § 66 Rn. 12.

5. Fehlerquellen / Haftungsfallen

a) Vorgehensweise

Wie oben (Rn. 49) dargestellt, ist es immer vom Einzelfall abhängig, ob eine mögliche Lösung im Remonstrationsverfahren liegt oder unmittelbar eine Entscheidung des Verwaltungsgerichts herbeigeführt werden sollte. Es sollte daher zur Vermeidung eines zeitaufwändigen, aber erfolglosen Remonstrationsverfahrens sorgfältig abgewogen werden, ob eine Abänderung der zunächst abschlägigen Entscheidung im Wege der Remonstration erreichbar erscheint.

b) Klageart

Da es sich bei der Klage im Visumverfahren um ein Verwaltungsstreitverfahren handelt, ist wie immer zu unterscheiden, ob ein Rechtsanspruch auf das beantragte Visum besteht (**Verpflichtungsklage**) oder ob die Ausländerbehörde nach der Entscheidung des Gerichts noch ihr Ermessen auszuüben hat (**Bescheidungsklage**). Ist die Erteilung eines Visums zu Studienzwecken im Streit, handelt es sich immer um eine Ermessensentscheidung („kann erteilt werden"), weshalb die Bescheidungsklage zu erheben ist.

c) Rechtsbehelfs- bzw. Klagefrist

Entscheidungen der deutschen Auslandsvertretungen sind idR nicht mit Rechtsbehelfsbelehrungen versehen (§ 77 Abs. 2 AufenthG). Daher ergibt sich die Klagefrist aus § 58 Abs. 2 VwGO und beträgt **ein Jahr** ab Bekanntgabe der Entscheidung gegenüber dem Antragsteller. In der gleichen Frist kann auch eine Überprüfung der Entscheidung im Wege einer Remonstration beantragt werden. Der Remonstrationsbescheid ist regelmäßig mit einer Rechtsmittelbelehrung mit einer Frist von einem Monat ab Zugang versehen.

6. Weiterführende Hinweise

a) Aufenthaltserlaubnis zu Studienzwecken

§ 16 Abs. 1 AufenthG regelt die Aufenthaltserlaubnis zu Studienzwecken, unterscheidet dabei aber zwischen der Phase der **Studienbewerbung** (§ 16 Abs. 1 a AufenthG) und der Phase des eigentlichen **Studiums** (§ 16 Abs. 1 AufenthG). Auch innerhalb des Absatzes 1 wird noch einmal zwischen studienvorbereitenden Maßnahmen (zB Studienkolleg, Sprachkurse etc) und dem eigentlichen Fachstudium unterschieden. Im Beispielfall ist die Phase der Studienbewerbung bereits abgeschlossen. S hat eine Einladung für das Studienkolleg. Infrage kommt daher eine Aufenthaltserlaubnis zum Studium nach § 16 Abs. 1 AufenthG.

Nach § 16 Abs. 1 S. 3 AufenthG ist dazu ein **Zulassungsbescheid** der Bildungseinrichtung vorzulegen. Ausweislich des Gesetzestextes ist hierzu eine bedingte Zulassung ausreichend. Ausweislich der Gesetzesbegründung reicht aber auch eine Studienplatzvormerkung oder eine Bestätigung der Bildungseinrichtung über das Vorliegen einer ordnungsgemäßen Bewerbung zur Zulassung zum Studium aus.[58]

b) Ausreichende Deutschkenntnisse

In § 16 Abs. 1 S. 4 AufenthG ist gesetzlich geregelt, dass die Ausländerbehörde dann keinen (zusätzlichen) Nachweis der Sprachkenntnisse verlangen kann, wenn die Bildungseinrichtung bereits die Sprachkenntnisse bewertet und bei der Zulassung berücksichtigt hat. Dies ist ge-

---

58 BT-Drs. 16/5065, S. 165 (zu Nummer 13).

setzlich verankert worden, damit **Doppelprüfungen** (die häufig auch zu Doppelstandards geführt haben) nicht mehr stattfinden. Die Ausländerbehörde hat demnach keine eigene Prüfungskompetenz bezüglich der Sprachkenntnisse, wenn diese bereits von der Bildungseinrichtung bei der Zulassung geprüft wurden. Die Zulassung zum Studium eines Ausländers erfordert grundsätzlich die Bewerbung mit einem Nachweis über den bisherigen Spracherwerb. Daher ist regelmäßig davon auszugehen, dass die Ausländerbehörden die Sprachkenntnisse nicht mehr zu prüfen haben

c) Sicherung des Lebensunterhalts für Studierende, Ausnahmen

57 Auch für die Erteilung einer Aufenthaltserlaubnis nach § 16 Abs. 1 AufenthG gilt nach § 5 Abs. 1 Nr. 1 AufenthG in Verbindung mit § 2 Abs. 3 AufenthG, dass der Lebensunterhalt ohne Inanspruchnahme öffentlicher Mittel gesichert sein muss. Nach § 2 Abs. 3 S. 5 AufenthG orientiert sich die Berechnung dessen, was zur Sicherung des Lebensunterhalts als notwendig erachtet wird, am **BAföG-Förderungshöchstsatz**. Dieser liegt derzeit bei 670 EUR pro Monat.[59] Der Nachweis hierüber kann ua dadurch geführt werden, dass der notwendige Betrag für ein Studienjahr auf ein Sperrkonto in der Bundesrepublik Deutschland eingezahlt wird, von dem monatlich nur 1/12 des eingezahlten Betrags ausgezahlt werden darf.[60] Der Lebensunterhalt der K ist als gesichert anzusehen.

58 Nach § 5 Abs. 1 Nr. 1 AufenthG setzt die Erteilung eines Aufenthaltstitels voraus, dass der Lebensunterhalt gesichert ist (s. Rn. 5). Hiervon gibt es jedoch **Ausnahmen**. Zum einen ist nach § 5 Abs. 3 AufenthG von den Voraussetzungen nach § 5 Abs. 1 und 2 AufenthG abzusehen, wenn ein Aufenthaltstitel nach §§ 24, 25 Abs. 1 bis 3 sowie § 26 Abs. 3 erteilt wird. Damit sind **anerkannte Flüchtlinge** in der Bundesrepublik Deutschland unter anderem vom Nachweis befreit, dass der Lebensunterhalt gesichert ist. Gemäß § 5 Abs. 3 S. 2 AufenthG kann in den übrigen Fällen der Erteilung eines Aufenthaltstitels nach Kapitel 2 Abschnitt 5 AufenthG von den Voraussetzungen des § 5 Abs. 1 und 2 AufenthG abgesehen werden. Damit soll sichergestellt werden, dass sämtliche Aufenthaltstitel, die aus völkerrechtlichen, humanitären oder politischen Gründen erteilt werden, jedenfalls nicht an den allgemeinen Erteilungsvoraussetzungen scheitern. Darüber hinaus sind Ausnahmen im Rahmen des Aufenthalts aus **familiären Gründen** geregelt (vgl. §§ 28 Abs. 1 S. 2; 29 Abs. 2, 4; 30 Abs. 3; 31 Abs. 4; 33 S. 1; 34 Abs. 1; 35 Abs. 1 S. 1 Nr. 3 2. Alt AufenthG). Häufig liegt der Grund hierfür in der Flüchtlingsanerkennung des bereits in der Bundesrepublik Deutschland lebenden Ausländers, zu dem der Nachzug stattfindet. Auch eine Aufenthaltserlaubnis für **Opfer von Menschenhandel** kann ohne das Vorliegen der Erteilungsvoraussetzungen des § 5 Abs. 1 Nr. 1, 2 und 4 AufenthG erteilt werden (§ 5 Abs. 3 S. 1 Hs. 2 AufenthG).

59 § 29 Abs. 2 S. 2 AufenthG setzt Art. 7 Abs. 1, Art. 12 Abs. 1 S. 1 und 3 RL 2003/86/EG um, wonach dann auf den Nachweis der Sicherung des Lebensunterhalts, ausreichenden Wohnraums und Krankenversicherungsschutzes verzichtet wird, wenn die **Familienzusammenführung** innerhalb von drei Monaten nach Flüchtlingsanerkennung beantragt wird.

60 Damit liegt der Verzicht auf die Sicherung des Lebensunterhaltes nach § 29 Abs. 2 S. 1 AufenthG im Ermessen der Ausländerbehörde. Das **Ermessen** ist bei Anträgen auf Familienzusammenführung bei Flüchtlingen in der Regel auf Null reduziert, da die eheliche bzw. fami-

---

59 Vorgesehen ab Herbst 2016: 735 EUREUR.
60 Nr. 16.0.8.1, 3. Spiegelstrich VwV-AufenthG.

liäre Lebensgemeinschaft nur in der Bundesrepublik Deutschland gelebt werden kann. Mit der Zuerkennung der Flüchtlingseigenschaft ist gerade durch das Bundesamt für Migration und Flüchtlinge festgestellt worden, dass der Flüchtling eben nicht in sein Herkunftsland reisen kann, also auch nicht um dort die eheliche Lebensgemeinschaft zu leben. Etwas anderes könnte sich nur dann ergeben, wenn einer der beiden Ehepartner die Staatsangehörigkeit eines Drittstaates besitzt, in dem sich beide gemeinsam aufhalten dürften. In allen anderen Fällen würde die Verweigerung des Familiennachzugs die eheliche Lebensgemeinschaft dauerhaft verhindern. Dies ist bei der Ermessensausübung der Ausländerbehörde zu berücksichtigen.

d) Echtheit ausländischer öffentlicher Urkunden

Wie bereits dargestellt (Rn. 10), kommt es häufig entscheidungserheblich darauf an, dass die Angaben des Antragstellers durch die Vorlage entsprechender Urkunden belegt werden. Hierzu ist häufig auch die Vorlage einer Geburtsurkunde und anderer Personenstandsurkunden notwendig. Dazu folgende Hinweise: **Öffentliche ausländische Urkunden** haben im Rechtsverkehr gegenüber deutschen Behörden zunächst **keinerlei Beweiswert**.[61] Je nachdem, in welchem Land die Urkunden ausgestellt sind, sind weitere Verfahrensschritte notwendig, damit die Urkunde in Deutschland anerkannt wird. Zunächst ist auf die Länder hinzuweisen, die das **CIEC-Übereinkommen** unterzeichnet haben.[62] Personenstandsurkunden und Ehefähigkeitszeugnisse dieser Länder, die nach dem Muster des CIEC-Übereinkommens ausgestellt wurden, werden ohne weitere Förmlichkeit in Deutschland anerkannt. Daneben hat das Haager Übereinkommen zur Befreiung ausländischer öffentlicher Urkunden von der Legalisation zu einer erheblichen Erleichterung geführt.[63] Die Urkunden der Signatarstaaten müssen lediglich mit einer „**Haager Apostille**" durch die Behörden des ausstellenden Landes versehen werden, so dass auch hier die deutsche Auslandsvertretung nicht eingeschaltet werden muss.[64] Ausländische Urkunden anderer Staaten müssen in der Regel, bevor sie gegenüber deutschen Behörden Beweiswert haben, durch einen Konsularbeamten der Deutschen Botschaft im Herkunftsland legalisiert werden.[65] Die **Legalisation** ist in § 13 KonsularG geregelt. Demnach ist der Konsularbeamte befugt, eine in seinem Amtsbezirk ausgestellte Urkunde zu legalisieren. Damit wird die Echtheit der Unterschrift, die Eigenschaft des Unterzeichners sowie ggf. die Echtheit eines Siegelabdrucks bestätigt. Die Legalisation wird auf der Originalurkunde vermerkt. In einer erheblichen Anzahl von Ländern haben die deutschen Auslandsvertretungen

---

[61] *Hartmann* in: Baumbach/Lauterbach, § 438 ZPO Rn. 3.
[62] Belgien; Bosnien-Herzegowina; Frankreich; Italien; Kroatien; Litauen (ab 29.1.2010); Luxemburg; Mazedonien; Montenegro; Niederlande; Österreich; Polen; Portugal; Schweiz; Serbien; Slowenien; Spanien; Türkei.
[63] Andorra; Antigua und Barbuda; Argentinien; Armenien; Australien; Bahamas; Barbados; Belarus; Belgien; Belize; Bosnien-Herzegowina; Botsuana; Brunei Daressalam; Bulgarien; China (nur für Urkunden aus den Sonderverwaltungsregionen Hongkong und Macau); Cook Inseln; Dänemark (außer Grönland und Faröer); Dominica; Ecuador; El Salvador; Estland; Fidschi; Finnland; Frankreich; Georgien; Grenada; Griechenland; Honduras; Irland; Island; Israel; Italien; Japan; Kap Verde; Kasachstan; Kolumbien; Kroatien; Lesotho; Lettland; Liechtenstein; Litauen; Luxemburg; Malawi; Malta; Marshallinseln; Mauritius; Mazedonien; Mexiko; Monaco; Montenegro; Namibia; Neuseeland (ohne Tokelau); Niederlande (auch für Aruba und die Niederländischen Antillen); Niue; Norwegen; Österreich; Panama; Polen; Portugal; Rumänien; Russische Föderation; Samoa; San Marino; Sao Tome und Principe; Schweden; Schweiz; Serbien; Seychellen; Slowakei; Slowenien; Spanien; St. Kitts and Nevis; St. Lucia; St. Vincent und die Grenadinen; Südafrika; Südkorea; Suriname; Swasiland; Tonga; Trinidad und Tobago; Tschechische Republik; Türkei; Ukraine; Ungarn; Vanuatu; Venezuela; Vereinigtes Königreich (auch für Anguilla, Bermuda, Caymaninseln, Falklandinseln, Gibraltar, Guernsey, Isle of Man, Jersey, Britische Jungferninseln, Montserrat, Sankt Helena, Turks- und Caicosinseln); Vereinigte Staaten; Zypern.
[64] Vgl. die Übersicht in Baumbach/Lauterbach, § 438 ZPO Rn. 10.
[65] *Hartmann* in: Baumbach/Lauterbach, § 438 ZPO Rn. 3, *Geimer* in: Zöller, § 438 ZPO Rn. 1.

die Legalisation von Urkunden mit Zustimmung des Auswärtigen Amtes eingestellt.[66] Stattdessen findet eine **Echtheitsprüfung** der Urkunde statt. Die Echtheitsprüfung findet nur im Wege der Amtshilfe statt. Während die anderen Verfahren durch die Inhaber der Urkunde selbst betrieben werden können, ist dies bei der Echtheitsprüfung nicht der Fall. Die Auslandsvertretung beauftragt in der Regel einen Vertrauensanwalt der Botschaft mit der Überprüfung der in der Urkunde dargelegten Informationen. Hierzu sucht dieser Familienangehörige, Schulen oder Krankenhäuser etc auf. Der Vertrauensanwalt wird von der Auslandsvertretung hierfür bezahlt. Diese Kosten werden an den Urkundeninhaber weitergegeben. In der Regel wird vor Beauftragung des Vertrauensanwalts eine Sicherheitsleistung in Höhe von 300 EUR bis 650 EUR verlangt. Daneben besteht natürlich die Möglichkeit, eine **gerichtliche Entscheidung** nach § 438 Abs. 1 ZPO (§ 98 VwGO) herbeizuführen. Dabei wird das Gericht allerdings in aller Regel wiederum auf die Fachkenntnis der betreffenden Auslandsvertretung zurückgreifen müssen, die die Legalisation eingestellt hat. Für den Fall, dass auch im gerichtlichen Verfahren die Auslandsvertretung nicht in der Lage ist, eine Einschätzung bezüglich der Echtheit der Urkunde abzugeben, wird das Gericht **nach Ermessen** entscheiden müssen.

B. Ausnahmen vom Visumverfahren

I. Sachverhalt / Lebenslage

62 **Beispiel: Vom Au-pair zur Ausbildung**
Es erscheint die bosnische Staatsangehörige B, die als Au-pair bei Familie Müller arbeitet. B war bereits als Kind mit ihren Eltern für einige Jahre in Deutschland und spricht daher nahezu akzentfrei die deutsche Sprache. Sie ist im Besitz einer Aufenthaltserlaubnis gemäß § 18 Abs. 2 AufenthG der Ausländerbehörde S bis Ende Juli. Auf dem Zusatzblatt zur als eAT erteilten Aufenthaltserlaubnis ist vermerkt, dass die Erwerbstätigkeit als Au-pair bei Familie Müller in S für 30 Stunden wöchentlich und für höchstens sechs Stunden täglich gestattet ist. B möchte ab September eine Ausbildung zur Altenpflegehelferin beginnen und hat bereits einen Ausbildungs- und Schulvertrag mit einem Ausbildungsbetrieb sowie einer Ausbildungsschule im Nachbarkreis N abgeschlossen. Für die Zeit bis zum Beginn der Ausbildung kann B ein Zimmer einer Freundin nutzen, die sich während dieser Dauer beruflich im Ausland aufhält. Mit Beginn der Ausbildung besteht die Möglichkeit, ein Zimmer in einem „Schwesternwohnheim" in N zu erhalten. Auf Rückfrage ist der Ausbildungsbetrieb bereit, die Kosten für das Zimmer so zu reduzieren, dass rechnerisch der Lebensunterhalt durch das Gehalt im 1. Ausbildungsjahr ausreichend gedeckt ist. Für die Zeit vor Beginn der Ausbildung möchte B von ihren Ersparnissen leben. Auf ihrem Girokonto wird ein Guthaben in Höhe von 1.300 EUR ausgewiesen. Die Ausländerbehörde S habe ihr gesagt, dass ein Zweckwechsel der Aufenthaltserlaubnis nicht erlaubt werde. Sie solle ausreisen und einen neuen Visumantrag stellen. Der Visumerteilung müsse dann die Ausländerbehörde N zustimmen.

---

66 Afghanistan; Äquatorialguinea; Aserbaidschan; Bangladesh; Benin; Côte d'Ivoire; Dominikanische Republik; Dschibuti; Eritrea; Gabun; Gambia; Ghana; Guinea; Guinea-Bissau; Haiti; Indien; Irak; Kambodscha; Kamerun; Kenia; Kongo (Demokratische Republik); Kongo (Republik); Kosovo; Laos; Liberia; Mali; Marokko (nur Einstellung der Legalisation von Bescheinigungen, die nicht aus den Personenstandsregistern stammen); Mongolei; Myanmar; Nepal; Niger; Nigeria; Pakistan; Philippinen; Ruanda; Sierra Leone; Somalia; Sri Lanka; Tadschikistan; Togo; Tschad; Turkmenistan; Uganda; Usbekistan; Vietnam; Zentralafrikanische Republik.

II. Prüfungsreihenfolge

1. Erfüllung der Voraussetzungen des § 17 AufenthG

Zunächst ist der **Aufenthaltszweck** zu prüfen. Einschlägig ist hier § 17 AufenthG. Die Tatsache, dass ein Monat zwischen dem Ende der bisherigen Beschäftigung und dem Beginn der Ausbildung liegt, ist im vorliegenden Fall unschädlich. Da ein Visumverfahren in der Zeit bis zum Ausbildungsbeginn in der Praxis nicht durchgeführt werden kann (allein schon wegen der Wartezeit für den Termin zur Antragstellung), ist eine Antragstellung im Bundesgebiet notwendig.

2. Verlängerung des Aufenthaltstitels ohne Ausreise / Zweckwechsel

Die B verfügt über eine gültige Aufenthaltserlaubnis nach § 18 Abs. 2 AufenthG. Die Voraussetzung für die Anwendung des § 39 Nr. 1 AufenthV sind erfüllt. Die B kann daher einen Aufenthaltstitel im Bundesgebiet einholen oder verlängern lassen.[67] Im Rahmen der §§ 16 und 17 AufenthG ist dabei auf die Beschränkung des § 16 Abs. 2 S. 1 AufenthG gesondert hinzuweisen, die gemäß § 16 Abs. 5 S. 2 AufenthG und § 17 S. 3 AufenthG auch für eine Aufenthaltserlaubnis zur Teilnahme an einem Sprachkurs sowie zum Zwecke der beruflichen Aus- und Weiterbildung gilt. Demnach darf eine Aufenthaltserlaubnis zu einem anderen Zweck nur erteilt werden, wenn ein Rechtsanspruch besteht (nicht ausreichend: Soll-Anspruch). Diese Beschränkung gilt allerdings dem eindeutigen und unstreitigen Wortlaut nach nur für den Fall, dass der Ausländer einen Aufenthaltstitel nach § 16 oder § 17 schon besitzt, nicht erst beantragt. Der Wechsel zu einer solchen Aufenthaltserlaubnis ist daher nicht beschränkt – was aber immer mal wieder übersehen wird.

3. Beteiligung der Bundesagentur für Arbeit

Gemäß § 17 S. 1 AufenthG bedarf es der Zustimmung der Bundesagentur für Arbeit gem. § 39 AufenthG iVm § 8 Abs. 1 BeschV (Vorrang- bzw. Ausbildungsmarktprüfung).[68] Im Bereich der Alten- und Krankenpflege besteht derzeit eine Unterversorgung, so dass in vielen Fällen mit einer Zustimmung gerechnet werden kann. Dies trifft aber nicht auf alle Ausbildungsberufe zu. Ein Anhaltspunkt ist sicherlich, ob der Beruf auf der Positivliste der Arbeitsagentur gem. § 6 Abs. 2 BeschV enthalten ist.

III. Muster: Antrag auf Verlängerung einer Aufenthaltserlaubnis mit Zweckwechsel

▶ An die

Ausländerbehörde ...

Sehr geehrte Damen und Herren,

unter Vollmachtsvorlage beantrage ich

Erteilung einer Aufenthaltserlaubnis nach § 17 AufenthG zum Zwecke der beruflichen Ausbildung zur Altenpflegehelferin.

Die Antragstellerin hat derzeit eine Aufenthaltserlaubnis nach § 18 Abs. 2 AufenthG und arbeitet als Au-pair bei Familie ... in ... Die Antragstellerin hat mit dem Seniorenwohnheim „Haus Marianne" am ... einen Ausbildungsvertrag geschlossen. Zudem wurde am gleichen Tag ein Vertrag mit der

---

67 Nr. 5.2.1.1 VwV-AufenthG.
68 Vgl. auch Bundesagentur für Arbeit, Durchführungsanweisungen zum AufenthG, Stand 25.4.2014, zu § 17.

Pflegeschule N geschlossen. Die Ausbildung beginnt zum 1. September. Der Lebensunterhalt ist durch das Einkommen der B gesichert. Ausweislich des anliegenden Schreibens des Seniorenwohnheims wird der Antragstellerin im ersten Ausbildungsjahr ein Zimmer im Schwesternwohnheim mietfrei gegen Zahlung einer Nebenkostenpauschale von 50 EUR pro Monat zur Verfügung gestellt. Anliegend überreiche ich das Formular „Stellenbeschreibung" zur Vorlage bei der Bundesagentur für Arbeit. Es wird um umgehende Einholung der Zustimmung der Bundesagentur für Arbeit gebeten.

Nur vorsorglich wird darauf hingewiesen, dass die Antragstellerin über eine gültige Aufenthaltserlaubnis verfügt und somit nach § 39 Nr. 1 AufenthV die Verlängerung des Aufenthaltstitels im Bundesgebiet beantragen kann.

Die Antragstellerin wird sich zu Beginn der Ausbildung unter der neuen Anschrift in ... anmelden.

Rechtsanwalt ◄

IV. Erläuterungen

1. Wechsel der örtlichen Zuständigkeit

67 Häufig erteilen Ausländerbehörden bei Zweckwechseln in Verbindung mit einem Zuständigkeitswechsel lediglich eine **Fiktionsbescheinigung** nach § 81 Abs. 5 AufenthG, so dass die endgültige Erteilung des Aufenthaltstitels der nach Umzug zuständigen Ausländerbehörde überlassen wird. Dazu besteht allerdings bei Vorlage der og Unterlagen kein Anlass. Allerdings muss natürlich das Ergebnis des Verfahrens bei der Bundesagentur abgewartet werden. Sollte dies bis zum Ablauf des bisherigen Aufenthaltstitels noch nicht vorliegen, wäre die Fiktionsbescheinigung vollkommen richtig.

2. Wechsel des Aufenthaltszwecks

68 Streng genommen könnte man im Beispielfall einräumen, dass die B die für die Erteilung des Aufenthaltstitels (Aufenthaltszweck: Ausbildung) notwendigen Angaben nicht im Rahmen des Visumverfahrens gegenüber der Ausländerbehörde S gemacht habe und daher nach § 5 Abs. 2 S. 1 AufenthG keine Aufenthaltserlaubnis erteilt werden könne. Hier hat der Gesetzgeber in § 39 Nr. 1 AufenthV klargestellt, dass die erstmalige ordnungsgemäße Einreise, bei der die Ausländerbehörde nach § 31 AufenthV beteiligt wurde, ausreicht und insofern für weitere Aufenthaltstitel privilegiert.[69] Für den Fall des **Zweckwechsels** muss der Ausländer daher nicht zunächst wieder ausreisen, um dann die erforderlichen Angaben im Visumverfahren gegenüber der deutschen Botschaft zu machen, sondern kann die erforderlichen Angaben gegenüber der zuständigen Ausländerbehörde vortragen.

V. Fehlerquellen / Haftungsfallen

69 Im Rahmen der Prüfung, ob ein Aufenthaltstitel im Bundesgebiet beantragt werden kann, sind die jeweiligen Erteilungsvoraussetzungen genau zu unterscheiden. Eindeutig sind im Vorfeld lediglich die Fälle zu beurteilen, bei denen ein Anspruch auf Erteilung besteht. Bei den anderen Fällen besteht immer eine Abwägung, ob Gründe vorliegen, die zu einer **Ermessensreduzierung auf Null** führen und somit ein Anspruch besteht. Eine **Haftung** wäre lediglich denkbar, wenn man das Bestehen eines Anspruchs übersieht und daher zum Durchführen ei-

---

69 § 39 AufenthV: „Über die im AufenthG geregelten Fälle **hinaus** ...".

nes Visumverfahrens vom Ausland her rät. Eventuell könnte der Mandant dann die entstandenen **Reisekosten** geltend machen.

VI. Weitergehende Hinweise

1. Beantragung und Verlängerung von Aufenthaltstiteln im Bundesgebiet

Zunächst hat der Gesetzgeber in § 5 Abs. 2 S. 2 AufenthG die Möglichkeit eröffnet, von den starren Voraussetzungen des § 5 Abs. 2 S. 1 AufenthG abzuweichen. In Satz 2 ist dabei zu unterscheiden, ob ein Anspruch auf Erteilung eines Aufenthaltstitels besteht, oder ob ein Nachholen des Visumverfahrens vom Ausland aus aufgrund besonderer Umstände nicht zumutbar ist. Beide Varianten stehen aber im **Ermessen** der Ausländerbehörde („kann abgesehen werden"). Im Falle eines Rechtsanspruchs wird regelmäßig auf das Nachholen des Visumverfahrens zu verzichten sein, da dies lediglich eine „leere Förmlichkeit" darstellen würde. Gleiches gilt, wenn ein Ermessensanspruch aufgrund einer Ermessensreduzierung auf Null zu einem Anspruch erwächst.[70] Eine echte Ermessensentscheidung, ob auf die Durchführung des Visumverfahrens im Ausland verzichtet wird, fällt die Ausländerbehörde daher nur in den Fällen, in denen der Ausländer keinen Anspruch auf Erteilung eines Aufenthaltstitels hat, sondern bei dem der möglichen Erteilung eines Aufenthaltstitels ebenfalls eine Ermessensabwägung vorausgeht. Hierbei sind besondere Umstände vorzutragen, warum das Nachholen vom Ausland her als unzumutbar erscheint. Dies ist etwa bei Schwangerschaften, Erkrankungen, betreuungsbedürftigen Kindern, pflegebedürftigen Angehörigen etc der Fall.[71]

70

In der **Aufenthaltsverordnung** hat das Bundesministerium des Innern zahlreiche wichtige **Fallgruppen** von der Durchführung eines Visumverfahrens ausgenommen. § 39 Nr. 1 AufenthV betrifft die Fälle, in denen der Ausländer bereits über ein nationales Visum verfügt, also eine Ausländerbehörde nach § 31 Abs. 1 S. 1 AufenthV der erstmaligen Einreise zugestimmt haben muss oder bereits eine Aufenthaltserlaubnis vorliegt. Dies bedeutet, dass der Ausländer entweder ordnungsgemäß mit Visum eingereist war oder dass vor Erteilung der Aufenthaltserlaubnis bereits einmal auf die ordnungsgemäße Durchführung des Visumverfahren verzichtet wurde.[72] Insbesondere ist auf § 39 Nrn. 4 und 5 AufenthV hinzuweisen. Diese Regelungen ermöglichen die Erteilung einer Aufenthaltserlaubnis nach Beantragung im Inland, obwohl keine ordnungsgemäße Einreise stattgefunden hat oder zumindest aktuell eine Ausreisepflicht besteht. Voraussetzung ist im Falle des § 39 Nr. 5 AufenthV allerdings, dass ein Anspruch auf Erteilung einer Aufenthaltserlaubnis aufgrund einer Eheschließung oder der Geburt eines Kindes besteht. Damit konkretisiert § 39 AufenthV zwei Fälle, die sonst über den allgemein gültigen § 5 Abs. 2 S. 2 AufenthG gelöst werden müssten.

71

2. Auswirkungen des rechtmäßigen Voraufenthalts nach § 8 Abs. 3 S. 5 AufenthG

Zwar hat der Gesetzgeber in § 8 Abs. 1 AufenthG grundsätzlich festgelegt, dass für die Verlängerung einer Aufenthaltserlaubnis dieselben Vorschriften Anwendung finden wie auf die Erteilung. Jedoch wurde dieser Grundsatz in § 8 Abs. 3 S. 5 AufenthG dahin gehend modifiziert, dass bei **Verlängerungen**, denen eine Ermessensentscheidung der Behörde zugrunde liegt, die schutzwürdigen Belange des Ausländers zwingend in die Ermessensentscheidung

72

---

70 Nr. 5.2.3 VwV-AufenthG.
71 Weitere Beispiele in Nr. 5.2.3. VwV-AufenthG.
72 VGH BW InfAuslR 1995, 104, 105; Nr. 5.2.1.2 VwV-AufenthG.

einzustellen sind. Das bedeutet, dass § 8 Abs. 1 AufenthG lediglich auf die gesetzlichen Voraussetzungen verweist, die bei der Ersterteilung wie auch einer Verlängerung gegeben sein müssen. Lebt ein Ausländer schon mehrere Jahre im Bundesgebiet, hat allein die **Dauer des rechtmäßigen Aufenthaltes** eine ermessensreduzierende Wirkung. Des Weiteren sind **schutzwürdige Bindungen** an das Bundesgebiet (zB wirtschaftliche Integration durch gefestigte Erwerbstätigkeit) sowie die Auswirkungen für im Bundesgebiet lebende Familienangehörige zu berücksichtigen (zB wenn der Ausländer andere Familienangehörige finanziell unterstützt und damit staatliche Unterstützung obsolet wird). Je länger der (rechtmäßige) Voraufenthalt gedauert hat, desto stärker ist der **Vertrauensschutz** im Rahmen des § 8 Abs. 3 S. 5 AufenthG zu berücksichtigen.[73]

C. Statusumwandlung

I. Umwandlung eines illegalen Status in einen legalen Status nach §§ 27 ff. AufenthG

1. Sachverhalt

Beispiel: Aufenthaltstitel wegen Eheschließung
Zu einem Besprechungstermin in der Kanzlei erscheinen der in der Stadt Frankfurt am Main lebende iranische Staatsangehörige I und seine Partnerin F, die ebenfalls iranische Staatsangehörige ist. I legt ein Schreiben der Ausländerbehörde vor, worin ihm eine Frist zur freiwilligen Ausreise für den dem Termin in der Kanzlei folgenden Tag gesetzt wird. Für den Fall, dass I bis zum nächsten Tag nicht ausgereist ist, wird die Abschiebung angedroht. Aus dem Schreiben geht hervor, dass das Asylverfahren des I vor wenigen Monaten durch ein Urteil des Verwaltungsgerichts rechtskräftig negativ abgeschlossen wurde. I kann sich mit einem Ausweisersatz ausweisen, in den eine Bescheinigung über die Aussetzung der Abschiebung (Duldung) eingeklebt ist, die noch bis zum Folgetag gültig ist. I erklärt, er sei bis vor wenigen Wochen wegen seiner Passlosigkeit geduldet worden. Nun wollten er und F heiraten und er habe deswegen einen Pass beim iranischen Konsulat beantragt. Dieser sei ihm wenige Wochen später ausgehändigt worden. Als er dies der Ausländerbehörde mitgeteilt hat, habe diese sofort seinen Pass einbehalten. Das Standesamt warte noch auf Papiere vom Oberlandesgericht. F lebt in Wiesbaden. Sie hat seit wenigen Wochen einen Reiseausweis für Flüchtlinge („blauer Pass"). Die Ausländerbehörde hat I mitgeteilt, dass sich aus Art. 6 Abs. 1 GG erst dann ein Abschiebehindernis ergebe, wenn ein standesamtlicher Termin zur Trauung feststehe. Ein Anruf beim OLG ergibt, dass die Unterlagen abschließend geprüft seien und lediglich noch die Unterschrift des zuständigen Richters fehle. Dieser sei aber voraussichtlich noch die gesamte Woche krank. F erklärt, dass sie aufgrund ihrer Konversion zum Christentum als Flüchtling gemäß § 3 AsylG anerkannt wurde. Neben dem Flüchtlingspass legt sie eine Aufenthaltserlaubnis nach § 25 Abs. 2 AufenthG vor, die ihr als elektronischer Aufenthaltstitel erteilt wurde. Das Urteil des Verwaltungsgerichts Wiesbaden, in dem die entsprechende Feststellung getroffen wurde, sei seit ca. zwei Monaten rechtskräftig. I und F können das Gespräch in der Kanzlei in deutscher Sprache führen.

---

73 *Müller* in: Hofmann, § 8 Rn. 14.

2. Prüfungsreihenfolge

a) Voraussetzungen für einen Aufenthaltstitel nach §§ 27 ff. AufenthG

F ist im Besitz eines **Reiseausweises für Flüchtlinge** im Sinne des § 1 Abs. 3 Nr. 2 AufenthV, Art. 28 Abs. 1 S. 2 GFK. Dieser setzt die rechtskräftige Anerkennung als Flüchtling voraus. Aufgrund des entsprechenden Verpflichtungsurteils hat das Bundesamt festgestellt, dass die Voraussetzungen nach § 3 AsylG vorliegen. Die Ausländerbehörde hat ihr eine Aufenthaltserlaubnis nach § 25 Abs. 2, 1. Var. AufenthG als elektronischer Aufenthaltstitel (eAT), § 79 AufenthG, erteilt. Nach der Eheschließung ist § 30 Abs. 1 S. 1 Nr. 3 Buchst. c) AufenthG einschlägig und I hat einen Rechtsanspruch („ist zu erteilen") auf Erteilung einer Aufenthaltserlaubnis.

b) Zeitpunkt der Schutzwirkung aus Art. 6 Abs. 1 GG (Schutz von Ehe und Familie, Schutz der Eheschließungsfreiheit) und Art. 8 Abs. 1 EMRK (Schutz des Privat- und Familienlebens)

Es ist **umstritten**, ab welchem Zeitpunkt die Vorwirkungen des Art. 6 Abs. 1 GG greifen. Hierbei ist zu unterscheiden: § 30 AufenthG schützt die Verwirklichung der ehelichen Lebensgemeinschaft. Ein Abschiebehindernis aus der Vorwirkung von Art. 6 Abs. 1 GG ergibt sich aus der Garantie der Eheschließungsfreiheit. Während die Ausländerbehörden in der Regel erst von der Einleitung aufenthaltsbeendender Maßnahmen absehen, wenn ein Termin zur Eheschließung beim Standesamt feststeht, ist die Rechtsprechung uneinheitlich. Das Bundesverwaltungsgericht hat festgestellt, dass eine Verletzung der durch Art. 6 Abs. 1 GG gewährleisteten Eheschließungsfreiheit aufgrund einer Versagung eines Aufenthaltstitels jedenfalls dann nicht angenommen werden kann, wenn der Zeitpunkt der geplanten Eheschließung völlig ungewiss ist.[74] Allerdings ist der Zeitpunkt der Eheschließung nicht völlig ungewiss, wenn lediglich noch die Befreiung von dem Erfordernis, ein Ehefähigkeitszeugnis vorzulegen, durch das Oberlandesgericht erteilt werden muss (§ 1309 Abs. 2 BGB). Es ist weiterhin umstritten, ob bereits dann ein Abschiebungshindernis gegeben ist, wenn alle erforderlichen Unterlagen beim Standesamt vorgelegt wurden und die weitere Bearbeitung somit nicht mehr in der Hand der Verlobten liegt.[75]

Bei einer solchen Fallgestaltung ist es daher angezeigt, **telefonisch Kontakt mit dem Standesamt** und der zuständigen Stelle am Oberlandesgericht aufzunehmen und auf diesem Wege zu eruieren, wie weit die Entscheidung gereift ist. Im Beispielfall ist die Prüfung bereits positiv abgeschlossen. Der zuständige Richter muss noch die abschließende Unterschrift leisten (wovon der in der Regel auszugehen sein wird) und die Unterlagen anschließend an das zuständige Standesamt übersenden. Damit ist das unmittelbare Bevorstehen der Eheschließung zu bejahen.

c) Ausreichende Kenntnisse der deutschen Sprache

Bei allen Fällen eines Ehegattennachzugs muss geprüft werden, ob der nachzugswillige Ehegatte über ausreichende deutsche Sprachkenntnisse verfügen muss (und falls ja, auch verfügt) oder ob eine der zahlreichen Ausnahmen gegeben ist. Im Beispielfall greift die Befreiung des § 30 Abs. 1 S. 3 Nr. 1 nicht, weil die Ehe nicht bereits bei Lebensmittelpunktverlagerung in das Bundesgebiet bestand. Näheres hierzu wird in Kapitel 3 ausgeführt. Im vorliegenden Fall ist I in der Lage, das Gespräch in der Anwaltskanzlei in deutscher Sprache zu führen. Die

---

74 BVerwG InfAuslR 1985, 130, 131.
75 Bejahend: *Bruns* in: Hofmann, § 60 a Rn. 20; verneinend: *Bauer* in: Renner/Bergmann/Dienelt, § 60 a, jeweils mwN.

ausreichenden Sprachkenntnisse liegen daher offenkundig vor.[76] Es sollte darauf geachtet werden, dass bei der zuständigen Ausländerbehörde ein entsprechender Vermerk gefertigt wird.

d) Lebensunterhalt und Wohnraum

78 Von dem Vorliegen der Voraussetzungen des §§ 5 Abs. 1 Nr. 1 und 29 Abs. 1 Nr. 2 AufenthG kann nach § 29 Abs. 2 S. 1 AufenthG abgesehen werden (Ermessen). Aufgrund der Flüchtlingsanerkennung der F wäre für den Fall, dass F innerhalb der letzten drei Monate anerkannt wurde, nach Satz 2 von den genannten Voraussetzungen zwingend abzusehen (gesetzlicher Anspruch).[77] Dieser Aspekt ist näher **aufzuklären**. Entsprechend muss der **Vortrag** gegenüber der Ausländerbehörde wegen des Wegfalls des Erfordernisses des Nachweises von Lebensunterhalt und Wohnraum angepasst werden. Im Beispielfall findet § 29 Abs. 2 S. 2 AufenthG Anwendung, so dass auch aus diesem Grund darauf hinzuwirken ist, dass das OLG zeitnah zu einer Entscheidung kommt, so dass der Termin zu Eheschließung und somit die Antragstellung auf Erteilung der Aufenthaltserlaubnis vor Ablauf der Drei-Monats-Frist liegt.

e) Antrag aus dem Inland

79 Sobald die Ehe geschlossen und die Abschiebung des I weiter ausgesetzt ist (§ 60 a Abs. 4 AufenthG), kann der Aufenthaltstitel gemäß § 39 Nr. 5 AufenthV im Bundesgebiet beantragt werden. Als Voraussetzung dafür ist sicherzustellen, dass I weiter geduldet wird. Die Voraussetzung, dass die Ehe im Bundesgebiet geschlossen worden sein muss, ist erfüllt. Daher kann die Aufenthaltserlaubnis erteilt werden, obwohl I nicht mit dem erforderlichen Visum eingereist ist (§ 5 Abs. 2 AufenthG).

f) Ausländerrechtliche Zuständigkeit

80 Bei der Bearbeitung des eingangs beschriebenen Falls muss berücksichtigt werden, dass sich die ausländerbehördliche Zuständigkeit ändern wird/muss. Zunächst ist die Ausländerbehörde zuständig, in deren Bezirk der I zu Beginn seines Asylverfahrens zugewiesen wurde und in dem er auch weiterhin seinen Wohnsitz zu nehmen hat. Daher ist diese Ausländerbehörde für die Aussetzung der Abschiebung bis zur Eheschließung zuständig. Die Erteilung einer Aufenthaltserlaubnis erfolgt dann im Zuständigkeitsbereich der Ausländerbehörde am beabsichtigten Ort der ehelichen Wohnung – also bei F. Der Zuständigkeitswechsel erfordert einen Antrag auf länderinterne Umverteilung gem. § 50 AsylG. Wegen der Frist nach § 29 Abs. 2 S. 2 AufenthG sollte der Antrag auf Erteilung der Aufenthaltserlaubnis umgehend nach erfolgter Eheschließung an die noch zuständige Ausländerbehörde gestellt werden.[78]

---

76 Nr. 30.1.2.3.4.4 VwV-AufenthG.
77 In Umsetzung des Art. 12 Abs. 1 Unterabsatz 3 RL 2003/86/EG.
78 Vgl. § 29 Abs. 2 S. 3 AufenthG; zuständige Behörde nach § 60 Abs. 4 AsylG.

3. Muster

a) Muster: Antrag auf Duldungsverlängerung

▶ An die

Stadt Frankfurt am Main

Ausländerbehörde

Unter Vollmachtsvorlage beantrage ich

die Abschiebung aufgrund der vorehelichen Schutzwirkung von Art. 6 Abs. 1 GG auszusetzen und gemäß § 60 a Abs. 4 AufenthG eine Bescheinigung hierüber auszustellen (Duldung)

hilfsweise

die Abschiebung gem. § 60 a Abs. 2 Satz 3 AufenthG im Wege des Ermessens aufgrund der vorehelichen Schutzwirkung von Art. 6 Abs. 1 GG auszusetzen und eine Bescheinigung hierüber auszustellen

sowie

Erteilung einer Dauerverlassenserlaubnis dahin gehend, dass auch der vorübergehende Aufenthalt in Wiesbaden gestattet wird.

Wie Ihnen bereits bekannt ist, beabsichtigt der ASt. zu heiraten. Bei der Verlobten handelt es sich um ... (Verlobte des Antragstellers). Diese ist als Flüchtling anerkannt und verfügt über eine Aufenthaltserlaubnis nach § 25 Abs. 2, 1. Var. AufenthG. Die Befreiung von der Beibringung eines Ehefähigkeitszeugnisses liegt nach telefonischer Auskunft der Sachbearbeiterin des OLG unterschriftsreif beim zuständigen Richter am OLG. Dieser sei allerdings noch die gesamte Woche aufgrund einer Erkrankung arbeitsunfähig. Mit einer Vertretung sei diese Woche nicht zu rechnen. Die Voraussetzungen für die Eheschließung sind damit erfüllt. Die Eheschließung steht unmittelbar bevor, weitere Hindernisse sind nicht ersichtlich.

Damit entfaltet bereits zum jetzigen Zeitpunkt Art. 6 Abs. 1 GG die voreheliche Schutzwirkung im Bezug auf die Eheschließungsfreiheit. Entsprechend ist die Abschiebung auszusetzen und eine Bescheinigung (Duldung) gemäß § 60 a Abs. 4 AufenthG zu erteilen.

Hilfsweise wird gebeten, die Erteilung einer Ermessensduldung gem. § 60 a Abs. 2 AufenthG zu prüfen.

Unter Hinweis auf Nr. 50.6.5 VvW-AufenthG wird gebeten, I bei der Vorsprache seinen Pass auszuhändigen, da dieser für die Anmeldung der Eheschließung im Original vorgelegt werden muss.[79]

Unmittelbar nach Eheschließung wird ein Antrag auf landesinterne Umverteilung gem. § 50 AsylG beim Regierungspräsidium Darmstadt gestellt werden.

Es wird um Bestätigung dieser Vorgehensweise gebeten, andernfalls müsste Eilrechtsschutzantrag auf Aussetzung der Abschiebung gestellt werden.

...

Rechtsanwalt ◀

Fortsetzung des Beispielsachverhalts:

Die Ausländerbehörde der Stadt Frankfurt am Main verlängert daraufhin die Aussetzung der Abschiebung gemäß § 60 a Abs. 2 AufenthG um vier Wochen und erteilt die Bescheinigung

---

[79] Manchen Standesämtern genügt die Vorlage einer von der Ausländerbehörde beglaubigten Kopie, andere fordern den Original-Pass unmittelbar bei der Ausländerbehörde an, so dass ihn der Inhaber nicht persönlich ausgehändigt bekommt.

nach § 60 a Abs. 4 AufenthG in den Pass des I. Nach der Eheschließung reicht I unmittelbar die Heiratsurkunde des Standesamtes Wiesbaden ein.

b) Muster: Antrag auf Aufenthaltstitel zum Ehegattennachzug im Inland

83 ▶ An die

Stadt Frankfurt am Main

Ausländerbehörde

Unter Vollmachtsvorlage zeige ich Vertretung an und beantrage,

Erteilung einer Aufenthaltserlaubnis nach §§ 27 Abs. 1; 30 Abs. 1S. 1 Nr. 3 Buchst. c) AufenthG zum Zwecke des Familiennachzugs.

Zu Ihrer Kenntnis überreiche ich den heutigen Antrag auf landesinterne Umverteilung an das Regierungspräsidium Darmstadt. Weiterer Vortrag erfolgt nach Entscheidung über diesen Antrag.

Vorsorglich wird beantragt,

die Bescheinigung über die Aussetzung der Abschiebung (Duldung) gem. § 60 a Abs. 2 AufenthG fortgesetzt zu verlängern.

...

Rechtsanwalt ◀

c) Muster: Antrag auf landesinterne Umverteilung gem. § 50 AsylG

84 ▶ An das

Regierungspräsidium Darmstadt

Zentrale Ausländerbehörde

Unter Vollmachtsvorlage zeige ich Vertretung an und beantrage,

den og **Antragsteller gem. § 50 AsylG unter Abänderung der Zuweisungsentscheidung vom ... der Landeshauptstadt Wiesbaden zuzuweisen.**

Begründung:

Der Antragsteller hat in der Vergangenheit einen Antrag auf Anerkennung als Asylberechtigter gestellt, der zuletzt mit klagabweisendem Urteil des Verwaltungsgerichts vom ... abgelehnt wurde. Er hat am ... vor dem Standesamt Wiesbaden die F geheiratet (Anlage: Heiratsurkunde). F wurde mit Bescheid des Bundesamtes für Migration und Flüchtlinge vom ... die Flüchtlingseigenschaft zuerkannt (Anlage). Sie ist im Besitz eines Reiseausweises für Flüchtlinge und einer Aufenthaltserlaubnis gem. § 25 Abs. 2 AufenthG (Anlage: Kopie). F wohnt unter der Anschrift ... in Wiesbaden (Anlage: Meldebescheinigung), die Eheleute möchten dort ihre gemeinsame Ehewohnung nehmen (Anlage: Mietvertrag; Vermieterbescheinigung). Anliegend überreiche ich ein entsprechendes Schreiben der F, das diese Angaben bestätigt (Anlage).

...

Rechtsanwalt ◀

4. Erläuterungen

a) Duldungsverlängerung und Aufenthaltserlaubnis

85 Aus der bereits geschilderten unterschiedlichen Wirkung aus Art. 6 Abs. 1 GG ist bei der bisher zuständigen Ausländerbehörde lediglich die Aussetzung der Abschiebung bis zur Ehe-

schließung durchzusetzen. Im Anschluss an die Eheschließung ist sodann der weitere Vortrag gegenüber der für den Wohnort des Ehegatten zuständigen Ausländerbehörde notwendig. Der Gesetzgeber geht im 2. Kapitel in Abschnitt 6 des AufenthG (Erteilung eines Aufenthaltstitels zum Familiennachzug) stets davon aus, dass sich der nachziehende Ehegatte noch im Ausland befindet und nun erstmals in die Bundesrepublik Deutschland einreisen will. Die Vorschriften zum Familiennachzug sind aber auch anzuwenden, wenn sich der „nachziehende" Ehegatte bereits in der Bundesrepublik Deutschland aufhält. Allerdings ist dann eine Umverteilung des lediglich geduldeten Ehegatten zu beantragen.

b) Sicherheitsanfragen

Gemäß § 73 Abs. 2 S. 1 AufenthG können (Ermessen der Behörde) zur Feststellung von Versagungsgründen gemäß § 5 Abs. 4 AufenthG oder zur Prüfung von Sicherheitsbedenken vor der Erteilung eines Aufenthaltstitels sogenannte Sicherheitsanfragen an die dafür zuständigen Stellen gerichtet werden. Durch eine Allg. Verwaltungsvorschrift zu § 73 Abs. 2 und 3 AufenthG wurde dieses Ermessen reduziert. In den in der Verwaltungsvorschrift genannten Fällen haben die Ausländerbehörden von der in § 73 Abs. 2 AufenthG eingeräumten Befugnis Gebrauch zu machen.[80] Dies betrifft alle Fälle der Erteilung einer Niederlassungserlaubnis bzw. Erlaubnis zum Daueraufenthalt-EU sowie die Antragsteller anderer Aufenthaltstitel, falls sie aus Herkunftsländern stammen, die in Anlage 1 und 2 der Verwaltungsvorschrift genannt sind. Diese Praxis ist mit der ursprünglichen Intention des Gesetzgebers nur schwer zu vereinbaren und übersieht zudem, dass sich konkrete Anhaltspunkte für eine Anfrage in der Regel nicht allein aus der Staatsangehörigkeit einer Person herleiten lassen.[81]

5. Fehlerquellen / Haftungsfallen

a) Verlust der Privilegierung nach § 29 Abs. 2 S. 2 AufenthG

Wie oben ausgeführt, wird bei einem Antrag auf Familiennachzug innerhalb von drei Monaten nach unanfechtbarer Anerkennung als Asylberechtigter bzw. Zuerkennung der Flüchtlingseigenschaft auf den Nachweis der Sicherung des Lebensunterhaltes (§ 5 Abs. 1 Nr. 1 AufenthG) sowie dem Nachweis, dass ausreichend Wohnraum zur Verfügung steht, verzichtet (§ 29 Abs. 2 S. 2 AufenthG). Nach Ablauf der Drei-Monats-Frist steht es im **Ermessen** der Ausländerbehörde, auf die entsprechenden Nachweise zu verzichten (§ 29 Abs. 2 S. 1 AufenthG). Dies stellt eine Schlechterstellung dar, die – für den Fall, dass der geplante Familiennachzug dadurch erschwert oder verhindert wird – gegebenenfalls vom Rechtsanwalt zu verantworten ist.

b) Ablauf der Duldung – sofortiges Handeln notwendig

Die Abschiebung des I ist bis zum kommenden Tag ausgesetzt. Daher muss unmittelbar gehandelt werden. Läuft die Duldung ab, ohne dass ein entsprechender Verlängerungsantrag gestellt wurde, macht sich I zum einen strafbar (vgl. § 95 Abs. 1 S. 2 AufenthG), zum anderen folgt aus dem Verdacht der Straftat ein Grund für eine Ingewahrsamnahme durch die Polizei. Es besteht dann die Gefahr, dass die Ausländerbehörde **Abschiebungshaft** beantragt, da der Ausländer seiner Ausreisepflicht nicht nachgekommen und diese vollziehbar geworden ist (§ 58 Abs. 2 S. 1 AufenthG). Zwar genügt nach der wohl auf § 62 AufenthG übertragbaren

---

80 § 1 Abs. 2 Allg. Verwaltungsvorschrift zu § 73 Abs. 2 und 3 S. 1 AufenthG.
81 *Marx*, AAFR, § 2 Rn. 305.

Rechtsprechung des Bundesverfassungsgerichts zu § 52 Abs. 2 AuslG (1990) die Erfüllung des Tatbestands des § 62 Abs. 2 S. 1 Nr. 1 AufenthG nicht, um die richterliche Anordnung der Sicherungshaft zu begründen.[82] Allerdings ist es in der Praxis nicht auszuschließen, dass auch ohne konkrete Verdachtsmomente, der Ausländer würde sich einer Abschiebung entziehen, ein entsprechender Haftbeschluss gefasst werden kann. Dieses Risiko ist durch unmittelbaren **Vortrag gegenüber der Ausländerbehörde** zu vermeiden.

c) Haftung bei schuldhaftem Handeln

89 Besteht ein Anspruch auf Erteilung eines Aufenthaltstitels und wird das Bestehen dieses Anspruchs vom Rechtsanwalt schuldhaft verkannt, so ist grundsätzlich eine Haftung auf Schadensersatz und Schmerzensgeld denkbar.[83] Insbesondere im Zusammenhang mit der Frage der **Beschäftigungserlaubnis**, die bei Besitz einer Aufenthaltserlaubnis ggfs. aus dem Gesetz folgt, während im Falle einer Duldung gemäß § 60 a AufenthG die Zustimmung der Arbeitsagentur gem. § 32 BeschV notwendig ist.

6. Weiterführende Hinweise

a) Unterschiedliche Anforderungen aufgrund geltender EU-Richtlinien

90 Beim Familiennachzug zu Ausländern ist immer zu berücksichtigen, dass das AufenthG einerseits teilweise höhere Anforderungen an die Erteilung eines Aufenthaltstitels stellt, als dies beim Familiennachzug zu deutschen Staatsangehörigen der Fall ist. Andererseits ist der Familiennachzug an manchen Stellen aufgrund der Richtlinie 2003/86/EG vereinfacht gestaltet.[84] Insbesondere für türkische Staatsangehörige sind die Auswirkungen der Stand-still-Klausel aus ARB 1/80 zu berücksichtigen.

b) Auswirkungen von § 10 Abs. 3 AufenthG

91 Bei allen ausländerrechtlichen Angelegenheiten, bei denen die Mandanten zuvor erfolglos ein Asylverfahren betrieben haben, muss § 10 Abs. 3 AufenthG beachtet werden. Im Beispielfall wurde der Asylantrag des I rechtskräftig – also unanfechtbar – abgelehnt. Damit ist die Erteilung einer Aufenthaltserlaubnis vor einer Ausreise zunächst durch § 10 Abs. 3 S. 1 AufenthG ausgeschlossen. Allerdings besteht nach der Eheschließung ein **Rechtsanspruch** auf Erteilung einer Aufenthaltserlaubnis nach § 30 Abs. 1 Nr. 2 AufenthG, so dass gemäß § 10 Abs. 3 S. 3 AufenthG die Sätze 1 und 2 keine Anwendung finden.

II. Umwandlung eines illegalen Status in einen legalen Status nach § 25 a und § 25 b AufenthG, weitere Bleibeperspektiven gem. § 60 a AufenthG

1. Sachverhalt

92 Beispiel: gute Integration und langjähriger Voraufenthalt
Eine siebenköpfige afghanische Familie hat erfolglos ein Asylverfahren betrieben. Der Vater, Mohammad Z., ist gemeinsam mit den jüngeren vier Kindern (Tochter Zahra, heute 19 Jahre alt, Sohn Mahmoud, 17, Tochter Bibi Aisha, 15 und Sohn Dawoud, 12) vor fast sechs Jahren eingereist. Die Mutter, Sultana Z., und der älteste Sohn Amir, 21, wurden auf der Flucht von der restlichen Familie getrennt und kamen erst vor vier Jahren in Deutschland an. Vater Mo-

---

82 BVerfG InfAuslR 1994, 342, 344.
83 OLG Frankfurt aM NVwZ-RR 2007, 63.
84 HessVGH 23.10.2006 – 7 TG 2317/06.

hammad kann sich in deutscher Sprache verständlich machen (die Vorsprachen bei der Ausländerbehörde nimmt er ohne Dolmetscher war) und arbeitet in Vollzeit als Reinigungskraft. Mutter Sultana ist Hausfrau, Deutschkenntnisse sind praktisch nicht vorhanden. Amir hat im letzten Jahr eine Ausbildung zum Bäcker begonnen. Zahra hat einen qualifizierten Hauptschulabschluss erworben, ist verheiratet mit dem ebenfalls nur geduldeten afghanischen Staatangehörigen Hamid K., und erwartet in zwei Monaten ihr erstes Kind. Hamid K. arbeitet und kann den Lebensunterhalt für die junge Familie sichern. Er möchte ebenfalls anwaltlich vertreten werden. Mahmoud besucht die 9. Klasse der Hauptschule. Er wurde in der Vergangenheit wegen wiederholtem Erschleichen von Leistungen (Schwarzfahren) und Handeltreiben mit BtMG (Haschisch, 5 g an Kumpel verkauft) durch das Jugendgericht zu 50 h Sozialarbeit und zur Teilnahme an zwei Wochenendseminaren verpflichtet. Beides hat er absolviert. Bibi Aisha besucht das Gymnasium, ist Klassensprecherin und begeisterte Schwimmerin. U.a. ist sie Schlussschwimmerin der Lagenstaffel der Mädchen ihres Schwimmvereins. Dawoud besucht den Realschulzweig der Gesamtschule und spielt in seiner Freizeit gerne Fußball. Die Familie erhält (ergänzende) Leistungen nach dem AsylbLG.

Nach rechtskräftiger Ablehnung des Asylverfahrens hat Vater Mohammad für alle Familienangehörigen gültige afghanische Reisepässe vorgelegt.

2. Prüfungsreihenfolge

Im vorliegenden Fall ist für alle sieben Familienmitglieder gesondert zu prüfen, ob eine Aufenthaltserlaubnis erteilt werden kann. Im Bereich der Bleiberechtsregelungen ist dabei zu bedenken, dass zT gesonderte Vorschriften für Familienangehörige in Abhängigkeit zu einer Bezugsperson bestehen. Im vorliegenden Fall bietet es sich an, die Prüfung mit den Kindern zu beginnen.

a) Anspruchsgrundlage § 25 a Abs. 1 AufenthG
aa) Jugendliche oder Heranwachsende

Die Gesetzesbegründung verweist auf § 1 Abs. 2 JGG: Jugendlicher ist demnach, wer das 14. Lebensjahr vollendet hat. Heranwachsend betrifft die Zeitspanne zwischen dem 18. und 21. Lebensjahr. Der Antrag kann also erst mit Erreichen des 14. Lebensjahres gestellt werden.

bb) Geduldet

Jedenfalls im Zeitpunkt der Antragstellung muss der Betroffene geduldet sein. Das bedeutet entweder, dass er im Besitz einer Bescheinigung über die Aussetzung der Abschiebung (Duldung) gem. § 60 a Abs. 4 AufenthG ist, oder aber, dass die Voraussetzungen für die Erteilung einer solchen Bescheinigung, sog materielle Duldungsgründe, vorliegen.[85] Strittig ist derzeit, ob eine sog Verfahrensduldung ausreicht.[86]

Unstreitig dürften Personen, die wegen eines laufenden Petitions- oder eines Verfahrens vor der Härtefallkommission des Landes geduldet sind, unter diese Regelung fallen.

cc) Ununterbrochener vierjähriger Voraufenthalt

Verlangt werden vier Jahre, in denen der Betroffene sich **ununterbrochen** erlaubt, geduldet oder gestattet im Bundesgebiet aufhält. Unterbrechungen durch Auslandsaufenthalte sind idR

---

85 Vgl. *Wunderle* in: Renner/Bergmann/Dienelt, § 25 a Rn. 11 mwN; Nds.OVG 19.3.2013 – 8 LB 5/11, www.asyl.net.
86 Ablehnend im Falle einer Aussetzung des Vollzugs gem. § 80 Abs. 4 S. 1 VwGO durch die Ausländerbehörde: Hess.VGH 6.7.2012 – 7 A 473/11, www.asyl.net.

schädlich, § 85 AufenthG ist auf diesen Sachverhalt nicht anzuwenden.[87] Unschädlich sind sog erlaubte Auslandsaufenthalte, die mit Kenntnis und Erlaubnis der Ausländerbehörde stattgefunden haben.[88] Ob erlaubnisfreie Aufenthalte ebenfalls erlaubt im Sinne des § 25 a AufenthG sind, wird derzeit durch das OVG Berlin-Brandenburg diskutiert.[89]

Die verschiedenen Grundlagen für den Aufenthalt können sich in den vier Jahren abwechseln und aufeinander folgen, also miteinander kombiniert werden.

Auch hier gilt: Die Voraussetzungen für die Duldung müssen vorgelegen haben, nicht die Bescheinigung tatsächlich ausgestellt worden sein.

dd) Bildungserwerb

97 Zunächst ist gesetzlich geregelt, dass der Bildungserwerb **im Bundesgebiet** stattgefunden haben muss. **In der Regel** werden vier Jahre erfolgreicher Schulbesuch oder der Erwerb eines anerkannten Schul- oder Berufsabschluss vorausgesetzt.

(1) erfolgreicher Schulbesuch

98 Bereits in § 25 a AufenthG (aF) war diese Formulierung enthalten. Verlangt wird der Besuch einer staatlichen oder staatlich anerkannten Schule. Über die Voraussetzungen des § 104 a AufenthG hinausgehend, muss der Schulbesuch **erfolgreich** sein. Fraglich ist dies bei der Wiederholung einer Klassenstufe. Die Gesetzesbegründung führt aus: „Kriterien für einen erfolgreichen Schulbesuch sind die Regelmäßigkeit des Schulbesuchs sowie die Versetzung in die nächste Klassenstufe". Ist demnach die Wiederholung einer Klassenstufe ein Ausschlussgrund für die Erteilung der Aufenthaltserlaubnis? Oder nur, wenn im Jahr der Antragstellung eine Wiederholung erfolgt? Oder wenn im notwendigen Voraufenthaltszeitraum eine Wiederholung erfolgte?

Entscheidend dürfte eine Gesamtschau sein. Dazu müssen sämtliche Schulzeugnisse vorgelegt und berücksichtigt werden. Zu berücksichtigen sind – nach der Rspr. – auch Sozial- und Arbeitsverhalten (Kopfnoten) und Fehltage.[90]

(2) Schul- oder Berufsabschluss

99 Wurde ein Schulabschluss im Bundesgebiet erreicht, ist die Dauer des vorangegangenen Schulbesuchs irrelevant. Gleiches gilt bei einem anerkannten Berufsabschluss.

ee) Antragstellung vor Vollendung des 21. Lebensjahres

100 Der Gesetzestext ist eindeutig: Der Antrag muss vor Vollendung des 21. Lebensjahres gestellt werden. Unklar ist, ob im Zeitpunkt der Antragstellung auch die weiteren Erteilungsvoraussetzungen vorliegen müssen? Relativiert Abs. 1 S. 1 Nr. 3 die Ausführungen zu Beginn von S. 1 der Vorschrift (einem jugendlichen oder heranwachsenden Ausländer ... kann erteilt werden)? Damit dieser Nr. ein eigener Regelungsgehalt zukommt, muss eine Erteilung auch an einen erwachsenen Ausländer möglich sein, der nicht mehr unter das JGG fällt.

---

87 BVerwG 10.11.2009 – 1 C 24.08, NVwZ 2010, 914; Nds.OVG 29.3.2012 – 8 LA 26/12, www.asyl.net.
88 VGH BW 9.12.2009 – 13 S 2092/09; Nds.OVG 29.3.2012, aaO; www.asyl.net.
89 Berufungszulassungsbeschluss, OVG B-Bbg 7.5.2014 – 3 N 8.14, www.asyl.net.
90 Nds.OVG 19.3.2012 – 8 LB 5/11, Beschl. v. 3.2.2010 – 8 PA 17/10, www.asyl.net.

ff) positive Integrationsprognose

Dieses Tatbestandsmerkmal war bereits in § 25 a AufenthG (aF) enthalten. Das Nds.OVG hat hierzu festgestellt:

„§ 25 a Abs. 1 S. 1 AufenthG erfordert eine positive Integrationsprognose. Diese kann gestellt werden, wenn die begründete Erwartung besteht, dass der ausländische Jugendliche oder Heranwachsende sich in sozialer, wirtschaftlicher und rechtlicher Hinsicht in die Lebensverhältnisse der Bundesrepublik Deutschland einfügen kann. Geboten ist eine die konkreten individuellen Lebensumstände des ausländischen Jugendlichen oder Heranwachsenden berücksichtigende Gesamtbetrachtung, etwa der Kenntnisse der deutschen Sprache, des Vorhandenseins eines festen Wohnsitzes und enger persönlicher Beziehungen zu dritten Personen außerhalb der eigenen Familie, des Schulbesuchs und des Bemühens um eine Berufsausbildung und Erwerbstätigkeiten, des sozialen und bürgerschaftlichen Engagements sowie der Akzeptanz der hiesigen Rechts- und Gesellschaftsordnung." (vgl. Nds.OVG 19.3.2012 – 8 LB 5/11, Ls. 2, www.asyl.net).

§ 25 a Abs. 1 AufenthG enthält keinen Ausschlussgrund: strafrechtliche Verurteilungen. Strafrechtliche Verfehlungen sind daher im Rahmen der Integrationsprognose zu berücksichtigen. Noch einmal sei das Nds.OVG zitiert:

„Eine strafrechtliche Verfehlung kann ungeachtet einer strafgerichtlichen Verurteilung einer positiven Integrationsprognose entgegenstehen, wenn sie – unter Berücksichtigung der Tatumstände, der bewirkten Rechtsgutsbeeinträchtigungen, des Alters des ausländischen Jugendlichen oder Heranwachsenden bei der Tatbegehung und seiner Bereitschaft, das verwirklichte Unrecht einzusehen, aufzuarbeiten und sein Leben entsprechend zu ändern – auf eine mangelhafte Akzeptanz der hiesigen Rechts- oder gar Gesellschaftsordnung hindeutet." (vgl. Nds.OVG, Ls. 3, a.a.O).

gg) Bekenntnis zur FDGO

Dieses Tatbestandsmerkmal ist – wenn man der umfassenden Beschreibung einer Integrationsprognose zB des Nds.OVG folgt – ein weißer Schimmel. Eine positive Integrationsprognose bei Verneinung der FDGO dürfte nicht möglich sein.

hh) Lebensunterhaltssicherung

§ 25 a Abs. 1 S. 2 AufenthG ist lex specialis zu § 5 Abs. 1 Nr. 1 AufenthG. Demnach ist die Sicherung des Lebensunterhaltes durch Inanspruchnahme öffentlicher Leistungen nicht anspruchshindernd, solange sich der Betroffene in einer schulischen oder beruflichen Ausbildung befindet oder an einer Hochschule studiert. § 8 Abs. 2 und Abs. 3 BAFöG setzt einen vierjährigen Voraufenthalt voraus, korreliert also mit § 25 a AufenthG.

ii) Ausschlussgrund: Falschangaben / Täuschung

Im Rahmen der Altfallregelung durch den IMK-Beschluss vom 17.11.2006 sowie der gesetzlichen Bleiberechtsregelung (§ 104 a AufenthG) waren Falschangaben und Täuschungshandlungen, die in der Vergangenheit lagen und keine Auswirkungen auf die aktuelle Aussetzung der Abschiebung hatten, dennoch anspruchshindernd. Zudem war dieser Aspekt höchst strittig. Sollten Falschangaben oder Täuschungen der Behörde in der Vergangenheit anspruchshindernd sein, wenn sie noch in der aktuellen Duldung fortwirkten, oder sollte jede Falschangabe/Täuschung im Voraufenthaltszeitraum einer Erteilung entgegenstehen? Oder sollte jegliche Falschangabe oder Täuschung, die im Bundesgebiet jemals ggü Behörden erfolgte, eine Inanspruchnahme der Bleiberechtsregelung blockieren?[91]

Dieses Tatbestandsmerkmal ist im § 25 a Abs. 1 AufenthG im Präsens formuliert: aufgrund von ... ausgesetzt ist (vgl. § 104 a Abs. 1 Nr. 4 AufenthG dagegen: ... und er die Ausländerbehörde nicht vorsätzlich über aufenthaltsrechtlich relevante Umstände getäuscht oder behördliche Maßnahmen zur Aufenthaltsbeendigung nicht vorsätzlich hinausgezögert oder behindert hat.) Nur wenn Falschangaben oder Täuschungen Grundlage für die aktuelle Aussetzung der Abschiebung sind, ist der Ausschlussgrund dem Wortlaut nach erfüllt.

Weitere Einschränkungen zugunsten der Anspruchsberechtigten wurden vorgenommen: eigene Falschangaben und seine Täuschung. Hier wird es darum gehen, in der Akte der Ausländerbehörde zu prüfen, ob zB der Betroffene ab dem 16. Lebensjahr die Anträge auf Verlängerung der Duldung mit falscher Identität selbst unterschrieben hat (oder die Anträge auf Ausstellung von Passersatzpapieren). Sind diese weiterhin nur von den Eltern unterschrieben hat der Heranwachsende keine eigenen Falschangaben gegenüber der Ausländerbehörde getätigt.

jj) Allgemeine Erteilungsvoraussetzungen gem. § 5 AufenthG
(1) Passpflicht / Identität

105 Im Zusammenhang mit früheren Bleiberechtsregelungen wurde rgm. entschieden, dass § 5 Abs. 1 S. 1 a und 4 AufenthG zu berücksichtigen sind. Allerdings kann die Ausländerbehörde hiervon im Wege des Ermessens gem. § 5 Abs. 3 absehen.[92]

(2) Ausweisungsinteresse

106 Während in § 25 a Abs. 3 eine Regelung für die Eltern ua getroffen wurde, fehlt es an einem lex specialis zu § 5 Abs. 1 S. 1 Nr. 2 („kein Ausweisungsinteresse besteht"). Man kann unterstellen, dass der Gesetzgeber strafrechtliche Verfehlungen wohl im Rahmen der Integrationsprognose berücksichtigen wollte, wie so häufig ist ihm aber nicht gelungen, dies auch im Gesetz entsprechend zum Ausdruck zu bringen.

b) Anspruchsgrundlage § 25 a Abs. 2 S. 1 AufenthG (Eltern bzw. sorgeberechtigter Elternteil eines Jugendlichen / Heranwachsenden iSd. § 25 a Abs. 1 AufenthG)

107 Den Eltern oder einem sorgeberechtigten Elternteil **kann** die Aufenthaltserlaubnis erteilt werden. Es handelt sich um einen Ermessensanspruch. Bei getrennt lebenden Eltern kann beiden unabhängig voneinander eine Aufenthaltserlaubnis erteilt werden, wenn ein gemeinsames Sorgerecht und eine schutzwürdige Beziehung zum Kind besteht.

Ehegatten oder Lebensgefährten des sorgeberechtigten Elternteils (die nicht mit dem Jugendlichen / Heranwachsenden gem. Abs. 1 verwandt sind) sind nicht anspruchsberechtigt.

Die Vorschrift ist lex specialis zu § 36 Abs. 2 AufenthG.

aa) Minderjähriges Kind, das eine AE nach Abs. 1 besitzt

108 Die AE wird nur zur Ausübung der Personensorge erteilt, weshalb zwingend vorausgesetzt wird, dass es sich um ein jugendliches Kind handelt. Mit Erreichen der Volljährigkeit (= Heranwachsende) können die Eltern aus dem Aufenthaltstitel des Kindes nach Abs. 1 keine Ansprüche (mehr) herleiten.

---

91 Zu diesem Streit: OVG NRW 19.8.2009 – 18 A 3049/08, www.asyl.net.
92 BVerwG 14.5.2013 – 1 C 17.12, Ls. 2, www.asyl.net.

bb) Keine Falschangaben / Täuschung oder Verhinderung / Verzögerung

Anders als in Abs. 1 ist der Ausschlussgrund nicht auf eigene Falschangaben und Täuschungshandlungen beschränkt. Des Weiteren wird der weitere Ausschlussgrund der mangelnden „Erfüllung zumutbarer Anforderungen an die Beseitigung von Ausreisehindernissen" angeführt.

Wie in Abs. 1 muss ein Zusammenhang zwischen dem sanktionierten Verhalten und der aktuellen Aussetzung der Abschiebung bestehen („verhindert oder verzögert wird").

cc) Eigenständige Sicherung des Lebensunterhaltes

Der Lebensunterhalt muss **eigenständig durch Erwerbstätigkeit** gesichert sein. Anders als bei den Bleiberechts- und Altfallregelungen der Vergangenheit ist eine Finanzierung durch Dritte, ggfs. unter Abgabe einer Verpflichtungserklärung gem. § 68 explizit ausgeschlossen. Eine Erleichterung ist nicht vorgesehen, der Lebensunterhalt muss iSd. § 2 Abs. 3 gesichert sein. Das nach Abs. 1 anspruchsberechtigte Kind ist bei der Berechnung zu berücksichtigen.

c) Anspruchsgrundlage § 25 a Abs. 2 S. 2 AufenthG (weitere minderjährige Kinder der Eltern iSd. § 25 a Abs. 2 S. 1 AufenthG, die nicht selbst unter Abs. 1 fallen)

Die Geschwister eines Jugendlichen/Heranwachsenden gem. Abs. 1 erhalten nur dann eine AE, wenn die Eltern eine AE bekommen. Anspruchsberechtigt sind nach dem Gesetzeswortlaut die mj. Kinder der Eltern bzw. des Elternteils, also auch Halbgeschwister, allerdings keine Stiefgeschwister.

aa) Sicherung des Lebensunterhaltes

Durch den Umweg über die Eltern ist auch bei den mj. Kindern zwingende Voraussetzung, dass der Lebensunterhalt durch die eigenständige Erwerbstätigkeit der Eltern gesichert ist (da sonst die Eltern gar nicht erst in den Besitz einer Aufenthaltserlaubnis kommen).

bb) Familiäre Lebensgemeinschaft

Die Beziehung zwischen dem mj. Kind und dem Elternteil muss in den Schutzbereich von Art. 6 Abs. 1 GG fallen.

d) Anspruchsgrundlage § 25 a Abs. 2 S. 3 AufenthG (Ehegatten/Lebenspartner des Jugendlichen/Heranwachsenden iSd. § 25 a Abs. 1 AufenthG)

Dem Ehegatten/Lebenspartnern eines Jugendlichen/Heranwachsenden nach Abs. 1 **soll** eine Aufenthaltserlaubnis erteilt werden.

Die Vorschrift ist lex specialis zu §§ 27 ff. Das bedeutet: eine Aufenthaltserlaubnis wird dem Ehegatten/Lebenspartner unabhängig von entsprechenden Deutschkenntnissen und von der Erfüllung von Einreisebestimmungen iSd. § 5 Abs. 2 erteilt.

aa) Lebensunterhaltssicherung

Der Anspruch entsteht unter den Voraussetzungen nach Satz 1. Mit „sicher" ist gemeint, dass der Lebensunterhalt des Ehegatten/Lebenspartners gem. § 2 Abs. 3 AufenthG gesichert sein muss.

Nach Sinn und Zweck muss der Ehegatte / Lebenspartner den Lebensunterhalt nicht **eigenständig durch Erwerbstätigkeit** sichern, sondern es genügt, wenn der Jugendliche/Heranwachsende gem. Abs. 1 durch seine Erwerbstätigkeit den LU sichert.

bb) Keine Falschangaben / Täuschungen?

116 Theoretisch liegt ein Ausschlussgrund vor, wenn der Ehegatte/Lebenspartner aufgrund eigener Falschangaben/Täuschung geduldet wird. Erfolgt eine Eheschließung im Inland, dürfte dieser Tatbestand aber nur in den seltensten Fällen einschlägig sein.

e) Anspruchsgrundlage § 25 a Abs. 2 S. 4 AufenthG (Kinder des Jugendlichen / Heranwachsenden iSd. § 25 a Abs. 1 AufenthG)

117 Den Kindern eines Jugendlichen/Heranwachsenden gem. Abs. 1 soll eine Aufenthaltserlaubnis erteilt werden – ohne dass weitere besondere Erteilungsvoraussetzungen vorliegen müssten. Allerdings sind die allg. Erteilungsvoraussetzungen gem. § 5 AufenthG zu beachten, also insbesondere Klärung der Identität und Erfüllung der Passpflicht.

f) Duldungsanspruch gem. § 60 a Abs. 2 b AufenthG für Eltern von Jugendlichen iSd. § 25 a Abs. 1 AufenthG

118 Für die Eltern bzw. den **allein** sorgeberechtigten Elternteil sowie die mj. Kinder, die mit diesem Personenkreis in familiärer Lebensgemeinschaft zusammen leben gilt: Kann die Erteilung einer Aufenthaltserlaubnis nicht erfolgen (insbesondere mangels Sicherung des LU aus eigenständiger Erwerbstätigkeit, wg. Falschangaben/Täuschung oder wg. Delinquenz) **soll** die Abschiebung gem. § 60 a Abs. 2 b ausgesetzt werden.

Das bedeutet: Falls die Sicherung des Lebensunterhaltes zu einem späteren Zeitpunkt erfolgt, kann erteilt werden.

Einzig die strafrechtlichen Verstöße können allein durch Ablauf der Tilgungsfristen gem. BZRG beseitigt werden.

Es handelt sich um einen Regelanspruch, das bedeutet auch: In begründeten Ausnahmefällen kann von der Aussetzung der Abschiebung abgesehen werden.

g) Anspruchsgrundlage § 25 b Abs. 1 AufenthG
aa) Nachhaltige Integration in die Lebensverhältnisse in Deutschland
(1) Voraufenthaltsdauer

119 Verlangt wird – wie in der Altfallregelung der IMK 2006 und der gesetzl. Bleiberechtsregelung des § 104 a – ein acht- oder sechsjähriger Voraufenthalt.

Dieser Voraufenthalt muss **ununterbrochen** sein (vgl. Ausführungen zu § 25 a). Ausweislich der Gesetzesbegründung sind Unterbrechungen der Mindestaufenthaltsdauer von bis zu drei Monaten unschädlich.

(2) Grundkenntnisse der Rechts- und Gesellschaftsordnung

120 Hierzu kann auf § 9 Abs. 2 S. 1 Nr. 8 AufenthG verwiesen werden. Der Nachweis wird durch die Vorlage des Zertifikats des bundeseinheitlichen Tests zum Orientierungskurs nach § 17 Abs. 1 Nr. 2 IntV („Leben in Deutschland") erbracht. Antragsteller, die ausreichend die deutsche Sprache beherrschen, können ggfs. auch als externe Prüfungsteilnehmer nur diesen Teil des Abschlusstests des Integrationskurses absolvieren. Nach Nr. 9.2.1.8 VwV-AufenthG wird der Nachweis auch erbracht, „wenn der Ausländer einen Abschluss einer deutschen Hauptschule oder einen vergleichbaren oder höheren Schulabschluss einer deutschen allgemein bildenden Schule nachweisen kann".

(3) Lebensunterhaltssicherung

§ 25 b Abs. 1 S. 2 Nr. 3 AufenthG ist lex specialis zu § 5 Abs. 1 Satz 1 Nr. 1 AufenthG. Drei Varianten und eine weitere gesetzliche Ausnahme sind zu unterscheiden:

- **überwiegende Lebensunterhaltssicherung:** Überwiegend ist der Lebensunterhalt dem Wortlaut nach gesichert, wenn der berechnete Bedarf der Antragsteller zu mehr als 50 % durch Einkommen aus Erwerbstätigkeit gesichert ist (Berücksichtigung des bereinigten Einkommens gem. § 11 b SGB II). Damit soll ausweislich der Gesetzesbegründung dem Umstand Rechnung getragen werden, „dass es für Geduldete aufgrund ihres ungesicherten aufenthaltsrechtlichen Status häufig schwieriger ist, einen Arbeitsplatz zu finden".
- **Positive Prognose:** Kann der Lebensunterhalt im Zeitpunkt der Antragstellung / Erteilung nicht wenigstens überwiegend durch Erwerbstätigkeit gesichert werden, ist prognostisch zu beurteilen, ob aufgrund der bisherigen Schul-, Ausbildungs-, Einkommens- sowie der familiären Situation zu erwarten ist, dass eine Sicherung des Lebensunterhaltes gem. § 2 Abs. 3 AufenthG erfolgen wird.
- **Vorübergehender Leistungsbezug:** Daneben sind eine Reihe von Fällen katalogisiert, in denen eine gesetzliche Vermutung besteht, dass es sich um vorüber gehenden Bezug von Leistungen nach dem SGB handelt. Diese dürften eine Vielzahl von praxisrelevanten Konstellationen abdecken.

Bei Studierenden und Auszubildenden liegt dies auf der Hand.

Bei Familien mit minderjährigen Kindern besteht die Erwartung, dass die Kinder mit zunehmendem Alter auf eigenen finanziellen Füßen stehen und die Eltern daher in der Lage sein werden, ihren LU aus Erwerbstätigkeit zu sichern.

Dass Alleinerziehende mit Kindern im Vorschulalter keine Vollzeittätigkeit ausüben können – zumal in Bundesländern, die den Ausbau von Kinderbetreuungs- und -bildungsangeboten verhindern oder verzögern – hat sich bis nach Berlin herumgesprochen. Hier dürften regionale Besonderheiten zu einer erheblich unterschiedlichen Praxis führen.

Neu aufgenommen (im Vgl. zu IMK-Beschluss oder § 104 a) wurde die Pflege naher Angehöriger. Wie *nahe* dem Antragsteller der pflegebedürftige Angehörige stehen muss, ist weder im Gesetz noch in der Begründung genannt.

- **Ausnahme gem. Abs. 3:** Keine Sicherung des Lebensunterhaltes wird darüber hinaus verlangt, wenn diese aufgrund einer *körperlichen, geistigen oder seelischen Krankheit oder Behinderung oder aus Altersgründen* nicht erfüllt werden kann. Hier wird – bei krankheitsbedingten Gründen – im Hinblick auf die Sicherung des Lebensunterhaltes idR ein Gutachten des arbeitsmedizinischen Dienstes des Jobcenters vorzulegen sein.

Darüber hinaus ist für Antragsteller, die das Rentenalter erreicht haben, der Leistungsbezug unschädlich.

(4) hinreichende Sprachkenntnisse – Niveau A2

Der Nachweis entsprechender Sprachkenntnisse ist über die Vorlage eines Zeugnisses einer Sprachschule zu führen, die Mitglied der **Association of Language Testers in Europe (ALTE)** ist. Daneben gilt die Sprachkenntnis ausweislich der Gesetzesbegründung als nachgewiesen, wenn:

- bislang einfache Gespräche bei der Ausländerbehörde ohne Zuhilfenahme eines Dolmetschers auf Deutsch geführt werden konnten;
- vier Jahre eine deutschsprachige Schule mit Erfolg besucht, ein Hauptschulabschluss oder wenigstens gleichwertiger deutscher Schulabschluss erworben wurde oder eine Versetzung in die zehnte Klasse einer weiterführenden deutschsprachigen Schule erfolgt oder
- ein Studium an einer deutschsprachigen Hochschule oder Fachhochschule oder eine deutsche Berufsausbildung erfolgreich abgeschlossen wurde.

Kinder und Jugendliche bis zur Vollendung des 16. Lebensjahres bedürfen keines Sprachnachweises.

Für erwerbsunfähige und lebensältere Personen ist die persönliche Lebenssituation gem. Abs. 3 zu berücksichtigen.

(5) Schulbesuch schulpflichtiger Kinder

123 Der Nachweis wird idR durch die Vorlage der entsprechenden Schulzeugnisse erbracht. Anspruchsvoraussetzung ist hier der tatsächliche, nicht der erfolgreiche Schulbesuch.

bb) Versagungsgründe
(1) Täuschung / Falschangaben

124 Die Formulierung des § 25 b Abs. 2 Nr. 1 AufenthG ist nicht wortgleich, aber inhaltsgleich mit § 25 a Abs. 2 Satz 1 Nr. 1 AufenthG. Auf die entsprechenden Ausführungen unter Rn. 109 wird verwiesen.

(2) Ausweisungsinteresse

125 Anders als im IMK-Beschluss von 2006, § 104 a AufenthG oder zB § 25 a AufenthG sieht die stichtagsunabhängige Bleiberechtsregelung keinen Ausschluss wegen strafrechtlich relevantem Verhalten anhand der starren Grenzen der „üblichen" 50/90 Tagessätze vor. Anspruchshindernd sind lediglich Straftaten, die ein besonders schwerwiegendes Ausweisungsinteresse nach § 54 Abs. 1 oder ein schwerwiegendes Ausweisungsinteresse nach § 54 Abs. 2 N. 1 (Verurteilung zu mind. einem Jahr Freiheitsstrafe) oder Nr. 2 (Jugendstrafe von mind. einem Jahre ohne Aussetzung zur Bewährung) begründen.

cc) Allg. Erteilungsvoraussetzungen
(1) Identität / Passpflicht

126 S. oben, II.2.a) ii)

(2) Ausweisungsgründe

127 Während in § 25 a AufenthG strittig ist, ob § 5 Abs. 1 S. 1 Nr. 2 Anwendung findet, dürfte dies dem Wortlaut nach für § 25 b eindeutig sein. D.h., dass in diesem Fall auch die sonst übliche Privilegierung von Straftätern im Hinblick auf Verurteilungen zu 50 bzw. 90 Tagessätzen nicht erfolgt.

dd) Einreise- und Aufenthaltsverbot

128 Ein evtl. verfügtes Einreise- und Aufenthaltsverbot gem. § 11 AufenthG ist aufzuheben, wenn die sonstigen Voraussetzungen gegeben sind (§ 11 Abs. 4 S. 2 AufenthG).

h) Anspruchsgrundlage § 25 b Abs. 4 AufenthG
(Angehörige des nach § 25 b Abs. 1 AufenthG Anspruchsberechtigten)

Gem. Abs. 4 soll dem Ehegatten, dem Lebenspartner sowie minderjährigen ledigen Kindern eine Aufenthaltserlaubnis unter den Voraussetzungen des § 25 b Abs. 1 S. 2 Nr. 2–5 AufenthG erteilt werden, also unabhängig von einer sechs- oder achtjährigen Voraufenthaltsdauer. Die weiteren Voraussetzungen müssen allerdings vorliegen.

i) Duldung zu Ausbildungszwecken gem. § 60 a Abs. 2 S. 3 – 6 AufenthG
aa) qualifizierte Berufsausbildung

Voraussetzung sind staatlich anerkannte Ausbildungsberufe. Eine qualifizierte Berufsausbildung liegt bei einer wenigstens zweijährigen Ausbildungsdauer vor (§ 6 Abs. 1 S. 2 BeschV).

bb) Beginn vor Vollendung des 21. Lebensjahres

Die Ausbildung muss vor Vollendung des 21. Lebensjahres begonnen worden sein. D.h. auch Azubis, die bereits im 2. oder 3. Ausbildungsjahr sind, fallen nach Inkrafttreten (noch) unter diese Regelung, wenn die Ausbildung vor Vollendung des 21. Lebensjahres aufgenommen wurde.

cc) Ausschluss: sichere Herkunftsländer

In Deutschland herrscht Fachkräftemangel. 37.100 Lehrstellen blieben im Jahr 2015 unbesetzt (vgl. Bildungsbericht 2015 des BMBF). Auszubildende aus den Ländern des Westbalkans sollen aber nicht in Deutschland arbeiten.

3. Muster: Anträge nach § 25 a, § 25 b und auf fortgesetzte Duldung § 60 a AufenthG

▶ An die
Ausländerbehörde

1. Mohammad Z.
2. Sultana Z.
3. Mahmoud
4. Bibi Aisha
5. Dawoud

die Antragsteller zu 3) bis 5) gesetzl. vertr. du. ihre Eltern, die Ast. zu 1) und 2)

Sehr geehrte Damen und Herren,

unter Vollmachtsvorlage beantrage ich

Erteilung einer Aufenthaltserlaubnis gem. § 25 a Abs. 1 AufenthG für die Antragsteller zu 3) und 4)

und

Erteilung einer Aufenthaltserlaubnis gem. § 25 b Abs. 1 AufenthG für die Antragsteller zu 1) und 5)

und

Erteilung einer Aufenthaltserlaubnis gem. § 25 b Abs. 4 AufenthG für die Antragstellerin zu 2)

sowie hilfsweise

die Antragsteller zu 1), 2) und 5) fortgesetzt gem. § 60 a Abs. 2 b AufenthG zu dulden.

§ 1 Ersterteilung eines Aufenthaltstitels

Die Antragsteller zu 1), 3), 4) und 5) reisten am ... in das Bundesgebiet ein und haben Deutschland seit Einreise nicht wieder verlassen. Die Antragstellerin zu 2) reiste erst am ... ein.

Die Antragsteller zu 3) und 4) erfüllen die Voraussetzungen des § 25 a Abs. 1 AufenthG. Anbei überreiche ich sämtliche Schulzeugnisse der vergangenen vier Jahre.

Soweit der Antragsteller zu 3) in der Vergangenheit strafrechtlich in Erscheinung getreten ist, handelt es sich hier um keine schweren Straftaten, weshalb auch das Jugendgericht lediglich Erziehungsmaßregeln und Zuchtmittel nach dem zweiten und dritten Abschnitt des JGG ausgeurteilt hat. Diese hat der Antragsteller befolgt. Seitdem kam es zu keinen neuen Ermittlungsverfahren Zudem dürfte zu berücksichtigen sein, dass es sich um altersgemäße Delinquenz gehandelt hat.

Die Antragsteller zu 1) und 5) werden bald sechs Jahre in Deutschland leben. Während des Asylverfahrens war ihr Aufenthalt gestattet, seitdem wird ihr Aufenthalt geduldet. Damit werden die zeitlichen Voraussetzungen gem. § 25 b Abs. 1 Satz 2 Nr. 1 AufenthG erfüllt sein.

Der Antragsteller zu 1) hat in der Vergangenheit ohne Dolmetscher bei Ihrer Behörde vorgesprochen, daher ist von ausreichenden Kenntnissen der deutschen Sprache auszugehen. Der Antragsteller zu 5) besucht seit über vier Jahren erfolgreich die Schule, Zeugnisse sind beigefügt.

Zum Nachweis der überwiegenden Sicherung des Lebensunterhaltes überreiche ich die Gehaltsabrechnungen des Antragstellers zu 1) für die vergangenen drei Monate, den Mietvertrag, sowie den aktuellen Bescheid über die Gewährung von Leistungen nach dem AsylbLG. Bei der Berechnung ist zu beachten, dass nach Erteilung der Aufenthaltserlaubnisse an die Antragsteller zu 3) bis 5) für diese Kindergeld gewährt werden wird.

Es wird um Mitteilung gebeten, welche weiteren Informationen und/oder Unterlagen benötigt werden.

...

Rechtsanwalt ◄

9 ► An die

Ausländerbehörde

1. Zahra Z.

2. Hamid K.

Sehr geehrte Damen und Herren,

unter Vollmachtsvorlage beantrage ich

Erteilung einer Aufenthaltserlaubnis gem. § 25 a Abs. 1 AufenthG für die Antragstellerin zu 1)

und

Erteilung einer Aufenthaltserlaubnis gem. § 25 a Abs. 2 Satz 3 AufenthG für den Antragsteller zu 2)

Die Antragstellerin zu 1) erfüllt die zeitlichen Voraussetzungen des § 25 a Abs. 1 S. 2 Nr. 1 AufenthG. Das Zeugnis über den qual. Hauptschulabschluss füge ich bei. Am ... haben die Antragsteller geheiratet. Die Heiratsurkunde ist beigefügt. Der Antragsteller zu 2) erfüllt daher die Voraussetzungen des § 25 a Abs. 2 S. 3 AufenthG. Er arbeitet und verdient ausreichend, um den Lebensunterhalt für sich und die Antragstellerin zu 1) zu sichern.

Es wird um Mitteilung gebeten, welche weiteren Informationen und/oder Unterlagen benötigt werden.

...

Rechtsanwalt ◄

▶ An die

Ausländerbehörde

Amir Z.

Sehr geehrte Damen und Herren,

unter Vollmachtsvorlage beantrage ich

die Abschiebung des Antragstellers gem. § 60 a Abs. 2 S. 3 ff. AufenthG bis zum Abschluss der Ausbildung auszusetzen und eine Bescheinigung für die Dauer eines Jahres gem. § 60 a Abs. 4 AufenthG auszustellen.

Der Antragsteller hat im vergangenen Jahr – vor Vollendung des 21. Lebensjahres – eine Ausbildung zum Bäcker aufgenommen. Den Ausbildungsvertrag und die letzten drei Gehaltsabrechnungen füge ich bei. Außerdem ein Schreiben des Ausbildungsbetriebes, in dem dieser bestätigt, dass der Antragsteller motiviert bei der Arbeit und der Betrieb sehr zufrieden sei.

Rechtsanwalt ◀

▶ An die

Ausländerbehörde

1. Zahra Z.

2. Hamid K.

Sehr geehrte Damen und Herren,

unter Vollmachtsvorlage beantrage ich

Erteilung einer Aufenthaltserlaubnis gem. § 25 a Abs. 1 AufenthG für die Antragstellerin zu 1)

und

Erteilung einer Aufenthaltserlaubnis gem. § 25 a Abs. 2 S. 3 AufenthG für den Antragsteller zu 2)

Die Antragstellerin zu 1) erfüllt die zeitlichen Voraussetzungen des § 25 a Abs. 1 S. 2 Nr. 1 AufenthG. Das Zeugnis über den qual. Hauptschulabschluss füge ich bei. Am ... haben die Antragsteller geheiratet. Die Heiratsurkunde ist beigefügt. Der Antragsteller zu 2) erfüllt daher die Voraussetzungen des § 25 a Abs. 2 S. 3 AufenthG. Er arbeitet und verdient ausreichend, um den Lebensunterhalt für sich und die Antragstellerin zu 1) zu sichern.

Es wird um Mitteilung gebeten, welche weiteren Informationen und/oder Unterlagen benötigt werden.

Rechtsanwalt ◀

4. Erläuterungen

a) Unterschied zwischen § 25 a und § 25 b AufenthG

Mit § 25 a AufenthG wurde eine Bleiberechtsregelung insbesondere für gut integrierte Jugendliche und Heranwachsende geschaffen. Angehörige können über § 25 a Abs. 2 AufenthG oder über § 60 a Abs. 2 b AufenthG den weiteren Aufenthalt sichern. In § 25 a Abs. 1 S. 1 AufenthG sind Tatbestandsvoraussetzungen genannt, bei deren Vorliegen eine Aufenthaltserlaubnis erteilt werden soll. Die Jugendlichen / Heranwachsenden sind hinsichtlich der Sicherung des Lebensunterhaltes privilegiert, soweit Angehörige über diese Vorschrift eine Aufenthaltserlaubnis erhalten wollen, muss der Lebensunterhalt gesichert sein.

§ 25 b AufenthG ist die seit vielen Jahren geforderte stichtagsunabhängige Bleiberechtsregelung. Tatbestandsvoraussetzung ist gem. § 25 b Abs. 1 S. 1 AufenthG die nachhaltige Integration. Unter welchen Umständen eine nachhaltige Integration anzunehmen ist, wird dann in S. 2 in der Form von Regelvoraussetzungen definiert. Daraus folgt: Bei Vorliegen besonderer Umstände ist eine nachhaltige Integration anzunehmen, obwohl einzelne Regelvoraussetzungen nicht erfüllt sind. Hinsichtlich der Sicherung des Lebensunterhaltes genügt schon nach der Grundnorm die überwiegende Sicherung, daneben gibt es, wie oben dargestellt, eine Reihe von Ausnahmen.

b) Bleiberegelung für berufliche Qualifizierte, § 18 a AufenthG

135 Als weitere wichtige Bleiberegelung ist § 18 a AufenthG beachtlich. Demnach kann eine Aufenthaltserlaubnis erteilt werden, wenn eine qualifizierte Berufsausbildung abgeschlossen und eine Beschäftigung in diesem Bereich gefunden wurde. Diese Norm ist schon länger in kraft als § 60 a Abs. 2 S. 3 ff. AufenthG, kommt aber gemeinsam mit der neu geschaffenen Duldung zu Ausbildungszwecken erst voll zur Geltung. Letztlich werden sich all diejenigen, die die qualifizierte Berufsausbildung erfolgreich abschließen und sodann eine ausbildungsadäquate Arbeitsstelle finden über § 18 a AufenthG legalisieren können.

5. Fehlerquellen / Haftungsfallen
a) Genaue Ermittlung der familiären Konstellation

136 Die Vielzahl der Konstellationen in den Bleiberechtsregelungen der §§ 25 a, 25 b, 60 a Abs. 2 und § 18 a AufenthG birgt die Gefahr in sich, einzelne Ansprüche zu übersehen. Um dem vorzubeugen, muss bei aufenthaltsrechtlicher Vertretung immer der gesamte familiäre Hintergrund ermittelt werden. Andernfalls werden möglicherweise bestehende Ansprüche nicht geltend gemacht.

b) Passbeschaffung

137 In einer Reihe von Fällen wird die Aussetzung der Abschiebung – aus Sicht der Ausländerbehörde – allein auf der mangelnden Mitwirkung bei der Passbeschaffung beruhen, während die Mandanten möglicher Weise angeben, dass die Duldung auf der Erkrankung eines Familienmitglieds o.ä. beruht. Soweit hinsichtlich des Herkunftslandes kein Abschiebungsstopp besteht oder aus der Abschiebungspraxis der vergangenen Jahre darauf geschlossen werden kann, dass mit einem Vollzug auch bei Vorlage eines Passes nicht gerechnet werden muss, muss in diesen Fällen durch Akteneinsicht sicher gestellt werden, dass die Mandanten durch die – für die Erteilung notwendige – Passbeschaffung nicht ihre eigene Abschiebung ermöglichen.

§ 2 Verlängerung und Verfestigung eines Aufenthaltstitels

A. Verlängerung
I. Versäumung des fristgerechten Verlängerungsantrags / vorläufiger Rechtsschutz
1. Sachverhalt / Lebenslage
Beispiel: Verspätete Antragstellung

Die thailändische Staatsangehörige W erscheint zu einem anwaltlichen Termin und legt eine Grenzübertrittsbescheinigung der zuständigen Ausländerbehörde sowie eine Sterbeurkunde ihres verstorbenen Ehemannes E, einem deutschen Staatsangehörigen, vor. Sie lebt seit gut drei Jahren in der Bundesrepublik Deutschland. Die Einreise erfolgte zum Zwecke der Familienzusammenführung. In ihrem Pass ist ein entsprechendes Visum der deutschen Botschaft Bangkok angebracht. Die Aufenthaltserlaubnis war etwa einen Monat nach der Einreise für die Dauer von drei Jahren erteilt worden. Deren Geltungsdauer ist zwei Wochen vor dem Besprechungstermin abgelaufen. Der Sterbeurkunde ist zu entnehmen, dass E zwei Tage vor Ablauf der Geltungsdauer der Aufenthaltserlaubnis verstorben ist. W berichtet, dass E an einer schweren Diabetes sowie anderen Organerkrankungen gelitten hatte, die sich im vergangenen Jahr dramatisch verschlechtert hatten. Nach mehreren Krankenhausaufenthalten, die immer wieder von pflegeintensiven Aufenthalten in der gemeinsamen Wohnung unterbrochen waren, war W schließlich eines abends Zuhause zusammengebrochen, mit dem Notarztwagen ins Krankenhaus gebracht worden und zwei Tage später in der Intensivstation gestorben.

Bei der Beantragung der Sterbeurkunde war der Mitarbeiterin des Standesamtes aufgefallen, dass die Aufenthaltserlaubnis der W am nächsten Tag ablaufen würde. Aufgrund der Vorbereitungen der Beerdigung und der Tatsache, dass sie mit den deutschen Behörden nicht sehr vertraut ist und ihr Ehemann keine Familie in Deutschland hat, die ihr hätte helfen können, ist sie in den darauf folgenden Tagen völlig überfordert gewesen und hat jeden Tag mehrere Ämter, Banken, Versicherungen etc aufgesucht, allerdings nicht die Ausländerbehörde. Dort war sie erst eine Woche nach Ablauf ihres Aufenthaltstitels und hat die Verlängerung beantragt. Der Mitarbeiter dort hat gleich gefragt, was sie denn überhaupt noch in Deutschland wolle, wo ihr Mann doch jetzt tot sei. Einen Antrag auf Verlängerung ihrer Aufenthaltserlaubnis könne sie wirksam nicht mehr stellen, da ihre bisherige Aufenthaltserlaubnis bereits abgelaufen sei. Ohne gültige Aufenthaltserlaubnis könne aber wirksam kein Verlängerungsantrag gestellt werden. Daraufhin habe ihr der Mitarbeiter eine Grenzübertrittsbescheinigung ausgestellt und ihr gesagt, dass vier Wochen ausreichen würden, um ihre Angelegenheiten in der BRD zu regeln und das Land zu verlassen. Die Grenzübertrittsbescheinigung ist fünf Tage vor dem Besprechungstermin für eine Dauer von vier Wochen ausgestellt.

Auf Nachfrage gibt W an, dass sie bisher in einem geringfügigen Arbeitsverhältnis gearbeitet, dieses aber in den letzten Monaten der intensiven Pflege ihres Ehemannes aufgegeben habe. Sie könne aber jederzeit wieder bei dieser Firma anfangen, auch mit mehr Einkommen. E hat ihr eine Eigentumswohnung und ein Sparkonto mit etwa 30.000 EUR hinterlassen. Zudem wird sie eine Witwenrente erhalten, über deren Höhe noch nicht entschieden ist.

Am gleichen Tag wird schriftsätzlich die Verlängerung der Aufenthaltserlaubnis der W nach § 31 Abs. 1, 2 und 4 AufenthG (vgl. Muster unter Rn. 8) sowie die Anordnung der Fortgeltungswirkung des Antrages gem. § 81 Abs. 4 S. 3 AufenthG beantragt. Darauf teilt die Ausländerbehörde mit, dass ein wirksamer Antrag nicht mehr gestellt werden könne. Die Antragstellerin besitze eine Grenzübertrittsbescheinigung zur Ausreise – das genüge.

2. Prüfungsreihenfolge

a) Anspruch auf Aufenthaltstitel

2   Zunächst wäre hier an § 28 Abs. 2 S. 1 AufenthG zu denken, wonach W nach drei Jahren rechtmäßigem Aufenthalt eine Niederlassungserlaubnis zu erteilen wäre. Für die Berechnung der **Drei-Jahres-Frist** wird die Zeit ab der Einreise gerechnet. Es kommt also nicht auf den Zeitpunkt der Erteilung der Aufenthaltserlaubnis durch die Ausländerbehörde sondern auf den Zeitpunkt der Einreise mit einem nationalen Visum an (§ 6 Abs. 3 AufenthG). Allerdings wird das Fortbestehen der familiären Lebensgemeinschaft im Bundesgebiet vorausgesetzt. Aufgrund der Zeit des Voraufenthalts und des Todes des Ehemannes hatte W in dem Zeitfenster ab Zeitpunkt der Einreise plus drei Jahre bis zum Tod E's einen Anspruch auf Erteilung einer Niederlassungserlaubnis. Der entsprechende Antrag hätte innerhalb dieses Zeitfensters gestellt werden müssen.[1]

3   Jedenfalls hat W einen Anspruch auf Erteilung einer Aufenthaltserlaubnis als **eigenständiger Aufenthaltstitel** nach § 31 Abs. 1 S. 1 AufenthG. Im Beispiel sind beide Alternativen erfüllt: die eheliche Lebensgemeinschaft hat mindestens drei Jahre im Bundesgebiet rechtmäßig bestanden (Nr. 1) und der Ehemann ist verstorben (Nr. 2). § 31 Abs. 1 S. 1 Nr. 2 AufenthG findet mit der Maßgabe Anwendung, dass E seinen gewöhnlichen Aufenthalt im Bundesgebiet gehabt haben muss (vgl. § 28 Abs. 3 AufenthG). Die Aufenthaltserlaubnis der W ist daher als eigenständiges Aufenthaltsrecht um ein Jahr zu verlängern.

b) Verspätete Antragstellung

4   Wird die Verlängerung eines Aufenthaltstitels vor Ablauf der Geltungsdauer im Inland beantragt, gilt der Aufenthaltstitel vom Zeitpunkt des Ablaufs bis zu einer Entscheidung der Ausländerbehörde als fortbestehend (**Fortgeltungsfiktion**, § 81 Abs. 4 AufenthG). Im Rahmen der Verhandlungen zum Zuwanderungsgesetz wurde die zunächst geplante Gewährung der Fiktionswirkung auch im Fall verspäteter Antragstellung (**Aussetzungsfiktion**) ersatzlos gestrichen.[2] Seitdem war **umstritten**, wie diese Regelungslücke bzw. bewusste Entscheidung des Gesetzgebers, den im damaligen Entwurf vorgesehenen Satz 2 zu streichen, gefüllt werden soll. Zum 1.8.2012 wurde daher § 81 Abs. 4 S. 3 AufenthG eingeführt – der in seinen Konsequenzen ebenfalls umstritten ist. Jedenfalls *kann* die Ausländerbehörde die Fortgeltungswirkung anordnen. Ob das Wort „kann" auf eine Ermessensentscheidung hindeutet oder lediglich Ermächtigung für ausländerbehördliches Handeln darstellt, ist der erste Streitpunkt.[3]

c) Rechtsschutz

5   Des Weiteren ist umstritten, wie der Anspruch ggfs. gerichtlich durchgesetzt werden kann. Wenn die Ausländerbehörde den Antrag auf Verlängerung der Aufenthaltserlaubnis förmlich ablehnt, ist Klage und Eilantrag geboten. Was aber ist – wie im Beispielfall – zu tun, wenn die Ausländerbehörde eine Bescheidung gar nicht erst in Erwägung zieht?

Einerseits wird vorgeschlagen, die beiden Anträge (auf Anordnung der Fortgeltung und auf Verlängerung der Aufenthaltserlaubnis) als Stufenklage durchzusetzen.[4] Sinnvoller dürfte

---

1   § 22 S. 2 Nr. 2 VwVfG; *Kopp/Schenke*, § 22 Rn. 22.
2   Vgl. Nr. 81.4.2.2 VwV-AufenthG.
3   *Hofmann* in: Hofmann, § 81 Rn. 57; *Samel* in: Bergmann/Dienelt, § 81 Rn. 25.
4   *Funke-Kaiser* in GK-AufenthG, § 81 Rn. 119.

sein, beide Anträge in einer Klage zu formulieren.[5] Wenn die Ausländerbehörde erkennbar nicht gewillt ist, über den Antrag zu entscheiden, ist gem. § 123 VwGO zu beantragen, die Ausländerbehörde zu verpflichten, die Fortgeltungsfiktion vorläufig bis zu einer Entscheidung über die Klage anzuordnen. Aufgrund des zeitlichen Ablaufs der Geltungsdauer der bisherigen Aufenthaltserlaubnis ist W zunächst ausreisepflichtig gewesen, §§ 51 Abs. 1 Nr. 1; 50 Abs. 1, Abs. 2 S. 1 AufenthG. Nach Ablauf der seitens der Ausländerbehörde gewährten einmonatigen Ausreisefrist (vgl. **Grenzübertrittsbescheinigung, GÜB**)[6] wäre die Ausreisepflicht auch vollziehbar, §§ 50 Abs. 2 S. 1; 58 Abs. 2 Nr. 2 AufenthG.

3. Muster
a) Muster: Antrag auf Verlängerung einer Aufenthaltserlaubnis (verspätet)
▶ An die

Ausländerbehörde ...

... (Name), ... (Geb.-datum), ... (Geb.-ort)

... Anschrift

Sehr geehrte Damen und Herren,

unter Vollmachtsvorlage beantrage ich vorsorglich erneut

Erteilung einer Aufenthaltserlaubnis gemäß § 31 Abs. 1 AufenthG

und

Anordnung der Fortgeltungswirkung gem. § 81 Abs. 4 S. 3 AufenthG.

Die Antragstellerin war im Besitz einer Aufenthaltserlaubnis bis zum .... Wie Ihnen bereits mitgeteilt wurde, ist der Ehemann der Antragstellerin vor wenigen Tagen verstorben. Ich überreiche

Sterbeurkunde des Herrn ... vom ....

Wie aus der Sterbeurkunde ersichtlich, ist der Ehemann der Antragstellerin zwei Tage vor Ablauf der Gültigkeit der Aufenthaltserlaubnis verstorben. Ausweislich der von Ihnen ausgestellten Grenzübertrittsbescheinigung hat die Antragstellerin sieben Tage nach dem Tod des Ehemannes bei Ihnen vorgesprochen. Bereits bei diesem Termin hat sie die Verlängerung ihrer Aufenthaltserlaubnis beantragt.

Die Antragstellerin hat Anspruch auf Erteilung einer Aufenthaltserlaubnis gemäß § 31 Abs. 1 S. 1 Nr. 1 und Nr. 2 AufenthG. Die Ehe hat länger als drei Jahre rechtmäßig bestanden, zudem ist der Ehemann gestorben. Die eheliche Lebensgemeinschaft bestand zu diesem Zeitpunkt unbestritten fort.

Die verspätete Antragstellung ist im vorliegenden Fall unverschuldet. Durch den Tod des Ehemannes und die damit verbundene emotionale Belastung, aber auch die Vielzahl von im Zusammenhang mit dem Tod und der Beerdigung des Ehemannes anstehenden Erledigungen, ist die Verspätung zu entschuldigen. Ein Anspruch auf Erteilung nach § 31 Abs. 1 S. 1 Nr. 1 und Nr. 2 AufenthG besteht. Die verspätete Antragstellung kann der Antragstellerin nicht vorgeworfen werden. Eine Versagung würde eine unbillige Härte darstellen.

Ich bitte um Mitteilung eines Termins, an dem die Antragstellerin zur Entgegennahme der Fiktionsbescheinigung vorsprechen kann.

---
5 So mit guten Gründen Hofmann in: Hofmann, § 81 Rn. 61.
6 Vgl. Nr. 50.4.1.1 VwV-AufenthG.

... Rechtsanwalt ◄

b) Muster: Klage und Eilrechtsschutzantrag bei verspäteter Antragstellung

▶ An das

Verwaltungsgericht

Klage

(im Wege der Untätigkeitsklage gemäß § 75 S. 1 VwGO)

und Eilrechtsschutzantrag

der ... Staatsangehörigen ..., ... Geb.-datum, ... Geb.-ort, ... Wohnanschrift

– Klägerin und Antragstellerin –

Prozessbevollmächtigter: Rechtsanwalt ...

gegen

... Träger der Ausländerbehörde

– Beklagter und Antragsgegner –

wegen

AufenthR.

Unter Vollmachtsvorlage erhebe ich die Klage und beantrage,

die Beklagte zu verpflichten, der Klägerin eine Aufenthaltserlaubnis gemäß § 31 Abs. 1 AufenthG zu erteilen

sowie

die Beklagte zu verpflichten, die Fortgeltungswirkung des Antrages vom ... auf Erteilung einer Aufenthaltserlaubnis § 31 Abs. 1 AufenthG anzuordnen.

Weiter wird beantragt,

die Antragsgegnerin im Wege der einstweiligen Anordnung gem. § 123 Abs. 1 VwGO zu verpflichten, die Fortgeltungswirkung vorläufig bis zur Entscheidung über die Klage anzuordnen.

Darüber hinaus wird das Gericht gebeten,

der Beklagten mitzuteilen, dass das Gericht davon ausgeht, dass bis zu einer Entscheidung im Eilrechtsschutzverfahren von der Einleitung aufenthaltsbeendender Maßnahmen abgesehen wird.

Begründung:

1. Die Klägerin ist am ... in die Bundesrepublik Deutschland zum Zwecke der Familienzusammenführung eingereist. Am ... schloss sie die Ehe mit ... (E). ... (E) ist am ... gestorben. Ich überreiche beglaubigte Kopie der Sterbeurkunde vom ... . Bis zu seinem Tode hatte ... (E) seinen gewöhnlichen Aufenthalt im Bundesgebiet (§ 28 Abs. 3 AufenthG). Damit ist sowohl die zeitliche Voraussetzung des § 31 Abs. 1 S. 1 Nr. 1 AufenthG, wie auch die Voraussetzung des § 31 Abs. 1 S. 1 Nr. 2 AufenthG im vorliegenden Fall gegeben. Ausweisungsgründe sind nicht ersichtlich.

Die Klägerin hat den Antrag auf Verlängerung der Aufenthaltserlaubnis verspätet gestellt. Die Beklagte verweigert aufgrund des zeitlichen Ablaufs der bisherigen Aufenthaltserlaubnis, den sowohl von der Klägerin persönlich als auch durch den Unterzeichner schriftsätzlich gestellten Antrag auf Erteilung einer Aufenthaltserlaubnis zu bearbeiten. Die Beklagte begründet dies mit

der Unmöglichkeit, einen Aufenthaltstitel in der Bundesrepublik Deutschland wirksam zu beantragen, wenn der bisherige Aufenthaltstitel bereits erloschen ist. Ich überreiche
Schreiben der Beklagten vom ….

Die Geltungsdauer der Aufenthaltserlaubnis lief wenige Tage nach dem krankheitsbedingten Tod des … (E) aus. Die darauf folgenden Tage war die Klägerin aufgrund der psychischen und emotionalen Belastung, aber insbesondere auch wegen der Wahrnehmung zahlreicher Termine im Zusammenhang mit dem Tod ihres Ehegatten nicht in der Lage, den Verlängerungsantrag bei der Ausländerbehörde zu stellen. Die Antragstellung erfolgte daher lediglich wenige Tage verspätet mündlich durch die Klägerin. Am … wurde der Antrag durch den Unterzeichner schriftlich gestellt. Die Gründe für die verspätete Beantragung sind der Beklagten bekannt und hätten berücksichtigt werden müssen. Die Beklagte hat das Vorliegen einer unbilligen Härte inzident verneint. Ob eine unbillige Härte vorliegt, ist gerichtlich überprüfbar (vgl. Samel in: Bergmann / Dienelt, § 81 Rn. 25). Aufgrund des Sachverhalts stellt die Versagung der Anordnung der Fortgeltungswirkung eine unbillige Härte dar.

2. Die Klage ist im Wege der Untätigkeitsklage nach § 75 S. 1 VwGO zulässig, da die Beklagte mit Schreiben vom … zum Ausdruck gebracht hat, dass sie nicht gewillt ist, über den Antrag auf Erteilung einer Aufenthaltserlaubnis gemäß § 31 Abs. 1 S. 1 Nr. 1 und Nr. 2 AufenthG wie auch den Antrag gem. § 81 Abs. 4 Satz 3 AufenthG zu entscheiden. Daher sind besondere Umstände gegeben, nach denen eine kürzere Frist im Sinne des § 75 S. 2 VwGO geboten ist. Ein weiteres Zuwarten ist nicht notwendig, da die Beklagte eindeutig mitgeteilt hat, dass sie nicht über den Antrag entscheiden wird. Der Klägerin ist ein weiteres Zuwarten auch nicht zuzumuten, da sie bezüglich ihrer aufenthaltsrechtlichen Situation Klarheit benötigt.

3. Um eine Abschiebung nach Ablauf der Ausreisefrist zu verhindern ist eine einstweilige Anordnung gemäß § 123 Abs. 1 VwGO zu erlassen. Die Beklagte hat es abgelehnt, die Fortgeltungswirkung anzuordnen, daher ist die Antragstellerin ausreisepflichtig. Zur Vermeidung aufenthaltsbeendender Maßnahmen nach Ablauf der Ausreisefrist ist ein Anordnungsgrund gegeben. Der Anordnungsanspruch liegt, wie oben dargestellt, vor.

Rechtsanwalt ◄

4. Erläuterungen
a) Antrag auf Stillhaltezusage
Der Eilrechtsschutzantrag selbst hat **keinen Suspensiveffekt**. Daher bleibt die Ausreisepflicht (nach Ablauf der durch die Grenzübertrittsbescheinigung gewährten Ausreisefrist) vollziehbar. In der Regel wird das Gericht von sich aus entweder durch ein entsprechendes Telefonat oder die oben formulierte standardisierte Aufforderung an die Ausländerbehörde sicherstellen, dass eine Abschiebung nicht vor einer Entscheidung im Eilrechtsschutzverfahren erfolgt. Bindend ist diese Form des Stillhalteabkommens aber nicht. Daher bleibt bei entsprechenden Hinweisen, dass die Ausländerbehörde trotz ergangener Aufforderung des Gerichts die Abschiebung vollziehen werde, die Möglichkeit, einen sog **Hänge-** oder **Schiebebeschluss** oder eine Entscheidung des Vorsitzenden über den Antrag nach § 80 Abs. 8 VwGO zu beantragen.

b) Untätigkeitsklage
Häufig werden vor einer endgültigen Entscheidung der Ausländerbehörde noch zahlreiche **Unterlagen** benötigt, die eine sofortige Entscheidung in der Sache unmöglich machen. Zum

Teil benötigen die Ausländerbehörden auch Auskünfte oder Zustimmungen anderer Behörden (Bundesagentur für Arbeit, Landeskriminalamt, Landesamt für Verfassungsschutz), so dass sich die Bearbeitungsdauer verlängert. Liegen dagegen alle notwendigen Informationen vor, ist die Ausländerbehörde gehalten, zeitnah über den Antrag zu entscheiden. Kommt sie dieser Pflicht nicht innerhalb der in § 75 S. 2 VwGO genannten drei Monate nach, ist **Untätigkeitsklage** zu erheben. Dabei ist zu berücksichtigen, dass auch das gerichtliche Verfahren eine teilweise erhebliche Verfahrensdauer nach sich zieht. Es gilt daher im Einzelfall abzuwägen, ob sich die Klageerhebung für den Mandanten positiv bemerkbar machen wird.

Im Beispielfall hat die Ausländerbehörde eindeutig zum Ausdruck gebracht, dass sie nicht über den Antrag entscheiden wird, daher kann bereits vor Ablauf der drei-Monats-Frist Untätigkeitsklage erhoben werden.

5. Fehlerquellen / Haftungsfallen

a) Fehlender Eilrechtsschutzantrag

10 Mit Ablauf der Geltungsdauer erlischt ein Aufenthaltstitel (vgl. § 51 Abs. 1 Nr. 1 AufenthG). Daraus folgt die Ausreisepflicht gemäß § 51 Abs. 1 AufenthG. In der Regel gewähren die Ausländerbehörden eine **Ausreisefrist**, so dass die Ausreisepflicht bis zum Ablauf dieser Ausreisefrist noch nicht vollziehbar ist (vgl. § 50 Abs. 2 S. 1 AufenthG). Zum Nachweis der gewährten Ausreisefrist wird seitens der Ausländerbehörden formularmäßig eine Grenzübertrittsbescheinigung erteilt. Diese ist bei der Ausreise an der Außengrenze abzugeben und wird von der entsprechenden Stelle an die zuständige Ausländerbehörde übersandt.[7] Sie dient somit zugleich dem Nachweis der fristgerechten Ausreise. Nach Ablauf der Ausreisefrist wird die Ausreisepflicht vollziehbar, so dass die Abschiebung droht (vgl. § 58 Abs. 2 S. 1 aE AufenthG). Daher ist seitens des Rechtsanwalts vor Ablauf der Ausreisefrist sicherzustellen, dass nach Ablauf der Ausreisefrist keine aufenthaltsbeendenden Maßnahmen eingeleitet werden. Im Beispielfall ist W nach Ablauf der gewährten Ausreisefrist ausreisepflichtig. Daher ist sicherzustellen, dass W nicht nach Ablauf der Ausreisefrist abgeschoben wird. Aus diesem Grund ist **Eilrechtsschutzantrag** zu stellen und darüber hinaus von anwaltlicher Seite zu überprüfen, ob das Gericht gegenüber der Ausländerbehörde vor Ablauf der Ausreisefrist eine **Stillhaltezusage** veranlasst hat und ob die Ausländerbehörde gewillt ist, sich daran zu halten.

b) Unmittelbare Antragstellung

11 Mit der Gesetzesänderung zum 1.8.2012 ist immerhin der gesetzgeberische Wille zum Ausdruck gebracht worden, dass eine verspätete Antragstellung „heilbar" ist. Voraussetzung dafür ist, dass **unmittelbar** nach Bemerken der Versäumnis bzw. Wegfall der Gründe, die zu der Verspätung geführt haben, ein entsprechender **Antrag gestellt wird**. Daher ist unmittelbar am Tag der Mandatsübernahme formlos der entsprechende Antrag zu stellen. Im Beispielfall hat W bereits den Antrag bei ihrer Vorsprache gegenüber der Ausländerbehörde gestellt, so dass die schriftsätzliche Beantragung lediglich eine – rein vorsorgliche – wiederholte Antragstellung darstellt. Durch Auslegung sollte die Ausländerbehörde auch den Antrag gem. § 81 Abs. 4 S. 3 AufenthG als gestellt annehmen – vorsorglich sollte auch dieser explizit gestellt werden. Für die Begründung eines eventuell notwendigen Eilrechtsschutzantrags ist dies auch sinnvoll, so dass zumindest die schriftsätzliche Beantragung eindeutig nachgewiesen werden

---

7 Nr. 50.4 VwV-AufenthG.

kann. Denn die Fertigung eines Vermerks über die Beantragung bei Vorsprache der Mandantin bei der Ausländerbehörde liegt im Zuständigkeitsbereich der Ausländerbehörde und kann somit seitens des Rechtsanwalts nur durch Akteneinsicht überprüft werden, was in der Regel in der Kürze der Zeit nicht möglich ist.

6. Weiterführende Hinweise

a) Rechtmäßigkeit des bisherigen Aufenthaltes

Grundsätzlich setzt der Anspruch auf ein eigenständiges Aufenthaltsrecht nach § 31 Abs. 1 AufenthG voraus, dass der bisherige Aufenthalt rechtmäßig war. Dies ist im Beispielfall bezüglich der Einreise und der Erteilung der bisherigen Aufenthaltserlaubnis bereits durch einen Blick in den Reisepass und auf die darin angebrachten Sichtvermerke und Klebeetiketten sowie Einreisestempel zu überprüfen. Darüber hinaus besteht Anlass zu vertiefter Prüfung, wenn zB die Aufenthaltserlaubnis zur Familienzusammenführung zu einem deutschen Ehegatten erste viele Monate nach Einreise erteilt wurde, da dann die Ausländerbehörde mit der Erteilung gezögert hat. Ggfs. sollten die Gründe hierfür eruiert werden. Hintergrund könnte zB der Verdacht einer Scheinehe sein. In diesem Fall ist durch **Akteneinsicht** und gegebenenfalls anwaltliche Schritte entsprechenden „Überraschungen" im weiteren Verfahrensverlauf vorzubeugen.

12

b) Allgemeine Erteilungsvoraussetzungen des § 5 Abs. 1 AufenthG

Auch bei der Erteilung einer Aufenthaltserlaubnis nach § 31 Abs. 1 AufenthG sind die allgemeinen Erteilungsvoraussetzungen des § 5 Abs. 1 AufenthG zu prüfen. Allerdings besteht hinsichtlich der **Sicherung des Lebensunterhaltes** eine **Privilegierung**. Dies ist für die Ehegatten von Ausländern in § 31 Abs. 4 S. 1 AufenthG gesondert geregelt und findet nach § 28 Abs. 3 AufenthG auch auf mit deutschen Staatsangehörigen verheiratete Ausländer Anwendung. Es bleibt aber dabei, dass insbesondere in der Zeit seit der Ersterteilung kein Ausweisungsgrund geschaffen worden sein darf (zB wegen strafrechtlicher Verurteilungen).

13

c) Verlängerung des Aufenthaltstitels

Das eigenständige Aufenthaltsrecht beendet die akzessorische Bindung der Aufenthaltserlaubnis an das Bestehen der ehelichen Lebensgemeinschaft. Nach Ablauf der Verlängerung gemäß § 31 Abs. 1 AufenthG entfallen daher alle Privilegierungen, die § 28 Abs. 1 S. 1 AufenthG für den Ehegattennachzug gewährt. Im Anschluss an dieses Jahr, für das die Aufenthaltserlaubnis erteilt wird, ist bei einer möglichen Verlängerung dann das Vorliegen auch der Voraussetzung des § 5 Abs. 1 Nr. 1 AufenthG (Sicherung des Lebensunterhaltes) zu prüfen. Die Verlängerung der Aufenthaltserlaubnis richtet sich nach **Ermessen** der Ausländerbehörde (§ 31 Abs. 4 S. 2 AufenthG). Bis dahin muss der Ausländer in der Lage sein, **sich finanziell selbst zu versorgen**. Auch muss **ausreichend Wohnraum** vorhanden sein. Bei der Ermessensentscheidung hat die Ausländerbehörde § 8 Abs. 3 S. 3 AufenthG und die darin genannten Aspekte zu berücksichtigen. Daneben sind weitere Aspekte bezüglich der Integration des Ausländers von Bedeutung, insbesondere die Beherrschung der deutschen Sprache.

14

Im Beispiel ist der Nachweis ausreichenden Wohnraums wegen der geerbten Eigentumswohnung unproblematisch zu führen. Der Lebensunterhalt ist zunächst aus der Erbmasse gesichert, hinzu kommt die Witwenrente.

15

II. Prüfung der Ersterteilungsvoraussetzungen bei Verlängerung

1. Sachverhalt / Lebenslage

16　**Beispiel: Drillinge!**
Zu einem Beratungstermin erscheint das Ehepaar M und F samt ihrer drei neugeborenen Kinder. Sie stammen aus Kamerun. M ist vor sieben Jahren erstmals eingereist und im Besitz einer Niederlassungserlaubnis nach § 28 Abs. 2 S. 1 AufenthG, F verfügt über eine Aufenthaltserlaubnis zum Ehegattennachzug, die lediglich für die Dauer von einem Jahr erteilt worden war (§ 30 Abs. 1 AufenthG). Die Aufenthaltserlaubnis der F läuft am Tag des Beratungstermins ab. Es werden Geburtsurkunden der Drillinge vorgelegt. M hat Angst, die Ausländerbehörde aufzusuchen. Schon bei der Einreise von F hätte die Mitarbeiterin der Ausländerbehörde gesagt, dass Zweifel an der Ernsthaftigkeit der Eheschließung zwischen M und F bestünden, da M erst wenige Monate vor der Eheschließung mit F von der deutschen Staatsangehörigen D geschieden worden sei. Er, M, habe deswegen damals auch gleich eine Aufenthaltserlaubnis für drei Jahre erhalten, F dagegen nur für ein Jahr. Aufgrund seiner Vorehe sei ihm seinerzeit die Niederlassungserlaubnis erteilt worden. Nun seien Drillinge geboren worden und die Zwei-Zimmer-Wohnung sei daher viel zu klein. Er verdiene aber momentan nur knapp 1.000 EUR netto, da seine Firma – ein Geflügelzüchter, bei dem ein Teil des Schlachtbetriebes einem Großbrand zum Opfer fiel – vorübergehend auf Kurzarbeit umgestellt habe. Vorher habe er als Mitarbeiter in leitender Position knapp 2.000 EUR netto verdient. Die Firmenleitung habe aber mitgeteilt, dass die Auftragslage sich erholen und in Kürze wieder in Vollzeit gearbeitet werden würde. Daher seien sie momentan (noch) außerstande, umzuziehen. M und F wollen wissen, ob F in Deutschland bleiben darf und was mit den Kindern sei. Die Ausländerbehörde hätten sie über die Geburt, die ausweislich der Geburtsurkunden erst drei Wochen zurückliegt, noch nicht informiert.

2. Prüfungsreihenfolge

a) Besitz der Niederlassungserlaubnis des M

17　Wenn ein ausländischer Elternteil im Besitz einer Niederlassungserlaubnis ist, sollte immer kurz geprüft werden, ob die Kinder ggf. über § 4 Abs. 3 StAG mit der Geburt die deutsche Staatsangehörigkeit erworben haben. Im vorliegenden Fall lebt M erst seit sieben Jahren in Deutschland, F noch deutlich kürzer. Die Kinder haben daher die deutsche Staatsangehörigkeit nicht erworben.

b) Befristung der Aufenthaltserlaubnis für F auf ein Jahr

18　Die Ausländerbehörden befristen die Aufenthaltserlaubnis zum Ehegattennachzug unterschiedlich lang, abhängig davon, ob der Ehegattennachzug zu einem deutschen oder einem ausländischen Ehegatten erfolgt. Im Falle eines deutschen Ehegatten wird dem nachziehenden Ehegatten in der Regel eine Aufenthaltserlaubnis für drei Jahre erteilt.[8] Beim Nachzug zu einem ausländischen Ehegatten nur für ein Jahr.[9] Besteht der **Verdacht einer Scheinehe**, wird auch beim Nachzug zu einem deutschen Ehegatten die Aufenthaltserlaubnis nur für ein Jahr erteilt.[10] Im vorliegenden Fall folgt aus der einjährigen Befristung also noch nicht unmittel-

---

8　Nr. 28.1.6 VwV-AufenthG.
9　Nr. 30.0.11 VwV-AufenthG.
10　Nr. 28.1.6 VwV-AufenthG.

bar, dass die Ausländerbehörde den Verdacht der Scheinehe in die Ausländerakte vermerkt hat und deshalb lediglich eine einjährige Aufenthaltserlaubnis erteilt hat.

c) Aufenthaltserlaubnis der Kinder
Im Zeitpunkt der Geburt der Drillinge war M im Besitz einer Niederlassungserlaubnis, F war im Besitz einer Aufenthaltserlaubnis. Damit ist den Kindern eine **Aufenthaltserlaubnis von Amts wegen** (§ 22 S. 2 Nr. 1 VwVfG) unabhängig von § 5 AufenthG (insbesondere: Erfordernis der Sicherung des Lebensunterhaltes) und § 29 Abs. 1 Nr. 2 AufenthG (ausreichender Wohnraum) zu erteilen, § 33 S. 2 AufenthG.

Der Ausländerbehörde ist die Geburt der Drillinge bereits vom Standesamt angezeigt worden (§ 72 Abs. 1 Nr. 7, Abs. 2 Nr. 7 AufenthV). Seit dem Zeitpunkt der Geburt wirkt die **Erlaubnisfiktion** nach § 81 Abs. 3 S. 1 AufenthG.

Die Erteilung der Aufenthaltserlaubnis setzt die **Erfüllung der Passpflicht** (§ 3 AufenthG) voraus.[11] Daher wird die Aufenthaltserlaubnis erst dann erteilt, wenn das neu geborene Kind entweder in den Pass eines sorgeberechtigten Elternteils eingetragen (§ 2 AufenthV) oder ein eigener Pass ausgestellt wurde. Die entsprechenden Anträge haben die sorgeberechtigten Eltern bzw. der sorgeberechtigte Elternteil zu stellen (§ 80 Abs. 4 AufenthG). Auf diesen Aspekt sollten die Eltern im Beratungsgespräch hingewiesen werden, da durch eine zeitnahe Beantragung eigener Pässe für die Kinder bzw. deren Eintragung in den Pass der Mutter oder des Vaters mit einer zeitnahen Erteilung der Aufenthaltserlaubnis gerechnet werden kann.

d) Erteilungsvoraussetzungen bei Verlängerung
Auch bei der Verlängerung eines Aufenthaltstitels müssen die Voraussetzungen, die bei der Ersterteilung vorgelegen haben müssen, weiter gegeben sein. Das Vorliegen der Erteilungsvoraussetzungen wird im Rahmen der Verlängerungsentscheidung geprüft (§ 8 Abs. 1 AufenthG). Im Fall des Ehegattennachzugs sowie der Erteilung von Aufenthaltstiteln für Kinder, deren sorgeberechtigte Eltern weiter rechtmäßig im Bundesgebiet leben, gibt es allerdings wichtige **Ausnahmen**.

Zunächst **privilegiert** § 30 Abs. 3 AufenthG den nachgezogenen Ehegatten bei der Verlängerung der Aufenthaltserlaubnis für den Fall, dass die eheliche Lebensgemeinschaft fortbesteht.[12] Dann nämlich kann auf den Nachweis, dass der Lebensunterhalt gesichert ist, ebenso verzichtet werden wie auf den Nachweis, dass ausreichend Wohnraum vorhanden ist. Die Verlängerungsmöglichkeit unabhängig vom Fortbestehen der Erteilungsvoraussetzungen folgt aus dem grundgesetzlich und völkerrechtlich gebotenen besonderen Schutz von Ehe und Familie (Art. 6 Abs. 1 GG, ebenso Art. 8 Abs. 1 EMRK, Schutz von Privat- und Familienleben). Soweit die eheliche Lebensgemeinschaft weiter besteht, ist demnach von einem Überwiegen des privaten Interesses am weiteren Aufenthalt in der Bundesrepublik Deutschland gegenüber dem öffentlichen Interesse, möglichst keinen Nachzug zulasten der Sozialsysteme zuzulassen, auszugehen.[13] Allerdings wird teilweise verlangt, dass zumindest berücksichtigt wird, ob die Ehegatten Anstrengungen unternommen haben, den Lebensunterhalt durch eigene, legale Erwerbstätigkeit zu erwirtschaften.[14]

---

11 Nr. 33.5 VwV-AufenthG.
12 Nr. 30.3.2 VwV-AufenthG.
13 *Müller* in: Hofmann, § 30 Rn. 34.
14 *Hailbronner*, AuslR, § 30 Rn. 68 (mwN).

§ 2 Verlängerung und Verfestigung eines Aufenthaltstitels

24 Der **besondere Schutz** von Ehe und Familie bzw. des Privat- und Familienlebens führt außerdem dazu, dass die Aufenthaltserlaubnis auch verlängert werden kann, wenn nicht (mehr) ausreichend Wohnraum vorhanden ist. Auch hier wird bis zur ordnungsrechtlich gebotenen Untergrenze des notwendigen Wohnraums die Aufenthaltserlaubnis zu verlängern sein, wenn die eheliche Lebensgemeinschaft fortbesteht.

25 Im Beispielfall ist das Erwerbseinkommen des M gänzlich unverschuldet vermindert worden. Zudem hat sein Arbeitgeber bereits mitgeteilt, dass in absehbarer Zeit wieder in Vollzeit gearbeitet werden wird, so dass M auch wieder sein vorheriges Einkommen erzielen kann. Dann ist auch der Umzug in eine größere Wohnung finanzierbar. Aufgrund der Aufenthaltstitel von M und F sind diese zum Bezug von Kindergeld berechtigt. Wegen der drei Kinder wird sich der Nettolohn erhöhen, da ein geringerer Anteil Lohnsteuer abgezogen wird. Außerdem ist zu berücksichtigen, dass aufgrund der Niederlassungserlaubnis des M die Kinder nach § 34 Abs. 1 AufenthG bis zur Vollendung ihres 16. Lebensjahres eine Aufenthaltserlaubnis bekommen werden und sich somit dauerhaft in der BRD aufhalten dürfen. So lange dies der Fall ist, ist das **Ermessen** bzgl. der Verlängerung der Aufenthaltserlaubnis der F **auf Null reduziert**, da jeder sorgeberechtigte Elternteil wegen der Kinder besonders geschützt ist.[15]

3. Muster: Antrag auf Verlängerung der Aufenthaltserlaubnis

26 ▶ An die

Ausländerbehörde

1. ... (F), ... Geb.-datum, ... Geb.-ort, ... Wohnanschrift

2.–4. Kinder D1, D2, D3, Geb.-datum, Geb.-ort

Sehr geehrte Damen und Herren,

unter Vollmachtsvorlage beantrage ich

Verlängerung der Aufenthaltserlaubnis der Antragstellerin zu 1 gemäß § 30 Abs. 3 AufenthG.

Vorsorglich wird zunächst auf den Anspruch der ASt. zu 2 bis 4 aus § 33 S. 2 AufenthG hingewiesen, aufgrund dessen den ASt. zu 2 bis 4 von Amts wegen eine Aufenthaltserlaubnis zu erteilen ist. Sowohl die Mutter der ASt. zu 2 bis 4, die Antragstellerin zu 1, wie auch der Vater waren im Zeitpunkt der Geburt im Besitz eines Aufenthaltstitels. Für die Erteilung der Aufenthaltserlaubnis für die ASt. zu 2 bis 4 bedarf es keines Antrages. Es wird mitgeteilt, dass die Eltern auf die Passpflicht nach § 3 AufenthG hingewiesen wurden.

Zur Ermessensausübung im Rahmen des § 30 Abs. 3 AufenthG wird vorgetragen, dass den ASt. zu 2 bis 4 – wie ausgeführt – eine Aufenthaltserlaubnis zu erteilen ist. Aus Art. 6 Abs. 1 GG (Schutz von Ehe und Familie) sowie Art. 8 Abs. 1 EMRK (Schutz des Privat- und Familienlebens) folgt, dass die Beziehung der ASt. zu 1 zu ihren Kindern das öffentliche Interesse überwiegt, die zusätzliche Belastung der Sozialkassen zu vermeiden. Der Ehemann der Antragstellerin zu 1, ... (M), verdient derzeit etwa 1.000 EUR netto. Aufgrund eines Brandschadens hat sein Arbeitgeber vorübergehend auf Kurzarbeit umstellen müssen. Mittelfristig ist zu erwarten, dass wieder Vollzeit gearbeitet werden wird. Vor der Reduzierung der Arbeitszeit hat ... (M) ca. 2.000 EUR netto verdient. Bei diesem Lohnniveau wäre der Lebensunterhalt gedeckt. Die Antragstellerin zu 1 und ... (M) sind auf der Suche nach einer größeren Wohnung, so dass in Kürze auch genügend Wohnraum vorhanden sein dürfte.

---

15 BVerfG 23.1.2006 – 2 BvR 1935/05 – InfAuslR 2006, 320.

Entsprechende Nachweise bzgl. des Einkommens des ... (M) sowie der Mietvertrag werden in Kürze nachgereicht. Die Antragstellerin zu 1 wird in den kommenden Tagen zur Ausstellung einer Fiktionsbescheinigung gem. § 81 Abs. 4, Abs. 5 AufenthG bei Ihnen vorsprechen.

...

Rechtsanwalt ◄

4. Erläuterungen
a) Aufenthaltserlaubnis der Kinder
Aufgrund von § 33 S. 2 AufenthG ist den Kindern von Amts wegen eine Aufenthaltserlaubnis zu erteilen. Voraussetzung ist die **Erfüllung der Passpflicht** (§ 3 AufenthG). In der Regel wird die Ausländerbehörde die Geltungsdauer der Aufenthaltserlaubnis an die Geltungsdauer der Aufenthaltserlaubnis eines (sorgeberechtigten) Elternteils angleichen (§ 27 Abs. 4 S. 1 AufenthG). Wenn ein sorgeberechtigter Elternteil im Besitz einer Niederlassungserlaubnis ist, erteilen manche Ausländerbehörden unmittelbar eine Aufenthaltserlaubnis bis zur Vollendung des 16. Lebensjahres des Kindes.

27

b) Nachreichen der Unterlagen
Verdient M genug, um den Lebensunterhalt für sich, seine Ehefrau F sowie die Drillinge D1, D2 und D3 zu sichern, besteht ein Anspruch der F auf Verlängerung der Aufenthaltserlaubnis nach § 30 Abs. 1 Nr. 3 Buchst. a AufenthG. Aufgrund der gebotenen Eile sind die notwendigen Unterlagen in der Regel nicht so schnell beizubringen. Auf die rechtzeitige Antragstellung hat dies keine Auswirkungen. Für die **fristgerechte Antragstellung** genügt das formlose Schreiben per Telefax-Übertragung an die Ausländerbehörde. Der entsprechende Antrag kann selbstverständlich auch von einem bevollmächtigten Rechtsanwalt gestellt werden.

28

5. Fehlerquellen / Haftungsfallen
a) Ablauf der Gültigkeit
Die Gültigkeit der Aufenthaltserlaubnis der F läuft am Tag der Beratung ab. Damit erlischt der Aufenthaltstitel, § 51 Abs. 1 Nr. 1 AufenthG, und F wäre ausreisepflichtig, § 50 Abs. 1, Abs. 2 S. 1 AufenthG. Um das Risiko auszuschließen, dass seitens der Ausländerbehörde eine verspätete Antragstellung angenommen werden könnte, ist daher am Tag der Beratung fristwahrend der **Verlängerungsantrag** bei der zuständigen Ausländerbehörde zu stellen. Es genügt die Antragstellung per Telefax. Die vieler Orts übliche Antragstellung mit **Formblättern** kann im Rahmen der Mitwirkungspflicht nach § 82 AufenthG verlangt werden, ist aber nicht Voraussetzung für die fristgerechte Antragstellung.[16]

29

b) Übergangsregelung des § 104 Abs. 6 AufenthG
Mit der Übergangsregelung des § 104 Abs. 6 AufenthG knüpft der Gesetzgeber an Rechtsansprüche aus dem Ausländergesetz (1990) an. § 31 Abs. 1 AuslG gewährt den Ehegatten, Lebenspartnern und Kindern von Inhabern einer Aufenthaltsbefugnis ein **Nachzugsrecht**.

30

6. Weiterführende Hinweise
a) Ausnahmen von § 8 Abs. 1 AufenthG
Nach § 8 Abs. 1 AufenthG finden auf die Verlängerung eines Aufenthaltstitels dieselben Vorschriften Anwendung wie auf die Erteilung. Eine wichtige Ausnahme von dieser gesetzlichen

31

---

16 Nr. 81.1.1 VwV-AufenthG.

Regelung bestimmt § 25 Abs. 4 S. 2 AufenthG. Demnach kann unabhängig vom Vorliegen der nach § 8 Abs. 1 AufenthG notwendigen Voraussetzungen eine Aufenthaltserlaubnis verlängert werden, wenn aufgrund besonderer Umstände des Einzelfalls das Verlassen des Bundesgebietes für den Ausländer eine **außergewöhnliche Härte** bedeuten würde. Die Verlängerung nach § 25 Abs. 4 S. 2 AufenthG ist nicht auf Aufenthaltstitel nach dem Abschnitt 5 des AufenthG beschränkt. Mithin kommt eine Verlängerung nach dieser Vorschrift immer dann in Frage, wenn wegen Umständen, die nach der Einreise bzw. Ersterteilung der Aufenthaltserlaubnis eingetreten sind, die Voraussetzungen für die Erteilung nicht mehr gegeben sind. Ist der Ausländer aufgrund seines bisherigen Aufenthaltes in der Bundesrepublik Deutschland verwurzelt, ist eine Verlängerung nach § 25 Abs. 4 S. 2 AufenthG geboten (vgl. § 1 Rn. 114).

b) Auswirkungen von § 4 Abs. 3 StAG

32   Bei der Geburt eines Kindes von Eltern, die nicht die deutsche Staatsangehörigkeit besitzen, ist stets die **Dauer des rechtmäßigen Aufenthaltes der Eltern** zu beachten. Nach § 4 Abs. 3 S. 1 StAG erwirbt das Kind ausländischer Eltern die deutsche Staatsangehörigkeit, wenn ein Elternteil seit acht Jahren rechtmäßig seinen gewöhnlichen Aufenthalt im Inland hat und im Besitz eines unter Nr. 2 genannten Aufenthaltstitels, insbesondere einer Niederlassungserlaubnis, ist. Nach dem Gesetz genügt der rechtmäßige achtjährige Voraufenthalt eines Elternteils. Der Aufenthalt muss ununterbrochen bestanden haben.[17] Zur Bewertung, ob Auslandsaufenthalte den Inlandsaufenthalt unterbrechen, wird auf § 44 Abs. 1 Nr. 2 und Nr. 3 AuslG (1990) verwiesen.[18] Nach der insofern unveränderten Nachfolgevorschrift des § 51 Abs. 1 Nr. 6 und Nr. 7 AufenthG sind demnach Ausreisen aus einem vorübergehenden Grund unschädlich, wenn sie eine Dauer von sechs Monaten nicht überschritten haben.

B. Verfestigung / Niederlassungserlaubnis

I. Sprachkompetenz und Altfälle

1. Sachverhalt / Lebenslage

33   Beispiel: Sprachkompetenz
Eine Familie aus Marokko spricht im Oktober in der Kanzlei vor. Der Ehemann und Vater, M (59 Jahre) lebt seit mehr als 30 Jahren in der BRD und arbeitet als Maurer bei einer Baufirma. F, seine Ehefrau (58 J.), ist ebenso wie der gemeinsame Sohn S (16 J.) erst vor siebeneinhalb Jahren im Rahmen des Familiennachzugs eingereist. M spricht sehr gebrochenes Deutsch. Ihm wurde in den 1980er Jahren eine unbefristete Aufenthaltserlaubnis erteilt. S übersetzt für M und F. F spricht lediglich wenige Worte deutsch. M hat vor wenigen Wochen einen Bandscheibenvorfall erlitten und ist operiert worden. Nun kann er nur noch eingeschränkt arbeiten. Derzeit ist er von seinem Arzt als arbeitsunfähig eingestuft, allerdings befürchtet er, dass ihm sein Arbeitgeber in naher Zukunft kündigen könnte. Zumindest habe ihm sein Arbeitgeber gesagt, dass er „keine kranken Maurer brauchen" könne. Einige Bekannte haben M erzählt, dass seine Frau wieder ausreisen müsse, wenn er keine Arbeit mehr hätte. Daher möchten sie vorher ein unbefristetes Visum beantragen. Dafür seien sie nun hier. Auf Rückfrage erklärt S, dass seine Eltern seit 38 Jahren verheiratet sind. Er ist das jüngste von fünf Geschwistern. Seine Mutter und er sind erst nachgekommen, nachdem alle anderen

---

17   Nr. 4.3.1.1 StAR-VwV.
18   Nr. 4.3.1.3 StAR-VwV.

Geschwister verheiratet waren. Zwei Brüder des S wohnen ebenfalls in der BRD (verheiratet, Kinder), im gleichen Haus. M kaufe ein, koche unter der Woche für alle Familienmitglieder, kümmere sich um die Haushalte und betreue daneben zwei Enkelkinder, da seine Brüder und deren Ehefrauen berufstätig sind. Zwei Schwestern wohnen mit ihren Familien in Marokko. F spreche zwar berberisch als Muttersprache, habe aber nie lesen und schreiben gelernt. F habe bereits an zwei Deutschkursen an der VHS teilgenommen, allerdings habe das nicht viel gebracht. Die Aufenthaltserlaubnis der F läuft am 12. Februar des Folgejahres ab.

2. Prüfungsreihenfolge
a) Anspruch auf Niederlassungserlaubnis
Der Anspruch auf Erteilung einer Niederlassungserlaubnis des zu einem Ausländer nachziehenden Ehegatten richtet sich nach der allgemeinen Vorschrift des § 9 AufenthG. F ist länger als fünf Jahre im Besitz einer Aufenthaltserlaubnis, so dass die zeitlichen Voraussetzungen zur Beantragung einer Niederlassungserlaubnis erfüllt sind. Zugunsten der F greift hier zudem die **Privilegierung** des **§ 9 Abs. 3 S. 1 AufenthG**. Demnach muss die F nicht die Voraussetzungen des § 9 Abs. 2 Nr. 3, 5 und 6 AufenthG erfüllen. Aufgrund der Tatsache, dass F mit M in ehelicher Lebensgemeinschaft lebt, wird von F nicht erwartet, dass sie ebenfalls 60 Monatsbeiträge in die gesetzliche Rentenversicherung eingezahlt hat und selbst arbeiten geht. Entscheidend sind in diesem Fall die Voraussetzungen des § 9 Abs. 2 S. 1 Nr. 7 und 8 AufenthG, mithin müsste F über ausreichende Kenntnisse der deutschen Sprache und über Grundkenntnisse der Rechts- und Gesellschaftsordnung und der Lebensverhältnisse im Bundesgebiet verfügen.

aa) Ausreichende Sprachkenntnisse
§ 9 Abs. 2 S. 1 Nr. 7 AufenthG verlangt, dass der Antragsteller „über ausreichende Kenntnisse der deutschen Sprache verfügt". Ausreichende Kenntnisse der deutschen Sprache entsprechen dem Sprachniveau B1 des Gemeinsamen Europäischen Referenzrahmens für Sprachen (GERR), § 2 Abs. 10 AufenthG.

In der **Praxis** verlangen die Ausländerbehörden zum Nachweis die Vorlage eines Zeugnisses oder einer Teilnahmebestätigung einer Volkshoch- oder Sprachschule. Bei Personen, die nach Auffassung der Ausländerbehörde ausreichend die deutsche Sprache sprechen, aber über keine Nachweise verfügen, kann die Ausländerbehörde auf einen Sprachtest verzichten.[19]

bb) Ausnahme: Ersterteilung vor dem 1.1.2005
Im Vergleich zu der Rechtslage vor Einführung des AufenthG wurden die Ansprüche an die Sprachkompetenz deutlich erhöht.[20] § 104 Abs. 2 S. 1 AufenthG gewährt denjenigen Ausländern, die bereits vor dem 1.1.2005 im Besitz einer Aufenthaltserlaubnis waren die einfacheren Voraussetzungen des „alten Rechts". Dieses verlangte eine Verständigung wenigstens mündlich auf einfache Weise in deutscher Sprache. Dies bedeutet, dass Sprachschatz, Grammatik und Ausdrucksweise genügen, um eine Verständigung zu ermöglichen. Ein „Beherrschen" der deutschen Sprache wird nicht verlangt.[21] Insbesondere werden keine Lese- und

---
19 Nr. 9.2.1.7 VwV-AufenthG.
20 Gemäß § 24 Abs. 1 Nr. 4 AuslG (1990) war die Aufenthaltserlaubnis unbefristet zu verlängern, wenn sich der Antragsteller „auf einfache Art. in deutscher Sprache mündlich verständigen" konnte.
21 *Kanein/Renner*, 6. Aufl. 1999, § 24 Rn. 11.

Schreibfertigkeiten verlangt.[22] Es handelt sich hier um eine Übergangsregelung, die kaum noch Anwendung findet.

cc) Integrationskurs, § 9 Abs. 2 S. 2 AufenthG

38 Mit dem Zuwanderungsgesetz wurden erstmalig Integrationskurse für Ausländer gesetzlich geregelt (§§ 43 ff. AufenthG). Demnach soll die Integration von auf Dauer im Bundesgebiet lebenden Ausländern gefördert werden. Als Lernziel ist vorgesehen, dass der Integrationskursteilnehmer sich im täglichen Leben in seiner Umgebung selbstständig sprachlich zurechtfinden und entsprechend seinem Alter und Bildungsstand ein Gespräch führen und sich schriftlich ausdrücken kann.[23] Nach § 44 Abs. 1 S. 1 Nr. 1 Buchst. b AufenthG hatte F einen **Anspruch auf einmalige Teilnahme** an einem Integrationskurs. Nach Auskunft der Familie hat sie bereits zwei Deutschkurse ohne Erfolg besucht. Von einem erfolgreichen Besuch des Integrationskurses ist nicht auszugehen.

dd) Ausnahme nach § 9 Abs. 2 S. 5 AufenthG

39 Wer nach § 44 Abs. 3 S. 1 Nr. 2 AufenthG (erkennbar geringer Integrationsbedarf) keinen Anspruch auf Teilnahme am Integrationskurs hatte oder nach § 44 a Abs. 2 Nr. 3 AufenthG (Teilnahme auf Dauer unmöglich oder unzumutbar) nicht teilnehmen konnte, wird vom AufenthG **privilegiert**. Allerdings setzt auch diese Ausnahme voraus, dass eine Verständigung in einfacher deutscher Sprache möglich ist. Dies ist im vorliegenden Fall nicht gegeben.

ee) Vermeidung einer Härte (§ 9 Abs. 2 S. 4 AufenthG)

40 Hierbei handelt es sich um eine **Ermessensvorschrift**, das heißt es kann von den Voraussetzungen abgesehen werden. Als Gründe für eine besondere Härte nennt das Bundesministerium des Innern den Fall, dass eine **geistige** oder **seelische Erkrankung oder Behinderung** das Erlernen der Sprache zwar nicht unmöglich mache (dann § 9 Abs. 2 S. 3 AufenthG), aber dauerhaft wesentlich erschwert oder wenn die Teilnahme an einem Integrationskurs wegen der **Pflege eines Angehörigen** unmöglich oder unzumutbar ist. Daneben wird aber auch berücksichtigt, in welchem **Alter** die Einreise stattgefunden hat. Bei einer Einreise eines über 50jährigen Ausländers kann ebenfalls eine Härte gegeben sein.[24] Ausweislich der Gesetzesbegründung kann ein Härtefall auch bei „**bildungsfernen**" Personen angenommen werden, von denen aufgrund von Alter und Bildungsstand das Erlernen der Sprache nicht mehr erwartet werden kann.[25] Voraussetzung sei dann aber, dass die Person im Alltag erkennbar zu Recht komme und alle zumutbaren Anstrengungen unternommen habe, die entsprechenden Sprachkenntnisse zu erwerben.[26]

41 Dieser Fall ist vorliegend gegeben. F beherrscht zwar lediglich wenige Worte Deutsch, kommt aber aufgrund der Tatsache, dass sie drei Haushalte führt, erkennbar in der BRD zurecht. Da sie auch in ihrem Herkunftsland nie lesen und schreiben gelernt hat, kann dies von ihr auch in der BRD nicht erwartet werden und erschwert zudem die erfolgreiche Teilnahme an einem Deutschkurs enorm. Zudem ist F erst im Alter von über 50 Jahren eingereist, was an sich schon einen besonders zu berücksichtigenden Aspekt darstellt. Ein Härtefall ist daher anzu-

---

22 *Marx*, AAFR, § 2 Rn. 439.
23 § 3 Abs. 2 IntV.
24 Nr. 9.2.2.2.2 VwV-AufenthG.
25 BT-Drs. 15/420 S. 73.
26 BT-Drs. aaO; *Marx*, AAFR, § 2 Rn. 442.

nehmen. Da es sich um einen Ermessenstatbestand handelt, ist entsprechender Vortrag gegenüber der Ausländerbehörde geboten.

b) Anspruch auf Aufenthaltserlaubnis

Auch unabhängig von der Frage, ob zur Vermeidung einer Härte von dem Erfordernis der Sprachbeherrschung abgesehen wird, kann die Aufenthaltserlaubnis der F gem. § 30 Abs. 3 AufenthG verlängert werden (abweichend von § 5 Abs. 1 Nr. 1 AufenthG, ohne Sicherung des Lebensunterhaltes). Darauf sollten M und F hingewiesen werden, denn Anlass für das Beratungsgespräch war die Sorge um eine eventuell notwendige Ausreise Fs, falls M nicht mehr genug verdiene.

3. Muster: Antrag auf Erteilung einer Niederlassungserlaubnis

▶ An die

Ausländerbehörde

Betr.: ... (F), ... Geb.-datum, ... Geb.-ort, ... Anschrift

Sehr geehrte Damen und Herren,

unter Vollmachtsvorlage beantrage ich

Erteilung einer Niederlassungserlaubnis gemäß § 9 Abs. 2 AufenthG.

Die Antragstellerin ist vor siebeneinhalb Jahren im Wege des Familiennachzugs in die Bundesrepublik Deutschland eingereist. Seitdem ist sie im Besitz einer Aufenthaltserlaubnis gemäß § 30 Abs. 1 Nr. 1 AufenthG. Die zeitliche Voraussetzung des § 9 Abs. 2 S. 1 Nr. 1 AufenthG ist damit unzweifelhaft erfüllt. Die Antragstellerin lebt weiterhin mit Herrn ... (M) in ehelicher Lebensgemeinschaft. Damit findet die Privilegierung nach § 9 Abs. 3 S. 1 AufenthG Anwendung. Bezüglich des Lebensunterhaltes werden überreicht:

die Brutto-Netto-Gehaltsabrechnungen des Ehemannes der Antragstellerin für die vergangenen sechs Monate.

Demnach ist der Lebensunterhalt als gesichert im Sinne des § 9 Abs. 2 S. 1 Nr. 2 anzusehen.

Die Aufenthaltserlaubnis wurde erstmals vor dem 1. Januar 2005 erteilt, so dass § 104 Abs. 2 S. 1 und S. 2 AufenthG Anwendung findet. Demnach ist von den Anforderungen des § 9 Abs. 2 S. 1 Nr. 8 AufenthG abzusehen.

Zur sprachlichen Integrationsvoraussetzung des § 9 Abs. 2 S. 1 Nr. 7 AufenthG wird auf § 9 Abs. 2 S. 4 AufenthG verwiesen und zur Ermessensausübung folgendes vorgetragen:

Die Antragstellerin ist im Alter von über 50 Jahren aus Marokko eingereist. Auch in ihrer Muttersprache kann sie weder lesen noch schreiben (Analphabetin). Die Antragstellerin hat an zwei Sprachkursen „Deutsch als Fremdsprache 1" bei der VHS teilgenommen (Bescheinigungen liegen bei). Aufgrund des Analphabetentums der Antragstellerin konnte sie die Kurse nicht erfolgreich absolvieren. Die Antragstellerin lebt bei ihrem Ehemann M und ihren drei Söhnen samt deren Familien. Sie führt den Haushalt der drei Familien, ua kocht sie regelmäßig für alle Familienmitglieder gemeinsam und besorgt die Einkäufe. Des Weiteren passt sie auf ihre Enkelkinder auf, während ihre Söhne und Schwiegertöchter berufstätig sind. Damit ist aufgezeigt, dass die Antragstellerin im Alltag erkennbar zurechtkommt (Haushaltsführung, Einkaufen), sie allerdings aufgrund ihres Lebensalters bei Einreise und der Tatsache, dass sie auch ihre Muttersprache nur mündlich beherrscht, nicht in der Lage ist, die erforderlichen Sprachkenntnisse (noch) zu erwerben. Sie hat jedenfalls durch den Besuch zweier Deutschkurse ihrerseits alles Erforderliche unternommen, um die entsprechenden Kenntnisse zu erwerben (vgl. Nr. 9.2.2.2.2 VwV-AufenthG).

...

Rechtsanwalt ◄

4. Erläuterungen
a) Lebensunterhalt gesichert?

44 Im vorliegenden Fall ist derzeit der Lebensunterhalt gesichert. Die Befürchtung, dass der Arbeitgeber des M diesem wegen der zu befürchtenden eingeschränkten Arbeitsfähigkeit kündigen könnte, ist noch zu vage, als dass sie in der Prognose bzgl. der Sicherung des Lebensunterhaltes nach § 2 Abs. 3 AufenthG berücksichtigt werden müsste. Unabhängig von der Frage, ob eine Kündigung des M arbeitsrechtlich kurzfristig durchsetzbar wäre, hätte M dann sicher einen Anspruch auf Gewährung von Arbeitslosengeld I, so dass zunächst die Sicherung des Lebensunterhaltes auf öffentlichen Mitteln beruhen würde, denen eine Beitragszahlung zugrunde liegt (vgl. § 2 Abs. 3 S. 2 AufenthG).[27] Daher ist der Lebensunterhalt derzeit als gesichert im Sinne des § 9 Abs. 2 S. 2 AufenthG anzusehen. Zum **Nachweis** sind entsprechend die Brutto-Netto-Gehaltsabrechnungen der vergangenen sechs Monate vorzulegen. Im Falle eines Arbeitgeberwechsels seit der Zeit der letzten Verlängerung der Aufenthaltserlaubnis der F sollte auch ein entsprechender Arbeitsvertrag zu den Akten gereicht werden.

b) Antrag auf Verlängerung der Aufenthaltserlaubnis?

45 Im Beispielsfall läuft die Geltungsdauer der Aufenthaltserlaubnis der F wenige Monate nach Beantragung der Niederlassungserlaubnis ab, so dass ggf. noch keine (abschließende) Entscheidung getroffen sein wird, ob die Niederlassungserlaubnis erteilt wird oder nicht. Für diese Zeit erhält F gemäß § 81 Abs. 5 AufenthG eine **Fiktionsbescheinigung**. Falls die Ausländerbehörde im Rahmen der Ermessenausübung zu dem Ergebnis kommen sollte, dass eine Niederlassungserlaubnis nicht erteilt werden soll, stellt sich die Frage bzgl. des Verlängerungsantrags der Aufenthaltserlaubnis. Da die Ausländerbehörde jedenfalls vor einer Ablehnung des Antrags auf Erteilung der Niederlassungserlaubnis die Antragstellerin anzuhören hat (§ 28 VwVfG), kann der entsprechende Antrag dann vorsorglich gestellt werden. Es ist aber davon auszugehen, dass der Antrag auf Erteilung einer Niederlassungserlaubnis als Minus den Antrag auf Erteilung einer Aufenthaltserlaubnis enthält, so dass die Ausländerbehörde auch über die Verlängerung nach § 30 Abs. 3 AufenthG zu entscheiden hätte, ohne dass explizit ein entsprechender Antrag gestellt werden müsste.

5. Fehlerquellen / Haftungsfallen

46 Wie ausgeführt (vgl. Rn. 43) könnte die Ausländerbehörde nach Ausüben ihres Ermessens zu dem – nur schwer nachzuvollziehenden – Ergebnis kommen, dass bei F kein Härtefall vorliegt. In diesem Fall würde zunächst eine Anhörungsmitteilung nach § 28 LVwVfG versandt werden. Für den Fall, dass die Ausländerbehörde darin nicht zum Ausdruck bringt, dass nunmehr die Aufenthaltserlaubnis verlängert wird, sondern aufgrund der Ablehnung des beantragten Aufenthaltstitel der Aufenthalt in der BRD beendet werden soll, muss unmittelbar Antrag auf Verlängerung der Aufenthaltserlaubnis nach § 30 Abs. 1 AufenthG – falls M tat-

---

[27] Nr. 2.3.4 VwV-AufenthG.

sächlich in der Zwischenzeit arbeitslos geworden ist – eventuell unter Hinweis auf § 30 Abs. 3 AufenthG beantragt werden. Würde der **Antrag auf Verlängerung der Aufenthaltserlaubnis** erst nach der Entscheidung der Ausländerbehörde gestellt werden, würde aufgrund der ablehnenden Entscheidung die Fortgeltungsfiktion des § 81 Abs. 4 AufenthG erlöschen und der Verlängerungsantrag somit verspätet gestellt worden sein.

6. Weitergehende Hinweise

Im AufenthG sind weitere Privilegien für bestimmte Personengruppen vorgesehen. 47

a) Ausnahme wegen Krankheit oder Behinderung (§ 9 Abs. 2 S. 3 AufenthG)
Gemäß dieser Vorschrift muss derjenige die Voraussetzungen des § 9 Abs. 2 Nr. 7 und Nr. 8 AufenthG nicht erfüllen, dem dies aufgrund einer körperlichen, geistigen oder seelischen Krankheit oder Behinderung nicht möglich ist. Der Gesetzgeber wollte damit sicherstellen, dass auch entsprechend betroffene Personengruppen ihren **Aufenthalt** bei Vorliegen der sonstigen Erteilungsvoraussetzungen **verfestigen** können und das verfassungsrechtliche Benachteiligungsverbot beachtet wird.[28] Eine entsprechende Ausnahme ist beim Verfahren zur Einbürgerung nicht vorgesehen (§ 11 S. 1 Nr. 1 StAG). 48

b) Ausländer mit Aufenthaltserlaubnis nach § 25 Abs. 1 und Abs. 2 AufenthG
Um Ausländern, die eine Aufenthaltserlaubnis nach § 25 Abs. 1 oder Abs. 2 AufenthG besitzen, eine dauerhafte Lebensplanung in der Bundesrepublik Deutschland zu ermöglichen, besteht nach § 26 Abs. 3 AufenthG die vereinfachte Möglichkeit, eine Niederlassungserlaubnis zu erteilen. Einzige **Voraussetzung** ist die Mitteilung des Bundesamtes für Migration und Flüchtlinge, dass die Voraussetzungen für den Widerruf oder die Rücknahme der Flüchtlingsanerkennung oder der Feststellung, dass die Voraussetzungen des § 3 AsylG nicht vorliegen. Bei unveränderter Sach- und Rechtslage ist dies regelmäßig zu erwarten. Allerdings ist bei Fallgestaltungen, in denen eine geänderte Anerkennungspraxis des Bundesamtes für Migration und Flüchtlinge oder der Rechtsprechung erkennbar ist, Vorsicht geboten. Teilt das Bundesamt für Migration und Flüchtlinge mit, dass die Voraussetzungen für den Widerruf oder die Rücknahme nicht vorliegen, so ist die Niederlassungserlaubnis zu erteilen. Das bedeutet, dass die Niederlassungserlaubnis unabhängig von den Voraussetzungen des § 9 Abs. 2 AufenthG und damit insbesondere unabhängig von der Sicherung des Lebensunterhaltes, den Pflichtbeiträgen zur Rentenversicherung und dem Nachweis deutscher Sprachkenntnisse zu erteilen ist. Die erteilte Niederlassungserlaubnis bleibt aber akzessorisch zu der Anerkennung als Asylberechtigter bzw. zu der Feststellung des Vorliegens der Voraussetzungen des § 3 AsylG. Entsprechend kann auch die Niederlassungserlaubnis nach § 52 Abs. 1 S. 1 Nr. 4 AufenthG widerrufen werden. 49

c) Selbstständig Tätige
Ausländern, denen zur Ausübung einer selbstständigen Tätigkeit eine Aufenthaltserlaubnis gemäß § 21 Abs. 1 AufenthG erteilt worden ist, kann abweichend von § 9 Abs. 2 AufenthG eine Niederlassungserlaubnis erteilt werden. § 21 Abs. 4 S. 2 AufenthG knüpft die Erteilung an den Erfolg der geplanten Tätigkeit, also insbesondere den wirtschaftlichen Erfolg der Selbstständigkeit, sowie der Sicherung des Lebensunterhaltes, wobei dies letztlich ebenfalls 50

---

28 BT-Drs. 15/420 S. 72.

vom Erfolg des Unternehmens abhängig ist. Der entsprechende Nachweis ist durch die Vorlage der Jahresabschlüsse und -bilanzen sowie des Einkommenssteuerbescheids[29] zu führen. Es ist zu beachten, dass § 21 Abs. 4 S. 2 AufenthG lediglich einen **Ermessensanspruch** gewährt.

II. Altersvorsorge / Ausnahmen
1. Sachverhalt / Lebenslage

51 Beispiel: Altersvorsorge
Grundfall wie oben unter I. 1. Sprachkompetenz und Altfälle (Rn. 35). Der Sohn von M und F, S, ist im Alter von elf Jahren vor sechs Jahren gemeinsam mit seiner Mutter, M, im Wege des Familiennachzugs in die BRD eingereist (§ 32 Abs. 1 Nr. 2 AufenthG) und hat seitdem eine entsprechende Aufenthaltserlaubnis. Zuvor hat er bereits regelmäßig Urlaub bei seinem Vater in der BRD gemacht. Daher spricht er heute fließend deutsch. In seinem Abschlusszeugnis der Hauptschule hat er im Fach Deutsch die Note „befriedigend". Mittlerweile 17-jährig macht S derzeit eine Ausbildung zum Kfz-Mechaniker (1. Lehrjahr) bei einer großen Kfz-Werkstatt. Er lebt bei seinen Eltern im Haus. Miete zahlt er seinen Eltern nicht. S möchte wissen, ob er einen unbefristeten Aufenthaltstitel erhalten kann.

2. Prüfungsreihenfolge
a) Anspruch auf eine Niederlassungserlaubnis?

52 S ist im Wege des Kindernachzugs gemäß § 32 Abs. 1 Nr. 2 AufenthG in die BRD eingereist und war über die gesamte Zeit seines Aufenthaltes im Besitz einer Aufenthaltserlaubnis (§ 34 Abs. 1 AufenthG). Diese kann auch nach Erreichen der Volljährigkeit des S verlängert werden, so lange die Voraussetzungen für die Erteilung einer Niederlassungserlaubnis noch nicht vorliegen (§ 34 Abs. 3 AufenthG).

aa) Anspruch nach § 9 Abs. 2 AufenthG

53 Minderjährige Ausländer, die noch die Schule besuchen oder sich in einer Ausbildung befinden, können die Voraussetzungen des § 9 Abs. 2 Nr. 2 (Sicherung des Lebensunterhaltes) und Nr. 3 (Altersvorsorge) AufenthG nicht oder nur in Ausnahmefällen erfüllen. Der Gesetzgeber hat daher einige Ausnahmen geschaffen.

bb) Ausnahme nach § 35 Abs. 1 AufenthG

54 § 35 Abs. 1 S. 1 AufenthG ist einschlägig für Kinder, die vor Vollendung ihres 11. Lebensjahres in die BRD eingereist sind. § 35 Abs. 1 S. 2 AufenthG findet nach Erreichung der Volljährigkeit Anwendung. Danach kann einem volljährigen Ausländer eine Niederlassungserlaubnis abweichend von § 9 Abs. 2 S. 1 Nr. 3 AufenthG erteilt werden, wenn er alternativ in der Lage ist, seinen **Lebensunterhalt zu sichern,** oder sich in einer **Ausbildung** befindet (§ 35 Abs. 1 S. 2 Nr. 3 AufenthG). Volljährige Ausländer müssen allerdings über „ausreichende Kenntnisse der deutschen Sprache" verfügen (§ 35 Abs. 1 S. 2 Nr. 2 AufenthG), somit entfällt die Privilegierung bezüglich der sprachlichen Integrationsvoraussetzungen des Satzes 1. S war bei seiner Einreise bereits über zehn Jahre alt, ist aber noch nicht volljährig.

cc) Ausnahme nach § 9 Abs. 3 S. 2 AufenthG

55 Ein weiteres Auszubildendenprivileg hat der Gesetzgeber in § 9 Abs. 3 S. 2 AufenthG geschaffen. Dieses ist hier einschlägig. S befindet sich in einer Ausbildung zum Kfz-Mechaniker, einer

---

29 Falls der Betroffene zur Veranlagung der Einkommenssteuer verpflichtet ist, § 19 EStG.

Ausbildung mit anerkanntem beruflichem Bildungsabschluss (**Gesellenprüfung**).[30] Demnach muss S keine 60 Pflichtbeiträge zur gesetzlichen Rentenversicherung (Altersvorsorge) nachweisen.

dd) Lebensunterhaltssicherung

Da keine Privilegierung bezüglich der Sicherung des Lebensunterhaltes einschlägig ist, muss S nachweisen, dass sein Lebensunterhalt gesichert ist. An dieser Stelle ist das Gesetz nicht schlüssig. Für **Kinder, die nach Vollendung des elften, aber vor Vollendung des 13. Lebensjahres** eingereist sind und die nach Vollendung des 16. Lebensjahres entweder weiterhin die Schule besuchen oder nach ihrer schulischen Ausbildung unmittelbar mit einer Ausbildung mit einem anerkannten Abschluss begonnen haben, besteht nach dem Wortlaut dieses Paragrafen keine Möglichkeit, eine Niederlassungserlaubnis ohne Nachweis der Sicherung des Lebensunterhaltes nach § 9 Abs. 2 S. 1 Nr. 2 AufenthG zu erhalten. Warum der Gesetzgeber die Möglichkeiten des § 35 Abs. 1 S. 2 AufenthG nicht an die Vollendung des 16. Lebensjahres geknüpft hat, ist der entsprechenden Gesetzesbegründung nicht zu entnehmen.[31] In der Begründung wird lediglich ausgeführt, dass bei Minderjährigen, die im Kleinkindalter eingereist sind, die Integration als gelungen angesehen werden könne, wenn die Aufenthaltszeit fünf Jahre übersteigt. Bei volljährigen Ausländern wird allerdings zusätzlich der Sprachnachweis für notwendig erachtet, da bei Ausländern, die nach Vollendung des 13. Lebensjahres eingereist sind, der schnelle Spracherwerb, der bei einem als Kleinkind eingereisten Ausländern unterstellt wird, nicht mehr als selbstverständlich angenommen werden könne. Daher müsse hier ein entsprechender Nachweis erbracht werden.[32] Warum diejenigen Ausländer, die zwischen dem elften und dem 13. Lebensjahr einreisen länger als fünf Jahre warten müssen, bis eine Privilegierung nach § 35 Abs. 1 S. 1 oder S. 2 AufenthG erfolgt, bleibt ungeklärt. Es handelt sich um eine **Gesetzeslücke**. Die Frage, ob sich der Gesetzgeber dessen bewusst ist, kann den Bundestagsdrucksachen nicht entnommen werden. Jedenfalls war bereits die Vorgängervorschrift gleich gefasst (vgl. § 26 Abs. 1 S. 1, S. 2 AuslG (1990)). Für den Fall einer unbewussten Gesetzeslücke böte sich eine analoge Anwendung des § 35 Abs. 1 S. 2 AufenthG auch auf minderjährige Ausländer nach Vollendung des 16. Lebensjahres an.

ee) Wegfall der Unterbringungskosten

Im Beispielsfall wohnt S bei seinen Eltern und muss keinen Beitrag zur Miete zahlen. Unter Vorlage eines Mietvertrages, der auch den S als Berechtigten aus dem Mietvertrag aufführt und einer entsprechenden Erklärung von F und M, dass ihr Sohn S für die Zeit seiner Ausbildung mietfrei bei ihnen wohnen kann, erfüllt S auch mit seiner Ausbildungsvergütung das Erfordernis der Sicherung des Lebensunterhaltes. **Besondere Unterbringungskosten** entstehen S keine, daher sind diese auch nicht in die Berechnung einzustellen.[33]

b) Sonstige Voraussetzungen

Selbstverständlich müssen die allgemeinen Erteilungsvoraussetzungen des § 5 Abs. 1 und Abs. 2 AufenthG erfüllt sein. Die Anwendung des § 5 Abs. 1 S. 1 Nr. 1 und Nr. 3 AufenthG ist allerdings durch § 35 Abs. 3 AufenthG als **lex specialis** verdrängt. Die übrigen Voraussetzun-

---

30 Vgl. Nr. 9.3.2 VwV-AufenthG.
31 Vgl. BT-Drs. 15/420 S. 83, 84.
32 BT-Drs. 15/420 aaO.
33 Nr. 2.3.4.2 VwV-AufenthG.

gen des § 5 Abs. 1 und Abs. 2 AufenthG sind regelmäßig erfüllt, wenn eine Einreise zum Familiennachzug entsprechend den einschlägigen Vorschriften stattgefunden hat.

3. Muster: Antrag auf Erteilung einer Niederlassungserlaubnis für minderjährige Ausländer

59

▶ An die

Ausländerbehörde

... (S), ... Geb.-datum, ...

Geb.- ort, ... Wohnanschrift

Sehr geehrte Damen und Herren,

unter Vollmachtsvorlage beantrage ich

Erteilung einer Niederlassungserlaubnis gemäß § 9 Abs. 1 AufenthG.

Der Antragsteller ist am ... im Wege des Familiennachzugs in die Bundesrepublik Deutschland eingereist und seit diesem Zeitpunkt im Besitz einer Aufenthaltserlaubnis gemäß §§ 32 Abs. 1 Nr. 2 AufenthG. Die zeitlichen Voraussetzungen des § 9 Abs. 2 S. 1 Nr. 1 AufenthG sind damit erfüllt. S befindet sich in einer beruflichen Ausbildung, gem. § 9 Abs. 3 S. 2 AufenthG ist er vom Nachweis ausreichender Altersvorsorge befreit. Bezüglich des Nachweises der Deutschkenntnisse wird überreicht: Abschlusszeugnis und Ausbildungsvertrag für ... (S), vom ... .

Zum Nachweis der Sicherung des Lebensunterhaltes gemäß § 9 Abs. 2 S. 1 Nr. 2 AufenthG wird zum einen auf den überreichten Ausbildungsvertrag verwiesen. Zum anderen überreiche ich: Mietvertrag der Eltern ... (F) und ... (M) sowie Bescheinigung von ... (F) und ... (M), dass ... (S) für die Zeit der Ausbildung mietfrei bei seinen Eltern wohnen kann.

Damit ist auch die Voraussetzung des § 9 Abs. 2 S. 1 Nr. 9 AufenthG erfüllt. Das Einkommen des ... (S) aus dem Ausbildungsvertrag genügt zur Deckung des Lebensunterhaltes bei Zugrundelegung des Sozialhilferegelsatzes in Höhe von 345 EUR.

...

Rechtsanwalt ◀

4. Erläuterungen

a) Wohnraumnachweis

60 Die meisten Ausländerbehörden nutzen **Formblätter**, die vom Vermieter auszufüllen und zu unterschreiben sind, um das ungekündigte Fortbestehen des Mietverhältnisses sowie die davon umfassten Personen feststellen zu können. Diese werden von den Ausländerbehörden zugesandt und müssen im Rahmen der Mitwirkungspflicht nach § 82 AufenthG ausgefüllt und zurückgesandt werden.

b) Lebensunterhaltssicherung

61 Sollte das Einkommen aus dem Ausbildungsverhältnis nicht genügen, könnte der erwerbstätige Vater M auch eine **Verpflichtungserklärung** nach § 68 Abs. 1 AufenthG abgeben. Während bei der Erteilung einer Aufenthaltserlaubnis in der Regel die Vorlage von drei Gehaltsabrechnungen genügt, werden im Verfahren zur Erteilung einer Niederlassungserlaubnis häufig die Gehaltsabrechnungen der vergangenen sechs Monate verlangt.

c) Dauer des Verfahrens

Die Erteilung einer Niederlassungserlaubnis nimmt teilweise erhebliche Zeit in Anspruch. Daher kann ein entsprechender Antrag bereits mehrere Monate vor dem Ablauf der Fünf-Jahres-Frist gestellt werden.

5. Fehlerquellen / Haftungsfallen

a) Ausnahmeregelungen

Wie im Beispielsfall dargestellt, gibt es insbesondere für minderjährig, im Rahmen des Familiennachzugs eingereiste Ausländer zahlreiche Privilegien in Bezug auf die Verlängerung der Aufenthaltserlaubnis aber auch in Bezug auf die mögliche Erteilung einer Niederlassungserlaubnis. Teilweise kommen die Auswirkungen der Übergangsregelungen in § 104 AufenthG hinzu, die weitere Erleichterungen für Personen, die vor dem 1.1.2005 eine Aufenthaltserlaubnis besessen haben, gesetzlich festschreiben. Das **Zusammenfallen verschiedener Privilegien** muss daher sorgfältig geprüft werden.

b) Bevollmächtigung durch Eltern

Gem. § 80 Abs. 1 AufenthG sind auch ausländische Minderjährige nicht – wie bisher – unabhängig vom Erreichen der Volljährigkeit handlungsfähig. Insofern müssen die beiden sorgeberechtigten Eltern die Vollmacht unterschreiben.

6. Weiterführende Hinweise

Eine weitere Ausnahme von der Verpflichtung zur Altersvorsorge ist in § 21 AufenthG geregelt. Nach § 21 Abs. 3 AufenthG soll eine Aufenthaltserlaubnis nur erteilt werden, wenn eine „angemessene Altersversorgung" gewährleistet ist. Nr. 21.3 VAH verweist zur Ermittlung der Untergrenze auf die Regelaltersrente. Allerdings haben selbstständig Erwerbstätige in der Regel keinen Anspruch aus der gesetzlichen Rentenversicherung, so dass die entsprechende Alterssicherung zunächst durch den Nachweis eines entsprechenden Vermögens möglich ist.[34] Sollte der **Nachweis** nicht möglich sein, ist zu beachten, dass es sich um eine Soll-Vorschrift handelt. Das bedeutet, dass die Ausländerbehörde in wohlbegründeten Fällen von der gesetzlichen Intention abweichen kann, zB wenn das Gewerbe, das der Ausländer betreibt, sich sehr gut entwickelt und aufgrund einer Prognose langfristig von einer Alterssicherung ausgegangen werden kann.[35] Ausweislich der Gesetzesbegründung wollte der Gesetzgeber sicherstellen, dass die sozialen Sicherungssysteme nicht zusätzlich belastet werden. Dieses Ziel wäre auch bei einem Abweichen von der Soll-Vorschrift gewahrt.

III. Unterbrechung des rechtmäßigen Aufenthaltes

1. Sachverhalt / Lebenslage

Beispiel: Rückflug verpasst?

Der 64-jährige argentinische Staatsangehörige S erscheint im März 2016 in der Kanzlei und legt seinen aktuellen und einen abgelaufenen Reiseausweis vor. Daraus geht hervor, dass S seit 2009 im Besitz einer unbefristeten Aufenthaltserlaubnis war, diese ist aber ungültig gestempelt. S erzählt, dass er viele Jahre mit einer deutschen Staatsangehörigen verheiratet ge-

---

34 *Sußmann* in: Bergmann/Dienelt, § 21 Rn. 15.
35 *Hailbronner*, AuslR, § 21 Rn. 18.

wesen ist. Seit dem Tod seiner Ehefrau vor fünf Jahren ist er Witwer. Im Jahre 1992 ist er in die Bundesrepublik eingereist und hat sich selbstständig gemacht. Im März 2005 ist sein Vater gestorben und er ist für mehr als sechs Monate nach Argentinien gereist, um die Beerdigung zu arrangieren und sich um seine Mutter zu kümmern. Als er damals zurückgekommen ist, hat man ihm erklärt, sein Aufenthaltstitel sei abgelaufen und er müsse einen neuen Visumantrag stellen. Er hat sich damals nicht lange mit der Ausländerbehörde streiten wollen und hat daher im Dezember 2005 eine „neue" Aufenthaltserlaubnis zum Familiennachzug beantragt, die auch erteilt wurde. Im November 2008 hat er dann wiederum eine unbefristete Aufenthaltserlaubnis beantragt, die im Frühjahr 2009 erteilt wurde. Vor seiner Abreise 2015 hat er sein Unternehmen auf seinen Sohn übertragen. Er lebt seitdem von seinem Vermögen und den Mieteinnahmen zweier Mehrfamilienhäuser, die er in Deutschland gekauft hat. Außerdem ist er weiter am Gewinn seines Unternehmens beteiligt. Nun ist er im Juli 2015 wieder nach Argentinien gereist, da es seiner Mutter gesundheitlich sehr schlecht ging. Um den gleichen Fehler nicht noch einmal zu machen, hat er extra schon bei der Flugbuchung darauf geachtet, dass er innerhalb von sechs Monaten wieder in die BRD zurückkehren wird. Kurz vor dem Rückflug ist seine Mutter dann gestorben. Er hat daher länger in Argentinien bleiben müssen als geplant. Bei seiner Rückkehr wurde er bereits am Flughafen darauf aufmerksam gemacht, dass sein Aufenthaltstitel erloschen sei, er aber als Argentinier für die Dauer von drei Monaten visumfrei einreisen dürfte. Bei seiner Vorsprache bei der Ausländerbehörde seien alle sehr freundlich gewesen, hätten aber darauf hingewiesen, dass seine unbefristete Aufenthaltserlaubnis nun erneut erloschen sei und er die Vorschrift ja auch schon kenne. Man würde ihm auch gerne einen Aufenthaltstitel geben, aber nach dem Tod seiner Frau gäbe es nun mal keinen Anspruch mehr und außerdem wäre fraglich, ob er den Antrag überhaupt vom Inland aus stellen dürfe. S bittet um Rat, was zu tun sei, damit er weiterhin in Deutschland leben kann.

2. Prüfungsreihenfolge
a) Aufenthaltstitel erloschen?

67 Nach § 51 Abs. 1 AufenthG erlischt ein Aufenthaltstitel unter anderem wenn ein Ausländer aus einem nicht nur vorübergehenden Grund aus der Bundesrepublik ausreist (Nr. 6) oder wenn der Ausländer **ausreist** und nicht innerhalb einer **Frist von sechs Monaten** oder einer längeren von der Ausländerbehörde bestimmten Frist wieder einreist (Nr. 7). Es ist **umstritten**, in welchem Verhältnis § 51 Abs. 1 Nr. 6 und Nr. 7 AufenthG zueinander stehen.[36] Eine Ansicht nimmt an, dass Nr. 7 lediglich ein Unterfall der Nr. 6 sei und es sich daher um eine widerlegliche gesetzliche Vermutung handele. Das würde bedeuten, dass im Falle des Nachweises, dass trotz einer Abwesenheit von mehr als sechs Monaten der Lebensmittelpunkt weiterhin in der BRD liegen soll, die gesetzliche Vermutung widerlegt wäre und der Aufenthaltstitel weiter bestünde.[37] Nach dieser Ansicht könnte S geltend machen, dass sein Aufenthaltstitel fortbestehe, da er nie vorgehabt habe, die Bundesrepublik dauerhaft zu verlassen. Die herrschende Ansicht und die Verwaltungspraxis sehen dagegen in der Vorschrift eine Verschärfung gegenüber der vorherigen Rechtslage und gehen von einem Erlöschen aus, wenn

---

36 *Marx*, AAFR, § 7 Rn. 132 mwN.
37 OVG NW NVwZ-RR 2004, 151.

die Frist überschritten ist,[38] und zwar unabhängig vom Vorliegen sonstiger objektiver Feststellungen bzgl. der Dauerhaftigkeit des Verlassens der BRD.

Einschlägig ist dem Wortlaut nach § 51 Abs. 1 Nr. 7 AufenthG. S hat sich länger als sechs Monate im Ausland aufgehalten und hat es versäumt, eine längere Frist bei der Ausländerbehörde zu beantragen. Nr. 51.1.5.1 VwV-AufenthG bestätigt, dass die Erlöschenswirkung nach Nr. 6 nur eintritt, wenn objektiv feststeht, dass das Verlassen des Bundesgebietes nicht nur vorübergehender Natur ist. Dies sei zB gegeben, wenn der Ausländer unter Aufgabe seiner Wohnung und seines Arbeitsplatzes unter Mitnahme seines Eigentums ausgereist sei. § 51 Abs. 1 Nr. 6 AufenthG ist daher nicht einschlägig.

b) Besonderer Schutz wegen langjährigem Aufenthalt?

§ 51 Abs. 2 S. 1 AufenthG regelt eine wichtige **Ausnahme** von den Erlöschenstatbeständen des Abs. 1 Nr. 6 und Nr. 7. Unter der Bedingung, dass der Lebensunterhalt gesichert ist (§ 2 Abs. 3 AufenthG), erlischt die Niederlassungserlaubnis auch nicht für den Fall einer Abwesenheit von mehr als sechs Monaten. Voraussetzung dafür ist aber ein 15jähriger rechtmäßiger Voraufenthalt. S lebt seit 24 Jahren in der BRD. Allerdings hat er von März bis Dezember 2005 keinen rechtmäßigen Aufenthalt in der BRD gehabt und aufgrund dessen eine neue Aufenthaltserlaubnis beantragt. Hier findet § 85 AufenthG Anwendung. Demnach können Unterbrechungen der Rechtmäßigkeit des Aufenthaltes von bis zu einem Jahr außer Betracht bleiben. Der Streit, ob auch Zeiten des Nichtbesitzes einer Aufenthaltserlaubnis als Unterfall des unrechtmäßigen Aufenthaltes von § 85 AufenthG erfasst werden, kann hier dahingestellt bleiben.[39] Im vorliegenden Fall folgt aus § 85 AufenthG, dass für die Zeit, in der S nicht über einen Aufenthaltstitel verfügte, zwar nicht zwingend ein Aufenthaltstitel fingiert wird, aber die rechtmäßige Aufenthaltszeit vor der Unterbrechung zu der Zeit des rechtmäßigen Aufenthaltes nach der Unterbrechung hinzugerechnet wird. § 85 AufenthG führt in dieser Anwendung dazu, dass S im Jahre 1999 nicht wieder bei „null" angefangen hat. Danach hat sich S also seit seiner Einreise 1983 insgesamt etwa 24 Jahre (inklusive oder ohne der neun Monate ohne Aufenthaltstitel im Jahre 1996) im Sinne des § 51 Abs. 2 S. 1 AufenthG rechtmäßig in der BRD aufgehalten. Damit erfüllt er die zeitliche Voraussetzung für die Anwendung des § 51 Abs. 2 AufenthG.

c) Antrag gemäß § 51 Abs. 2 S. 3 AufenthG

§ 51 Abs. 2 S. 3 AufenthG regelt explizit den zu stellenden Antrag. Die Ausländerbehörde am Ort des letzten gewöhnlichen Aufenthaltes hat auf Antrag eine Bescheinigung zum Nachweis über den Fortbestand der Niederlassungserlaubnis auszustellen.

3. Muster: Antrag auf Bescheinigung über den Fortbestand der Niederlassungserlaubnis gemäß § 51 Abs. 2 S. 3 AufenthG

▶ An die

Ausländerbehörde

... (S), ... Geb.-datum, ... (S) Geb.-ort, ... Wohnanschrift

Sehr geehrte Damen und Herren,

unter Vollmachtsvorlage beantrage ich,

---

38 OVG Rh-Pf NVwZ-RR 2004, 73, 74.
39 GK-AufenthG/*Funke-Kaiser*, § 85 Rn. 4; aA: *Samel* in Bergmann/Dienelt, § 85 Rn. 8 mwN.

Ausstellung einer Bescheinigung nach § 51 Abs. 2 S. 3 AufenthG zum Nachweis des Fortbestandes der Niederlassungserlaubnis des Antragstellers.
Vor Erteilung der Aufenthaltserlaubnis im Dezember 2005 war der Antragsteller bereits seit 1992 im Besitz einer Aufenthaltserlaubnis gewesen. Aufgrund seiner Ausreise im März 2005 wurde bei seiner Rückkehr im November 1996 von einem Erlöschen der unbefristeten Aufenthaltserlaubnis nach § 44 Abs. Nr. 3 AuslG (1990) ausgegangen. Wegen des Fortbestehens des Anspruchs auf Erteilung einer Aufenthaltserlaubnis aufgrund der Ehe mit einer deutschen Staatsangehörigen wurde ... (S) erneut eine Aufenthaltserlaubnis erteilt. Die Unterbrechung des Aufenthaltes kann nach § 85 AufenthG unberücksichtigt bleiben, so dass die Aufenthaltszeiten des ASt. vor und nach seiner Ausreise im Jahre 2005 zusammengerechnet werden können. Bei der Ermessensausübung ist zu berücksichtigen, dass der ASt. beide Male, die er länger als sechs Monate in Argentinien verbracht hat, wegen eines Trauerfalls verspätet zurückgereist ist. Nach dem Tod seiner Mutter hat der ASt. nunmehr lediglich noch in der BRD einen Sohn als unmittelbaren Verwandten. Wohnung und Vermögen des ASt. liegen in der BRD, so dass auch der Lebensmittelpunkt in der BRD liegt. Gründe, die ein öffentliches Interesse an einer Ermessensausübung zuungunsten des ASt. begründen könnten, sind nicht ersichtlich. Demnach hält sich der ASt. seit weit über 20 Jahren rechtmäßig im Bundesgebiet auf. Die Zeit, in der sich der ASt. nicht in der BRD aufgehalten hat, bleibt bei der Berechnung der Aufenthaltszeit unberücksichtigt. Der Lebensunterhalt des ASt. ist gesichert. Ich übereiche: Einkommensteuerbescheid für das Jahr 2014.

§ 51 Abs. 2 S. 1 AufenthG ist daher anzuwenden. Der ASt. hat einen Anspruch auf Erteilung einer Bescheinigung über den Fortbestand der Niederlassungserlaubnis gemäß § 51 Abs. 2 S. 3 AufenthG

...

Rechtsanwalt ◄

4. Erläuterungen

a) Zuständige Ausländerbehörde

72   Nach § 51 Abs. 2 S. 3 AufenthG ist die Ausländerbehörde des **letzten gewöhnlichen Aufenthalts** zuständig, mithin die Ausländerbehörde, in deren Zuständigkeitsbereich die Wohnung des S liegt und die schon die letzten Jahre für ihn zuständig war.

b) Ermessensausübung

73   § 85 AufenthG ist eine Ermessensvorschrift. Das bedeutet, es liegt im Ermessen der Ausländerbehörde, ob der Zeitraum der Unterbrechung als wesentlich oder unter Anwendung des § 85 AufenthG als unwesentlich für die Gesamtzeit des rechtmäßigen Voraufenthalts angesehen wird. Daher sind in dem **Antragsschriftsatz** der Ausländerbehörde die Tatsachen mitzuteilen, die in die Ermessensausübung einzustellen sind. Als Gegenargument wird die Ausländerbehörde im Zweifel immer das öffentliche Interesse an der Einhaltung der gesetzlichen Regeln zu Einreise und Erlöschen von Aufenthaltstiteln geltend machen. Hier sprechen aber alle Fakten für einen positiven Ermessensgebrauch zugunsten von S.

c) Lebensunterhaltsicherung

74   § 51 Abs. 2 S. 1 AufenthG verlangt, dass der Lebensunterhalt des Ausländers gesichert ist. Dies ist aufgrund der Vermögensverhältnisse des S unproblematisch der Fall. In der Regel genügt bei selbstständig Erwerbstätigen oder vormals selbstständig Erwerbstätigen die Vorlage der **Einkommensteuerbescheide** der Vorjahre.

5. Fehlerquellen / Haftungsfallen
a) Rechtscharakter des Ungültigkeitsvermerks (Stempel)
Es ist umstritten, ob es sich bei dem Ungültigkeitsvermerk (Stempel) der Ausländerbehörde um einen feststellenden Verwaltungsakt handelt, oder ob dem Eintrag des Ungültigkeitsvermerks kein Regelungscharakter zukommt. Eine Ansicht geht davon aus, dass der Ungültigkeitsvermerk zusammen mit der mündlichen Mitteilung, dass der Aufenthaltstitel erloschen sei, einen feststellenden Charakter habe. Dies folgt aus der Annahme, dass zumindest in Fällen, in denen das Vorliegen der Erlöschensvoraussetzungen strittig ist, dem Ungültigkeitsvermerk Regelungscharakter zukomme.[40] Die andere Ansicht – der hier gefolgt wird – verneint den eigenständigen Regelungscharakter des Ungültigkeitsvermerks mit dem Hinweis auf die gesetzliche Folge des Erlöschens.[41] Allerdings wird dann die Möglichkeit gesehen, durch einen gesonderten Verwaltungsakt das Erlöschen des Aufenthaltstitels festzustellen.[42] Entsprechend wird daher im Beispielfall ein **Antrag auf Feststellung des Fortbestehens der Niederlassungserlaubnis** gestellt. Folgt man der anderen Ansicht, wonach das Anbringen des Ungültigkeitsvermerks in den Pass einen belastenden Verwaltungsakt darstellt, ist Anfechtungsklage zu erheben.

75

b) Frist
Der unter Buchst. a dargestellte Streit über die Frage des Regelungscharakters hat auch Auswirkungen auf die Frage, welche Frist zu beachten ist. Im Beispielfall konnte A als argentinischer Staatsangehöriger visumfrei in die Bundesrepublik Deutschland einreisen (Art. 1 Abs. 2 EG-VisaVO iVm Anhang II). Die Dauer des Aufenthaltes ist aber auf drei Monate beschränkt. Innerhalb dieser drei Monate muss demnach entweder eine positive Entscheidung der Ausländerbehörde herbeigeführt worden sein oder ein Antrag auf einstweilige Anordnung gemäß § 123 Abs. 1 S. 1 VwGO gestellt werden. Folgt man der Ansicht, wonach dem Ungültigkeitsvermerk eigenständigen Regelungscharakter zukommt, besteht darüber hinaus die **Klagefrist** des § 58 Abs. 2 VwGO, da jedenfalls eine Rechtsbehelfsbelehrung nicht ergangen ist.

76

6. Weiterführende Hinweise
a) Sonstige Anspruchsgrundlagen
Rund um den Bereich der verspäteten Antragstellung oder der verspäteten Rückkehr gibt es eine Vielzahl von denkbaren und tatsächlichen Fallgestaltungen. Bei diesen Fällen muss immer in **zwei Richtungen** geprüft werden: ist der „alte" Aufenthaltstitel noch zu retten und besteht ein Anspruch auf einen „neuen" Aufenthaltstitel. Im Beispielfall wäre auch denkbar gewesen, eine Aufenthaltserlaubnis nach § 28 Abs. 4 in Verbindung mit § 36 S. 1 AufenthG wegen Familiennachzugs zum Sohn des S zu beantragen (bei Unterstellung, dass dieser deutscher Staatsangehöriger ist). Des Weiteren ist dies der einzige Anwendungsfall, den das BMI für die Auffangvorschrift des § 7 Abs. 1 S. 3 AufenthG konkret benennt. Der wohlhabende S kehrt in die BRD zurück, um hier von seinem Vermögen zu leben – ihm könnte demnach eine Aufenthaltserlaubnis erteilt werden.[43]

77

---

40 VGH BW InfAuslR 1988, 72; 1989, 82; 1990, 187; OVG Hmb EZAR 108 Nr. 3.
41 BVerwG DVBl 1991, 276; VG Darmstadt AuAS 1998, 221; *Hailbronner*, AuslR, § 51 Rn. 10.
42 *Dienelt* in: Bergmann/Dienelt, § 51 Rn. 5.
43 Nr. 7.1.3 VwV-AufenthG.

§ 2 Verlängerung und Verfestigung eines Aufenthaltstitels

b) Antrag auf Feststellung des Nichterlöschens

78 Der Antrag auf Ausstellung einer Bescheinigung gemäß § 51 Abs. 2 S. 3 AufenthG ist gesetzlich ausschließlich für die Fälle vorgesehen, in denen ein besonderer Erlöschensschutz aufgrund der Voraufenthaltszeit gegeben ist. In anderen Fällen der verspäteten Rückkehr von Ausländern, die noch nicht 15 Jahre rechtmäßig im Bundesgebiet gelebt haben, ist daher bei der zuständigen Ausländerbehörde die Feststellung zu beantragen, dass die Niederlassungserlaubnis nicht erloschen ist. Denkbar ist dies bei Fällen der unverschuldet verspäteten Rückkehr, zB wegen schwerer Erkrankung mit daraus resultierender Flugunfähigkeit, Entführungen oder menschenrechtswidriger, extralegaler Gefangennahme durch Sicherheitsdienste anderer Staaten.[44]

c) Auswirkungen der 2003/109/EG (Richtlinie langfristig Aufenthaltsberechtigte)

79 Mit der Umsetzung der Richtlinie 2003/109/EG ist ein weiterer Aufenthaltstitel geschaffen worden: die **Erlaubnis zum Daueraufenthalt-EG**. Diese ist neben der Niederlassungserlaubnis gemäß § 9 Abs. 1 AufenthG ein weiterer unbefristeter Aufenthaltstitel (vgl. § 9 a Abs. 1 AufenthG). Ein wichtiger Unterschied der Erlaubnis zum Daueraufenthalt-EG im Vergleich zur Niederlassungserlaubnis ist, dass die Erlaubnis zum Daueraufenthalt-EG nicht gemäß § 51 Abs. 1 AufenthG erlischt. Vielmehr wurde in Umsetzung der Richtlinie 2003/109/EG ein eigener Absatz eingeführt, der nur das Erlöschen der Erlaubnis zum Daueraufenthalt-EG regelt (vgl. § 51 Abs. 9 AufenthG). Demnach erlischt die Erlaubnis zum Daueraufenthalt-EG nur bei einer Ausreise von mehr als zwölf Monaten aus dem Gebiet der Mitgliedstaaten der EU (Nr. 3) oder einer Ausreise von mehr als sechs Jahren aus der Bundesrepublik Deutschland (Nr. 4). Gerade für Ausländer, die sich im Rentenalter regelmäßig längerfristig in ihr Herkunftsland begeben, stellt die Erlaubnis zum Daueraufenthalt-EG daher eine sichere Alternative zur bisherigen Niederlassungserlaubnis dar.

---

44 VG Bremen InfAuslR 2006, 198, 199.

§ 3 Nachzug

A. Ehegattennachzug (§§ 28 Abs. 1 S. 1 Nr. 1, 30 AufenthG)

I. Eheschließungsfreiheit / Verlöbnis

1. Sachverhalt / Lebenslage

Beispiel: Bevorstehende Eheschließung

Der nach Abschluss seines Asylverfahrens vollziehbar ausreisepflichtige A beabsichtigt, eine deutsche Staatsangehörige zu heiraten. Die für die Eheschließung erforderlichen Dokumente liegen dem Standesamt vor. Da das Heimatrecht des A die Ausstellung eines Ehefähigkeitszeugnisses gem. § 1309 BGB nicht kennt, wird über das Standesamt ein Antrag auf Befreiung vom Ehefähigkeitszeugnis beim zuständigen OLG gestellt. Das OLG hat Zweifel an den vorgelegten Dokumenten und sendet die Akten an das Standesamt zurück. Daraufhin legt A neue Urkunden vor, die das Standesamt zusammen mit der Akte wieder an das OLG schickt. Auf Nachfrage teilt das OLG mit, dass der Abschluss des Verfahrens aufgrund von Kapazitätsengpässen innerhalb des Gerichts nicht absehbar sei. A beantragt bei seiner Ausländerbehörde die Verlängerung der Duldung gem. § 60 a Abs. 2 AufenthG im Hinblick auf die beabsichtigte Eheschließung. Der Antrag wird mit der Begründung abgelehnt, eine Duldung könne nur erteilt werden, wenn das Prüfungsverfahren abgeschlossen sei und ein Eheschließungstermin feststehe. Dies sei nicht zu erwarten, da nicht absehbar sei, wann die Entscheidung des OLG ergehe und wann tatsächlich die Eheschließung erfolgen könne. Es wird mitgeteilt, dass die Abschiebung eingeleitet werde. Im Falle einer Abschiebung müsste A in seinem Heimatland zwei Jahre Militärdienst leisten.

2. Prüfungsreihenfolge

a) Prüfung der erforderlichen Rechtsmittel
aa) Eilantrag gem. § 123 VwGO

In diesem Fall ist davon auszugehen, dass eine Abschiebung des Mandanten in naher Zukunft droht. Es ist daher geboten, umgehend einen **Eilrechtsschutzantrag** gem. § 123 VwGO beim Verwaltungsgericht zu stellen, um die Abschiebung des Mandanten zu verhindern. Zunächst sollte – uU durch einen Anruf bei der Behörde – geklärt werden, ob die Ausländerbehörde bereits einen konkreten Abschiebungstermin festgesetzt hat oder ob jedenfalls aufenthaltsbeendende Maßnahmen eingeleitet wurden. Wenn dies der Fall ist, muss der Antrag unverzüglich gestellt werden. Ein Anordnungsgrund iSv § 123 Abs. 1 VwGO ist gegeben. Die Informationen der Ausländerbehörde über die bevorstehende Abschiebung sollten detailliert in die Antragsbegründung integriert werden, um den Anordnungsgrund hinreichend darlegen zu können.

Der Eilrechtsschutzantrag ist gem. § 123 VwGO und nicht gem. § 80 Abs. 5 VwGO zu stellen, weil der Antrag auf Erteilung der Duldung bei bereits bestehender Ausreisepflicht keine Fiktionswirkung gem. § 81 Abs. 3 oder 4 AufenthG auslöst. Zwar ist die **Umdeutung** eines nach § 80 Abs. 5 VwGO gestellten Antrages in einen Antrag gem. § 123 VwGO grundsätzlich zulässig,[1] bei anwaltlich vertretenen Antragstellern wird diese von den Gerichten jedoch häufig abgelehnt.[2]

bb) Rechtsmittel gegen Ablehnung der Erteilung einer Duldung

4 Da gem. § 83 Abs. 2 AufenthG gegen die Versagung der Aussetzung der Abschiebung **kein Widerspruch** stattfindet, ist gegen die Versagung der Duldung sofort Verpflichtungsklage beim Verwaltungsgericht zu erheben, die mit dem Eilantrag zu verbinden ist.

cc) Örtlich zuständiges Verwaltungsgericht

5 Gemäß § 123 Abs. 2 VwGO ist das **Gericht der Hauptsache** (des ersten Rechtszugs) zuständig. Dessen Zuständigkeit ergibt sich aus § 52 Nr. 3 VwGO, wonach das Verwaltungsgericht örtlich zuständig ist, in dessen Bezirk der Verwaltungsakt erlassen wurde. Dies gilt gem. § 52 Nr. 3 S. 5 VwGO auch für Verpflichtungsklagen. Es ist somit zu prüfen, zu welchem Verwaltungsgerichtsbezirk der Ort gehört, an dem die Ausländerbehörde, die den Bescheid erlassen hat, ihren Sitz hat.

dd) Formelle Erfordernisse des Eilantrages

6 Der Eilantrag ist **schriftlich** beim Verwaltungsgericht einzureichen (§ 81 Abs. 1 VwGO). Sollte auch die Erhebung einer Klage erforderlich sein, kann diese mit dem Antrag verbunden werden. Insbesondere dann, wenn die Abschiebung unmittelbar bevorsteht, empfiehlt es sich, den Eilantrag zuvor per Fax an das Gericht zu senden. Dabei ist es ausreichend, eine Ausfertigung des Schriftsatzes zu übermitteln und Abschriften sowie die benannten Anlagen per Post nachzureichen.

7 Für die allgemeinen **Sachentscheidungsvoraussetzungen** gelten die für das Klageverfahren maßgeblichen Grundsätze. Der Antrag hat danach den Antragsteller, den Antragsgegner und den Gegenstand des Antragsbegehrens zu bezeichnen (§ 82 VwGO). Eine Prozessvollmacht ist beizufügen. Der Antrag ist vom Antragsteller oder dessen Verfahrensbevollmächtigten eigenhändig zu unterschreiben. Zu weiteren formellen Erfordernissen einer Klage siehe § 10 Rn. 27 ff. Eine **Begründungsfrist** gibt es nicht. Aufgrund des Eilbedürfnisses ist es aber geboten, den Antrag sofort zu begründen.

8 Zusätzlich zum Eilantrag ist **Klage auf Verpflichtung zur Aussetzung der Abschiebung** zu erheben. Hier ist im Rahmen des Eilantrages darauf hinzuweisen, dass eine Vorwegnahme der Hauptsache ausnahmsweise mit Rücksicht auf die verfassungsrechtliche Garantie effektiven Rechtsschutzes dann geboten ist, wenn ansonsten schwere und unzumutbare, anders nicht abwendbare Nachteile entstünden, zu deren nachträglicher Beseitigung die Entscheidung in der Hauptsache nicht mehr in der Lage wäre.[3]

9 Man kann es zunächst aber auch beim Antrag gem. § 123 VwGO belassen und die Hauptsache erst später anhängig machen. Werden der Antrag und die anschließende Beschwerde abgelehnt, wird man auch im Hauptsacheverfahren voraussichtlich keinen Erfolg haben.

b) Materiellrechtliche Erwägungen

10 Wenngleich das Aufenthaltsrecht einerseits die tatsächlich geführte Ehegemeinschaft schützt, entsteht andererseits der Anspruch auf Erteilung einer Aufenthaltserlaubnis gem. § 28 Abs. 1

---

1 HessVGH AuAS 1999, 161, 162.
2 Exemplarisch mwN: OVG Berlin AuAS 2003, 138, 139.
3 BVerfG NVwZ 1997, 479, 480.

S. 1 Nr. 1 AufenthG grundsätzlich erst **nach erfolgter Eheschließung**. Unter bestimmten Voraussetzungen können aber auch bereits im Vorfeld der Eheschließung aufenthaltsrechtliche Vorwirkungen eintreten: Diese aufenthaltsrechtliche Vorwirkung des Verlöbnisses stützt sich ebenso auf Art. 6 GG und kann den Anspruch auf die Erteilung einer Duldung mit sich bringen, was indes voraussetzt, dass die Eheschließung **unmittelbar bevorsteht**.

Nach den **Allgemeinen Verwaltungsvorschriften** zum AufenthG steht die Eheschließung unmittelbar bevor, wenn das durch die Anmeldung der Eheschließung beim zuständigen Standesamt eingeleitete Verwaltungsverfahren zur Prüfung der Ehefähigkeit nachweislich abgeschlossen ist und seitdem nicht mehr als sechs Monate vergangen sind.[4] Diese Vorgabe bezieht sich derweil auf die Erteilung eines Visums zum Ehegattennachzug – die Erteilungsvoraussetzungen für eine Duldung vor einer Eheschließung sind dementsprechend auch nach einem Großteil der **Rechtsprechung** weniger restriktiv: Geschützt durch die Aussetzung der Abschiebung, mithin mit einem Rechtsanspruch auf Erteilung einer Duldung versehen, ist in jedem Fall die Zeit, welche das zuständige OLG für die Entscheidung über die Befreiung vom Ehefähigkeitszeugnis benötigt, so dass Verzögerungen innerhalb des Gerichts, etwa auch in Form von personellen Engpässen, nicht zulasten des Antragstellers gehen können.[5] Wenn also alle erforderlichen Unterlagen eingereicht und der Antrag auf Erteilung einer Befreiung gem. § 1309 Abs. 2 BGB gestellt wurde, ist eine Duldung zu erteilen.[6] Andere Entscheidungen setzen allgemeiner voraus, dass die Ehe sicher erscheint, ernsthaft beabsichtigt ist und der Termin zur Eheschließung unmittelbar bevorsteht,[7] bzw. stellen darauf ab, ob die Verzögerung in die Sphäre des Antragstellers oder der Behörden fallen.[8] Des Weiteren ist auf der Grundlage des Verhältnismäßigkeitsgrundsatzes und des Schutzes durch Art. 6 GG zu berücksichtigen, ob das öffentliche Interesse an einer Abschiebung tatsächlich die privaten Belange des Antragstellers überwiegt:[9] Dies ist nämlich dann nicht der Fall, wenn eine Abschiebung dazu führen würde, dass der Antragsteller im Fall der Rückkehr in sein Herkunftsland den Wehrdienst ableisten müsste, weil dies zur Konsequenz hätte, dass die geplante Eheschließung auf unabsehbare Zeit unmöglich gemacht würde.[10]

c) Erforderliche Unterlagen zur Glaubhaftmachung

Im Anordnungsverfahren müssen die Tatsachen, die dem Anordnungsanspruch und Anordnungsgrund zugrunde liegen, **glaubhaft gemacht** werden. Im Rahmen des **Anordnungsgrundes** muss daher glaubhaft gemacht werden, dass die Abschiebung unmittelbar bevorsteht. Wenn die Behörde es abgelehnt hat, die Duldung des Mandanten zu verlängern, ist davon auszugehen, dass diese nun beabsichtigt, die Abschiebung durchzuführen. Um in Erfahrung zu bringen, welche Maßnahmen ergriffen wurden, ist mit der Behörde Kontakt aufzunehmen.

Bezüglich des **Anordnungsanspruchs** muss glaubhaft gemacht werden, dass die Eheschließung unmittelbar bevorsteht. Es ist daher notwendig, ein Schreiben des Standesamtes vorzulegen, aus dem sich ergibt, dass alle für die Eheschließung notwendigen Unterlagen beim Standesamt vorgelegen haben. Dieses ist eventuell noch direkt beim Standesamt anzufordern, wenn

---

4 AVwV-AufenthG Nr. 30.0.6. Vgl. zur Duldung auch: AVwV-AufenthG Nr. 60 a.2.1.1.2.1.
5 OVG Hamburg NVwZ-RR 2010, 701; Nieders. OVG AuAS 2010, 219; OVG Sachsen NVwZ-RR 2010, 78.
6 VG Osnabrück, Beschluss v. 5.3.2004 – 5 B 59/04 – juris.
7 OVG MV NVwZ-RR 2000, 641; VG Dessau InfAuslR 2004, 163.
8 VGH BW InfAuslR 2002, 228; OVG Saarland NVwZ-RR 2009, 738.
9 BVerwG InfAuslR 2000, 438.
10 VGH BW InfAuslR 2002, 228.

der Mandant nicht selbst darüber verfügt. Gemäß § 13 PStG macht das Standesamt den Eheschließenden erst Mitteilung, wenn kein Ehehindernis besteht. Eine solche Mitteilung wird erst erstellt, wenn auch das Befreiungsverfahren abgeschlossen ist. Es bedarf daher zuvor einer formlosen Mitteilung darüber, dass die erforderlichen Unterlagen vorliegen. Auch zum Nachweis der Vorgänge beim OLG muss zumindest eine Telefonnotiz vorliegen.

14 Mit dem **Mandanten** ist zudem zu klären, ob er in der Vergangenheit durchgehend seine korrekten Personalien angegeben hat oder ob es hier Unstimmigkeiten gab. Letzteres kann häufig zu Verzögerungen bei der Überprüfung der Dokumente im Eheanmeldungsverfahren führen und deshalb der Erfolgsaussicht des Eilrechtsschutzantrages entgegenstehen.

Auch ist zu prüfen, ob der Mandant über die gem. § 28 Abs. 1 S. 5 iVm § 30 Abs. 1 S. 1 Nr. 2 AufenthG erforderlichen Deutschkenntnisse verfügt, da anderenfalls im Falle der Eheschließung kein Rechtsanspruch auf die Erteilung der Aufenthaltserlaubnis besteht.

3. Muster: Eilantrag gegen Versagung der Duldung bei bevorstehender Eheschließung

15 ▶ **Antrag gem. § 123 VwGO**

des ...

– Antragsteller –

Verfahrensbevollmächtigte: Rechtsanwälte ...

gegen

den Landrat des Landkreises ...

– Antragsgegner –

Hiermit zeigen wir an, dass der Antragsteller uns mit der Wahrnehmung seiner Interessen beauftragt hat. Eine Vollmacht fügen wir bei.

Namens und in Vollmacht des Antragstellers beantragen wir,

1. den Antragsgegner im Wege der einstweiligen Anordnung gem. § 123 VwGO zu verpflichten, die Abschiebung des Antragstellers bis zur Eheschließung auszusetzen;
2. dem Antragsgegner mitzuteilen, dass aufenthaltsbeendende Maßnahmen bis zur Entscheidung über den Antrag nicht durchgeführt werden dürfen.

Begründung:

I.

Der Antragsteller ist unanfechtbar ausreisepflichtig. Er beabsichtigt, die deutsche Staatsangehörige N.C. zu heiraten. Die erforderlichen Unterlagen wurden vollständig beim zuständigen Standesamt abgegeben und dies auch schriftlich von dort bestätigt – Anlage 1. Derzeit prüft das OLG den Antrag auf Befreiung vom Ehefähigkeitszeugnis. Der Abschluss dieses Verfahrens ist wegen Erkrankung der Sachbearbeiterin beim OLG noch nicht absehbar – Anlage 2. Der Antragsteller spricht fließend deutsch.

Er beantragte beim Antragsgegner die Verlängerung seiner Duldung bis zur Eheschließung. Der Antrag wurde mit Bescheid vom ... abgelehnt.

II.

Ein Anordnungsanspruch ist gegeben.

Ein solcher iSv § 123 VwGO ergibt sich aus § 60 a Abs. 2 AufenthG iVm Art. 6 Abs. 1 und 2 GG.

Gemäß § 60 a Abs. 2 AufenthG ist die Abschiebung auszusetzen, solange sie aus tatsächlichen oder rechtlichen Gründen unmöglich ist und keine Aufenthaltserlaubnis erteilt wird. Im Fall des Antragstellers ist die Abschiebung aus rechtlichen Gründen unmöglich, weil ihr das Grundrecht auf Schutz der Ehe aus Art. 6 Abs. 1 und 2 GG entgegensteht. Zwar ist der Antragsteller noch nicht mit seiner Verlobten verheiratet. Art. 6 Abs. 1 GG begründet jedoch bereits Vorwirkungen, die einen Schutz vor der Abschiebung erfordern. Es ist in der Rechtsprechung anerkannt, dass im Hinblick auf eine beabsichtigte Eheschließung ein Rechtsanspruch auf die Erteilung einer Duldung besteht, wenn die Eheschließung ernsthaft beabsichtigt ist und unmittelbar bevorsteht (OVG Mecklenburg-Vorpommern, NVwZ-RR 2000, 641; VG Dessau, InfAuslR 2004, 163; BVerwG, InfAuslR 2000, 438; VGH BW, Beschl. v. 24.1.2001 – 11 S 2717/00). Dabei ist zu beachten, dass nach der Rechtsprechung des BVerfG das Grundrecht aus Art. 6 Abs. 1 GG das Recht impliziert, dass der ungehinderte Zugang zur Ehe garantiert und die Eheschließung nicht gefährdet werden. Dies gilt sowohl für Deutsche als auch für Ausländer (BVerfGE 36, 146, 161 ff.). Zudem gebietet der Grundsatz der Verhältnismäßigkeit eine Abwägung des öffentlichen Interesses an der sofortigen Aufenthaltsbeendigung mit den privaten Belangen des Ausländers und seines (zukünftigen) Ehegatten (BVerwG, InfAuslR 2000, 438).

Der Antragsteller hat sämtliche vom Standesamt angeforderten Unterlagen für die Eheschließung beigebracht und damit alles in seiner Macht Stehende getan, um die Eheschließung zu ermöglichen. Das Standesamt hat daraufhin einen Antrag auf Befreiung vom Ehefähigkeitszeugnis beim OLG gestellt. Auf die Dauer des Verfahrens beim OLG hat der Antragsteller keinen Einfluss. Die Verzögerung beruht auf einem Umstand, der allein in der Sphäre des OLG liegt. In einem solchen Fall ist die Abschiebung auszusetzen, auch wenn noch kein konkreter Eheschließungstermin bestimmt werden kann (OVG Hamburg, NVwZ-RR 2010, 701; OVG Niedersachsen, AuAS 2010, 219; OVG Sachsen, NVwZ-RR 2010, 78).

Im Rahmen der Verhältnismäßigkeitsprüfung ist zu berücksichtigen, dass einerseits der Antragsteller im Falle der Eheschließung einen Anspruch auf Erteilung der Aufenthaltserlaubnis gem. § 28 Abs. 1 S. 1 Nr. 1 AufenthG haben wird, weil seine Verlobte Deutsche ist, er über die erforderlichen Deutschkenntnisse verfügt und die allgemeinen Erteilungsvoraussetzungen erfüllt wären. Andererseits könnte die Ehe im Falle der Abschiebung auf absehbare Zeit nicht geschlossen werden, weil der Antragsteller zunächst seinen Wehrdienst im Heimatland leisten müsste (vgl. VGH BW, InfAuslR 2002, 228, 231), mithin eine Eheschließung auf längere Zeit unmöglich wäre.

III.

Ebenfalls liegt ein Anordnungsgrund vor.

Der Antragsgegner teilte mit, dass die Abschiebung eingeleitet sei. Dies ergibt sich aus dem als Anlage 3 beigefügten Vermerk über das Gespräch mit dem Sachbearbeiter des Antragsgegners.

Da überwiegende öffentliche Interessen demgegenüber nicht ersichtlich sind, hat das Interesse des Antragstellers am Verbleib im Bundesgebiet bis zur Eheschließung Vorrang, so dass die Abschiebung vorläufig auszusetzen ist.

Rechtsanwalt ◄

4. Fehlerquellen / Haftungsfallen

16 Folgende typische Fehlerquellen tauchen auf:

- Einlegung des Widerspruchs, obwohl Widerspruch gegen die Versagung der Aussetzung der Abschiebung gem. § 83 Abs. 2 AufenthG ausgeschlossen ist
- Erforderlichkeit des Eilrechtsschutzantrages: Sind Abschiebungsmaßnahmen noch gar nicht eingeleitet, fehlt es am Eilbedürfnis und der Antrag kann bereits abgelehnt werden, weil kein Anordnungsgrund vorliegt
- falscher Eilrechtsschutzantrag: Antrag nach § 80 V VwGO statt nach § 123 VwGO. Lehnt das Gericht die Umdeutung ab, muss der Antrag neu gestellt werden, kostbare Zeit ist vergeudet und unnötige Kosten entstehen.

5. Weiterführende Hinweise

a) Vorlage ausländischer Unterlagen

17 Der Anmeldung der Eheschließung vorgeschaltet ist zunächst die Beibringung der **erforderlichen Eheschließungsunterlagen**, die häufig problematisch sein kann, weil die Echtheit und Richtigkeit der ausländischen Unterlagen zunächst bei der deutschen Auslandsvertretung im Herkunftsland durch **Legalisierung** oder durch eine Behörde des Herkunftsstaat durch **Apostille** bewiesen werden müssen.[11] Dieses Nachweisverfahren kann durch die Verlobten selbst, einen Rechtsanwalt und auch durch das Standesamt oder insbesondere im Rahmen des Apostille-Verfahrens unter Einschaltung eines örtlichen Vertrauensanwalts in die Wege geleitet werden. Ein Duldungsanspruch kann schon dann bestehen, wenn die deutsche Auslandsvertretung mitteilt, die Legalisierung sei eingeleitet, könne aber etwa drei Monate dauern.[12] Gleiches muss dann gelten, wenn glaubhaft gemacht wird, dass die ansässigen Behörden mit den Dokumenten befasst sind und die Erstellung der Apostille alsbald zu erwarten ist.

b) Nachweis der Staatsangehörigkeit

18 Da die Voraussetzungen der Eheschließung[13] dem Recht des Heimatstaates der Verlobten unterliegen, hat der Standesbeamte zu prüfen, welche Staatsangehörigkeit ein ausländischer Verlobter besitzt, bevor das weitere Verfahren eingeleitet werden kann. Gem. § 12 Abs. 2 Nr. 3 PStG iVm § 8 Abs. 2 PStV muss dementsprechend der ausländische Verlobte seine **Staatsangehörigkeit** durch einen Reisepass oder Passersatz oder mittels einer Bescheinigung der zuständigen Behörde seines Heimatstaates **nachweisen**; bei Unionsbürgern, Staatsangehörigen eines Mitgliedstaates des EWR oder der Schweiz wird auch ein Personalausweis akzeptiert (§ 8 Abs. 2 Nr. 2 PStV). An diese Nachweise dürfen keine unzumutbaren Anforderungen gestellt werden, so kann auch ein abgelaufener Reisepass[14] oder die Kopie einer Identitätskarte zusammen mit anderen beweiskräftigen Unterlagen ausreichen.[15]

19 Die Praxis vieler Standesämter, auf der Vorlage eines gültigen Nationalpasses zu bestehen, stehen insofern, wenn dies zu einer unüberwindbaren Hürde wird, stichhaltige Bedenken entgegen – und sie führt jedenfalls zu einer erheblichen Zeitverzögerung, wenn erst eine Ausein-

---

11 Weiterführende Informationen sowie eine Auflistung der Staaten, in denen nunmehr das Apostille-Verfahren anwendbar ist: http://www.konsularinfo.diplo.de/.
12 VG Stuttgart InfAuslR 2001, 216.
13 Vgl. dazu allgemein E. *Weizsäcker*, Eingeschränkte Eheschließungsfreiheit für Ausländer?, InfAuslR 2003, 300–308.
14 KG InfAuslR 2002, 95, 96; KG InfAuslR 2000, 511.
15 KG InfAuslR 2000, 299, 301.

andersetzung mit dem Standesamt über diesen Punkt geführt werden muss. Das Vorgehen in diesen Konstellationen ist derweil das Folgende: **Weigert sich der Standesbeamte**, die Eheschließung vorzunehmen, weil er zB der Ansicht ist, dass die Identität oder Staatsangehörigkeit eines der Verlobten nicht hinreichend geklärt, kann gem. § 49 PStG beim Amtsgericht ein **Antrag auf Verpflichtung** zur Vornahme der begehrten Amtshandlung gestellt werden. Die **örtliche Zuständigkeit** des Amtsgerichts ergibt sich aus § 50 PStG. Das Verfahren verläuft nach den allgemeinen Vorschriften des FamFG.

Liegt ein **Nationalpass** vor, befindet sich dieser aber bei der zuständigen Ausländerbehörde, so hat der Antragsteller einen Anspruch darauf, dass eine Passkopie an das Standesamt übersendet oder gar das Original vorgelegt wird, wenn das Standesamt Letzteres für erforderlich erachtet. Der Anspruch kann ebenfalls im Eilwege nach § 123 VwGO durchgesetzt werden.[16]

Vorsicht ist geboten, wenn der Antragsteller **zuvor wegen Passlosigkeit geduldet** war und sodann den vom Standesamt verlangten Nationalausweis beantragt und ausgestellt bekommen hat: Denn in diesem Fall entfällt formalrechtlich bereits im Zeitpunkt der Ausweisausstellung die Duldung, da die Passlosigkeit die auflösende Bedingung derselben ist. Es ist demnach möglich, dass die Ausländerbehörde Abschiebungsmaßnahmen einleitet, wenn sie zuvor das Standesamt zur Amtshilfe aufgefordert hat und der Pass auf diesem Wege eingezogen wurde. Eine Abschiebung ist derweil in diesem Fall unter Berücksichtigung von Art. 6 GG und der oben genannten Gründe rechtswidrig, da spätestens im Zeitpunkt der Ausweisvorlage regelmäßig ein neuer Duldungsgrund, nämlich die Vorwirkung des Verlöbnisses gegeben sein wird.[17] Um entsprechenden Gefahren vorzubeugen, ist in diesen Fällen rasches Handeln geboten, und sofort Kontakt mit der Ausländerbehörde aufzunehmen sowie gegebenenfalls Eilrechtsschutz bei Gericht zu beantragen, wenn die Ausländerbehörde die Erteilung bzw. Verlängerung der Duldung verweigert.

c) Schwangerschaft der Ehefrau des Antragstellers

Ein weiterer Duldungsanspruch besteht, wenn die **Lebensgefährtin und zukünftige Ehefrau schwanger** ist: In jedem Fall wird dies bejaht, wenn es sich um eine Risikoschwangerschaft handelt und die Unterstützung des werdenden Vaters erforderlich ist.[18] Gute, wenn auch bis dato nicht allgemein vertretene, Gründe sprechen derweil dafür, auch in anderen Konstellationen von einem Duldungsanspruch des Vaters auszugehen, wenn die Vaterschaft vorgeburtlich anerkannt wurde, eine gemeinsame Sorge und Erziehung etwa durch eine bereits erfolgte Sorgerechtserklärung zu erwarten ist und eine Ausreise dazu führen würde, dass der Vater nicht rechtzeitig zum Geburtstermin wieder nach Deutschland zurückkehren könnte.[19]

II. Zwecküberprüfung
1. Sachverhalt / Lebenslage
Beispiel: Visum zum Ehegattennachzug

Der deutsche Staatsangehörige M heiratete die weißrussische Staatsangehörige F in ihrem Heimatland, nachdem er zuvor längere Zeit mit ihr telefonischen und brieflichen Kontakt gehabt hatte. Zuvor hatte er die Absicht gehabt, die weißrussische Staatsangehörige T zu heira-

---

16 VG Freiburg InfAuslR 2006, 150.
17 Vgl. etwa: VG Dessau NvwZ-RR 2004, 299.
18 OVG Sachsen InfAuslR 2010, 27; OVG Saarland, Beschl. v. 26.2.2010 – 2 B 511/09.
19 OVG Hamburg NVwZ-RR 2010, 701; HessVGH AuAS 2009, 40; VGH BW NVwZ 2008, 233.

ten. T hatte ein Visum zur Eheschließung beantragt. Das Visum wurde abgelehnt, weil M nicht über ausreichend finanzielle Mittel verfügte. F beantragte nach der Eheschließung mit M bei der deutschen Auslandsvertretung ein Visum zum Ehegattennachzug. Das Visum wurde abgelehnt, weil die Botschaft davon ausging, dass keine ernst gemeinte Eheschließung vorliegt. M reiste in der Folgezeit mehrere Male nach Weißrussland und leitete ein Adoptionsverfahren bezüglich des Sohnes seiner Ehefrau ein.

2. Prüfungsreihenfolge
a) Prüfung der erforderlichen Rechtsmittel

24 Der deutsche Ehemann der Mandantin wird in diesem Fall entweder ein kurzes Schreiben der Botschaft vorlegen können, in dem nur mitgeteilt wird, dass dem Visumantrag nicht entsprochen werden kann oder er hat ein Schreiben, aus dem sich die Ablehnungsgründe in Kürze ergeben. Mit Runderlass des Auswärtigen Amtes vom 26.10.2004 (Gz. 508-516.20) werden die Botschaften gebeten, die wesentlichen tragenden Gründe einer Ablehnung des Visums schon im ersten Bescheid mitzuteilen. Dies unterbleibt allerdings immer noch in vielen Fällen.

25 Beide Arten von Bescheiden enthalten keine Rechtsmittelbelehrung, so dass die einjährige Klagefrist des § 58 Abs. 2 VwGO gilt. Ein Widerspruchsverfahren ist nicht vorgesehen. Ist der Bescheid nicht mit Gründen versehen, kann zunächst der außerordentliche Rechtsbehelf der **Remonstration** gewählt werden. Im Remonstrationsverfahren hat die Auslandsvertretung die Gründe für ihre Entscheidung mitzuteilen. Das Auswärtige Amt ist inzwischen bereit, schon im Remonstrationsverfahren Akteneinsicht zu gewähren. Dies ist bei der Botschaft zu beantragen, die dann der zuständigen Ausländerbehörde ihr Einverständnis zur Einsichtnahme in den dortigen Verwaltungsvorgang erteilt. Ein solches Vorgehen ist ratsam, um insbesondere die Befragungsbögen der Botschaft und der Ausländerbehörde auswerten und anschließend ergänzend vortragen zu können. Der Remonstrationsbescheid wird regelmäßig mit einer Rechtsbehelfsbelehrung versehen. Derweil ist in materieller Hinsicht im Regelfall von einer Remonstration eher abzuraten, da die Botschaften erfahrungsgemäß Entscheidungen nur bei evidenten oder formellen Fehler korrigieren.

26 Es besteht aber ohnehin auch die Möglichkeit, **sogleich Klage zu erheben** – die Durchführung eines Remonstrationsverfahrens ist im Gegensatz zum Widerspruchsverfahren kein Zulässigkeitsvoraussetzung. Im Rahmen des Klageverfahrens wird Akteneinsicht genommen und die Gründe für die Ablehnung lassen sich auf diese Weise feststellen.

Örtlich zuständig ist in diesem Fall das Verwaltungsgericht Berlin, weil hier das Auswärtige Amt seinen Sitz hat. Im Klageantrag ist die Aufhebung des Bescheides mit der Verpflichtung zur Erteilung des Visums zu kombinieren.

27 Da Auftraggeberin grundsätzlich die Ehefrau ist, muss von ihr eine **Vollmacht** erteilt werden. Diese kann per Fax an die Mandantin im Ausland geschickt und auch per Fax unterschrieben wieder zurückgesandt werden. Das Original sollte später per Post übersandt und dem Gericht nachgereicht werden. Da aber auch der **Ehemann** durch die Ablehnung des Visums in seinem Recht aus Art. 6 Abs. 1 GG verletzt ist, ist dieser ebenfalls berechtigt, Klage zu erheben.[20] Wenn seitens der Behörden Zweifel an der Ernsthaftigkeit der Ehe zur Ablehnung des Visums führten, kann es sinnvoll sein, auch den Ehemann klagen zu lassen, um die Ernsthaftigkeit

---

20 BVerwG InfAuslR 1997, 16 ff.

des Begehrens zu unterstreichen. Allerdings steht er dann nicht mehr als Zeuge zu Verfügung, sondern kann im Klageverfahren nur als Partei vernommen werden.

Klagegegner ist die Bundesrepublik Deutschland vertreten durch das Auswärtige Amt. In der Klage ist bereits mitzuteilen, welche Ausländerbehörde gem. § 31 AufenthV beteiligt ist. Sie wird dann vom Verwaltungsgericht gem. § 65 Abs. 2 VwGO beigeladen, weil es sich um einen zustimmungsbedürftigen Verwaltungsakt handelt, an dem die Ausländerbehörde notwendig beteiligt ist, § 31 Abs. 1 AufenthV. Die angefochtene Verfügung ist die Versagungsentscheidung in Form des Remonstrationsbescheides, falls zuvor remonstriert wurde. Er ersetzt die ursprüngliche Versagungsentscheidung.[21]

b) Materiellrechtliche Überlegungen

Gemäß § 28 Abs. 1 S. 1 Nr. 1 AufenthG ist dem ausländischen Ehegatten eines Deutschen, der seinen gewöhnlichen Aufenthalt im Bundesgebiet hat, eine Aufenthaltserlaubnis zu erteilen. Zwingende **Erteilungsvoraussetzung** ist dabei gem. § 27 Abs. 1 AufenthG der Aufenthaltszweck „**Herstellung und Wahrung der ehelichen Gemeinschaft im Bundesgebiet**". Dies erfordert, dass der ausländische Ehegatte zu seinem deutschen Ehegatten ziehen und mit ihm zusammen leben will. Gemäß § 27 Abs. 1 a Nr. 1 AufenthG wird der Familiennachzug hingegen nicht zugelassen, „wenn feststeht, dass die Ehe ausschließlich zu dem Zweck geschlossen oder begründet wurde, dem Nachziehenden die Einreise ins und den Aufenthalt im Bundesgebiet zu ermöglichen". Diese Vorschrift wurde erst mit dem Richtlinienumsetzungsgesetz vom 19.8.2007 neu eingeführt, wenngleich der Inhalt der Spruchpraxis der vorherigen obergerichtlichen Rechtsprechung entspricht.

Bei einer wirksam geschlossenen Ehe ist regelmäßig anzunehmen, dass sie zur Herstellung einer ehelichen Lebensgemeinschaft geschlossen wurde. Zudem ist zu berücksichtigen, dass der Ehegattennachzug immer dem Ziel dient, dem nachziehenden Ehegatten ein Aufenthaltsrecht zu verschaffen, denn das liegt in der Natur der Sache. Insofern kommt eine behördliche Überprüfung nur dann in Betracht, wenn ein äußerer Umstand **triftige Zweifel** herbeiführt[22] – auch und vor allem vor dem Hintergrund der Tatsache, dass eine entsprechende Überprüfung etwa durch Befragungen des Antragstellers selbst und von Dritten weitreichende Eingriffe in das Persönlichkeitsrecht der Betroffenen mit sich bringen kann.[23] Entsprechend triftige Gründe, die eine Überprüfung nach sich ziehen können, sind etwa der schnelle Wechsel der Ehekandidaten sowie widersprüchliche oder falsche und irreführende Angaben über die Eheschließung oder die Führung der ehelichen Lebensgemeinschaft.[24]

Dementsprechend ergibt sich auch aus dem Visumhandbuch des Auswärtigen Amtes zum Ehegattennachzug, dass systematische und flächendeckende Ermittlungen mit dem Ziel der Überprüfung der Angaben der Eheleute ebenso wie verdachtsunabhängige Stichproben nicht zulässig sein sollen. Nur wenn im Einzelfall tatsächliche Anhaltspunkte bekannt sind, die einen konkreten Verdacht begründen, dass trotz wirksamer Eheschließung keine Ehe im Tatsächlichen geführt werden soll, dürfen weitere Ermittlungen eingeleitet werden.[25] Das Handbuch sieht dann im Wesentlichen **persönliche Befragungen** vor und regelt im Einzelnen deren

---

21 OVG Berlin InfAuslR 2003, 275, 276.
22 So bereits: BVerwG InfAuslR 1992, 305; OVG Hamburg AuAS 1994, 230; HessVGH InfAuslR 2002, 426.
23 Vgl. dazu unten: Rn. 75.
24 OVG Hamburg InfAuslR 1991, 343.
25 Siehe dazu unten: Rn. 75.

Durchführung.[26] Es enthält außerdem Leitlinien für die Entscheidung und verweist auf den Verhältnismäßigkeitsgrundsatz, der es gebieten könne, den Ehegattennachzug zuzulassen, wenn sich die tatsächlichen Umstände, die für und gegen die Erteilung des Visums sprechen, die Waage halten. Als Steuerungsinstrument nach der Einreise wird auf die Möglichkeit verwiesen, die Aufenthaltserlaubnis nur für relativ kurze Dauer zu erteilen.

Nach diesen Grundsätzen und dem Gesetzeswortlaut reichen derweil Zweifel an der Führung der ehelichen Lebensgemeinschaft zwar für die Durchführung einer behördlichen Überprüfung, nicht aber für die Ablehnung des Antrags als solche aus, sondern es muss gem. § 27 Abs. 1 a Nr. 1 AufenthG feststehen, dass die Ehe ausschließlich zum Zweck der Einreise geschlossen wurde. Da vor der Einreise des ausländischen Ehegatten zumeist eine eheliche Lebensgemeinschaft noch nicht aufgenommen werden konnte, ist entscheidend auf den **subjektiven Herstellungswillen** abzustellen. Auf diesen Willen kann nur durch äußere Anzeichen geschlossen werden.[27] Bei der Bewertung der Frage, ob die Ehepartner den Willen haben, eine Ehe im Bundesgebiet zu führen, darf **nicht auf die Vorstellungen des deutschen Kulturkreises** abgestellt werden. § 27 Abs. 1 AufenthG bietet jedenfalls keine Handhabe dafür, eine Beurteilung der angestrebten Lebensgemeinschaft auf Übereinstimmung mit deutschen Gepflogenheiten, Sitten und Wertvorstellungen vorzunehmen.[28] Aus diesem Grund kann auch das **Vorliegen einer arrangierten Ehe** noch kein Beleg für eine Scheinehe sein,[29] wenn feststeht, dass die Eheschließung dennoch auf dem freien Willen der Ehepartner beruht und hinreichende äußere Anhaltspunkte für einen Herstellungswillen gegeben sind. Nach dem Willen des Gesetzgebers soll das Vorliegen einer arrangierten Ehe nicht den Ausschlusstatbestand des § 27 Abs. 1 a Nr. 2 AufenthG begründen.[30]

Nach allgemeinen Grundsätzen müsste die **Beweislast** in diesem Fall bei der Behörde liegen, denn es handelt sich um einen Versagungsgrund und auch der zugrundeliegende Art. 16 Abs. 1 b) der Familienzusammenführungsrichtlinie (RL 2003/86/EG) enthält keine andere Aussage.[31] Derweil ist das **BVerwG** entgegen dieser Argumente zu dem Schluss gekommen, dass der Antragsteller die materielle Beweislast jedenfalls dann zu tragen hat, wenn auch bei nur einem Ehepartner die eheliche Lebensgemeinschaft nicht erweislich ist.[32]

30 Im vorliegenden Fall könnten **Zweifel** begründet sein, weil der Ehemann innerhalb kurzer Zeit zwei verschiedene Frauen heiraten wollte. Es ist mit dem Ehemann ausführlich zu besprechen, wie es dazu kam: Er sollte genau beschreiben, wie man sich kennen lernte, wann man sich entschloss zu heiraten und wie die Eheleute zurzeit ihre Ehe führen. Wenn er bereits mehrfach im Heimatland seiner Ehefrau war, sollte er Nachweise für die Reisen (Tickets, uU Ein- und Ausreisestempel im Pass, Fotos von den Aufenthalten) vorlegen. Ferner sollte er erklären, in welcher Sprache kommuniziert wird. Wenn ein Schriftwechsel stattfindet, sollten Abschriften der Briefe (ggfs. mit Übersetzung) vorgelegt werden. Auch Telefonrechnungen mit Einzelgesprächsnachweisen, die die Telefonnummer der Ehefrau ausweisen, oder Chat-Protokolle können hilfreich sein.

---

26 Zur Praxis der Befragungen im Einzelnen und krit. *Marx*, AAFR, § 6, Rn. 36 f.
27 OVG Berlin NVwZ-Beil. 2002, 107.
28 *Marx*, AAFR, § 6 Rn. 37.
29 OVG Berlin NVwZ-Beilage 2002, 107, 108.
30 BT-Drs. 16/5056, 301.
31 *Marx*, AAFR, § 6, Rn. 45.
32 BVerwG InfAuslR 2010, 350.

Als weiteres **äußeres Anzeichen** für den Herstellungswillen ist sicherlich die angestrebte Adoption des Sohnes der Ehefrau anzusehen. Auch diesbezüglich sollten Unterlagen vorgelegt werden, die belegen, dass der Adoptionsantrag gestellt wurde.

31

Gemäß § 28 Abs. 1 S. 5 iVm § 30 Abs. 1 S. 1 Nr. 2 AufenthG muss der nachziehende Ehegatte sich zudem auf einfache Art in **deutscher Sprache verständigen können** (Stufe A 1 des Gemeinsamen Europäischen Referenzrahmens für Sprachen, vgl. § 2 Abs. 9 AufenthG). Der Mandant ist darauf hinzuweisen, dass seine Ehefrau sich schon jetzt um den Erwerb deutscher Sprachkenntnisse bemühen muss.[33]

32

Es ist weiterhin zu klären, ob der deutsche Ehemann **noch weitere** deutsche oder ausländische **Familienangehörige** hat, denen er zur Zahlung von Unterhalt verpflichtet ist. Denn gem. § 27 Abs. 3 S. 1 AufenthG kann der Familiennachzug versagt werden, wenn der Ehemann gegenüber weiteren Personen unterhaltsverpflichtet ist und diese Verpflichtungen nunmehr durch die Unterhaltsverpflichtungen gegenüber der nachziehenden Ehefrau in Frage gestellt werden.

33

Gemäß § 28 Abs. 1 S. 3 AufenthG soll dem ausländischen Ehegatten eines Deutschen in der Regel eine Aufenthaltserlaubnis erteilt werden, unabhängig davon, ob der Lebensunterhalt des Paares gesichert ist. Beim Vorliegen besonderer Umstände kann die Erteilung allerdings von der **Sicherung des Lebensunterhalts** abhängig gemacht werden. Dies soll zB dann der Fall sein, wenn der Deutsche zusätzlich auch die Staatsangehörigkeit des Ehegatten besitzt oder bereits geraume Zeit im Herkunftsland des Ehegatten gelebt und gearbeitet hat und die Sprache des Landes spricht.[34] Diese Umstände sind ebenfalls mit dem Mandanten zu klären. Zu berücksichtigen ist auch hier, dass nach allgemeinen Grundsätzen im Sinne des § 2 Abs. 3 AufenthG bei der Berechnung des Lebensunterhaltes auf die Bedarfsgemeinschaft abzustellen ist.

34

c) Taktisches Vorgehen

Anschließend ist zunächst die **Klage einzureichen** und darin anzukündigen, dass diese nach erfolgter Akteneinsicht begründet wird. Nach **Akteneinsicht** sollte der Akteninhalt noch einmal ausführlich mit dem Ehemann besprochen werden. Er sollte gebeten werden, problematische Punkte mit seiner Ehefrau zu besprechen und anschließend Rückmeldung zu geben. Nach erfolgter Klagebegründung empfiehlt es sich, sowohl mit dem zuständigen **Prozesssachbearbeiter** des Auswärtigen Amtes als auch mit der zuständigen Ausländerbehörde direkt Kontakt aufzunehmen, um auszuloten, ob Vergleichsbereitschaft besteht. Dies kann dazu führen, dass das Verfahren zügiger beendet und eine mündliche Verhandlung, die weitere Kosten verursachen würde, vermieden wird.

35

---

33 Zum Nachweis vgl. *Marx*, AAFR, § 6, Rn. 69 ff.
34 AVwV-AufenthG Nr. 28.1.1.0.

3. Muster: Klage wegen Ablehnung des Visumantrages zum Ehegattennachzug bei Verdacht der Scheinehe

a) Muster: Verpflichtungsklage wegen Ablehnung des Visumantrages zum Ehegattennachzug bei Verdacht der Scheinehe

36 ▶ **Verpflichtungsklage**

der

1. ... und
2. ...

– Kläger –

Verfahrensbevollmächtigte: Rechtsanwälte ....

gegen

die Bundesrepublik Deutschland, vertreten durch das Auswärtige Amt – Deutsche Botschaft ...

– Beklagte –

wegen Ehegattennachzugs

Hiermit zeigen wir an, dass die Kläger uns mit der Wahrnehmung ihrer Interessen beauftragt haben. Eine Vollmacht fügen wir bei.

Namens und in Vollmacht der Kläger beantragen wir,

1. den Bescheid der Deutschen Botschaft Minsk vom ..., zugestellt am ... aufzuheben und die Beklagte zu verpflichten, der Klägerin zu 1. ein Visum zum Ehegattennachzug gem. § 28 Abs. 1 S. 1 Nr. 1 AufenthG zu erteilen,
2. den Landkreis ... als zuständige Ausländerbehörde beizuladen,
3. uns Akteneinsicht in die Verwaltungsvorgänge der Beklagten und des beizuladenden Landkreises ... zu gewähren.

Begründung:

Die Kläger sind Eheleute. Die Klägerin zu 1. ist weißrussische, der Kläger zu 2. deutscher Staatsangehöriger. Die Klägerin zu 1. beantragte nach der Eheschließung bei der deutschen Botschaft in Minsk ein Visum zum Ehegattennachzug, dessen Erteilung von der Beklagten im angefochtenen Bescheid abgelehnt wurde – Anlage.

Der angefochtene Bescheid ist rechtswidrig und verletzt die Kläger in ihren Rechten aus Art. 6 Abs. 1 und 2 GG. Die Voraussetzungen des Ehegattennachzugs liegen vor. Eine weitere Begründung der Klage erfolgt nach Akteneinsicht.

...

Rechtsanwalt ◀

b) Muster: Begründung nach erfolgter Akteneinsicht

37 ▶ In der Verwaltungsrechtssache

... ./. BRD

begründen wir die Klage nun wie folgt:

I.

Der Kläger zu 2. beabsichtigte zunächst, die weißrussische Staatsangehörige T zu heiraten. Frau T wandte sich von dem Kläger zu 2. ab, nachdem ihr kein Visum zur Eheschließung erteilt wurde. Der

A. Ehegattennachzug (§§ 28 Abs. 1 S. 1 Nr. 1, 30 AufenthG)

Kläger zu 2. hatte zu dieser Zeit bereits Kontakt zur Klägerin zu 1. und nachdem Frau T ihn nicht heiraten wollte, entschlossen die Kläger sich zur Eheschließung.

Die Kläger haben am ... in Minsk die Ehe geschlossen. Ihre Heiratsurkunde liegt vor. Anlässlich der Eheschließung fand eine große Familienfeier im Heimatort der Klägerin zu 1. statt, an der ca. 100 Personen teilnahmen. Auch Familienangehörige des Klägers zu 2. waren zu dieser Feier angereist.

Beweis: DVD mit Aufnahmen der Feier

Vor der Eheschließung hatte der Kläger zu 2. die Klägerin zu 1. bereits zweimal in ihrem Heimatland für mehrere Tage besucht, um sich näher kennen zu lernen. Bei diesen Besuchen entstand eine intensive Beziehung.

Beweis: Vorlage von Bustickets und Kopie des Reisepasses des Klägers zu 2. mit entsprechenden Ein- und Ausreisestempeln, Fotos, die die Kläger gemeinsam zeigen

Die Kläger stehen in regelmäßigem schriftlichem und telefonischem Kontakt. Sie telefonieren mehrmals wöchentlich und schreiben Briefe. Außerdem kommunizieren sie per e-mail.

Beweis: Vorlage von Telefonrechnungen, Briefen, E-Mails

Die Klägerin zu 1. kann sich bereits auf einfache Weise in deutscher Sprache verständigen. Ein Zertifikat des Goethe-Instituts wurde im Visumverfahren vorgelegt. Die Kläger kommunizieren aber auch in russischer Sprache, da der Kläger zu 2. diese Sprache in Grundzügen beherrscht.

Auch nach der Eheschließung ist der Kläger zu 2. schon mehrfach (*hier Daten benennen*) bei seiner Ehefrau in Weißrussland gewesen. Dabei hat sich auch eine Beziehung zu dem Sohn der Klägerin zu 1. entwickelt, was den Kläger zu 2. dazu bewogen hat, einen Adoptionsantrag zu stellen. Das Verfahren ist zurzeit beim zuständigen Gericht in Minsk anhängig.

Beweis: Vorlage von Bustickets und Kopie des Reisepasses mit Einreisestempeln; Kopie des Adoptionsantrages mit Übersetzung, Eingangsbestätigung des Gerichts mit Übersetzung

II.

Der angefochtene Bescheid ist rechtswidrig.

Die Klägerin zu 1. hat einen Anspruch auf Erteilung eines Visums zum Ehegattennachzug gem. § 28 Abs. 1 S. 1 Nr. 1 AufenthG.

Insbesondere sind die von der Beklagten geäußerten Zweifel an der Ernsthaftigkeit des Willens zum Führen einer ehelichen Lebensgemeinschaft im Bundesgebiet nicht berechtigt und der Ausschlussgrund des § 27 Abs. 1 a Nr. 1 AufenthG liegt nicht vor. Der Kläger können hinreichend darlegen, dass zwar ursprünglich eine enge Beziehung des Klägers zu 2. mit der T bestand und die beiden auch heiraten wollten – derweil aber diese Beziehung erstens nicht mehr besteht und zweitens nunmehr eine enge und tatsächliche Beziehung zwischen den beiden Klägern eingegangen wurde. Jegliche der vorlegten Beweismittel sind, erst recht in ihrer Gesamtheit, geeignet, eine gelebte Beziehung und eheliche Lebensgemeinschaft zu dokumentieren. Keinesfalls lässt sich hingegen feststellen, dass die Ehe ausschließlich zu dem Zweck geschlossen wurde, die Einreise der Klägerin zu 1. ins und den Aufenthalt im Bundesgebiet zu ermöglichen.

Auch liegen die übrigen Erteilungsvoraussetzungen vor. Die Tatsache, dass der Kläger zu 2. zurzeit Leistungen nach dem SGB II in Anspruch nehmen muss, steht der Erteilung der Aufenthaltserlaubnis nicht entgegen, denn es liegen keine besonderen Umstände vor, die ein Abweichen von der Regel des § 28 Abs. 1 S. 3 AufenthG rechtfertigen.

Rechtsanwalt ◄

4. Fehlerquellen / Haftungsfallen

38 Folgende typische Fehlerquellen tauchen auf:

- Ausschließliche Kontaktaufnahme mit der örtlichen Ausländerbehörde, obwohl diese nur eine interne Entscheidung trifft.
- Remonstration, obwohl dadurch ohnehin keine ausreichende Aufklärung über die Gründe der Ablehnung des Visums erfolgt und nur eine Verzögerung eintritt.

5. Weiterführende Hinweise
a) Gültigkeitsdauer der Aufenthaltserlaubnis

39 Die Aufenthaltserlaubnis gem. § 28 Abs. 1 S. 1 Nr. 1 AufenthG soll nach der Einreise grundsätzlich für **drei Jahre** erteilt werden.[35] Nur wenn Anhaltspunkte für eine Scheinehe vorliegen, kann eine Befristung auf ein Jahr erfolgen, was gem. § 27 Abs. 4 S. 4 AufenthG aber auch die Untergrenze darstellt, es sei denn der Pass des Ehegatten hat einer kürzere Geltungsdauer, § 27 Abs. 4 S. 3 AufenthG.

40 Die dem ausländischen Ehegatten eines Deutschen erteilte Aufenthaltserlaubnis berechtigt gem. § 27 Abs. 5 AufenthG zur Ausübung einer **Erwerbstätigkeit**.

b) Verfestigung

41 Gemäß § 28 Abs. 2 AufenthG ist dem Ehegatten eines Deutschen in der Regel eine **Niederlassungserlaubnis** zu erteilen, wenn er drei Jahre eine Aufenthaltserlaubnis besaß, weiterhin in ehelicher Lebensgemeinschaft mit dem Deutschen lebt, sich auf einfache Art – nicht nur mündlich – in deutscher Sprache verständigen kann und kein Ausweisungsgrund vorliegt. Zu berücksichtigen ist, dass nach neuer Rechtslage die Inanspruchnahme von Leistungen nach dem zwölften Sozialgesetzbuch kein Ausweisungsgrund mehr ist. Allerdings müssen die allgemeinen Erteilungsvoraussetzungen gem. § 5 AufenthG in diesem Fall erfüllt sein, so dass Ansprüche auf öffentliche Mittel der Erteilung einer Niederlassungserlaubnis entgegenstehen können. Sind die Voraussetzungen für die Erteilung einer Niederlassungserlaubnis nicht gegeben, wird gem. § 28 Abs. 2 S. 3 AufenthG die Aufenthaltserlaubnis verlängert, wenn die eheliche Lebensgemeinschaft fortbesteht.

III. Allgemeine und spezielle Nachzugsvoraussetzungen (§ 5 Abs. 1, 2, § 29 Abs. 1 Nr. 2 AufenthG)
1. Sachverhalt

42 **Beispiel: Reicht das Einkommen zum Familiennachzug?**
Der iranische Staatsangehörige A lebt seit acht Jahren in Deutschland und besitzt eine Niederlassungserlaubnis. A war schon vor seiner Ausreise aus dem Iran verheiratet und hat zwei Kinder, die zwölf und dreizehn Jahre alt sind. A bewohnt gemeinsam mit einem Cousin eine 56 qm große Dreizimmerwohnung, für die er 460 EUR Miete bezahlt. Er arbeitet als Taxifahrer mit einem monatlichen Nettoverdienst von 1.450 EUR aus zwei Arbeitsstellen. Der von der Ehefrau bei der deutschen Botschaft Teheran für sich und die Kinder gestellte Visumantrag zum Familiennachzug wurde abgelehnt, weil die Ausländerbehörde am Wohnort von A die erforderliche Zustimmung wegen nicht ausreichender Sicherung des Lebensunterhalts und nicht ausreichendem Wohnraum verweigert hatte.

---

35 AVwV-AufenthG Nr. 28.1.6.

2. Prüfungsreihenfolge
a) Prüfung der erforderlichen Rechtsmittel
In dieser Fallkonstellation empfiehlt es sich, sogleich **Verpflichtungsklage** beim Verwaltungsgericht Berlin zu erheben, um keine Zeit zu verlieren. Im Rahmen des Klageverfahrens kann Akteneinsicht genommen werden und die Gründe für die Ablehnung lassen sich auf diese Weise feststellen. Im Übrigen wird auf die Ausführungen in § 10 Rn. 27 ff. verwiesen.

b) Materiellrechtliche Überlegungen
Gemäß § 30 Abs. 1 Nr. 3 lit. a AufenthG hat der Ehepartner und gem. § 32 Abs. 2 AufenthG haben die **minderjährigen ledigen Kinder** eines Ausländers, der eine Niederlassungserlaubnis besitzt, Ansprüche auf die Erteilung von Aufenthaltserlaubnissen. Dazu müssen zusätzlich die allgemeinen Erteilungsvoraussetzungen des § 5 Abs. 1 und 2 AufenthG und die Voraussetzungen des § 29 Abs. 1 AufenthG erfüllt sein. Entscheidend sind in den meisten Fällen die Sicherung des Lebensunterhalts und das Vorhandensein ausreichenden Wohnraums.

Gemäß § 2 Abs. 3 AufenthG ist der **Lebensunterhalt gesichert**, wenn er ohne Inanspruchnahme öffentlicher Mittel bestritten werden kann. Dies kann durch eigene Mittel bzw. Erwerbstätigkeit, aber auch durch andere Mittel erfolgen,[36] wie zB Unterhaltsleistungen des Ehegatten, wenn dieser zur Zahlung bereit ist, oder durch Unterhaltsverpflichtungen Dritter, die als Beiträge zum Haushaltseinkommen gewertet werden können und in Form einer Verpflichtungserklärung gem. § 68 AufenthG abgesichert sind. Gemäß § 2 Abs. 3 S. 4 AufenthG sind beim Familiennachzug auch Beiträge der Familienangehörigen berücksichtigen; als Familienangehöriger in diesem Sinne zählt selbstredend auch die nachziehende bzw. nachgezogene Person,[37] wobei auch das Vorliegen einer schriftlichen Zusicherung des künftigen Arbeitgebers geltend gemacht werden kann.[38]

Die Prüfung der Unabhängigkeit von öffentlichen Mitteln orientiert sich an den **Bedarfssätzen des SGB II** (Haushaltsvorstand 399 EUR bzw. jeweils 360 EUR bei zwei volljährigen erwerbsfähigen Angehörigen der Bedarfsgemeinschaft, also zB bei Ehegatten; für sonstige erwerbsfähige Angehörige der Bedarfsgemeinschaft 320 EUR (über 18 Jahre) bzw. 302 EUR (unter 18 Jahre); Kinder bis zur Vollendung des sechsten Lebensjahres 234 EUR; Kinder bis zur Vollendung des 14. Lebensjahres 267 EUR, Kinder ab 15 Jahren 278 EUR) zuzüglich der Bruttomiete. Dabei ist jeweils nicht auf den tatsächlichen Leistungsbezug, sondern auf das **Bestehen eines entsprechenden Anspruchs** abzustellen.[39] Was nicht als Anspruch auf eine öffentliche Leistung zu zählen ist, ergibt sich aus § 2 Abs. 3 S. 2 AufenthG: Demnach zählt im Umkehrschluss als zu berücksichtigendes Einkommen das Kindergeld. Das Gleiche gilt für das Elterngeld ebenso wie für den Kinderzuschlag, weil diese Leistungen den Sonderbedarf bei der Erziehung von Kindern ausgleichen. Der Kinderzuschlag stellt europarechtlich eine Familienleistung wie das Kindergeld dar und wird damit ebenso als Einkommen gewertet.

Es gilt also zu prüfen, ob das Einkommen von A ausreicht, um den Lebensunterhalt der Familie zu decken. Dabei sind die vorhandenen eigenen Mittel – etwa das Gehalt – den Bedarfssätzen des SGB II gegenüberzustellen. Nur wenn die eigenen Mittel den errechneten Bedarf abdecken, gilt der Lebensunterhalt als gesichert. Streitig war hier bisher die Frage, ob auch

---
36 Eine ausführliche Aufzählung findet sich in den AvwV-AufenthG unter Nr. 2.3.4.1. und 2.3.4.2.
37 AVwV-AufenthG Nr. 27.3.4.
38 *Marx*, AAFR, § 6 Rn. 58.
39 BVerwG, Urt. v. 26.8.2008 – 1 C 32.07 – juris, Rn. 19 ff.; AvwV-AufenthG Nr. 2.3.1.2.

die **Freiberträge im Sinne des § 11 b SGB II** anzurechnen sind. Während das BVerwG in seinem Urteil vom 26.8.2008[40] noch die Ansicht vertrat, der Freibetrag müsse berücksichtigt werden, hat das Gericht – in Reaktion auf die Entscheidung des EuGH in der Rechtssache „Chakroun"[41] – in einem Urteil vom 16.11.2010[42] festgestellt, dass der Freibetrag nicht zulasten des nachzugswilligen Ausländers angerechnet und von dem zu berücksichtigenden Einkommen abgezogen werden dürfe. Dies gilt derweil vorerst nur im Anwendungsbereich der **Familienzusammenführungsrichtlinie (2003/86/EG)**, wobei die Gleichbehandlung gebietet, dass auch bei einem Familiennachzug zu Deutschen der Freibetrag nicht zu berücksichtigen ist, wie es sich teils aus der Erlasslage ergibt.[43] Hingegen gilt beim Familiennachzug „sonstiger" Familienangehöriger nach § 36 AufenthG die alte Rechtslage, da die Familienzusammenführungsrichtlinie diesen Nachzug nicht verbindlich regelt; Gleiches gilt für die Erteilung einer Niederlassungserlaubnis,[44] nicht aber für die Erteilung einer Erlaubnis zum Daueraufenthalt-EU. 100 EUR Werbungskosten (§ 11 Abs. 2 S. 2 SGB II) müssen demgegenüber in jedem Fall weiterhin angerechnet werden, es sei denn, es werden Nachweise dafür erbracht, dass diese niedriger ausfallen.

48 **Ausreichender Wohnraum** gem. § 2 Abs. 4 AufenthG ist jedenfalls dann gegeben, wenn für jedes Familienmitglied über sechs Jahren 12 qm und unter sechs Jahren 10 qm Wohnfläche zur Verfügung stehen, wobei Kinder unter zwei Jahren gem. § 2 Abs. 4 S. 3 AufenthG nicht mitgezählt werden. Nebenräume in Gestalt von Küche, Bad und Toilette müssen in angemessenem Umfang zur Verfügung stehen. Eine abgeschlossene Wohnung wird nicht verlangt. Die Unterschreitung der Wohnflächengröße um 10 % ist unschädlich.[45] Danach hätte die Wohnung des A gerade noch eine ausreichende Größe.

3. Muster

a) Muster: Klage wegen Ablehnung des Visumantrages zum Familiennachzug wegen fehlender Sicherung des Lebensunterhalts

49 ▶ **Verpflichtungsklage**

der ...

– Kläger –

Verfahrensbevollmächtigte: Rechtsanwälte ...

gegen

die Bundesrepublik Deutschland, vertreten durch das Auswärtige Amt – Deutsche Botschaft ...

– Beklagte –

wegen Familiennachzugs

Hiermit zeigen wir an, dass die Kläger uns mit der Wahrnehmung ihrer Interessen beauftragt haben. Eine Vollmacht fügen wir bei

Namens und in Vollmacht der Kläger beantragen wir,

---

40 BVerwG, Urt. v. 26.8.2008 – 1 C 32.07 – juris, Rn. 24.
41 InfAuslR 2010, 221.
42 InfAuslR 2011, 144-148.
43 Vgl. etwa die Verwaltungsvorschriften für Berlin: VAB Nr. 2.3.4.1.
44 BVerwG, Urteil v. 16.11.2010 – 1 C 21.09 – juris, Rn. 23 f.
45 Vgl. jeweils AVwV-AufenthG Nr. 2.4.

A. Ehegattennachzug (§§ 28 Abs. 1 S. 1 Nr. 1, 30 AufenthG)

1. den Bescheid der Deutschen Botschaft Teheran vom ..., zugestellt am ... aufzuheben und die Beklagte zu verpflichten, den Klägern Visa zum Familiennachzug gem. §§ 30 Abs. 1, 32 Abs. 3 AufenthG zu erteilen,
2. den Landkreis ... als zuständige Ausländerbehörde beizuladen,
3. Akteneinsicht in die Verwaltungsvorgänge der Beklagten und des Beigeladenen zu gewähren.

Begründung:

Die Kläger sind die Ehefrau und Kinder des iranischen Staatsangehörigen A, der im Besitz einer Niederlassungserlaubnis ist. Sie beantragten Visa zum Familiennachzug, die von der Beklagten im angefochtenen Bescheid abgelehnt wurden – Anlage.

Der angefochtene Bescheid ist rechtswidrig und verletzt die Kläger in ihren Rechten. Die Voraussetzungen des Ehegatten- und Kindernachzugs liegen vor. Eine weitere Begründung der Klage erfolgt nach Akteneinsicht.

...

Rechtsanwalt ◄

b) Muster: Begründung nach erfolgter Akteneinsicht

▶ In der Verwaltungsrechtssache

... ./. BRD

begründen wir die Klage nun wie folgt:

I.

Der Ehemann bzw. der Vater der Kläger ist iranischer Staatsangehöriger. Er war bereits vor seiner Ausreise aus dem Iran mit der Klägerin zu 1) verheiratet. Die beiden gemeinsamen Kinder sind zwölf und dreizehn Jahre alt. Seit acht Jahren ist er im Besitz einer Niederlassungserlaubnis. Er verfügt über ein Einkommen von insgesamt 1.826 EUR, was sich wie folgt zusammensetzt: 1.450 EUR Gehalt zuzüglich sodann 376 EUR Kindergeld für die den Nachzug begehrenden zwei Kinder. Gemeinsam mit einem Cousin bewohnt er eine 56 qm große Dreizimmerwohnung, für die er 460 EUR Miete bezahlt. Die Krankenversicherung der Kläger ist gesichert.

II.

Der angefochtene Bescheid ist rechtswidrig.

Die Kläger haben einen Anspruch auf Erteilung von Visa zum Familiennachzug. Die Erteilungsvoraussetzungen der §§ 5 Abs. 1, 29 Abs. 1, 32 AufenthG liegen vor.

Insbesondere ist der Lebensunterhalt gesichert. Der Bedarf der Kläger mitsamt dem Ehemann bzw. Vater beträgt 1.814 EUR und setzt sich folgendermaßen zusammen: 720 EUR Regelsatz für die beiden Ehegatten (2 x 360 EUR), 534 EUR für zwei Kinder unter vierzehn Jahren, 460 EUR Miete sowie 100 EUR Werbungskosten. Dieser Bedarf wird durch das aufgeführte Einkommen des Ehemannes bzw. Vaters des Klägers gewährleistet.

Es ist außerdem ausreichend Wohnraum vorhanden. Gemäß Nr. 2.4.2 der AVwV-AufenthG müssen für jede über sechs Jahre alte Person zwölf Quadratmeter Wohnraum zur Verfügung stehen – für die Familie der Kläger also 48 qm. Dabei kommt es auf den Wohnraum insgesamt an. Zwar kann der Wohnraum des Cousins nicht mitgerechnet werden. Die gemeinsam benutzten Nebenräume sind jedoch zu berücksichtigen. Die verbleibenden 44 qm sind ausreichend, zumal eine Unterschreitung der Wohnungsgröße um 10 % unschädlich ist (Nr. 2.4.3 AVwV-AufenthG).

Im Ergebnis liegen damit die gesetzlichen Voraussetzungen für den Familiennachzug vor.

Rechtsanwalt ◄

4. Fehlerquellen / Haftungsfallen

51 Folgende typische Fehlerquellen tauchen auf:
- Ausschließliche Kontaktaufnahme mit der örtlichen Ausländerbehörde, obwohl diese nur eine interne Entscheidung trifft.
- Allerdings empfiehlt es sich, während des laufenden Klageverfahrens mit der beteiligten Ausländerbehörde Kontakt aufzunehmen, um auszuloten, ob Vergleichsbereitschaft besteht.
- Berechnung des Einkommens des im Bundesgebiet lebenden Ausländers ohne Berücksichtigung der Änderung der Steuerklasse durch den Nachzug von Ehepartner und Kindern. Die Berechnung kann mithilfe eines Steuerberechnungsprogramms vorgenommen werden.
- Mangelnde Überprüfung der von der Ausländerbehörde vorgenommenen Berechnungen des ausreichenden Lebensunterhalts.

5. Weiterführende Hinweise

a) Kein Ausschlussgrund: Scheinehe und Zwangsehe

52 Mit dem 2. Änderungsgesetz zum AufenthG vom 19.8.2007 wurden die Regeln zum Familiennachzug an verschiedenen Punkten verschärft und hierfür in § 27 Abs. 1 a AufenthG zwei Ausschlussgründe normiert: Ein Familiennachzug wird demnach zum einen im Fall einer sogenannten „Scheinehe"[46] und zum anderen bei einer nachgewiesenen **Zwangsehe** nicht zugelassen.

b) Nachzugsalter und Sprachkenntnisse

53 Des Weiteren wurde ebenfalls mit dem 2. Änderungsgesetz in § 30 Abs. 1 S. 1 Nr. 1 und 2 AufenthG speziell für den Ehegattennachzug das **Nachzugsalter** auf 18 Jahre festgelegt und normiert, dass der nachziehende Ehegatte sich zumindest auf **einfache Art in deutscher Sprache verständigen** können muss, wenn der Stammberechtigte nicht einen der in § 30 Abs. 1 S. 2 genannten Aufenthaltstitel besitzt.

Ausgenommen vom Erfordernis des Spracherwerbs, nicht hingegen vom Nachzugsalter, sind des Weiteren die in § 30 Abs. 1 S. 3 AufenthG genannten Personengruppen. Dazu zählen ua Ehepartner von anerkannten Flüchtlingen, wenn die Ehe bereits m Zeitpunkt der Einreise des Stammberechtigten bestand (Nr. 1), daneben Ehepartner von Personen mit geringem Integrationsbedarf im Sinne des § 4 Abs. 2 IntV (Nr. 3) sowie Ehepartner von Personen, die gem. § 41 AufenthV auch für einen längeren Aufenthalt visumfrei einreisen dürfen (Nr. 4) und schließlich im Fall einer Blauen Karte EU seitens des Stammberechtigten (Nr. 5).[47]

Ausgenommen sind daneben Antragsteller, wenn ihnen aus krankheitsbedingten Gründen der Spracherwerb nicht möglich ist (Nr. 2). Dabei können im Einzelfall unter Berücksichtigung von Art. 6 GG und zur Vermeidung einer allzu langen Trennung sowohl kurz andauernde Er-

---

46 Siehe dazu im Einzelnen unten: Rn. 72 f.
47 Australien, Israel, Japan, Kanada, Republik Korea, Neuseeland und USA sowie mit Einschränkungen Andorra, Honduras, Monaco und San Marino.

krankungen als auch Komplikationen bei einer Schwangerschaft geltend gemacht werden.[48] Analphabetismus wird demgegenüber traditionell in der Regel nicht als Ausnahmegrund akzeptiert.[49] Derweil ergeben sich nunmehr Lockerungen dieser Linie eines automatischen Ausschlusses aus zwei Punkten: Die Rechtsprechung des EuGH in der Rechtssache Dogan[50] sowie der daraufhin neu eingefügte § 30 Abs. 1 S. 3 Nr. 6 AufenthG, der den Nachzug auch dann zulässt, wenn der **Spracherwerb wegen besonderer Umstände des Einzelfalles nicht möglich oder nicht zumutbar ist**. Der EuGH war in der besagten Entscheidung zu dem Schluss gekommen, dass ein zwingender Ausschluss ohne eine Berücksichtigung individueller Umstände mit der zugrundeliegenden Öffnungsklausel des Art. 7 Abs. 2 der Familienzusammenführungsrichtlinie (2003/86/EG) nicht vereinbar sei. Diese Maßgabe ist bei der Auslegung von § 30 Abs. 1 S. 3 Nr. 6 AufenthG ganz wesentlich zu berücksichtigen, so dass im Ergebnis Analphabetismus ebenso wie der Mangel an tatsächlichen Möglichkeiten, einen Sprachkurs durchzuführen, Ausnahmegründe darstellen können. Für den Nachzug zu assoziationsberechtigten türkischen Staatsangehörigen entfällt derweil das Spracherfordernis durch die Entscheidung vollständig, nachdem der EuGH insofern einen Verstoß gegen die Stillhalteklausel festgestellt hat.

In der Regel ist zum **Nachweis der Sprachkenntnisse** des Niveaus A1 GER im Sinne des § 2 Abs. 9 AufenthG ein Zertifikat des Goethe-Instituts und einer Partnerorganisation vorzulegen. Existiert in einem Land kein Goethe-Institut oder ein von diesem anerkanntes Institut, führt die Botschaft selbst die Sprachprüfung durch. Befindet sich der Antragsteller mangels erforderlichem Visumverfahren oder aus anderen Gründen bereits im Bundesgebiet, gelten die gleichen Voraussetzungen für den Spracherwerb. Für den Fall, dass die entsprechenden Sprachkenntnisse evident vorliegen, muss auf die Vorlage eines externen Nachweises oder eine behördeninterne Prüfung verzichtet werden.[51] Ausnahmsweise kann nach den nunmehr geänderten Vorgaben des Visumhandbuches[52] für den nachzugswilligen Ehepartner ein Visum zum Spracherwerb gem. § 16 Abs. 5 AufenthG erteilt werden, wenn die Durchführung eines Sprachkurses im Herkunftsland aus zeitlichen und tatsächlichen Gründen sowie aufgrund einer lange andauernden familiären Trennung unmöglich und unzumutbar ist.

Genauere Informationen zu den erforderlichen Nachweisen und Kursen können auf den jeweiligen Internet-Seiten der Botschaften und dem eigens vom Bundesamt für Migration und Flüchtlinge eingerichteten Internetportal <www.integration-in-deutschland.de> erlangt werden.[53]

Das Erfordernis des Spracherwerbs gilt gem. § 28 Abs. 1 S. 5 AufenthG auch für Ehegatten von Deutschen.

c) Visumserfordernis

Gemäß § 5 Abs. 2 S. 1 AufenthG setzt die Erteilung der Aufenthaltserlaubnis voraus, dass die Einreise mit einem gültigen und dem für den angestrebten Aufenthaltszweck **erforderlichen**

---

48 AA, Dienstanweisung Ehegattennachzug, 2007, Nr. 2.
49 BVerwGE 144, 141, 146; BVerwGE 136, 231–262.
50 EuGH NVwZ 2014, 1081.
51 AA, Dienstanweisung Ehegattennachzug, 2007, Nr. 2.
52 AA, Visumhandbuch, II.7.
53 Vgl. auch Hinweise des BMI zum Richtlinienumsetzungsgesetz (Stand 2.10.2007), Rn. 200–236.

Visum erfolgte. Ausnahmsweise kann entgegen § 5 Abs. 2 S. 1 AufenthG der Antrag im Inland nach der Einreise gestellt werden, wenn die §§ 39–41 AufenthV einschlägig sind.

§ 39 Nr. 3 AufenthV sieht demnach vor, dass **Inhaber eines Schengen-Visums** einen Aufenthaltstitel im Inland erwerben können, wenn ein entsprechender Anspruch nach der Einreise entstanden ist. Das BVerwG ist zu dem Ergebnis gekommen, dass hierbei auf die letzte Einreise in das Bundesgebiet abzustellen ist[54] – mit der Folge, dass die Vorschrift in den Fällen einer sog Dänemark-Ehe nicht einschlägig ist, wenn also der Antragsteller mit einem Schengen-Visum in den Schengen-Raum einreist, sodann in Dänemark heiratet und anschließend in das Bundesgebiet einreist, um hier die Aufenthaltserlaubnis zu beantragen. **Personen mit einer Duldung** können sich ggfs auf § 39 Nr. 5 AufenthV berufen, wobei auch hier ein Anspruch auf die begehrte Aufenthaltserlaubnis vorliegen muss.

Ausnahmsweise kann im Übrigen unter den Voraussetzungen des § 5 Abs. 2 S. 2 AufenthG **vom Erfordernis des Visumverfahrens abgesehen** werden. Die erste Variante dient der Vermeidung von unverhältnismäßigem Aufwand und gilt allein im Fall eines strikten Rechtsanspruchs, nicht hingegen bei einer Ermessensreduzierung auf Null oder einem Regelanspruch.[55] Eine **fehlende Zumutbarkeit** im Sinne der zweiten Variante kann bei besonderen Umständen geltend gemacht werden, die es dem Antragsteller oder den Ehepartnern gemeinsam unmöglich machen, auszureisen oder sich auch nur kurze Zeit zu trennen. Dies ist etwa im Fall einer Krankheit, Schwangerschaft oder Pflegebedürftigkeit sowie für den Fall anerkannt, dass im Haushalt betreuungsbedürftige Kinder oder andere pflegebedürftige Menschen leben.[56]

d) Familiennachzug zu Flüchtlingen

55 Bei Familienangehörigen von **Asylberechtigten und Konventionsflüchtlingen** ist gem. § 29 Abs. 2 S. 2 AufenthG vom Erfordernis der ausreichenden Sicherung des Lebensunterhalts wie auch vom Erfordernis des ausreichenden Wohnraums abzusehen, wenn der Antrag auf Erteilung des Aufenthaltstitels (also auch der Visumsantrag) innerhalb von drei Monaten nach unanfechtbarer Anerkennung gestellt wird und die Familie nur in Deutschland zusammenleben kann, weil es kein Drittland gibt, zu dem sie eine besondere Bindung hat. Die **Frist** ist gem. § 29 Abs. 2 S. 3 AufenthG auch durch die rechtzeitige Antragstellung durch den im Bundesgebiet lebenden Ausländer gewahrt, der hierzu keine schriftliche Vollmacht vorlegen muss.[57] Dies gilt, wenn der Antrag bei der Ausländerbehörde gestellt wird. Sie ist verpflichtet, ihn an die zuständige Botschaft weiterzuleiten, da sie selbst nicht zuständig ist.

Mit der Gesetzesänderung im August 2015 wurde dieses Privileg auch auf den Kreis der **subsidiär Schutzberechtigten** ausgeweitet, derweil sogleich mit der erneuten im März 2016 in Kraft getretenen Reform durch die Einfügung des § 104 Abs. 13 AufenthG für zwei Jahre bis zum 16. März 2018 ausgesetzt, wenn die betreffenden Stammberechtigten die Aufenthaltserlaubnis nach dem 17. März 2016 erteilt bekommen haben.

56 Wird der Antrag später gestellt, steht die Entscheidung über die Erteilung der Aufenthaltserlaubnis bei fehlender Sicherung des Lebensunterhalts oder nicht ausreichendem Wohnraum

---

54 BVerwG NVwZ 2011, 871–876.
55 BVerwG NVwZ 2011, 495.
56 BVerfG InfAuslR 2011, 286 f.; OVG Berlin-Brandenburg, Beschl. v. 3.8.2011 – OVG 2 S 44.11; OVG Sachsen-Anhalt, AuAS 2010, 155.
57 AVwV-AufenthG Nr. 29.2.2.2.

gem. § 29 Abs. 2 S. 1 AufenthG im **Ermessen** der Behörde. Bei der Abwägung ist zu prüfen, ob gegen den Aufenthalt sprechende öffentliche Interessen so gewichtig sind, dass sie gegenüber dem Grundrecht auf Schutz von Ehe und Familie eindeutig überwiegen.[58] Der Umstand, dass die Familienzusammenführung im Verfolgerstaat in der Regel nicht möglich ist, hat dabei besonderes Gewicht. Der Asylberechtigte, Konventionsflüchtling oder subsidiär Schutzberechtigte sollte derweil zudem belegen können, dass er sich nachhaltig um Arbeit und Wohnung bemüht.[59]

e) Verlängerung der Aufenthaltserlaubnis

Die Aufenthaltserlaubnis des Ehegatten eines Ausländers kann, über § 8 Abs. 1 AufenthG hinausgehend, gem. **§ 30 Abs. 3 AufenthG** auch dann verlängert werden, wenn inzwischen der Lebensunterhalt nicht mehr gesichert oder kein ausreichender Wohnraum mehr vorhanden ist, solange die eheliche Lebensgemeinschaft noch besteht. Im Rahmen der **Ermessensentscheidung** ist zB zu berücksichtigen, ob der Betroffene erkrankt ist oder unverschuldet seine Arbeitsstelle verloren hat und deshalb nicht in der Lage ist, den Lebensunterhalt zu sichern.[60] Auch das Vorliegen von Ausweisungsgründen kann gem. § 27 Abs. 3 S. 2 AufenthG, der auch bei der Verlängerung zu berücksichtigen ist, iVm § 5 Abs. 1 Nr. 2 AufenthG außer Betracht bleiben.

57

f) Verfestigung des Aufenthalts

Grundsätzlich richtet sich die Frage der Erteilung eines verfestigten Aufenthaltes in Form einer Niederlassungserlaubnis oder Daueraufenthaltserlaubnis-EU für den nachgezogenen Ehegatten eines Ausländers nach §§ 9–9 c AufenthG, wonach zunächst – im Gegensatz zum Nachzug zu einem deutschen Ehegatten gem. § 28 Abs. 2 AufenthG – ein **fünfjähriger Aufenthalt** mit einer Aufenthaltserlaubnis erforderlich ist. Handelt es sich jedoch um den Familienangehörigen einer Person, die eine Aufenthaltserlaubnis aus humanitären Gründen gem. § 22, 23 Abs. 1 oder § 25 Abs. 3 AufenthG besitzt, richten sich gem. § 29 Abs. 3 S. 2 AufenthG die Voraussetzungen für die Erteilung der Niederlassungserlaubnis ebenso wie für den Stammberechtigten nach § 26 Abs. 4 AufenthG. Es ist danach ein **siebenjähriger Aufenthalt** erforderlich.

58

IV. „Scheinehe" / Rücknahme / Ausweisung / vorläufiger Rechtsschutz
1. Sachverhalt

Beispiel: Widersprüchliche Angaben zum Trennungszeitpunkt

Die Ausländerbehörde erhält im Meldeabgleichsverfahren den Hinweis über die Abmeldung des ausländischen Ehegatten einer deutschen Staatsangehörigen aus der gemeinsamen Ehewohnung. Bei den Ermittlungen stellt sich nach Anforderung der Scheidungsunterlagen im Rahmen der Mitwirkungspflicht (vgl. § 82 AufenthG) heraus, dass der im Scheidungsantrag angegebene Trennungszeitpunkt vor der Vorsprache bei der Ausländerbehörde lag, bei der beide Ehegatten für die Beantragung der Niederlassungserlaubnis übereinstimmend erklärt hatten, dass sie weiterhin in häuslicher Gemeinschaft die Ehe führten. Die Behörde nimmt daraufhin nach erfolgter Anhörung die Niederlassungserlaubnis zurück, verfügt die Auswei-

59

---

58 BVerwG NVwZ-RR 1999, 610.
59 AVwV-AufenthG Nr. 29.2.2.
60 Vgl. auch BVerfG Asylmagazin 11/2007, 26 f.

sung nach § 53 Abs. 1 iVm § 54 Abs. 2 Nr. 8 lit. a sowie § 54 Abs. 2 Nr. 9 iVm § 95 Abs. 2 Nr. 2 AufenthG, setzt eine Ausreisefrist gem. § 50 Abs. 2 AufenthG und ordnet gem. § 80 Abs. 2 Nr. 4 VwGO die sofortige Vollziehung an. Außerdem erstattet sie Strafanzeige.

2. Prüfungsreihenfolge

a) Prüfung der Rechtsmittel

60 Nach Vorlage des Bescheides durch den Mandanten sind zunächst die **Rechtsmittelfristen** zu prüfen und zu notieren. Im Hinblick auf die Ausreisefrist sollte eine Vorfrist notiert werden. In den **Bundesländern** Bayern, Baden-Württemberg, Hessen, Niedersachen und Berlin wurde das Widerspruchsverfahren gegen ausländerrechtliche Entscheidungen abgeschafft. Hier ist gegen eine belastende Entscheidung der Ausländerbehörde sofort Anfechtungsklage beim Verwaltungsgericht zu erheben. In allen anderen Bundesländern ist gegen die Verfügung bei der Ausländerbehörde Widerspruch einzulegen. Es gilt jeweils die **Monatsfrist** der §§ 70 bzw. 74 VwGO.

61 Gemäß § 84 Abs. 1 Nr. 1 AufenthG haben Klage und Widerspruch gegen die Ablehnung des Antrages auf Erteilung und Verlängerung der Aufenthaltserlaubnis **keine aufschiebende Wirkung**. Demgegenüber kommen Klage und Widerspruch gegen die Rücknahme der Niederlassungserlaubnis und die Ausweisung grundsätzlich aufschiebende Wirkung zu. Zuweilen machen die Ausländerbehörden in diesen Fällen aber von der Möglichkeit der Anordnung der **sofortigen Vollziehung** gem. § 80 Abs. 2 Nr. 4 VwGO Gebrauch. Dies zwingt dazu, gleichzeitig – jedenfalls aber rechtzeitig vor Ablauf der Ausreisefrist – mit Klage oder Widerspruch einen Antrag gem. § 80 Abs. 5 VwGO zu stellen. Zu den formellen Voraussetzungen von Klage und Eilantrag wird auf § 10 Rn. 27 ff. verwiesen.

b) Materiellrechtliche Überlegungen

62 Gemäß § 48 Abs. 1 VwVfG kann die **Rücknahme der Niederlassungserlaubnis** erfolgen, wenn sie rechtswidrig war, also ihre Voraussetzungen bei Erteilung nicht vorlagen. Dem Ehegatten eines Deutschen wird gem. **§ 28 Abs. 2 AufenthG** in der Regel eine Niederlassungserlaubnis erteilt, wenn er drei Jahre im Besitz einer Aufenthaltserlaubnis war, die eheliche Lebensgemeinschaft mit dem Deutschen im Bundesgebiet fortbesteht, kein Ausweisungsgrund vorliegt und der Ausländer sich auf einfache Art in deutscher Sprache verständigen kann. Nachdem die Eheleute bei der Ausländerbehörde erklärt hatten, dass sie zusammenleben, während im Scheidungsverfahren der Trennungszeitpunkt vor dem Zeitpunkt dieser Erklärung lag, ist zu prüfen, welche Auswirkungen die Angabe im Scheidungsverfahren hat und ob die Eheleute tatsächlich noch zusammenlebten, als sie die Erklärung bei der Ausländerbehörde abgaben.

63 Es sollte unverzüglich ein **ausführliches Beratungsgespräch** mit dem Mandanten und nach Möglichkeit mit der geschiedenen Ehefrau durchgeführt werden. Hier ist der Hintergrund für die widersprüchlichen bzw. vorgeblich falschen Angaben zu klären. Der Mandant und die Ehefrau sind darüber zu informieren, dass falsche Angaben zwecks Erlangung eines Aufenthaltstitels den Straftatbestand des § 95 Abs. 2 Nr. 2 AufenthG erfüllen können. Nicht nur der Mandant, sondern auch die Ehefrau können sich hier strafbar gemacht haben.

64 Sollte im Scheidungsverfahren der **Trennungszeitpunkt vorverlegt** worden sein, weil die Scheidung schnell herbeigeführt werden sollte, dann müssten von dem Mandanten Umstände dar-

A. Ehegattennachzug (§§ 28 Abs. 1 S. 1 Nr. 1, 30 AufenthG)

gelegt werden, aus denen sich ergibt, dass die Eheleute zum Zeitpunkt der Erteilung der Niederlassungserlaubnis tatsächlich noch eine eheliche Lebensgemeinschaft geführt haben. Denn die **Angabe im Scheidungsverfahren** mag zwar ein gewisses **Indiz** für den Zeitpunkt der erfolgten Trennung sein, als Beweis reicht sie jedoch nicht aus.[61] Selbst wenn sich im Scheidungsurteil Angaben zum Trennungszeitpunkt finden, wird die Frage, ob die Angaben der Wirklichkeit entsprechen, weder von der **Rechtskraft** noch von der **Beweiskraft des Urteils** erfasst.[62] Den im Ehescheidungsurteil enthaltenen Feststellungen zum Trennungszeitpunkt kommt keine Richtigkeitsgewähr zu, so dass es nicht gerechtfertigt ist, im ausländerrechtlichen Verfahren unabhängig von den Umständen des Einzelfalles von der Richtigkeit der im Scheidungsurteil getroffenen Feststellungen auszugehen. In Praxis werden die Angaben der Eheleute zum Trennungszeitpunkt, wenn sie übereinstimmen, derweil häufig ungeprüft übernommen.

Der Mandant müsste also zB Erklärungen von Nachbarn und Freunden – und wenn möglich auch von der geschiedenen Ehefrau – beibringen, die belegen, dass die eheliche Lebensgemeinschaft noch bestand. Diese Personen müssten für das Klageverfahren als **Zeugen** zur Verfügung stehen und entsprechend benannt werden. Belege für gemeinsame Anschaffungen, den gemeinsamen Abschluss zB von Versicherungsverträgen, gemeinsame Reisen sowie Fotos oder vergleichbare Dokumente können ebenfalls hilfreich sein. Freilich ist es an dieser Stelle besonders wichtig, dass die Eheleute, wenngleich sie mittlerweile geschieden sind, kooperieren – ggf. sollten je nach den Umständen des Einzelfalles die Eheleute getrennt eingeladen werden. 65

Für das **Eilverfahren** müssen die Erklärungen in Form von **eidesstattlichen Versicherungen** vorliegen. Zwar trägt die Ausländerbehörde für die Behauptung, die Trennung sei vor Erteilung der Niederlassungserlaubnis erfolgt, die Beweislast[63] – derweil ist es bei einer entsprechenden Angabe im Scheidungsverfahren angesichts von deren starker Indizwirkung strategisch angebracht, diese Angabe selbst für den Mandanten zu widerlegen.

c) Weitere praktische Überlegungen

Ist der Mandant nicht im Besitz einer Niederlassungserlaubnis, sondern einer **Aufenthaltserlaubnis**, ist stets zu prüfen, ob die **Geltungsdauer** der Aufenthaltserlaubnis abläuft. Man sollte sich also auf jeden Fall den Pass des Mandanten mit der Aufenthaltserlaubnis zeigen lassen, eine Kopie fertigen und notieren, wann die Geltungsdauer abläuft. Ggf. muss noch am selben Tag per Fax zur Wahrung der Fortgeltungsfiktion (§ 81 Abs. 4 AufenthG) und Abwendung der Ausreisepflicht (vgl. § 51 Abs. 1 Nr. 1 AufenthG) ein Antrag auf Verlängerung der Aufenthaltserlaubnis gestellt werden. Allein das Rechtsmittel gegen die Rücknahme des Aufenthaltstitels stellt keine Fiktionswirkung her und hindert auch nicht den Eintritt der Unterbrechung nach § 51 Abs. 1 Nr. 1 AufenthG. 66

---

61 VG München, Beschl. v. 7.11.2006 – M 12 S 06.3410.
62 OVG Hamburg InfAuslR 2001, 125, 127 mit vielen Nachweisen.
63 VG Ansbach, Urt. v. 18.1.2010 – AN 19 K 08.01448, AN 19 S 08.01597 – juris.

3. Muster: Anfechtungsklage und Antrag nach § 80 Abs. 5 VwGO gegen Rücknahme der Niederlassungserlaubnis und Ausweisung wegen „Scheinehe"

67 ▶ **Anfechtungsklage und Antrag gem. § 80 V VwGO**

des ...

— Kläger u. Antragsteller —

Verfahrensbevollmächtigte: Rechtsanwälte ...

gegen

den Oberbürgermeister der Stadt ... — Ordnungsamt —

— Beklagte u. Antragsgegnerin —

wegen Rücknahme der Niederlassungserlaubnis

Hiermit zeigen wir an, dass der Kläger uns mit der Wahrnehmung seiner Interessen beauftragt hat. Eine Vollmacht fügen wir bei.

Namens und in Vollmacht des Klägers und Antragstellers beantragen wir,

1. den Bescheid der Beklagten vom ..., mit dem die Niederlassungserlaubnis zurückgenommen und der Kläger ausgewiesen wird, aufzuheben,
2. die aufschiebende Wirkung der Klage wiederherzustellen,
3. der Beklagten mitzuteilen, dass aufenthaltsbeendende Maßnahmen bis zur Entscheidung über den Eilantrag nicht durchgeführt werden dürfen.

Begründung:

I.

Der Kläger und Antragsteller (im Folgenden: Kläger) war mit der deutschen Staatsangehörigen ... verheiratet und daher im Besitz einer Aufenthaltserlaubnis. Am ... wurde ihm eine Niederlassungserlaubnis erteilt. Im Zeitpunkt der Antragstellung sowie der Erteilung der Niederlassungserlaubnis lebten die Eheleute noch in ehelicher Lebensgemeinschaft. Zu einem späteren Zeitpunkt leiteten die Eheleute ein Scheidungsverfahren ein und gaben als Trennungszeitpunkt den ... an, da die Ehefrau des Klägers im Zeitpunkt der Trennung ein Kind von ihrem neuen Partner erwartete und die Trennung vom Kläger so schnell wie möglich vollziehen wollte. Inzwischen ist die Ehe zwischen ihr und dem Kläger endgültig geschieden.

Die Beklagte nahm in dem angefochtenen Bescheid die Niederlassungserlaubnis zurück. Die Rücknahme, mithin die Rechtswidrigkeit der ursprünglichen Erteilung, wurde unter Verweis auf das Scheidungsverfahren damit begründet, dass die Eheleute zum Zeitpunkt der Erteilung der Niederlassungserlaubnis nicht mehr in ehelicher Lebensgemeinschaft zusammen gelebt hätten.

II.

Der angefochtene Bescheid ist rechtswidrig und verletzt den Kläger in seinen Rechten.

Die Voraussetzungen des § 48 VwVfG liegen nicht vor. Ebenfalls sind die Voraussetzungen einer Ausweisung nicht gegeben.

1.

Die Erteilung der Niederlassungserlaubnis war nicht rechtswidrig, da der Kläger und seine Ehefrau zum Zeitpunkt der Erteilung in häuslicher und ehelicher Gemeinschaft zusammenlebten. Es trifft zu, dass sich aus dem beigezogenen Scheidungsurteil ein Trennungszeitpunkt ergibt, der vor der Vorsprache bei der Beklagten liegt. Dieser Umstand ist jedoch darin begründet, dass die Ehefrau nach der Trennung vom Kläger so schnell wie möglich eine neue Ehe eingehen wollte, da sie von ihrem neuen Partner bereits ein Kind erwartete. Aus diesem Grund wurde im Scheidungsverfahren ein früherer Trennungszeitpunkt angegeben.

Beweis: Zeugnis von Frau ...

Zwar mag die Angabe im Scheidungsverfahren ein gewisses Indiz für den Zeitpunkt der erfolgten Trennung sein, als Beweis reicht sie jedoch nicht aus. Die Frage, ob die Angabe der Wirklichkeit entspricht, ist weder von der Rechtskraft noch von der Beweiskraft des Urteils erfasst (OVG Hamburg, InfAuslR 2001, 125, 127). Den im Ehescheidungsurteil enthaltenen Feststellungen zum Trennungszeitpunkt kommt auch keine faktische Richtigkeitsgewähr zu, so dass es nicht gerechtfertigt ist, im ausländerrechtlichen Verfahren unabhängig von den Umständen des Einzelfalles von der Richtigkeit der im Scheidungsurteil getroffenen Feststellungen auszugehen. Denn in der familiengerichtlichen Praxis werden die Angaben der Eheleute zum Trennungszeitpunkt, wenn sie übereinstimmen, häufig ungeprüft übernommen. Da dies nicht selten vorkommt, gibt es auch keinen Erfahrungssatz, dass die Angaben, die im Ehescheidungsverfahren zum Trennungszeitpunkt gemacht werden oder die entsprechenden Feststellungen im Scheidungsurteil stets zutreffend sind (OVG Hamburg, InfAuslR 2000, 71, 74).

Der Kläger und seine Ehefrau haben gegenüber der Beklagten hinsichtlich des Trennungszeitpunktes richtige Angaben gemacht. Die Tatsache, dass diese den Angaben im Scheidungsverfahren widersprechen, begründet kein rechtsmissbräuchliches Verhalten und damit keine Unbeachtlichkeit der Angaben. Das widersprüchliche Verhalten des Klägers hat gegenüber der Beklagten keinen Vertrauenstatbestand geschaffen, der vorliegen müsste, damit ein Rechtsmissbrauch angenommen werden könnte. Denn die Angaben im Scheidungsverfahren erfolgten nicht gegenüber der Beklagten und zudem in einem ganz anderen Verfahren. Die Adressaten der – falschen – Angabe zum Trennungszeitpunkt im Scheidungsverfahren waren ausschließlich das Amtsgericht und die sonstigen Beteiligten dieses Verfahrens. Die Beklagte war daran nicht beteiligt, so dass bei ihr in dieser Hinsicht kein Vertrauenstatbestand geschaffen wurde (OVG Hamburg, InfAuslR 2001, 125 ff.).

Es wäre zudem unbillig und unverhältnismäßig, wenn ein Ausländer, der im Scheidungsverfahren zur Herbeiführung einer schnellen Scheidung falsche Angaben zum Trennungszeitpunkt gemacht hat, sich an diesen festhalten lassen müsste, mit der Folge, dass er ein ihm ansonsten zustehendes Aufenthaltsrecht im Bundesgebiet verlöre (OVG Hamburg, InfAuslR 2001, 125 ff.).

Der Kläger trennte sich erst nach der Erteilung der Niederlassungserlaubnis von seiner Ehefrau. Dies ergibt sich aus der amtlichen Meldebestätigung. Bis zu diesem Zeitpunkt lebten sie in ehelicher Lebensgemeinschaft. Dies ist durch mehrere eidesstattliche Versicherungen von Nachbarn und Arbeitskollegen nachgewiesen, aus denen sich ergibt, dass sie die Eheleute in der fraglichen Zeit bei verschiedenen Anlässen gemeinsam gesehen und erlebt haben und dass sie den Eindruck eines Ehepaares vermittelten – **Anlagen**.

Demnach haben Nachbarn unter anderem bestätigt, dass die Eheleute des Öfteren gemeinsam im Garten des Hauses zu sehen waren.

Beweis: Zeugnis von ...

Arbeitskollegen haben erklärt, dass sich die Ehefrau häufig in dem Café aufgehalten hat, in dem der Kläger beschäftigt ist oder ihn nach Dienstschluss abholte.

Beweis: Zeugnis von ...

Auch innerhalb der Wohnung gab es keine Trennung von Tisch und Bett. Die Ehefrau kochte für sie beide, sie führte den Haushalt für beide. Die Eheleute hatten bis zum Auszug des Klägers ein gemeinsames Schlafzimmer.

Beweis: Zeugnis von ...

Es bedarf jedenfalls zunächst der Durchführung des Hauptsacheverfahrens, um den Sachverhalt vollständig aufzuklären.

2.

Danach ist auch für eine Ausweisung kein Raum, denn ein nicht nur vereinzelter oder geringfügiger Verstoß gegen Rechtsvorschriften liegt nicht vor.

Der Kläger hat im Hinblick auf das Bestehen der ehelichen Gemeinschaft gegenüber der Beklagten keine falschen Angaben gemacht.

Die Angabe gegenüber dem Amtsgericht stellt weder einen Verstoß gegen § 95 Abs. 2 Nr. 2 AufenthG noch einen nicht vereinzelten oder geringfügigen Verstoß gegen Rechtsvorschriften iSv § 54 Abs. 2 Nr. 9 AufenthG dar. Der Kläger hat keinen falschen Trennungszeitpunkt im aufenthaltsrechtlichen Verfahren angegeben. Vielmehr wurde im Scheidungsverfahren ein falscher Zeitpunkt angegeben, um der Ehefrau eine frühzeitige Scheidung zu ermöglichen. Es könnte zwar insofern ein Verstoß gegen § 138 ZPO vorliegen, wonach die Parteien im Zivilprozess wahrheitsgemäße Angaben zu machen haben. Angesichts der Weite der tatbestandlichen Voraussetzungen des § 54 Abs. 2 Nr. 9 AufenthG, die sogar verfassungsrechtliche Bedenken im Hinblick auf die hinreichende Bestimmtheit der Norm ausgelöst hat, und des in § 53 Abs. 1 AufenthG niedergelegten Zwecks der Ausweisung, spricht jedoch viel dafür, die Vorschrift einschränkend auszulegen und nicht sämtliche existierenden Rechtsvorschriften darunter zu fassen (OVG Hamburg, InfAuslR 2000, 71 ff.). Dies ist auch vor dem Hintergrund des Verhältnismäßigkeitsgrundsatzes geboten. Jedenfalls handelte es sich aber um einen vereinzelten und geringfügigen Verstoß.

Nach alldem überwiegt das Interesse des Klägers an einem vorläufigen Verbleib in Deutschland. Angesichts des bereits über dreijährigen Aufenthalts des Klägers im Bundesgebiet und der Tatsache, dass er einer Beschäftigung nachgeht, mit der er seinen und den Lebensunterhalt seiner geschiedenen Ehefrau sichert, stehen keine erkennbaren nennenswerten öffentlichen Interessen entgegen.

III.

Aus den genannten Gründen liegen sogleich die Voraussetzungen des § 80 V VwGO vor.

...

Rechtsanwalt ◄

4. Fehlerquellen / Haftungsfallen

68 Folgende typische Fehlerquellen tauchen auf:

- Falscher Antrag: Verpflichtungsklage auf (Wieder-)Erteilung der Niederlassungserlaubnis statt bloßer Anfechtungsklage gegen die Rücknahme.
- Einlegung eines Widerspruchs, obwohl im Bundesland (Bayern/BW/Hess./Niedersachsen/Berlin) das Widerspruchsverfahren abgeschafft ist (Klage verfristet).
- Rechtsschutzbedürfnis des ausweisungsrechtlichen Eilrechtsschutzantrages nicht geprüft, obwohl aufenthaltsbeendende Maßnahmen schon aus anderen Gründen möglich sind, weil vorliegend etwa die Rücknahme bereits bestandskräftig war oder die Verlängerung der Aufenthaltserlaubnis nicht beantragt wurde.

- Ausweisungsrechtlicher Eilrechtsschutzantrag falsch: Antrag auf Anordnung statt Wiederherstellung der aufschiebenden Wirkung (vgl. § 84 Abs. 1 AufenthG).
- Trotz drohenden Ablaufs der Geltungsdauer der Aufenthaltserlaubnis keinen Verlängerungsantrag gestellt. Es sollte jedenfalls eine Kopie des Passes mit der Aufenthaltserlaubnis gezogen und der Ablauf der Geltungsdauer notiert werden.

5. Weiterführende Hinweise

a) Situation während des laufenden Eilrechtsschutzverfahrens

Mit **Erlass des Rücknahmebescheides** verliert der Aufenthaltstitel seine Geltung. Eine Anfechtung berührt die Unrechtmäßigkeit des Aufenthalts nicht, § 84 Abs. 2 S. 1 AufenthG. Sie hemmt lediglich die Vollziehbarkeit der Ausreisepflicht. Während des laufenden Eilverfahrens bzw. Rechtsmittelverfahrens, wenn das Rechtsmittel aufschiebende Wirkung hat, gilt allerdings der bisherige Aufenthaltstitel im Hinblick auf Aufnahme oder Ausübung einer **Erwerbstätigkeit** als fortbestehend, § 84 Abs. 2 S. 2 AufenthG. Die Ausländerbehörde hat darüber eine gesonderte Bescheinigung zu erteilen.[64]

Um sicherzustellen, dass die Behörde nach Ablauf der Ausreisefrist keine **aufenthaltsbeendenden Maßnahmen** einleitet, ist es sinnvoll, ihr umgehend – per Fax – eine Kopie des Eilrechtsschutzantrages zukommen zu lassen und sich bestätigen zu lassen, dass bis zur Beendigung des gerichtlichen Eilverfahrens keine Abschiebung eingeleitet wird. Der Grundsatz des effektiven Rechtsschutzes aus Art. 19 Abs. 4 GG gebietet es, dass auch in der Zeit zwischen der Anbringung des Eilrechtschutzantrages und der gerichtlichen Entscheidung keine vollendeten Tatsachen geschaffen werden dürfen.[65] Sollte eine Behörde nicht zur Aussetzung der Abschiebung bereit sein, ist das Verwaltungsgericht unverzüglich darüber zu informieren und im äußersten Fall ist ein **Hängebeschluss** dahin gehend zu beantragen, dass die Abschiebung jedenfalls bis zur Entscheidung des Gerichts über den Eilrechtsschutzantrag auszusetzen ist.

Ordnet die Behörde die sofortige Vollziehung nicht an, fordert den Betroffenen später gleichwohl zur Ausreise auf und droht die Abschiebung an, sollte ein Antrag **analog § 80 Abs. 5 VwGO** gestellt werden. Dieser hat das Ziel, gerichtlich feststellen zu lassen, dass das zuvor eingelegte Rechtsmittel aufschiebende Wirkung hat.

b) Vorliegen einer schützenswerten ehelichen Lebensgemeinschaft

In der aufenthaltsrechtlichen Praxis wird grundsätzlich für die Annahme einer schützenswerten Ehe zwischen Ausländern und Deutschen eine **gemeinsame Ehewohnung** gefordert. Die Eheleute sollen sich im Regelfall allein durch Vorlage der Heiratsurkunde und durch den Nachweis einer von beiden gemeinsam bewohnten Wohnung und Führung eines gemeinsamen Haushaltes mit Erfolg auf die Schutzwirkung von Art. 6 GG berufen können. Schwierigkeiten treten also regelmäßig auf, wenn die Eheleute nicht die Wohnung teilen. Es ist allerdings nicht Sache des Staates, Eheleuten die Art und Weise des persönlichen Umgangs miteinander vorzuschreiben. Staatlicher Schutz darf nicht von der Einhaltung eines bestimmten Idealbildes der Eheführung abhängig gemacht werden. Es steht im Belieben des Einzelnen, eine eigenverantwortliche Entscheidung darüber zu treffen, wie er das gemeinsame Leben mit dem Ehegatten gestaltet. Dazu gehört auch der Entschluss, aus bestimmten sachlichen oder per-

---

64 VG Aachen InfAuslR 2006, 456–459; AVwV-AufenthG Nr. 4.3.1.2.
65 OVG Sachsen-Anhalt InfAuslR 2005, 421, 422.

sönlichen oder auch beruflichen Gründen, zB wegen einer Arbeitstätigkeit in verschiedenen Orten, die Lebensgemeinschaft nicht ständig in einer gemeinsamen Wohnung zu führen.[66]

Wenngleich also die **häusliche Gemeinschaft keine zwingende Voraussetzung** einer ehelichen Lebensgemeinschaft sein kann,[67] obliegt es in diesem Fall aber den Eheleuten, diejenigen Umstände darzulegen, die eine familiäre Beistandsgemeinschaft wesentlich prägen. Als solche Umstände gelten ua ein häufiger und regelmäßiger Besuch, gemeinsame Kontakte zu Dritten oder gegenseitige Beistandsleistungen.[68] Offensichtlicher sind derweil diejenigen Fälle gelagert, in denen das Getrenntleben wegen gesundheitlicher Gründe notwendig ist und einer der Ehepartner in einem Behinderten- und Pflegeheim untergebracht ist.[69] Demgegenüber wird abgesehen von diesem Sonderfall in der Regel eine Scheinehe angenommen, wenn beide Partner am selben Wohnort getrennte Wohnungen haben.

In jeglichen Fällen ist es angebracht, das Vorliegen einer Beistandsgemeinschaft durch entsprechende Nachweise belegen zu können, um die Zweifel der Behörde bzw. des Gerichts von Vornherein widerlegen zu können.

73 Darauf, ob eine **Ehe harmonisch** verläuft, kommt es nicht an.[70] Auch spielt es für sich allein genommen keine Rolle, dass der ausländische Ehegatte die Ehe auch wegen der mit ihr verbundenen ausländerrechtlichen Vorteile eingegangen ist – wobei in diesem Fall besonders begründet werden muss, dass nicht eben diese rechtlichen Vorteile, sondern der Eheführungswille maßgeblich ist. Eine Scheinehe wird sodann erst dann angenommen, wenn die Ehegatten gar nicht die dem Bild der Ehe entsprechende persönliche Beziehung unterhalten.[71]

74 Auch eine **vorübergehende Trennung** der Ehepartner führt nicht zum Wegfall des aufenthaltsrechtlichen Schutzes, wenn die Ehepartner die Beziehung nicht gänzlich abbrechen und erst recht, wenn die Trennung gerade den Zweck verfolgt, die Beziehung zu stabilisieren.[72]

75 Im Regelfall muss die Vorlage der Heiratsurkunde, jedenfalls aber der zusätzliche Nachweis einer gemeinsamen Wohnung ausreichen, um dem Nachweis einer schützenswerten ehelichen Lebensgemeinschaft zu genügen. Allein wenn tatsächliche Umstände vorliegen, die Zweifel säen, sind **Überprüfungen** geboten.[73]

Bei der Wahl der Ermittlungsmethoden und der Fragestellungen sind die Grundrechte, der Schutz der Intimsphäre und der Grundsatz der Verhältnismäßigkeit zu beachten. Insbesondere **Wohnungsbesichtigungen** sind nicht erzwingbar. Nach der Rechtsprechung soll allerdings der das Aufenthaltsrecht erstrebende Ehegatte den Nachteil tragen, wenn es ihm nach Verweigerung des Zugangs zur Wohnung nicht gelingt, Zweifel auszuräumen.[74] Dies ist mit dem Grundrecht auf Unverletzlichkeit der Wohnung aus Art. 13 GG jedenfalls dann schwerlich vereinbar, wenn sich die Zweifel seitens der Behörde allein daraus ergeben, dass die Ehepartner bei ersten Überprüfungen nicht gemeinsam angetroffen wurden.[75]

---

66 HessVGH, FamRZ 2005, 982, 983; OVG Saarland, Beschl. v. 30.5.2011 – 2 B 241/11.
67 So auch: AVwV-AufenthG Nr. 27.1.4.
68 Vgl. auch: HessVGH FamRZ 2005, 982, 983.
69 AVwV-AufenthG Nr. 27.1.4.
70 BVerwG InfAuslR 1992, 305; OVG NRW InfAuslR 2000, 290, 291.
71 HessVGH AuAS 2001, 64.
72 Exemplarisch: OVG Mecklenburg-Vorpommern InfAuslR 2001, 128, 129.
73 Siehe bereits oben: Rn. 29 ff.
74 HessVGH InfAuslR 2002, 426, 430.
75 So auch: *Marx*, AAFR, § 6, Rn. 38.

V. Auflösung der ehelichen Lebensgemeinschaft / nachträgliche Befristung nach § 7 Abs. 2 S. 2 AufenthG / vorläufiger Rechtsschutz

1. Sachverhalt

Beispiel: Eigenständiges Aufenthaltsrecht nach Trennung

Die türkische Staatsangehörige S., die aus einem Dorf im Südosten der Türkei stammt, ist nach der Eheschließung mit einem deutschen Staatsangehörigen im Besitz einer Aufenthaltserlaubnis gem. § 28 Abs. 1 S. 1 Nr. 1 AufenthG, gültig für drei Jahre. Eineinhalb Jahre nach Erteilung der Aufenthaltserlaubnis zieht S aus der ehelichen Wohnung aus und meldet sich in der Wohnung einer Freundin an. Nachdem die Ausländerbehörde von der Ummeldung des S erfahren hat, kündigt sie S an, dass die Aufenthaltserlaubnis nachträglich befristet werden soll. S spricht bei der Behörde vor und erklärt, dass sie Angst habe, in ihr Heimatdorf zurückzukehren, weil sie dort diskriminiert werde, nachdem sie selbst die Trennung von ihrem Ehemann vollzogen habe. Die Ausländerbehörde erlässt anschließend eine Verfügung, mit der die Aufenthaltserlaubnis gem. § 7 Abs. 2 S. 2 AufenthG auf den Zeitpunkt der Zustellung der Verfügung befristet wird. Gleichzeitig ordnet sie die sofortige Vollziehung gem. § 80 Abs. 2 Nr. 4 VwGO an. Es ergeht eine Ausreiseaufforderung mit Abschiebungsandrohung.

2. Prüfungsreihenfolge

a) Prüfung des erforderlichen Rechtsmittels

Gegen den Bescheid ist **Anfechtungsklage** zu erheben bzw. – je nach Bundesland – **Widerspruch** einzulegen. Es gilt jeweils die Monatsfrist der §§ 70 bzw. 74 VwGO. Da die sofortige Vollziehung angeordnet wurde, ist zusätzlich ein Antrag gem. § 80 Abs. 5 VwGO beim örtlich zuständigen Verwaltungsgericht zu stellen.

Bei Stellung des **Eilantrages** ist stets zu beachten, ob er geeignet ist, eine Aussetzung der Ausreisepflicht tatsächlich zu erreichen. Dies ist dann nicht der Fall, wenn der Betroffene schon unabhängig von der angefochtenen aufenthaltsbeendenden Verfügung ausreisepflichtig ist, etwa weil nicht rechtzeitig ein Antrag auf Verlängerung der Aufenthaltserlaubnis gestellt wurde. In diesem Fall würde es am Rechtsschutzbedürfnis fehlen. Zu den weiteren formellen Voraussetzungen siehe § 10 Rn. 27 ff.

b) Materiellrechtliche Überlegungen

Gemäß **§ 7 Abs. 2 S. 2 AufenthG** kann eine Aufenthaltserlaubnis **nachträglich befristet** werden, wenn eine wesentliche Voraussetzung für ihre Erteilung entfallen ist. Die Mandantin besaß eine Aufenthaltserlaubnis gem. § 28 Abs. 1 S. 1 Nr. 1 AufenthG. Im Falle der dauerhaften Trennung vom Ehegatten entfällt die Voraussetzung der ehelichen Lebensgemeinschaft. Während die Ausländerbehörde bisher im Rahmen des Befristungsverfahrens inzident zu prüfen hatte, ob sich ein **Aufenthaltsrecht aus einem anderen Grund** ergeben kann, hat das Bundesverwaltungsgericht in seiner Entscheidung vom 9.6.2009 (Az. 1 C 11/08)[76] festgestellt, dass hier zwei getrennte Gegenstände vorliegen, die Behörde aber im Regelfall auch über den zweiten Gegenstand zu entscheiden habe, wenn nämlich ein entsprechender Antrag vorliegt, der üblicherweise sich inzident aus dem Vorbringen in der Anhörung bzw. im Vorverfahren ergibt.

---

[76] InfAuslR 2009, 440–445.

Gemäß § 31 Abs. 1 S. 1 AufenthG kann ein eigenständiges Aufenthaltsrecht entweder nach dreijährigem ehelichem Zusammenleben (Nr. 1) oder nach dem Tod des Ehepartners entstehen. Liegen beide Voraussetzungen nicht vor, kann bei Vorliegen einer besonderen Härte iSv § 31 Abs. 2 AufenthG ebenfalls das eigenständige Aufenthaltsrecht entstehen. Dies hat die Behörde bei ihrer Entscheidung über die Befristung zu prüfen. Der Antrag auf Verlängerung der Aufenthaltserlaubnis gem. § 31 AufenthG lässt sich dem Vorbringen der Mandantin implizit entnehmen.

80 Im **Beratungsgespräch** mit der Mandantin sind nun im Einzelnen die Gründe für das Verlassen der Wohnung und die Trennung vom Ehemann zu klären. Dabei ist insbesondere zu erfragen, ob die Mandantin **Opfer von Gewalttaten** seitens des Ehemannes wurde und ob sie bereits einmal gegen ihn **Strafanzeige** erstattet hat. Sollte dies der Fall sein, wäre die Strafakte anzufordern.

81 Weiter ist festzustellen, ob die Mandantin **gesundheitliche – möglicherweise psychische – Probleme** hat, die mit ihrer Situation während der Ehe in Zusammenhang stehen könnten. Der behandelnde Arzt sollte angeschrieben werden. Dazu ist die Mandantin zunächst aufzufordern, eine Erklärung über die Entbindung von der **ärztlichen Schweigepflicht** zu unterschreiben.

82 Es ist festzustellen, ob es **Zeugen** für das Verhalten des Ehemannes gegenüber der Mandantin gibt. Des Weiteren sollte eine eidesstattliche Versicherung der Mandantin zu den Gründen für die Trennung vorbereitet werden. Ggf. ist mit dem Anwalt Kontakt aufzunehmen, der in einem Scheidungsverfahren involviert ist. Es ist auch festzustellen, ob **Kinder** vorhanden sind, deren Beziehung zum Vater fortgeführt werden soll, vgl. § 31 Abs. 2 S. 2 AufenthG. Außerdem sollte mit der Mandantin besprochen werden, ob sie bereits im Bundesgebiet erwerbstätig war bzw. sich bemüht hat, eine Arbeitsstelle zu finden. Bei einer erwerbstätigen türkischen Staatsangehörigen könnte ein Aufenthaltsrecht gem. § 4 Abs. 5 AufenthG iVm Art. 6 ARB 1/80 in Betracht kommen, wenn sie ein Jahr bei demselben Arbeitgeber tätig war und dort weiterhin arbeitet.

83 Zur Klärung der Frage, ob die **Rückkehr** in das Heimatland **unzumutbar** ist, ist der familiäre Hintergrund der Mandantin im Heimatland aufzuklären. Zudem ist zu ermitteln, wie sich im Herkunftsland die Situation geschiedener Frauen darstellt.

3. Muster: Widerspruch gegen Befristung der Aufenthaltserlaubnis und Antrag gem. § 80 Abs. 5 VwGO

a) Muster: Widerspruch gegen Befristung der Aufenthaltserlaubnis

84 ▶ An den

Landrat des Landkreises ...

Ordnungsamt – Ausländerangelegenheiten –

Az.

Türkische Staatsangehörige ...

Ihr Bescheid vom ...

Sehr geehrte Damen und Herren,

hiermit zeigen wir an, dass die og Mandantin uns mit der Wahrnehmung ihrer Interessen beauftragt hat. Eine Vollmacht fügen wir bei.

Gegen Ihren Bescheid vom ... erheben wir hiermit

Widerspruch

und beantragen,

festzustellen, dass die Hinzuziehung eines Bevollmächtigten notwendig ist.

Begründung:

Zur Begründung verweisen wir auf den beigefügten Eilrechtsschutzantrag vom heutigen Tag an das Verwaltungsgericht ... .

Rechtsanwalt ◄

b) Muster: Eilrechtsschutzantrag bzgl. Widerspruch gegen Befristung der Aufenthaltserlaubnis nach der Trennung vom Ehepartner

▶ **Antrag nach § 80 Abs. 5 VwGO**

der ...

– Antragstellerin –

Verfahrensbevollmächtigte: Rechtsanwälte ...

gegen

den Landrat des Landkreises ... – Ordnungsamt –

– Antragsgegner –

wegen Befristung der Aufenthaltserlaubnis

Hiermit zeigen wir an, dass die Antragstellerin uns mit der Wahrnehmung ihrer Interessen beauftragt hat. Eine Vollmacht fügen wir bei.

Namens und in Vollmacht der Antragstellerin beantragen wir,

1. die aufschiebende Wirkung des Widerspruchs gegen den Befristungsbescheid des Antragsgegners vom ... wiederherzustellen,
2. der Beklagten mitzuteilen, dass aufenthaltsbeendende Maßnahmen bis zur Entscheidung über den Eilantrag nicht durchgeführt werden dürfen.

Begründung:

I.

Die Antragstellerin ist türkische Staatsangehörige. Sie ist mit dem deutschen Staatsangehörigen ... verheiratet und erhielt am ... aus diesen Gründen eine Aufenthaltserlaubnis gem. § 28 Abs. 1 S. 1 Nr. 1 AufenthG. Eineinhalb Jahre nach der Eheschließung zog die Antragstellerin aus der ehelichen Wohnung aus und meldete sich in der Wohnung einer Freundin an.

Mit Bescheid vom ... befristete der Antragsgegner die Aufenthaltserlaubnis nachträglich gem. § 7 Abs. 2 S. 2 AufenthG und ordnete den Sofortvollzug an. Gegen den Bescheid wurde rechtzeitig Anfechtungswiderspruch eingelegt – **Anlage 1**.

II.

Der angefochtene Bescheid ist offensichtlich rechtswidrig.

Zwar ist eine wesentliche Voraussetzung für die Erteilung der Aufenthaltserlaubnis gem. § 28 Abs. 1 S. 1 Nr. 1 AufenthG weggefallen, da die Antragstellerin nicht mehr mit ihrem Ehemann in ehelicher

Lebensgemeinschaft lebt. Bereits im Anhörungsverfahren hatte die Antragstellerin aber erklärt, dass ihr eine Rückkehr in die Türkei nicht zumutbar sei. Dieses Vorbringen ist als Antrag auf Verlängerung der Aufenthaltserlaubnis gem. § 31 Abs. 2 AufenthG zu werten (vgl. BVerwG, InfAuslR 2009, 440–445).

Der Antragstellerin steht ein eigenständiges Aufenthaltsrecht gem. § 31 Abs. 2 AufenthG zu, da es zur Vermeidung einer besonderen Härte erforderlich ist, ihr den Aufenthalt im Bundesgebiet zu ermöglichen. Erstens droht der Antragstellerin bei einer Rückkehr in die Türkei eine erhebliche Beeinträchtigung ihrer schutzwürdigen Belange und zweitens ist ihr das weitere Festhalten an der ehelichen Lebensgemeinschaft unzumutbar.

1.

Zum einen droht ihr im Falle der Rückkehr in die Türkei als eine Frau, die von sich aus die Trennung von ihrem Ehemann vollzogen hat, erhebliche gesellschaftliche Diskriminierung. Die Antragstellerin müsste im Falle der Rückkehr in ihr Heimatdorf damit rechnen, dass sie als „Hure" abgestempelt würde. Von ihrer Familie kann sie keinerlei Unterstützung erwarten, da sie sie bereits wegen der Eheschließung verstoßen hatte (wird ausgeführt). Wir überreichen dazu eine eidesstattliche Versicherung der Antragstellerin – **Anlage 2**.

Unter diesen Umständen ist ihr eine Rückkehr in die jedenfalls auf dem Land noch durch herkömmliche Moralvorstellungen geprägte türkische Gesellschaft nicht zumutbar (VGH BW, InfAuslR 2003, 190, 194). Die Tatsache, dass das Institut der Scheidung im türkischen Zivilrecht verankert ist und somit keine staatliche Diskriminierung vorliegt, steht der Annahme einer besondere Härte nicht entgegen, denn es kommt nicht darauf an, ob die Antragstellerin sich in einer ausweglosen Lage befinden würde, sondern darauf, ob die drohende Diskriminierung sie jedenfalls härter trifft als andere Ausländer, insbesondere Männer, die nach einem kurzen Aufenthalt in die Türkei zurückkehren (HessVGH, InfAuslR 2000, 404, 405). Aus diesem Grund kann die Antragstellerin auch nicht darauf verwiesen werden, dass sie in anderen Landesteilen der Türkei Schutz finden könnte.

Ein Ausweichen in eine größere Stadt ist der Klägerin nicht möglich, weil sie hier keinerlei Bindungen hat oder Unterstützung finden wird.

Es kommt hinzu, dass sie aufgrund der Art und Weise, wie sie von ihrem Ehemann behandelt wurde, erhebliche psychische Probleme hat. Ein ärztliches Attest fügen wir bei – **Anlage 3**. Dieser Umstand macht es ihr ebenfalls unmöglich, in den Westen der Türkei zu gehen und dort ihren Lebensunterhalt zu finanzieren.

2.

Darüber hinaus war es der Antragstellerin nicht länger zumutbar, an der ehelichen Lebensgemeinschaft festzuhalten. Aus der beigefügten eidesstattlichen Versicherung – siehe **Anlage 2** – ergibt sich im Einzelnen, wie sich die ehelichen Lebensverhältnisse der Antragstellerin und ihres Ehemannes darstellten. Die Antragstellerin wurde von ihrem Ehemann von der Außenwelt isoliert. Ihre Bemühungen um Außenkontakte wurden von ihm durch Einschüchterungsversuche und unter Androhung und Einsatz körperlicher Gewalt zu behindern versucht. Diese Situation führte zu erheblichen psychischen Problemen. Da die Antragstellerin völlig isoliert war, wusste sie nicht, an wen sie sich wenden sollte. Ihr Ehemann hatte ihr gedroht, sie umzubringen, wenn sie sich an die Polizei wende. Sie war davon ausgegangen, dass diese ihr sowieso nicht glauben werde und ihr nicht helfen könne.

Der Annahme der besonderen Härte steht nicht entgegen, dass schließlich der Ehemann die Trennung herbeiführte, indem er die Antragstellerin aus der Wohnung warf. Denn sie selbst war aufgrund des von ihm ausgeübten Psychoterrors psychisch nicht mehr in der Lage, eine eigenständige Entscheidung zu treffen (VGH BW, InfAuslR 2003, 232, 233).

Entgegen der Ansicht der Antragsgegnerin verlangt § 31 Abs. 2 S. 2 Alt. 2 AufenthG auch keine besonderen auf Misshandlungen beruhende Folgewirkungen, die die Erfüllung der Rückkehrverpflichtung erheblich erschweren. Sinn und Zweck der Regelung ist vielmehr einzig und allein der Schutz des nachgezogenen Ehegatten, der nicht gezwungen werden soll, auf Gedeih und Verderb an einer nicht tragbaren Lebensgemeinschaft festzuhalten.

Die Begründung für die Anordnung der sofortigen Vollziehung, die Antragstellerin beziehe öffentliche Leistungen, berücksichtigt nicht, dass sie sich intensiv um Arbeit bemüht und dass sie wegen ihres psychischen Zustandes und der Tatsache, dass sie wenig Deutsch spricht, weil der Ehemann das Erlernen der Sprache unterbunden hatte, zusätzliche Schwierigkeiten hat. Es kommt hinzu, dass trotz des Bezugs von Sozialleistungen ein Anspruch auf die Verlängerung der Aufenthaltserlaubnis gem. § 31 Abs. 1 S. 1 AufenthG besteht.

Danach überwiegt das Interesse der Antragstellerin an der Aussetzung der Vollziehung deutlich gegenüber dem öffentlichen Interesse am sofortigen Verlassen des Bundesgebiets.

Rechtsanwalt ◄

4. Fehlerquellen / Haftungsfallen

Folgende typische Fehlerquellen tauchen auf:

86

- Vertritt man die Mandantin schon im Vorverfahren, ist darauf zu achten, einen ausdrücklichen Antrag auf Verlängerung der Aufenthaltserlaubnis auf der Grundlage von § 31 AufenthG zu stellen.
- Einlegung eines Widerspruchs, obwohl im Bundesland (Bayern/BW/Hess./Niedersachsen/Berlin) das Widerspruchsverfahren abgeschafft ist (Klage verfristet).
- Mangelnde Glaubhaftmachung der Gründe für die besondere Härte im Eilverfahren, weil keine eidesstattliche Versicherung, ärztlichen Atteste und/oder polizeiliche Unterlagen vorgelegt werden.
- Versäumung, rechtzeitig die Verlängerung der Aufenthaltserlaubnis zu beantragen. Wurde die Verlängerung der Aufenthaltserlaubnis nicht rechtzeitig beantragt und existiert gleichzeitig eine Befristungsverfügung, löst der nachträgliche Verlängerungsantrag nicht mehr die Fiktionswirkung des § 81 Abs. 4 AufenthG aus. Um eine Abschiebung zu verhindern, ist nun im Hinblick auf die Verlängerung ein Eilrechtsschutzantrag gem. § 123 VwGO zu stellen. Im Rahmen dieses Verfahrens muss dann auch geprüft werden, ob die Befristung zu Recht ergangen ist.
- Die Mandantin sollte auf jeden Fall darauf hingewiesen werden, dass die Aufenthaltserlaubnis zunächst nur für ein Jahr erteilt wird und dass anschließend bei der Verlängerung in der Regel die allgemeinen Erteilungsvoraussetzungen – also insbesondere die ausreichende Sicherung des Lebensunterhalts – erfüllt sein müssen.
- Prüfung, ob bei türkischen Mandanten Voraussetzungen des ARB 1/80 vorliegen, wird unterlassen.

5. Weiterführende Hinweise

a) Dreijährige Ehebestandszeit iSv § 31 Abs. 1 Nr. 2 AufenthG

87 Grundsätzlich entsteht das **eigenständige Aufenthaltsrecht** gem. § 31 Abs. 1 AufenthG nach **dreijährigem rechtmäßigem Bestehen** der ehelichen Lebensgemeinschaft im Bundesgebiet oder nach dem Tod des Ausländers während des Bestands der ehelichen Lebensgemeinschaft im Bundesgebiet. Dabei muss der Aufenthalt beider Ehepartner rechtmäßig sein – es kommt also nicht darauf an, wie lange die Aufenthaltserlaubnis nach §§ 28, 30 AufenthG besteht. Der Betreffende muss allein zuletzt eine Aufenthaltserlaubnis besessen haben, die verlängert werden kann,[77] und die nach den Vorschriften des 2. Kapitels, Abschnitt 6, zum Ehegattennachzug erteilt wurde. Bei der Berechnung der Dreijahresdauer zählen vorherige Duldungszeiten mangels Rechtmäßigkeit des Aufenthaltes derweil – anders als Zeiten der Erlaubnisfiktion gem. § 81 Abs. 3 AufenthG – nicht mit. Maßgeblich ist die Dauer der ehelichen Lebensgemeinschaft, nicht die Dauer des bisherigen Aufenthalts des Ehegatten im Bundesgebiet. Vorübergehende Trennungen, die den Fortbestand der ehelichen Lebensgemeinschaft nicht berühren, bleiben außer Betracht.[78]

88 **Ziehen die Ehegatten nach** einer auf Dauer angelegten **Trennung wieder zusammen**, beginnt die Ehebestandsfrist von neuem.[79] Die Zeit vor der Trennung kann nicht angerechnet werden, weil ein ununterbrochener dreijähriger rechtmäßiger Bestand der Ehe verlangt wird.[80] Dies gilt nicht bei einer nur vorübergehenden Trennung.

b) Tod des Ausländers

89 Im Falle des Todes des Ausländers bzw. Deutschen, zu dem der Ehegatte nachgezogen ist, entsteht das **eigenständige Aufenthaltsrecht** unabhängig von der Dauer der Ehe. Die Ehegatten müssen aber im Zeitpunkt des Todes als Ehepaar zusammengelebt haben und beide müssen sich zu diesem Zeitpunkt rechtmäßig im Bundesgebiet aufgehalten bzw. der deutsche Ehegatte muss seinen gewöhnlichen Aufenthalt im Bundesgebiet gehabt haben. Der Besitz einer Erlaubnisfiktion gem. § 81 Abs. 3 oder 4 AufenthG ist ausreichend.[81]

c) Besondere Härte iSv § 31 Abs. 2 AufenthG

90 Erfolgt die Trennung vor Ablauf von drei Jahren, kann, wie im Beispielsfall dargelegt, gem. § 31 Abs. 2 AufenthG das eigenständige Aufenthaltsrecht nur entstehen, wenn es zur Vermeidung einer besonderen Härte erforderlich ist, den weiteren Aufenthalt zu ermöglichen. § 31 Abs. 2 AufenthG nennt **zwei Varianten** für die Begründung der besonderen Härte: die erhebliche **Beeinträchtigung schutzwürdiger Belange im Falle der Rückkehr** in das Heimatland und die **Unzumutbarkeit, an der Ehe festzuhalten**. Diese Umstände müssen dem Wortlaut zufolge nicht kumulativ vorliegen.

91 Bei der **ersten Variante** können alle aus der Ausreise infolge der Beendigung des ehebedingten Aufenthaltsrechts resultierenden Beeinträchtigungen von Bedeutung sein.[82] In erster Linie zählen dazu Beeinträchtigungen, die aus der Trennung erwachsen und sich traditionell mehrheitlich gegen geschiedene Frauen im Herkunftsland richten, wie etwa eine drohende **Bestra-**

---

77 AVwV-AufenthG Nr. 31.1.2.
78 AVwV-AufenthG Nr. 31.1.2.
79 AvwV-AufenthG Nr. 31.1.2.
80 OVG NRW AuAS 2001, 67.
81 *Marx*, AAFR § 6 Rn. 98.
82 OVG Brandenburg AuAS 2004, 38, 39.

fung der Ehescheidung oder die familiäre gesellschaftliche Ausgrenzung und Bedrohung wegen eines Verstoßes gegen die Familienehre[83] oder wegen einer fehlgeschlagenen Ehe.[84]

Im Übrigen ist zu beachten, dass die Variante wohl keine Belange schützt, mit denen der Betroffene unabhängig von der Trennung und bereits in der Vergangenheit konfrontiert war. Auch wird ein genereller Verweis auf die schlechteren Lebensumstände im Herkunftsland nicht ausreichen, sondern es muss dargelegt werden, dass die Rückkehrverpflichtung den Betroffenen im Vergleich zu anderen Personen besonders hart treffen würde. Das kann sich derweil – anders als in der Rechtsprechung des BVerwG angedeutet –[85] auch aus **inlandsbezogenen Aspekten** ergeben: Nämlich etwa aus gewachsenen Bindungen bzw. einer sozialen wie ökonomischen Verwurzelung im Bundesgebiet.[86]

Die zweite Variante – also die **Unzumutbarkeit, an der Ehe festzuhalten** – bezieht sich insbesondere auf Zwangs- und Gewaltverhältnisse: Sowohl eine Zwangsehe – auch für den Fall, dass zugleich der Ehepartner Opfer derselben ist – als auch Misshandlungen und Gewalttaten sowie andere Straftaten gegenüber dem oder der Betroffenen oder einem in der Ehe bzw. im Haushalt lebenden Kind sind zweifelsohne unzumutbare Zustände, die ein eigenständiges Aufenthaltsrecht nach sich ziehen müssen.[87] Unterhalb dieser Schwelle ist eine objektive Gesamtbetrachtung vorzunehmen, wobei zu beachten ist, dass hier keine erhebliche Beeinträchtigung verlangt wird, jedenfalls Gesundheit oder körperliche oder psychische Integrität aber nicht nur unerheblich tangiert sein müssen.

92

Die **Darlegungslast** obliegt an sich dem Betroffenen.[88] Allerdings kann nicht die Überwindung allzu unangemessener Hürden verlangt werden: Wenn bei Misshandlungen durch den Ehepartner Letzterer sowohl Arztbesuche als eine polizeiliche Anzeige physisch oder durch Drohungen mittel- oder unmittelbar verhindert hat, können eben solche ärztlichen Gutachten oder Nachweise nicht verlangt werden. Es bietet sich derweil in solchen Situationen an, eidesstattliche Versicherungen der betreffenden Person beizubringen, potenzielle Zeugen einzubinden oder den Mandanten zu einem geschützten Arztbesuch zu verhelfen, um jedenfalls eine erste vorläufige Dokumentation etwaiger körperlicher oder psychischer Spuren einreichen zu können.

Ausdrücklich als schutzwürdiger Belang erwähnt ist auch das **Wohl eines** mit dem Ehegatten in familiärer Lebensgemeinschaft lebenden **Kindes**, § 31 Abs. 2 S. 3 AufenthG. Dabei braucht es sich nicht um ein gemeinsames Kind der Ehegatten zu handeln. Das Kind muss auch nicht mehr minderjährig sein. Es kommt ausweislich des eindeutigen Wortlautes vielmehr entscheidend darauf an, dass es mit dem Ehegatten in familiärer Lebensgemeinschaft lebt: Dies betrifft einerseits Fälle, in denen die Rückkehr ins Heimatland dem Kind nicht zumutbar ist, zB weil es an einer Behinderung leidet und ein spezifisches soziales Umfeld dringend benötigt.[89] Andererseits soll sichergestellt werden, dass das Umgangsrecht zwischen dem Kind und dem ansonsten ausreisepflichtigen Elternteil weiterhin gewährleistet ist.[90] Im Übrigen ist die

93

---

83 VG Gelsenkirchen InfAuslR 2001, 214, 215.
84 VGH BW InfAuslR 2003, 190, 193; HessVGH, Inf AuslR 2000, 404, 405; VG Berlin NVwZ-RR, 295.
85 BVerwG NVwZ 2009, 1432.
86 HessVGH Inf AuslR 2004, 72, 73; VGH BW InfAuslR 1999, 27 ff.
87 AVwV-AufenthG Nr. 32.2.2.2.
88 VGH BW InfAuslR 1999, 27 ff.
89 Mit weiteren Beispielen: AVwV-AufenthG Nr. 31.2.2.1.
90 OVG NRW InfAuslR 2006, 126, 128.

Schwelle, ab der eine Verletzung des Kindeswohls vorliegen kann, hier nochmals niedriger als bei der Schutzwürdigkeit der Belange des Ehepartners: Dies gilt insbesondere im Hinblick darauf, ob die weitgehende Integration des Kindes in die deutsche Gesellschaft sowie die schulische Integration eine Aufenthaltsbeendigung als unzumutbar erscheinen lassen.[91]

d) Ausschluss der Verlängerung der Aufenthaltserlaubnis

94 Ein eigenständiges Aufenthaltsrechts entsteht gem. § 31 Abs. 1 S. 2 AufenthG nicht, wenn die Verlängerung der Aufenthaltserlaubnis des Ausländers, von dem das Aufenthaltsrecht bisher abgeleitet wurde, nicht möglich ist, weil der Aufenthalt des Ausländers aufgrund einer normativen **zeitlichen Begrenzung** (zB nach den §§ 10–15 c BeschV) oder einer auf den **Aufenthaltszweck** gestützten Verfügung (§ 8 Abs. 2 AufenthG) **nicht verlängert** werden darf. Liegt ein Härtefall iSv § 31 Abs. 2 AufenthG beim Ehegatten vor, und ist die **Verlängerung** aus den genannten Gründen ausgeschlossen, kann eine Verlängerung der Aufenthaltserlaubnis aus **humanitären Gründen** (zB gem. § 25 Abs. 4 S. 2 AufenthG) in Betracht kommen.

Nicht auf die mögliche Verlängerung der Aufenthaltserlaubnis des Ehepartners kann es – entgegen dem Wortlaut aus Wertungsgründen – ankommen, wenn sich die Ablehnung der Verlängerung auf die gleichen Gründe stützt wie die Beantragung des eigenständigen Aufenthaltes: Hat der Ehepartner Misshandlungen oder andere Straftaten begangen, die einen Ausweisungsgrund darstellen und damit seiner eigenen Verlängerung gem. § 5 Abs. 1 Nr. 2 AufenthG entgegenstehen, darf dies nicht dazu führen, dass dem Geschädigten ebenfalls das Recht auf einen Aufenthalt verbaut wird.[92]

e) Erteilung und Verlängerung der Aufenthaltserlaubnis gem. § 31 AufenthG

95 Die Aufenthaltserlaubnis wird gem. § 31 Abs. 1 S. 1 AufenthG zunächst **für ein Jahr** erteilt, wobei der Bezug von öffentlichen Leistungen unschädlich ist, § 31 Abs. 4 S. 1 AufenthG – es sei denn, es liegt ein Fall von § 31 Abs. 2 S. 4 AufenthG vor und der Betroffene bezieht also öffentliche Leistungen aus von ihm zu vertretenden Gründen. Anschließend steht die **Verlängerung** der Aufenthaltserlaubnis im Ermessen der Behörde, § 31 Abs. 4 S. 2 AufenthG. Die allgemeinen Erteilungsvoraussetzungen des § 5 Abs. 1 AufenthG müssen grundsätzlich erfüllt sein. Davon, insbesondere von der Sicherung des Lebensunterhaltes, kann aber auch dann zB bei anhaltenden Problemen aufgrund von Missbrauch oder Misshandlungen[93] und ebenso infolge der Betreuung eines behinderten Kindes oder eines Kleinkindes[94] abgewichen werden.

f) Verfestigung

96 Eine Verfestigung des Aufenthaltsrechts kommt im Falle der Trennung erst fünf Jahre nach der erstmaligen Erteilung einer Aufenthaltserlaubnis unter den Voraussetzungen der §§ 9–9 c AufenthG in Betracht. Erleichterte Voraussetzungen ergeben sich aus § 31 Abs. 3 AufenthG.

g) Aufenthaltserlaubnis gem. § 4 Abs. 5 AufenthG iVm Art. 6 ARB 1/80

97 Bei **türkischen Staatsangehörigen** ist stets zu prüfen, ob sie ein Aufenthaltsrecht erworben haben, weil sie dem regulären Arbeitsmarkt angehören. Nach einjähriger ordnungsgemäßer Beschäftigung bei demselben Arbeitgeber haben sie einen Anspruch auf Verlängerung der Arbeitserlaubnis, Art. 6 Abs. 1 1. Spiegelstrich ARB 1/80, nach dreijähriger ordnungsgemäßer

---

91 *Marx*, AAFR § 6 Rn. 122.
92 AVwV-AufenthG Nr. 31.2.1.2.
93 AVwV-AufenthG Nr. 31.4.2.
94 AVwV-AufenthG Nr. 31.4.2.

Beschäftigung entsteht gem. Art. 6 Abs. 1 2. Spiegelstrich ARB 1/80 ein Recht, sich im gleichen Beruf bei einem Arbeitgeber seiner Wahl zu bewerben und nach vierjähriger Beschäftigungszeit entsteht das Recht auf freien Zugang zum Arbeitsmarkt, Art. 6 Abs. 1 3. Spiegelstrich ARB 1/80. Nach der Rechtsprechung des EuGH ist an diese abgestuften Rechte zum Arbeitsmarktzugang auch ein Aufenthaltsrecht geknüpft, was jeweils zu berücksichtigen ist, wenn ein türkischer Mandant beraten und vertreten wird.

B. Kindernachzug

I. Probleme im Zusammenhang mit der Altersbegrenzung

1. Sachverhalt

Beispiel: Einreise eines 16-jährigen Kindes
Die russische Staatsangehörige T heiratete einen Deutschen und erhielt nach einem langwierigen Visumverfahren ein Visum zum Ehegattennachzug und in der Folge eine Aufenthaltserlaubnis gem. § 28 Abs. 1 S. 1 Nr. 1 AufenthG. Nach ihrer Einreise in das Bundesgebiet stellte sie für ihren 15-jährigen Sohn S, für den sie das alleinige Sorgerecht besitzt, einen Visumantrag. Da die Beantragung des Passes längere Zeit in Anspruch nahm, konnte das Visum erst nach dem 16. Geburtstag des Sohnes erteilt werden, was auch geschah. Nach der Einreise meldete S sich bei der zuständigen Ausländerbehörde und beantragte eine Aufenthaltserlaubnis. Die Behörde lehnte den Antrag mit der Begründung ab, die für die Erteilung der Aufenthaltserlaubnis nötigen Voraussetzungen lägen nicht vor, da S kein Deutsch spreche und auch sonst nicht gewährleistet erscheine, dass er sich in die hiesigen Lebensverhältnisse einfügen werde. S wird zur Ausreise aufgefordert und die Abschiebung wird angedroht.

2. Prüfungsreihenfolge

a) Prüfung des erforderlichen Rechtsmittels

Je nach Bundesland ist zu prüfen, ob Verpflichtungsklage oder Widerspruch erhoben werden muss; gleichzeitig ist jedenfalls ein Antrag gem. § 80 Abs. 5 VwGO zu stellen, da das Rechtsmittel gem. § 84 Abs. 1 Nr. 1 AufenthG keine aufschiebende Wirkung hat. Teilt die Ausländerbehörde allerdings mit, dass der Aufenthalt des Sohnes zunächst bis zu seinem 18. Lebensjahr weiterhin geduldet wird, weil eine Abschiebung mangels geeigneter Betreuungspersonen im Heimatland nicht zumutbar ist, besteht kein **Rechtsschutzbedürfnis** für den Eilantrag. Eine Vollziehung der Ausreisepflicht ist nicht zu befürchten. Die **Rechtmittelfrist** beträgt sowohl im Fall des Widerspruchs als auch bei der Verpflichtungsklage einen Monat gem. §§ 70, 74 VwGO.

Da der Mandant bereits das 16. Lebensjahr vollendet hat, ist er gem. § 80 Abs. 1 AufenthG handlungsfähig und damit auch im rechtlichen Sinne fähig, einen Bevollmächtigten zu bestellen, allerdings freilich nur in aufenthaltsrechtlichen Angelegenheiten.[95] Es sollte daher auch eine von ihm unterschriebene **Vollmacht** vorgelegt werden. Würde die Mutter den Anwalt bevollmächtigen, könnte sie dies im Umkehrschluss nur als gewillkürte Vertreterin des Sohnes – uU aufgrund einer konkludenten Bevollmächtigung oder nach den Grundsätzen der Anscheins- oder Duldungsvollmacht – tun.

---

95 OVG NRW, Beschl. v. 10.7.2012 – 12 B 753/12.

b) Materiellrechtlichen Überlegungen

101 Der **Kindernachzug** richtet sich nach § 32 AufenthG. Der Mandant war zum Zeitpunkt der Beantragung seines Visums 15 Jahre alt. Er hatte daher einen Anspruch gem. § 32 Abs. 3 AufenthG. Dass der Mandant während des laufenden Visumverfahrens das 16. Lebensjahr vollendete, war unschädlich, da es insbesondere für die Altersgrenze des § 32 Abs. 3 AufenthG auf den Zeitpunkt der Antragstellung ankommt.[96] Die Erteilung der Aufenthaltserlaubnis nach Einreise ist als Verlängerung und nicht als Ersteilung eines Aufenthaltstitels anzusehen ist, da das Visum für einen langfristigen Aufenthalt gem. § 6 Abs. 3 S. 2 AufenthG nach den Regeln der Aufenthalts- bzw. Niederlassungserlaubnis erteilt wird.[97]

3. Muster: Verpflichtungsklage und Eilantrag gegen Ablehnung der Erteilung / Verlängerung der Aufenthaltserlaubnis zum Kindernachzug

102 ▶ **Verpflichtungsklage u. Antrag nach § 80 Abs. 5 VwGO**

des ...

– Kläger u. Antragsteller –

Verfahrensbevollmächtigte: Rechtsanwälte ...

gegen

den Oberbürgermeister der Stadt ... – Ordnungsamt –,

– Beklagte u. Antragsgegnerin –

wegen Aufenthaltserlaubnis zum Kindernachzug

Hiermit zeigen wir an, dass der Kläger und Antragsteller uns mit der Wahrnehmung seiner Interessen beauftragt hat. Eine Vollmacht fügen wir bei.

Namens und in Vollmacht des Klägers und Antragstellers beantragen wir,

1. den Bescheid der Beklagten vom ... aufzuheben und die Beklagte zu verpflichten, das Visum des Klägers als Aufenthaltserlaubnis gem. § 34 Abs. 1 AufenthG zu verlängern,
2. die aufschiebende Wirkung der Klage anzuordnen,
3. der Beklagten mitzuteilen, dass aufenthaltsbeendende Maßnahmen bis zur Entscheidung über den Eilantrag nicht durchgeführt werden dürfen ...

Begründung:

I.

Der Kläger und Antragsteller (im Folgenden: Kläger) ist russischer Staatsangehöriger und reiste zum Zwecke des Familiennachzugs mit dem erforderlichen Visum in die Bundesrepublik ein, nachdem seine Mutter einen deutschen Staatsangehörigen geheiratet hatte und in den Besitz einer Aufenthaltserlaubnis gem. § 28 Abs. 1 S. 1 Nr. 1 AufenthG gelangt war – Anlage 1. Nach seiner Einreise beantragte der Kläger die Verlängerung seiner Aufenthaltserlaubnis. Der Antrag wurde mit Bescheid vom ... abgelehnt.

II.

Die aufschiebende Wirkung ist anzuordnen, denn der angefochtene Bescheid ist offensichtlich rechtswidrig.

---

96 BVerwG InfAuslR 1998, 161; InfAuslR 2009, 8–13.
97 OVG Niedersachsen InfAuslR 2006, 328 f.

Der Kläger hat einen Anspruch auf Verlängerung seiner Aufenthaltserlaubnis aus § 34 Abs. 1 AufenthG. Er reiste mit einem Visum ein, das auf der Grundlage des § 32 Abs. 3 AufenthG erteilt wurde. Im Zeitpunkt der Beantragung des Visums bei der deutschen Botschaft in Moskau war der Antragsteller 15 Jahre alt, seine allein sorgeberechtigte Mutter war im Besitz einer Aufenthaltserlaubnis und auch die allgemeinen Erteilungsvoraussetzungen der §§ 5 Abs. 1, 29 Abs. 1 AufenthG waren erfüllt.

Läuft nach der Einreise die Gültigkeit des Visums ab, so dass eine Aufenthaltserlaubnis erteilt werden muss, handelt es sich dabei um die Verlängerung einer Aufenthaltserlaubnis und nicht um die Neuerteilung, wie die Beklagte meint. Zwar stellt das Visum gem. § 4 Abs. 1 S. 2 Nr. 1 AufenthG einen eigenständigen Aufenthaltstitel dar, ein Visum für einen längerfristigen Aufenthalt wird aber gem. § 6 Abs. 3 S. 2 AufenthG nur nach den für die Aufenthalts- und Niederlassungserlaubnis geltenden Vorschriften erteilt. Der materielle Gehalt des Titels richtet sich also nach diesen Vorschriften (OVG Niedersachsen, InfAuslR 2006, 328 f.). Demnach reiste der Antragsteller mit einer befristeten Aufenthaltserlaubnis gem. § 32 Abs. 3 AufenthG in das Bundesgebiet ein, die gem. § 34 Abs. 1 AufenthG zu verlängern ist und zwar unabhängig von der Sicherung des Lebensunterhalts des Antragstellers und dem Vorliegen ausreichenden Wohnraums. Jedenfalls ist auch nicht zu prüfen, ob der Kläger die deutsche Sprache spricht oder sonst gewährleistet erscheint, dass er sich in die hiesigen Lebensverhältnisse integrieren wird. § 32 Abs. 2 AufenthG ist nicht anwendbar.

Da die Voraussetzungen für die Verlängerung der Aufenthaltserlaubnis offensichtlich vorliegen, überwiegt das Interesse des Antragstellers am Verbleib im Bundesgebiet gegenüber dem öffentlichen Interesse am sofortigen Vollzug der Ausreisepflicht.

III.

Aus den genannten Gründen ist zugleich der Bescheid vom ... aufzuheben und die Beklagte zu verpflichten, dem Kläger eine Aufenthaltserlaubnis gem. § 34 Abs. 1 AufenthG zu erteilen.

Rechtsanwalt ◄

4. Fehlerquellen / Haftungsfallen

Folgende typische Fehlerquellen tauchen auf:

- falsches Rechtsmittel (vgl. § 3 Rn. 68);
- falsche Formulierung des Eilantrages (Wiederherstellung statt Anordnung der aufschiebenden Wirkung);
- Eilantrag, obwohl die Behörde erklärt hat, der Aufenthalt des Kindes werde zunächst weiter geduldet (mangelndes Eilbedürfnis).

5. Weiterführende Hinweise

a) Gemeinsames Sorgerecht beider Eltern

Der Kindernachzug und dessen Voraussetzungen sind **je nach Alter des Kindes, gemeinsamer oder alleiniger Einreise, und Aufenthaltsgrund der Eltern** bei Beantragung des Visums bzw. der Aufenthaltserlaubnis unterschiedlich ausgestaltet. Gemäß § 32 Abs. 1 AufenthG haben (ledige) Kinder von Eltern, die beiderseits eine Aufenthaltserlaubnis, Niederlassungserlaubnis oder Daueraufenthaltserlaubnis-EG besitzen und gemeinsam als Familie in die Bundesrepublik einreisen, bis zur Vollendung des 18. Lebensjahres Anspruch auf eine Aufenthaltserlaubnis. Die allgemeinen Erteilungsvoraussetzungen des § 5 AufenthG müssen in diesem Fall erfüllt sein. Das Gleiche gilt unabhängig von der Frage, ob das Kind gemeinsam mit den Eltern oder alleine eingereist ist, gem. § 32 Abs. 2 S. 2 AufenthG für Kinder von Personen, die eine Niederlassungserlaubnis gem. § 19 AufenthG oder eine Blaue Karte EU haben. Für Kinder von Begünstigten eines Aufnahmeprogramms gem. § 23 Abs. 4 AufenthG sowie von Asylberechtigten, Flüchtlingen und subsidiär Schutzberechtigten mit einer Aufenthaltserlaubnis gem. § 25 Abs. 1, 2 AufenthG bzw. einer Niederlassungserlaubnis gem. § 26 Abs. 3, 4 AufenthG gilt das Nachzugsrecht gem. § 32 Abs. 2 S. 2 Nr. 1 AufenthG ebenfalls unabhängig von der gemeinsamen Einreise sowie zudem gem. § 29 Abs. 2 AufenthG unter erleichterten Voraussetzungen im Hinblick auf die Sicherung des Lebensunterhaltes und den zur Verfügung stehenden Wohnraum. Allein für subsidiär Schutzberechtigte wurde dieses Privileg des § 29 Abs. 2 AufenthG derweil durch die Einfügung des § 104 Abs. 13 AufenthG für zwei Jahre bis zum 16.3.2018 ausgesetzt, wenn sie die Aufenthaltserlaubnis nach dem 17.3.2016 erteilt bekommen haben.

105 Besteht ein gemeinsames Sorgerecht, ist der **Nachzug** allerdings **zu nur einem Elternteil** gewünscht, ist gem. § 32 Abs. 3 AufenthG das **Einverständnis** bzw. eine entsprechende rechtsverbindliche Entscheidung des anderen Elternteils erforderlich. In diesem Fall besteht kein Anspruch, sondern die Aufenthaltserlaubnis *soll*, unter Berücksichtigung der genannten Voraussetzungen der § 32 Abs. 1, 2 AufenthG, erteilt werden. Dies bedeutet freilich, dass der Aufenthalt nur in atypischen Ausnahmefällen abgelehnt werden darf, was der Gesetzgeber vor allem für den Fall annimmt, dass eine missbräuchliche Ausnutzung des Nachzugsrechts evident ist.[98]

Das Gesetz sieht keine ausdrückliche Form für die Einverständniserklärung vor. Um Zweifel seitens der Behörden und eine allzu lange Dauer des Verfahrens zu vermeiden, bietet es sich derweil an, die Erklärung vor einem Notar abzugeben, sodann – sollte sich der andere Elternteil nicht in Deutschland aufhalten – eine Apostille erstellen zu lassen und diese sodann bei dem entsprechenden Konsulat im Herkunftsland einzureichen. Je nach Land kann sofort das notarielle Dokument durch die deutsche Botschaft vor Ort bzw. das Konsulat legalisiert werden.

106 Schwieriger wird es für Kinder, die **älter als 16 Jahre alt und nicht gemeinsam mit ihren Eltern** bzw. dem allein sorgeberechtigten Elternteil in das Bundesgebiet **eingereist** sind. Hier besteht ein Anspruch, wenn das Kind die **deutsche Sprache** beherrscht. Maßstab ist gem. § 2 Abs. 12 AufenthG die Stufe C1 der kompetenten Sprachanwendung des Gemeinsamen Europäischen Referenzrahmens für Sprachen. Der Nachweis für die ausreichenden Deutschkenntnisse soll durch Vorlage einer Bescheinigung von einer geeigneten in- oder ausländischen Stelle erbracht werden, die zuvor einen entsprechenden Test durchgeführt hat.[99] Gleichfalls besteht ein Anspruch, wenn – alternativ, nicht kumulativ – gewährleistet erscheint, das Kind werde sich aufgrund seiner bisherigen Ausbildung und Lebensverhältnisse **in die Lebensverhältnisse der Bundesrepublik einfügen**. Dies wird bei Kindern angenommen, die aus den Mitgliedstaaten der Europäischen Union und des Abkommens über den Europäischen Wirtschaftsraum[100] sowie aus den in § 41 Abs. 1 S. 1 AufenthV genannten Staaten

---

98 BT-Drs. 17/13002, 32.
99 AVwV-AufenthG Nr. 32.2.2.
100 Island, Liechtenstein, Norwegen.

stammen.[101] Zudem wird bei Kindern, die nachweislich aus einem deutschsprachigen Elternhaus stammen oder im Ausland nicht nur kurzzeitig eine deutschsprachige Schule besucht haben, davon ausgegangen, dass sie sich integrieren werden.[102]

b) Alleiniges Sorgerecht des hier lebenden Elternteils

Leben nicht beide Eltern des Minderjährigen im Bundesgebiet, kommt ein Kindernachzug im Übrigen – von § 32 Abs. 3 AufenthG abgesehen – an sich nur dann in Betracht, wenn der hier lebende Elternteil über das alleinige Sorgerecht verfügt. **Ausländische Sorgerechtsentscheidungen** sind dabei grundsätzlich anzuerkennen, es sei denn, sie verstoßen gegen den deutschen **ordre public**.[103] Es wird problematisch, wenn die Rechtsordnung des Herkunftsstaates, die Anwendung findet, solange das Kind dort seinen gewöhnlichen Aufenthalt hat, keine eindeutige Sorgerechtsübertragung auf ein Elternteil kennt oder dem anderen Elternteil auch nach der Sorgerechtsübertragung weiterhin substantielle Mitentscheidungsrechte oder -pflichten zustehen. Das Bundesverwaltungsgericht verneint inzwischen in diesen Fällen den Anspruch auf Kindernachzug.[104] Hier kann nur versucht werden, eine eindeutige Sorgerechtsentscheidung im Heimatland zu erwirken.[105] Ansonsten kann das Nachzugsbegehren nur noch auf § 32 Abs. 4 AufenthG (besondere Härte) gestützt werden, wobei die Hürden hier sehr hoch sind.[106]

107

c) Ausnahme bei besonderer Härte, § 32 Abs. 4 AufenthG

Gemäß § 32 Abs. 4 AufenthG kann, wenn die Voraussetzungen der § 32 Abs. 1–3 AufenthG nicht erfüllt sind, dem minderjährigen Kind eines Ausländers eine Aufenthaltserlaubnis zur Vermeidung einer besonderen Härte erteilt werden, wobei das Kindeswohl und die familiäre Situation zu berücksichtigen sind. Eine besondere Härte, deren Vorliegen dann auch zur Ermessensreduzierung führen sollte, wird angenommen, wenn aufgrund der konkreten Situation die Versagung der Aufenthaltserlaubnis nachteilige Folgen auslöst, die wesentlich über das hinausgehen, was das Gesetz den Kindern zumutet, die keinen Anspruch auf Kindernachzug haben. Dies kann zB dann der Fall sein, wenn ein über 16-jähriges Kind aufgrund einer Krankheit oder eines Unfalls auf die Pflege der Eltern angewiesen ist. Die Lebenssituation des Kindes im Heimatland ist von wesentlicher Bedeutung. Wurde das Kind bisher dort betreut, muss es darlegen, warum dies nicht mehr möglich ist und ob es noch auf Betreuung und Erziehung angewiesen ist.[107] Dies soll umso weniger der Fall sein, je älter das Kind ist.[108]

108

§ 32 Abs. 4 AufenthG findet in der Praxis **kaum Anwendung**, weil es sehr schwierig ist, die Voraussetzungen ausreichend darzulegen.

d) Im Bundesgebiet geborenes Kind eines Ausländers

Ein im Bundesgebiet geborenes Kind, dessen beide Eltern oder dessen allein sorgeberechtigter Elternteil eine Aufenthaltserlaubnis, Niederlassungserlaubnis oder eine Erlaubnis zum Daueraufenthalt-EU besitzen, wird unter den Voraussetzungen des § 33 S. 1, 2 AufenthG eine **Aufenthaltserlaubnis von Amts wegen** erteilt. Insofern nicht beide, sondern nur ein Elternteil

109

---

101 AVwV-AufenthG Nr. 32.2.4.
102 AVwV-AufenthG Nr. 32.2.5.
103 OVG Berlin-Brandenburg, Urt. v. 31.3.2011 – OVG 3 B 8.08.
104 BVerwGE 133, 329–347.
105 Vgl. HessVGH, Beschl. v. 24.1.2011 – 7 B 2488/10.
106 Vgl. VG Berlin, Urt. v. 24.3.2011 – 3 K 631.10 V.
107 VG Berlin, Urt. v. 18.11.2010 – 15 K 241.09 V.
108 VG Köln InfAuslR 2000, 196, 197.

einen der genannten Aufenthaltstitel besitzen, liegt die Erteilung der Aufenthaltserlaubnis für das in Deutschland geborene Kind im Ermessen der Behörde. Bei der Ausübung des Ermessens soll der besonderen Beziehung zwischen den Eltern und dem Kleinkind unmittelbar nach der Geburt im Interesse der Gewährung der Familieneinheit und der Aufrechterhaltung der durch Art. 6 GG besonders geschützten Betreuungsgemeinschaft Rechnung getragen werden. Hinsichtlich des nichtehelichen Vaters ist von Bedeutung, ob er ein Sorgerecht hat und in familiärer Gemeinschaft mit dem Kind lebt.[109]

e) Antragszeitpunkt

110 Der Kindernachzug setzt voraus, dass die Eltern bzw. das allein sorgeberechtigte Elternteil den erforderlichen Aufenthaltstitel bereits innehaben. Es kann sich jedoch in entsprechenden Konstellationen anbieten und ist auch zulässig, den Antrag auf Kindernachzug gleichzeitig mit dem Antrag auf den Aufenthaltstitel des Elternteils zu stellen.

II. Verfestigung, Auflösung der familiären Lebensgemeinschaft vor Erreichen der Volljährigkeit / Auszug vor Erreichen der Volljährigkeit

1. Sachverhalt

111 **Beispiel: Trennung des minderjährigen Kindes von den Eltern**
Die serbische Staatsangehörige A zog im Alter von 13 Jahren zu ihren Eltern in die Bundesrepublik. Beide waren hier als Arbeitnehmer beschäftigt. Sie erhielt eine Aufenthaltserlaubnis zum Familiennachzug, die fortlaufend verlängert wurde. Sie besuchte in Deutschland die Schule und machte den Hauptschulabschluss. Als A 17 Jahre alt war, entschlossen sich die Eltern, in ihr Heimatland zurückzukehren. A wollte in Deutschland bleiben und zog zur Familie eines Onkels, wo sie auch angemeldet ist. Ein halbes Jahr vor Erreichen des 18. Lebensjahres lief die Aufenthaltserlaubnis von A ab und sie beantragte rechtzeitig vor Ablauf die Verlängerung. Die Ausländerbehörde der Stadt Hamburg lehnte den Antrag ab, weil A nicht mehr mit ihren Eltern in familiärer Lebensgemeinschaft lebe, ihr Lebensunterhalt nicht gesichert sei und sie sich nicht seit 8 Jahren rechtmäßig im Bundesgebiet aufhalte, setzte eine Frist zur freiwilligen Ausreise und drohte die Abschiebung an.

2. Prüfungsreihenfolge

a) Prüfung des erforderlichen Rechtsmittels

112 Je nach **Bundesland** ist zu prüfen, ob Verpflichtungsklage oder Widerspruch erhoben werden müssen; gleichzeitig ist jedenfalls ein Antrag gem. § 80 Abs. 5 VwGO zu stellen, da das Rechtsmittel gem. § 84 Abs. 1 Nr. 1 AufenthG keine aufschiebende Wirkung hat. Die Rechtsmittelfrist beträgt sowohl im Falle des Widerspruchs als auch bei der Verpflichtungsklage einen Monat gem. §§ 70, 74 VwGO.

b) Materiellrechtliche Überlegungen

113 Gemäß § 34 Abs. 1 2. Alt, Abs. 2. S. 2 AufenthG kann ein **minderjähriges Kind** ein **eigenständiges Aufenthaltsrecht** erwerben. Denn bei Wegfall der ursprünglichen Voraussetzungen für die Erteilung der Aufenthaltserlaubnis zum Familiennachzug kann die Aufenthaltserlaubnis auch verlängert werden, wenn der Betroffene im Falle seiner Ausreise ein Wiederkehrrecht gem. § 37 AufenthG hätte. Einer Ausreise selbst bedarf es dafür nicht. **Voraussetzungen** für

---

[109] AVwV-AufenthG Nr. 33.1.

das Wiederkehrrecht sind ein achtjähriger rechtmäßiger Aufenthalt im Bundesgebiet, ein sechsjähriger Schulbesuch und die Sicherung des Lebensunterhalts. Der Antrag muss außerdem nach Vollendung des 15. und vor Vollendung des 21. Lebensjahres gestellt werden.

Der **Lebensunterhalt** kann nicht nur durch eine eigene Erwerbstätigkeit, sondern auch durch eine **Verpflichtungserklärung** gem. § 68 AufenthG für einen Zeitraum von 5 Jahren gesichert sein. Bei der Abgabe der Verpflichtungserklärung wird geprüft, ob der sich Verpflichtende über ausreichendes Einkommen verfügt. Dabei werden Unterhaltsverpflichtungen für andere Familienangehörige berücksichtigt. Das Einkommen ist nur ausreichend, wenn sämtliche Unterhaltsverpflichtungen abgedeckt sind und die Pfändungsfreigrenzen des § 850 c ZPO nicht unterschritten sind. Mit der Mandantin und ihrem Onkel ist also zu klären, ob er zur Übernahme einer Verpflichtungserklärung in der Lage ist. Er sollte dann persönlich bei der zuständigen Ausländerbehörde vorsprechen, Nachweise für Einnahmen und Ausgaben vorlegen und die Erklärung abgeben.

Fehlt es am achtjährigen Aufenthalt im Bundesgebiet oder am sechsjährigen Schulbesuch, kann auf die **Ermessensregel** des § 37 Abs. 2 AufenthG zurückgegriffen werden. Gem. § 37 Abs. 2 S. 2 AufenthG kann von der Aufenthalts- und Schulbesuchszeit insbesondere dann abgesehen werden, wenn ein anerkannter Schulabschluss in Deutschland erworben wurde. Die Mandantin sollte also gebeten werden, ihre Zeugnisse vollständig vorzulegen.

Alternativ müssen in Konstellationen wie der Vorliegenden die Möglichkeiten einer Aufenthaltserlaubnis gem. § 25 a AufenthG geprüft werden, wenngleich dies in diesem Fall an dem Erfordernis des sechsjährigen Aufenthaltes scheitert.

Des Weiteren ist zu prüfen, ob **Ausschlussgründe** iSv § 37 Abs. 3 AufenthG vorliegen (bereits erfolgte Ausweisung, Vorliegen eines Ausweisungsgrundes gem. §§ 53 ff. AufenthG, mangelnde Betreuung bei Minderjährigen).

3. Muster: Verpflichtungswiderspruch und Eilantrag

a) Muster: Widerspruch gegen Versagung der Verlängerung der Aufenthaltserlaubnis gem. § 34 Abs. 1 AufenthG

▶ An den

Regierenden Bürgermeister der Freien und Hansestadt Hamburg

Behörde für Inneres

Einwohneramt – Abteilung für Ausländerangelegenheiten

Az. ...

Serbische Staatsangehörige ...

Ihr Bescheid vom ...

Sehr geehrte Damen und Herren,

hiermit zeigen wir an, dass die og Mandantin uns mit der Wahrnehmung ihrer Interessen beauftragt hat. Eine Vollmacht fügen wir bei.

Gegen den Ablehnungsbescheid vom ... erheben wir hiermit

Widerspruch

und beantragen,

1. die Aufenthaltserlaubnis der Mandantin gem. § 34 Abs. 1 AufenthG zu verlängern,
2. festzustellen, dass die Hinzuziehung eines Bevollmächtigen notwendig ist.

Begründung:

Zur Begründung verweisen wir auf den beigefügten Eilrechtsschutzantrag vom heutigen Tag an das Verwaltungsgericht ....

...

Rechtsanwalt ◀

b) **Muster: Antrag nach § 80 Abs. 5 VwGO wegen Versagung der Verlängerung der Aufenthaltserlaubnis gem. § 34 Abs. 1 AufenthG**

▶ **Antrag gem. § 80 Abs. 5 VwGO**

der ...,

– Antragstellerin –

Verfahrensbevollmächtigte: Rechtsanwälte ...

gegen

den Regierenden Bürgermeister der Stadt ...

– Antragsgegnerin –

wegen Verlängerung der Aufenthaltserlaubnis

Hiermit zeigen wir an, dass die Antragstellerin uns mit der Wahrnehmung ihrer Interessen beauftragt hat. Eine Vollmacht fügen wir bei.

Namens und in Vollmacht der Antragstellerin beantragen wir,

1. die aufschiebende Wirkung des Widerspruchs vom ... gegen den Bescheid der Antragsgegnerin vom ... anzuordnen,
2. der Beklagten mitzuteilen, dass aufenthaltsbeendende Maßnahmen bis zur Entscheidung über den Eilantrag nicht durchgeführt werden dürfen.

Begründung:

I.

Die Antragstellerin, geb. am ... ist serbische Staatsangehörige und hält sich seit 4 Jahren im Bundesgebiet mit einer Aufenthaltserlaubnis zum Familiennachzug auf. Sie ist 17 Jahre alt. Die Eltern der Antragstellerin sind in ihr Heimatland zurückgekehrt. Die Antragstellerin lebt seitdem bei einem Onkel. Nachdem sie rechtzeitig vor Ablauf die Verlängerung ihrer Aufenthaltserlaubnis beantragt hatte, lehnte die Antragsgegnerin den Antrag mit Bescheid vom ... ab – **Anlage 1.** Die Antragstellerin legte Widerspruch ein – **Anlage 2,** der gem. § 84 Abs. 1 Nr. 1 AufenthG keine aufschiebende Wirkung hat.

II.

Die aufschiebende Wirkung ist gem. § 80 V VwGO anzuordnen.

Der Bescheid ist offensichtlich rechtswidrig. Die Aufenthaltserlaubnis der Antragstellerin ist gem. § 34 Abs. 1 AufenthG zu verlängern.

Es trifft zu, dass die Antragstellerin nicht mehr mit ihren Eltern in familiärer Gemeinschaft lebt. Gemäß § 34 Abs. 1 2. Var. Abs. 2 S. 2 AufenthG hat die Antragstellerin aber ein eigenständiges Aufenthaltsrecht erworben. Denn bei Wegfall der ursprünglichen Voraussetzungen für die Erteilung der

Aufenthaltserlaubnis zum Familiennachzug kann die Aufenthaltserlaubnis demnach verlängert werden, wenn der Betroffene im Falle seiner Ausreise ein Wiederkehrrecht gem. § 37 AufenthG hätte, ohne dass es einer Ausreise bedürfte.

Die Antragstellerin hat als Minderjährige ihren gewöhnlichen Aufenthalt im Bundesgebiet. Der Lebensunterhalt ist durch eine Verpflichtungserklärung ihres Onkels gesichert. Dieser ist bereit und in der Lage, fünf Jahre ihren Unterhalt zu bestreiten. Er verfügt über ein ausreichendes Einkommen, um sowohl seine eigene Familie als auch die Antragstellerin zu unterhalten. Die Pfändungsfreigrenze des § 850 c ZPO ist nicht unterschritten. Eine Verpflichtungserklärung wird beigefügt – **Anlage 3**.

Zwar hat die Antragstellerin sich bisher nicht acht Jahre rechtmäßig im Bundesgebiet aufgehalten. Die Ermessensregel des § 37 Abs. 2 AufenthG findet aber auch im Rahmen von § 34 AufenthG Anwendung (AVwV-AufenthG Nr. 34.1.4). Allerdings kann die Aufenthaltserlaubnis dennoch erteilt werden, wenn im Bundesgebiet ein anerkannter Schulabschluss erworben wurde. Die Antragstellerin hat die Hauptschule erfolgreich abgeschlossen – **Anlage 4**.

Ein Ausschlussgrund des § 37 Abs. 3 AufenthG liegt nicht vor. Weder gibt es einen Ausweisungsgrund noch wurde die Antragstellerin bisher ausgewiesen. Es fehlt auch nicht an der persönlichen Betreuung, da die Antragstellerin von der Familie ihres Onkels aufgenommen wurde und dort die notwendige Betreuung erfährt. Die Inanspruchnahme von Jugendhilfe ist nicht erforderlich.

Demnach hätte die Antragstellerin ein Wiederkehrrecht gem. § 37 AufenthG. Ihre Aufenthaltserlaubnis ist daher gem. § 34 Abs. 1 AufenthG zu verlängern, so dass der angefochtene Bescheid offensichtlich rechtswidrig ist und das Interesse der Antragstellerin am vorläufigen Verbleib im Bundesgebiet gegenüber dem öffentlichen Interesse am sofortigen Verlassen des Bundesgebiets überwiegt.

Rechtsanwalt ◄

4. Fehlerquellen / Haftungsfallen

Bei Minderjährigen, die zum Familiennachzug in das Bundesgebiet kommen, ist immer zunächst das eigenständige unbefristete Aufenthaltsrecht gem. § 35 AufenthG in den Blick zu nehmen und zu prüfen, ob dessen Voraussetzungen vorliegen könnten. Bei türkischen Kindern ist außerdem zu prüfen, ob die Voraussetzungen von Art. 7 Abs. 1 und 2 ARB 1/80 vorliegen.

5. Weitere Hinweise

a) Auswirkungen eines verspäteten Verlängerungsantrages

Solange der **Minderjährige mit seinen Eltern** oder dem allein personensorgeberechtigten Elternteil **zusammenlebt** und die Eltern oder der allein sorgeberechtigte Elternteil weiterhin im Besitz einer Aufenthaltserlaubnis, einer Niederlassungserlaubnis oder eines Daueraufenthaltes-EU sind, wird seine Aufenthaltserlaubnis gem. § 34 Abs. 1 AufenthG unabhängig davon verlängert, ob ausreichend Einkommen und ausreichend Wohnraum vorhanden sind. Eine Altersgrenze enthält § 34 Abs. 1 AufenthG indessen im Gegensatz zu § 32 AufenthG nicht mehr.

Gerade bei Minderjährigen, die sich schon lange im Bundesgebiet aufhalten, kommt es immer wieder vor, dass sie nicht rechtzeitig die **Verlängerung** ihrer Aufenthaltserlaubnis **beantragen** – insofern ist es bei schon bestehenden Mandanten ganz besonders wichtig, die Ablauffristen zu notieren. Eine Fiktionswirkung kann in diesen Fällen allein auf § 81 Abs. 4 AufenthG gestützt werden, wenn eine unbillige Härte nachgewiesen wird.

b) Niederlassungserlaubnis gem. § 35 AufenthG

121 Der Regelung über das **eigenständige unbefristete Aufenthaltsrecht** für Kinder in § 35 AufenthG kommt eine wichtige Bedeutung zu, denn es gibt nicht selten Fälle, in denen zunächst die Verlängerung der Aufenthaltserlaubnis abgelehnt wurde und letztlich dem Kind eine Niederlassungserlaubnis zu erteilen war.

122 Personen, die als Minderjährige aufgrund des Familiennachzugs in das Bundesgebiet kamen, können eine Niederlassungserlaubnis erhalten, wenn sie sich im Zeitpunkt der Vollendung des 16. Lebensjahres **bereits seit fünf Jahren rechtmäßig hier aufhalten**, § 35 Abs. 1 S. 1 AufenthG. Die Aufenthaltserlaubnis muss durchgehend aufgrund der Vorschriften des Kapitels 6, 2. Abschnitt (Familiennachzug) erteilt worden sein. Auf den Zeitpunkt der Antragstellung kommt es nicht an –[110] der Antrag auf Erteilung der Niederlassungserlaubnis kann also auch noch gestellt werden, wenn die Person schon 17 oder 18 Jahre alt ist; entscheidend ist nur, dass sie sich im Zeitpunkt des 16. Lebensjahres fünf Jahre in Deutschland aufhielt.[111]

123 **Darüber hinaus** wird die Niederlassungserlaubnis erteilt, wenn der als Minderjährige zum Familiennachzug eingereiste Ausländer **volljährig** und fünf Jahre im Besitz der Aufenthaltserlaubnis ist, über ausreichende **Kenntnisse der deutschen Sprache** verfügt und sein **Lebensunterhalt** gesichert ist oder er sich in einer Ausbildung befindet, die zu einem anerkannten schulischen oder beruflichen **Bildungsabschluss** führt, § 35 Abs. 1 S. 2 AufenthG. Auch an dieser Stelle ist wiederum alternativ § 25 a AufenthG in Betracht zu ziehen.

124 Zu einem Bildungsabschluss iSv. § 35 Abs. 1 S. 2 Nr. 3 AufenthG gehört nicht nur der Besuch einer allgemeinbildenden Schule, sondern auch der Besuch von **Berufsfachschulen** oder sonstigen öffentlichen oder staatlich anerkannten berufsbildenden Schulen. Auch ein **Universitätsstudium** kann zu einem anerkannten Bildungsabschluss führen.[112]

125 Das 18. Lebensjahr muss erst im Zeitpunkt der Verlängerungsentscheidung vollendet sein. Der Antrag kann aus verfahrensökonomischen Gründen bereits zuvor gestellt und auf diesen Termin bezogen werden. Die **Fünfjahresfrist** braucht nicht schon im Eintritt der Volljährigkeit erreicht zu sein, es kommt hier vielmehr darauf an, dass sie im Zeitpunkt der Antragstellung erfüllt ist. Die Niederlassungserlaubnis wird also auch erteilt, wenn der Antragsteller im Alter von 20 Jahren den Antrag stellt und die vorangegangenen 5 Jahre mit einer Aufenthaltserlaubnis zum Familiennachzug in Deutschland gelebt hat.

126 Zu beachten sind die **Ausschlussgründe** (Ausweisungsgrund, Strafe oder kein gesicherter Lebensunterhalt) des § 35 Abs. 3 S. 1 AufenthG, die eine abschließende Regelung darstellen. Der Anspruch aus § 35 Abs. 1 AufenthG wird hier dergestalt in eine Ermessensregelung umgewandelt, dass nunmehr entweder eine Niederlassungs- oder nur eine Aufenthaltserlaubnis erteilt werden kann, § 35 Abs. 3 S. 2 AufenthG. Liegt eine Strafe vor und wurde diese zur Bewährung ausgesetzt, wird in der Regel eine Aufenthaltserlaubnis erteilt, § 35 Abs. 3 S. 3 AufenthG. Sowohl im Rahmen des besagten Ermessens als auch bei der Anwendung dieses

---

110 AVwV-AufenthG Nr. 35.1.1.1.
111 Zu den anrechenbaren Zeiten vgl. AVwV-AufenthG Nr. 35.1.1.3.1 ff.
112 AVwV-AufenthG Nr. 35.1.2.4.

Regelanspruches sind die Schranken insbesondere aus Art. 8 EMRK zu beachten[113] und es ist die soziale Verwurzelung des Mandanten geltend zu machen.

c) Eigenständiges Aufenthaltsrecht für Volljährige

Wird der Minderjährige **volljährig** oder erhält er vor diesem Zeitpunkt bereits eine **Aufenthaltserlaubnis** gem. § 34 Abs. 1 iVm § 37 AufenthG, besitzt er ein **eigenständiges Aufenthaltsrecht**, das nicht mehr vom Familiennachzug abhängig ist, § 34 Abs. 2 AufenthG. Dabei ist auch zu beachten, dass § 34 Abs. 2 AufenthG selbst keinen Rechtsanspruch auf das eigenständige Aufenthaltsrecht begründet, sondern nur festlegt, unter welchen Voraussetzungen es entsteht –[114] das neue Aufenthaltsrecht entsteht im Übrigen antragsunabhängig kraft Gesetzes.

Solange noch keine Niederlassungserlaubnis erteilt werden kann, kann in diesem Fall die Aufenthaltserlaubnis gem. § 34 Abs. 3 AufenthG unter Beachtung der allgemeinen Voraussetzungen der §§ 5 und 8 AufenthG verlängert werden. Wichtig ist auch hier, dass der Minderjährige im Zeitpunkt des Erreichens des 18. Lebensjahres im Besitz einer Aufenthaltserlaubnis ist.

III. Wegnahme des Passes der Tochter durch den Vater während des Urlaubes im Herkunftsland

1. Sachverhalt

Beispiel: Urlaubsreise mit Folgen

Die 17-jährige Tunesierin S lebt seit ihrem 6. Lebensjahr mit ihrer Familie in Berlin. Sie besitzt eine Niederlassungserlaubnis. Zwischen ihr und dem Vater gibt es schwerwiegende Konflikte wegen dessen Vorstellungen davon, wie ein junges Mädchen sich angemessen zu verhalten hat. Während eines gemeinsamen Aufenthalts in Tunesien nahm der Vater S den Pass ab und reiste ohne sie nach Deutschland zurück. S versuchte einen neuen Pass zu bekommen. Dies scheiterte aber an der fehlenden Zustimmung des Vaters.

S ging sofort in Begleitung einer Cousine zur deutschen Botschaft, erklärte ihre Situation und bat darum, die Ausländerbehörde in Berlin zu informieren, damit alle erforderlichen Schritte eingeleitet werden. Eine Entscheidung erging nicht. Mithilfe eines Onkels gelang es S schließlich, nachdem sie volljährig geworden war, einen Diplomatenpass zu erhalten, mit dem sie visumfrei nach Deutschland einreiste. Nach ihrer Rückkehr meldet S sich bei der Ausländerbehörde und bittet um erneute Ausstellung der Niederlassungserlaubnis. Der Antrag wird abgelehnt mit der Begründung, die Niederlassungserlaubnis sei erloschen, weil sie sich länger als 6 Monate außerhalb des Bundesgebiets aufgehalten habe und ihr Lebensunterhalt nicht gesichert sei. S wird zur Ausreise aufgefordert, die Abschiebung wird angedroht. Aufgrund einer schweren psychischen Erkrankung ist sie nicht reisefähig, so dass ihr Aufenthalt von der Ausländerbehörde zunächst geduldet wird.

---

113 *Marx*, AAFR § 6 Rn. 160.
114 OVG NWAuAS 2006, 194, 195.

2. Prüfungsreihenfolge

a) Prüfung des erforderlichen Rechtsmittels

129 Gegen den Bescheid ist innerhalb eines Monats nach Zustellung Klage zu erheben. Richtige Klageart ist in diesem Fall die **Feststellungsklage** gem. § 43 VwGO.[115] Die Feststellungsklage ist nicht subsidiär, weil sie eine Vorfrage betrifft, deren Entscheidung nicht von der materiellen Rechtskraft der Entscheidung über die Abschiebungsandrohung erfasst wird.[116] Gleichzeitig ist gegen die Abschiebungsandrohung Anfechtungsklage zu erheben. Örtlich zuständiges Verwaltungsgericht ist gem. § 52 Nr. 5 VwGO das Gericht am Sitz des Beklagten.

130 Gemäß § 82 Abs. 1 S. 3 VwGO sollen die zur Begründung dienenden Tatsachen und Beweismittel angegeben werden. Dies muss aber nicht innerhalb der Klagefrist erfolgen. Der Sachverhalt kann also zunächst nur knapp zusammengefasst werden und es kann auf eine Begründung nach erfolgter Akteneinsicht und Rücksprache mit der Mandantin verwiesen werden.

b) Materiellrechtliche Überlegungen

131 Es ist davon auszugehen, dass die Mandantin im Besitz einer Niederlassungserlaubnis war. Fraglich ist, ob diese durch den mehr als sechsmonatigen **ununterbrochenen Auslandsaufenthalt** gem. § 51 Abs. 1 Nr. 7 AufenthG erloschen ist. Die Mandantin hat sich zwar länger als 6 Monate ununterbrochen außerhalb des Bundesgebietes aufgehalten, hat sich aber rechtzeitig vor Ablauf der 6-Monatsfrist an die Botschaft gewandt und damit das Erforderliche und ihr Mögliche getan, um eine Verlängerung der Wiedereinreisefrist zu erreichen. Zwar ist die Botschaft nicht für die Erteilung einer Erlaubnis zum längerfristigen Verlassen des Bundesgebiets zuständig. Sie ist jedoch verpflichtet, das Begehren der Mandantin an die zuständige Ausländerbehörde weiterzuleiten.

132 Der Anwalt sollte Kontakt mit der Botschaft aufnehmen, um zu klären, ob der Vorgang dort bekannt ist und notiert wurde. Im Rahmen der späteren Akteneinsicht ist festzustellen, ob es einen diesbezüglichen Schriftwechsel zwischen Botschaft und Ausländerbehörde gegeben hat. Darüber hinaus sollte die Mandantin gebeten werden, von ihrer Cousine eine eidesstattliche Versicherung bezüglich der Vorgänge bei der Botschaftsvorsprache zu erbitten.

133 Die Angaben der Mandantin bei der Botschaft waren dort gem. § 133 BGB so auszulegen, dass sie als Antrag auf Verlängerung der Frist zu werten sind. Ein **Antrag auf Verlängerung der Wiedereinreisefrist** kann auch nach der Ausreise gestellt werden.[117] Allerdings muss dies vor Ablauf der 6-Monatsfrist geschehen. Es wird überwiegend davon ausgegangen, dass der Aufenthaltstitel nur dann nicht erlischt, wenn auch vor Ablauf der 6-Monatsfrist über den Verlängerungsantrag entschieden wurde.[118] Nach Ansicht des VG Stuttgart jedoch sollen auch – entgegen AVwV-AufenthG Nr. 51.1.6.7. – ein nachträglicher Antrag und eine nachträgliche Entscheidung möglich sein.[119] Es gibt inzwischen mehrere Gerichtsentscheidungen, die in besonders gelagerten Ausnahmefällen das Fehlen einer ausdrücklichen Fristverlängerung trotz mehr als sechsmonatigen Auslandsaufenthalts für unschädlich erklären.[120]

---

[115] VG Bremen InfAuslR 2006, 199; VG Augsburg, Urt. v. 7.6.2005 – Au 1 K 05.261; VG Stuttgart, Urt. v. 13.12.2005 – 11 K 3258/04.
[116] VG Augsburg, Urt. v. 7.6.2005 – Au 1 K 05.261.
[117] AVwV-AufenthG Nr. 51.1.6.7.
[118] VGH Kassel InfAuslR 1999, 454.
[119] InfAuslR 98, 30.
[120] VG Bremen InfAuslR 2006, 198-201; VG Stuttgart, 13.12.2005 – 11 K 3258/04.

3. Muster: Klage bezüglich Fortbestandes der Niederlassungserlaubnis/Eilantrag gem. § 123 VwGO

a) Muster: Feststellungsklage bezüglich des Fortbestandes der Niederlassungserlaubnis / Anfechtungsklage bezüglich Abschiebungsandrohung

▶ **Klage**

der ...

– Klägerin –

Verfahrensbevollmächtigte: Rechtsanwälte ...

gegen

das Land Berlin, Landeseinwohneramt, Abt. Ausländerangelegenheiten ...

– Beklagter –

wegen Feststellung des Bestehens der Niederlassungserlaubnis

Hiermit zeigen wir an, dass die Klägerin uns mit der Wahrnehmung ihrer Interessen beauftragt hat. Eine Vollmacht fügen wir bei.

Namens und in Vollmacht der Klägerin beantragen wir,

den Bescheid der Beklagten vom ... aufzuheben und festzustellen, dass die Niederlassungserlaubnis der Klägerin fortbesteht.

Begründung:

I.

Die Klägerin ist tunesische Staatsangehörige und lebt seit ihrem 6. Lebensjahr in Deutschland und war zuletzt im Besitz einer Niederlassungserlaubnis. Im Alter von 17 Jahren reiste sie mit den Eltern nach Tunesien, um dort Urlaub zu machen und die Familie zu besuchen. Der Vater nahm ihr dort den Pass ab und kehrte ohne sie nach Deutschland zurück. Die Klägerin erhielt von den tunesischen Behörden als Minderjährige keinen neuen Pass, weil die Zustimmung des Vaters fehlte. Fünf Wochen nach ihrer Einreise in Tunesien suchte sie gemeinsam mit einer Cousine die deutsche Botschaft auf und schilderte ihre Situation. Sie bat darum, dass die Botschaft sich an die Ausländerbehörde in Berlin wende und alles Weitere veranlasse. Sie erhielt keine Nachricht von der Botschaft. Schließlich, nachdem sie volljährig geworden war, gelang es einem Onkel, einen tunesischen Diplomatenpass für die Klägerin zu erhalten. Mit diesem Pass reiste sie acht Monate nach ihrer Ausreise wieder in das Bundesgebiet ein. Mit Bescheid der Beklagten vom ... stellte diese fest, dass die Niederlassungserlaubnis erloschen sei.

II.

Die Klage ist zulässig und begründet.

1.

Die Klage ist als Feststellungsklage zulässig.

Beim Besitz einer Niederlassungserlaubnis handelt es sich um ein der Feststellung zugängliches Rechtsverhältnis (BVerwG, Urt. v. 20.11.1990 – 1 C 8.89). Die Klägerin hat ein Feststellungsinteresse, da die Feststellung erhebliche Auswirkungen auf ihren Verbleib im Bundesgebiet hat. Es liegt auch keine Subsidiarität gem. § 43 Abs. 2 AufenthG vor, denn die Feststellungsklage hat die von einem stattgebenden Urteil ausgehende Bindungswirkung für und gegen alle zum Inhalt. Zudem greift die Subsidiarität dort nicht, wo der Erlass eines feststellenden Verwaltungsaktes gesetzlich nicht vorgesehen ist und wo kein Rechtsanspruch auf Erlass eines solchen Verwaltungsaktes besteht (VG Bremen, InfAuslR 2006, 199), wie es hier der Fall ist.

2.

Der angefochtene Bescheid ist rechtswidrig und verletzt die Klägerin in ihren Rechten.

Die Niederlassungserlaubnis ist nicht gem. § 51 Abs. 1 Nr. 7 AufenthG erloschen.

Zwar sind die Voraussetzungen des § 51 Abs. 2 AufenthG nicht erfüllt, weil die Klägerin noch nicht 15 Jahre im Bundesgebiet gelebt hat und ihr Lebensunterhalt nicht gesichert ist.

Es trifft auch zu, dass die Klägerin sich länger als sechs Monate ununterbrochen außerhalb des Bundesgebietes aufgehalten hat. Sie hat sich aber rechtzeitig vor Ablauf der Sechsmonatsfrist an die deutsche Botschaft gewandt und das Erforderliche und ihr Mögliche getan, um eine Verlängerung der Frist gem. § 51 Abs. 1 Nr. 7 AufenthG zu erreichen. Eine eidesstattliche Versicherung der Cousine der Klägerin, die sie zur Botschaft begleitet hatte, wird beigefügt – **Anlage**. Die Klägerin hat zwar nicht ausdrücklich einen Antrag auf Festsetzung einer Frist zur Wiedereinreise iSv § 51 Abs. 1 Nr. 7 AufenthG gestellt, die Botschaft war aber gem. § 133 BGB gehalten, ihr Anliegen als einen solchen Antrag zu werten bzw. dahin gehend zu deuten. Hier ist zu berücksichtigen, dass die Klägerin noch minderjährig war und von sich aus keine Kenntnis davon haben konnte und musste, welche Art von Antrag zu stellen ist.

Ein Antrag auf Verlängerung der Frist nach § 51 Abs. 1 Nr. 7 AufenthG kann auch noch nach der Ausreise, allerdings vor Ablauf der Sechsmonatsfrist gestellt werden (HessVGH, InfAuslR 1999, 454, 455). Die Klägerin meldete sich weit vor dem Ablauf der Frist bei der Botschaft.

Zwar wird überwiegend davon ausgegangen, dass der Aufenthaltstitel nur dann nicht erlischt, wenn auch vor Ablauf der Sechsmonatsfrist über den Verlängerungsantrag entschieden wurde (HessVGH, InfAuslR 1999, 454).

Allerdings ist Folgendes zu berücksichtigen: Die Klägerin wandte sich erst nach ihrer Ausreise an die Botschaft, weil davor keinerlei Anlass hatte, einen Antrag auf Verlängerung der Wiedereinreisefrist zu stellen. Sie selbst ging davon aus, dass sie nach Beendigung der Ferien mit der Familie nach Deutschland zurückkehren würde. Dass ihr Vater andere Pläne hatte, konnte sie nicht wissen. Auch die Tatsache, dass sie keinen Pass erhielt, solange sie minderjährig war, lag außerhalb ihres rechtlichen Handlungsvermögens. Die Klägerin konnte zudem darauf vertrauen, dass die Botschaft die weiteren erforderlichen Schritte einleiten würde. Darauf, ob und wann die Ausländerbehörde über ihren Antrag entscheiden würde, hatte sie keinen Einfluss. Die Klägerin hat sich rechtskonform verhalten, es lag einzig in der Macht des beklagten Landes, über ihren Antrag rechtzeitig zu entscheiden. In diesem Fall muss mithilfe des Grundsatzes von Treu und Glauben aus § 242 BGB die aufgrund der objektiven Gesetzeslage und dem Verhalten der Behörden verursachte außergewöhnliche Härte gemildert werden (VG Stuttgart, Urt. v. 13.12.2005 – 11 K 3258/04; VG Bremen, InfAuslR 2006, 198, 201). Im Wege der Nachsichtgewährung ist hier nachträglich festzustellen, dass die Niederlassungserlaubnis nicht erloschen ist. Zwar ist die Frist um zwei Monate überschritten. Dies ist aber dem Umstand geschuldet, dass die Klägerin erst einen Pass erhalten musste. Auch die Bedeutung der Frist ist zu berücksichtigen, die lediglich ein Indiz dafür sein soll, dass die Ausreise nicht nur zu einem vorübergehenden Zweck erfolgte. Ihr kommt darüber hinaus kein eigenes Gewicht zu (VG Stuttgart, Urt. v. 13.12.2005 – 11 K 3258/04). Höherwertige Rechtsgüter sind nicht beeinträchtigt. Zu berücksichtigen ist auch, dass die gesamte Situation bei der Klägerin zu einer schweren psychischen Erkrankung geführt hat, die aktuell den Zustand der Reiseunfähigkeit verursacht hat. Ein aktuelles Attest ist beigefügt – **Anlage**.

Als gewichtiger Punkt kommt hinzu, dass es unzulässig ist, günstige Rechtspositionen des Betroffenen allein durch eine unangemessene Verfahrensdauer zu beseitigen (BVerwG, InfAuslR 1997, 390, 391; VG Augsburg 14.10.2003 – Au 1 K 01.592), so dass auch aus diesem Grund die Tatsache, dass die Behörde nicht über den Antrag des Klägerin entschieden hat, ihr nicht zum Nachteil gereichen darf.

Da somit feststeht, dass die Niederlassungserlaubnis nicht erloschen ist, sind die auch Ausreiseaufforderung und die Abschiebungsandrohung aus dem Bescheid vom ... rechtswidrig und aufzuheben.

...

Rechtsanwalt ◄

b) Muster: Antrag gem. § 123 VwGO bezüglich Feststellung des Fortbestehens der Niederlassungserlaubnis

▶ **Antrag gem. § 123 VwGO**

der ...

– Antragstellerin –

Verfahrensbevollmächtigte: Rechtsanwälte ...

gegen

das Land Berlin, Landeseinwohneramt, Abt. Ausländerangelegenheiten ...

– Antragsgegner –

wegen Feststellung des Bestehens der Niederlassungserlaubnis und Aussetzung der Abschiebung.

Hiermit zeigen wir an, dass die Antragstellerin uns mit der Wahrnehmung ihrer Interessen beauftragt hat. Eine Vollmacht fügen wir bei.

Namens und in Vollmacht der Antragstellerin beantragen wir,

1. im Wege der einstweiligen Anordnung gem. § 123 VwGO den Antragsgegner zu verpflichten, aufenthaltsbeendende Maßnahmen bis zur Entscheidung in der Hauptsache auszusetzen,
2. dem Antragsgegner mitzuteilen, dass eine Abschiebung bis zur Entscheidung über den Antrag nicht durchgeführt werden darf.

Begründung:

I.

Die Antragstellerin ist tunesische Staatsangehörige (...).

Mit Schriftsatz vom ... wurde gegen den Bescheid Klage erhoben (Az. ...). Der Antragsgegner duldete bisher den Aufenthalt der Antragstellerin, weil sei reiseunfähig war. Inzwischen liegt ein amtsärztlicher Bericht vor, der die Reisefähigkeit der Antragstellerin bestätigt. Der Antragsgegner hat der Antragstellerin angekündigt, dass er aufenthaltsbeendende Maßnahmen einleiten wird. Wir überreichen einen schriftlichen Telefonvermerk der Unterzeichnerin über das Gespräch mit dem Sachbearbeiter des Antragsgegners vom ....

II.

Ein Anordnungsanspruch liegt vor. Es wird insofern verwiesen auf die Begründung der Klage im Schriftsatz vom ...

Es liegt auch ein Anordnungsgrund iSv § 123 VwGO vor. Ein solcher kann gestützt werden auf die nachgewiesenen Bestrebungen des Antragsgegners, aufenthaltsbeendende Maßnahmen einzuleiten.

Durch eine Abschiebung würde das bestehende Aufenthaltsrecht vernichtet. Dies rechtfertigt es, im Blick auf Art. 19 Abs. 4 GG zur Gewährung effektiven Rechtsschutzes die Hauptsache vorweg zu nehmen.

...

Rechtsanwalt ◄

4. Fehlerquellen / Haftungsfallen

136 Folgende typische Fehlerquellen tauchen auf: Wie bereits unter 2. ausgeführt, ist hier eine **Feststellungsklage** im Hinblick auf den Fortbestand der Niederlassungserlaubnis zu erheben. Es wäre falsch, eine Verpflichtungsklage zu erheben oder einen Antrag auf Erlass eines Verwaltungsaktes zu stellen, da es nicht um die Erteilung oder Verlängerung eines Aufenthaltstitels geht, sondern um die Frage, ob der bereits erteilte Aufenthaltstitel und das darauf beruhende Rechtsverhältnis noch fortbesteht.

137 Von der Mandantin müssen regelmäßig **ärztliche Atteste** angefordert und der Ausländerbehörde vorgelegt werden, um sicherzustellen, dass die Duldung verlängert wird. Sobald kein Duldungsgrund mehr besteht, ist unverzüglich ein **Eilantrag** beim Verwaltungsgericht zu stellen. Im Rahmen der Feststellungsklage richtet sich der Eilantrag nach § 123 VwGO (s. o.).

138 Wird der Anwalt von einer Person beauftragt, die sich im Ausland mit einer befristeten Aufenthaltserlaubnis befindet und nicht rechtzeitig zurückkehren kann, ist sofort zu klären, ob bereits ein **Verlängerungsantrag** gestellt wurde und ob dieser der Ausländerbehörde, die für die Entscheidung zuständig ist, vorliegt. Da es darauf ankommt, dass über den Antrag auch vor Ablauf der sechs Monate entschieden wird, hat der Anwalt bei der entsprechenden Behörde mit Nachdruck darauf zu dringen, dass die Entscheidung rechtzeitig ergeht. Ist der Betroffene im Besitz eines befristeten Aufenthaltstitels, muss zudem rechtzeitig auch diesbezüglich ein Verlängerungsantrag gestellt werden.

5. Weiterführende Hinweise

a) Fristverlängerung vor der Ausreise

139 Bei Inhabern von Aufenthaltserlaubnissen gem. §§ 22–24 und § 25 Abs. 3–5 AufenthG soll eine längere Frist nur bestimmt werden, wenn der Auslandsaufenthalt im öffentlichen Interesse oder aus Gründen der Ausbildung oder Berufsausübung erforderlich ist,[121] während Ausländer, die eine Aufenthaltserlaubnis zu Ausbildungszwecken besitzen, gar keine **Fristverlängerung** erhalten sollen.[122] Im Übrigen kann eine längere Frist bestimmt werden, wenn ein Ausländer eine Niederlassungserlaubnis oder einen Anspruch auf die Verlängerung seiner Aufenthaltserlaubnis besitzt oder wenn der Auslandsaufenthalt zur Ausbildung, Berufsausübung oder aus dringenden persönlichen Gründen erforderlich ist. Die Frist darf nicht die Geltungsdauer der Aufenthaltserlaubnis überschreiten.[123]

140 Gemäß § 51 Abs. 4 AufenthG ist bei Inhabern einer Niederlassungserlaubnis regelmäßig eine Fristverlängerung zu gewähren, wenn sie aus einem vorübergehenden Grund, zB **Studium**

---

[121] AVwV-AufenthG Nr. 51.1.6.2.
[122] AVwV-AufenthG Nr. 51.1.6.1.
[123] AVwV-AufenthG Nr. 51.1.6.3.

oder **Ausbildung** ins Ausland gehen wollen. Dies gilt auch, wenn der Auslandsaufenthalt den Interessen der Bundesrepublik Deutschland dient, zB bei **Entwicklungshelfern**.[124]

Auf türkische Staatsangehörige, die die Rechtsstellung aus Art. 7 Abs. 1 ARB 1/80 besitzen, ist § 51 Abs. 1 Nr. 7 AufenthG nicht anwendbar, denn ihnen steht unmittelbar aus dem Unionsrecht ein Aufenthaltsrecht zu, das auch nur nach den Regeln des Unionsrecht (Art. 14 ARB 1/80) erlischt.[125] Hier ist jeweils zu prüfen, ob eine dauernde Ausreise ohne berechtigten Grund vorliegt.

b) Fehlende Kenntnis

Die Tatsache, dass der Betroffene **keine Kenntnis von der Sechsmonatsfrist** und der Möglichkeit der Fristverlängerung hatte, schützt ihn nicht vor dem Erlöschen seines Aufenthaltstitels, denn es wird erwartet, dass er sich entsprechend informiert.[126] Es handelt sich um eine gesetzliche Ausschlussfrist, die **Regeln der Wiedereinsetzung** in den vorigen Stand sind nicht anwendbar. Auf die Gründe, aus denen der Betroffene gehindert war, rechtzeitig zurückzukehren oder einen Verlängerungsantrag zu stellen, kommt es in der Regel nicht an.[127]

c) Passverlust im Ausland

Hat der Betroffene seinen Pass im Ausland verloren, ist dieser unbrauchbar geworden oder seine Gültigkeit abgelaufen, muss der Betroffene sich ebenfalls an die **deutsche Auslandsvertretung** wenden, seinen neuen Pass vorlegen und eine Einreiseerlaubnis beantragen. Die Auslandsvertretung selbst ist nicht zuständig für die Eintragung des Aufenthaltstitels in den Pass, weil es sich um eine aufenthaltsrechtliche Maßnahme im Zuständigkeitsbereich der Ausländerbehörde gem. § 71 Abs. 1 AufenthG handelt. Ohne einen Vermerk über den Bestand eines Aufenthaltstitels kann der Betroffene allerdings nicht nach Deutschland zurückkehren. Die Auslandsvertretung muss also von der zuständigen Ausländerbehörde die Auskunft anfordern, ob der Betroffene über einen Aufenthaltstitel verfügt und dann eine Einreiseerlaubnis erteilen, die lediglich deklaratorischen Charakter hat. Sollte sich dieses Verfahren über einen längeren Zeitraum hinziehen, ist die Meldung des Betroffenen bei der Auslandsvertretung, an die er sich wendet, auch als Antrag auf Verlängerung der Frist des § 51 Abs. 1 Nr. 7 AufenthG auszulegen. Zwar gilt das VwVfG gem. § 2 Abs. 3 Nr. 3 VwVfG für die Vertretungen des Bundes im Ausland nicht, so dass die Beratungs- und Auskunftspflicht des § 25 VwVfG nicht herangezogen werden kann. Dennoch sind auch die Auslandsvertretungen aus allgemeinen rechtsstaatlichen Erwägungen heraus verpflichtet, Anträge und Willenserklärungen gem. § 133 BGB auszulegen.

Lehnt die konsularische Auslandsvertretung die Erteilung der Einreiseerlaubnis ab, ist **Verpflichtungsklage** – ggf. bei Dringlichkeit mitsamt einem Antrag nach § 123 VwGO – bei dem für die jeweilige Ausländerbehörde zuständigen Verwaltungsgericht zu erheben, weil der Streit ursprünglich mit der Ausländerbehörde geführt wird, die feststellt, ob die Voraussetzungen des § 51 Abs. 1 Nr. 7 AufenthG vorliegen.

---

124 AVwV-AufenthG Nr. 51.1.6.5.
125 VG München, Urt. v. 16.3.2011 – 23 K 10.2469; AVwV-AufenthG Nr. 5.1.6.4.4.
126 OVG NRW InfAuslR 2004, 439.
127 OVG Hamburg AuAS 2004, 218–219.

d) Erlöschen trotz wiederholter Kurzaufenthalte vor Ablauf von sechs Monaten

144 Nicht selten gibt es Fälle, in denen Inhaber von Aufenthaltstiteln sich längere Zeit im Ausland aufhalten, aber jeweils vor Ablauf der Sechsmonatsfrist für kurze Zeit zurückkehren. Hier wird anhand des Einzelfalles geprüft, ob dennoch der Aufenthaltstitel erloschen sein könnte. Grundsätzlich wird der **Beginn der Frist** durch wiederholte Einreisen innerhalb der Sechsmonatsfrist **unterbrochen**. Allerdings muss feststehen, dass der Betroffene noch immer seinen **Lebensmittelpunkt in Deutschland** hat,[128] was auch dann angenommen werden kann, wenn die Person sowohl in Deutschland als auch in dem anderen typischerweise Herkunftsstaat enge familiäre Bindungen hat.[129] Allein die mehrmalige kurzfristige Rückkehr kurz vor Ablauf der Frist ohne einen zusätzlichen engen Bezug zum Bundesgebiet, unterbricht die Frist jedoch nicht,[130] insbesondere wenn zB im Ausland geheiratet wurde und der Ehepartner dort verbleibt.

e) Kein Erlöschen in den Fällen des § 51 Abs. 2 AufenthG

145 Personen, die im **Besitz einer Niederlassungserlaubnis** sind und sich **länger als 15 Jahre** rechtmäßig im Bundesgebiet aufgehalten haben, sowie deren Ehegatten verlieren gem. § 51 Abs. 2 AufenthG ihren Aufenthaltstitel auch bei einem Auslandsaufenthalt von mehr als sechs Monaten nicht, wenn ihr Lebensunterhalt gesichert ist und kein Ausweisungsinteresse nach § 54 Abs. 1 Nr. 2–5 oder Abs. 2 Nr. 5–7 AufenthG besteht. Maßgeblicher Zeitpunkt für die Frage der Lebensunterhaltssicherung ist nicht die Wiedereinreise, sondern der Erlöschenszeitpunkt, also der Ablauf der Sechsmonatsfrist.[131] Auch ein Ausländer, der **mit einem Deutschen verheiratet** ist und eine **Niederlassungserlaubnis** besitzt, verliert diese trotz mehr als sechsmonatigem Auslandsaufenthalt nicht, es sei denn, eines der og Ausweisungsinteressen besteht. Für das Erlöschen der Aufenthaltstitel von Asylberechtigten, anerkannten Flüchtlingen und Inhabern von Daueraufenthaltserlaubnissen-EG enthält § 51 Abs. 7 und 9 AufenthG spezielle Regeln.

f) Rückkehrmöglichkeit bei Zwangsverheiratung

146 Zum Schutz von Personen, die Opfer einer **Zwangsverheiratung und Verschleppung ins Ausland** wurden, hat der Gesetzgeber mit dem Gesetz zur Bekämpfung der Zwangsheirat vom 23.6.2011 (BGBl. 2011 Teil 1 Nr. 33, in Kraft seit 1.7.2011) Regelungen geschaffen, die eine Rückkehr ermöglichen sollen. Dazu wurde § 37 AufenthG dahin gehend erweitert, dass eine Person, die sich schon als Minderjähriger rechtmäßig im Bundesgebiet aufgehalten hatte, dann aber rechtswidrig mit Gewalt oder Drohung mit einem empfindlichen Übel zur Eingehung einer Ehe genötigt und von der Rückkehr nach Deutschland abgehalten wurde, innerhalb von drei Monaten nach Wegfall der Zwangslage, spätestens aber fünf Jahre nach der Ausreise, einen Antrag auf (Neu-) Erteilung einer Aufenthaltserlaubnis stellen kann, § 37 Abs. 2 a AufenthG. Für die Erteilung muss gewährleistet sein – und von ihr selbst belegt werden –, dass sie sich (wieder) im Bundesgebiet wird integrieren können. Im Übrigen kann in diesen Fällen von den Voraussetzungen von § 37 Abs. 1 Nr. 1–3 AufenthG abgesehen werden. Von der Integrationsprognose abgesehen wird gem. § 37 Abs. 2 a S. 1 AufenthG, wenn sich die Person vorab bereits acht Jahre in Deutschland aufgehalten und sechs Jahre eine Schule besucht hat.

---

128 OVG RhPf AuAS 2003, 194, 195.
129 VGH BW InfAuslR 2011, 297, 298.
130 VG Stade v. 28.6.2004 – 6 B 962/04.
131 OVG NRW, Beschl. v. 14.02.2011 – 18 B 176/11 – juris, Rn. 7.

Damit korrespondierend, erlischt gem. § 51 Abs. 4 S. 2 AufenthG in derartigen Konstellationen – nach vormals achtjährigem Aufenthalt und sechsjährigem Schulbesuch – der bisherige Aufenthaltstitel nicht, falls er nicht schon durch Zeitablauf erloschen war, wenn der Betroffene innerhalb von zehn Jahren nach der Ausreise wieder einreist.

Die Neuregelung ist recht eng gefasst: Sie gilt zum einen nur für nachweisliche Fälle von Gewalt und erheblicher Drohung – nicht jedoch für Konstellationen von sanfterem, wenngleich effektivem Druck und anderen familiären Zwangsverhältnissen wie etwa auch dem vorliegenden Beispielsfall. Des Weiteren und vor allem bergen die Fristen, die Integrationsprognose und nicht zuletzt die Schwierigkeit, die gesetzlichen Voraussetzungen tatsächlich beweisen zu können, die Gefahr der Bedeutungslosigkeit der Norm.

C. Aufenthaltserlaubnis des nichtehelichen Elternteils eines Kindes
I. Unterscheidung zwischen § 28 Abs. 1 S. 1 Nr. 3 und § 28 Abs. 1 S. 4 AufenthG
1. Sachverhalt
Beispiel: Verlust des Sorgerechts für das deutsche Kind 147

Der algerische Staatsangehörige N reiste nach Deutschland ein, um einen Asylantrag zu stellen. Während des Asylverfahrens heiratete er die deutsche Staatsangehörige S und erhielt eine Aufenthaltserlaubnis. Ein Jahr nach der Eheschließung wurde die gemeinsame Tochter A geboren. Eineinhalb Jahre später – sie hatten noch keine drei Jahre zusammengelebt – trennte N sich von seiner Ehefrau. Im später durchgeführten Scheidungsverfahren wurde S das Sorgerecht für das Kind übertragen. Gleichzeitig einigten sich die Eltern auf eine Umgangsregelung, wonach N das Kind alle zwei Wochen am Wochenende (Samstag und Sonntag) zu sich nimmt und das Kind jeden Mittwochnachmittag vom Kindergarten abholt und bis zum Abend betreut, während die Mutter arbeitet. N verdient 400 EUR netto monatlich.

Vor Ablauf seiner Aufenthaltserlaubnis beantragte N die Verlängerung. Die zuständige Behörde lehnte den Antrag ab, setzte eine Ausreisefrist und drohte die Abschiebung nach Algerien an. Zur Begründung heißt es, N habe kein eigenständiges Aufenthaltsrecht erworben und es bestehe zwischen ihm und seiner Tochter keine schützenswerte familiäre Gemeinschaft, sondern lediglich eine Begegnungsgemeinschaft. Im Übrigen sei N zu einer Freiheitsstrafe von 6 Monaten auf Bewährung wegen Betruges verurteilt worden und sein Lebensunterhalt sei nicht gesichert.

2. Prüfungsreihenfolge
a) Prüfung des erforderlichen Rechtsmittels
Je nach **Bundesland** ist Widerspruch bzw. Verpflichtungsklage innerhalb eines Monats nach 148 Zustellung des Bescheides zu erheben. Ferner ist auch die **Ausreisefrist** gesondert zu notieren, damit rechtzeitig vor deren Ablauf der Eilantrag gestellt wird. Der Mandant sollte aufgefordert werden, den **Briefumschlag**, aus dem sich das Zustellungsdatum ergibt, vorzulegen. Örtlich zuständiges Gericht ist das Verwaltungsgericht am Sitz der Behörde, § 52 Nr. 5 VwGO.

Gemäß § 84 Abs. 1 Nr. 1 AufenthG haben Widerspruch und Klage gegen die Ablehnung der 149 Verlängerung einer Aufenthaltserlaubnis **keine aufschiebende Wirkung**, so dass zugleich ein Eilrechtsschutzantrag gem. § 80 Abs. 5 VwGO vorbereitet werden muss. Im Rahmen dieses Antrages sind die für den Mandanten günstigen Umstände glaubhaft zu machen. Zu diesem Zweck sind dem Antrag eidesstattliche Versicherungen und Stellungnahmen beizufügen.

150 Grundsätzlich besteht während des Widerspruchverfahrens auch die Möglichkeit, zunächst einen Eilrechtsschutzantrag gem. § 80 Abs. 4 VwGO bei der Behörde zu stellen. Erfahrungsgemäß bleiben derartige Anträge jedoch zumeist erfolglos, weil die Behörden regelmäßig an der einmal gebildeten Auffassung festhalten. Ein solcher Antrag ist daher nicht empfehlenswert.

b) Materiellrechtliche Überlegungen

151 Die Verlängerung der Aufenthaltserlaubnis richtet sich nach der **Trennung von der Ehefrau** und der **Übertragung des Sorgerechts auf sie** nach § 28 Abs. 1 S. 4 AufenthG. Es kommt darauf an, dass eine familiäre Lebensgemeinschaft zwischen Vater und Kind besteht. Das Bundesverfassungsgericht hat in mehreren Entscheidungen verbindliche Kriterien vorgegeben, unter welchen Umständen eine schützenswerte familiäre Lebensgemeinschaft angenommen werden soll und hat dabei insbesondere einer schematischen Bewertung eine Absage erteilt.[132]

152 Liegen die tatbestandlichen Voraussetzungen des § 28 Abs. 1 S. 4 AufenthG vor, hat die Ausländerbehörde eine **Ermessensentscheidung** zu treffen, bei der nach der gefestigten Rechtsprechung des BVerfG insbesondere das Recht des Kindes auf Umgang mit beiden Eltern, sowie das Recht und die Pflicht des ausländischen Elternteils auf Umgang mit dem Kind entscheidend ins Gewicht fallen. Grundsätzlich ist demnach das Ermessen unter Zugrundelegung von Art. 6 GG auf Null reduziert, weil der Wunsch des Elternteils und das Recht des Kindes, die familiäre Lebensgemeinschaft in Deutschland fortzusetzen, Vorrang gegenüber einwanderungspolitischen Belangen der Bundesrepublik genießen.[133]

153 Dabei kann die Frage, ob der nichtsorgeberechtigte Elternteil für das Kind bisher **Unterhalt** gezahlt hat bzw. weiterhin zahlt, von Bedeutung sein. Hier sind aber die finanzielle Leistungsfähigkeit und die Möglichkeit, eine Arbeitsstelle zu finden, zu berücksichtigen. Zahlt der Elternteil keinen Unterhalt, sollte ausführlich dargelegt werden, aus welchem Grund dies nicht möglich ist bzw. sollten nachhaltige Bemühungen der Arbeitssuche nachgewiesen werden.

154 Vom Vorliegen der allgemeinen Erteilungsvoraussetzungen des § 5 Abs. 1 AufenthG kann **abgewichen** werden, so dass nicht zwingend der Lebensunterhalt gesichert sein muss. Wegen des Gewichts von Art. 6 GG und des Kindeswohls darf der Bezug von staatlichen Leistungen grundsätzlich nur bei schwerwiegenden Gründen zur Versagung der Aufenthaltserlaubnis führen.

155 Es ist aber § 27 Abs. 3 S. 2 AufenthG zu beachten. Das Vorliegen eines **Ausweisungsgrundes** muss dabei nicht zwingend zum Ausschluss bzw. Verlust der Aufenthaltserlaubnis führen, sondern ist im Rahmen der Ermessensentscheidung zu berücksichtigen.[134] Hier ist eine umfassende **Abwägung** zu treffen. Dabei sind insbesondere die in § 55 Abs. 1 Nr. 4, Abs. 2 Nr. 5 AufenthG genannten Aspekte zu berücksichtigen, die für den Verbleib und gegen eine Ausweisung sprechen.[135]

156 Im Mittelpunkt stehen die Klärung der Intensität des Vater-Kind-Verhältnisses und die Art und der Umfang seiner Betreuungsleistungen gegenüber dem Kind. Der Mandant sollte im

---

[132] BVerfG InfAuslR 2006, 122 ff.; BVerfG InfAuslR 2006, 320 ff.; InfAuslR 2009, 150–152.
[133] BVerfGE 121, 69, 93.
[134] OVG Hamburg InfAuslR 2006, 361, 362; HessVGH AuAS 2005, 98,99; OVG Sachsen-Anhalt AuAS 2011, 179–180.
[135] AVwV-AufentG Nr. 27.3.8.

Einzelnen schildern, wie sich sein Verhältnis zu dem Kind darstellt, was er mit dem Kind unternimmt, wie die Kontakte aussehen. Dazu sollte eine **eidesstattliche Versicherung** von ihm aufgenommen werden. Sodann ist zu klären, ob die Mutter des Kindes bereit ist, ebenfalls in Form einer eidesstattlichen Versicherung, Erklärungen zum Vater-Kind-Verhältnis abzugeben. Sollte sie dazu nicht bereit sein, müsste der Mandant aufgefordert werden, Erklärungen von anderen Personen beizubringen, die ihn zusammen mit dem Kind erlebt haben, zB Erzieherinnen des Kindergartens, wo er das Kind abholt.

Von dem Mandanten sollte das **Scheidungsurteil** und, falls schriftlich vorhanden, auch die Vereinbarung zum Umgangsrecht angefordert werden. Ist auch das **Jugendamt** eingeschaltet, sollte mit dem zuständigen Sachbearbeiter Kontakt aufgenommen werden, um auch von ihm eine Stellungnahme zu erhalten. Ferner ist zu klären, ob der Mandant erwerbstätig ist und Unterhalt an sein Kind zahlt.

3. Muster: Klage und Eilantrag gegen Ablehnung der Verlängerung der Aufenthaltserlaubnis des nichtsorgeberechtigten Vaters eines deutschen Kindes

▶ **Verpflichtungsklage und Antrag nach § 80 Abs. 5 VwGO**

des ...

– Kläger u. Antragsteller –

Verfahrensbevollmächtigte: Rechtsanwälte ...

gegen

den Landkreis ..., vertr. durch den Oberkreisdirektor – Ordnungsamt –,

– Beklagter u. Antragsgegner –

Hiermit zeigen wir an, dass der Kläger uns mit der Wahrnehmung seiner Interessen beauftragt hat. Eine Vollmacht fügen wir bei.

Namens und in Vollmacht des Klägers beantragen wir,

1. den Bescheid des Beklagten vom ... aufzuheben und den Beklagten zu verpflichten, unter Beachtung der Rechtsauffassung des Gerichts erneut über den Antrag auf Verlängerung der Aufenthaltserlaubnis des Klägers gem. § 28 Abs. 1 S. 4 AufenthG zu entscheiden,
2. die aufschiebende Wirkung der Klage anzuordnen,
3. dem Antragsgegner mitzuteilen, dass eine Abschiebung bis zur Entscheidung über den Antrag nicht durchgeführt werden darf.

Begründung:

I.

Der Kläger und Antragsteller (im Folgenden: Kläger) ist algerischer Staatsangehöriger. Aufgrund der Eheschließung mit der deutschen Staatsangehörigen S war er im Besitz einer Aufenthaltserlaubnis gem. § 28 Abs. 1 S. 1 Nr. 1 AufenthG. Die Eheleute sind inzwischen geschieden. Sie sind Eltern der Tochter A, geb. am ..., für die S nunmehr nach der Trennung das alleinige Sorgerecht besitzt. Der Kläger übt sein Umgangsrecht aus, indem die Tochter jedes zweite Wochenende bei ihm verbringt und er sie einmal wöchentlich vom Kindergarten abholt.

Der Antrag des Klägers auf Verlängerung seiner Aufenthaltserlaubnis wurde mit Bescheid vom ... durch den Beklagten und Antragsgegner abgelehnt. Er forderte den Kläger zur Ausreise auf und drohte seine Abschiebung nach Algerien an.

II.

Der Antrag ist zulässig und auch begründet.

Der angefochtene Bescheid ist offensichtlich rechtswidrig, so dass die aufschiebende Wirkung gem. § 80 Abs. 5 VwGO anzuordnen ist.

Entgegen der Auffassung des Beklagten liegen die tatbestandlichen Voraussetzungen des § 28 Abs. 1 S. 4 AufenthG vor. Zwischen dem Kläger und seiner Tochter besteht eine familiäre Lebensgemeinschaft iSd Rechtsprechung des Bundesverfassungsgerichts (BVerfG, InfAuslR 2006, 122 ff.).

Danach verbietet sich die schematische Einordnung einer familiären Beziehung als entweder aufenthaltsrechtlich grundsätzlich schutzwürdige Lebens- und Erziehungsgemeinschaft oder Beistandsgemeinschaft oder aber bloße Begegnungsgemeinschaft ohne aufenthaltsrechtliche Schutzwirkungen, zumal der persönliche Kontakt mit dem Kind in Ausübung eines Umgangsrechts unabhängig vom Sorgerecht Ausdruck und Folge des natürlichen Elternrechts und der damit verbundenen Elternverantwortung ist und daher unter dem Schutz von Art. 6 Abs. 2 S. 1 GG steht (BVerfG, InfAuslR 2006 122, 124). Es kommt nicht darauf an, ob eine Hausgemeinschaft vorliegt. Das BVerfG stellt außerdem fest, dass sich eine verantwortungsvoll gelebte Eltern-Kind-Gemeinschaft nicht allein quantitativ nach Daten und Uhrzeiten des persönlichen Kontakts oder genauem Inhalt der einzelnen Betreuungshandlungen bestimmen lasse. Die Entwicklung des Kindes werde vielmehr auch durch die geistige und emotionale Auseinandersetzung geprägt (BVerfG, InfAuslR 2006, 122, 124). Im Falle eines regelmäßigen Umgangs des ausländischen Elternteils, der dem auch sonst üblichen entspricht, ist in der Regel von einer familiären Gemeinschaft auszugehen, wobei es auch eine Rolle spielen kann, ob der Vater seiner Unterhaltsverpflichtung als Teil der Elternverantwortung nachkommt (BVerfG, InfAuslR 2006, 122, 125; InfAuslR 2009, 150–152).

Danach besteht zwischen dem Kläger und seiner Tochter eine familiäre Beziehung. Laut beigefügter schriftlicher Vereinbarung zwischen dem Kläger und seiner geschiedenen Ehefrau hat der Kläger die Tochter alle zwei Wochen am Wochenende bei sich – **Anlage 1**. Sie übernachtet auch bei ihm. Darüber hinaus holt er sie einmal in der Woche vom Kindergarten ab und betreut sie, während die Mutter arbeitet. An diesen Tagen bringt er das Kind auch abends ins Bett. Wie sich aus der als **Anlage 2** überreichten eidesstattlichen Versicherung der Mutter des Kindes ergibt, besteht zwischen Vater und Kind ein intensives, liebevolles Verhältnis. Sie erklärt, dass der Kläger ein sehr guter Vater sei. Der Kläger und seine Tochter haben zudem vor der Trennung der Eltern auch in häuslicher Gemeinschaft zusammengelebt. Es sind keine Anhaltspunkte dafür ersichtlich, dass die dadurch entstandene Verbundenheit weggefallen wäre (vgl. OVG NRW, InfAuslR 2006, 126, 127).

Gegen das Bestehen einer schützenswerten familiären Gemeinschaft spricht nicht die Tatsache, dass der Mutter das alleinige Sorgerecht übertragen wurde. Der Kläger war mit dieser Entscheidung einverstanden, um Auseinandersetzungen mit der Mutter, die sich möglicherweise negativ auf die Entwicklung des Kindes ausgewirkt hätten, zu vermeiden.

Die Frage, ob das Kind in seiner Entwicklung auf die Anwesenheit des Klägers angewiesen ist (wie es in den AVwV-AufenthG Nr. 28.1.5.1 gefordert wird), spielt bei der Bewertung keine Rolle, denn darauf, ob die von einem Familienmitglied erbrachte Lebenshilfe auch von einer anderen Person erbracht werden könnte, kommt es nach der Rechtsprechung des BVerfG nicht an. Insbesondere der spezifische Erziehungsbeitrag des Vaters wird nicht durch die Betreuung des Kindes durch die Mutter entbehrlich (BVerfG, InfAuslR 2006, 320, 321; BVerfG InfAuslR 2002, 171, 173).

Es kommt hinzu, dass die Tochter des Klägers noch ein Kleinkind ist. Eine Trennung vom Vater ist daher nicht zumutbar, weil der Kontakt nicht über Briefe oder Telefonate aufrechterhalten werden kann (BVerfG, InfAuslR 2000, 67, 69; OVG Hamburg, InfAuslR 2006, 361, 362).

Der Kläger zahlt im Rahmen seiner finanziellen Möglichkeiten Kindesunterhalt und bemüht sich auch deshalb besonders um eine volle Arbeit, um die Unterhaltsleistungen aufstocken zu können.

Gemäß § 28 Abs. 1 S. 4 AufenthG kann die Aufenthaltserlaubnis abweichend von § 5 Abs. 1 AufenthG erteilt werden. Im Rahmen der hier zu treffenden Ermessensentscheidung ist jedenfalls das Kindeswohl von entscheidender Bedeutung (HessVGH, AuAS 2002, 98, 99), so dass das Ermessen unter Einbeziehung der Aspekte aus § 55 Abs. 1 Nr. 4, Abs. 2 Nr. 5 AufenthG in der Regel auf Null reduziert ist. Die fehlende Lebensunterhaltssicherung und die strafrechtliche Verurteilung sind daher unschädlich. Es kommt hinzu, dass der Kläger nach der Geburt des Kindes keine Straftaten mehr begangen hat, so dass hier von einer Zäsur in seiner Lebensführung ausgegangen werden kann (vgl. BVerfG, InfAuslR 2006, 320, 322).

Da die angefochtene Entscheidung bereits zu Unrecht das Vorliegen der Tatbestandsvoraussetzungen des § 28 Abs. 1 S. 4 AufenthG verneint hat, ist sie offensichtlich rechtswidrig und das Interesse des Klägers am weiteren Verbleib im Bundesgebiet überwiegt gegenüber dem öffentlichen Interesse an der sofortigen Ausreise.

III.

Zur Begründung der Klage wird vorläufig auf die obigen Ausführungen verwiesen.

...

Rechtsanwalt ◄

4. Fehlerquellen / Haftungsfallen

Folgende typische Fehlerquellen tauchen auf: 159

- nicht ausreichende Glaubhaftmachung der Qualität des Vater – Kind – Verhältnisses durch Versäumung der Vorlage von eidesstattlichen Versicherungen.
- nicht ausreichende Auseinandersetzung mit der verfassungsgerichtlichen Rechtsprechung, von der insbesondere die Verwaltungsvorschriften teilweise erheblich abweichen.

5. Weitere Hinweise

a) Aufenthaltserlaubnis aufgrund der Personensorge für ein deutsches Kind

Gemäß § 28 Abs. 1 S. 1 Nr. 3 AufenthG besteht der Nachzugsanspruch eines ausländischen 160 Elternteils zum deutschen Kind zum **Zweck der Ausübung der Personensorge**. Dabei sind ausländische Sorgerechtsentscheidungen grundsätzlich anzuerkennen und zu berücksichtigen.[136] Ferner muss die Personensorge auch tatsächlich ausgeübt werden. Nach den Allgemeinen Verwaltungsvorschriften soll es dabei nur ausnahmsweise ausreichen, dass die Personensorge nur im Rahmen einer Betreuungs- und Beistandsgemeinschaft ausgeübt wird, wenn also keine häusliche Gemeinschaft besteht. Dem Gestaltungsrecht der Eltern kommt hier aber ein erhebliches Gewicht zu. Sie können daher die Versorgung und Erziehung auch so organisieren, dass der ausländische Elternteil nicht ständig bei dem Kind lebt. Eine schematische Betrachtung verbietet sich ebenso wie bei der ehelichen Lebensgemeinschaft. Vielmehr kommt es darauf an, ob die gemeinsame Lebensführung in Form einer **Beistandsgemeinschaft** dadurch ge-

---

[136] AVwV-AufenthG Nr. 28.1.3.

kennzeichnet ist, dass das erwachsene Familienmitglied gegenüber dem Kind Verantwortung für die Betreuung und Erziehung übernimmt, ihm Beistand im Lebensalltag gewährt und durch Zuwendungen Lebenshilfe leistet.[137] Sofern kein tatsächliches Zusammenleben besteht, genügt jedenfalls die **ernsthafte Absicht** zur Ausübung der Personensorge durch tatsächliche Betreuung, Versorgung und Erziehung.[138]

161 Haben die Eltern eine **gemeinsame Sorgerechtserklärung** abgegeben, begründet diese unabhängig vom Bestehen einer häuslichen Gemeinschaft eine widerlegliche Vermutung dahin gehend, dass die Sorge auch tatsächlich gemeinsam ausgeübt wird. Im Falle des Getrenntlebens der Familie ist genauer darzulegen, dass trotzdem eine familiäre Gemeinschaft besteht.[139]

b) Duldung des werdenden Vaters vor der Geburt

162 Die **Anerkennung der Vaterschaft** für ein noch nicht geborenes deutsches Kind kann zu einem Duldungsgrund gem. § 60 a Abs. 2 AufenthG führen, wenn die Geburt so nahe bevorsteht, dass die Durchführung eines Visumverfahrens nicht mehr vor der Geburt möglich wäre oder wenn bei der werdenden Mutter eine Risikoschwangerschaft besteht und zu befürchten wäre, dass die abschiebungsbedingte Trennung zu einer erheblichen Belastung für die werdende Mutter und damit auch das ungeborene Kind wird.[140] Dies muss durch ärztliche Atteste glaubhaft gemacht werden, die deutliche Aussagen zur konkreten Gefährdung von Mutter und Kind enthalten müssen. Ein Duldungsanspruch kann in Ausnahmefällen sogar dann bestehen, wenn noch keine Anerkennungserklärung vorliegt, aber andere Anhaltspunkte dafür gegeben sind, dass der Betroffene den unbedingten Willen hat, nach der Geburt für sein Kind Verantwortung zu übernehmen.[141] In allen Fällen ist der Mandant, mithin der Vater des Kindes, darauf hinzuweisen, schnellstmöglichst die Vaterschaftsanerkennung gemeinsam mit der Kindesmutter zu erklären, um diese dann jedenfalls noch an die Ausländerbehörde nachreichen zu können.

c) Nichtsorgeberechtigtes Elternteil – Durchsetzung des Umgangsrechts

163 Verfügt der ausländische Elternteil eines deutschen Kindes nicht über das Personensorgerecht, kommt ein Zuzug aus dem Ausland auf der Grundlage des § 28 Abs. 1 S. 4 AufenthG nicht in Betracht, da es demnach darauf ankommt, dass die familiäre Lebensgemeinschaft schon im Bundesgebiet gelebt wurde. **Der Visumantrag** kann aber auf § 36 Abs. 2 AufenthG unter Berufung auf Art. 6 Abs. 1 und 2 GG gestützt werden. Hier ist in der Argumentation das Gewicht auf den Aspekt des Kindeswohls zu legen.

164 Die wohl typische Konstellation sieht so aus, dass das Kind bei der sorgeberechtigten Mutter lebt, während der Vater ein Umgangsrecht besitzt. Zwar haben Vater und Kind gem. § 1684 Abs. 1 BGB ein Recht auf Umgang. Häufig besteht aber die Notwendigkeit, dieses Umgangsrecht gerichtlich geltend zu machen, weil eine Einigung der Eltern nicht möglich ist. Der Staat hat die Verpflichtung, dem benachteiligten Elternteil dazu zu verhelfen, seine Rechte und Pflichten gegenüber dem Kind geltend zu machen. Hier wird aus Art. 8 Abs. 1 EMRK auch die Verpflichtung entnommen, während eines solchen Rechtsstreits **keine aufenthaltsbeenden-**

---

[137] BVerfG InfAuslR 2002, 171 ff.
[138] OVG Sachsen NVwZ-RR 2001, 689.
[139] OVG Sachsen InfAuslR 2005, 35; VGH BW InfAuslR 2008, 24, 25.
[140] OVG Sachsen InfAuslR 2006, 446 ff.; OVG Berlin-Brandenburg, Beschl. v. 30.3.2009 – OVG 12 S 28.09.
[141] OVG Sachsen InfAuslR 2006, 446 ff.

den **Maßnahmen** einzuleiten.¹⁴² Das Recht auf Prozessführung im Familienrechtsstreit begründet damit auch ein Recht auf Aufenthalt für die Wahrnehmung prozessualer Rechte zur Erlangung bzw. Regelung des Umgangs mit dem Kind.¹⁴³

Im Rahmen eines Verfahrens auf Erteilung oder Verlängerung der Aufenthaltserlaubnis hat die Ausländerbehörde somit jedenfalls zunächst den Ausgang eines Umgangsrechtsverfahrens abzuwarten. Wenn sich der nichtsorgeberechtigte Elternteil nachhaltig und ernsthaft gegenüber dem das Umgangsrecht vereitelnden Elternteil um die Ausübung seiner Rechte bemüht, kommt ihm hinsichtlich des Führens einer familiären Gemeinschaft mit dem Kind eine, auch durch Art. 6 Abs. 1 und 2 GG, geschützte Vorwirkung zu.¹⁴⁴

d) Nachzugsrecht gem. § 36 Abs. 2 AufenthG

Besteht kein Recht auf Familiennachzug nach den §§ 29–35 AufenthG, kann die Härtefallregelung aus § 36 Abs. 2 AufenthG in Betracht gezogen werden. Voraussetzung für das Vorliegen einer **außergewöhnlichen Härte** in diesem Sinne ist, dass gewichtige Gründe wie etwa eine besondere Pflege- oder Betreuungsbedürftigkeit oder eine psychische Not vorliegen und die Herstellung bzw. Wahrung der familiären Lebensgemeinschaft erforderlich ist, um dem gerecht zu werden.¹⁴⁵ Im Regelfall sollte darauf abgestellt werden, dass entweder der nachziehende oder der hier lebende Familienteil zwingend **auf** eben diese **Hilfe angewiesen** ist. Zu berücksichtigen ist derweil der hohe Begründungsaufwand, denn die Verwaltungspraxis und die Rechtsprechung gehen sehr restriktiv mit dieser Vorschrift um – das BVerwG betont, dass allein „**seltene Ausnahmefälle**" die Anwendung gebieten, wenn ansonsten grundlegende Gerechtigkeitsvorstellungen verletzt würden.¹⁴⁶

II. Aufenthaltsrecht für Elternteil eines nichtdeutschen Kindes, dessen anderer Elternteil über ein verfestigtes Aufenthaltsrecht verfügt
(Art. 6 Abs. 1 und 2 GG, §§ 60 a Abs. 2, 25 Abs. 5 AufenthG)

1. Sachverhalt

Beispiel: Umgangsrecht mit vietnamesischem Kind

Der vietnamesische Staatsangehörige N hält sich seit 10 Jahren geduldet im Bundesgebiet auf, nachdem sein Asylantrag abgelehnt wurde, und eine Rückkehr nach Vietnam wegen fehlender Rückübernahmezusicherung der vietnamesischen Behörden bisher unmöglich war. Er lernt die ebenfalls vietnamesische Staatsangehörige T kennen. Sie ist im Besitz einer Aufenthaltserlaubnis und noch verheiratet. T wird schwanger und N erkennt die Vaterschaft für das Kind an. T ist jedoch nicht bereit, eine gemeinsame Sorgeerklärung abzugeben. Nach der Geburt erhält das Kind A eine Aufenthaltserlaubnis. Es wird ein Vaterschaftsanfechtungsverfahren durchgeführt, da aufgrund der noch bestehenden Ehe der bisherige Ehemann von T als rechtlicher Vater galt. Die Familie lebt zusammen in einer Wohnung. T arbeitet, während N das Kind versorgt. Eine Eheschließung ist nicht möglich, weil das Scheidungsverfahren von T aufgrund verschiedener Komplikationen noch nicht abgeschlossen ist. Schließlich trennen sich N und T. Das Kind bleibt bei T, es verbringt aber die Nachmittage bei seinem Vater, weil

---

142 EGMR NVwZ 2001, 547, 548.
143 *Marx*, AAFR, § 6 Rn. 222.
144 VG Hamburg InfAuslR 2003, 91, 92.
145 AVwV-AufenthG Nr. 36.2.2.; BVerwG InfAuslR 1992, 308.
146 BVerwGE 147, 278, 282.

die Mutter nachmittags arbeitet. N möchte die Erteilung einer Aufenthaltserlaubnis aus familiären Gründen beantragen.

2. Prüfungsreihenfolge

168 Nach der Mandatierung sollte zunächst **Einsicht in die Verwaltungsvorgänge** der zuständigen Ausländerbehörde genommen werden, damit man sich einen Überblick über die aufenthaltsrechtliche Geschichte und Situation des Mandanten verschaffen kann. Anschließend ist ein Antrag auf Erteilung einer Aufenthaltserlaubnis vorzubereiten.

169 Als Rechtsgrundlage kommt hier zunächst lediglich § 25 Abs. 5 AufenthG in Betracht, weil der Mandant ausreisepflichtig ist und ohne das erforderliche Visum (§ 5 Abs. 2 Nr. 1 AufenthG) eingereist ist. Das rechtliche Ausreisehindernis ergibt sich aus Art. 6 Abs. 2 GG und Art. 8 Abs. 1 EMRK. Dafür muss eine familiäre Lebensgemeinschaft zwischen Vater und Kind bestehen (vgl. dazu die Ausführungen in Rn. 151 ff.). Im Übrigen müssen die allgemeinen Erteilungsvoraussetzungen des § 5 Abs. 1 AufenthG erfüllt sein.

170 Vom Mandanten sind die **Vaterschaftsanerkennungsurkunde** und – zum Nachweis der aufenthaltsrechtlichen Situation des Kindes und seiner Mutter – eine **vollständige Kopie des Passes** der Mutter und des Kindes anzufordern.

Von entscheidender Bedeutung ist auch die Frage, auf welcher Rechtsgrundlage das Aufenthaltsrecht der Kindesmutter basiert. Nur wenn von ihr nicht verlangt werden kann, in das gemeinsame Herkunftsland zurückzukehren, wird der Antrag Erfolg haben. Dies ist zB der Fall, wenn sie die Aufenthaltserlaubnis auf der Grundlage von § 25 Abs. 5 AufenthG iVm Art. 8 EMRK (Schutz des Privatlebens, Verwurzelung) erhalten hat.[147]

Es ist zu klären, wie der Mandant seinen Lebensunterhalt sichert. Falls er eine Arbeitsstelle hat, sind sein Arbeitsvertrag sowie **Verdienstbescheinigungen** der letzten 3 Monate anzufordern, ebenso eine Kopie seines **Mietvertrages** und Nachweise, zB in Form von Kontoauszügen, für die Zahlung von **Kindesunterhalt**.

171 Des Weiteren werden Nachweise für die familiäre Beziehung zwischen dem Mandanten und seinem Kind benötigt.[148] Es ist sodann mit dem Mandanten zu klären, warum er bisher keinen Pass hatte bzw. ob es die Möglichkeit gibt, einen Pass zu erhalten. Ist die Ausländerbehörde nicht bereit, den Aufenthalt des Mandanten weiterhin zu dulden, muss ein Antrag gem. § 123 VwGO gestellt werden.

3. Muster: Antrag auf Erteilung einer Aufenthaltserlaubnis gem. § 25 Abs. 5 iVm § 60 a Abs. 2 AufenthG und Art. 6 Abs. 1 und 2 GG und Eilantrag gem. § 123 VwGO

a) Muster: Antrag auf Erteilung einer Aufenthaltserlaubnis gem. § 25 Abs. 5 AufenthG

172 ▶ An die Stadt ...

Ordnungsamt

– Ausländerangelegenheiten –

Az. ...

Vietnamesischer Staatsangehöriger ...

---

147 OVG Lüneburg InfAuslR 2011, 151, 152.
148 Vgl. die Ausführungen in Rn. 159 ff.

Sehr geehrte Damen und Herren,

namens und in Vollmacht des og Mandanten beantragen wir,

ihm eine Aufenthaltserlaubnis gem. § 25 Abs. 5 AufenthG zu erteilen.

Begründung:

I.

Der Antragsteller ist vietnamesischer Staatsangehöriger und lebt seit zehn Jahren im Bundesgebiet. Er ist der Vater der inzwischen zweijährigen A. Er erkannte die Vaterschaft für das Kind mit Jugendamtsurkunde vom ... an – **Anlage 1.** A lebt bei ihrer Mutter T, die im Besitz einer Aufenthaltserlaubnis gem. § 25 Abs. 5 AufenthG iVm Art. 8 EMRK ist. A selbst besitzt eine Aufenthaltserlaubnis gem. § 33 AufenthG. Der Antragsteller lebte mit A und ihrer Mutter ein Jahr lang in häuslicher Gemeinschaft zusammen. Während dieser Zeit betreute er A, da T ganztags arbeitete. Seit der Trennung von T betreut der Antragsteller das Kind jeden Nachmittag, während die Mutter arbeitet. Eine entsprechende Erklärung der Kindesmutter fügen wir bei – **Anlage 2.**

II.

Die Voraussetzungen des § 25 Abs. 5 liegen vor.

Der Antragsteller ist seit Abschluss seines Asylverfahrens vollziehbar ausreisepflichtig. Seine Ausreise ist aus rechtlichen Gründen iSv § 60 Abs. 2 AufenthG unmöglich. Denn eine Ausreise oder Abschiebung wäre mit seinem Grundrecht aus Art. 6 Abs. 1 und 2 GG nicht vereinbar. Daher vermittelt zunächst § 60 a Abs. 2 AufenthG einen Duldungsanspruch. Da aber auch die weiteren Voraussetzungen des § 25 Abs. 5 AufenthG vorliegen, ist eine Aufenthaltserlaubnis zu erteilen.

Eine von Art. 6 Abs. 1 und 2 GG geschützte Beistandsgemeinschaft liegt vor, wenn das Kind auf die dauernde Anwesenheit des nichtsorgeberechtigten Elternteils in seiner unmittelbaren Nähe angewiesen ist, wobei es in diesem Zusammenhang nicht darauf ankommt, ob eine Hausgemeinschaft vorliegt. Ebenso unerheblich ist, ob die Betreuung auch von anderen Personen beispielsweise der Mutter des Kindes erbracht werden kann, weil der spezifische Erziehungsbeitrag des Vaters nicht schon durch Betreuungsleistungen der Mutter entbehrlich wird, sondern eigenständige Bedeutung für die Entwicklung des Kindes hat (BVerfG, InfAuslR 2002, 171, 173).

Zwischen dem Antragsteller und seiner Tochter besteht eine innige Vater-Kind-Beziehung, die insbesondere durch die anfänglich ganztägige Betreuung durch den Vater entstanden ist. Auch nach der Trennung übernimmt der Antragsteller einen erheblichen Teil der Kindesbetreuung. Er nimmt sein Umgangsrecht in einer Weise war, die geeignet ist, das Fehlen eines gemeinsamen Lebensmittelpunktes weitgehend auszugleichen. Der Antragsteller zahlt regelmäßig Kindesunterhalt an die Mutter seiner Tochter.

Es kommt hinzu, dass diese Gemeinschaft nur im Bundesgebiet geführt werden kann. Die sorgeberechtigte Mutter des Kindes besitzt ein Aufenthaltsrecht, das auf Art. 8 EMRK basiert. Aufgrund ihres über 20-jährigen Aufenthalts und ihrer vollständigen Integration im Bundesgebiet ist ihre Ausreise rechtlich unmöglich, da hierdurch ihr Recht auf Schutz des Privatlebens verletzt würde (vgl. OVG Niedersachsen, InfAuslR 2011, 151, 152). Die Mutter des Kindes ist auch nicht bereit, mit dem Antragsteller, von dem sie getrennt lebt, nach Vietnam zurückzukehren, was unter diesen Umständen nicht von ihr verlangt werden kann (vgl. OVG NRW, Beschl. v. 24.8.2009 – 17 B 1224/09).

Damit liegt eine nach der Rechtsprechung des Bundesverfassungsgerichts von Art. 6 Abs. 1 und 2 GG geschützte familiäre Lebensgemeinschaft vor, die nur im Bundesgebiet geführt werden kann.

Die in Art. 6 Abs. 1 und 2 GG enthaltene wertentscheidende Grundsatznorm, nach welcher der Staat die Familie zu schützen und zu fördern hat, verpflichtet die Behörden, bei der Entscheidung über die Erteilung eines Aufenthaltstitels die familiären Bindungen des den (weiteren) Aufenthalt begehrenden Ausländers an Personen, die sich berechtigterweise im Bundesgebiet aufhalten, entsprechend dem Gewicht dieser Bindungen in ihren Erwägungen zur Geltung zu bringen (BVerwG, InfAuslR 2003, 324, 327). Dies vermittelt einen Anspruch auf angemessene Berücksichtigung der familiären Bindungen. Insbesondere einwanderungspolitische Interessen des Staates haben hier regelmäßig zurückzutreten (BVerfG, NVwZ 2004, 606).

Da die Tochter des Antragstellers noch sehr jung ist, wäre ihr eine Trennung vom Vater auf ungewisse Zeit nicht zuzumuten. Bei Kleinkindern schreitet die Entwicklung sehr schnell voran, so dass schon eine verhältnismäßig kurze Trennung im Lichte von Art. 6 GG nicht zumutbar ist (BVerfG, InfAuslR 2000, 67, 69). Es kommt hinzu, dass einerseits völlig offen ist, ob der Antragsteller überhaupt ein Visum zum Familiennachzug erhalten würde, da dies nur unter den erhöhten Anforderungen des § 36 Abs. 2 AufenthG möglich wäre. Außerdem müsste die Mutter des Kindes möglicherweise ihre Erwerbstätigkeit aufgeben, weil die Kindesbetreuung nicht mehr gesichert wäre.

Danach liegt hier ein rechtliches Ausreisehindernis iSv § 60 a Abs. 2 AufenthG iVm Art. 6 GG vor.

Mit einem Wegfall dieses Ausreisehindernisses ist auf absehbare Zeit nicht zu rechnen. Der Antragsteller ist zudem unverschuldet an einer Ausreise gehindert. Umstände, wie sie in § 25 Abs. 5 S. 4 AufenthG genannt sind, liegen nicht vor.

Die allgemeinen Erteilungsvoraussetzungen des § 5 AufenthG sind erfüllt bzw. es kann von ihnen abgesehen werden.

Der Lebensunterhalt des Antragstellers ist aus eigener Erwerbstätigkeit gesichert. Arbeitsvertrag, Verdienstbescheinigungen und Mietvertrag sind beigefügt.

Die Identität des Antragsteller ist durch den sich bei den Akten befindlichen, nicht mehr gültigen vietnamesischen Pass nachgewiesen. Der Antragsteller ist bemüht, von der vietnamesischen Botschaft einen neuen Pass zu erhalten. Eine Bescheinigung über die Beantragung fügen wir bei – **Anlage 3.** Ein Ausweisungsgrund liegt nicht vor. Der Aufenthalt gefährdet auch nicht Interessen der Bundesrepublik Deutschland (§ 5 Abs. 1 Nr. 3 AufenthG).

Allerdings reiste der Antragsteller nicht mit dem erforderlichen Visum ein (§ 5 Abs. 2 Nr. 1 AufenthG). Gemäß § 5 Abs. 3 aE AufenthG kann von dieser Voraussetzung jedoch abgesehen werden. Wie bereits ausgeführt, ist nicht absehbar, wie lange eine Trennung im Falle der Nachholung des Visumverfahrens dauern würde. Zudem ist bereits eine kurzzeitige Trennung angesichts des Alters des Kindes nicht zumutbar.

...

Rechtsanwalt ◂

b) Muster: Eilantrag gem. § 123 VwGO wegen Versagung der Duldung für nicht sorgeberechtigtes Elternteil eines ausländischen Kindes

▶ **Antrag gem. § 123 VwGO**

des ...

– Antragsteller –

Verfahrensbevollmächtigte: Rechtsanwälte ...

gegen

die Stadt ...

– Antragsgegnerin –

Hiermit zeigen wir an, dass der Antragsteller uns mit der Wahrnehmung seiner Interessen beauftragt hat. Eine Vollmacht fügen wir bei.

Namens und in Vollmacht des Antragstellers beantragen wir,

1. die Antragsgegnerin im Wege der einstweiligen Anordnung gem. § 123 VwGO zu verpflichten, die Abschiebung des Antragstellers bis zur Entscheidung über den Antrag auszusetzen;
2. dem Antragsgegner mitzuteilen, dass aufenthaltsbeendende Maßnahmen bis zur Entscheidung über den Antrag nicht durchgeführt werden dürfen.

Begründung:

I.

Der Antragsteller ist vietnamesischer Staatsangehöriger ... .

II.

Der Antrag ist zulässig und auch begründet.

Bezüglich des Anordnungsanspruchs verweisen wir zur Vermeidung von Wiederholungen auf die Ausführungen im Antragsschreiben an die Antragsgegnerin. Die Ausreise des Antragstellers ist aus rechtlichen Gründen iSv § 60 a Abs. 2 AufenthG unmöglich. Denn eine Ausreise oder Abschiebung wäre mit seinem Grundrecht aus Art. 6 Abs. 1 und 2 GG nicht vereinbar.

Auch liegt ein Anordnungsgrund vor. Die Antragsgegnerin ist nicht bereit, den Aufenthalt des Antragstellers zunächst weiterhin zu dulden und hat gegenüber dem Unterzeichner angekündigt, dass aufenthaltsbeendende Maßnahmen eingeleitet wurden. Wir überreichen einen schriftlichen Telefonvermerk des Unterzeichners über das Gespräch mit dem Sachbearbeiter der Antragsgegnerin vom ...
– **Anlage**.

...

Rechtsanwalt ◄

4. Fehlerquellen/Haftungsfallen

Es wird ein Antrag auf Erteilung einer Aufenthaltserlaubnis zum Familiennachzug zum Kind gem. § 36 Abs. 2 AufenthG gestellt, obwohl es an dem erforderlichen Visum fehlt.

5. Weitere Hinweise

a) Verzicht auf Visumverfahren

Der Verzicht auf die Nachholung eines Visumverfahrens wegen **nicht zumutbarer Trennung** wird **bei Kleinkindern** von einem Großteil der Rechtsprechung insbesondere vor dem Hintergrund der verfassungsgerichtlichen Rechtsprechung akzeptiert.[149] Dies wird allerdings umso problematischer, je älter das Kind ist bzw. wenn der Ausländer ausreisepflichtig ist, weil er ausgewiesen wurde.[150] Gerade bei einer vorangegangenen Ausweisung wird darauf hingewiesen, dass diese zunächst durch Rücknahme, Widerruf und einen Befristungsantrag beseitigt werden sollte. Von einer Unzumutbarkeit wird aber wiederum dann ausgegangen, wenn die

---

149 BVerfG InfAuslR 2000, 67, 68.
150 VGH BW AuAS 2003, 2, 3.

Behörde zB nicht bereit ist, eine Vorabzustimmung gem. § 31 Abs. 3 AufenthV zu erteilen oder wenn aus anderen Gründen mit einer Wiedereinreise innerhalb kurzer Zeit nicht gerechnet werden kann.[151] Dies kann auch gelten, wenn freiwillige Ausreise und anschließende Rückkehr deshalb nicht möglich sind, weil der Betreffende nicht über ausreichende Mittel zur Finanzierung der Reise verfügt.[152]

b) Zumutbarkeit, die familiäre Lebensgemeinschaft im Ausland zu führen

176 Besitzt kein Familienangehöriger die deutsche Staatsangehörigkeit, wird von der Rechtsprechung geprüft, ob die Familie auch im Ausland zusammen leben könnte. Dabei kommt es wesentlich auf den Aufenthaltsstatus des hier bereits legal lebenden Familienangehörigen an.[153] Allein der Besitz einer Niederlassungserlaubnis schließt dabei die Zumutbarkeit der Rückkehr ins Heimatland nicht automatisch aus.[154] Von entscheidender Bedeutung sollen vielmehr die **Dauer des Aufenthalts im Bundesgebiet**, das **Alter bei der Einreise** und die **Verwurzelung** in Deutschland bzw. die Entwurzelung vom Heimatland sein.[155] Man muss daher gute Gründe dafür vortragen, dass es dem bereits hier legal lebenden Familienangehörigen nicht zumutbar ist, in das Herkunftsland zurückzukehren. Eine Zumutbarkeit besteht jedenfalls nicht, wenn der Familienangehörige Flüchtling ist oder ein Abschiebungsverbot gem. § 60 Abs. 2, 3, 5 oder 7 AufenthG vorliegt.

c) Aufenthaltserlaubnis gem. § 25 Abs. 5 AufenthG trotz vorangegangener Ausweisung

177 Bis 2015 konnte eine Aufenthaltserlaubnis gem. § 25 Abs. 5 AufenthG auch bei einer vorangegangenen Ausweisung erteilt werden, da dort ausdrücklich geregelt war, dass von § 11 Abs. 1 AufenthG (Einreise- und Aufenthaltsverbot nach Ausweisung, Zurückschiebung oder Abschiebung) abgewichen werden kann. Diese Regelung ist mit der Gesetzesänderung vom 27.7.2015[156] gestrichen worden, jedoch handelt es sich im Ergebnis nur um eine Änderung verfahrensrechtlicher Natur: Denn nunmehr sieht § 11 Abs. 4 S. 2 AufenthG einen Regelanspruch auf Aufhebung des Einreise- und Aufenthaltsverbots vor, wenn die Voraussetzungen für einen humanitären Aufenthalt vorliegen, sodass allein eine weitere behördliche Entscheidung, nämlich also die Aufhebung des Einreise- und Aufenthaltsverbotes vorab erforderlich sind.

Auch hierbei haben wieder je nach Gewicht der familiären Bindung einwanderungspolitische Belange zurückzustehen.[157] Die Gründe der Ausweisung sind zudem genau zu betrachten und es ist darzustellen, ob noch weiterhin eine Gefahr von dem Betroffenen ausgeht. Dies ist zB nicht anzunehmen, wenn der Betroffene „nur" wegen der illegalen Einreise ausgewiesen wurde oder wenn Straftaten bereits längere Zeit zurückliegen.

d) Erteilung und Verlängerung der Aufenthaltserlaubnis gem. § 25 Abs. 5 AufenthG

178 Die Aufenthaltserlaubnis gem. § 25 Abs. 5 AufenthG wird zunächst in der Regel nur für **sechs Monate** erteilt (§ 26 Abs. 1 AufenthG). Anschließend kommt eine Verlängerung gem. § 36 Abs. 2 AufenthG in Betracht. Demnach kann eine Aufenthaltserlaubnis erteilt werden,

---

151 OVG Saarland InfAuslR 2003, 328, 329.
152 OVG Saarland NVwZ-Beilage 2001, 21 ff.
153 BVerwG InfAuslR 2009, 333.
154 OVG Berlin-Brandenburg, Beschl. v. 4.2.2008 – 11 B 4.07.
155 OVG NRW, Beschl. v. 24.8.2009 – 1224/09; VGH BW InfAuslR 2008, 178–181.
156 BGBl. I, 1386.
157 VG Sachsen-Anhalt InfAuslR 2005, 315, 317; VGH BW ZAR 2010, 72.

wenn dies zur Vermeidung einer außergewöhnlichen Härte erforderlich ist. Dies wird im Verhältnis des nichtsorgeberechtigten Elternteils eines ausländischen Kindes, das nicht mit dem Elternteil in häuslicher Gemeinschaft lebt, nur angenommen, wenn eine Beistands- und Betreuungsgemeinschaft im überdurchschnittlichen Umfang besteht.[158] Man wird hier aber immer mit dem Kindeswohl argumentieren und dies zur Begründung der außergewöhnlichen Härte heranziehen müssen.[159]

III. Aufenthaltsrechtliche Bedeutung der Vaterschaftsanerkennung
1. Sachverhalt
Beispiel: Entscheidung über Vaterschaftsanfechtung vorgreiflich? 179
Der vietnamesische Staatsangehörige N hält sich mit einer Duldung im Bundesgebiet auf. Er ist mit der vietnamesischen Staatsangehörigen H verheiratet und hat mit ihr die im Jahr 2007 geborene Tochter V. H hat noch eine weitere, 2006 geborene Tochter K. Diese besitzt die deutsche Staatsangehörigkeit, weil ihr vietnamesischer Vater P bei ihrer Geburt eine Niederlassungserlaubnis besaß und sich schon länger als acht Jahre rechtmäßig in Deutschland aufhielt.
N beantragte bei der Ausländerbehörde die Erteilung einer Aufenthaltserlaubnis gem. § 25 Abs. 5 AufenthG und zunächst die Verlängerung seiner Duldung. Die Ausländerbehörde verweigerte die Verlängerung der Duldung mit der Begründung, die Vaterschaftsanerkennung von P sei angefochten worden. Ein rechtliches Ausreisehindernis bestehe daher nicht. Die Mutter des Kindes sei ohnehin auch nur im Besitz einer Fiktionsbescheinigung. Die Ausländerbehörde kündigt an, aufenthaltsbeendende Maßnahmen einzuleiten.

2. Prüfungsreihenfolge
a) Prüfung des erforderlichen Rechtsmittels
In diesem Fall ist **schnelles Handeln** erforderlich. Es ist notwendig, einen Antrag auf einstweilige Anordnung gem. § 123 VwGO beim Verwaltungsgericht zu stellen, um die Abschiebung des Mandanten zu verhindern. Zunächst sollte – uU durch einen Anruf bei der Behörde – geklärt werden, ob die Ausländerbehörde bereits einen konkreten Abschiebungstermin festgesetzt hat oder ob bereits aufenthaltsbeendende Maßnahmen eingeleitet wurden. Wenn dies der Fall ist, muss der Antrag unverzüglich gestellt werden, ein Anordnungsgrund iSv § 123 Abs. 1 VwGO ist dann gegeben. Sollte die Behörde den Termin nicht schriftlich mitteilen oder auch nicht schriftlich erklären, dass die Duldung nicht verlängert wird, ist es ratsam, einen Gesprächsvermerk über das Telefongespräch mit dem Sachbearbeiter anzufertigen, der auf jeden Fall Datum, Uhrzeit und Namen des Sachbearbeiters, sowie dessen konkrete Äußerungen bezüglich der Abschiebung enthalten sollte, da die Voraussetzungen des § 123 VwGO im Eilverfahren glaubhaft gemacht werden müssen. 180

Von dem **Mandanten** sind eine Kopie der Vaterschaftsanerkennungsurkunde und der Geburtsurkunde des Kindes K sowie ein Nachweis für die deutsche Staatsangehörigkeit des Kindes (Kinderausweis/Bescheinigung des Standesamtes) anzufordern. Selbstverständlich muss von ihm eine Vollmacht unterzeichnet werden. Es ist außerdem der Sachstand des Anfechtungsverfahrens zu ermitteln, um die mögliche Dauer abschätzen zu können. 181

---

158 BVerfG NVwZ 1997, 479; BVerwG InfAuslR 1998, 272, 273.
159 AVwV-AufenthG Nr. 32.2.2.6.

b) Rechtliche Erwägungen

182 Rechtsgrundlage für die Verlängerung der Duldung ist § 60 a Abs. 2 AufenthG, für die Erteilung einer Aufenthaltserlaubnis § 25 Abs. 5 AufenthG. Hier ergibt sich das jeweils erforderliche **rechtliche Ausreisehindernis aus Art. 6 Abs. 1 GG**. Die daraus entstehenden Schutzpflichten sind zwar grundsätzlich im Verfahren zum Familiennachzug gem. §§ 27 ff. AufenthG geltend zu machen, Art. 6 Abs. 1 GG hat aber im Rahmen von **§ 25 Abs. 5 AufenthG** Bedeutung, wenn Ansprüche gem. §§ 27 ff. AufenthG zB wegen der Sperrwirkung der §§ 11 Abs. 1, 10 Abs. 3 AufenthG ausgeschlossen sind.[160]

Dem deutschen Kind von N kann nicht zugemutet werden, mit seiner Mutter, deren Ehemann und dem anderen Geschwisterkind nach Vietnam auszureisen.[161] Daraus ergibt sich auch für den Ehemann der Mutter bzw. Vater des Geschwisterkindes ein Ausreisehindernis auf der Grundlage von Art. 6 Abs. 1 GG, weil durch eine Abschiebung des Vaters, die Familie auseinandergerissen würde.[162]

Dem **steht nicht entgegen, dass die Vaterschaftsanerkennung angefochten wurde**. Solange Dauer und Ausgang des Verfahrens beim Amtsgericht nicht abschätzbar sind, ist auch mit dem Wegfall des Ausreisehindernisses nicht in absehbarer Zeit zu rechnen. Jedenfalls entfaltet die Vaterschaftsanerkennung so lange ihre rechtliche Wirkung, bis rechtskräftig festgestellt wurde, dass der Anerkennende nicht der Vater ist.[163]

3. Muster: Antrag gem. § 123 VwGO für Vater des Geschwisterkindes eines deutschen Kindes, das die deutsche Staatsangehörigkeit gem. § 4 Abs. 3 StAG erworben hat

183 ▶ **Antrag gem. § 123 VwGO**

der ...

– Antragsteller –

Verfahrensbevollmächtigte: Rechtsanwälte ... .

gegen

den Oberbürgermeister der Stadt ... – Ordnungsamt –,

– Antragsgegnerin –

wegen Duldung

Hiermit zeigen wir an, dass der Antragsteller uns mit der Wahrnehmung seiner Interessen beauftragt hat. Eine Vollmacht fügen wir bei.

Namens und in Vollmacht des Antragstellers beantragen wir,

1. die Antragsgegnerin im Wege der einstweiligen Anordnung gem. § 123 VwGO zu verpflichten, die Abschiebung des Antragstellers bis zur Entscheidung über den Antrag auf Erteilung einer Aufenthaltserlaubnis gem. § 25 Abs. 5 AufenthG auszusetzen;
2. der Antragsgegnerin mitzuteilen, dass bis zur Entscheidung über den Antrag aufenthaltsbeendende Maßnahmen nicht durchgeführt werden dürfen.

---

160 OVG Sachsen-Anhalt, Beschl. v. 29.6.2011 – 2 O 52/11.
161 OVG Bremen, Beschl. v. 12.8.2011 – 1 B 150/11 (unter Verweis auf die Entscheidung des EuGH v. 8.3.2011 NJW 2011, 2033).
162 OVG Sachsen-Anhalt, Beschl. v. 29.6.2011 – 2 O 52/11.
163 OVG Berlin-Brandenburg, Beschl. v. 20.11.2008 – OVG 2 S 75.08.

Begründung:

I.

Der Antragsteller ist vietnamesischer Staatsangehöriger. Er ist verheiratet mit der vietnamesischen Staatsangehörigen H und hat mit ihr eine gemeinsame Tochter. Seine Ehefrau hat noch eine weitere Tochter – K –, die die deutsche Staatsangehörigkeit besitzt und ebenfalls im Haushalt der Familie lebt. Die Urkunde über die Vaterschaftsanerkennung, die Geburtsurkunde des Kindes und der Kinderausweis des Kindes sind in Kopie beigefügt – **Anlagen 1–3**.

Der Antragsteller beantragte bei der Antragsgegnerin die Erteilung einer Aufenthaltserlaubnis, hilfsweise die entsprechende Verlängerung seiner Duldung – **Anlage 4**. Die Antragsgegnerin teilte dem Antragsteller am ... mit, man habe aufenthaltsbeendende Maßnahmen eingeleitet, die Duldung werde nicht verlängert. Dies bestätigte der Sachbearbeiter der Antragsgegnerin der Unterzeichnerin im Telefongespräch vom .... Es wurde mitgeteilt, dass die Akte bereits dem LKA übergeben worden sei. Einen Gesprächsvermerk fügen wir bei – **Anlage 5**. Zur Begründung wurde erklärt, die Vaterschaftsanerkennung bezüglich des Kindes K sei angefochten worden, ein rechtliches Ausreisehindernis bestehe nicht.

II.

Dem Antrag ist stattzugeben.

Es liegt ein Anordnungsanspruch vor. Gemäß § 60 a Abs. 2 AufenthG ist eine Duldung zu erteilen, solange ein rechtliches Abschiebungshindernis vorliegt. Dieses rechtliche Abschiebungshindernis ergibt sich vorliegend aus Art. 6 Abs. 1 und 2 GG, welcher die Behörden verpflichtet, bei der Entscheidung über aufenthaltsrechtliche Maßnahmen familiäre Bindungen an Personen, die sich berechtigterweise im Bundesgebiet aufhalten, entsprechend dem Gewicht der Bindung in ihren Erwägungen zur Geltung zu bringen.

Der Antragsteller lebt in häuslicher Gemeinschaft mit seiner Ehefrau, seiner Tochter und der deutschen Tochter seiner Ehefrau. Es liegt mithin eine schützenswerte familiäre Gemeinschaft iSd Rechtsprechung des BVerfG vor (BVerfG, InfAuslR 2000, 67, 68).

Die Tochter der Ehefrau des Antragstellers besitzt gem. § 4 Abs. 3 StAG die deutsche Staatsangehörigkeit aufgrund der Vaterschaftsanerkennung des vietnamesischen Staatsangehörigen P, der sich zum Zeitpunkt der Geburt bereits länger als acht Jahre rechtmäßig im Bundesgebiet aufhielt und im Besitz einer Niederlassungserlaubnis war.

Die familiäre Lebensgemeinschaft kann nur im Bundesgebiet geführt werden, weil es dem deutschen Kind nicht zumutbar ist, mit der Familie nach Vietnam auszureisen (OVG Bremen, Beschl. v. 12.8.2011 – 1 B 150/11). Danach kann auch seiner Mutter aufgrund der Schutzwirkungen von Art. 6 Abs. 1 GG die Ausreise nach Vietnam nicht zugemutet werden. Dies gilt ebenfalls für die gemeinsame Tochter, die nicht von der Mutter getrennt werden darf, und folglich auch für den Antragsteller (OVG Sachsen-Anhalt, Beschl. v. 29.6.2011 – 2 O 52/11).

Mit dem Wegfall dieses Ausreisehindernisses ist auf absehbare Zeit nicht zu rechnen. Zwar wurde die Vaterschaftsanerkennung angefochten. Da der Vater des Kindes aber seine Mitwirkung verweigert, ist offen, wann das Verfahren abgeschlossen sein wird, zumal gegen eine Entscheidung des Amtsgerichts noch die Möglichkeit der Beschwerde gem. §§ 53 ff. FamFG besteht.

Der Anordnungsgrund ergibt sich hier daraus, dass die Abschiebung des Antragstellers unmittelbar bevorsteht, wie sich aus den Mitteilungen der Antragsgegnerin ergibt. Die Abschiebung würde vollendete Tatsachen schaffen, die nicht wieder rückgängig zu machen wären und einen erheblichen

Nachteil für den Antragsteller und seine Familie darstellten. Der geltend gemachte Duldungsanspruch würde durch den Vollzug der Abschiebung vernichtet. Dies rechtfertigt es mit Blick auf Art. 19 Abs. 4 GG zur Gewährung effektiven Rechtsschutzes, die Hauptsache vorweg zu nehmen.

Die Entscheidung des Amtsgerichts ist auch schließlich nicht vorgreiflich, weil die wirksame Vaterschaftsanerkennung so lange ihre rechtlichen Wirkungen entfaltet, bis rechtskräftig festgestellt wurde, dass der Anerkennende nicht der Vater ist (OVG Berlin-Brandenburg, Beschl. v. 20.11.2008 – OVG 2 S 75.08).

Es liegt somit ein rechtliches Ausreisehindernis iSv § 60 a Abs. 2 AufenthG vor.

...

Rechtsanwalt ◄

4. Fehlerquellen / Haftungsfallen

184 Typische Fehlerquellen sind:

- Der Eilrechtsschutzantrag ist gem. § 123 VwGO und nicht gem. § 80 Abs. 5 VwGO zu stellen, weil der Antrag auf Erteilung einer Aufenthaltserlaubnis und vorläufigen Duldung bei bereits bestehender Ausreisepflicht keine Fiktionswirkung gem. § 81 Abs. 3 oder 4 AufenthG auslöst und auch die Wirkung der bereits vorliegenden Abschiebungsandrohung nicht aussetzt. Zwar ist die Umdeutung eines nach § 80 Abs. 5 VwGO gestellten Antrages in einen Antrag gem. § 123 VwGO grundsätzlich zulässig.[164] Bei anwaltlich vertretenen Antragstellern wird diese von den Gerichten jedoch häufig abgelehnt.[165]

- Insbesondere die Gefahr der unmittelbar bevorstehenden Abschiebung darf nicht nur behauptet, sondern muss glaubhaft gemacht werden, da es anderenfalls am Eilbedürfnis fehlt und der Antrag bereits aus diesem Grund abgelehnt wird, ohne dass sich das Gericht mit den materiellen Voraussetzungen auseinander setzt.

- Auch der Anordnungsanspruch muss so dargelegt werden, dass nach summarischer Prüfung die Schlussfolgerung gerechtfertigt ist, dass voraussichtlich ein Duldungsgrund vorliegt. Dafür ist es wichtig nachzuweisen, dass zunächst bei der Behörde ein Duldungsantrag auch tatsächlich gestellt wurde. Ein Anordnungsanspruch ist nur dann begründet, wenn die Behörde sich zuvor mit dem Anliegen beschäftigen konnte.

5. Weiterführende Hinweise

a) Voraussetzungen und Wirksamkeit der Vaterschaftsanerkennung

185 Gemäß § 1592 BGB ist Vater eines Kindes der Mann, der zur Zeit der Geburt mit der Mutter verheiratet war, die Vaterschaft anerkannt hat oder dessen Vaterschaft gerichtlich festgestellt wurde. Voraussetzung für die Vaterschaft durch Anerkennung ist lediglich eine formal wirksame Erklärung des Vaters (§ 1597 BGB) und die entsprechende Zustimmung der Mutter. Ob der Anerkennende auch der biologische Vater ist, spielt keine Rolle.[166] Die Vaterschaftsanerkennung kann auch schon vor der Geburt erklärt werden.

186 Die Wirksamkeit der Vaterschaftsanerkennung ist problematisch, wenn die Mutter des Kindes im Zeitpunkt der Geburt noch mit einem anderen Mann verheiratet ist, da gem. § 1594

---

164 HessVGH AuAS 1999, 161, 162.
165 OVG Berlin AuAS 2003, 138, 139.
166 Palandt/*Brudermüller*, § 1592 Rn. 4.

Abs. 2 BGB die Anerkennung nicht wirksam wird, solange die Vaterschaft eines anderen Mannes besteht. Ist die Mutter zum Zeitpunkt der Geburt noch verheiratet, gilt gem. § 1592 Nr. 1 BGB der Ehemann als Vater des Kindes. Diese Wirkung tritt nur dann nicht ein, wenn im Zeitpunkt der Geburt des Kindes bereits ein Scheidungsantrag anhängig ist und der gesetzliche Vater (der Noch-Ehemann der Mutter) der Anerkennungserklärung in öffentlich beurkundeter Form (Erklärung beim Jugendamt oder notarielle Erklärung) zustimmt. Die Vaterschaftsanerkennung wird in diesem Fall allerdings erst mit Rechtskraft des Scheidungsbeschlusses wirksam, § 1599 Abs. 2 S. 3 BGB.

Anders als viele Jugendämter meinen, ist die Erteilung einer Vaterschaftsanerkennungsurkunde jedenfalls auch dann schon möglich, wenn die Mutter noch mit einem anderen Mann verheiratet ist. Die Anerkennungserklärung ist lediglich zunächst schwebend unwirksam.[167] Wird in einem solchen Fall während des schwebenden Scheidungsverfahrens der Nachweis erbracht, dass es sich bei dem deutschen Vater um den biologischen Vater handelt und lebt dieser mit dem Kind in familiärer Lebensgemeinschaft, so kann sich auch daraus bereits vor Abschluss des Scheidungsverfahrens ein Aufenthaltsrecht für Mutter und Kind ergeben.[168] Denn auch der biologische Vater bildet mit seinem Kind eine von Art. 6 Abs. 1 GG geschützte familiäre Lebensgemeinschaft, wenn zwischen ihm und dem Kind eine sozialfamiliäre Beziehung besteht.[169] 187

b) Vaterschaftsanfechtung

Ist die Mutter des Kindes zum Zeitpunkt der Geburt verheiratet, der leibliche Vater aber nicht der Ehemann, dann ist die **Anfechtungsfrist** des § 1600 b BGB zu beachten. Die Vaterschaft kann nur innerhalb von zwei Jahren ab Kenntnisnahme von den Umständen, die gegen die Vaterschaft des Ehemannes sprechen, gerichtlich angefochten werden. 188

Zwischenzeitlich formulierte § 1600 Abs. 1 Nr. 5 BGB auch ein **behördliches Anfechtungsrecht**, wenn, wie in § 1600 Abs. 3 BGB formuliert, zwischen dem Kind und dem Anerkennenden keine sozial-familiäre Beziehung bestand und durch die Anerkennung rechtliche Voraussetzungen für die erlaubte Einreise oder den erlaubten Aufenthalt des Kindes oder eines Elternteiles geschaffen werden. Diese Vorschrift ist derweil durch das **BVerfG in einem Beschluss vom 17.12.2013**[170] für verfassungswidrig und nichtig erklärt worden, weil sie angesichts des aus der Anfechtung potenziell erwachsenden Verlustes der deutschen Staatsangehörigkeit gegen das Entziehungsverbot aus Art. 16 Abs. 1 GG verstößt.

c) Probleme bei der Ausstellung der Geburtsurkunde

Nach der Geburt eines Kindes muss diese beim **Standesamt** des Geburtsortes angezeigt und eine **Geburtsurkunde beantragt** werden. Dabei müssen Angaben zu den in § 21 PStG vorgeschriebenen Umständen gemacht werden. Häufig kommt es vor, dass die Identität insbesondere der Kindesmutter nicht geklärt ist, was in der Praxis immer wieder zu Verzögerungen bei der Ausstellung der Urkunde führt. 189

Gemäß § 33 PStV sollen zur Eintragung der Geburt von Kindern unverheirateter Eltern die **Geburtsurkunde der Mutter** und bei wirksamer Vaterschaftsanerkennung oder gerichtlicher Feststellung der Vaterschaft die **Geburtsurkunde des Vaters** vorliegen. War die Mutter schon 190

---

167 Palandt/*Brudermüller*, § 1594 Rn. 6.
168 OVG Hamburg, Beschl. v. 25.8.2003 – 1 Bs 227/03.
169 BVerfG FamRZ 2003, 816, 818.
170 BVerfG ZAR 2014, 241.

einmal verheiratet, sind Nachweise für die Auflösung der Ehe zu erbringen. Handelt es sich um ausländische Urkunden, muss unter bestimmten Voraussetzungen eine Anerkennung durch die Landesjustizverwaltung erfolgen, PStG-VwV Nr. A.6.2.[171]

191 Lediglich bei Zweifeln an einer einzutragenden Tatsache kann der Standesbeamte noch weitere Nachweise verlangen. Insbesondere im Hinblick auf die **Identität** wird häufig die Vorlage eines Nationalpasses verlangt. Dies ist nicht immer möglich. Steht aber die Identität aufgrund anderer Nachweise (zB Personalausweis, Ausweisersatz iSv § 55 AufenthV) fest, kann auf den Pass verzichtet werden.[172] Ein Rechtssatz dahin gehend, dass zum Identitätsnachweis im Bereich des Personenstandswesens stets ein gültiger oder erst kürzlich abgelaufener Reisepass vorzulegen ist, existiert nicht. Auch die Dienstanweisung für Standesbeamte lässt zum Nachweis der Identität und Staatsangehörigkeit die Vorlage eine Personalausweises und einer gesonderten Staatsangehörigkeitsbescheinigung ausreichen.[173]

192 Bleiben Unklarheiten bezüglich der einzutragenden Tatsachen, kann der Standesbeamte die Eintragung entweder zunächst zurückstellen und eine Bescheinigung darüber ausstellen, dass ein Personenstandsfall angezeigt, aber noch nicht beurkundet wurde (§ 7 PStV). Das Standesamt kann aber auch den Geburtseintrag unter Hinnahme der Unvollständigkeit mit einem entsprechenden Vermerk vornehmen (§ 35 PStV). Weigert sich der Standesbeamte, auch den nichtehelichen Vater in die Geburtsurkunde einzutragen, weil seine Identität oder die Identität der Mutter nicht geklärt sei, kann gem. § 49 PStG **beim Amtsgericht ein Antrag auf Verpflichtung zur Vornahme** der begehrten Amtshandlung gestellt werden. Die örtliche Zuständigkeit des Amtsgerichts ergibt sich aus § 50 PStG. Das Verfahren richtet sich nach den Vorschriften des FamFG.

d) Strafrechtliche Relevanz der Vaterschaftsanerkennung ohne biologische Vaterschaft

193 Stellt sich heraus, dass die Person, die für ein Kind die Vaterschaft anerkannt hat, nicht der biologische Vater ist, besteht keine sozial-familiäre Beziehung, und ist dieser Umstand aufenthaltsrechtlich relevant, kann es zur Einleitung eines **Strafverfahrens** mit dem Vorwurf kommen, unrichtige Angaben gemacht zu haben, um einem anderen einen Aufenthaltstitel zu verschaffen, **§ 95 Abs. 2 AufenthG**. Die Rechtsprechung dazu ist uneinheitlich. Während einerseits darauf abgestellt wird, dass eine wirksame Vaterschaftsanerkennung vorliege, die nach dem Grundsatz der Einheit der Rechtsordnung auch im Strafrecht Gültigkeit haben müsse und dass es keinen Grundsatz gäbe, wonach rechtliche und biologische Vaterschaft zwingend zusammenfallen müssten,[174] wird andererseits betont, dass es auf den tatsächlichen Wahrheitsgehalt der der Anerkennung zugrunde liegenden Erklärung ankomme.[175]

194 Der Tatbestand der **Personenstandsfälschung** gem. § 169 StGB könnte zudem in Betracht kommen. Hier wird aber ebenfalls darauf abgestellt, dass das bürgerliche Recht die biologisch nicht begründete Anerkennung der Vaterschaft als rechtliche Möglichkeit zulässt und im Interesse der Legitimierung des Kindes anerkennt und daher eine Strafbarkeit verneint.[176] Die Mandanten sind jedenfalls auf die möglichen strafrechtlichen Konsequenzen ihrer Erklärungen hinzuweisen.

---

171 VvW-PStG Nr. 57 a.
172 KG InfAuslR 2006, 31.
173 VwV-PStG 12.4.
174 AG Nienburg NStZ 2006, 531 f.; OLG Hamm NJW 2008, 1240, 1241.
175 LG Hildesheim NStZ 2006, 360 f.; LG Verden NStZ 2006, 246 f.
176 *Fischer*, StGB, Kommentar, 63. Aufl. 2016 § 169 Rn. 6 a.

§ 4 Aufenthaltstitel zur Ausübung einer Erwerbstätigkeit

A. Einreise zur Erwerbstätigkeit (§ 18 bis § 21 AufenthG)

I. Aufenthaltstitel nach § 18 AufenthG iVm § 2 Abs. 3 Beschäftigungsverordnung (BeschV)

1. Sachverhalt / Lebenslage

Beispiel: IT-Fachkraft 1
Der pakistanische Staatsangehörige K hat in seinem Land eine Hochschulausbildung als Informatiker abgeschlossen und sucht nun in Europa Arbeit. Über einen in Deutschland lebenden Verwandten hat er gehört, dass die Bundesrepublik Deutschland an solchen Personen interessiert sei. Schließlich findet er Kontakt zu einem kleinen Softwareunternehmen in F, das ihm ein konkretes Vertragsangebot mit einer Einstellungszusage unterbreitet. Da Herr K von seinen Verwandten gehört hat, dass sich die Einreise schwierig gestalten kann, bittet er sie, Kontakt zu einem Anwalt aufzunehmen, damit ihn dieser bei seinen Bemühungen berät und unterstützt. Wie ist dies konkret möglich?

2. Prüfungsreihenfolge

a) Rechtsgrundlagen

Gemäß § 18 Abs. 2 AufenthG kann einem Ausländer ein Aufenthaltstitel zur Ausübung einer 2
Beschäftigung erteilt werden, wenn die Bundesagentur für Arbeit (BA) nach § 39 AufenthG zugestimmt hat oder durch Rechtsverordnung nach § 42 AufenthG oder zwischenstaatliche Vereinbarung bestimmt ist, dass die Ausübung der Beschäftigung ohne Zustimmung der BA zulässig ist.

Setzt die angestrebte Beschäftigung **keine qualifizierte** Berufsausbildung voraus, darf sie nur 3
erteilt werden, wenn dies durch zwischenstaatliche Vereinbarung bestimmt ist oder aufgrund einer Rechtsverordnung nach § 42 AufenthG die Erteilung der Zustimmung zu einer Aufenthaltserlaubnis für diese Beschäftigung zulässig ist, § 18 Abs. 3 AufenthG.

Setzt die Beschäftigung dagegen eine **qualifizierte** Berufsausbildung voraus, darf sie nur für 4
eine Beschäftigung in einer **Berufsgruppe** erteilt werden, die durch Rechtsverordnung nach § 42 AufenthG zugelassen worden ist, § 18 Abs. 4 S. 1 AufenthG. § 2 Abs. 3 der Beschäftigungsverordnung (BeschV)[1] bestimmt, dass die BA der Erteilung eines Aufenthaltstitels zur Ausübung einer der beruflichen Qualifikation entsprechenden Beschäftigung an Ausländerinnen und Ausländern mit einem anerkannten ausländischen Hochschulabschluss oder einem ausländischen Hochschulabschluss, der einem deutschen Hochschulabschluss vergleichbar ist, zustimmen kann. Herr K hat eine Hochschulausbildung als Informatiker abgeschlossen, die jedoch bisher in Deutschland nicht förmlich anerkannt ist. Dies ist aber auch nicht notwendig, da K keinen reglementierten Beruf (zB Arzt, Apotheker, Rechtsanwalt usw.) ausüben möchte. Es genügt, wenn sein Abschluss mit einem deutschen Hochschulabschluss **vergleichbar** ist. Ob dies der Fall ist, wird von der BA geprüft. Falls Zweifel bestehen, wird diese Behörde die Zentralstelle für ausländisches Bildungswesen bei der Kultusministerkonferenz (ZAB) einschalten (www.anabin.kmk.org).

---

[1] Verordnung über die Beschäftigung von Ausländerinnen und Ausländern vom 6.6.2013 (BGBl. I, S. 1499), zuletzt geändert durch Art. 1 der Verordnung zum Asylbeschleunigungsgesetz vom 24.10.2015 (BGBl. I, S. 1789).

Herr K kann aber auch selbst bei dieser Stelle eine Zeugnisbewertung gegen eine geringe Gebühr (derzeit 200 EUR) beantragen.

Im vorliegenden Fall ist aber nichts ersichtlich, was gegen die Vergleichbarkeit mit einem deutschen Hochschulabschluss sprechen könnte. Deshalb liegen die Voraussetzungen des § 18 Abs. 4 S. 1 AufenthG vor.

5 Allerdings bestimmt § 18 Abs. 5 AufenthG, dass ein Aufenthaltstitel nach dieser Vorschrift nur erteilt werden kann, wenn ein **konkretes Arbeitsplatzangebot** vorliegt. Dies ist bei Herrn K der Fall.

b) Verfahren

6 Nach § 4 Abs. 1 S. 1 AufenthG benötigen Ausländer für **Einreise** und **Aufenthalt** im Bundesgebiet einen Aufenthaltstitel, sofern nicht durch das Recht der Europäischen Union oder durch Rechtsverordnung etwas anderes bestimmt ist oder aufgrund des Assoziationsabkommens EWG/Türkei ein Aufenthaltsrecht besteht.

7 Für längerfristige Aufenthalte ist gem. § 6 Abs. 3 AufenthG ein – nationales – Visum einer deutschen Auslandsvertretung erforderlich, das vor der Einreise erteilt wird. Wer im Inland eine Erwerbstätigkeit ausüben will, benötigt grundsätzlich **immer**, also auch für Kurzaufenthalte, ein Visum.[2] Das Visum muss bei der **zuständigen Auslandsvertretung** beantragt werden. Dies ist die Vertretung, in deren Amtsbezirk der Ausländer seinen gewöhnlichen Aufenthalt hat (§ 71 Abs. 2 AufenthG, § 4 KG).

8 Es muss weiter geklärt werden, ob eine Einreisesperre besteht, weil der Antragsteller schon einmal ausgewiesen, zurückgeschoben oder abgeschoben wurde (§ 11 Abs. 1 AufenthG). Ferner sind die allgemeinen Erteilungsvoraussetzungen nach § 5 AufenthG zu prüfen.

Eine Zustimmung der inländischen Ausländerbehörde ist bei einem Visum zum Zweck der Erwerbstätigkeit in der Regel nicht mehr erforderlich. Etwas anderes gilt nur, wenn eine selbstständige Tätigkeit oder eine Beschäftigung nach § 18 Abs. 4 S. 2 AufenthG ausgeübt werden soll, oder wenn es einen Voraufenthalt von gewisser Dauer mit einem Aufenthaltstitel, einer Duldung oder einer Aufenthaltsgestattung im Bundesgebiet gibt bzw. gegen den Antragsteller bereits aufenthaltsbeendende Maßnahmen durchgeführt wurden. Die Einzelheiten sind in § 31 Abs. 1 AufenthV geregelt.[3]

9 Liegt einer dieser Ausnahmefälle vor, so kann bei der Ausländerbehörde auch eine sog **Vorabzustimmung** beantragt werden. Sie kommt insbesondere in Betracht im Falle eines Anspruchs auf Erteilung eines Aufenthaltstitels, eines öffentlichen Interesses, in den Fällen §§ 18, 19, 19a oder 21 AufenthG oder in dringenden Fällen, § 31 Abs. 3 AufenthV.

Eine solche Vorabzustimmung verkürzt vielfach nicht nur das Visumverfahren, sondern erleichtert dem Rechtsanwalt über den direkten Kontakt zur Ausländerbehörde auch die Verfahrensbegleitung. Allerdings machen die meisten Ausländerbehörden von der Ermessensermächtigung nur sehr zurückhaltend Gebrauch.

---

[2] Wegen der Ausnahmen siehe §§ 17 Abs. 2 u. 41 AufenthV.
[3] Aufenthaltsverordnung vom 25. November 2004 (BGBl. I, S. 2945), zuletzt geändert durch Art. 7 des Datenaustauschverbesserungsgesetzes vom 2.2.2016 (BGBl. I S. 130).

c) Nachweise / Unterlagen

Notwendig sind hier: Einstellungszusage bzw. qualifiziertes Stellenangebot mit Gehaltsangabe; Hochschulzeugnis im Original und Übersetzung des Hochschulzeugnisses; ggf. Nachweise über die bisherige Berufstätigkeit incl. Zeugnissen. Falls eine Zeugnisbewertung durch die ZAB vorliegt, sollte sie unbedingt beigefügt werden.

3. Muster

a) Muster: Antrag auf ein Visum zum Zweck der Erwerbstätigkeit

▶ Botschaft der Bundesrepublik Deutschland
– Visastelle –

...

Islamabad/Pakistan

Betrifft: Durchführung des AufenthG;
Hier: Herr K., geb. am ..., wohnhaft: ...;

...

wir zeigen mit beigefügter Vollmacht die Vertretung des Antragstellers an, der diesen Schriftsatz überbringt.
Es wird beantragt, unserem Mandanten ein

Visum

zur Ausübung einer Beschäftigung zu erteilen.
Der Antrag wird auf § 18 Abs. 2 und 4 AufenthG gestützt.
Nach diesen Vorschriften kann einem Ausländer ein Aufenthaltstitel zur Ausübung einer Beschäftigung ua dann erteilt werden, wenn

- die Bundesagentur für Arbeit nach § 39 AufenthG zugestimmt hat;
- eine Beschäftigung angestrebt wird, die eine qualifizierte Berufsausbildung voraussetzt, sofern
- die Beschäftigung zu einer Berufsgruppe gehört, die durch Rechtsverordnung nach § 42 AufenthG zugelassen worden ist.

Diese Voraussetzungen erfüllt der Antragsteller. Denn er hat in Pakistan, also in seinem Heimatland, ein Studium der Informatik an der Universität ... abgeschlossen und nun ein Stellenangebot der Firma ... in ... erhalten.
Die angebotene Tätigkeit in der Programmentwicklung setzt ein Studium und damit eine qualifizierte Berufsausbildung voraus. Wir verweisen insoweit auf die beigefügte substantiierte Einstellungszusage (Anlage 1).
Nach § 2 Abs. 3 BeschV kann die Bundesagentur für Arbeit der Erteilung eines Aufenthaltstitels an einen Ausländer mit einem anerkannten oder einem ausländischen Hochschulabschluss, der einem deutschen Hochschulabschluss vergleichbar ist, zur Ausübung einer der beruflichen Qualifikation entsprechenden Beschäftigung zustimmen.
Diese Voraussetzungen sind hier erfüllt. Denn der Mandant hat, wie schon bemerkt, ein Informatikstudium an einer Hochschule absolviert und mit Examen abgeschlossen. Dieser Abschluss mit einem deutschen Hochschulabschluss vergleichbar.
Wie der Einstellungszusage der Firma ... zu entnehmen ist, wird mit Zustandekommen des Arbeitsvertrages ein sozialversicherungspflichtiges Beschäftigungsverhältnis begründet. Ferner hat sich

§ 4 Aufenthaltstitel zur Ausübung einer Erwerbstätigkeit

der Arbeitgeber verpflichtet, eine Vergütung von jährlich ... EUR, also ein Gehalt zu zahlen, das auch ein vergleichbarer deutscher Arbeitnehmer erhalten würde.

Auch die allgemeinen Erteilungsvoraussetzungen sind erfüllt: Der Lebensunterhalt ist durch die Zahlung des monatlichen Gehalts gesichert. Ein Ausweisungsgrund liegt nicht vor. Der Antragsteller ist auch im Besitz eines gültigen Reisepasses, den er Ihnen zusammen mit dem vorliegenden Antrag vorzeigen wird. Danach bitten wir, die Zustimmung der Bundesagentur für Arbeit einzuholen und nach deren Vorliegen das beantragte Visum zu erteilen.

Mit freundlichen Grüßen

...

Rechtsanwalt

Anlagen:

Wie erwähnt ◄

b) Muster: Verpflichtungsklage wegen Erteilung eines Visums zur Erwerbstätigkeit

36 ▶ Verwaltungsgericht Berlin

Kirchstraße 7

10557 Berlin

In der Verwaltungsstreitsache

des pakistanischen Staatsangehörigen

...

— Kläger —

Prozessbevollmächtigte: ...

gegen

Bundesrepublik Deutschland, vertr.d.d. Auswärtige Amt, Werderscher Markt 1, 10117 Berlin

— Beklagte —

wegen: Visum

zeigen wir die Vertretung des Klägers an. In dessen Namen und Auftrag erheben wir

Klage

mit dem Antrag,

den Bescheid der Botschaft der Bundesrepublik Deutschland Islamabad vom ... aufzuheben und die Beklagte zu verpflichten, dem Kläger ein Visum zum Zweck der Erwerbstätigkeit zu erteilen.

Begründung:

1. Der Kläger ist pakistanischer Staatsangehöriger. Er hat im Jahr ... ein Studium der Informatik an der Universität ... abgeschlossen und ein Stellenangebot der Firma ... in ... erhalten.
Mit Schreiben vom ... an die Deutsche Botschaft in Islamabad hat der Kläger die Erteilung eines Visums beantragt. Nachdem die Agentur für Arbeit ihre Zustimmung zur Erteilung des Visums versagt hat, da für die Beschäftigung vorrangige Arbeitnehmer zur Verfügung stünden, hat die Beklagte den Antrag des Klägers auf Erteilung eines Visums mit Bescheid vom ... abgelehnt. Hiergegen richtet sich die vorliegende Klage.

2. Sie ist begründet. Denn der angefochtene Bescheid ist rechtswidrig und verletzt den Kläger in seinen Rechten. Zwar bedurfte die Beklagte für die Erteilung eines Visums zum Zweck der Ausübung einer Beschäftigung gem. § 18 Abs. 2 AufenthG der Zustimmung der Bundesagentur für Arbeit. Deren ablehnende Entscheidung steht jedoch nicht im Einklang mit dem Gesetz. Denn eine positive Ermessensentscheidung gem. § 39 Abs. 2 Nr. 1 AufenthG setzt voraus, dass für die Beschäftigung deutsche Arbeitnehmer oder privilegierte Ausländer nicht zur Verfügung stehen. Dies gilt jedoch nicht, wenn der Arbeitgeber aus besonderen, objektiv und sachlich gerechtfertigten Gründen, die in seinem individuellen Geschäftsinteresse liegen, die Beschäftigung eines bestimmten Ausländers anstrebt und deshalb durch die Versagung der Zustimmung für diesen Ausländer eine Entlastung des Arbeitsmarktes für bevorrechtigte Arbeitnehmer nicht eintreten kann.

– vgl. BSGE 54, 14; –

So ist es im vorliegenden Fall. Denn die Firma ... will den Kläger deshalb einstellen, weil sie ihre Software auch auf dem pakistanischen Markt verkaufen will und weil der Kläger durch sein Studium der Informatik und die während dieses Studiums abgeleisteten Praktika gute Kenntnisse des heimischen Marktes besitzt. Über diese Kenntnisse verfügen die Bewerber nicht, die die Bundesagentur für Arbeit dem Arbeitgeber zur Einstellung vorgeschlagen hat.

Der Klage ist deshalb stattzugeben.

Rechtsanwalt ◄

4. Fehlerquellen

Es wäre falsch, gegen die ablehnende Entscheidung der Bundesagentur für Arbeit vorzugehen. Denn dabei handelt es sich lediglich um eine verwaltungsinterne Äußerung. Sie ist nur Teil eines mehrstufigen Verwaltungsaktes.[4] Falsch wäre es ferner, gegen die Ablehnung des Visumantrages nach Muster 2 Widerspruch einzulegen. Gemäß § 2 GAD bilden das Auswärtige Amt und die Auslandsvertretungen eine einheitliche oberste Bundesbehörde, so dass das Widerspruchsverfahren gem. § 68 Abs. 1 S. 2 Nr. 1 VwGO entfällt. Stattdessen ist Klage beim VG Berlin zu erheben, sofern nicht zunächst vom außergerichtlichen Rechtsbehelf der **Remonstration** Gebrauch gemacht wird.[5]

5. Weiterführende Hinweise

a) Allgemeines

Die vorstehenden Muster spiegeln den typischen Verlauf des anwaltlichen Vorgehens wider, wenn es um die Erlangung eines Visums zum Zwecke der Erwerbstätigkeit geht. Auf den Abdruck eines Musters zum vorläufigen Rechtsschutz wurde verzichtet. Denn dieser ist nur über eine einstweilige Anordnung gem. § 123 VwGO zu erlangen. Die rechtlichen Hürden sind aber sehr hoch. Es mag gelegentlich gelingen, trotz des behördlichen Ermessensspielraums einen Anordnungsanspruch glaubhaft zu machen. Dagegen wird es selten oder nie gelingen, in Konstellationen der vorliegenden Art bei einem im Ausland befindlichen Antragsteller einen Anordnungsgrund darzulegen und glaubhaft zu machen. Allein die Möglichkeit, eine

---

[4] Vgl. NK-AuslR/*Stiegeler*, § 18 AufenthG, Rn. 25; *Bergmann/Dienelt*, AuslR, § 39 AufenthG, Rn. 2; GK-AufenthG/*Funke-Kaiser*, § 4 Rn. 121.
[5] Vgl. dazu *Marx*, AAFR, § 2 Rn. 308 mit Muster und oben § 1 Rn. 49; GK-AufenthG/Funke-Kaiser, § 4 Rn. 178.

Erlaubnis, welche wirtschaftliche Vorteile bieten, schnellstmöglichst ausnutzen zu können, reicht hierfür regelmäßig nicht aus. Vielmehr wird regelmäßig verlangt, dass durch die Verweisung auf das Hauptsacheverfahren schwere, unzumutbare und irreparable Nachteile entstünden.[6]

b) Zum Muster Verpflichtungsklage wegen Erteilung eines Visums zur Erwerbstätigkeit (Rn. 13)

15 Die Klage ist gegen die Bundesrepublik Deutschland gerichtet und wird beim Verwaltungsgericht erhoben, obwohl das Visum letztlich deshalb nicht erteilt wurde, weil die BA ihre Zustimmung nach § 39 AufenthG zur Erwerbstätigkeit nicht erteilt hat. Denn die Zustimmung der BA hat, wie schon erwähnt, lediglich verwaltungsinternen Charakter(s. o. Rn. 13). Die örtliche Zuständigkeit des VG Berlin ergibt sich aus § 52 Nr. 2 S. 4 VwGO.

16 Der Antrag ist als Verpflichtungsantrag gefasst, da ein Fall des Ermessensfehlgebrauchs vorliegt und das Ermessen auf Null reduziert sein dürfte. Denn die übrigen Tatbestandsvoraussetzungen des § 39 Abs. 2 AufenthG sind erfüllt und Versagungsgründe nach § 40 AufenthG liegen nicht vor. Teilt das Gericht diese Auffassung nicht, ergeht ein Bescheidungsurteil, mit dem die Beklagte verpflichtet wird, den Kläger unter Beachtung der Rechtsauffassung des Gerichts erneut zu bescheiden. Hierzu bedarf es keines separaten Antrages. Er ist hilfsweise im Verpflichtungsbegehren enthalten.

17 Ein Kostenantrag wird nicht gestellt. Die Kostenentscheidung hat das Gericht gem. § 161 Abs. 1 VwGO von Amts wegen zu treffen.

18 Der Klage liegt ein Fall zu Grunde, in dem die Botschaft die Erteilung des Visums ablehnte, weil sie ihrerseits keine Zustimmung der BA zur Erteilung des Aufenthaltstitels erhielt. Rechtsgrundlage für die Entscheidung der BA sind §§ 18, 39 AufenthG, insbesondere die sog Vorrangprüfung nach § 39 Abs. 2 AufenthG.[7] Thematisiert wird hier das ausschließliche Interesse eines Arbeitgebers, einen bestimmten Arbeitnehmer zu beschäftigen. Dies ist ein Argument, das oft gebraucht wird, aber selten hilft.[8] Rechtlich relevant ist es nur dann, wenn, wie hier geltend gemacht, **objektive** Gründe für die Beschäftigung des Antragstellers sprechen.

II. Aufenthaltstitel zur selbstständigen Erwerbstätigkeit gem. § 21 AufenthG

1. Sachverhalt / Lebenslage

19 Beispiel: Der russische Geschäftsmann
Der russische Staatsangehörige E hat nach und nach Aktien der deutschen O-AG zu einem Gesamtpreis von 200.000 EUR erworben und ist nun Alleingesellschafter. Bisher ist er im Besitz eines Visums für Geschäftsreisen gewesen. Er möchte nunmehr seine geschäftlichen Aktivitäten ausweiten und zu diesem Zweck seinen Wohnsitz nach Deutschland verlegen. Bei einer ersten Beratung teilt er mit, dass die O-AG zuletzt einen Umsatz von 8 Mio. EUR durch den Handel mit landwirtschaftlicher Technik erwirtschaftet habe. Die Produkte würden ausschließlich in regionalem Umfeld der Firma eingekauft. Damit werde die regionale Wirtschaft gestärkt. Wenn er seinen Wohnsitz ins Bundesgebiet verlegen könne, werde er sich selbst mehr um die Geschäfte kümmern und damit für eine Umsatzausweitung sorgen können.

---

6 Vgl. VGH Baden-Württemberg InfAuslR 2006, 131, 133; VG Berlin, Beschl. v. 13.3.2015, 3 L 53.15 V, juris; skeptisch auch GK-AufenthG/*Funke-Kaiser*, § 4 Rn. 192; *Hailbronner*, AuslR, § 39 Rn. 82.
7 Vgl. NK-AuslR/*Stiegeler*, § 39 AufenthG, Rn. 10; dazu *Bergmann/Dienelt*, AuslR, § 39 Rn. 23; ausführlich auch *Nienhaus* ua, 3. Teil, Rn. 97 ff.
8 Vgl. BSGE 47, 93, 99; 54, 14, 20.

Herr E bittet darum, ihm in diesem Verfahren und bei der Beschaffung einer zustimmenden Entscheidung der örtlichen Ausländerbehörde zu helfen.

2. Prüfungsreihenfolge
a) Rechtsgrundlagen
In Betracht kommt eine Aufenthaltserlaubnis gem. § 21 AufenthG zur Ausübung einer selbstständigen Tätigkeit. Grundvoraussetzung ist demzufolge, dass eine **selbstständige** Erwerbstätigkeit angestrebt wird. Im Zweifelsfall ist die Abgrenzung nach sozialrechtlichen Grundsätzen vorzunehmen. Ferner müssen kumulativ vorliegen:

- Ein wirtschaftliches Interesse oder ein regionales Bedürfnis,
- Erwartung positiver Auswirkungen der angestrebten Tätigkeit auf die Wirtschaft und
- die Sicherung der Finanzierung des angestrebten Engagements durch Eigenkapital oder durch eine Kreditzusage.

b) Anspruchsprüfung
Sind diese Voraussetzungen vorliegend erfüllt? Maßgebend für die Beurteilung sind gem. § 21 Abs. 1 S. 2 AufenthG folgende Kriterien: Tragfähigkeit der zugrunde liegenden Geschäftsidee, unternehmerische Erfahrungen des Ausländers, Höhe des Kapitaleinsatzes, Auswirkungen auf die Beschäftigungs- und Ausbildungssituation und der Beitrag für Innovation und Forschung. Außerdem sind in jedem Fall die fachkundigen Körperschaften, die zuständigen Gewerbebehörden, die öffentlich-rechtliche Berufsvertretung und die für die Berufszulassung zuständigen Behörden zu beteiligen.

Angesichts der bisherigen Aktivitäten des Herrn E., der Auswirkungen auf die regionale Wirtschaft und der investierten Geldsumme besteht eine reale Chance auf die Erteilung eines Aufenthaltstitels nach § 21 AufenthG.

c) Nachweise / Unterlagen
Erforderlich bzw. hilfreich sind im vorliegenden Fall: Handelsregisterauszug, Kapitalnachweis, Businessplan, Referenzen ua

d) Verfahren
Insoweit wird auf die Ausführungen unter Rn. 6 ff. verwiesen.

3. Muster
a) Muster: Antrag auf Vorabzustimmung zur Erteilung eines Visums nach § 21 AufenthG
▶ An die Stadt ...

Amt für Öffentliche Ordnung

Ausländeramt

...-Stadt

Betrifft: Vollzug des AufenthG;

Hier: Vorabzustimmung zur Erteilung eines Visums nach § 21 AufenthG für den russischen Staatsangehörigen ...

...

wir zeigen mit beigefügter Vollmacht an, dass wir die Vertretung von Herrn E übernommen haben. In seinem Namen und Auftrag beantragen wir eine

§ 4 Aufenthaltstitel zur Ausübung einer Erwerbstätigkeit

Vorabzustimmung
zur Erteilung eines Visums nach § 21 AufenthG.

Begründung:

1. Unser Mandant ist Alleingesellschafter der Firma O-AG und zugleich Vorsitzender des Aufsichtsrates dieser Gesellschaft. Zum Nachweis verweisen wir auf den beigefügten Auszug aus dem Handelsregister (Anlage 1).
Herr E ist derzeit im Besitz eines Visums für Geschäftsreisen. Er möchte seine geschäftlichen Aktivitäten ausweiten und zu diesem Zweck seinen Wohnsitz nach X-Stadt verlegen. Er benötigt deshalb ein nationales Visum nach § 6 Abs. 3 AufenthG.
Der Antrag wird auf § 21 Abs. 1 AufenthG gestützt. Nach dieser Vorschrift kann einem Ausländer eine Aufenthaltserlaubnis zur Ausübung einer selbstständigen Tätigkeit unter folgenden Voraussetzungen erteilt werden:

   - Bei Vorliegen eines wirtschaftlichen Interesses oder eines regionalen Bedürfnisses,
   - sofern die Tätigkeit positive Auswirkungen auf die Wirtschaft erwarten lässt und
   - die Finanzierung durch Eigenkapital oder durch Kreditzusage gesichert ist.

   Diese Voraussetzungen sind beim Antragsteller erfüllt. Denn die Firma O-AG hat zuletzt einen Umsatz von 8 Mio. EUR durch den Handel mit landwirtschaftlicher Technik erwirtschaftet. Die Produkte wurden fast ausschließlich im erweiterten regionalen Bereich um X-Stadt eingekauft. Zu nennen sind die ortsansässige Firma ... und die Firma ... aus ... .
   Schon bisher haben die durch unseren Mandanten gesteuerten Geschäfte der O-AG positive Auswirkungen auf die regionale Wirtschaft gehabt. Wenn Herr E seinen Wohnsitz hierher verlegen kann, wird sich dieser Effekt deutlich verstärken. Dies wird sich in der Schaffung von Arbeitsplätzen niederschlagen. Damit wird ein regionales Bedürfnis im Sinne von § 21 Ziffer 1 AufenthG befriedigt.
   Die Umsetzung der gebotenen Maßnahmen ist auch durch Eigenkapital gesichert. Herr E hat bereits für die Übernahme sämtlicher Anteile der O-AG einen Betrag von 200.000,00 EUR bezahlt und beabsichtigt weitere Investitionen. Wie Sie dem beigefügten Nachweis der Y-Bank entnehmen können, verfügt Herr E derzeit über ein Kontoguthaben von ... EUR.
   Bei der Bewertung des vorliegenden Antrages ist auch den Kriterien von § 21 Abs. 1 S. 2 AufenthG Rechnung zu tragen. Hierzu ist Folgendes anzumerken:
   Erst aufgrund der Verbindungen und Erfahrungen unseres Mandanten ist es der O-AG möglich gewesen, landwirtschaftliche Technik in die Russische Föderation zu verkaufen (wird näher ausgeführt).
   Zusammenfassend ist festzuhalten: Schon jetzt werden in der Region Arbeitsplätze geschaffen und gesichert durch die Vertriebstätigkeit der O-AG. Dies wird sich in Zukunft noch verstärken. Der Antragsteller verfügt über ausgeprägte unternehmerische Erfahrungen und setzt eine tragfähige Geschäftsidee um. Dies wird positive Auswirkungen auf die Beschäftigungs- und Ausbildungssituation in der hiesigen Region haben.
   Damit sind die Voraussetzungen des § 21 Abs. 1 AufenthG erfüllt.

2. Die Zulässigkeit des vorliegenden Antrages ergibt sich aus § 31 Abs. 3 AufenthV. Dort ist bestimmt, dass bei einem auf § 21 AufenthG gestützten Visumantrag eine Vorabzustimmung eingeholt werden kann.

Mit freundlichen Grüßen

...

Rechtsanwalt

Anlagen:

Wie erwähnt ◄

b) **Muster: Antrag auf ein Visum zum Zweck der selbstständigen Erwerbstätigkeit**

▶ Botschaft der Bundesrepublik Deutschland

– Visastelle –

...

119 285 Moskau

Betrifft: Durchführung des AufenthG;

Hier: Herr E., geb. am ..., wohnhaft: ...;

...

mit beigefügter Vollmacht zeigen wir die Vertretung des Antragstellers an, der diesen Schriftsatz überbringt.

Es wird beantragt, unserem Mandanten ein

Visum

zur Ausübung einer selbstständigen Erwerbstätigkeit zu erteilen. Der Antrag wird auf § 21 AufenthG gestützt. Wegen des Sachverhaltes verweisen wir auf den in Kopie beigefügten Antrag auf Vorabzustimmung bei der zuständigen Ausländerbehörde (Anlage 1).

Diese hat bereits der Erteilung des Visums gem. § 31 Abs. 3 AufenthV zugestimmt (Anlage 2).

Die allgemeinen Erteilungsvoraussetzungen gem. § 5 AufenthG sind erfüllt: Der Lebensunterhalt unseres Mandanten ist aufgrund der Kapitaleinkünfte aus seiner Stellung als Gesellschafter der O-AG gesichert. Ein Ausweisungsgrund liegt nicht vor. Der Antragsteller ist auch im Besitz eines gültigen Reisepasses, den er Ihnen zusammen mit dem vorliegenden Antrag vorlegen wird.

Es wird deshalb gebeten, das beantragte Visum zu erteilen.

Mit freundlichen Grüßen

...

Rechtsanwalt

Anlagen:

Antrag auf Vorabzustimmung

Vorabzustimmung

Vollmacht ◄

4. Fehlerquellen

Wer einen Aufenthaltstitel zum Zweck der selbstständigen Erwerbstätigkeit will, muss mit einer restriktiven Prüfung seines Antrages rechnen. Dies gilt jedenfalls, wenn es nicht um eine freiberufliche Tätigkeit geht, sondern um eine Tätigkeit, die nach Abs. 1 der Vorschrift zu prüfen ist.

Deshalb ist es ein vielfach begangener Grundfehler, die Erfüllung der Voraussetzungen des § 21 Abs. 1 auf die leichte Schulter zu nehmen. Vielmehr muss exakt herausgearbeitet werden, aufgrund welcher Tatsachen ein wirtschaftliches Interesse an der angestrebten Tätigkeit vorliegt oder weshalb durch diese selbstständige Tätigkeit ein regionales Bedürfnis befriedigt wird. Wie eine solche Argumentation aussehen kann, wird in den obigen Mustern skizziert. Wichtig sind auch aussagekräftige Belege. Erfahrungsgemäß haben plausible und gut ausgearbeitete Umsatz- und Gewinnprognosen besonderes Gewicht.

5. Weiterführende Hinweise

28 Während im AuslG 1965 und im AuslG 1990 die selbstständige Erwerbstätigkeit nicht gesetzlich, sondern nur durch Verwaltungsvorschriften geregelt war, liegt mit § 21 AufenthG seit 1.1.2005 eine **gesetzliche Regelung** der selbstständigen Erwerbstätigkeit vor. Mit der Neuregelung sollte die Zuwanderung von ausländischen Unternehmern, vor allem solchen mit einer tragfähigen Geschäftsidee und gesicherter Finanzierung erleichtert werden. Darauf sind die gesetzlichen Voraussetzungen von § 21 Abs. 1 AufenthG zugeschnitten.

29 Die Norm enthält eigentlich vier selbstständige und voneinander unabhängige **Anspruchsgrundlagen:** In Abs. 1 ist die Erteilung einer Aufenthaltserlaubnis an jedermann beim Vorliegen bestimmter Voraussetzungen geregelt, in Abs. 2 wurde eine eigenständige gesetzliche Ermächtigungsgrundlage für die Zulassung selbstständiger Erwerbstätigkeit aufgrund völkerrechtlicher Vereinbarungen geschaffen. Sie ermöglicht es vor allem den Staatsangehörigen solcher Länder, mit denen die Bundesrepublik Deutschland Freundschafts-, Handels- und Niederlassungsverträge mit sog Wohlwollens- oder Meistbegünstigungsklauseln abgeschlossen hat, eine Aufenthaltserlaubnis zur selbstständigen Erwerbstätigkeit zu erhalten. Zu erwähnen sind Staaten wie die Dominikanische Republik, Indonesien, Iran, Japan usw. Eine vollständige Aufzählung der in Betracht kommenden Staaten findet sich in Ziffer 21.2.1 AufenthG-VwV.

30 Abs. 5 regelt die Erteilung einer Aufenthaltserlaubnis zur Ausübung eines freien Berufes (zB Arzt, Dolmetscher, Ingenieur usw). Nach Abs. 6 kann einem im Inland befindlichen Ausländer die ausländerrechtliche Erlaubnis zur selbstständigen Erwerbstätigkeit erteilt werden, wenn er bereits eine Aufenthaltserlaubnis zu anderen Zwecken, zB zur Familienzusammenführung, besitzt oder wenn die Erteilung einer solchen Aufenthaltserlaubnis beabsichtigt ist. Eine Duldung oder eine Aufenthaltsgestattung genügt nicht.

31 In der anwaltlichen Praxis geht es, wie im vorliegenden Fall, vielfach um die Anwendung von Abs. 1. Dies hängt auch damit zusammen, dass die Erteilung eines Aufenthaltstitels seit dem Inkrafttreten des Zuwanderungsgesetzes an bestimmte Zwecke gebunden ist (Ausbildung, Familiennachzug, Beschäftigung usw).

Das führt dazu, dass sich nicht nur diejenigen um eine Aufenthaltserlaubnis für eine selbstständige Erwerbstätigkeit bemühen, denen es ausschließlich um eine selbstständige geschäftliche Tätigkeit geht, sondern auch solche Ausländer, die auf andere Weise keinen längerfristigen Aufenthalt erhalten können, obwohl sie die Mittel haben, um diesen Aufenthalt ohne Probleme zu finanzieren.

Hier ist in besonderer Weise die Beratung des Anwalts gefragt. Seine Aufgabe ist es vornehmlich, diesen Mandanten die gesetzlichen Anforderungen deutlich zu machen und für den Fall, dass es zur Antragstellung kommt, die Erfüllung dieser gesetzlichen Voraussetzungen anhand der Kriterien des § 21 Abs. 1 S. 1 und 2 AufenthG darzulegen. Nicht selten wird es darüber hinaus notwendig sein, Kontakt mit den fachkundigen Körperschaften und sonstigen Institutionen (IHK, Handwerkskammern usw) zu suchen und zu pflegen, die nach § 21 Abs. 1 AufenthG zwingend am Verfahren zu beteiligen sind.

Ein gerichtliches Verfahren wird angesichts des speziellen Adressatenkreises von § 21 AufenthG eher selten in Betracht kommen. Ausländer, die mit Aussicht auf Erfolg eine selbstständige Tätigkeit nach § 21 Abs. 1 AufenthG in Betracht ziehen, werden eher in einem anderen Land investieren, als sich in der Bundesrepublik Deutschland auf den langwidrigen Instanzenweg zu begeben. 32

B. Beschäftigungserlaubnis nach § 4 Abs. 2 S. 3 AufenthG

I. Zugang zum Arbeitsmarkt für Inhaber einer Aufenthaltserlaubnis zu sonstigen Zwecken

1. Sachverhalt / Lebenslage

Beispiel: Eheleute mit humanitärer Aufenthaltserlaubnis 33
Die Eheleute I stammen aus Afghanistan. Bei Herrn I wurde im Jahr 2010 ein krankheitsbedingtes Abschiebungshindernis gem. § 60 Abs. 7 S. 1 AufenthG wegen einer posttraumatischen Belastungsstörung festgestellt. Er ist im Besitz einer Aufenthaltserlaubnis nach § 25 Abs. 3 AufenthG, seine Frau im Besitz einer Aufenthaltserlaubnis nach § 25 Abs. 5 AufenthG. Beide Aufenthaltstitel tragen den Zusatz: „Erwerbstätigkeit nicht gestattet". Die Eheleute suchen schon seit einiger Zeit vergeblich Arbeit. Vor zwei Wochen wurde Herrn I eine Arbeitsstelle als Bauhelfer angeboten. Er stellte deshalb einen Antrag auf Beschäftigungserlaubnis bei der zuständigen Ausländerbehörde. Jetzt wurde der Antrag abgelehnt, weil Herr I seit längerem seinen Passpflichten nicht genüge und nach Auffassung der Ausländerbehörde auch seine Mitwirkungspflichten vernachlässigen würde.
Frau I hat das Stellenangebot eines Kaufhausrestaurants erhalten, dort als Küchenhilfe zu arbeiten. Die Sache sei jedoch eilig. Das Restaurant brauche schnell Ersatz.
Die Eheleute beauftragen ihren Rechtsanwalt mit der Einleitung geeigneter Schritte. Frau I möchte vermeiden, dass ihr dasselbe passiert wie ihrem Mann und bittet deshalb den Rechtsanwalt darum, schon im Antragsverfahren tätig zu werden.

2. Checkliste

a) Rechtsgrundlagen

Gemäß § 4 Abs. 2 S. 3 AufenthG kann einem Ausländer, der keine Aufenthaltserlaubnis zum Zweck der Beschäftigung besitzt, die Ausübung einer Beschäftigung erlaubt werden, wenn die BA **zugestimmt** hat oder durch Rechtsverordnung bestimmt ist, dass die Ausübung der Beschäftigung **ohne Zustimmung der BA** zulässig ist. 34

Diese Vorschrift enthält die Rechtsgrundlage für die Arbeitsmarktzulassung jener Ausländer, die weder im Besitz einer Aufenthaltserlaubnis zum Zweck der Beschäftigung (§ 18 AufenthG) noch eines Aufenthaltstitels sind, mit dem von Gesetzes wegen die Erlaubnis zur Erwerbstätigkeit verbunden ist (§ 4 Abs. 2 S. 1 AufenthG). Auch ihnen ist eine Erwerbstätigkeit verboten, sofern sie nicht erlaubt ist. Anders als diejenigen, die eine Aufenthaltserlaubnis 35 nach dem 4. Abschnitt des Aufenthaltsgesetzes besitzen, unterliegen sie jedoch nicht dem Anwerbestopp. Die Einzelheiten sind in § 39 AufenthG sowie in der BeschV[9] geregelt.

36 Bei der **Beratung** ist zunächst darauf zu achten, ob die BA zu beteiligen, oder ob ihre Zustimmung entbehrlich ist. Im ersteren Fall muss geprüft werden, wie diese Beteiligung in der BeschV ausgestaltet ist. In den letzten Jahren ist eine gewisse Liberalisierung des Zugangs zum Arbeitsmarkt zu konstatieren. So gibt es eine Reihe von Regelungen, die eine Zustimmungsprüfung vorsehen, ohne dass der Vorrang deutscher Staatsangehöriger oder privilegierter ausländischer Staatsangehöriger beachtet werden muss (Vgl. zB §§ 6, 8, 10, 11 Abs. 1, 12 BeschV).

In anderen Fällen ist zwar die Erteilung einer Zustimmung grundsätzlich erforderlich. Sie kann jedoch entfallen, wenn der Tatbestand einer „arbeitsmarktlichen Verfestigung"[10] vorliegt (zB § 9 BeschV).

Auch beim Vorliegen solcher Erleichterungen ist allerdings immer von der Ausländerbehörde die Erteilung der Zustimmung abzuwarten. Erst danach ist das Ermessen der Ausländerbehörde eröffnet.

Keines Abwartens bedarf es dagegen, wenn nach der Verordnungsregelung die Erteilung der Beschäftigungserlaubnis keiner Zustimmung der BA bedarf. So ist es im vorliegenden Fall. Denn nach § 31 BeschV bedarf die Erteilung der Beschäftigungserlaubnis an Ausländer mit einer Aufenthaltserlaubnis, die nach Abschnitt 5 des Aufenthaltsgesetzes erteilt worden ist, keiner Zustimmung der BA. Herr und Frau I haben Aufenthaltserlaubnisse nach § 25 AufenthG. Diese Vorschrift gehört zum 5. Abschnitt des Aufenthaltsgesetzes.

b) Verfahren

37 Im vorliegenden Fall geht es bei beiden Eheleuten zunächst einmal darum, den Rechtscharakter des Zusatzes zur Aufenthaltserlaubnis „Erwerbstätigkeit nicht gestattet" festzustellen. Handelt es sich nämlich um eine **Nebenbestimmung** im Sinne von § 12 Abs. 2 AufenthG, so muss Frau I dagegen möglicherweise Widerspruch einlegen. Das Gleiche könnte für Herrn I gelten, weil dann die Ablehnung seines Antrages auf Beschäftigungserlaubnis für eine Tätigkeit als Bauhelfer möglicherweise nur eine wiederholende Verfügung beinhalten würde. Für diese Lösung spricht die Gesetzesbegründung.[11] Andererseits führt eine Nebenbestimmung immer zu einer Beschränkung und nicht zu einer Erweiterung des Regelungsgehaltes des Verwaltungsaktes, dem sie beigefügt ist.[12]

38 Es kommt hinzu, dass die Ausländerbehörde ohne einen vorliegenden Antrag des Inhabers des Aufenthaltstitels keinen Anlass hat, eine Regelung vorzunehmen. Denn diese findet sich bereits in § 4 Abs. 2 S. 3 und Abs. 3 S. 1 AufenthG. Danach dürfen Ausländer eine Beschäftigung nur ausüben, wenn es der Aufenthaltstitel erlaubt und vom Arbeitgeber nur beschäftigt werden, wenn sie über einen solchen Aufenthaltstitel verfügen. Wer nicht im Besitz eines solchen Aufenthaltstitels ist, hat keinen Zugang zum Arbeitsmarkt. Es handelt sich um ein präventives Beschäftigungsverbot mit ausländerrechtlichem Erlaubnisvorbehalt.

---

9 S. oben Fn. 1.
10 So die zutreffende Bezeichnung bei *Feldgen*, ZAR 2006, 168, 178.
11 Vgl. BT-Drs. 15/420, 69; ferner *Marx*, ZAR 2005, 48, 52 ff.; *Stiegeler*, Asylmagazin 3/2007, S. 4, 7.
12 So zu Recht GK-AufenthG/*Funke-Kaiser*, § 4 Rn. 105.

Fazit: Da der Zusatz zur Erwerbstätigkeit in den Aufenthaltserlaubnissen der Eheleute I keinen regelnden Charakter hat, sind Rechtsmittel dagegen weder geboten noch zulässig. Vielmehr muss für Frau I ein Antrag auf Erteilung einer Beschäftigungserlaubnis gestellt werden und für Herrn I ein Widerspruch gegen den ablehnenden Bescheid der Ausländerbehörde eingelegt werden, sofern nicht ausnahmsweise nach Landesrecht ein Widerspruchsverfahren entfällt. Die Ablehnung der Beschäftigungserlaubnis durch die Ausländerbehörde ist ein selbstständig anfechtbarer Verwaltungsakt (gem. § 4 Abs. 2 S. 3 AufenthG).[13]

39

c) Vorläufiger Rechtsschutz

Mit den Mandanten ist zu klären, ob der Arbeitgeber bereit ist, bis zur Erteilung der Beschäftigungserlaubnis zuzuwarten. Nicht selten kommt Rechtsschutz in Verfahren der vorliegenden Art zu spät, weil die Stelle schon anderweitig vergeben ist.

40

Mit der begehrten Beschäftigungserlaubnis erstreben die Eheleute den Erlass eines begünstigenden Verwaltungsaktes. Deshalb muss vorläufiger Rechtschutz über § 123 VwGO gesucht werden. Hierbei sind einige prozessuale Hürden zu überwinden, die effektiven Rechtsschutz erschweren und nicht selten unmöglich machen. Hierauf ist nicht nur bei der Sachverhaltsaufnahme, sondern auch bei der Besprechung der Risiken mit den Mandanten zu achten.

41

aa) Vorwegnahme der Hauptsache

So wird überwiegend aus dem bloßen Sicherungszweck der einstweiligen Anordnung ein Verbot der **Vorwegnahme der Hauptsache** abgeleitet.[14] Dieser Auffassung ist indessen nicht zu folgen: Eine einstweilige Anordnung verbietet nicht die Vorwegnahme der Hauptsache, sofern nur die Entscheidung vorläufigen Charakter in dem Sinne hat, dass sie nicht endgültig über das vom Antragsteller geltend gemachte Recht entscheidet, sondern nur für den Zeitraum bis zur Hauptsacheentscheidung.[15] Dies wird in der Rechtsprechung zum vorliegenden Themenkreis vielfach zutreffend berücksichtigt.[16] Vereinzelt werden aber auch zu Unrecht zu strenge Maßstäbe angelegt.[17] Der Verfahrensbevollmächtigte sollte die Praxis des jeweiligen Gerichts kennen und sich darauf einrichten. Vor allem muss, wie bereits angesprochen, der Mandant rechtzeitig über dieses Risiko belehrt werden.

42

bb) Anordnungsgrund

Nicht selbstverständlich ist auch das Vorliegen eines **Anordnungsgrundes** gem. § 123 Abs. 3 VwGO iVm § 920 Abs. 2 Alt. 2 ZPO. Alleine die Möglichkeit, einen Arbeitsplatz zu erlangen, reicht nicht aus, um das spezifische Interesse an der Gewährung vorläufigen Rechtsschutzes zu bejahen. Vielmehr müssen zusätzliche Umstände hinzutreten, welche das Sicherungs- bzw. Regelungsinteresse begründen.[18]

43

---

13 Vgl. GK-AufenthG/*Funke-Kaiser*, § 4 Rn. 179; unklar: *Hailbronner*, AuslR, § 4 Rn. 53 mit Hinweisen auf die Rechtsprechung.
14 Vgl. statt vieler: BVerwGE 109, 258, 262; VGH Baden-Württemberg, NVwZ – RR 2000, 327; *Kopp/Schenke*, VwGO, 20. Aufl., § 123 Rn. 14; offengelassen von VGH Hessen InfAuslR 2006, 453, 454.
15 Vgl. BVerfG DVBl 1996, 196 und v. a. *Sodan/Ziekow*, VwGO, 4. Aufl. § 123, Rn. 102 ff. mit umfangreichen Nachweisen.
16 Vgl. zB VGH Baden-Württemberg InfAuslR 2006, 131, 132; OVG Nordrhein-Westfalen InfAuslR 2006, 222, 223; VG Hannover InfAuslR 2005, 204.
17 Vgl. Bay. VGH, Beschl. v. 10.3.2006 – 24 CE 05.2685.
18 Vgl. zu Folgendem: VGH Baden-Württemberg InfAuslR 2006, 133.

Stiegeler

44 In Betracht kommen folgende **Konstellationen**:

- wenn der Arbeitsplatz nur eine bestimmte Zeit freigehalten wird.[19]
- wenn der Antragsteller bereits gearbeitet hat und ihm die Kündigung droht, falls es ihm nicht gelingt, weiterhin die Beschäftigungserlaubnis zu beschaffen.[20]
- wenn die Chancen des Antragstellers auf eine Einstellung in der angestrebten Branche sich durch Zeitablauf wesentlich verschlechtern, etwa weil das Berufsbild eine ununterbrochene Berufsausübung verlangt, um berufsspezifische Kenntnisse auf aktuellem Stand zu halten.[21]
- wenn ein Antragsteller generell schlechte Vermittlungschancen hat und sich schon seit langem ohne Erfolg um einen Arbeitsplatz bemüht hat und nicht zu erwarten ist, dass er bei Verweigerung der Beschäftigungserlaubnis in überschaubarer Zeit erneut ein Arbeitsplatzangebot erhalten wird.

45 Umgekehrt soll nach einer Entscheidung des VGH Baden-Württemberg der Anordnungsgrund fehlen, wenn die **Branche,** in der der Antragsteller tätig ist oder tätig werden will, von **hoher Fluktuation** geprägt ist, so dass damit zu rechnen sei, dass eine Beschäftigung auch künftig in dieser Branche wieder erfolgen könne.[22]

46 Die vorstehenden Überlegungen hat der VGH Baden-Württemberg für die Reinigungsbranche angestellt. Ähnliches wird für die Fast-Food-Branche gelten. Dort kann man die Erfahrung machen, dass der Arbeitgeber nicht allzu sehr auf Eile drängt, weil die Fluktuation in diesen Betrieben (Mc Donalds, Burger King usw) so hoch ist, dass die besondere Eilbedürftigkeit nicht glaubhaft gemacht werden kann. Gleichgelagert ist die Situation bei Servicediensten in Hotels.

cc) Ermessen

47 Besondere Aufmerksamkeit verdient auch die Tatsache, dass § 4 Abs. 3 S. 3 AufenthG der Behörde **Ermessen** einräumt.

48 Aus diesem Grund kann im Hauptsacheverfahren regelmäßig nur ein Anspruch auf ermessensfehlerfreie Entscheidung geltend gemacht werden. Im Verfahren nach § 123 VwGO bejaht deshalb ein Teil der Rechtsprechung einen Anordnungsanspruch nur, wenn im Einzelfall ausnahmsweise eine Ermessensreduzierung auf Null vorliegt.[23] Andere Gerichte bejahen hingegen einen Anordnungsanspruch dann, wenn sich die strittige Entscheidung bereits im Eilverfahren als rechtswidrig erweist und mit hoher Wahrscheinlichkeit angenommen werden kann, dass die Neuentscheidung zugunsten des Antragstellers ausgehen wird.[24]

---

19 Vgl. VGH Baden-Württemberg InfAuslR 2006, 132, VG Hannover InfAuslR 2005, 204.
20 Vgl. VGH Baden-Württemberg InfAuslR 2006, 133; OVG Nordrhein-Westfalen InfAuslR 2006, 222, 224; VG Hannover InfAuslR 2005, 204; VG Koblenz NVwZ 2005, 724; VG Münster, Asylmagazin 6/2005, S. 43.
21 Vgl. VGH Baden-Württemberg InfAuslR 2006, 133.
22 Vgl. VGH Baden-Württemberg, aaO, 133.
23 Vgl. BVerwGE 63, 110, 112; OVG Nordrhein-Westfalen, DVBl 2000, 933, 934 u. InfAuslR 2006, 222, 226; Bayr. VGH, Beschl. v. 10.3.2006 – 24 CE 05.2685; zu allem ausführlich: *Sodan/Ziekow* (o. Fn. 15), § 123 Rn. 107 mit umfangreichen Nachweisen.
24 Vgl. VGH Baden-Württemberg, NVwZ - RR 92, 47 ff.; Bayr. VGH, BayVBl. 1992, 659; VGH Baden-Württemberg InfAuslR 2006, 132, 134 („Jedenfalls bedarf ein Anordnungsanspruch des Antragstellers der Glaubhaftmachung hinreichender Anhaltspunkte dafür, dass die Ablehnungsentscheidung der Behörde rechtswidrig ist und ihm mit überwiegender Wahrscheinlichkeit ein Anspruch auf Erteilung der begehrten Erlaubnis bei fehlerfreier Ermessensausübung zusteht").

3. Muster
a) Muster: Antrag auf Beschäftigungserlaubnis bei der Ausländerbehörde
▶ Stadt ...

Amt für Öffentliche Ordnung

Ausländeramt

...-Stadt

Betreff: Durchführung des AufenthG

Hier: Antrag auf Erteilung einer Erlaubnis zur Ausübung einer Beschäftigung für Frau ...

...

mit beigefügter Vollmacht zeigen wir an, dass wir die Vertretung von Frau I übernommen haben. Namens und im Auftrag unserer Mandantin beantragen wir die Erteilung einer

Beschäftigungserlaubnis

gem. § 4 Abs. 2 S. 3 AufenthG.

Begründung:

Die Antragstellerin ist Inhaberin einer Aufenthaltserlaubnis nach § 25 Abs. 5 AufenthG. Dieser Aufenthaltstitel ist bisher mit dem Zusatz versehen: „Erwerbstätigkeit nicht gestattet".

Frau I hat nunmehr von der Firma Y-Warenhaus GmbH das Angebot erhalten, ab kommendem Monat eine Teilzeitbeschäftigung als Küchenhilfe mit monatlich 80 Stunden auszuüben. Die Arbeitszeit ist täglich von 08:00 – 12:00 Uhr. Wegen der Einzelheiten verweisen wir auf die beigefügte Stellenbeschreibung des Arbeitgebers (Anlage 1).

Die Zustimmung der BA ist gem. § 31 BeschV nicht erforderlich, da Frau I im Besitz einer Aufenthaltserlaubnis ist, die nach Abschnitt 5 des Aufenthaltsgesetzes erteilt wurde.

Wir bitten Sie deshalb um eine rasche Entscheidung, da ansonsten die Vergabe der Arbeitsstelle an einen anderen Bewerber droht.

Mit freundlichen Grüßen

...

Rechtsanwalt

Anlagen:

wie erwähnt ◀

b) Muster: Widerspruch gegen Versagung der Beschäftigungserlaubnis
▶ Stadt ...

Amt für Öffentliche Ordnung

Ausländeramt

...-Stadt

Betrifft: Durchführung des AufenthG;

Widerspruch des ...

...

in vorbezeichneter Sache zeigen wir unter Hinweis auf die beigefügte Vollmacht die Vertretung von Herrn I an. In seinem Namen und Auftrag erheben wir hiermit

§ 4 Aufenthaltstitel zur Ausübung einer Erwerbstätigkeit

Widerspruch

gegen Ihren Bescheid vom ..., mit dem der Antrag unseres Mandanten auf eine Beschäftigungserlaubnis als Bauhelfer abgelehnt wurde.

Begründung:

Der angefochtene Bescheid ist rechtswidrig und verletzt den Widerspruchsführer in seinen Rechten. Zwar steht die Erteilung der Beschäftigungserlaubnis in Ihrem Ermessen. Sie haben jedoch bei der Ermessensbetätigung Gesichtspunkte berücksichtigt, die nach dem Zweck des § 4 Abs. 2 S. 3 AufenthG keine Berücksichtigung finden dürfen. Denn Schutzobjekt dieser Bestimmung ist in erster Linie der inländische Arbeitsmarkt. Daneben mag es ausnahmsweise zulässig sein, auch ausländerrechtliche Aspekte zu berücksichtigen. Die behauptete mangelnde Mitwirkung bei der Passausstellung, die vom Widerspruchsführer bestritten wird, gehört jedoch nicht dazu. Denn unser Mandant hat seine Aufenthaltserlaubnis in Übereinstimmung mit § 5 Abs. 3 AufenthG ohne Erfüllung der Passpflicht erhalten. Solange der Bescheid des BAMF über die Feststellung eines Abschiebungshindernisses Bestand hat, ist der Aufenthaltstitel zu verlängern. Es ist deshalb kein ausländerrechtlicher Gesichtspunkt ersichtlich, der es rechtfertigen könnte, dem Widerspruchsführer die Aufnahme einer Beschäftigung zu ermöglichen. Sollten Sie tatsächlich weiterhin an der Auffassung festhalten, dass ein Verstoß gegen § 48 Abs. 3 des Aufenthaltsgesetzes vorliegt, steht Ihnen die Möglichkeit zur Verfügung, in dem dafür vorgesehenen Verfahren vollstreckbare Verfügungen zu treffen.

Mit freundlichen Grüßen

...

Rechtsanwalt ◄

c) Muster: Verpflichtungsklage auf Erteilung einer Beschäftigungserlaubnis

51 ▶ An Verwaltungsgericht ...

Kaiserstraße

...-Stadt

In der Verwaltungsrechtssache

...

– Kläger –

gegen

Stadt ...

– Beklagte –

wegen Beschäftigungserlaubnis

zeigen wir mit beigefügter Vollmacht die Vertretung des Klägers an. In dessen Namen und Auftrag erheben wir

Klage

mit dem Antrag,

den Bescheid der Beklagten vom ... sowie den Widerspruchsbescheid des Regierungspräsidiums ... vom ... aufzuheben und die Beklagte zu verpflichten, über den Antrag des Klägers auf Erteilung einer Beschäftigungserlaubnis unter Beachtung der Rechtsauffassung des Gerichts erneut zu entscheiden.

Begründung:

1. Der Kläger befindet sich seit ... im Bundesgebiet. Mit Bescheid vom ... hat das BAMF festgestellt, dass aufgrund der Erkrankung des Klägers, der an einer posttraumatischen Belastungsstörung leidet, ein Abschiebungsverbot gem. § 60 Abs. 7 S. 1 AufenthG besteht. Daraufhin erteilte die Beklagte eine Aufenthaltserlaubnis nach § 25 Abs. 3 AufenthG, die mit dem Zusatz „Erwerbstätigkeit nicht gestattet" versehen wurde. Nachdem der Kläger eine Arbeitsstelle als Bauhelfer fand, stellte er einen Antrag auf Beschäftigungserlaubnis bei der Beklagten. Der Antrag wurde abgelehnt mit der Begründung, der Kläger genüge seit längerem nicht seinen Passpflichten und vernachlässige seine Mitwirkungspflichten. Hiergegen erhob der Kläger Widerspruch, der aber keinen Erfolg hatte. Die vorliegende Klage ist deshalb geboten.

2. Sie ist auch begründet. Denn die angefochtenen Bescheide sind rechtswidrig und verletzen den Kläger in seinen Rechten.

   a) Gem. § 4 Abs. 2 S. 3 AufenthG kann einem Ausländer, der keine Aufenthaltserlaubnis zum Zweck der Beschäftigung besitzt, die Ausübung einer Beschäftigung erlaubt werden, wenn die BA zugestimmt hat oder durch Rechtsverordnung bestimmt ist, dass die Ausübung der Beschäftigung ohne Zustimmung der BA zulässig ist.
   Nach § 31 BeschV bedarf die Erteilung der Beschäftigungserlaubnis an Ausländer, die im Besitz einer Aufenthaltserlaubnis nach Abschnitt 5 des Aufenthaltsgesetzes sind, keiner Zustimmung der BA.
   Der Kläger ist im Besitz einer Aufenthaltserlaubnis nach § 25 Abs. 3 AufenthG, also eines Aufenthaltstitels, der im 5. Abschnitt geregelt ist. Damit liegen die tatbestandlichen Voraussetzungen des § 4 Abs. 2 S. 3 AufenthG vor. Die Erteilung der Beschäftigungserlaubnis steht allerdings im Ermessen der Ausländerbehörde.

   b) Bei der Betätigung des Ermessens hat sich die Beklagte nach dem Zweck der Ermächtigung zu richten und die gesetzlichen Grenzen des Ermessens einzuhalten, § 40 LVwVfG.

Diesen Anforderungen genügen die angefochtenen Entscheidungen nicht. Vielmehr liegt ein Ermessensfehlgebrauch vor, weil die Beklagte bei der Ermessensausübung sachfremde Gesichtspunkte berücksichtigt hat. Denn Schutzobjekt des § 4 AufenthG ist der inländische Arbeitsmarkt. Unter diesem Aspekt hat die Frage, ob der Kläger seine Mitwirkungspflicht bei der Passbeschaffung verletzt, ersichtlich keine Bedeutung.

Selbst wenn man aber die Berücksichtigung ausländerrechtlicher Gesichtspunkte für zulässig hält, so muss doch noch zumindest ein gewisser Sachzusammenhang mit dem Aufenthaltsstatus des Betroffenen gegeben sein. So wird es etwa in der Literatur als zulässig angesehen, eine Beschäftigungserlaubnis zu verweigern, um einer nicht gewünschten Verfestigung des Aufenthalts entgegen zu wirken (Vgl. GK-AufenthG/Funke-Kaiser, § 4 Rn. 145).

Zugunsten des Klägers wurde aber ein Abschiebeverbot nach § 60 Abs. 7 S. 1 AufenthG festgestellt. So lange diese Feststellung nicht widerrufen wurde, hat er einen Anspruch auf Verlängerung seiner Aufenthaltserlaubnis.

Hinzukommt, dass der Beklagten die Möglichkeit zur Verfügung steht, Ordnungsverfügungen zur Konkretisierung und Durchsetzung der Mitwirkungspflicht bei der Passbeschaffung zu erlassen und gegebenenfalls Zwangsgelder anzudrohen und zu verhängen.

Vor diesem Hintergrund können die angefochtenen Entscheidungen keinen Bestand haben. Vielmehr ist der Klage stattzugeben.
...

Rechtsanwalt ◄

d) Muster: Vorläufiger Rechtsschutz bei Versagung einer Beschäftigungserlaubnis nach § 4 Abs. 2 S. 3 AufenthG

52 ▶ An Verwaltungsgericht ...

Kaiserstraße ...

...-Stadt

In der Verwaltungsrechtssache

...

– Antragsteller –

gegen

Stadt ...

– Antragsgegnerin –

wegen Beschäftigungserlaubnis

hier: Erlass einer einstweiligen Anordnung

zeigen wir mit beigefügter Vollmacht die Vertretung des Antragstellers an. In dessen Namen und Auftrag wird beantragt,

die Antragsgegnerin im Wege einer einstweiligen Anordnung nach § 123 Abs. 1 S. 2 VwGO zu verpflichten, dem Antragsteller vorläufig eine Beschäftigungserlaubnis für eine abhängige Tätigkeit als Bauhelfer bei der Firma ... zu erteilen, bis in der Hauptsache über den Antrag des Antragstellers auf Erteilung einer Beschäftigungserlaubnis entschieden ist.

Begründung:

1. Der Antragsteller stammt aus Afghanistan. Aufgrund der Erkrankung an einer posttraumatischen Belastungsstörung hat das BAMF ein krankheitsbedingtes Abschiebungshindernis nach § 60 Abs. 7 AufenthG festgestellt. Daraufhin erteilte die Antragsgegnerin eine Aufenthaltserlaubnis nach § 25 Abs. 3 AufenthG.

Vor zwei Wochen wurde dem Antragsteller eine Arbeitsstelle als Bauhelfer angeboten. Er stellte deshalb einen Antrag auf Beschäftigungserlaubnis bei der Antragsgegnerin. Diese lehnte den Antrag mit Bescheid vom ... ab mit der Begründung, dass der Antragsteller seiner Mitwirkungspflicht bei der Passbeschaffung nicht genüge.

Hiergegen erhob der Antragsteller heute Widerspruch.

Glaubhaftmachung:

1. Bescheid der Antragsgegnerin vom ... (Anlage 1)
2. Widerspruch von heute (Anlage 2)

Der Antragsteller sucht seit langem vergeblich eine Arbeitsstelle. Die schwache Konjunktur der letzten Jahre hat zu dieser Situation ebenso beigetragen wie die Tatsache, dass der Antragsteller nur über Qualifikationen verfügt, die im Bundesgebiet nicht verwertbar sind.

Die Firma ... kann angesichts der derzeitigen Auftragslage nur noch bis zum Ende dieses Monats zuwarten, ob der Antragsteller einen positiven Bescheid erhält. Andernfalls wird sie einen anderen Bewerber einstellen.

Glaubhaftmachung:
1. eidesstattliche Versicherung des Antragstellers (Anlage 3)
2. Erklärung der Firma ... (Anlage 4)

Bei dieser Sachlage ist der vorliegende Antrag geboten.

2. Er ist auch begründet. Denn gem. § 123 Abs. 1 S. 1 VwGO kann das Gericht eine einstweilige Anordnung in Bezug auf den Streitgegenstand treffen, wenn die Gefahr besteht, dass durch eine Veränderung des bestehenden Zustandes die Verwirklichung eines Rechts des Antragstellers vereitelt oder wesentlich erschwert werden könnte. Nach § 123 Abs. 1 S. 2 VwGO kann eine solche einstweilige Anordnung auch zur Regelung eines vorläufigen Zustandes in Bezug auf ein streitiges Rechtsverhältnis ergehen, wenn diese Regelung zur Abwendung wesentlicher Nachteile, zur Verhinderung drohender Gewalt oder aus anderen Gründen nötig erscheint. Diese Voraussetzungen liegen vor, wenn ein Antragsteller einen materiellrechtlichen Anspruch (sog Anordnungsanspruch) sowie die Notwendigkeit einer vorläufigen Regelung gerade im einstweiligen Rechtsschutzverfahren (sog Anordnungsgrund) glaubhaft macht. Dies ist beim Antragsteller aus folgenden Gründen der Fall:

a) Anordnungsgrund:
Wie bereits dargelegt, muss der Antragsteller, der sich schon seit einigen Jahren vergeblich um einen Arbeitsplatz bemüht hat, befürchten, dass der Arbeitgeber die Stelle anderweitig vergibt und dass es ihm nicht gelingen wird, in überschaubarer Zeit eine neue Einstellungschance zu erhalten. Dieser Nachteil könnte auch bei einem Erfolg im Hauptsacheverfahren nicht mehr beseitigt werden.

Dem Antragsteller kann deshalb nicht zugemutet werden, den Abschluss des Hauptsacheverfahrens abzuwarten.

b) Anordnungsanspruch:
Der Anordnungsanspruch ergibt sich aus § 4 Abs. 2 S. 3 AufenthG und dem subjektiven Recht des Antragstellers auf ermessensfehlerfreie Entscheidung. Denn auch bei einem bloßen Anspruch auf Neubescheidung hat das Gericht den Antragsteller vor Nachteilen durch bloßen Zeitablauf mit einer einstweiligen Anordnung zu bewahren (vgl. ua OVG Münster NWVBl. 1999, 271; VGH Mannheim DÖV 1997, 694; Sodan/Ziekow, Verwaltungsgerichtsordnung, 4. Aufl., § 123 Rn. 107 ff. mwN; aA BVerwGE 63, 110, 112; OVG Münster NWVBl. 1995, 140, 141; VGH Kassel, NJW 1989, 470, 472: nur im Fall der Ermessensreduzierung auf Null).

Diese Voraussetzungen liegen vor. Denn der behauptete Verstoß gegen die Mitwirkungspflicht ist nicht geeignet, eine ermessensfehlerfreie Entscheidung zu begründen. Denn Schutzobjekt des § 4 AufenthG ist der inländische Arbeitsmarkt. Unter diesem Aspekt hat die Frage, ob der Antragsteller seine Mitwirkungspflicht bei der Passbeschaffung verletzt, ersichtlich keine Bedeutung.

Selbst wenn man aber die Berücksichtigung ausländerrechtlicher Gesichtspunkte für zulässig hält, so muss doch noch zumindest ein gewisser Sachzusammenhang mit dem Aufenthaltsstatus des Betroffenen gegeben sein. So wird es etwa in der Literatur als zulässig angesehen, eine Beschäftigungserlaubnis zu verweigern, um einer nicht gewünschten Verfestigung des Aufenthalts entgegen zu wirken. (Vgl. GK-AufenthG/Funke-Kaiser, § 4 Rn. 145).

Zugunsten des Antragstellers wurde aber ein Abschiebeverbot nach § 60 Abs. 7 S. 1 AufenthG festgestellt. So lange diese Feststellung nicht widerrufen wurde, hat er einen Anspruch auf Verlängerung seiner Aufenthaltserlaubnis.

Hinzukommt, dass der Antragsgegnerin die Möglichkeit zur Verfügung steht, Ordnungsverfügungen zur Konkretisierung und Durchsetzung der Mitwirkungspflicht bei der Passbeschaffung zu erlassen und gegebenenfalls Zwangsgelder anzudrohen und zu verhängen.

Da andere Ablehnungsgründe nicht ersichtlich sind, ist auch davon auszugehen, dass die ermessensfehlerfreie Bescheidung des Antrags auf Beschäftigungserlaubnis durch die Antragsgegnerin mit überwiegender Wahrscheinlichkeit zur Erteilung der begehrten Beschäftigungserlaubnis führen wird.

Dem eingangs gestellten Antrag ist deshalb stattzugeben.

...

Rechtsanwalt ◄

4. Fehlerquellen

53 Ein häufiger Fehler bei der Beantragung einer Beschäftigungserlaubnis besteht darin, dass der potenzielle Arbeitgeber die **Stellenbeschreibungsformulare**, die die Ausländerbehörde den Antragsstellern aushändigt, gar nicht oder falsch ausfüllt. Dies ist vor allem dann schädlich, wenn es der Arbeitgeber von vornherein ablehnt, bevorrechtigte – andere – Arbeitnehmer einzustellen. Das ist nämlich nur möglich, wenn der Arbeitgeber aus besonderen, objektiven und sachlich gerechtfertigten Gründen, die in seinem individuellen Geschäftsinteresse liegen, die Beschäftigung eines bestimmten Ausländers anstrebt.[25] Ist der Rechtsanwalt frühzeitig beauftragt, sollte er sich die Stellenbeschreibung zeigen lassen, bevor sie bei der Behörde abgegeben wird.

54 Vielfach werden solche Mandate auch zu zögerlich bearbeitet. Wer aber länger als zwei Wochen zuwartet, bis ein Antrag auf Erlass einer einstweiligen Anordnung gestellt wird, hat in der Regel Mühe, die besondere Eilbedürftigkeit, also den Anordnungsgrund glaubhaft zu machen.

II. Beschäftigungserlaubnis für einen geduldeten Ausländer

1. Sachverhalt / Lebenslage

55 **Beispiel: Der geduldete Ausländer**
Herr S befindet sich seit Dezember 2013 im Bundesgebiet. Sein Asylverfahren ist seit Sommer 2015 erfolglos abgeschlossen. Seitdem erhielt er wegen fehlender Reisedokumente Duldungen. Diese werden jeweils für drei Monate erteilt und enthielten zuletzt ua folgenden Vermerk: „Tätigkeit als Hilfskraft bei Firma ■■■ gestattet".
Über seine Firma wurde Herr S darauf aufmerksam gemacht, dass es die Möglichkeit für ihn gibt, eine berufliche Qualifikation als internationaler Schweißer DVS zu erwerben. Ein privater Bildungsträger bietet hierzu eine über sieben Monate dauernde ganztätige Ausbildung an. Nach deren Abschluss müssen noch Prüfungen absolviert werden, ehe die Berufsaufnahme möglich ist.

---

25 Vgl. auch o. Rn. 18; ferner VG Sigmaringen, Beschl. v. 3.3.2006 – 5 K 1888/05.

Als sich Herr S um die Beschaffung der notwendigen Unterlagen kümmert, erfährt er, dass die Ausbildungsmaßnahme schon im nächsten Monat beginnt und dass er sich beeilen muss, daran teilzunehmen, weil nicht sicher ist, dass für einen weiteren Kurs noch einmal genügend Anmeldungen zusammen kommen.

Herr S beantragt deshalb eine Beschäftigungserlaubnis für die Berufsausbildung, erhält aber schon zwei Wochen später folgenden Bescheid der Ausländerbehörde: „Der Antrag auf Beschäftigungserlaubnis zur Ausübung einer Berufsausbildung beim Fortbildungsinstitut T… wird abgelehnt."

Zur Begründung wird ausgeführt, die BA habe die Zustimmung zur Absolvierung der Berufsausbildung verweigert.

Herr S befürchtet, eine der für ihn erreichbaren wenigen Gelegenheiten zur beruflichen Qualifikation zu verpassen und bittet, ihm so schnell wie möglich zu helfen.

2. Checkliste

a) Rechtsgrundlagen

Anspruchsgrundlagen für die Erteilung einer Beschäftigungserlaubnis an geduldete Ausländer sind §§ 4 Abs. 2 u. 3 S. 3, 42 Abs. 2 Nr. 5 AufenthG iVm § 32 BeschV. Bevor sie sich nicht mindestens drei Monate erlaubt, geduldet oder mit einer Aufenthaltsgestattung im Bundesgebiet aufgehalten haben, ist ihnen jegliche Erwerbstätigkeit verboten. Danach kann ihnen grundsätzlich mit Zustimmung der BA die Ausübung einer Beschäftigung erlaubt werden. Die Zustimmung wird nur nach positivem Ausgang einer Vorrangprüfung erteilt. Das gilt aber nicht, wenn

- ein Praktikum nach § 22 Abs. 1 S. 1. Nr. 1–4 des Mindestlohngesetzes oder
- eine Berufsausbildung in einem staatlich anerkannten oder vergleichbar geregelten Ausbildungsberuf absolviert, oder
- eine Beschäftigung nach § 2 Abs. 1, § 3 Nr. 1–3, § 5, § 14 Abs. 1, § 15 Nr. 2, § 22 Nr. 3–5 und § 23 AufenthG bzw.
- eine Beschäftigung von Ehegatten, Lebenspartnern, Verwandten und verschwägerten ersten Grades eines Arbeitgebers in dessen Betrieb, sofern eine häusliche Gemeinschaft besteht, ausgeübt werden soll, oder
- ein ununterbrochener vierjähriger erlaubter, geduldeter oder gestatteter Aufenthalt im Bundesgebiet vorliegt.

In diesen Fällen bedarf die Erteilung der Beschäftigungserlaubnis keiner Zustimmung der BA.

Nicht die Zustimmung, wohl aber die **Vorrangprüfung** entfällt gem. § 32 Abs. 5 BeschV, wenn

- qualifizierte bzw. hochqualifizierte Geduldete eine Beschäftigung nach § 2 Abs. 2, § 6 oder § 8 BeschV aufnehmen oder
- sie sich seit 15 Monaten ununterbrochen erlaubt, geduldet oder mit einer Aufenthaltsgestattung im Bundesgebiet aufhalten.

Gewissermaßen als negative Tatbestandsvoraussetzung von § 4 Abs. 2 S. 3 AufenthG ist § 60 a Abs. 6 AufenthG zu lesen. Nach dieser Vorschrift darf die Ausübung einer Beschäftigung nicht erlaubt werden, wenn sich der Ausländer in das Inland begeben hat, um Leistungen nach dem Asylbewerberleistungsgesetz zu erlangen, oder wenn aus von ihm zu vertretenden Gründen aufenthaltsbeendende Maßnahmen nicht vollzogen werden können. Zu vertreten hat gem. § 60 a Abs. 6 S. 2 AufenthG ein Ausländer die Gründe insbesondere dann, wenn er das Abschiebungshindernis durch Täuschung über seine Identität oder seine Staatsangehörigkeit oder durch falsche Angaben herbeiführt.

Wie die vorstehende Übersicht deutlich macht, hat der Verordnungsgeber mit der Regelung des § 32 BeschV gewissermaßen eine Beschäftigungsverordnung im Kleinen geschaffen. Damit verbunden war eine deutliche Erleichterung des Zugangs zum Arbeitsmarkt für diesen Personenkreis. Der zunächst letzte Schritt in diesem Prozess war eine nochmalige Änderung des § 32 BeschV mit der Verordnung zum Asylverfahrensbeschleunigungsgesetz vom 24.10.2015 (s. oben Fn. 1), mit der für diejenigen geduldeten Ausländer, die seit 15 Monaten ununterbrochen erlaubt, geduldet oder gestattet im Bundesgebiet sind, auch der Zugang zum Arbeitsmarkt der Leiharbeitnehmer eröffnet wurde.

b) Rechtscharakter der ausländerrechtlichen Regelung

57 Aus vielerlei Gründen ist die Rechtslage bei der Regelung der Erwerbstätigkeit geduldeter Ausländer unübersichtlicher als in anderen Fällen des Arbeitsmarktzuganges von Ausländern. Entscheidend für alle weiteren Schritte ist, in welcher Form die Ausländerbehörde über das Recht des geduldeten Ausländers zur Erwerbstätigkeit entscheidet, bzw. ob sie überhaupt eine Entscheidung getroffen hat. In der Praxis sind es **vier Grundformen**.

aa) Hinweis auf Rechtslage

58 Wird, etwa nach einem Asylverfahren, erstmals eine Duldung erteilt, ist in dem **Zusatz** zu dieser Duldung „Erwerbstätigkeit: Nicht gestattet" mangels Regelungsgehalts **kein Verwaltungsakt**, sondern lediglich ein Hinweis auf die in § 4 Abs. 3 S. 1 AufenthG geregelte Rechtslage zu sehen.[26]

bb) Objektiver Erklärungswert

59 Wird dagegen ein solches Verbot mit **separatem Bescheid** ausgesprochen, wird davon auszugehen sein, dass die Behörde eine konkrete Regelung treffen, also einen Verwaltungsakt erlassen wollte. Dies gilt vor allem dann, wenn noch eine Rechtsmittelbelehrung beigefügt ist,[27] und auch dann, wenn der Entscheidung kein Antrag auf Erteilung einer Beschäftigungserlaubnis vorausging. Nach dem objektiven Erklärungswert will die Behörde in diesen Fällen eine verbindliche Regelung treffen.

cc) Regelung des Einzelfalles

60 Erst Recht liegt ein anfechtbarer Verwaltungsakt vor, wenn ein konkreter **Antrag** auf Erteilung einer Beschäftigungserlaubnis **abgelehnt** wurde.

dd) Belastender Verwaltungsakt

61 Das Gleiche gilt, wenn – entweder durch **Nebenbestimmung** zur Duldung oder durch separaten Bescheid – dem Ausländer die weitere Ausübung der Beschäftigung nicht mehr gestattet wurde.[28]

---

26 Vgl. OVG Sachsen-Anhalt, Beschl. v. 29.3.2010 – 208/10 – Juris = AuAS 2010, 131 (Ls.); VGH Baden-Württemberg InfAuslR 2006, 131, 132; *Bergmann/Dienelt*, AuslR. § 4 AufenthG, Rn. 82.
27 Vgl. VG Braunschweig, Asylmagazin 5/2005, S. 35; *Bergmann/Dienelt*, AuslR. § 4 AufenthG, Rn. 82.
28 Vgl. VG Hannover, Beschl. v. 25.11.2005 – 6 B 8147/05.

c) Rechtsmittel

Stellt der Anwalt fest, dass lediglich ein Hinweis auf die Rechtslage vorliegt, muss zuerst ein Antrag auf Erteilung einer Beschäftigungserlaubnis gestellt werden.[29] In den übrigen Fällen ist Widerspruch einzulegen, soweit nicht ausnahmsweise landesrechtlich geregelt ist, dass das Widerspruchsverfahren ausgeschlossen ist.[30] Im letzteren Fall ist Klage beim zuständigen Verwaltungsgericht zu erheben. Das Rechtsmittel ist gegen die Ausländerbehörde zu richten, die den Bescheid erlassen hat. Dies gilt auch, wenn die Erlaubnis an der fehlenden Zustimmung der Bundesagentur für Arbeit scheitert.

d) Eilbedürftigkeit

Widerspruch bzw. Klage haben **keine aufschiebende Wirkung**. Denn es besteht in der Regel eine Verpflichtungssituation: Wer erstmals eine Beschäftigungserlaubnis will, erstrebt einen begünstigenden Verwaltungsakt. Das Gleiche gilt, wenn nach dem Ablauf der zusammen mit der Duldung erteilten Beschäftigungserlaubnis die Verlängerung dieser Erlaubnis begehrt wird.[31]

Eine Anfechtungssituation kann dagegen in Übergangsfällen nach § 105 AufenthG vorliegen. In der Praxis werden diese Fälle jedoch kaum noch vorkommen. Gleiches gilt, wenn die Ausländerbehörde während der Laufzeit der Duldung und der Beschäftigungserlaubnis Letztere **aufhebt** (in der Praxis ungültig stempelt).[32] In diesen Fällen liegt eine Rücknahme oder ein Widerruf des ursprünglich begünstigenden Verwaltungsaktes, also ein belastender Verwaltungsakt, vor, gegen den Widerspruch oder Anfechtungsklage zu erheben sind. Falls, wie regelmäßig von den Behörden praktiziert, eine Rechtsmittelbelehrung unterbleibt, muss binnen eines Jahres nach Bekanntgabe die Einlegung des Rechtsbehelfs erfolgen, § 58 Abs. 2 S. 1 VwGO.

Sie entfalten jedoch gem. § 84 Abs. 1 Nr. 3 AufenthG keine aufschiebende Wirkung.[33] Andererseits haben die Betroffenen häufig keine Zeit, den Ausgang von Widerspruchs- und Klageverfahren abzuwarten. Entweder deshalb, weil in der Zwischenzeit der Arbeitsplatz anderweitig vergeben wird oder weil die Kündigung droht.

e) Vorläufiger Rechtsschutz

Mit den Mandanten muss angesichts der beschriebenen Situation auch über die Notwendigkeit vorläufigen Rechtsschutzes gesprochen werden. Dieser ist regelmäßig nur durch einen Antrag auf Erlass einer einstweiligen Anordnung gem. § 123 VwGO zu erlangen. Liegt dagegen eine der eher seltenen Anfechtungssituationen vor, muss vorläufiger Rechtsschutz nach § 80 Abs. 5 VwGO gesucht werden.

f) Probleme der einstweiligen Anordnung

Insoweit kann auf die Hinweise in der Checkliste des vorangegangenen Abschnitts (siehe o. Rn. 41 ff.) verwiesen werden. Die Probleme sind gleich gelagert.

---

29 Vgl. VGH Baden-Württemberg InfAuslR 2006, 131, 132.
30 So zB in Baden-Württemberg nach § 15 AGVwGO, wenn das Regierungspräsidium den Verwaltungsakt erlassen hat,.
31 Vgl. zu allem: VGH Baden-Württemberg InfAuslR 2006, 131; OVG Nordrhein-Westfalen InfAuslR 2006, 222, 223; VG Hannover InfAuslR 2005, 2004; GK-AufenthG/Funke-Kaiser, § 4 Rn. 192; *Marx*, ZAR 2004, 53; *Zühlke*, ZAR 2005, 317, 322; *Stiegeler*, Asylmagazin 3/2007, S. 4, 8.
32 Für Unzulässigkeit dieser Regelung: *Marx*, ZAR 2005, 48, 52; aA *Bartelheim*, InfAuslR 2005, 458, 459; S. aber Bayr. VGH, Beschl. v. 27.8.2014, 10 C 12.1788, juris = Asylmagazin 2014, 438 (Ls.).
33 *Strittig*, wie hier VG Karlsruhe, Beschl. v. 2.8.2005 – 6 K 1458/05; VG Braunschweig, Asylmagazin 5/2005, S. 35; im Ergebnis auch *Bartelheim*, InfAuslR 2005, 460.

§ 4 Aufenthaltstitel zur Ausübung einer Erwerbstätigkeit

3. Muster
a) Muster: Widerspruch gegen Versagung der Beschäftigungserlaubnis aufgrund von § 32 BeschV

▶ An die Stadt ...

Amt für Öffentliche Ordnung

Ausländeramt

...-Stadt

Betrifft: Beschäftigungserlaubnis;

Hier: S., Königsgasse 1, ...-Stadt

...,

in vorbezeichneter Sache zeigen wir mit beigefügter Vollmacht an, dass wir die Vertretung von Herrn S übernommen haben. Namens und im Auftrag unseres Mandanten legen wir gegen Ihren Bescheid vom ..., mit dem der Antrag auf Zulassung der Beschäftigung abgelehnt wurde,

Widerspruch

ein.

Zur

Begründung

führen wir aus:

Zu Unrecht wird die weitere Erteilung einer Beschäftigung abgelehnt. Denn auf die Versagung der Zustimmung durch die BA kommt es nicht an, weil die Voraussetzungen des § 32 Abs. 2 Nr. 2 BeschV vorliegen. Danach bedarf die Erteilung einer Erlaubnis zur Ausübung einer Berufsausbildung in einem staatlich anerkannten oder vergleichbar geregelten Ausbildungsberuf keiner Zustimmung der BA.

Herr S will die in der vorgelegten Bescheinigung beschriebene Bildungsmaßnahme zum Erwerb der beruflichen Qualifikation als internationaler Schweißer nach den Vorgaben des Deutschen Verbandes für Schweißen und verwandte Verfahren eV absolvieren. Es handelt sich um eine Berufsausbildung, mit deren erfolgreichem Abschluss unser Mandant den Ausbildungsberuf des internationalen Schweißers DVS ausüben kann.

Dem Widerspruch ist deshalb stattzugeben.

...

Rechtsanwalt ◀

b) Muster: Verpflichtungsklage auf Erteilung einer Beschäftigungserlaubnis nach § 32 BeschV[34]

▶ An Verwaltungsgericht ...

Kaiserstraße ...

...

In der Verwaltungsrechtssache

...

– Kläger –

---

34 Die rechtliche Argumentation, nicht jedoch der Sachverhalt, ist angelehnt an einen Beschluss des VG Greifswald v. 17.9.2013, 2 B 704/13, juris.

gegen
Stadt ...

– Beklagte –

wegen Beschäftigungserlaubnis

zeigen wir mit beigefügter Vollmacht die Vertretung des Klägers an. In dessen Namen und Auftrag erheben wir

Klage

mit dem Antrag,

den Bescheid der Beklagten vom ... aufzuheben und die Beklagte zu verpflichten, über den Antrag des Klägers auf Erteilung einer Beschäftigungserlaubnis unter Beachtung der Rechtsauffassung des Gerichts erneut zu entscheiden.

Begründung:

1. Der Kläger reiste im Dezember 2013 ins Bundesgebiet und stellte einen Asylantrag. Mit Bescheid vom ... (wird ausgeführt).
2. Die Klage ist begründet. Denn der angefochtene Bescheid ist rechtswidrig und verletzt den Kläger in seinen Rechten.

   Die Beklagte hat zu Unrecht die Ablehnung des klägerischen Antrages auf die fehlende Zustimmung der Bundesagentur für Arbeit gestützt. Denn diese wäre nur erforderlich, wenn keiner der Ausnahmetatbestände des § 32 Abs. 2 BeschV vorliegen würden.

   Im vorliegenden Fall kommt aber die Ausnahmeregelung des § 32 Abs. 2 Nr. 2 BeschV zur Anwendung. Denn der Kläger begehrt die Erlaubnis zur Ausübung einer durch einen privaten Bildungsträger angebotenen Bildungsmaßnahme zum Erwerb einer beruflichen Qualifikation als internationaler Schweißer nach den Vorgaben des Deutschen Verbandes für Schweißen und verwandte Verfahren eV Der Anwendungsbereich dieser Regelung ist entgegen der Auffassung der Beklagten nicht auf qualifizierte Berufsausbildungen beschränkt. Ebenso wenig lässt sich dem Wortlaut der Vorordnung eine Beschränkung auf betriebliche Ausbildungen entnehmen. Vielmehr ist lediglich erforderlich, dass eine Berufsausbildung absolviert wird, und zwar in einem staatlich anerkannten oder vergleichbar geregelten Ausbildungsberuf. Dies ist vorliegend der Fall, wie die im Verwaltungsverfahren vorgelegten Bescheinigungen belegen (wird weiter ausgeführt).

Der Klage ist deshalb stattzugeben.

...

Rechtsanwalt ◄

c) Muster: Vorläufiger Rechtsschutz bei Versagung einer Beschäftigungserlaubnis aufgrund von § 32 BeschV

▶ An Verwaltungsgericht ...
Kaiserstraße ...
...

In der Verwaltungsrechtssache

...

– Antragsteller –

gegen

Stadt ...

– Antragsgegnerin –

wegen Beschäftigungserlaubnis

hier: Erlass einer einstweiligen Anordnung

zeigen wir mit beigefügter Vollmacht die Vertretung des Antragstellers an. In dessen Namen und Auftrag wird beantragt,

die Antragsgegnerin im Wege einer einstweiligen Anordnung nach § 123 Abs. 1 S. 2 VwGO zu verpflichten, dem Antragsteller vorläufig eine Beschäftigungserlaubnis für die Berufsausbildung zum internationalen Schweißer zu erteilen, bis in der Hauptsache über den Antrag des Antragstellers auf Erteilung einer Beschäftigungserlaubnis entschieden ist.

Zur

Begründung

führen wir aus:

1. Der Antragsteller befindet sich seit Dezember 2013 im Bundesgebiet. Sein Asylverfahren ist seit Sommer 2015 erfolglos abgeschlossen. Seitdem erhielt er wegen fehlender Reisedokumente Duldungen. Diese werden jeweils für drei Monate erteilt und enthielten zuletzt ua folgenden Vermerk: „Tätigkeit als Hilfskraft bei Firma ... gestattet".

    Über seine Firma wurde der Antragsteller darauf aufmerksam gemacht, dass es die Möglichkeit für ihn gibt, eine berufliche Qualifikation als internationaler Schweißer DVS zu erwerben. Ein privater Bildungsträger bietet hierzu eine über sieben Monate dauernde ganztätige Ausbildung an. Nach deren Abschluss müssen noch Prüfungen absolviert werden, ehe die Berufsaufnahme möglich ist.

    Als sich der Antragsteller um die Beschaffung der notwendigen Unterlagen kümmerte, erfuhr er, dass die Ausbildungsmaßnahme schon im nächsten Monat beginnt. Außerdem teilte man ihm mit, dass es nicht sicher sei, dass für einen weiteren Kurs noch einmal genügend Anmeldungen zusammen kommen würden.

    Der Antragsteller beantragte deshalb eine Beschäftigungserlaubnis für die Berufsausbildung, erhielt aber schon zwei Wochen später einen Ablehnungsbescheid der Antragsgegnerin. Diese berief sich darauf, dass die BA die Zustimmung zur Absolvierung der Berufsausbildung verweigert habe.

    Hiergegen erhob der Antragsteller unter heutigem Datum Widerspruch.

    Glaubhaftmachung:
    1. Bescheid der Antragsgegnerin vom ... (Anlage 1)
    2. Widerspruch von heute (Anlage 2)
    3. eidesstattliche Versicherung des Antragstellers (Anlage 3)

    Bei dieser Sachlage ist der vorliegende Antrag geboten.

2. Er ist auch zulässig unbegründet. Denn gem. § 123 Abs. 1 S. 1 VwGO kann das Gericht eine einstweilige Anordnung in Bezug auf den Streitgegenstand treffen, wenn die Gefahr besteht, dass durch eine Veränderung des bestehenden Zustands die Verwirklichung eines Rechts des Antragstellers vereitelt oder wesentlich erschwert werden könnte. Nach § 123 Abs. 1 S. 2 VwGO kann eine solche einstweilige Anordnung auch zur Regelung eines vorläufigen Zustands in Be-

zug auf ein streitiges Rechtsverhältnis ergehen, wenn diese Regelung zur Abwendung wesentlicher Nachteile, zur Verhinderung drohender Gewalt oder aus anderen Gründen nötig erscheint. Diese Voraussetzungen liegen vor, wenn ein Antragsteller einen materiellrechtlichen Anspruch (sog Anordnungsanspruch) sowie die Notwendigkeit einer vorläufigen Regelung gerade im einstweiligen Rechtsschutzverfahren (sog Anordnungsgrund) glaubhaft macht. Dies ist beim Antragsteller der Fall. Im Einzelnen:

a) Anordnungsgrund:
Wie bereits dargelegt, beginnt der Ausbildungskurs im kommenden Monat. Da nicht sicher ist, dass es einen weiteren Kurs gibt, müsste der Antragsteller befürchten, dass er die Ausbildung gar nicht absolvieren kann, wenn ihm nicht der Einstieg in die Ausbildung im kommenden Monat ermöglicht wird. Es ist ihm deshalb auch nicht zumutbar, den Abschluss des Hauptsacheverfahrens abzuwarten. Bis dahin wäre die für ihn seit Jahren einzige Möglichkeit, aus dem Status des ungelernten Helfers zu einer Berufsausbildung zu gelangen, zunichte gemacht.

b) Anordnungsanspruch:
Der Anordnungsanspruch ergibt sich aus § 32 Abs. 2 S. 1 Nr. 2 BeschV und dem subjektiven Recht des Antragstellers auf ermessensfehlerfreie Entscheidung nach § 4 Abs. 2 S. 3 AufenthG. Denn auch bei einem bloßen Anspruch auf Neubescheidung hat das Gericht den Antragsteller vor Nachteilen durch bloßen Zeitablauf mit einer einstweiligen Anordnung zu bewahren (vgl. ua OVG Münster NWVBl. 1999, 271; VGH Mannheim DÖV 1997, 694; Sodan/Ziekow, VwGO, 4. Aufl., § 123 Rn. 107 mwN; aA BVerwGE 63, 110, 112; OVG Münster NWVBl. 1995, 140, 141; VGH Kassel, NJW 1989, 470, 472: Nur im Falle der Ermessensreduzierung auf Null).

So liegt der Fall hier. Denn es liegt ein Fall der Ermessensunterschreitung vor. Die Antragsgegnerin hat zu Unrecht von einer Ermessensentscheidung nach § 4 Abs. 2 S. 3 AufenthG abgesehen, weil sie davon ausging, dass der Ausnahmetatbestand des § 32 Abs. 2 S. 1 Nr. 2 BeschV nicht vorliegt und die Zustimmung durch die BA verweigert wurde. Diese Auffassung ist rechtsirrig. Denn entgegen der Auffassung der Antragsgegnerin handelt es sich bei der vom Antragsteller angestrebten Ausbildung im Sinne des § 32 Abs. 2 Nr. 2 BeschV (die weiteren Ausführungen entsprechen der Klagebegründung im Muster 42 (Rn. 69).

Dem eingangs gestellten Antrag ist deshalb stattzugeben.

...

Rechtsanwalt ◄

4. Fehlerquellen

Typisch sind Fehler bei der **Einlegung der Rechtsmittel**. Wer irrtümlich davon ausgeht, dass der Zusatz in der Duldung „Erwerbstätigkeit nicht gestattet" ein Verwaltungsakt ist, wird dagegen Widerspruch oder Klage erheben und möglicherweise vorläufigen Rechtsschutz nach § 80 Abs. 5 VwGO suchen und muss sich dann vom Gericht eines Besseren belehren lassen. 71

Manchmal werden auch die **landesrechtlichen Besonderheiten** übersehen. So ist zB in Baden-Württemberg gem. § 15 AGVwGOBW der Widerspruch ausgeschlossen, wenn das Regierungspräsidium den Verwaltungsakt erlassen hat. Es muss also sofort Klage beim zuständigen Verwaltungsgericht erhoben werden. Außerdem sind in Baden-Württemberg die Regierungspräsidien zuständig für Maßnahmen und Entscheidungen zur Beendigung des Aufenthaltes 72 abgelehnter Asylbewerber. Diese Zuständigkeit umfasst auch die Entscheidung über die Anordnung und Aufhebung von Beschränkungen und Nebenbestimmungen zur Aussetzung der Abschiebung nach § 60a Abs. 2 AufenthG.[35] Nach Auffassung des VGH Baden-Württemberg erstreckt sich diese Zuständigkeit auch auf die Beschäftigungserlaubnis für geduldete Ausländer, obwohl insoweit eine Nebenbestimmung nicht vorliegt.[36]

73 Ergänzend wird auf die Hinweise zu typischen Fehlerquellen im vorangegangenen Abschnitt (s. o. Rn. 55) verwiesen.

5. Weiterführende Hinweise
a) Zum Wartezeiterfordernis

74 Wie oben bemerkt, kann geduldeten Ausländern die Ausübung einer Beschäftigung nur erlaubt werden, wenn sie sich seit drei Monaten erlaubt oder geduldet im Bundesgebiet aufgehalten haben. In der Praxis gibt es gelegentlich Diskussionen darüber, ob dieses Wartezeiterfordernis nur bei erstmaliger Aufnahme der Erwerbstätigkeit oder auch bei einer **Unterbrechung** bzw. der **Aufnahme eines neuen Beschäftigungsverhältnisses** gilt. Sowohl den Verwaltungsvorschriften zum Aufenthaltsgesetz (AufenthG-VwV Ziff. 42.2.1.11) als auch der Entstehungsgeschichte ist zu entnehmen, dass die Erfüllung der Wartezeit nur bei der erstmaligen Aufnahme der Erwerbstätigkeit bzw. der erstmaligen Erteilung der Zustimmung nachgewiesen werden muss.[37]

75 Ein weiteres Problem ergibt sich aus der Formulierung „seit drei Monaten erlaubt oder geduldet …". Sie wird von der überwiegenden Meinung so verstanden, dass ein ununterbrochener, geduldeter oder erlaubter Aufenthalt vorliegen müsse. Damit stoßen Flüchtlinge auf Probleme, die die Verlängerung der Duldung zu spät beantragt oder zu spät erhalten haben. Nicht selten weigert sich die Behörde auch, Duldungen auszustellen und händigt dem Betroffenen statt dessen eine sog **Grenzübertrittsbescheinigung** aus. Ein geduldeter Aufenthalt liegt aber immer dann vor, wenn die Abschiebung nicht vollzogen wird. Ob die Behörde dies auch gesondert bescheinigt oder nur eine Grenzübertrittsbescheinigung aushändigt, ist dagegen nicht von Bedeutung.

b) Versagungstatbestände des § 60a Abs. 6 AufenthG

76 Nach S. 1 Ziff. 1 dieser Vorschrift darf geduldeten Ausländern die Ausübung einer Beschäftigung nicht erlaubt werden, „wenn sie sich in das Inland begeben haben, um Leistungen nach dem Asylbewerberleistungsgesetz zu erlangen …". Dies ist aber nur dann der Fall, wenn der **Wunsch**, solche Leistungen zu erlangen, für den Einreiseentschluss von **prägender Bedeutung** war.[38] Das ist in der Regel nicht nachzuweisen.

77 Von erheblich größerer Bedeutung war und ist dagegen der **zweite** in § 60a Abs. 6 AufenthG genannte **Versagungsgrund**: Dass es der Antragsteller zu vertreten hat, wenn aufenthaltsbeendende Maßnahmen nicht vollzogen werden können. Hier sind aber zwei Einschränkungen zu machen, die in der Praxis nicht immer beachtet werden:

78 Zum einen ist tatbestandsmäßig nur ein Verhalten, das die Abschiebung verhindert. Wer also zwar freiwillig ausreisen, aber aus Gründen, die er nicht zu vertreten hat, nicht abgeschoben

---

[35] § 8 Abs. 3 Nr. 2 AAZuVO v. 2.12.2008 (GBl. S. 465); zuletzt geändert durch Verordnung vom 12.01.2016 (GBl. S. 13).
[36] Vgl. VGH Baden-Württemberg InfAuslR 2006, 131, 132.
[37] So schon VG Münster, Beschl. v. 31.3.2005, Asylmagazin 6/2005, S. 43; *Stiegeler*, Asylmagazin 6/2005, S. 5, 6 ff.
[38] Vgl. statt vieler: BVerwGE 59, 73, 76.

werden kann, verwirklicht den Versagungsgrund nicht.[39] Zum anderen muss das Verhalten des Ausländers ursächlich sein für die Unmöglichkeit der Abschiebung zum konkreten Zeitpunkt. Das ist zB nicht der Fall, wenn ein Abschiebestopp besteht.[40]

c) Ermessen nach § 4 Abs. 2 S. 3 AufenthG

Umstritten ist, wie weit das Ermessen der Ausländerbehörde nach § 4 Abs. 2 S. 3 AufenthG reicht, insbesondere, ob die Praxis mancher Behörden rechtmäßig ist, eine Beschäftigungserlaubnis auch dann zu versagen, wenn kein Versagungsgrund nach § 60 a Abs. 6 AufenthG vorliegt. Hier muss beachtet werden, dass Fragen der Mitwirkungspflicht, soweit sie bei der Zulassung zur Ausübung einer Beschäftigung eine Rolle spielen sollen, in § 60 a Abs. 6 AufenthG geregelt wurden. Dort hat der Gesetzgeber festgelegt, welches Fehlverhalten des geduldeten Ausländers zu einer Versagung der Erlaubnis führen soll. Diese Norm enthält also gegenüber § 4 Abs. 2 S. 3 des Aufenthaltsgesetzes die speziellere Regelung. Deshalb entspricht es nicht dem Zweck der Ermächtigungsgrundlage des § 4 Abs. 2 S. 3 AufenthG, Gesichtspunkte heranzuziehen, die bei der Anwendung des § 60 a Abs. 6 AufenthG maßgebend sein können.[41]

79

Auch wenn dieser Auffassung nicht gefolgt wird, wird abzuwägen sein zwischen dem privaten Interesse des Antragstellers, wegzukommen vom Bezug von Sozialhilfeleistungen mit dem öffentlichen Interesse an einer Sanktionierung des geltend gemachten Fehlverhaltens. Je weniger schwer der Verstoß gegen die Mitwirkungspflicht wiegt, desto eher wird dem privaten Interesse der Vorrang gewährt werden müssen, zumal auch ein öffentliches Interesse an der Vermeidung von Transferleistungen besteht.

---

39 Vgl. zB VG Braunschweig, Beschl. v. 6.4.2005, Asylmagazin 5/2005, S. 35 zu den früheren Regelungen in § 11 BeschVerfV aF.
40 Vgl. VGH Baden-Württemberg InfAuslR 2006, 131, 135; VG Koblenz, NVwZ 2005, 724; *Stiegeler*, Asylmagazin 6/2005, S. 7, ebenfalls zur früheren Regelung in § 11 BeschVerfV aF.
41 Vgl. zur früheren Regelung: *Feldgen*, ZAR 2006, 183; *Stiegeler*, Asylmagazin 6/2005, S. 5, 6 ff.; aA VGH Baden-Württemberg, Beschl. v. 12.10.2005, S. 11: Ein solches „Berücksichtigungsverbot" gelte vermutlich nur dann, wenn ein Unterlassen des Ausländers mangels Zumutbarkeit pflichtgemäßen Handelns dazu führe, dass er die fehlende Möglichkeit der Aufenthaltsbeendigung nicht zu vertreten habe.

§ 5 Ausweisung / Verlust EU-Freizügigkeitsrecht

A. Ausweisung nach § 53 Abs. 1 AufenthG
I. Sachverhalt / Lebenslage

1 **Beispiel 1: Anhörungsverfahren, illegale Einreise, Sozialleistungsbezug, geduldeter Aufenthalt, Minderjährigenschutz**
R ist albanischer Staatsangehöriger und 17 Jahre alt. Er reiste als 16jähriger unbegleitet und ohne Visum in die Bundesrepublik ein und befindet sich derzeit in einer Jungendhilfeeinrichtung, außerdem besucht er seit einem Jahr die Schule. Nachforschungen über den Verbleib seiner Eltern sind bislang weder vom Jugendamt noch von der Ausländerbehörde eingeleitet worden.

Die Ausländerbehörde betreibt die Ausweisung nach § 53 Abs. 1 AufenthG. Sie hat dem Vormund des R nach § 28 (L)VwVfG Gelegenheit gegeben, sich zur beabsichtigten Maßnahme zu äußern. Hierzu führt sie im Anhörungsschreiben aus, dass R illegal nach Deutschland eingereist sei und keinen Asylantrag gestellt habe. Das schwer wiegende Ausweisungsinteresse fuße auf der illegalen Einreise und dem fortbestehenden illegalen Aufenthalt sowie dem Umstand, dass er Hilfeleistungen vom Staat erhalte. Demgegenüber seien Bleibeinteressen nicht ersichtlich, insbesondere habe er auch keine Aufenthaltserlaubnis, die ihn als Minderjährigen nach § 55 Abs. 2 Nr. 1 AufenthG privilegieren könnte.

2 **Beispiel 2: Widerspruch gegen Ausweisungsverfügung mit angedrohtem Sofortvollzug, Ausweisungsinteresse wegen Ermittlungsverfahren im Zusammenhang mit Drogendelikt, Antrag nach § 80 Abs. 5 VwGO auf Wiederherstellung der aufschiebenden Wirkung**
P ist philippinischer Staatsangehöriger, er ist 31 Jahre alt und arbeitet seit zwei Jahren als Senior Asset Manager bei einem deutschen Private-Equity-Fonds. Er besitzt eine Niederlassungserlaubnis nach § 19 a Abs. 6 AufenthG („Blaue Karte"). Die philippinische Ehefrau von P ist nach dem Scheitern der Beziehung vor einem knappen Jahr wieder in ihre Heimat zurückgekehrt. Wegen seiner guten Deutschkenntnisse wurde P die Niederlassungserlaubnis bereits nach 21 Monaten erteilt (§ 19 a Abs. 6 Satz 2 AufenthG). Die Ausländerbehörde hat gegen P eine Ausweisung verfügt und den sofortigen Vollzug nach § 80 Abs. 2 Nr. 4 VwGO angeordnet. Aus der Begründung des Bescheids ist zu entnehmen, dass die Behörde ihre Verfügung auf den Umstand stützt, dass bei der Staatsanwaltschaft gegen P ein Ermittlungsverfahren wegen des Verdachts einer Straftat nach § 29 Abs. 1 Satz 1 Nr. 1 BtMG eingeleitet wurde. Im Zuge einer Kontrolle der Drogenfahndung vor dem Eingang einer Diskothek sei bei P ein Briefumschlag mit 3 Tabletten MDMA („Ecstacy") sichergestellt worden, die nach einer Laboruntersuchung einen Wirkstoffgehalt von insgesamt 120 mg und damit nach der Rechtsprechung noch als „geringe Menge" anzusehen sind. Damit stehe für die Ausländerbehörde fest, dass P diese Drogen in der Diskothek mit Gewinnerzielungsabsicht habe verkaufen bzw. an Dritte weitergeben wollen. Für die Ausweisung genüge schon der Versuch einer solchen Tat. Über die Herkunft der Betäubungsmittel hatte P erklärt, er habe den Umschlag nach einer Party in der eigenen Wohnung gefunden, einer der Gäste müsse ihn dort verloren oder vergessen haben. Er habe den Umschlag in die Diskothek mitgenommen, um die Drogen dort selbst auszuprobieren. Der Sofortvollzug wird mit der Gefährlichkeit von Drogen begründet, was eine konsequente Umsetzung der Gesetze auch zur Abschreckung anderer Ausländer erforderlich mache. Dies sei insbesondere erforderlich, weil davon auszugehen sei, dass P die Drogen an Dritte habe weitergeben wollen, um sich zu bereichern. Die Staatsanwaltschaft

A. Ausweisung nach § 53 Abs. 1 AufenthG

hat keinen Antrag auf Untersuchungshaft gestellt, sie hat auch kein Einvernehmen nach § 72 Abs. 4 Satz 1 AufenthG zu einer Ausweisung oder Abschiebung erklärt. Gegen den Ausweisungsbescheid kann laut Rechtsmittelbelehrung Widerspruch erhoben werden. Dem P wird eine Frist von einem Monat für die Ausreise gesetzt und für den Fall der Nichtbefolgung die Abschiebung angedroht. Die Frist nach § 11 AufenthG wurde auf 5 Jahre festgesetzt.

Beispiel 3: Beschwerde gegen die Abweisung des Eilantrags, Ablehnung des Antrags auf Verlängerung des Aufenthaltstitels durch die Ausländerbehörde, schweres Ausweisungsinteresse wegen des Verdachts der Unterstützung einer terroristischen Vereinigung (§ 54 Abs. 1 Nr. 2 AufenthG), Verhältnis zwischen staatsanwaltlicher und ausländerrechtlicher Bewertung, Berücksichtigung von Fiktions- und Duldungszeiten

3

L, algerischer Staatsangehöriger, war zuletzt seit einigen wenigen Monaten im Besitz einer Fiktionsbescheinigung, die er bei seinem Antrag auf Verlängerung seiner Aufenthaltserlaubnis nach § 31 Abs. 1 AufenthG erhalten hatte. Seine erste Aufenthaltserlaubnis, damals noch im Hinblick auf die inzwischen gescheiterte Ehe mit einer deutschen Staatsangehörigen wurde ihm vor vier Jahren erteilt. Davor war er mehrere Jahre nach erfolglosem Asylantrag geduldet. L arbeitet als Teamleiter in einer Reinigungsfirma. L legt im Mandantengespräch eine Verfügung der Ausländerbehörde J-Stadt und einen abweisenden Eilbeschluss des Verwaltungsgerichts vor. In der Behördenverfügung heißt es, dass er, L, nach §§ 53 Abs. 1 iVm 54 Abs. 1 Nr. 2 AufenthG ausgewiesen werde. Ferner ist der Verfügung zu entnehmen, dass die Ausländerbehörde den Antrag auf Verlängerung der Aufenthaltserlaubnis unter Verweis auf die Sperrwirkung des § 11 Abs. 1 AufenthG ablehnt und unter der Fristsetzung von 30 Tagen die Abschiebung nach Algerien androht. Gegen die Entscheidung hatte der frühere Rechtsanwalt des L Klage und Eilantrag eingereicht. Der Eilantrag wurde vom Gericht inzwischen abgelehnt.

Zur Begründung der Ausweisung verweist die Behörde in der Verfügung darauf, dass gegen L ein Ermittlungsverfahren bei dem Generalbundesanwalt geführt worden sei, das hinsichtlich des Vorwurfs der Unterstützung einer terroristischen Vereinigung (§ 129 a Abs. 5 Satz 1 StGB) zwar inzwischen eingestellt worden, aber zur Verfolgung weiterer Delikte an die örtliche Staatsanwaltschaft abgegeben worden sei. Aus der Ermittlungsakte gehe hervor, dass L in der Nacht vom 10. auf den 11. Oktober 20.. den K, der inzwischen wegen des Vorwurfs der Mitgliedschaft in einer terroristischen Vereinigung verurteilt worden ist, bei sich in die Wohnung aufgenommen habe. An jenem Abend habe er, L, von seinem Mobiltelefon aus auch ein Gespräch mit einem weiteren Mittäter, nämlich dem M, geführt. Am nächsten Tag sei dann ein weiterer Mittäter, nämlich P, bei L zu Hause erschienen und habe eine blaue Sporttasche entgegengenommen. Bei einer späteren Durchsuchung des P habe sich ergeben, dass sich in dieser Tasche gestohlene Blankovordrucke für deutsche Aufenthaltstitel befunden hätten, die nach Auskunft der Sicherheitsdienste für illegale Einreisen von Terroristen aus Afghanistan in den Schengenraum benutzt werden sollten. Bereits die Weitergabe der Blankovordrucke erfülle den Straftatbestand des § 275 Abs. 1 Nr. 3 StGB, insgesamt liege aber eine schwerwiegende Gefährdung wegen der Unterstützung einer terroristischen Vereinigung vor. Die Ausländerbehörde führt weiter aus, dass Bleibeinteressen des L nicht ersichtlich seien, insbesondere sei sein Voraufenthalt immer von einer unsicheren Bleibeperspektive geprägt gewesen. Zuletzt habe er auch nur noch eine Fiktionsbescheinigung besessen.

Das Verwaltungsgericht lehnte den Eilantrag mit der Begründung ab, dass die Ausweisung nach summarischer Prüfung der Sach- und Rechtslage offensichtlich zu Recht erfolgt sei, so dass auch die Ablehnung des Verlängerungsantrages in diesem Sinne ganz offensichtlich nicht zu beanstanden sei.

Im Mandantengespräch erklärt L, er habe den K in seiner Moschee kennengelernt und sei mit ihm ins Gespräch gekommen. Da K dort keine weiteren Bekannten hatte, aber angab, unterwegs zu sein und seinen letzten Zug verpasst zu haben, schlug er ihm die Bitte, bei ihm übernachten zu können, nicht aus. Am Abend habe sich K das Mobiltelefon des L ausgeliehen, weil er, K, über kein Guthaben mehr verfüge habe. Am nächsten Tag sei L von K gebeten worden, eine Sporttasche zu verwahren, die von einem Bekannten im Laufe des Tages abgeholt werde. Für ihren Inhalt habe er sich nicht interessiert.

4 **Beispiel 4: Ausweisung wegen besonders schwerwiegenden Ausweisungsinteresses, Klage, schwerwiegende Bleibeinteressen, Mandant im Strafvollzug**

K ist ein 43jähriger marokkanischer Staatsangehöriger, der im Alter von 20 Jahren in die Bundesrepublik kam. Er besitzt eine Niederlassungserlaubnis. Seit zwei Jahren befindet er sich in Strafhaft; es wird gegen ihn eine Freiheitsstrafe von 4 Jahren und 7 Monaten wegen Handeltreibens mit Betäubungsmitteln vollstreckt. Der Zeitpunkt der Halbstrafe steht an. Das Strafgericht sah es als erwiesen an, dass K gemeinschaftlich mit anderen eine große Menge Kokain erworben und über mehrere Wochen an verschiedene Zwischenhändler weiterveräußert hat. Nach einer gescheiterten Ehe und wechselnden Beziehungen war K zuletzt mehrere Jahre mit der Deutschen E liiert. Aus dieser Beziehung ging der heute 8jährige Sohn S hervor. Die Beziehung zu E war schon vor der Strafverurteilung gescheitert, ein Kontakt besteht aber noch. Auch Sorgerecht und Umgang mit S wurden von K vor der Inhaftierung wahrgenommen, wenn auch Termine immer wieder kurzfristig abgesagt werden mussten oder ausfielen, weil K nicht zur Abholung seines Sohnes erschien. Vor einigen Monaten hat die Vollzugsanstalt ein Besuchsprogramm für die Kinder von Gefangenen mit einem eigens eingerichteten Spielzimmer ins Leben gerufen. K nimmt mit seinem Sohn an diesem Programm teil. In den vergangenen Wochen kam es zu zwei Besuchen unter Begleitung der Sozialarbeiterin Z. K hat keinen Bildungsabschluss. Er hat in verschiedenen untergeordneten Funktionen bei wechselnden Arbeitgebern gearbeitet und war vor seiner Verurteilung länger arbeitslos.

Die Ausländerbehörde hat die Ausweisung des K verfügt und die Sperre nach § 11 Abs. 1 AufenthG auf fünf Jahre festgesetzt. Das ergibt sich aus dem Bescheid, den der Bruder des K dem Rechtsanwalt im Erstgespräch überreicht. Zur Begründung verweist die Behörde auf die besondere Gefährlichkeit von K, die sich in seinem, wie es heißt, „berechnenden Tun" manifestiert habe. Ein Bleibeinteresse, das aus dem gelegentlichen Umgang mit seinem Sohn folge, müsse dagegen zurücktreten. Der Kontakt sei wenig qualifiziert und beschränkte sich vor der Inhaftierung laut Auskunft des Jugendamtes auf einige wenige Treffen; außerdem habe K selbst sich als ein wenig verantwortungsvoller Vater erwiesen, indem er seinen Sohn in dem Schrebergarten habe spielen lassen, den er auch zum Drogenversteck auserkoren habe. Im Übrigen könne er diesen Kontakt auch von Marokko aus telefonisch halten. Da die Staatsanwaltschaft eine Zustimmung zu einer vorzeitigen Strafaussetzung im Falle einer Abschiebung noch nicht erklärt hat, verzichtet die Ausländerbehörde derzeit auf die Anordnung des Sofortvollzugs. Gegen die Verfügung kann Klage erhoben werden.

5 **Beispiel 5: wiederholte Straftaten, Vergleichsangebot der Ausländerbehörde, Stellungnahme und Vergleich**

Der vor vier Jahren im Wege des Kindernachzugs ins Bundesgebiet eingereiste, jetzt 19-jährige, senegalesische Staatsangehörige Q verfügt über eine befristete Aufenthaltserlaubnis. Aufgrund zahlreicher abgeurteilter Diebstahls- und Körperverletzungsdelikte, die ihre Ursache in den schwierigen Familienverhältnissen hatten, erwägt die Ausländerbehörde, ihn nach § 53 Abs. 1 AufenthG auszuweisen. Eine an den Hauptschulabschluss angeschlossene Lehre hatte er aufgegeben. Seit einigen Monaten befindet er sich wegen einer erneuten Verurteilung zu einer Jugendstrafe von zwei Jahren aufgrund eines schweren gemeinschaftlichen Diebstahls in Haft. In der Haft hat er das Angebot zu einer beruflichen Qualifikation angenommen und ist in der anstaltseigenen Schlosserei nach Aussagen der Sozialarbeiter mit großem Engagement tätig. Kurz vor Strafantritt hat er eine Beziehung zu einer Schülerin in seiner Heimatstadt aufgenommen, die ihn jetzt regelmäßig in der Vollzugsanstalt besucht. Nachdem der Anwalt diese neuen Entwicklungen im Rahmen des Anhörungsverfahrens vorgebracht hat, hat die Ausländerbehörde seinem Bevollmächtigten einen Vergleichsvorschlag unterbreitet. Darin heißt es ua dass dem Kläger eine dreijährige Bewährungszeit beginnend mit der Haftentlassung auferlegt werde. Sollte er in dieser Zeit keine vorsätzliche oder fahrlässige Straftat begehen, die zu einer Strafe von mehr als 90 Tagessätzen führt, werde die Ausweisung gegenstandslos und ein neuer Aufenthaltstitel erteilt.

II. Prüfungsreihenfolge
1. Das neue Ausweisungsrecht
a) Der Ausweisungstatbestand des § 53 Abs. 1 AufenthG

Am 1.1.2016 ist das **neue Ausweisungsrecht** in Kraft getreten. Es gibt keine Übergangsregelung für Altfälle, das neue Recht ist daher auch bei der gerichtlichen Prüfung von Ausweisungsverfügungen aus der Zeit vor dem Eintritt der neuen Rechtslage anwendbar.[1] Der Gesetzgeber hat mit der Neufassung der §§ 53 ff. AufenthG das früher geltende dreiteilige System der Ausweisungstatbestände (Ist-Ausweisung, Regelausweisung und Ermessensausweisung) abgeschafft[2] und durch einen einzigen Ausweisungstatbestand, nämlich den des § 53 Abs. 1 AufenthG, ersetzt.

Die Ausweisung knüpft an die **Gefahr** an, die von einem Ausländer für bestimmte Rechtsgüter ausgeht und fordert ausdrücklich eine **Abwägung der öffentlichen Interessen an der Ausweisung mit allen privaten Bleibeinteressen des Betroffenen**.

Statt von verschiedenen Ausweisungsgründen spricht § 54 AufenthG heute von verschiedenen Tatbeständen, die ein „besonders schweres" bzw. ein „schweres" **Ausweisungsinteresse** begründen. Diesem wird, auch das ist neu, für die Seite des betroffenen Ausländers ein „besonders schweres" bzw. „schweres" **Bleibeinteresse** (§ 55 AufenthG) gegenübergestellt. Nur wenn das Ausweisungsinteresse das Bleibeinteresse übersteigt, darf die Ausweisung nach § 53 Abs. 1 AufenthG ausgesprochen werden.

b) Gerichtlich voll überprüfbare Abwägungsentscheidung

Sowohl die Ermittlung der beteiligten Interessen als auch deren Würdigung im Abwägungsprozess sind von den **Verwaltungsgerichten vollumfänglich überprüfbar**.[3] Der Gesetzgeber

---

1 Das folgt aus dem Grundsatz, dass für die Entscheidung der Tatsachengerichte bei der Prüfung von Ausweisungsverfügungen die Sach- und Rechtslage am Tag der letzten mündlichen Verhandlung maßgeblich ist, BVerwG, Urt. v. 15.11.2007 (1 C 45.06).
2 Gesetz zur Neubestimmung des Bleiberechts und der Aufenthaltsbeendigung 2015. Die §§ 53 ff. AufenthG traten aber erst am 1.1.2016 in Kraft.
3 NK-AuslR/Cziersky-Reis, § 53 AufenthG, Rn. 30.

hat mit dieser Öffnung für eine **flexible Berücksichtigung aller Umstände** die Konsequenz aus der Rechtsprechung (insbes. des EGMR) gezogen,[4] die den bisherigen Tatbestand als zu schematisch kritisiert hat.[5]

10 Nach neuer Rechtslage soll über die Ausweisungsentscheidung unter Würdigung aller Umstände ergebnisoffen entschieden werden, dh, dass es auch keinen Schematismus in der Weise gibt, dass ein besonders schweres Ausweisungsinteresse ein schweres Bleibeinteresse überlagert.[6]

c) Privilegierte Personen nach § 53 Abs. 3 AufenthG

11 Für die Zwecke einer Ausweisung begünstigt sind alle Personen, die **unter die Privilegierung des § 53 Abs. 3 AufenthG fallen**. Davon erfasst sind Asylberechtigte, anerkannte Flüchtlinge, Personen, die eine Erlaubnis zum Daueraufenthalt – EU besitzen oder die ihr Aufenthaltsrecht dem Assoziationsabkommen EWG/Türkei verdanken. Diese dürfen **nur aus spezialpräventiven Gründen und nur im Falle einer besonderen Gefahrenlage** ausgewiesen werden.

d) EU-Freizügigkeitsberechtigte

12 Die §§ 53 ff. AufenthG sind so wie ihre Vorgängernormen dann **nicht anwendbar**, wenn die betroffene **Person EU-Freizügigkeit besitzt**. Das Äquivalent der Ausweisung ist hier der Verlust des Einreise- und Aufenthaltsrechts nach § 6 FreizügG/EU. Freizügigkeit besitzen nicht nur die Staatsangehörigen anderer EU-Staaten und ihre Familienangehörigen, sondern auch Bürger der EWR-Staaten (§ 12 FreizüG/EU), das sind die Staaten Island, Norwegen und Liechtenstein. Die Schweiz ist durch ein eigenes Assoziationsabkommen mit der EU in die Freizügigkeitsregelungen einbezogen.

2. Prüfungsschema

13 Das neue Ausweisungsrecht schreibt damit für alle, die nicht unter die Privilegierung des § 53 Abs. 3 AufenthG fallen oder vom EU-Freizügigkeitsrecht erfasst sind, die **folgende Prüfungsreihenfolge** vor:

a) Ausweisungsinteresse

14 Zunächst ist das Ausweisungsinteresse zu ermitteln. Dies erfolgt in zwei Schritten, nämlich erstens anhand der Frage, ob der Aufenthalt des Ausländers die in § 53 Abs. 1 AufenthG genannten Rechtsgüter gefährdet („einfaches Ausweisungsinteresse"), und sodann der Prüfung, ob darüber hinaus ein „besonders schwer wiegendes" oder zumindest ein „schwer wiegendes" Ausweisungsinteresse nach dem Katalog des § 54 AufenthG vorliegt.

b) Bleibeinteresse

15 Wird ein Ausweisungsinteresse bejaht, ist sodann das Bleibeinteresse zu prüfen, wobei die Prüfung mit dem „besonders schwer wiegenden" Bleibeinteresse (§ 55 Abs. 1 AufenthG) beginnt und dann zu dem nur „schwer wiegenden" Bleibeinteresse (Abs. 2) übergeht.

16 Schließlich sollen alle übrigen ungenannten Gesichtspunkte ermittelt werden, die ein Verlassen der Bundesrepublik für den Ausländer als unverhältnismäßig erscheinen lassen. Hier ist

---

[4] NK-AuslR/Cziersky-Reis, § 53 AufenthG, Rn. 11.
[5] Marx, AAFR (5. Aufl.), § 7 Rn. 64 ff.
[6] NK-AuslR/Cziersky-Reis, § 53 AufenthG, Rn. 29.

auf § 53 Abs. 2 AufenthG zurück zu greifen, der laut Gesetzesbegründung[7] in nicht abschließender Weise an die sog Boultif/Üner-Kriterien des EGMR[8] anknüpft, die alle persönlichen, wirtschaftlichen und familiären Bindungen des Ausländers berücksichtigen sollen (siehe dazu auch die Checkliste „Lebenssituation des Mandanten", II.5, Rn. 28 f).

Beachtung verdient der Umstand, dass der Gesetzgeber die als schwer wiegend einzuschätzenden Bleibeinteressen ebenfalls **nicht abschließend aufgezählt** hat, sondern, wie das Wort „insbesondere" in § 55 Abs. 2 AufenthG zeigt, auch unbenannte Fälle von schwer wiegenden Bleibeinteressen vor Augen hatte. Damit kann auch ein unbenanntes Bleibeinteresse im Einzelfall zu einem „schwer wiegenden" Bleibeinteresse werden.

17

c) Ergebnisoffene Abwägung

Im letzten Schritt kommt es zur Abwägung der beteiligten Interessen, dem Kernstück des neuen Ausweisungsrechts. Ausgehend von der durch den Ausländer herrührenden Gefahr für die geschützten Rechtsgüter gelangt man zu einer **ergebnisoffenen Abwägung**[9] von öffentlichem Ausweisungsinteresse auf der einen und dem privaten Bleibeinteresse auf der anderen Seite. Nur wenn das Ausweisungsinteresse das private Interesse am Verbleib in der Bundesrepublik überwiegt, ist die Ausweisung rechtlich nicht zu beanstanden.

18

Da diese Abwägung nicht schematisch, sondern ergebnisoffen sein soll, begründet die Etikettierung „schwerwiegend" oder „besonders schwerwiegend" keinen Automatismus. Ein besonders schwerwiegendes Ausweisungsinteresse übersteigt zum Beispiel nicht von sich aus ein „nur" schweres Bleibeinteresse, es kommt auf die Würdigung aller individuellen Umstände an.[10] Auch die Frage nach der Tragfähigkeit einer nur auf generalpräventive Gründe gestützten Ausweisung hat sich im Rahmen der Abwägung zu erweisen.

19

Die Abwägungsentscheidung der Ausländerbehörde ist **gerichtlich voll überprüfbar**.[11] Behördliches Ermessen bei der Ausweisung oder eine Ermessensausweisung gibt es nicht mehr. Das erleichtert das gerichtliche Verfahren, weil sich Folgefragen wie die Zurückverweisung oder das Nachschieben von Ermessenserwägungen durch die Behörde nicht mehr stellen.

20

3. Verschärfungen des Ausweisungsrechts nach den Ereignissen in der Silvesternacht 2015/2016

Noch im Januar 2016 hat die Bundesregierung in der Folge der Ereignisse in der **Silvesternacht 2015/2106** rund um den **Kölner Hauptbahnhof** eine Verschärfung des Ausweisungsrechts auf den parlamentarischen Weg gebracht.[12] Nach diesem Entwurf, der seit März Gesetzesgeltung hat,[13] soll bei einer Mindestverurteilung zu einem Jahr Freiheitsstrafe (mit oder ohne Aussetzung zur Bewähung) ein besonders schweres Ausweisungsinteresse vorliegen, wenn die zugrundeliegende Tat in einer bestimmten Weise (zB mit List, Gewalt oder Drohung) begangen worden ist und sich gegen namentlich aufgezählte Rechtsgüter richtete. Unter diesen Rechtsgütern findet sich ua die sexuelle Selbstbestimmung, die körperliche Unver-

21

---

7 BT-Drs. 18/4097, 50.
8 EGMR, Entscheidung v. 22.1.2013, Individualbeschwerde Nr. 66837/11, mwN bei Marx, AFFR (5. Aufl. § 7 Rn. 167.
9 BT-Drs. 18/4097,49; Marx, AAFR (5. Aufl.), § 7 Rn. 65 ff.; NK-AuslR/Cziersky-Reis, § 53 AufenthG, Rn. 29.
10 NK-AuslR/Cziersky-Reis, § 53 AufenthG, Rn. 29.
11 BT-Drs. 18/4097, 23.
12 Kabinettvorlage des Bundesinnenministers vom 25.1.2016, Datenblatt-Nr. 18/06086.
13 Gesetz zur erleichterten Ausweisung von ausländischen Straftätern und zum erweiterten Ausschluss der Flüchtlingsanerkennung bei straffälligen Asylbewerbern, vom 11.3.2016, BGBl. 2016, I, 394 ff.

sehrtheit und das Eigentum. Auch der Widerstand gegen Vollstreckungsbeamte kann bei entsprechender Verurteilung zu einem besonders schweren Ausweisungsinteresse führen.

22 Für die Praxis wahrscheinlich noch bedeutsamer ist die Novellierung des § 54 Abs. 2 AufenthG **durch den neuen § 54 Abs. 2 Nr. 1 a AufenthGE**, denn danach soll bereits ein schweres Ausweisungsinteresse vorliegen, wenn der Ausländer wegen einer solchen, oben genannten Tat bzw. Tatbehungsweise nur zu irgendeiner Strafe – unabhängig von deren Höhe – verurteilt worden ist.

23 Im Übrigen sieht die Neuregelung vor, dass bei der Gesamtabwägung nach § 53 Abs. 2 AufenthG die „Rechtstreue" des Betroffenen während seiner Anwesenheit im Bundesgebiet bei der Ausweisungsentscheidung zu berücksichtigen ist.

4. Erstes Beratungsgespräch

24 Es empfiehlt sich, zu Beginn des Mandats den Charakter der **Ausweisung als eine an polizeilichen Grundsätzen der Gefahrenprognose orientierte Maßnahme** näher zu erklären. Eine solche Erklärung ist notwendig, weil viele Betroffene keine zutreffende Vorstellung von diesem Rechtsinstitut haben und meinen, dass etwa mit der Zahlung der Geldstrafe oder der Aussetzung der Strafvollstreckung zur Bewährung alle gegen ihren Aufenthalt bestehenden Gründe erledigt sind. Diese Erklärung ist außerdem wichtig, um später gemeinsam mit dem Mandanten jene Gesichtspunkte seiner Lebenssituation herauszuarbeiten, die sein Bleibeinteresse begründen. Auch eine erste Einschätzung der Erfolgsaussichten wird dann möglich.

25 Die Frage des **Anwaltshonorars** ist ebenfalls im Erstgespräch zu klären. Dabei empfiehlt sich der Abschluss einer **Vergütungsvereinbarung**, die hinsichtlich des fälligen Honorars über den Betrag der gesetzlichen Gebühren hinausgeht. Hierbei ist auch zu berücksichtigen, dass **parallele Eilverfahren und weitere Rechtsmittelverfahren** erforderlich werden können.

26 Die individuelle Vergütungsvereinbarung ist interessengerecht, weil die Vertretung im Ausweisungsrecht aufwändig ist. Das liegt nicht nur an vielen Rechtsfragen, die vor dem Hintergrund einer stark von Kasuistik geprägten Rechtsprechungslandschaft aufzuarbeiten sind, zeitintensiv sind vor allem die Ermittlung und Darstellung der Besonderheiten eines Falles, insbesondere, wenn der Mandant in Haft ist.

27 Zu bedenken ist schließlich, dass der Aufwand einem sehr bedeutsamen Ziel dient, nämlich dem Mandanten nach einem möglicherweise sehr langfristigen Aufenthalt in der Bundesrepublik das weitere Bleiben zu ermöglichen.

5. Die Ermittlung der Lebenssituation des Mandanten (Checkliste für Mandantengespräch)

28 Das Ausweisungsrecht macht es wegen der vielen, nach § 53 Abs. 2 AufenthG zu berücksichtigenden, Gesichtspunkte, die schließlich in eine Abwägungsentscheidung einzubeziehen sind, notwendig, die Lebensgeschichte des Ausländers und seine Lebenssituation umfassend zu ermitteln.

Von dem Mandanten sollten daher die folgenden Unterlagen und Angaben (nebst Nachweisen) am besten in der Form einer Tabelle eingeholt werden (die Liste ist an die sog Boultif/Üner-Kriterien[14] des EGMR angelehnt): 29

- Geburtsdatum und -ort, Staatsangehörigkeit, aktueller Beruf
- Aufenthaltszeiten in Deutschland mit jeweiligem aufenthaltsrechtlichen Status, Kopie des aktuellen oder letzten Aufenthaltstitels
- Aufenthaltszeiten der Eltern, Lebensverhältnisse der Familie vor der Einwanderung des Ausländers nach Deutschland[15]
- aktuelle Einkommens- und Wohnsituation
- schulischer und beruflicher Werdegang in Deutschland (mit Zeugniskopien und Angaben, warum zB ein Schulbesuch, eine Ausbildung oder Berufstätigkeit abgebrochen oder unterbrochen wurde)
- Nachweise über deutsche Sprachkenntnisse
- Liste der Verurteilungen (Delikte, Zeitpunkt der Tat und Verurteilung, Besonderheiten der Strafzumessung, Widerruf der Strafaussetzung nach § 56 f StGB)
- Name und Kontaktdaten des (früheren) Strafverteidigers
- Liste aller engen Familienangehörigen in Deutschland (Ehepartner, Kinder, Eltern und Geschwister) mit Wohnanschrift, Angabe von Staatsangehörigkeit, Beruf und Aufenthaltsstatus sowie Art und Intensität des Kontaktes
- insb. bei Ehegatten und eigenen Kindern sind die Beziehungen detailliert darzustellen (Dauer der Ehe, Kenntnisse des Ehegatten von den Straftaten, Sorgerecht, Umgangszeiten gegenüber den Kindern, Unterhaltsleistung)
- Aufstellung der Besuche und Aufenthalte im Herkunftsland, Bindungen an das Herkunftsland (insbes. Sprachkenntnisse), Schwierigkeiten im Herkunftsland
- ärztliche Atteste, Berichte zu Klinikaufenthalten und Rehabilitationsmaßnahmen
- im Falle der Inhaftierung: Höhe der Strafe, Beginn der Vollstreckung, voraussichtliches Ende, Zeitpunkt der Halb- und Zweidrittelstrafzeit
- psychologische Gutachten über die fortbestehende Gefährlichkeit
- Berichte über die Resozialisierung (zB Bewährungshilfe), Vollzugspläne ua

Weiterhin empfiehlt es sich, Akteneinsicht in die Ausländerakte zu nehmen, und die Strafurteile in Kopie zu beschaffen.

---

14 Es handelt sich um Gesichtspunkte, die in verschiedenen Entscheidungen des EGMR zugunsten für den Betroffenen gewertet worden sind; dazu Marx, AAFR § 7 Rn. 167.
15 Nicht selten liegt die Einwanderung des Familienvaters vor der Einwanderung der übrigen Familie und des Ausländers, gegen den die Ausweisung gerichtet ist. Im Zuge eines solchen etappenweisen Familiennachzugs kommt es für den Ausländer im frühen Kindesalter meist zu einer Trennung vom Vater.

III. Muster

1. Stellungnahme zum Anhörungsschreiben bei beabsichtigter Ausweisung zu Beispiel 1 (Rn. 1)

a) Muster: Stellungnahme zum Anhörungsschreiben bei beabsichtigter Ausweisung zu Beispiel 1

30 ▶ An die Stadt ... – Ausländerbehörde –

46 **Ausweisung des albanischen Staatsangehörigen,**

Herrn R, geboren am ..., wohnhaft: ...

Ihr Zeichen: ...

Sehr geehrte Damen und Herren,

sehr geehrter Herr ...,

unter Hinweis auf die beigefügte Vollmacht, die der Vormund des Minderjährigen unterzeichnet hat, zeige ich an, dass wir R in obiger Sache anwaltlich vertreten. Auftragsgemäß wird beantragt,

den Minderjährigen R nicht auszuweisen.

Zu Ihrem Anhörungsschreiben vom ... wird wie folgt Stellung genommen: Weder aus dem Umstand der illegalen Einreise noch aus dem Bezug von öffentlichen Leistungen folgt ein schweres Ausweisungsinteresse im Sinne des § 54 Abs. 2 AufenthG, wohingegen meinem Mandanten ein schwerwiegendes Bleibeinteresse zusteht, da hier sein Kindeswohl zu berücksichtigen ist (§ 55 Abs. 2 Nr. 5 AufenthG). Ein schweres Ausweisungsinteresse wäre durch die illegale Einreise und den sich daran anschließenden Aufenthalt nur dann begründet, wenn es sich hier um einen „nicht nur vereinzelten oder geringfügigen Verstoß gegen Rechtsvorschriften" (§ 54 Abs. 2 Nr. 9 AufenthG) handelt. Dies ist indes nicht der Fall. Der gegenwärtige Aufenthalt selbst stellt keinen Rechtsverstoß dar, da mein Mandant unbegleiteter Minderjähriger ist und seine Abschiebung nach § 58 Abs. 1 a AufenthG derzeit nicht vollstreckt werden kann, weil nicht feststeht, ob Eltern, andere Personen oder Institutionen den Minderjährigen in seinem Herkunftsland in Empfang nehmen können. Nachforschungen sind von Ihrer Behörde ersichtlich noch nicht eingeleitet worden. Auch die illegale Einreise selbst kann das schwere Ausweisungsinteresse nicht herbeiführen. In der Rechtsprechung finden sich zwar Hinweise darauf, dass auch die illegale Einreise die Grenze einer nicht nur geringfügigen Rechtsverletzung übersteigt (so etwa VG Göttingen, AuAS 2013, 198, 199 f.), diese Wertung ist aber auf die heutige Rechtslage nicht mehr übertragbar. Mit der Katalogisierung in § 54 Abs. 2 AufenthG hat der Gesetzgeber die Fälle des schweren Ausweisungsinteresses abschließend umschrieben, dem ist dann aber unter systematischen Gesichtspunkten Folgendes zu entnehmen: Nach Ziff. 1 und 2 führen Rechtsverstöße dann zu einem schweren Ausweisungsinteresse, wenn eine Freiheitsstrafe von mindestens einem Jahr ausgeurteilt worden ist (im Falle des Jugendstrafrechts muss hinzukommen, dass die Strafe zudem nicht zur Bewährung ausgesetzt wurde). Daraus folgt dann aber, dass ein einzelner Verstoß, der diese Strafe nach allem Ermessen nicht nach sich ziehen würde, kein schweres Ausweisungsinteresse begründen kann (so NK-AuslR/Reis-Cziersky, § 54 AufenthG Rn. 75). Auch der Bezug von öffentlichen Leistungen begründet kein Ausweisungsinteresse. Es trifft zwar zu, dass dieser Tatbestand nach früherer Rechtslage eine Ermessensausweisung begründen konnte (§ 55 Abs. 2 Nr. 6 und 7 AufenthG aF), allerdings hat der Gesetzgeber dazu keine Entsprechung mehr in das neue Ausweisungsrecht aufgenommen. Überdies kann der Sozialhilfebezug nicht an sich zu einer Ausweisung führen, da der Sozialleistungsbezug die öffentliche Sicherheit nicht gefährdet (Marx, AAFR, § 7 Rn. 136).

Auf der anderen Seite ist meinem Mandaten ein schwer wiegendes Bleibeinteresse zuzugestehen. Das ergibt sich hier aus § 55 Abs. 2 Nr. 5 AufenthG. Diese Ziffer stellt mit ihrem allgemeinen Verweis auf das Kindeswohl den Auffangtatbestand zu den Ziffern 2 und 4 dar. Auf einen rechtmäßigen Aufenthalt kommt es ebenso wenig an wie auf eine bestimmte Mindestdauer des Aufenthalts oder darauf, dass sich, wie bei Ziffer 4, die sorgeberechtigten Eltern in Deutschland aufhalten (Marx, AAFR, § 7 Rn. 161). Es zählt allein das Kindeswohl. Da R seit einem Jahr in Deutschland die Schule besucht und in der Jugendeinrichtung wohnt, auf der anderen Seite aber offenbar kein Kontakt mehr zu seinen Eltern besteht, erfordert die Berücksichtigung des Kindeswohls, ihn nicht jetzt aus diesem Umfeld, in das er integriert ist, herauszureißen.

Nach alledem wäre eine Ausweisung meines Mandanten rechtswidrig.

Rechtsanwalt ◄

b) Erläuterungen zum Muster: Stellungnahme zum Anhörungsschreiben bei beabsichtigter Ausweisung

aa) Handlungsfähigkeit Minderjähriger

Mit der Neuregelung der Handlungsfähigkeit von Minderjährigen auf dem Gebiet des Ausländerrechts (§§ 80 Abs. 1 AufenthG, 12 Abs. 1 AsylG) durch das Asylverfahrensbeschleunigungsgesetz 2015 bedarf auch der Minderjährige, der das 16. Lebensjahr bereits vollendet hat, eines gesetzlichen Vertreters. Die Regelung, dass Ausländer bereits mit 16 Jahren hierfür als mündig galten, hat der Gesetzgeber aufgegeben.[16]

Im Falle von unbegleiteten Minderjährigen ist das der Vormund; ohne ihn kann der Minderjährige keine wirksamen Erklärungen gegenüber den Behörden abgeben. Die Vollmacht beim Rechtsanwalt ist ebenfalls vom Vormund zu unterzeichnen (wenn nicht der Rechtsanwalt ohnehin vom Familiengericht zum Ergänzungspfleger des Minderjährigen mit dem Wirkungskreis „Aufenthalt und Asyl" bestellt worden ist).[17]

bb) Vollstreckungsschutz für unbegleitete Minderjährige (§ 58 Abs. 1 a AufenthG) / geduldeter Aufenthalt als Rechtsverstoß?

Nach § 58 Abs. 1 a AufenthG, der eine Umsetzung der RückführungsRL darstellt, knüpft die Vollstreckung der Abschiebung an die Bedingung, dass empfangsbereite Personen (Eltern oder andere) bzw. Institutionen ausfindig gemacht werden, die den Minderjährigen in Empfang nehmen. Die Recherche obliegt der Ausländerbehörde. Solange die Behörde sich nicht in dieser Hinsicht „vergewissert" hat,[18] kann der Minderjährige sich auf das Vollstreckungshindernis berufen und ist zu dulden.[19]

Ausweisungsrechtlich stellt der geduldete Aufenthalt auch keinen Verstoß gegen Rechtsvorschriften dar (auch wenn der Aufenthalt selbst nicht rechtmäßig ist), da der geduldete Ausländer sich wegen seines Aufenthaltes nicht strafbar macht. Der § 95 Abs. 1 AufenthG knüpft die Strafbarkeit an das weitere Erfordernis der Vollziehbarkeit, die im Falle eines Vollstreckungshindernisses (wie hier bei R wegen § 58 Abs. 1 a AufenthG) gerade nicht gegeben ist.

---

16 Zur Kritik an der vormaligen Rechtslage: NK-AuslR/Hofmann, § 80 AufenthG Rn. 1 ff.
17 Dazu zuletzt AG Heidelberg, Beschl. v. 21.7.2015 (31 F 67/15), JAmt 2015, 587 (mit Anm. Hocks.).
18 NK-AuslR/Hocks, § 58 AufenthG Rn. 29.
19 In diesem Falle ist der aufenthaltsrechtlichen Lösung ohnehin der Vorzug zu geben, da eine Asylantragstellung wegen der Herkunft des Ausländers aus einem sicheren Herkunftsstaat den Ausländer während des Verfahrens und nach einer Ablehnung von der Erwerbstätigkeit und damit auch einer Berufsausbildung ausschließt (§ 61 Abs. 2 S 3 AsylG, § 60 a Abs. 6 S 1 Nr. 3 AufenthG).

2. Widerspruch gegen Ausweisungsverfügung

a) Muster: Widerspruch gegen Ausweisungsverfügung zu Beispiel 2 (Rn. 2)

35

▶ An die Stadt ... – Ausländerbehörde –

vorab per Fax: ... (Originalschriftsatz mit Anlagen folgt per Post)

Ausweisung des philippinischen Staatsangehörigen

P ..., geb. am ...

Ihr Zeichen: ...

Sehr geehrte Damen und Herren,

unter Hinweis auf beigefügte Vollmacht zeige ich an, dass ich Herrn P ..., wohnhaft: ..., in oben genannter Sache anwaltlich vertrete.

Auftragsgemäß lege ich gegen den in obiger Sache ergangenen Bescheid vom ..., zugestellt am ...,

Widerspruch

ein. Des Weiteren wird für den Fall der Stattgabe des Widerspruchs beantragt,

die Kosten des Widerspruchsverfahrens Ihrer Verwaltungsbehörde aufzuerlegen und die anwaltliche Hinzuziehung für notwendig zu erklären.

Im vorliegenden Verfahren sind nicht einfache Rechtsfragen zu erörtern, so dass es für den Antragsteller notwendig war, sich bereits im Widerspruchsverfahren anwaltlicher Hilfe zu bedienen.

Die Begründung des Widerspruchs folgt.

(oder bei Sofortvollzugsanordnung:)

Zur Begründung des Widerspruchs wird auf die Angaben im sich anschließenden, gerichtlichen Verfahren nach § 80 Abs. 5 VwGO verwiesen.

...

Rechtsanwalt ◀

b) Erläuterungen zum Muster: Widerspruch gegen Ausweisungsverfügung
aa) Widerspruch oder Klage?

36 Das **Widerspruchsverfahren** findet sich derzeit noch in den meisten Bundesländern. In den Ländern Bayern, Hessen, Niedersachsen, NRW und Thüringen ist es im Aufenthaltsrecht abgeschafft, dort ist gegen die Ausweisungsverfügung sogleich Klage zu erheben.[20]

bb) Kostenentscheidung

37 Bei Abhilfe, also **Stattgabe** des Widerspruchs, hat die Widerspruchsbehörde eine Entscheidung über die Erstattungsfähigkeit der außergerichtlichen Anwaltskosten für das Widerspruchsverfahren zu treffen (§ 80 VwVfG). Der Antrag kann auch nachträglich gestellt werden.

---

[20] Das Vorverfahren wird in den meisten Bundesländern noch angewandt, abgeschafft ist es in Bayern, Hessen, Niedersachsen, Nordrhein-Westfalen und Thüringen. In Berlin und Bremen findet es jedenfalls bei Ausweisungen statt; in den übrigen Ländern besteht es ohne Ausnahme fort (vgl. die jeweiligen Landesausführungsgesetze zur VwGO).

3. Eilantrag nach § 80 Abs. 5 2. Alt. VwGO in Ausweisungssachen

a) Antrag nach § 80 Abs. 5, 2. Alt. VwGO gegen die Sofortvollzugsanordnung im Ausweisungsbescheid zu Beispiel 2 (Rn. 2)

aa) Muster: Antrag nach § 80 Abs. 5 VwGO gegen die Sofortvollzugsanordnung im Ausweisungsbescheid

▶ An das Verwaltungsgericht in ...

Antrag nach § 80 Abs. 5 VwGO

des philippinischen Staatsangehörigen

P, geboren am ..., wohnhaft ...

– Antragsteller –

Verfahrensbevollmächtigte: Rechtsanwälte ...

g e g e n

Stadt ... vertreten durch die Ausländerbehörde (bzw. Regierungspräsidium, bzw. Land),

zu Aktenzeichen: ...

– Antragsgegnerin –

wegen: Ausweisung,
Wiederherstellung der aufschiebenden Wirkung

Namens und im Auftrag des Antragstellers und unter Vollmachtsvorlage wird beantragt,

die aufschiebende Wirkung des eingelegten Widerspruchs vom (...) gegen die Verfügung der Antragsgegnerin vom ... nach § 80 Abs. 5 VwGO wiederherzustellen.

Das Gericht wird gebeten, der Antragsgegnerin mitzuteilen, dass es davon ausgeht, dass aufenthaltsbeendende Maßnahmen vor der gerichtlichen Entscheidung über diesen Antrag nicht stattfinden.

Den im Widerspruchsverfahren angefochtenen Bescheid sowie das Widerspruchsschreiben selbst füge ich in Kopie bei. Die Antragsbegründung folgt mit gesondertem Schriftsatz.

(oder:) Der Antrag wird wie folgt begründet:

...

Rechtsanwalt ◀

bb) Erläuterungen zum Muster: Antrag nach § 80 Abs. 5 VwGO gegen Sofortvollzugsanordnung im Ausweisungsbescheid

(1) Rechtliche Grundlagen

Grundsätzlich haben Widerspruch und Klage gegen eine Ausweisungsverfügung aufschiebende Wirkung (§ 80 Abs. 1 VwGO). Die Ausweisung ist bei den Ausnahmefällen des § 84 Abs. 1 AufenthG nicht genannt. Der Antrag nach § 80 Abs. 5 VwGO ist allerdings dann erforderlich, wenn die Behörde ausnahmsweise den **Sofortvollzug** anordnet.

Hier dient der Antrag dazu, die aufschiebende Wirkung, also den Normalfall, wiederherzustellen. Der Ausnahmecharakter, der nach der gesetzlichen Wertung mit dem Sofortvollzug verbunden ist, wirkt sich dann auch auf den Prüfungsmaßstab des Gerichts aus. Aus diesem Grunde richtet sich der Antrag auch auf die „**Wiederherstellung**" der aufschiebenden Wirkung.

(2) Hängebeschluss und Stillhalteabkommen

41 Der Antrag nach § 80 Abs. 5 VwGO selbst entfaltet **noch keine aufschiebende Wirkung** und verhindert eine Abschiebung während des gerichtlichen Verfahrens nicht. Da grundsätzlich immer die Gefahr besteht, dass vor einer Entscheidung des Gerichts abgeschoben wird, kann das Gericht auf Antrag eine zeitlich bis zur endgültigen Entscheidung befristete, vorläufige Aussetzung oder sonstige Zwischenregelungen anordnen (sog **Hängebeschluss**),[21] um so die gem. Art. 19 Abs. 4 S. 1 GG geforderte Effektivität des Rechtsschutzes zu sichern. Nach Ablauf der Umsetzungsfrist für die Rückführungsrichtlinie lässt sich dieses Begehren auch auf Art. 13 Abs. 2 RL 2008/115/EG stützen, der im Falle einer Antragstellung zu einem Aufschub der Abschiebung führt.[22]

42 In der Praxis erbitten die Verwaltungsgerichte in der Regel von der Ausländerbehörde eine Zusicherung, dass während des gerichtlichen Eilverfahrens von Vollstreckungsmaßnahmen abgesehen wird (sog **Stillhalteabkommen**). Der Anwalt muss die gerichtliche Eingangsbestätigung dann auf den Hinweis überprüfen, ob die Ausländerbehörde die begehrte Stillhaltezusage tatsächlich auch abgegeben hat.

(3) Antragsfrist

43 Der Eilantrag ist (anders als im Asylrecht) nicht fristgebunden. Er kann daher auch später gestellt werden, wenn sich die Durchführung der Abschiebung abzeichnet (zB wegen zwischenzeitlicher Beschaffung von Heimreisedokumenten oder der Zustimmung der Staatsanwaltschaft zur Abschiebung). Es empfiehlt sich, den Antrag dann auch gleich mit Gründen zu versehen, damit das Gericht zum Stillhalteabkommen motiviert wird.

44 Allerdings ist zu beachten, dass die durchgängige aufschiebende Wirkung des Rechtsmittels dann von Bedeutung ist, wenn der Ausländer auch während des Verfahrens einer **Erwerbstätigkeit nachgehen** will. In diesem Fall ist der Eilantrag wegen § 84 Abs. 2 Satz 2 AufenthG innerhalb der Frist zur Einlegung des Rechtsmittels zu stellen, weil dann die **Arbeitserlaubnis jedenfalls bis zur Entscheidung des Gerichts fortgilt**.

b) Begründung des Antrags nach § 80 Abs. 5 VwGO gegen Sofortvollzugsanordnung im Ausweisungsbescheid zu Beispiel 2 (Rn. 2)
aa) Muster: Begründung des Antrags nach § 80 Abs. 5 VwGO gegen Sofortvollzugsanordnung im Ausweisungsbescheid zu Beispiel 2 (Rn. 2)

45 ▶ An das Verwaltungsgericht in ...

In dem Verfahren nach § 80 Abs. 5 VwGO

P ./. Stadt bzw. **Land** ...

Aktenzeichen: ...

wird der Antrag wie folgt begründet:

1. Die aufschiebende Wirkung des eingelegten Widerspruchs ist wiederherzustellen, weil der Bescheid bereits den formellen Anforderungen des § 80 Abs. 3 S. 1 VwGO an die Begründung des Sofortvollzugs nicht genügt:

Die Begründung des Sofortvollzugs muss nach § 80 Abs. 3 S. 1 VwGO erkennen lassen, dass die Behörde eine Abwägung zwischen dem öffentlichen Interesse am Sofortvollzug und dem Aufschubinteresse des Betroffenen vorgenommen hat und warum sie zu dem Ergebnis gekommen ist, das öf-

---

21 Kopp/Schenke, VwGO, § 123, Rn. 29.
22 Marx, AAFR, § 7 Rn. 209.

fentliche Interesse als überwiegend anzusehen. Hierzu hätte die Antragsgegnerin konkret darlegen müssen, warum mit dem Vollzug nicht mehr bis zur Hauptsacheentscheidung zugewartet werden kann. Dieser Anforderung kommt die Antragsgegnerin jedoch nicht nach. Sie erschöpft sich stattdessen in allgemeinen Wendungen über die Gefährlichkeit von Drogen und den immensen Gewinnspannen bei Drogengeschäften. Ein Bezug zum Fall des Antragstellers und worin das besondere Interesse für den Sofortvollzug besteht, ergibt sich daraus nicht. Gleiches gilt für die pauschale Erwägung, dass die Ausweisung konsequent umzusetzen sei, um damit auch einen Abschreckungseffekt auf andere Ausländer zu erreichen. Das lässt den Fallbezug ebenfalls nicht erkennen, außerdem verlangt eine konsequente Umsetzung der Gesetze nicht notwendig die sofortige Umsetzung. Schließlich sind generalpräventive Erwägungen, also der Hinweis auf die Abschreckung anderer, in dieser Allgemeinheit nicht geeignet, das öffentliche Interesse zu begründen (vgl. Marx, AFFR, § 7 Rn. 225). Damit liegt lediglich eine formelhafte, nicht auf den konkreten Fall des Antragstellers bezogene Begründung vor. Allgemein gehaltene, pauschale und nichtssagende Formulierungen und Argumentationsmuster genügen aber in keinem Fall den Anforderungen des § 80 Abs. 3 S. 1 VwGO (VG Stuttgart, InfAuslR 1999, 79 (80); *Kopp/Schenke*, VwGO, § 80 Rn. 84). Somit ist die aufschiebende Wirkung schon allein wegen des Begründungsmangels wiederherzustellen.

Sollte das Gericht die Meinung vertreten, dass im Falle der fehlenden Begründung die Vollziehungsanordnung aufzuheben sei (so etwa das ThürOVG, B. v. 8.6.2010 – 1 EO 116/09), anstatt die aufschiebende Wirkung auszusprechen, wird darum gebeten, den in diesem Verfahren gestellten Antrag nach § 88 VwGO in diesem Sinne auszulegen; andernfalls wird um richterlichen Hinweis gebeten.

2. Selbst wenn man der Antragsgegnerin dahin folgen würde, dass die formellen Voraussetzungen des Sofortvollzugs erfüllt sind, ist dem Eilantrag aber auch aus materiellen Gründen stattzugeben. Die Ausweisungsverfügung erweist sich nämlich bei summarischer Prüfung offenkundig als rechtswidrig. Ein öffentliches Interesse am Vollzug besteht somit nicht: Das im Bescheid genannte schwere Ausweisungsinteresse liegt nämlich nicht vor, in jedem Fall aber wird es von dem Bleibeinteresse zugunsten des Antragstellers überlagert.

a) Es ist zwar zutreffend, dass § 54 Abs. 2 Nr. 3 AufenthG keine strafrechtliche Verurteilung voraussetzt, wenn eine Straftat nach § 29 Abs. 1 Nr. 1 BtMG im Raum steht, jedoch muss verlässlich feststehen, dass der Ausländer eine solche Straftat verwirklicht oder versucht hat (NK-AuslR/Cziersky-Reis, § 54 AufenthG Rn. 45; Marx, AAFR, § 7 Rn. 114). Der bloße Verdacht genügt nicht. Der Ausländerbehörde steht es frei, Sachverhalte juristisch anders zu bewerten als etwa Staatsanwaltschaft und Polizei; wenn die Ausländerbehörde aber von anderen Geschehensabläufen ausgehen will, muss sie dafür überzeugende Gründe haben und diese auch benennen. Aus der Ermittlungsakte in dem Verfahren gegen den Antragsteller wird ersichtlich, dass hier der Vorwurf sich auf den bloßen Besitz von Betäubungsmitteln richtet, nicht, wie von der Antragsgegnerin dargestellt, auf das Sichverschaffen und Weiterveräußern. Damit geht die Ermittlungsbehörde hier aber von einer Straftat nach § 29 Abs. 1 Nr. 2 BtMG aus, die nicht im Katalog des § 54 Abs. 2 Nr. 3 AufenthG enthalten ist, mithin überhaupt nicht zu einem schweren Ausweisungsinteresse führt. Zur Begründung dieser anderen Tatmodalität findet sich in dem Bescheid der Antragsgegnerin jedoch kein Hinweis.

Allerdings, auch wenn man von der Tatmodalität des Sichverschaffens (§ 29 Abs. 1 Nr. 1 BtMG) ausginge, so ist hier zu beachten, dass die Tat allenfalls auf Betäubungsmittel in geringer Menge zum Eigengebrauch gerichtet war und wegen des Funderwerbs auch keine andere Person in das Geschehen hineingezogen worden ist. Außerdem ist der Antragsteller bislang nicht strafrechtlich in Erscheinung getreten. Das ist damit genau der Fall, auf den § 29 Abs. 5 BtMG zugeschnitten ist, der hier dem Tatgericht – nämlich bei Funderwerb und Eigenverbrauch – das völlige Absehen von der Strafe eröffnet (MüKo/Kotz, StGB, § 29 BtMG, Rn. 1111). Dies folgt dem Grundsatz, dass Selbstschädigung im deutschen Recht straflos ist (Körner/Patzak, BtMG § 29 Abs. 5, Rn. 1). Zwar beseitigt das Absehen von der Strafe nicht Tatbestandmäßigkeit und Rechtswidrigkeit einer Handlung, aber an der gesetzlichen Wertung des § 29 Abs. 5 BtMG kann auch die Ausweisungsbehörde nicht vorbeigehen (NK-AuslR/Cziersky-Reis, § 54 Rn. 48). Dies muss jedenfalls für die Gefahrenprognose gelten. Die gesetzliche Möglichkeit, von einer Strafe abzusehen, unterstreicht, dass die Tat keine weitergehende spezialpräventive Maßnahme erfordert. Hinzu kommen die straflose Vorvergangenheit des Antragstellers und seine gute soziale und wirtschaftliche Integration.

b) Die für eine Ausweisungsentscheidung notwendige Abwägung würde hier zugunsten des Antragstellers ausfallen, auch weil er bereits eine Niederlassungserlaubnis besitzt. Auch wenn er mangels eines fünfjährigen Voraufenthalts nicht in den Genuss des rechtlich fixierten besonders schwerwiegenden Bleibeinteresses nach § 55 Abs. 1 Nr. 1 AufenthG kommt, so ist damit jedoch ein unbenannter Fall eines schwerwiegenden Bleibeinteresses erreicht. Der Antragsteller ist aufgrund seiner überdurchschnittlichen Integration bereits vor Ablauf der 5 Jahre in den unbefristeten Aufenthalt gekommen, das ist sonst etwa Flüchtlingen (§ 26 Abs. 3 AufenthG) oder deutschverheirateten Ausländern (§ 28 Abs. 2 AufenthG) ermöglicht. Diese Gruppe ist aber auch ausweisungsrechtlich besonders geschützt, so dass viel dafür spricht, auch den Inhaber einer „blauen Karte", wenn er eine Niederlassungserlaubnis besitzt, ausweisungsrechtlich als geschützt anzusehen. Das Bleibeinteresse jedenfalls überwiegt hier das Ausweisungsinteresse, die Ausweisungsverfügung ist offensichtlich rechtswidrig.

3. Aber selbst unterstellt, die Ausweisungsverfügung stellte sich nicht als offensichtlich rechtswidrig dar, so ist in die Prüfung des Vollzuginteresses noch immer die Frage einzustellen, ob es das über das Interesse an der Vollziehung selbst gehende besondere Sofortvollzugsinteresse gibt. Auf dieses Erfordernis hat ausdrücklich das Bundesverfassungsgericht bei Ausweisungssachen verwiesen (BVerfG, NVwZ 1996, 56 ff.). Die Anordnung des Sofortvollzugs ist nämlich nur dann zulässig, wenn ein besonderes, über das reine Interesse am Erlass des Bescheides hinausgehendes Bedürfnis besteht, den Aufenthalt bereits vor Eintritt der Unanfechtbarkeit zu beenden. Andernfalls würde die gesetzgeberische Wirkung des Rechtsmittels, nämlich seine aufschiebende Wirkung im Regelfall zuzulassen, unterlaufen.

Diesem Erfordernis genügt die Begründung des Sofortvollzugs aber nicht. Eine Wiederholungsgefahr besteht unter keinem denkbaren Gesichtspunkt. Der Antragsteller ist zufällig und ohne einen zielgerichteten Erwerbswillen in den Besitz der Betäubungsmittel gelangt. Anlass zu glauben, dass er sich weitere Betäubungsmittel verschaffen wolle, begründet dies nicht. Auch eine Fremdgefährdung durch eine Weitergabe an Dritte hat niemals bestanden. Ausweislich der Ermittlungsakte hat P zu der Verwendungsabsicht bekundet, die Tabletten „einmal ausprobieren zu wollen" (Bl. 34 d. A.). Aus der Ermittlungsakte ist nichts Gegenteiliges ersichtlich, insbesondere ist P auch bislang nicht strafrechtlich in Erscheinung getreten. Die Durchsuchung seiner Wohnung hat auch keine weiteren verbotenen Substanzen zutage gebracht. Der Hinweis auf ein materielles Motiv, das die Antragsgegnerin bedient, überzeugt ebenfalls nicht. Der Wert der sichergestellten Drogen liegt bei 50–100 EUR. Angesichts des überdurchschnittlichen Einkommens, das der Antragsteller als Fondsmanager verdient, erscheint die Überlegung der Behörde, P habe diese Drogen in Gewinnerzielungsabsicht zum Verkauf bringen wollen, abwegig. Auch der allgemeine Hinweis auf die Gefährlichkeit von Betäubungsmitteln legt nicht in einer näheren Weise dar, dass der Antragsteller in dem Zeitraum

A. Ausweisung nach § 53 Abs. 1 AufenthG **5**

bis zur Hauptsacheentscheidung zu einer Gefahr für die öffentliche Sicherheit wird. Keinen Grund stellt auch die im Bescheid angesprochene – vermeintliche – Abschreckungswirkung dar: Jeder gerechtfertigten Ausweisungsverfügung nach § 53 Abs. 1 AufenthG liegt eine Bedrohung öffentlicher Interessen zu Grunde. Hätte der Gesetzgeber gewollt, dass einer Ausweisungsverfügung sofort abschreckende Wirkung zukommt, so hätte er das in § 84 Abs. 1 AufenthG ausdrücklich angeordnet. Diese klare gesetzgeberische Grundentscheidung darf nicht durch die schematische Anordnung des Sofortvollzugs von Ausweisungsverfügungen umgangen werden. Im Übrigen ist auch hier einzuwenden, dass bereits die Ausweisung selbst einen Abschreckungseffekt hat, ohne dass der Sofortvollzug angeordnet ist. Der Sofortvollzug ist auch nicht unter anderen, nicht im Bescheid genannten Gründen, gerechtfertigt. Die aufschiebende Wirkung ist somit wiederherzustellen.

4. Selbst unterstellt, dass die summarische Prüfung im vorliegenden Verfahren des vorläufigen Rechtsschutzes zu keinem eindeutigen Ergebnis führt, fällt die notwendige Abwägung der beteiligten Interessen zugunsten des Antragstellers aus: Dem berufstätigen Antragsteller droht nämlich bei Sofortvollzug ein drohender, irreparabler Nachteil, da er zur sofortigen Ausreise verpflichtet wäre und seine Arbeitsstelle sofort verlöre. Der Arbeitgeber wäre gezwungen, die Stelle neu zu besetzen. Für den Fall, dass der Antragsteller in der Hauptsache erfolgreich wäre, wäre dann seine Stelle nicht mehr für ihn frei.

Glaubhaftmachung: Arbeitgeberschreiben – Anlage –

...

Rechtsanwalt

Abschrift anbei ◄

bb) Erläuterungen zu dem Muster: Begründung des Antrags nach § 80 Abs. 5 VwGO gegen Sofortvollzugsanordnung im Ausweisungsbescheid zu Beispiel 2 (Rn. 2)
(1) formelles Begründungserfordernis

Das Gericht hat zu prüfen, ob die Behörde das besondere Vollziehungsinteresse entsprechend § 80 Abs. 3 Satz 1 VwGO in seinem Bescheid dargetan hat (**besonderes Begründungserfordernis**). 46

Die Begründung muss einzelfallbezogen sein und erklären, warum die Behörde von der gesetzlichen Regel der aufschiebenden Wirkung eines Rechtsmittels abweichen will.[23] Folgerichtig muss die Begründung über die Motivierung der Ausweisungsentscheidung selbst hinausgehen und erkennen lassen, warum die von dem Ausländer ausgehende Gefahr sich schon vor Durchführung des gerichtlichen Hauptverfahrens manifestieren wird.[24] 47

Fehlt eine solche Begründung bis zur gerichtlichen Entscheidung über den Eilantrag,[25] ist der Eilantrag allein deswegen begründet. Der Behörde ist es indessen nicht verwehrt, den Sofortvollzug nach der Gerichtsentscheidung mit ausreichender Begründung erneut anzuordnen.[26] 48

(2) Prüfung des Vollzugsinteresses

Genügt die von der Behörde gegebene Begründung den formalen Anforderungen des § 80 Abs. 3 Satz 1 VwGO, wird das Gericht in einem zweiten Schritt eine Interessenabwägung durchführen, um das **Vollziehungsinteresse** zu ermitteln. 49

---

23 OVG Niedersachsen, Beschl. v. 19.5.2010 (11 ME 133/10), InfAuslR 2010, 295.
24 BVerfGE 38 (52); 69, 220 (228).
25 Die Rechtsprechung hält die Verwaltungsbehörde für berechtigt, die Gründe für den Sofortvollzug im Verfahren über den Eilantrag nachzuschieben; Nachweise bei Marx, AAFR, § 7 Rn. 224.
26 OVG Niedersachsen, Beschl. v. 19.5.2010 (11 ME 133/10), InfAuslR 2010, 295 (296).

50 Hierfür kommt es zunächst auf das Ergebnis einer **summarischen Prüfung der Erfolgsaussichten an**. Dazu wird ermittelt, ob der Rechtsbehelf offensichtlich aussichtsreich ist oder ob der angefochtene Verwaltungsakt offensichtlich rechtmäßig ist. Dabei hängt die Intensität der summarischen Prüfung von den möglichen Vollzugsfolgen ab. Der Rechtsschutz ist umso stärker, je schwerer die Belastung ist und je mehr sie Unabänderliches bewirkt.

51 Führt diese Prüfung als Ergebnis die Rechtswidrigkeit der behördlichen Maßnahme zutage, überwiegt das Aussetzungsinteresse. Der Eilantrag ist begründet und die aufschiebende Wirkung wiederherzustellen.

(3) Erfordernis einer besonderen Begründung auch bei offensichtlich rechtmäßigen Verwaltungsakten?

52 Umstritten ist, wie über den Antrag zu entscheiden ist, **wenn der Verwaltungsakt sich nach summarischer Prüfung als rechtmäßig darstellt**.[27] Nach einer Auffassung kann es dann bei dem Sofortvollzug bleiben. Die besseren Gründe sprechen aber hier dafür, das Vollzuginteresse nicht allein an die Rechtmäßigkeit des Verwaltungsaktes zu knüpfen, sondern hier auch der gesetzlichen Wertung Rechnung zu tragen, dass der Sofortvollzug der Ausnahmefall ist und unter die Bedingung der besonderen Begründung gestellt ist.[28] Das hat das BVerfG für Ausweisungsverfahren ausdrücklich anerkannt.[29]

53 Nach dieser Auffassung sind dann auch die besonderen Gründe für den Sofortvollzug in die Prüfung des Vollzugsinteresses einzustellen, was in Ausweisungssachen und der damit verbundenen Grundrechtsbezogenheit besonders deutlich wird. Anderenfalls wäre auch der Grundsatz der Verhältnismäßigkeit nicht ausreichend beachtet.[30] Die Ausweisung greift so schwer in die Lebensgestaltung des Ausländers und seiner Angehörigen ein, dass die **begründete Besorgnis** vorliegen muss, dass die vom Ausländer ausgehende und mit der Ausweisung bekämpfte (also spezialpräventiv begründete) Gefahr sich schon vor dem Abschluss des Hauptsacheverfahrens realisiert.[31]

54 **Generalpräventive Erwägungen** können den Sofortvollzug nur ganz ausnahmsweise tragen, wenn sie im Einzelfall begründet sind,[32] und sich nicht schematisch in allgemeinen Wendungen erschöpfen. Ungeeignet für die Begründung eines Sofortvollzugs sind von vorneherein aber alle fiskalischen Argumente, die das schnelle staatliche Handeln aus Kostengründen rechtfertigen sollen.[33]

---

27 BeckOK VwGO/Gersdorf VwGO § 80 Rn. 188.
28 BeckOK VwGO/Gersdorf VwGO § 80 Rn. 186.
29 BVerfG NVwZ 1996, 58 (59 f.) = InfAuslR 1995, 397.
30 Grundlegend: BVerfG, Urt. v. 18.7.1973, BVerfGE 35, 382, 401 ff.
31 BVerfG NVwZ 1996, 58 (59 f.).
32 Marx, AAFR, § 7 Rn. 225.
33 Marx, AAFR, § 7 Rn. 225.

4. Klage und Eilantrag nach § 80 Abs. 5, 1. Alt. 1 VwGO in Ausweisungssachen zu Beispiel 3 (Rn. 3)

a) Muster: Klage und Eilantrag nach § 80 Abs. 5 1. Alt. 1 VwGO in Ausweisungssachen zu Beispiel 3 (Rn. 3)

▶ An das Verwaltungsgericht in ...

Klage und Eilantrag

des algerischen Staatsangehörigen

L, geboren am ..., wohnhaft ...

– Kläger und Antragsteller –

Verfahrensbevollmächtigte: Rechtsanwälte ...

g e g e n

Stadt ... vertreten durch die Ausländerbehörde (bzw. Regierungspräsidium, bzw. Land),

zu Aktenzeichen: ...

– Beklagte und Antragsgegnerin –

wegen: Ausweisung und Verlängerung der Aufenthaltserlaubnis, Anordnung der aufschiebenden Wirkung

Unter Vollmachtsvorlage zeige ich an, dass ich den Kläger und Antragsteller vertrete. Namens und im Auftrag meines Mandanten erhebe ich Klage und beantrage,

1. den Bescheid der Beklagten vom ..., zugegangen am ..., aufzuheben;
2. die Beklagte zu verpflichten, die Aufenthaltserlaubnis des Klägers wie von ihm beantragt zu verlängern.

Ferner beantrage ich im Wege des Eilrechtsschutzes,

■ die aufschiebende Wirkung der Klage gegen die Abschiebungsandrohung in dem Bescheid vom ... nach § 80 Abs. 5, 1. Alt. VwGO anzuordnen.

Das Gericht wird gebeten, der Antragsgegnerin mitzuteilen, dass es davon ausgeht, dass aufenthaltsbeendende Maßnahmen vor der gerichtlichen Entscheidung über diesen Antrag nicht stattfinden.

Den angefochtenen Bescheid füge ich bei. Die Antragsbegründung folgt mit gesondertem Schriftsatz.

(oder:) Der Eilantrag wird wie folgt begründet:

...

Rechtsanwalt ◀

b) Erläuterungen zum Muster: Klage und Eilantrag nach § 80 Abs. 5, 1. Alt. 1 VwGO in Ausweisungssachen zu Beispiel 3 (Rn. 3)

Die Klage hat hier zwei Anträge: Der erste, kassatorische Teil, richtet sich gegen die Ausweisungsverfügung, die Titelversagung und die Abschiebungsandrohung. Der zweite, verpflichtende Teil, auf die Verlängerung der Aufenthaltserlaubnis.

Da hier die beantragte Verlängerung des Aufenthaltstitels versagt worden ist, hat die Klage keine aufschiebende Wirkung (§ 84 Abs. 1 Nr. 1 AufenthG). Daher muss die aufschiebende

Wirkung vom Gericht erst angeordnet werden. Darauf richtet sich der zusätzliche Eilantrag (zur Begründung eines solchen Eilantrages, siehe unten Rn. 64 ff).

5. Abänderungsantrag nach § 80 Abs. 7 S. 2 VwGO in Ausweisungssachen zu Beispiel 2 (Rn. 2)

a) **Muster: Abänderungsantrag nach § 80 Abs. 7 S. 2 VwGO in Ausweisungssachen**

58 ▶ An das Verwaltungsgericht in ...

In dem Verwaltungsstreitverfahren

P ./. Stadt bzw. **Land** ...

Aktenzeichen: ...

wird beantragt,

1. die aufschiebende Wirkung des Widerspruchs vom ... nach § 80 Abs. 7 S. 2 VwGO wiederherzustellen;
2. dem Antragsgegner – auch vorab telefonisch – aufzugeben, Abschiebemaßnahmen gegen die Antragstellerin bis zur Entscheidung über den vorliegenden Antrag zu unterlassen;

Begründung:

Das Gericht der Hauptsache kann Eilbeschlüsse jederzeit ändern (§ 80 Abs. 7 VwGO). Diese Änderung ist dann geboten, wenn wegen veränderter oder im ursprünglichen Verfahren ohne Verschulden nicht geltend gemachter Umstände eine andere Entscheidung zu fällen ist.

Solche veränderten Umstände liegen nunmehr vor: Die Antragsgegnerin hatte bei der Ermittlung des Bleibeinteresses wesentlich darauf abgestellt, dass der Antragsteller keine familiären Bindungen in der Bundesrepublik habe und auch die nur wenige Monate währende Beziehung zu der deutschen Staatsangehörigen S nicht ins Gewicht falle. Inzwischen kann mitgeteilt werden, dass S ein Kind von P erwartet und in der sechsten Woche schwanger ist. Dieser Umstand ist neu und konnte während des Eilverfahrens nicht geltend gemacht werden. S ist außerdem am vergangenen Wochenende zu P in die Wohnung gezogen; die werdenden Eltern wollen das Sorgerecht für das Kind gemeinsam ausüben.

Damit steht die Rechtmäßigkeit der Ausweisungsverfügung, für die die tatsächlichen Umstände am Tag der mündlichen Verhandlung entscheidend sind, deutlich in Frage. In jedem Fall muss hier die Abwägung der Interessen dazu führen, dem Antragsteller den weiteren vorläufigen Aufenthalt zu gewähren.

Zum Nachweis werden ein Attest der Frauenärztin Dr. F und eine beglaubigte Abschrift der Vaterschaftsanerkennung und der Erklärung über die gemeinsame Ausübung des Sorgerechts beigefügt. Eine aktuelle Meldebescheinigung der S ist ebenfalls beigefügt.

...

Rechtsanwalt ◀

b) **Erläuterungen zum Muster: Abänderungsantrag nach § 80 Abs. 7 VwGO in Ausweisungssachen**

59 Auf Antrag (nach § 80 Abs. 7 VwGO) kann das Gericht der Hauptsache frühere Eilbeschlüsse jederzeit ändern, wenn die **Sach- oder Rechtslage sich entsprechend geändert hat**. Der Abänderungsantrag ist kein Rechtsmittel, er kann auch nach erfolglosem Beschwerdefahren oder auch mehrmals gestellt werden, sofern nur veränderte Umstände vorliegen oder diese ohne Verschulden des Betroffenen nicht haben früher vorgetragen werden können.

Ein Grund für eine solche Abänderung kann schon dann vorliegen, wenn sich zwischenzeitlich erweist, dass die Nichtaussetzung des Vollzugs sich für den Ausländer nachteiliger auswirkt, als zunächst angenommen.[34]

6. Beschwerde gegen Beschluss nach § 80 Abs. 5 VwGO in Ausweisungssachen (zu Beispiel 3) Rn. 3

a) Einlegung Beschwerde gegen Beschluss nach § 80 Abs. 5 VwGO in Ausweisungssachen
aa) Muster: Einlegung Beschwerde gegen Beschluss nach § 80 Abs. 5 VwGO in Ausweisungssachen

▶ An das Verwaltungsgericht in ...

In dem Verfahren nach § 80 Abs. 5 VwGO

L./. Stadt bzw. **Land** ...

Aktenzeichen: ...

wird auftragsgemäß und unter Vollmachtsvorlage gegen den Beschluss des Verwaltungsgerichts vom ..., Aktenzeichen wie vorstehend angegeben, zugestellt am ...,

Beschwerde

eingelegt.

Es wird beantragt,

> dem Antragsgegner – auch vorab telefonisch – aufzugeben, Abschiebemaßnahmen gegen die Antragstellerin bis zur Entscheidung über den vorliegenden Antrag zu unterlassen

Die Begründung der Beschwerde wird innerhalb der gesetzlichen Frist gem. § 146 Abs. 4 S. 2 VwGO beim Oberverwaltungsgericht eingereicht. (*oder der Antrag wird sogleich begründet, dann muss aber auch wie folgt beantragt werden:*)

Es wird beantragt,

> unter Abänderung der Entscheidung des VG vom ... die aufschiebende Wirkung der Klage vom ... anzuordnen.

Der Antrag wird wie folgt begründet:

...

Rechtsanwalt ◀

bb) Erläuterungen zum Muster: Einlegung Beschwerde gegen Beschluss nach § 80 Abs. 5 VwGO in Ausweisungssachen
(1) Einlegung und Begründung

Die Beschwerde ist bei dem Gericht, das den Beschluss erlassen hat, – also dem Verwaltungsgericht – einzulegen (§ 147 Abs. 1 VwGO), kann aber auch beim Beschwerdegericht – also beim OVG/VGH – eingelegt werden (§ 147 Abs. 2 VwGO). Die **Frist** zur Einlegung der Beschwerde beträgt zwei Wochen nach Zustellung (§§ 146, 147 Abs. 1 VwGO). Die Begründung muss auch einen **Antrag** enthalten, das ist hier der Antrag, unter Aufhebung des erstinstanzlichen Beschlusses die aufschiebende Wirkung wiederherzustellen bzw. anzuordnen (§ 146 Abs. 4 S. 3 VwGO).

---

34 Kopp/Schenke, VwGO § 80 Rn. 197.

(2) Vorläufige Anordnungen bis zur Entscheidung des VGH/OVG

63 Mit der Einlegung der Beschwerde ist beim OVG auf die Einholung einer „Stillhaltezusage" von der Ausländerbehörde zu dringen. Wird diese nicht abgegeben, kann das Oberverwaltungsgericht bereits aufgrund eines Antrags auf Zulassung der Beschwerde **vorläufige Anordnungen** treffen – also die Abschiebung für einen gewissen Zeitraum untersagen –, wobei die Entscheidung nach Ermessen und der in Frage stehenden öffentlichen und privaten Interessen unter Berücksichtigung der Erfolgsaussichten des Rechtsmittels zu treffen ist.[35]

b) Begründung der Beschwerde gegen Beschluss nach § 80 Abs. 5 VwGO in Ausweisungssachen zu Beispiel 3 (Rn. 3)

aa) Muster: Begründung der Beschwerde gegen Beschluss nach § 80 Abs. 5 VwGO in Ausweisungssachen

64 ▶ An das Oberverwaltungsgericht in …

In dem Beschwerdeverfahren

L / Stadt bzw. **Land** …

Aktenzeichen: …

wird nach Beschwerdeeinlegung beantragt,

den Beschluss des Verwaltungsgerichts vom …, Aktenzeichen …, aufzuheben und die aufschiebende Wirkung der Klage vom … gegen die Verfügung des Antragsgegners vom … anzuordnen;

Begründung:

Die Beschwerde ist begründet, weil die Entscheidung des Verwaltungsgerichts über den Aussetzungsantrag rechtswidrig ist. Das Verwaltungsgericht ist der Auffassung, dass die Antragsgegnerin den Verlängerungsantrag offensichtlich zu Recht abgelehnt hat, da ihr wegen der Ausweisung und in ihrer Folge nach § 11 Abs. 1 AufenthG der Weg zu einer Erteilung versperrt gewesen sei. Das Verwaltungsgericht hält im Zuge dieser Prüfung auch die Ausweisungsverfügung für offensichtlich rechtmäßig.

Da die Antragsgegnerin ihre Antragsablehnung auf die Ausweisungsverfügung und die damit verbundene Sperrwirkung nach § 11 Abs. 1 AufenthG stützte, war hier auch die Ausweisungsverfügung inzident zu prüfen. Das hat das Verwaltungsgericht bei seiner Entscheidung über den Aussetzungsantrag auch getan. Allerdings verkennt das Verwaltungsgericht, dass die Ausweisung ganz offensichtlich rechtswidrig ist. Darüber hinaus hat das erstinstanzliche Gericht nicht nur die Voraussetzungen eines besonders schwerwiegenden Ausweisungsinteresses (§ 54 Abs. 1 Nr. 2 AufenthG) unzutreffend ausgelegt, es hat auch die gebotene Abwägung unterlassen.

1. Ein besonders schwerwiegendes Ausweisungsinteresse wegen einer Gefährdung der Sicherheit der Bundesrepublik Deutschland durch angebliche Unterstützung einer terroristischen Vereinigung (§ 54 Abs. 1 Nr. 2 AufenthG) liegt nicht vor. Hier ist dem Gericht der ersten Instanz zwar dahin Recht zu geben, dass nicht die Bewertung der Geschehnisse durch die Gerichte oder Staatsanwaltschaft letztentscheidend ist; einer staatsanwaltlichen Einstellung kommt aber eine Indizfunktion zu. Der Einstellungsverfügung durch den Generalbundesanwalt (Bl. 153 d. Ermittlungsakte) ist zu entnehmen, dass dort eine Verurteilung wegen der Unterstützung einer terroristischen Vereinigung (§ 129 a Abs. 5 StGB) als wenig wahrscheinlich angesehen wurde. Das lag daran, dass sich nach Aktenlage nicht mit erforderlicher Sicherheit ergab, dass der hiesige Antragsteller von der Verwen-

---

[35] Kopp/Schenke, VwGO, § 146 Rn. 31.

dung der Blankettformulare und der Aktivität von K und M für eine Terrorgruppe wusste und dies auch billigte. Gegen diese Einschätzung hat die Antragsgegnerin im Laufe des Ausweisungsverfahrens aber keine durchgreifenden Hinweise mehr vorgebracht. Dabei ist es die Behörde, die hier den Nachweis zu führen hat, dass der Ausländer positive Kenntnis von der Verwendungsabsicht und dem Zweck seines Tuns hat (Marx, AAFR, § 7 Rn. 86). Nur dann liegen Tatsachen vor, die den Schluss auf eine Unterstützungshandlung zulassen. Aus den Verfahren gegen K und M, die zu einer einschlägigen Verurteilung geführt haben, wurden auch keine Hinweise auf eine Unterstützungstätigkeit des Antragstellers bekannt. Im Gegenteil, die diesbezügliche Anfrage der Antragsgegnerin an die Ermittlungsbehörden wurde mit dem Vermerk „keine Kenntnisse" beantwortet (Bl. 354 der Behördenakte). In seiner Antragsbegründung hat der Antragsteller auch überzeugend seinen zufälligen Kontakt mit K dargelegt. Er hat entgegen der Ansicht der Antragsgegnerin auch den Umstand, dass er von M auf seinem Telefon angerufen worden ist, überzeugend damit erklären können, dass die Telefonnummer des Antragstellers deswegen bei M gespeichert war, weil K sich das Telefon des Antragstellers am Vorabend kurz für ein Gespräch mit M entliehen hatte. Das Verwaltungsgericht hat sich mit diesen Fragen nicht auseinandergesetzt. Ein schwerwiegendes Ausweisungsinteresse nach § 54 Abs. 1 Nr. 2 AufenthG liegt ganz offensichtlich nicht vor.

2. Ein Ausweisungsinteresse ergibt sich auch nicht im Zusammenhang mit dem noch anhängigen Strafverfahren wegen des Vorwurfs der Beteiligung an der Fälschung von amtlichen Ausweisen (§ 275 StGB), das derzeit noch von der lokalen Staatsanwaltschaft geführt wird. Nach § 54 Abs. 2 Nr. 9 AufenthG kann zwar auch ein nicht nur geringfügiger Rechtsverstoß schon vor der gerichtlichen Verurteilung zu einem schweren Ausweisungsinteresse führen, das allerdings setzt die Gewissheit voraus, dass der Ausländer diesen Verstoß begangen hat. Hierzu gehört dann auch die Gewissheit, dass der subjektive Tatbestand verwirklicht ist, mithin Vorsatz vorliegt. Letzteres ist nicht der Fall. Der Antragsteller hat überzeugend die Zufälligkeit beschrieben, die hinter seinem Handeln stand, als er aus Hilfsbereitschaft die Sporttasche mit einem ihm unbekannten Inhalt aufbewahrte. Einen Vorsatz hatte er nicht.

3. Unbeachtet sind von dem Verwaltungsgericht aber auch die Bleibeinteressen des Antragstellers geblieben. Die Antragsgegnerin und in der Folge auch das Verwaltungsgericht bestreiten, dass dem Antragsgegner ein schwer wiegendes Bleibeinteresse nach § 55 Abs. 2 Nr. 2 AufenthG zugutekommt. Dieses liegt aber ganz offensichtlich vor: Der Antragsteller ist im Besitz einer Aufenthaltserlaubnis, jedenfalls im Sinne des § 55 Abs. 2 Nr. 2 AufenthG, und auch seit mehr als 5 Jahren in der Bundesrepublik. Für die Frage nach dem maßgeblichen Zeitpunkt bei der Frage nach dem Titelbesitz ist der Zeitpunkt unmittelbar vor Zugang der Ausweisungsverfügung heranzuziehen; eine andere Betrachtung würde zu dem Umstand führen, dass es niemals einen Fall des schwer wiegenden Bleibeinteresses gäbe, da die Zustellung der Ausweisungsverfügung jeden Aufenthaltstitel umgehend zum Erlöschen bringt (§ 51 Abs. 1 Nr. 5 AufenthG). Der Antragsteller hatte damals eine Fiktionsbescheinigung nach § 81 Abs. 4 AufenthG, sein abgelaufener Aufenthaltstitel galt als fortbestehend. Damit ist der Antragsteller im Besitz eines Aufenthaltstitels im Sinne des Ausweisungsschutzes. Dagegen steht auch nicht, wie von dem Verwaltungsgericht ausgeführt, der § 55 Abs. 3 AufenthG. Diese Norm regelt nämlich nicht die Fälle des Titelbesitzes, sondern ordnet an, dass Fiktionszeiten nur dann als Zeiten rechtmäßigen Aufenthalts angesehen werden, wenn der beantragte Aufenthaltstitel auch später erteilt worden ist. Das Gesetz spricht hier von Aufenthaltszeiten, nicht vom Titelbesitz (NK-AuslR/Cziersky-Reis, § 55 Rn. 41; Marx, AAFR, § 7 Rn. 137). Da dem Gesetzgeber der Unterschied zwischen Aufenthaltszeit und Titelbesitz durchaus klar ist, muss dem aus systematischen Gründen zu entnehmen sein, dass es dem Gesetzgeber in Abs. 3 auch nur um die Aufenthaltszeiten

ging. Eine andere Sicht wäre aber auch unbillig, da die Ausländerbehörde trotz Kenntnis von dem Verfahren bei der Bundesanwaltschaft keine Ausweisungsverfügung erlassen hat, während der Antragsteller noch seinen ursprünglichen Aufenthaltstitel innehatte.

Der Antragsteller erfüllt – entgegen der Einschätzung des Verwaltungsgerichts – auch die zweite Bedingung des § 55 Abs. 2 Nr. 2 AufenthG, da er sich seit mehr als fünf Jahren im Bundesgebiet aufhält. Dass er erst vor vier Jahren seine Aufenthaltserlaubnis erhalten hat, schadet ihm nicht, da es hier für die Berücksichtigung seines Bleibeinteresses nicht auf einen rechtmäßigen Aufenthalt ankommt (anders etwa bei § 55 Abs. 1 Nr. 1 bis 3 AufenthG, wo vom rechtmäßigen Aufenthalt ausdrücklich die Rede ist). Die Zeit des Asylverfahrens und die Jahre der Duldung zählen zugunsten des Antragstellers mit (siehe auch NK-AuslR/Cziersky-Reis, § 55 Rn. 30). Nimmt man diese Zeiten zusammen, so ist zu konstatieren, dass der Antragsteller nahezu neun Jahre in der Bundesrepublik ist.

4. Damit stellt sich die Ausweisungsverfügung ganz offensichtlich als rechtswidrig dar, weil von dem Antragsteller eine Gefahr nicht ausgeht und ein gesetzlich fixiertes Ausweisungsinteresse nicht vorliegt. In jedem Fall aber liegen überwiegende Bleibeinteressen vor. Eine Sperre nach § 11 Abs. 1 AufenthG, wie von dem Verwaltungsgericht angenommen, liegt damit offensichtlich nicht vor. Damit ist die Versagung des beantragten Titels im Hinblick darauf, dass der Antragsteller auch alle anderen Erteilungsvoraussetzungen erfüllt, insbesondere auch die Lebensunterhaltssicherung, offensichtlich rechtswidrig, so dass von einem öffentlichen Interesse an deren Vollziehung nicht die Rede sein kann.

Rechtsanwalt ◂

bb) Muster: Begründung der Beschwerde gegen den Beschluss nach § 80 Abs. 5 VwGO in Ausweisungssachen

(1) Gegenstand der Begründung

65 Die Begründung muss einen bestimmten Antrag enthalten und sich mit der angefochtenen Entscheidung auseinandersetzen, also auf die Begründung des Verwaltungsgerichts im Einzelnen eingehen (§ 146 Abs. 4 S. 3 VwGO); die Begründung gibt den Rahmen der Überprüfung vor, denn das „Oberverwaltungsgericht **prüft nur die dargelegten Gründe**" (§ 146 Abs. 4 letzter Satz VwGO). Die Begründung ist beim Beschwerdegericht einzureichen (falls sie nicht schon gemeinsam mit der Beschwerde vorgebracht wurden; § 146 Abs. 4 S 2 VwGO).

(2) Inzidentprüfung der Ausweisung

66 In diesem Beschwerdeverfahren stehen die Erfolgsaussichten des Rechtsmittels gegen die Versagung des Verlängerungsantrags zur Prüfung an, denn diese Versagung führt hier zum Verlust der aufschiebenden Wirkung (§ 84 Abs. 1 Nr. 1 AufenthG). Allerdings wirkt sich auf diese Entscheidung die Ausweisungsverfügung der Ausländerbehörde wegen § 11 Abs. 1 AufenthG mittelbar aus, denn es ist die Ausweisung, die der Verlängerung der Aufenthaltserlaubnis im Wege steht. Gegen diese Sperrwirkung hilft leider auch die Überlegung nicht weiter, dass die Klage gegen die Ausweisungsverfügung selbst ja aufschiebende Wirkung hat. Dieser nicht unproblematische Effekt ergibt sich aus § 51 Abs. 1 AufenthG und wird dann in § 84 Abs. 2 S 1 AufenthG bestätigt, wenn dort selbst für den Fall der aufschiebenden Wir-

kung angeordnet wird, dass die Anfechtung die „Wirksamkeit der Ausweisung" unberührt lässt.[36]

Um dem Ausländer in dieser Konstellation effektiven Rechtsschutz zu ermöglichen, kann die Lösung nur darin bestehen, die Ausweisungsverfügung **inzident** zu prüfen.[37]

7. Klage gegen Ausweisungsbescheid (zu Beispiel 4)
a) Klageantrag gegen Ausweisungsbescheid
aa) Muster: Klageantrag gegen Ausweisungsbescheid

▶ An das Verwaltungsgericht in ...

Klage

des marokkanischen Staatsangehörigen,

Herrn K, wohnhaft Justizvollzugsanstalt ...

– Kläger –

Prozessbevollmächtigte: Rechtsanwälte ...

g e g e n

Stadt ... – Ausländerbehörde – ...

zu Aktenzeichen: ...

– Beklagter –

wegen: Ausweisung

Namens und im Auftrag des Klägers (Vollmacht in Kopie anbei) erheben wir Klage und beantragen,

1. den Bescheid des Beklagten vom ..., zugestellt am ..., aufzuheben;
2. dem Kläger Prozesskostenhilfe unter Beiordnung des Unterzeichners zu bewilligen;

Der angefochtene Bescheid ist in Kopie beigefügt. Die Erklärung zu den persönlichen und wirtschaftlichen Verhältnissen wird nachgereicht.

Es wird schon jetzt beantragt, das persönliche Erscheinen des Klägers zu dem Termin der mündlichen Verhandlung anzuordnen. Der Kläger benötigt keinen Dolmetscher. Die Prozesskostenhilfeunterlagen sind beigefügt.

Außerdem wird im Hinblick auf die Inhaftierung des Klägers um eine frühzeitige Mitteilung des Verhandlungstermins gebeten, damit der Kläger bei der Justizvollzugsanstalt die erforderliche Haftausführung beantragen kann.

Rechtsanwalt ◀

bb) Anmerkungen zu dem Muster Klageantrag gegen Ausweisungsbescheid

Der Klageantrag richtet sich hier **nur auf die Anfechtung**, weil nur die Aufhebung der Ausweisungsverfügung gewollt ist. Das liegt hier daran, dass der Kläger eine unbefristete Aufenthaltserlaubnis besaß, bei der es im Falle der erfolgreichen Anfechtung und Aufhebung der Verfügung durch das Gericht dann auch bliebe.

---

36 Kritisch zu dieser Rechtsnorm und er ihr zustimmenden Rechtsprechung und Literatur: NK-AuslR/Hofmann, § 84 AufenthG Rn. 36 ff.
37 VGH München, Beschl. vom 19.1.2015 (10 C 14.2657), BeckRS 2015, 42415, Rn. 22.

b) Begründung der Klage gegen Ausweisungsbescheid zu Beispiel 4 (Rn. 4)
aa) Muster: Begründung der Klage gegen den Ausweisungsbescheid zu Beispiel 4 (Rn. 4)

70 ▶ An das Verwaltungsgericht in ...

In der Ausweisungssache

M / Stadt bzw. **Land** ...

Aktenzeichen: ...

ergibt sich die Rechtswidrigkeit des Ausweisungsbescheides aus Folgendem:

Die Beklagte gründet ihre Ausweisungsverfügung auf die strafgerichtliche Verurteilung und verbindet dies mit einer für den Kläger negativen Gefahrenprognose. Zur Begründung verweist sie auf (folgende) Umstände:

Dass mit der Verurteilung zu einer mehr als vierjährigen Freiheitsstrafe zunächst ein besonders schwerwiegendes Ausweisungsinteresse nach § 54 Abs. 1 Nr. 1 AufenthG erfüllt ist, ist nicht zu bestreiten. Die Beklagte schätzt die Wiederholungsgefahr indessen falsch ein und übersieht auch die überwiegenden Bleibeinteressen, die dem Kläger zur Seite stehen. In der Konsequenz misslingt ihr auch die an den vorgegebenen Interessen orientierte Abwägungsentscheidung.

1. Der Kläger war bis zum Tag der Ausweisung im Besitz einer unbefristeten Aufenthaltserlaubnis. Diese hatte er mehr als fünf Jahre inne. Damit liegt der Fall eines besonders schwerwiegenden Bleibeinteresses nach § 55 Abs. 1 Nr. 1 AufenthG vor, nimmt man die gesamte Zeit in den Blick, so kann von einem 23 jährigen Aufenthalt in Deutschland gesprochen werden, was bei der Abwägung mit dem Ausweisungsinteresse noch gesondert in die Waagschale zu werfen sein wird.

2. Entgegen der Auffassung der Beklagten kann sich der Kläger aber auch auf das besonders schwerwiegende Bleibeinteresse nach § 55 Abs. 1 Nr. 4, 3. Alt. AufenthG berufen, weil er für seinen sechsjährigen deutschen Sohn sowohl die Personensorge ausübt als auch den Umgang pflegt. Die Beklagte bestreitet das und führt in ihrer Verfügung aus, die Kontakte des Klägers seien vor der Inhaftierung sporadisch gewesen und hätten an Intensität erst jetzt ein wenig gewonnen, als dem Kläger seine schwindende Aufenthaltsperspektive klar geworden sei. Diese Ausführungen überzeugen nicht. Aus dem Wortlaut des § 55 Abs. 1 Nr. 4 AufenthG ergibt sich, dass es für das Bleibeinteresse ausreicht, wenn das Umgangsrecht mit dem minderjährigen Deutschen ausgeübt wird: Eine Lebensgemeinschaft, wie dies in der Vorgängernorm des § 56 Abs. 1 Nr. 4 AufenthG aF verlangt war, ist nicht mehr erforderlich. Damit hat der Gesetzgeber bei der Neufassung des Ausweisungsrechts der höchstrichterlichen Rechtsprechung zu dem Schutz von Eltern-Kind-Beziehungen Rechnung getragen und erkennt bereits in dem persönlichen Umgang den Ausfluss des natürlichen Elternrechts an (vgl. Marx, AAFR, § 7 Rn. 145). Der Kläger hat seinen Sohn vor Haftantritt immer wieder, wenn auch nicht regelmäßig, gesehen. Die Begegnungswünsche werden heute aber ausdrücklich von dem Kind geteilt. Trotz der Einschränkungen, die mit der Inhaftierung verbunden sind, findet nunmehr auch in unregelmäßiger Folge in der Justizvollzugsanstalt Umgang statt. Für den Nachweis, dass es in den vergangenen zehn Wochen bereits zu zwei Besuchsterminen gekommen ist und dass der Sohn des Klägers sich weitere und häufigere Besuche wünscht, wird die Sozialarbeiterin Z als Zeugin benannt. Im Übrigen ist wegen des Minderjährigenschutzes, der hier aus dem Kindeswohlgedanken folgt, auch das schwer wiegende Bleibeinteresse aus § 55 Abs. 2 Nr. 5 AufenthG einschlägig.[38]

---

[38] Die Vorschrift hat hier allerdings nur Auffangfunktion (NK-AuslR/Cziersky-Reis, § 55 AufenthG Rn. 36), so dass sie angesichts des besonders schwerwiegenden Bleibeinteresses nach § 55 Abs. 1 Nr. 4 AufenthG nicht mehr ins Gewicht fällt.

3. Da die Beklagte bereits das Bleibeinteresse des Klägers unzureichend identifiziert hat, geriet auch die Abwägung der Interessen unvollständig. Für die Ausweisungsentscheidung kommt es nach § 53 Abs. 1 AufenthG auf die von dem Ausländer ausgehende Gefahr an und darauf, dass das Ausweisungsinteresse das persönliche Bleibeinteresse überwiegt. Hierfür sind die Umstände des Einzelfalles zu berücksichtigen.

a) Aus der Strafverurteilung (und dem damit verbundenen besonders schwer wiegenden Ausweisungsinteresse) darf daher nicht vorschnell der Schluss auf eine zukünftige von dem Kläger ausgehende Gefährdung geschlossen werden. Nach herrschender Rechtsprechung gilt, dass an die Wahrscheinlichkeit eines Schadenseintritts umso geringere Ansprüche zu stellen sind, je größer oder folgenschwerer der mögliche Schaden ist (BVerwG, U. v. 10.7.2012 – 1 C 19/11, Rn. 16 juris). Eine solche Prognose muss aber eine Stütze in der Persönlichkeitsstruktur des Ausländers oder den mit der verurteilten Tat verbundenen Tatumständen haben (Marx, AAFR, § 7 Rn. 168). Die Taten beging der Kläger, als er arbeitslos war und nach dem Scheitern der Beziehung in O-Stadt in sehr ungesicherten Verhältnissen wohnte. Er hatte häufigen Umgang mit seinen späteren Mittätern. Der Kläger hat sein Verhältnis mit der Kindsmutter inzwischen aufgearbeitet. Ihr Bruder, also der Onkel des Kindes, hat dem Kläger eine Arbeitsstelle für die Zeit nach der Haftentlassung in seiner Gärtnerei angeboten. Der Kläger beschreibt seinen Kontakt zu den ehemaligen Mittätern als großen Fehler. Aus den Vollzugsplanbesprechungen ist ersichtlich, dass der Kläger heute ein kritisches Verhältnis zu seinem früheren Handeln hat. In der Haft engagiert er sich ua als Fußballtrainer.

Für den Beweis der Behauptung, dass von dem Kläger mit hoher Wahrscheinlichkeit keine Gefahr ausgehen wird, wird die Erhebung eines Sachverständigengutachtens beantragt.

b) Das von der Beklagten erwähnte Bedürfnis nach einer Ausweisung zur Abschreckung anderer potenzieller ausländischer Straftäter ändert an der soeben beschriebenen Gefahrenprognose nichts. Es mag umstritten sein, ob der Gesetzgeber sich mit der Neufassung des Ausweisungsrechts von einer allein auf generalpräventive Gründe gestützten Ausweisung verabschiedet hat, darauf kommt es aber hier nicht an. Nach der Rechtsprechung des EGMR ist der Behörde die Bezugnahme auf generalpräventive Begründungsstränge jedenfalls dann verwehrt, wenn der Ausländer sich auf besonders schutzwürdige Belange berufen kann und umgekehrt die Ausweisung nicht auf spezialpräventive Gründe gestützt wird (Marx, AAFR, § 7 Rn. 170). Diese Voraussetzungen sind nicht erfüllt.

c) Als geschützte Bleibeinteressen des Klägers fallen der sehr lange und überwiegend strafrechtlich beanstandungsfreie Aufenthalt in Deutschland ins Gewicht. Zu Marokko, wo der Kläger seit seinem 20. Lebensjahr nicht mehr war, hat er keinen Kontakt. Seine engsten Verwandten, nämlich seine Mutter und drei Geschwister, leben inzwischen in der Bundesrepublik, der Vater ist schon vor vielen Jahren in Marokko verstorben.

d) Schließlich führt der Kontakt und die Beziehung zu seinem minderjährigen Kind für den Kläger zu einem Bleibeinteresse von besonderer Bedeutung.

e) Das alles führt im Rahmen der ergebnisoffenen Abwägung dazu, den langen Voraufenthalt des Klägers mit der damit verbundenen Verwurzelung und das herausragende Interesse an der Fortsetzung der Beziehung mit dem deutschen Kind trotz der erheblichen Verurteilung als überwiegend anzusehen.

Rechtsanwalt
Abschrift ◄

bb) Stellungnahme zur Begründung der Klage gegen den Ausweisungsbescheid zu Beispiel 4 (Rn. 4)

(1) ergebnisoffene Abwägung

71 Durch das neue Ausweisungsrecht sind Behörde und Gericht zu einer ergebnisoffenen Abwägung veranlasst. Sie stellt das Kernstück der neuen Ausweisungsprüfung dar und sollte daher auch in das Zentrum der Begründung gerückt werden. Gleichzeitig birgt dies die größte Chance, eine von der Ausländerbehörde anvisierte Ausweisung abzuwenden.

(2) Ausweisung aus allein generalpräventiven Gründen?

72 Eine weitere Veränderung des neuen Rechts, deren genaue Kontur sich aber noch zeigen wird, liegt in der Rolle, die eine **allein generalpräventiv begründete Ausweisung** künftig spielen wird. Der Gesetzgeber hat mit dem neuen § 53 Abs. 1 AufenthG („Ein Ausländer, dessen Aufenthalt die öffentliche Sicherheit und Ordnung gefährdet") einen Hinweis dahin gegeben, dass die Ausweisung sich nicht mehr allein auf generalpräventive Gründe stützen darf, sondern immer auch eine individuelle Gefährdung voraussetzt. Diese Auslegung von Teilen der Literatur[39] würde bedeuten, dass eine Ausweisung mit dem alleinigen Zweck, andere Ausländer von gleichartigen Taten abzuschrecken, unverhältnismäßig wäre. Allerdings hat der Gesetzgeber sich ausweislich der Materialien aus dem Gesetzgebungsverfahren nicht so deutlich von dem Konzept der Generalprävention verabschiedet.[40]

73 Mit der Rechtsprechung von EGMR und BVerfG ist jedoch zu konstatieren, dass eine – häufig auch sehr schematisch vorgetragene – Abschreckungswirkung umso mehr zurücktreten muss, je deutlicher individuelle grundrechtlich geschützte Rechtspositionen des Ausländers betroffen sind.[41] Unumstritten ist, dass die Ausländer, die unter die Privilegierung des § 53 Abs. 3 AufenthG fallen (siehe hierzu Rn. 12), nur aus spezialpräventiven Gründen ausgewiesen werden dürfen, nämlich, wenn „das persönliche Verhalten des Betroffenen gegenwärtig" eine Gefahrenlage begründet.

8. Vergleich mit der Ausländerbehörde

a) Muster: Stellungnahme zum Vergleichsangebot der Ausländerbehörde in Ausweisungssachen zu Beispiel 5 (Rn. 5)

74 ▶ An die Stadt ... – Ausländerbehörde –

Ausweisung des libanesischen Staatsangehörigen Q

Ihr Zeichen: ...

Sehr geehrte Damen und Herren,

vielen Dank für Ihr Schreiben vom ... . Nach Rücksprache mit meinem Mandanten kann ich mitteilen, dass wir im Interesse einer zügigen Klärung der aufenthaltsrechtlichen Perspektive ebenfalls eine einvernehmliche Lösung begrüßen. Wir sind auch mit weiten Teilen Ihres Vergleichsvorschlags einverstanden. In zwei Punkten ist der Vorschlag jedoch zu modifizieren, weil dies sonst zu unbilligen Nachteilen auf der Seite meines Mandanten führen würde:

1. Die dreijährige Bewährungszeit, in der sich mein Mandant bewähren und straffrei führen muss, kann nicht erst mit der Haftentlassung beginnen. Ein jedenfalls teilweise eigenverantwortliches Le-

---

39 NK-AuslR/Cziersky-Reis, § 53 AufenthG, Rn. 27.
40 BR-Drs. 642/14, S. 56.
41 NK-AuslR/Cziersky-Reis, § 53 AufenthG, Rn. 25.

ben ohne Kontrolle kann schon vorher einsetzen, nämlich in dem nicht unwahrscheinlichen Fall, dass meinem Mandanten eine Vollzugslockerung in Gestalt eines offenen Vollzugs gewährt wird.

2. Nach Ihrer Regelung verfällt die gesamte Vergünstigung aus dem Vergleich, wenn sich mein Mandant in den drei Jahren erneut strafbar macht. Die Grenze ist eine Verurteilung zu mehr als 90 Tagessätzen. Dagegen ist nichts einzuwenden. Kritisch ist aber, dass diese Folge nicht auf vorsätzlich begangene Straftaten beschränkt ist. Eine Ausdehnung auch auf Fahrlässigkeitstaten ist aber weder ausweisungsrechtlich stringent noch vom Sinn unseres Bewährungsvergleiches gedeckt. Das Ausweisungsinteresse knüpft in § 54 AufenthG an keiner Stelle an Fahrlässigkeitsdelikte an, deswegen ist es nicht folgerichtig, sie in diesen Vergleich aufzunehmen. Mit dem Vergleich soll mein Mandant seine Bewährung und künftige Rechtstreue unter Beweis stellen. Eine Erweiterung auf fahrlässig begangene Taten ist dafür aber nicht geboten. Man denke etwa an die fahrlässige Schadenverursachung im Straßenverkehr, die staatliche Sanktion ist hier gerade nicht die Folge einer gegen das Recht eingestellten Haltung, sondern kann als schicksalshafte Verkettung von unglücklichen Umständen jeden ereilen. Da eine Verurteilung jedoch nach der Regelung des Vergleiches den sofortigen Verfall seiner Aufenthaltsrechte ohne Widerspruch zur Folge hat, kann ich ihm nicht raten, eine Vereinbarung zu unterschreiben, die auch die Fahrlässigkeitsdelikte mit einschließt.

Ich bitte um Rückmeldung. Sollten Sie mit diesen beiden Änderungen einverstanden sein, wäre eine kurzfristige Ausfertigung des Vergleiches möglich.

...

Rechtsanwalt ◄

b) Muster: Vergleich mit Ausländerbehörde in Ausweisungssachen

▶ **Vergleich**

zwischen Stadt ... – Ausländerbehörde –

und Herrn L, ... (Anschrift)

vertreten durch: Rechtsanwälte ...

1. Herr L nimmt seinen am ... gestellten Antrag auf Erteilung einer Niederlassungserlaubnis sowie den darin enthaltenen Antrag auf Verlängerung seiner Aufenthaltserlaubnis und alle anderen später gestellten Verlängerungsanträge zurück.

2. Die Ausländerbehörde verzichtet auf eine Ausweisung wegen der aktenkundig gewordenen Straftaten, wie sie Gegenstand des Anhörungsschreibens vom ... geworden sind.

3. Herr L unterwirft sich einer Bewährungszeit, die mit Abschluss dieser Vereinbarung beginnt und drei Jahre nach Haftentlassung oder im Falle einer Gewährung offenen Vollzugs, drei Jahre nach der Übernahme in den offenen Strafvollzug endet („Bewährungszeit").

4. Herr L wird für diese Zeit geduldet. Nach Haftentlassung wird die Duldung für die ersten drei Monate auf das Bundesland ... beschränkt, sie ist mit dem Zusatz „Erwerbstätigkeit gestattet" versehen.

4. Die Duldung erlischt mit der Rechtskraft einer erneuten strafgerichtlichen Verurteilung wegen einer vorsätzlich begangenen Straftat zu mehr als 90 Tagessätzen (oder drei Monaten Freiheitsstrafe), wenn die zugrundeliegende Tat vor Ablauf der Bewährungszeit begangen wurde. Eine Straftat, die bereits vor Abschluss dieser Vergleichsvereinbarung begangen wurde und den Ermittlungsbehörden nicht bekannt ist, steht dem gleich, sofern nicht Verjährung eingetreten ist.

5. Ist Herr L bis zum Ablauf der Bewährungszeit Zeit nicht mehr in diesem Sinne straffällig geworden, erteilt die Ausländerbehörde ihm eine auf fünf Jahre befristete Aufenthaltserlaubnis nach § 35 Abs. 3 Satz 2 AufenthG.

6. Sofern vor Ablauf der Bewährungszeit ein Strafverfahren anhängig wird, wird Herr L bis zu dessen Abschluss weiter geduldet.

7. Wird Herr L wegen einer vor Ablauf der in Ziff. 3 bezeichneten Bewährungszeit begangenen Vorsatztat rechtskräftig zu einer Strafe von mehr als 90 Tagessätzen (oder drei Monaten Freiheitsstrafe) verurteilt, ist Herr L vollziehbar ausreisepflichtig und verzichtet mit Abschluss dieser Vereinbarung auf Rechtsmittel gegen die Durchführung der Abschiebung.

8. Kosten

Ort, Datum: ...	Ort, Datum: ...	Ort, Datum: ...
...	...	...
Unterschrift Sachbearbeiter	Unterschrift L	Rechtsanwalt
Stadt ...		
– Ausländerbehörde – ◄		

c) Erläuterungen zu den Mustern Stellungnahme und Vergleichsvorschlag in Ausweisungssachen

76 In allen Stadien des Verfahrens kann eine vergleichsweise Lösung mit der Ausländerbehörde gesucht werden. Gerade in Fällen, in denen sich nach einer Lebensphase mit überdurchschnittlicher Delinquenz eine positive Veränderung durch bessere berufliche oder familiäre Umstände abzeichnet, ist die Ausländerbehörde für einen solchen „**Bewährungsvergleich**" offen. Das liegt daran, dass sich die Ausländerbehörde eine Bescheidung mit einer komplexen und möglicherweise nicht gerichtsfesten Begründung erspart, in der Sache durch einen solchen Vergleich aber nur gewinnen kann.

77 Für den Mandanten beendet dieser Vergleich schnell Rechtsunsicherheit, er ist aber auch heikel und nur anzuraten, wenn die Erfolgsaussichten offen bis wenig vielversprechend sind und nicht nur leere Hoffnungen für eine Änderung des Lebens bestehen. Gerade bei strafrechtlich in Erscheinung getretenen Jugendlichen der sog 2. **Ausländergeneration** kann ein solcher Vergleich uU den nötigen Druck für ein straffreies Leben aufbauen. Darüber ist mit dem Mandanten und seinem familiären Umfeld aber ausführlich zu sprechen.

78 Eine interessengerechte **Kostenentscheidung** sollte im Widerspruchs- oder Klageverfahren auf Teilung der Kosten gerichtet sein. Kommt es schon im Anhörungsverfahren zum Vergleich, wird sich die Ausländerbehörde mit großer Wahrscheinlichkeit nicht an den Kosten für die rechtliche Vertretung des Betroffenen beteiligen.

IV. Fehlerquellen / Haftungsfallen

1. Übersehener Antrag auf Verlängerung der Aufenthaltserlaubnis

79 Die berechtigte Fokussierung auf die Frage der Ausweisung birgt die Gefahr, dass der Anwalt bei einer befristet erteilten Aufenthaltserlaubnis aus dem Auge verliert, dass immer auch deren Verlängerung zu beantragen ist. Es wäre wenig gewonnen, wenn zwar dann die Anfechtung der Ausweisung gelänge, der Aufenthalt indessen unter der Hand durch Fristablauf verloren geht.

Der Verlängerungsantrag ist in der entsprechenden Konstellation auch Voraussetzung, um ein Rechtsschutzbedürfnis für einen **Eilantrag** reklamieren zu können.

2. Vergessene Stillhaltezusage im Eilverfahren / vergessener Antrag nach § 80 b Abs. 2 VwGO

Die Stellung eines **Eilantrags** nach § 80 Abs. 5 bzw. § 123 VwGO führt nicht für sich dazu, dass der Ausländerbehörde die Abschiebung vor der Entscheidung des Gerichts über diesen Antrag untersagt ist. Der Anwalt hat bei Gericht auf die Abgabe einer sog **Stillhaltezusage**[42] zu dringen.

Die aufschiebende Wirkung eines Rechtsmittels in der ersten Instanz (sei es die gesetzlich angeordnete oder die durch Gerichtsbeschluss herbeigeführte) **endet im Falle der Klageabweisung drei Monate nach Ablauf der Begründungsfrist** für das weitere Rechtsmittel. Geht dem Anwalt ein klageabweisendes Urteil in Ausweisungssachen zu, hat er neben der Frist für Rechtsmittel und Begründung auch die Frist nach § 80 b VwGO einzutragen. Sie endet fünf Monate nach Zugang des Urteils. Der Antrag auf Fortgeltung der aufschiebenden Wirkung ist beim VGH/OVG zu stellen. Übersieht der Anwalt diese Frist, kann der Fall eintreten, dass **der Mandant während des Verfahrens über die Zulassung der Berufung abgeschoben** wird.

3. Unvollständige Prüfung der Staatsangehörigkeit / des aufenthaltsrechtlichen Status von Familienmitgliedern

Da die Rechte des von der Ausweisung Betroffenen von dem Status seiner Familienangehörigen abhängt, ist die Staatsangehörigkeit und der gesamte **aufenthaltsrechtliche Status** für jeden einzelnen gesondert zu ermitteln. Es kann zu gewichtigen Nachteilen kommen, wenn übersehen wird, dass ein Familienangehöriger die deutsche oder eine EU-Staatsagehörigkeit hat.

Für die Zwecke des besonderen Ausweisungsschutzes von EU-Bürgern und ihren Angehörigen gilt: Eine weitere EU-Staatsangehörigkeit eines deutschen Familienangehörigen hilft nur, wenn der betreffende Familienangehörige schon einmal von seiner mit der EU-Staatsangehörigkeit verbundenen Freizügigkeit Gebrauch gemacht hat.[43]

4. Unbesehene Übernahme früherer Rechtsprechung

Die Ausweisung ist in den §§ 53 ff. AufenthG neu geregelt worden. Rechtsprechung, die sich explizit auf diese neue Rechtslage bezieht, ist noch rar. Bei der Frage der Übertragbarkeit früherer Judikate auf die heutige Rechtslage ist Vorsicht geboten.

V. Weiterführende Hinweise
1. Wirkung der Ausweisung

Geblieben ist es dabei, dass die Ausweisung als **ordnungsrechtliche Maßnahme auf Gefahrenabwehr** abzielt und das **Erlöschen eines bestehenden Aufenthaltstitels und titelgleicher Rechtspositionen** (wie die Fiktionswirkung und die Befreiung vom Erfordernis eines Aufenthaltstitels) auslöst und überdies eine **Sperrwirkung** nach § 11 Abs. 1 AufenthG zur Folge hat.

Mit dem Eintritt dieser Wirkungen wird der Ausländer ausreisepflichtig, sein weiterer Aufenthalt rechtswidrig und eine Wiedereinreise verboten. An diesem Effekt ändert auch die Ein-

---

42 *Marx*, AAFR, § 7 Rn. 373.
43 NK-AuslR/Geyer, § 1 FreizüG/EU Rn. 4.

legung eines Rechtsmittels nicht, auch nicht, wenn dieses Rechtsmittel aufschiebende Wirkung hat (§ 84 Abs. 2 Satz 1 AufenthG).

2. Der inhaftierte Mandant

a) Kommunikation ohne Überwachung

88 Etwas schwieriger gestaltet sich die Mandatsführung, wenn der Betroffene in Strafhaft einsitzt. Um die schriftliche Kommunikation mit dem Mandanten der Postüberwachung (§ 29 Abs. 1 S 1 StrafVollzG) zu entheben, sollte man umgehend bei der Anstaltsleitung die Vertretung anzeigen und die an den Mandanten gerichtete Post als **Verteidigerpost** kennzeichnen. Auch die Besuche des Rechtsanwalts bei dem Gefangenen sind von der Überwachung frei, sobald die Vollmacht unterzeichnet vorliegt.

b) Haftdaten aufnehmen

89 Der Rechtsanwalt sollte über die Eckdaten der Haft im Bilde sein (dh Beginn, Ende, Halb- und Zweidrittelstrafzeit). Auswirkungen haben diese Daten nämlich auf die Frage, wann frühestens mit einer Entlassung (zur Bewährung) aber auch einer möglichen Abschiebung zu rechnen ist.

90 Vor Strafende ist eine Abschiebung nur mit Zustimmung der Staatsanwaltschaft möglich (**§ 456 a Abs. 1 StPO**), die aber im Falle ausländischer Strafgefangener häufig schon nach Ablauf der Halb- oder Zweidrittelstrafe erteilt wird. Dies ist im Auge zu behalten.

c) Strafaussetzung zur Bewährung

91 Mit dem Mandanten ist auch über die **Strafaussetzung zur Bewährung** zu sprechen, die zwar von Amts wegen zu prüfen ist, meist aber vom Gefangenen selbst oder auch von seinem Strafverteidiger beantragt wird.

92 Die hierzu eingeholten Gutachten sowie die Berichte aus dem Vollzug (einschließlich der regelmäßigen Vollzugspläne) können idealer Weise auch im Ausweisungsverfahren vorgelegt werden. Auch wenn die gewährte Strafaussetzung und die damit verbundene **positive Gefahrenprognose** durch das Vollstreckungsgericht für die ausländerrechtliche Entscheidung **nicht bindend** ist, ist sie jedenfalls ein schwer zu widerlegendes günstiges Indiz im Ausweisungsverfahren.[44]

d) Gefängnisbesuche von Angehörigen

93 Häufig werden die Besuche, die der Gefangene während der Haft von seiner Familie erhält, auch für den Nachweis seiner Bindungen in Deutschland von Bedeutung sein. Alle Besuche werden von der Anstaltsleitung dokumentiert, ein prüfender Abgleich mit den Angaben des Mandanten ist daher empfehlenswert. Weil es auf der Hand liegt, dass eine Beziehung unter den Bedingungen der Inhaftierung nicht eigentlich gelebt werden kann, genügt es für den Nachweis, wenn die **Beziehung vor der Inhaftierung tatsächlich gelebt worden** ist und **durch regelmäßige Besuche** aufrechterhalten wird.[45]

94 Zur Kommunikation gehören auch Telefongespräche, die dem Häftling unter verschiedenen Voraussetzungen und innerhalb gewisser Rahmen möglich sind. Da Verwaltungsrichtern die

---

44 Marx, AAF (2015), § 7 Rn. 168.
45 NK-AuslR/Cziersky-Reis, § 55 AufenthG Rn. 17.

Abläufe des Strafvollzugs nicht immer geläufig sind, sollten die Regelungen der Haftanstalt über den Besuchskontakt oder das Telefonieren näher erläutert werden.

e) Rechtzeitiger Antrag auf Verlängerung der Aufenthaltserlaubnis

Gerade der Rechtsanwalt eines inhaftierten ausländischen Mandanten sollte immer die Geltungsdauer der aktuellen Aufenthaltserlaubnis im Blick behalten und **rechtzeitig deren Verlängerung** beantragen. Es begegnet dem Praktiker nicht selten die Vorstellung des Gefangenen, dass man im staatlichen Gewahrsam keine Aufenthaltserlaubnis benötige, jedenfalls diese nicht verlängern müsse, weil die Ordnungsbehörde ja ohnehin wisse, wo man sich befinde und der Aufenthalt von ihr schließlich auch veranlasst sei.

95

f) Teilnahme des Gefangenen an der mündlichen Verhandlung vor dem Verwaltungsgericht

Die Haft erfordert für den Bevollmächtigten einige Umsicht, wenn der **Termin zur mündlichen Verhandlung über die Ausweisung** bevorsteht. Einen unbedingten prozessualen Anspruch auch des inhaftierten Klägers auf Teilnahme an dem Termin, in dem über seine Angelegenheiten verhandelt wird, gibt es im Falle der anwaltlichen Vertretung nach hM nicht und ist nach dieser Ansicht auch nicht aus Art. 103 Abs. 1 GG herzuleiten.[46]

96

Ob das Gericht das persönliche Erscheinen des Klägers anordnet (§ 95 VwGO), **liegt in seinem Ermessen**. Auf Antrag des Bevollmächtigten ist dieses Ermessen allerdings reduziert, wenn substantiiert vorgetragen wird, welchen Beitrag zur notwendigen Sachaufklärung, die nicht durch andere Erkenntnisquellen erlangt wird, durch den anwesenden Kläger im Termin erfolgt.[47] Will der Bevollmächtigte, dass der Mandant vor Gericht sich über Tatsachen äußert, die nur ihm allein zugänglich sind, empfiehlt es sich, rechtzeitig einen entsprechenden Beweisantrag anzukündigen und als Beweismittel die Beteiligtenvernehmung (mit den Einschränkungen, die aus der analogen Anwendung der §§ 445–449 ZPO folgen) zu nennen. Ordnet das Verwaltungsgericht das persönliche Erscheinen an, hat die Justizvollzugsanstalt den inhaftierten Kläger zu dem Gerichtstermin auszuführen (§ 36 Abs. 2 StrafVollzG).

97

Auch wenn das Gericht das persönliche Erscheinen nicht anordnet, kann dem inhaftierten Kläger von der Strafvollzugsanstalt auf Antrag die **Haftausführung zum Termin** gestattet werden (§ 35 Abs. 3 StrafVollzG).

98

Dem Bevollmächtigten ist zu raten, diesen Antrag parallel mit dem Antrag auf die Anordnung des persönlichen Erscheinens zu stellen und mit der Wichtigkeit der Terminwahrnehmung zu begründen. Zwar steht auch der Vollzugsanstalt ein Ermessen zu, für den Kläger ergibt sich jedoch ein Anspruch auf Teilnahme, wenn ein zwingender Grund vorliegt, wenn es nämlich für ihn um **existentielle Fragen geht und die Ablehnung eine unbillige Härte darstellen** würde.[48] Das sollte bei Ausweisungsfällen regelmäßig der Fall sein. Der etwaige Einwand der Vollzugsanstalt, die Haftausführung mit dem vorhandenen Personal nicht organisieren zu können, muss dagegen zurückstehen, zumal hier auch auf die Polizeikräfte am Ort des Gerichts zurückgegriffen werden kann.

99

---

46 Kopp/Schenke, VwGO, § 95 Rn. 21; Geiger, in: Eyermann, VwGO (14. Aufl. 2014), § 95, Rn. 5; VGH München, Beschl. v. 19.4.2011, Az. 10 ZB 10.1749.
47 OVG NRW, Beschl. v. 28.6.2012, Az. 13 A 1158/12.A.
48 OVG Thüringen, Beschluss v. 2.12.2014 (3 EO 757/14), hier ging es um die Betretenserlaubnis nach § 11 AufenthG zum Zwecke der Teilnahme an einem Termin beim VG.

100 Bei dem Antrag sollte ausdrücklich darauf hingewiesen werden, dass die Einschätzung des Verwaltungsgerichts, dass man dort das persönliche Erscheinen des Klägers für die Sachaufklärung nicht für erforderlich hält, nicht mit der Frage zu verwechseln ist, ob einem **Beteiligten ein berechtigtes Interesse an der Teilnahme** an seiner gerichtlichen Verhandlung zusteht.

3. Rechtsmittel gegen die Ausweisung

101 Die Ausweisung bringt den Aufenthaltstitel zum Erlöschen (§ 51 Abs. 1 Nr. 5 AufenthG), dabei spielt es keine Rolle, ob der Aufenthalt befristet oder unbefristet war. Auch die Befreiung von dem Erfordernis eines Aufenthaltstitels fällt mit der Ausweisung weg, wie auch alle Formen der Fiktionswirkung nach § 81 AufenthG.

102 Weil es dann Ziel des Rechtsmittels ist, den Eintritt dieser Wirkung zu verhindern, ist ein **Anfechtungswiderspruch** oder, wenn das Vorverfahren in dem betreffenden Bundesland abgeschafft worden ist,[49] unmittelbar eine **Anfechtungsklage** zu erheben. Darin erschöpft sich aber die zweckentsprechende Vertretung des Mandanten nicht: Der Anwalt muss bei einem befristet erteilten Titel sogleich prüfen, ob neben der Anfechtung (vielleicht auch zu einem späteren Zeitpunkt) noch **eine Verlängerung der Aufenthaltserlaubnis zu beantragen ist**.

103 Der **maßgeblicher Zeitpunkt für die Entscheidung des Gerichts** sind nicht die tatsächlichen Verhältnisse zum Zeitpunkt der behördlichen Entscheidung, sondern die am **Tag der mündlichen Verhandlung**.[50] Das führt dann dazu, dass der Anwalt immer wieder überprüfen muss, ob es neue oder veränderte Gesichtspunkte gibt, die das Bleibeinteresse des Betroffenen begründen.

4. Notwendigkeit für einen Eilantrag
a) Regelfall: aufschiebende Wirkung des Rechtmittels

104 Die Anfechtung einer Ausweisungsverfügung hat im Regelfall **aufschiebende Wirkung** (die Ausweisung ist im Katalog des § 84 Abs. 1 AufenthG nicht genannt).

b) Eilantrag bei Anordnung des Sofortvollzugs

105 Das gilt aber dann nicht, wenn die Behörde nach § **80 Abs. 2 Nr. 4 VwGO die sofortige Vollziehung angeordnet** hat. Hier ist ein Eilantrag zu erheben, der dann zu der Prüfung führt, ob die ABH die in der VwGO genannten Gründe für den Sofortvollzug (nämlich das öffentliche Interesse an der sofortigen Vollziehung) in ihrem Bescheid in ausreichender Weise vorgetragen hat und ob diese Gründe vorliegen.

106 Die Begründung des Sofortvollzugs ist ein eigener Teil des Bescheids. Die genannten Gründe müssen über die Gründe für die bloße Ausweisung hinausgehen und belegen, dass die sofortige Entfernung des Ausländers aus der Bundesrepublik als ausnahmsweise Reaktion im öffentlichen Interesse geboten ist.[51] Siehe hierzu auch Beispiel 3, Rn. 3.

c) Eilantrag bei gleichzeitiger Ablehnung eines Verlängerungsantrags

107 Ein Eilantrag ist aber auch dann geboten, wenn zwar die Behörde keinen Sofortvollzug angeordnet hat, aber die aufschiebende Wirkung der Anfechtung aus anderen Gründen wegfällt. Das ist dann immer der Fall, wenn mit der Ausweisungsentscheidung **zugleich ein Antrag auf**

---

49 Siehe oben Rn. 36.
50 BVerwG, Urt. v. 15.11.2007, 1 C 45/06, NVwZ 2008, 434 ff.
51 NK-AuslR/Cziersky-Reis, § 53 Rn. 54 mwN.

Erteilung oder Verlängerung einer Aufenthaltserlaubnis abgelehnt wurde (§ 84 Abs. 1 Nr. 1 AufenthG). In diesem Fall hat der Widerspruch (bzw. die Klage) zwei Anträge: Die Aufhebung der Ausweisungsverfügung und die Verlängerung bzw. Erteilung der Aufenthaltserlaubnis (siehe Muster zu Beispiel 4, Rn. 4).

Für das **Rechtsschutzbedürfnis des Eilantrags** ist es – ebenso wie schon oben – unabdingbar, dass der Bevollmächtigte neben der Anfechtung der Ausweisung selbst auch den Antrag auf Verlängerung eines befristeten Aufenthaltes beachtet und im Falle der Ablehnung des Verlängerungsantrags auch wie im Rechtsmittelverfahren die Verlängerung betreibt. 108

Da der Eilantrag sich hier nicht direkt gegen die Ausweisung, sondern gegen die Versagung des Titels richtet, wird die **Ausweisung inzident geprüft**. Die Ausweisung ist in dieser Fallkonstellation der Hauptgrund der Verweigerung eines verlängerten oder neuen Aufenthaltstitels, weil § 11 Abs. 1 AufenthG mit dem Zugang einer Ausweisungsentscheidung die Erteilung/Verlängerung eines Aufenthaltstitels versperrt. Wenn dann die summarische Prüfung der Verweigerung des (verlängerten) Aufenthaltstitels ansteht, ist auf die Rechtmäßigkeit der Ausweisung inzident einzugehen (siehe hierzu das Muster zu Beispiel 3, Rn. 3). 109

d) Zeitpunkt der Eilantragsstellung

Zu dem Zeitpunkt des Eilantrags macht das Gesetz keine Vorgaben, eine Frist gibt es (wie zB im Asylrecht) nicht, er ist **jederzeit zulässig**. Geht es nur um die Abwendung der Vollstreckung, kann mit dem Antrag daher zugewartet werden, bis diese (zB nach Zustimmung der Staatsanwaltschaft zur vorzeitigen Strafaussetzung, Vorliegen der Heimreisedokumente usw) tatsächlich droht. Ob ein solches Vorgehen empfehlenswert ist, bestimmt sich im Einzelfall. 110

Etwas anderes gilt aber, wenn der Ausländer erwerbstätig ist oder werden will. In diesem Fall muss der Eilantrag schon **wegen der Arbeitserlaubnis fristgerecht (in der Frist des Hauptsacherechtsmittels) gestellt werden**.[52] 111

e) Ende der aufschiebenden Wirkung

Zu beachten ist § 80 b VwGO. Aus dieser nicht unbedingt weithin bekannten Regelung folgt, dass die aufschiebende Wirkung für den Fall, dass der Kläger mit seinem Rechtsmittel in der ersten Instanz scheitert, **fünf Monate nach Zustellung des abweisenden Urteils verloren** geht. Zur Fortsetzung der aufschiebenden Wirkung ist dann ein Antrag beim OVG/VGH nach § 80 b Abs. 2 VwGO zu stellen. 112

5. Die Befristungsentscheidung

Seit Inkrafttreten des NeubestG 2015 hat die ausweisende Behörde nach § 11 Abs. 1 Satz 3 AufenthG gemeinsam mit ihrer Verfügung auch den Zeitraum zu bestimmen, für den die Ausweisungswirkung gelten soll. Für den Ausländer ist dieses Zeitregime nicht unbedingt vorteilhaft, da er Gründe für eine kurze Frist schon zum Zeitpunkt der Ausweisungsentscheidung darlegen und nachweisen muss. Die Befristungsentscheidung ist selbständig anfechtbar. 113

---

52 Siehe dazu oben Rn. 44.

6. Streitwerte

114 In Ausweisungsverfahren ist der **Regelstreitwert** nach § 52 Abs. 2 GKG und Nr. 8.2 des **Streitwertkatalogs** 2004 des BVerwG für die Verwaltungsgerichtsbarkeit[53] von 5.000 EUR zu Grunde zu legen. Sind die Ausweisung und die Verlängerung der Aufenthaltserlaubnis streitgegenständlich, werden die Gegenstandswerte aufaddiert (Streitwertkatalog Nr. 1.1.1). Für Eilverfahren gilt der halbe Gegenstandswert, somit 2.500 EUR.

B. Besonderer Ausweisungsschutz für Asylberechtigte, anerkannte Flüchtlinge, türkische Arbeitnehmer im Sinne des ARB 1/80 und EU-Daueraufenthaltsberechtigte (§ 53 Abs. 3 AufenthG)

I. Sachverhalt / Lebenslage

115 **Beispiel 1**
Der 23 jährige A aus Syrien ist vor einigen Monaten als Flüchtling anerkannt worden, seine Eltern und Geschwister leben in einem Flüchtlingslager im Libanon. A ist unverheiratet. Nach erfolgreichem Besuch des Integrationskurses arbeitet A im Lager eines Baumarkts. Die Ausländerbehörde beabsichtigt seine Ausweisung. In dem Anhörungsschreiben der Behörde, das A seiner Anwältin vorlegt, wird zur Begründung auf ein gegen den A ergangenes rechtskräftiges Strafurteil verwiesen, wonach er wegen Sexueller Nötigung in einem minderschweren Fall (§ 177 Abs. 1 und 5 StGB) zu einer Bewährungsstrafe von sechs Monaten verurteilt worden ist. Das Gericht sah es als erwiesen an, dass A spätabends bei einem Volksfest gemeinsam mit anderen Personen aus Syrien die ebenfalls 23 jährige deutsche Staatsangehörige E sexuell genötigt zu haben. Das Mobiltelefon der E habe in der Unterkunft sichergestellt werden können, nachdem es dort fernmeldetechnisch geortet worden war. E habe den A bei einer Gegenüberstellung wiedererkannt als die Person, die sie im Gedränge mit der Hand an das Gesäß gefasst habe. Dass er es war, der auch ihr Mobiltelefon aus der hinteren Hosentasche gezogen habe, konnte allerdings nicht bestätigt werden. Die Ausländerbehörde sieht den Ausweisungstatbestand des § 53 Abs. 3 AufenthG als verwirklicht an: Wegen der drohenden Wiederholungsgefahr und einer großen internationalen Aufmerksamkeit liege die Ausweisung aus Abschreckungsgründen im Grundinteresse der Gesellschaft. Gerade im Hinblick auf die vielen Flüchtlinge im Land müsse gezeigt werden, dass auch verfolgte Menschen nicht davon befreit seien, sich an deutsche Gesetze zu halten. Dies gelte insbesondere, um dem verfassungsrechtlichen Grundsatz der Gleichheit der Geschlechter und der Achtung vor der Frau Ausdruck zu verleihen. Im Übrigen sei ein Durchgreifen auch deswegen geboten, um einer im Erstarken begriffenen fremdenfeindlichen Stimmung im Lande den Boden zu entziehen. Aus einem Schreiben, das der A ebenfalls vorlegt, geht hervor, dass die Ausländerbehörde das Bundesamt für Migration und Flüchtlinge unter Übersendung einer Kopie des Strafurteils über die beabsichtigte Ausweisung in Kenntnis gesetzt hat.

116 **Beispiel 2**
T ist ein 34jähriger kanadischer Staatsangehöriger. Er ist seit etwa 10 Jahren in der Bundesrepublik und besaß zuletzt eine Niederlassungserlaubnis. Seit zwei Jahren ist er mit H, einer in Deutschland lebenden Türkin, verheiratet. H hat eine Ausbildung zur Fachverkäuferin gemacht und arbeitet seit fast zehn Jahren in einem Warenhaus als Angestellte in der Spielwarenabteilung. Auch sie besitzt eine Niederlassungserlaubnis.

---

53 Abgedruckt in: *Kopp/Schenke*, VwGO, Anh. § 164 Rn. 14.

T hatte sich nach einem Studium der Wirtschaftsinformatik selbstständig gemacht, ist mit seinem Geschäftsmodell allerdings gescheitert und es drohten Bankkredite und Forderungen seiner Geschäftspartner in Höhe von mehr als 250.000 EUR zur Zahlung fällig zu werden. In dieser Phase entschloss T sich mit seinem damaligen Kompagnon, Anteilsscheine für angebliche Wohnungsbauprojekt in Griechenland zu verkaufen, die, wie er gegenüber den Käufern behauptete, mit Bürgschaften aus einem Flüchtlingshilfefonds der EU abgesichert seien und so eine hohe Rendite ohne jedes Risiko versprächen. Wegen versuchten Betruges und Steuerhinterziehung wurde er zu einer 2 ½ jährigen Haftstrafe verurteilt.

T ist jetzt nach Aussetzung der Reststrafe zur Bewährung nach 20 Monaten aus der Haft entlassen worden. Er wohnt wieder in der gemeinsamen Wohnung mit H, die ihn auch regelmäßig im Gefängnis besucht hat. In dem psychologischen Gutachten, das der Strafaussetzung zugrunde lag, ist zu lesen, dass von T aufgrund seiner persönlichen Entwicklung keine Gefahr mehr ausgehe. Das nahezu 100seitige Gutachten würdigt die Einmaligkeit der Tatumstände und den Einfluss des damaligen sozialen Umfelds, mit dem T den Kontakt freiwillig und gezielt abgebrochen habe. Außerdem führt es aus, dass T sich infolge eines lebensbedrohlichen Schlaganfalls, den er in den Anfangsmonaten der Haft erlitten und glücklich überlebt hatte, persönlich sehr verändert habe. Auch durch das Verhältnis zu seiner Ehefrau, die er erst nach Tatbegehung kennenlernte, erscheine er jetzt wesentlich gefestigt. Schließlich habe die kanadische Familie des T größere Geldbeträge bereitgestellt, um die getäuschten Anleger teilweise zu entschädigen.

Dem T wurde jetzt eine Ausweisungsverfügung der Ausländerbehörde zugestellt. Das besonders schwerwiegende Ausweisungsinteresse ergebe sich aus der Delinquenz des T und der Wiederholungsgefahr. Dazu führt der Bescheid aus, dass die Prognoseentscheidung der Strafvollstreckungskammer für die Ausländerbehörde anerkanntermaßen nicht verbindlich sei, vielmehr ergebe sich für die Behörde aus dem Strafurteil, dass T eine besondere kriminelle Energie besitze und nicht davor zurückschrecke, andere in wirtschaftliche Not zu bringen. Im Übrigen lägen auch keine schützenswerten Bindungen des T in der Bundesrepublik vor. Gegen den Bescheid ist laut Rechtmittelbeehrung die Klage zu erheben.

II. Prüfungsreihenfolge

1. Der nach § 53 Abs. 3 AufenthG privilegierte Personenkreis

a) Der neue § 53 Abs. 3 AufenthG

In dem neuen § 53 Abs. 3 AufenthG sind nun die Personengruppen ausdrücklich benannt, die ihren besonderen **Ausweisungsschutz den europäischen Regelungen** oder, wie die assoziationsberechtigten türkischen Staatsangehörigen, einem mit den europäischen Institutionen geschlossenen Abkommen verdanken.[54]

Auch wenn die Voraussetzungen für eine Ausweisung in den zugrundeliegenden unionsrechtlichen Normen bzw. nach der relevanten Rechtsprechung verschiedene Ausprägungen haben, hat der Gesetzgeber in dem neuen § 53 Abs. 3 AufenthG für alle diejenigen, deren Ausweisung nur auf spezialpräventive Gründe gestützt werden kann, einen einheitlichen Ausweisungsschutz definiert. Damit sind Behörde und Gerichte aber nicht davon freigestellt, die

---

54 BT-Drs. 18/4097, S. 50.

Hürden des § 53 Abs. 3 AufenthG mit Blick auf die jeweils geltenden europäischen Vorgaben bei ihrer Gesetzesauslegung nicht noch höher anzusetzen.[55]

119 Alle diese Personen, das ist als Minimum deutlich, dürfen nur dann ausgewiesen werden, wenn die Betreffenden in ihrem persönlichen Verhalten eine bestimmte schwerwiegende Gefahr begründen, wie sie in der Norm weiter bestimmt ist. Aus dem Merkmal „persönliches Verhalten" ergibt sich, dass für die Ausweisung dieser Personen **nur eine spezialpräventive Begründung** herangezogen werden kann, **generalpräventive Überlegungen verbieten sich hier**.[56]

120 Dass der Ausweisungsschutz, der dem hier begünstigten Personenkreis zuteilwird, sich von dem Schutz unterscheidet, der für EU-Freizügigkeitsberechtigte gilt, zeigt die Anknüpfungsvoraussetzung in § 6 Abs. 2 FreizügG/EU. Daraus ergibt sich, dass ein Verlust der Freizügigkeit (das Pendant für die Ausweisung im Freizügigkeitsrecht) nur dann ausgesprochen werden darf (und auch das alleine genügt nicht), wenn es eine rechtskräftige strafrechtliche Verurteilung gibt. Eine solche Einschränkung gibt es bei § 53 Abs. 3 AufenthG nicht. Auch der privilegierte Ausländer **kann ohne strafgerichtliche Verurteilung ausgewiesen werden**, wenn er die im Gesetz beschriebene ganz besondere Gefahr für die Öffentlichkeit darstellt.

b) Asylberechtigte und anerkannte Flüchtlinge

121 Der Ausweisungsschutz von Asylberechtigten und Flüchtlingen geht auf die Art. 21 Abs. 2 und 24 Abs. 1 QRL zurück. Diese Vorschriften führen bei wörtlicher Auslegung zu jeweils verschiedenen Ausweisungsvoraussetzungen,[57] die jedenfalls strikter sind als der Art. 32 GFK.[58] Der Gesetzgeber hat sich aber dazu entschlossen, die Gruppe solcher Personen, die nur aus spezialpräventiven Gründen ausgewiesen werden können, in einer gemeinsamen Norm zu behandeln.

122 Kritisiert wurde an dem neuen Ausweisungskonzept von Schutzberechtigten allerdings, dass die subsidiär Schutzberechtigten von dem Kreis der Privilegierten nach § 53 Abs. 3 AufenthG ausgenommen sind, wo sie doch zumindest in Art. 24 Abs. 2 QRL auf die gleichen Ausschlussgründe bei der Verweigerung einer Aufenthaltserlaubnis verwiesen sind wie die anerkannten Flüchtlinge.[59]

123 Das seit dem 17.3.2016 geltende **verschärfte Ausweisungsrecht**, das als Reaktion auf die Ereignisse der Silvesternacht in Köln[60] ergangen ist, hat bei der Frage der Ausweisung von Flüchtlingen allerdings nicht an § 53 Abs. 3 AufenthG angesetzt, sondern ist den Weg über den § 60 Abs. 8 AufenthG gegangen.[61] Danach ist es dem Bundesamt unter erleichterten Voraussetzungen ermöglicht, die Flüchtlingseigenschaft zu widerrufen oder erst gar nicht zuzuerkennen (siehe dazu unten Rn. 135 ff.).

---

55 Bergmann/Dienelt-Bauer, Ausländerrecht, § 53 Rn. 54.
56 Marx, AAFR § 7, Rn. 177.
57 NK/AuslR, Cziersky-Reis, § 53 Rn. 38.
58 Marx, AAFR, § 7 Rn. 180.
59 NK/AuslR, Cziersky-Reis, § 53 Rn. 41. In diese Richtung ist auch der EuGH, Urt. v. 24.06.2015, Az. C-373/13, zu verstehen.
60 Siehe oben Rn. 21.
61 Gesetzentwurf der Fraktionen CDU/CSU und SPD vom 17.2.2016, BT-Drs. 18/7537, S. 4.

c) Türkische Staatsangehörige mit einem Aufenthaltsrecht nach dem Assoziationsratsabkommen

Ob türkischen Staatsangehörigen (und ihren Familienmitgliedern) die Privilegierung des § 53 Abs. 3 AufenthG zuteilwird, hängt von **Art. 14 ARB 1/80** ab, nämlich davon, ob ihnen ein Aufenthaltsrecht daraus zusteht. Türkische Staatsangehörige, die nicht unter die Begünstigungen nach dem ARB 1/80 fallen, werden auch von dem § 53 Abs. 3 AufenthG nicht privilegiert. Für sie gelten die allgemeinen Bestimmungen. 124

Die Reichweite des Ausweisungsschutzes aus ARB 1/80 ist in den Entscheidungen des EuGH[62] und des BVerwG[63] dahin bestimmt worden, dass eine Ausweisung nur aus spezialpräventiven Gründen und nach einer umfassenden Ermessensbetätigung erfolgen darf. Eine ausweisungsrechtliche Gleichstellung mit EU-Freizügigkeitsberechtigten hat der EuGH allerdings verneint.[64] 125

d) EU-Daueraufenthaltsberechtigte

Auch die Inhaber eine Daueraufenthaltserlaubnis-EU genießen einen unionsrechtlichen Ausweisungsschutz (aus Art. 12 Abs. 1 RL 2003/109/EG). Dieser Schutz dürfte aber über den Kreis der Inhaber einer deutschen Daueraufenthaltserlaubnis hinausgehen und auch solche Drittstaatsangehörigen erfassen, die die entsprechende Rechtsstellung in einem anderen Mitgliedstaat erworben haben.[65] 126

Die Inhaber einer Daueraufenthaltserlaubnis-EU dürfen nicht mit den drittstaatsangehörigen Personen verwechselt werden, die ein Daueraufenthaltsrecht nach der Unionsbürgerrichtlinie haben. Bei diesen Drittstaatsangehörigen handelt es sich um Familienangehörige von EU-Bürgern. Ihre Ausweisung steht unter den hohen Anforderungen des FreizügG/EU. 127

e) Asylantragsteller während des Verfahrens

Während des Verfahrens steht die Ausweisung eines Antragstellers auf internationalen Schutz unter der aufschiebenden Bedingung, dass sein Anerkennungsverfahren unanfechtbar negativ abgeschlossen ist. In diesem Fall wird eine Ausweisungsentscheidung entgegen § 51 Abs. 1 Nr. 5 AufenthG nicht schon mit der Bekanntgabe wirksam. Allerdings gilt ausnahmsweise ein unmittelbarer Eintritt der Ausweisungswirkung, wenn der Ausländer auch im Falle einer Anerkennung unter Anwendung der besonderen Regeln ausgewiesen werden könnte oder wenn er nach den asylrechtlichen Regelungen bereits vor Abschluss des Asylverfahrens abgeschoben werden darf, weil eine gegen ihn gerichtete Abschiebungsandrohung des Bundesamtes für Migration und Flüchtlinge vollziehbar ist. 128

2. Das Prüfungsschema bei § 53 Abs. 3 AufenthG

a) Das Verhältnis zwischen Abs. 3 und Abs. 1 und die Bedeutung der §§ 54, 55

Rechtsgrundlage, auch für die Ausweisung privilegierter Personen, ist § 53 Abs. 1 AufentG.[66] Umstritten ist allerdings, ob es im weiteren Prüfungsverfahren noch auf die §§ 54 und 55 AufenthG ankommen kann,[67] oder ob die beteiligten Interessen in § 53 Abs. 3 AufentG zu 129

---

62 EuGH InfAuslR 2005, 13 (Cetinkaya).
63 BVerwG InfAuslR 2005, 26.
64 Marx, AAFR, § 7 Rn. 185, mwN.
65 Marx, AAFR, § 7 Rn. 189.
66 NK-AuslR/Czierksy-Reis, § 53 Rn. 37.
67 So legt es die Gesetzesbegründung nahe, BT-Drs. 18/4097, S. 50.

prüfen sind.⁶⁸ In jedem Fall sind die Bleibeinteressen, wie sie in § 55 AufenthG in nicht abschließender Weise genannt sind, zu berücksichtigen. Der § 54 AufenthG ist hier aber in der Tat obsolet, denn an die Stelle des Ausweisungsinteresses tritt die Unerlässlichkeit der Ausweisung. Diese Unerlässlichkeit muss sich hier aus den Vorgaben des § 53 Abs. 3 AufenthG ergeben.

a) Prüfungsschema

130 Daraus ergibt sich aus anwaltlicher Sicht das folgende Prüfungsschema:
- Prüfung, ob die betreffende Person in den nach § 53 Abs. 3 AufenthG privilegierten Personenkreis fällt
- gegenwärtige schwerwiegende Gefahr für Sicherheit und Ordnung
- durch persönliches Verhalten des Ausländers
- Prüfung, ob mit dieser Gefahr ein Grundinteresse der Gesellschaft betroffen ist
- Unerlässlichkeit der Ausweisung zum Zwecke der Vermeidung dieser Gefahr

131 Bei der Prüfung der **Unerlässlichkeit der Ausweisung** sind alle Gründe, die für einen Verbleib des Ausländers sprechen, in den Blick zu nehmen. Die Formulierung „unerlässlich" geht deutlich weiter als eine „Erforderlichkeit". Für die Abwägung bedeutet dies, dass im Zweifel für den Verbleib des Ausländers zu votieren ist.

III. Muster

1. Muster: Stellungnahme zur beabsichtigten Ausweisung eines anerkannten Flüchtlings zu Beispiel 1 (Rn. 115)

132 ▶ An die Stadt ... – Ausländerbehörde –

Ausweisung des syrischen Staatsangehörigen,

Herrn A, geboren am ..., wohnhaft: ...

Ihr Zeichen: ...

Sehr geehrte Damen und Herren,

sehr geehrte Frau ...,

unter Hinweis auf beigefügte Vollmacht, zeige ich an, dass ich A in obiger Sache aufenthaltsrechtlich vertrete. Es wird beantragt,

den A nicht auszuweisen.

Gegen die beabsichtigte Ausweisung ist wesentlich einzuwenden, dass mein Mandant, wie Sie wissen, als Flüchtling anerkannt ist. Dieser Status besteht auch fort, er ist vom Bundesamt nicht widerrufen worden; auch ein darauf gerichtetes Verfahren gibt es nicht. Es wäre, wie ich weiter unten noch kurz erläutern will, auch nicht erfolgreich.

1. Der Flüchtlingsschutz besteht fort und führt dazu, dass mein Mandant nur unter den sehr hohen Voraussetzungen des § 53 Abs. 3 AufenthG ausgewiesen werden darf. Diese Voraussetzungen werden hier aber nicht erfüllt. Die Norm stellt darauf ab, dass der Ausländer in seiner Person eine gegenwärtige schwerwiegende Gefahr begründet. Das wäre allenfalls anzunehmen, wenn eine Wiederholungsgefahr vorläge, was angesichts der Einmaligkeit der Tatumstände, unter denen mein Mandant

---

68 In diesem Sinne NK-AuslR/Czierksy-Reis, § 53 Rn. 37.

straffällig wurde, gerade nicht naheliegt. Mein Mandant steht unter Bewährungshilfe, der Kontakt mit dem Bewährungshelfer findet regelmäßig statt. Herr A ist auch durch einen Umzug in die Nähe seiner Arbeitsstelle aus dem Umfeld der Personen gelangt, mit denen er seinerzeit die Straftat begangen hat. Bereits im Gerichtsverfahren hatte er sich einsichtig gezeigt und sich auch bei dem Opfer entschuldigt.

Zu einer möglichen Wiederholungsgefahr haben Sie in Ihrem Anhörungsschreiben keine Ausführungen gemacht, auch nicht dazu, dass damit eine schwerwiegende Gefahr verbunden wäre, die ein Grundinteresse unserer Gesellschaft berühren könnte. Stattdessen haben Sie sehr ausführlich über das Bedürfnis der Gesellschaft nach einer Ausweisung aus Gründen der Abschreckung geschrieben. Das Grundinteresse der Gesellschaft haben Sie damit bejaht, dass die Öffentlichkeit nach einer sichtbaren Reaktion des Staates rufe, damit deutlich werde, dass auch Flüchtlinge sich an Recht und Gesetz zu halten hätten. Ein solcher Grund ist nach § 53 Abs. 3 AufenthG aber gerade nicht geeignet, die Ausweisung zu begründen. Das Gesetz spricht von dem „persönlichen Verhalten" des Ausländers, das hier die schwerwiegende Gefahr herbeiführt. Allein dieses kann hier als Gefahrenquelle in Betracht kommen, sogenannte generalpräventive Überlegungen sind hier nicht zulässig.

2. Auch ein Widerrufsverfahren beim Bundesamt würde an dem Status meines Mandanten nichts ändern. Hierfür müssten nämlich die Voraussetzungen des § 60 Abs. 8 AufenthG in der neuen Fassung[69] erfüllt sein. Das ist indessen nicht der Fall, weil mein Mandant nicht zu einer Bewährungsstrafe von mindestens einem Jahr verurteilt worden ist. Auch die anderen Tatbestandsvoraussetzungen für einen Widerruf (zB dass er eine Gefahr für die Allgemeinheit bedeutet), erfüllt mein Mandant nicht.

Das Ausweisungsverfahren ist daher zu beenden.

Rechtsanwalt ◄

2. Muster: Klagebegründung in Ausweisungssachen gegen ARB-Berechtigten zu Beispiel 2 (Rn. 162)[70]

▶ An das Verwaltungsgericht in ...

In dem Verwaltungsstreitverfahren

T ./. Stadt bzw. Land ...

Aktenzeichen: ...

wird die Klage wie folgt begründet:

1. Der Kläger ist seit zwei Jahren mit H verheiratet. H ist türkische Staatsangehörige, sie ist in der Bundesrepublik langjährig als Angestellte tätig. Damit unterfällt H den Regelungen des ARB 1/80. Dieser Umstand ist der Beklagten bekannt, da ihre Akte bei der gleichen Ausländerbehörde geführt wird. Was die Beklagte allerdings übersehen hat, ist, dass der Kläger damit als Familienangehöriger ebenfalls in den Kreis der Begünstigten aus diesem Abkommen gerät. Dafür ist es unschädlich, dass er selbst nicht die türkische Staatangehörigkeit besitzt (EuGH 19.7.2012 – Rs. C-451/11 [Dülger], Rn. 33 ff., InfAuslR 2012, 345).

2. Damit ist der Kläger aber nur unter den in § 53 Abs. 3 AufenthG gesetzten Bedingungen auszuweisen. Das aber führt zu der Frage, ob er durch sein „persönliches Verhalten" gegenwärtig eine

---

69 Siehe dazu unten Rn. 135.
70 Zum Klageantrag in diesem Fall: siehe oben Muster zu Beispiel 4, Rn. 68.

schwerwiegende Gefahr für die öffentliche Sicherheit und Ordnung darstellt. Diese Frage kann aber schon aufgrund der Aktenlage verneint werden. Eine Widerholungsgefahr besteht nicht. Das hat bereits das vom Strafvollstreckungsgericht bestellte Gutachten belegt. Auf dieser Grundlage wurde die Reststrafe des T nach § 57 Abs. 1 StGB zur Bewährung ausgesetzt. Prüfungsgegenstand dieser Entscheidung war ausdrücklich die Frage, ob eine frühere Entlassung des T im Hinblick „auf das Sicherheitsinteresse der Allgemeinheit verantwortet werden" (§ 57 Abs. 1 Nr. 2 StGB) könne. Das hat der Gutachter ohne jede Einschränkung bejaht (siehe die Zusammenfassung, S. 97 des Gutachtens, Bl. 265 der Akte). Dass die Beklagte hierzu ausführt, ein solches Gutachten habe nur eine Indizfunktion, mag für ein Ausweisungsverfahren im Regelfall zutreffend sein; dieser Einwand greift jedoch im Falle eines ARB 1/80-Berechtigten nicht durch. Hier gilt, dass der Wahrscheinlichkeitsmaßstab die begründete Annahme einer tatsächlichen und hinreichenden Gefährdung verlangt, die ein Grundinteresse der Gesellschaft berührt. Das bedeutet auf der Ebene der Prognoseentscheidung jedoch, dass mehr für einen Schadenseintritt sprechen muss als dagegen (NK/AuslR-Czierksy-Reis, ARB 1/80, Art. 14 Rn. 16). Das genau ist aber nicht der Fall, da sich mit dem Gutachten eine ernstzunehmende Stimmte gegen eine negative Gefahrenprognose ausspricht.

Die Beklagte hat auch keine Gründe gegen das Gutachten selbst vorgebracht, etwa, dass es unrichtig oder nicht fachgemäß erbracht sei oder dass es durch andere Geschehnisse überholt wäre. Die Beklagte hat auch keine anderen Gründe vorgetragen, die eine vom Kläger herrührende schwerwiegende Gefahr begründen könnte.

3. Nur hilfsweise wird aber unter Beweisantritt auf die einzelnen Gründe verwiesen, die bereits der Gutachter für die positive Sozialprognose vorgebracht hat ...

...

Rechtsanwalt ◄

IV. Fehlerquellen / Haftungsfallen

134 Die Privilegierung nach § 53 Abs. 3 AufenthG hängt nicht nur von dem eigenen Status ab, sondern auch von dem der Familienmitglieder (wie im Beispiel Fall 2). Es ist daher immer genau zu ermitteln, welchen aufenthaltsrechtlichen Status der Betroffene hat oder welchen Status er durch Familienangehörige erhält.

V. Weiterführende Hinweise

1. Widerruf der Flüchtlingsanerkennung nach dem neuen § 60 Abs. 8 Satz 3 AufenthG

135 Nach den Kölner Ereignissen in der Silvesternacht 2015/2016 hat der Gesetzgeber das Ausweisungsrecht verschärft. Allerdings hat er nicht den Weg gewählt, die Voraussetzungen für die Ausweisung von Flüchtlingen in § 53 Abs. 3 AufentG zu ändern, sondern ist den Weg über eine Verschärfung des § 60 Abs. 8 Satz 3 AufenthG gegangen, indem er diese Norm um einen weiteren Tatbestand erweitert hat.

136 Der Gesetzgeber hat dem § 60 Abs. 8 AufenthG einen zusätzlichen Satz 3 hinzugefügt, der einen besonderen Tatbestand für das Absehen von der Flüchtlingsanerkennung begründet. Danach kann das Bundesamt einem Flüchtling den Status auch wieder entziehen, wenn er inzwischen wegen einer Straftat, die sich ua gegen die sexuelle Selbstbestimmung oder das Eigentum richtete, zu mindestens einem Jahr Freiheitsstrafe (mit oder ohne Bewährung) verurteilt worden ist. Nicht jede Tatbegehung genügt hier, sie muss mit Gewalt, der Drohung mit

Gewalt oder mit List begangen worden sein. Außerdem muss von dem Täter eine Gefahr für die Allgemeinheit ausgehen.[71]

Nach dem zuvor allein geltenden Satz 1 des § 60 Abs. 8 AufenthG musste der anerkannte Flüchtling mindestens zu einer Haftstrafe von drei Jahren verurteilt worden sein, außerdem war eine Gefahr für die Sicherheit der Bundesrepublik Deutschland oder der Allgemeinheit darzulegen, um ihn von dem Status auszuschließen. Ob die erweiterte Befugnis des Bundesamtes, von einer Flüchtlingsanerkennung nach dem neuen Recht abzusehen, mit den Regelungen der Qualifikationsrichtlinie und der Genfer Konvention vereinbar ist, wird bestritten[72] und sicherlich die Rechtsprechung künftig noch beschäftigen. 137

Das Bundesamt, das in solchen Fällen von der Ausländerbehörde über den Widerrufsgrund informiert wird, kann ein Widerrufsverfahren einleiten. Von der Absicht, das zu tun, hat das Bundesamt den Ausländer schriftlich zu benachrichtigen und ihm Gelegenheit zur Stellungnahme zu geben (§ 73 Abs. 4 AsylG). Eine Klage gegen die Widerrufsentscheidung hat keine aufschiebende Wirkung (so auch der neue § 75 Abs. 2 Satz 1 AsylG). 138

2. Berechtigte nach dem ARB 1/80 und „Standstillklausel"

Nach der sogenannten Standstill-Klausel (Art. 13 ARB 1/80) sind gegenüber den Berechtigten nachträgliche Verschlechterungen im Rechtsstatus verboten; sie sind ihnen gegenüber unwirksam. Das gilt auch für das Ausweisungsrecht. Da dieses Verschlechterungsverbot gegenüber jedwedem Zeitpunkt seit dem Abschluss des ARB 1/80 in Anschlag zu bringen ist, muss der gesamte Zeitraum seit dem Aufenthaltsgesetz von 1965 in den Blick genommen werden.[73] Führt also die Prüfung des § 53 Abs. 3 AufenthG bei einem Berechtigten nach ARB 1/80 zu einer Ausweisungsentscheidung, ist sodann zu prüfen, ob diese Ausweisung auch unter Geltung des früheren Rechts (also des Ausländerrechts von 1965, 1990 oder dem bis zum 31.12.2105 geltenden Ausweisungsrecht nach dem AufentG 2005) rechtmäßig wäre. Erst wenn alle diese Prüfungsschritte zu einer Ausweisung des Ausländers führen, darf eine Ausweisung erfolgen. 139

C. Verlust des Freizügigkeitsrecht bei Unionsbürgern und ihren Familienangehörigen

I. Sachverhalt / Lebenslage

Beispiel 1

Die 27jährige österreichische Staatsangehörige J kam vor vier Jahren in das Bundesgebiet, um für ein alternatives Online-Nachrichtenportal im Rheinland zu arbeiten. Sie wohnt in L-Dorf in einem Landkreis an der Grenze zu den Niederlanden. Vor einem halben Jahr hat sie ihre Arbeitsstelle in Deutschland gekündigt, um bei einer Zeitung im holländischen Nijmegen (Nimwegen) zu arbeiten. Sie wohnt weiter in L-Dorf, in letzter Zeit hat sie aber immer wieder mal nach der Arbeit bei Kollegen in Holland übernachtet. Sie kehrt jedoch regelmäßig, mehrmals in der Woche, nach L-Dorf zurück, unter anderem auch, um sich um ihre Katze zu kümmern. 140

---

71 BT-Drs. 18/7537, S. 4.
72 Zum Beispiel von dem RAV in seiner Stellungnahme vom 22.2.2016 (http://www.rav.de/fileadmin/user_upload/rav/Stellungnahmen/160222_RAV-StN-Koeln-Gesetz.pdf).
73 NK-AuslR/Czierksy-Reis, § 53 Rn. 42.

Ihrem deutschen Anwalt legt J eine Verfügung der Ausländerbehörde des Landkreises vor. Darin heißt es, dass damit der Verlust ihres EU-Freizügigkeitsrechts festgestellt werde, sie hätte Deutschland 30 Tage nach Bestandskraft zu verlassen, die Wiedereinreise sei ihr für einen Zeitraum von drei Jahren verboten. Als Rechtsmittel gegen die Verfügung sei die Klage beim Verwaltungsgericht statthaft.

Der Bescheid wird mit ihrer Straffälligkeit in Deutschland begründet, so seien Verfahren wegen illegalen Besitzes von Haschisch eingestellt worden, zuletzt sei es aber wegen eines Versammlungsdelikts zu einer rechtskräftigen Verurteilung gekommen. Dem Anwalt erklärt sie dazu, dass sie gemeinsam mit anderen aus der Region eine Veranstaltung von Neonazis blockieren wollte. Dabei habe sie zuletzt passiven Widerstand geübt und sei von Polizisten weggetragen worden, um dem Demonstrationszug den Weg freizumachen. Insgesamt sei es aufgrund wechselseitiger Provokationen zu einer von ihr nicht gewollten Eskalation der Ereignisse gekommen. Das Amtsgericht verurteilte J wegen Landfriedensbruchs, Körperverletzung, Störung einer nicht verbotenen Versammlung (§ 22 VersammlG) in Tateinheit mit Nötigung und Widerstand gegen Vollstreckungsbeamte zu einer Freiheitsstrafe von sechs Monaten zur Bewährung. Die Ausländerbehörde sieht in den begangenen Delikten und der Schwere der Verurteilung einen Anhalt dafür, dass von J weiterhin eine Gefahr für die öffentliche Sicherheit ausgehe. Dies ergebe sich hier vor allem auch daraus, dass „ihrer Tat offensichtlich politische Überzeugungen zugrunde" lägen, deren „Änderung oder Aufgabe in der Zukunft wenig wahrscheinlich" sei. Aus dem Urteil ergibt sich aber auch, dass die Strafe zur Bewährung ausgesetzt wurde, weil J sich in der mündlichen Verhandlung von jedweder Gewaltanwendung als Mittel politischer Auseinandersetzung distanziert habe und zudem strafrechtlich nicht einschlägig vorbelastet gewesen sei.

II. Prüfungsreihenfolge

1. Charakter der Verlustfeststellung

141   Die **Verlustfeststellung nach § 6 FreizügG/EU** ist das Gegenstück der Ausweisung für EU-Freizügigkeitsberechtigte. Sie gilt auch für **drittstaatsangehörige Familienmitglieder**.[74]

142   Diese Verlustfeststellung, die von den Ausländerbehörden verfügt wird, knüpft an eine von dem Freizügigkeitsberechtigten ausgehende **qualifizierte Gefahr** an und beendet das Freizügigkeitsrecht. Die Ausreisepflicht tritt allerdings schon zeitlich früher ein, nämlich mit dem Zugang[75] der Verlustfeststellung beim Betroffenen (§ 7 Abs. 1 FreizügG/EU).[76]

143   Die Verlustfeststellung bezieht sich nur auf den EU-Mitgliedsstaat, der diesen Verlust verfügt. Die Freizügigkeit des Unionsbürgers oder seines Familienangehörigen im Hinblick auf die übrigen Mitgliedstaaten ist davon nicht berührt.[77]

144   Von ihrem Anlass her unterscheidet sich die Verlustfeststellung (nach § 6 FreizügG/EU) von der Feststellung des Nichtbestehens der Freizügigkeitsvoraussetzungen nach § 5 Abs. 4 FreizügG/EU. Diese letztere Feststellung erfolgt, wenn die Ausländerbehörde zu der Überzeugung

---

[74] Der 6 Abs. 1 Satz 1 FreizügG/EU bezieht sich auf den Verlust des Freizügigkeitsrechts, das nach § 2 Abs. 1 FreizügG/EU freizügigkeitsberechtigte Unionsbürger und deren Familienangehörige wahrnehmen können.
[75] AVwV 7.1.1.1.
[76] Siehe Rn. 146.
[77] NK/AuslR-Cziersky-Reis, § 6 FreizügG/EU, Rn. 5.

C. Verlust des Freizügigkeitsrecht bei Unionsbürgern und ihren Familienangehörigen

gelangt ist, dass die Voraussetzungen nach § 2 Abs. 1 FreizügG/EU für die Wahrnehmung des Freizügigkeitsrechts bei einem Ausländer nicht mehr vorliegen.

Hierzu zählen auch die Fälle von EU-Staatsangehörigen, die in der Bundesrepublik Sozialleistungen beziehen. Wenn die Behörde ihnen die Freizügigkeit abspricht, tut sie das in solchen Fällen nach § 5 Abs. 4 FreizügG/EU.[78]

2. Folgen der Verlustfeststellung

a) Ausreisepflicht

Die Verlustfeststellung führt zur unmittelbaren **Ausreisepflicht** (§ 7 Abs. 1 Satz 1 FreizügG/EU), und zwar schon durch ihren Erlass, nicht erst bei Bestandskraft. Allerdings hat die gegen die Verlustfeststellung gerichtete **Klage aufschiebende Wirkung**, sofern die Behörde nicht ihrerseits den Sofortvollzug angeordnet hat.[79]

Mit der Verlustfeststellung zieht die Behörde auch die – rein deklaratorisch wirkenden – **Aufenthaltskarten und Bescheinigungen nach § 5 FreizügG/EU** ein. Diese sind: die Aufenthaltskarte für drittstaatsangehörige Familienmitglieder, deren Daueraufenthaltskarte (§ 5 Abs. 5 Satz 2 FreizügG/EU) und die Bescheinigung über den Daueraufenthalt von EU-Bürgern (§ 5 Abs. 5 Satz 1 FreizügG/EU).

Etwas umständlicher ist die Handhabe mit Aufenthaltskarten, die aus der Zeit stammen, als diese **noch konstitutive Wirkung entfalteten**.[80] Solche Aufenthaltskarten sind, auch wenn es die dazugehörige Norm (§ 7 Abs. 1 Satz FreizügG/EU aF) nicht mehr gibt, zugleich mit der Verlustfeststellung zu widerrufen.[81] Unterbleibt der Widerruf einer solchen Aufenthaltskarte, tritt die Ausreisepflicht nicht ein.

b) Einreise- und Aufenthaltsverbot

Hinzu kommen **Aufenthaltsverbot und Wiedereinreisesperre** (§ 7 Abs. 2 Satz 1 FreizügG/EU), die allerdings eine bestandskräftige Verlustfeststellung voraussetzen.[82] Die Wirkung der Wiedereinreisesperre ist zu befristen, wobei für die Frage der Dauer der Sperre eine Einzelfallprüfung vorzunehmen ist.[83]

3. Prüfungsschema

a) Dreistufig gestaffelter Ausweisungsschutz

Die Verlustfeststellung knüpft an die mit dem Ausländer verbundene konkrete Gefahr an. Da EU-Freizügigkeitsberechtigte und deren Familien mit der Dauer ihres Aufenthalts in einen besseren Schutz hineinwachsen, gilt **folgender dreistufiger** – und damit zeitlich gestaffelter – **Ausweisungsschutz:**

- EU-Freizügigkeitsberechtige und deren Familienangehörige, die **noch kein Daueraufenthaltsrecht** erworben haben.

---

[78] NK/AuslR-Czierksy-Reis, § 6 FreizügG/EU Rn. 46.
[79] BeckOK AuslR/Kurzidem, FreizügG/EU § 7 Rn. 4.
[80] Das war bis zum Inkrafttreten des Gesetzes zur Änderung des FreizügigG/EU vom 21.1.2013 (BGBl. I 2013, S. 86 ff.) der Fall.
[81] Dienelt, in: Bergmann/Dienelt, AuslR, § 7 FreizügG/EU, Rn. 7.
[82] BeckOK AuslR/Kurzidem FreizügG/EU § 7 Rn. 9.
[83] Siehe hierzu: NK/AuslR-Geyer, FreizügG/EU § 7 Rn. 12.

Diese dürfen nur **aufgrund einer strafgerichtlichen Verurteilung**, die noch nicht aus dem Register getilgt ist, und aufgrund derer ein persönliches Verhalten erkennbar ist, das zu einer gegenwärtigen Gefährdung der öffentlichen Sicherheit und Ordnung führt, ausgewiesen werden (diese Prognose muss auf tatsächlichen und hinreichenden Gründen beruhen; die Gefährdung muss ein Grundinteresse der Gesellschaft berühren, § 6 Abs. 2 FreizügG/EU).

152 ■ EU-Freizügigkeitsberechtige und deren Familienangehörige, die **ein Daueraufenthaltsrecht erworben** haben.

Diese Personen dürfen unter den oben genannten Voraussetzungen ausgewiesen werden, wenn die von ihnen persönlich drohende Gefahr eine **schwerwiegende Gefahr** (§ 6 Abs. 4 FreizügG/EU) darstellt (es gelten ansonsten alle bereits genannten Hürden).

153 ■ EU-Freizügigkeitsberechtige und deren Familienangehörige, die einen **mindestens zehnjährigen Aufenthalt** in der Bundesrepublik hatten.

Diese Personen dürfen über die genannten Voraussetzungen hinaus nur dann ausgewiesen werden, wenn **zwingende Gründe** vorliegen, sie aus dem Bundesgebiet zu entfernen (§ 6 Abs. 5 FreizügG/EU). Solche zwingenden Gründe sind in § 6 Abs. 5 Satz 3 FreizügG/EU genannt, darunter eine Verurteilung zu mindestens fünf Jahren Freiheitsstrafe oder Terrorgefahr.

b) Allgemeine Regeln

154 Wie im neuen Ausweisungsrecht auch, sind bei der Frage der Verlustfeststellung **alle individuellen Bleibeinteressen** des Betroffenen, wie sie in § 6 Abs. 3 FreizügG/EU genannt sind, **individuell** zu prüfen.

155 Aus **generalpräventiven** Gründen – also zur Abschreckung – darf ein Unionsbürger nicht ausgewiesen werden (§ 6 Abs. 2 S. 2 FreizügG/EU; Art. 27 Abs. 2 S. 4 Freizügigkeitsrichtlinie). Der Aufenthalt von Staatsangehörigen aus Mitgliedstaaten der EU und deren Familienangehörigen darf damit nur aus **spezialpräventiven** Gründen beendet werden.

III. Muster

1. Klage gegen Bescheid über Verlust des EU-Freizügigkeitsrechts

a) Muster: Klage gegen Feststellungsbescheid über Verlust des EU-Freizügigkeitsrechts (zu Beispiel 1)

156 ▶ An das Verwaltungsgericht in ...

Klage

der österreichischen Staatsangehörigen,
Frau J, wohnhaft: ...

– Klägerin –

Prozessbevollmächtigte: Rechtsanwälte ...

gegen

Landkreis ...,– Ausländerbehörde –, ..., zu Aktenzeichen: ...

– Beklagter –

wegen: Verlust Freizügigkeitsrecht nach § 6 FreizügG/EU.

C. Verlust des Freizügigkeitsrecht bei Unionsbürgern und ihren Familienangehörigen

Streitwert: 5.000 EUR

Namens und im Auftrag der Klägerin (Vollmacht anbei) erhebe ich Klage und beantrage,

den Bescheid des Beklagten vom ..., zugestellt am ..., aufzuheben;

Zur vorläufigen Begründung der Klage wird auf die Behördenakten verwiesen, deren Beziehung angeregt wird. Es wird Akteneinsicht nach deren Beiziehung beantragt. Eine eingehende Klagebegründung erfolgt nach Akteneinsicht.

...

Rechtsanwalt ◀

b) Erläuterungen zum Muster: Klage gegen Feststellungsbescheid über Verlust des EU-Freizügigkeitsrechts

aa) Klage oder Widerspruch gegen Verlustfeststellung

Wie aus der Rechtsbehelfsbelehrung ersichtlich wurde, war hier die Klage zu erheben, nicht der Widerspruch. Nach früherer Rechtslage wäre dies nicht zulässig gewesen.[84] Danach war nämlich erforderlich, dass die Verlustfeststellung gegenüber einem EU-Bürger vor deren Anfechtung bei Gericht durch eine zweite Verwaltungsinstanz überprüft wurde (sog. **Vier-Augen-Prinzip**).

Mit dem Richtlinienumsetzungsgesetz von 2007 ist dieses Erfordernis aber abgeschafft,[85] Regelungen, die eine sofortige Klage bei Gericht erforderlich machen, sind daher nicht mehr zu beanstanden.

bb) Erforderlichkeit eines Eilantrags

Die Behörde hat in diesem Beispielsfall keinen Sofortvollzug angeordnet, die Ausreisepflicht ist daher erst nach Bestandskraft der Verlustfeststellung vollziehbar. Eine Klage hat in diesem Fall aufschiebende Wirkung. Ein Eilantrag ist nicht zu stellen.

2. Begründung der Klage gegen den Bescheid über den Verlust des EU-Freizügigkeitsrechts (zu Beispiel 1)

a) Muster: Begründung der Klage gegen die Feststellung des Verlustes des Freizügigkeitsrechts

▶ An das Verwaltungsgericht in ...

In dem Verwaltungsstreitverfahren

J ./. Landkreis ...

Aktenzeichen: ...

wird zur Begründung der Klage wie folgt vorgetragen:

Die Verlustfeststellung durch den Beklagten ist rechtswidrig, weil die gesetzlichen Voraussetzungen des § 6 FreizügG/EU nicht vorliegen.

1. Der Beklagte hat den Gefahrenmaßstab, den die Verlustfeststellung im Falle der Klägerin anlegt, falsch bestimmt. Die Klägerin, das hat der Beklagte übersehen, fällt unter den Ausweisungsschutz der 2. Stufe (§ 6 Abs. 4 FreizügG/EU), da sie in der Bundesrepublik ein Daueraufenthaltsrecht erworben hat. Hierzu kommt es nicht darauf an, eine Daueraufenthaltsbescheinigung zu besitzen, da

---

84 NK/AuslR-Czierksy-Reis, § 6 FreizügG/EU Rn. 52.
85 Siehe oben Fn. 11.

solche Bescheinigungen einen rein deklaratorischen Charakter haben;[86] entscheidend ist, dass ein EU-Bürger die Voraussetzungen für das Daueraufenthaltsrecht nach § 4 a FreizügG/EU erfüllt und es somit erworben hat. Im Falle der Klägerin ist dies schon vor Ablauf von 5 Jahren geschehen, da sie nach dreijähriger ununterbrochener Erwerbstätigkeit in Deutschland unter Beibehaltung ihres deutschen Wohnsitzes in einem anderen EU-Staat erwerbstätig wurde (sog. Grenzgängerregelung nach § 4 a Abs. 2 Nr. 3 FreizügG/EU).

Zum Nachweis der früheren Erwerbstätigkeit in Deutschland wird ... das Arbeitszeugnis ... vorgelegt. Aktueller Arbeitsvertrag nebst Arbeitsbescheinigung sowie die Meldebescheinigung und der deutsche Steuerbescheid belegen, dass die Klägerin seit ... in den Niederlanden arbeitet und währenddessen ihren deutschen Wohnsitz beibehalten hat. Ihr regelmäßiger Aufenthalt kann von den Nachbarn, den Zeugen A und B, ... bestätigt werden.

Die Folge des Daueraufenthaltsrechts ist, dass die Klägerin ihr EU-Freizügigkeitsrecht in der Bundesrepublik nur dann verliert, wenn schwerwiegende Gründe eine Entfernung aus dem Bundesgebiet gebieten (§ 6 Abs. 4 FreizügG/EU). Eine strafrechtliche Verurteilung für sich allein genügt nicht (§ 6 Abs. 2 S. 1 FreizügG/EU). Vielmehr müssen die der Verurteilung zugrundeliegenden Umstände ein persönliches Verhalten erkennen lassen, das eine gegenwärtige Gefährdung der öffentlichen Ordnung oder Sicherheit darstellt; es muss eine tatsächliche und hinreichend schwere Gefährdung vorliegen, die ein Grundinteresse der Gesellschaft berührt (§ 6 Abs. 2 S. 2 u. 3 FreizügG/EU).

Zu diesen Voraussetzungen enthält der Bescheid des Beklagten jedoch keinerlei Ausführungen.

2. Schwerwiegende Gründe, die den Verlust des Freizügigkeitsrechts der Klägerin nahelegen, finden sich nicht. Die von der Klägerin begangenen Straftaten fallen nicht in den Katalog der schweren Kriminalität, wie er in Art. 83 AEUV umschrieben ist (z.B. Terrorismus, Menschen-, Drogen- oder Waffenhandel, organisierte Kriminalität oder Geldwäsche). Schon daraus ist ersichtlich, dass hier ein Grundinteresse der Gesellschaft nicht berührt sein kann.

Auch wenn die Verurteilung augenscheinlich den Vorwurf von Gewalt im Zusammenhang mit der Äußerung einer politischen Meinung zum Hintergrund hat, was der Gesetzgeber in § 54 Abs. 1 Nr. 4 AufenthG immerhin mit einem schwerwiegenden Ausweisungsinteresse in Verbindung bringt, wird dieser Aspekt hier keine andere Bewertung erlauben. Hier ist nämlich zu beachten, dass der Verurteilung der Klägerin besondere Bedingungen zugrunde lagen und hieraus nicht auf eine besondere Schwere der Tat geschlossen werden kann. Die Protestaktion hat nämlich, wie von der Klägerin und den vielen anderen Kundgebungsteilnehmern aus der Mitte der Gesellschaft geplant, einen friedlichen Anfang genommen und ist erst aus Gründen, die wesentlich von den Teilnehmern der neonazistischen Veranstaltung zu verantworten sind, eskaliert. Legt man unabhängige Pressemitteilungen über die Ereignisse dieses Tages zugrunde, so gingen die Provokationen nämlich von den Teilnehmern dieser Veranstaltung aus ..., auch die Polizei ist, wie es später hieß, aus taktischen Gründen, nicht gegen Straftaten, die aus dieser anderen Kundgebung heraus begangen wurden, eingeschritten. Bei dem Vollzug des Platzverweises gegenüber der Klägerin hat diese sich zwar passiv gewehrt. Während der Gerichtsverhandlung hat sie aber immer wieder betont, dass sie Gewalt als Mittel der politischen Auseinandersetzung ablehnt und hierzu auf ihre publizistische Tätigkeit verwiesen. Damit spricht aus der Tat keine besondere Schwere und auch eine dringende Gefahr der erneuten Straffälligkeit ergibt sich daraus nicht.

3. Hinzuweisen ist schließlich auch auf die Gefahrenprognose, die das verurteilende Gericht bei seiner Entscheidung über die Aussetzung der Strafvollstreckung getroffen hat. Nach zutreffender

---

86 NK/AuslR-Czierksy-Reis, § 6 FreizügG/EU Rn. 32.

C. Verlust des Freizügigkeitsrecht bei Unionsbürgern und ihren Familienangehörigen

Ansicht ist Prognosen der Strafgerichte im Falle einer Entscheidung über die fortsbestehende Freizügigkeit zu folgen (NK/AuslR-Cziersky-Reis, § 6 FreizügG/EU Rn. 27). Das ist damit zu begründen, dass die Gefahr ein Grundinteresse der Gesellschaft berühren muss; wenn aber bereits eine staatliche Instanz diese Gefahr nach seiner Prüfung verneint, kann das Grundinteresse der Gesellschaft schon nicht mehr betroffen sein.[87]

Rechtsanwalt ◄

b) Erläuterungen zum Muster: Begründung der Klage gegen den Feststellungsbescheid über Verlust des EU-Freizügigkeitsrechts

Der Verlust des Freizügigkeitsrechts bezieht sich nur auf den **Aufnahmestaat**. Im Falle der J steht nur ihr Freizügigkeitsrecht in der Bundesrepublik auf dem Spiel. Eine Wahrnehmung der Freizügigkeit in den Niederlanden wäre ihr auch im Falle einer bestandskräftigen negativen Entscheidung nicht verwehrt, sofern sie nicht auch dort mit einem Verfahren der Verlustfeststellung konfrontiert wird.[88]

161

IV. Fehlerquellen / Haftungsfallen

Der Anwalt darf es nicht versäumen zu erfragen, ob ein Familienangehöriger des ausgewiesenen drittstaatsangehörigen Ausländers eine Staatsangehörigkeit hat, die zur Anwendung des FreizügG/EU führt und die Anwendung der wesentlich schärferen Ausweisungsvorschriften nach dem AufenthG ausschließt.

162

V. Weiterführende Hinweise

1. Der Kreis freizügigkeitsberechtigter Personen

Zu den Personen, die zur Freizügigkeit berechtigt sind, gehören nicht nur Unionsbürger, sondern nach § 12 FreizügG/EU auch Staatsangehörige der **EWR-Staaten** (Island, Norwegen, Liechtenstein) und deren Familienangehörige. Bürger der **Schweiz** sind aufgrund des am 1.6.2002 in Kraft getretenen Freizügigkeitsabkommens EU/Schweiz ebenfalls nach diesem Gesetz privilegiert und freizügigkeitsberechtigt, auch wenn sie nicht ausdrücklich erwähnt sind.[89]

163

Der drittstaatsangehörige Familienangehörige eines Unionsbürgers kann die Privilegien, die mit der Freizügigkeit verbunden sind (und die ihn gegenüber dem AufenthG besser stellen) nur dann nutzen, **wenn der Unionsbürger seinerseits freizügigkeitsberechtigt ist**. Damit sind für diesen Unionsbürger die Voraussetzungen des § 2 Abs. 2 FreizügG/EU zu prüfen.

164

Problematisch ist das, wenn der Familienangehörige zwar eine weitere Staatsangehörigkeit eines EU-Mitgliedstaates besitzt, **daneben aber auch deutscher Staatsangehöriger ist**. Nach herrschender Meinung kann sich der Familienangehörige hier nur dann auf die Freizügigkeit des **deutschen EU-Doppelstaaters** berufen, wenn dieser wenigstens irgendwann die Freizügig-

165

---

[87] Dieses Argument ist im Kontext des Freizügigkeitsrechts anwendbar, weil an das Vorliegen einer Gefährdung sehr viel höhere Anforderungen gestellt werden. Im allgemeinen Ausweisungsrecht gilt noch immer, dass strafgerichtliche Prognosen nur eine Indizfunktion haben.
[88] Siehe oben, Rn. 143.
[89] *Dienelt*, in: Renner, AuslR Kommentar, § 12 FreizügG/EU Rn. 12.

keit mit Leben erfüllt hat.⁹⁰ Das würde jedenfalls dann ausscheiden, wenn der Doppelstaater in Deutschland (oder in einem Nicht-EU-Staat) geboren wurde und in seinem Leben niemals einen Wohnsitz im EU-Ausland innegehabt hat.

2. Prozessuale Unterschiede zum Ausweisungsrecht

166 Prozessuale Unterschiede im Rechtsschutzverfahren gibt es nicht mehr. Seit der Streichung des Begriffs „unanfechtbar" in § 7 Abs. 1 S. 1 und 2 FreizügG/EU aF durch das ZuwandG sind auch die Adressaten einer Verlustfeststellung nach dem Freizügigkeitsgesetz mit deren Bekanntgabe ausreisepflichtig. Bei Sofortvollzugsanordnung durch die Behörde ist ausnahmsweise ein Eilantrag zu stellen, der dann allerdings durch das Gesetz die Besonderheit erfährt, dass nach § 7 Abs. 1 Satz 4 FreizügG/EU kein Vollzug erfolgen darf, bis das Gericht über diesen Antrag entschieden hat. Das Problem der Stillhalteverfügung stellt sich hier daher nicht.

167 Da das Vier-Augen-Prinzip im Kontext mit dem Verlust der Freizügigkeit nicht mehr besteht, unterscheidet sich auch das Verfahren bei den Ausländerbehörden nicht mehr. Ein Widerspruchsverfahren ist unionsrechtlich nicht mehr zwingend vorgeschrieben, ob es ein solches gibt, richtet sich jetzt nach Landesrecht.

3. Ausweisung von Unionsbürgern in der Praxis

168 Eine die Aufenthaltsbeendigung vorbereitende gerichtsfeste Verlustfeststellung, die **ausschließlich spezialpräventiv** begründet ist und die die Begründungshürde einer „tatsächlichen und hinreichend schweren" Gefährdungsfeststellung, die zudem noch ein „Grundinteresse der Gesellschaft" berühren muss, nimmt, ist den Ausländerbehörden in ihrer alltäglichen Arbeit kaum noch möglich.

169 In der **Praxis** spielt die Ausweisung von Unionsbürgern seit einiger Zeit angesichts des extrem hohen Begründungserfordernisses keine große Rolle mehr. Die Ausländerbehörden verzichten daher zunehmend auf die Ausweisung von Unionsbürgern.⁹¹

---

90 NK-AuslR/Geyer, § 1 FreizüG/EU Rn. 4. Offensiver in Richtung einer Berechtigung durch die FreizügigkeitsRL: High Court of Justice (England and Wales), 9.2.2016, Case No: CO/3944/2014, der damit diese Frage dem EuGH vorlegt.
91 *Jakober*, InfAuslR 2005, 365; *Dietz*, NJW 2006, 1385, 1389.

§ 6 Befristung des Einreise- und Aufenthaltsverbotes

A. Befristung Einreise- und Aufenthaltsverbot nach § 11 AufenthG
I. Sachverhalt / Lebenslage
Beispiel 1: Befristungsantrag 1

Die ekuadorianische Staatsangehörige E wurde vor einigen Jahren wegen illegalen Aufenthaltes ausgewiesen und direkt aus der Abschiebungshaft zum Flughafen Frankfurt am Main gebracht. Bei der Zwischenlandung in Madrid konnte sie das Flugzeug verlassen, wo sie seitdem – ebenfalls ohne Aufenthaltserlaubnis – lebt. Im Rahmen einer „Legalisierungskampagne" wird ihr die Möglichkeit eröffnet, eine Aufenthaltserlaubnis in Spanien zu erhalten. Die spanische Ausländerbehörde verlangt aber, dass die im Schengener Informationssystem wegen der Ausweisung ausgeschriebene Einreiseverweigerung und Aufenthaltsverbot, das für das gesamte Schengen-Gebiet gilt, gelöscht wird.

Beispiel 2: Freiwillige Ausreise und Kautionsstellung 2

Die nach § 4 Abs. 1 S. 1 AufenthG iVm Anhang I zur EG-VisaVO visumpflichtige, nigerianische Staatsangehörige N wird nach jahrelangem, illegalen Aufenthalt im Bundesgebiet aufgegriffen und in Abschiebungshaft genommen. Dort wird ihr – nach Anhörung – der von der Ausländerbehörde gemäß § 55 Abs. 2 Nr. 9 AufenthG erlassene Ausweisungsbescheid zugestellt. Der deutsche Verlobte von N einigt sich mit der Ausländerbehörde, die von ernsthaften Heiratsabsichten ausgeht, auf Stellung einer Kaution in Höhe von 5.000 €, damit N aus der Abschiebungshaft entlassen wird und freiwillig, also ohne Abschiebung, binnen einer Woche nach Haftentlassung ausreisen kann. Nach der Kautionsstellung nimmt die Ausländerbehörde den Haftantrag zurück. N wird entlassen und überlegt, ob sie die Ausreise hinauszögern soll, damit sie noch im Bundesgebiet schnell heiraten kann. Die Besorgung der erforderlichen Dokumente für die Eheschließung aus Nigeria wird zwei bis drei Monate in Anspruch nehmen. Die Frist für den Widerspruch gegen den Ausweisungsbescheid ist noch nicht abgelaufen. Die Verlobten wollen auch die hohen Flugkosten und das zeitaufwendige Visumverfahren vermeiden. Beide lassen sich anwaltlich beraten.

Beispiel 3: Schwere Straftaten 3

Der in Deutschland als Kind marokkanischer Gastarbeiter geborene M, der über eine Aufenthaltserlaubnis verfügte, wurde 1999 im Alter von 20 Jahren wegen zahlreicher Straftaten ausgewiesen und abgeschoben. In seinem „Heimatland" kommt er einigermaßen zurecht, spricht die Landessprache inzwischen einigermaßen gut und findet einfache Arbeit. Seine gesamte Verwandtschaft lebt in Frankreich und Deutschland. Jetzt hat er die Möglichkeit, im Betrieb seines Onkels am damaligen Wohnort in Köln zu arbeiten. Auch möchte er seine Familie in Europa besuchen. Der Anwalt von M beantragt, das Einreise- und Aufenthaltsverbot des § 11 Abs. 1 AufenthG zu befristen. Die Ausländerbehörde lehnt – nach Anhörung – die Anträge ab, da M zahlreiche Straftaten begangen habe und deshalb sein dauerndes Fernhalten vom Bundesgebiet erforderlich sei.

Beispiel 4: Befristungsvergleich 4

Der nach einem erfolglosen Asylverfahren geduldete, türkische Staatsangehörige T ist wegen eines BtM-Deliktes nach § 54 Abs. 2 Nr. 4 AufenthG – nach Anhörung – von der Ausländerbehörde unter Anordnung des Sofortvollzugs ausgewiesen worden. Der Anwalt kann gegen den Bescheid keine Bedenken erkennen. T möchte seine Verlobte, die inzwischen eingebürgert wurde, heiraten.

II. Prüfungsreihenfolge

1. Vorbesprechung

5 Die Kontaktaufnahme mit dem Anwalt erfolgt in aller Regel durch im Bundesgebiet lebende **Familienangehörige** bzw den Verlobten oder Ehepartner. Der ausgewiesene Ausländer möchte nach Deutschland zurück oder in ein anderes Land des Schengen-Verbundes einreisen. Dem steht die Sperrwirkung der **Ausweisung** bzw **Abschiebung** nach § 11 Abs. 1 AufenthG entgegen.

2. Staatsangehörigkeit

6 Die **Staatsangehörigkeit** ist entscheidend für die Frage, auf welcher gesetzlichen Grundlage die Befristung erfolgt. Für **Unionsbürger** und ihre **Familienangehörigen** findet nicht die Befristungsregelung des § 11 Abs. 4 AufenthG Anwendung, sondern § 7 Abs. 2 S. 8 FreizügG/EU.

3. Folgen von Ausweisung und Abschiebung

7 Die Ausweisung nach den §§ 53 ff. AufenthG (bzw nach den bis zum 1.1.2005 geltenden §§ 45 ff. AuslG) und die Abschiebung nach § 58 AufenthG (bzw nach dem vormals gültigen § 49 AuslG) haben zur Folge, dass nach § 11 Abs. 1 AufenthG ein **Einreise-** und **Aufenthaltsverbot** für das Bundesgebiet besteht. Der ausgewiesene Ausländer wird im **Schengener Informationssystem (SIS)** zur Einreiseverweigerung für das gesamte Schengen Gebiet ausgeschrieben (Art. 96 Abs. 3 SDÜ). Ihm kann damit durch keinen der Schengen-Staaten ein Visum mehr erteilt werden. Selbst bei einem Anspruch auf Erteilung einer Aufenthaltserlaubnis (zB nach § 28 Abs. 1 S. 1 Nr. 1 AufenthG wegen Eheschließung mit einem deutschen Staatsangehörigen) darf kein Aufenthaltstitel erteilt werden.[1] Diese Einreisesperre und das Aufenthaltsverbot können nur durch eine Verfügung der Ausländerbehörde nach § 11 Abs. 3 Satz 1 AufenthG beseitigt werden, mit der die Sperre **befristet** wird.

4. Rechtsmittel gegen den Ausweisungsbescheid?

8 Nach der Rückführungsrichtlinie 2008/115/EG (RFRL) soll grundsätzlich gleichzeitig mit der Ausweisung über die Befristung entschieden werden. Die Ausländerbehörde hat das Einreise- und Aufenthaltsverbot **von Amts wegen** zu befristen (§ 11 Abs. 2 S. 1 AufenthG). Es besteht insofern kein Ermessen.[2] Bereits die frühere Rechtsprechung des BVerfG ging davon aus, dass im Zeitpunkt der Entscheidung über die Ausweisung stets zu beurteilen ist, ob eine Befristung angebracht ist.[3] Nach der Rechtsprechung des EGMR kann eine Ausweisungsverfügung aufgrund ihrer unbegrenzten Dauer unverhältnismäßig sein.[4] Auch wenn angesichts der Schwere der begangenen Straftat die Ausweisung an sich zulässig ist, verletzt die unbefristete Ausweisung unter Berücksichtigung der besonderen Umstände des Einzelfalls Art. 8 EMRK.[5] Eine

---

1 *Dienelt*, in: Renner, AuslR Kommentar, § 11 AufenthG Rn 2.
2 VG Düsseldorf, AuAS 2014, 115 (116).
3 BVerfGE 51, 386 (399) = EZAR 23 Nr. 2.
4 EGMR (Große Kammer), InfAuslR 2008, 333 (335) – *Maslow II*; EGMR, InfAuslR 2000, 53, (55) – *Baghli*; EGMR, InfAuslR 2004, 374 (375) – *Radovanic*; EGMR, InfAuslR 2006, 3 (4) – *Keles*; EGMR, InfAuslR 2007, 325 (326) – *Kaya*; EGMR, InfAuslR 2008, 336 (337) – *Emre*; EGMR, InfAuslR 2010, 325 (327) – *Mutlag*.
5 EGMR, InfAuslR 2006, 3 (4) – *Keles*; EGMR, InfAuslR 2008, 336 (337) – *Emre*; EGMR (Große Kammer), InfAuslR 2008, 333 (335) – *Maslow II*.

ohne gleichzeitige Befristung verfügte Ausweisung ist damit insgesamt rechtswidrig.[6] Die Behörde hat daher von Amts wegen über die Befristung in der Ausweisungsverfügung zu entscheiden und darf nicht den Eintritt des mit der Ausweisung oder Abschiebung verfolgten Zwecks abwarten. Die hier lebenden Familienangehörigen sollen ihre weitere Lebensplanung gestalten können.[7]

Die Behörde ist nicht zur persönlichen Anhörung verpflichtet, wenn sie bereits die Rechtswidrigkeit des Aufenthalts festgestellt hat und daher beabsichtigt, eine Rückkehrentscheidung zu erlassen.[8] Befristung ist ein **selbstständiger Verwaltungsakt**, der unabhängig von der dem Einreise- und Aufenthaltsverbot zugrundeliegenden ausländerrechtlichen Entscheidung Geltung erlangt und mit eigenen Rechtsmitteln angegriffen werden kann.[9] Abweichend vom früheren Recht folgt der Gesetzgeber der Rechtsprechung des EuGH zu Art. 11 RFRL, wonach die Befristung von Amts wegen erfolgt.[10] Dies beruht auf Art. 11 Abs. 2 S. 1 RFRL, wonach die Dauer des Einreiseverbots von Amts wegen zu befristen ist. Daher hat die Ausländerbehörde bereits in der Rückkehrentscheidung, andernfalls nachträglich von Amts wegen eine Frist festzusetzen. Einer Antragstellung bedarf es nicht. Demgegenüber setzt die Befristung der Verlustfeststellung nach § 6 FreizügG/EU einen Antrag voraus (§ 7 Abs. 2 S. 8 FreizügG/EU).

Verletzt die zuständige Behörde diese Pflicht, kann im Rahmen des ausweisungsrechtlichen Anfechtungsprozesses die Befristung durch einen Hilfsantrag durchgesetzt werden.[11] Die Befristung der Wirkung der Ausweisung dient **allein spezialpräventiven Zwecken** und beruht auf der Prognose, wie lange das Verhalten des Betroffenen das öffentliche Interesse an der Gefahrenabwehr zu tragen vermag.[12] Nach § 11 Abs. 2 S. 3 AufenthG ist die Frist **gemeinsam mit der Ausweisungsverfügung** festzusetzen. Wird das Einreise- und Aufenthaltsverbot unabhängig von einer Ausweisung angeordnet, soll die Frist mit der Abschiebungsandrohung festgesetzt werden (§ 11 Abs. 2 S. 4 Hs 1 AufenthG), da dies regelmäßig das vorerst letzte Schriftstück darstellen dürfte, das dem Betroffenen von einer deutschen Behörde zugestellt wird. Da die Abschiebung zu diesem Zeitpunkt noch nicht durchgeführt worden ist, ist die Befristung unter die **aufschiebende Bedingung der Abschiebung** zu stellen.[13] Die Frist ist spätestens bei der Ab- oder Zurückschiebung festzusetzen (§ 11 Abs. 2 S. 4 Hs 2 AufenthG). Dies umfasst die gesamte Vollzugshandlung bis zu ihrem Abschluss. Die Befristung kann zur Abwehr einer Gefahr für die öffentliche Sicherheit und Ordnung mit einer **Bedingung** versehen werden, insb. einer **nachweislichen Straf- oder Drogenfreiheit** (§ 11 Abs. 2 S. 4 AufenthG). Tritt die Bedingung bis zum Fristablauf nicht ein, gilt eine von Amts wegen zusammen mit der Befristung angeordnete längere Befristung (§ 11 Abs. 2 S. 6 AufenthG).

---

6 VG Bremen, InfAuslR 2006, 196 (198); VG Karlsruhe, InfAuslR 2007, 73 (74).
7 OVG Hamburg, InfAuslR 1992, 359 (362) = NVwZ 1992, 1115.
8 EuGH, InfAuslR 2015, 1 (3) Rn 56 ff – *Mukarubega*.
9 BR-Drucks. 642/14, S. 38.
10 EuGH, InfAuslR 2013, 416 (416 f) Rn 27, 31, 34 = EZAR NF 52 Nr. 9 = ZAR 2014, 128 (LS) – *Filev und Osmani*.
11 BVerwG, NVwZ-RR 2013, 574 (575) Rn 10 ff = EZAR NF 98 Nr. 57; Hess.VGH, InfAuslR 2014, 186 = AuAS 2014, 89.
12 BVerwG, InfAuslR 2013, 334 (335) Rn 432 ff = NVwZ-RR 2013, 778 = EZAR NF 45 Nr. 13.
13 BR-Drucks. 642/14, S. 39.

5. Länge der Sperrfrist

11 Die **Fristberechnung** hat sich im Einzelfall daran zu orientieren, wie lange das Fernhalten des Betroffenen vom Bundesgebiet erforderlich ist.[14] Der Mandant hat ein erhebliches Interesse daran zu erfahren, welche Sperrfrist in Betracht kommen wird. Eine nach Fallgruppen typisierende Berechnung der Frist, die sich früher daran orientierte, ob eine Ausweisung zwingend, in der Regel oder nur als Ermessensausweisung erfolgt war,[15] ist angesichts der Änderung des Ausweisungsrechts seit Ende Juli 2015 nicht mehr zulässig. Der Grund für die Aufenthaltsbeendigung und die Dauer des Einreise- und Aufenthaltsverbots hängen eng miteinander zusammen. Über die Länge der Frist wird nach Ermessen entschieden (§ 11 Abs. 3 S. 1 AufenthG). Demgegenüber wird in der obergerichtlichen Rechtsprechung vertreten, dass die Befristungsentscheidung, aufgrund der mit der Neuregelung des Ausweisungsrechts verbundenen strukturellen Änderungen, eine gebundene Entscheidung ist.[16] Mit den Vorgaben für die Befristungsdauer weicht das Gesetz von der früheren zwingenden Regelung (§ 11 Abs. 1 S. 4 AufenthG aF) über die Festsetzung der Dauer[17] ab. Gesondert bemessene Fristen von Ausweisung und Abschiebung laufen neben- und nicht nacheinander. Sie sind nicht zusammenzurechnen.[18] Musste früher die Entscheidung im unmittelbaren zeitlichen Zusammenhang mit der Anordnung der Abschiebung erfolgen,[19] ist nach § 11 Abs. 2 S. 2 AufenthG die Befristung zusammen mit der Ausweisung festzusetzen.

12 Bei der **Bemessung der Frist** sind das Gewicht des Ausweisungsinteresses (§ 54 AufenthG) und der Ausweisungszweck, gegen verfassungs-, unions- und völkerrechtliche Wertentscheidungen zum Schutze der Belange des Betroffenen abzuwägen.[20] Ist der Zweck der Ausweisung erreicht, ist das Befristungsermessen auf null reduziert. Eine zeitliche Befristung kommt daher selbst dann nicht in Betracht, wenn der Betroffene noch nicht ausgereist ist.[21] Die Frist darf **fünf Jahre** nur überschreiten, wenn der Betroffene aufgrund einer strafrechtlichen Verurteilung ausgewiesen worden ist oder wenn von ihm eine **schwerwiegende Gefahr für die öffentliche Sicherheit und Ordnung** ausgeht (§ 11 Abs. 3 S. 2 AufenthG). Die Frist **soll zehn Jahre** nicht überschreiten (§ 11 Abs. 3 S. 3 AufenthG). Nach Art. 11 Abs. 2 RFRL wird die Dauer des Einreiseverbots „in Anbetracht der jeweiligen Umstände des Einzelfalls festgesetzt und überschreitet grundsätzlich nicht fünf Jahre." Die Überschreitung dieser Frist ist nur zulässig, wenn der Drittstaatsangehörige eine schwerwiegende Gefahr für die öffentliche Ordnung oder die öffentliche oder nationale Sicherheit darstellt.[22] Sie ist also nur aus **spezialpräventiven Gründen** zulässig.[23]

13 Die nach § 11 Abs. 2 S. 2 Alt. 1 AufenthG zulässige Überschreitung aufgrund einer strafrechtlichen Verurteilung, lässt aber auch **generalpräventive Gründe** für die Fristsetzung zu. Hierfür fehlt es in der Rückführungsrichtlinie nicht nur an einer Grundlage. Sie verletzt darüber hinaus das Gebot der Einzelfallabwägung unter Berücksichtigung des Verhältnismäßigkeits-

---

14 *Marx*, AAFR, § 7 Rn 498.
15 VGH BW InfAuslR 1998. 433; NdsOVG InfAuslR 2004, 290.
16 VGH BW, InfAuslR 2016, 138 (139 f).
17 BVerwGE 143, 277 (297) Rn 39 = InfAuslR 2012, 397 = EZAR NF 43 Nr. 5.
18 Nieders.OVG, NVwZ-RR 2013, 860.
19 VGH BW, InfAuslR 2011, 350 (351 f); VGH BW, InfAuslR 2013,74 (75 f).
20 BVerwGE, InfAuslR 2013, 334 (335) Rn 432 ff = NVwZ-RR 2013, 778 EZAR NF 45 Nr. 13.
21 VG Stuttgart, InfAuslR 2012, 222 (223).
22 VG Karlsruhe, InfAuslR 2014, 431 (342 f) = EZAR NF 45 Nr. 17 = ZAR 2014, 384.
23 VGH BW, InfAuslR 2016, 138 (139).

prinzips (Art. 11 Abs. 2 RFRL). Die gesetzliche Begründung bezieht sich für die generalpräventive Begründung auf Art. 2 Buchst. b) und Art. 11 Abs. 2 S. 2 RFRL.[24] Letztere Norm erlaubt die Überschreitung der Fünfjahresfrist, nicht aber die generalpräventiv motivierte Fristsetzung. Die Berufung auf die Ausschlussklausel des Art. 2 Buchst. b) RFRL, wonach die Mitgliedstaaten beschließen können, die Richtlinie nicht auf die Drittstaatsangehörigen anzuwenden, die nach nationalem Recht aufgrund einer **strafrechtlichen Sanktion** rückkehrpflichtig sind, eröffnet keinen unionsrechtlichen Freibrief für das Festhalten an der generalpräventiven Fristsetzung aufgrund nationalen Rechts. Gegen die der Ausschlussklausel zugemessene Bedeutung spricht, dass die **strafrechtliche Sanktion kausal** die Rückkehrpflicht bewirken muss. Daran aber mangelt es nach der Rechtsprechung des EuGH, wenn – wie nach § 51 Abs. 1 Nr. 5, §§ 53 ff AufenthG – noch eine **behördliche Entscheidung** zwischengeschaltet ist.[25] Das Einreise- und Aufenthaltsverbot ist keine Strafe, sondern ordnungsrechtliche Folge der behördlichen Ausweisungsentscheidung.[26] Zwar findet nach dem EuGH die Richtlinie keine Anwendung, wenn ein Mitgliedstaat von der Klausel Gebrauch gemacht hat.[27] Dieser Feststellung stellt er aber ausdrücklich seine Rechtsprechung zur unmittelbaren Kausalität der strafrichterlich angeordneten Ausweisung voran.

Zweck der Befristungsregelung ist es, dem Betroffenen einen neuen Aufenthalt im Bundesgebiet zu ermöglichen, wenn sich der Sachverhalt verändert hat, insbesondere die mit der Ausweisung verfolgten ordnungsrechtlichen Zwecke erreicht sind.[28] Daher darf die Ausweisung nur so lange aufrechterhalten werden, wie unter Berücksichtigung des Verhältnismäßigkeitsgrundsatzes und verfassungs- und konventionsrechtlicher Normen der Ausweisungsanlass noch die Fernhaltung des Betroffenen vom Bundesgebiet erfordert.[29] Die spezialpräventiv motivierte Ausweisung kann deshalb nach Wegfall der gefahrenbegründenden Umstände nicht aufrechterhalten werden.[30] Die frühere Rechtsprechung hatte insoweit in Fällen der Ausweisung aus Anlass von Straftaten festgestellt, dass regelmäßig nach einer angemessenen Zeit ordnungsgemäßer Führung kein Anlass mehr besteht, dem Betroffenen allein wegen der Ausweisung den Aufenthalt zu verwehren. Da nach geltendem Recht über die Befristung mit der Ausweisung zusammen entschieden wird, kann die Behörde dieser Verpflichtung durch eine **aufschiebende Bedingung** (§ 11 Abs. 2 S. 5 AufenthG) Rechnung tragen[31] und für den Fall der Nichterfüllung der Bedingung eine **längere Frist** festsetzen (§ 11 Abs. 2 S. 6 AufenthG). So darf zwar die Aufhebung der Befristung unter der Bedingung verfügt werden, dass eine bestehende Drogensucht weggefallen ist.[32] Es bestehen aber erhebliche Zweifel, ob die Befristung eines mit einem Deutschen verheirateten Drittstaatsangehörigen von der Bedingung abhängig gemacht werden darf, dass die **Abschiebungskosten** beglichen werden.[33] Ferner kann die Befristung der Ausweisung nicht an die Bedingung geknüpft werden, dass im

---

24 BR-Drucks. 642/14, S. 39.
25 EuGH, InfAuslR 2011, 320 (322) Rn 49 – *El Dridi*; VGH BW, NVwZ-RR 2012, 412 (414); *Armbruster/Hoppe*, ZAR 2013, 309 (317).
26 BVerfGE 51, 386 (399) = EZAR 23 Nr. 2.
27 EuGH, Urt. v. 19.9.2013 – Rs. C-297/12 Rn 52 = EZAR NF 52 Nr. 9 = ZAR 2014, 128 (LS) – *Filev*.
28 BVerwGE 110, 140 (147) = NVwZ 2000, 688 (690) = InfAuslR 2000, 74 = EZAR 039 Nr. 5 = AuAS 2000, 74.
29 BVerfGE 51, 386 (399) = EZAR 23 Nr. 2.
30 BVerwG, InfAuslR 2010, 3 (5); VG Darmstadt, EZAR NF 44 Nr. 13, S. 3; Hess.VGH, AuAS 2008, 87 (88).
31 VGH BW, InfAuslR 1998, 433 (435); BayVGH, NVwZ-RR 2014. 439 = InfAuslR 2014, 142 = AuAS 2014, 84; BayVGH, InfAuslR NVwZ-RR 2013, 860; Nieders.OVG, InfAuslR 2013, 227 = AuAS 2013, 77; VG Augsburg, AuAS 2013, 206.
32 BayVGH, NVwZ-RR 2014. 439 (440) = InfAuslR 2014, 142 = AuAS 2014, 84.
33 BayVGH, InfAuslR NVwZ-RR 2013, 860; so bereits OVG Hamburg, InfAuslR 90, 61 (62).

§ 6 Befristung des Einreise- und Aufenthaltsverbotes

Befristungszeitraum eine Wiedereinreise erfolgt.[34] Ist die Befristungsentscheidung wegen Beifügung einer aufschiebenden Bedingung rechtswidrig, ist sie insgesamt rechtswidrig und daher aufzuheben.[35] Das Gericht kann wegen der behördlichen Pflicht zur Ermessensentscheidung nach § 11 Abs. 3 S. 1 AufenthG nicht selbst über die Dauer der Fristsetzung[36] entscheiden. In anderen Fällen ist die nachträgliche Fristverlängerung unzulässig.

15 Diese Rechtslage trägt der konventionsrechtlichen Verpflichtung Rechnung, das Rechtssystem grundsätzlich „so zu organisieren, dass auch neue Entwicklungen, die nach der endgültigen Entscheidung der Behörden eintreten, berücksichtigt werden können."[37] Für die Prüfung des Befristungsanspruchs ist hinsichtlich der Rechtmäßigkeit der Dauer der Befristung auf den **Zeitpunkt der letzten mündlichen Verhandlung im Ausweisungsverfahren** abzustellen und im Rahmen der Gefahrenprognose zu prüfen, ob von dem Betroffenen noch eine gegenwärtige Gefahr ausgeht.[38] Die **nachträgliche Verkürzung** der Befristung kann nach nationalem Recht **auf Antrag** unmittelbar auf § 11 Abs. 4 S. 1 AufenthG gestützt[39] und gerichtlich durchgesetzt werden.[40] Soweit das BVerwG für den Prozess insoweit auf die **Anfechtungsklage** verweist,[41] war diese Rechtsprechung auf Altfälle gemünzt und kann an dieser nach geltendem Recht nicht mehr festgehalten werden. Denn die Frist nach § 11 Abs. 4 S. 1 AufenthG wird auf Antrag verkürzt. Deshalb ist gegen die Antragszurückweisung Verpflichtungsklage (Bescheidungsklage) zu erheben,[42] mit der die Behörde verpflichtet werden kann, die beantragte Fristverkürzung vorzunehmen. Dasselbe gilt für die Alternative der Aufhebung. Auch hier kann das Gericht wegen des Ermessenscharakters nicht selbst die Aufhebung anordnen, sondern die Behörde nur dazu verpflichten.

16 Die **Dauer der Frist** wird nach pflichtgemäßem Ermessen (§ 11 Abs. 3 S. 1 AufenthG) in Anbetracht der jeweiligen Umstände des Einzelfalls (Art. 11 Abs. 2 RFRL) festgesetzt und überschreitet grundsätzlich nicht fünf Jahre. Sie darf nach Ablauf dieser Frist nicht mehr aufrechterhalten und zur Grundlage strafrechtlicher Verfehlungen (§ 95 Abs. 2 Nr. 1 AufenthG) gemacht werden.[43] In die Entscheidung über die Dauer der Befristung können bei der Berücksichtigung der Einzelfallumstände strafrechtliche Verurteilungen einbezogen werden, auch wenn keine Ausweisungsverfügung wegen dieser Verurteilungen ergangen ist.[44] Art. 6 GG schützt die Vater-Kind-Beziehung nicht nur vor Eingriffen in eine bereits gelebte Beziehung, sondern umfasst auch die Herstellung einer solchen Beziehung. Im Rahmen der Abwägung hat daher die beabsichtigte Herstellung dieser Beziehung ein erhebliches Gewicht.[45] Dabei ist maßgeblich auf die Sicht des Kindes abzustellen.[46] Ferner können die für die Verhältnismä-

---

34 VG Augsburg, AuAS 2013, 206 (207 f).
35 Nieders.OVG, InfAuslR 2013, 227 (228 f) = AuAS 2013, 77.
36 So aber noch Nieders.OVG, InfAuslR 2013, 227 (229) = AuAS 2013, 77; so auch VGH BW, InfAuslR 2016, 138 (139 f).
37 EGMR, InfAuslR 2008, 333 (335) – *Maslov II*; so auch BVerwGE 130, 20 (26) = EZAR NF 40 Nr. 6 = NVwZ 2008, 434 = InfAuslR 2008, 156.
38 BVerwGE 143, 277 (281) Rn 12 = InfAuslR 2012, 397 = EZAR NF 43 Nr. 5; VGH BW, InfAuslR 2008, 429 (431); VG Darmstadt, EZAR NF 44 Nr. 13.
39 *Armbruster/Hoppe*, ZAR 2013, 309 (314); aA *Lenz*, NVwZ 2013, 624, auf § 49 Abs. 1 VwVfG.
40 BVerwG AuAS 2013; *Armbruster/Hoppe*, ZAR 2013, 309 (314): „Die Befristungsentscheidung wird aufgehoben, soweit mit dieser eine längere Frist als X Jahre festgesetzt worden ist."
41 BVerwG, AuAS 2013, 108.
42 OVG, EZAR NF 19 Nr. 59, S. 9.
43 EuGH, InfAuslR 2013, 416 (417) Rn 44 = EZAR NF 52 Nr. 9 = ZAR 2014, 128 (LS) – *Filev und Osmani*.
44 OVG Hamburg, InfAuslR 2915,50 (51 f).
45 VG Karlsruhe, InfAuslR 2014, 2014, 341 (345) = EZAR NF 45 Nr. 17 = ZAR 2014, 384 = AuAS 2014, 168.
46 VG Stuttgart, InfAuslR 2012, 222 (224); VG Berlin, InfAuslR 2011, 353 (356).

ßigkeit der Ausweisung entwickelten *Boultif*-Kriterien[47] auch für die Frage der Verhältnismäßigkeit der Dauer des Einreiseverbotes herangezogen werden. Bei schwerwiegenden Gefahren für die öffentliche Ordnung, öffentliche oder nationale Sicherheit kann die **Fünfjahresfrist** überschritten werden (Art. 11 Abs. 2 RFRL, § 11 Abs. 1 S. 4 AufenthG). Einen Anhalt für **schwerwiegende Gründe** lieferte früher § 56 Abs. 1 S. 3 AufenthG aF. Bei hoher Wiederholungsgefahr wurden deshalb sieben Jahre für angemessen erachtet.[48] Die schwerwiegenden Ausweisungsinteressen des § 54 Abs. 1 AufenthG haben nicht mehr die Funktion der früheren schwerwiegenden Gründe der §§ 53, 54 Nr. 5 bis 5 b und 7 AufenthG aF, die von vornherein den öffentlichen Interessen bei der Abwägung Vorrang einräumten. Vielmehr ist nach geltendem Recht auch in derartigen Fällen stets eine am Verhältnismäßigkeitsprinzip (Art. 8 Abs. 2 EMRK) ausgerichtete Ermessensentscheidung erforderlich.

Die **Überschreitung der Fünfjahresgrenze** besteht im öffentlichen Interesse an der Sicherheit und der Verhütung von Straftaten.[49] Geht vom Betroffenen keine Gefahr mehr aus, weil seine erneute Straffälligkeit nach Ablauf einer bestimmten Frist aufgrund der nachträglichen individuellen Entwicklung verlässlich ausgeschlossen werden kann, lässt sich das Einreiseverbot weder im Lichte von Art. 8 EMRK noch verfassungsrechtlich aufrechterhalten.[50] Daher rechtfertigt die bloße strafrechtliche Verurteilung, ohne dass eine schwerwiegende Gefahr festgestellt werden kann, nicht die Überschreitung der Fünfjahresfrist.[51] Stets ist eine spezialpräventiv begründete Fristsetzung erforderlich. Instrument der Fristsetzung in diesem Fall ist die **aufschiebend bedingte Befristung** nach § 11 Abs. 2 S. 5 AufenthG. Ist die Bedingung nach Fristablauf nicht eingetreten, wird die von vornherein bestimmte längere Frist wirksam. Diese soll zehn Jahre nicht überschreiten (§ 11 Abs. 3 S. 3 Aufenth), darf also niemals unbefristet wirken. Die frühere Rechtsprechung, die eine unbefristete Ausweisung für zulässig erachtete, wenn der Betroffene in so hohem Maße eine Gefährdung der öffentlichen Interessen darstellt, dass seine dauerhafte Fernhaltung vom Bundesgebiet geboten sei,[52] ist überholt. Art. 11 Abs. 2 RFRL lässt in Ausnahmefällen lediglich die Überschreitung der Fünfjahresgrenze zu, nennt aber keine Maximalgrenze. Ein derart ausgreifendes Überschießen in Ausnahmefällen ist mit Art. 8 Abs. 2 EMRK unvereinbar.[53]

Da die **Zweckerreichung** des Einreise- und Aufenthaltsverbots nicht von vornherein verlässlich eingeschätzt werden kann, stellt sich bei **spezialpräventiv begründeten Ausweisungen** das Problem, wie die zukünftige individuelle Entwicklung des Betroffenen bei der Entscheidung nach § 11 Abs. 2 S. 5 und 6 AufenthG berücksichtigt werden kann. Das BVerwG hat den obergerichtlichen Versuch, strafrichterliche Aussetzungsentscheidungen (§ 57 StGB) jedenfalls dann in Betracht zu ziehen, wenn zu ihrer Vorbereitung fachkundige Stellungnahmen oder

---

47 EGMR, InfAuslR 2001, 476 – *Boultif*; bestätigt in EGMR, InfAuslR 2004, 184 (185) – *Jakupovic*; EGMR, InfAuslR 2005, 450 = NVwZ 2007, 1279 – *Üner*; EGMR, InfAuslR 2006, 3 (4) – *Keles*; EGMR, InfAuslR 2007, 325 – *Kaya*; EGMR, InfAuslR 2008, 336 (337) – *Emre*; EGMR (große Kammer), InfAuslR 2008, 333 (335) – *Maslow II*; EGMR, InfAuslR 2010, 369 – *Abdul Waheed Khan*; EGMR, InfAuslR 2010, 325 – *Mutlag*.
48 BVerwGE 143, 277 (299) Rn 43 = InfAuslR 2012, 397 = EZAR NF 43 Nr. 5, zu Art. 14 ARB 1/80; BayVGH, EZAR NF 45 Nr. 9, zehn Jahre bei Drogendelikten.
49 EGMR, InfAuslR 2003, 126 (128) – *Yildiz*; EGMR, InfAuslR 2006, 255 (256) – *Sezen*.
50 EGMR (Große Kammer), InfAuslR 2008, 333 (335) – *Maslow II*; EGMR, InfAuslR 2004, 374 (375) – *Radovanic*; EGMR, InfAuslR 2006, 3 (4) – *Keles*; EGMR, InfAuslR 2007, 325 (326) – *Kaya*; EGMR, InfAuslR 2008, 336 (337) – *Emre*; EGMR, InfAuslR 2010, 325 (327) – *Mutlag*.
51 VG Karlsruhe, EZAR NF 45 Nr. 17 = ZAR 2014, 384.
52 Hess.VGH, InfAuslR 1998, 445; VG Hannover, InfAuslR 2000, 117 (118); VG Saarlouis, InfAuslR 2011, 22.
53 Hess.VGH, InfAuslR 2014, 3 (6).

fachwissenschaftliche Gutachten eingeholt worden sind, zurückgewiesen. Strafrechtliche Prognoseprüfungen seien am Resozialisierungsgedanken orientiert, ausweisungsrechtliche Prognoseentscheidungen hingegen an der Aufbürdung des Risikos für das Misslingen der Resozialisierung. Dieses habe nicht die Gesellschaft des Aufnahmestaates zu tragen. Daher dürfe ein über die Bewährungszeit hinausgehender zeitlicher Horizont zugrunde gelegt werden.[54] Nach der Rechtsprechung des BVerfG ist hingegen bei der spezialpräventiven Prognose der sachkundigen strafrichterlichen Prognose „**wesentliche Bedeutung**" beizumessen. Grundsätzlich darf hiervon nur bei Vorliegen überzeugender Gründe abgewichen werden. Dies ist nur zulässig, wenn umfassenderes Tatsachenmaterial zur Verfügung steht, das genügend zuverlässig eine andere Einschätzung der Wiederholungsgefahr erlaubt.[55] Nur bessere Erkenntnisse, nicht aber eine andere normative Verteilung des Risikos der Rückfallgefahr im Rahmen der Prognose erlaubt daher die Abweichung von der strafrichterlichen Prognose. Da anders als früher die Ausländerbehörden nach geltendem Recht gezwungen sind, die Befristung aufgrund einer Prognoseentscheidung anzuordnen, darf ihnen nicht mehr der Weg, strafrichterliche Erkenntnisse heranzuziehen, abgeschnitten werden.

6. Persönliche Daten

19   Zu notieren sind: Name, Vorname, Geburtsdatum, Staatsangehörigkeiten, Meldeanschrift, eventuell die davon abweichende Anschrift für die Korrespondenz, Telefon-Nummer, E-Mail-Adresse, auch die Handy-Nummer; für Notfälle gegebenenfalls auch die Kontaktdaten von Freunden und Bekannten, damit der Mandant über diese notfalls erreicht werden kann. Geklärt werden muss auch, ob die **anwaltliche Korrespondenz** über Dritte oder den Mandanten direkt erfolgen soll, wobei letzteres nur sinnvoll ist, wenn Schreiben per **Fax** (zum Teil mit erheblichen Leitungskosten) oder (einfach, schnell, sicher, kostengünstig) über das **Internet** korrespondiert werden können, da der Postweg ins Ausland idR zu zeitaufwändig und unsicher ist. Bescheide und Urteile werden dann eingescannt und als Anlage per E-Mail mit verschickt.

7. Haft nach Rückkehr?

20   Wurde der Mandant direkt aus der Haft abgeschoben, ist zu klären, ob die Abschiebung nach Verbüßung der Strafe oder vorzeitig vollstreckt wurde.[56] Bei der Abschiebung vor Verbüßung der Strafe hat die Staatsanwaltschaft von der (weiteren) Vollstreckung nach § 456 a Abs. 1 StPO abgesehen, so dass die Ausländerbehörde die Ausweisung vollstrecken konnte. Kehrt der Verurteilte später nach erfolgter Befristung und Visumerteilung ins Bundesgebiet zurück, droht ihm die unverzügliche Inhaftierung zur **Nachholung der Vollstreckung** (§ 456 a Abs. 2 StPO).[57] Der Mandant müsste dann den noch verbliebenen Rest seiner Freiheitsstrafe verbüßen, was mit schwerwiegenden Folgen für das beabsichtigte Familienleben verbunden sein wird und die Rückfallgefahr beträchtlich erhöhen kann.

---

54   BVerwG, NVwZ-RR 2013, 435 (436 f) = InfAuslR 2013, 217.
55   BVerfG (Kammer), InfAuslR 2011, 287 (289).
56   Zum Problemkreis ausführlich: *Jung*, Die Strafverteidigung eines Ausländers nach seiner Abschiebung und einige Hinweise zum geltenden Ausweisungsrecht, StV 2007, 106.
57   Ausführlich: *Hofmann/Hoffmann*, Ausländerrecht, § 11 AufenthG Rn 36.

8. Betretenserlaubnis statt Befristung?

Geht es dem ausgewiesenen bzw abgeschobenen Ausländer zunächst nur darum, kurzfristig zu einem bestimmten, einmaligen Zweck in das Bundesgebiet einzureisen, zB um ein schwer erkranktes Familienmitglied zu besuchen, an einer Beerdigung oder einem Behörden- oder Gerichtstermin (zB im Scheidungsverfahren) teilzunehmen,[58] ist es empfehlenswert, sich auf einen Antrag nach § 11 Abs. 8 AufenthG zu beschränken und eine sog. **Betretenserlaubnis** bei der nach Landesrecht zuständigen Ausländerbehörde zu beantragen. Die Betretenserlaubnis kann insbesondere auch zur Teilnahme an der mündlichen Verhandlung beim Verwaltungsgericht im Klageverfahren gegen den Ausweisungsbescheid beantragt werden.[59] Denn ein ausgewiesener Ausländer hat aus Art. 6 Abs. 1 **EMRK** einen Anspruch auf Erteilung eines Visums zur Teilnahme am gerichtlichen Verhandlungstermin, in dem es um seine Ausweisung geht.[60] Die Ausländerbehörde am vorgesehenen Aufenthaltsort muss der Erteilung zustimmen: Die Ausländerbehörde, die ausgewiesen oder abgeschoben hat, ist in der Regel zu beteiligen (§ 72 Abs. 1 AufenthG). Wird die Betretenserlaubnis erteilt, müssen Staatsangehörige **visumpflichtiger** Länder (§ 4 Abs. 1 S. 1 iVm der EU-VisaVO) zusätzlich ein Besuchsvisum bei der deutschen Auslandsvertretung beantragen. Die dem Ausländer bei Einreise drohende Nachholung der Vollstreckung einer Restfreiheitsstrafe nach § 456 a Abs. 2 StPO steht der Erteilung einer Betretenserlaubnis allerdings entgegen.[61]

21

9. Anwaltshonorar, Gebühren

In Befristungssachen und den zugleich durchgeführten Ausweisungsverfahren ist es empfehlenswert, eine **Vergütungsvereinbarung** zu treffen. Wird im Zusammenhang mit einem begehrten Visum die gegen den Mandanten angeordnete Sperrwirkung erheblich und soll etwa deren Verkürzung beantragt werden, sollte diese mit dem im Bundesgebiet lebenden, solventen Familienmitgliedern abgeschlossen werden. Die **nachträgliche Verkürzung** der Befristung kann nach nationalem Recht **auf Antrag** unmittelbar auf § 11 Abs. 4 S. 1 AufenthG gestützt[62] und gerichtlich durchgesetzt werden.[63] Werden die gesetzlichen Gebühren nach dem RVG abgerechnet, muss vor Mandatsannahme ein Hinweis gem. **§ 49 b Abs. 5 RVG** erfolgen. Ein Antrag auf **Prozesskostenhilfe** im Klageverfahren könnte die finanzielle Leistungsschwäche des Mandanten dokumentieren, welche für den idR parallel gestellten Visumantrag einen **Versagungsgrund** nach § 5 Abs. 1 Nr. 1 AufenthG begründen könnte, so dass die Antragstellung gut überlegt sein sollte. Nur in den Fällen des § 28 Abs. 1 AufenthG, also insbes. bei Eheschließung mit einem deutschen Staatsangehörigen, wäre die mangelnde Sicherung des Lebensunterhalts im Regelfall unschädlich. Aber auch hier sind – insbesondere bei einem gemeinsamen Herkunftsland der Ehegatten – Abweichungen zulässig. In jedem Fall muss aus standesrechtlichen Gründen (§ 16 Abs. 1 BerufsO) auf die Möglichkeit der Inanspruchnahme von Beratungshilfe bzw PKH hingewiesen werden. Der Mandant kann natürlich auf die Inanspruchnahme verzichten, was aus Nachweisgründen in einer Honorarvereinbarung oder in einem Bestätigungsschreiben festgehalten werden sollte. Hinsichtlich der Umsatzsteuer ist zu

22

---

58 Weitere Beispielsfälle in AVwV-AufenthG Nr. 11.2.5.
59 Im Einzelnen: *Marx*, InfAuslR 2003, 374, 375 f.
60 EGMR InfAuslR 2006, 349.
61 VG Saarland InfAuslR 2011, 22.
62 *Armbruster/Hoppe*, ZAR 2013, 309 (314); aA *Lenz*, NVwZ 2013, 624, auf § 49 Abs. 1 VwVfG.
63 BVerwG AuAS 2013; *Armbruster/Hoppe*, ZAR 2013, 309 (314): „Die Befristungsentscheidung wird aufgehoben, soweit mit dieser eine längere Frist als X Jahre festgesetzt worden ist."

beachten, dass der Rechtsanwalt gemäß § 3 a Abs. 4 Nr. 3, Abs. 3 S. 1 u. 3 UStG (1980) seinem ausländischen Mandanten, sofern dieser eine außerhalb des Gebiets der EU ansässige Privatperson ist – was nach einer Abschiebung bzw Ausreise in Drittstaaten regelmäßig der Fall ist – keine deutsche Umsatzsteuer in Rechnung stellen darf.[64] Nach § 69 AufenthG iVm § 47 Abs. 1 Nr. 1 AufenthV ist an die Ausländerbehörde für die Befristung eines Einreise- u. Aufenthaltsverbots eine Gebühr in Höhe von 30 € zu zahlen.

III. Muster
1. Befristungsantrag an die Ausländerbehörde zum Beispiel 1 (Rn 1)
a) Muster: Befristungsantrag an die Ausländerbehörde zum Beispiel 1

23 ▶ An die Stadt ... – Ausländerbehörde –

62 Antrag

auf Befristung des Einreise- und Aufenthaltsverbots der ekuadorianischen Staatsangehörigen, Frau E, geboren am ...

Ihr Zeichen: ...

Sehr geehrte Damen und Herren,

unter Vollmachtsvorlage wird beantragt,

das aufgrund der Ausweisungsverfügung vom ... und der Abschiebung vom ... wirksame Einreise- und Aufenthaltsverbot des § 11 Abs. 1 AufenthG gem. § 11 Abs. 4 AufenthG ab sofort zu befristen.

(ggf) Ferner wird beantragt,

bereits jetzt die Ausschreibung zur Einreiseverweigerung im Schengener Informationssystem – SIS – zu löschen.

Begründung:

Die Antragstellerin wurde 2001 aus dem Bundesgebiet bestandskräftig ausgewiesen und abgeschoben. Seitdem lebt sie mit ihrem Ehemann und zwei Kindern in Madrid, wo sie angemeldet ist und über eine Arbeit verfügt. Kopie der Meldebescheinigung und der Sozialversicherungsbescheinigung mit Übersetzung sind beigefügt. Vorsorglich wird darauf hingewiesen, dass in Spanien der Aufenthalt ohne Aufenthaltserlaubnis nur eine Ordnungswidrigkeit darstellt und eine versicherungspflichtige Arbeit aufgenommen werden kann. Eine spezielle Arbeitserlaubnis ist dafür nicht erforderlich. Im Rahmen der jüngsten, von der spanischen Regierung initiierten Legalisierungskampagne für „Einwanderer ohne Papiere" ist der Antragstellerin die Möglichkeit eröffnet worden, in den Besitz einer Aufenthaltserlaubnis zu gelangen. Der von ihr gestellte Antrag wurde allerdings abgelehnt, da die aufgrund der Ausweisung und Abschiebung aus Deutschland eingetragene Einreisesperre im Schengener Informationssystem (SIS) vermerkt ist. Eine Kopie des Ablehnungsbescheids mit Übersetzung fügen wir in der Anlage bei. In diesem wird darauf hingewiesen, dass der Antrag jederzeit neu gestellt werden könne, sobald die Einreisesperre für Deutschland aufgehoben worden sei. Dementsprechend geht es der Antragstellerin vorrangig um eine baldige Löschung ihres Eintrags im SIS; an einer Rückkehr ins Bundesgebiet ist sie nicht interessiert. Um baldige Entscheidung wird gebeten, da die Legalisierungsmöglichkeit auf drei Monate beschränkt ist, dh die erneute Antragstel-

---

[64] *Gerold/Schmidt*, RVG, VV 7008 Rn 25.

lung innerhalb der noch verbleibenden zwei Monate erfolgen muss. Da die Antragstellerin mit ihrer Familie in Spanien lebt und arbeitet, besteht offensichtlich keine Wiederholungsgefahr hinsichtlich eines erneuten unrechtmäßigen Aufenthaltes im Bundesgebiet. Bitte teilen Sie mit, in welcher Höhe vor einer Entscheidung Kosten zu begleichen sind. Die Antragstellerin wird diese unverzüglich ausgleichen.

...

Rechtsanwalt ◄

b) Erläuterungen zum Muster: Befristungsantrag an Ausländerbehörde

Zuständig für die Befristungsentscheidung ist die Ausländerbehörde, die ausgewiesen bzw. abgeschoben hat. Wie ausgeführt kann auch vor Ablauf der Sperrwirkung diese nachträglich verkürzt werden (§ 11 Abs. 4 S. 1 AufenthG), wenn der Zweck der Befristung erfüllt ist. Im Verwaltungsverfahren muss die **Vollmacht** zwar nur auf Verlangen der Behörde nachgewiesen werden (§ 14 Abs. 1 S. 3 VwVfG). Da der Antrag auf nachträgliche Verkürzung der Befristung jederzeit gestellt werden kann, sollte der Anwalt erst nach Vollmachtsvorlage tätig werden. Im Antrag kann direkt auch ein konkretes Datum als Befristungstermin angegeben werden, was dann sinnvoll ist, wenn eine Einreise vor einem bestimmten Zeitpunkt gar nicht begehrt wird. Gegen eine zu frühe Antragstellung spricht darüber hinaus auch, dass eine nachträgliche, günstige Sozialprognose noch nicht berücksichtigt werden kann.

Die Ausländerbehörde bestimmt eine Frist, nach der das Einreise- und Aufenthaltsverbot aufgehoben ist. Die Dauer der festzulegenden Frist bestimmt sich im Einzelfall nach den geltend gemachten Gründen. Der Lauf der Frist beginnt grundsätzlich erst mit der tatsächlich erfolgten Ausreise (§ 11 Abs. 2 S. 2 AufenthG). Unter Ausreise wird allgemein die Ausreise aus dem Schengen-Gebiet verstanden. Durch Einreise in einen anderen Mitgliedstaat genügt der Betroffene seiner Ausreisepflicht nur, wenn er einen nationalen Aufenthaltstitel dieses Mitgliedstaates besitzt (§ 50 Abs. 3 S. 1 AufenthG). In diesem Fall erfolgt die Ausschreibung nur national.[65] Das ist hier nicht der Fall, da die Aufenthaltserlaubnis in Spanien von einer Löschung im SIS abhängig gemacht wird. Sind Einreise und Aufenthalt in einem Schengenstaat erlaubt, weil er einen nationalen Aufenthaltstitel dieses Staates besitzt, ist er aufzufordern, sich unverzüglich dort hinzubegeben (§ 50 Abs. 3 S. 2 AufenthG). Der Zweck des Einreise- und Aufenthaltsverbots, eine effektive Kontrolle der Wiedereinreise sicherzustellen, wird insbesondere an der Regelung des § 11 Abs. 2 S. 2 AufenthG deutlich. Während nach der früheren Rechtsprechung des BVerwG eine der Ausweisung beigefügte Frist bereits vor der Ausreise ablaufen konnte,[66] so dass ohne zwischenzeitliche Ausreise der Aufenthalt legalisiert werden konnte, beginnt nach § 11 Abs. 2 S. 2 AufenthG die Frist erst mit dem Tag der Ausreise oder Abschiebung zu laufen,[67] so dass grundsätzlich eine Ausweisung nicht durch Befristung oder Aufhebung des Aufenthaltstitelverbotes während des Inlandsaufenthaltes unterlaufen werden kann.[68] Die Wirkungen der Ausweisung dürfen folglich nach deutschem Recht erst zu einem Zeitpunkt entfallen, der nach der Ausreise des Betroffenen liegt.[69] Mit Ausreise ist die

---

65 BR-Drucks. 642/14, S. 38.
66 BVerwGE 60, 284 (285); 69, 137 (141).
67 OVG Bremen, InfAuslR 1998, 442 (443); VGH BW, InfAuslR 1998, 433 (434).
68 *Fraenkel*, Hinweise, S. 52.
69 BVerwG, NVwZ 2000, 688 (690) = InfAuslR 2000, 176 = EZAR 039 Nr. 5 = AuAS 2000, 74 BVerwG InfAuslR 2014, 223 Rn 8 = NVwZ 2014, 1107.

§ 6 Befristung des Einreise- und Aufenthaltsverbotes

erstmalige Ausreise gemeint. Im Falle der Abschiebung ist die Ausreise mit der Abschiebung identisch.

26 An der früheren **zwingenden Ausreiseverpflichtung** (§ 11 Abs. 1 S. 4 AufenthG aF) hält der Gesetzgeber aber nicht mehr fest. Vielmehr lässt § 11 Abs. 4 S. 1 AufenthG nF abweichend vom früheren Recht eine Durchbrechung des Ausreiseerfordernisses des § 11 Abs. 2 S. 2 AufenthG zu. Nach dieser Vorschrift kann das Einreise- und Aufenthaltsverbot zur **Wahrung schutzwürdiger Belange** des Betroffenen, **soweit** es der **Zweck** des Verbots **nicht mehr erfordert**, aufgehoben oder die Ausreisefrist verkürzt werden. Nach dem Wortlaut des § 11 Abs. 4 S. 1 AufenthG ist die Aufhebung- und Verkürzung des Einreise- und Aufenthaltsverbots nicht an die vorherige Ausreise des Betroffenen geknüpft. Grundsätzlich beginnt zwar die Frist erst mit der Ausreise (§ 11 Abs. 2 S. 2 AufenthG). Macht die Ausländerbehörde indes von ihrer Kompetenz nach § 11 Abs. 4 S. 1 AufenthG Gebrauch, das Einreise- und Aufenthaltsverbot wegen schutzwürdiger Belange aufzuheben oder dessen Frist nachträglich zu verkürzen, wird keine vorherige Ausreise gefordert. Zwar ist der Mandantin in Spanien noch keine Aufenthaltserlaubnis erteilt worden, sodass das Ausreiseerfordernis noch nicht erfüllt ist. Vorliegend sprechen jedoch schutzwürdige Belange für eine Abweichung von diesem Erfordernis.

27 Will der Ausländer nicht ins Bundesgebiet zurückkehren, sondern ist er daran interessiert, ein Aufenthaltsrecht in einem anderen europäischen Staat zu erhalten, geht es ihm im Wesentlichen nur darum, dass seine Ausschreibung zur **Einreiseverweigerung** (Art. 96 Abs. 3 SDÜ) im zentralen Computersystem des Schengen-Verbundes (**SIS**) gelöscht wird. Die dort vermerkte Sperre gilt für das gesamte Gebiet der **Schengen-Staaten** (Belgien, Dänemark, Deutschland, Estland, Finnland, Frankreich, Griechenland, Island, Italien, Lettland, Litauen, Luxemburg, Malta, Niederlande, Norwegen, Österreich, Polen, Portugal, Schweden, Schweiz, Slowakei, Slowenien, Spanien, Tschechien, Ungarn, Zypern). Manchen Ausländerbehörden in anderen Schengen-Staaten genügt die Löschung im SIS, um eine Aufenthaltserlaubnis zu erteilen. Die meisten verlangen aber neben der Löschung auch ausdrücklich die Vorlage der Befristungsentscheidung. Manche inländischen Ausländerbehörden sind bereit, den SIS-Eintrag schon während des Befristungsverfahrens zu löschen, allerdings immer erst nach Begleichung sämtlicher noch offener **Abschiebungskosten**. Bei einem mit einem **deutschen** Ehepartner verheirateten Ausländer und bei **Unionsbürgern** und deren Familienangehörigen darf die Befristungsentscheidung nicht davon abhängig gemacht werden, dass vorher die Kosten der Abschiebung beglichen werden.[70]

---

[70] AVwV-AufenthG Nr. 11.1.4.4.

2. Widerspruch gegen die Befristungsentscheidung und Vergleichsangebot an die Ausländerbehörde zu Beispiel 2 (Rn 2)

a) Muster: Widerspruch gegen die Befristungsentscheidung und Vergleichsangebot an die Ausländerbehörde zu Beispiel 2

▶ An die Stadt ... – Ausländerbehörde –

Antrag

auf Befristung des Einreise- u. Aufenthaltsverbots der nigerianischen Staatsangehörigen, Frau N, geb. am ...

Ihr Zeichen: ...

Sehr geehrte Damen und Herren,

unter Vollmachtsvorlage wird gegen die Ausweisungverfügung vom ... – fristwahrend

Widerspruch

und gleichzeitig beantragt,

das aufgrund dieser Verfügung wirksame Einreise- und Aufenthaltsverbot nach § 11 Abs. 3 S. 1 AufenthG bereits auf einen Zeitpunkt unmittelbar nach der erfolgten Ausreise zu befristen.

Begründung:

Die Widerspruchseinlegung erfolgt zunächst zur Fristwahrung. Ob ein Antrag auf Wiederherstellung der aufschiebenden Wirkung beim Verwaltungsgericht gestellt wird, muss noch kurzfristig entschieden werden. Da der Ausgang eines derartigen Verfahrens offen erscheint und die Widerspruchsführerin ohnehin beabsichtigt, sich im Heimatland um die Besorgung der erforderlichen Unterlagen für die Eheschließung zu bemühen, wurde ihr geraten, die Ausweisungsverfügung für den Fall bestandskräftig werden zu lassen, dass sie eine zeitlich absehbare, verbindliche **Wiedereinreiseperspektive** erhält. Offensichtlich stehen die ernsthaften Eheschließungsabsichten beider Verlobten auch für Sie nicht in Frage. Die Eheschließung soll nach der Ausreise der Widerspruchsführerin in Nigeria erfolgen. Die Verlobten haben aber hierüber noch keine endgültige Entscheidung getroffen. Die Befristung könnte auch vor erfolgter Ausreise verfügt werden (AVwV-AufenthG Nr. 11.1.3.4). Dies würde angesichts der bekannten erheblichen Dauer des Visumverfahrens bei der deutschen Auslandsvertretung die Verweildauer im Heimatland, die mit Kosten verbunden ist, voraussichtlich erheblich verkürzen. Auch beabsichtigt der deutsche Verlobte wegen eines Wechsels der Arbeitsstelle in den Bezirk einer anderen Ausländerbehörde umzuziehen. Dies würde bei Beantragung der Befristung erst nach erfolgter Ausreise zu erheblichen Zeitverzögerungen führen würde, da die dann zuständige Ausländerbehörde das Einvernehmen Ihrer Behörde nach § 72 Abs. 3 S. 1 AufenthG einholen müsste. Bei entsprechender **Befristungsentscheidung** würden im Gegenzug der Widerspruch zurückgenommen. Ich werde mich in den nächsten Tagen mit Ihnen in Verbindung setzen, um das weitere Vorgehen abzuklären.

...

Rechtsanwalt ◀

b) Erläuterungen zum Muster: Widerspruch gegen die Befristungsentscheidung und Vergleichsangebot an die Ausländerbehörde

Die Perspektive einer arbeitssparenden Widerspruchsrücknahme kann die Verhandlungsposition des Anwaltes, dem es um eine günstige Befristungsregelung geht, gegenüber der Ausländerbehörde stärken. Im Ergebnis kann hier eine Befristungsentscheidung nicht verweigert werden, da nach Eheschließung ein Anspruch auf Erteilung einer Aufenthaltserlaubnis nach § 28 Abs. 1 S. 1 Nr. 1 AufenthG besteht, so dass die Mandanten vorrangig die zeitaufwendigen Entscheidungsprozesse abkürzen wollen. Diese Verfahrenslösung setzt aber voraus, dass nach Landesrecht nicht unmittelbar Klage erhoben werden muss, wie z.B. in Hessen und Niedersachsen. In diesem Fall muss zunächst die Klage gegen die Ausweisung eingereicht und anschließend mit der Ausländerbehörde verhandelt werden, ob bei Klagerücknahme eine sofortige Befristung vorgenommen werden wird.

3. Muster: Widerspruch gegen die Befristungsentscheidung zu Beispiel 3 (Rn 3)

30 ▶ An die Stadt ... – Ausländerbehörde –

vorab per Fax (Originalschriftsatz folgt mit Anlagen per Post)

Antrag

auf Befristung der Sperrwirkung des § 11 Abs. 1 AufenthG des marokkanischen Staatsangehörigen, Herrn M, geboren am ...

Ihr Zeichen: ...

Sehr geehrte Damen und Herren,

unter Vollmachtsvorlage wird gegen den Bescheid vom ..., zugestellt am ...,

Widerspruch

eingelegt.

Des Weiteren wird für den Fall der Stattgabe des Widerspruchs beantragt,

die Kosten des Widerspruchsverfahrens Ihrer Verwaltungsbehörde aufzuerlegen und unsere Hinzuziehung für notwendig zu erklären.

Begründung:

Der Antragsteller gehört zur „zweiten Ausländergeneration", ist im Bundesgebiet aufgewachsen und sprachlich sowie kulturell sozialisiert und insofern integriert. Die grundsätzliche Frage, ob die dauernde Fernhaltung eines **„faktischen Inländers"** vom Bundesgebiet unter verfassungs- und völkerrechtlichen Gesichtspunkten zulässig ist oder ob nicht doch – nach Ablauf der Sperrfrist – ein **Wiedereinreiseanspruch** besteht, wird bislang in Rechtsprechung und Literatur so gut wie nicht erörtert (Marx, InfAuslR 2003, 374 (375)). Vereinzelt wird aber die Ansicht vertreten, dass ein „faktischer Inländer", dessen Ausweisung und Abschiebung auch nach Art. 8 Abs. 2 **EMRK** gerechtfertigt gewesen war, nicht auf Dauer vom Bundesgebiet ferngehalten werden darf. Nach Ablauf einer angemessenen Sperrfrist könne er aufgrund eines sich aus § 11 Abs. 3 S. 1 und § 37 AufenthG iVm Art. 8 Abs. 1 EMRK ergebenden Anspruchs vielmehr wieder an seine frühere aufenthaltsrechtliche Position anknüpfen (Marx, Aufenthalts-, Asyl- und Flüchtlingsrecht, 5. Aufl., 2015, § 7 Rn 262 f.). Auch der EGMR geht davon aus, dass der unbefristete Ausschluss eines ausgewiesenen Ausländers der „zweiten Ausländergeneration" vom Staatsgebiet des Aufnahmestaates nicht zulässig ist (EGMR, InfAuslR 2006, 3 (4) - Keles; EGMR, InfAuslR 2000, 53 (55) Rn 49 - Baghli)). Diese bislang ungeklärte Frage wäre jedenfalls im noch durchzuführenden Visumverfahren zu klären. Dafür bedarf es aber einer vorherigen **Befristungsentscheidung** nach § 11 Abs. 3 S. 1 AufenthG, die es dem Antragsteller ermöglicht, die Frage der Rückkehrberechtigung klären zu lassen. Jedenfalls ist ihm die Möglichkeit von Besuchsaufenthalten bei seinen im Bundesgebiet und im Schengen-Raum lebenden Familienangehörigen zu eröffnen. Eine Visumantragstellung ist erst zulässig, wenn die Frist, die im vorliegenden Fall noch einige Zeit laufen wird, abgelaufen ist.

Bei Ausweisungen aufgrund von **Straftaten** besteht nach einer angemessenen Zeit ordnungsgemäßer persönlicher Führung kein Anlass mehr, allein wegen der Ausweisung die Einreise bzw den Aufenthalt im Bundesgebiet allein deswegen zu verwehren. Wenn eine Wiederholungsgefahr nicht mehr besteht und die dauernde Fernhaltung vom Bundesgebiet nicht geboten ist, sind auch grundsätzlich, also in der Regel, die Wirkungen der Ausweisung zu befristen. Das weitere Fernhalten des Klägers vom Bundesgebiet ist nicht erforderlich. In der angefochtenen Entscheidung werden die diesbezüglich relevanten, nachträglich eingetretenen und veränderten Umstände nicht ausreichend berücksichtigt: Der Antragsteller hat sich nach Rückkehr in seinem Heimatland relativ schnell und gut integriert. So hat er es trotz zu Beginn fast nicht vorhandener Sprachkenntnisse geschafft, sich diese anzueignen und Arbeit – wenn auch einfacher Art – zu finden. Wie durch die vorgelegten Bescheinigungen nachgewiesen, hat er sich seit Jahren im Heimatland straffrei geführt. Die zahlreichen Diebstahlsdelikte, das Fahren ohne Führerschein und die einfachen Körperverletzungsdelikte erscheinen nunmehr als Ausdruck der abgeschlossenen Phase einer Jugenddelinquenz, die sich angesichts des – auch durch das Einleben im fremden Heimatland – zwangsweise herbeiführten Reifungsprozesses nicht wiederholen werden. Eine Gefährdung öffentlicher Interessen bei einem Besuchsaufenthalt oder bei dauerhafter Rückkehr ins Bundesgebiet ist damit nicht ersichtlich.

Rechtsanwalt ◂

4. Vergleich mit der Ausländerbehörde über die Befristung zu Beispiel 4
a) Muster: Vergleich mit der Ausländerbehörde über die Befristung zu Beispiel 4 (Rn 4)
▸ **Vergleich** 31

zwischen Stadt ... – Ausländerbehörde –

und Herrn T, wohnhaft: ...

vertreten durch: Rechtsanwälte ...

Herr T verpflichtet sich, auf die Einlegung von Rechtsmitteln gegen die Ausweisungsverfügung vom ... zu verzichten bzw bereits eingelegte Rechtsmittel unverzüglich zurückzunehmen. Nach der damit eintretender Bestandskraft der Ausweisungsverfügung und der nachgewiesene Ausreise von Herrn T verpflichtet sich die Ausländerbehörde im Gegenzug – auf entsprechenden Antrag – die Wirkung der Sperrwirkung der Ausweisung auf den ... zu befristen. Gleichzeitig verpflichtet sich die Ausländerbehörde, bei erfolgter Visumantragstellung wegen des geplanten Ehegattennachzug der Erteilung des Visums gemäß § 39 AufenthV zuzustimmen, wenn die sonstigen Erteilungsvoraussetzungen vorliegen. Diese Zusagen gelten nicht, wenn weitere, in der Ausweisungsverfügung nicht erfasste Ausweisungsinteressen bekannt werden sollten.

Ort, Datum:

Unterschrift Sachbearbeiter ◂

b) Erläuterungen zum Muster: Vergleich mit Ausländerbehörde
In geeigneten Fällen kann versucht werden, der Ausländerbehörde eine schnelle, „unkomplizierte" Ausreise des Mandanten ohne Einlegung von Rechtsmitteln bzw unter Rücknahme 32

des eingelegten Rechtsmittels gegen den Ausweisungsbescheid anzubieten, um im Gegenzug eine dem Mandanten günstige Frist im Vorfeld auszuhandeln.[71] Gegebenenfalls ist die Ausländerbehörde in diesem Fall sogar dazu bereit, im **Vergleichswege** eine Zusage abzugeben, der Visumerteilung gemäß § 31 AufenthV zuzustimmen. Die Ausreise führt aber zu einer nicht vermeidbaren Unterbrechung des Inlandsaufenthalts und zu einer Neuerteilung nach Wiedereinreise. Dies wirkt sich nachteilig auf die erforderliche Dauer der Inlandsaufenthaltszeiten für die Erteilung der Niederlassungserlaubnis (§ 9 AufenthG) und die Einbürgerung (§ 8 bis § 10 StAG) aus. Diese Folge tritt aber auch schon aufgrund des Wirksamwerdens der Ausweisungsverfügung ein (§ 51 Abs. 1 Nr. 5, § 84 Abs. 2 S. 1 AufenthG). Im Einbürgerungsverfahren kann zwar die frühere Aufenthaltsdauer bis zu fünf Jahren angerechnet werden. Angesichts der Straftat des T. Wird sich die Option der Einbürgerung aber ohnehin nicht auf absehbare Zeit stellen. Allerdings sollte das hier vorgeschlagene Vergleichsverfahren nur gewählt werden, wenn nach Aufhebung der Sperrwirkung ein Einreiseanspruch (§ 28, § 30 AufenthG) besteht. Ist dies nicht der Fall, sollten gegen die Ausweisungsverfügung und die Befristung Rechtsmittel eingelegt werden.

IV. Fehlerquellen / Haftungsfallen

33   Im Beispiel 2 wäre ein Antrag nach § 80 Abs. 5 VwGO mangels **Rechtsschutzbedürfnisses** unzulässig, da er N keinen rechtlichen Vorteil bringen würde. N bliebe ausreisepflichtig, unabhängig davon, ob die Ausweisungsverfügung mit einer Anordnung der sofortigen Vollziehung verbunden wird oder nicht. Eine aufschiebende Wirkung des Rechtsbehelfs gegen die Ausweisungsverfügung würde daran nichts ändern. Auch ist im Beispielsfall zudem offensichtlich ein **Ausweisungstatbestand** nach § 55 Abs. 2 Nr. 9 AufenthG gegeben, da der jahrelange illegale Aufenthalt keinen **geringfügigen Verstoß** gegen die Strafvorschrift des § 95 Abs. 1 Nr. 1 AufenthG darstellt. Denn eine Vorsatztat, die – wie hier – mit über 30 Tagessätzen geahndet würde, ist nicht mehr geringfügig.[72] Deswegen wäre es nicht sinnvoll, ein Rechtsmittel gegen die offensichtlich rechtmäßige Ausweisungsverfügung einzulegen, es sei denn, die Einlegung hätte nur das Ziel, gegenüber der Ausländerbehörde im Wege der Verhandlung eine günstige Befristungsentscheidung zu erlangen und im Gegenzug auf Rechtsmittel zu verzichten.

34   Oft wird bei beabsichtigter Eheschließung mit einem Deutschen oder Drittstaatsangehörigen mit gefestigtem Aufenthaltsrecht versucht, im Bundesgebiet die Ehe zu schließen, um aufgrund des dann bestehenden Abschiebungshindernisses die Ausreise bzw Abschiebung zu umgehen. Sobald das Standesamt einen Termin zur Eheschließung bestimmt hat, liegt ein rechtliches Abschiebungshindernis nach § 60 a Abs. 2 AufenthG vor, das die Ausländerbehörde am Vollzug der Ausweisungsverfügung hindert.[73] Allerdings dauern **Eheschließungsverfahren** beim Standesamt erfahrungsgemäß zwischen ein bis drei Monaten und teilweise noch länger, sodass die Ausländerbehörde vorher versuchen könnte, den Betroffenen abzuschieben. Zu bedenken ist auch, dass selbst nach erfolgter Eheschließung die Erteilung der begehrten Aufenthaltserlaubnis nach § 11 Abs. 1 AufenthG ausgeschlossen ist. Die Frist beginnt nach § 11 Abs. 2 S. 2 AufenthG erst nach der Ausreise zu laufen.

---

71 *Marx*, InfAuslR 2003, 374, 375.
72 *Hofmann/Hoffmann*, AuslR § 55 AufenthG Rn 22.
73 *Storr u.a.*, Kommentar zum ZuwG, § 60 a Rn 6.

V. Weiterführende Hinweise
1. Antrag / Prüfungsumfang

Bei der Entscheidung über die nachträgliche Verkürzung der Befristung ist inzident zu prüfen, ob die zugrunde liegende **Abschiebung** rechtmäßig war, wohingegen eine bestandskräftige **Ausweisungsverfügung** nicht mehr auf ihre Rechtmäßigkeit überprüft werden darf.[74] Im Visumverfahren kann der **Ausweisungsgrund**, der der Ausweisung und der Befristung ihrer Sperrwirkung zu Grunde lag, dem Antragsteller nicht mehr gem. § 5 Abs. 1 Nr. 2 AufenthG entgegen gehalten werden, da er **verbraucht** ist.[75] Die Wiedereinreisesperre nach § 11 Abs. 1 AufenthG entfällt auch, wenn im Klageverfahren auf Folgenbeseitigung der Wirkungen einer Abschiebung die Rechtswidrigkeit der Abschiebung festgestellt wird.[76] Ist ein Drittstaatsangehöriger in einem anderen Schengenstaat ausgewiesen und/oder abgeschoben und damit zur Einreiseverweigerung ausgeschrieben worden, kann diesem trotzdem im Bundesgebiet ein Aufenthaltstitel ausgestellt werden, wenn „gewichtige Gründe" – insbesondere humanitärer Art – vorliegen. Vorher muss allerdings der andere Schengen-Staat „konsultiert" werden (Art. 25 SDÜ). In dem anderen Schengen-Staat sollte aber auch versucht werden, die dort bestehende Einreisesperre zu befristen, damit die im SIS ausgeschriebene Einreiseverweigerung gelöscht wird.

35

2. Trennung von Familienangehörigen

Für abgeschobene Ausländer gilt ein generelles Wiedereinreiseverbot nach § 11 Abs. 1 AufenthG, das auch zu beachten ist, wenn dadurch eine Trennung von den übrigen ausländischen Familienangehörigen im Bundesgebiet erfolgt. Auch die Rechtsprechung des BVerfG[77] zum besonderen Schutz der Eltern-Kind-Beziehung begründet keinen verfassungsunmittelbaren Anspruch auf Rückkehr.[78]

36

B. Befristung Einreise- und Aufenthaltsverbot nach § 7 Abs. 2 S. 2 FreizügG / EU bei Unionsbürgern und ihren Familienangehörigen

I. Sachverhalt / Lebenslage

Beispiel 1: Gefährdung öffentlicher Gesundheit
Die Ausländerbehörde hatte gegen den HIV-infizierten, portugiesischen Staatsangehörigen P wegen nachgewiesenem, permanent ungeschützten Verkehrs mit unwissenden Freundinnen einen Bescheid nach § 6 Abs. 1 S. 1 FreizügG/EU erlassen, da die öffentliche Gesundheit beeinträchtigt wurde. Die Feststellung des Verlusts des Freizügigkeitsrechts wurde bestandskräftig und P reiste freiwillig aus. Von Portugal aus beantragt er die Befristung des Einreise- und Aufenthaltsverbots, nachdem er seine feste, deutsche Freundin in Lissabon geheiratet hat und beide im Bundesgebiet leben möchten.

37

Beispiel 2: Fristdauer
Der griechische Staatsbürger G wurde 2004 wegen fortgesetztem Handel mit gefälschten Führerscheinen, aufgrund dessen er zu einer dreijährigen Freiheitsstrafe verurteilt wurde, be-

38

---
74 VGH BW InfAuslR 2003, 333, 334.
75 *Marx*, AAFR, § 7 Rn 519.
76 VG Berlin InfAuslR 2008, 392, 397.
77 BVerfG InfAuslR 2006, 320.
78 NiedersOVG InfAuslR 2007, 106.

standskräftig ausgewiesen, er tauchte unter, wurde aufgegriffen und anschließend abgeschoben. Er will jetzt nach Deutschland zurückkehren, um im Restaurant seines Bruders zu arbeiten. Auf seinen Befristungsantrag bei der Ausländerbehörde wird eine Frist von vier Jahren ab Ausreise verfügt. G legt hiergegen selbst Widerspruch ein, der zurückgewiesen wird. Daraufhin wendet er sich an einen Anwalt, der Klage erhebt.

II. Prüfungsreihenfolge

39 Auf obige Checkliste (Rn 5 ff) kann verwiesen werden, allerdings sind folgende Besonderheiten zu beachten: Die gegenüber § 11 Abs. 1 AufenthG speziellere Befristungsregelung des § 7 Abs. 2 S. 2 FreizügG/EU findet auf **Unionsbürger** und ihre Familienangehörigen (§ 3 Abs. 2 FreizügG/EU) sowie auf die Staatsangehörigen der **EWR-Staaten** (§ 12 FreizügG/EU) und der **Schweiz**[79] Anwendung. Trotz der weitgehenden Gleichstellung von nach dem ARB begünstigten **türkischen** Staatsangehörigen mit Unionsbürgern findet die Befristungsregelung des § 7 Abs. 2 FreizügG/EU auf diese keine – auch keine entsprechende – Anwendung, so dass sie – wie sonstige Drittstaatsangehörige auch – nach § 11 Abs. 1 AufenthG behandelt werden.[80] Die Regelung des § 7 Abs. 2 S. 2 FreizügG/EU für Unionsbürger und ihre Familienangehörigen unterscheidet sich von dem für Drittstaatsangehörige geltenden § 11 Abs. 1 AufenthG insoweit nicht, dass die Ausweisung bzw. Verlustfeststellung immer zu befristen ist und nicht nur „in der Regel". Nach § 7 Abs. 2 S. 4 FreizügG/EU ist ein nach angemessener Frist oder nach drei Jahren gestellter Antrag auf Befristung innerhalb von sechs Monaten zu bescheiden. Damit wird die Vorgabe des Art. 32 Abs. 1 **RL 2004/38/EG** umgesetzt. Nach deutschem Recht besteht nach drei Monaten behördlicher Untätigkeit ohne zureichenden Grund zwar ohnehin die Möglichkeit, nach § 75 VwGO Untätigkeitsklage auf Vornahme der Befristungsentscheidung zu erheben. Aufgrund der ausdrücklichen Erwähnung der Sechs-Monats-Frist könnte sich die Ausländerbehörde bei Nichtbescheidung gegenüber Unionsbürgern nicht darauf berufen, dass ihr für die Untätigkeit ein rechtfertigender Grund zur Seite stand. Bei Unionsbürgern und ihren Familienangehörigen ist eine Ausweisung auf Dauer, also die dauernde Fernhaltung vom Bundesgebiet auf Lebenszeit, nicht zulässig, es sei denn, aufgrund des persönlichen Verhaltens des Täters besteht auch weiterhin eine tatsächliche und hinreichend schwere Gefährdung, die ein Grundinteresse der Gesellschaft berührt.[81]

III. Muster

1. Muster: Antrag auf Befristung an die Ausländerbehörde zum Beispiel 1 (Rn 37)

40 ▶ An die Stadt ... – Ausländerbehörde –

Antrag

auf Befristung des Einreise- u. Aufenthaltsverbots des portugiesischen Staatsangehörigen P, geb. am ...

Ihr Zeichen: ...

Sehr geehrte Damen und Herren,

unter Vollmachtsvorlage wird beantragt,

---

79 *Dienelt in:* Renner, AuslR Kommentar, § 12 Rn 3.
80 AVwV-AufenthG Nr. 11.1.0; HessVGH InfAuslR 2008, 7.
81 EuGH InfAuslR 1999, 165, 166.

das aufgrund der Verlustfeststellung gemäß § 6 FreizügG/EU vom ... wirksame Einreise- und Aufenthaltsverbot des § 7 Abs. 2 S. 1 FreizügG/EU gemäß § 7 Abs. 2 S. 2 FreizügGG/EU auf den ... zu befristen.

Begründung:

Die Ausweisung von Unionsbürgern ist nach § 7 Abs. 2 FreizügG/EU generell zu befristen (BVerwG, InfAuslR 2005, 18; 26). Da die gesamte nähere Verwandtschaft des Antragstellers im Bundesgebiet lebt und er dort auch im Betrieb seines Vaters arbeiten könnte, beabsichtigen die Eheleute die frühest mögliche Rückkehr nach Deutschland. Der Grund für die Verlustfeststellung, die Gefährdung der öffentlichen Gesundheit, ist entfallen, nachdem der Antragsteller seine „große Liebe" gefunden und geheiratet hat und seit Jahren monogam lebt. Seiner Ehefrau ist seine Erkrankung bekannt.

...

Rechtsanwalt ◄

2. Klage gegen die Befristungsentscheidung

a) Muster: Klageantrag gegen die Befristungsbescheid zum Beispiel 2 (Rn 38)

▶ An das Verwaltungsgericht in ...

Klage

des griechischen Staatsangehörigen
Herrn G, wohnhaft: ..., Griechenland,

– Kläger –

Prozessbevollmächtigte: Rechtsanwälte ...

g e g e n

Stadt bzw Land ... – Ausländerbehörde –

zu Aktenzeichen: ...

– Beklagter –

wegen: Befristung nach § 7 Abs. 2 S. 2 FreizügG/EU.

Streitwert: 5.000 EUR

Unter Vollmachtsvorlage wird Klage erhoben und beantragt,

den Bescheid des Beklagten vom ..., zugestellt am ..., in der Gestalt des Widerspruchsbescheides der Bezirksregierung in ... vom ..., dieser zugestellt am ..., aufzuheben; und

den Beklagten zu verpflichten, die Ausweisungsverfügung vom ... zurückzunehmen;

hilfsweise: den Beklagten zu verpflichten, die Sperrwirkungen der Verlustfeststellung vom ... auf den ... zu befristen;

Ferner wird beantragt,

dem Kläger unter meiner Beiordnung Prozesskostenhilfe zu bewilligen.

Es wird

Beiziehung der Verwaltungsvorgänge und Gewährung von Akteneinsicht in unserer Kanzlei

beantragt.

Des Weiteren wird beantragt,

festzustellen, dass die Hinzuziehung des Prozessbevollmächtigten im Vorverfahren notwendig gewesen ist.

Die Klagebegründung folgt.

Kopien des Bescheides und des Widerspruchsbescheides sind beigefügt.

Gegen die Übertragung des Rechtsstreits auf den/die Einzelrichter/in bestehen keine Bedenken.

Es wird bereits jetzt beantragt, eine Abschrift der Verhandlungsniederschrift nach gegebenenfalls erfolgter mündlicher Verhandlung zu übersenden.

Der Kläger benötigt einen Dolmetscher für die griechische Sprache.

Die Prozesskostenhilfeunterlagen sind beigefügt.

...

Rechtsanwalt

Abschrift anbei ◄

b) Muster: Klagebegründung gegen den Befristungsbescheid zum Beispiel 2 (Rn 38)

42 ▶ An das Verwaltungsgericht in ...

In dem

Befristungsverfahren

M / Stadt bzw **Land** ...

Gerichtsaktenzeichen: ...

wird die Klage wie folgt begründet:

Der angefochtene Bescheid ist aus folgenden Gründen rechtswidrig: Aufgrund der Rechtsprechung des BVerwG (InfAuslR 2008, 1) ist davon auszugehen, dass sog. Altausweisungen gegenüber Unionsbürgern auch nach Inkrafttreten des ZuwanderungsG am 1. Januar 2005 weiterhin eine Sperrwirkung nach § 8 Abs. 2 AuslG 1990 entfalten (so auch OVG Rh-Pf, InfAuslR 2007, 226;). Das BVerwG geht grundsätzlich davon aus, dass die gesetzlichen Wirkungen der „Altausweisung" gegen Unionsbürger fortbestehen, weil § 102 Abs. 1 S. 1 AufenthG u.a. bestimme, dass die vor dem 1. Januar 2005 getroffenen Ausweisungen einschließlich ihrer Rechtsfolgen wirksam bleiben. Von der Ausländerbehörde, die fälschlicherweise eine Ausweisung auf dem Hintergrund der damaligen Rechtsprechung als **Ist- oder Regelausweisung** verfügt hatte, wird aber verlangt zu prüfen, ob sie die Ausweisung zum damaligen Zeitpunkt auch im Ermessenswege vorgenommen hätte. Vorliegend hat sich der Beklagte bis zum heutigen Tag nicht dazu geäußert, ob zum damaligen Zeitpunkt auch im Ermessenwege ausgewiesen worden wäre. Der Kläger hat ein subjektiv-öffentliches Recht auf fehlerfreie Ausübung des Rücknahmeermessens bei einer ursprünglich rechtswidrigen Ausweisung, wenn die Behördenentscheidung nicht gerichtlich bestätigt worden war (BVerwGE 135, 121 (133) Rn 30 = InfAuslR 2010, 97). Demgegenüber würde bei einer gerichtlichen Bestätigung einer Altausweisung einer Rücknahme die Rechtskraftbindung des § 121 VwGO entgegenstehen. Da die vorliegende Altausweisung nie gerichtlich bestätigt worden war, ist die Ausweisungsverfügung mangels damaliger Ermessensbetätigung aufzuheben und die Beklagte zur Entscheidung über den **Rücknahmeantrag** zu verpflichten.

Hilfsweise wird beantragt, die Beklagte zu verpflichten, eine kürzere Befristungsentscheidung in sinngemäßer Anwendung des § 7 Abs. 2 S. 2 FreizügG/EU zu treffen. In diesem Rahmen hätte sie dann nach den Vorgaben des BVerwG unter Berücksichtigung der individuellen Gründe über die Dauer der Frist zu entscheiden. Die in diesem Fall zu treffende Befristungsentscheidung würde von der Beklagten dabei eine erneute Rechtfertigung des Einreise- und Aufenthaltsverbots auf aktualisierter Tatsachengrundlage unter Berücksichtigung der Maßstäbe des § 6 FreizügG/EU verlangen. In die Ermessenserwägungen wird einzustellen sein, dass sich der Kläger seit seiner damaligen Abschiebung nichts mehr hat zuschulden kommen lassen (ein aktuelles griechisches Führungszeugnis ist beigefügt), er im Heimatland jahrelang gearbeitet hat und hier bei seinem Bruder als inzwischen ausgebildeter Koch arbeiten möchte. Spezialpräventive Gründe, die für die weitere Aufrechterhaltung der Sperrfrist sprechen könnten, sind damit nicht ersichtlich.

Die **Abschiebung** eines Unionsbürgers und damit auch des Klägers entfaltet (im Gegensatz zu der Regelung in § 11 Abs. 1 AufenthG) keine Sperrwirkung, die einer Befristung zugänglich wäre (*Lüdke*, InfAuslR 2005, 177 (178); OVG Bremen, InfAuslR 2011, 2; *Dienelt* in Bergmann/Dienelt, AuslR, § 11 AufenthG, Rn 18).

Rechtsanwalt
Abschrift anbei ◄

c) Erläuterungen zum Muster: Klageantrag und Klagebegründung gegen Befristungsbescheid
aa) Formale Voraussetzungen

Örtlich zuständig ist das Verwaltungsgericht, in dessen Bezirk der Sitz der Ausländerbehörde liegt, die den angefochtenen Befristungsbescheid erlassen hat. Die Klage richtet sich gegen das Bundesland oder – wenn das Landesrecht dies bestimmt – gegen die Behörde, die den Befristungsbescheid erlassen hat, nicht aber gegen die Widerspruchsbehörde (§ 78 Abs. 1 VwGO). Für die Befristungsentscheidung ist nach § 52 Abs. 2 GKG der Regelstreitwert von 5.000 EUR anzusetzen. Die vom BVerwG erstellte **Streitwerttabelle**[82] erwähnt die Befristung zwar nicht ausdrücklich. Unter Punkt 8.2 wird aber die Ausweisung erwähnt, für die der Regelstreitwert angesetzt wird. Die Befristung als spiegelbildliche „Aufhebung" der Ausweisung ist von gleichem Gewicht. Die Klage richtet sich gegen den Bescheid über die Befristung in der Gestalt des Widerspruchsbescheides (§ 79 Abs. 1 VwGO). Die ursprüngliche Befristungsentscheidung wird also ergänzt um die Begründung des Widerspruchsbescheides. Maßgeblicher **Beurteilungszeitpunkt** für die Rechtmäßigkeit der Befristungsentscheidung ist – wie bei Verpflichtungsklagen üblich – der Zeitpunkt der letzten mündlichen Verhandlung.[83] Ist ein **Widerspruchsverfahren** im jeweiligen Bundesland nicht vorgesehen, richtet sich der Klageantrag unter Ziffer 1. nur auf die Aufhebung des Ausweisungsbescheides.

43

bb) Bestandskräftige Ausweisungsbescheide

Ist der damalige rechtskräftige Ausweisungsbescheid unter Verstoß gegen die vom EuGH[84] vorgegebenen Grundsätze für die Ausweisung von Unionsbürgern und ihren Familienangehörigen ergangen und erweist er sich auch im Lichte der aktuellen, höchstrichterlichen Rechtsprechung, die eine umfassende Ermessensbetätigung verlangt,[85] als rechtswidrig, kann die **Rücknahme** des ursprünglich rechtswidrigen Ausweisungsbescheides nach § 48 VwVfG beantragt werden,[86] zumindest dann, wenn die damalige Ausweisungsentscheidung nicht gerichtlich bestätigt worden war. Die Befristungsmöglichkeiten nach dem AufenthG und dem Frei-

44

---

82 Abgedruckt in *Gerold/Schmidt*, RVG, Teil G, II.; *Kopp/Schenke*, VwGO, Anh. § 164 Rn 14.
83 *Kopp/Schenke*, VwGO, § 112 Rn 217.
84 EuGH InfAuslR 2004, 268 (*Orfanopoulos und Oliveri*).
85 BVerwG InfAuslR 2005, 18.
86 EuGH InfAuslR 2004, 139 (*Kühne u. Heitz*); *Marx*, AAFR, § 5 Rn 180; 360.

zügG/EU schließen die Rücknahme nach § 48 VwVfG nicht aus.[87] Die Rücknahme bietet den Vorteil, dass die ursprünglichen Aufenthaltsrechte wieder (ex tunc) aufleben.[88] Sollte das Gericht den Ausweisungsbescheid bei Anlegung der aktuellen Prüfkriterien auch im Nachhinein für rechtmäßig halten, geht es dem Kläger letztendlich um eine ihm günstige Befristungsregelung.

cc) Honorarfragen

45 Im Rahmen des **Prozesskostenhilfeantrags** müssen Einkommensnachweise aus dem Heimatland vorgelegt werden, die auch noch zu übersetzen sind. Dies verursacht bereits erhebliche Kosten. Auch kann der Anwalt bereits für die Vertretung im **Prozesskostenhilfeverfahren** eine 1,0-Gebühr abrechnen. Ob der Mandant diese Kosten auf sich nehmen will, ist mit ihm zu besprechen. Alternativ ist nach den Regelgebühren abzurechnen und vorzugsweise auf eine Vergütungsvereinbarung mit einem finanzkräftigen Familienmitglied hinzuwirken.

dd) Anlagen

46 Nach § 82 Abs. 1 S. 2 VwGO sollen die angefochtene **Verfügung** und der **Widerspruchsbescheid** der Klageschrift beigefügt werden. Geschieht dies nicht, ist dies zwar unschädlich,[89] jedoch sollten die Bescheide (in Kopie) immer beigefügt werden, da das Gericht so (Tipp-)Fehler im Klageantrag durch Vergleich mit den beigefügten Bescheiden im Wege der **Auslegung** korrigieren kann. Die Gerichte fordern bei Nichtbeifügung regelmäßig auch immer zur Nachreichung der Bescheide auf.

ee) Protokoll

47 Einige Gerichte übersenden eine Abschrift der Verhandlungsniederschrift nur auf ausdrückliches Verlangen. Aus der Niederschrift werden möglicherweise Verfahrensfehler ersichtlich, die eine Berufungszulassung nach § 124 Abs. 2 Nr. 5 VwGO rechtfertigen könnten. Gemäß § 82 Abs. 2 VwGO soll eine **Abschrift** der Klageschrift für den Antragsgegner beigefügt werden, anderenfalls kann das Gericht die notwendigen Kopiekosten dem Antragsteller nach § 155 Abs. 4 VwGO auferlegen.[90]

IV. Fehlerquellen / Haftungsfallen

48 Liegt eine vor dem 1. Januar 2005 ergangene Ausweisungsverfügung vor, kann aufgrund der Grundsatzentscheidung des BVerwG vom 4. September 2007,[91] wonach „Altausweisungen" gegenüber EU-Bürgern und die daran anknüpfende Sperrwirkungen auch nach dem Inkrafttreten des FreizügG/EU am 1. Januar 2005 wirksam bleiben, die bisher vertretene Auffassung, die „Altausweisungen" für unwirksam hielt,[92] kaum noch erfolgreich vorgebracht werden. Dem BVerwG folgend muss die Argumentation sich auf die Befristung der Sperrwirkung nach § 7 Abs. 2 S. 2 FreizügG/EU beziehen. Es schadet aber sicherlich nicht, die bislang verbreitet für zulässig[93] gehaltenen Anträge auf Feststellung der Unwirksamkeit der Altausweisung ab dem 1. Januar 2005, auf Rücknahme oder auf Wiederaufgreifen des Verfahrens nach

---

[87] VGH BW InfAuslR 1999, 338, 341.
[88] *Hofmann/Hoffmann*, Ausländerrecht, Art. 14 ARB 1/80 Rn 33.
[89] *Kopp/Schenke*, VwGO, § 82 Rn 12.
[90] *Kopp/Schenke*, VwGO, § 81 Rn 15.
[91] BVerwG InfAuslR 2008, 1.
[92] So noch: HansOLG InfAuslR 2006, 118, 119; 2008, 36.
[93] *Gutmann,*, InfAuslR 2008, 105.

§ 51 Abs. 1 Nr. 1 VwVfG weiter zu stellen. Zu beachten ist des Weiteren, dass § 7 Abs. 2 S. 5 FreizügG/EU einen strikten Rechtsanspruch auf Befristung vermittelt. Nur über die Länge der Sperrfrist ist nach Ermessen zu entscheiden.[94] Wurde nicht abgeschoben und sind die Gründe, die zum Einreiseverbot geführt haben, inzwischen weggefallen oder war die damalige „Altausweisung" unionsrechtswidrig, ist die Ausländerbehörde kraft Unionsrecht dazu verpflichtet, so zu befristen, dass sich das Freizügigkeitsrecht des Betroffenen sofort – auch ohne vorherige Ausreise – entfaltet. Das Ausreiseerfordernis für den Fristbeginn nach § 7 Abs. 2 S. 7 FreizügG/EU findet dann keine Anwendung.[95]

Altausweisungen gegenüber Staatsangehörigen der östlichen **Beitrittsstaaten** entfalten demgegenüber nach Inkrafttreten des ZuwanderungsG am 1. Januar 2005 keine Sperrwirkung nach § 8 Abs. 2 AuslG 1990 mehr.[96] Günstig ist die Rechtsposition bei **Abschiebungen** von Unionsbürgern, die vor dem 1. Januar 2005 erfolgt sind: Diese entfalten keine Sperrwirkung hinsichtlich des Wirksamwerdens der Freizügigkeitsberechtigung oder einer Aufenthaltskarte nach § 5 Abs. 1 FreizügG/EU.[97]

49

V. Weiterführende Hinweise

1. Antragserfordernis bei Unionsbürgern und Familienangehörigen

Die Befristungsentscheidung hat von Amts wegen zu erfolgen (§ 7 Abs. 2 S. 5 FreizügG/EU). Die Verlustfeststellung zulasten von EU-Bürgern ist nach § 7 Abs. 2 FreizügG/EU daher stets, auch in Ausnahmefällen, zu befristen.[98] Die frühere Rechtsauffassung, dass Behörde hierzu nur auf Antrag bereits im Bescheid der Verlustfeststellung verpflichtet sei,[99] ist überholt (§ 7 Abs. 2 S. 5 FreizügG/EU). Die Ausländerbehörde darf die Befristungsentscheidung wegen der europarechtlichen Vorgaben nicht davon abhängig machen, dass die Abschiebekosten vorher beglichen werden.[100]

50

2. Kein Ausreiseerfordernis

Wenn die für die Feststellung des Verlustes der Freizügigkeit maßgeblichen Gründe vor der Ausreise entfallen sind, ist die **Ausreise** für die nach § 7 Abs. 2 FreizügG/EU zu treffende Befristungsentscheidung nicht erforderlich.[101]

51

3. Strafbarkeit / Abschiebungshaft

In der Rechtsprechung der Strafgerichte ist ungeklärt, ob die Strafbarkeit nach § 95 Abs. 2 Nr. 1 AufenthG voraussetzt, dass die zugrunde liegende Ausweisung rechtmäßig erfolgt ist und ob die Sperrwirkung des § 11 Abs. 1 AufenthG bei einem vor dem 1. Januar 2005 ausgewiesenen Unionsbürger fortbesteht, so dass er sich bei Wiedereinreise strafbar macht.[102]

52

---

94 BVerwG InfAuslR 2008, 1, 2.
95 *Hofmann/Hoffmann*, AuslR § 7 FreizügG/EU Rn 10 (mwN).
96 *Dienelt* in: Renner, AuslR Kommentar, § 11 Rn 14-17.
97 OVG Bremen, Urt. v. 28.9.2010 – 1 A 116/09; *Dienelt* in: Renner, AuslR Kommentar, § 11 Rn 18.
98 BVerwG InfAuslR 2005 18; 26; 2008, 1.
99 HessVGH InfAuslR 2002, 342, 345.
100 BVerwG infAuslR 2008, 1, 3.
101 *Welte*, Freizügigkeitsrecht der Unionsbürger nach dem FreizügG/EU, InfAuslR 2006, 8, 13; BVerwG InfAuslR, 2000, 176, 180; EuGH InfAuslR 2003, 41.
102 Zum Meinungsstand: OLG Karlsruhe InfAuslR 2007, 118; verneinend: OLG Hamburg InfAuslR 2008, 36.

§ 6 Befristung des Einreise- und Aufenthaltsverbotes

Die altrechtliche Ausweisung eines Unionsbürgers kann aber Abschiebungshaft nach § 62 AufenthG nicht begründen.[103]

---

103 OLG Zweibrücken InfAuslR 2008, 311.

Teil 2
Einbürgerungsrecht

§ 7 Rechtsanspruch (§ 10 StAG)

A. Anrechnungsfähige Aufenthaltszeiten (§ 10 Abs. 1 S. 1 StAG)

I. Sachverhalt / Lebenslage

Beispiel: Vom Asylantrag zur Einbürgerung

Die Einbürgerungsbehörde will den Einbürgerungsantrag eines vor zehn Jahren eingereisten Somaliers ablehnen, der strafrechtlich nicht in Erscheinung getreten ist und seit sechs Jahren als Arbeitnehmer seinen Lebensunterhalt verdient, den Deutsch-Test für Zuwanderer, Gesamtniveau B1, erfolgreich absolviert hat und über Kenntnisse der Rechts- und Gesellschaftsordnung und der Lebensverhältnisse in Deutschland verfügt.

Der ledige Einbürgerungsbewerber war als Asylbewerber eingereist. Das Bundesamt für Migration und Flüchtlinge – hatte vor neun Jahren seinen Asylantrag zwar ebenso wie die Feststellung eines Abschiebungsverbots gemäß § 60 Abs. 1 AufenthG abgelehnt, aber die Voraussetzungen für ein Abschiebungsverbot gemäß § 60 Abs. 7 S. 1 AufenthG wegen einer erheblichen konkreten Gefahr für sein Leben festgestellt. Die Ausländerbehörde hatte daraufhin eine Aufenthaltserlaubnis gemäß § 25 Abs. 3 AufenthG erteilt. Vor kurzem wurde der Aufenthalt auf die Niederlassungserlaubnis gemäß § 26 Abs. AufenthG umgestellt.

Die Einbürgerungsbehörde argumentiert, die Aufenthaltserlaubnis gem. § 25 Abs. 3 AufenthG begründe zwar einen rechtmäßigen, nicht aber einen gewöhnlichen Aufenthalt im Sinne des § 10 Abs. 1 StAG.

II. Prüfungsreihenfolge

1. Verfahrensstadium

Das Einbürgerungsverfahren befindet sich in der Phase der **Anhörung** (§ 28 VwVfG der Länder).[1]

2. Anspruchsvoraussetzung des achtjährigen rechtmäßigen gewöhnlichen Aufenthalts

Der rechtmäßige gewöhnliche Aufenthalt seit **acht Jahren** ist gemäß § 10 Abs. 1 S. 1 StAG Grundvoraussetzung für einen Anspruch auf Einbürgerung. Dabei wird zT – zB in Bayern[2] – sehr sorgfältig zwischen den Merkmalen „gewöhnlich" und „rechtmäßig" unterschieden. Dies führt zu erheblicher Unsicherheit, zumal in den VAH-StAG[3] nur noch einheitlich vom rechtmäßigen gewöhnlichen Aufenthalt gesprochen wird.

---

[1] *Kirchberg/Herrmann* in: Quaas/Zuck, Prozesse in Verwaltungssachen, 2. Aufl. 2011, § 2 Rn. 89 ff.
[2] BayVGH, Urt. v. 5.5.2005 – 5 BV 04.3174 – www.asyl.net – Rechtsprechungsdatenbank.
[3] Vorläufige Anwendungshinweise des Bundesministeriums des Innern vom 1.6.2015 zum Staatsangehörigkeitsgesetz in der Fassung des 2. Gesetzes zur Änderung des Staatsangehörigkeitsgesetzes vom 13.11.2014, http://www.bmi.bund.de/SharedDocs/Standardartikel/DE/Themen/MigrationIntegration/Staatsang/VorlaeufigeAnwendungshinweise.html Nr. 10.1.1 iVm Nr. 4.3.1.2.

§ 7 Rechtsanspruch (§ 10 StAG)

4 Weil das Merkmal „rechtmäßiger gewöhnlicher Aufenthalt" im Gesetzeswortlaut mit einem unbestimmten Rechtsbegriff beschrieben ist, unterliegt es der vollen **richterlichen Überprüfung**.[4]

a) Rechtmäßiger Aufenthalt

5 Anrechenbare Aufenthaltszeiten[5] sind Zeiten, in denen der Ausländer

- ein Aufenthaltsrecht
  - als freizügigkeitsberechtigter Unionsbürger oder als gleichgestellter Staatsangehöriger eines EWR-Staates (Island, Liechtenstein, Norwegen) – § 12 Freizügigkeitsgesetz/EU – oder deren Familienangehöriger oder Lebenspartner – § 4 a Freizügigkeitsgesetz/EU – (nach § 5 Abs. 1 Freizügigkeitsgesetz/EU wird darüber für Familienangehörige, die nicht Unionsbürger sind, von Amts wegen eine Aufenthaltskarte ausgestellt) oder
  - gemäß Artikel 6 oder 7 des Beschlusses Nr. 1/80 des Assoziationsrates EWG-Türkei (die Aufenthaltserlaubnis nach § 4 Abs. 5 des Aufenthaltsgesetzes ist nur deklaratorisch) oder
- als Staatsangehöriger der Schweiz oder dessen Familienangehöriger aufgrund des Abkommens vom 21. Juni 1999 zwischen der Europäischen Gemeinschaft und ihren Mitgliedstaaten einerseits und der Schweizerischen Eidgenossenschaft andererseits über die Freizügigkeit (BGBl. 2001 II S. 810) eine Aufenthaltserlaubnis besessen hat.
- eine Niederlassungserlaubnis, eine Erlaubnis zum Daueraufenthalt-EG,[6] eine blaue Karte EU[7] oder eine Aufenthaltserlaubnis nach dem Aufenthaltsgesetz,
- eine Aufenthaltserlaubnis, eine Aufenthaltsberechtigung, eine Aufenthaltsbewilligung oder eine Aufenthaltsbefugnis nach dem bis zum 31. Dezember 2004 gültigen Ausländerrecht oder eine Aufenthaltserlaubnis-EG nach dem bis zum 31. Dezember 2004 gültigen Aufenthaltsgesetz/EWG oder der Freizügigkeitsverordnung-EG oder eine Aufenthaltserlaubnis-EU nach dem bis zum 27. August 2007 gültigen Freizügigkeitsgesetz oder
- in Fällen der unanfechtbaren Anerkennung als Asylberechtigter und in den Fällen der Zuerkennung der Flüchtlingseigenschaft gem. § 3 AsylG (bzw. vor dem 1.12.2013 der unanfechtbaren Feststellung der Voraussetzungen des § 60 Abs. 1 des Aufenthaltsgesetzes) durch das Bundesamt für Migration und Flüchtlinge eine Aufenthaltsgestattung nach dem Asylverfahrensgesetz (§ 55 des Asylverfahrensgesetzes)[8] besessen hat oder
- vom Erfordernis eines Aufenthaltstitels befreit oder deutscher Staatsangehöriger oder Statusdeutscher war.

6 Anrechenbare Aufenthaltszeiten sind ferner alle Zeiten, in denen

- der Aufenthalt des Ausländers als heimatloser Ausländer kraft Gesetzes erlaubt war,
- eine Erlaubnisfiktion nach § 81 Abs. 3 S. 1[9] und Abs. 4 S. 1 des Aufenthaltsgesetzes oder nach § 69 Abs. 3 des bis zum 31. Dezember 2004 gültigen Ausländergesetzes oder nach

---

4 Zur gerichtlichen Kontrolle der einzelnen Anspruchsvoraussetzungen: GK-StAR/*Berlit*, § 10 Rn. 40.
5 VglNr. 4.3.1.2 VAH-StAG.
6 Vgl. § 9 a ff. AufenthG.
7 § 19 a AufenthG.
8 Zum rechtmäßigen Aufenthalt während des Asylfolgeverfahrens: BVerwG Urt. v. 19.10.2011 – 5 C 28.10 – www.bverwg.de.
9 GK-StAR/*Berlit*, § 10 Rn. 112 mwN; str. BayVGH aaO, siehe V 5.

§ 68 Abs. 1 S. 2 des Asylverfahrensgesetzes in der bis zum 31. Dezember 2004 gültigen Fassung bestand oder
- der Ausländer über ein Aufenthaltsrecht nach dem Recht der ehemaligen DDR verfügte.

Zeiten einer Duldung[10] können grundsätzlich nicht angerechnet werden.

b) Gewöhnlicher Aufenthalt

Ein gewöhnlicher Aufenthalt – eine Legaldefinition dieses Merkmals im Staatsangehörigkeitsrecht gibt es nicht[11] – setzt voraus, dass der Aufenthalt **prinzipiell auf unbestimmte Dauer** angelegt ist.[12] Nach herrschender Auffassung entspricht der gewöhnliche Aufenthalt im Wesentlichen dem dauernden Aufenthalt iSd Art. 2 AG-StlMindÜbK.[13] Danach hat eine Person ihren „dauernden" Aufenthalt in Deutschland, wenn sie hier nicht nur vorübergehend, sondern auf unabsehbare Zeit lebt, so dass eine Beendigung des Aufenthalts ungewiss ist. Nach der Rechtsprechung des BVerfG[14] und des BVerwG[15] ist hierfür nicht Voraussetzung, dass ein bestimmter Aufenthaltstitel erteilt worden ist. Nicht erforderlich ist auch, dass der Aufenthalt mit Willen der Ausländerbehörde auf grundsätzlich unbeschränkte Zeit angelegt ist und sich zu einer voraussichtlich dauernden Niederlassung verfestigt hat.[16] Ein gewöhnlicher Aufenthalt erfordert auch keine förmliche Zustimmung der Ausländerbehörde.[17] Nach *Berlit*[18] stehen zeitlich befristete, eindeutig nicht für eine Verfestigung offene Aufenthaltstitel einem gewöhnlichen Aufenthalt regelmäßig, aber nicht notwendig entgegen; entscheidendes Kriterium ist die **prinzipielle Verfestigungsoffenheit** des Aufenthalts.

c) „Abdeckung"

Ob ein Aufenthalt bereits rechtmäßig ist, wenn ihm ein Aufenthaltstitel zu Grunde liegt, oder ob auch die Dauerhaftigkeit des Aufenthalts von der Rechtmäßigkeit „abgedeckt"[19] sein muss, ist strittig.

Der **BayVGH**[20] hat die Problematik folgendermaßen dargestellt:

„Mit Blick auf die unterschiedlichen aufenthaltsrechtlichen Legalisierungstatbestände verlangt das Bundesverwaltungsgericht [s. u.], dass die Rechtmäßigkeit sich auf den dauernden [dh gewöhnlichen] Aufenthalt beziehen, ihn „abdecken" muss.

Nicht die bloße Anwesenheit, sondern ein etwaiger Daueraufenthalt des Ausländers in Deutschland muss rechtmäßig sein. In Fällen eines genehmigungsbedürftigen Aufenthalts wird daher vorausgesetzt, dass die Aufenthaltsgenehmigung für einen dauernden, nicht bloß für einen vorübergehenden Aufenthaltszweck erteilt worden ist (BVerwG, Urt. v. 23.2.1993 – 1 C 45.90, BVerwGE 92, 116/126 f.)."

---

10 Bei § 10 StAG, anders bei der Ermessenseinbürgerung des § 8 StAG; bei Duldung nach später erfolgreichen Asylfolgeantrag beachte BVerwG, Urt. v. 19.10.2011 – 5 C 28.10 – www.bverwg.de.
11 Siehe aber § 30 Abs. 3 SGB I.
12 Statt vieler: GK-StAR/*Berlit*, § 10 Rn. 88 ff. und *Hailbronner/Renner/Maaßen*, § 10 Rn. 22 ff.
13 NK-AuslR/*Geyer*, StAG § 10 Rn. 7 mwN; BVerwG, Urt. v. 23.2.1993 – 1 C 45.90 – InfAuslR 1993, 268.
14 Beschl. v. 6.7.2004 – 1 BvL 4/97 ua, zum Kindergeld und 1 BvR 2515/95 – InfAuslR 2005, 116 ff., zum BErzG.
15 AaO., zu Art. 2 S. 1 des Gesetzes zur Verminderung der Staatenlosigkeit vom 29.6.1977, AG-StlMindÜbk. „dauernder Aufenthalt"; BVerwG, Urt. v. 18.11.2004 – 1 C 31.03, InfAuslR 2005, 215 ff. zu Art. 4 Abs. 3 StAG zum alten Recht.
16 BVerwG Fn. 13.
17 GK-StAR/*Berlit*, § 10 Rn. 93.
18 GK-StAR/*Berlit*, § 10 Rn. 101; zw. *Hailbronner/Renner/Maaßen*, § 10 Rn. 25.
19 *Hailbronner/Renner/Maaßen*, § 10 Rn. 29.
20 Urt. v. 5.5.2005 – 5 BV 04.3174 – www.asyl.net – Rechtsprechungsdatenbank.

11 Dabei hat das Gericht im Blick, dass gemäß § 26 Abs. 2 AufenthG die Aufenthaltserlaubnis aus völkerrechtlichen, humanitären oder politischen Gründen nicht verlängert werden darf, wenn das Ausreisehindernis oder die sonstigen einer Aufenthaltsbeendigung entgegenstehenden Gründe entfallen sind.

12 Dem hat *Berlit*[21] überzeugend unter Hinweis auf den Gesetzeswortlaut und die Notwendigkeit einer retrospektiven Bewertung des Aufenthalts bis zur Einbürgerung widersprochen. Nach seiner Ansicht ist der nicht nur vorübergehende Charakter des Aufenthalts nicht vom Zeitpunkt der jeweiligen Umstände des Aufenthalts, also prospektiv,[22] zu bewerten, sondern erst vom Zeitpunkt der Einbürgerungsentscheidung, also retrospektiv. Diese retrospektive Betrachtungsweise ist zu bevorzugen, weil sich erst in dieser ganzheitlichen Sicht der Charakter des Aufenthalts erkennen lässt. Allerdings hat das BVerwG klargestellt, dass nur Zeiten rechtmäßigen Aufenthalts berücksichtigt werden.[23]

d) Prüfung der einzelnen Aufenthaltsabschnitte

13 Das Merkmal „rechtmäßiger gewöhnlicher Aufenthalt" sollte für die aufenthaltsrechtlichen Grundlagen der einzelnen Anwesenheitszeiträume je gesondert geprüft werden.

14 Für die hier strittigen **Zeiten der** der Aufenthaltserlaubnis gemäß § 25 Abs. 3 AufenthG ist also auf die VAH-StAG[24] und die Argumentation *Berlits*[25] zurückzugreifen. Zwar wird die gemäß § 25 Abs. 3 AufenthG zu gewährende Aufenthaltserlaubnis gemäß § 26 Abs. 1 S. 4 AufenthG für mindestens ein Jahr erteilt und darf gemäß § 26 Abs. 2 AufenthG nicht verlängert werden, wenn die der Aufenthaltsbeendigung entgegenstehenden Gründe entfallen sind. Letztendlich sagt aber § 26 Abs. 2 AufenthG nichts darüber aus, wie lange die einer Aufenthaltserlaubnis zugrunde liegenden Umstände andauern. Dabei ist auch zu berücksichtigen, dass das Aufenthaltsgesetz zB mit § 25 Abs. 4 Aufenthaltserlaubnisse zu ausdrücklich vorübergehendem Aufenthalt kennt. Es ist also je nach Tatsachenlage zu bewerten.[26]

3. Qualifizierter Aufenthaltstitel

15 Der Einbürgerungsbewerber muss gemäß § 10 Abs. 1 S 1 Nr. 2 StAG im Zeitpunkt der Einbürgerung

- ein unbefristetes Aufenthaltsrecht,
- als Staatsangehöriger der Schweiz oder dessen Familienangehöriger eine Aufenthaltserlaubnis gemäß Abkommen zwischen der EU und der Schweiz vom 21.6.1999,
- eine blaue Karte EU gem. § 19 a AufenthG oder
- eine qualifizierte Aufenthaltserlaubnis nach dem Aufenthaltsgesetz besitzen.

16 **Inhaber von Aufenthaltserlaubnissen** gemäß §§ 16, 17, 17 a, 20, 22, 23 Abs. 1, §§ 23 a, 24 und 25 Abs. 3 bis 5 AufenthG sind von der Einbürgerung ausgeschlossen.[27] Bei Aufenthaltserlaubnissen gem. § 25 Abs. 3 AufenthG, die auf einer vor dem 1.12.2013 erfolgten Feststel-

---

21 In GK-StAR, § 10 Rn. 129 ff.; vgl. NK-AuslR/*Geyer*, StAG § 10 Rn. 9.
22 So auch *Hailbronner/Renner/Maaßen*, § 10 Rn. 25.
23 Urt. v. 29.3.2007 – 5 C 8.06 zu § 4 Abs. 3 StAG – www.bverwg.de; krit. hierzu: NK-AuslR/*Geyer*, StAG § 10 Rn. 9; zu Duldungszeiten im später erfolgreichen Asylfolgeverfahren: Urt. v. 19.10.2011 – 5 C 28.10 – www.bverwg.de.
24 Nr. 4.3.1.2.
25 Nr. 129 ff.
26 GK-StAR/*Berlit*, § 10 Rn. 128.
27 Von dieser Ausschlussregelung sind also nicht die Aufenthaltserlaubnisse der §§ 25 a, 25 b AufenthG („Altfallregelungen") erfasst.

lung eines unionsrechtlichen Abschiebungsverbotes gemäß § 60 Abs. 2, 3 oder 7 S. 2 AufenthG beruhen, ist § 104 Abs. 8 AufenthG zu beachten. Ihre Inhaber gelten als subsidiär Schutzberechtigte und sind wegen § 25 Abs. 2 S. 1 zweite Alternative AufenthG nicht von der Einbürgerung gem. § 10 Abs. 1 S. 1 Nr. 2 StAG ausgeschlossen. Aufenthaltszeiten auf dieser Basis vor dem 1.12.2013 stehen Zeiten des Besitzes einer Aufenthaltserlaubnis gem. § 25 Abs. 2 S. 1 zweite Alternative AufenthG gleich.

Der Einbürgerungsbewerber muss **im Besitz des Titels** sein, ein Anspruch genügt nicht.[28] Ein unbefristetes Aufenthaltsrecht besitzen nach den VAH-StAG[29] folgende Personengruppen: 17

- Freizügigkeitsberechtigte Unionsbürger und
- gleichgestellte Staatsangehörige eines EWR-Staates (Island, Liechtenstein, Norwegen) sowie
- deren Familienangehörige[30] und Lebenspartner,
- türkische Staatsangehörige, die unter Art. 6 und 7 des Beschlusses Nr. 1/80 des Assoziationsrates EWG-Türkei fallen,
- Ausländer mit einer Niederlassungserlaubnis oder Erlaubnis zum Daueraufenthalt-EU nach dem Aufenthaltsgesetz oder
- heimatlose Ausländer nach § 1 des Gesetzes über die Rechtsstellung heimatloser Ausländer im Bundesgebiet vom 25. April 1951 (BGBl. I S. 269).

Nach hier vertretener Auffassung kann aus § 10 Abs. 1 S. 1 Nr. 2 StAG nichts für die Beurteilung des rechtmäßigen gewöhnlichen Aufenthalts hergeleitet werden.[31] Denn entscheidend ist eine prinzipielle Verfestigungsoffenheit. Zudem hat die Beurteilung retrospektiv zu erfolgen.[32] 18

4. Bindungswirkung der VAH-StAG

Als durch einen unbestimmten Rechtsbegriff bezeichnete Voraussetzung kann das Merkmal „rechtmäßiger gewöhnlicher Aufenthalt" durch **Verwaltungsvorschriften**, die „Vorläufigen Anwendungshinweise des Bundesministeriums des Innern vom 1.6.2015 zum Staatsangehörigkeitsgesetz in der Fassung des Gesetzes zur Änderung des Staatsangehörigkeitsgesetzes vom 13.11.2014 (BGBl. I S. 1714)"[33] oder die verschiedenen Landeserlasse, nicht in einer die Gerichte bindenden Weise definiert werden. Dies hat der Bayerische VGH[34] völlig zutreffend festgestellt. Das gilt auch im Hinblick darauf, dass zahlreiche Passagen der VAH-StAG wörtlich aus der Allgemeinen Verwaltungsvorschrift zum Staatsangehörigkeitsrecht (StaR-VwV) vom 13.12.2000[35] übernommen worden sind. Denn auch die StAR-VwV banden die Gerichtsbarkeit nicht bei der Auslegung unbestimmter Rechtsbegriffe. 19

Ob und wann die StAR-VwV neu gefasst werden, ist nicht abzusehen. 20

---

28 *Hailbronner/Renner/Maaßen*, § 10 Rn. 26.
29 Nr. 10.1.1.2 (der Verweis auf Nr. 4.3.1.3 darf nicht dahin missverstanden werden, dass in jedem Fall ein unbefristetes Aufenthaltsrecht erforderlich sei, siehe ausdrücklich Nr. 10.1.1.2 Buchst.c): „... oder eine Aufenthaltserlaubnis nach dem Aufenthaltsgesetz".
30 ZB Aufenthaltskarte für Familienangehörige, die nicht selbst Unionsbürger sind, § 5 FreizügG-/EU nF.
31 *Hailbronner/Renner/Maaßen*, § 10 Rn. 25.
32 GK-StAR/*Berlit*, § 10 Rn. 129 ff., 132.
33 http://www.bmi.bund.de/SharedDocs/Standardartikel/DE/Themen/MigrationIntegration/Staatsang/VorlaeufigeAnwendungshinweise.html.
34 Urt. v. 5.5.2005 – 5 BV 04.3174 – www.asyl.net – Rechtsprechungsdatenbank.
35 BAnz.2001 Nr. 21 a; GMBL. 2001, S. 122.

21 Für die „Bindungswirkung" von Verwaltungsvorschriften im Rahmen der Ermessenseinbürgerung gilt grundsätzlich Anderes.³⁶

5. Besondere Beratungshinweise

22 Liegt eine Vollmacht vor? Frist zur Stellungnahme prüfen und notieren, ggfs. um Fristverlängerung bitten; Einsicht in die Einbürgerungsakten und die Akten der Ausländerbehörde; Mandantengespräch; Anspruchsvoraussetzungen prüfen, insbesondere eine Historie der erteilten Aufenthaltsrechte erstellen, vorsorglich Ermessenseinbürgerung prüfen.³⁷

III. Muster: Stellungnahme an die Einbürgerungsbehörde

23 ▶ Stadtverwaltung ...

Einbürgerungsbehörde

...

unter Vollmachtsvorlage zeigen wir an, dass wir den Einbürgerungsbewerber anwaltlich vertreten. Ihr Schreiben vom ... an unseren Mandanten liegt uns vor.

Der Einbürgerungsantrag bleibt aufrecht erhalten.

Der gemäß § 80 AufenthG handlungsfähige Einbürgerungsbewerber erfüllt alle Voraussetzungen für einen Einbürgerungsanspruch.

Er hat das Bekenntnis zur freiheitlich demokratischen Grundordnung und die Loyalitätserklärung abgegeben; Sicherheitsbedenken sind weder von Ihrer Behörde vorgetragen worden noch gibt es Anlass für sie (§§ 10 Abs. 1 S. 1 Nr. 1 iVm § 11 S. 1 Nr. 1 und Nr. 2 StAG). Der Einbürgerungsbewerber besitzt ein unbefristetes Aufenthaltsrecht, nämlich eine Niederlassungserlaubnis (§ 10 Abs. 1 S. 1 Nr. 2 StAG). Sein Lebensunterhalt ist gesichert (§ 10 Abs. 1 S. 1 Nr. 3 StAG). Gemäß Art. 10 des Gesetzes Nr. 28 über die somalische Staatsangehörigkeit und Verordnung vom 19.2.1963, vgl. GK-StAR VII – 6, verliert der Einbürgerungsbewerber mit der Einbürgerung in den deutschen Staatsverband seine somalische Staatsangehörigkeit automatisch (§ 10 Abs. 1 S. 1 Nr. 4 StAG). Der Einbürgerungsbewerber ist strafrechtlich nicht in Erscheinung getreten (§ 10 Abs. 1 Nr. 5 StAG). Ferner ist mit dem Bestehen des Deutsch-Tests für Zuwanderer auf dem Gesamtniveau B1 nachgewiesen, dass der Einbürgerungsbewerber über ausreichende Sprachkenntnisse verfügt (§ 10 Abs. 1 S. 1 Nr. 6 StAG). Auch verfügt der Einbürgerungsbewerber über Kenntnisse der Rechts- und Gesellschaftsordnung und der Lebensverhältnisse in Deutschland (§ 10 Abs. 1 S. 1 Nr. 7 StAG).

Der Aufenthalt des Einbürgerungsbewerbers im Bundesgebiet ist seit mindestens acht Jahren rechtmäßig. denn er erhielt vor neun Jahren eine Aufenthaltserlaubnis nach § 25 Abs. 3 AufenthG (VAH-StAG Nr. 10.1.1 iVm Nr. 4.3.1.2 Buchst. c) und vor kurzem eine Niederlassungserlaubnis gemäß § 26 Abs. 4 AufenthG.

Entgegen der Auffassung Ihrer Behörde ist der Aufenthalt des Einbürgerungsbewerbers auch seit mindestens acht Jahren ein gewöhnlicher Aufenthalt iSd § 10 Abs. 1 StAG. Dem steht nicht entgegen, dass der Einbürgerungsbewerber zeitweise im Besitz einer Aufenthaltserlaubnis gemäß § 25 Abs. 3 AufenthG war. Denn eine Person hat ihren „dauernden" Aufenthalt in Deutschland, wenn sie

---

36 GK-StAR/*Marx*, § 8 Rn. 517 ff.; sehr instruktiv BVerwG, Urt. v. 8.3.1988 – 1 C 55.86, E 79, 94 = InfAuslR 1988, 189, zum unbestimmten Rechtsbegriff „gewährleistet ist, dass sie sich in die deutschen Lebensverhältnisse einordnen" in § 9 Abs. 1 StAG; siehe § 8 Rn. 9 f.
37 Zum Verwaltungsverfahren siehe *Kirchberg/Herrmann* in: Quaas/Zuck, Prozesse in Verwaltungssachen, 2. Aufl. 2011, § 2 Rn. 1 ff.

hier nicht nur vorübergehend, sondern auf unabsehbare Zeit lebt, so dass eine Beendigung des Aufenthalts ungewiss ist. Für den gewöhnlichen Aufenthalt kommt es nicht darauf an, ob und gegebenenfalls welchen Aufenthaltstitel die Ausländerbehörde erteilt hat (BVerwG, Urt. v. 23.2.1993 – 1 C 45.90, E 92, 116 = InfAuslR 1993, 268 ff.). Eine derartige schematische Betrachtungsweise hat auch das BVerfG in seinen Entscheidungen zum Kindergeld und zum Bundeserziehungsgeld für Befugnisinhaber (Beschlüsse v. 6.7.2004 – 1 BvL 4/97 ua, www.asyl.net Kindergeld und 1 BvR 2515/95 – InfAuslR 2005, 116 ff. BErzG) verworfen. Entscheidend ist vielmehr, dass der Aufenthalt des Einbürgerungsbewerbers nicht typischerweise nur von vorübergehender Natur ist. Von einem derartigen vorübergehenden Aufenthalt müsste man etwa bei § 8 Abs. 2 AufenthG ausgehen, wenn die zuständige Behörde die Verlängerung der Aufenthaltserlaubnis zu einem seiner Zweckbestimmung nach nur vorübergehenden Aufenthalt nach schon bei der Erteilung oder der zuletzt erfolgten Verlängerung ausgeschlossen hat. Ausreichend hingegen ist für einen gewöhnlichen Aufenthalt, dass der Aufenthalt „verfestigungsoffen" ist. Deshalb indiziert auch die vorliegend erteilten Aufenthaltserlaubnis gem. § 25 Abs. 3 AufenthG im Hinblick auf § 26 Abs. 4 AufenthG wegen ihrer Verfestigungsoffenheit einen gewöhnlichen Aufenthalt. Denn gemäß § 26 Abs. 4 AufenthG kann einem Ausländer, der seit fünf Jahren eine Aufenthaltserlaubnis gemäß § 25 Abs. 3 AufenthG besitzt, eine Niederlassungserlaubnis erteilt werden. Eine derartige Niederlassungserlaubnis hat der Einbürgerungsbewerber inne. Eine Anrechenbarkeit ergibt sich auch aus den VAH-StAG, Nr. 10.1 iVm Nr. 4.3.1.2 Buchst. d, in denen – abweichend von Ziff. 85.1. AuslG-VwV ausdrücklich auch vom gewöhnlichen rechtmäßigen Aufenthalt die Rede ist.

Rechtsanwalt ◀

IV. Fehlerquellen / Haftungsfallen
1. Verlust der bisherigen Staatsangehörigkeit

Für den richtigen Antrag – auf Einbürgerung oder auf Einbürgerungszusicherung – ist auf die Frage des **Verlustes der bisherigen Staatsangehörigkeit** zu achten.[38] Da somalische Staatsangehörige bei Annahme einer anderen Staatsangehörigkeit automatisch ihre bisherige Staatsangehörigkeit verlieren,[39] kann hier gleich die Einbürgerung und nicht erst die Einbürgerungszusicherung beantragt werden.

24

2. Prüfung der Aufenthaltsgrundlagen

Die jeweiligen Aufenthaltsgrundlagen zu den verschiedenen Zeiträumen sind sorgfältig nach Rechtmäßigkeit und „Gewöhnlichkeit" des Aufenthalts zu prüfen. Dabei ist zu beachten, dass auch das Aufenthaltsgesetz seit seinem Inkrafttreten zum 1.1.2005 zahlreichen Modifikationen unterworfen wurde. Insbesondere muss bei Aufenthaltserlaubnissen gem. § 25 Abs. 3 AufenthG, die vor dem 1.12.2013 erteilt wurden, geprüft werden, ob ihr ein unionsrechtliches Abschiebungsverbot gem. § 60 Abs. 2, 3 oder 7 S. 2 AufenthG in der bis zum 1.12.2013 gültigen Fassung zu Grunde lag. Denn einerseits gelten Inhaber derartiger Aufenthaltserlaubnis als Aufenthaltserlaubnisse gem. § 104 Abs. 9 AufenthG als subsidiär Geschützte und andererseits sind die entsprechenden Aufenthaltszeiten anzurechnen. Besonderes Augenmerk ist auch auf **Unterbrechungen** des Aufenthalts zu richten.

25

---
38 Vgl. Rn. 116 ff. und 143 ff.
39 GK-StAR VII-6.

26 Hierzu wird man sich nicht allein auf die Angaben des Einbürgerungsbewerbers verlassen können. Es ist also Einsicht in die Akten der Einbürgerungsbehörde und der Ausländerbehörde zu nehmen.

3. Ermessenseinbürgerung

27 Die Prüfung darf nicht auf die Anspruchseinbürgerung verengt werden. Vielmehr ist auch zu prüfen – und gegebenenfalls geltend zu machen – ob eine **Ermessenseinbürgerung** in Betracht kommt.[40]

V. Weiterführende Hinweise
1. Handlungsfähigkeit und gesetzliche Vertretung

28 Gemäß § 10 Abs. 1 S 1 Nr. 1 StAG muss der Einbürgerungsbewerber handlungsfähig oder gesetzlich vertreten sein. Gemäß § 37 Abs. 1 StAG ist ein Ausländer handlungsfähig, wenn er das 16. Lebensjahr vollendet hat, sofern er nicht nach Maßgabe des BGB geschäftsunfähig oder im Falle seiner Volljährigkeit in dieser Angelegenheit zu betreuen und einem Einwilligungsvorbehalt zu unterstellen wäre.

29 Die Handlungsfähigkeit ist auch für das Bekenntnis zur freiheitlichen demokratischen Grundordnung und die Loyalitätserklärung gemäß § 10 Abs. 1 S. 1 Nr. 1 StAG und die Kenntnisse der Rechts- und Gesellschaftsordnung und die Lebensverhältnisse in Deutschland gemäß § 10 Abs. 1 S. 1 Nr. 7 StAG von Bedeutung. Der Handlungsunfähige ist gemäß § 10 Abs. 1 S. 2 StAG von beiden Einbürgerungsvoraussetzungen befreit.

2. Zum Einbürgerungsverfahren

30 Die Einbürgerung nach § 10 StAG setzt einen **Antrag** voraus.[41] Das Verfahren besteht aus mehreren Abschnitten.

31 Zunächst wendet sich der Einbürgerungsbewerber an die **örtlich**[42] **zuständige Einbürgerungsbehörde**. In der Regel wird er ein Antragsformular erhalten, das er der Behörde ausgefüllt und mit den verschiedenen erforderlichen Unterlagen einreicht.[43] Der Einbürgerungsantrag kann formlos,[44] s. im Einzelnen § 8 Rn. 76, gestellt werden.

32 Die Einbürgerungsbehörde wird dann prüfen und im Rahmen dieser Prüfung erforderlichenfalls auch ein Gespräch mit dem Einbürgerungsbewerber[45] führen, etwa zu den Kenntnissen der deutschen Sprache[46] und der Rechts- und Gesellschaftsordnung und der Lebensverhältnisse in Deutschland,[47] zum Bekenntnis zur freiheitlichen demokratischen Grundordnung und zur Loyalitätserklärung[48] usw.

33 Wenn die Rechtslage des Herkunftsstaates keinen automatischen Verlust der bisherigen Staatsangehörigkeit vorsieht und auch sonst nicht von einer Ausnahme vom Grundsatz des

---

40 § 8 Rn. 1 ff.
41 GK-StAR/*Berlit*, § 10 Rn. 57 ff.; *Hailbronner/Renner/Maaßen*, § 10 Rn. 13.
42 GK-StAR/*Marx*, § 8 Rn. 473.
43 GK-StAR/*Marx*, § 8 Rn. 463.
44 GK-StAR/*Berlit*, § 10 Rn. 71 ff.
45 GK-StAR/*Marx*, § 8 Rn. 464 ff.
46 § 10 Abs. 1 S. 1 Nr. 6 StAG.
47 § 10 Abs. 1 S. 1 Nr. 7 StAG in Kraft ab 1.9.2008.
48 § 10 Abs. 1 S. 1 Nr. 1 StAG.

Verlustes der bisherigen Staatsangehörigkeit auszugehen ist, wird die Einbürgerungsbehörde nicht sogleich einbürgern, sondern zunächst eine **Einbürgerungszusicherung**[49] erteilen.

Mit dieser Einbürgerungszusicherung kann sich der Einbürgerungsbewerber um die Entlassung aus seiner bisherigen Staatsangehörigkeit kümmern. Gelingt ihm die Entlassung, wird – wenn sich nichts Wesentliches geändert hat – die Einbürgerung durch Übergabe der Einbürgerungsurkunde[50] vollzogen. Vor der Aushändigung ist ein zusätzliches **feierliches Bekenntnis** abzulegen ist.[51]

Will die Einbürgerungsbehörde den Einbürgerungsantrag **ablehnen**, muss sie den Einbürgerungsbewerber zunächst anhören.[52] Gegen die Ablehnung des Einbürgerungsantrags kann in den Bundesländern, die das Widerspruchsverfahren nicht abgeschafft haben, Widerspruch erhoben werden. Wird der Widerspruch zurückgewiesen, kann Klage erhoben werden, und im weiteren Verlauf können die üblichen Rechtsmittel im Verwaltungsgerichtsverfahren eingelegt werden. Hat das entsprechende Bundesland das Widerspruchsverfahren abgeschafft, kann sogleich Klage erhoben werden. Kann wegen des fehlenden Verlustes der bisherigen Staatsangehörigkeit zunächst nur eine Einbürgerungszusicherung erlangt werden, sind die Anträge im Rechtmittelverfahren entsprechend zu stellen. Der **Gegenstandswert** beträgt 10.000 EUR pro Einbürgerungsbewerber.

3. Entscheidungserheblicher Zeitpunkt

Im Verwaltungsverfahren ist für die Entscheidung nicht der Zeitpunkt der Antragstellung erheblich, sondern der **Zeitpunkt der Entscheidung**. Im Gerichtsverfahren ist erheblich der Zeitpunkt der letzten mündlichen Verhandlung der letzten Tatsacheninstanz, da Klagen auf Einbürgerung Verpflichtungsklagen sind.[53]

4. Anspruch und Ermessen

Für das Einbürgerungsverfahren gibt es grundsätzlich zwei Möglichkeiten. Einerseits die Anspruchseinbürgerung gemäß § 10 ff. StAG mit den dort im Einzelnen aufgeführten Anspruchsvoraussetzungen. Andererseits gibt es die Ermessenseinbürgerung der §§ 8, 9, 13 und 14 StAG. Liegen die Anspruchsvoraussetzungen nicht vor, kann immer noch geprüft werden, ob eine Ermessenseinbürgerung erfolgen kann. Der Antrag eines Ausländers auf Einbürgerung in den deutschen Staatsverband ist grundsätzlich sowohl im Verwaltungsverfahren als auch im gerichtlichen Verfahren unter sämtlichen denkbaren Anspruchsgrundlagen zu prüfen. Der Antrag ist regelmäßig auf die Einbürgerung in den deutschen Staatsverband gerichtet; unabhängig davon, auf welcher Rechtsgrundlage diese beruht. Dies gilt allerdings nicht, wenn der Einbürgerungsbewerber von der Möglichkeit Gebrauch macht, seinen Antrag auf eine bestimmte Rechtsgrundlage zu beschränken. Eine solche Beschränkung setzt eine eindeutige Erklärung des Ausländers voraus, der ein entsprechender Wille unzweifelhaft zu entneh-

---

[49] GK-StAR/*Marx*, § 8 Rn. 491; zur Einbürgerungszusicherung im Einzelnen D Rn. 116 ff.
[50] § 16 S. 1 StAG.
[51] § 16 S. 2 StAG: „Ich erkläre feierlich, dass ich das Grundgesetz und die Gesetze der Bundesrepublik Deutschland achten und alles unterlassen werde, was ihr schaden könnte."
[52] § 28 VwVfG der Länder.
[53] GK-StAR/*Marx*, § 8 Rn. 521; BVerwG Urt. v. 20.10.2005 – 5 C 8.05 – www.bverwg.de; zu § 40 c StAG siehe VGH BW 6.3.2009 – 13 S 2080/07 – www.asyl.net – Rechtsprechungsdatenbank, und *Berlit*, InfAuslR 2007, 457, 466: es ist jeweils auf das einzelne Tatbestandsmerkmal bezogen die jeweils günstigere Regelung anzuwenden.

men ist.⁵⁴ Allerdings können die **Zuständigkeiten** für eine Anspruchseinbürgerung einerseits und eine Ermessenseinbürgerung andererseits **auseinanderfallen**.⁵⁵

5. Problemfälle des rechtmäßigen gewöhnlichen Aufenthalts

38 Das Verständnis des rechtmäßigen gewöhnlichen Aufenthalts als dreigliedrige Struktur (Rechtmäßigkeit – Dauer – Abdeckung der Dauer durch die Rechtmäßigkeit) führt immer wieder zu problematischen Konstellationen.

a) Aufenthaltsgestattung

39 Eine Aufenthaltsgestattung zur **Durchführung eines Asylverfahrens** begründet zunächst keinen gewöhnlichen Aufenthalt.⁵⁶ Im Falle einer Anerkennung als Asylberechtigter und der Zuerkennung internationalen Schutzes sind die Zeiten der Aufenthaltsgestattung jedoch gemäß § 55 Abs. 3 AsylG anzurechnen.⁵⁷

40 Nach vom Bundesverwaltungsgericht⁵⁸ verworfener Regelung in den VAH-StAG vom 15.2.2005⁵⁹ lag ebenfalls ein rechtmäßiger gewöhnlicher Aufenthalt vor, wenn nach Ablehnung des Asylantrags im weiteren Verlauf eine Aufenthaltsverfestigung in eine unbefristete Aufenthaltserlaubnis gemäß § 35 Abs. 1 S. 2 AuslG stattgefunden hatte.

41 Dies auch für den Fall der Aufenthaltsverfestigung in eine Niederlassungserlaubnis gemäß § 26 Abs. 4 S. 3 AufenthG.⁶⁰

b) Duldung

42 Das BVerwG⁶¹ sieht in Duldungszeiten keine Zeiten rechtmäßigen gewöhnlichen Aufenthalts. Etwas anderes gilt für Duldungen während eines später erfolgreichen Asylfolgeverfahrens. Sie werden ab Antragstellung berücksichtigt.⁶² Nicht von vornherein ausgeschlossen erscheint nach hier vertretener Ansicht die Anrechnung von Duldungszeiten bei der **Ermessenseinbürgerung**, s. § 8 Rn. 15.

c) Fiktionswirkung

43 Der Fiktionswirkung kann nicht⁶³ in jedem Fall der Charakter eines rechtmäßigen gewöhnlichen Aufenthalts abgesprochen werden.⁶⁴ Dies gilt jedenfalls dann, wenn auf den die Fik-

---

54 BVerwG, Urt. v. 20.3.2012 – 5 C 1.11 – www.bverwg.de.
55 GK-StAR/*Marx*, § 8 Rn. 480.
56 BVerwG, Urt. v. 19.3.2002 – 1 C 19.01, InfAuslR 2002, 394 ff. zu § 16 AuslG (Wiederkehroption nach achtjährigem rechtmäßigem gewöhnlichen Aufenthalt, heute § 37 Abs. 1 Nr. 1 AufenthG); GK-StAR/*Berlit*, § 10 Rn. 117 f.
57 Jetzt ausdrücklich für die Asylberechtigung und die Flüchtlingseigenschaft: VAH-StAG Nr. 4.3.1.2 Buchst. e; zum Folgeverfahren VGH BW Urt. v. 21.10.2010 – 11 S 1580/10 – www.asyl.net – Rechtsprechungsdatenbank und BVerwG, Urt. v. 19.10.2011 – 5 C 28.10 – www.bverwg.de.
58 Urt. v. 29.3.2007 – 5 C 8.06 – www.bverwg.de – zu § 4 Abs. 3 StAG; so schon BayVGH, Urt. v. 14.4.2005 – 5 BV 03.3089; krit. *Göbel-Zimmermann/Eichhorn*, ZAR 2010, 293, 297 mwN
59 Nr. 4.3.1.2 Buchst. d 2. u. 3. Alt.; siehe jetzt VAH-StAG 4.3.1.2, ergänzende Anmerkung hinter Buchst. e.
60 NK-AuslR/*Geyer*, StAG § 10 Rn. 9.
61 BVerwG, Urt. v. 29.3.2007 – 5 C 8.06 – www.bverwg.de.
62 BVerwG, Urt. v. 19.10.2011 – 5 C 28.10 – www.bverwg.de; siehe aber auch den Fall der „verkappten Aufenthaltserlaubnis": BVerwG, Urt. v. 16.10.1990 – 1 C 15.88, E 87, 11, 20 = InfAuslR 1991, 72 ff.; GK-StAR/*Berlit*, § 10 Rn. 120 f.
63 VAH-StAG Nr. 4.3.1.2 Buchst. h.
64 Siehe aber BVerwG, Urt. v. 16.10.1990 – 1 C 15.88, E 87,11,20 = InfAuslR 1991, 72 ff.; BayVGH, Urt. v. 3.5.2005 – 5 BV 04.3174.

tionswirkung auslösenden Antrag der Aufenthalt erlaubt bzw. verlängert wird.⁶⁵ Es muss also die Zeit der Fiktionswirkung im Hinblick auf den dann erteilten Aufenthalt und in der weiteren Folge **retrospektiv bewertet** werden.

Sorgfältig davon zu unterscheiden ist die Frage, ob die Fiktionswirkung eine hinreichende Grundlage für die Einbürgerung iSd „Besitzes einer Aufenthaltserlaubnis" gemäß § 10 Abs. 1 Satz 1 Nr. 2 StAG ist.⁶⁶

d) Altfallregelungen

Nach hier vertretener Auffassung sind Aufenthaltserlaubnisse auf der Basis von Altfallregelungen gem. § 23 AufenthG verfestigungsoffen; sie vermitteln einen rechtmäßigen gewöhnlichen Aufenthalt. Gleiches gilt für die Regelungen des § 25 a AufenthG (Aufenthaltsgewährung bei gut integrierten Jugendlichen) und des § 25 b AufenthG (Aufenthaltsgewährung bei nachhaltiger Integration, stichtagslose Altfallregelung).⁶⁷

44

e) Studierende

Das Aufenthaltsgesetz sieht eine ausdrückliche Regelung des Studienaufenthalts in § 16 AufenthG vor, die gemäß Abs. 4 dieser Vorschrift den Weg in einen Aufenthalt zum Zwecke der Erwerbstätigkeit eröffnet und damit – gerade im Hinblick auf die Öffnung des Arbeitsmarktes für Ausländer mit einem inländischen Hochschulabschluss⁶⁸ – prinzipiell **verfestigungsoffen ist**.⁶⁹

45

f) Kinder

Kinder und Jugendliche folgen idR den Eltern im gewöhnlichen Aufenthalt.⁷⁰

46

6. Unterbrechungen des Aufenthalts

Die Unterscheidung zwischen den Merkmalen „gewöhnlich" und „rechtmäßig" ist auch bei Unterbrechungen des Aufenthalts⁷¹ zu beachten.

47

a) Auslandsaufenthalte

Gemäß § 12 b Abs. 1 S. 1 StAG sind Auslandsaufenthalte bis einschließlich sechs Monaten (lediglich!) für das **Merkmal „gewöhnlich"** unschädlich. Die Rechtmäßigkeit des Aufenthalts ist dagegen nach § 51 Abs. 1 Nrn. 6 und 7 AufenthG zu beurteilen. War also der Einbürgerungsbewerber aus einem seiner Natur nach nicht nur vorübergehenden Zweck ausgereist und später wieder eingereist, war die Rechtmäßigkeit des Aufenthalts entfallen.⁷² Auch bei Vereinbarungen mit der Ausländerbehörde gemäß § 12 b Abs. 1 S. 2 StAG iVm § 51 Abs. 1

48

---

65 NK-AuslR/*Geyer*, StAG § 10 Rn. 9 zur Rechtmäßigkeit, ähnlich auch zu den Fällen des § 84 Abs. 2 Satz 3 AufenthG (Anwesenheit nach Widerspruch und nach Klage, wenn der angefochtene Bescheid aufgehoben wird); GK-StAR/*Berlit*, § 10 Rn. 112.
66 Differenzierend NK-AuslR/*Geyer*, StAG, § 10 Rn. 16; aA GK-StAR/*Berlit*, § 10 Rn. 209.
67 Zu § 104 a AufenthG: NK-AuslR/*Geyer*StAG, § 10 Rn. 9.
68 Vgl. §§ 18, 18 b, 19 und 19 a AufenthG, siehe auch § 2 BeschV.
69 Im Rahmen von § 4 Abs. 3 StAG BVerwG, Urt. v. 2016 – 1 C 9.15, zit. nach Presseerklärung Nr. 31/2016 – www.bverwg.de –, deshalb jetzt für Berücksichtigung von Aufenthaltserlaubnissen zu Studienzwecken; GK-StAR/*Berlit*, § 10 Rn. 127; NK-AuslR/*Geyer*, StAG § 10 Rn. 7mwN; aA wohl *Hailbronner/Renner/Maaßen*, § 10 Rn. 25; instruktiv, auch zur Rechtslage unter dem AuslG: OVG Sachsen, Urt. v. 5.9.2013 –3 A 793/12 – www.asyl.net – Rechtsgebiete > Einbürgerung/Staatsangehörigkeit.
70 GK-StAR/*Berlit*, § 10 Rn. 107; *Hailbronner/Renner/Maaßen*, § 10 Rn. 22.
71 Siehe § 12 b StAG.
72 GK-StAR/*Berlit*, § 12 b Rn. 174.

Nr. 7 AufenthG ist also sorgfältig darauf zu achten, dass nicht nur die Dauerhaftigkeit des Aufenthalts, sondern auch die Rechtmäßigkeit erhalten bleibt.

49 Gemäß § 12 b Abs. 2 StAG kann nach längerer Abwesenheit und späterer Wiedereinreise mit erneuter Begründung des gewöhnlichen rechtmäßigen Aufenthalts die frühere Aufenthaltszeit im Inland auf die für die Einbürgerung erforderliche Aufenthaltsdauer bis zu maximal fünf Jahren **angerechnet** werden.[73]

b) Verspäteter Antrag auf Erteilung bzw. Verlängerung der Aufenthaltserlaubnis

50 Unterbrechungen der **Rechtmäßigkeit** infolge nicht rechtzeitigen Erstantrags auf Erteilung einer Aufenthaltserlaubnis bzw. nicht rechtzeitigen Verlängerungsantrags bleiben gemäß § 12 b Abs. 3 StAG – auch für den gewöhnlichen Aufenthalt – außer Betracht. Allerdings schränken die VAH-StAG[74] dies auf den Fall ein, dass die Unterbrechung bei der Erteilung des Aufenthaltstitels außer Betracht geblieben ist.[75]

7. Ungültigkeit des Passes

51 Bei Ablauf der Gültigkeit des Passes wird der Aufenthalt nicht automatisch rechtswidrig.[76] Vielmehr kann die Ausländerbehörde den Aufenthaltstitel gemäß § 52 Abs. 1 S. 1 Nr. 1 AufenthG[77] widerrufen.

8. Verkürzung der 8-Jahres-Frist

52 Gemäß § 10 Abs. 1 S. 1 Hs. 1 StAG beträgt der erforderliche **Mindestaufenthalt acht Jahre**. Kann der Einbürgerungsbewerber die erfolgreiche **Teilnahme** an einem **Integrationskurs** durch Vorlage einer entsprechenden Bescheinigung des Bundesamtes für Migration und Flüchtlinge nachweisen, reduziert sich der Zeitraum gemäß § 10 Abs. 3 S. 1 StAG auf sieben Jahre. Bei Vorliegen besonderer Integrationsleistungen, insbesondere beim **Nachweis von Sprachkenntnissen**, die die Anforderungen der Sprachprüfung zum Zertifikat Deutsch übersteigen, kann die erforderliche Mindestaufenthaltszeit gemäß § 10 Abs. 3 S. 2 StAG auf sechs Jahre verkürzt werden.[78]

9. Weitere Anwendungen

a) Ermessenseinbürgerung gemäß § 8 StAG

53 Der rechtmäßige gewöhnliche Aufenthalt im Inland ist zunächst ein **Tatbestandsmerkmal** des § 8 StAG. Auf Ermessensebene wird dann – mit anderen Anrechnungsregeln – ein rechtmäßiger achtjähriger Aufenthalt im Inland verlangt.

b) Einbürgerung von Ehegatten Deutscher gemäß § 9 StAG

54 Wegen des Verweises auf § 8 StAG ist der rechtmäßiger gewöhnlicher Aufenthalt bei der Einbürgerung von Ehegatten Deutscher ebenfalls Tatbestandsmerkmal. Die Aufenthaltszeit wird

---

[73] GK-StAR/*Berlit*, § 12 b Rn. 60 ff.; zur Ermessensausübung Rn. 66.
[74] Nr. 12 b.3.
[75] GK-StAR/*Berlit*, § 12 b Rn. 77; vgl. BVerwG, Urt. v. 18.11.2004 – 1 C 31.03, InfAuslR 2005, 215 ff. zu Art. 4 Abs. 3 StAG zum alten Recht; vgl. § 97 AuslG und jetzt § 85 AufenthG, der aber nach *Berlit*, aaO Rn 78 ff. (aA NK-AuslR/Geyer § 12 b StAG Rn. 12) nicht selbständig anwendbar sein soll.
[76] *Hailbronner/Renner/Maaßen*, § 10 Rn. 30.
[77] § 43 Abs. 1 Nr. 1 AuslG 1990, anders noch AuslG 1965; vgl. BVerwG Urt. v. 29.3.2006 – 5 C 4.05, InfAuslR 2006, 417 ff. zu den Auswirkungen der Passungültigkeit im Rahmen des § 4 Abs. 3 S. 1 StAG.
[78] U.a. bei erfolgreichem Abschluss einer deutschen Berufsausbildung, Innensenator Berlin, Erlass vom 7.2.2010.zit. nach ANA-ZAR 1/2011 S. 4; siehe auch *Göbel-Zimmermann/Eichhorn*, ZAR 2010, 293, 299 mit weiteren Beispielen.

dann im Rahmen der Gewährleistung einer Einordnung in die deutschen Lebensverhältnisse bewertet.[79]

c) Erwerb der Staatsangehörigkeit durch Geburt

Der rechtmäßige gewöhnliche Aufenthalt eines Elternteils seit acht Jahren im Inland ist eine Tatbestandsvoraussetzung für den Erwerb der deutschen Staatsangehörigkeit durch Geburt im Inland (§ 4 Abs. 3 S. 1 StAG).[80] Da es auf den Zeitpunkt der Geburt ankommt, bleibt in diesem Zusammenhang das alte Recht, gerade auch das Ausländergesetz, von Bedeutung.

B. Sprachkenntnisse (§ 10 Abs. 1 S. 1 Nr. 6 StAG)

I. Sachverhalt / Lebenslage

Beispiel: Schriftlicher Umgang mit der Sprache?
Der 63-jährige türkische Staatsangehörige betreibt seit 15 Jahren in Deutschland erfolgreich einen Gemüseladen. Auch seine deutschen Kunden schätzen seine freundliche und offene Art. Sie plaudern gerne mit ihm über die Dinge des täglichen Lebens, ihre Pläne und Hoffnungen, manchmal auch über seine Gesundheit – er hatte kürzlich einen Schlaganfall überstanden –, sogar über Religion und Politik. Im Umgang mit Behörden hatte es nie Beanstandungen gegeben. Im Schriftverkehr half der Sohn nach Anweisungen und unter Kontrolle des Vaters. Alle Versuche des Einbürgerungsbewerbers, eine schriftliche Sprachprüfung abzulegen, waren gescheitert. Mehrfach war er der zur Prüfung gehörenden Aufgabe nicht gewachsen, über den Betrieb seines Ladens einen fiktiven Brief an seinen Bruder zu schreiben. Ein ärztliches Attest, nach dem der Einbürgerungsbewerber in Folge seines Schlaganfalls an einer Konzentrationsstörung leidet, die ihm das Lernen neuer Sachverhalte sehr erschwert, liegt vor.
Die Einbürgerungsbehörde lehnt den gestellten Einbürgerungsantrag gleichwohl unter Hinweis auf § 10 Abs. 1 S. 1 Nr. 6 StAG und §§ 3 Abs. 2, 17 Abs. 2 IntV ab. Der Einbürgerungsbewerber habe die erforderlichen Kenntnisse der deutschen Sprache lediglich in mündlicher, nicht aber in schriftlicher Form nicht nachgewiesen. Dazu hätte er aber genügend Gelegenheit während seines langjährigen Aufenthalts vor dem Schlaganfall gehabt.

II. Prüfungsreihenfolge

1. Verfahrensstadium

Die Einbürgerungsbehörde hat den Einbürgerungsantrag abgelehnt. Richtiges **Rechtsmittel** ist in den Bundesländern, die das Widerspruchsverfahren nicht abgeschafft haben, der Widerspruch, in den Bundesländern, die keinen Widerspruch vorsehen, die Klage.[81]

2. Grundsatz: ausreichende Sprachkenntnisse sind Anspruchsvoraussetzung

Gemäß § 10 Abs. 1 S. 1 Nr. 6 StAG muss ein Einbürgerungsbewerber über **ausreichende Kenntnisse** der deutschen Sprache verfügen. Damit sind ausreichende Kenntnisse der deut-

---

79 Vgl. § 8 Rn. 89.
80 Siehe § 8 Rn. 149 ff.
81 Zum Widerspruchsverfahren: *Kirchberg/Herrmann* in: Quaas/Zuck, Prozesse in Verwaltungssachen, 2. Aufl. 2011, § 2 Rn. 338 ff.

schen Sprache Voraussetzung für das Entstehen eines Einbürgerungsanspruchs.[82] Nach § 11 Abs. 1 S. 1 Nr. 3 StAG aF hingegen waren nicht ausreichende Kenntnisse der deutschen Sprache ein Ausschlussgrund für den Einbürgerungsanspruch.

3. Präzisierung der Anforderungen

a) Gesetzliche Regelung

59 In § 10 Abs. 4 S. 1 StAG versucht der Gesetzgeber[83] zu präzisieren, welchen Anforderungen die Kenntnisse der deutschen Sprache für eine Einbürgerung genügen müssen.[84] Nach dieser Vorschrift sind die Sprachkenntnisse des Einbürgerungsbewerbers dann ausreichend, wenn sie den **Anforderungen** der Sprachprüfung zum Zertifikat Deutsch (B1 des Gemeinsamen Europäischen Referenzrahmens) in mündlicher und schriftlicher Form erfüllen. Nicht nur mündliche, sondern auch schriftliche Sprachkenntnisse sind erforderlich. Seit dem 1.7.2009 ist das noch im Gesetzeswortlaut beibehaltene „Zertifikat Deutsch" übergegangen in den „Deutsch-Test für Zuwanderer" (DTZ). Bei diesem Test reicht es für das Gesamtniveau B1 aus, wenn ein Teilnehmer im Prüfungsteil „Sprechen" sowie in einem der anderen beiden Prüfungsteile „Hören und Lesen" bzw. „Schreiben" das Niveau B1 erreichen; es ist also unschädlich, wenn in einem der letzten beiden Teile lediglich das Niveau A2 erreicht wird.[85]

60 Das **Niveau B1** des Gemeinsamen Europäischen Referenzrahmens wird wie folgt beschrieben:

„Kann die Hauptpunkte verstehen, wenn klare Standardsprache verwendet wird und wenn es um vertraute Dinge aus Arbeit, Schule, Freizeit usw geht.

Kann die meisten Situationen bewältigen, denen man auf Reisen im Sprachgebiet begegnet. Kann sich einfach und zusammenhängend über vertraute Themen und persönliche Interessengebiete äußern. Kann über Erfahrungen und Ereignisse berichten, Träume, Hoffnungen und Ziele beschreiben und zu Plänen und Ansichten kurze Begründungen oder Erklärungen geben."[86]

Das **Niveau A2** wird wie folgt beschrieben:

„Kann Sätze und häufig gebrauchte Ausdrücke verstehen, die mit Bereichen von ganz unmittelbarer Bedeutung zusammenhängen (zB Informationen zur Person und zur Familie, Einkaufen, Arbeit, nähere Umgebung). Kann sich in einfachen, routinemäßigen Situationen verständigen, in denen es um einen einfachen und direkten Austausch von Informationen über vertraute und geläufige Dinge geht. Kann mit einfachen Mitteln die eigene Herkunft und Ausbildung, die direkte Umgebung und Dinge im Zusammenhang mit unmittelbaren Bedürfnissen beschreiben."[87]

---

82 Zur Diskussion über die Bedeutung ausreichender Sprachkenntnisse: *Hailbronner/Renner/Maaßen*, § 10 Rn. 58 f.; GK-StAR/*Berlit*, § 11 Rn. 8 und 9; siehe auch BVerwG, Urt. v. 27.5.2010 – 5 C 8.09 – www.bverwg.de.
83 Zuvor nur Ausfüllung durch VAH-StAG vom 15.2.2005 Nr. 11.1 und div. Ländererlasse, siehe insoweit *Hailbronner/Renner/Maaßen*, § 10 Rn. 62.
84 „Quasilegaldefinition", VG Stuttgart, Urt. v. 19.7.2012 – 11 K 9/12 Fundstelle?; GK-STAR/*Berlit*, § 10 Rn. 306 ff.; für das Aufenthaltsrecht siehe § 2 Abs. 10 AufenthG.
85 Sehr ausführliches dtz-Handbuch (www.bamf.de/SharedDocs/Anlagen/DE/Downloads/Infothek/Integrationskurse/Kurstraeger/Sonstige/dtz-handbuch_pdf.pdf?__blob=publicationFile) S. 83.
86 Zitiert nach www.goethe.de/ins/de/prf/deindex.htm.
87 Zitiert nach www.goethe.de/ins/de/prf/deindex.htm.

b) Prüfungsanforderungen

Die **Prüfung**[88] umfasst:

- Schriftliche Prüfung (Dauer insgesamt: 100 Minuten)
- Mündliche Prüfung (ca. 15 Minuten pro Teilnehmer)

c) Vorbereitungsaufwand

Man sollte für den Deutsch-Test für Zuwanderer im Allgemeinen an ca. 400 bis 600 Unterrichtseinheiten à 45 Minuten **Intensivunterricht** teilgenommen haben.[89]

d) Nachweis

Da ausreichende Kenntnisse der deutschen Sprache nunmehr Voraussetzung für das Entstehen eines Einbürgerungsanspruchs sind, obliegt dem Einbürgerungsbewerber der Nachweis der entsprechenden Kenntnisse.[90]

Für das Einbürgerungsverfahren[91] hat der Gesetzgeber im Gegensatz zum Nachweis der Kenntnisse der Rechts- und Gesellschaftsordnung und der Lebensverhältnisse in Deutschland[92] keine ausdrückliche Regelung für den **Nachweis** ausreichender deutscher Sprachkenntnisse getroffen.

Sicher ist der Nachweis mit Vorlage des mit Gesamtniveau B1 bewerteten Deutsch-Tests für Zuwanderer geführt. **Andere Nachweise** sind aber nicht ausgeschlossen, sofern sie auf gleichwertige Sprachkenntnisse[93] verweisen.

Die erforderlichen Sprachkenntnisse sind nach den VAH-StAG[94] in der Regel nachgewiesen, wenn der Einbürgerungsbewerber

- eine Bescheinigung des Bundesamtes für Migration und Flüchtlinge (vor dem 28. August 2007 eines Integrationskursträgers) über die erfolgreiche Teilnahme an einem Sprachkurs im Rahmen eines Integrationskurses (§ 43 Abs. 4 des Aufenthaltsgesetzes) erhalten hat,
- das Zertifikat Deutsch (B 1 GER)[95] oder ein gleichwertiges oder höherwertiges Sprachdiplom erworben hat,
- vier Jahre eine deutschsprachige Schule mit Erfolg (Versetzung in die nächsthöhere Klasse) besucht hat,[96]
- einen Hauptschulabschluss oder wenigstens gleichwertigen deutschen Schulabschluss erworben hat,
- in die zehnte Klasse einer weiterführenden deutschsprachigen Schule (Realschule, Gymnasium oder Gesamtschule) versetzt worden ist oder
- ein Studium an einer deutschsprachigen Hochschule oder Fachhochschule oder eine deutsche Berufsausbildung erfolgreich abgeschlossen hat.

---

88 www.telc.net/pruefungsteilnehmende/sprachpruefungen/pruefungen/detail/zertifikat-deutsch-telc-deutsch-b1.html.
89 www.goethe.de; vgl. auch die Regelungen zum Integrationskurs, zB www.bamf.de/DE/Willkommen/DeutschLernen/Integrationskurse/Abschlusspruefung/ZertifikatIntegrationsKurs/zertifikatintegrationskurs-node.html.
90 *Hailbronner/Renner/Maaßen*, § 10 Rn. 64.
91 GK-StAR/*Berlit*, § 10 Rn. 315; für die Niederlassungserlaubnis siehe § 9 Abs. 2 S. 1 Nr. 7 AufenthG.
92 § 10 Abs. 1 S. 1 Nr. 7, Abs. 5 StAG.
93 GK-StAR/*Berlit*, § 10 Rn. 316: „auf jede andere geeignete Art und Weise"; NK-AuslR/*Geyer*, § 10 StAG Rn. 23: der Bewerber muss lediglich entsprechende Sprachkenntnisse besitzen.
94 Nr. 10.1.1.6 und Nr. 10.4.1, Umstellung auf den Deutsch-Test für Zuwanderer noch nicht nachvollzogen.
95 Jetzt: Deutsch-Test für Zuwanderer, Gesamtniveau B1.
96 Skeptisch GK-StAR/*Berlit*, § 10 Rn. 317.

Denkbar ist auch ein erfolgreicher Abschluss einer deutschen Berufsausbildung nach dem BBiG, bei der auch eine Berufsschulpflicht bestanden hat.[97]

67 Liegen keinerlei Nachweise vor, ist die Einbürgerungsbehörde berechtigt und verpflichtet, das Vorliegen ausreichender Sprachkenntnisse von Amts wegen zu prüfen.[98] Eine derartige Konstellation bleibt aber unbefriedigend, weil die Behörde in aller Regel nicht über die erforderlichen Prüfungsqualifikationen verfügt.

4. Minderjährige unter 16 Jahren

68 Bei einem minderjährigen Kind, das im Zeitpunkt der Einbürgerung das 16. Lebensjahr noch nicht vollendet hat, liegen gemäß § 10 Abs. 4 S. 2 StAG ausreichende Kenntnisse der deutschen Sprache bei einer **altersgemäßen Sprachentwicklung** vor. Nach VAH-StAG[99] soll die altersgemäße Sprachentwicklung bei minderjährigen Kindern, die der Schulpflicht unterliegen, durch Schulzeugnisse nachgewiesen werden. Auch der Begriff der Altersgemäßen Sprachentwicklung ist ein unbestimmter Rechtsbegriff, der der vollen gerichtlichen Überprüfung unterliegt.[100]

5. Ausnahmen

69 Gemäß § 10 Abs. 6 Alt. 1 StAG wird zwingend[101] von ausreichenden Sprachkenntnissen abgesehen, wenn der Einbürgerungsbewerber sie wegen einer **körperlichen, geistigen** oder **seelischen Krankheit** oder **Behinderung**[102] oder **altersbedingt**[103] nicht erreichen kann. Dabei muss die Kausalität durch ärztliches Attest nachgewiesen werden, sofern sie nicht offenbar ist.[104] Nicht erforderlich ist, dass die Krankheit oder die Behinderung die alleinige Ursache für das Unvermögen sind, die erforderlichen sprachlichen und staatsbürgerlichen Kenntnisse zu erwerben; sie müssen jedoch die wesentliche (Mit-)Ursache sein.[105] In diesen Fällen ist auch kein Nachweis geringerer Kenntnisse zu verlangen.[106] Diese Regelung ist dem Wortlaut des § 9 Abs. 2 S. 1 Nr. 7 AufenthG nachgebildet. Ausnahmen für Analphabeten und Bildungsferne sind nicht erwähnt; nach Auffassung des BVerwG ist Analphabetismus als solcher keine Krankheit oder Behinderung iSd § 10 Abs. 6 StAG.[107]

70 Die Ausnahme des § 10 Abs. 6 Alt. 1 StAG gilt unabhängig davon, ob der Einbürgerungsbewerber in einem früheren Zeitraum, in dem er noch dazu fähig war, die erforderlichen Sprachkenntnisse hätte erwerben können.[108]

---

97 VG Stuttgart, Urt. v. 15.8.2013 – 11 K 3272/12 – InfAuslR 2013, 445; GK-StAR/*Berlit*, § 10 Rn. 316.
98 GK-StAR/*Berlit*, § 10 Rn. 318.
99 Nr. 10.4.2.
100 GK-StAR/*Berlit*, § 10 Rn. 319.
101 VGH BW, B. v. 12.11.2014 – 1 S 184/14 – www.asyl.net; GK-STAR/*Berlit*, § 10 Rn. 404: „strikte Pflicht".
102 GK-StAR/*Berlit*, § 10 Rn. 409.
103 OVG Saarland, Urt. v. 12.2.2014 – 1 A 293/13 – www.asyl.net: ... ist „im Wege einer Einzelfallprüfung zu klären, die alle für oder gegen eine ausreichende Lernfähigkeit sprechenden persönlichen Umstände in den Blick zu nehmen hat"; GK-StAR/*Berlit*, § 10 Rn. 406.
104 GK-STAR/*Berlit*, § 10 Rn. 406.3 und 409; *Hailbronner/Renner/Maaßen*, § 10 Rn. 69.
105 VGH BW, B. v. 12.11.2014 – 1 S 184/14 – www.asyl.net – Leitsatz 2.
106 GK-StAR/*Berlit*, § 10 Rn. 404; VAH-StAG Nr. 10.6Abs. 1.
107 GK-StAR/*Berlit*, § 10 Rn. 408; Urt. v. 27.5.2010 – 5 C 8.09 – www.bverwg.de – Leitsatz 1; zu prüfen bleibt aber eine Ermessenseinbürgerung gemäß § 8 StAG, siehe § 8 Rn. 29 ff.
108 BVerwG, Urt. v. 5.6.2014 – 10 C 2.14 – www.bverwg.de.

6. Gerichtliche Überprüfung

Die Auslegung des unbestimmten Rechtsbegriffs „ausreichende Kenntnisse der deutschen Sprache" obliegt der Gerichtsbarkeit in vollem Umfang.[109] Zwar hat der Gesetzgeber den Begriff in § 10 Abs. 4 S. 1 StAG präzisiert und dabei insbesondere klargestellt, dass auch Anforderungen an die Sprachkenntnisse in schriftlicher Form zu stellen sind. Diese Präzisierung verweist auf das Niveau B 1 des Gemeinsamen Referenzrahmens, der aber seinerseits nicht gesetzlich fixiert ist. Selbst wenn man nunmehr von keinem eigenständigen einbürgerungsrechtlichen Begriff der ausreichenden Sprachkenntnisse ausgehen und sich an die ausländerrechtlichen Regelung in § 9 Abs. 2 S. 1 Nr. 7 AufenthG iVm §§ 3 Abs. 2 und 17 Abs. 1 S. 1 Nr. 1 und Abs. 2 IntV anlehnen wollte,[110] eröffnete sich der Einbürgerungsbehörde **weder** ein **Beurteilungsspielraum noch** ein **Ermessensspielraum**; dies hat der VGH BW[111] ausführlich begründet. Auch die Ausnahmetatbestände des § 10 Abs. 6 StAG sind durch gerichtlich vollständig überprüfbare unbestimmte Rechtsbegriffe geregelt.[112]

71

Das Gericht muss sich im Streitfall die volle richterliche Überzeugung vom Vorliegen der erforderlichen Sprachkenntnisse selbst verschaffen.[113] Vorgelegte Nachweise haben zwar Indizwirkung, entheben das Gericht bei konkreten Anhaltspunkten für Zweifel an den Sprachkenntnissen jedoch nicht von der Pflicht, selbst Ermittlungen anzustellen.[114]

72

7. Entscheidungserheblicher Zeitpunkt

Entscheidungserheblicher Zeitpunkt im Verwaltungsverfahren ist der Zeitpunkt der behördlichen Entscheidung, im Gerichtsverfahren der Zeitpunkt der letzten mündlichen Verhandlung der letzten Tatsacheninstanz.[115]

73

8. Mandantengespräch

Im Mandantengespräch ist nachdrücklich auf die hohe Bedeutung hinzuweisen, die den ausreichenden Sprachkenntnissen beigemessen werden. Der **sprachliche Werdegang** ist zu besprechen; Nachweise über abgelegte Prüfungen o.ä. sind zu erheben. Vorbildung (Schule, Ausbildung, Studium etc) und etwaige gesundheitliche Beeinträchtigungen sollten erörtert werden. Der Mandant sollte darauf vorbereitet werden, dass er uU im Rahmen einer Vorsprache bei den Behörden bzw. Anhörung bei Gericht den Nachweis ausreichender Sprachkenntnisse führen muss. Erforderlichenfalls sollte der Mandant deutlich ermutigt werden, einen – weiteren – Sprachkurs zu absolvieren. Dabei ist wichtig, auf den relevanten Entscheidungszeitpunkt hinzuweisen.

74

---

109 GK-StAR/*Berlit*, § 10 Rn. 313; zur Rechtslage vor dem Inkrafttreten des 1. Richtlinien-Umsetzungsgesetzes am 28.8.2007; BVerwG Urt. v. 20.10.2005 – 5 C 8.05, ZAR 2006, 283 ff. und VGH BW Urt. v. 12.1.2005 – 13 S 2549/03, InfAuslR 2005, 151 ff.
110 Siehe auch § 2 Abs. 10 AufenthG.
111 GK-StAR/*Berlit*, § 10 Rn. 313; VGH BW Urt. v. 12.1.2005 – 13 S 2549/03, InfAuslR 2005, 151 ff. zur Rechtslage vor dem Inkrafttreten des 1. Richtlinien-Umsetzungsgesetzes am 28.8.2007.
112 NK-AuslR/*Geyer*, § 10 StAG Rn. 23.
113 GK-StAR/*Berlit*, § 10 Rn. 315.2; VG Darmstadt, Urt. v. 7.7.2013 – 5 K 861/12.DA – InfAuslR 2014, 188.
114 VG Freiburg, Urt. v. 24.6.2014 – 4 K 708/14 – www.asyl.net – Rechtsgebiete, Einbürgerung.
115 BVerwG, Urt. v. 15.6.2014 – 10 C 2.14 – www.bverwg.de; GK-StAR/*Marx*, § 8 Rn. 521; GK-StAR/*Berlit*, § 10 Rn. 314: Zeitpunkt der Einbürgerung.

9. Besondere Beratungshinweise

75 Liegt eine Vollmacht vor? Je nach Bundesland prüfen, ob Widerspruch oder Klage;[116] Widerspruchs- bzw. Klagfrist prüfen und notieren; Akteneinsicht; im Mandantengespräch besonderes Augenmerk auf die Sprachnachweise richten; Widerspruch bzw. Klage fristgerecht erheben.

III. Muster: Widerspruchsschreiben an die Einbürgerungsbehörde

76 ▶ ...

[zuständige Einbürgerungsbehörde]

...

unter Vollmachtsvorlage zeigen wir an, dass wir den Einbürgerungsbewerber anwaltlich vertreten. Namens und in Vollmacht des Einbürgerungsbewerbers erheben wir gegen Ihre Verfügung vom ... .

Widerspruch

mit dem

Antrag: Die Verfügung vom ... **wird aufgehoben. Dem Einbürgerungsbewerber wird eine Einbürgerungszusicherung erteilt.**

Zur **Begründung** tragen wir vor:

Die angegriffene Verfügung ist rechtswidrig und verletzt den Widerspruchsführer in seinen Rechten. Entgegen Ihrer Auffassung muss der Widerspruchsführer keine ausreichenden Kenntnisse der deutschen Sprache im Sinne des § 10 Abs. 1 S. 1 Nr. 6 StAG haben. Zwar sind die Anforderungen an die deutschen Sprachkenntnissein § 10 Abs. 4 StAG präzisiert. Danach liegen die Voraussetzungen des § 10 Abs. 1 S. 1 Nr. 6 StAG vor, wenn der Ausländer die Anforderungen der Sprachprüfung zum Zertifikat Deutsch (B1 des Gemeinsamten Europäischen Referenzrahmens) – heute: Deutsch-Test für Zuwanderer, Gesamtniveau B 1 – in mündlicher und schriftlicher Form erfüllt.

Dass der Widerspruchsführer Schwierigkeiten hat, sich schriftlich zu äußern, steht der Einbürgerung nicht entgegen. Denn insoweit kann sich der Widerspruchsführer auf § 10 Abs. 6 StAG berufen. Nach dieser Vorschrift wird von den Voraussetzungen des § 10 Abs. 1 S. 1 Nr. 6 StAG abgesehen, wenn der Ausländer sie wegen einer körperlichen, geistigen oder seelischen Krankheit oder altersbedingt nicht erfüllen kann. Liegt eine derartige Ausnahme vor, dürfen von einem Einbürgerungsbewerber überhaupt keine Sprachkenntnisse verlangt werden. Es gilt das Prinzip „alles oder nichts" (GK-STAR/Berlit, § 10 StAG, Rn. 04). Es besteht die strikte Pflicht, von der Anspruchsvoraussetzung abzusehen (BVerwG, Urt. v. 5.6.2014 – 10 C 2.14 – www.bverwg.de).

Der Widerspruchsführer hat durch die Vorlage eines ärztlichen Attests nachgewiesen, dass er aufgrund seiner Erkrankung bzw. seiner Behinderung nicht in der Lage ist, die gem. § 10 Abs. 1 S. 1 Nr. 6 StAG erforderlichen Sprachkenntnisse zu erwerben. Das gilt auch deshalb, weil der Widerspruchsführer bereits in vorgerücktem Alter ist; er ist 63 Jahre alt. Nicht erforderlich ist nämlich, dass die Erkrankung oder Behinderung die alleinige Ursache für das Unvermögen sind, die erforderlichen sprachlichen Kenntnisse zu erwerben. Es reicht aus, wenn sie – wie hier – die wesentliche (Mit-)ursache sind (so ausdrücklich Verwaltungsgerichtshof Baden-Württemberg, Urt. 12.11.2014 – 1 S 184/14 – www.asyl.net – Rechtsgebiete, Einbürgerung/Staatsangehörigkeit. Entgegen Ihrer

---

[116] *Kirchberg/Herrmann* in: Quaas/Zuck, Prozesse in Verwaltungssachen, 2. Aufl. 2011, § 2 Rn. 338 ff. zum Widerspruchsverfahren, *Quass et al.* ebenda, § 3 Rn. 1 ff. zum Klagverfahren.

Auffassung darf dem Widerspruchsführer nicht entgegengehalten werden, dass er die erforderlichen Sprachkenntnisse schon längst vor seinem Schlaganfall hätte erwerben können. Das Bundesverwaltungsgericht hat in seinem Urteil vom 5.6.2014 – 10 C 2.14 – ausdrücklich entschieden, dass etwaige frühere Versäumnisse in dieser Hinsicht unberücksichtigt bleiben müssen.

Da die anderen Voraussetzungen für eine Einbürgerung unstreitig vorliegen, ist eine Einbürgerungszusicherung zu erteilen, damit der Widerspruchsführer Bei der türkischen Regierung seine Entlassung aus der Staatsangehörigkeit beantragen kann.

Rechtsanwalt ◂

IV. Fehlerquellen / Haftungsfallen

1. Rechtsmittel

Je nach Bundesland ist Widerspruch oder Klage zu erheben. 77

2. Verfahrensziel

Bei **türkischen Staatsangehörigen** ist zunächst eine **Einbürgerungszusicherung** anzustreben. 78
Danach kann die Genehmigung zum Ausscheiden aus der Staatsangehörigkeit bei den türkischen Behörden beantragt werden.

3. Mandat nicht statisch sehen

Weil entscheidungserheblich im Widerspruchsverfahren der Zeitpunkt der Widerspruchsentscheidung und im gerichtlichen Verfahren der Zeitpunkt der letzte mündlichen Verhandlung ist, kann der Einbürgerungsbewerber seine **Sprachkenntnisse** noch im laufenden Verfahren **verbessern**. Nicht immer ausgeschlossen ist, dass sich Sprachkenntnisse nach Erwerb ihres Nachweises auch wieder verschlechtern können.[117] 79

V. Weiterführende Hinweise

Ergeben sich im Mandantengespräch Hinweise darauf, dass die Sprachkenntnisse des Einbürgerungsbewerbers unter dem erforderlichen Niveau liegen, ist besondere Aufmerksamkeit geboten. Denn es hat Fälle gegeben, in denen Sprachnachweise „verkauft" worden sind. Behörde und Gerichte sind nicht an die vorgelegten Nachweise gebunden, sondern müssen und dürfen sich selbst einen Eindruck von den Sprachkenntnissen des Einbürgerungsbewerbers machen. In diesem Zusammenhang sind auch Ermittlungen gegen entsprechend unseriöse Sprachinstitute bzw. Fälscher zu erwarten.[118] Gemäß § 42 StAG wird mit Freiheitsstrafe bis zu fünf Jahren oder mit Geldstrafe bestraft, wer unrichtige oder unvollständige Angaben zu wesentlichen Voraussetzungen der Einbürgerung macht oder benutzt, um für sich oder einen anderen eine Einbürgerung zu erschleichen. 80

---

117 GK-StAR/*Berlit*, § 10 Rn. 314.
118 FN 68.1 und 73; zur Lage privater Sprachkursanbieter siehe VG Freiburg, Urt. v. 24.6.2014 – 4 K 708/14 – www.asyl.net – Rechtsgebiete, Einbürgerung.

C. Bekenntnis zur freiheitlich-demokratischen Grundordnung (§ 10 Abs. 1 S. 1 Nr. 1 StAG)

I. Sachverhalt / Lebenslage

81 **Beispiel: Unterzeichnung der Selbsterklärung der PKK vom Sommer 2001**
Das Regierungspräsidium weist den Widerspruch gegen die Ablehnung eines Einbürgerungsantrags [*in Bundesländern, die das Widerspruchsverfahren abgeschafft haben*: Die Einbürgerungsbehörde lehnt die Einbürgerung] unter Hinweis auf §§ 10 Abs. 1 S. 1 Nr. 1, 11 S. 1 Nr. 1 und 2 StAG ab. Ansonsten liegen alle Voraussetzungen für eine Anspruchseinbürgerung vor, insbesondere ausreichende Sprachkenntnisse, nachdem der Einbürgerungsbewerber nach jahrelangen Bemühungen endlich den Deutschtest für Zuwanderer mit Gesamtniveau B1 bestanden hatte.

Der Einbürgerungsbewerber hatte im Einbürgerungsverfahren das Bekenntnis zur freiheitlich-demokratischen Grundordnung und die Loyalitätserklärung unterzeichnet. Er hatte nicht mitgeteilt, dass er im Sommer 2001 in einer Fußgängerzone einen Aufruf kurdischer Landsleute unterschrieben hatte. Die Einbürgerungsbehörde hatte ermittelt, dass es sich dabei um den Aufruf „Auch ich bin ein PKK'ler" gehandelt habe. In dem Aufruf wurde die „neue", seit zwei Jahren friedliche gewaltfreie „Linie der PKK" hervorgehoben; die PKK habe „in einem Zeitraum von zwei Jahren keine einzige Aktion unter Anwendung von Gewalt durchgeführt" und „sich mit ausschließlich politischen Mitteln für eine friedliche demokratische Lösung der kurdischen Frage" eingesetzt. Der Einbürgerungsbewerber bestritt, einen Aufruf mit dieser Überschrift unterzeichnet zu haben. Jedenfalls aber sei er kein PKK'ler; dies gelte besonders im Hinblick auf den erneuten Ausbruch bewaffneter Auseinandersetzungen im Südosten der Türkei. Er habe sich – auch unter dem Eindruck seines nun vieljährigen Aufenthalts im Bundesgebiet – davon überzeugen können, dass Gewalt zur Lösung politischer Konflikte keinesfalls akzeptabel ist. In einem kürzlich mit der Einbürgerungsbehörde geführten Gespräch äußerte der Einbürgerungsbewerber, er halte an dieser Auffassung trotz der Entwicklungen im Irak und Syrien fest; den Einsatz deutschen Militärs in diesen Zusammenhängen lehne er ab. Im Übrigen läge der behauptete Vorgang nunmehr schon über zehn Jahre zurück und dürfe deshalb keine Auswirkungen auf das Einbürgerungsverfahren mehr haben.

II. Prüfungsreihenfolge

1. Verfahrensstadium

82 Nach Zurückweisung des Widerspruchs bzw. in Bundesländern, die keinen Widerspruch gegen die Ablehnung des Einbürgerungsantrags vorsehen, nach Ablehnung des Einbürgerungsantrages, ist über die Klagerhebung[119] zu entscheiden. Die Klagfrist beträgt ein Monat ab Zustellung des Widerspruchs – bzw. Ablehnungsbescheides.

2. Grundsätzliches zu den staatsbürgerlichen Einbürgerungsvoraussetzungen

83 Die Furcht vor Kräften, die gegen eine freiheitlich demokratisch verfasste Grundordnung in der Bundesrepublik Deutschland arbeiten oder terroristische Aktivitäten ausüben, kennzeichnet auch das Einbürgerungsrecht. Gemäß § 10 Abs. 1 S. 1 Nr. 1 StAG ist Tatbestandsvoraussetzung für den Einbürgerungsanspruch ein **Bekenntnis** zur freiheitlichen demokratischen

---

[119] *Quaas et al.* in: Quaas/Zuck, Prozesse in Verwaltungssachen, 2. Aufl. 2011, § 3 Rn. 1 ff.

Grundordnung des Grundgesetzes für die Bundesrepublik Deutschland und eine Loyalitätserklärung.

Gemäß § 11 S. 1 Nr. 1 StAG besteht kein Einbürgerungsanspruch, wenn tatsächliche Anhaltspunkte die Annahme **verfassungsfeindlicher Aktivitäten** des Einbürgerungsbewerber rechtfertigen, es sei denn, der Einbürgerungsbewerber macht seine Abwendung von diesen Aktivitäten glaubhaft. Ebenfalls ausgeschlossen ist der Einbürgerungsanspruch, wenn nach § 54 Absatz 1 Nummer 2 oder 4 des Aufenthaltsgesetzes ein besonders schwerwiegendes Ausweisungsinteresse[120] vorliegt. Im Einzelnen ist eine Vielzahl von Konstellationen zu unterscheiden.[121] 84

Nach hier vertretener Auffassung[122] stellt § 10 Abs. 1 S. 1 Nr. 1 StAG lediglich eine **formelle Einbürgerungsvoraussetzung** dar, soweit sie durch Abgabe einer Bekenntnis- und Loyalitätserklärung erfüllt wird; Tatsachenerklärungen zu einer früheren Mitgliedschaft in einer aus Sicht der Einbürgerungsbehörde einbürgerungsschädlichen Organisation sind insoweit auch materielle Einbürgerungsvoraussetzung, als sie zutreffend sein müssen.[123] Die Regelung des § 11 S. 1 Nr. 1 StAG formt hingegen aus, unter welchen Voraussetzungen materiell ein Anspruch auf Einbürgerung nicht besteht.[124] Diese **Ergänzung** hätte keinen selbstständigen Sinn, wenn bereits im Rahmen des § 10 Abs. 1 S. 1 Nr. 1 StAG von der Einbürgerungsbehörde zu prüfen und zu entscheiden wäre, ob ein abgegebenes Bekenntnis bzw. die Loyalitätserklärung inhaltlich zutreffend sind.[125] Dieses systematische Argument kann auch unter der Geltung des Richtlinien-Umsetzungsgesetzes 2007 weiterhin Geltung beanspruchen. Bekenntnis und Loyalitätserklärung haben vorrangig einen symbolischen, selbstverpflichtenden Gehalt. 85

3. Bekenntnis und Loyalitätserklärung

Gemäß § 10 Abs. 1 S. 1 Nr. 1 StAG hat sich der Einbürgerungsbewerber zur freiheitlichen demokratischen Grundordnung zu bekennen und zu erklären, dass er keine Bestrebungen verfolgt oder unterstützt oder verfolgt oder unterstützt hat, die gegen die freiheitliche demokratische Grundordnung, den Bestand oder die Sicherheit des Bundes oder eines Landes gerichtet sind oder eine ungesetzliche Beeinträchtigung der Amtsführung der Verfassungsorgane des Bundes oder eines Landes oder ihrer Mitglieder zum Ziele haben oder die durch Anwendung von Gewalt oder darauf gerichtete Vorbereitungshandlungen auswärtige Belange der Bundesrepublik Deutschland gefährden. 86

Einbürgerungsbewerber, die nach Maßgabe des § 37 Abs. 1 StAG **nicht handlungsfähig** sind, müssen gemäß § 10 Abs. 1 S. 2 StAG das Bekenntnis und die Loyalitätserklärung nicht abgeben. Damit sind nun nicht nur Einbürgerungsbewerber unter 16 Jahren von Bekenntnis und 87

---

120 Neufassung des Ausweisungsrechts durch Gesetz zur Neubestimmung des Bleiberechts und der Aufenthaltsbeendigung, BGBl. 2015 I Heft Nr. 32, S. 1386, in Kraft ab 1.8.2015 mit Ausnahme der Ausweisungsvorschriften, diese in Kraft ab 1.1.2016; zuvor: ein Ausweisungsgrund nach § 54 Nr. 5 oder 5 a AufenthG.
121 Illustrative Zusammenstellungen von Einzelfällen bei NK-AuslR/*Geyer*, § 11 StAG Rn. 5; GK-StAR/*Berlit*, § 11 Rn. 103 bis 140 sowie 186 ff.; denkbare Konstellationen zum Recht vor dem Richtlinien-Umsetzungsgesetz 2007 bei VG Stuttgart, Urt. v. 21.3.2006 – 11 K 2983/04, InfAuslR 2006, 471 ff.
122 AA VG Stuttgart, Urt. v. 3.12.2012 – 11 K 1038/12 mwN; VGH BW Urt. v. 20.2.2008 – 13 S 1169/07, beide in www.asyl.net Rechtsprechungsdatenbank; *Hailbronner/Renner/Maaßen*, § 10 Rn. 15; siehe im Einzelnen Rn. 111 ff.
123 GK-StAR/*Berlit*, § 10 Rn. 134 ff., 135 „gegen die wohl vorherrschende Meinung", mwN; NK-AuslR/*Geyer*, § 10 StAG Rn. 11; siehe auch Rn. 111 ff.
124 So GK-StAR/*Berlit*, § 10 Rn. 137.
125 So wörtlich: GK-StAR/*Berlit*, § 10 Rn. 137; ihm folgend: VG München, Urt. v. 24.11.2010 – M 25 K 09.5509 – www.asyl.net – Rechtsprechungsdatenbank; auch NK-AuslR/*Geyer*, § 10 StAG Rn. 11.

Loyalitätserklärung entbunden, sondern auch Personen, die aufgrund einer geistigen Behinderung oder Krankheit nicht handlungsfähig sind.

88 Für den Fall **früherer Verfolgung** oder Unterstützung der inkriminierten Bestrebungen ist eine eigene Erklärung vorgesehen, mit der der Einbürgerungsbewerber seine Abwendung von diesen Bestrebungen erklärt.

89 Die Texte der Erklärungen sind in den **VAH-StAG**[126] festgehalten. Sie lehnen sich stark an den Wortlaut des Gesetzes[127] an, heben aber zusätzlich wesentliche Elemente der freiheitlichen-demokratischen Grundordnung hervor.[128]

90 **Wahrheitswidrige Erklärungen**, insbesondere Verschweigen inkriminierter Aktivitäten, können die Anforderungen an die Glaubhaftmachung der Abwendung erhöhen.[129] Und es besteht die Möglichkeit einer Rücknahme einer Einbürgerung gem. § 35 StAG.[130] Allerdings ist stets zu beachten, ob nicht mitgeteilte Aktivitäten überhaupt relevant sind; dies gilt insbesondere dann, wenn sie schon längere Zeit zurückliegen.[131]

91 Für die Abgabe des Bekenntnisses und der Loyalitätserklärung[132] als anspruchsbegründendes Tatbestandsmerkmal trägt der Einbürgerungsbewerber die **Darlegungs- und Beweislast**.

4. Verfassungsfeindliche Aktivitäten

92 Gemäß § 11 S. 1 Nr. 1 StAG ist eine Einbürgerung ausgeschlossen, wenn tatsächliche Anhaltspunkte die Annahme verfassungsfeindlicher[133] Aktivitäten des Einbürgerungsbewerber rechtfertigen. Dabei wird unter dem **Begriff** der freiheitlichen demokratischen Grundordnung die Summe der Grundprinzipien der Staatsgestaltung verstanden, die das Grundgesetz als unantastbar anerkennt.[134] Nach der Rechtsprechung des BVerwG[135] schließt § 11 S. 1 Nr. 1 StAG einen Anspruch auf Einbürgerung nicht erst dann aus, wenn der Ausländer Handlungen unterstützt hat, die die Sicherheit der Bundesrepublik Deutschland beeinträchtigen. Für den Anspruchsausschluss nach § 11 S. 1 Nr. 1 StAG genügt es vielmehr, wenn der Ausländer ungeachtet späterer möglicher tatsächlicher Beeinträchtigungen bereits vorgelagert[136] Bestrebungen unterstützt hat, die gegen die Sicherheit des Bundes gerichtet sind. Nach § 92 Abs. 3 Nr. 2 StGB sind im Sinne des Strafgesetzbuches Bestrebungen gegen die Sicherheit der Bundesrepublik Deutschland solche Bestrebungen, deren Träger darauf hinarbeiten, die äußere oder innere Sicherheit der Bundesrepublik Deutschland zu beeinträchtigen. Für § 11 S. 1

---

126 Nr. 10.1.1.1.
127 § 10 Abs. 1 S. 1 Nr. 1 StAG.
128 Vgl. BVerfG Urt. v. 23.10.1952 – 1 BvB 1/51, E 2, 1 ff. („SRP-Urteil").
129 GK-StAR/*Berlit* § 10 Rn. 151 f.
130 GK-StAR/*Berlit* § 10 Rn. 153 ff.; VG Stuttgart, Urt. v. 3.12.2012 – 11 K 1038/12 mwN – www.asyl.net; zur Rücknahme einer Einbürgerung vor Inkrafttreten des Gesetzes vom 5.2.2009: BVerfG, Urt. v. 24.5.2006 – 2 BvR 669/04 – E 116, 24; HessVGH Urt. v. 18.1.2007 – 11 UE 111/06.
131 GK-StAR/*Berlit*, § 10 Rn. 152.
132 Anders für die Ausschlussgründe des § 11 StAG, siehe Rn. 98.
133 Zum Recht vor dem Richtlinien-Umsetzungsgesetz 2007 Zusammenstellung des VG Stuttgart, Urt. v. 21.3.2006 – 11 K 2983/04, InfAuslR 2006, 471 ff.
134 BVerwG Urt. v. 31.5.1994 – 1 C 5.93, InfAuslR 1994, 405 ff. mwN und Hinweis auf BVerfG Urt. v. 23.10.1952 – 1 BvB 1/51, E 2, 1 ff. („SRP-Urteil") und Urt. v. 17.8.1956 – 1 BvB 2/51, 5, 85 ff. („KPD-Urteil"); BVerwG Urt. v. 20.2.2007 – 5 C 20.05 Rn. 15 – www.bverwg.de.
135 Urt. v. 20.3.2012 – 5 C 1.11, und Urt. v. 20.2.2007 – 5 C 20.05 Rn. 16 zu § 11 S. 1 Nr. 2 aF beide in www.bverwg.de; siehe auch BVerwG Urt. v. 31.5.1994 – 1 C 5.93, InfAuslR 1994, 405 ff.; BVerwG Urt. v. 15.3.2005 – 1 C 26.03, InfAuslR 2005, 374 ff. – www.bverwg.de.
136 BVerwG Urt. v. 20.3.2012 – 5 C 1.11 – www.bverwg.de – Rn. 17.

Nr. 1 StAG ist nicht erforderlich, dass die Bestrebungen auch objektiv geeignet sind, die Sicherheit der Bundesrepublik Deutschland zu beeinträchtigen. Es genügt, wenn der Träger der Bestrebungen mit ihnen das Ziel verfolgt, die Sicherheit der Bundesrepublik Deutschland zu beeinträchtigen. Andererseits sind für § 11 S. 1 Nr. 1 StAG auch nur die in dieser Vorschrift ausdrücklich genannten Schutzgüter von Bedeutung.

Mit der Formulierung der „tatsächlichen Anhaltspunkte" hat der Gesetzgeber den Schutz der Verfassung schon im Vorfeld der strafrechtlichen Relevanz des Verhaltens des Einbürgerungsbewerbers angesiedelt.[137] Ein sicherer Nachweis inkriminierter Aktivitäten ist nicht erforderlich;[138] vielmehr reicht ein begründeter tatsachengestützter Verdacht.[139] Auch ist nicht erforderlich, dass die politischen Aktivitäten im Einzelnen ausdrücklich gemäß § 47 AufenthG untersagt waren. Dabei können sich die Anhaltspunkte auf Verhalten im Inland und im Ausland beziehen, und zwar vor und nach einer erstmaligen Einreise. Sie müssen allerdings stets auf dem Regelbeweis des § 108 Abs. 2 VwGO unterliegende **Tatsachen**, dh nicht auf bloßen Spekulationen, beruhen. Allgemeine Verdachtsmomente, die nicht durch bezeichenbare konkrete Tatsachen gestützt sind, genügen nicht.[140] Die Anhaltspunkte müssen einen Bezug auf den Einbürgerungsbewerber selbst haben.[141]

93

Die Aktivitäten müssen ein **bestimmtes Gewicht**[142] haben, um den Tatbestand zu erfüllen. So ist bei Massenorganisationen wie zB der **PKK** oder ihren Nachfolgeorganisationen durchaus eine gewisse Differenzierung erforderlich, um bloße Mitläufer nicht mit zu erfassen.[143] Nach anderer Ansicht[144] reiche wegen der Vorverlegung des Schutzes ein „tatsachengestützter hinreichender Verdacht" aus; bei der Abwendung könne dann berücksichtigt werden, ob eine dauerhafte Identifikation mit den Aktivitäten vorlag. Ein **Verfolgen** sicherheitsrelevanter Bestrebungen liegt nach Auffassung des BayVGH[145] vor, wenn ein Einbürgerungsbewerber diese durch eigene Handlungen aktiv in Kenntnis der Tatsachen vorantreibt. Wie das BVerwG[146] ausgeführt hat, kann zum Begriff des **Unterstützens** iSd § 11 S. 1 Nr. 2 [aF] StAG von der Definition in der Rechtsprechung[147] und Literatur[148] ausgegangen werden, wonach Unterstützen jede Handlung des Ausländers sei, die für Bestrebungen iSd § 11 S. 1 Nr. 1 StAG objektiv vorteilhaft ist. Ein Erfolg müsse nicht erreicht werden, auch müsse keine Ursächlichkeit für einen Erfolg vorliegen.[149] Allerdings kann nicht jede Handlung, die sich zufällig als für Bestrebungen iSd § 11 S. 1 Nr. 2 StAG objektiv vorteilhaft erweist, als tatbestandsmäßiges Un-

94

---

137 GK-StAR/*Berlit*, § 11 Rn. 65; BVerwG Urt. v. 20.3.2012 – 5 C 1.11, Rn. 20, und Urt. v. 20.2.2007 – 5 C 20.05 Rn. 15, beide in www.bverwg.de.
138 BVerwG Urt. v. 20.3.2012 – 5 C 1.11 – www.bverwg.de – Rn. 20; *Hailbronner/Renner/Maaßen*, § 11 Rn. 1.
139 BVerwG Urt. v. 20.3.2012 – 5 C 1.11, Rn. 20, und Urt. v. 20.2.2007 – 5 C 20.05 –, Rn. 19, beide in www.bverwg.de.
140 HessVGH Beschl. v. 6.1.2006 – 12 UZ 3731/04 – www.asyl.net – mit Verweis auf HessVGH, Urt. v. 15.11.2005 – 12 UE 3226/03; NK-AuslR/*Geyer*, § 11 StAG Rn. 3.
141 BVerwG Urt. v. 2.12.2009 – 5 C 24.08 – www.bverwg.de, Rn. 20; GK-StAR/*Berlit*, § 10 Rn. 75.
142 BVerwG Urt. v. 20.3.2012 – 5 C 1.11 – www.bverwg.de Rn. 20.
143 VGH BW Urt. v. 11.7.2002 – 13 S 1111/01 – VENSA §§ 8, 9 StAG.
144 OVG Saarland, Urt. v. 8.3.2006 – 1 R 1/06 – www.asyl.net.
145 BayVGH, Urt. V. 24.4.2013 – 5 BV 11.3036 – www.asyl.net – Rechtsgebiete, Einbürgerung, Staatsangehörigkeit, zu Tablighi Jamat (TJ); NK-AuslR/*Geyer*, § 11 StAG Rn. 4.
146 Urt. v. 20.3.2012 – 5 C 1.11 Rn. 19, v. 2.12.2009 – 5 C 24.08 Rn. 15 f. und v. 20.2.2007 – 5 C 20.05 Rn. 18, alle in www.bverwg.de.
147 Vgl. BayVGH, Urt. v. 24.4.2013 – 5 BV 11.3036 und Urt. v. 27.2.2013 – 5 BV 11.2418; VG Stuttgart, Urt. v. 3.12.2012 – 11 K 1038/12 mwN, alle in www.asyl.net Rechtsgebiete, Einbürgerung, Staatsangehörigkeit; VGH Mannheim, Urt. v. 10.11.2005 – 12 S 1696/05 – juris, zu § 11 S. 1 Nr. 2 StAG aF.
148 GK-StAR/*Berlit*, § 11 Rn. 96 ff.
149 BVerwG Urt. v. 20.3.2012 – 5 C 1.11 – www.bverwg.de – Rn. 20.

terstützen solcher Bestrebungen verstanden werden. Bereits aus der Wortbedeutung des Unterstützens ergibt sich, dass nur solche Handlungen ein Unterstützen sind, die eine Person für sie erkennbar[150] und von ihrem Willen getragen[151] zum Vorteil der genannten Bestrebungen vornimmt. Es gibt keinen Erfahrungssatz dahin gehend, dass ein Vorstandsmitglied ohne Weiteres erkennen muss, dass eine Organisation Bestrebungen verfolgt, die nach Auffassung von Verfassungsschutzbehörden verfassungsfeindlich sind.[152]

95 Nach OVG Saarland[153] stellt die **Teilnahme an erlaubten Veranstaltungen** eine Wahrnehmung des Grundrechts auf freie Meinungsäußerung dar. Sie ist aber abzugrenzen von der Teilnahme an einer Massenveranstaltung, die zur vorbehaltlosen Unterstützung und Bekräftigung inkriminierter Bestrebungen dienen soll.[154] Ähnliches dürfte auch für die Teilnahme an politischen Veranstaltungen, zB einer Demonstration,[155] die ordnungsgemäß verläuft und zu der neben verbotenen Organisationen auch nicht verbotene Organisationen aufgerufen haben, gelten. Der **Bezug von Zeitungen** ist nur dann problematisch, wenn sich der Einbürgerungsbewerber verfassungswidrige Ziele selbst zu eigen macht.[156] Allein der regelmäßige Besuch einer Moschee zu Gebetszwecken ist ebenfalls einbürgerungsunschädlich.[157]

96 Insgesamt ist also eine **wertende Gesamtschau**[158] anzustellen, in die auch die in der Verfassung und in internationalen Abkommen[159] geschützte Grundrechtspositionen des Einbürgerungsbewerbers eingestellt werden müssen,[160] namentlich die Religionsfreiheit des Art. 4 GG, die Meinungsfreiheit des Art. 5 GG und die Vereinigungsfreiheit des Art. 9 GG.[161]

97 Die **Darlegungs- und Beweislast** für die Anknüpfungstatsachen zur Annahme verfassungsfeindlicher Aktivitäten trägt die Behörde.[162]

5. Abwendung von den inkriminierten Bestrebungen

98 Die Abwendung von inkriminierten Aktivitäten ist zusätzlich zu dem Unterlassen weiterer Tätigkeiten ein innerer Vorgang, der sich auf die inneren Gründe für die Handlungen bezieht und nachvollziehbar werden lässt, dass die Gründe für die vormalige Verfolgung/Unterstützung so nachhaltig entfallen sind, dass mit **hinreichender Gewissheit** zukünftig die Verfolgung oder Unterstützung derartiger Bestrebungen – auch in Ansehung der durch die Einbürgerung erworbenen gesicherteren Rechtsposition – auszuschließen ist.[163] Zu beachten ist in diesem

---

150 BVerwG Urt. v. 20.3.2012 – 5 C 1.11 – www.bverwg.de – Rn. 19.
151 NK-AuslR/*Geyer*, § 11 StAG Rn. 4.
152 VG Stuttgart, Urt. v. 14.9.2012 – 11 K 410/12 – juris, zur „Muslimischen Jugend in Stuttgart eV".
153 Urt. v. 8.3.2006 – 1 R 1/06, siehe auch VG Stuttgart Urt. v. 7.7.2008 – 11 K 5940/07, beide www.asyl.net.
154 Vgl. auch BVerwG 15.3.2005 – BVerwG 1 C 26.03, InfAuslR 2005, 374 ff. zum Begriff des Unterstützens einer terroristischen Vereinigung bei § 8 Abs. 1 Nr. 5 AuslG.
155 GK-StAR/*Berlit*, § 11 Rn. 97.1.
156 GK-StAR/*Berlit*, § 11 Rn. 97.1.
157 BayVGH, Urt. v. 27.2.2013 – 5 BV 11.2418 – www.asyl.net – Rechtsgebiete, Einbürgerung, Staatsangehörigkeit.
158 BVerwG Urt. v. 20.3.2012 – 5 C 1.11 – www.bverwg.de – Rn. 20; NK-AuslR/*Geyer*, § 11 StAG Rn. 4; *Hailbronner/Renner/Maaßen*, § 11 Rn. 11; VGH BW Urt. v. 11.6.2008 – 13 S 2613/03 – www.asyl.net – Rechtsprechungsdatenbank.
159 EMRK, IPbürgR, CERD (Internationales Übereinkommen zur Beseitigung jeder Form der Rassendiskriminierung).
160 GK-StAR/*Berlit*, § 11 Rn. 88; *Hailbronner/Renner/Maaßen*, § 11 Rn. 14.
161 Unter Hinweis auf BVerwG, Urt. v. 2.12.2009 – 5 C 24/08 – www.bverwg.de – sehr zurückhaltend: BayVGH, Urt. v. 24.4.2013 – 5 BV 11.3036 – www.asyl.net Rechtsgebiete, Einbürgerung, Staatsangehörigkeit.
162 GK-StAR/*Berlit*, § 10 Rn. 76; NK-AuslR/*Geyer*, § 11 StAG Rn. 3; *Hailbronner/Renner/Maaßen*, § 11 Rn. 16; BayVGH, Urt. v. 27.2.2013 – 5 BV 11.2418 – www.asyl.net – Rechtsgebiete, Einbürgerung, Staatsangehörigkeit mit Verweis auf VGH BW, Urt. v. 29.9.2010 – 11 S 597/10 – juris.
163 NK-AuslR/*Geyer*, § 11 StAG Rn. 7; GK-StAR/*Berlit*, § 11 Rn. 144 ff.; BayVGH, Urt. v. 24.4.2013 – 5 BV 11.3036 – www.asyl.net – Rechtsgebiete, Einbürgerung, Staatsangehörigkeit; VGH BW Beschl. v. 13.12.2004 – 13 S 1276/04,

Zusammenhang auch, ob der politische Konflikt, der gegebenenfalls Ursache für das inkriminierte Verhalten war, weiter andauert.[164]

Dies hat der Einbürgerungsbewerber glaubhaft zu machen. Das bedeutet, dass er unter qualifizierter Darlegungs- und Beweislast die Umstände, die seine Abwendung belegen, so substantiiert und einleuchtend vorträgt, dass die Einbürgerungsbehörde sie als triftig, dh die innerliche Abwendung begründend,[165] anerkennen kann.[166] Dabei ist jeweils auf die im konkreten Einzelfall vorliegenden Handlungen abzustellen. Die Anforderungen an die Glaubhaftmachung richten sich nach Art, Gewicht und Häufigkeit der Handlungen, die zur Verfolgung oder Unterstützung verfassungsfeindlicher oder extremistischer Aktivitäten entfaltet worden sind, sowie nach dem Zeitpunkt, zu dem sie erfolgt sind.[167] Bestreitet der Einbürgerungsbewerber verfassungsfeindliche Aktivitäten, ist die Abwendung von derartigen Aktivitäten nicht glaubhaft zu machen.[168] Allein der Umstand, dass die inkriminierten Vorgänge lange zurückliegen, genügt zur Glaubhaftmachung nicht.[169] Erforderlich, aber auch ausreichend ist, dass äußerlich feststellbare Umstände vorliegen, die es wahrscheinlich erscheinen lassen, dass der Ausländer seine innere Einstellung verändert hat und daher künftig eine Verfolgung oder Unterstützung von sicherheitsgefährdenden Bestrebungen durch ihn auszuschließen ist.[170] Es ist eine Gesamtschau der für und gegen eine Abwendung sprechenden Faktoren vorzunehmen.[171]

99

6. Erkenntnisquellen

Die Einbürgerungsbehörde darf sich aus allen zugänglichen Quellen kundig machen.[172] Auch kann sie den Einbürgerungsbewerber selbst befragen,[173] allerdings nicht ohne Anlass.[174] Dabei hat sie aber die Grenzen des Völkerrechts und der Verfassung zu beachten.[175] **Die Regelanfrage beim Verfassungsschutz** ist gemäß § 37 Abs. 2 StAG zulässig.[176] Sie darf aber nicht routinemäßig bei jedem Einbürgerungsantrag vorgenommen werden, sondern nur dann, wenn sich bereits ein konkreter Anlass für die mögliche Erfüllung der Ausweisungs- und Aus-

100

---

[164] InfAuslR 2005, 64; siehe auch OVG Saarland Urt. v. 8.3.2006 – 1 R 1/06 – www.asyl.net – Rechtsprechungsdatenbank.
[165] OVG Saarland Urt. v. 11.7.2007 – 1 A 224/07 – www.asyl.net – Rechtsprechungsdatenbank.
[166] Wenn der Einbürgerungsbewerber sein ganzes früheres politisches Leben „bereuen" muss, könnte im Einzelfall durchaus eine Verletzung seiner Menschenwürde diskutiert werden.
[167] NK-AuslR/*Geyer*, § 11 StAG Rn. 7; OVG Saarland Urt. v. 8.3.2006 – 1 R 1/06 – www.asyl.net – Rechtsprechungsdatenbank.
[168] BVerwG Urt. v. 20.3.2012 – 5 C 1.11 – www.bverwg.de – Rn. 47; OVG Saarland Urt. v. 8.3.2006 – 1 R 1/06 – www.asyl.net – Rechtsprechungsdatenbank.
[169] BVerwG Urt. v. 20.3.2012 – 5 C 1.11 – www.bverwg.de – Rn. 47; BayVGH, Urt. v. 24.4.2013 – 5 BV 11.3036 – www.asyl.net Rechtsgebiete, Einbürgerung, Staatsangehörigkeit; GK-StAR/*Berlit*, § 11 Rn. 156 ff.
[170] BVerwG Urt. v. 20.3.2012 – 5 C 1.11 – www.bverwg.de – Rn. 47; krit. hierzu GK-StAR/*Berlit*, § 11 Rn. 165.
[171] BVerwG Urt. v. 20.3.2012 – 5 C 1.11 – www.bverwg.de – Rn. 47; BayVGH, Urt. v. 24.4.2013 – 5 BV 11.3036 – www.asyl.net Rechtsgebiete, Einbürgerung, Staatsangehörigkeit.
[172] BVerwG Urt. v. 20.3.2012 – 5 C 1.11 – www.bverwg.de – Rn. 47.
[173] *Hailbronner/Renner/Maaßen*, § 11 Rn. 17; zur Verwertbarkeit siehe OVG RP, Beschl. v. 17.2.2009 – 7 A 11063/08.OVG – www.asyl.net – Rechtsprechungsdatenbank.
[174] Zum Fall einer für eine Rücknahme der Einbürgerung zu ungenauen Befragung VGH Hessen, Urt. v. 18.1.2007 – 11 UE 111/06 – www.asyl.net – Rechtsprechungsdatenbank.
[175] GK-StAR/*Berlit*, § 11 Rn. 145.1 f.
[176] *Wolfrum/Röben*, Gutachten zur Vereinbarkeit des Gesprächsleitfadens für Einbürgerungsbehörden des Landes Baden-Württemberg mit Völkerrecht vom 8.3.2006 – www.mpil.de/shared/data/pdf/gutacht_gespraechsleitfaden_einbuergerung.pdf (Zugriff nicht mehr möglich).
[177] NK-AuslR/*Geyer*, § 11 StAG Rn. 7; GK-StAR/*Berlit*, § 11 Rn. 146 ff.; nach *Göbel-Zimmermann/Eichhorn*, ZAR 2010, 293, 301 vorgeschrieben.

schlussgründe aus sonstigen Unterlagen oder Angaben ergeben hat.[177] Die Geheimhaltung aus Quellenschutzgründen richtet sich nach § 99 VwGO.[178]

7. Kein Ermessen

101 Der Einbürgerungsbehörde steht kein Ermessen zu.[179] Vielmehr sind ua die Begriffe „Annahme rechtfertigen", „verfolgt", „unterstützt", „glaubhaft macht" und „abwendet" unbestimmte Rechtsbegriffe, die der vollen richterlichen Nachprüfung[180] unterliegen und der Behörde auch keinen Beurteilungsspielraum belassen.

8. § 11 S. 1 Nr. 2 StAG

102 Gemäß § 11 S. 1 Nr. 2 StAG ist die Einbürgerung ausgeschlossen, wenn ein nach § 54 Absatz 1 Nummer 2 oder 4 des Aufenthaltsgesetzes ein besonders schwerwiegendes Ausweisungsinteresse[181] vorliegt.[182] Nicht erforderlich ist, dass eine Ausweisung tatsächlich erfolgt (ist).[183]

9. Besondere Beratungshinweise

103 Liegt eine Vollmacht vor? Klagfrist prüfen und mit Vorfrist für Sekretariat und Anwalt notieren; Akteneinsicht; Mandantengespräch und fristgerechte Klagerhebung.

III. Muster: Klage auf Verpflichtung zur Erteilung einer Einbürgerungszusicherung

104 ▶ An das

Verwaltungsgericht ...

Klage

des ...

wohnhaft:

– Kläger –

Prozessbevollmächtigt: Rechtsanwalt ....

gegen

...

– Beklagte –

Unter Vollmachtsvorlage zeigen wir an, dass wir den Kläger anwaltlich vertreten. Namens und in Vollmacht des Klägers erheben wir vor dem Verwaltungsgericht Klage und beantragen,

---

177 So wörtlich *Hailbronner/Renner/Maaßen*, § 37 Rn. 11; siehe auch NK-AuslR/*Geyer*, StAG § 10 Rn. 11 und § 11 Rn. 8; vgl NK-AuslR/*Hilbrans*, StAG § 37 Rn. 14 ff.
178 *Hailbronner/Renner/Maaßen*, § 10 Rn. 16; siehe auch GK-StAR/*Marx*, § 8 Rn. 341 ff.; vgl. BVerwG Beschl. v. 14.6.1995 – 1 B 132.94, InfAuslR 1995, 417 ff.
179 GK-StAR/*Berlit*, § 11 Rn. 202 ff.
180 Vgl. NK-AuslR/*Geyer*, § 11 StAG Rn. 11; VGH BW, Urt. v. 11.7.2002 – 13 S 1111/01, VENSA, anders aber bei der Ermessenseinbürgerung.
181 Neufassung des Ausweisungsrechts durch Gesetz zur Neubestimmung des Bleiberechts und der Aufenthaltsbeendigung, BGBl. 2015 I Heft Nr. 32, S. 1386, in Kraft ab 1.8.2015 mit Ausnahme der Ausweisungsvorschriften, diese in Kraft ab 1.1.2016; zuvor: ein Ausweisungsgrund nach § 54 Nr. 5 oder 5 a AufenthG.
182 Siehe zur Ausweisung § 5; besonders schwerwiegendes Ausweisungsinteresse Rn; NK-AuslR/*Geyer*, § 11 StAG Rn. 2 und 9 ff.; GK-StAR/*Berlit*, § 11 Rn. 168 ff.
183 NK-AuslR/*Geyer*, § 11 StAG Rn. 9.

C. Bekenntnis zur freiheitlich-demokratischen Grundordnung

Der Bescheid des/r Beklagten vom ... [in der Form des Widerspruchsbescheids ...] wird aufgehoben. Der/die Beklagte wird verpflichtet, dem Kläger antragsgemäß eine Einbürgerungszusicherung zu erteilen.

Zur **Begründung** tragen wir vor:

1. Der Kläger ist türkischer Staatsangehöriger kurdischer Volkszugehörigkeit. Die Beklagte hat seinen Antrag auf Einbürgerung abgelehnt[; der hiergegen fristgerecht erhobene Widerspruch wurde zurückgewiesen].

   Mit der Klage verfolgt der Kläger sein Ziel, eine Einbürgerungszusicherung zu erlangen, weiter. Denn die angegriffene Verfügung ist [auch in der Gestalt des Widerspruchsbescheides] rechtswidrig und verletzt den Kläger in seinen Rechten.

   Einzig strittig zwischen den Parteien ist, ob der Kläger – der ausdrücklich erklärt, dass er die Ziele und die Methoden der PKK ablehnt – wegen einer Unterschrift unter den Aufruf „Auch ich bin ein PKK'ler" im Sommer 2001 die Voraussetzungen des § 10 Abs. 1 S. 1 Nr. 1 StAG erfüllt und ob darüber hinaus die Ausschlussgründe des § 11 S. 1 Nr. 1 und 2 StAG vorliegen. Die übrigen Einbürgerungsvoraussetzungen sind unstreitig erfüllt.

2. Weder der Umstand, dass der Kläger im Sommer 2001 den Aufruf „Auch ich bin ein PKK'ler" unterzeichnet haben soll, noch die Tatsache, dass der Kl. im Einbürgerungsverfahren eine Unterschrift unter einen Aufruf kurdischer Landsleute nicht erwähnt hat, stehen einer Einbürgerung entgegen. Sie berühren die Wirksamkeit seines Bekenntnisses zur freiheitlich demokratischen Grundordnung und seine Loyalitätserklärung nicht.

   a) Zunächst ist festzuhalten, dass entgegen der Auffassung der Beklagten § 10 Abs. 1 S. 1 Nr. 1 StAG lediglich eine formelle Einbürgerungsvoraussetzung darstellt (*Berlit* in GK-StAR § 10 Rn. 134 ff.). Die Loyalitätserklärung und das Bekenntnis gemäß dieser Vorschrift ist bereits formal von der Ausschlussproblematik des § 11 S. 1 Nr. 1 StAG abzugrenzen. Dies ergibt sich bereits aus der Entstehungsgeschichte der Norm (*Berlit* in GK-StAR § 10 Rn. 136). Bekenntnis und Loyalitätserklärung haben nach den Gesetzesmaterialien Dokumentationscharakter. Dieser Befund beruht hauptsächlich auf systematische Erwägungen. Wie *Berlit* (in GK-StAR § 10 Rn. 137) wörtlich ausführt, formt die Regelung des § 11 S. 1 Nr. 1 StAG aus, unter welchen Voraussetzungen materiell ein Anspruch auf Einbürgerung nicht besteht. Sie ergänzt die Erklärungserfordernisse. Diese Ergänzung hätte keinen selbstständigen Sinn, wenn bereits im Rahmen des § 10 Abs. 1 S. 1 Nr. 1 StAG von der Einbürgerungsbehörde zu prüfen und zu entscheiden wäre, ob ein abgegebenes Bekenntnis bzw. die Loyalitätserklärung inhaltlich zutreffend sind. Bekenntnis und Loyalitätserklärung haben vorrangig einen symbolischen, selbstverpflichtenden Gehalt. Dies gilt selbst dann, wenn sich der Einbürgerungsbewerber von einer früheren Verfolgung oder Unterstützung verfassungsfeindlicher oder extremistischer Bestrebungen abgewandt hat (*Berlit* in GK-StAR § 10 Rn. 145).

   b) Dem Kl. kann auch nicht mit Erfolg entgegengehalten werden, er habe eine unwahre Erklärung abgegeben. Denn aus seiner Sicht war die vom ihm im Sommer 2001 in einer Fußgängerzone unterzeichnete Erklärung weder eine Verfolgung noch eine Unterstützung der in § 10 Abs. 1 S. 1 Nr. 1 StAG inkriminierten Aktivitäten.

   Wie das VG Stuttgart bereits im Jahre 2006 (Urt. v. 21.3.2006 – 11 K 2983/04, InfAuslR 2006, 471 ff.) durch Vernehmung des zuständigen Abteilungsleiters des baden-württembergischen Landesamtes für Verfassungsschutzes festgestellt hat, hat die PKK bei der Sammlung von Unterschriften unter den Aufruf „Auch ich bin ein PKK'ler" auch dadurch getäuscht, dass sie den

Unterzeichnern verschiedene Texte – einerseits einen völlig harmlosen Text zum Lesen, andererseits den Aufruf „Auch ich bin ein PKK´ler" zum Unterschreiben, vorgelegt hat: „Allein aus der Existenz der klägerischen Unterschrift kann insoweit daher nicht der Schluss gezogen werden, der in der deutschen Sprache nicht sehr gewandte Kläger habe unabhängig von den mündlichen Erläuterungen der ihn bedrängenden Landsleute innerhalb der wenigen Minuten seines Aufenthaltes an diesem Informationsstand die Zusammenhänge und die Bedeutung einer von ihm zu erbringenden Unterstützungshandlung zutreffend einordnen können oder dies jedenfalls müssen" (VG Stuttgart aaO). Von einer Unterstützung inkriminierter Bestrebungen kann nicht die Rede sein, wenn dem Handelnden die wahren Umstände des fraglichen Vorgangs nicht erkennbar sind (BVerwG, Urt. v. 20.3.2012 -5 C 1.11).

3. Selbst wenn der Kl. den umstrittenen Aufruf unterzeichnet hätte, können seinem Einbürgerungsanspruch weder § 11 S. 1 Nr. 1 noch § 11 S. 1 Nr. 2 StAG entgegengehalten werden.
Im Falle eines anderen Unterzeichners desselben Aufrufs hat das Verwaltungsgericht Freiburg (Urt. v. 16.3.2005 – 2 K 2364/04) wörtlich ausgeführt:
„Zwar gefährdet die PKK bzw. deren Nachfolgeorganisationen die Sicherheit der Bundesrepublik Deutschland. Auch ist in der Unterzeichnung der „Selbsterklärung" der PKK eine Unterstützung dieser verbotenen Organisation zu sehen. Indes führt nicht ausnahmslos jede Unterstützungshandlung zur Anwendung des Ausschlussgrundes des § 11 S. 1 Nr. 2 StAG [aF, Nr. 1 nF]. Bei einer Organisation wie der PKK, die einen erheblich höheren Mobilisierungsgrad aufweist, als andere gewaltbereite Gruppen, ist eine Differenzierung erforderlich, um bloße – unpolitische – Mitläufer nicht zu erfassen. Der Ausschlussgrund ist deshalb erst dann erfüllt, wenn Tatsachen vorliegen, die auf eine nachhaltige Unterstützung auch nach dem Wirksamwerden des Verbots der PKK schließen lassen. Solche Tatsachen liegen im Falle des Klägers jedoch nicht vor. Es ist nicht dargetan, dass der Kläger die PKK nachhaltig unterstützt hat. Er ist seit vielen Jahren im Bundesgebiet nur ein einziges Mal anlässlich eines „Massendelikts" durch Abgabe der „Selbsterklärung" aufgefallen. Dies deutet darauf hin, dass es sich bei ihm nicht um einen Unterstützer der PKK im eigentlichen Sinne, sondern höchstens um einen im Grunde genommen unpolitischen Mitläufer handelt, der möglicherweise lediglich Opfer einer geschickten Werbekampagne der PKK geworden ist."
Die entgegenstehende Auffassung des Verwaltungsgerichtshofs Baden-Württemberg, Urteil vom 10.11.2005 – 11 S 1696/05, VENSA, kann dem Kl. nicht entgegengehalten werden. Denn das BVerwG hat mit seiner Entscheidung vom 22.2.2007 – 5 C 10.06 – dieses Urteil aufgehoben und nach einer gründliche Analyse des gesamten Textes der „Selbsterklärung" zusammenfassend festgestellt: „In der Gesamtbetrachtung kann die Selbsterklärung des Klägers mithin nur als eine Sympathiebekundung bewertet werden zugunsten einer PKK im Jahre 2001, die nach seiner Überzeugung in Abkehr von ihren früheren Bestrebungen seit zwei Jahren ihre politischen Ziele gewaltfrei und legal verfolgt und erklärt hatte, dies auch in Zukunft weiter tun zu wollen. Wer eine solche Politik öffentlich unterstützt – und nur dies wird dem Kläger letztlich vorgeworfen –, unterstützt damit weder objektiv noch subjektiv Bestrebungen, die gegen die Sicherheit des Bundes gerichtet sind oder die durch Anwendung von Gewalt oder darauf gerichtete Vorbereitungshandlungen auswärtige Belange der Bundesrepublik Deutschland gefährden (§ 11 S. 1 Nr. 2 StAG [aF, jetzt § 11 S. 1 Nr. 1 StAG]).

4. Nicht unberücksichtigt darf bleiben, dass der dem Kläger von der/dem Beklagten vorgehaltene Vorgang bereits viele Jahre zurückliegt und es keinerlei Anhaltspunkte dafür gibt, dass der Kläger sich anderweitig im Zusammenhang mit der PKK betätigt hat. Zwar soll der bloße Zeitablauf

allein nicht dazu ausreichen, einen entsprechenden Vorgang irrelevant werden zu lassen (BVerwG Urt. v. 20.3.2012 – 5 C 1.11). Zutreffend hat jedoch *Berlit* darauf hingewiesen, dass für die Glaubhaftmachung „innerer Lernprozesse" im Rahmen einer etwa erforderlichen „Abwendung" von einem inkriminierten Verhalten zusätzliche Angaben in der Regel weder nötig noch möglich sind (GK-StAR, § 11 Rn. 165). Der Kläger hat stets seine Haltung betont, dass er Gewalt als Mittel zur Lösung politischer Konflikte ablehnt. Daran hält der Kläger fest, auch und gerade im Hinblick auf die bekannten Vorgänge im Irak. Dass er den Einsatz deutschen Militärs dort ablehnt, kann keinen Anhaltspunkt für die Verfolgung oder Unterstützung verfassungsfeindlicher Bestrebungen darstellen. Diese Auffassung ist aus seiner Sicht – insbesondere im Hinblick auf deutsche Waffenlieferungen in die Region Kurdistan-Irak – konsequent und von der Meinungsfreiheit gedeckt und sicher einbürgerungsunschädlich.

Rechtsanwalt ◄

IV. Fehlerquellen / Haftungsfallen

1. Rechtsmittel

Liegt nur eine Entscheidung der Einbürgerungsbehörde vor, muss vor Klagerhebung sorgfältig geprüft werden, ob in dem betreffenden Bundesland das Widerspruchsverfahren auch wirklich abgeschafft ist. 105

2. Mandantengespräch

Der Anwalt wird dem Mandanten einerseits klarmachen müssen, dass die Sicherheitsbehörden von einschlägigen Aktivitäten umfänglich Kenntnis haben können. Andererseits wird er vermeiden müssen, durch übertriebenes Misstrauen den Mandanten selbst zu „verurteilen". Bagatellisierungen können dem Mandanten sehr schaden. Es liegt auf der Hand, dass es hier zu äußerst sensiblen Beratungssituationen kommen kann. 106

Es sind deshalb sorgfältig die Umstände zu eruieren, unter denen der Aufruf unterzeichnet wurde. Möglicherweise erinnert sich der Mandant an Teile des von ihm unterzeichneten Textes; das ist wichtig im Hinblick auf die vom VG Stuttgart aufgedeckten Manipulationen der **PKK**. Die Motivation für die Unterzeichnung ist ebenfalls bedeutsam. Wollte der Mandant lediglich für die „neue Linie der PKK" Sympathie äußern, ist ein Einbürgerungsanspruch nicht ausgeschlossen.[184] 107

Zu erörtern ist der den Behörden bekannte politische Hintergrund des Mandanten inklusive seiner politischen Betätigung und etwaiger Ermittlungs- oder Strafverfahren. Bei ehemaligen Asylbewerbern können auch die Angaben zur politischen Betätigung im Herkunftsstaat eine Rolle spielen. Liegen inkriminierte Aktivitäten vor, sind die Möglichkeiten zu erörtern, die Abwendung des Mandanten von diesen Aktivitäten glaubhaft zu machen. Hier ergibt sich die besondere Problematik, dass sich der Mandant von bestrittenen Aktivitäten schlecht glaubhaft abwenden kann. 108

---

184 BVerwG Urt. v. 22.2.2007 – 5 C 20.05 und 5 C 10.06, beide in www.bverwg.de.

V. Weiterführende Hinweise

1. Feierliches Bekenntnis vor der Übergabe der Einbürgerungsurkunde

109 Vor der Aushändigung der Einbürgerungsurkunde ist gemäß § 16 S. 2 StAG ein feierliches Bekenntnis abzugeben.[185] Dieses Bekenntnis unterscheidet sich aber im Wortlaut von dem Bekenntnis des § 10 Abs. 1 S. 1 Nr. 1 StAG und wird erst unmittelbar vor Abschluss des Einbürgerungsverfahrens abgegeben. Das Bekenntnis gemäß § 10 Abs. 1 S. 1 Nr. 1 StAG ist erfolgt jedoch bereits in der Frühphase des Verfahrens.

2. Bekenntnis und Loyalitätserklärung als nicht nur formales Kriterium – Gegenmeinung

110 Nach von der hier vertretenen Auffassung abweichender Meinung[186] sind Bekenntnis und Loyalitätserklärung nicht nur formale Erfordernisse, vielmehr müsse die Erklärung auch inhaltlich zutreffen. Der Zweck des Bekenntnisses zur freiheitlichen demokratischen Grundordnung sei darin zu sehen, die Einbürgerung von Verfassungsfeinden und die daraus herrührende Gefahr für die staatliche Ordnung zu verhindern. Die persönlich abzugebende Erklärung solle dem Einbürgerungsbewerber die Notwendigkeit einer glaubhaften Hinwendung zu den Grundprinzipien der deutschen Verfassungsordnung unmittelbar vor seiner Aufnahme in den deutschen Staatsverband vor Augen führen. Deshalb würden ihm über die Erfüllung sonstiger Integrationszeichen hinaus sowohl ein aktives persönliches Bekenntnis als auch die Bestätigung eines nicht verfassungsgefährdenden Verhaltens in Vergangenheit und Gegenwart abverlangt. Hieraus solle zugleich darauf geschlossen werden, dass von ihm auch nach der Einbürgerung keine Gefahr für Bestand und Sicherheit des Staates sowie dessen Grundordnung ausgeht. Insoweit reiche ein rein verbales Bekenntnis des Einbürgerungsbewerbers zur freiheitlichen demokratischen Grundordnung zur Erfüllung der Einbürgerungsvoraussetzung des § 10 Abs. 1 S. 1 Nr. 1 StAG nicht aus; das Bekenntnis zur freiheitlichen demokratischen Grundordnung müsse auch inhaltlich zutreffen, stelle mithin nicht nur eine rein formelle Einbürgerungsvoraussetzung dar. Gleiches gelte für die zusätzlich zum Bekenntnis zur freiheitlichen demokratischen Grundordnung abgegebene Loyalitätserklärung. Wenn es sich hierbei also nicht nur um formale Einbürgerungsvoraussetzungen in Form eines bloßen Lippenbekenntnisses handele, müssen das Bekenntnis und die Erklärung von einem entsprechenden Bewusstsein des Einbürgerungsbewerbers getragen sein.

111 Damit aber eröffnet diese Auffassung die Möglichkeit einer uferlosen Bewusstseinsprüfung,[187] die noch nicht einmal in § 11 Nr. 1 StAG geregelt ist.[188] Letztendlich werden dem Einbürgerungsbewerber so Darlegungs- und Nachweislasten auferlegt, die er nicht zu tragen hat.[189]

3. Verständnis

112 Es darf bezweifelt werden, ob die Texte des Bekenntnisses und der Loyalitätserklärung dem Sprachniveau B 1 des Gemeinsamen Europäischen Referenzrahmens entsprechen, das dem

---

185 Rn 34.
186 VGH BW, Urt. v. 20.2.2008 – 13 S 1169/07 – www.asyl.net – Rechtsprechungsdatenbank; vgl. auch Beschl. v. 12.12.2005 – 13 S 2948/04 – NVwZ 2006, 484; so auch *Göbel-Zimmermann/Eichhorn*, ZAR 2010, 293, 300; weitere Nachweise GK-StAR/*Berlit*, § 10 Rn. 135.
187 Krit. auch *Göbel-Zimmermann/Eichhorn*, ZAR 2010, 293, 300, der aber bei entsprechenden Anhaltspunkten weitere Nachprüfungen für zulässig hält.
188 So die Auffassung der BReg., BT-Drs. 16/5107 S. 14; vgl. *Hailbronner/Renner/Maaßen*, § 11 Rn. 2.
189 VG München, Urt. v. 24.11.2010 – M 25 K 09.5509 – www.asyl.net – Rechtsprechungsdatenbank.

Merkmal „ausreichende Kenntnisse der deutschen Sprache" in § 10 Abs. 1 S. 1 Nr. 6 und Abs. 4 StAG zu Grunde liegt.[190] Insbesondere in den Fällen des § 10 Abs. 6 StAG bietet sich die Hinzuziehung eines Dolmetschers an. Entschärft ist die Problematik im Bereich der Anspruchseinbürgerung aber dadurch, dass mit Wirkung vom 1.9.2008 in § 10 Abs. 1 S. 1 Nr. 7 StAG ausdrücklich Kenntnisse der Rechts- und Gesellschaftsordnung und der Lebensverhältnisse in Deutschland verlangt werden. Diese Kenntnisse sind gemäß § 10 Abs. 5 S. 1 StAG in der Regel durch einen erfolgreichen Einbürgerungstest nachgewiesen. Zur Vorbereitung darauf werden Einbürgerungskurse angeboten; die Teilnahme an diesen Kursen ist allerdings nicht verpflichtend.[191] In **einzelnen Bundesländern**, zB Baden-Württemberg, wird im Rahmen eines Gesprächs geprüft, ob der Inhalt des Bekenntnisses und der Loyalitätserklärung auch verstanden wurde.[192] Diese Praxis dürfte rechtlich zweifelhaft sein, nachdem das BVerwG[193] die Frage, ob Bekenntnis und Loyalitätserklärung von inhaltlichen Kenntnissen getragen sein muss, wegen des Einbürgerungstests für nicht mehr relevant erachtet hat.

4. Zugehörigkeit zu Organisationen

Besonders sensibel ist die Zugehörigkeit zu Organisationen.[194] Nach der Rechtsprechung des BVerwG[195] können sich die erforderlichen tatsächlichen Anhaltspunkte für die Annahme der Unterstützung von Bestrebungen im Sinne des § 11 S. 1 Nr. 1 StAG „auch aus der Zugehörigkeit zu einer und/oder aktiven Betätigung für eine Organisation, die ihrerseits Ziele im Sinne des § 11 S. 1 Nr. 1 StAG verfolgt", ergeben.[196] Das gilt nach BayVGH[197] für aktive und betätigte Mitgliedschaft in einer Organisation, namentlich an herausgehobener Stelle (Führungsposition), die eigene Durchführung von Handlungen, welche die in der gesetzlichen Vorschrift genannten Ziele verfolgen, oder die maßgebliche, mitentscheidende oder – gestaltende Planung, Organisation oder Anleitung solcher Aktivitäten durch Dritte. Für die Einordnung einer Organisation als verfassungsfeindlich gilt dabei ebenfalls das herabgesetzte Beweismaß des § 11 S. 1 Nr. 1 StAG, dh es genügt der durch konkrete Tatsachen begründete Verdacht, dass die Organisation das Ziel verfolgt, die freiheitlich demokratische Grundordnung zu beeinträchtigen.[198] Bei einer Organisation, die verschiedene Strömungen aufweist, die unter dem Gesichtspunkt der Verfassungsfeindlichkeit unterschiedlich zu bewerten sind, kommt es entscheidend darauf an, welcher Richtung sich der Ausländer zurechnen lassen muss.[199] Dementsprechend ist es erforderlich, im Wege einer umfassenden Gesamtwürdigung des jeweiligen Sachverhalts festzustellen, ob der Ausländer die Organisation als Ganzes einschließlich ihrer einbürgerungsschädlichen Ziele mitträgt oder ob er sich von letzteren glaubhaft distanziert. Liegen äußerliche Umstände vor, die es hinreichend wahrscheinlich erscheinen lassen, dass der Ausländer den Kreisen innerhalb einer Organisation zuzurechnen ist, die aus-

---

190 *Göbel-Zimmermann/Eichhorn*, ZAR 2010, 293, 300; zu den Sprachkenntnissen siehe § Rn. 56 ff.
191 § 10 Abs. 5 S. 2 StAG.
192 *Hailbronner/Renner/Maaßen*, § 10 Rn. 15; zT wurden dabei höchst umstrittene Fragenkataloge verwendet; siehe dazu § 8 Rn. 62 ff.
193 Beschl. v. 8.12.2008 – 5 B 58/08 – www.bverwg.de – Rn. 3, Zurückweisung der Beschwerde gegen VGH BW, Urt. v. 20.2.2008 – 13 S 1169/07.
194 GK-StAR/*Berlit*, § 10 Rn. 68 ff.; NK-AuslR/*Geyer*, § 11 StAG Rn. 4.
195 Urt. v. 2.12.2009 – 5 C 24.08 – www.bverwg.de, Rn. 18 zu Milli Görös; siehe dem zugrundeliegend VGH BW Urt. v. 11.6.2008 – 13 S 2613/03 –www.asyl.net – Rechtsprechungsdatenbank.
196 Zweifelnd: *Hailbronner/Renner/Maaßen*, § 11 Rn. 13; vgl. GK-StAR/*Marx*, § 8 Rn. 307 ff. zur älteren Rspr.
197 BayVGH, Urt. v. 24.4.2013 – 5 BV 11.3036 – www.asyl.net – Rechtsgebiete; Einbürgerung, Staatsangehörigkeit.
198 Beschl. v. 27.1.2009 – BVerwG 5 B 51.08 – www.bverwg.de.
199 BVerwG Urt. v. 2.12.2009 – 5 C 24.08 – www.bverwg.de – Rn. 20; vgl. *Hailbronner/Renner/Maaßen*, § 11 Rn. 8 f.

schließlich einbürgerungsunschädliche Ziele verfolgen, ist für den Ausschlussgrund des § 11 S. 1 Nr. 1 StAG kein Raum.[200] Wendet sich die Organisation von früher verfolgten einbürgerungsschädlichen Zielen ab und vollzieht dies der Einbürgerungsbewerber nach, fehlt es ebenso an einem Ausschlussgrund nach dieser Vorschrift.[201]

D. Einbürgerungszusicherung / nachträgliche einbürgerungsschädliche Entwicklungen (Lebensunterhalt)

I. Sachverhalt / Lebenslage

114 **Beispiel: Der Bestand der Einbürgerungszusicherung**
Die Einbürgerungsbehörde hatte eine Einbürgerungszusicherung erteilt, die noch ein Jahr Gültigkeit hat. Der Einbürgerungsbewerber – im Besitz einer Niederlassungserlaubnis – hat inzwischen nach betriebsbedingter Kündigung seinen Arbeitsplatz wechseln müssen. Dies hat zur Folge, dass er wegen des im Vergleich zum Zeitpunkt der Erteilung der Einbürgerungszusicherung nunmehr niedrigeren Einkommens auf Wohngeld nach dem Wohngeldgesetz angewiesen ist. Die Einbürgerungsbehörde teilt deshalb ohne Rechtsmittelbelehrung mit, dass sie sich an die Einbürgerungszusicherung nicht mehr gebunden fühlt. Kurz zuvor, noch vor dem Verlust des alten Arbeitsplatzes, hatte der Einbürgerungsbewerber einen Antrag auf Entlassung aus seiner früheren Staatsangehörigkeit gestellt.

II. Prüfungsreihenfolge

1. Verfahrensstadium

115 Mit der **Einbürgerungszusicherung** wird der Zeitraum zwischen Abschluss der Prüfung der Einbürgerungsvoraussetzungen und dem Verlust der bisherigen Staatsangehörigkeit überbrückt. Es soll einerseits Staatenlosigkeit, aber andererseits auch Doppelstaatigkeit vermieden werden.[202] Die Einbürgerungszusicherung verbessert die Rechtsstellung des Einbürgerungsbewerbers, gewährt ihm aber noch nicht die erstrebte Einbürgerung.[203]

2. Rechtsnatur der Einbürgerungszusicherung

116 Die Einbürgerungszusicherung ist eine Zusicherung iSd § 38 VwVfG der jeweiligen Länder. Sie stellt nach auch hier vertretener Auffassung einen **Verwaltungsakt** dar.[204] Durch sie wird dem Einbürgerungsbewerber die Einbürgerung für den Fall zugesagt, dass er die Aufgabe seiner Staatsangehörigkeit nachweist. In der Regel ist die Einbürgerungszusicherung auf zwei Jahre zu befristen. Die Verlängerung der Frist ist zulässig. Die Einbürgerungszusicherung wird unter dem Vorbehalt erteilt, dass sich die für die Einbürgerung maßgebliche Sach- oder Rechtslage bis zum Ablauf der Frist nicht ändert.[205] Eine inhaltliche Bestimmung der Zusi-

---

200 A.a.O. Rn. 20.
201 VG Stuttgart, Urt. v. 7.10.2010 – 11 K 4710/09 zum Nationalen Widerstandsrat Iran; siehe aber auch hessVGH, Beschl. v. 18.2.2009 – 5 A 550/07.Z, beide www.asyl.net Rechtsprechungsdatenbank.
202 VGH BW Urt. v. 8.5.2013 – 1 S 2046/12 – www.asyl.net – Rechtsprechungsdatenbank, siehe auch Urt. v. 22.1.2009 – 13 S 729/09, ebenda, und vom 6.7.1994 – 13 S 2147/93, InfAuslR 1995, 116.
203 BVerwG Urt. v. 17.3.2004 – 1 C 5.03 – www.bverwg.de – Rn. 13.
204 *Hailbronner/Renner/Maaßen*, § 8 Rn. 133; NK-AuslR/*Geyer*, § 10 StAG Rn. 20; GK-StAR/*Marx*, § 8 Rn. 497 mwN; nach*Kopp/Ramsauer*, VwVfG, 16. Aufl. 2015 § 38 Rn. 8 hM, die Rspr. habe die Frage schlicht offen gelassen.
205 VAH-StAG Nr. 8.1.2.6.1.

cherung und deren Bindungswirkung durch die ihr beigefügten Bedingungen ist zulässig.[206] Gegen die Einbürgerungszusicherung selbst oder gegen ihre selbstständigen Nebenbestimmungen muss dann allerdings auch ein Rechtsmittel möglich sein.[207]

3. Bindungswirkung der Einbürgerungszusicherung

Die Einbürgerungszusicherung ist eine eigenständige Rechtsgrundlage für einen Einbürgerungsanspruch.[208] Gemäß § 38 Abs. 2 VwVfG sind auf die Einbürgerungszusicherung die Vorschriften über die Unwirksamkeit eines Verwaltungsaktes, die **Heilung von Mängeln** und den **Widerruf** entsprechend anwendbar. Der in § 38 Abs. 3 VwVfG geregelte Wegfall der Bindungswirkung bei relevanter nachträglicher Änderung der Sach- und Rechtslage stellt eine Spezialvorschrift zu § 49 Abs. 2 Nr. 3 und 4 VwVfG (Widerruf wegen nachträglich eingetretener Tatsachen bzw. geänderter Rechtsvorschriften) dar.[209]

117

Die **Bindungswirkung** der **Zusicherung** entfällt einerseits bei Ablauf der Gültigkeitsdauer.[210] Bei relevanter Änderung der Sach[211]- und Rechtslage entfällt andererseits die Bindungswirkung zwar kraft Gesetzes. Nach *Kopp/Ramsauer*[212] genüge es, Rücknahme- bzw. Widerrufsgründe erst im Rahmen des Verfahrens über den zugesicherten Verwaltungsakt zu berücksichtigen. Eine alsbaldige ausdrückliche Rücknahme bzw. ein ausdrücklicher Widerruf könne aber wegen der Jahresfrist des § 48 Abs. 4 bzw. des § 49 Abs. 3 S. 2 VwVfG „notwendig" sein, um ein schutzwürdiges Vertrauen des Betroffenen auf den Bestand der Zusicherung auszuschließen und ihm die Möglichkeit zu geben, sich darauf einzustellen, dass er mit dem zugesicherten Verwaltungsakt nicht mehr rechnen kann.

118

Diese Schutzwürdigkeit besteht besonders bei der Einbürgerungszusicherung. Denn Folge des Unterbleibens einer Mitteilung der Behörde wäre, dass der Einbürgerungsbewerber seine Entlassung aus der bisherigen Staatsangehörigkeit weiter betreibt und gegebenenfalls sogar staatenlos würde.[213] Der Grundsatz der Verfahrensklarheit folgt aus dem Rechtsstaatsprinzip des Art. 20 Abs. 3 GG.[214] Dem Erlass eines feststellenden Verwaltungsaktes muss jedoch noch die Anhörung gemäß § 28 LVwVfG vorgeschaltet werden.

119

4. Rechtsmittel

Die Mitteilung, dass sich die Behörde nicht mehr an die Einbürgerungszusicherung gebunden fühle, stellt nach hier vertretener Auffassung einen feststellenden Verwaltungsakt dar. Gegen ihn ist die **Feststellungsklage**[215] das richtige Rechtsmittel. Ein Widerspruch findet gemäß § 68 VwGO nicht statt. Eine Anfechtungsklage ist deshalb nicht möglich, weil die Rechtsänderung, auf die sich die Behörde bezieht, kraft Gesetzes eintritt. Zu erwägen wäre allenfalls ein

120

---

206 VGH BW aaO; *Kopp/Ramsauer*, VwVfG, 16. Aufl. 2015 § 38 Rn. 20 a.
207 Vgl. VGH BW aaO.
208 OVG NRW Beschl. v. 22.6.2010 – 19 E 777/09 – www.nrw.justiz.de – mwN
209 *Kopp/Ramsauer* VwVfG, 16. Aufl. 2015, § 38 Rn. 36.
210 So in VGH BW, Urt. v. 22.1.2009 aaO; uU erfolgt aus dem Grundsatz aus Treu und Glauben ein Folgenbeseitigungsanspruch im Sinne einer erneuten Einbürgerungszusicherung: VGH BW, Urt. v. 8.5.2013 – 1 S 2046/12 – www.asyl.n et – Rechtsgebiete, Einbürgerung, Staatsangehörigkeit.
211 Eine Änderung der Erkenntnislage ist keine Änderung der Sachlage: VGH BW, Urt. v. 8.5.2013 – 1 S 2046/12, aaO.
212 VwVfG, 16. Aufl. 2015, § 38 Rn. 42.
213 *Göbel-Zimmermann/Eichhorn*, ZAR 2010, 293, 297: integrationsfreundliche Auslegung des § 12 StAG erforderlich, uU vorübergehende Hinnahme von Mehrstaatigkeit.
214 VGH BW, Urt. v. 8.5.2013 – 1 S 2046/12, aaO.
215 *Sennekamp* in: Quaas/Zuck, Prozesse in Verwaltungssachen, 2. Aufl. 2011, § 3 Rn. 103 ff.

– erneuter – Antrag auf Erteilung einer Einbürgerungszusicherung. Sollte die Behörde diesen Antrag ablehnen, wäre Widerspruch bzw. Verpflichtungsklage möglich. Nach der Rechtsprechung des BVerwG kann zwar auch bei bestehender Einbürgerungszusicherung auf Einbürgerung geklagt werden.[216] Im vorliegenden Fall ist der Eintritt des Verlustes der bisherigen Staatsangehörigkeit jedoch noch unsicher; die hier vorgeschlagene Lösung über eine Feststellungsklage erscheint deshalb stringenter.

5. Sicherung des Lebensunterhalts gemäß § 10 Abs. 1 S. 1 Nr. 3 StAG

121 Gemäß § 10 Abs. 1 S. 1 Nr. 3 StAG muss der Einbürgerungsbewerber den Lebensunterhalt für sich und seine unterhaltsberechtigten Familienangehörigen ohne Inanspruchnahme von Leistungen nach SGB II oder nach SGB XII bestreiten können. Nach dem eindeutigen Wortlaut des Gesetzes ist nur der tatsächliche Bezug der genannten Leistungen einbürgerungsschädlich.[217]

Deshalb ist jeglichem Versuch, von diesem klaren Gesetzeswortlaut abzuweichen, entgegenzutreten. Einen solchen Versuch unternimmt zB der Verwaltungsgerichtshof Baden-Württemberg.[218] Seiner Auffassung nach enthält § 10 Abs. 1 S. 1 Nr. 3 StAG keine eigenständige Definition dessen, was zum Lebensunterhalt gehört. Der Lebensunterhalt umfasse alles das, was zur Führung eines menschenwürdigen Lebens in Deutschland nötig ist. Aus dem Verweis auf SGB II und SBG XII könne man sich an die dort geregelten Sachverhalte anlehnen. Erforderlich seien also Mittel für eine **angemessene Unterkunft** (§ 22 SBG II), für **die persönlichen Bedürfnisse des täglichen Lebens** (vgl. § 20 SBG II, Regelleistungen), für **Krankenversicherung** und für **Pflegeversicherung**. Bei der **Altersvorsorge**[219] sei darauf abzustellen, was auch bei einem Deutschen in vergleichbarer Lebenslage und Erwerbssituation üblich und zumutbar ist; deshalb können insoweit die Anforderungen an einen jungen Menschen geringer sein als an einen Menschen in fortgeschrittenem Alter, der alsbald auf Leistungen aus der Alterssicherung angewiesen sein wird. Ob auch eine **Berufs- und Erwerbsunfähigkeitsversicherung** bestehen muss, lässt der VGH offen.

Da nur der tatsächliche Bezug der Leistungen nach SGB II einbürgerungsschädlich ist, verbietet sich die Anrechnung der Werbungskostenpauschale des § 11 b Abs. 2 SGB II und der Erwerbstätigenfreibeträge des § 11 b Abs. 3 SGB II zulasten des Einbürgerungsbewerbers jedenfalls dann, wenn sie von Einbürgerungsbewerber nicht geltend gemacht werden.[220]

§ 10 Abs. 1 S. 1 Nr. 3 Hs. 2 StAG macht von der Voraussetzung der Sicherung des Lebensunterhalts eine **Ausnahme** für den Fall, dass der Einbürgerungsbewerber den Grund für die Inanspruchnahme der Leistungen nach SGB II oder SGB XII nicht zu vertreten hat.[221]

---

216 Urt. v. 17.3.2004 – 1 C 5.03 Rn. 13 – www.bverwg.de.
217 NK-AuslR/*Geyer*, § 10 StAG Rn. 17 mwN; GK-StAR/*Berlit*, § 10 Rn. 223 u. 225.
218 ZB Verwaltungsgerichtshof Baden-Württemberg, Urt. v. 6.3.2009 – 13 S 2080/07 – www.asyl.net – Rechtsprechungsdatenbank.
219 Krit. GK-StAR/*Berlit*, § 10 Rn. 246.
220 Hier ist der Unterschied zum aufenthaltsrechtlichen Begriff der Sicherung des Lebensunterhalts genau zu beachten: in nicht unionsrechtlich bestimmten Fällen sind Pauschale und Freibeträge zu berücksichtigen: BVerwG, Urt. v. 16.11.2010 – 1 C 20.09 einerseits und 1 C 21.09 andererseits, beide in www.bverwg.de.
221 Siehe unten Rn. 132 ff.

Wohngeld nach dem Wohngeldgesetz zählt nicht zu den Leistungen nach SGB II oder SGB XII.²²² Auch Leistungen nach **BaföG** sind unschädlich.²²³

Die Anforderungen des § 10 Abs. 1 S. 1 Nr. 3 StAG sind sehr sorgfältig von der Unterhaltsfähigkeit des § 8 Abs. 1 S. 1 Nr. 4 StAG zu unterscheiden, dazu § 8 Rn. 27 ff.

6. Mandantengespräch

Die wirtschaftliche Lage des Mandanten ist zu besprechen. Vorsorglich sollte erörtert werden, aus welchen Gründen es zu dem Arbeitsplatzwechsel kam, und weshalb kein besser bezahlter Arbeitsplatz gefunden werden konnte. Auch sollte besprochen werden, ob der Antrag auf Genehmigung der Entlassung aus der türkischen Staatsangehörigkeit noch aufgehalten werden kann. Dies ist besonders eilbedürftig, weil eine Zustellung der Entlassungsurkunde nicht erfolgt.

7. Besondere Beratungshinweise

Liegt eine Vollmacht vor? Rechtsmittel prüfen; Akteneinsicht; Mandantengespräch; Rechtsmittel einlegen.

III. Muster: Klage auf Feststellung des Bestandes der Einbürgerungszusicherung

▶ Verwaltungsgericht ...

...

Klage

des/der Frau/Herr Z

A-Strasse, PLZ Ort

– Kläger –

prozbev. Rechtsanwalt ...

gegen

[Klagegegner]

Strasse, PLZ Ort

– Beklagte –

wegen: Einbürgerungszusicherung

Unter Vollmachtsvorlage zeigen wir an, dass wir den Einbürgerungsbewerber anwaltlich vertreten. Namens und in Vollmacht des Einbürgerungsbewerbers erheben wir vor dem Verwaltungsgericht ... Klage und beantragen

die Verfügung vom ... aufzuheben und festzustellen, dass die Beklagte an die Einbürgerungszusicherung vom ... weiter gebunden ist.

Zur **Begründung** tragen wir vor:

Der Kläger ist ... Staatsangehöriger. Die Bekl. hat ihm unter dem ... eine Einbürgerungszusicherung erteilt. Einige Zeit danach musste der Kläger betriebsbedingt seinen Arbeitsplatz wechseln. Dies

---

222 Siehe im Einzelnen im Mustertext; noch offen gelassen in BVerwG, Urt. v. 27.5.2010 – 5 C 8.09 – www.bverwg.de – Rn. 27, zur Unterhaltsfähigkeit gem. § 8 Abs. 1 Nr. 4 StAG; GK-StAR/*Berlit*, § 10 Rn. 223.
223 OVG NRW, Urt. v. 18.8.2010 – 19 A 1412/09 – InfAuslR 2011, 31 ff., Rn. 32; GK-StAR/*Berlit*, § 10 Rn. 223.

hatte zur Folge, dass er wegen des im Vergleich zum Zeitpunkt der Erteilung der Einbürgerungszusicherung nunmehr niedrigeren Einkommens auf Wohngeld nach dem Wohngeldgesetz angewiesen ist. Mit Schreiben vom ... teilte die Bekl. dem Kl. mit, dass sie sich an die erteilte Einbürgerungszusage nicht mehr gebunden sieht. Denn der Kl. beziehe zwischenzeitlich Wohngeld und könne seinen Lebensunterhalt nicht (mehr) sichern. Die Voraussetzung des § 10 Abs. 1 S. 1 Nr. 3 StAG sei also nachträglich weggefallen.

Die angegriffene Verfügung ist rechtswidrig und verletzt den Kl. in seinen Rechten. Die Einbürgerungszusicherung hat entgegen der Auffassung der Bekl. weiter Bestand.

Denn es liegt keine Änderung der Sachlage nach Abgabe der Einbürgerungszusicherung derart vor, dass bei Kenntnis der nachträglich eingetretenen Änderung die Einbürgerungszusicherung nicht abgegeben worden wäre oder aus rechtlichen Gründen nicht hätte erteilt werden dürfen (§ 38 Abs. 3 LVwVfG).

Zwar hat sich das Einkommen des Kl. nach Erteilung der Einbürgerungszusicherung nachträglich verringert mit der Folge, dass der Kl. auf Wohngeld nach dem Wohngeldgesetz angewiesen ist. Infolge der Einkommensverschlechterung ist der Kl. aber nicht in die Lage gekommen, dass er den Lebensunterhalt für sich und seine unterhaltsberechtigten Familienangehörigen nicht ohne Inanspruchnahme von Leistungen nach dem Zweiten oder Zwölften Buch Sozialgesetzbuch bestreiten kann.

Die Bekl. beruft sich zu Unrecht darauf, dass der Kl. Wohngeld bezieht und deshalb die Voraussetzung des § 10 Abs. 1 S. 1 Nr. 3 StAG nicht mehr vorliege. Denn Wohngeld nach dem Wohngeldgesetz ist weder eine Leistung nach SGB II noch nach SGB XII (*Berlit* in GK-StAR § 10 Rn. 223). Hingegen sind die in SGB II und SGB XII vorgesehenen Unterkunftszuschüsse originär an die Voraussetzung der Arbeitslosigkeit bzw. der sozialhilferechtlichen Bedürftigkeit geknüpft. Es ist deshalb nicht zulässig, etwa unter Hinweis auf den seinem Wesen nach sozialhilferechtlichen Charakter des Wohngelds (so aber zB VGH BW, Urt. v. 23.7.1998 – 13 S 2212/96, InfAuslR 1998, 509 ff.) entgegen dem klaren Wortlaut des § 10 Abs. 1 S. 1 Nr. 3 StAG die Einbürgerung zu verweigern. Die Entscheidung des VGH BW bezieht sich auch nicht auf die Anspruchseinbürgerung sondern auf die Voraussetzungen für eine Ermesseneinbürgerung gemäß § 8 StAG; dort heißt es in Abs. 1 Nr. 4 dass der Einbürgerungsbewerber imstande sein muss, sich und seine Angehörigen zu ernähren. Diese Formulierung ist nicht identisch mit § 10 Abs. 1 S. 1 Nr. 3 StAG.

Selbst wenn man den Bezug von Wohngeld grundsätzlich als einem Einbürgerungsanspruch entgegenstehend erachten würde, kann sich der Kl. vorliegend darauf berufen, dass er den Bezug von Wohngeld nicht zu vertreten hat (§ 10 Abs. 1 S. 1 Nr. 3 2.Hs. StAG; VAH-StAR Nr. 10.1.1.3). Die Kündigung seiner Arbeitsstelle erfolgte betriebsbedingt. Auch hat der Kl. sogleich wieder einen neuen, allerdings schlechter bezahlten Arbeitsplatz gefunden.

Ist mithin keine wesentliche Änderung der Sachlage eingetreten, darf auch nicht die Bindung an die Einbürgerungszusicherung verneint werden. Der Klage ist deshalb stattzugeben.

Rechtsanwalt ◄

IV. Fehlerquellen / Haftungsfallen
1. Rechtsmittel

125 Richtiges Rechtsmittel ist die **Feststellungsklage**. Widerspruch findet gemäß § 68 VwGO nicht statt. Anfechtungsklage kommt nicht in Betracht. Die Feststellungsklage ist von der

D. Einbürgerungszusicherung / nachträgliche einbürgerungsschädliche Entwicklungen

Verpflichtungsklage auf Verlängerung einer durch Zeitablauf ungültig gewordenen Einbürgerungszusicherung zu unterscheiden. Eine derartige Verpflichtungsklage ist ihrerseits von der Klage auf Verpflichtung zur Einbürgerung zu unterscheiden.[224]

2. Leistungsbezug

Sorgfältig muss ermittelt werden, welche Leistungen bezogen werden. **Wohngeld** nach dem Wohngeldgesetz und **Unterkunftszuschuss** nach SGB II oder SGB XII sind zu unterscheiden. 126

V. Weiterführende Hinweise
1. Grundsicherung für Arbeitssuchende und Sozialhilfe

Aus dem eindeutigen Wortlaut des § 10 Abs. 1 S. 1 Nr. 3 StAG ergibt sich, dass bei der Anspruchseinbürgerung nur Leistungen nach SGB II (Grundsicherung für Arbeitsuchende) oder SGB XII (Sozialhilfe) einbürgerungsschädlich sein können. Dazu gehören insbesondere auch Leistungen der Grundsicherung im Alter und bei Erwerbsminderung nach SBG XII.[225] Wenn eine Altersrente lediglich „aufgestockt" wird, ist zu prüfen, ob der Bezug insgesamt prägend ist.[226] Leistungen nach anderen Gesetzen (zB Wohngeldgesetz, Bundeselterngeld- und Elternzeitgesetz, Bundeskindergeldgesetz, BAföG usw) stehen einer Anspruchseinbürgerung nicht entgegen. Für die Ermessenseinbürgerung gilt anderes.[227] 127

2. Hilfe zum Lebensunterhalt

Aus der Differenzierung zwischen Hilfe zum Lebensunterhalt einerseits und anderen Hilfeleistungen andererseits in SGB XII kann abgeleitet werden, dass andere Hilfen als die Hilfe zum Lebensunterhalt von § 10 Abs. 1 S 1 Nr. 3 StAG nicht erfasst werden, zB **Hilfe in besonderen Lebenslagen**.[228] Dies ist allerdings strittig. Nach anderer Auffassung umfasst der Begriff des Lebensunterhalts auch die Vorsorge für Krankheit und Alter und alles, was zur Bewältigung bestehender oder absehbarer besonderer Lebenslagen, zB einer Behinderung oder andauernden Pflegebedürftigkeit erforderlich ist.[229] 128

3. Tatsächliche Inanspruchnahme

Nur die tatsächliche Inanspruchnahme der Leistungen nach SGB II oder SGB XII steht der Einbürgerung entgegen, selbst wenn ein Leistungsanspruch besteht.[230] 129

4. Zeitpunkt und Dauer der Sicherung

Der Lebensunterhalt muss für einen **überschaubaren Zeitraum** in der Zukunft gesichert sein.[231] Maßgeblich sind die Verhältnisse im Zeitpunkt der Entscheidung über den Einbürge- 130

---
224 VGH BW Urt. v. 8.5.2013 – 1 S 2046/12, aaO; VGH BW, Urt. v. 17.3.2009 – 13 S 3209/08, n-v.
225 BVerwG, Urt. v. 19.2.2009 – 5 C 22.08 – www.bverwg.de; GK-StAR/*Berlit*, § 10 Rn. 224; vgl. jetzt auch NK-AuslR/ *Geyer*, § 10 StAG Rn. 17 mwN
226 BVerwG, Urt. v. 19.2.2009 – 5 C 22.08 – www.bverwg.de – Rn. 15 u. 22.
227 § 8 Rn. 27 f.
228 GK-StAR/*Berlit*, § 10 Rn. 224.
229 *Makarov/v. Mangoldt* § 86 AuslG Rn. 86.
230 VAH-StAG Nr. 10.1.1.3; GK-StAR/*Berlit*, § 10 Rn. 228 ff.; NK-AuslR/*Geyer*, § 10 StAG Rn. 17; *Hailbronner/ Renner/Maaßen*, § 10 Rn. 33; aA *Makarov/v. Mangoldt*, § 86 AuslG Rn. 22: bereits die abstrakte Möglichkeit einer Inanspruchnahme ist schädlich.
231 GK-StAR/*Berlit*, § 10 Rn. 240 ff. mit Beispielen.

rungsantrag.²³² Eine Inanspruchnahme in der Vergangenheit ist unschädlich.²³³ Nach VGH BW²³⁴ muss eine Prognose getroffen werden, an die aber keine überspannten Anforderungen gestellt werden dürfen. Wenn aber gleichzeitig nur die tatsächliche Inanspruchnahme der Leistungen einbürgerungsschädlich sein soll, ist hier eine gewisse Widersprüchlichkeit nicht zu verkennen.²³⁵

5. Vertretenmüssen

131 Gemäß § 10 Abs. 1 S. 1 Nr. 3 2.HS StAG ist die Inanspruchnahme von Leistungen nach SGB II oder SGB XII nur dann einbürgerungsschädlich, wenn der Einbürgerungsbewerber die Gründe hierfür **zu vertreten** hat.²³⁶ Nach *Berlit* setze dies „kein pflichtwidriges, schuldhaftes Verhalten voraus. Das Ergebnis müsse lediglich adäquat-kausal auf Umständen beruhen, die dem Verantwortungsbereich der handelnden Person zuzurechnen sind bzw. die Person bei entsprechendem Willen in der Lage und aus Rechtsgründen verpflichtet oder es ihr zuzumuten war, einen Vorgang zu verhindern."²³⁷ Den **Nachweis** für die verschuldete Abhängigkeit von Sozialhilfe hat die Behörde zu führen.²³⁸ Ob ein Ausländer den Leistungsbezug zu vertreten hat, ist eine gerichtlich unbeschränkt überprüfbare Rechtsfrage.²³⁹

132 Bei Bezug von **Grundsicherung im Alter** ist zu prüfen, ob und inwieweit das Nichtvorhandensein hinreichenden Einkommens oder Vermögens dem Hilfsbedürftigen zuzurechnen ist. Der erforderliche Zurechnungszusammenhang kann **durch Zeitablauf entfallen**; dies ist regelmäßig nach acht Jahren der Fall.²⁴⁰

133 Bei einer **Kündigung des Arbeitsplatzes** ist zu unterscheiden, ob sie zB auf einer Nichterfüllung arbeitsvertraglicher Pflichten seitens des Einbürgerungsbewerbers beruht oder ob der Arbeitsplatzverlust betriebsbedingt erfolgte oder auf gesundheitsbedingte oder konjunkturelle Ursachen zurückzuführen ist und sich der Einbürgerungsbewerber hinreichend intensiv um eine Beschäftigung bemüht hat.²⁴¹ Der **Zurechnungszusammenhang** eines zunächst verschuldeten Arbeitsplatzverlustes kann durch weitere Entwicklungen, etwa eine nachträglich eintretende Erwerbsunfähigkeit, **unterbrochen** werden. Allerdings reichen die mit zunehmenden Alter und Langzeitarbeitslosigkeit sinkenden Arbeitsmarktchancen allein nicht aus, um das Fortwirken der Folgen eines vom Einbürgerungsbewerber zu vertretenden Arbeitsplatzverlustes aufzuheben. Eine zeitlich nicht begrenzte „Ewigkeitswirkung" eines einmal begründeten Zurechnungszusammenhangs ist andererseits nicht erforderlich, um dem Sinn des § 10 Abs. 1

---

232 GK-StAR/*Berlit*, § 10 Rn. 239.
233 GK-StAR/*Berlit*, § 10 Rn. 238.
234 Urt. v. 6.3.2009 – 13 S 2080/07 – www.asyl.net – Rechtsprechungsdatenbank: „gewisse Nachhaltigkeit"; siehe auch VG Stuttgart, Urt. v. 19.7.2012 – 11 K 9/12 – www.asyl.net – Rechtsgebiete, Einbürgerung, Staatsangehörigkeit.
235 Krit. zu den Prognosemöglichkeiten: NK-AuslR/*Geyer*, § 10 StAG Rn. 17.
236 VAH-StAG Nr. 10.1.1.3; OVG NRW Urt. v. 1.7.1997 – 26 A 3613/95, InfAuslR 1998, 34, 35; so auch GK-StAR/*Berlit*, § 10 Rn. 248; NK-AuslR/*Geyer*, § 10 StAG Rn. 19 (aber bei in der Vergangenheit liegender Vorkommnisse für Zurückhaltung beim Zurechnungszusammenhang) und *Makarov/v. Mangoldt*, § 86 AuslG Rn. 29.
237 GK-StAR/*Berlit*, § 10 Rn. 253.
238 NK-AuslR/*Geyer*, § 12 StAG Rn. 19; *Hailbronner/Renner/Maaßen*, § 10 Rn. 39; aA GK-StAR/*Berlit*, § 10 Rn. 244.
239 GK-StAR/*Berlit*, § 10 Rn. 254.
240 BVerwG, Urt. v. 19.2.2009 – 5 C 22.08 – www.bverwg.de – Rn. 18, 20 und 28; GK-StAR/*Berlit*, § 10 Rn. 256.
241 VAH-StAG Nr. 10.1.1.3; *Göbel-Zimmermann/Eichhorn*, ZAR 2010, 293, 302; GK-StAR/*Berlit*, § 10 Rn. 259 ff.; *Hailbronner/Renner/Maaßen* § 10 Rn. 43; zur Zumutbarkeit des Bemühens um einen anderen Arbeitsplatz siehe auch VG Stuttgart, B. v. 24.1.2013 – 11 K 3106/12 und Urt. v. 18.1.2013 – 11 K 618/12 – beide www.asyl.net – Rechtsgebiete, Einbürgerung, Staatsangehörigkeit, und VGH Baden-Württemberg, B.v. 12.11.2014 – 1 S 184/14, juris.

S. 1 Nr. 3 StAG, dessen Erfordernis der eigenständigen wirtschaftlichen Sicherung des Lebensunterhalts zukunftsgerichtet ist, Rechnung zu tragen.[242]

6. Junge Menschen

Anders als früher[243] sind junge Menschen nicht mehr unbesehen privilegiert.

Sie können sich nur noch auf die allgemeine Regelung des § 10 Abs. 1 S. 1 Nr. 3 Hs. 2 StAG berufen. Danach ist entscheidend, ob sie die Inanspruchnahme der Leistungen zu vertreten haben. Nach der Begründung zu der Gesetzesänderung soll die Neuregelung nur junge Leute treffen, die sich nicht um Ausbildung oder Beschäftigung bemühen.[244]

Nach den VAH-StAG[245] ist der Bezug staatlicher Leistungen während der Schulzeit, der Ausbildung und des Studiums regelmäßig nicht zu vertreten; auch kann die Inanspruchnahme staatlicher Leistungen durch die unterhaltspflichtigen Eltern dem jugendlichen Einbürgerungsbewerber nicht zugerechnet werden.

7. Ehepartner

Mangels Zurechnungsnorm hat ein erwerbsunfähiger Einbürgerungsbewerber die Inanspruchnahme von Leistungen nach dem SGB XII im Sinne des § 10 Abs. 1 Satz 1 Nr. 3, 2. Hs. StAG nicht deshalb zu vertreten, weil sein ihm unterhaltspflichtiger Ehegatte zumutbare Erwerbsbemühungen unterlässt; das fremde Vertretenmüssen wird dem Einbürgerungsbewerber nicht anspruchshindernd als eigenes zugerechnet.[246]

8. Folgenbeseitigung

Eine ungewöhnliche Konstellation lag dem Urteil des VGH Mannheim[247] vom 8.5.2013 zu Grunde: die Gültigkeitsdauer der Einbürgerungszusicherung war abgelaufen, ohne dass der Einbürgerungsbewerber seine bisherige Staatsangehörigkeit hatte ablegen können. Der VGH verpflichtete die Behörde zur Beseitigung der Folgen ihres rechtswidrigen Handelns – die Behörde hatte dem Einbürgerungsbewerber verschwiegen, dass sie ihn nicht mehr einbürgern wollte, weil neue Erkenntnisse über seine Stellung zur freiheitlich-demokratischen Grundordnung gewonnen worden waren – eine neue Einbürgerungszusicherung zu erteilen.

9. Härtefall

Zudenken wäre auch an eine Ermessenseinbürgerung. Ein nicht mehr abwendbarer Verlust der bisherigen Staatsangehörigkeit müsste dann als Härtefall gemäß § 8 Abs. 2 StAG geltend gemacht werden.[248]

---

242 VG Sigmaringen, Urt. v. 25.1.2006 – 5 K 1868/04, VENSA, Vorinstanz zu BVerwG, Urt. v. 19.2.2009 – 5 C 22.08 – www.bverwg.de; siehe auch GK-StAR/*Berlit*, § 10 Rn. 263.
243 Mit dem Richtlinien-Umsetzungsgesetz 2007 war die Privilegierung junger Menschen gemäß § 10 Abs. 1 S. 3 Alt. 1 StAG aF weggefallen. Nach dieser Vorschrift wurde von Einbürgerungsbewerbern, die das 23. Lebensjahr noch nicht vollendet haben, nicht verlangt, dass sie ihren Lebensunterhalt ohne Inanspruchnahme von Leistungen nach SGB II oder SGB XII bestreiten, GK-StAR/*Berlit*, § 10 Rn. 219.
244 GK-StAR/*Berlit*, § 10 Rn. 217; NK-AuslR/*Geyer*, § 10 StAG Rn. 19.
245 Nr. 10.1.1.3, ergänzende Anmerkung.
246 So wörtlich amtlicher Leitsatz zum Beschluss des OVG Niedersachsen vom 17.12.2013 – 13 LA 179/13 – www.asyl.net – Rechtsgebiete > Einbürgerung, Staatsangehörigkeit.
247 1 S 2046/12 – www.asyl.net – Rechtsgebiete > Einbürgerung, Staatsangehörigkeit.
248 So NK-AuslR/*Oberhäuser*, § 8 StAG Rn. 68 f., siehe auch Rn. 71.

E. Mehrstaatigkeit / Entlassungsverfahren (§§ 10 Abs. 1 S. 1 Nr. 4, 12 StAG)

I. Sachverhalt / Lebenslage

139 Beispiel: Einbürgerung nur mit Mutter oder Vater?
Die 10-jährige Einbürgerungsbewerberin wurde in der Bundesrepublik Deutschland geboren. Ihre Mutter ist syrische Staatsangehörige. Ihr Vater war als Asylbewerber türkischer Staatsangehörigkeit – er ist Christ und stammt aus dem Tur Abdin – nach Deutschland gekommen. Er wurde vor der Geburt des Kindes als Asylberechtigter anerkannt und vor einigen Jahren – nach der Geburt der Tochter – unter Hinnahme von Mehrstaatigkeit eingebürgert, nachdem er im Verfahren zum Widerruf seiner Asylberechtigung vor Gericht obsiegt hatte. Ein Antrag auf Familienasyl war für die Einbürgerungsbewerberin nicht gestellt worden. Die Einbürgerung des Vaters stand unter Zeitdruck, da nicht sicher war, wie lange er seine Arbeitsstelle würde halten können.
Die Einbürgerungsbehörde hatte der Tochter zunächst eine Einbürgerungszusicherung erteilt. Nach deren Ablauf lehnte sie dann aber den Antrag auf Einbürgerung ab, weil die Einbürgerungsbewerberin nicht den Verlust ihrer türkischen Staatsangehörigkeit nachgewiesen hat. Der Vater hatte sich unter Berufung auf seine frühere Asylberechtigung geweigert, bei den türkischen Behörden einen Entlassungsantrag zu stellen. Der Widerspruch blieb erfolglos. Die aufgebrachten Eltern wollen sofort klagen, bitten dann aber um ein Schreiben, mit dem ihnen die Rechtslage und etwaige Prozessrisiken erläutert werden. Auch haben sie ein schlechtes Gewissen und machen sich Sorgen, sie hätten bisher im Verfahren Fehler gemacht.

II. Prüfungsreihenfolge

1. Verfahrensstadium

140 Nach Ablehnung des Einbürgerungsantrags und Zurückweisung des Widerspruchs ist über die Klageerhebung[249] zu entscheiden. Die Besonderheit des vorliegenden Falles liegt darin, dass die Einbürgerungszusicherung mit Zeitablauf ungültig geworden ist.

2. Beratungssituation

141 Erfahrungsgemäß sind Eltern, die ausländerrechtlich und einbürgerungsrechtlich selbst eine schwierige Entwicklung durchlaufen haben, häufig der Komplexität der rechtlichen Fragen im Zusammenhang mit der Einbürgerung ihrer Kinder nicht gewachsen. Das liegt auch daran, dass sie nach Flucht aus der Heimat und Schutzerlangung in Deutschland mitunter sehr sensibel auf die entsprechenden Fragestellungen reagieren können; das gilt besonders, wenn ihre Kinder betroffen sind.

142 Deshalb bedarf es einer einfühlsamen, aber deutlichen und für sie nachvollziehbaren Beratung. Diese sollte auch schriftlich erfolgen. Denn die Erfahrung zeigt, dass Einbürgerungsbewerber eine Möglichkeit haben müssen, auf eine schriftliche Analyse ihrer Lage zurückzugreifen. Es versteht sich, dass diese Analyse in einer einfachen Sprache gefertigt sein muss. Auch muss vor übereilten Schritten – etwa ein blindes Stürmen vor Gericht – gewarnt werden. Dies nicht nur aus finanziellen Gründen, sondern auch, um weitere seelische Verletzungen für den Fall eines Scheiterns vor Gericht, insbesondere auch bei dem betroffenen Kind, zu vermeiden.

---

249 *Quaas et al.* in: Quaas/Zuck, Prozesse in Verwaltungssachen, 2. Aufl. 2011, § 3 Rn. 1 ff.

3. „Isolierte" Einbürgerung von Kindern?

Im Gesetz findet sich kein Hinweis darauf, dass Kinder nicht auch unabhängig von ihren Eltern eingebürgert werden können. Vielmehr haben auch minderjährige Kinder einen eigenständigen, elternunabhängigen Anspruch auf Einbürgerung,[250] wenn die gesetzlichen Voraussetzungen erfüllt sind. Allerdings müssen Kinder unter 16 Jahren vertreten sein.

143

4. Grundsatz: keine Mehrstaatigkeit

§ 10 Abs. 1 S. 1 Nr. 4 StAG regelt den Grundsatz,[251] dass ein Einbürgerungsanspruch die Aufgabe oder den Verlust der bisherigen Staatsangehörigkeit voraussetzt. Dies kann nur einfach gesetzlich begründet werden,[252] weil die Bundesrepublik Deutschland das Europaratsübereinkommen vom 6.5.1963 über die Verringerung der Mehrstaatigkeit und über die Wehrpflicht von Mehrstaatern gekündigt hat; das Übereinkommen gilt seit 21. Dezember 2002 nicht mehr.[253] Der Verlust der bisherigen Staatsangehörigkeit kann je nach Herkunftsland verschieden gestaltet sein: durch Verlust kraft Gesetzes des bisherigen Staates wegen Annahme einer anderen – nämlich der deutschen – Staatsangehörigkeit, Entlassung aus der Staatsangehörigkeit vor der Einbürgerung, Genehmigung zum Annehmen der deutschen Staatsangehörigkeit mit nachfolgender Entlassung nach der Einbürgerung oder Verlust durch einseitige Willenserklärung.[254]

144

5. Ausnahmen

Die Ausnahmen, bei denen in Abweichung von § 10 Abs. 1 S. 1 Nr. 4 StAG die Einbürgerung unter Hinnahme von Mehrstaatigkeit erfolgt, sind in § 12 StAG geregelt. Sind die Voraussetzungen des § 12 Abs. 1 und 2 StAG erfüllt, besteht der Rechtsanspruch auf Einbürgerung unter Hinnahme von Mehrstaatigkeit.[255] Die Behörde hat **kein Ermessen**. Die Voraussetzungen des § 12 StAG unterliegen voller gerichtlicher Überprüfbarkeit.[256] Für die Ausnahmetatbestände ist der Einbürgerungsbewerber darlegungs- und beweispflichtig. Im Rahmen der Amtsermittlungspflicht können Einbürgerungsbehörde und Gericht allerdings Informationen über die Rechtslage und die Praxis im Herkunftsland des Einbürgerungsbewerbers erlangen, wenn sie die diplomatische Vertretung in der Bundesrepublik um Auskunft ersuchen.[257]

145

---

250 GK-StAR/*Berlit*, § 10 Rn. 75; NK-AuslR/*Geyer*, § 10 StAG Rn. 6; VG Stuttgart, Urt. v. 15.1.2003 – 7 K 3145/02, juris, und AuAS 2003, 91–93, noch zu § 85 AuslG; vgl. VAH-StAG Nr. 8.1.3.6.
251 „Übeltheorie": BVerfG 21.5.1974 – 1 BvL 22/71 und 22/72 = E 37, 217; vgl. GK-StAR/*Berlit*, § 10 Rn. 270 ff.; NK-AuslR/*Geyer*, § 12 StAG Rn. 2 ff.; zur „Erosion der Übeltheorie" siehe Hailbronner/Renner/Maaßen, § 10 Rn. 52, und GK-StAR/*Berlit*, § 10 Rn. 275.
252 Allerdings sieht das BVerwG auch keine völkerrechtlich begründeten Hindernisse gegen diesen Grundsatz, Urt. v. 21.2.2013 – 5 C 9.12 – www.bverwg.de.
253 BGBl. II 2002 S. 171; BVerwG, Urt. v. 20.4.2004 – 1 C 13.03 – www.bverwg.de – Rn. 15; GK-StAR/*Berlit*, § 10 Rn. 263 mwN; *Hailbronner/Renner/Maaßen*, § 10 Rn. 49.
254 Eine Zusammenstellung der Praxis verschiedener Staaten findet sich in GK-StAR VII-2 (Ländererlasse), eine Übersicht in: GK-StAR VII-6.
255 NK-AuslR/*Geyer*, § 12 StAG Rn. 1.
256 NK-AuslR/*Geyer*, § 12 StAG Rn. 6; *Hailbronner/Renner/Maaßen*, § 12 Rn. 7.
257 OVG NRW, Urt. v. 25.9.2008 – 19 A 1221/04 – www.asyl.net – Rechtsprechungsdatenbank.

146 Ob § 12 Abs. 1 S. 1 StAG als generalklauselartiger **Auffangtatbestand**[258] gilt oder ob die Tolerierungsmöglichkeiten in Satz 2 abschließend aufgezählt sind,[259] ist strittig.[260] Nach hier vertretener Auffassung sind in Satz 2 in den Nummern 1–6 nicht abschließend typische Konstellationen geregelt, in denen Mehrstaatigkeit hinzunehmen ist.[261]

a) „Rechtliche Unmöglichkeit"[262]

147 § 12 Abs. 1 S. 2 Nr. 1 StAG betrifft Staaten, die nach ihrer Rechtsordnung kein Ausscheiden aus der Staatsangehörigkeit kennen.[263] Dass diese Vorschrift auch die Fälle erfasst, in denen eine Entlassung aus der Staatsangehörigkeit erst ab einem bestimmten Lebensalter möglich ist („altersbedingte Unmöglichkeit"), wird vom BVerwG[264] verneint.[265]

b) „Faktische Unmöglichkeit"[266]

148 § 12 Abs. 1 S. 2 Nr. 2 StAG betrifft Staaten, die eine Entlassung regelmäßig verweigern. Dabei ist das Merkmal „regelmäßig" als unbestimmter Rechtsbegriff gerichtlich voll überprüfbar. Es darf nicht zu eng, etwa im Sinne von „immer" oder „fast immer" ausgelegt werden; vielmehr reicht ein Überwiegen der Verweigerungsfälle.[267]

149 Manche Staaten sehen ein **mehrstufiges Entlassungsverfahren** vor, bei dem zunächst formlos die Antragsformulare angefordert werden müssen. In diesen Fällen muss der Einbürgerungsbewerber nachweisen, dass er sich nachhaltig um diese Formulare bemüht hat, unter Umständen auch durch persönliche Vorsprache bei der für ihn zuständigen Auslandsvertretung.[268]

c) Die Möglichkeiten des § 12 Abs. 1 S. 2 Nr. 3 StAG

150 Die Vorschrift enthält drei selbstständige[269] **Alternativen**, nach denen Mehrstaatigkeit zugelassen werden muss.

aa) 1. Alternative

151 Alternative 1 betrifft die Versagung der Entlassung aus Gründen, die der Ausländer **nicht zu vertreten** hat. Das setzt nach VAH-StAG[270] grundsätzlich einen vollständigen und formgültigen Entlassungsantrag und eine die Entlassung verweigernde schriftliche Entscheidung des ausländischen Staates voraus. Eine Versagung der Entlassung liegt nach VAH-StAG[271] auch dann vor, wenn eine Antragstellung auf eine Entlassung trotz mehrerer ernsthafter und nach-

---

258 So GK-StAR/*Berlit*, § 12 Rn. 23 ff.; NK-AuslR/*Geyer*, § 12 StAG Rn. 8 unter Hinweis auf das Europäische Übereinkommen über die Staatsangehörigkeit; offengelassen in BVerwG, Urt. v. 21.2.2013 – 5 C 9.12 – www.bverwg.de, Rn. 17.
259 So VAH-StAG Nr. 12.1.1; *Hailbronner/Renner/Maaßen*, § 12 Rn. 8 ff.
260 Zweifelnd: VGH BW, Urt. v. 24.11.2005 – 12 S 1695/05, InfAuslR 2006, 230; offen gelassen in BVerwG, Urt. v. 30.6.2010 – 5 C 9.10 – www.bverwg.de – Rn. 37.
261 Zur Ermessenseinbürgerung siehe § 8 Rn. 121 ff.
262 VAH-StAG Nr. 12.1.2.1; *Hailbronner/Renner/Maaßen*, § 12 Rn. 13.
263 NK-AuslR/*Geyer*, § 12 StAG Rn. 9 mwN
264 Urt. v. 21.2.2013 – 5 C 9.12 – www.bverwg.de – Rn. 10 ff.
265 So auch: GK-StAR/*Berlit*, § 12 Rn. 37, ebenso unter Auseinandersetzung mit der Gegenmeinung: VG Stuttgart, Urt. v. 5.6.2013 – 11 K 496/13 – www.asyl.net – Rechtsprechungsdatenbank; vgl. *Hailbronner/Renner/Maaßen*, § 12 Rn. 13; NK-AuslR/*Geyer*, § 12 StAG Rn. 10; aA: VG Hannover, Urt. v. 20.9.2010 – 10 A 784/07 – www.asyl.net – Rechtsprechungsdatenbank, mit ausführlicher Begründung.
266 VAH-StAG Nr. 12.1.2.2; zurückhaltend: *Hailbronner/Renner/Maaßen*, § 12 Rn. 14.
267 So GK-StAR/*Berlit*, § 12 Rn. 52 gegen VAH-StAG Nr. 12.1.2.2 und VGH BW, Urt. v. 24.11.2005 – 12 S 1695/05, InfAuslR 2006, 230; NK-AuslR/*Geyer*, § 12 StAG Rn. 12; *Hailbronner/Renner/Maaßen*, § 12 Rn. 14.
268 *Hailbronner/Renner/Maaßen*, § 12 Rn. 16 u. 18 mwN; BVerwG, Beschl. v. 1.10.1996 – 1 B 178.95, InfAuslR 1997, 79, 80 zu § 87 Abs. 1 S. 2 Nr. 3 AuslG – Iran.
269 NK-AuslR/*Geyer*, § 12 StAG Rn. 13; VGH BW, Urt. v. 24.11.2005 – 12 S 1695/05, InfAuslR 2006, 230 ff.
270 Nr. 12.1.2.3.1.
271 Nr. 12.1.2.3.1.

haltiger Bemühungen des Einbürgerungsbewerbers und trotz amtlicher Begleitung, soweit sie sinnvoll und durchführbar ist, über einen Zeitraum von mindestens sechs Monaten hinweg nicht ermöglicht wird. Dies gilt bei mehrstufigen Entlassungsverfahren auch für die Einleitung der nächsten Stufen,[272] wenn zB die ausländischen Behörden die für einen formgültigen Entlassungsantrag notwendigen Formulare nicht herausgeben.[273]

bb) 2. Alternative

Die Alternative 2 betrifft den Fall, dass der ausländische Staat die Entlassung von **unzumutbaren Bedingungen** abhängig macht. Der Begriff „unzumutbare Bedingungen" ist ein unbestimmter Rechtsbegriff, der voller gerichtlicher Überprüfung unterliegt.[274] Im Unterschied zur 1. Alternative liegt noch keine ausdrückliche Verweigerung der Entlassung vor. Erfasst sind besonders Konstellationen, bei denen bereits an die Antragstellung unzumutbare Bedingungen geknüpft werden. Unzumutbar sind Bedingungen, die nicht als sachgerecht anzuerkennen sind, also nach der Wertung der deutschen Rechtsordnung nicht hinnehmbar ist.[275] Danach sind die üblichen Verfahren und Bedingungen, wie etwa Schriftform, Formularbenutzung, vollständige und zutreffende Angaben usw zumutbar, in der Regel auch persönliche Vorsprachen bei der Auslandsvertretung. Auch die Regelung von Passfragen kann verlangt werden.[276] Dies kann allerdings nur mit der Einschränkung gelten, dass hierfür nicht selbst wieder unzumutbare Bedingungen gestellt werden.[277] Ein von vornherein aussichtsloser Entlassungsantrag muss hingegen nicht gestellt werden.[278]

152

Das Bundesverwaltungsgericht lässt offen, ob bei der Prüfung dieses Merkmals eine abstrakt-generelle oder auch eine konkret-individuelle Betrachtungsweise angebracht ist. Dabei erwägt das BVerwG auch die Möglichkeit, eine konkret-individuelle Prüfung auch im Rahmen des Satzes 1 des § 12 Abs. 1 StAG vorzunehmen; dies lässt er jedoch ebenfalls ausdrücklich offen. Jedenfalls komme es bei konkret-individueller Betrachtungsweise darauf an, ob für den Einbürgerungsbewerber eine atypische Belastungssituation vorliegt.[279]

153

Unter dem Aspekt der unzumutbaren Bedingungen ist auch die „altersbedingte" Unmöglichkeit zu sehen.[280] Das Bundesverwaltungsgericht hat jedoch die Auffassung vertreten, eine Regelung wie im türkischen Staatsangehörigkeitsrecht, dass nämlich die Entlassung eines Minderjährigen nur zusammen mit einem Elternteil erfolgen kann, mithin eine isolierte Einbürgerung nur nach Erreichen der Volljährigkeit möglich ist, sei nicht unzumutbar.[281] Dies gelte sowohl bei abstrakt-genereller als auch bei konkret-individueller Betrachtungsweise. Ua. könne auch darin, dass lange Wartezeiten bestehen oder dass schon Eltern und Geschwister eingebürgert seien, keine atypische Belastung gesehen werden; auch die sog Optionskinder müss-

154

---

272 VGH BW, Urt. v. 24.11.2005 – 12 S 1695/05, InfAuslR 2006, 230.
273 *Hailbronner/Renner/Maaßen*, § 12 Rn. 18.
274 GK-StAR/*Berlit*, § 12 Rn. 106.2.
275 BVerwG,Urt. v. 21.2.2013 – 5 C 9.12 – www.bverwg.de – Rn. 17; GK-StAR/*Berlit*, § 12 Rn. 106; NK-AuslR/*Geyer*, § 12 StAG, Rn. 18 ff. mwN; siehe auch zB OVG NRW, Urt. v. 25.9.2008 – 19 A 1221/04 – www.asyl.net – Rechtsprechungsdatenbank (Ukraine).
276 *Hailbronner/Renner/Maaßen*, § 12 Rn. 31.
277 BVerwG Urt. v. 3.5.2007 – 5 C 3.06 – www.bverwg.de – ausdrücklich gegen VGH BW, Urt. v. 24.11.2005 – 12 S 1695/05, InfAuslR 2006, 230.
278 NK-AuslR/*Geyer*, § 12 StAG, Rn. 17 mwN
279 BVerwG,Urt. v. 21.2.2013 – 5 C 9.12 – www.bverwg.de – Rn. 17.
280 Vgl. Rn. 146.
281 AaO Rn. 17 ff.

ten sich einer Entlassungsprozedur unterziehen.[282] Diese Entscheidung ist durchaus umstritten. *Geyer* weist jetzt darauf hin, dass das Optionsrecht geändert wurde und gerade für in Deutschland aufgewachsene Kinder keine Optionspflicht mehr besteht.[283] *Berlit* ist nach wie vor der Auffassung, dass von einer Unzumutbarkeit jedenfalls dann auszugehen ist, wenn der minderjährige Einbürgerungsbewerber noch weit von der erforderlichen Altersgrenze entfernt ist, er in Deutschland geboren und aufgewachsen ist und er kaum Beziehungen zum Herkunftsland der Eltern hat.[284] Nach hier vertretener Auffassung streitet auch die Konvention zum Schutz der Kinder für die Annahme einer Unzumutbarkeit.[285]

cc) 3. Alternative

155 § 12 Abs. 1 S. 2 Nr. 3 Alt. 3 StAG regelt den Fall, dass nach vollständigem und formgerechtem Entlassungsantrag die Entscheidung nicht in **angemessener Zeit** ergangen ist. Hierbei ist auf die Umstände des jeweiligen Einzelfalles einzugehen. Eine allgemein gültige Frist gibt es nicht.[286]

156 Auch hier dürfen dem Einbürgerungsbewerber keine unzumutbaren Möglichkeiten der Einflussnahme auf die ausländischen Behörden angesonnen werden.[287]

d) Besitz eines Internationalen Reiseausweises

157 Gemäß § 12 Abs. 1 S. 2 Nr. 6 StAG ist unter Hinnahme von Mehrstaatigkeit einzubürgern, wenn der Einbürgerungsbewerber einen Reiseausweis nach Art. 28 der Genfer Flüchtlingskonvention besitzt.[288]

158 Der **Internationale Reiseausweis** nach der GK wird Asylberechtigten oder Flüchtlingen iSv § 3 AsylG erteilt.

Ob selbst nicht asylberechtigte oder als Flüchtlinge anerkannte Kinder von Asylberechtigten bzw. Flüchtlingen unter Hinnahme von Mehrstaatigkeit einzubürgern sind, wird diskutiert.[289] Wenn eine Entlassung aus der Staatsangehörigkeit nicht ohne die Eltern möglich ist, den Eltern die Entlassung für sich selbst aber unzumutbar ist, so ist den Kindern die Entlassung ebenfalls unmöglich. Vorliegend stellt sich die Frage, ob dies auch dann gilt, wenn der Elternteil durch Einbürgerung seine Asylberechtigung bzw. seinen Flüchtlingsstatus verloren hat. Einerseits könnte die Unzumutbarkeit weiterwirken,[290] andererseits könnte man argumentieren, mit dem Erwerb der deutschen Staatsangehörigkeit habe sich die Stellung des Elternteils gegenüber dem Verfolgerstaat so gefestigt, dass Entlassungsbemühungen für das Kind zumutbar geworden sind.

---

282 AaO Rn. 20; am 21.2.2013 galt noch die alte Optionspflicht – § 29 StAG wurde zum 20.12.2014 geändert, siehe § 8 Rn. 160.1 ff.
283 NK-AuslR/*Geyer*, § 12 StAG, Rn. 20.
284 GK-StAR/*Berlit*, § 12 Rn. 167.1, der aber eine Einbürgerung von Kleinstkindern unter Hinnahme dauerhafter Mehrstaatigkeit als Regelfall ablehnt; VG Stuttgart, Urt. v. 5.6.2013 – 11 K 496/13 – www.asyl.net – Rechtsgebiete, Staatsangehörigkeitsrecht, Einbürgerung: Unzumutbarkeit verneint, weil Volljährigkeit demnächst erreicht und Familienangehörige nicht bereits eingebürgert.
285 AA BVerwG, aaO Rn. 22.
286 NK-AuslR/*Geyer*, § 12 StAG, Rn. 23; GK-StAR/*Berlit*, § 12 Rn. 193.
287 VGH BW, Urt. v. 20.3.1997 – 13 S 2996/94, InfAuslR 1997, 317, und OVG Nds. Urt. v. 15.4.1998 – 13 L 3332/95, InfAuslR 1999, 242, 244, beide zu § 87 AuslG.
288 NK-AuslR/*Geyer*, § 12 StAG, Rn. 26 ff.; *Hailbronner/Renner/Maaßen*, § 12 Rn. 29: auf das Erfordernis der unzumutbaren Härte wurde entgegen dem Votum des Innenausschusses verzichtet.
289 NK-AuslR/*Geyer*, § 12 StAG Rn. 19; GK-StAR/*Berlit*, § 12 Rn. 243.1 f.; *Hailbronner/Renner/Maaßen*, § 12 Rn. 46 mwN; so schon *Göbel-Zimmermann*, ZAR 2003, 65, 69.
290 VG Stuttgart Urt. v. 25.10.2010 – 11 K 2440/10: Verweisung des Kl. auf die Entlassungsmöglichkeit des Vaters ist rechtsmissbräuchlich; VG Hannover, Urt. v. 20.9.2010 – 10 A 784/07 – www.asyl.net – Rechtsprechungsdatenbank.

6. Streitwert

Gemäß Nr. 42 des Streitwertkatalogs für die Verwaltungsgerichtsbarkeit in der Fassung der am 7./8. Juli 2004 in Leipzig beschlossenen Änderungen beträgt der Streitwert pro Person den **doppelten Auffangwert**, also pro Person 10.000 EUR.[291]

7. Besondere Beratungshinweise

Liegt eine Vollmacht zur Akteneinsicht vor? Akteneinsicht; Recherche der Rechtsprechung des relevanten Verwaltungsgerichtshofs/Oberverwaltungsgerichts; Recherche des relevanten Staatsangehörigkeitsrechts; Mandantengespräch; Mandantenbrief fertigen.

III. Muster: Schreiben an Mandanten zur isolierten Einbürgerung ihrer Tochter türkischer Staatsangehörigkeit

▶ An

...

Einbürgerung Ihrer Tochter

Gerne will ich Ihnen die Rechtslage in der Einbürgerungsangelegenheit Ihrer Tochter schriftlich erläutern und zu den Erfolgsaussichten einer Klage Stellung nehmen. Ich kann Ihnen aber leider keine Empfehlung geben, ob Sie Klage erheben sollen oder nicht. Die Erfolgsaussichten einer Klage sind eher gering. Sie müssen selbst entscheiden, ob Sie das Risiko einer Klage eingehen wollen. Ich hoffe, dass Ihnen mein Brief dabei hilft.

Die Einbürgerungsbehörde weigert sich, Ihre Tochter einzubürgern. Sie verlangt, dass Ihre Tochter vor einer Einbürgerung aus der türkischen Staatsangehörigkeit entlassen werden muss.

1. Es ist richtig, dass Ihre Tochter türkische Staatsangehörige ist. Denn Sie, Herr ..., ihr Vater, waren im Zeitpunkt der Geburt ihrer Tochter türkischer Staatsangehöriger. Daran hat Ihre Anerkennung als Asylberechtigter nichts geändert. Auch Ihre spätere Einbürgerung hat die Staatsangehörigkeit Ihrer Tochter nicht verändert. Übrigens hat Ihre Tochter mit Geburt die syrische Staatsangehörigkeit nicht erworben; denn nach syrischem Recht kann die syrische Staatsangehörigkeit nur von einem syrischen Vater, nicht aber von einer syrischen Mutter abgeleitet werden.

2. Nach dem deutschen Staatsangehörigkeitsgesetz (StAG) kann man nur eingebürgert werden, wenn man die bisherige „alte" Staatsangehörigkeit aufgibt oder verliert; das steht in § 10 Absatz 1 Satz 1 Nummer 4 des Gesetzes (§ 10 Abs. 1 S. 1 Nr. 4 StAG). Zu dieser Regel gibt es auch Ausnahmen, die ich noch erklären werde.

   Nach türkischem Recht kann einer volljährigen – also über 18 Jahre alten – Türkin die Entlassung aus der Staatsangehörigkeit von der türkischen Regierung genehmigt werden. Minderjährige – also noch nicht 18 Jahre alte – Personen können die türkische Staatsangehörigkeit unter besonderen Umständen verlieren. In diesem Fall muss wenigstens ein Elternteil gleichzeitig aus der türkischen Staatsangehörigkeit entlassen werden; der Verlust der Staatsangehörigkeit des Kindes ist also nur möglich als Folge des Verlustes der Staatsangehörigkeit eines Elternteils. Der andere Elternteil – hier also Sie, Frau ... – muss dem Verlust zugestimmt haben. Das steht in Artikel 27 Abs. 2 des türkischen Staatsangehörigkeitsgesetzes. Im Fall Ihrer Tochter kann also eine Entlassung aus der türkischen Staatsangehörigkeit von der türkischen Regierung nur ge-

---

[291] Zur Verbindlichkeit des Katalogs siehe GK-StAR/*Marx*, § 8 Rn. 345.

nehmigt werden, wenn auch Sie selbst aus der türkischen Staatsangehörigkeit entlassen werden.

3. Ich verstehe sehr gut, dass Sie, Herr ..., als früherer Asylberechtigter und jetziger deutscher Staatsangehöriger nichts mehr mit der türkischen Regierung zu tun haben wollen. Deshalb habe ich nachgeprüft, ob es im Fall Ihrer Tochter eine Ausnahme von der Regel geben könnte. Das deutsche Staatsangehörigkeitsgesetz verlangt nämlich in mehreren Fällen kein Aufgeben oder keinen Verlust der bisherigen Staatsangehörigkeit:

   a) Die erste Ausnahme verlangt, dass das Ausscheiden aus der bisherigen Staatsangehörigkeit rechtlich unmöglich ist (§ 12 Abs. 1 S. 2 Nr. 1 StAG).
   Dazu sagt die Einbürgerungsbehörde, dass das türkische Gesetz eine rechtliche Möglichkeit bietet, aus der türkischen Staatsangehörigkeit auszuscheiden. Denn wenn Sie, Herr ..., aus der türkischen Staatsangehörigkeit ausscheiden, können Sie Ihre Tochter aus der türkischen Staatsangehörigkeit „mitnehmen". Das heißt aber auch, dass es für Ihre Tochter ohne Ihre Mitwirkung jetzt nicht möglich ist, aus der Staatsangehörigkeit auszuscheiden. Sie müsste bis zur Volljährigkeit warten, das sind acht Jahre. Zu dieser „altersbedingten" Unmöglichkeit, aus der Staatsangehörigkeit auszuscheiden, gab es unterschiedliche Meinungen. Die einen sagten, wichtig ist nur, ob es überhaupt die Möglichkeit eines Ausscheidens aus der Staatsangehörigkeit gibt. Die anderen wiesen darauf hin, dass es im gegenwärtigen Zeitpunkt und auf absehbare Zeit nicht möglich ist, aus eigener Kraft aus der Staatsangehörigkeit auszuscheiden. Diese letztere Meinung hat sich nicht durchgesetzt. Im Gegenteil: das höchste deutsche Verwaltungsgericht, das Bundesverwaltungsgericht hat in einem Urteil vom 21.2.2013 (Aktenzeichen 5 C 9.12) entschieden, dass in einem Fall, der dem Ihrer Tochter vergleichbar ist, keine Unzumutbarkeit gegeben ist. Es sagt also genau das, was auch die Einbürgerungsbehörde sagt. Das Gericht wird deshalb ganz sicher keine Unmöglichkeit gemäß § 12 Abs. 1 S. 2 Nr. 1 StAG annehmen.

   b) Die zweite Ausnahme setzt voraus, dass das Ausscheiden aus der Staatsangehörigkeit von den Behörden regelmäßig verweigert wird (§ 12 Abs. 1 S. 2 Nr. 2 StAG). Auch dazu sagt die Einbürgerungsbehörde, dass Ihre Tochter die türkische Staatsangehörigkeit verlieren kann, wenn Sie selbst einen Entlassungsantrag stellen.
   Auch hier meine ich, dass das Gericht keine regelmäßige Verweigerung gemäß § 12 Abs. 1 S. 2 Nr. 2 StAG annehmen wird.

   c) Eine weitere Ausnahme gilt, wenn der Einbürgerungsbewerber die Verweigerung der Entlassung nicht zu vertreten hat (§ 12 Abs. 1 S. 2 Nr. 3 Alternative 1 StAG). Auch hier sagt die Einbürgerungsbehörde, dass Sie, Herr ..., die Entlassung Ihrer Tochter aus der türkischen Staatsangehörigkeit erreichen können, wenn Sie für sich selbst einen Entlassungsantrag stellen.
   Ihre Tochter allerdings kann Sie nicht zwingen, einen Entlassungsantrag zu stellen. Dennoch macht die Behörde Ihre Tochter für Ihr Verhalten verantwortlich. Meiner Meinung nach ist die Auffassung der Behörde deshalb rechtswidrig. Aber auch hier ist zu befürchten, dass das Gericht unsere Meinung nicht teilt.

   d) Die interessanteste Ausnahme ist in § 12 Abs. 1 S. 2 Nr. 3 Alternative 2 StAG geregelt. Sie setzt voraus, dass die Entlassung aus der Staatsangehörigkeit von unzumutbaren Bedingungen abhängig ist. Hier sagt die Behörde, dass die Bedingungen des türkischen Staatsangehörigkeitsrechts nicht unzumutbar sind. Denn der Wechsel der Staatsangehörigkeit ist eine so wichtige Angelegenheit, dass man darüber nur als Volljähriger entscheiden kann. Wenn aber Minderjährige entlassen werden sollen, dann geht das nur, wenn gleichzeitig mindestens ein Elternteil ebenfalls aus der Staatsangehörigkeit ausscheidet. Die staatsangehörigkeitsrechtlichen Verhältnisse von Eltern und Kindern sollen sich nicht so sehr voneinander entfernen.

Ich denke, dass diese Argumente nicht sehr stark sind. Denn von Ihnen, Herr ..., wurde für die Erlangung der deutschen Staatsangehörigkeit nicht verlangt, die türkische Staatsangehörigkeit abzulegen. Das steht so im Gesetz. Asylberechtigten will man nicht zumuten, sich wieder an den Verfolgerstaat zu wenden. Besonders merkwürdig ist die Argumentation mit den verschiedenen Staatsangehörigkeiten von Eltern und Kindern. In Ihrem Falle würde Ihre Tochter deutsch wie Sie auch. Ich finde es auch unzumutbar, dass Ihre Tochter warten soll, bis sie volljährig ist. Allerdings hat das Bundesverwaltungsgericht in dem bereits erwähnten Urteil vom 21.2.2013 auch entschieden, dass ein Abwarten bis zur Volljährigkeit zumutbar ist; das gelte sogar, wenn die Eltern und Geschwister bereits deutsche Staatsangehörige sind. Etwas anders hat könnte man ein Urteil des Verwaltungsgerichts Stuttgart vom 5.6.2013 (Aktenzeichen 11 K 496/13) verstehen. Das Gericht hatte zwar auch eine Unzumutbarkeit verneint, aber mit der Begründung, dass die Volljährigkeit bald erreicht werde und dass noch kein anderes Familienmitglied eingebürgert sei. Daraus könnte man schließen, dass es in einem Fall wie dem Ihrer Tochter eher zu einer Unzumutbarkeit gelangen könnte. Sicher ist das aber nicht.

e) Die Ausnahme des § 12 Abs. 1 S. 2 Nr. 6 StAG – der Einbürgerungsbewerber ist im Besitz eines Internationalen Reiseausweises nach der Genfer Flüchtlingskonvention – hilft uns nicht direkt weiter. Denn Ihre Tochter war zu keinem Zeitpunkt asylberechtigt und konnte deshalb keinen Internationalen Reiseausweis erhalten. Allerdings hatten Sie, Herr ..., als Asylberechtigter einen derartigen „blauen Pass." Für nicht selbst asylberechtigte Kinder von Asylberechtigten gibt es die Meinung, dass nicht nur Entlassungsbemühungen der Eltern für sich selbst, sondern auch Entlassungsbemühungen für die nicht asylberechtigten Kinder nicht zumutbar sind. Das ist also ein weiteres Argument dafür, dass man von unzumutbaren Bedingungen für die Entlassung sprechen kann (§ 12 Abs. 1 S. 2 Nr. 3 2. Alternative StAG). Allerdings muss man sehen, dass Sie, Herr ..., inzwischen als deutscher Staatsangehöriger nicht mehr asylberechtigt sind. Meines Erachtens wirkt aber diese Unzumutbarkeit über das Erlöschen der Asylberechtigung hinaus. Dass das Gericht dieser Meinung folgt, ist jedoch eher unwahrscheinlich.

Als Ihre Tochter geboren wurde, musste man einen Asylantrag für Kinder von Asylberechtigten innerhalb eines Jahres nach der Geburt stellen; erst später wurde diese Frist aufgehoben. Da Sie aber inzwischen deutscher Staatsangehöriger sind, sind Sie kein Asylberechtigter mehr. Das bedeutet, dass Ihre Tochter von Ihnen keine Asylberechtigung herleiten kann. Auch wenn Christen in der Türkei meines Erachtens immer noch in einer sehr schwierigen Situation leben müssen, macht es meines Erachtens keinen Sinn, jetzt noch für Ihre Tochter einen Asylantrag zu stellen.

4. Die Einbürgerungsbehörde hat auch geprüft, ob Sie Ihre Tochter ohne Anspruch nach Ermessen einbürgern kann. Dazu macht sie aber zur Bedingung, dass sich auch Sie, Frau ..., einbürgern lassen.

Auch diese Voraussetzung halte ich nicht für zwingend. Da aber die Behörde das Recht hat, ihr Ermessen auszuüben, wird man sich vor Gericht gegen diese Auffassung wohl nicht durchsetzen

können. In dem Fall des Bundesverwaltungsgerichts wurde eine Ermessenseinbürgerung ebenfalls abgelehnt.
5. Die Erfolgsaussichten einer Klage sind also eher gering. Ich kann Ihnen einen Erfolg nicht garantieren, auch wenn ich den Ablehnungsbescheid für rechtswidrig halte und Ihren Zorn gut verstehe.
6. Ich muss Sie auch auf die hohen Kosten eines Gerichtsverfahrens hinweisen. Einbürgerungsverfahren haben einen Gegenstandswert von EUR 10.000,-. Das bedeutet, dass im Falle einer Abweisung der Klage durch das Verwaltungsgericht Gerichtskosten in Höhe von EUR 723,-, Anwaltskosten Höhe von mindestens EUR 1680,- (einschließlich 19 % Umsatzsteuer.) zuzüglich etwaiger Kopier-, Fahrt- und Abwesenheitskosten und gegebenenfalls auch Kosten der Einbürgerungsbehörde in nicht genau vorhersehbarer Höhe entstehen. Wird im Berufungsverfahren vor dem Verwaltungsgerichtshof die Klage abgewiesen, kommen noch einmal EUR 964 Gerichtskosten und Anwaltskosten in Höhe von mindestens EUR 1880 (inkl. 19 % Umsatzsteuer) hinzu, wieder zuzüglich etwaiger Kopier-, Fahrt- und Abwesenheitskosten und gegebenenfalls auch Kosten der Einbürgerungsbehörde in nicht genau vorhersehbarer Höhe. Eine genaue Aufstellung habe ich in der Anlage aufgeführt.
Vielleicht entwickelt sich die Angelegenheit zu einem Fall, der auch vor das Bundesverwaltungsgericht kommt. Dann wäre das Kostenrisiko noch höher.
Wenn Ihre Tochter den Prozess gewinnt, müssen Sie nichts bezahlen.
Leider können Sie für das Verfahren keine Prozesskostenhilfe erhalten. Ihr Einkommen ist höher als der Betrag, bis zu dem Prozesskostenhilfe gewährt werden kann.
7. Ich fasse zusammen: Die Klage hat eher geringe Erfolgsaussichten und ist mit einem hohen Kostenrisiko verbunden. Außer der Klage gibt es noch zwei andere Wege: Entweder Sie, Herr ..., überwinden Ihre Abneigung gegen die türkische Regierung und stellen für sich und Ihre Tochter einen Entlassungsantrag. Oder aber Sie, Frau ..., stellen ebenfalls einen Einbürgerungsantrag; sie müssen in diesem Fall nicht befürchten, die syrische Staatsangehörigkeit zu verlieren – eine Entlassung aus der syrischen Staatsangehörigkeit ist faktisch nicht möglich.

Ich verstehe sehr gut, dass dies Alles sehr schwierig für Sie ist. Deshalb habe ich Ihnen so ausführlich geschrieben. Wenn Sie weitere Fragen haben, können wir die Angelegenheit gerne noch weiter besprechen. Vereinbaren Sie einfach einen Besprechungstermin.
Mit freundlichen Grüßen

...

Rechtsanwalt ◄

IV. Fehlerquellen / Haftungsfallen

162 Der Mandant ist behutsam über die bestehenden Rechtsprobleme aufzuklären. Es wäre unklug, die psychischen Blockaden zu bagatellisieren. Andererseits hilft eine klare Beratung, die bestehenden Chancen auf Einbürgerung zu nutzen. Die Ermittlung des ausländischen Staatsangehörigkeitsrechts ist fehleranfällig; besonders muss darauf geachtet werden, dass nicht veraltetes, sondern das jeweils aktuelle Recht ermittelt wird. Da der Fall eine Fülle rechtlich noch ungeklärter Fragen enthält, besteht für den interessierten Einbürgerungsrechtler durch-

aus die Versuchung, die offenen Fragen „auf dem Rücken der Mandantin" zu klären;[292] hier muss sich der Anwalt besondere Zurückhaltung auferlegen.

V. Weiterführende Hinweise

1. Verlust der bisherigen Staatsangehörigkeit

Die verschiedenen Staaten haben die verschiedensten Regelungen zum Verlust bzw. der Aufgabe der Staatsangehörigkeit bei Einbürgerung in einen anderen Staatsverband. Hier empfiehlt es sich, genau zu recherchieren.[293] **Nachfragen** bei der Einbürgerungsbehörde oder direkt bei der einschlägigen Auslandsvertretung in der Bundesrepublik können hilfreich sein. Wichtig ist dabei, dass die entsprechenden Informationen jeweils aktuell sind. Die Praxis eines anderen Staates kann durchaus kontrovers und innerhalb der Bundesrepublik Deutschland unterschiedlich bewertet sein. Strittig kann auch sein, ob oder welche Staatsangehörigkeit ein Einbürgerungsbewerber hat.[294] Allerdings muss der Einbürgerungsbewerber alle zumutbaren Anstrengungen zur Klärung seiner Staatsangehörigkeit unternehmen.[295] Hat der Einbürgerungsbewerber alle zumutbaren Mitwirkungspflichten erfüllt und sind alle behördlichen oder gerichtlichen Klärungsmöglichkeiten ausgeschöpft, ist von Staatenlosigkeit auszugehen.[296]

163

Die **VAH-StAG**[297] enthalten eine vom BMI in Abstimmung mit dem Auswärtigen Amt erstellte Liste der Staaten, die faktisch keine Entlassung vornehmen. Bei diesen Staaten – Afghanistan, Algerien, Eritrea, Iran, Kuba, Libanon, Marokko, Syrien und Tunesien – ist Mehrstaatigkeit gemäß § 12 Abs. 1 S. 2 Nr. 2 StAG hinzunehmen.[298] In der Verwaltungspraxis erfolgen Einbürgerungen unter Hinnahme von Mehrstaatigkeit durchaus auch bei anderen Staatsangehörigen, zB Brasilien.[299]

164

2. Weitere Ausnahmen von § 10 Abs. 1 S. 1 Nr. 4 StAG

a) § 12 Abs. 1 S. 2 Nr. 3 Alt. 2 StAG: Gebühren, Wehrdienst ua

Entlassungsgebühren sind nach VAH-StAG bis 1.278,23 EUR oder ein Bruttomonatseinkommen, soweit dieses höher als diese Grenze liegt, zumutbar.[300]

165

Die **Ableistung von Wehrpflicht** als Voraussetzung für die Entlassung aus der Staatsangehörigkeit kann eine unzumutbare Bedingung sein.[301]

166

---

292 ... der offenbar auch Verwaltungsrichter unterliegen können: *Quaas* in: Quaas/Zuck, Prozesse in Verwaltungssachen, 2. Aufl. 2011, § 1 Rn. 29.
293 Eine Zusammenstellung der Praxis verschiedener Staaten findet sich in GK-StAR VII-6; siehe auch *Bergmann-Ferid*, Internationales Ehe- und Kindschaftsrecht; weitere Nachweise bei NK-AuslR/*Geyer*, § 12 StAG Rn. 9 ff.
294 VGH BW, Urt. v. 24.9.2008 – 13 S 1812/07 – www.asyl.net – Rechtsprechungsdatenbank.
295 OVG Nds. Urt. v. 10.9.2008 – 13 LB 207/07 – www.asyl.net – Rechtsprechungsdatenbank; zur Bedeutung der Staatsangehörigkeit für die Identität des Einbürgerungsbewerbers: BVerwG, Urt. v. 1.9.2011 – 5 C 27.10 – www.bverwg.de Rn. 12 ff.
296 Insofern unzutreffend: OVG Nds, Urt. v. 10.9.2008 – 13 LB 207/07 – www.asyl.net – Rechtsprechungsdatenbank, als es von der Staatsangehörigkeit ausgehen will, für die „Überwiegendes" spricht; VGH BW, Urt. v. 17.12.2003 – 13 S 2113/01, VENSA; beide allerdings ohne Bezug zu VAH-StAG Nr. 8.1.2.6.3.4.
297 Nr. 12.1.2.2.
298 Zu Somalia siehe Rn. 24; zu Äthiopien siehe Rn. 179; zu Kosovo siehe § 8 Rn. 2.
299 *Göbel-Zimmermann/Eichhorn*, ZAR 2010, 293, 296 mwN.
300 Nr. 12.1.2.3.2.1; GK-StAR/*Berlit*, § 12 Rn. 138 ff.; NK-AuslR/*Geyer*, § 12 StAG Rn. 20; Hailbronner/Renner/ *Maaßen*, § 12 Rn. 25.
301 Instruktiv BVerwG Urt. v. 3.5.2007 – 5 C 3.06 – www.bverwg.de – in dem der Fall diskutiert wird, den die Wehrpflicht mangels Einberufung nicht erfüllt werden kann; NK-AuslR/*Geyer*, § 12 StAG Rn. 21 f.; GK-StAR/*Berlit*, § 12 Rn. 148 ff.

167 Ein **Freikauf vom Wehrdienst** ist in der Regel unzumutbar, wenn dafür das Dreifache des monatlichen Bruttoeinkommens aufgewendet werden muss.[302] Ein Betrag von 10.000 DM (5.112,92 EUR) ist immer zumutbar.[303]

b) Ältere Menschen

168 § 12 Abs. 1 S. 2 Nr. 4 StAG ist eine Sonderregelung für ältere Menschen, bei denen die Mehrstaatigkeit das einzige Einbürgerungshindernis wäre. Die VAH-StAG setzen als Grenze die Vollendung des **60. Lebensjahres** an.[304] Die unverhältnismäßigen Schwierigkeiten müssen sich auf die Entlassung aus der bisherigen Staatsangehörigkeit beziehen.[305]

c) Erhebliche Nachteile

169 § 12 Abs. 1 S. 2 Nr. 5 StAG lässt Mehrstaatigkeit zu, wenn der Ausländer bei Aufgabe der ausländischen Staatsangehörigkeit erhebliche Nachteile,[306] insbesondere[307] wirtschaftliche oder vermögensrechtlicher Art, entstehen würden, die über das normale Maß hinausgehen.

170 Für die **Vermögensnachteile** sehen die VAH-StAG als Untergrenze[308] 10.225,84 EUR (früher 20.000 DM) vor, während ein Betrag in Höhe eines darüber liegenden durchschnittlichen Bruttojahreseinkommens in der Regel erheblich sein soll.[309]

d) Staaten der Europäischen Union und die Schweiz

171 Gemäß § 12 Abs. 2 StAG sind Staatsangehörige eines anderen Mitgliedsstaates der Europäischen Union und der Schweiz[310] bei Vorliegen der sonstigen Voraussetzungen unter Hinnahme von Mehrstaatigkeit einzubürgern.

e) Völkerrechtlich relevante Verträge

172 Völkerrechtliche Verträge, die weitere Ausnahmen von § 10 Abs. 1 S 1 Nr. 4 StAG vorsehen (§ 12 Abs. 3 StAG), bestehen nach den VAH-StAG derzeit nicht.[311] Nach *Geyer*[312] ist aber das Europäische Übereinkommen über die Staatsangehörigkeit vom 6.11.1997[313] bei der Auslegung des § 12 Abs. 1 StAG zu beachten.

3. Wiederannahme der aufgegebenen Staatsangehörigkeit?

173 Will ein Eingebürgerter seine frühere Staatsangehörigkeit wieder erwerben, ist § 25 StAG zu beachten. Nach dieser Vorschrift geht die deutsche Staatsangehörigkeit verloren, wenn eine andere Staatsangehörigkeit auf Antrag erworben wird. Ausnahmen gelten für die Fälle, in denen es sich um die Staatsangehörigkeit eines Mitgliedsstaates der Europäischen Union,[314] der

---

302 VAH-StAG Nr. 12 idF v. 15.2.2005; *Hailbronner/Renner/Maaßen*, § 12 Rn. 28 ff.; GK-StAR/*Berlit*, § 12 Rn. 162 ff.
303 VAH-StAG Nr. 12.1.2.3.2.2, nach altem Recht Nr. 12.1.3.
304 Nr. 12.1.2.4; Altersgrenze offen gelassen in BVerwG, Urt. v. 30.6.2010 – 5 C 9.10 – www.bverwg.de – Rn. 19; NK-AuslR/*Geyer*, § 12 StAG Rn. 24; krit. GK-StAR/*Berlit*, § 12 Rn. 207 ff.
305 BVerwG, Urt. v. 30.6.2010 – 5 C 9.10 – www.bverwg.de – Rn. 22.
306 Beispiele bei NK-AuslR/*Geyer*, § 12 Rn. 25 und GK-StAR/*Berlit*, § 12 Rn. 234 ff.; VAH-StAG Nr. 12.1.2.5.
307 GK-StAR/*Berlit*, § 12 Rn. 222.
308 Krit. GK-StAR/*Berlit*, § 12 Rn. 230.
309 Nr. 12.1.2.5.2.
310 Nicht aber Norwegen, Island und Liechtenstein, NK-AuslR/*Geyer*, § 12 StAG, Rn. 30.
311 Nr. 12.3.
312 NK-AuslR/*Geyer*, § 12 StAG Rn. 31 und 8; aA wohl *Hailbronner/Renner/Maaßen*, § 12 Rn. 52: keine ähnlich verbindlichen Regelungen.
313 BGBl. II 2004, 578, in Kraft ab 1.9.2005.
314 Das frühere Erfordernis der Gegenseitigkeit wurde erst mit dem Richtlinien-Umsetzungsgesetz 2007 aufgegeben, vgl. BVerwG, Urt. v. 20.4.2004 – 1 C 13.03 – www.bverwg.de – Leitsatz.

Schweiz oder eines Staates handelt, mit dem ein entsprechender völkerrechtlicher Vertrag besteht. Ansonsten müsste vor der Annahme einer anderen Staatsangehörigkeit eine sog Beibehaltungsgenehmigung[315] eingeholt werden. Auf diese weithin unbekannte Vorschrift sollten Einbürgerungsbewerber hingewiesen werden.

4. Dokumentation der Entlassungsbemühungen

Alle Maßnahmen zur Entlassung aus der bisherigen Staatsangehörigkeit sollten sorgfältig dokumentiert werden.[316] Es wird deshalb empfohlen, alle Schreiben an die Behörden des Herkunftsstaats per Einschreiben mit Rückschein zu senden, Kopien aufzubewahren und über Telefonate mit oder persönliche Vorsprachen bei diesen Behörden Vermerke mit Telefonnummer, Gesprächspartner, Datum und Inhalt des Gespräches zu fertigen. Schreiben der ausländischen Behörden sollten sorgfältig aufbewahrt werden.

174

F. Miteinzubürgernder Ehegatte und Kinder / Straftaten
(§ 10 Abs. 2, Abs. 1 Nr. 4 und Nr. 6 StAG)

I. Sachverhalt / Lebenslage

Beispiel: Keine Miteinbürgerung wegen Straffälligkeit?
Die aus den Eltern, einer 17 jährigen Tochter und einem 15 jährigen Sohn bestehende äthiopische Familie, deren Lebensunterhalt durch die Erwerbstätigkeit des Vaters gesichert ist, hatte Einbürgerungsantrag gestellt. Die Mutter wird gemäß § 10 StAG bei bestehendem Anspruch eingebürgert. Die Anträge des vor fünf Jahren mit den Kindern nach Deutschland eingereisten Vaters und der Kinder – sie hatten zwischenzeitlich Aufenthaltserlaubnisse erhalten – wurden abgelehnt.
Beim Vater schlössen eine Strafe in Höhe von 95 Tagessätzen wegen einer Trunkenheitsfahrt im Jahr nach der Einreise die Einbürgerung aus. Dem Sohn wurde ein einwöchiger Jugendarrest entgegengehalten, mit dem die Beteiligung an einer durch eine rassistische verbale Attacke auf ihn ausgelösten Schlägerei unter Jugendlichen geahndet worden war. Der Tochter wurde mitgeteilt, sie könne als 17 Jährige nicht mehr „mit"eingebürgert werden. Der Vater hat den Deutschtest für Zuwanderer, Gesamtniveau B 1 und den Einbürgerungstest bestanden. Tochter und Sohn gehen erfolgreich zur Schule – auf ein berufliches Gymnasium bzw. die Werkrealschule; die Note im Fach Deutsch ist bei beiden „gut."
Die Widersprüche blieben erfolglos.

175

II. Prüfungsreihenfolge

1. Grundsätzliches

Bei der Miteinbürgerung von Ehegatten und minderjährigen Kindern gemäß § 10 Abs. 2 StAG handelt es sich um keine Anspruchseinbürgerung, sondern um eine **Ermessenseinbürgerung**,[317] die an die Anspruchseinbürgerung eines Ehegatten bzw. eines Elternteils anknüpft.

176

---

315 GK-StAR/*Marx,* § 25 Rn. 220 ff.; NK-AuslR/*Geyer,* § 25 Rn. 21 ff.
316 NK-AuslR/*Geyer,* § 12 Rn. 14.
317 NK-AuslR/*Geyer,* § 10 StAG Rn. 28; GK-StAR/*Berlit,* § 10 Rn. 339; *Hailbronner/Renner/Maaßen,* § 10 Rn. 71.

Allerdings müssen bis auf die Wartezeit alle anderen Tatbestandsmerkmale des § 10 Abs. 1 StAG erfüllt sein, [318] und es dürfen keine Ausschlussgründe gemäß § 11 StAG vorliegen.

177 **Zweck** des § 10 Abs. 2 StAG ist es einerseits, im öffentlichen Interesse eine einheitliche Staatsangehörigkeit[319] innerhalb der Familie unter gegenüber § 8 StAG erleichterten[320] Bedingungen herbeizuführen. Andererseits steht aus grundrechtsorientierter Perspektive (Art. 6 Abs. 1 GG) das Interesse des Einbürgerungsbewerbers und seiner Familie[321] im Vordergrund. Damit ist für den Regelfall das Ermessen in Richtung Einbürgerung intendiert.[322] Diese Zielsetzung ist also dieselbe wie bei § 9 StAG. Dort ist allerdings der Ehegatte bereits deutscher Staatsangehöriger, und die Verweigerung der Einbürgerung auf atypische Sonderfälle beschränkt („soll"-Vorschrift).[323]

2. Tatbestandsmerkmale

a) Ehe / Kindschaft

178 Tatbestandlich ist der Bestand einer **wirksam geschlossenen Ehe** erforderlich,[324] die im Zeitpunkt der Entscheidung über den Einbürgerungsantrag noch fortbesteht. Die Wirksamkeit der Eheschließung ist nach dem deutschen Kollisionsrecht zu beurteilen.[325] Nach Art. 13 Abs. 3 EGBGB gilt für der Form der Eheschließung in der Bundesrepublik Deutschland deutsches Recht. Die materiellrechtlichen Voraussetzungen richten sich nach dem nationalen Recht eines jeden Verlobten, Art. 13 Abs. 1 EGBGB. Bei im Ausland geschlossenen Ehen genügt die Beachtung der Rechtsvorschriften des Eheschließungsortes, Art. 11 Abs. 1 S. 2 EGBGB. Bei Zweifeln muss genau ermittelt werden, notfalls mithilfe der Standesamtsaufsicht.[326]

179 Im Gegensatz zu § 9 StAG sind Lebenspartner von der Regelung des § 10 Abs. 2 StAG nicht erfasst.[327]

180 Bei Kindern muss die Elternschaft nachgewiesen sein; es reicht auch eine nach deutschem Recht wirksam erfolgte **Adoption**.[328] Zur Abstammung kann auf die Ausführungen bei § 8 Rn. 147 f., verwiesen werden. Die Minderjährigkeit richtet sich gem. § 37 StAG Abs. 1 StAG nach § 80 Abs. 3 AufenthG nach den Vorschriften des BGB.

b) Voraussetzungen des § 10 Abs. 1 StAG

181 Der Miteinbürgerungsbewerber muss – bis auf den rechtmäßigen gewöhnlichen Aufenthalt seit acht Jahren – alle sonstigen Tatbestandsmerkmale des § 10 Abs. 1 StAG erfüllen,[329] nämlich Bekenntnis und Loyalitätserklärung, Besitz einer qualifizierten Aufenthaltserlaubnis, Be-

---

318 GK-StAR/*Berlit*, § 10 Rn. 341; NK-AuslR/*Geyer*, § 10 StAG Rn. 29.
319 GK-StAR/*Berlit*, § 10 Rn. 336; *Hailbronner/Renner/Maaßen*, § 10 Rn. 70.
320 *Hailbronner/Renner/Maaßen*, § 10 Rn. 71 f.
321 GK-StAR/*Berlit*, § 10 Rn. 336 ff.; grundlegend zum Schutz von Ehe und Familie: BVerfG, Beschl. v. 12.5.1987 – 2 BvR 1226/83 ua, BVerfGE 76,1 = NJW 1988, 626 ff. (dreijährige Ehebestandszeit als Voraussetzung des Familiennachzugs verfassungswidrig).
322 GK-StAR/*Berlit*, § 10 Rn. 367 mwN; *Hailbronner/Renner/Maaßen*, § 10 Rn. 71: kein Regelanspruch, aber vom Gesetzgeber als Normalfall angesehen.
323 Siehe § 8 Rn. 69, 95 ff.
324 GK-StAR/*Berlit*, § 10 Rn. 343; zur „Scheinehe" s. u. Rn. 189 und § 8 Rn. 108 sowie GK-StAR/*Berlit*, § 10 Rn. 346.
325 GK-StAR/*Marx*, § 9 Rn. 17 ff.; GK-StAR/*Berlit* § 10 Rn. 343.
326 GK-StAR/*Marx*, § 9 Rn. 18; GK-StAR/*Berlit*, § 10 Rn. 343.
327 GK-StAR/*Berlit*, § 10 Rn. 347; krit. NK-AuslR/*Geyer*, § 10 Rn. 28.
328 GK-StAR/*Berlit*, § 10 Rn. 350.
329 GK-StAR/*Berlit*, § 10 Rn. 353; NK-AuslR/*Geyer*, § 10 StAG Rn. 29.

streitung des Lebensunterhalts, Verlust der bisherigen Staatsangehörigkeit, Straflosigkeit, ausreichende Kenntnisse der deutschen Sprache und Kenntnisse der Rechts- und Gesellschaftsordnung und der Lebensverhältnisse in Deutschland.

aa) Bekenntnis und Loyalitätserklärung

Dabei sind von Kindern unter 16 Jahren kein Bekenntnis und keine Loyalitätserklärung nach § 10 Abs. 1 S. 1 Nr. 1 StAG und keine Kenntnisse der Rechts- und Gesellschaftsordnung und der Lebensverhältnisse in Deutschland nach § 10 Abs. 1 S. 1 Nr. 7 StAG zu verlangen (§ 10 Abs. 1 S. 2 StAG). 182

bb) Lebensunterhalt

Gemäß § 10 Abs. 1 S, 1 Nr. 3 StAG muss der Lebensunterhalt ohne Inanspruchnahme von Leistungen nach dem Zweiten oder Zwölften Buch Sozialgesetzbuch gesichert sein. Das gilt auch für Miteinzubürgernde. Auch bei ihnen ist zu prüfen, ob sie eine eventuelle Inanspruchnahme **zu vertreten haben oder nicht**.[330] 183

Zwar wird bei jungen Menschen in Anlehnung an die frühere Fassung des § 10 Abs. 1 S. 1 Nr. 3 StAG davon ausgegangen, dass eine Inanspruchnahme von Leistungen nach dem Zweiten oder Zwölften Buch Sozialgesetzbuch infolge Schulbesuchs oder Berufsausbildung nicht zu vertreten ist. Allerdings müssen dann die Auswirkungen auf die Eltern beachtet werden, von denen erwartet wird, dass sie den Lebensunterhalt auch ihrer unterhaltsberechtigten Familienangehörigen bestreiten können.[331] 184

cc) Verlust oder Aufgabe der bisherigen Staatsangehörigkeit

Nach äthiopischem Staatsangehörigkeitsrecht tritt der Verlust der Staatsangehörigkeit automatisch mit dem Erwerb einer anderen Staatsangehörigkeit ein.[332] 185

dd) Straftaten

Gemäß § 10 Abs. 1 S. 1 Nr. 5 StAG ist Voraussetzung eines Einbürgerungsanspruchs, dass der Einbürgerungsbewerber weder wegen einer rechtswidrigen Tat zu einer Strafe verurteilt noch gegen ihn aufgrund seiner Schuldunfähigkeit eine Maßregel der Sicherung und Besserung angeordnet worden ist. Gemäß § 12 a Abs. 1 StAG bleiben bei der Einbürgerung außer Betracht die Verhängung von Erziehungsmaßregeln[333] oder Zuchtmitteln[334] nach dem Jugendgerichtsgesetz, Verurteilungen zu Geldstrafe bis zu 90 Tagessätzen[335] und Verurteilungen zu Freiheitsstrafe bis zu drei Monaten, die zur Bewährung ausgesetzt und nach Ablauf der Bewährungszeit erlassen worden sind. Mehrere Verurteilungen werden zusammengezählt, es sei denn es wird eine niedrigere Gesamtstrafe gebildet. 186

Bei geringfügiger Übersteigung dieses Rahmens wird gem. § 12 a Abs. 1 S. 3 StAG im Einzelfall entschieden. Der Raum für eine Ermessensausübung ist nur dann eröffnet, wenn die Übersteigung geringfügig ist. Dabei ist eine rein quantitative Betrachtungsweise geboten.[336] 187

---

330 Für die Altfälle beachte § 40 c StAG nF.
331 GK-StAR/*Berlit*, § 10 Rn. 357.1; siehe auch Rn. 122.
332 Art. 20 Abs. 1 Staatsangehörigkeitsgesetz vom 23.12.2003, zitiert nach GK-StAR VII-6.
333 Erteilung von Weisungen gem. § 10 JGG und Anordnung, Hilfe zur Erziehung in Anspruch zu nehmen gem. § 12 JGG.
334 Verwarnung, Erteilung von Auflagen, Jugendarrest, gem. § 13 JGG.
335 D.h. auch eine Geldstrafe von 90 Tagessätzen bleibt außer Betracht, NK-AuslR/*Geyer*, § 12 a Rn. 4.
336 GK-StAR/*Berlit*, § 12 a Rn. 42.1.

Zwar gehen die VAH[337] davon aus, dass eine Überschreitung von bis einschließlich 20 Tagen geringfügig sei. Dem hat jedoch das BVerwG[338] unter Hinweis darauf, dass das Merkmal „geringfügig übersteigen" als unbestimmter Rechtsbegriff voll gerichtlich überprüfbar ist und die VAH die Gerichtsbarkeit nicht binden, widersprochen. Es hat allerdings selbst keine Grenze definiert, bis zu der eine Geringfügigkeit anzunehmen ist. Eine Überschreitung von 30 Tagessätzen hat es nicht akzeptiert. Der VGH Hessen sieht eine Grenze bei einer Überschreitung von 10%.[339]

188   Im Rahmen der Ermessensausübung kann etwa berücksichtigt werden, ob es sich um eine einmalige Verfehlung handelt, ob die Verfehlung längere Zeit zurückliegt, ob sich aus dem Gesamtverhalten des Einbürgerungsbewerbers und seinen persönlichen und wirtschaftlichen Verhältnissen Anhaltspunkte dafür ergeben, die für eine konkrete Wiederholungsgefahr sprechen, ob bei einer ordnungsrechtlichen Betrachtung und Gewichtung die bei der Strafzumessung zu berücksichtigenden Umstände die typisierende Betrachtung des Gesetzgebers, die Übersteigung des Rahmens sei integrationsschädlich, überhaupt greift.[340]

189   Gemäß § 12 a Abs. 1 S. 4 StAG wird ebenfalls im Einzelfall entschieden, auch wenn eine Maßregel der Besserung und Sicherung nach § 61 Nr. 5 oder Nr. 6 StGB angeordnet worden ist.

190   Eine aus dem **Bundeszentralregister** zu tilgende oder bereits getilgte Strafe darf nicht verwertet werden.[341] Das gilt auch für Taten iSd § 11 StAG.[342] Nach der Rechtsprechung des BVerwG soll die Entmakelung einer Jugendstrafe gem. § 100 einer Berücksichtigung der Jugendstrafe als einbürgerungsschädlich nicht entgegenstehen, wenn die Einbürgerungsbehörde von der Jugendstrafe rechtmäßig, zB durch Einsicht in die Ausländerakten, Kenntnis erlangt hat.[343]

191   **Ausländische Verurteilungen** zu Strafen sind gemäß § 12 a Abs. 2 StAG zu berücksichtigen, wenn die Tat im Inland als strafbar anzusehen ist, die Verurteilung in einem rechtsstaatlichen Verfahren ausgesprochen worden ist und das Strafmaß verhältnismäßig ist.

192   Im Ausland erfolgte Verurteilungen und im Ausland anhängige Ermittlungsverfahren sind gem. § 12 a Abs. 4 StAG im Einbürgerungsantrag aufzuführen.

193   Wird gegen den Einbürgerungsbewerber wegen des **Verdachts einer Straftat** ermittelt, ist gemäß § 12 a Abs. 3 StAG die Entscheidung über die Einbürgerung bis zum Abschluss des Verfahrens, im Falle der Verurteilung bis zur Rechtskraft des Urteils auszusetzen.

ee) Sprachkenntnisse

194   **Sprachkenntnisse** eines minderjährigen Kindes, das im Zeitpunkt der Einbürgerung das 16. Lebensjahr noch nicht vollendet hat, sind gem. § 10 Abs. 4 S. 2 StAG dann ausreichend, wenn eine altersgemäße Sprachentwicklung vorliegt.[344]

---

337 Nr. 12 a.1.3.
338 Urt. v. 20.3.2012 – 5 C 5.11 – www.bverwg.de.
339 Urt. v. 8.4.2014 – 5 A 2213.13 – www.lareda.hessenrecht.hessen.de.
340 Beispiele in GK-StAR/*Berlit*, § 12 a Rn. 47 ff.
341 BVerwG, Urt. v. 5.6.2014 – 10 C 4.14 – www.bverwg.de.
342 BVerwG, Urt. v. 20.3.2012 – 5 C 1.11 – www.bverwg.de – Rn. 37 ff.; nach Auffassung des BVerwG, aaO Rn. 41 ff., unterliegen nicht abgeurteilte Taten jedoch nicht dem Verwertungsverbot.
343 Urt. v. 5.6.2014 – 10 C 4.14 – www.bverwg.de; krit. dazu NK-AuslR/*Geyer*, § 12 a Rn. 8.
344 GK-StAR/*Berlit*, § 10 Rn. 319 ff.

c) Ausschlussgründe

In der Person des Miteinzubürgernden darf kein Ausschlussgrund gem. § 11 StAG vorliegen. § 11 StAG erfasst nun nicht nur die Anspruchseinbürgerung, sondern auch die Ermessenseinbürgerung.

d) „Mit"-einbürgerung

Nicht notwendig hat die Miteinbürgerung zeitgleich[345] mit der Einbürgerung des Stammeinbürgerungsberechtigten[346] zu erfolgen. Es reicht ein zeitlicher und sachlicher Konnex. Allerdings kann eine Zusicherung der Miteinbürgerung erteilt werden, wenn der Stammberechtigte schon eingebürgert werden kann, die Miteinbürgerung aber mangels Verlustes der bisherigen Staatsangehörigkeit noch nicht möglich ist.[347] Es genügt auch, wenn der **Antrag** auf Miteinbürgerung rechtzeitig vor der Einbürgerung des nach § 10 Abs. 1 StAG Anspruchsberechtigten gestellt worden ist.[348] Stets müssen jedoch die Voraussetzungen für die Miteinbürgerung im Zeitpunkt ihres Vollzugs vorliegen.[349]

3. Ermessen

Erfüllt der Miteinbürgerungsbewerber alle tatbestandlichen Voraussetzungen, ist der Behörde Ermessen eröffnet. Die Ermessensausübung muss dem gesetzgeberischen Ziel Rechnung tragen, die Einbürgerung zur Schaffung einer einheitlichen Staatsangehörigkeit zu erleichtern.[350] Es kann also – anders als bei § 8 StAG – nicht darauf abgestellt werden, ob die Einbürgerung nach allgemeinen politischen, wirtschaftlichen und kulturellen Gesichtspunkten ausnahmsweise erwünscht ist.[351]

a) Ehe / Kindschaft

In die Ermessensabwägung darf eingestellt werden, ob Ehegatte oder Kind[352] tatsächlich familiären Umgang mit dem originär Berechtigten haben. Ähnlich wie im Aufenthaltsrecht auch ist über das Bestehen der Ehe hinaus auch die **Führung der ehelichen Lebensgemeinschaft** bedeutsam. War von vornherein das Ziel der Eheschließung, ansonsten nicht erreichbare ausländerrechtliche und einbürgerungsrechtliche Vorteile zu erlangen, ohne eine eheliche Lebensgemeinschaft führen zu wollen,[353] so ist dies im Rahmen des Ermessens zu berücksichtigen. Formal zwar besteht die Ehe. Die erleichterte Herbeiführung einer einheitlichen Staatsangehörigkeit in der Ehe macht jedoch keinen Sinn.[354] Auch kann die aufenthaltsrechtliche Grundlage der Einbürgerung entfallen, weil die erteilte Aufenthaltserlaubnis zurückgenommen werden kann. Die Rücknahme einer auf einer vorgetäuschten Ehe beruhende Einbürgerung kann in Betracht kommen (§ 35 StAG).[355] Auch die vorgetäuschte biologische Vaterschaft[356] kann beim Einbürgerungsermessen berücksichtigt werden.

---

345 NK-AuslR/*Geyer*, § 10 StAG Rn. 29; *Hailbronner/Renner/Maaßen*, § 10 Rn. 47.
346 GK-StAR/*Berlit*, § 10 Rn. 384 ff., 386.
347 *Hailbronner/Renner/Maaßen*, § 10 Rn. 47.
348 VAH-StAG 10.2.1.1 Abs. 3; NK-AuslR/*Geyer*, § 10 StAG, Rn. 29.
349 GK-StAR/*Berlit*, § 10 Rn. 387.
350 GK-StAR/*Berlit*, § 10 Rn. 367.
351 *Hailbronner/Renner/Maaßen*, § 10 Rn. 71.
352 GK-StAR/*Berlit*, § 10 Rn. 351 ff., 375.
353 „Scheinehe", BVerfG, Beschl. v. 12.5.1987 – 2 BvR 1226/83 ua, BVerfGE 76, 1 = NJW 1988, 626 ff.; BVerwG, Urt. v. 9.9.2003 – 1 C 6.03, InfAuslR 2004, 77; GK-StAR/*Marx*, § 9 Rn. 24 ff., 38.
354 GK-StAR/*Berlit*, § 10 Rn. 309.
355 GK-StAR/*Marx*, § 9 Rn. 38 f.
356 Vgl. § 8 B II, Rn. 163 ff.; „Scheinvaterschaft".

b) Aufenthaltsdauer

199 In der Praxis spielt die Dauer des bisherigen Aufenthaltes, der rechtmäßig und „gewöhnlich" sein muss[357] eine **große Rolle**, weil auf seiner Basis auch die erwartete Eingliederungsfähigkeit sichtbar wird.

200 Für Ehegatten wird gemäß VAH-StAG Nr. 10.2.1.2.1 ein vierjähriger Aufenthalt bei zweijähriger ehelicher Lebensgemeinschaft, bei Kindern ein dreijähriger bzw. die halbe Lebenszeit bei unter sechsjährigen als Aufenthaltszeit im Sinne einer Leitlinie verlangt. Werden beide Elternteile eingebürgert, sollte von einer Mindestaufenthaltsdauer bei Kindern abgesehen werden.[358]

c) Minderjährige nach Vollendung des 16. Lebensjahres

201 Gemäß VAH-StAG Nr. 10.2.1.2.2 Abs. 3 setzt die Miteinbürgerung eines minderjährigen Kindes, das im Einbürgerungszeitpunkt das 16. Lebensjahr vollendet hat, in der Regel voraus, dass es selbstständig eingebürgert werden könnte. Damit ist die Gruppe der 16 bis 18 Jahre alten Kinder von der Vergünstigung, keinen achtjährigen rechtmäßigen Aufenthalt vorweisen zu müssen, in der Regel ausgeschlossen. Das hat zur Konsequenz, dass ein mit 12 Jahren eingereistes Kind gemäß VAH-StAG Nr. 10.2.1.2.2 Abs. 2 nach drei Jahren Inlandaufenthalt eingebürgert werden kann, ein mit 13 Jahren eingereistes Kind aber acht Jahre warten muss. Diese **unterschiedliche Behandlung** erschließt sich nur, wenn man zwischen dem 12 und dem 13 Lebensjahr einen derartigen Entwicklungssprung annehmen will, dass die Integration fünf Jahre länger dauert – ein offensichtlich unträgbares Ergebnis. Dies ist umso weniger nachvollziehbar, als bei einer Miteinbürgerung im Alter zwischen 16 und 18 die übrigen Voraussetzungen des § 10 Abs. 1 StAG erfüllt sein müssen.[359] Nach diesseitiger Auffassung liegt ein Verstoß gegen Art. 3 und 6 GG vor.

d) Soziale Integration

202 Auch ist der Grad der erreichten sozialen Integration zu berücksichtigen.[360] Dabei dürfen bei Kindern und Jugendlichen „übliche" Entwicklungsschwierigkeiten und **punktuelle Auffälligkeiten** nicht für sich genommen geeignet sein, die Miteinbürgerung zu versagen. Das gilt jedenfalls dann, wenn der Miteinbürgerungsbewerber in Deutschland geboren und aufgewachsen ist.[361]

III. Muster: Klage auf Verpflichtung zur Miteinbürgerung

203 ▶ **Klagschrift**

An das Verwaltungsgericht ...

...

Klage

des ...

und des ...

vertreten durch die Eltern ....

---

[357] GK-StAR/*Berlit*, § 10 Rn. 366.
[358] GK-StAR/*Berlit*, § 10 Rn. 371 ff., 374.
[359] GK-StAR/*Berlit*, § 10 Rn. 377 mwN
[360] GK-StAR/*Berlit*, § 10 Rn. 378.
[361] GK-StAR/*Berlit*, § 10 Rn. 379.

wohnhaft: ...

– Kläger –

Prozessbevollmächtigter: ... .

./.

...

– Beklagte –

wegen Einbürgerung in den deutschen Staatsverband

Unter Vollmachtsvorlage zeigen wir an, dass wir die Kläger anwaltlich vertreten. Namens und in Vollmacht der Kläger erheben wir vor dem Verwaltungsgericht ... Klage und beantragen,

die Beklagte wird verpflichtet, die Kläger unter Aufhebung des Bescheides vom ... in der Form des Widerspruchsbescheides vom ... in den deutschen Staatsverband einzubürgern.

Zur **Begründung** tragen wir vor:

1. Die Kläger sind äthiopische Staatsangehörige. Der Kl. zu 1 ist der Ehemann der mit Bescheid der Bekl. vom ... gemäß § 10 Abs. 1 StAG in den deutschen Staatsverband eingebürgerten äthiopischen Staatsangehörigen Frau ...; die Kl. zu 2 und 3 sind ehegemeinschaftliche Kinder. Die Kl. reisten zur Ehefrau bzw. Mutter in die Bundesrepublik Deutschland ein und erlangten schließlich Aufenthaltserlaubnisse zur Wahrung der familiären Lebensgemeinschaft. Die zusammen mit der Ehefrau bzw. Mutter gestellten Einbürgerungsanträge lehnte die Beklagte mit Bescheid vom ... ab. Die hiergegen fristgerecht erhobenen Widersprüche blieben erfolglos.

2. Die angegriffenen Verfügungen sind auch in der Form der Widerspruchbescheide rechtswidrig und verletzen die Kläger in ihren Rechten. Die Kläger haben wegen der vorliegenden Ermessensreduzierung einen Anspruch auf Einbürgerung, zumindest wegen fehlerhafter Ermessensausübung einen Anspruch auf Neubescheidung.

3. Die Tatbestandsvoraussetzungen des § 10 Abs. 2 StAG sind erfüllt: Die Kl. sind Ehegatte bzw. minderjährige Kinder einer gerade Eingebürgerten, die ihren Einbürgerungsantrag zusammen mit der Bezugsperson, also rechtzeitig vor der Einbürgerung der Bezugsperson, gestellt haben.

4. Die Tatbestandsvoraussetzungen des § 10 Abs. 1 Satz 1 StAG liegen – mit Ausnahme der achtjährigen Wartezeit – in den Personen der Kl. vor.

   a) Die Kl. zu 1 und 2 haben das Bekenntnis zur freiheitlich demokratischen Grundordnung und die Loyalitätserklärung abgegeben; der Kl. zu 3 ist hiervon gem. § 10 Abs. 1 Satz 1 in Verbindung mit § 10 Abs. 1 Satz 2 StAG befreit. Die Kl. sind im Besitz einer Aufenthaltserlaubnis, die ihnen zum Zwecke der Familienzusammenführung erteilt wurden (§ 10 Abs. 1 Satz 1 Nr. 2 StAG). Der Lebensunterhalt der Kläger ist durch das Einkommen des Kl. zu 1 gesichert; gem. § 10 Abs. 1 Satz 1 Nr. 3 StAG darf von den Klägern zu 2 und 3 nicht verlangt werden, dass sie ihren Lebensunterhalt selbst sichern; im Übrigen haben sie realisierbare Unterhaltsansprüche gegen ihren Vater. Die Kl. verlieren die äthiopische Staatsangehörigkeit mit der Einbürgerung in den deutschen Staatsverband.

   b) Insbesondere sind auch die Voraussetzungen des § 10 Abs. 1 Satz 1 Nr. 5 StAG erfüllt. Die Kläger zu 1 und 3 können sich auf § 12 a StAG berufen. Diese Vorschrift ist auch bei der Prüfung anwendbar, ob Miteinzubürgernde die Tatbestandsvoraussetzungen des § 10 Abs. 1 StAG erfüllen.

aa) Dem Kl. zu 3 darf der Jugendarrest nicht entgegen gehalten werden. Der Jugendarrest des § 16 Abs. 4 JGG ist nach § 13 Abs. 2 Nr. 3 JGG ein Zuchtmittel, das gemäß § 12 a Abs. 1 Satz Nr. 1 StAG bei der Einbürgerung außer Betracht bleibt.

bb) Die Verurteilung zu der Geldstrafe in Höhe von 95 Tagessätzen darf dem Kl. zu 1 jedenfalls auf der Tatbestandsebene ebenfalls nicht entgegengehalten werden. Zwar übersteigt die Strafe den Rahmen des § 12 a Abs. 1 Satz 1 StAG. Die Überschreitung beträgt jedoch lediglich 5 Tagessätze, das sind 4,5 % des Zulässigkeitsrahmens des § 12 a Abs. 1 Satz 1 Nr. 2 StAG. Damit liegt Geringfügigkeit iSd § 12 a Abs. 1 Satz 3 StAG vor. Zwar gibt es insoweit noch keine erschöpfende höchstrichterliche Rechtsprechung. Das Bundesverwaltungsgericht hatte eine Überschreitung von 30 Tagessätzen für nicht mehr geringfügig gehalten (Urt. v. 20.3.2012 – 5 C 5.11), der VGH Hessen eine von 25 Tagessätzen (Urt. v. 8.4.2014 – 5 A 2213.13). Eine derartige Konstellation liegt hier jedoch nicht vor. Vielmehr ist evident, dass die Überschreitung geringfügig ist. Der hessische VGH (aaO, in einem obiter dictum) hatte die Grenze bei 10% gesehen. Insofern ist eine rein quantitative Betrachtungsweise angezeigt (GK-StAR/*Berlit*, § 12 a StAG, Rn. 42.1). Das Merkmal der geringfügigen Übersteigung ist durch einen unbestimmten Rechtsbegriff beschrieben, der voller gerichtlicher Kontrolle unterliegt.

Mithin hätte die Bekl. bezüglich der Voraussetzung des § 10 Abs. 1 S. 1 Nr. 5 StAG eine Ermessensentscheidung zu treffen gehabt, ob die Überschreitung überwunden werden könnte. Dies ist unterblieben. Bereits deshalb ist die angegriffene Verfügung rechtswidrig. Zudem ist vorliegend das Ermessen auf Null reduziert. Die Straftat des Klägers zu 1 geschah sehr kurz nach seiner Einreise. Sie liegt nunmehr über vier Jahre zurück. Seitdem ist der Kläger zu 1 nicht weiter strafrechtlich in Erscheinung getreten. Er hat sich im Gegenteil sehr gut in das Leben der Bundesrepublik Deutschland integriert, auch in wirtschaftlicher und in sprachlicher Hinsicht. Es ist nicht zu erwarten, dass der Kläger zu 1 weitere Verfehlungen begehen wird. Damit kann die Überschreitung nicht als Indiz für eine mangelnde Integration des Klägers zu 1 gewertet werden (GK-StAR/*Berlit*, § 10 StAG, Rn. 40 und 47 ff.).

c) Der Kl. zu 1 hat sowohl den Deutsch-Test für Zuwanderer, Gesamt-Niveau B 1, als auch den Einbürgerungstest erfolgreich absolviert. Die 17-jährige Klägerin zu 2 verfügt über ausreichende Sprachkenntnisse. Sie muss keinen Nachweis in Form des Zertifikat Deutsch-Test für Zuwanderer erbringen. Denn sie besucht seit ihrer Einreise vor fünf Jahren erfolgreich die Schule, nach dem Realschulabschluss nunmehr das berufliche Gymnasium; ihre Leistungen im Fach Deutsch wurden mit „gut" bewertet (VAH Nr. 10.1.1.6 und Nr. 10.4.1). Aus diesem Grund ist ein weiterer Nachweis über Kenntnisse der Rechts- und Gesellschaftsordnung und der Lebensverhältnisse in Deutschland nicht erforderlich (VAH Nr. 10.1.1.7 und Nr. 10.5). Bei dem Kl. zu 3 liegt eine altersgemäße Sprachentwicklung vor. Er verfügt bei über vierjährigem erfolgreichen Schulbesuch als Schüler mit der Note „gut" im Fach Deutsch über ausreichende Kenntnisse der deutschen Sprache (§ 10 Abs. 1 S. 1 Nr. 6 iVm § 10 Abs. 4 StAG, vgl. VAH Nr. 10.1.1.6 und Nr. 10.4.1; GK-StAR/*Berlit*, § 10 StAG Rn. 321). Sicherheitsbedenken im Sinne des § 11 S. 1 Nr. 1 oder Nr. 2 StAG wurden von Seiten der Beklagten zu keinem Kläger geäußert und bestehen auch nicht.

5. Das der Beklagten mithin eröffnete Ermessen ist vorliegend auf Null reduziert.

a) Zwar stellt § 10 Abs. 2 StAG keine Sollvorschrift dar. Jedoch wiegt der Gesichtspunkt, dass innerhalb der Familie eine einheitliche Staatsangehörigkeit gelten soll, schwer. Der Gesetzgeber geht von einer Einbürgerung im Falle des § 10 Abs. 2 StAG als Normalfall aus. Das ist bei der Ermessensausübung zu respektieren.

Die Kläger erfüllen die Anforderungen an die Dauer ihres Aufenthalts in der Bundesrepublik Deutschland, die gemäß VAH Nr. 10.2.1.2.1 für Ehegatten vier Jahre bei mindestens zweijähriger ehelicher Lebensgemeinschaft und für Kinder drei Jahre beträgt. Die Kläger haben seit mehr als vier Jahren ihren rechtmäßigen gewöhnlichen Aufenthalt in der Bundesrepublik Deutschland. Der Kl. zu 1 ist voll erwerbstätig; die Kl. Zu 2 und 3 gehen hier zur Schule. Sie haben sich völlig von ihrem Herkunftsstaat abgewandt.

b) Die Verhängung des Jugendarrests darf dem Kl. zu 3 auch bei der Ermessensausübung nicht entgegengehalten werden. Der Anwendungsbereich des § 12 a StAG ist nach dem klaren Wortlaut der Vorschrift nicht auf die Voraussetzung des § 10 Abs. 1 S. 1 Nr. 5 StAG beschränkt, sondern er bezieht sich auf „die Einbürgerung". Bei dem Verhalten des Klägers zu 3, das zur Verhängung des Zuchtmittels führte, handelte es sich um eine einmalige Verfehlung, die in einer für den Kläger zu 3 äußerst schwierigen Situation geschah. Der Kläger zu 3 ist nicht wieder auffällig geworden. Vielmehr ist er ein guter Schüler, der seine Ausbildung zielstrebig betreibt.

c) Die Verhängung der Geldstrafe von 95 Tagessätzen darf beim Kl. zu 1 auch im Ermessensbereich nicht nachteilig berücksichtigt werden. Bereits im Rahmen der Prüfung des § 12 a Abs. 1 S. 3 StAG wurde auf die hervorragende Integration des Klägers zu 1 hingewiesen. Dies ist auch bei der Gesamterwägung zu beachten. Dies gilt besonders im Hinblick darauf, dass dem Gesichtspunkt der Einheitlichkeit der Staatsangehörigkeit innerhalb der Familie nach der gesetzlichen Wertung ein sehr hohes Gewicht beizumessen war und ist.

d) Da die Bekl. bezüglich des Kl. zu 1 außer der Verhängung der Geldstrafen und bezüglich des Kl. zu 3 außer der Verhängung des Jugendarrests keine anderen Gründe vorgebracht hat, die einer Einbürgerung entgegenstehen könnten, und derartige Gründe auch nicht vorliegen, reduziert sich das Ermessen der Bekl. auf die einzig rechtmäßige Entscheidung, die Kl. zu 1 einzubürgern.

e) Der Klägerin zu 2 darf nicht entgegengehalten werden, dass sie nach Vollendung ihres 16. Lebensjahres nur einen eigenständigen Einbürgerungsantrag stellen darf. Es darf von ihr insbesondere nicht verlangt werden, dass sie einen achtjährigen rechtmäßigen gewöhnlichen Aufenthalt vorweist (GK-STAR/*Berlit*, § 10 StAG, Rn. 377 mwN). Zwar wird in den VAH in Nr. 10.2.1.2.2 Abs. 3 für die Miteinbürgerung eines minderjährigen Kindes, das im Einbürgerungszeitpunkt das 16. Lebensjahr vollendet hat, vorausgesetzt, dass es selbstständig eingebürgert werden könnte. Damit wäre die Gruppe der 16 bis 18 Jahre alten Kinder von der Vergünstigung, keinen achtjährigen rechtmäßigen Aufenthalt vorweisen zu müssen, in der Regel ausgeschlossen. Das hätte zur Konsequenz, dass ein mit 12 Jahren eingereistes Kind gemäß VAH-StAG Nr. 10.2.1.2.2 Abs. 2 nach drei Jahren Inlandaufenthalt eingebürgert werden kann, ein mit 13 Jahren eingereistes Kind aber acht Jahre warten muss. Diese unterschiedliche Behandlung erschließt sich nur, wenn man zwischen dem 12 und dem 13 Lebensjahr einen derartigen Entwicklungssprung annehmen will, dass die Integration fünf Jahre länger dauert – ein offensichtlich unträgbares Ergebnis, das einerseits eine Ungleichbehandlung (Art. 3 GG) und andererseits eine Missachtung des mit § 10 Abs. 2 StAG gewollten Schutzes der Familie (Art. 6 GG) darstellte. Dies ist umso weniger nachvollziehbar, als bei einer Miteinbürgerung im Alter zwischen 16 und 18 die übrigen Voraussetzungen des

§ 10 Abs. 1 StAG erfüllt sein müssen. Der vorliegende Fall zeigt dies besonders eindringlich. Die Kläger zu 2 und 3, der Vater und der 15 jährige Bruder der Klägerin zu 2, die zusammen mit der Klägerin zu 2 eingereist sind und sich ebenso lange wie sie hier aufhalten, haben die Wartezeit erfüllt, während die Klägerin zu 2 – die Tochter bzw nur zwei Jahre ältere Schwester – noch drei weitere Jahre warten soll.

6. Selbst wenn man von keiner Ermessensreduktion auf Null ausgehen wollte, sind die angegriffenen Verfügungen gleichwohl rechtswidrig und verletzen die Kläger in ihren Rechten. Denn die Bekl. darf die gesetzlichen Vorgaben des § 12 a Abs. 1 S. 1 Nr. 1 und 2 StAG, Geldstrafen geringfügig oberhalb der Grenze von 90 Tagessätzen bzw. Zuchtmittel bei der Einbürgerung in Betracht zu nehmen, nicht umgehen. Berücksichtigt sie die Verhängung der Geldstrafe bzw. des Jugendarrestes gleichwohl, so überschreitet sie die gesetzlichen Grenzen des Ermessens (§ 114 S. 1 VwGO) und handelt ermessensfehlerhaft. Zudem hat die Bekl. die oben erwähnten für die Einbürgerung sprechenden Gesichtspunkte überhaupt nicht in die Abwägung eingestellt. Wenigstens also ist die Beklagte zur Neubescheidung unter Beachtung der Rechtsauffassung des Gerichts zu verpflichten (§ 113 Abs. 5 VwGO). Dieser Antrag ist als Minus im Antrag auf Verpflichtung zur Einbürgerung enthalten.

...

Rechtsanwalt ◂

IV. Fehlerquellen / Haftungsfallen
1. Klagegegner

204 Der Klagegegner richtet sich nach der für das betreffende Bundesland geltenden Zuständigkeitsregelung.

2. Verpflichtungs- oder Bescheidungsklage?

205 Die Fälle einer Ermessensreduzierung auf Null sind eher selten. Liegt keine Ermessensreduzierung vor, richtet sich der Klagantrag auf Aufhebung der angegriffenen Verfügung und Verpflichtung zur Neubescheidung nach Maßgabe der Rechtsauffassung des Gerichts.[362]

V. Weiterführende Hinweise
1. Einbürgerung nach der Scheidung

206 Wird die Ehe im laufenden Einbürgerungsverfahren geschieden, kann nicht mehr nach § 10 Abs. 2 StAG eingebürgert werden.[363] In Betracht kommt dann aber noch eine Einbürgerung unter den **Voraussetzungen** von § 9 Abs. 2 StAG.[364] Dabei kann allerdings fraglich sein, ob die Dauer der zweijährigen Ehebestandszeit erfüllt ist. Denn VAH-StAG Nr. 9.1.2.1 Abs. 2 S. 2 geht davon aus, dass der Ehegatte während dieser Zeit Deutscher gewesen sein muss.

207 Eine Einbürgerung nach § 10 Abs. 2 StAG ist auch dann ausgeschlossen, wenn das Kind volljährig wird. Relevanter Zeitpunkt ist der Zeitpunkt des Vollzuges der Miteinbürgerung.[365]

---

362 *Sennekamp* in: Quaas/Zuck, Prozesse in Verwaltungssachen, 2. Aufl. 2011, § 3 Rn. 89 ff.
363 GK-StAR/*Berlit*, § 10 Rn. 344.
364 § 8 A IV Rn. 66 ff.
365 GK-StAR/*Berlit*, § 10 Rn. 387.

2. Anspruch des Stammberechtigten

Die Miteinbürgerung des § 10 Abs. 2 StAG kommt auch dann in Betracht, wenn die einem Einbürgerungsanspruch des Stammberechtigten etwa entgegenstehenden Umstände im Ermessenswege überwunden werden können.[366] Dies gilt zB, wenn eine Straftat im Einzelfall außer Betracht bleiben kann, § 12 a Abs. 1 S. 3 StAG,[367] oder bei Anrechnung eines Voraufenthalts auf die Achtjahresfrist des § 10 Abs. 1 StAG gemäß § 12 b Abs. 2 StAG.[368] Hier wird zwar Ermessen ausgeübt, der Einbürgerungsanspruch des originär Berechtigten iSd § 10 Abs. 2 StAG bleibt jedoch bestehen. 208

3. Unterhaltssicherung

Eine Sicherung des Lebensunterhalts ohne Inanspruchnahme von Leistungen nach SGB II oder SGB XII gemäß § 10 Abs. 1 S. 1 Nr. 3 StAG ist von einem Einbürgerungsbewerber nicht zu verlangen, wenn er die Inanspruchnahme **nicht zu vertreten** hat. Zu bedenken ist jedoch, dass bei Kindern in diesen Fällen möglicherweise für den originär Berechtigten Probleme entstehen können, weil in seiner Person der Lebensunterhalt für sich und seine unterhaltsberechtigten Familienangehörigen (§ 10 Abs. 1 S. 1 Nr. 3 StAG) nicht gesichert ist. 209

4. Jugendliche über 16 Jahre

Stets zu prüfen ist, ob Jugendliche über 16 Jahre einen eigenständigen Anspruch auf Einbürgerung haben. Das setzt voraus, dass sie alle Anspruchsvoraussetzungen des § 10 StAG, insbesondere die Wartezeit, erfüllen.[369] Auch eine eigenständige Ermessenseinbürgerung kann geprüft werden. 210

5. Miteinbürgerung bei § 8 und 9 StAG

Ehegatten und Kinder können auch mit den Personen eingebürgert werden, die im **Ermessenswege** gemäß § 8 StAG eingebürgert werden (Nr. 8.1.3.9 VAH-StAG). 211

Für **Ehegatten** genügt wie bei § 10 Abs. 2 StAG ein Aufenthalt im Inland von vier Jahren bei 2-jähriger Dauer der ehelichen Lebensgemeinschaft.[370] Grundsätzlich werden ausreichende Kenntnisse der deutschen Sprache vorausgesetzt.[371] Ausnahmen bestehen für den Fall einer körperlichen, geistigen oder seelischen Krankheit oder Behinderung oder des Alters.[372] Nach den alten VAH-StAG[373] konnten Bildungsstand und gewisse Schwierigkeiten, die deutsche Sprache zu erlernen, berücksichtigt werden, wenn die übrigen Familienangehörigen die für eine Einbürgerung erforderlichen Kenntnisse der deutschen Sprache besitzen und die Miteinbürgerung dazu führt, dass die gesamte Familie die deutsche Staatsangehörigkeit besitzt. Die Fähigkeit sich auf einfache Art verständigen zu können war bei miteinzubürgernden Ehegatten stets erforderlich. 212

Bei der **Miteinbürgerung von Kindern** nehmen VAH-StAG in Nr. 8.1.3.9.2 im Wesentlichen die Ermessensleitlinien der Nr. 10.2.1.2.2 auf. Bezüglich der Sprachkenntnisse wird eine al- 213

---

366 Vgl. GK-StAR/*Berlit*, § 10 Rn. 340.
367 GK-StAR/*Berlit*, § 12 a Rn. 38 ff.
368 GK-StAR/*Berlit*, § 12 b Rn. 60 ff.
369 NK-AuslR/*Geyer*, § 10 Rn. 29.
370 VAH-StAG Nr. 10.2.1.2.1.
371 VAH-StAG Nr. 8.1.3.9.1, zu den Ausnahmen siehe Nr. 8.1.2.1.3.
372 VAH-StAG Nr. 9.1.3 mit Verweis auf Nr. 10.1.1.6 und Nr. 10.4 sowie Nr. 10.6.
373 Nr. 8.1.2.3.9.1 idF v. 15.2.2005.

tersgemäße Sprachentwicklung entsprechend § 10 Abs. 4 S. 2 StAG gefordert.[374] Nach altem Recht reichte aus, dass sich das Kind ohne nennenswerte Probleme im Alltagsleben in deutscher Sprache mündlich verständigen kann und seine Einordnung in die deutschen Lebensverhältnisse gewährleistet ist.

214 Erfolgt die Einbürgerung eines Elternteils nach § 9 StAG, kann das Kind miteingebürgert werden.[375]

---

[374] VAH-StAG Nr. 8.1.3.9.2.
[375] § 8 Rn. 98 ff.

§ 8 Ermessenseinbürgerung und Erwerb der Staatsangehörigkeit nach ius soli

A. Ermessenseinbürgerung (§§ 8, 9 StAG)
I. Anrechnungsfähige Aufenthaltszeiten
1. Sachverhalt / Lebenslage
Beispiel: Ausländerrechtliche Entwicklung abwarten

Die Einbürgerungsbehörde will die Einbürgerung des vor 10 Jahren aus dem Kosovo nach Deutschland gelangten damals zwölfjährigen Jungen J aus dem Volk der Roma verweigern. Nach der umgehenden Aufnahme in ein Kinderdorf wurde für den unbegleiteten Jungen alsbald ein Asylantrag gestellt. Der Antrag wurde nach abgelehnt. Nach Klagerhebung wurde das Verfahren zum Ruhen gebracht. Vor vier Jahren – er war damals im zweiten Jahr seiner Ausbildung zum Mechatroniker – wurde dem jungen Mann erstmals eine Aufenthaltserlaubnis gemäß § 23 a AufenthG erteilt; seinen Asylantrag hatte er kurz zuvor zurückgenommen. In der Folgezeit wurde die Aufenthaltserlaubnis regelmäßig verlängert; einmal hatte J die Verlängerung erst 14 Tage nach Ablauf der vorigen Aufenthaltserlaubnis beantragt. Inzwischen hatte J seine Ausbildung abgeschlossen und war wegen seiner hervorragenden Leistungen von seinem Ausbildungsbetrieb übernommen worden.

J ist strafrechtlich nicht in Erscheinung getreten. Gründe der öffentlichen Sicherheit und Ordnung stehen seiner Anwesenheit nicht entgegen. Er verdient seinen Lebensunterhalt; ua finanziert er seine Wohnung, in die er nach Erreichen der Volljährigkeit aus dem Kinderdorf gewechselt ist. Er beherrscht die deutsche Sprache in Wort und Schrift.

Die Einbürgerungsbehörde steht auf dem Standpunkt, der Einbürgerungsbewerber hätte keinen rechtmäßigen gewöhnlichen Aufenthalt seit acht Jahren in der Bundesrepublik, auch sei er nicht im Besitz einer Niederlassungserlaubnis. Insbesondere seien weder die Zeiten der Aufenthaltsgestattung, noch die der Aufenthaltserlaubnis anzurechnen.

2. Prüfungsreihenfolge
a) Verfahrensstadium
Das Verfahren befindet sich noch in der Prüfungsphase.[1] Verfahrensziel ist zunächst die Einbürgerungszusicherung.[2] Gemäß Art. 17 des Staatsangehörigkeitsgesetzes der Republik Kosovo (03/L-034)[3] ist die Entlassung aus der kosovarischen Staatsangehörigkeit möglich. Die Einzelheiten regelt die Verwaltungsverordnung Nr. 4/2009 des kosovarischen Innenministeriums.

Da eine positive Entscheidung derzeit eher unwahrscheinlich ist (s. u.), erscheint eine **Zurückstellung des Einbürgerungsantrags** bis nach Erteilung einer Niederlassungserlaubnis ratsam. Eine derartige Zurückstellung ist keine Zurücknahme des Antrags.[4] Vielmehr soll Zeit gewonnen werden, etwa noch problematische Punkte zu klären, ohne eine Ablehnung des Einbürgerungsantrags zu provozieren. Denn für die Entscheidung erheblich ist nicht der Zeitpunkt der Antragstellung, sondern der Zeitpunkt der Entscheidung. Das gilt auch für das Ge-

---
1 *Kirchberg/Herrmann* in: Quaas/Zuck, Prozesse in Verwaltungssachen, 2. Aufl. 2011, § 2 Rn. 67 ff.
2 Zur Hinnahme von Mehrstaatigkeit siehe § 7 E Rn. 143 ff. und § 8 A V Rn. 121 ff.
3 GK-STAR VII – 6 Kosovo; siehe auch Erlass des Bundes vom 31.1.2011 GK-STAR VII-2-A (Nr. 8); eine Abklärung mit der zuständigen Vertretung der Republik Kosovo in Deutschland empfiehlt sich; möglicherweise muss der Entlassungsantrag im Kosovo persönlich gestellt werden.
4 GK-StAR/*Marx*, § 8 Rn. 488 ff.

richtsverfahren,[5] da Klagen auf Einbürgerung bzw. Erteilung einer Einbürgerungszusicherung Verpflichtungsklagen – mit hilfsweisem Neubescheidungsbegehr – sind.

Allerdings kann eine Zurückstellung nicht unbegrenzt erfolgen. In der Praxis soll der Zeitraum von einem Jahr regelmäßig – mit Ausnahme der Fälle des § 12 a Abs. 3 StAG, Ermittlungen wegen einer Straftat – nicht überschritten werden.[6]

b) Tatbestandsmerkmale des § 8 StAG

4 Bei der Ermessenseinbürgerung müssen zunächst die Tatbestandsmerkmale des § 8 StAG erfüllt sein:

- Handlungsfähigkeit bzw. gesetzliche Vertretung des Antragstellers,
- rechtmäßiger gewöhnlicher[7] Aufenthalt im Zeitpunkt der Einbürgerungsentscheidung,[8]
- keine Verurteilung zu einer Strafe wegen einer rechtswidrigen Tat und keine Anordnung einer Maßregel der Besserung und Sicherung aufgrund seiner Schuldunfähigkeit,
- eigene Wohnung oder ein Unterkommen und
- die Fähigkeit sich und seine Angehörigen zu ernähren.

5 Sind diese Merkmale erfüllt, ist der Behörde die Ermessensausübung eröffnet.

Von den Tatbestandsmerkmalen ist im vorliegenden Fall allein der „rechtmäßige gewöhnliche Aufenthalt" im Zeitpunkt der Entscheidung zu problematisieren. Hierzu kann zunächst auf die Ausführungen zu § 7 Rn. 3 ff. verwiesen werden.

6 Abweichend von der Anspruchseinbürgerung[9] lässt die Ermessenseinbürgerung auch einen Aufenthaltsstatus gemäß § 23 Abs. 1 oder § 23 a AufenthG zu, wenn die Aufenthaltserlaubnis aufgrund gruppenbezogener Regelungen auf Dauer („Altfallregelung") zugesagt oder im Einzelfall („Härtefallersuchen") angeordnet worden ist.[10] Die durch die „Altfallregelungen" der §§ 25 a und 25 b AufenthG vermittelten Aufenthaltserlaubnisse sind schon gar nicht in den Ausnahmekatalog des § 10 Abs. 1 S. 1 Nr. 2 StAG aufgenommen worden.

7 Von dem Tatbestandsmerkmal „rechtmäßiger gewöhnlicher Aufenthalt im Zeitpunkt der Einbürgerung" sorgfältig zu unterscheiden ist der Ermessensgesichtspunkt des achtjährigen rechtmäßigen Aufenthalts.[11]

c) Ermessen
aa) Grundsätzliches

8 Lange Zeit war umstritten, ob § 8 StAG einen Ermessensspielraum im landläufigen Sinne eröffnet. Denn die Einbürgerung wurde als staatlicher Akt verstanden, der ausschließlich im öffentlichen Interesse zu erfolgen hat.[12] Nachwirkungen dieser Auffassung lassen sich in der Rechtsprechung weiterhin feststellen: Nach dem BVerwG[13] ist bei der Ausübung des Ermes-

---

5 GK-StAR/*Marx*, § 8 Rn. 521 f.
6 *Marx*, aaO, Rn. 488.
7 Siehe aber Rn. 6.
8 Zur Einbürgerung bei Aufenthalt im Ausland siehe § 14 StAG.
9 Vgl. § 10 Abs. 1 S. 1 Nr. 2 StAG.
10 VAH-StAG Nr. 8.1.2.4; vgl. zu § 23 AufenthG als Grundlage eines rechtmäßigen gewöhnlichen Aufenthalts: NK-AuslR/*Oberhäuser*, § 8 StAG Rn. 31.
11 VAH-StAG Nr. 8.1.2.2 und 8.1.2.3.
12 GK-StAR/*Marx*, § 8 Rn. 167 ff. mwN; *Hailbronner/Renner/Maaßen*, § 8 Rn. 50.
13 Urt. v. 27.5.2010 – 5 C 8.09 – www.bverwg.de, Rn. 25; zahlreiche weitere Nachweise bei GK-StAR/*Marx*, § 8 Rn. 167.

A. Ermessenseinbürgerung (§§ 8, 9 StAG) 8

sens darauf abzustellen, ob – ausnahmsweise[14] – ein staatliches Interesse an der Einbürgerung besteht. Die Behörde habe zu prüfen, ob die Einbürgerung sowohl nach den persönlichen Verhältnissen des Bewerbers als auch nach allgemeinen politischen, wirtschaftlichen und kulturellen Gesichtspunkten im staatlichen Interesse erwünscht ist, ohne dass eine Abwägung mit den Interessen des Bewerbers stattfinde. Ausdrücklich billigt das BVerwG der Behörde einen weiten Ermessensspielraum zu.[15] Dabei rechtfertige der systematische Zusammenhang zwischen Anspruchs- und Ermessenseinbürgerung eine Berücksichtigung der Anspruchsvoraussetzungen und Ausschlussgründe.[16]

Einer Weigerung, private Interessen des Einbürgerungsbewerbers gegenüber dem öffentlichen Interesse abzuwägen,[17] ist **entgegenzuhalten**, dass bei der weitreichenden Bedeutung der Staatsangehörigkeit für die Lebensverhältnisse eines Menschen die Einbürgerungstatbestände nicht lediglich als reflexartige Begünstigungen angesehen werden dürfen, sondern als Normen, die zugleich auch dem Schutz des Einzelnen zu dienen bestimmt sind.[18] Allgemeine Verwaltungsvorschriften[19] beschreiben, unter welchen Voraussetzungen ein derartiges öffentliches Interesse an der Einbürgerung anzunehmen ist.[20] Sie bewirkten und bewirken eine **Selbstbindung**[21] der Verwaltung durch ermessensleitende Vorschriften. Insoweit bleibt die Bemerkung des BVerwG im Urteil vom 27.5.2010[22] unklar, dass in dem von ihm zu entscheidenden Fall „die zugunsten des Einbürgerungsbewerbers streitenden abwägungserheblichen individuellen Belange und subjektiven Interessen im konkreten Fall – wenn auch in Gestalt des öffentlichen Interesses – bei der Ermessensbetätigung erkannt und fehlerfrei gewichtet worden seien." 9

Eine Verwaltungsvorschrift für die Rechtslage unter dem Zuwanderungsgesetz gibt es (noch) nicht. Vielmehr hat das Bundesministerium des Inneren lediglich **vorläufige Anwendungshinweise** – „VAH-StAG" – veröffentlicht.[23] Die Anwendungshinweise nehmen in weiten Teilen die StAR-VwV vom 13.12.2000 auf, die nach Auffassung des BMI, wohl nicht aber des VGH Baden-Württemberg,[24] weiter gilt.[25] Soweit jedoch neue Formulierungen verwendet werden, die nicht lediglich redaktioneller Art sind, dürften sie allerdings lediglich **Indizwirkung**[26] für eine allgemeine Verwaltungspraxis haben. Soweit keine bundeseinheitliche Verwaltungsvorschrift vorliegt, sind auch die einzelnen Länderverwaltungsvorschriften zu berücksichtigen.[27] 10

---

14 BVerwG, aaO, Rn. 28.
15 BVerwG, aaO, Rn. 24.
16 BVerwG, aaO, Rn. 32.
17 BVerwG, aaO, Rn. 26: der entschiedene Fall biete keinen Anlass zu einer vertieften Erörterung dieser Frage.
18 Vgl. Meyer NVwZ 1987, 20; zust. *Hailbronner/Renner/Maaßen*, § 8 Rn. 49 f.
19 Zuletzt StAR-VwV vom 13.12.2000, siehe aber jetzt die VAH-StAG idF v. 15.2.2005, v. 13.10.2007, v. 19.4.2009 und v. 1.6.2015 – letztere unter http://www.bmi.bund.de/SharedDocs/Standardartikel/DE/Themen/MigrationIntegration/Staatsang/VorlaeufigeAnwendungshinweise.html.
20 Siehe dort Nr. 8.1.2.
21 GK-StAR/*Marx*, § 8 Rn. 194 f.; *Hailbronner/Renner/Maaßen*, § 8 Rn. 56.
22 5 C 8.09 – www.bverwg.de – Rn. 26.
23 vgl. Fn. 394; zur Bedeutung der VAH-StAG bei der Anspruchseinbürgerung siehe § 7 Rn. 19.
24 Urt. v. 16.10.2010 – 13 S 313/08 – www.asyl.net – Rechtsprechungsdatenbank: wohl keine Bindungswirkung für die Länder.
25 Siehe Vorbemerkung zu VAH-StAG.
26 Vgl. *Hailbronner/Renner/Maaßen*, § 8 Rn. 10; zur – allerdings im entschiedenen Fall unzutreffenden – Anwendung der VAH-StAG siehe OVG Saarlouis Urt. v. 13.9.2006 – 1 R 17/06 – www.asyl.net Rechtsprechungsdatenbank.
27 *Hailbronner/Renner/Maaßen*, § 8 Rn. 10; GK-StAR VII – 2; zum Vorrang allgemeiner Verwaltungsvorschriften des Bundes: BVerwG, Urt. v. 18.9.1984 – 1 A 4.83, E 70, 127 = InfAuslR 1984, 297, zu einem ausländerrechtlichen Erlass des Landes Baden-Württemberg, Familiennachzug nur nach dreijähriger Ehebestandszeit zuzulassen; die früheren „Ein-

bb) Anspruch auf fehlerfreie Ermessensausübung

11 Der Einbürgerungsbewerber hat einen Anspruch auf fehlerfreie Ermessensausübung.[28] Die Behörde darf von dem Ermessen nur in einer dem Zweck der Ermächtigung entsprechenden Weise Gebrauch machen.[29] Der Entscheidung dürfen keine unrichtigen Tatsachen zu Grunde gelegt werden.[30] Die Grundentscheidungen der Verfassung, insbesondere die Grundrechte und die aus ihnen hergeleitete Werteordnung sind zu beachten.[31] Ferner hat der Einbürgerungsbewerber unter dem Gesichtspunkt der **Gleichheit** einen Anspruch darauf, wie alle anderen in vergleichbarer Lage behandelt zu werden.[32]

cc) Gerichtliche Kontrolle

12 Die gerichtliche Ermessenskontrolle ist gemäß § 114 VwGO beschränkt.[33] Das Gericht prüft, ob die Behörde ihr Ermessen aufgrund eines zutreffenden Sachverhalts betätigt, die gesetzlichen Grenzen des Ermessens nicht überschritten und keine unsachlichen Erwägungen angestellt hat.[34]

13 Durch **unbestimmte Rechtsbegriffe** bezeichnete Tatbestandsmerkmale allerdings unterliegen voller gerichtlicher Überprüfung; Beschreibungen in Verwaltungsvorschriften können insofern nur eine Auslegungshilfe sein, nicht aber die Gerichtsbarkeit bindenden Charakter haben.[35] Entscheidungserheblicher Zeitpunkt ist die letzte mündliche Verhandlung bzw. die gerichtliche Entscheidung.[36] Rein landesrechtlicher Verwaltungsvorschriften sind nicht revisibel.[37]

d) Ermessensleitlinie: rechtmäßiger Aufenthalt seit acht Jahren
aa) Nur rechtmäßig, nicht gewöhnlich?

14 Für die Rechtmäßigkeit des Aufenthalts kann zunächst auf die Ausführungen in § 7 Rn. 5 f. verwiesen werden. Die VAH-StAG[38] verlangen für die Ermessenseinbürgerung grundsätzlich auch einen rechtmäßigen achtjährigen Voraufenthalt. Dies wird von der Rechtsprechung getragen.[39] Die Auffassung des OVG Saarlouis,[40] dass der Voraufenthalt auch „gewöhnlich" gewesen sein muss, findet im Wortlaut der VAH-StAG keine Stütze.

---

bürgerungsrichtlinien" wurden als landeseigene, nicht revisible Verwaltungsvorschriften betrachtet, BVerwG Beschl. v. 25.5.1993 – 1 B 21.93, InfAuslR 1993, 298.
28 Statt vieler *Hailbronner/Renner/Maaßen*, § 8 Rn. 51 mwN und GK-StAR/*Marx*, § 8 Rn. 167-198.
29 VGH BW, Urt. v. 16.5.2001 – 13 S 916/00, InfAuslR 2001, 518 ff.
30 *Kopp/Schenke*, VwGO, 21. Aufl. 2015, § 114 Rn. 12 mwN
31 BVerwG, Urt. v. 14.11.1989 – 1 C 5.89, E 84, 93 = InfAuslR 1990, 63 Einbürgerung eines Kindes einer Deutschen, Vermeidung von Mehrstaatigkeit; *Hailbronner/Renner/Maaßen*, § 8 Rn. 54; *Kopp/Schenke*, VwGO, 21. Aufl. 2015, § 114 Rn. 7 ff.
32 *Hailbronner/Renner/Maaßen*, § 8 Rn. 56; GK-StAR/*Marx*, § 8 Rn. 194 f.; NK-AuslR/*Oberhäuser*, § 8 StAG Rn. 75 u. 77; *Kopp/Schenke*, VwGO, 21. Aufl. 2015, § 114 VwGO Rn. 7.
33 BVerwG, Urt. v. 27.5.2010 – 5 C 8.09 – www.bverwg.de; Rn. 25.
34 *Hailbronner/Renner/Maaßen*, § 8 Rn. 52 mit Verweis auf BVerwGE 4, 298, 300; GK-StAR/*Marx*, § 8 Rn. 517.
35 GK-StAR/*Marx*, § 8 Rn. 130; sehr instruktiv: BVerwG, Urt. v. 8.3.1988 – 1 C 55.86, E 79, 94 = InfAuslR 1988, 189, zum unbestimmten Rechtsbegriff „gewährleistet ist, dass sie sich in die deutschen Lebensverhältnisse einordnen" in § 9 Abs. 1 StAG, vgl. § 7 Rn. 19.
36 *Kopp/Schenke*, VwGO, 21. Aufl. 2015, § 113 Rn. 217.
37 BVerwG, Beschl. v. 25.5.1993 – 1 B 21.93, InfAuslR 1993, 298, „Einbürgerungsrichtlinien".
38 Nr. 8.1.2.2 und Nr. 8.1.2.3.
39 OVG NRW, Beschl. v. 26.5.2010 – 19 E 655/09; VGH BW, Urt. v. 16.10.2008 – 13 S 313/08; beide in www.asyl.net Rechtsprechungsdatenbank.
40 Urt. v. 13.9.2006 – 1 R 17/06 – www.asyl.net Rechtsprechungsdatenbank.

Zeiten der Duldung können nach der Rechtsprechung des BVerwG nur in – bisher noch nicht 15
aufgetretenen – Härtefällen berücksichtigt werden.[41] Sie wurden unter der Geltung der VAH-
StAG idF v. 15.2.2005 dann **angerechnet**, wenn im weiteren Verlauf unter Berücksichtigung
dieser Zeiten eine unbefristete Aufenthaltserlaubnis gemäß § 35 Abs. 1 S. 3 AuslG oder eine
Niederlassungserlaubnis gemäß § 26 Abs. 4 AufenthG erteilt wurde.[42] Hierin lag eine deutliche Erleichterung gegenüber der Anspruchseinbürgerung. Nach hier vertretener Auffassung
kann die Behörde ihr Ermessen weiterhin in diesem Sinne ausüben.[43] Dies gilt trotz der in die
VAH-StAG[44] aufgenommenen Anmerkung, dass wegen der Entscheidung des BVerwG vom
29.3.2007[45] nur in Härtefällen vom Grundsatz des rechtmäßigen achtjährigen Voraufenthalts
abgewichen werden kann. Denn die Auffassung des BVerwG, dass Duldungszeiten auch nach
Erteilung einer unbefristeten Aufenthaltserlaubnis gemäß § 35 AuslG oder einer Niederlassungserlaubnis gemäß § 26 Abs. 4 AufenthG nicht angerechnet werden können,[46] bezieht sich
auf den Zeitraum rechtmäßigen gewöhnlichen Aufenthalts eines Elternteils als Voraussetzung
für den Erwerb der deutschen Staatsangehörigkeit eines Kindes gemäß § 4 Abs. 3 StAG und
weiter indirekt[47] auf die Anspruchseinbürgerung gemäß § 10 StAG, nicht aber auf die Ermessenseinbürgerung. Dagegen kann sich nach Auffassung des OVG NRW[48] die Verwaltungspraxis grundsätzlich an der gestaffelten Aufenthaltsdauer nach § 10 Abs. 1 und 3 StAG ausrich-
ten und damit beide Einbürgerungsarten im praktischen Ergebnis einander in diesem Punkt
angleichen. Es wird abzuwarten sein, ob sich in der Praxis Härtefälle wie in den VAH-StAG
angesprochen[49] identifizieren lassen.

Für **Zeiten der Aufenthaltsgestattung** ergibt sich eine ganz ähnliche Problematik. Auch hier
verweisen die VAH-StAG auf das Urteil des BVerwG vom 29.3.2007.[50] Siehe insoweit den
Mustertext unter Rn. 19.

bb) Kürzerer Aufenthalt

Kann ein Ausländer eine **Bescheinigung** über die erfolgreiche Teilnahme an einem Integrati- 16
onskurs vorweisen, soll die Mindestfrist von acht auf sieben Jahren verkürzt werden, bei besonderen Integrationsleistungen sogar auf sechs Jahre.[51] Auch für bestimmte **andere Personengruppen** sehen die VAH-StAG[52] kürzere Zeiten des rechtmäßigen Aufenthalts vor, ua
sechs Jahre für staatsangehörigkeitsrechtliche Schutzbedürftige (Asylberechtigte gemäß
Art. 16 a GG, Flüchtlinge gemäß § 60 Abs. 1 AufenthG bzw. § 3 AsylG)[53] und vier Jahre für
deutschsprachige Einbürgerungsbewerber aus Liechtenstein, Österreich oder deutschsprachigen Gebieten in anderen europäischen Staaten, in denen Deutsch Amts- oder Umgangsspra-

---

41 Urt. v. 29.3.2007 – 5 C 8.09 – www.bverwg.de; Duldungszeiten in einem später erfolgreichen Asylfolgeverfahren sind anzurechnen: BVerwG, Urt. v. 19.10.2011 – 5 C 28.10 – www.bverwg.de.
42 VAH-StAG Nr. 8.1.2.3 Abs. 2; NK-AuslR/*Oberhäuser*, § 8 StAG Rn. 29.
43 AA *Hailbronner/Renner/Maaßen* § 8 Rn. 67, und VGH BW, Urt. v. 16.10.2008 – 13 S 313/08 – www.asyl.net → Rechtsgebiete → Einbürgerung; vgl. GK-StAR/*Marx*, § 8 Rn. 278 f.
44 Fn. Nr. 8.1.2.3.
45 5 C 8.09 – www.bverwg.de.
46 Urt. v. 29.3.2007 – 5 C 8.06 – www.bverwg.de.
47 Vom BVerwG ausdrücklich angesprochen, Urt. v. 29.3.2007 – 5 C 8.06 – www.bverwg.de.
48 Beschl. v. 26.5.2010, aaO.
49 VGH BW, Urt. v. 16.10.2008, aaO: behördliche Verzögerung der Erteilung der Aufenthaltserlaubnis „könnte etwa in diesem Zusammenhang von Bedeutung sein."
50 Nr. 8.1.2.3 mit Verweis auf Nr. 4.3.1.2, dort ergänzende Anmerkung bei Buchst. e.
51 VAH-StAG Nr. 8.1.2.2.
52 Nr. 8.1.3; NK-AuslR/*Oberhäuser*, § 8 StAG Rn. 27.
53 Nr. 8.1.3.1; siehe aber auch OVG Saarlouis, Urt. v. 13.9.2006 – 1 R 17/06 – www.asyl.net –Rechtsprechungsdatenbank.

che ist.⁵⁴ Besteht ein besonderes öffentliches Interesse an der Einbürgerung – wie zB bei einem herausragenden Sportler oder einen Wissenschaftler besonderen Rangs – kann die erforderliche Aufenthaltsdauer weiter gesenkt werden, in der Regel aber nicht unter drei Jahre.⁵⁵ Auch für Kinder⁵⁶ und miteinzubürgernde Ehegatten⁵⁷ und miteinzubürgernde Kinder⁵⁸ gelten Vergünstigungen.

cc) Unterbrechungen

17 Für Unterbrechungen gelten die Ausführungen in § 7 A Rn. 47 ff. entsprechend. Dabei ist allerdings zu berücksichtigen, dass im Ermessensbereich lediglich die Rechtmäßigkeit des Aufenthalts relevant ist.⁵⁹ Die hier vorliegende Unterbrechung ist ausländerrechtlich ohne Konsequenzen geblieben, der Aufenthaltstitel wurde weiter erteilt. Einbürgerungsrechtlich bleibt sie nach VAH-StAG⁶⁰ unschädlich, weil sie ausländerrechtlich keine Verweigerung des Aufenthaltstitels zur Folge hatte.⁶¹

e) Besondere Beratungshinweise

18 Liegt eine Vollmacht vor (die sich auch auf das Aufenthaltsrecht beziehen sollte)? Frist zur Stellungnahme prüfen und notieren; Einsicht in die Einbürgerungsakten und die Akten der Ausländerbehörde; Mandantengespräch; Stellungnahme, uU erst nach vorklärendem Gespräch mit der Einbürgerungsbehörde, fristgerecht abgeben;

Ablauf der Aufenthaltserlaubnis prüfen, erforderlichenfalls Verlängerungsantrag stellen; Antrag auf Niederlassungserlaubnis gemäß § 26 Abs. 4 AufenthG nach Prüfung stellen.

3. Muster: Schreiben an die Einbürgerungsbehörde

19 ▶ ...

[zuständige Einbürgerungsbehörde]

...

Einbürgerung in den deutschen Staatsverband

Herr ...

unter Vollmachtsvorlage zeigen wir an, dass wir den Einbürgerungsbewerber anwaltlich vertreten. Ihr Schreiben vom ... an unseren Mandanten liegt uns vor.

Der Einbürgerungsbewerber wird in Kürze bei der Ausländerbehörde einen Antrag auf Erteilung einer Niederlassungserlaubnis stellen.

Wir regen deshalb an,

die Entscheidung über den Einbürgerungsantrag zunächst zurückzustellen, bis der Einbürgerungsbewerber im Besitz einer Niederlassungserlaubnis gemäß § 26 Abs. 4 AufenthG ist.

Wenn der Einbürgerungsbewerber im Besitz einer Niederlassungserlaubnis ist, kann er auf dem Ermessenswege gemäß § 8 StAG eine Einbürgerungszusicherung erhalten.

---

54 Nr. 8.1.3.4.
55 VAH-StAG Nr. 8.1.3.5.
56 VAH-StAG Nr. 8.1.3.6: mindestens drei Jahre im Inland, bei unter Sechsjährigen die halbe Lebenszeit.
57 VAH-StAG Nr. 8.1.3.9.1: vier Jahre bei zweijähriger Ehezeit.
58 VAH-StAG Nr. 8.1.3.9.2: drei Jahre bzw. bei Kindern unter sechs Jahren die halbe Lebenszeit; siehe § 8D Rn. 99.
59 VAH-StAG Nr. 8.1.2.2 und Nr. 8.1.2.3; aA OVG Saarlouis Urt. v. 13.9.2006 – 1 R 17/06 – www.asyl.net – Rechtsprechungsdatenbank.
60 Nr. 8.1.2.3 mit Verweis auf Nr. 12.b.3.
61 Vgl. BVerwG, Urt. v. 18.11.2004 – 1 C 31.03, InfAuslR 2005, 215 ff. zu Art. 4 Abs. 3 StAG zum alten Recht; NK-AuslR/*Oberhäuser*, § 8 StAG Rn. 27.

A. Ermessenseinbürgerung (§§ 8, 9 StAG) 8

1. Zu den Tatbestandsmerkmalen des § 8 Abs. 1 StAG:
Der handlungsfähige Einbürgerungsbewerber hat – unabhängig vom Besitz einer Niederlassungserlaubnis – bereits jetzt rechtmäßig seinen gewöhnlichen Aufenthalt im Inland (§ 8 Abs. 1 S. 1 StAG).
An der Rechtmäßigkeit des Aufenthaltes besteht kein Zweifel, da der Einbürgerungsbewerber im Besitz einer Aufenthaltserlaubnis gem. § 23aAufenthG ist.
Auch das Merkmal des gewöhnlichen rechtmäßigen Aufenthaltes ist erfüllt. Zwar ist die Aufenthaltserlaubnis gem. § 23 a AufenthG befristet. Sie bestand und besteht jedoch wegen einer Anordnung im Einzelfall („Härtefallersuchen", vgl. VAH-StAG Nr. 8.1.2.4). Im Hinblick auf § 26 Abs. 4 AufenthG zeigt sich die Verfestigungsoffenheit dieser Vorschrift [siehe im Einzelnen Muster zum Anspruch].
Dabei ist die Frage des rechtmäßigen gewöhnlichen Aufenthalts im Inland iSd § 8 Abs. 1 StAG sorgfältig von der Frage des erforderlichen Aufenthaltstitels als Voraussetzung für einen Einbürgerungsanspruch gemäß § 10 Abs. 1 S. 1 Nr. 2 StAG zu unterscheiden.
Unschädlich ist insoweit auch, dass die Aufenthaltserlaubnis gemäß § 23 a AufenthG gemäß § 10 Abs. 1 S. 1 Nr. 3 StAG nicht Grundlage für einen Einbürgerungsanspruch sein kann.
Der Einbürgerungsbewerber ist strafrechtlich nicht in Erscheinung getreten (§ 8 Abs. 1 S. 1 Nr. 2 StAG).
Der Einbürgerungsbewerber hat eine eigene Wohnung gefunden (§ 8 Abs. 1 S. 1 Nr. 3 StAG). Der Einbürgerungsbewerber ist im Stande sich zu ernähren (§ 8 Abs. 1 Nr. 4 StAG); er ist Arbeitnehmer und verfügt über ein hinreichend hohes Einkommen, um ohne Leistungen des Staates auszukommen. Insbesondere liegen Krankenversicherungsschutz und Altersvorsorge ordnungsgemäß vor.

2. Zur Niederlassungserlaubnis gemäß § 26 Abs. 4 AufenthG:
Der Einbürgerungsbewerber erfüllt auch sämtliche Voraussetzungen für eine Niederlassungserlaubnis gemäß § 26 Abs. 4 AufenthG.
Er verfügt über einen gültigen Nationalpass.
Dass der Einbürgerungsbewerber noch nicht seit fünf Jahren im Besitz einer Aufenthaltserlaubnis nach dem 5. Abschnitt des II. Kapitels des AufenthG ist, steht der Erteilung der Niederlassungserlaubnis nicht entgegen. Die Aufenthaltserlaubnis gemäß § 23 a AufenthG besitzt er zwar erst seit vier Jahren). Die Aufenthaltszeit des Asylverfahrens wird jedoch gemäß § 26 Abs. 4 Satz 3 AufenthG auf die Fünfjahresfrist angerechnet (BVerwG, Urt. v. 13.9.2011 – 1 C 17.10; damals betrug die Wartefrist noch sieben Jahre).
Bereits geklärt ist, dass der Lebensunterhalt gesichert ist, dem Aufenthalt des Einbürgerungsbewerbers keine Gründe der öffentlichen Sicherheit oder Ordnung entgegenstehen, und ausreichende Kenntnisse der deutschen Sprache und Grundkenntnisse der Rechts- und Gesellschaftsordnung und der Lebensverhältnisse im Bundesgebiet vorliegen. Auch hat der Einbürgerungsbewerber bereits über 60 Pflichtbeiträge zur gesetzlichen Rentenversicherung geleistet. Der Einbürgerungsbewerber verfügt über ausreichenden Wohnraum.
Die Unterbrechung der Rechtmäßigkeit des Aufenthalts beruhte auf einem Versehen des Einbürgerungsbewerbers; er hat irrtümlich die Verlängerung seines Titels zwei Wochen zu spät beantragt. Der Titel wurde gleichwohl verlängert, weil die Unterbrechung gemäß § 85 AufenthG außer Betracht bleiben konnte. Auf diese Vorschrift kann sich der Einbürgerungsbewerber auch bei der Niederlassungserlaubnis berufen (BVerwG, Urt. v. 10.11.2009 – 1 C 24.08). Die Unter-

brechung stellt danach auch keinen Grund der öffentlichen Sicherheit oder Ordnung dar, der einer Niederlassungserlaubnis entgegenstehen könnte.

Da auch keine Ermessensgründe für eine Verweigerung der Erteilung der Niederlassungserlaubnis sprechen – insbesondere ist der Einbürgerungsbewerber bereits länger als drei Jahre im Besitz einer humanitären Aufenthaltserlaubnis –, ist davon auszugehen, dass der Einbürgerungsbewerber in Kürze im Besitz einer Niederlassungserlaubnis gemäß § 26 Abs. 4 AufenthG sein wird.

3. Ermessensausübung im Rahmen des § 8 StAG:

Gemessen an den Kriterien der VAH-StAG Nr. 8.1.2 hat sich der Einbürgerungsbewerber in die deutschen Lebensverhältnisse eingeordnet.

Der Einbürgerungsbewerber verfügt über ausreichende Kenntnisse der deutschen Sprache und er hält sich bereits seit mehr als acht Jahren im Inland auf (VAH-StAG Nr. 8.1.2.2).

Der Aufenthalt ist vollständig anrechenbar. Das gilt zunächst für die Zeiten der Aufenthaltserlaubnis gemäß § 23 a AufenthG. Damals – der Lebensunterhalt war bereits gesichert – handelte es sich um eine Aufenthaltserlaubnis gemäß § 23 Abs. 1 AufenthG. Das ergab sich aus § 104 a Abs. 1 Sätze 1 und 2 AufenthG. Sie unterliegt deshalb nicht dem Ausschluss von der Anrechenbarkeit gemäß § 104 a Abs. 1 Satz 3, 2. Halbsatz AufenthG. Vielmehr ist sie als Aufenthaltserlaubnis gemäß § 23 a AufenthG anrechenbar (VAH-StAG Nr. 8.1.2.3 iVm 4.3.1.2 Buchst. c).

Auch die Zeiten des Asylverfahrens sind anrechenbar. Die Aufenthaltsgestattung vermittelt zwar in einbürgerungsrechtlicher Hinsicht grundsätzlich keinen rechtmäßigen Aufenthalt. Bereits gemäß VAH-StAG Nr. 8.1.2.3 idF v. 15.2.2005 wurden aber die Zeiten einer Aufenthaltsgestattung auf die geforderte Aufenthaltsdauer angerechnet, soweit dem Einbürgerungsbewerber eine Niederlassungserlaubnis unter Berücksichtigung dieser Zeiten erteilt worden ist. Dies kann auch weiterhin gelten. Zwar hat das BVerwG in seinem Urteil vom 29.3.2007 (5 C 8.06) für den Erwerb der Staatsangehörigkeit eines Kindes und damit auch für die Anspruchseinbürgerung festgestellt, dass Zeiten der Aufenthaltsgestattung auch dann nicht berücksichtigt werden können, wenn im weiteren Verlauf diese Zeiten für eine unbefristete Aufenthaltserlaubnis gemäß § 35 Abs. 1 Satz 3 AuslG bzw. eine Niederlassungserlaubnis gemäß § 26 Abs. 4 AufenthG berücksichtigt wurden. Denn eine Ausnahme von § 55 Abs. 3 AsylG müsse auf die Fälle ausdrücklicher gesetzlicher Regelungen beschränkt bleiben. Im Rahmen der Ermessenseinbürgerung ist jedoch nicht ersichtlich, weshalb in jedem Fall der Einbürgerung ein achtjähriger rechtmäßiger Aufenthalt der Einbürgerung vorausgegangen sein muss; im Gesetzeswortlaut findet dies keine Stütze. Zudem kann die Konstellation des § 35 Abs. 1 S. 3 AuslG bzw. des § 26 Abs. 4 AufenthG als atypischer Fall verstanden werden, der im Ermessensbereich der Behörde und dem Gericht einen größeren Spielraum eröffnet.

Das gilt besonders für den vorliegenden Fall. Der Einbürgerungsbewerber wurde bereits kurz nach seiner Einreise im Alter von 12 Jahren in ein Kinderdorf aufgenommen. Dort wurde er so hervorragend betreut und gefördert, dass er seine schulische Ausbildung mit großem Erfolg absolvierte. Seine Ausbildung als Mechatroniker verlief ebenso erfolgreich, so dass er bereits vor Abschluss seiner Ausbildung eine Aufenthaltserlaubnis im Härtefallverfahren des § 23 a AufenthG erhielt. Der Einbürgerungsbewerber hat sich also ganz hervorragend in die Bundesrepublik Deutschland integriert. Die Versagung der Einbürgerung stellte eine Härte dar. Die Berücksichtigung von Härtefällen ist aber ausdrücklich zugelassen (Anmerkung in VAH-StAG Nr. 8.1.2.3. und Nr. 4.3.1.2 bei Buchst. e; BVerwG, Urt. v. 29.3.2007 – 5 C 8.09, siehe auch VGH Baden-Württemberg, Urt. v. 16.10.2008 – 13 S 313/08, am Ende). Nach hier vertretener Auffassung können deshalb die Zeiten der Aufenthaltsgestattung im Kontext mit § 26 Abs. 4 AufenthG berücksichtigt werden. Genau deshalb erfolgt die diesseitige Anregung, das Einbürgerungsverfahren zunächst bis zur Erteilung der Niederlassungserlaubnis gemäß § 26 Abs. 4 AufenthG ruhen zu lassen.

Die Unterbrechung der Rechtmäßigkeit des Aufenthalts ist gemäß § 12 b Abs. 3 StAG unschädlich (VAH-StAG Nr. 8.1.2.3 mit Verweis auf Nr. 12 b.3). Denn sie beruhte darauf, dass der Einbürgerungsbewerber versehentlich die Verlängerung seines Aufenthaltstitels nicht rechtzeitig beantragt hatte. Bei der Entscheidung über die Verlängerung der Aufenthaltserlaubnis war sie außer Betracht geblieben.

Da auch sonst keine Hindernisse erkennbar sind, die einer Einbürgerung entgegenstehen könnten, bitten wir, wie angeregt zu verfahren. Sobald die Niederlassungserlaubnis erteilt ist, werden wir entsprechende Mitteilung machen, damit das Verfahren seinen Fortgang nehmen kann.

Rechtsanwalt ◄

4. Fehlerquellen / Haftungsfallen
a) Anspruchseinbürgerung?
Die Prüfung, ob eine Anspruchseinbürgerung in Betracht kommt, sollte nie versäumt werden.[62] Vorliegend ist ein Einbürgerungsanspruch im Hinblick auf den erforderlichen acht Jahre dauernden rechtmäßigen gewöhnlichen Aufenthalt ausgeschlossen. Ein dem vom BVerwG[63] entschiedenen vergleichbarer Fall ist nicht gegeben.

b) Ausländerrechtlicher Status
Über dem Ziel, eine Einbürgerungszusicherung und letztlich eine Einbürgerung so schnell wie möglich zu erreichen, darf die Prüfung nicht vergessen werden, ob die ausländerrechtliche Ausgangslage verbessert werden kann, zB durch eine Niederlassungserlaubnis in absehbarer Zeit. Der Einbürgerungsbewerber sollte bei der Überwachung seines ausländerrechtlichen Status unterstützt werden. Das bedeutet auch, dass auf eine Verlängerung eines befristeten Aufenthaltstitels hinzuwirken ist, und zwar durch einen rechtzeitigen Verlängerungsantrag. Bei hohem Prozessrisiko und langen Verfahrensdauern sollte vorrangiges Ziel eine **einvernehmliche Lösung** mit der Behörde sein.

c) Akteneinsicht
Die jeweiligen aufenthaltsrechtlichen Grundlagen im Blick auf die verschiedenen Zeiträume sind sorgfältig auf Rechtmäßigkeit und „Gewöhnlichkeit" des Aufenthalts zu prüfen. Besonderes Augenmerk ist auf Unterbrechungen des Aufenthalts zu richten. Hierzu wird man sich nicht allein auf die Angaben des Einbürgerungsbewerbers verlassen können. Es ist also Einsicht in die Akten der Einbürgerungsbehörde und der Ausländerbehörde zu nehmen.

---

62 Nach BVerwG, Urt. v. 20.3.2012 – 5 C 1.11 – www.bverwg.de – muss die Behörde grundsätzlich alle Rechtsgrundlagen prüfen, es sei denn der Einbürgerungsbewerber beschränkt seinen Antrag ausdrücklich.
63 BVerwG, Urt. v. 19.10.2011 – 5 C 28.10 – www.bverwg.de; GK-StAR/*Berlit*, § 10 Rn. 97; siehe § 7 Rn. 42.

5. Weiterführende Hinweise

a) Handlungsfähigkeit und gesetzliche Vertretung

23 Gemäß § 8 Abs. 1 S. 1 Nr. 1 StAG muss der Einbürgerungsbewerber handlungsfähig gemäß § 37 Abs. 1 S. 1 StAG oder gesetzlich vertreten sein. Damit bleibt die Altersgrenze von 16 Jahren abweichend zu § 80 AufenthG bestehen.[64]

b) Straftaten

24 Gemäß § 8 Abs. 1 S. 1 Nr. 2 StAG darf der Einbürgerungsbewerber nicht wegen einer rechtswidrigen Tat verurteilt sein. Auch darf keine Maßregel der Besserung und Sicherung angeordnet sein. § 12 a StAG ist auch bei einer Ermessenseinbürgerung anzuwenden.

c) Wohnung oder Unterkommen

25 Die Voraussetzung des § 8 Abs. 1 S. 1 Nr. 3 StAG, eine Wohnung oder ein Unterkommen gefunden zu haben, wird in Nr. 8.1.1.3 VAH-StAG beschrieben.

d) Unterhaltsfähigkeit

26 Der Einbürgerungsbewerber muss gemäß § 8 Abs. 1 S. 1 Nr. 4 StAG imstande sein, sich und seine Angehörigen zu ernähren. Diese Vorschrift ist sorgfältig von der Regelung des § 10 Abs. 1 S. 1 Nr. 3 StAG (Sicherung des Lebensunterhalts, § 7 Rn. 122, 128 ff.) zu unterscheiden.[65]

27 Nach VAH-StAG[66] liegt Unterhaltsfähigkeit vor, wenn der Einbürgerungsbewerber den eigenen und den Lebensunterhalt der Familie sowie etwaige gegen ihn gerichtete Unterhaltsansprüche nachhaltig und auf Dauer aus einem selbst erwirtschafteten Einkommen, einem eigenen Vermögen oder einem bestehenden Unterhaltsanspruch gegen einen Dritten bestreiten kann, ohne auf einen Anspruch auf Unterhalt aus öffentlichen Mitteln angewiesen zu sein.[67] Bei verheirateten Einbürgerungsbewerbern ist es ausreichend, dass die **Ehegatten** hierzu gemeinsam in der Lage sind. Die Unterhaltsfähigkeit umfasst auch eine ausreichende soziale Absicherung gegen Krankheit, Pflegebedürftigkeit, Berufs- oder Erwerbsunfähigkeit und für das Alter. Der **Umfang** des erforderlichen **Mindesteinkommens** richtet sich nach den Sätzen des SGB II bzw. XII; Kosten für Miete und ausreichende soziale Absicherung sind hinzuzusetzen. Nach *Marx*[68] sind die **Pauschalen** des § 11 b Abs. 2 und 3 SBG II zulasten des Einbürgerungsbewerbers zu berücksichtigen.

28 Gemäß § 8 Abs. 2 StAG kann von der Unterhaltsfähigkeit aus Gründen des öffentlichen Interesses oder zur Vermeidung einer besonderen Härte **abgesehen** werden.[69] In Betracht kann dies zB bei Behinderten kommen. Denkbar wäre auch, im Rahmen des § 8 Abs. 2 StAG in anderen geeigneten Fällen den Rechtsgedanken des § 10 Abs. 1 S. 3 Alt. 2 StAG heranzuziehen, wenn nämlich der Bezug von Leistungen nicht vom Einbürgerungsbewerber zu vertreten ist.

---

64 § 7 Rn. 28 f.
65 Sehr instruktiv hierzu BVerwG, Urt. v. 28.5.2015 – 1 C 23.14 – www.bverwg.de – Rn. 22 ff.
66 Nr. 8.1.1.4.
67 Vgl. für viele: BVerwG Urt. 22.6.1999 – 1 C 16.98, InfAuslR 1999, 501; GK-StAR/*Marx*, § 8 Rn. 128; NK-AuslR/*Oberhäuser*, § 8 StAG Rn. 17 ff.
68 In GK-StAR § 8 Rn. 154 f. noch zu § 11 Abs. 2, 30 SGB II aF.
69 GK-StAR/*Marx*, § 8 Rn. 156 ff.; NK-AuslR/*Oberhäuser*, § 8 StAG Rn. 70 ff.

II. Einordnung in die deutschen Lebensverhältnisse: Sprachkenntnisse

1. Sachverhalt / Lebenslage

Beispiel: Die Fast-Analphabetin

Die Einbürgerungsbewerberin Frau A ist im Besitz einer Aufenthaltserlaubnis gemäß § 23 Abs. 1 AufenthG auf der Grundlage einer Altfallregelung. Strafrechtlich ist sie nicht in Erscheinung getreten.

Die 40-jährige Frau A war Analphabetin. Mühsam hat sie sich die Grundkenntnisse des Schreibens und des Lesens mithilfe ihres Sohnes, eines 14-jährigen Realschülers, beigebracht. Dieser hilft ihr auch, wenn sie schriftliche Erklärungen abgeben oder Formulare ausfüllen muss.

Frau A arbeitet seit Jahren als Reinigungskraft und verdient genug, um den Lebensunterhalt für sich und ihren Sohn einschließlich der Miete zu sichern. Sprachlich kommt sie in ihrer Umgebung gut zurecht. Beim „Deutsch-Test für Zuwanderer" erzielte sie in den Bereichen Hören/Lesen und Sprechen jeweils das Niveau A2, im Bereich Schreiben blieb sie unter A2.

Die Einbürgerungsbehörde lehnte Einbürgerungsantrag unter Hinweis auf die mangelnden Sprachkenntnisse ab und berief sich dabei ausschließlich darauf, dass die Einbürgerungsbewerberin keine ausreichenden Sprachkenntnisse nachgewiesen habe.

2. Prüfungsreihenfolge

a) Verfahrensstadium

Die Einbürgerungsbehörde hat den Einbürgerungsantrag abgelehnt. Richtiges Rechtsmittel ist in den Bundesländern, die das Widerspruchsverfahren nicht abgeschafft haben, der Widerspruch, in den Bundesländern, die keinen Widerspruch vorsehen, die Klage.[70]

b) Ermessensleitlinie Sprachkenntnisse

Im Gegensatz zur Anspruchseinbürgerung[71] sind ausreichende Kenntnisse der deutschen Sprache bei der Ermessenseinbürgerung kein Tatbestandsmerkmal, sondern eine Leitlinie bei der Ermessensausübung. Das für die Ermessenseinbürgerung erforderliche Sprachniveau ist – anders als bei §§ 9, 10 StAG – nicht gesetzlich präzisiert. Soweit die Mindestvoraussetzungen bei der Anspruchseinbürgerung nicht erfüllt sind, wird im Rahmen des § 8 StAG allein eine flexiblere Entscheidung ermöglicht, die nach Maßgabe der Umstände des Einzelfalls eine Absenkung der Sprachanforderungen bis hin zum vollständigen Verzicht auf Kenntnisse der Schriftsprache gestattet.[72] Die VAH-StAG[73] wollen zwar grundsätzlich den Maßstab des § 10 Abs. 4 StAG anlegen, lassen aber Ausnahmen zu. Damit ist es möglich, von dem durch § 10 Abs. 1 S. 1 Nr. 6, Abs. 4 und Abs. 5 StAG festgelegten Maßstab abzuweichen.

c) Bedeutung der Sprachkenntnisse

Grundsätzlich ist davon auszugehen, dass Sprachkenntnisse eine wesentliche Voraussetzung für die Teilnahme am gesellschaftlichen Leben und die Wahrnehmung der staatsbürgerlichen Rechte und Pflichten.[74] Deshalb kann gar kein Zweifel daran bestehen, dass Sprachkenntnis-

---

[70] *Kirchberg/Herrmann* in: Quaas/Zuck, Prozesse in Verwaltungssachen, 2. Aufl. 2011, § 2 Rn. 338 ff.
[71] § 7 Rn. 56 ff.
[72] BVerwG, Urt. v. 27.5.2010 – 5 C 8.09 – www.bverwg.de – Rn. 32.
[73] Nr. 8.1.2.1.
[74] BVerwG, Urt. v. 27.5.2010 – 5 C 8.09 – www.bverwg.de – Rn. 30; zur Diskussion über die Bedeutung ausreichender Sprachkenntnisse: *Hailbronner/Renner/Maaßen*, § 8 Rn. 57 und § 10 Rn. 58 f.; GK-StAR/*Berlit*, § 11 Rn. 8 und 9.

se bei der Ermessensausübung berücksichtigt werden müssen und dürfen. Dies spiegelt sich in der Formulierung der Überschrift zu VAH-StAG Nr. 8.1.2.1: „Einordnung in die deutschen Lebensverhältnisse, insbesondere Kenntnisse der deutschen Sprache". Andererseits dürfen die **Anforderungen** nicht überspannt[75] werden, um nicht Menschen von der vollen gesellschaftlichen und rechtlichen Partizipation auszuschließen, die sich in die Lebensverhältnisse in Deutschland eingeordnet haben. Auch darf darauf Bedacht genommen werden, dass auch unter den deutschen Staatsangehörigen höchst unterschiedliche Sprachniveaus anzutreffen sind.

d) Anforderungen

33 Nach den VAH-StAG[76] ist bei der Prüfung der Sprachkenntnisse im Rahmen des Ermessens in der Regel der Maßstab des § 10 Abs. 4 StAG anzulegen. Auch bei Ermesseneinbürgerungen sei daher grundsätzlich ein Sprachniveau zu verlangen, das den Anforderungen des Zertifikats Deutsch entspricht (B 1 des Gemeinsamen europäischen Referenzrahmens für Sprachen – GER) bzw. des seit 1.7.2009 praktizierten „**Deutsch-Test für Zuwanderer**" (DTZ).[77] Wesentlich flexibler erscheint die – überholte – Fassung der VAH-StAG vom 15.2.2005, nach der ausreichende Kenntnisse der deutschen Sprache vorliegen, wenn sich der Einbürgerungsbewerber im täglichen Leben einschließlich der üblichen Kontakte mit Behörden in seiner deutschen Umgebung sprachlich zurechtzufinden vermag und mit ihm ein seinem Alter und Bildungsstand entsprechendes Gespräch geführt werden kann. Dazu gehört auch, dass der Einbürgerungsbewerber einen deutschsprachigen Text des alltäglichen Lebens lesen, verstehen und die wesentlichen Inhalte mündlich wiedergeben kann. Die Fähigkeit, sich auf einfache Art mündlich verständigen zu können, reicht nicht aus. Durch die nun eingefügte Verweisung auf den Maßstab des § 10 Abs. 4 StAG ist klargestellt, dass auch die VAH-StAG ebenfalls Sprachkenntnisse in schriftlicher Form grundsätzlich voraussetzen.[78]

34 Auch bei der Ermesseneinbürgerung sind die in § 10 Abs. 6 StAG vorgesehenen **Ausnahmen** zu berücksichtigen.[79] Weitere Erleichterungen sind für ältere Personen in VAH-StAG ausdrücklich benannt.[80]

35 Das Bundesverwaltungsgericht hat sich in seiner bereits zitierten Leitentscheidung vom 27.5.2010[81] auf seine Urteile zur Anspruchseinbürgerung berufen und auch für die Ermesseneinbürgerung die hohe Bedeutung der Kenntnisse der deutschen Sprache hervorgehoben.[82] Danach sind ausreichende Möglichkeiten sprachlich vermittelter Kommunikation auf der Grundlage der deutschen Sprache typischerweise Voraussetzung für die Integration in die grundlegenden Bereiche der Bildung, der Beschäftigung und der Teilhabe am politischen Leben und damit für die soziale, politische und gesellschaftliche Integration; ohne die Fähigkeit, hiesige Medien zu verstehen und mit der deutschen Bevölkerung zu kommunizieren, ist eine Integration wie auch die Beteiligung am politischen Willensbildungsprozess nicht möglich (s.

---

75 GK-StAR/*Marx*, § 8 Rn. 222; *Hailbronner/Renner/Maaßen*, § 8 Rn. 58; siehe auch BVerwG, Urt. v. 27.5.2010 – 5 C 8.09 – www.bverwg.de – Rn. 39.
76 Nr. 8.1.2.1.1.
77 Vgl. § 7 Rn. 58 ff.
78 Nr. 8.1.2.1.1 ergänzende Anmerkung; *Hailbronner/Renner/Maaßen*, § 8 Rn. 60; GK-StAR/*Marx*, § 8 Rn. 141 ff. zur Schriftprobe.
79 Nr. 8.1.2.1.3; NK-AuslR/*Oberhäuser*, § 8 StAG Rn. 24 ff.
80 Nr. 8.1.3.7; vgl NK-AuslR/*Oberhäuser*, § 8 StAG Rn. 55.
81 5 C 8.09 – www.bverwg.de.
82 BVerwG, Urt. v. 27.5.2010 – 5 C 8.09 – www.bverwg.de – mit Verweis auf Urt. v. 20.10.2005 – 5 C 8.05, ZAR 2006, 283 ff., und 5 C 17.05 – www.bverwg.de.

BT-Dr. 14/533 S. 18). Das nach § 8 StAG eingeräumte Ermessen eröffnet der Einbürgerungsbehörde die Befugnis, auch nach langjährigem Inlandsaufenthalt, der sprachbedingte Integrationsschwierigkeiten im Einzelfall nicht hat erkennen lassen, nach Maßgabe ihrer integrationspolitischen Vorstellungen zumindest für den Regelfall daran festzuhalten, dass der Einbürgerungsbewerber Deutsch zumindest muss lesen können.[83] Das gelte grundsätzlich auch für Analphabeten.[84]

e) Einzelfallbetrachtung

In der Ermessensentscheidung müssen die Sprachkenntnisse des Einbürgerungsbewerbers gewichtet werden. Dabei darf darauf abgestellt werden, welche Eingliederungsbemühungen er unternommen hat oder ob die Gründe, die einen hinreichenden Spracherwerb im Ergebnis verhindert haben, von ihm zu vertreten sind.[85] Bemühungen um den Spracherwerb sind auch Personen abzuverlangen, die in ihrer Herkunftssprache Analphabeten sind; die Belastungen, die mit dem Erwerb von Mindestkenntnissen der Schriftsprache verbunden sind, sind dabei grundsätzlich auch neben einer Erwerbstätigkeit oder der Erfüllung von Familienpflichten zumutbar. Die Anforderungen an solche Bemühungen dürfen indes nicht überspannt werden und müssen neben der persönlichen Situation des Ausländers auch die Erreichbarkeit geeigneter Sprachvermittlungsangebote berücksichtigen. Bei der Ermessensentscheidung sind ernsthafte Bemühungen um den Erwerb der angezeigten Grundkenntnisse der Schriftsprache im Rahmen einer Gesamtabwägung auch dann zu würdigen, wenn der erhoffte Erfolg nicht oder nur teilweise erreicht werden konnte.[86]

36

Grundsätzlich lassen die Verwaltungsvorschriften Raum für Einzelfallentscheidungen in **atypischen Situationen**. Dabei kann nach VGH BW[87] auch in Betracht gezogen werden, dass der Einbürgerungsbewerber über eine lediglich geringe Schulbildung[88] und über keine Berufsausbildung verfügt, die keine schriftlichen Arbeiten erfordert. Zu berücksichtigen ist auch, wenn vom Einbürgerungsbewerber in seinem Alltagsleben keinerlei Schreibarbeiten fertigen muss, in bestimmten Grenzen auch, dass bei Familienangehörigen Sprachkenntnisse in schriftlicher Form vorliegen. Die VAH-StAG[89] erwähnen hierbei ausdrücklich Analphabeten.

37

f) Nachweis

Gemäß VAH-StAG[90] sind die erforderlichen Sprachkenntnisse sind in der Regel **nachgewiesen**, wenn der Einbürgerungsbewerber

38

- eine Bescheinigung des Bundesamtes für Migration und Flüchtlinge (vor dem 28. August 2007 eines Integrationskursträgers) über die erfolgreiche Teilnahme an einem Sprachkurs im Rahmen des Integrationskurses nach § 43 Abs. 4 des Aufenthaltsgesetzes[91] vorweist,
- in sonstiger Weise das Zertifikat Deutsch (bzw. den „Deutsch-Test für Zuwanderer") oder ein gleichwertiges Sprachdiplom erworben hat,

---

83 BVerwG aaO, Rn. 38.
84 BVerwG, aaO, Rn. 35.
85 BVerwG, aaO, Rn. 39; GK-StAR/*Marx*, § 8 Rn. 216: Prüfung im konkreten Einzelfall; NK-AuslR/*Oberhäuser* § 8 StAG Rn. 25.
86 BVerwG, a.aO., Rn. 39.
87 Urt. v. 12.1.2005 – 13 S 2549/03, InfAuslR 2005, 151 ff.
88 GK-StAR/*Marx*, § 8 Rn. 225: Alter und Bildungsstand müssen angemessen berücksichtigt werden.
89 Ergänzende Anmerkung in Nr. 8.1.2.1.3.
90 Nr. 8.1.2.1.2.
91 Mit dem 2. ZuWändG kann nur noch das Bundesamt für Migration und Flüchtlinge ausstellen.

- vier Jahre eine deutschsprachige Schule mit Erfolg (Versetzung in die nächsthöhere Klasse) besucht hat,
- einen Hauptschulabschluss oder wenigstens gleichwertigen deutschen Schulabschluss erworben hat,
- in die zehnte Klasse einer weiterführenden deutschsprachigen Schule (Realschule, Gymnasium oder Gesamtschule) versetzt worden ist oder
- ein Studium an einer deutschsprachigen Hochschule oder Fachhochschule oder eine deutsche Berufsausbildung erfolgreich abgeschlossen hat.

39 Sind die erforderlichen Sprachkenntnisse nicht oder nicht hinreichend anhand von Zeugnissen oder Zertifikaten nachgewiesen, ist dem Einbürgerungsbewerber ein Sprachtest, ggf. auch ein Sprachkurs zu empfehlen; es sei denn der Einbürgerungsbewerber verfügt nach der in einem persönlichen Gespräch gewonnenen Überzeugung der Staatsangehörigkeitsbehörde offensichtlich über die geforderten Sprachkenntnisse. In diesen Fällen kann auf einen Sprachtest verzichtet werden.[92]

Bereits nach altem Recht wurde ein Sprachtest für zulässig gehalten.[93] Die Zulässigkeit einer Schriftprobe wurde angezweifelt.[94]

g) Bewertung der Sprachkenntnisse

40 Die Einbürgerungsbehörde muss sich von den Sprachkenntnissen des Einbürgerungsbewerbers ein eigenes Bild machen.[95] Sie darf diese Bewertung nicht auf externe Stellen abwälzen. Ergebnisse von Sprachprüfungen kann die Behörde jedoch als Orientierungshilfe heranziehen.

h) Gerichtliche Überprüfung

41 Das Gericht muss die Ermessensausübung der Behörde im Rahmen des § 113 VwGO respektieren (Rn. 12). Anders als bei der Anspruchseinbürgerung besteht also keine volle gerichtliche Überprüfbarkeit der Sprachkenntnisse.

i) Mandantengespräch

42 Im Gespräch ist dem Mandanten die hohe Bedeutung klar zu machen, die in der Praxis den Kenntnissen der deutschen Sprache beigemessen werden. Er ist darauf hinzuweisen, dass er im Zweifel die erforderlichen Nachweise, uU eben auch durch einen Sprachtest, erbringen muss. Lebenszuschnitt, gesundheitliche Beeinträchtigungen und Vorbildung sind zu erheben. Nachweise soll der Rechtsanwalt selbst prüfen. Es kann durchaus geboten sein, bei nicht hinreichenden Sprachkenntnissen zu einer Aussetzung des Verfahrens und zu einem Sprachkurs zu raten.

j) Besondere Beratungshinweise

43 Liegt eine Vollmacht vor? Widerspruchs-/Klagfrist prüfen und notieren; Akteneinsicht; Mandantengespräch; Widerspruch bzw. Klage erheben.

---

92 *Hailbronner/Renner/Maaßen*, § 8 Rn. 59.
93 *Renner*, ZAR 2002, 426; siehe auch *Hailbronner/Renner/Maaßen*, § 10 Rn. 64.
94 GK-StAR/*Marx*, § 8 Rn. 217.
95 VGH BW, Urt. v. 12.1.2005 – 13 S 2549/03, InfAuslR 2005, 151 ff.

3. Muster: Widerspruch gegen eine Ablehnung der Einbürgerung mangels hinreichender Sprachkenntnisse im Ermessenswege

▶ ...

[zuständige Einbürgerungsbehörde]

...

Einbürgerung in den deutschen Staatsverband

Frau ....

unter Vollmachtsvorlage zeigen wir an, dass wir die Widerspruchsführerin anwaltlich vertreten. Namens und in Vollmacht der Widerspruchsführerin erheben wir gegen Ihre Verfügung vom ....

Widerspruch

mit dem Antrag,

die Verfügung vom ... aufzuheben und der Widerspruchsführerin eine Einbürgerungszusicherung zu erteilen.

Zur **Begründung** tragen wir vor:

die angegriffene Verfügung ist rechtswidrig und verletzt die Widerspruchsführer in ihren Rechten.

Denn die Verfügung ist ermessensfehlerhaft. Die Widerspruchsgegnerin hat sich zu Unrecht darauf berufen, dass die Einordnung der Widerspruchsführer In die deutschen Lebensverhältnisse mangels hinreichender Sprachkenntnisse nicht gegeben sei, und sich dabei rechtswidrig auf den Standpunkt gestellt, die Widerspruchsführer müsse die Anforderungen des Sprachzertifikates Deutsch erfüllen.

Der Gesetzgeber hat es bei der Neuregelung der sprachlichen Voraussetzungen für eine Ermessenseinbürgerung unterlassen, den für die Anspruchseinbürgerung in § 10 Abs. 4 StAG festgelegten Maßstab des Zertifikats Deutsch (B 1 des Gemeinsamen Europäischen Referenzrahmens) auch für die Ermessenseinbürgerung festzulegen. Damit hat er klar zum Ausdruck gebracht, dass ein niedrigeres Sprachniveau für die Ermessenseinbürgerung ausreichen kann. Dies ergibt sich insbesondere auch daraus, dass der Gesetzgeber einerseits in § 9 StAG die Erfordernisse des § 10 Abs. 4 StAG übernommen hat, andererseits in § 8 StAG lediglich Satz 1 Ziff. 2 (Verurteilung zu einer Strafe wegen rechtswidriger Tat und Anordnung einer Maßregel der Besserung und Sicherung bei Schuldunfähigkeit) verändert hat.

Das Bundesverwaltungsgericht (Urteil vom 27.5.2010 – 5 C 8.09) hat zwar ebenfalls die hohe Bedeutung der Sprachkenntnisse hervorgehoben und es für grundsätzlich zulässig gehalten, wenn unzureichende Sprachkenntnisse ausschlaggebend berücksichtigt werden. Das Bundesverwaltungsgericht hat aber auch verlangt, dass die Behörde eine Gewichtung vornimmt. Dabei muss sie auch die sonstigen Integrationsleistungen des Einbürgerungsbewerbers berücksichtigen und kann im Einzelfall auf den Nachweis ausreichender Sprachkenntnisse völlig verzichten. Insbesondere kann das ernsthafte Bemühen um Spracherwerb gewürdigt werden, selbst wenn diese Bemühungen nicht erfolgreich waren. Keinesfalls dürfen die Anforderungen überspannt werden.

Nach der Rechtsprechung des VGH Baden-Württemberg (Urt. v. 12.1.2005 – 13 S 2549/03, InfAuslR 2005, 151 ff.) ist auch in die Ermessensabwägung einzustellen, ob der Einbürgerungsbewerber über lediglich eine geringe Schulbildung und über keine Berufsausbildung verfügt, die schriftliche Arbeiten erfordert. Ferner ist nach dieser Rechtsprechung zu berücksichtigen, ob der Einbürgerungsbewerber in seinem Alltagsleben keinerlei Schreibarbeiten fertigen muss. Letztendlich kann auch nicht unbeachtet bleiben, dass bei Familienangehörigen Sprachkenntnisse vorliegen.

Die durch die VAH-StAG indizierte Verwaltungspraxis sieht zwar vor, dass grundsätzlich ein Sprachniveau zu verlangen ist, das dem Zertifikat Deutsch – B 1 des Gemeinsamen europäischen Referenzrahmens für Sprachen – bzw. dem „Deutsch-Test für Zuwanderer", Gesamtniveau B 1 entspricht (Nr. 8.1.2.1.1). Die Verwaltungspraxis macht jedoch Ausnahmen möglich, insbesondere für Analphabeten (VAH-StAG Nr. 8.1.2.1.3).

Die Widerspruchsgegnerin hat aber keine einzelfallbezogene Überprüfung der Einordnung in die deutschen Lebensverhältnisse vorgenommen. Hätte sie die erforderliche Prüfung vorgenommen, hätte sie unschwer erkennen können, dass sich die Widerspruchsführer gemessen an ihrer individuellen Situation auch sprachlich in die Lebensverhältnisse der Bundesrepublik eingeordnet hat. Trotz ihrer geringen Schulbildung und trotz ihres Lebenszuschnitts ohne wesentliche Berührung mit der Schriftsprache hat sich die Widerspruchsführer seit Jahren gut im Alltagsleben zurechtgefunden, insbesondere auch ihren und ihres Sohnes Lebensunterhalt bestreiten können. Sie hat sich die Grundkenntnisse des Schreibens und des Lesens beigebracht. Diese Bemühungen müssen gewürdigt werden.

Dabei muss auch berücksichtigt werden, dass die Widerspruchsführer mithilfe ihres Sohnes in der Lage ist, etwa erforderlichen Schriftverkehr zu bewältigen. Sie kann die entsprechenden Anweisungen geben und die gefertigten Schriftstücke zumindest im erforderlichen Umfang kontrollieren. Zudem hat es in der Vergangenheit nie Beanstandungen im Umgang mit Behörden oder sonstigen Stellen gegeben. Es darf insoweit darauf hingewiesen werden, dass das Bundesverwaltungsgericht in seiner Entscheidung vom 20.10.2005 – 5 C 8.05, ZAR 2006, 283 ff. zum damaligen Recht ausgeführt hat, dass die durch die Schriftform sichergestellte Authentifizierung und Identifikationsfunktion vorrangig durch eine Unterschrift bzw. eine elektronische Signatur gewährleistet wird. Damit wird dokumentiert, dass sich der Unterzeichnende den Inhalt eines Textes zu eigen macht. Hierfür muss sich ein Einbürgerungsbewerber nicht schriftlich ausdrücken können, wenn und solange er in eigener Verantwortung eine schriftliche Kommunikation sicherzustellen vermag, ohne diese vollständig und ohne eigene Kontrollmöglichkeit auf Dritte zu übertragen.

Eine ihrem Bildungsstand als fast Analphabetin entsprechendes Gespräch ist mit der Einbürgerungsbewerberin möglich (vgl. ergänzende Anmerkung bei VAH-StAG 8.1.2.1.3).

Zudem hat die Einbürgerungsbehörde nicht berücksichtigt, dass die Sprachkenntnisse einer prognostischen Bewertung unterliegen. Dabei ist zu berücksichtigen, dass die Einbürgerungsbewerberin gerade ihr Analphabetentum überwindet.

Aus Allem ergibt sich, dass die Widerspruchsführer entgegen der Auffassung der Widerspruchsgegnerin hinreichend sprachlich integriert ist. Es ist deshalb wie beantragt zu entscheiden.

Rechtsanwalt ◄

4. Fehlerquellen / Haftungsfallen

a) Rechtsmittel

45 Bei der Ermessenseinbürgerung besonders sorgfältig prüfen, ob Widerspruch oder Klage das richtige Rechtsmittel ist.[96] In manchen Bundesländern ist für die Ermessenseinbürgerung die

---

96 *Kirchberg/Herrmann* in: Quaas/Zuck, Prozesse in Verwaltungssachen, 2. Aufl. 2011, § 2 Rn. 338 ff.

mittlere Einbürgerungsbehörde zuständig, gegen deren Entscheidungen kein Widerspruch möglich ist. Dementsprechend kann auch der Klaggegner unterschiedlich sein.[97]

b) Distanz zum Mandanten

Das gewählte Beispiel ist ein Grenzfall. Sicher richtig ist auch, Frau A zu ermutigen, ihre Sprachkenntnisse weiter zu verbessern. Denn nicht hilfreich ist es, die Sprachkenntnisse des Mandanten schönzureden. Ein klarer taktvoller Rat, die Sprachkenntnisse zu verbessern, ist sicher besser als einen aussichtslosen (und kostspieligen) Prozess zu führen.[98] Das Mandat sollte nicht statisch gesehen werden, Sprachkenntnisse können entwickelt werden.

5. Weiterführende Hinweise

Die Kenntnisse der deutschen Sprache sind auch bei der Einbürgerung von Deutschverheirateten,[99] der Miteinbürgerung gemäß § 10 Abs. 2 StAG[100] und der Miteinbürgerung bei Ermessenseinbürgerung[101] bedeutsam. Zu den ausreichenden Kenntnissen der deutschen Sprache als Voraussetzung für eine Anspruchseinbürgerung siehe § 7 Rn. 56 ff.

III. Bekenntnis zur freiheitlich-demokratischen Grundordnung

1. Sachverhalt / Lebenslage

Beispiel: Peinliche Befragung
Der Einbürgerungsbewerber erfüllt für die Anspruchseinbürgerung die Achtjahresfrist des § 10 Abs. 1 StAG nicht; allerdings ist er asylberechtigt und erfüllt die 6-Jahresfrist der VAH-StAG Nr. 8.1.3.1 Abs. 3. Auch hat der Einbürgerungsbewerber das Bekenntnis und die Loyalitätserklärung unterzeichnet. Anhaltspunkte für gemäß § 11 S. 1 Nr. 1 oder 2 StAG inkriminierte Betätigungen wurden nicht festgestellt.
Im Rahmen einer Vorsprache stellt die Einbürgerungsbehörde dem Einbürgerungsbewerber ua auch folgende Frage: Wie stehen Sie zu der Aussage, dass die Frau ihrem Ehemann gehorchen soll und dass dieser sie schlagen darf, wenn sie ihm nicht gehorsam ist?" Der Einbürgerungsbewerber erklärt, er sei der Auffassung, seine Frau müsse ihm gehorchen. Der Imam der Moschee, die er regelmäßig besuche, habe ihm dies in einem privaten Gespräch bestätigt. Auch bei einem Streit allerdings würde er seine Frau nicht schlagen; dies mache ein anständiger Moslem nicht.
Die Einbürgerungsbehörde lehnt daraufhin den Antrag ab, der im betreffenden Bundesland statthafte Widerspruch wurde zurückgewiesen. Der Einbürgerungsbewerber erfülle den Ausschlussgrund des § 11 S. 1 Nr. 1 StAG. Wegen seiner Einstellung zur Gleichberechtigung von Mann und Frau fehle es an der Gewähr, dass er sich zur freiheitlichen demokratischen Grundordnung bekenne. Deswegen bestehe auch kein öffentliches Interesse an seiner Einbürgerung. Es fehle an einer Hinreichenden Einordnung in die deutschen Lebensverhältnisse.

---

97 So im Fall BVerwG, Urt. v. 20.10.2005 – 5 C 17.05 – www.bverwg.de.
98 *Quaas* in: Quaas/Zuck, Prozesse in Verwaltungssachen, 2. Aufl. 2011, § 1 Rn. 21.
99 § 8 Rn. 92.
100 § 7 Rn. 192 ff., 206 f.
101 § 8 Rn. 100.

2. Prüfungsreihenfolge

a) Verfahrensstadium

49 Gegen den Widerspruch ist die Klage das richtige Rechtsmittel.[102]

b) Staatsbürgerliche Voraussetzungen

50 Gemäß § 11 StAG gelten die Ausschlussgründe dieser Vorschrift auch für die Ermessenseinbürgerung zwingend. Die Einbürgerungsbehörde hat insoweit **kein Ermessen**.

51 Andererseits werden Bekenntnis und Loyalitätserklärung (§ 10 Abs. 1 S. 1 Nr. 1 StAG) und Kenntnisse der Rechts- und Gesellschaftsordnung und der Lebensverhältnisse in Deutschland (Nr. 7) für die Ermessenseinbürgerung nicht gesetzlich vorausgesetzt. Deshalb werden im Rahmen der Ermessensausübung (hierzu grundsätzlich Rn. 8 ff.) die staatsbürgerlichen Voraussetzungen einer Einbürgerung weiter eine wesentliche Rolle spielen. Möglicherweise werden sich hier neue Abgrenzungsprobleme ergeben.[103] Als Ansatzpunkt für eine Ermessensausübung wird hier die Einordnung in die deutschen Lebensverhältnisse gesehen.[104] Nach der **Rechtsprechung**[105] ist es grundsätzlich nicht zu beanstanden, wenn die Einbürgerung nach § 8 StAG von der **Verfassungstreue** des Einbürgerungsbewerbers abhängig gemacht wird. Dabei sollen die Grundsätze maßgebend sein, die zur Prüfung der Verfassungstreue des Eingangsbewerbers für den öffentlichen Dienst entwickelt wurden.[106] Der Einbürgerungsbewerber muss nach seinem Verhalten in Vergangenheit und Gegenwart Gewähr dafür bieten, dass er sich zur freiheitlichen demokratischen Grundordnung bekennt. Nach herrschender, aber einschränkend zu bewertender Auffassung[107] findet keine Abwägung mit persönlichen Interessen des Einbürgerungsbewerber statt, sondern nur eine Abwägung der für und wider die Einbürgerung staatlichen Belange.[108]

52 Hat der Einbürgerungsbewerber im Zeitpunkt der Einbürgerung das **16. Lebensjahr vollendet**, so hat er ein Bekenntnis zur freiheitlichen demokratischen Grundordnung und eine Loyalitätserklärung abzugeben.[109] Er muss nach der Verwaltungspraxis denselben Text wie bei der Einspruchseinbürgerung unterzeichnen.[110] Im Unterschied zur Anspruchseinbürgerung (§ 10 Abs. 1 S. 1 Nr. 1 StAG) wird die Behörde bei der Ermessenseinbürgerung im Hinblick auf die geforderte Verfassungstreue Bekenntnis und Loyalitätserklärung als nicht lediglich formales Kriterium verstehen dürfen.[111] In Baden-Württemberg werden zur Überprüfung – trotz offizieller Abschaffung – in der Praxis weiterhin Fragebogen eingesetzt, während dies in Nordrhein-Westfalen ausdrücklich abgelehnt wird.[112]

---

102 *Quaas et al* in: Quaas/Zuck, Prozesse in Verwaltungssachen, 2. Aufl. 2011, § 3 Rn. 1 ff.
103 Äußerst undeutlich VAH-StAG Nr. 8.1.2.5, insbesondere Abs. 3 und 4.
104 Für den Fall der Doppelehe: GK-StAR/*Berlit*, 10 Rn. 145.1 mwN; *Hailbronner/Renner/Maaßen*, siehe auch Rn. 87 ff. und 110.
105 VGH BW, Beschl. v. 29.3.2000 – 13 S 858/98, InfAuslR 2001, 225 ff.; *Hailbronner/Renner/Maaßen*, § 8 Rn. 74 f.
106 Vgl. BVerwG, Beschl. v. 27.6.1983 – 1 B 73.83, InfAuslR 1983, 277, nach NK-AuslR/*Oberhäuser* § 8 StAG Rn. 37 wohl überholt.
107 Urt. v. 16.5.2001 – 13 S 916/00, InfAuslR 2001, 518 ff.
108 Zur kritischen Auseinandersetzung hiermit siehe Rn. 8 f.; siehe auch NK-AuslR/*Oberhäuser*, § 8 StAG Rn. 37 und GK-StAR/*Marx*, § 8 Rn. 178 ff.
109 Nr. 8.1.2.5 iVm Nr. 10.1.1.1.
110 § 7 Rn. 89.
111 NK-AuslR/*Oberhäuser* § 8 StAG Rn. 35; vgl. zur „Bewusstseinsprüfung" VGH BW, Urt. v. 20.2.2008 – 13 S 1169/07 – www.asyl.net – Rechtsprechungsdatenbank, dazu BVerwG, Beschl. v. 8.12.2008 – 5 B 58/08 – www.bverwg.de; siehe auch § 7 Rn. 111 ff.
112 Vgl. *Hailbronner/Renner/Maaßen*, § 10 Rn. 15.

Der Einbürgerungsbewerber soll nach VAH-StAG[113] Kenntnisse der Rechts- und Gesellschaftsordnung und der Lebensverhältnisse in Deutschland besitzen. Der Nachweis wird idR durch eine Bescheinigung über einen erfolgreich bestandenen Einbürgerungstest erbracht.[114]

c) Regelanfrage

Die Regelanfrage ist gemäß § 37 Abs. 2 StAG zulässig. Sie darf aber nicht routinemäßig bei jedem Einbürgerungsbewerber vorgenommen werden, sondern nur dann, wenn sich bereits ein konkreter Anlass für die mögliche Erfüllung der Ausweisungs- und Ausschlussgründe aus sonstigen Unterlagen oder Angaben ergeben hat.[115]

d) Entscheidungsrelevanter Zeitpunkt

Für das Prognoseurteil über die künftige Verfassungstreue des Einbürgerungsbewerbers kommt es auf die Sach- und Rechtslage zum Zeitpunkt der letzten Behördenentscheidung[116] an.

e) Gerichtliche Überprüfbarkeit

Anders als bei der Anspruchseinbürgerung unterliegt die im Rahmen der Ermessensausübung zu berücksichtigende Prognose über die Verfassungstreue des Einbürgerungsbewerbers nicht der vollen gerichtlichen Überprüfbarkeit; nach VGH BW[117] darf das Gericht nicht seine eigene Prognose an die Stelle der Prognose der Einbürgerungsbehörde setzen.[118] Das Gericht muss aber überprüfen, ob das Ermessen fehlerfrei ausgeübt wurde, bzw. der Beurteilungsspielraum fehlerfrei ausgefüllt wurde.[119] Von besonderer Bedeutung ist dabei, ob die Behörde die Grundentscheidungen der Verfassung, insbesondere die Grundrechte und die aus ihr hergeleitete Werteordnung beachtet hat.[120]

f) Besondere Beratungshinweise

Liegt eine Vollmacht vor? Klagfrist prüfen und einschließlich Vorfristen für Sekretariat und Anwalt notieren; Akteneinsicht; Mandantengespräch; Klage fristgerecht erheben.

3. Muster: Klage auf Verpflichtung zur Neubescheidung

▶ Verwaltungsgericht ...

...

Klage

des ...

Wohnhaft ...

– Kläger –

gegen

...

– Beklagte –

...

---

113 Nr. 8.1.2.5. iVm Nr. 10.1.1.7.
114 VAH-StAG Nr. 8.1.2.5 iVm Nr. 10.5.
115 So wörtlich *Hailbronner/Renner/Maaßen*, § 37 Rn. 11; vgl. NK-AuslR/*Hilbrans* § 37 StAG Rn. 14 ff.
116 VGH BW, Urt. v. 16.5.2001 – 13 S 916/00, InfAuslR 2001, 518 ff.; *Hailbronner/Renner/Maaßen*, § 8 Rn. 75.
117 VGH BW, Urt. v. 16.5.2001 – 13 S 916/00, InfAuslR 2001, 518 ff., der von „Beurteilungsspielraum" spricht.
118 Krit. NK-AuslR/*Oberhäuser*, § 8 StAG Rn. 35.
119 *Kopp/Schenke*, VwGO, 21. Aufl. 2015, § 114 Rn. 4 ff.
120 BVerwG, Urt. v. 14.11.1989 – 1 C 5.89, E 84,93 = InfAuslR 1990, 63; *Hailbronner/Renner/Maaßen*, § 8 Rn. 54.

Unter Vollmachtsvorlage zeigen wir an, dass wir den Kl. anwaltlich vertreten. Namens und in Vollmacht des Klägers erheben wir vor dem Verwaltungsgericht... Klage und beantragen,

die Bekl. wird unter Aufhebung des Bescheids vom ... in der Gestalt des Widerspruchsbescheides vom ... verpflichtet, den Einbürgerungsantrag des Kl. unter Berücksichtigung der Rechtsauffassung des Veraltungsgerichts neu zu bescheiden.

Zur **Begründung** tragen wir vor:

Der Kl. ist ... Staatsangehöriger und Moslem. Er ist asylberechtigt und hält sich seit 6 Jahren rechtmäßig in der Bundesrepublik Deutschland auf. Die Bekl. hat seinen Antrag auf Einbürgerung in den deutschen Staatsverband mit Bescheid vom ... abgelehnt. Der Widerspruch blieb erfolglos.

Zwischen den Parteien besteht Einigkeit darüber, dass die Tatbestandsmerkmale des § 8 StAG erfüllt sind.

Die Bekl. hält aber den Ausschlussgrund des § 11 S. 1 Nr. 1 StAG für gegeben. Sie beruft sich dabei darauf, dass der Kl. im Rahmen einer von ihr vorgenommenen Befragung auf die Frage: *„Wie stehen Sie zu der Aussage, dass die Frau ihrem Ehemann gehorchen soll und dass dieser sie schlagen darf, wenn sie ihm nicht gehorsam ist?"* erklärt hat, er sei der Auffassung, seine Frau müsse ihm gehorchen. Auch bei einem Streit würde er seine Frau nicht schlagen – dies mache ein anständiger Moslem nicht. Der Imam der Moschee, die er regelmäßig besuche, habe ihm das in einem privaten Gespräch bestätigt.

Die Bekl. verweigert die Einbürgerung zusätzlich aus Ermessensgründen. Denn es fehle jedenfalls im Hinblick auf die Einstellung des Kl. zur Gleichberechtigung von Mann und Frau an einer hinreichenden Hinwendung zur freiheitlichen demokratischen Grundordnung.

Die angegriffene Verfügung ist rechtswidrig und verletzt den Kl. in seinen Rechten.

1. Die Bekl. beruft sich zu Unrecht auf § 11 S. 1 Nr. 1 StAG. Denn es liegen keine tatsächlichen Anhaltspunkte vor, die die Annahme rechtfertigen, dass der Kl. Bestrebungen verfolgt oder unterstützt, die gegen die freiheitliche demokratische Grundordnung gerichtet sind.
   Die freiheitliche demokratische Grundordnung ist gekennzeichnet durch die in § 4 Abs. 2 BVerfSchG genannten Grundsätze, namentlich
   - das Recht des Volkes, die Staatsgewalt in Wahlen und Abstimmungen und durch besondere Organe der Gesetzgebung, der vollziehenden Gewalt und der Rechtsprechung auszuüben und die Volksvertretung in allgemeiner unmittelbarer, freier, gleicher und geheimer Wahl zu wählen
   - die Bindung der Gesetzgebung an die verfassungsmäßige Ordnung und die Bindung der vollziehenden Gewalt und der Rechtsprechung an Gesetz und Recht
   - das Recht auf die Bildung und Ausübung einer parlamentarischen Opposition,
   - die Ablösbarkeit der Regierung und ihre Verantwortlichkeit gegenüber der Volksvertretung,
   - die Unabhängigkeit der Gerichte,
   - der Ausschluss jeder Gewalt- und Willkürherrschaft und
   - die im Grundgesetz konkretisierten Menschenrechte.

   Dabei stellt das bloße Haben einer bestimmten Meinung noch keine Verfolgung oder Unterstützung von inkriminierten Bestrebungen dar. Ein Ausländer verfolgt relevante Bestrebungen, wenn er diese durch eigene Handlungen aktiv in Kenntnis der Tatsachen, welche die inkriminierten Ziele ausfüllen, vorantreibt (*Berlit* in GK-StAR § 11 Rn. 94.1). Unterstützungshandlung ist jede eigene Handlung, die für die inkriminierten Bestrebungen vorteilhaft ist bzw. bei Orga-

nisationen, die inkriminierte Bestrebungen verfolgen, jede Tätigkeit, die sich in irgendeiner Weise positiv auf die Aktionsmöglichkeiten der Vereinigung, namentlich deren innere Organisation und den Zusammenhalt fördert, ihren Fortbestand oder der Verwirklichung ihrer inkriminierten Ziele fördert und damit ihre potenzielle Gefährlichkeit festigt und ihr Gefährdungspotential stärkt (*Berlit* aaO Rn. 96; BayVGH, Urt. V. 23. 2003 – 5 B 01.1805 – juris; BVerwG Urt. V. 15.3.2005 – 1 C 26.03). Zu Recht hat das BVerwG (Urt. v. 22.2.2007 – 5 C 20.5) darauf hingewiesen, dass Handlungen, die sich nur zufällig als objektiv nützlich erweisen, nicht zur Annahme einer Unterstützung zwingen, sondern nur solche, die die Person für sie erkennbar und von ihrem Willen getragen zum Vorteil der jeweiligen Bestrebung jeweiligen Bestrafung vornimmt.

Es bedürfte hierzu also mindestens einer Aktivität, die entweder die eigene Meinung nach außen wirksam werden lässt oder fremde Aktivitäten fördert.

Mit *Berlit* (aaO Rn. 107) ist festzuhalten, dass der Grundordnungsvorbehalt nicht das normative Einfallstor für den Schutz einer "kulturell-religiösen" Identität des deutschen Volkes als Ergebnis einer abendländischen Kulturentwicklung darstellen kann. Von der freiheitlichen demokratischen Grundordnung sind Rechtsgrundsätze und Gestaltungsprinzipien für die Organisation des gesellschaftlichen Zusammenlebens auch dann nicht umfasst, wenn sie für die moderne Gesellschaftsordnung zentral erscheinen. Dies gilt etwa für die Anforderungen, die sich aus der Staatszielbestimmung des Art. 3 Abs. 2 GG für die Gestaltung des Zusammenlebens der Geschlechter ergeben; eine in traditionalistischen und/oder religiösen Überzeugungen gründende antiemanzipatorische, patriarchalische Grundhaltung wirkt nicht einbürgerungshindernd und widerspricht als solche auch nicht dem abverlangten Anerkenntnis der im Grundgesetz konkretisierten Menschenrechte (so wörtlich *Berlit* aaO Rn. 109). Insbesondere ist das aktive und öffentliche Bekenntnis zum moslemischen Glauben seinerseits grundrechtlich durch Art. 4 Abs. 1 GG geschützt (*Berlit* aaO Rn. 110).

Es liegt auf der Hand, dass der Kl. keine Bestrebungen gegen die staatsorganisatorischen Verfassungsgrundsätze verfolgt oder unterstützt. Insoweit fehlt es schon an einer diesbezüglichen Meinung des Kl. Auch die Moschee des Kl. hat keine derartige Meinung.

Der Kl. verfolgt oder unterstützt auch keine Bestrebungen gegen die im Grundgesetz konkretisierten Menschenrechte. Dabei ist allerdings unmissverständlich deutlich zu machen, dass jegliche Diskriminierung wegen des Geschlechtes oder auch wegen einer sexuellen Orientierung mit dem Grundgesetz unvereinbar ist. Insoweit fehlt es aber an einer wie auch immer gearteten Aktivität des Kl., die über das bloße Haben einer Meinung hinausginge. Eine derartige einbürgerungsschädliche Aktivität ist auch nicht darin zu sehen, dass der Kl. regelmäßig seinen religiösen Verrichtungen in der Moschee nachgeht (so BayVGH Urt. v. 27.2.2013 – 5 BV 11.2418 – www.asyl.net – Rechtsgebiete, Staatsangehörigkeit, Einbürgerung). Diese Verrichtungen haben keinerlei Außenwirkung. Ihnen wohnt keine Verfolgung oder Unterstützung menschenrechtswidriger Bestrebungen inne.

2. Der Kl. hat einen Anspruch auf Neubescheidung seines Einbürgerungsantrags.

Der Kl. hat einen Anspruch auf fehlerfreie Ermessensausübung (statt vieler: *Hailbronner/Renner/Maaßen* § 8 Rn. 51 mwN). Die Bekl. darf von dem Ermessen nur in einer dem Zweck der Ermächtigung entsprechenden Weise Gebrauch machen (VGH BW, Urt. v. 16.5.2001 – 13 S 916/00, InfAuslR 2001, 518 ff.). Der Entscheidung dürfen keine unrichtigen Tatsachen zu Grunde gelegt werden (*Kopp/Schenke*, VwGO, 21. Aufl. 2015 § 114 Rn. 12 mwN). Die Grundentscheidungen der Verfassung, insbesondere die Grundrechte und die aus ihnen hergeleitete Werteordnung sind zu beachten (BVerwG, Urt. v. 14.11.1989 – 1 C 5.89, E 84, 93 = InfAuslR 1990, 63 Einbürgerung eines Kindes einer Deutschen, Vermeidung von Mehrstaatigkeit; *Hailbronner/ Renner/Maaßen* § 8 Rn. 51; *Kopp/Schenke*, aaO, § 114 Rn. 7 ff.; vgl. auch BVerwG, Urt. v. 22.2.2007 – 5 C 20.05 Rn. 30). Ferner hat der Einbürgerungsbewerber unter dem Gesichtspunkt der Gleichheit einen Anspruch darauf, wie alle anderen in vergleichbarer Lage behandelt zu werden (*Hailbronner/Renner/Maaßen* § 8 Rn. 56; *Marx* in GK-StAR § 8 Rn. 194 f.; *Kopp/ Schenke*, aaO § 114 Rn. 7).

Dabei hat das Gericht zu prüfen, ob die Behörde ihr Ermessen aufgrund eines zutreffenden Sachverhalts betätigt, die gesetzlichen Grenzen des Ermessens nicht überschritten und keine unsachlichen Erwägungen angestellt hat *Hailbronner/Renner/Maaßen* § 8 Rn. 51 mit Verweis auf BVerwG E 4, 298,300; *Marx* in GK-StAR § 8 Rn. 517 ff.).

Gemessen an diesen Grundsätzen erweist sich der angegriffene Bescheid als fehlerhaft; er ist aufzuheben.

a) Die Bekl. hat ihr Ermessen bereits nicht in einer dem Zweck der Ermächtigung entsprechende Weise ausgeübt. Denn zu ihrer Erwägung, der Kl. biete nach seinem Verhalten nicht hinreichend Gewähr, dass er sich zur freiheitlichen Demokratischen Grundordnung bekenne, ist festzustellen, dass der Bekl. insoweit kein Ermessensspielraum mehr zusteht.

Denn der Anwendungsbereich des § 11 S. 1 Nr. 1 und 2 StAG ist als Ausschlussgrund auch auf die Ermessenseinbürgerung anzuwenden. Damit sind der Behörde insoweit entsprechende Ermessenserwägungen entzogen. Die Prüfung hat also insoweit im Rahmen der Prüfung des Ausschlussgrundes zu erfolgen. Im Ermessenswege dürfen aber keine schärferen Anforderungen an die Einbürgerung gestellt werden als durch die gesetzlich ausdrücklich fixierten Ausschlussgründe des § 11 S. 1 StAG. Insbesondere darf die Behörde die gesetzliche Regelung nicht durch eigene Ermessenserwägungen unterlaufen.

Dass ein Ausschlussgrund gemäß § 11 S. 1 StAG nicht vorliegt, wurde bereits oben ausgeführt.

b) Selbst wenn man der Auffassung wäre, neben der Prüfung der Ausschlussgründe des § 11 S. 1 StAG bliebe der Bekl. noch die Möglichkeit, die Einbürgerung nach Ermessen deshalb zu verweigern, weil ein öffentliches Interesse an der Einbürgerung mangels Einordnung in die deutschen Lebensverhältnisse zu verneinen sei (vgl. VAH-StAG Nr. 8.1.2), könnte der angegriffene Bescheid keinen Bestand haben:

Ein öffentliches Interesse an einer Einbürgerung kann nicht verneint werden, wenn ihre Versagung die Grundrechte des Einbürgerungsbewerbers verletzen würde.

So liegt der Fall hier.

aa) Der Kl. kann sich auf sein Grundrecht auf Religionsfreiheit gemäß Art. 4 GG berufen. Durch die Versagung der Einbürgerung als Reaktion auf seine auch religiös begründete Überzeugung wird der Kl. in seinem Grundrecht aus Art. 4 Abs. 1 und 2 GG getroffen. Es wird nämlich nach dem erklärten Willen der Bekl. eine Verbindung geschaffen zwischen der religiösen Überzeugung des Kl. und seinem Wunsch, als gleichberechtigter Bürger in der Bundesrepublik Deutschland zu leben. Zwar könnte man bezweifeln, dass durch die Verweigerung der Einbürgerung gezielt oder unmittelbar in das Grundrecht eingegriffen wird. Es liegt aber deshalb ein Eingriff vor, weil durch die Versagung der Einbürgerung nachteilige Rückwirkungen auf die Freiheit der religiösen Auffassungen, namentlich dies Auffassungen auch zum Ausdruck zu bringen, in Kauf genommen werden.

Zwar kann sich auf das Grundrecht der Religionsfreiheit nicht berufen, wer die Schranken übertritt, die von der allgemeinen Werteordnung des Grundgesetzes errichtet sind. Diese Schranken hat der Kl. jedoch nicht übertreten, wie bereits ausgeführt wurde. Hier soll wiederholt werden, dass eine Diskriminierung wegen des Geschlechtes nicht akzeptabel ist. Aber gerade wegen der Offenheit und Pluralität der freiheitlichen demokratischen Grundordnung bleibt das bloße Haben einer religiös begründeten Überzeugung innerhalb der Schranken der Werteordnung, weil dadurch diese Grundordnung nicht gefährdet wird. Es ist auch keineswegs so, dass es in der deutschen Gesellschaft nur eine einzige Haltung zur Gleichberechtigung von Mann und Frau gibt; es kann also nicht behauptet werden, der Kl. habe den Boden der freiheitlichen demokratischen Grundordnung mit seiner Auffassung verlassen.

bb) Aus dem gleichen Gründen kann sich der Kl. auch auf Art. 5 GG – Meinungsfreiheit – berufen. Hier ist besonders zu beachten, dass das BVerwG in seinen Urteilen vom 22.2.2007 – 5 C 10.06 und 20.05 darauf hingewiesen hat, dass auch im Einbürgerungsverfahren die Meinungsfreiheit zu respektieren ist.

cc) Durch die Vorenthaltung der Einbürgerung wird auch das Grundrecht des Kl. aus Art. 2 Abs. 1 iVm Art. 1 Abs. 1 GG verletzt. Zwar schützt Art. 2 Abs. 1 GG nur die allgemeine Handlungsfreiheit. Auch steht dem Gesetzgeber gerade im Bereich der Ermessenseinbürgerung ein erheblicher Gestaltungsspielraum bei der Festlegung der Voraussetzungen für eine Einbürgerung zu. Das Bundesverfassungsgericht hat festgestellt, dass das Grundrecht aus Art. 2 Abs. 1 GG auf die freie Entfaltung der Persönlichkeit als allgemeines Menschenrecht auch Ausländern in der Bundesrepublik Deutschland zustehe. Die Beschränkung des Grundrechts auf Deutsche und auf das Bundesgebiet schließe nicht aus, auf den Aufenthalt von Menschen in der Bundesrepublik Deutschland auch Art. 2 Abs. 1 GG anzuwenden (BVerfGE 35, 382, 399; 49, 168, 180 f.). Der aus Art. 2 Abs. 1 GG folgende Schutz wird nur in den Schranken der verfassungsmäßigen Ordnung gewährleistet. Es ist zwar legitim, zum Schutz der freiheitlichen demokratischen Grundordnung in die allgemeine Handlungsfreiheit einzugreifen. Der Eingriff muss jedoch aufgrund hinreichend zuverlässiger tatsächlicher Feststellungen erfolgen, dass abwehrende Maßnahmen geeignet sind, den Schutz der freiheitlichen demokratischen Grundordnung zu gewährleisten. Darüber hinaus darf er nicht außer Verhältnis zum angestrebten Erfolg stehen. Wie bereits ausgeführt, kann das bloße Haben einer religiösen Auffassung die freiheitliche demokratische Grundordnung nicht in Gefahr bringen (vgl. *Berlit* aaO).

dd) Der Kl. kann auch eine Verletzung von Art. 3 Abs. 1 GG geltend machen. Nach der Rechtsprechung des Bundesverfassungsgerichts beruhen fachgerichtliche Entscheidungen auf einer Verletzung von Art. 3 Abs. 1 GG, wenn die Rechtsauslegung und -anwendung fehlerhaft ist und sich bei verständiger Würdigung der das Grundgesetz beherrschenden Gedanken der Schluss aufdrängt, dass sie auf sachfremden Erwägungen beruhen. Dies ist dann der Fall, wenn die angegriffenen Entscheidungen unter keinen Gesichtspunkt rechtlich vertretbar und die ihnen zugrunde liegenden oder von ihnen bewirkten Maßnahmen im Verhältnis zu der tatsächlichen Situation, derer sie Herr werden sollen, eindeutig unangemessen sind (BVerfGE 66, 199, 205). Dabei fällt insbesondere ins Gewicht, ob eine Ungleichbehandlung Auswirkungen auf grundrechtlich gesicherte Freiheiten hat (BVerfGE 62, 256, 274; 82, 126, 146). Diese auf den gesetzgeberischen

Gestaltungsraum bezogenen Grundsätze sind auch bei der Rechtsanwendung zu berücksichtigen.

Der hier gestellte Frage wurde zunächst ausdrücklich für Verfahren muslimischer Einbürgerungsbewerber konzipiert und angewendet. Sie setzt die offensichtlich unzutreffende Annahme voraus, dass eine von muslimischen Glaubensgrundsätzen geprägte Werteordnung mit der freiheitlichen demokratischen Grundordnung nicht in Einklang zu bringen sei. Dies müssen selbst die Verfechter der Fragenkatalogs einräumen (*Dollinger* und *Heusch*, VBlBW 2006, 216 ff.).

ee) Die Verweigerung der Einbürgerung ist zudem unverhältnismäßig. Das bloße Haben einer Meinung ist solange keine Gefahr für die freiheitlich demokratische Ordnung, als diese sich nicht in konkreten Handlungen äußert, die eben gegen diese Ordnung gerichtet sind.

ff) Die Versagung der Einbürgerung ist völkerrechtswidrig. Denn die hier beanstandete Frage stellt einen Verstoß gegen das Internationale Übereinkommen zur Beseitigung jeder Form der Rassendiskriminierung von 1966 (Rassendiskriminierungskonvention oder CERD) dar. Zu einem Fragebogen, in dem auch die beanstandete Frage enthalten war, haben *Wolfrum* und *Röben* in ihrem, im Internet leider nicht mehr zugänglichen, Gutachten zur Vereinbarkeit des Gesprächsleitfaden für die Einbürgerungsbehörden des Landes Baden-Württemberg mit Völkerrecht (8. März 2006 – www.mpil.de/shared/data/pdf/gutacht_gespraechsleitfaden_einbuergerung.pdf – siehe hierzu NK-AuslR/*Geyer*, § 10 StAG Rn. 11 mwN) überzeugend ausgeführt:

Viele Fragen *„interpretieren das gesetzliche Merkmal der freiheitlichen demokratischen Grundordnung primär im Sinne einer Wertordnung, die speziell der vermuteten Wertordnung einer bestimmten Gruppe entgegensteht. ... Klar ist hier, dass es sich dabei um Fragen handelt, die auf bestimmte vorgefasste/erwartete Antworten von Muslimen zielen, die dann mit dem Verdikt der Verfassungswidrigkeit belegt werden. Damit wird der zentrale Zweck der Rassendiskriminierungskonvention, nämlich die vorurteilsbehaftete Ausgrenzung auszuschließen, verletzt."* Das gilt auch für die hier umstrittene Frage. Zudem berührt die Frage die Intimsphäre des Klägers und stellt deshalb nach *Wolfrum* und *Röben* insoweit *„eine eigenständige Verletzung der Konvention dar. Denn dem einzelnen Einbürgerungsbewerber werden gerade wegen seiner Herkunft Stellungnahmen (Meinungen) abgenötigt, die jedenfalls in den Bereich der negativen Meinungsfreiheit fallen, der Gewissensfreiheit, und den Kernbereich der Persönlichkeit (Art. 2 Abs. 1 iVm Art. 1 Abs. 1 GG)."*

c) Zusammenfassend ist also festzuhalten, dass aus der religiös begründeten Überzeugung des Kl. seine Ehefrau habe ihm zu gehorchen, nicht ermessensfehlerfrei geschlossen werden darf, der Kl. habe sich nicht in die deutschen Lebensverhältnisse eingeordnet. Erweisen sich mithin tragende Ermessenserwägungen der Bekl. als fehlerhaft, ist der angegriffene Bescheid aufzuheben und der Kl. neu zu bescheiden.

Rechtsanwalt ◄

4. Fehlerquellen / Haftungsfallen
a) Mandantengespräch

59 Im Gespräch muss versucht werden, mit dem Mandanten die der Behörde mitgeteilten Überzeugungen im Hinblick auf ihre „Verträglichkeit" mit der freiheitlichen demokratischen

Grundordnung zu erörtern. Es geht um die Toleranz gegenüber dem Mandanten und um die Toleranz des Mandanten. Dabei dürfen die verschiedenen Interessen nicht gegeneinander ausgespielt werden. Dass zudem durchaus auch die Auffassungen des Anwalts von denen des Mandanten abweichen können, macht die besondere Schwierigkeit dieses Gesprächs aus.

b) Umgang mit Behörden und Gerichten
Prinzipiell die gleiche Problematik stellt sich im Umgang mit Behörden und Gerichten. Die Grenzlinie zwischen Verteidigung der Toleranz und Förderung der Intoleranz ist leicht zu übersehen. Sehr hilfreich und deutlich sind hier die Ausführungen von *Berlit*.[121]

5. Weiterführende Hinweise

Die heftige Kontroverse um den – heute nach offiziellen Angaben nicht mehr verwendeten – **baden-württembergischen Fragenkatalog** hat heute noch prägende Bedeutung für den Umgang mit Einbürgerungsbewerbern moslemischer Glaubensrichtungen. Zur Erstfassung seien hier die Gegenposition zu *Wolfrum* und *Röben* angesprochen. *Dollinger* und *Heusch*[122] gehen davon aus, dass der Einbürgerungsbewerber mit dem Begehren, die deutsche Staatsangehörigkeit zu erhalten, die gleichen staatsbürgerlichen Rechte verlangt, wie sie nach der Verfassung den Deutschen zustehen. Die daraus resultierende spezifische Rechts- und Pflichtenstellung von der Prüfung der Glaubhaftigkeit des Bekenntnisses zur freiheitlichen demokratischen Grundordnung abhängig zu machen, sei daher sachangemessen und nachgerade geboten. Sie verteidigen sämtliche Fragen des Katalogs und sehen auch keine verfassungswidrige Diskriminierung muslimischer Einbürgerungsbewerber. Eine Beschränkung auf über das bloße Haben einer Meinung hinausgehende Tatbestände hindere eine verlässliche Risikoprognose, indem sie sich nahezu blind auf verbale Bekundungen verlasse, ohne deren Glaubhaftigkeit zu prüfen. Bei alledem legen *Dollinger* und *Heusch* zu Grunde, dass der Leitfaden recht eindeutig die Bevölkerungsgruppe muslimischer Einbürgerungsbewerber im Blick hat.

Eine Verteidigung der Wertordnung des Grundgesetzes ist zwar mit der Rassendiskriminierungskonvention grundsätzlich vereinbar. Allerdings ist eine Diskriminierung in der hier vorgesehenen Form nur dann zulässig, wenn die Ablehnung dieser Wertordnung über das bloße Haben einer Meinung hinausgeht. Dies wird in der Formulierung der Fragen nicht hinreichend berücksichtigt.

IV. Deutschverheiratete Einbürgerungsbewerber (§ 9 StAG) / Miteinbürgerung eines Kindes (§ 8 StAG)

1. Sachverhalt / Lebenslage

Beispiel: Komplizierte Familienverhältnisse
Frau F., die sich in einbürgerungsrechtlicher Hinsicht beraten und vertreten lassen will, ist nach einjähriger Trennungszeit seit 10 Monaten geschieden. Sie hatte vor Jahren in ihrer Heimat einen Landsmann geheiratet. Dort kam – noch vor der Einbürgerung des Ehemannes – das erste Kind, A., zur Welt. Nach der Einbürgerung des Ehemannes, vor vier Jahren, reiste Frau F mit dem Kind A im Wege der Familienzusammenführung in die Bundesrepublik ein. Hier wurde das zweite Kind, B, geboren. Danach entfremdeten sich die Eheleute. Der ge-

---
121 In GK-StAR 107 ff. zu § 11, s. o. Rn. 59 im Mustertext.
122 VBlBW 2006, 216 ff.; Stand der Diskussion März 2006.

schiedene Ehemann, der wohlhabend ist, zahlt für Frau F und die beiden Kinder auf der Grundlage einer im Scheidungsverfahren getroffenen Vereinbarung Unterhalt; das Sorgerecht für beide Kinder nehmen die Eltern gemeinsam wahr.

Frau F hat erfolgreich einen Integrationskurs absolviert. Vor kurzem hat sie den Einbürgerungstest bestanden. Sie ist strafrechtlich nicht in Erscheinung getreten. Das 9 Jahre alte Kind A besucht mit gutem Erfolg die Grundschule.

Frau F ist bereit, ihre bisherige Staatsangehörigkeit aufzugeben. Die Eltern sind sich einig, dass auch das Kind A eingebürgert werden soll; auch es soll seine bisherige Staatsangehörigkeit aufgeben.

Frau F fragt, ob sie sich und das Kind A einbürgern lassen kann Sie bittet gegebenenfalls um Einleitung der erforderlichen Schritte.

2. Prüfungsreihenfolge

a) Grundsätzliches

aa) Voraussetzungen des § 9 Abs. 2 StAG

64 Gemäß § 9 Abs. 2 StAG ist auch nach einer Scheidung vom deutschen Ehepartner die Einbürgerung unter den erleichterten Voraussetzungen des § 9 StAG möglich, wenn der Einbürgerungsantrag innerhalb eines Jahres nach der Rechtskraft des die Ehe auflösenden Urteils beantragt wird und dem Antragsteller die Sorge für die Person eines Kindes aus der Ehe zusteht, das bereits die deutsche Staatsangehörigkeit besitzt. **Sinn und Zweck** des § 9 StAG ist die erleichterte Herstellung einer einheitlichen Staatsangehörigkeit innerhalb der Familie.[123] Allerdings müssen dann die Voraussetzungen des Abs. 1 im Zeitpunkt der Trennung vorgelegen haben.[124]

bb) Systematik

65 Eine Anspruchseinbürgerung gemäß § 10 StAG kommt vorliegend nicht in Betracht, weder gemäß § 10 Abs. 1 StAG (mangels achtjährigen rechtmäßigen gewöhnlichen Aufenthalts), noch gemäß § 10 Abs. 2 StAG (mangels Miteinbürgerung). § 9 StAG hingegen stellt eine gegenüber der allgemeinen Ermessenseinbürgerung des § 8 StAG **privilegierende Sonderregelung** für Ehegatten oder Lebenspartner Deutscher dar, wenn die Einordnung in die deutschen Lebensverhältnisse gewährleistet ist. Zusätzlich zu § 8 StAG wird allerdings der Verlust der bisherigen Staatsangehörigkeit nach Maßgabe des § 12 StAG verlangt. Mangelnde Kenntnisse der deutschen Sprache stellen gemäß § 9 Abs. 1 StAG iVm § 10 Abs. 1 S. 1 Nr. 6, Abs. 4 und Abs. 6 StAG einen Ausschlussgrund[125] für die Einbürgerung dar.

66 Als „**Soll**"-Vorschrift engt § 9 StAG das der Behörde eingeräumte Ermessen für den Regelfall auf die Einbürgerung ein. Die Ermächtigung räumt danach einen grundsätzlichen Einbürgerungsanspruch ein; die Einbürgerung darf nur in atypischen Sonderfällen ausnahmsweise versagt werden.[126]

---

[123] *Hailbronner/Renner/Maaßen*, § 9 Rn. 3; GK-StAR/*Marx*, § 9 Rn. 1; NK-AuslR/*Oberhäuser*, StAG § 9 Rn 1.
[124] VAH-StAG Nr. 9.0 mit Verweis auf Nr. 9.2 Abs. 2: analoge Anwendung; *Hailbronner/Renner/Maaßen*, § 9 Rn. 31.
[125] Unpräziserweise VAH-StAG Nr. 9.1.3; zu den Sprachkenntnissen siehe NK-AuslR/*Oberhäuser* § 9 Rn. 18 sowie § 7 B Rn. 56 ff. und § 8 A II Rn. 33 ff.
[126] BVerwG, Urt. v. 9.9.2003 – 1 C 6.03, InfAuslR 2004, 77 ff.; *Hailbronner/Renner/Maaßen*, § 9 Rn. 3; GK-StAR/*Marx*, § 9 Rn. 157 ff. mwN; NK-AuslR/*Oberhäuser*, StAG § 9 Rn. 23; *Kopp/Schenke*, VwGO, 17. Aufl. 2011, § 114 Rn. 21.

Wegen der ausdrücklichen Anknüpfung an § 9 Abs. 1 StAG setzt Abs. 2 dieser Vorschrift voraus, dass die **Voraussetzungen** des § 9 Abs. 1 StAG im Zeitpunkt des Todes des deutschen Ehegatten bzw. im Zeitpunkt der Trennung der Ehegatten vorgelegen haben.

67

Liegen die Voraussetzungen des § 9 StAG nicht vor – etwa mangels Verlusts der bisherigen Staatsangehörigkeit – kann noch geprüft werden, ob eine Ermessenseinbürgerung gemäß § 8 StAG möglich ist.[127]

68

cc) Prüfungsschema

Zu prüfen sind zunächst die **allgemeinen Tatbestandsvoraussetzungen** des § 8 StAG, nämlich rechtmäßiger gewöhnlicher Aufenthalt,[128] Handlungsfähigkeit bzw. gesetzliche Vertretung, keine Sanktionen, von denen nicht gemäß § 12 a StAG abgesehen wird, eigene Wohnung bzw. Unterkommen sowie die Fähigkeit, sich und seine Angehörigen zu ernähren.[129]

69

Sind diese Voraussetzungen erfüllt, sind die **besonderen Tatbestandsvoraussetzungen** des § 9 Abs. 1 StAG zu prüfen, nämlich die deutsche Staatsangehörigkeit des Ehegatten oder Lebenspartners, die wirksame Eheschließung, das Bestehen der Ehe bzw. Lebenspartnerschaft, der Verlust der bisherigen Staatsangehörigkeit, die Gewährleistung der Einordnung in die deutschen Lebensverhältnisse und kein Ausschluss der Einbürgerung mangels ausreichender Sprachkenntnisse. **Sodann** ist zu untersuchen, ob ein Regelfall oder ein atypischer Sonderfall vorliegt.

70

Ist der **deutsche Ehegatte verstorben** oder ist die **Ehe geschieden**, ist gemäß § 9 Abs. 2 StAG zu prüfen, ob die Voraussetzungen des § 9 Abs. 1 StAG im Zeitpunkt des Todes des deutschen Ehegatten bzw. im Zeitpunkt der Trennung der Ehegatten vorlagen, die Jahresfrist eingehalten wird, ein Kind deutscher Staatsangehörigkeit aus der Ehe existiert und die Personensorge[130] für dieses Kind besteht.

71

b) Frist

Weil die Ehe im vorliegenden Fall bereits rechtskräftig geschieden ist, muss unbedingt darauf geachtet werden, dass die Frist des § 9 Abs. 2 StAG eingehalten wird. Sie beträgt ein Jahr nach Rechtskraft des die Ehe auflösenden Urteils. Maßgeblich ist insoweit der Zeitpunkt der Antragstellung.[131] Im vorliegenden Fall erfolgte die Scheidung vor zehn Monaten; es ist deshalb der genaue Zeitpunkt des Eintritts der Rechtskraft und dementsprechend der Fristablauf zu ermitteln.

72

c) Antrag und Nachweis

Besonderes Augenmerk ist in den Verfahren nach § 9 Abs. 2 StAG auf eine wirksame Antragstellung[132] und ihre Dokumentation zu richten. Eine **bestimmte Form** des Antrags ist nicht vorgeschrieben, auch keine Schriftform.[133] Mit VAH-StAG Nr. 8.1.1. ist jedoch dringend zu empfehlen, den Antrag schriftlich zu stellen und dabei die von der Behörde gestellten An-

73

---

127 GK-StAR/*Marx*, § 9 Rn. 4; *Hailbronner/Renner/Maaßen*, § 9 Rn. 4 mwN; NK-AuslR/*Oberhäuser* § 9 Rn. 1.
128 VAH-StAG Nr. 9.1.2.1 mit Verweis auf Nr. 8.1.2.4; in aller Regel wird eine Aufenthaltserlaubnis gemäß § 28 Abs. 1 S. 1 Nr. 3 oder gemäß § 31 AufenthG vorliegen.
129 Vgl. NK-AuslR/*Oberhäuser* § 9 Rn. 8.
130 Siehe unten Rn. 84 und 116.
131 GK-StAR/*Marx*, § 9 Rn. 107.
132 *Kirchberg/Herrmann* in: Quaas/Zuck, Prozesse in Verwaltungssachen, 2. Aufl. 2011, § 2 Rn. 81 ff.
133 GK-StAR/*Berlit*, § 10 Rn. 71.

tragsformulare zu verwenden.¹³⁴ Das Ausfüllen der Formulare erleichtert die Bearbeitung, ist jedoch nur Wirksamkeitsvoraussetzung, wenn dies so gesetzlich geregelt ist. Voraussetzung für eine wirksame Antragstellung ist dies jedoch nicht. Vor allem ist die Einhaltung der Frist entscheidend. Anwaltschaftliche Vertretung ist möglich.

74 Wegen der herausragenden Bedeutung der Einhaltung der **Frist** ist auch im eigenen Interesse des Anwalts bzw. der Anwältin auf eine Nachweismöglichkeit der Antragstellung zu achten, zB durch Eingangsbestätigung der Behörde oder durch Einschreiben mit Rückschein.

d) Tatbestandsmerkmale des § 8 StAG
aa) Erforderlicher Aufenthaltsstatus

75 Die Voraussetzungen für einen rechtmäßigen gewöhnlichen Aufenthalt wurden bereits ausführlich dargestellt.¹³⁵ Für den im Zeitpunkt der Einbürgerung erforderlichen Aufenthaltsstatus ist § 10 Abs. 1 S. 1 Nr. 2 StAG heranzuziehen, wobei für den Ermessensbereich nach VAH-StAG¹³⁶ die Ausnahmen der Altfallregelungen (§ 23 Abs. 1 AufenthG) und der Härtefallklausel des § 23 a AufenthG zu machen sind.¹³⁷ In der Konstellation des § 9 Abs. 2 AufenthG wird man in aller Regel von einer Aufenthaltserlaubnis gemäß § 28 Abs. 1 S. 1 Nr. 3 oder § 31 AufenthG ausgehen.

bb) Handlungsfähigkeit und gesetzliche Vertretung

76 Beide Voraussetzungen wurden bereits erläutert.¹³⁸ An der Handlungsfähigkeit von Frau F bestehen keine Zweifel. Das unter 16 Jahre alte miteinzubürgernde Kind A ist selbst nicht handlungsfähig. Es besitzt – im Gegensatz zu Kind B – nicht die deutsche Staatsangehörigkeit, weil der Vater im Zeitpunkt der Geburt des Kindes noch kein Deutscher war, und das Kind A wegen der Geburt im Ausland auch nicht in den Genuss des § 4 Abs. 3 S. 1 StAG gelangt war. Im Ausgangsfall besteht – wie jetzt üblich – gemeinsames Sorgerecht. Deshalb muss der Vater die Vertretung gemeinsam mit der Mutter Frau F wahrnehmen.

cc) Keine relevanten Sanktionen

77 Weder eine Verurteilung wegen einer Straftat noch eine Anordnung einer Maßregel der Besserung und Sicherung wurden verhängt.

dd) Wohnung

78 Eine eigene Wohnung ist gegeben.

ee) Finanzierung

79 Die Unterhaltszahlungen sichern die Fähigkeit, sich und die Angehörigen zu ernähren. Hier ist genau zu ermitteln, wie verlässlich die Zahlungen des früheren Ehemannes bzw. Vaters sind. Der gerichtliche Vergleich und die Bonität des früheren Ehemannes bzw. Vaters sind zu prüfen.

e) Tatbestandsmerkmale des § 9 StAG
aa) Ehe-/Lebenspartnerschaft mit einem Deutschen

80 An der deutschen Staatsangehörigkeit des früheren Ehemannes bzw. Vaters bestehen keine Zweifel. Deutsche bzw. Deutscher ist jede Person, die die deutsche Staatsangehörigkeit be-

---

134 GK-STAR/*Berlit*, § 10 Rn. 72; GK-StAR/*Marx*, § 8 Rn. 463.
135 § 7 Rn. 3 ff.
136 Nr. 8.1.2.4.
137 GK-StAR/*Marx*, § 9 Rn. 115; siehe auch Rn. 6.
138 § 7 Rn. 28 f.

sitzt.[139] Die Ehe muss für den deutschen Rechtskreis gültig geschlossen gewesen sein. Vorliegend bestehen hieran keine Zweifel.

Die Scheidung steht einer erleichterten Einbürgerung gemäß § 9 StAG nicht entgegen, weil die Voraussetzungen des Abs. 2 dieser Vorschrift vorliegen, wenn der Einbürgerungsantrag noch rechtzeitig gestellt wird. 81

Aus der Zweckbestimmung des § 9 Abs. 2 StAG folgt auch, dass die einer Scheidung regelmäßig vorausgehende einjährige Trennungszeit die erleichterte Einbürgerung nicht hindert. Auf die Notwendigkeit, die 1-Jahres-Frist einzuhalten und deshalb das Datum der Rechtskraft der Scheidung zu ermitteln, wurde bereits hingewiesen. Das in der Bundesrepublik Deutschland geborene Kind B besitzt die deutsche Staatsangehörigkeit. Denn im Zeitpunkt der Geburt des Kindes war der Vater bereits eingebürgert (§ 4 Abs. 1 StAG). 82

bb) Vermeidung von Mehrstaatigkeit

Vorliegend haben die Einbürgerungsbewerber deutlich gemacht, dass sie ihre bisherige Staatsangehörigkeit aufgeben wollen.[140] Je nach Herkunftsland wird zunächst eine Einbürgerungszusicherung anzustreben sein. 83

cc) Gewährleistung der Einordnung in die deutschen Lebensverhältnisse

Bei dem Begriff handelt es sich um einen unbestimmten Rechtsbegriff, der der vollständigen gerichtlichen Überprüfung unterliegt.[141] Die VAH-StAG[142] sind insofern missverständlich, als sie nahe legen, der Behörde stehe ein Ermessen zu. 84

Die Einordnung in die deutschen Lebensverhältnisse ist prognostisch[143] zu beurteilen. Dass bedeutet, dass im Zeitpunkt der Einbürgerung die Einordnung in die deutschen Lebensverhältnisse noch nicht abgeschlossen sein muss. Sie muss aber nach den Umständen des konkreten Einzelfalls in absehbarer Zeit mit an Sicherheit grenzender Wahrscheinlichkeit zu erwarten sein.[144] Dabei legt die Verwaltungspraxis mehrere **Kriterien** an: 85

(1) Inlandsaufenthalt und Dauer der ehelichen Lebensgemeinschaft

In der Regel wird ein **Aufenthalt im Inland von drei Jahren** für ausreichend erachtet.[145] Die eheliche Lebensgemeinschaft im Zeitpunkt der Einbürgerung muss seit zwei Jahren bestehen. Nach *Hailbronner*[146] handele es sich bei diesen zeitlichen Vorgaben um tatsächliche Vermutungen, die im Einzelfall sowohl zugunsten, als auch zulasten des Einbürgerungsbewerbers widerlegbar seien. Der dreijährige Mindestaufenthalt im Inland muss rechtmäßig sein.[147] In den Fällen einer Scheidung muss der dreijährige Inlandsaufenthalt (und die zweijährige eheli- 86

---

139 *Hailbronner/Renner/Maaßen*, § 9 Rn. 8.
140 Vgl. § 8 Rn. 121 ff.
141 GK-StAR/*Marx*, § 9 Rn. 90 ff.
142 Nr. 9.1.2.
143 GK-StAR/*Marx*, § 9 Rn. 86 ff.; so auch VAH-StAG Nr. 9.1.2 S. 1.
144 BVerwG, Urt. v. 8.3.1988 – 1 C 55.86 – InfAuslR 1988, 189 ff. = E 79,94; nach GK-StAR/*Marx*, § 9 Rn. 89, mwN unter Hinweis auf VAH-StAG Nr. 9.1.2 reicht es nach der Verwaltungspraxis aus, wenn die Einordnung „für die Zukunft gewährleistet oder zu erwarten ist."
145 VAH-StAG Nr. 9.1.2.1.
146 In *Hailbronner/Renner/Maaßen*, § 9 Rn. 20.
147 Verweis in VAH-StAG Nr. 9.1.2.1 auf Nr. 8.1.2.3.

che Lebensgemeinschaft) im Zeitpunkt der Trennung bestanden haben. Im Falle einer Doppelehe wird die Einordnung in die Lebensverhältnisse in Frage gestellt sein.[148]

87 Frau F hat die Drei-Jahres-Frist erfüllt. Sie kam im Wege der Familienzusammenführung rechtmäßig in die Bundesrepublik Deutschland und der Aufenthalt war und ist durchgehend rechtmäßig. Auch wenn man die Trennungszeit vor der Scheidung berücksichtigt, hatte die eheliche Lebensgemeinschaft mindestens zwei Jahre bestanden; dies genügt auch in den Fällen des § 9 Abs. 2 StAG.

88 Es besteht kein Anlass, wegen der früheren Staatsangehörigkeit des früheren Ehemannes von diesen zeitlichen Vorgaben abzuweichen. § 9 StAG differenziert nicht nach dem Erwerbgrund der Staatsangehörigkeit des Ehegatten.

(2) Sprachkenntnisse

89 Nicht ausreichende Sprachkenntnisse sind ein Ausschlussgrund für die Einbürgerung.[149]

90 Frau F hat einen Integrationskurs erfolgreich absolviert; es sind damit ausreichende Sprachkenntnisse iSd § 10 Abs. 1 Satz 1 Nr. 6 StAG nachgewiesen.

(3) staatsbürgerliche Voraussetzungen

91 Ferner werden auch die staatsbürgerlichen Voraussetzungen der VAH-StAG[150] verlangt. Danach ist der Nachweis über Kenntnisse der Rechts- und Gesellschaftsordnung und der Lebensverhältnisse in Deutschland zu erbringen; dies erfolgt idR durch eine Bescheinigung über einen erfolgreich bestandenen Einbürgerungstest.[151] Das Bekenntnis zur freiheitlich demokratischen Grundordnung und die Loyalitätserklärung müssen abgegeben werden. Auch dürfen keine Ausschlussgründe des § 11 StAG vorliegen. All dies ist vorliegend unproblematisch.

f) Ermessen

92 Vorliegend hat die Behörde keinen Raum für die Ausübung des „Restermessens".[152] Ein **atypischer Sonderfall** liegt nur dann vor, wenn der Sachverhalt zwar von dem abstrakten Rahmen des § 9 StAG erfasst ist, aber nach der gesetzlichen Zweckbestimmung nicht von der Privilegierung begünstigt werden soll, zB Missbrauchsfälle, vorgetäuschte eheliche Lebensgemeinschaft, nur formal bestehendes gemeinsames Sorgerecht für das Kind deutscher Staatsangehörigkeit bei § 9 Abs. 2 StAG usw.

93 Sinn und Zweck des § 9 StAG – die Herbeiführung einer einheitlichen Staatsangehörigkeit – ist auch bei Abs. 2 dieser Vorschrift zugrunde zu legen. Das zeigt sich an der Voraussetzung, dass aus der Ehe ein Kind hervorgegangen sein muss, das die deutsche Staatsangehörigkeit besitzt.

94 Bei der Ermessensausübung sollte nicht berücksichtigt werden, dass der – frühere – Ehemann zunächst Ausländer war. Dies führte zu der Annahme, es gebe eine Staatsangehörigkeit minderer Qualität, nämlich die **verliehene Staatsangehörigkeit**. Eine Differenzierung zwischen

---

148 VAH-StAG Nr. 9.1.2; krit. NK-AuslR/*Oberhäuser*, StAG § 9 Rn. 14; ders. Rn. 15 zur gestörten oder nicht mehr bestehenden Lebensgemeinschaft.
149 In Kraft seit 28.8.2007; krit. NK-AuslR/*Oberhäuser* § 9 Rn. 18; *Hailbronner/Renner/Maaßen*, § 9 Rn. 25; zu den Anforderungen an die Kenntnisse der deutschen Sprache siehe § 7 Rn. 56 ff. und § 8 Rn. 33 ff.
150 Verweis in VAH-StAG Nr. 9.1.2.1 auf Nr. 8.1.2.5.
151 § 10 Abs. 1 S. 1 Nr. 7 und Abs. 5 StAG.
152 NK-AuslR/*Oberhäuser* § 9 Rn. 23; GK-StAR/*Marx*, § 9 Rn. 164; siehe auch VAH-StAG Nr. 9.0.

einem Deutschen, der erst eingebürgert wurde, und einem Deutschen, der Kraft Geburt die Staatsangehörigkeit besitzt, findet im Gesetz keine Stütze.

g) Miteinzubürgernde Kinder

Ein minderjähriges Kind das im Zeitpunkt der Einbürgerung das 16. Lebensjahr noch nicht vollendet hat soll nach Maßgabe des § 8 StAG mit dem Elternteil miteingebürgert werden, der gemäß § 9 StAG eingebürgert werden soll,[153] wenn der einzubürgernde Elternteil für es sorgeberechtigt ist und mit ihm die familiäre Lebensgemeinschaft im Inland besteht.

Die VAH-StAG[154] nehmen im Wesentlichen die **Ermessensleitlinien** zu § 10 Abs. 2 StAG[155] auf.[156] Als Aufenthaltszeit werden drei Jahre bzw. bei unter 6-Jährigen die halbe Lebenszeit verlangt. Da hier der Vater und ein Geschwisterkind bereits deutsche Staatsangehörige sind, und die Mutter eingebürgert werden soll, sollte von einer Mindestaufenthaltszeit überhaupt abgesehen werden.[157]

Bezüglich der Sprachkenntnisse wird gefordert, dass eine altersgemäße Sprachentwicklung in deutscher Sprache gemäß § 10 Abs. 4 S. 2 StAG vorhanden ist.[158]

h) Besondere Beratungshinweise

Mandantengespräch; Antragsfrist prüfen; Vollmacht, für das Kind von beiden Eltern; Antragsfrist notieren; Akteneinsicht; Antragstellung.

3. Muster: Einbürgerungsantrag

▶ **Einbürgerungsantrag**

...

[zuständige Einbürgerungsbehörde]

...

unter Vollmachtsvorlage zeigen wir an, dass wir die Einbürgerungsbewerber, Frau F., und ihr Kind A., anwaltlich vertreten.

Namens und in Vollmacht der Einbürgerungsbewerber beantragen wir:

Die Einbürgerungsbewerber werden in den deutschen Staatsverband eingebürgert. Ihnen wird zunächst eine Einbürgerungszusicherung erteilt.

Zur **Begründung** tragen wir vor:

1. Die Antragstellerin zu 1 kann sich auf § 9 Abs. 2 StAG berufen. Ihr steht ein Einbürgerungsanspruch zu, da kein atypischer Sonderfall vorliegt, bei dem die Einbürgerung ausnahmsweise zu versagen wäre (BVerwG, Urt. v. 9.9.2003 – 1 C 6.03, InfAuslR 2004, 77).
Die Antragstellerin zu 1 war Ehegattin eines deutschen Staatsangehörigen. Die Ehe ist zwischenzeitlich rechtskräftig geschieden. Die Rechtskraft des Scheidungsurteils trat am ... ein und liegt damit keine 12 Monate zurück. Das in der Bundesrepublik Deutschland geborene gemeinschaftliche Kind, B, aus dieser Ehe besitzt die deutsche Staatsangehörigkeit. Die Antragstellerin zu 1 hat – gemeinschaftlich mit dem Vater – die Sorge für das Kind.

---

153 VAH-StAG Nr. 9.0 mit Verweis auf Nr. 8. 1. 3. 9 und Nr. 8.1.3.9.2.
154 VAH-StAG Nr. 8.1.3.9.2.
155 Siehe VAH-StAG Nr. 10.2.1.2.2.
156 Siehe § 7 Rn. 207.
157 Vgl. GK-StAR/*Berlit*, § 10 Rn. 374.
158 VAH-StAG Nr. 8.1.3.9.2; siehe auch GK-STAR/*Berlit*, § 10 Rn. 319 ff.

Die Antragstellerin zu 1 hat ihren rechtmäßigen gewöhnlichen Aufenthalt in der Bundesrepublik Deutschland. Ihre Aufenthaltserlaubnis beruht auf § 31 Abs. 1 S. 1 Nr. 1 AufenthG, weil sie geschiedene Ehefrau eines deutschen Staatsangehörigen ist, und auf § 28 Abs. 1 S. 1 Nr. 3 AufenthG, weil sie Mutter eines minderjährigen ledigen deutschen Kindes ist, das – auch – in ihrer Personensorge steht.

Gegen die Antragstellerin zu 1 wurde keine Sanktion iSd § 8 Abs. 1 Nr. 2 StAG verhängt. Sie wohnt zusammen mit ihren beiden Kindern in einer eigenen, durch die Unterhaltsleistungen des geschiedenen Ehemannes finanzierten Wohnung.

Die Antragstellerin zu 1 nimmt keine einer Einbürgerung entgegenstehenden öffentlichen Mittel in Anspruch. Sie ist – wie die Kinder – durch die Unterhaltszahlungen des geschiedenen Ehemannes auf der Basis eines gerichtlichen Vergleichs finanziell gesichert.

Die Antragstellerin zu 1 wird sich nach Erteilung der Einbürgerungszusicherung um die Entlassung aus ihrer bisherigen Staatsangehörigkeit bemühen.

Es ist gewährleistet, dass sich die Antragstellerin zu 1 in die deutschen Lebensverhältnisse einordnet. Sie lebt bereits seit vier Jahren in der Bundesrepublik Deutschland, davon im Trennungszeitpunkt mindestens zwei in ehelicher Lebensgemeinschaft mit einem deutschen Staatsangehörigen. Dass der frühere Ehemann erst seit etwas über vier Jahren die deutsche Staatsangehörigkeit besitzt, steht der Annahme einer mit an Sicherheit grenzender Wahrscheinlichkeit zu erwartenden Einordnung der Antragstellerin zu 1 in die deutschen Lebensverhältnisse nicht entgegen. Die Antragstellerin zu 1 hat einen Integrationskurs erfolgreich absolviert. Sie verfügt über ausreichende Kenntnisse der deutschen Sprache, die sie durch Vorlage einer Bescheinigung über den erfolgreichen Abschluss eines Integrationskurses nachweisen kann. Ferner kann sie Kenntnisse der Rechts- und Gesellschaftsordnung und der Lebensverhältnisse in Deutschland durch eine Bescheinigung über den erfolgreich bestandenen Einbürgerungstest nachweisen. Zudem ist ihr Kind B deutscher Staatsangehöriger.

Mithin liegen ohne Ausschlussgründe alle Voraussetzungen vor, unter denen eine Einbürgerung erfolgen soll. Ein atypischer Sonderfall ist nicht gegeben. Insbesondere kann der Antragstellerin zu 1 auch im Ermessenswege nicht entgegengehalten werden, dass ihr früherer Ehemann selbst erst nach ihrer Eheschließung deutscher Staatsangehöriger geworden ist. Es hat deshalb bei der durch die „Vorläufigen Anwendungshinweise des Bundesministeriums des Innern" (Nr. 9.1.2.1) indizierten Verwaltungspraxis zu bleiben, wonach ein dreijähriger Inlandsaufenthalt bei zweijähriger ehelicher Lebensgemeinschaft mit einem deutschen Staatsangehörigen für die Einordnung in die deutschen Lebensverhältnisse hinreichend Gewähr bietet. Dies gilt auch im Hinblick auf die erfolgte Scheidung. Jedenfalls ergibt sich aus § 9 Abs. 2 StAG, dass die Scheidung der Einbürgerung von Gesetzes wegen nicht entgegenstehen darf, weil die Antragstellerin zu 1 in familiärer Lebensgemeinschaft mit einem aus der Ehe hervorgegangenen Kind deutscher Staatsangehörigkeit lebt. Ein wie immer geartetes „Restermessen" steht deshalb nicht zur Verfügung. Zudem hat die Einbürgerungsbewerberin erfolgreich einen Integrationskurs absolviert.

2. Der Antragsteller zu 2 soll zusammen mit der Antragstellerin zu 1, seiner Mutter, eingebürgert werden. Die in den VAH-StAG hierfür aufgestellten Voraussetzungen sind erfüllt. Die einzubürgernde Mutter, die Antragstellerin zu 1, ist zusammen mit ihrem Ehemann, dem Vater des Antragstellers zu 2, sorgeberechtigt. Zwischen dem Antragsteller zu 2 und seiner Mutter, der Antragstellerin zu 1, besteht in der Bundesrepublik Deutschland eine familiäre Lebensgemeinschaft.

Der Antragsteller zu 2 erfüllt die nach VAH-StAG Nr. 9.0 iVm Nr. 8.1.3.9.2 erforderliche Zeit eines dreijährigen Aufenthalts im Inland; er hält sich bereits seit vier Jahren in der Bundesrepublik auf. Er geht in die Grundschule; eine altersgemäße Sprachentwicklung in deutscher Sprache ist vorhanden. Seine Einordnung in die deutschen Lebensverhältnisse ist gewährleistet.

Bitte übersenden Sie die ggf. zur weiteren Bearbeitung erforderlichen Formulare und teilen Sie mit, welche weiteren Unterlagen die Antragsteller im Einzelnen noch vorlegen müssen.

...

Rechtsanwalt ◀

4. Fehlerquellen / Haftungsfallen

a) Antragsfrist
Unbedingt ist die Antragsfrist (innerhalb von zwölf Monaten nach Rechtskraft des Scheidungsurteils) einzuhalten. Antragstellung und Eingang des Antrags bei der Behörde sind zu dokumentieren. 100

b) Eheschließung
Die Wirksamkeit der Eheschließung ist zu prüfen, insbesondere das für den relevanten Zeitpunkt anwendbare Recht zu ermitteln. 101

c) Staatsangehörigkeit der Beteiligten
Staatsangehörigkeit des Ehegatten und der Kinder sind zu prüfen. Für § 9 Abs. 2 StAG muss mindestens ein Kind die deutsche Staatsangehörigkeit haben. 102

d) Zeitliche Vorgaben
Die zeitlichen Vorgaben sind zu prüfen: dreijähriger Inlandsaufenthalt und zweijährige eheliche Lebensgemeinschaft in Deutschland im Zeitpunkt der Trennung 103

e) Einkommenssituation
Die Einkommenssituation ist zu prüfen. 104

5. Weiterführende Hinweise

a) Bestand der Ehe
§ 9 Abs. 1 StAG setzt eine noch im Zeitpunkt der Einbürgerung bestehende Ehe voraus. Die Ehe muss wirksam geschlossen worden sein.[159] Ähnlich wie im Aufenthaltsrecht auch ist über das Bestehen der Ehe hinaus auch die Führung der ehelichen Lebensgemeinschaft bedeutsam. Dabei ist zu **differenzieren**: War von vornherein das Ziel der Eheschließung, ansonsten nicht erreichbare ausländerrechtliche und einbürgerungsrechtliche Vorteile zu erlangen, ohne eine eheliche Lebensgemeinschaft führen zu wollen,[160] so ist dies im Rahmen des „Restermessens" zu berücksichtigen. Denn formal jedenfalls besteht die Ehe. Die erleichterte Herbeiführung einer einheitlichen Staatsangehörigkeit in der Ehe macht jedoch keinen Sinn. ZT wird in dieser Konstellation bereits die Einordnung in die deutschen Lebensverhältnisse in 105

---

159 Siehe § 7 Rn. 174.
160 VAH-StAG Nr. 9.0; zu den aufenthaltsrechtlichen Ausstrahlungen des Art. 6 GG siehe BVerwG Beschl. v. 12.5.1987 – BvR 1226/83 ua, E 76,1; BVerwG, Urt. v. 9.9.2003 – 1 C 6.03, InfAuslR 2004, 77; NK-AuslR/*Oberhäuser*, StAG § 9 Rn. 23; GK-StAR/*Marx*, § 9 Rn. 24 ff., 38.

Frage gestellt.¹⁶¹ Auch kann die aufenthaltsrechtliche Grundlage der Einbürgerung entfallen, weil die erteilte Aufenthaltserlaubnis zurückgenommen werden kann. Die Rücknahme einer auf einer „Scheinehe" beruhenden Einbürgerung kann in Betracht kommen.¹⁶²

106 Ist eine ursprünglich bestehende eheliche Lebensgemeinschaft aufgehoben worden, ohne dass die Ehegatten geschieden sind, kann der **Rechtsgedanke** des **§ 9 Abs. 2 StAG** herangezogen werden.¹⁶³ Im Zeitpunkt der Trennung muss also ein dreijähriger Inlandsaufenthalt und eine zweijährige eheliche Lebensgemeinschaft bestanden haben. Weitere Voraussetzung ist, dass aus der Ehe ein Kind hervorgegangen ist, das – auch – der Personensorge des Einbürgerungsbewerbers untersteht und die deutsche Staatsangehörigkeit besitzt.¹⁶⁴

107 Die **Doppelehe** ist einbürgerungsrechtlich nicht privilegiert. Die Führung eine Doppelehe steht der Annahme der Einordnung in die deutschen Lebensverhältnisse entgegen.¹⁶⁵

b) Vermeidung von Mehrstaatigkeit

108 Auch bei der Einbürgerung nach § 9 StAG soll Mehrstaatigkeit vermieden werden.¹⁶⁶ Dies ergibt sich eindeutig aus dem Wortlaut des § 9 Abs. 1 Nr. 1 StAG, nach dem § 12 StAG ausdrücklich anwendbar ist. Im Rahmen der Anwendung des § 12 StAG ist jedoch auf den Schutz und die Förderung von Ehe und Familie besonders Rücksicht zu nehmen, und das Ziel einer einheitlichen Staatsangehörigkeit innerhalb der Familie¹⁶⁷ zu beachten. In geeigneten Fällen kann auf die **Ermessenseinbürgerung** gemäß § 8 StAG zurückgegriffen werden.¹⁶⁸

c) Kind

109 Zu den Kindern aus der Ehe gehören auch gemeinschaftlich angenommene Kinder sowie von einem Ehegatten angenommene Kinder des anderen Ehegatten.¹⁶⁹

d) Personensorge

110 Die gemäß § 9 Abs. 2 StAG erforderliche Personensorge für das Kind deutscher Staatsangehörigkeit muss vom Einbürgerungsbewerber nicht allein ausgeübt werden. Vielmehr reicht die gemäß § 1671 BGB als Regelfall vorgesehene gemeinsame Personensorge aus.¹⁷⁰ Stets aber ist zu prüfen, ob das gemeinsame Sorgerecht nicht im Einzelfall so ausgestaltet ist, dass letztlich wiederum nur ein Elternteil die wesentlichen Elemente der elterlichen Sorge ausübt und es damit für den anderen Elternteil lediglich bei einem das Umgangsrecht wie nach dem früheren Kindschaftsrecht und die Erfüllung der Unterhaltspflicht umfassenden Sorgerecht bleibt.¹⁷¹ Bei dem Extremfall eines faktischen Ausschlusses des nur noch formal bestehenden gemeinsamen Sorgerechts weicht der Sachverhalt so weit von dem in § 9 Abs. 2 StAG gesetz-

---

161 VglNK-AuslR/*Oberhäuser*, StAG § 9 Rn. 11 und 20.
162 § 35 StAG; NK-AuslR/*Oberhäuser*, StAG § 9 Rn. 23; GK-StAR/*Marx*, § 9 Rn. 34 und 39.
163 VAH-StAG Nr. 9.0 mit Verweis auf Nr. 9.2 Abs. 2: analoge Anwendung; *Hailbronner/Renner/Maaßen*, § 9 Rn. 31, siehe auch Rn. 30 mwN; NK-AuslR/*Oberhäuser* § 9 Rn. 19.
164 GK-StAR/*Marx*, § 9 Rn. 167 ff.
165 VAH-StAG Nr. 9.1.2; *Hailbronner/Renner/Maaßen*, § 9 Rn. 23; GK-StAR/*Marx*, § 9 Rn. 94; differenzierend NK-AuslR/*Oberhäuser* § 9 Rn. 14.
166 VAH-StAG Nr. 9.1.1; Sog. „Übeldoktrin", GK-StAR/*Marx*, § 9 Rn. 53 ff.; NK-AuslR/*Oberhäuser* § 9 Rn. 10.
167 *Hailbronner/Renner/Maaßen*, § 9 Rn. 19.
168 Vgl. § 8 Rn. 121 ff.
169 VAH-StAG Nr. 9.2 Abs. 1.
170 VAH-StAG Nr. 9.2; OVG NRW, B. v. 4.8.2006 – 19 B 1161/05 – InfAuslR 2006, 469; HessVGH, Urt. v. 15.3.2004 – 12 UE 1491/03, InfAuslR 2004, 354 ff.; NK-AuslR/*Oberhäuser* § 9 Rn. 21; GK-StAR/*Marx*, § 9 Rn. 171 ff.
171 HessVGH, Urt. v. 15.3.2004 – 12 UE 1491/03, InfAuslR 2004, 354 ff.; NK-AuslR/*Oberhäuser* § 9 Rn. 21; GK-StAR/*Marx*, § 9 Rn. 178 mwN

lich vorgesehenen Regelfall ab, dass das Restermessen eröffnet ist und die Einbürgerung verweigert werden kann.

e) Aufenthaltsdauer
aa) Verkürzung
Für bestimmte Personengruppen kann nach der Verwaltungspraxis[172] die dreijährige Aufenthaltsdauer im Inland verkürzt werden, wenn die eheliche Lebensgemeinschaft seit drei Jahren besteht. Dies gilt bei 111

- Angehörigen international tätiger, auch ausländischer Unternehmen und Institutionen oder anderen Personen, die aus beruflichen oder geschäftlichen Gründen ihren gewöhnlichen Aufenthalt im Ausland hatten, wenn die Tätigkeit im Ausland im deutschen Interesse lag,
- Ehegatten oder Lebenspartnern von Deutschen, die im Ausland eine der soeben genannten Tätigkeiten ausgeübt haben, und
- Ehegatten oder Lebenspartnern von aus dem Ausland zurückgekehrten entsandten Angehörigen des Auswärtigen Amtes, der Bundeswehr und anderer öffentlicher oder öffentlich geförderter Einrichtungen.

bb) Unterbrechungen
Nach einer Unterbrechung des Aufenthalts können gemäß VAH-StAG Nr. 9.1.2.1 frühere Aufenthalte im Inland bis zu zwei Dritteln der geforderten Aufenthaltsdauer angerechnet werden.[173] 112

f) Tod des (deutschen) Ehegatten
Die Privilegierung des § 9 Abs. 1 StAG gilt auch, wenn der deutsche Ehepartner verstorben ist und der Einbürgerungsbewerber die Personensorge für ein Kind aus der Ehe ausübt, das bereits die deutsche Staatsangehörigkeit besitzt. Auch hier ist die Frist zur Antragstellung von einem Jahr zu beachten. 113

g) Lebenspartner
Lebenspartner sind – im Gegensatz zu § 10 Abs. 2 StAG – von der Privilegierung des § 9 Abs. 1 StAG erfasst.[174] Ob dies auch für die Privilegierung des § 9 Abs. 2 StAG gilt, ist strittig.[175] 114

V. Hinnahme von Mehrstaatigkeit / Klärung der Identität
1. Sachverhalt / Lebenslage

Beispiel: Staatsangehörigkeit und Identität ungeklärt 115
Der heute fast 50-jährige Einbürgerungsbewerber A hatte als 19-jähriger junger Mann den Libanon verlassen. Dort war er geboren und aufgewachsen. Zu seinen Eltern war in den Wirren des Libanesischen Bürgerkrieges der Kontakt verloren gegangen. Sie waren Kurden, die zu einem dem A unbekannten Zeitpunkt lange vor seiner Geburt aus der Türkei illegal in den Libanon eingewandert waren. Nach mehrjähriger Wanderschaft kam A nach Deutschland, wo er nunmehr seit über 25 Jahren lebt.

---
172 VAH-StAG Nr. 9.1.2.2.
173 Vgl. VAH-StAG Nr. 12 b.2.
174 NK-AuslR/*Oberhäuser* § 9 Rn. 6.
175 Dagegen: *Hailbronner/Renner/Maaßen*, § 9 Rn. 7 mit Verweis auf *Wegner*, ZAR 2001, 159 ff.; dafür: NK-AuslR/ *Oberhäuser*, StAG § 9 Rn. 20.

Seit Anfang der 1990er Jahre hatte er eine Aufenthaltsbefugnis nach einer Altfallregelung, die seit 1.1.2005 als Aufenthaltserlaubnis gemäß § 23 Abs. 1 AufenthG fortgilt. In seinem von der Ausländerbehörde ausgestellten Reiseausweis für Ausländer ist zur Staatsangehörigkeit vermerkt: „ungeklärt". A verfügt über eine Wohnung, finanziert seinen Lebensunterhalt durch eigene Erwerbstätigkeit problemlos und ist strafrechtlich nicht in Erscheinung getreten. Er beherrscht die deutsche und arabische Sprache; seine Muttersprache ist kurdisch. Türkisch hat er nie gelernt Es ergaben sich keine Sicherheitsbedenken gegen die Einbürgerung.

Die Einbürgerungsbehörde hat den Einbürgerungsantrag nach Anhörung mit der Begründung abgelehnt, die Identität des A sei letztlich ungeklärt. Auch habe er sich nicht hinreichend um die Entlassung aus der libanesischen bzw. türkischen Staatsangehörigkeit bemüht. Tatsächlich hat A trotz aller Bemühungen, weder libanesische noch türkische Dokumente zu seiner Staatsangehörigkeit vorlegen können. Ebenso wenig war es ihm gelungen, seine Eltern wiederzufinden. Er ist bereit, auf jedwede etwa bestehende Staatsangehörigkeit – sei es die libanesische, sei es die türkische – zu verzichten.

2. Prüfungsreihenfolge

a) Verfahrensstadium

116 Nach Ablehnung des Einbürgerungsantrags ist der Widerspruch das statthafte Rechtsmittel; in den Bundesländern, die das Widerspruchsverfahren abgeschafft haben, die Klage.[176] Parallel ist zu überlegen, den ausländerrechtliche Status durch Beantragung einer Niederlassungserlaubnis gemäß § 26 Abs. 4 AufenthG zu verstärken und so in den Bereich der Anspruchseinbürgerung zu gelangen.

b) Tatbestandsvoraussetzungen des § 8 StAG

117 Eine Anspruchseinbürgerung scheidet wegen § 10 Abs. 1 S. 1 Nr. 2 StAG aus; für den Inhaber einer Aufenthaltserlaubnis gemäß § 23 Abs. 1 AufenthG besteht kein Einbürgerungsanspruch. Die Tatbestandsvoraussetzungen des § 8 StAG sind jedoch problemlos gegeben.[177] Insbesondere steht nicht entgegen, dass lediglich eine Aufenthaltserlaubnis gemäß § 23 Abs. 1 AufenthG vorliegt.[178]

c) Ermessenseinbürgerung
aa) Vermeidung von Mehrstaatigkeit

118 Der Grundsatz der Vermeidung der Mehrstaatigkeit ist – anders als bei der Anspruchseinbürgerung[179] – bei der Ermessenseinbürgerung gemäß § 8 StAG kein Tatbestandsmerkmal. Er ist jedoch als wesentliches Element im Rahmen der Ermessensbetätigung zu berücksichtigen.[180] Auch hier wird die Mehrstaatigkeit grundsätzlich als „Übel" betrachtet, wobei allerdings auch eingeräumt wird, dass in der neueren Staatenpraxis in zunehmendem Maß eine Hinnahme von Mehrstaatigkeit akzeptiert wird.[181] Dieses Einbürgerungshindernis etwaiger Mehr-

---

176 *Kirchberg/Herrmann* in: Quaas/Zuck, Prozesse in Verwaltungssachen, 2. Aufl. 2011, § 2 Rn. 338 ff.
177 Siehe Rn. 4 ff.
178 Siehe Rn. 6.
179 § 10 Abs. 1 S 1 Nr. 4 StAG.
180 VAH-StAG Nr. 8.1.2.6; *Hailbronner/Renner/Maaßen*, § 8 Rn. 90.
181 *Hailbronner/Renner/Maaßen*, § 8 Rn. 86; krit. GK-StAR/*Marx*, § 8 Rn. 355 ff. und NK-AuslR/*Oberhäuser*, § 8 StAG Rn. 40.

staatigkeit kann aber „überwunden" werden.[182] Dabei orientieren sich die VAH-StAG[183] an den Hinweisen für die Anspruchseinbürgerung in § 12 StAG.[184] Auch hier sollen also der Sache nach Konstellationen gelöst werden, in denen die bisherige Staatsangehörigkeit nicht oder nur unter besonders schwierigen Bedingungen aufgegeben werden kann. Diese **Ausnahmen** sind in VAH-StAG jedoch nicht abschließend, sondern lediglich beispielhaft[185] ausgeführt.

Für den vorliegenden Fall ist VAH-StAG Nr. 8.1.2.6.3.4 einschlägig. Danach kommt die Ermessenseinbürgerung unter Hinnahme von Mehrstaatigkeit in Betracht, wenn der Einbürgerungsbewerber zwar die Verweigerung der Entlassung zu vertreten, sich aber schon länger als 20 Jahre nicht mehr im Herkunftsstaat aufgehalten hat, davon mindestens zehn Jahre im Inland, und über 40 Jahre alt ist. 119

Da die Ausnahmen vom Grundsatz der Vermeidung von Mehrstaatigkeit nicht abschließend aufgeführt sind, können für die Ermessensausübung im vorliegenden Fall auf den Grundgedanken der Ausnahmen zurückgegriffen werden. Angesichts der Vita des Einbürgerungsbewerbers ist deutlich, dass es ihm nicht möglich ist, seine Staatsangehörigkeit aufzugeben. Seine Situation ist der eines alten Menschen, dem die zur Entlassung erforderlichen Schritte altersbedingt nicht mehr zumutbar sind, insoweit vergleichbar, als relevante Vorgänge oft lange zurückliegen.[186] Zusätzlich muss bei alten Menschen die Versagung der Einbürgerung eine besondere Härte darstellen. Dies ist insbesondere dann der Fall, wenn alle im Inland wohnhaften Familienangehörigen bereits deutsche Staatsangehörige sind oder der Einbürgerungsbewerber seit mindestens 15 Jahren rechtmäßig seinen gewöhnlichen Aufenthalt im Inland hat. 120

bb) Klärung der bisherigen Staatsangehörigkeit

Die Notwendigkeit, die staatsangehörigkeitsrechtlichen Verhältnisse eines Einbürgerungsbewerbers zu klären, ist in der ober- und höchstrichterlichen Rechtsprechung anerkannt. Dem Einbürgerungsbewerber obliegt es danach, dass er alle ihm zu Gebote stehenden Wege beschreitet, von dem in Betracht kommenden Staat, zu dem er eine besondere Beziehung hat, tatsächlich und rechtlich als Staatsangehöriger behandelt zu werden. Die Rechtsposition einer ungeklärten Staatsangehörigkeit im Sinne eines dritten Status neben Staatsangehörigkeit und Nichtstaatsangehörigkeit gibt es nicht. Hat der Einbürgerungsbewerber alle zumutbaren Mitwirkungspflichten erfüllt und sind alle behördlichen oder gerichtlichen Klärungsmöglichkeiten ausgeschöpft, ist von Staatenlosigkeit auszugehen.[187] 121

cc) Klärung der Identität

Die **Klärung der Identität** ist Voraussetzung für eine Einbürgerung. Einerseits ist gemäß § 5 Abs. 1 Nr. 1 a AufenthG die Klärung der Identität Regelerteilungsvoraussetzung für die Ertei- 122

---

182 VGH BW, Urt. v. 24.11.2005 – 12 S 1695/05, InfAuslR 2006, 230, 234 ff.
183 Nr. 8.1.2.6.
184 VAH-StAG Nr. 12; vglNK-AuslR/*Oberhäuser*, § 8 StAG Rn. 41 ff.
185 VGH BW, Urt. v. 24.11.2005 – 12 S 1695/05, InfAuslR 2006, 230; GK-StAR/*Marx*, § 8 Rn. 362 f.
186 VAH-StAG Nr. 8.1.2.6.3.3; siehe auch BVerwG, Urt. v. 30.6.2010 – 5 C 9.10 – www.bverwg.de – das aber explizit darauf besteht, dass die Unzumutbarkeit von Entlassungsbemühungen gerade auf den spezifischen Folgen des Alters beruht.
187 Insofern unzutreffend OVG Nds, Urt. v. 10.9.2008 – 13 LB 207/07 – www.asyl.net – Rechtsprechungsdatenbank, als es von der Staatsangehörigkeit ausgehen will, für die „Überwiegendes" spricht; VGH BW, Urt. v. 17.12.2003 – 13 S 2113/01, VENSA; beide allerdings ohne Bezug zu VAH-StAG Nr. 8.1.2.6.3.4.

lung eines Aufenthaltstitels. Sie müsse also erst recht bei der Einbürgerung verlangt werden.[188] Denn die Klärung der Identität wird insbesondere in § 10 Abs. 1 S. 1 Nr. 4 und 5 StAG sowie in den Ausschlussgründen vorausgesetzt. Nach Auffassung des Bundesverwaltungsgericht ist sie ein vom Gesetz unausgesprochen vorausgesetzter, unverzichtbarer Bestandteil der Einbürgerungsvoraussetzungen und der Ausschlussgründe selbst.[189] Eine verlässliche Prüfung wesentlicher Einbürgerungsvoraussetzungen ist sonst nicht möglich. Auch insoweit obliegen dem Einbürgerungsbewerber Mitwirkungspflichten.[190] Gegebenenfalls müssen auch Behörde und Gericht selbst weitere Ermittlungen anstellen.

123 Nach *Berlit*[191] „erfordert die Klärung der Identität nicht zwingend die Klärung der Staatsangehörigkeit. Diese wird nur im Blick auf §§ 10 Abs. 1 S. 1 Nr. 4, 12 StAG erheblich und kann in den Fällen letztlich ungeklärt bleiben, in denen nach § 12 StAG eine Einbürgerung unter Hinnahme der Mehrstaatigkeit zu erfolgen hat."

124 Andererseits kann vom Einbürgerungsbewerber nur das abverlangt werden, was ihm möglich bzw. zumutbar ist.[192] Denn ansonsten führte die Rechtsprechung des Bundesverwaltungsgerichts in Einzelfällen zu einem absoluten und dauerhaften Einbürgerungsausschluss. Dies wäre unverhältnismäßig. Es muss deshalb ein weniger strikter Nachweis der Identität ausreichend sein. Ein willkürliches oder diskriminierendes Vorenthalten der Staatsangehörigkeit ist gemäß Art. 8 EMRK (und Art. 14) unzulässig.[193] Auch der unausgesprochene Ausgangspunkt des Bundesverwaltungsgericht, dass die Identität einer Person die auf dem Geburtseintrag beruhende Gewissheit über den Geburtstag, Ort und Namen sei, die über Personaldokumente insbesondere des Herkunftsstaates perpetuiert wird, ist irrig.[194]

dd) Sonstiges

125 Zu den allgemeinen Ermessensgesichtspunkten siehe Rn. 8 ff.: Zur Aufenthaltsdauer allgemein: siehe Rn. 14 ff.

d) Besondere Beratungshinweise

126 Liegt eine Vollmacht vor? Prüfen, ob Widerspruch oder Klage; Fristen notieren; Akteneinsicht; Mandantengespräch; Rechtsmittel einlegen.

3. Muster: Widerspruch gegen die Ablehnung einer Einbürgerung unter Hinnahme von Mehrstaatigkeit

127 ▶ **Widerspruch**

[zuständige Einbürgerungsbehörde]

Einbürgerung in den deutschen Staatsverband
Herr A.

---

188 BVerwG, Urt. v. 1.9.2011 – 5 C 27.10 – www.bverwg.de.
189 BVerwG, aaO, so GK-STAR/*Berlit*, § 10 Rn. 56.1.
190 GK-STAR/*Berlit*, § 10 Rn. 56.
191 GK-STAR/*Berlit*, § 10 Rn 56.2; so auch NK-AuslR/*Geyer*, § 10 StAG Rn. 6 und *Pfersich*, ZAR, 2012, 31.
192 VGH BW, Urt. v. 17.3.2009 – 13 S 3209/08 – unveröffentlicht.
193 NK-AuslR/*Geyer*, § 10 StAG Rn. 6 unter Hinweis auf EGMR, Urt. v. 11.10.2011, Besch. Nr. 53124/09 – Genovese gegen Malta – http://hudoc.echr.coe.int/eng?i=001-106785#{%22itemid%22:[%22001-106785%22]} und Zimmermann/Landefeld, ZAR 2014, 97 ff.
194 *Persich*, ZAR 2012, 31 mit weiteren Argumenten gegen die Rspr. des BVerwG.

unter Vollmachtsvorlage zeigen wir an, dass wir den Herrn A anwaltlich vertreten. Namens und in Vollmacht des Einbürgerungsbewerbers erheben wir gegen Ihre Verfügung vom ...

Widerspruch

mit dem Antrag,

die Verfügung vom ... aufzuheben und den Einbürgerungsbewerber in den deutschen Staatsverband einzubürgern.

Zur **Begründung** tragen wir vor:

Die angegriffene Verfügung ist rechtswidrig und verletzt den Widerspruchsführer in seinen Rechten. Denn die Verfügung ist ermessensfehlerhaft. Das Ermessen ist vorliegend auf Null reduziert.

Unstreitig liegen die Tatbestandsmerkmale des § 8 StAG vor: Der Widerspruchsführer ist im Besitz einer Aufenthaltserlaubnis gemäß § 23 Abs. 1 AufenthG, die ihm in Folge einer Altfallregelung zusteht. Damit ist ein rechtmäßiger gewöhnlicher Aufenthalt gegeben. Ausweisungsgründe liegen nicht vor. Zu Recht hat die Ausländerbehörde ein Reisedokument für Ausländer erteilt. Der Widerspruchsführer verfügt über eine eigene Wohnung und ist in der Lage, sich zu ernähren.

Der Widerspruchsführer kann sich einerseits darauf berufen, dass der Libanon faktisch keine Entlassung aus der Staatsangehörigkeit vornimmt (siehe die Liste in VAH-StAG Nr. 12.1.2.2). Zudem hat es der Widerspruchsführer nicht zu vertreten hat, dass er aus einer etwa bestehenden türkischen Staatsangehörigkeit nicht entlassen wird. Denn die durch die VAH-StAG Nr. 8.1.2.6.3.4 indizierte Verwaltungspraxis eröffnet ihm den Zugang zur Einbürgerung unter Hinnahme etwaiger Mehrstaatigkeit.

Der Widerspruchsführer ist über 40 Jahre alt. Er hat sich schon länger als zwanzig Jahre nicht mehr im Libanon aufgehalten; in der Türkei ist er nie gewesen. Er hält sich beanstandungsfrei schon weit über 10 Jahre, sogar über 20 Jahre, im Inland auf. Er hat sich vollständig in die deutschen Lebensverhältnisse eingeordnet. Bedenken gegen seine Sprachkenntnisse sind von keiner Seite geäußert worden; sie wären auch nicht berechtigt. Der Aufenthalt im Inland war hinreichend lange und ist immer noch rechtmäßig. Die staatsbürgerlichen Voraussetzungen sind erfüllt.

Zudem ist in das Ermessen einzustellen, dass der Widerspruchsführer alle zumutbaren Mitwirkungspflichten erfüllt hat. Für den Widerspruchsführer, dessen Eltern schon Jahre vor seiner Geburt, also schon vor mehr als 50 Jahren, die Türkei verlassen haben, ist die Feststellung einer türkischen Staatsangehörigkeit als Voraussetzung für die Entlassung nicht mit zumutbarem Aufwand möglich. Er selbst war nie in der Türkei. Er spricht nur kurdisch. Zudem hat der Widerspruchsführer als Inhaber einer auf einer Altfallregelung von Ende der 80er Jahre beruhenden Aufenthaltsbefugnis und später Aufenthaltserlaubnis seinen rechtmäßigen gewöhnlichen Aufenthalt seit über 15 Jahren im Inland.

Zwar ist in der Rechtsprechung anerkannt, dass es einem Einbürgerungsbewerber grundsätzlich obliegt, seine staatsangehörigkeitsrechtlichen Verhältnisse zu klären. Die vom OVG Niedersachsen (Urt. v. 10.9.2008 – 13 LB 207/07) und vom VGH Baden-Württemberg (Urt. v. 17.12.2003 – 13 S 2113/01) entschiedenen Fälle betreffen aber nicht die hier vorliegende Konstellation, wie sie in VAH-StAG Nr. 8.1.2.6.3.4 ausdrücklich angesprochen ist. Offenbar liegen auch keine entgegenstehenden Ermessensleitlinien des Landesrechts vor. Der Widerspruchsführer hat keine weiteren zumutbaren Möglichkeiten, seine Staatsangehörigkeit zu klären. Auch von Seiten Ihrer Behörde kann offensichtlich keine weitere Klärung herbeigeführt werden. Es ist deshalb davon auszugehen, dass der Widerspruchsführer keine türkische Staatsangehörigkeit hat. Die Regelung in Nr. 8.1.2.6.3.4 ermöglicht sogar eine Einbürgerung, wenn der Einbürgerungsbewerber – was vorliegend nicht der Fall ist – die Verweigerung der Entlassung zu vertreten hätte. Sie würde leerlaufen, wenn Ihre Behörde auf weiteren Bemühungen um Entlassung aus der Staatsangehörigkeit bestehen würde. Im Hinblick auf den langjährigen Aufenthalt in der Bundesrepublik Deutschland, die lange Zeit, die die staatsangehörigkeitsrechtlichen Vorgänge zurückliegen und die bereits bisher nachgewiesenen Anstrengungen des Widerspruchsführers, seine Staatsangehörigkeit zu klären, kann keine andere Entscheidung als die Einbürgerung des Widerspruchsführers in den deutschen Staatsverband rechtmäßig sein.

Dem Widerspruchsführer kann auch nicht – in der Folge der ungeklärten Staatsangehörigkeit – eine etwa ungeklärte Identität entgegengehalten werden. Zwar ist die Klärung der Identität nach der Rechtsprechung des BVerwG (Urt. v. 1.9.2011 – 5 C 27.10) Voraussetzung für eine Einbürgerung. Aber auch insoweit gilt, dass der Widerspruchsführer alle ihm zumutbaren Mitwirkungspflichten erfüllt hat und auch durch behördliche Maßnahmen keine weitere Klärung zu erwarten ist. Es gibt keinerlei Anhaltspunkte dafür, dass der Widerspruchsführer unter einer falschen Identität auftritt.

Die absolute und dauerhafte Versagung der Einbürgerung wäre willkürlich und diskriminierend und verstieße deshalb gegen Art. 8 und 14 EMRK (NK-AuslR/*Geyer*, § 10 StAG Rn. 6 mit Hinweis auf EGMR, Urt. v. 11.10.2011, Besch. Nr. 53124/09 – Genovese gegen Malta – http://hudoc.echr.coe.in t/eng?i=001-106785#{%22itemid%22:[%22001-106785%22]} und *Zimmermann/Landefeld*, ZAR 2014, 97 ff.). Mindestens jedoch wäre sie unverhältnismäßig. Zutreffend wird auch darauf hingewiesen, dass der Ausgangspunkt der Rechtsprechung des Bundesverwaltungsgerichts irrig ist. Der Widerspruchsführer schließt sich den Ausführungen von *Persich* in ZAR 2012, 31 an: „Die Identität einer Person ist nämlich keineswegs die auf dem Geburtseintrag beruhende Gewissheit über den Geburtstag, Ort und Namen, die über Personaldokumente insbesondere des Herkunftsstaates perpetuiert wird. Das ist einerseits mehr als zur Prüfung der in § 10 StAG [und hier vorliegend in § 8 StAG] genannten Voraussetzungen erforderlich ist, weil zB die Abstammung, aber auch der genaue Geburtstag, bedeutungslos ist (und sein muss). Andererseits genügen diese Angaben nicht. Ob jemand ... zu einer Strafe verurteilt wurde, lässt sich nur anhand der Personalien feststellen, unter denen er im Bundesgebiet und gegebenenfalls in anderen Staaten gelebt hat. Zudem ergibt sich aus der bereits erwähnten Regelung in den VAH-StAR Nr. 8.1.2.6.3.4, dass es vorliegend entscheidend auf den bisher zurückgelegten Integrationsweg, die lange Abwesenheit vom Herkunftsstaat und die lange Anwesenheit in der Bundesrepublik Deutschland ankommt.

Jedenfalls darf dem Widerspruchsführer auch in diesem Zusammenhang nichts abverlangt werden, was unmöglich bzw. unzumutbar wäre (VGH Baden-Württemberg, Urt. v. 17.3.2009 – 13 S 3209/08, S. 21).

Bei allem ist darauf hinzuweisen, dass die in den VAH-StAG aufgeführten Ausnahmen vom Grundsatz der Vermeidung von Mehrstaatigkeit keineswegs abschließend aufgezählt sind. Vielmehr stellen sie lediglich Beispielsfälle dar (VGH BW Urt. v. 24.11.2005 – 12 S 1695/05, InfAuslR 2006, 230, 234 ff.).

Mithin kann das Hindernis etwa entstehender Mehrstaatigkeit im Ermessenswege überwunden werden.

...

Rechtsanwalt ◄

4. Fehlerquellen / Haftungsfallen

a) Rechtsmittel

Zu prüfen ist je nach Bundesland, ob Widerspruch oder Klage das richtige Rechtsmittel ist.[195] Zudem ist für die Ermessenseinbürgerung in manchen Bundesländern die mittlere Einbürgerungsbehörde zuständig.

128

b) Anspruchseinbürgerung?

Eine Anspruchseinbürgerung scheidet wegen § 10 Abs. 1 S. 1 Nr. 2 StAG aus. Denn die Aufenthaltserlaubnis gemäß § 23 Abs. 1 AufenthG begründet keinen Status, auf dessen Grundlage ein Einbürgerungsanspruch bestehen kann.

129

Auch bei Besitz einer Niederlassungserlaubnis ist eine Anspruchseinbürgerung immerhin so fraglich, dass sich ein Warten auf die Niederlassungserlaubnis nicht lohnt. Denn zwar kommt im Hinblick auf den Libanon § 12 Abs. 1 S. 2 Nr. 2 StAG – regelmäßige Verweigerung der Entlassung – in Betracht. Es wird aber kaum gelingen darzutun, dass von der Türkei eine Entlassung aus der Staatsangehörigkeit von unzumutbaren Bedingungen abhängig gemacht würden, § 12 Abs. 1 S. 2 Nr. 3 Alt. 2 StAG. Die Anwendung von § 12 Abs. 1 S. 2 Nr. 4 StAG ist ausgeschlossen, da der Einbürgerungsbewerber das 60. Lebensjahr noch nicht vollendet hat.[196] Die Frage, ob die in § 12 Abs. 1 S. 2 StAG aufgeführten Ausnahmen abschließend aufgeführt sind, ist immer noch offen.[197]

130

5. Weiterführende Hinweise

a) Rechtliche und faktische Unmöglichkeit der Entlassung

Hinnahme von Mehrstaatigkeit kommt in Betracht, wenn das Recht des ausländischen Staates das Ausscheiden aus dessen Staatsangehörigkeit nicht ermöglicht (vgl. § 12 Abs. 1 S. 2 StAG).[198] Das gilt auch, wenn der ausländische Staat die Entlassung durchweg verwehrt oder von unzumutbaren Bedingungen abhängig macht (vgl. § 12 Abs. 1 S. 2 Nr. 2 und Nr. 3 StAG).[199] Das BMI hat in Abstimmung mit dem Auswärtigen Amt hat eine **Liste von Staaten** zusammengestellt, die faktisch keine Entlassung vornehmen: Afghanistan, Algerien, Angola, Eritrea, Iran,[200] Kuba, Libanon, Malediven, Marokko, Nigeria, Syrien, Thailand und Tunesien.[201]

131

b) Flüchtlinge iSd Genfer Flüchtlingskonvention

Hinnahme von Mehrstaatigkeit kommt auch bei der Ermessenseinbürgerung in Betracht, wenn der Einbürgerungsbewerber einen Reiseausweis für Flüchtlinge nach Artikel 28 des Abkommens über die Rechtsstellung der Flüchtlinge vom 28. Juli 1951 (BGBl.II 1953, S. 559) besitzt, soweit nicht das Bundesamt für Migration und Flüchtlinge ein Verfahren der Rück-

132

---

195 *Kirchberg/Herrmann* in: Quaas/Zuck, Prozesse in Verwaltungssachen, 2. Aufl. 2011, § 2 Rn. 338 ff.; Siehe auch § 7 Rn. 57.
196 Vgl. VAH-StAG Nr. 12.1.2.4.
197 BVerwG, Urt.v. 30.6.2010 – 5 C 9.10 und v. 21.2.2013 – 5 C 9.12, beide in – www.bverwg.de.
198 NK-AuslR/*Oberhäuser*, § 8 StAG Rn. 35 ff.
199 Siehe auch § 7 Rn. 146 ff.
200 Siehe ergänzende Anmerkung zu Iran: VAH-StAG Nr. 8.1.2.6.3.2.
201 VAH-StAG Nr. 8.1.2.6.3.2 mit Verweis auf Nr. 12.1.2.2.

nahme oder des Widerrufs der Asylentscheidung nach § 73 AsylG eingeleitet hat.²⁰² Für diesen Personenkreis reicht auch eine Aufenthaltsdauer von sechs Jahren.²⁰³

c) Herausragendes öffentliches Interesse

133 Auch bei einem herausragenden öffentlichen Interesse an der Einbürgerung kann Mehrstaatigkeit hingenommen werden.²⁰⁴ Dies kann zB bei hervorragenden Wissenschaftlern der Fall sein.

d) Staaten der Europäischen Union und die Schweiz

134 Während das Richtlinien-Umsetzungsgesetz 2007 den Grundsatz der Vermeidung von Mehrstaatigkeit bei der Anspruchseinbürgerung von Einbürgerungsbewerbern aus Staaten der Europäischen Union und der Schweiz mit der Neufassung des § 12 Abs. 2 StAG aufgegeben hat, hat es für die Ermessenseinbürgerung keine entsprechende Regelung getroffen. Da es nach der Begründung der Gesetzesänderung mit der alten Regelung sowohl rechtlich als auch praktisch Probleme gegeben hat, insbesondere wegen der Abhängigkeit der Regelung von der Auslegung und Anwendung des ausländischen Staatsangehörigkeitsrechts, dürfte Vieles dafür sprechen, das **Gegenseitigkeitsprinzip** für die Staaten der Europäischen Union und die Schweiz auch bei der Ermessenseinbürgerung aufzugeben.²⁰⁵

135 Allerdings war auch unter altem Recht anders als bei der Anspruchseinbürgerung eine Ausnahme für den Fall der Gegenseitigkeit²⁰⁶ bei der Ermessenseinbürgerung nicht ausdrücklich geregelt. Nach der Rechtsprechung galt dies auch für Einbürgerungsbewerber mit deutschen Ehegatten.²⁰⁷

e) Vorübergehende Hinnahme von Mehrstaatigkeit

136 Vorübergehende Mehrstaatigkeit kommt insbesondere bei Kindern in Betracht, die vor der Volljährigkeit ihre bisherige Staatsangehörigkeit nicht ablegen können.²⁰⁸

f) Einbürgerung unter anderer Identität

137 Die unter einer anderen Identität erfolgte Einbürgerung ist zwar rechtswidrig, aber weder unwirksam noch nichtig.²⁰⁹

B. Staatsangehörigkeit durch Geburt bei ausländischen Eltern (§ 4 Abs. 3 S. 1 StAG)

I. Erwerb

1. Sachverhalt / Lebenslage

138 Beispiel: ius soli
Das Standesamt lehnt es ab, den Hinweis auf die deutsche Staatsangehörigkeit auf dem Geburtseintrag des Kindes des im Sachverhalt zu § 7 A (Rn. 1) genannten Somaliers, anzubringen. Dieser hatte kurz vor der Geburt des Kindes die Niederlassungserlaubnis erhalten. Er

---

202 NK-AuslR/*Oberhäuser*, § 8 StAG Rn. 57 f.
203 VAH-StAG Nr. 8.1.3.1; *Hailbronner/Renner/Maaßen*, § 8 Rn. 104 ff.; NK-AuslR/*Oberhäuser*, § 8 StAG Rn. 58.
204 VAH-StAG Nr. 8.1.2.6.3.6.
205 VAH-StAG 8.1.2.6.3.8; NK-AuslR/*Oberhäuser*, § 8 StAG Rn. 42.
206 Vgl. § 12 Abs. 2 StAG aF.
207 BVerwG, Beschl. v. 15.4.1991 – 1 B 175.90, InfAuslR 1991, 254 ff. mit abl. Anm. *Rittstieg*; *Hailbronner/Renner*, 4. Aufl. 2005, § 8 Rn. 77 f.
208 VAH-StAG 8.1.2.6.2; vgl. GK-StAR/*Berlit*, § 10 Rn. 340; NK-AuslR/*Oberhäuser*, § 8 StAG Rn. 51 ff.
209 BVerwG Urt. v. 9.9.2014 – 1 C 10,14 – www.bverwg.de.

war vor zehn Jahren eingereist und hatte Asylantrag gestellt. Das Bundesamt für Migration und Flüchtlinge – hatte vor neun Jahren seinen Asylantrag zwar ebenso wie die Feststellung eines Abschiebungsverbots gemäß § 60 Abs. 1 AufenthG abgelehnt, aber die Voraussetzungen für ein Abschiebungsverbot gemäß § 60 Abs. 7 AufenthG wegen einer erheblichen konkreten Gefahr für sein Leben festgestellt. Die Ausländerbehörde hatte daraufhin eine Aufenthaltserlaubnis gemäß § 25 Abs. 3 AufenthG erteilt. Das Standesamt macht sich die Auffassung der Ausländerbehörde zu eigen, dass der Vater zwar im Besitz einer Niederlassungserlaubnis sei, es aber an einem rechtmäßigen gewöhnlichen Aufenthalt in den acht Jahren vor der Geburt des Kindes fehle. Eine Aufenthaltserlaubnis gemäß § 25 Abs. 3 AufenthG könne einen derartigen Aufenthalt nicht vermitteln. Die Mutter des Kindes stammt ebenfalls aus Somalia; sie ist aber seit Jahren nur im Besitz einer Duldung und lebt in einer Gemeinschaftsunterkunft. Die Eltern sind nicht miteinander verheiratet. Der Vater hatte die Vaterschaft bereits vor der Geburt des Kindes anerkannt.

2. Prüfungsreihenfolge
a) Verfahrenslage

Hat das Kind gemäß § 4 Abs. 3 S. 1 StAG kraft Gesetzes durch Geburt im Inland die deutsche Staatsangehörigkeit erworben, so bringt der die Geburt beurkundende Standesbeamte am unteren Rand des Geburtseintrags gemäß § 21 Abs. 3 Nr. 4 PStG, § 34 PStV, § 276 Abs. 1 Nr. 3 S. 1 DA den Hinweis an: „Nach meiner Prüfung hat das Kind gemäß § 4 Abs. 3 StAG die deutsche Staatsangehörigkeit erworben." Dieser Hinweis wird zwar in den Geburtseintrag (§ 4 Abs. 3 S. 2 StAG), nicht aber in die Geburts- oder Abstammungsurkunde aufgenommen.[210]

139

Das Standesamt muss die erforderlichen Ermittlungen selbst anstellen.[211] Dazu fragt es mittels Formular[212] bei der Ausländerbehörde den ausländerrechtlichen Werdegang der Eltern ab. Die erforderliche Subsumtion muss es selbst vornehmen.[213]

Die hier vorliegende Ablehnung, diesen Hinweis anzubringen, eröffnet den Rechtsweg zum **Personenstandsrichter** nicht,[214] da über den Erwerb der Staatsangehörigkeit keine Bescheinigung ausgehändigt wird. Es liegt insoweit keine personenstandsrechtliche Amtshandlung vor.[215] Ist – wie hier – ein formeller Nachweis über den Besitz der deutschen Staatsangehörigkeit gewünscht, verweist der Standesbeamte die Eltern an die Staatsangehörigkeitsbehörde.[216] Diese kann nun mit § 30 StAG ein Verfahren zur Feststellung des Bestehens oder Nichtbestehens der deutschen Staatsangehörigkeit mit Verbindlichkeit für jedermann[217] durchführen.[218] Der Hinweis des Standesbeamten vermag eine derartige Beweiskraft nicht zu entfalten.[219]

140

---

210 Formular als Anlage 12 der PStV; *Hailbronner/Renner/Maaßen*, § 4 Rn. 90.
211 *Hailbronner/Renner/Maaßen*, § 4 Rn. 95, die auch eine Streichung eines unrichtigen Hinweises für möglich halten, Rn. 97; GK-StAR/*Marx*, § 4 Rn. 368.
212 Formular als Anlage 12 der PStV.
213 *Hailbronner/Renner/Maaßen*, § 4 Rn. 96; GK-StAR/*Marx*, § 4 Rn. 368.
214 §§ 46 f., 48 ff. PStG; NK-AuslR/*Oberhäuser*, § 4 StAG Rn. 33: allenfalls zur Vermeidung unzutreffenden Rechtsscheins; zweifelnd jetzt KG Berlin, B. v. 21.7.2015 – 1 W 365/14 – http://www.asyl.net/index.php?id=185&tx_ttnews[tt_news]=53461&cHash=6debb80d8eee9d5cd0a9a672c898e3e6 (Verfahrenskostenhilfe gewährend).
215 AA *Hailbronner/Renner/Maaßen*, § 4 Rn. 99 f.; siehe auch GK-StAR/*Marx*, § 4 Rn. 334.
216 § 261 a Abs. 4 DA.
217 § 30 Abs. 1 Satz 2 StAG.
218 Siehe auch GK-StAR/*Marx*, § 4 Rn. 380.
219 *Hailbronner/Renner/Maaßen*, § 4 Rn. 92; GK-StAR/*Marx*, § 4 Rn. 359, 361; NK-AuslR/*Oberhäuser*, § 4 StAG Rn. 32.

b) Das Feststellungsverfahren nach § 30 StAG

141 § 30 StAG[220] ermöglicht eine behördliche Entscheidung in einem Verfahren zur Feststellung des Bestehens der deutschen Staatsangehörigkeit als Verwaltungsakt.[221] Das Bestehen oder Nichtbestehen der deutschen Staatsangehörigkeit wird auf Antrag[222] oder im öffentlichen Interesse von Amts wegen von der Staatsangehörigkeitsbehörde festgestellt.[223] Hierzu ergeht ein Feststellungsbescheid der Behörde.[224] Wird das Bestehen der deutschen Staatsangehörigkeit festgestellt, stellt die Staatsangehörigkeitsbehörde kraft Gesetzes von Amts wegen[225] einen **Staatsangehörigkeitsausweis** aus.[226]

142 Gemäß § 30 Abs. 2 StAG ist es für die Feststellung erforderlich, aber auch ausreichend, wenn durch Urkunden, Auszüge aus den Melderegistern oder andere schriftliche Beweismittel mit hinreichender Wahrscheinlichkeit nachgewiesen ist, dass die deutsche Staatsangehörigkeit erworben und danach nicht wieder verloren gegangen ist.[227] Damit werden die praktischen Nachweisschwierigkeiten[228] berücksichtigt.

143 Die Entscheidung ist gemäß § 30 Abs. 1 S. 2 StAG in allen Angelegenheiten verbindlich, für die das Bestehen oder Nichtbestehen der deutschen Staatsangehörigkeit rechtserheblich ist.[229] Damit ist der frühere Missstand beendet, dass der Staatsangehörigkeitsausweis lediglich ein Beweismittel war, das die tatsächliche Vermutung für das Bestehen der deutschen Staatsangehörigkeit im Zeitpunkt der Ausstellung erzeugte.[230] Eine **Bindungswirkung** trat nach altem Recht nur dann ein, wenn eine rechtskräftige Entscheidung eines Verwaltungsgerichts vorlag.[231] Deshalb muss sehr sorgfältig zwischen „alten", dh vor dem 28.8.2007 erteilten, und „neuen" Staatsangehörigkeitsausweisen unterschieden werden.[232]

144 Die Entscheidung unterliegt – in den Ländern, in denen der Widerspruch nicht abgeschafft ist – dem Widerspruch und der verwaltungsgerichtlichen Überprüfung. Richtiges Rechtsmittel ist die **Verpflichtungsklage**.[233] Bis zum Inkrafttreten des Richtlinien-Umsetzungsgesetzes 2007 wurde für das Verfahren auf Ausstellung eines Staatsangehörigkeitsausweises mit inzidenter Prüfung der deutschen Staatsangehörigkeit die **Verpflichtungsklage** und im Verfahren zur Feststellung der deutschen Staatsangehörigkeit[234] die **Feststellungsklage**[235] für das richtige Rechtsmittel gehalten.

---

220 In Kraft seit 28.8.2007; zum Anspruch, die Staatsangehörigkeit feststellen zu lassen: OVG Sachsen, Urt. v. 5.9.2013 – 3 A 793/13 – www.asyl.net – Rechtsgebiete, Einbürgerung/Staatsangehörigkeit.
221 Nach Auffassung von GK-StAR/*Marx*, § 30 Rn. 28 f. feststellend, nicht rechtsgestaltend.
222 *Kirchberg/Herrmann* in: Quaas/Zuck, Prozesse in Verwaltungssachen, 2. Aufl. 2011, § 2 Rn. 81 ff.
223 VAH-StAG Nr. 30.1; Liste der in den verschiedenen Bundesländern zuständigen Behörden bei GK-StAR/*Marx*, § 30 Rn. 13.
224 GK-StAR/*Marx*, § 30 Rn. 28 f.
225 GK-StAR/*Marx*, § 30 Rn. 151.
226 VAH-StAG Nr. 30.3.
227 VAH-StAG Nr. 30.2.
228 NK-AuslR/*Oberhäuser*, StAG § 30 Rn. 8 f.
229 GK-StAR/*Marx*, § 30 Rn. 35; NK-AuslR/*Oberhäuser*, StAG § 30 Rn. 1.
230 Siehe auch *Hailbronner/Renner/Maaßen*, § 30 Rn. 4 und GK-StAR/*Marx*, § 30 Rn. 149 ff.
231 BVerwG, Urt. v. 23.2.1993 – 1 C 16.87, InfAuslR 1993, 274 mit Anm. *Rittstieg*.
232 *Hailbronner/Renner/Maaßen*, § 30 Rn. 6; GK-StAR/*Marx*, § 30 Rn. 155; aA NK-AuslR/*Oberhäuser*, StAG § 30 Rn. 12.
233 BVerwG, Urt. v. 19.2.2015 – 1 C 17.14 – www.bverwg.de – Rn. 10 ff.; GK-StAR/*Marx*, § 30 Rn. 138 ff.; NK-AuslR/*Oberhäuser*, StAG § 30 Rn. 12; siehe auch VGH BW, Urt. v. 21.10.2010 – 11 S 1580/10 – www.asyl.net – Rechtsprechungsdatenbank.
234 So der Fall BVerwG, Urt. v. 18.11.2004 – 1 C 31.03, InfAuslR 2005, 215 ff. zu Art. 4 Abs. 3 StAG zum alten Recht.
235 *Hailbronner/Renner*, § 4 Rn. 95 und § 40 Rn. 14; siehe auch GK-StAR/*Marx*, § 4 Rn. 6 335.

c) Geburt

Das Kind muss im Inland geboren worden sein. Zeitpunkt und Ort der Geburt können durch die **Geburtsurkunde** nachgewiesen werden. Sie hat insoweit Beweiskraft. Allerdings kann jederzeit der konkrete Nachweis der Unrichtigkeit geführt werden (§ 60 Abs. 1 S. 1, Abs. 2 PStG).

d) Abstammung

Die Abstammung von einem Elternteil, der im Zeitpunkt der Geburt des Kindes sowohl im Besitz einer Niederlassungserlaubnis ist, als auch seit acht Jahren seinen rechtmäßigen gewöhnlichen Aufenthalt im Inland hat, muss geprüft werden. Gemäß Art. 19 Abs. 1 S. 1 EGBGB unterliegt die Abstammung dem Recht des Staates, in dem das Kind seinen gewöhnlichen Aufenthalt hat, also dem deutschen Recht. Für das Verhältnis zu jedem Elternteil ist aber auch anwendbar das Recht des Staates, dem der betreffende Elternteil angehört.[236] Ferner kann die Abstammung nach dem Recht bestimmt werden, dem die allgemeinen Wirkungen der Ehe bei der Geburt nach Art. 14 EGBGB unterliegen.[237]

Bei ehelich geborenen Kindern ist die Abstammung von den Eltern daher unproblematisch festzustellen. Hinreichend ist jedoch auch die nichteheliche Abstammung. Hierbei können Probleme entstehen, wenn die Erwerbsvoraussetzungen vom Vater abgeleitet werden sollen; es empfiehlt sich eine möglichst frühe **Vaterschaftsanerkennung**.

e) Rechtmäßiger und gewöhnlicher Aufenthalt

Der Aufenthalt des relevanten Elternteils muss im Zeitpunkt der Geburt des Kindes seit acht Jahren rechtmäßig und gewöhnlich gewesen sein. Hierfür gelten dieselben Maßstäbe wie bei § 10 Abs. 1 S. 1 StAG.[238]

f) Aufenthaltstitel des relevanten Elternteils

Der maßgebliche Elternteil muss zum Zeitpunkt der Geburt des Kindes ein unbefristetes Aufenthaltsrecht oder als Staatsangehöriger der Schweiz oder dessen Familienangehöriger eine Aufenthaltserlaubnis aufgrund des Abkommens zwischen den Europäischen Gemeinschaften und der Schweiz vom 21.6.1999 besitzen.[239]

Unbefristet aufenthaltsberechtigt sind

- Drittstaatsangehörige, die eine Niederlassungserlaubnis oder eine Erlaubnis zum Daueraufenthalt–EG haben;
- freizügigkeitsberechtigte Unionsbürger und ihre Familienangehörigen, ihr Aufenthalt ist prinzipiell unbefristet;[240]

---

236 Art. 19 Abs. 1 S. 2 EGBGB.
237 Art. 19 Abs. 1 S. 3 EGBGB.
238 BVerwG, Urt. v. 26.4.2016 – 1 C 9.15 – www.bverwg.de – zur Aufenthaltserlaubnis gem. § 16 AufenthG, Studium, zit. nach Pressemitteilung vom 26.4.2016 Nr. 31/2016; BVerwG, Urt. v. 29.3.2007 – 5 C 8.06 – www.bverwg.de; vgl. BVerwG, Urt. v. 18.11.2004 – 1 C 31.03, InfAuslR 2005, 215 ff. zu Art. 4 Abs. 3 StAG zum alten, aber insoweit gleichen Recht; BVerwG Urt. v. 16.10.2011 – 5 C 28.10 – www.bverwg.de – zur Duldung während eines später erfolgreichen Asylfolgeverfahrens; VAH-StAG Nr. 4.3.1.2; zu den Unterbrechungen siehe unten 5 a Rn. 157 f.; § 7 A Rn. 47 ff.
239 VAH-StAG Nr. 4.3.1.3.
240 GK-StAR/*Marx*, § 4 Rn. 319; NK-AuslR/*Oberhäuser*, § 4 StAG Rn. 17; aA *Hailbronner/Renner/Maaßen*, § 4 Rn. 83: Familienangehörige aus Drittstaaten müssen eine Aufenthaltserlaubnis-EU besitzen, § 5 Abs. 2 FreizügG/EU.

- Schweizer Staatsangehörige und deren Familienangehörige, die sich auf der Grundlage des Abkommens zwischen den Europäischen Gemeinschaften und der Schweiz vom 21.6.1999 in Deutschland aufhalten, sie sind Unionsbürgern gleichgestellt;[241]
- EWR-Staatsangehörige, auch sie sind Unionsbürgern gleichgestellt, wenn sie einen Freizügigkeitstatbestand erfüllen;[242]
- assoziationsberechtigte türkische Staatsangehörige, sie sind freizügigkeitsberechtigten Unionsbürgern gleichgestellt.[243]

Dem Besitz steht es gleich, wenn die Niederlassungserlaubnis rechtzeitig beantragt[244] oder rückwirkend erteilt[245] oder gerichtlich festgestellt wird, dass sie zu erteilen war.[246]

g) Besondere Beratungshinweise

150 Liegt eine Vollmacht vor? Akteneinsicht; Mandantengespräch; Antrag stellen.

3. Muster: Antrag auf Feststellung der deutschen Staatsangehörigkeit

151 ▶ ...

[Staatsangehörigkeitsbehörde]

...

Antrag auf Feststellung der deutschen Staatsangehörigkeit

des Kindes ..., geb. am ... in ...

unter Vollmachtsvorlage zeigen wir an, dass wir das Kind ..., vertreten durch die Eltern, Frau ... und Herrn ... anwaltlich vertreten.

Namens und in Vollmacht des ASt. beantragen wir gemäß § 30 StAG:

Es wird festgestellt, dass das Kind ... deutscher Staatsangehöriger ist.

Zur **Begründung** tragen wir vor:

Das Kind wurde am ... in ..., also in der Bundesrepublik Deutschland, geboren. Die Eltern sind beide ausländische Staatsangehörige. Sie sind zwar nicht miteinander verheiratet. Der Vater hat seine Vaterschaft jedoch bereits vor der Geburt anerkannt.

Der Vater ist im Besitz einer Niederlassungserlaubnis, die auch schon im Zeitpunkt der Geburt des Kindes bestand. Er hatte in diesem Zeitpunkt auch seit mindestens acht Jahren rechtmäßig seinen gewöhnlichen Aufenthalt im Inland. Dies ergibt sich aus folgenden Erwägungen:

[weiter wie Muster bei § 7 Rn. 23]

...

Rechtsanwalt ◀

4. Fehlerquellen / Haftungsfallen

a) Zuständige Behörde

152 Je nach Bundesland ist die örtlich und sachlich zuständige Behörde festzustellen.

---

241 GK-StAR/*Marx*, § 4 Rn. 325; NK-AuslR/*Oberhäuser*, § 4 StAG Rn. 20 ff.
242 GK-StAR/*Marx*, § 4 Rn. 324; NK-AuslR/*Oberhäuser*, § 4 StAG Rn. 17.
243 GK-StAR/*Marx*, § 4 Rn. 328 ff.; NK-AuslR/*Oberhäuser*, § 4 StAG Rn. 18; aA *Hailbronner/Renner/Maaßen*, § 4 Rn. 83: Niederlassungserlaubnis erforderlich.
244 § 81 Abs. 3 oder 4 AufenthG.
245 GK-StAR/*Marx*, § 4 Rn. 331 ff.
246 *Hailbronner/Renner/Maaßen*, § 4 Rn. 83; vgl. NK-AuslR/*Oberhäuser*, § 4 StAG Rn. 24.

b) Aufenthaltszeiten

Die verschiedenen Ausgestaltungen des Aufenthalts des relevanten Elternteils sind genau zu erheben. Dabei sollte man sich nicht auf die Angaben der Eltern verlassen, sondern selbst durch Einsicht in die Akten der Ausländerbehörde prüfen.

153

c) Optionspflicht nach § 29 StAG

Auf die Voraussetzungen, unter denen die Pflicht zur Wahl zwischen deutscher und ausländischer Staatsangehörigkeit besteht, sollte schon jetzt hingewiesen werden.

154

d) Verbindlichkeit

Dass der Hinweis auf die Staatsangehörigkeit im Geburtseintrag nicht verbindlich[247] ist, sollte in der Beratung ebenso deutlich gemacht werden, wie die Tatsache, dass im Gegensatz dazu die Feststellung der deutschen Staatsangehörigkeit auf Antrag gemäß § 30 StAG für jedermann verbindlich ist.

155

5. Weiterführende Hinweise

a) Unterbrechung des Aufenthalts

Noch nicht vollständig geklärt ist die Frage, wie Unterbrechungen des Aufenthalts des relevanten Elternteils zu bewerten sind. Grundsätzlich ist davon auszugehen, dass § 4 Abs. 3 S. 1 StAG einen ununterbrochenen rechtmäßigen gewöhnlichen Aufenthalt erfordert („seit"). Deshalb unterbrechen Duldungen den zeitlichen Zusammenhang. Dieser Grundsatz ist aber nicht ohne **Ausnahmen**.[248]

156

So sieht das **BVerwG** eine Unterbrechung der Rechtmäßigkeit des Aufenthalts als unschädlich an, wenn sie darauf beruht, dass die Verlängerung des Aufenthaltstitels um wenige Tage verspätet beantragt wurde.[249] Diese Entscheidung erging zwar unter Hinweis auf den Rechtsgedanken des § 89 Abs. 3 AuslG; sie bleibt aber weiter relevant, weil § 12 b Abs. 3 StAG der gleiche Rechtsgedanke wie der Vorläufernorm zu Grunde liegt.[250] Ebenso bewertet das BVerwG eine Unterbrechung der Rechtmäßigkeit des Aufenthalts wegen Passungültigkeit unter der Geltung des AuslG 1965[251] als unschädlich. Eine generelle Anwendung des § 12 b StAG im Rahmen des Geburtserwerbs kann diesen Entscheidungen aber nicht entnommen werden; sie wird in der **Kommentarliteratur** zT zurückhaltend beurteilt.[252]

157

b) Wahl der Staatsangehörigkeit bei Volljährigkeit

Auch nach der seit Dezember 2014 in Kraft getretenen Neuregelung des § 29 StAG kann für einen Deutschen im Sinn des § 4 Abs. 3 StAG, noch die Pflicht entstehen, zu erklären, ob er die deutsche oder die ausländische Staatsangehörigkeit behalten will.

158

c) Miteinbürgerung?

Sollte die Feststellung der deutschen Staatsangehörigkeit erfolglos bleiben, ist für den weiteren Verlauf an eine Miteinbürgerung mit dem Vater zu denken.

159

---

247 GK-StAR/*Marx*, § 4 Rn. 359, 361.
248 Vgl. Rn. 150; VAH-StAG Nr. 4.3.1.1. Dort heißt es: „Zu den Aufenthaltsunterbrechungen vergleiche Nummern 12 b. 1 bis 12 b.1.3 und 12 b.3". Siehe auch HK-AuslR/*Oberhäuser*, StAG § 4 Rn. 15 f.
249 BVerwG, Urt. v. 18.11.2004 – 1 C 31.03, InfAuslR 2005, 215 ff.; NK-AuslR/*Oberhäuser*, StAG § 4 Rn. 15.
250 So im Ergebnis jetzt BVerwG, Urt. v. 26.4.2016 – 1 C 9.15, www.bverwg.de – zit. nach Pressemitteilung vom 26.4.2016 Nr. 31/2016.
251 BVerwG, Urt. v. 29.3.2006 – 5 C 4.05, InfAuslR 2006, 417 ff.
252 GK-StAR/*Marx*, § 4 Rn. 270 ff.; aber auch *Hailbronner/Renner/Maaßen*, § 4 Rn. 79.

II. Option

1. Sachverhalt/Lebenslage

160 **Beispiel:**
I ist Sohn irakischer Eltern, die noch unter der Herrschaft von Saddam Hussein nach Deutschland geflüchtet waren. Mit seiner Geburt in Deutschland hatte er die deutsche Staatsangehörigkeit gemäß § 4 Abs. 3 StAG erworben. Ein halbes Jahr vor seinem achten Geburtstag ging die Familie zurück in den Irak. Abgemeldet hatte sich die Familie jedoch erst einige Zeit später. I, der zwar in einer Kfz-Werkstatt eine Anstellung gefunden hatte, hatte im Irak nie so richtig Fuß gefasst. Alsbald nach seinem 17. Geburtstag ist er jetzt nach Deutschland zurückgekommen und hat sich hier arbeitssuchend gemeldet. Sein Wunsch ist es, eine Ausbildung zum Kfz-Mechatroniker zu machen. In einem Gespräch mit der Staatsangehörigkeitsbehörde sei ihm mitgeteilt worden, man könne ihm derzeit den Bestand der deutschen Staatsangehörigkeit nicht bestätigen.

2. Prüfungsreihenfolge

a) Verfahrenslage

161 Gemäß § 29 StAG[253] unterliegt ein nicht im Inland aufgewachsener Deutscher, der die Staatsangehörigkeit nach § 4 Abs. 3 oder § 40 b StAG erworben hat und eine andere ausländische Staatsangehörigkeit als die eines anderen Mitgliedstaates der Europäischen Union oder der Schweiz besitzt, nach Vollendung des 21. Lebensjahres und nach einem entsprechenden Hinweis der Optionspflicht (§ 29 Abs. 1 StAG). Es müssen alle vier Kriterien erfüllt sein.[254] Er hat zu erklären, ob er die deutsche oder die ausländische Staatsangehörigkeit behalten will. Erklärt er, dass er die ausländische Staatsangehörigkeit behalten will, so geht die deutsche Staatsangehörigkeit mit dem Zugang der Erklärung bei der zuständigen Behörde verloren (§ 29 Abs. 2 StAG).[255] Will der optionspflichtige Deutsche die deutsche Staatsangehörigkeit behalten, muss er entweder den Verlust der ausländischen Staatsangehörigkeit nachweisen[256] oder die Genehmigung zur Beibehaltung der ausländischen Staatsangehörigkeit[257] erwirken.[258]

Anders als im bis zum 20.12.2014 geltenden Recht gehe nach den – die Gerichte nicht bindenden – vorläufigen Anwendungshinweisen zum Staatsangehörigkeitsgesetz in der Fassung des 2. Änderungsgesetzes die deutsche Staatsangehörigkeit also nicht mit der Versäumung der Erklärungsfrist verloren, sondern allein aufgrund des Fortbestandes der ausländischen Staatsangehörigkeit.[259] Anderer Auffassung nach besteht weiterhin für optionspflichtige junge

---

253 In der am 20.12.2014 in Kraft getretenen Fassung; hierzu GK-StAR/*Berlit*, § 29, Stand Juni 2015, Rn. 1 ff. und *Berlit*, Änderung des Optionsrechts, ZAR 2015, 90 ff. mwN; siehe auch VAH-StAG 2015 zu § 29; zur Historie und Bewertung der Neuerung NK-AuslR/*Hocks*, § 29 StAG Rn. 1 und GK-StAR/*Berlit*, § 29 Rn. 7 ff.; zu den Reformbestrebungen GK-StAR/*Berlit*, § 29 Rn. 11.
254 NK-AuslR/*Hocks*, § 29 StAG Rn. 4; GK-StAR/*Berlit*, § 29 Rn. 2.
255 NK-AuslR/*Hocks*, § 29 StAG Rn. 14; GK-StAR/*Berlit*, § 29 Rn. 2.
256 NK-AuslR/*Hocks*, § 29 StAG Rn. 15; GK-StAR/*Berlit*, § 29 Rn. 3.
257 GK-StAR/*Berlit*, § 29 Rn. 153 ff.
258 Die Verfassungsmäßigkeit dieser Regelung wird bejaht, NK-AuslR/*Hocks*, § 29 StAG Rn. 2 und GK-StAR/*Berlit*, § 29 Rn. 20 ff.
259 VAH-StAG ergänzende Anmerkung a) vor Nr. 29.1.

Deutsche der Erklärungszwang.²⁶⁰ Optionspflichtige sollten deshalb zur Sicherheit die Erklärungsfrist einhalten, um irreparablen Schaden zu vermeiden.

b) Bestehen einer Optionspflicht

Zunächst ist also zu prüfen, ob überhaupt eine Optionspflicht besteht. Das ist derzeit bereits deshalb ausgeschlossen, weil I das 21. Lebensjahr²⁶¹ noch nicht vollendet hat. Damit kann kein Verlust der Staatsangehörigkeit gemäß § 29 StAG eingetreten sein. Wenn die Behörde wirklich ernsthaft den Bestand der deutschen Staatsangehörigkeit bestreitet, sollte ein Staatsangehörigkeitsausweis gemäß § 30 Abs. 3 Satz 2 StAG beantragt werden.

c) Bestätigung des Fortbestandes der deutschen Staatsangehörigkeit

Sorgfältig davon zu unterscheiden ist, ob bereits jetzt der Fortbestand der deutschen Staatsangehörigkeit gemäß § 29 Abs. 5 Satz 1 iVm Abs. 6 StAG bestätigt werden kann. Das ist der Fall, wenn eine Optionspflicht nicht (mehr) entstehen kann.²⁶² Ein entsprechender Antrag kann schon vor Vollendung des 21. Lebensjahres gestellt werden.²⁶³ Dann müssen aber bereits jetzt die Voraussetzungen dafür vorliegen, dass die Optionspflicht des § 29 Abs. 1 StAG nicht mehr entstehen können. Das ist vorliegend dann der Fall, wenn I im Sinne des § 29 Abs. 1 a StAG im Inland aufgewachsen ist.

Wird nach Antrag gem. § 29 Abs. 5 S. 1 StAG der Fortbestand der deutschen Staatsangehörigkeit vor Vollendung des 21. Lebensjahres nicht bestätigt, kann der Betroffene mit einer allgemeinen Feststellungsklage gem. § 43 VwGO die Feststellung begehren, dass keine Optionspflicht mehr besteht.²⁶⁴ Davon zu unterscheiden ist das Rechtsmittel gegen die Feststellung des Verlustes der deutschen Staatsangehörigkeit gem. § 29 Abs. 6 S. 1 StAG: hier ist Widerspruch (in den Ländern mit Widerspruchsverfahren) und (ggfs. nach erfolglosem Widerspruch) Anfechtungsklage verbunden mit der Klage auf Verpflichtung zur Feststellung des Fortbestandes der deutschen Staatsangehörigkeit zu erheben.²⁶⁵

d) Aufwachsen im Inland

Da nach dem Sachverhalt offen ist, ob I die Erfordernisse des sechsjährigen Schulbesuchs im Inland, eines Schulabschlusses oder eines Abschlusses einer Berufsausbildung im Inland vor Vollendung des 21.Lebensjahres erfüllen können wird, kommt es darauf an, ob er einen achtjährigen gewöhnlichen²⁶⁶ Aufenthalt vorweisen kann bzw. bis zur Vollendung des 21. Lebensjahres vorweisen können wird.²⁶⁷ Wenn Unterbrechungen des gewöhnlichen Aufenthalts unschädlich sind, wird I diese Voraussetzung alsbald erfüllen, da er bis kurz vor der Vollendung des achten Lebensjahres in Deutschland wohnte und die bis zur Vollendung des 21. Lebensjahres verbleibende Zeit ausreicht, die acht Jahre gewöhnlichen Aufenthalts zu vollenden. Wollte man auf die Regelungen des § 12 b StAG zurückgreifen,²⁶⁸ könnte gemäß dessen Abs. 2 die frühere Aufenthaltszeit bis zu fünf Jahren angerechnet werden und I könnte im

---

260 GK-StAR/*Berlit,* § 29 Rn. 145, siehe auch ders. in Rn. 46 („Fortbestand des Erklärungszwangs" des § 29 Abs. 1 StAG) und in Rn. 58.
261 Das ist der maßgebliche Zeitpunkt für die Entstehung der Optionspflicht: GK-StAR/*Berlit,* § 29 Rn. 66.
262 GK-StAR/*Berlit,* § 29 Rn. 197.
263 Siehe auch *Berlit,* aaO S. 93 und GK-StAR/*Berlit,* § 29 Rn. 197 ff.; NK-AuslR/*Hocks,* § 29 StAG Rn. 20; VAH Nr. 29.5.1.
264 GK-StAR/*Berlit,* § 29 Rn. 271.
265 GK-StAR/*Berlit,* § 29 Rn. 273 f.
266 Siehe § 7 Rn. 3 ff.; GK-StAR/*Berlit,* § 29 Rn. 67 ff.
267 VAH-StAG Nr. 29.1 a.1.1.
268 Vgl. *Berlit,* aaO S. 91 und NK-AuslR/*Hocks,* § 29 StAG Rn. 7.

weiteren Verlauf bei weiterem gewöhnlichen Aufenthalt in Deutschland vor seinem 21. Geburtstag dem Risiko der Optionspflicht entwachsen. Sollte I allerdings bis zur Vollendung des 21. Lebensjahres einen Schulabschluss schaffen, käme es auf einen achtjährigen gewöhnlichen Aufenthalt im Inland nicht mehr an.

e) Besondere Beratungshinweise

166 Möglicherweise kam es im Gespräch zwischen I und der Staatsangehörigkeitsbehörde zu einem Missverständnis, weil nicht deutlich zwischen Staatsangehörigkeitsausweis gemäß § 30 Abs. 3 StAG und Fortbestandsbestätigung gemäß § 29 Abs. 5 Satz 1 iVm Abs. 6 StAG unterschieden wurde. Das könnte mit der Behörde abgeklärt werden. Gegebenenfalls ist Akteneinsicht zu nehmen und sind entsprechende Anträge zu stellen, su. Wegen der Komplexität der Materie sollte I schriftlich informiert werden. Dabei ist besonders darauf hinzuweisen, dass er vor Vollendung des achtjährigen gewöhnlichen Aufenthalts seinen Lebensmittelpunkt nicht aus Deutschland hinaus verlegen sollte, andernfalls er optionspflichtig würde.

3. Muster

167 ▶ **Schreiben an Behörde**

[Staatsangehörigkeitsbehörde]

a) Antrag auf Feststellung der deutschen Staatsangehörigkeit

Des ..., geb. am ... in ...

Unter Vollmachtsvorlage zeigen wir an, dass wir anwaltlich vertreten.

Namens und in Vollmacht des Antragstellers beantragen wir gemäß § 30 Abs. 3 StAG:

Dem Antragsteller wird ein Staatsangehörigkeitsausweis erteilt.

Zur Begründung führen wir aus, dass der Antragsteller mit seiner Geburt die deutsche Staatsangehörigkeit gemäß § 4 Abs. 3 StAG erworben hat. Dies ist dokumentiert und unstreitig. Der Antragsteller hat die deutsche Staatsangehörigkeit in der Folge bis heute nicht verloren. Er hat insbesondere keine andere Staatsangehörigkeit freiwillig auf Antrag erworben (§ 25 StAG). Ferner ist auch kein Verlust gemäß § 29 Abs. 3 StAG eingetreten. Insoweit fehlt es schon daran, dass der Antragsteller das 21. Lebensjahr vollendet hat; er ist nicht optionspflichtig.

b) Antrag auf Feststellung des Fortbestandes der deutschen Staatsangehörigkeit

Des ..., geb. am ... in ...

Unter Vollmachtsvorlage zeigen wir an, dass wir anwaltlich vertreten.

Namens und in Vollmacht des Antragstellers beantragen wir

> Der Fortbestand der deutschen Staatsangehörigkeit wird gemäß § 29 Abs. 5 Satz 1 iVm Abs. 6 StAG festgestellt.

Zur Begründung führen wir aus, dass der Antragsteller mit seiner Geburt die deutsche Staatsangehörigkeit gemäß § 4 Abs. 3 StAG erworben hat. Dies ist dokumentiert und unstreitig. Der Antragsteller ist im Sinne des § 29 Abs. 1 a StAG im Inland aufgewachsen denn er hat sich acht Jahre gewöhnlich im Inland auf gehalten. Zwar hatte der Antragsteller Deutschland vor Vollendung seines achten Lebensjahres verlassen. Er ist aber nunmehr zurückgekehrt und hat seinen Lebensmittelpunkt wieder nach Deutschland verlegt, mithin seinen gewöhnlichen Aufenthalt hier wieder begründet. Die Unterbrechung des Aufenthalts im Inland ist unschädlich. Der Wortlaut des Gesetzes ist insoweit eindeutig. Hätte der Gesetzgeber einen ununterbrochenen Aufenthalt gefordert, wäre dies ausdrücklich in den Gesetzestext aufgenommen worden. ◄

4. Fehlerquellen / Haftungsfallen

a) Zuständige Behörde
Je nach Bundesland ist die örtlich und sachlich zuständige Behörde festzustellen. 168

b) Gewöhnlicher Aufenthalt im Inland
Die verschiedenen Aufenthaltszeiten sind genau zu erheben. Die „Gewöhnlichkeit" des Aufenthalts muss geprüft werden. Nachweise sind nachzufragen. 169

c) Staatsangehörigkeitsausweis versus Fortbestandsbestätigung
Es ist genau zwischen Staatsangehörigkeitsausweis gemäß § 30 StAG und Feststellung des Fortbestandes der deutschen Staatsangehörigkeit gem. § 29 Abs. 5 Satz 1 iVm Abs. 6 StAG zu unterscheiden. 170

d) Bezugspunkt 21. Lebensjahr
Im Mandantengespräch ist zu erörtern, welche Maßnahmen bis zur Vollendung des 21. Lebensjahres noch getroffen werden können, um den Anforderungen des Aufwachsens im Inland zu genügen. Andererseits ist auch vor den Folgen zu warnen, wenn die Erfüllung der Voraussetzungen etwa durch unzeitige Ausreise, Vernachlässigung von Bildungsmaßnahmen usw gefährdet wird. 171

5. Weiterführende Hinweise

a) Gewöhnlicher Aufenthalt
Nicht sehr eindeutig ist, wie Unterbrechungen des gewöhnlichen Aufenthalts zu behandeln sind. Der Wortlaut des § 29 Abs. 1 a Nr. 1 StAG und auch die anderen Regelungen in § 29 StAG geben hierzu keinen Aufschluss. Nach *Berlit* sind die Einzelzeiten zusammenzurechnen, weil kein kontinuierlicher Inhaltsaufenthalt verlangt werde. Für die Unterbrechung des gewöhnlichen Aufenthalts sei „jedenfalls § 12 b Abs. 1 Satz 1 StAG (entsprechend)" anzuwenden, nach dem der gewöhnliche Aufenthalt im Inland durch Auslandsaufenthalte bis zu sechs Monaten nicht unterbrochen wird. Dies gelte auch für mehrere kurzzeitige Auslandsaufenthalte, solange nicht die Abwesenheit von Deutschland aufgrund zahlreicher Auslandsaufenthalte so deutlich überwiegt, dass schon kein gewöhnlicher Aufenthalt mehr besteht.[269] Eine qualitative Gewichtung einzelner Aufenthaltszeiten (etwa nach ihrer integrationsprägenden Kraft) ist nicht vorzunehmen.[270] Nach *Hocks*[271] könnten „wie auch bei § 12 b mehrere Aufenthalte kumuliert" werden. 172

Der Nachweis achtjährigen gewöhnlichen Aufenthalts kann in Einzelfällen durchaus schwierig sein, insbesondere wenn Anmeldung und Anwesenheit auseinanderfallen.[272] Die Meldedaten haben zwar Indizwirkung. Entscheidend ist aber der tatsächliche Bestand des gewöhnli- 173

---

269 *Berlit*, aaO S. 91; GK-StAR/*Berlit*, § 29 Rn. 74 „es ist auf die Grundsätze des § 12 b Abs. 1 StAG zurückzugreifen.
270 GK-StAR/*Berlit*, § 29 Rn. 72.
271 NK-AuslR/*Hocks*, § 29 StAG Rn. 7.
272 Zur "Unschärfe" der Melderegisterdaten *Berlit*, aaO S. 93; NK-AuslR/*Hocks*, § 29 StAG Rn. 1: Orientierung an einer „formalen Meldelage.".

chen Aufenthalts.[273] Er wäre auch anders als durch Meldebescheinigungen, etwa Bestätigungen des Besuchs eines Kindergartens oder einer Schule, oder des Bestehens eines Arbeits- oder Mietverhältnisses[274] denkbar. Auch Zeugen könnten benannt werden.

b) Sechsjähriger Schulbesuch

174 Der sechsjährige Schulbesuch (§ 29 Abs. 1 a Nr. 2 StAG)[275] muss nicht ununterbrochen erfolgt sein.[276] Tauglich ist in jedem Fall der Besuch aller Schulformen, mit denen der Betroffene seine Schulpflicht erfüllt.[277] Er kann durch Vorlage der Zeugnisse nachgewiesen werden. Es ist nicht erforderlich, dass der Schulbesuch „erfolgreich" war; die Wiederholung einer Klasse ist insoweit unschädlich.

c) Schulabschluss oder abgeschlossene Berufsausbildung im Inland

175 Der Abschluss muss im Inland erworben sein (§ 29 Abs. 1 a Nr. 3 StAG); er wird durch Vorlage eines entsprechenden Abschlusszeugnisses über das Bestehen der vorgesehenen Prüfungen nachgewiesen.[278]

d) Vergleichbarer Bezug zu Deutschland, Härtefall

176 Gemäß § 29 Abs. 1 a S. 2 StAG gilt als im Inland aufgewachsen nach Satz 1 auch, wer im Einzelfall einen vergleichbar engen Bezug zu Deutschland hat und für den die Optionspflicht nach den Umständen des Falles eine besondere Härte bedeuten würde.[279] Da bezweifelt wird, dass die Voraussetzungen des Aufwachsens im Inland mit Unionsrecht vereinbar sind, wird vorgeschlagen, über diese Härtefallklausel Aufenthaltszeiten[280] und Schulbesuche[281] im EU-Ausland zu berücksichtigen. Ansonsten müsste man nach dieser Ansicht davon ausgehen, dass Abs. 1 a die Wahrnehmung der unionsrechtlichen Freizügigkeit einschränkt.

e) „Erster" Hinweis

177 Ist der Fortbestand der deutschen Staatsangehörigkeit bis zur Vollendung des 21. Lebensjahres nicht festgestellt worden, prüft die zuständige Behörde von Amts wegen im „internen Verfahren" anhand der Meldedaten, ob ein achtjähriger gewöhnlicher Aufenthalt gegeben ist.[282] Ist der achtjährige gewöhnliche Aufenthalt feststellbar, wird der Fortbestand der deutschen Staatsangehörigkeit von Amts wegen[283] festgestellt. Ist der achtjährige gewöhnliche Aufenthalt nicht feststellbar, weist die Behörde den Betroffenen gem. § 29 Abs. 5 Satz 3 StAG auf die Möglichkeit hin, dass er Erfüllung der die Voraussetzungen für ein Aufwachsen im Inland gemäß § 29 Abs. 1 a StAG nachweisen kann.[284] Eine Zustellung dieses ersten Hinweises ist nicht erforderlich,[285] und nach *Berlit* soll das Unterbleiben des Hinweises ohne Folgen sein.[286]

---

273 GK-StAR/*Berlit*, § 29 Rn. 70 f.
274 VAH-StAG Nr. 29.1 a.1.1.
275 VAH-StAG Nr. 29.1 a.1.2.
276 NK-AuslR/*Hocks*, § 29 StAG Rn. 8; GK-StAR/*Berlit*, § 29 Rn. 82.
277 NK-AuslR/*Hocks*, § 29 StAG Rn. 8; differenzierend GK-StAR/*Berlit*, § 29 Rn. 75 ff., 77.
278 *Berlit*, aaO S. 91 und GK-StAR/*Berlit*, § 29 Rn. 83 ff.; NK-AuslR/*Hocks*, § 29 StAG Rn. 8.
279 VAH-StAG Nr. 29.1 a.2; GK-StAR/*Berlit*, § 29 Rn. 93 ff.
280 *Berlit*, aaO S. 94 und GK-StAR/*Berlit*, § 29 Rn. 96 f.; NK-AuslR/*Hocks*, § 29 StAG Rn. 10.
281 NK-AuslR/*Hocks*, § 29 StAG Rn. 10; GK-StAR/*Berlit*, § 29 Rn. 96 f.
282 VAH-StAG Nr. 29.5.2; GK-StAR/*Berlit*, § 29 Rn. 205.
283 NK-AuslR/*Hocks*, § 29 StAG Rn. 20.
284 VAH-StAG Nr. 29.5.3; GK-StAR/*Berlit*, § 29 Rn. 98 ff. und 212 ff.
285 GK-StAR/*Berlit*, § 29 Rn. 217.
286 GK-StAR/*Berlit*, § 29 Rn. 220.

B. Staatsangehörigkeit durch Geburt bei ausländischen Eltern (§ 4 Abs. 3 S. 1 StAG) 8

f) „Zweiter" Hinweis

Wird das Aufwachsen im Inland nachgewiesen, wird der Fortbestand der deutschen Staatsangehörigkeit gem. § 29 Abs. 5 Satz 4 iVm Abs. 6 StAG von Amts wegen festgestellt. Wird das Aufwachsen im Inland nicht nachgewiesen, muss die Behörde gemäß § 29 Abs. 5 Satz 5 StAG den Betroffenen auf seine Pflichten und die Rechtsfolgen gemäß § 29 Abs. 2 bis 4 StAG hinweisen.[287] Erfolgt dieser Hinweis nicht innerhalb eines Jahres nach Vollendung des 21. Lebensjahres, entsteht die Optionspflicht nicht (§ 29 Abs. 1 Satz 1 Nr. 4 StAG).[288] Der Hinweis ist gem. § 29 Abs. 5 Satz 6 StAG förmlich zuzustellen; gem. § 29 Abs. 5 Satz 7 StAG finden die Vorschriften des Verwaltungszustellungsgesetzes Anwendung.[289] Allerdings muss der Betroffene gem. § 29 Abs. 1 Nr. 4 StAG den Hinweis (tatsächlich) erhalten haben, um optionspflichtig zu werden. Daraus wird geschlossen, dass die Vorschriften des Verwaltungszustellungsgesetzes allein nicht reichen, um die Optionspflicht auszulösen.[290] Insbesondere reicht eine öffentliche Zustellung des „zweiten Hinweises" nicht aus, weil sie gerade das Nichterhalten dokumentiert.[291]

178

g) Verlust der ausländischen Staatsangehörigkeit

Erklärt der Erklärungspflichtige, dass er die deutsche Staatsangehörigkeit behalten will, so ist er verpflichtet, den **Verlust** der ausländischen Staatsangehörigkeit **nachzuweisen**. Der Verlust muss innerhalb von zwei Jahren nach Zustellung des („zweiten") Hinweises gemäß § 29 Abs. 5 Satz 5 StAG eingetreten sein.[292] Zwar wird vertreten, dass ein Nachweis in dieser Zeitspanne nicht erfolgt sein müsse,[293] weil, anders als im alten Recht, nicht der Nachweis des Verlustes, sondern der Verlust selbst Anknüpfungspunkt sei.[294] Diese Annahme kann aber gefährlich sein, wenn man daraus die Auffassung ableiten wollte, dass ein Verstreichenlassen der Erklärungsfrist des § 29 Abs. 1 StAG folgenlos bliebe.[295] Zur Sicherheit sollte jedenfalls eine entsprechende Erklärung mit Nachweis fristgerecht abgegeben werden.

179

Ist der Verlust der ausländischen Staatsangehörigkeit nicht eingetreten, geht die deutsche Staatsangehörigkeit verloren, es sei denn dass der Deutsche vorher auf Antrag[296] die schriftliche Genehmigung der zuständigen Behörde zur Beibehaltung der deutschen Staatsangehörigkeit (**Beibehaltungsgenehmigung**) erhalten hat.[297] Dieser Beibehaltungsantrag kann, auch vorsorglich, aber nur bis ein Jahr nach Zustellung des („zweiten") Hinweises zur Erklärungspflicht; gestellt werden (Ausschlussfrist).[298] Der Verlust der deutschen Staatsangehörigkeit

180

---

287 VAH-StAG Nr. 29.5.5: „Optionshinweis"; NK-AuslR/*Hocks*, § 29 StAG Rn. 22; GK-StAR/*Berlit*, § 29 Rn. 224 ff.
288 VAH-StAG Nr. 29.1.1.4; GK-StAR/*Berlit*, § 29 Rn. 108.
289 VAH-StAG Nr. 29.5.5.
290 Zum „Erhalt" dieses Hinweises: *Berlit*, aaO S. 92 und S. 94 unter unionsrechtlichen Aspekten; NK-AuslR/*Hocks*, § 29 StAG Rn. 12.
291 GK-StAR/*Berlit*, § 29 Rn. 104 f., 233 ff., 242 ff.
292 Zu dem Risiko, dass diese Zeitspanne nicht ausreicht, *Berlit*, aaO S. 92, der empfiehlt, einen Beibehaltungsantrag zuzustellen.
293 NK-AuslR/*Hocks*, § 29 StAG Rn. 16.
294 VAH-StAG Nr. 29.1.2.
295 Ausdrücklich gegen dieses Missverständnis GK-StAR/*Berlit*, § 29 Rn. 126 ff.
296 Allerdings gibt es nach VAH-StAG Nr. 29.29.3.2 auch die Möglichkeit einer Beibehaltungsgenehmigung von Amts wegen.
297 Verfassungsrechtlich problematisch, so Göbel/Zimmermann/Eichhorn, ZAR 2010, 293, 296; aA *Hailbronner/Renner/Maaßen*, § 29 Rn. 9 f.
298 Nach *Berlit*, aaO S. 93 unverhältnismäßig, verfassungs- und jedenfalls auch unionsrechtswidrig; zust. NK-AuslR/*Hocks*, § 29 StAG Rn. 17.

tritt dann erst ein, wenn der Beibehaltungsantrag bestandskräftig abgelehnt wird. Der Verlust hat keine Rückwirkung und erfasst auch nicht etwaige Abkömmlinge.[299]

h) Meldebehörde

181 Die Staatsangehörigkeitsbehörde wird jeweils von der Meldebehörde über den bevorstehenden 21. Geburtstag der Betroffenen unterrichtet.[300] Daran schließt sich das behördeninterne Vorprüfungsverfahren durch Meldedatenprüfung an.[301]

i) Altes Recht in der bis zum 20.12.2014 gültigen Fassung

182 Gemäß § 29 StAG in der bis zum 20.12.2014 gültigen Fassung hatte ein Deutscher, der nach dem 31.12.1999 die Staatsangehörigkeit nach § 4 Abs. 3 S. 1 StAG erworben hatte und eine ausländische Staatsangehörigkeit besaß, nach Erreichen der Volljährigkeit und nach einem entsprechenden Hinweis schriftlich zu erklären, ob er die deutsche oder die ausländische Staatsangehörigkeit behalten will („**Optionslösung**").[302] Erklärte er, dass er die ausländische Staatsangehörigkeit behalten will, so ging die deutsche Staatsangehörigkeit mit dem Zugang der Erklärung bei der zuständigen Behörde verloren. Der Verlust der deutschen Staatsangehörigkeit trat auch dann ein, wenn bis zur Vollendung des 23. Lebensjahres keine Erklärung abgegeben wurde. In beiden Fällen[303] trat der Verlust der deutschen Staatsangehörigkeit **nur für die Zukunft** ein und erstreckte sich nicht auf Personen, die ihre Staatsangehörigkeit von dem Erklärungspflichtigen ableiteten.[304] Erklärte der Erklärungspflichtige, dass er die deutsche Staatsangehörigkeit behalten will, so war er verpflichtet, den **Verlust** der ausländischen Staatsangehörigkeit **nachzuweisen**. Wurde dieser Nachweis nicht bis zur Vollendung des 23. Lebensjahres geführt, so ging die deutsche Staatsangehörigkeit verloren, es sei denn, dass der Deutsche vorher auf Antrag die schriftliche Genehmigung der zuständigen Behörde zur Beibehaltung der deutschen Staatsangehörigkeit (**Beibehaltungsgenehmigung**) erhalten hatte.[305] Dieser Beibehaltungsantrag konnte, auch vorsorglich, nur bis zur Vollendung des 21. Lebensjahrs gestellt werden (Ausschlussfrist). Der Verlust der deutschen Staatsangehörigkeit trat erst dann ein, als der Beibehaltungsantrag bestandskräftig abgelehnt wurde. Weitere Einzelheiten waren in § 29 StAG aF geregelt, ua zur Belehrung des Erklärungspflichtigen und zu den Möglichkeiten der Beibehaltung der Mehrstaatigkeit.[306]

j) Übergangsfälle

183 Zur Behandlung von Übergangsfällen merken die VAH vom Juni 2015[307] an: „Die Neufassung der Optionsregelung findet ab dem 20.12.2014 ohne gesetzliche Übergangsregelung auf alle bisher Optionspflichtigen Anwendung, die zu diesem Zeitpunkt noch nicht die deutsche Staatsangehörigkeit nach § 29 in der bisherigen Fassung verloren oder ihre ausländische Staatsangehörigkeit aufgegeben haben und keine Beibehaltungsgenehmigung erhalten haben.

---

299 VAH-StAG Nr. 29.2.
300 Zum weiteren Verlauf siehe NK-AuslR/*Hocks*, § 29 StAG Rn. 3.
301 GK-StAR/*Berlit*, § 29 Rn. 205 ff.
302 Auch „Optionsmodell" und „Optionszwang", *Hailbronner/Renner/Maaßen*, § 29 Rn. 5; *Göbel-Zimmermann/Eichhorn*, ZAR 2010, 293, 295; *Lämmermann*, ZAR 2011, 1 ff. mwN
303 Nach *Hailbronner/Renner/Maaßen*, § 29 Rn. 8 ohne verfassungsrechtliche Bedenken.
304 *Hailbronner/Renner/Maaßen*, § 29 Rn. 28 f.; VAH-StAG Nr. 29.2.
305 Verfassungsrechtlich problematisch, so *Göbel-Zimmermann/Eichhorn*, ZAR 2010, 293, 296, aA *Hailbronner/Renner/Maaßen*, § 29 Rn. 9 f.
306 VAH-StAG 2009 Nr. 29.
307 Ergänzende Anmerkung b) vor Nr. 29.1; siehe im Einzelnen auch NK-AuslR/*Hocks*, § 29 StAG Rn. 23 und *Berlit*, aaO S. 95.

Diese nach bisherigem Recht noch offenen Verfahren sind nach neuem Recht zu behandeln. Eine Optionspflicht und ein Staatsangehörigkeitsverlust können in diesen Fällen nur noch nach den wesentlich engeren Voraussetzungen des neuen § 29 eintreten. Ein Staatsangehörigkeitsverlust ist danach nur möglich, wenn ein (neuer) Optionshinweis nach § 29 Absatz 5 Satz 5 erteilt wurde." Damit können Personen, die am 20.12.2014 das 22. Lebensjahr vollendet hatten, nicht mehr optionspflichtig werden.[308]

k) „Altfälle"

Die am 20.12.2014 in Kraft getretene Gesetzänderung sieht keine Altfallregelung vor.[309] Abgeschlossene Altfälle können über einen Antrag auf Wiedereinbürgerung gemäß §§ 13, 8 StAG gelöst werden, wobei es nahe liegt, „bei Personen, die nach neuem Recht die Staatsangehörigkeit nicht verloren hätten, jedenfalls im Ermessenswege von der Aufgabe der bisherigen Staatsangehörigkeit abzusehen".[310]

III. Verlust

1. Sachverhalt / Lebenslage

Beispiel: Anfechtung der Vaterschaft
Nach der Erteilung des Staatsangehörigkeitsausweises – die Intervention im Fall des von dem somalischen Staatsangehörigen anerkannten Kindes hatte sich als erfolgreich erwiesen, siehe Rn. 139 – erreichte den Lebensgefährten ein anonymes Schreiben. Danach sei nicht er Vater des Kindes, sondern ein Asylbewerber aus dem Sudan. In einer heftigen Auseinandersetzung räumte die Mutter des Kindes diesen Sachverhalt ein. Der erboste Lebensgefährte warf der Mutter die zum unmittelbar bevorstehenden fünften Geburtstag des Kindes schon gekauften Geschenke vor die Füße und setzte gleich am nächsten Tag das Verfahren zur Anfechtung der Vaterschaftsanerkennung in Gang. Die Behörde fordert die Mutter nun auf, die deutschen Papiere für das Kind abzugeben.

2. Prüfungsreihenfolge

a) Verfahrenslage

Mit der erfolgreichen Anfechtung der Vaterschaft steht die Staatsangehörigkeit des Kindes gemäß § 17 Abs. 3 S. 1 StAG in Frage.

b) Vaterschaft

Da die Abstammung nach zivilrechtlichen Gesichtspunkten zu bestimmen ist, ist einbürgerungsrechtlich einzig entscheidend, ob der Vater der gesetzliche Vater ist. Die **biologische Vaterschaft** ist hierfür nicht allein ausschlaggebend.[311] Vielmehr begründet auch die Anerkennung gemäß § 1592 Nr. 2 BGB eine Vaterschaft. Der Nachweis der biologischen Vaterschaft bleibt aber in Fällen des Streits um die Anerkennung von Bedeutung; die Vaterschaft des biologischen Vaters kann nicht angefochten werden.[312]

---

308 GK-StAR/*Berlit*, § 29 Rn. 103.
309 Nach NK-AuslR/*Hocks*, § 29 StAG Rn. 2 sei das verfassungsrechtlich unbedenklich; GK-StAR/*Berlit*, § 29 Rn. 262 ff., 267.
310 *Berlit*, aaO S. 95 und GK-StAR/*Berlit*, § 29 Rn. 268.
311 GK-StAR/*Marx*, § 4 Rn. 135 ff.; *Hailbronner/Renner*, § 4 Rn. 34 ff.
312 BVerfG, B. v. 24.10.2006 – 2 BvR 696/04 Rn. 20 – www.bverfg.de.

c) Vaterschaftsanfechtung

188 Der Mann, der die Vaterschaft gemäß § 1592 Nr. 2 BGB anerkannt hat, kann die Vaterschaft wieder anfechten (§ 1600 Abs. 1 Nr. 1 BGB). Das Anfechtungsverfahren wird vor dem Familiengericht geführt, §§ 169 ff. FamFG. Hierzu wird ein Antrag gestellt mit dem Ziel, festzustellen, dass der Anfechtungsberechtigte nicht der Vater des Kindes ist. Dabei müssen gemäß § 171 Abs. 2 S. 2 FamFG die Umstände angegeben werden, die gegen die Vaterschaft sprechen, sowie der Zeitpunkt, in dem diese Umstände bekannt wurden. Der Antrag muss gemäß § 1600 b Abs. 1 BGB innerhalb von zwei Jahren ab Kenntnis der entsprechenden Tatsachen gestellt werden. Die rechtskräftige Feststellung, dass der Mann nicht der Vater ist, wirkt auf den Zeitpunkt der Geburt zurück.[313]

189 Das durch das Gesetz zur Ergänzung des Rechts der Anfechtung der Vaterschaft[314] eingeführte Recht der Behörde, eine Vaterschaft anzufechten, wurde vom Bundesverfassungsgericht[315] als verfassungswidrig verworfen.

d) Staatsangehörigkeitsrechtliche Konsequenz

190 Die rechtskräftige Feststellung des Nichtbestehens der Vaterschaft, an der der Geburtserwerb der deutschen Staatsangehörigkeit des Kindes hängt, beseitigt eine zuvor bestehende Staatsangehörigkeit des Kindes.[316] Das ist nach der Rechtsprechung des Bundesverfassungsgerichts dann mit dem grundrechtlichem Schutz vor Entziehung der Staatsangehörigkeit vereinbar, wenn das Kind sich noch in einem Alter befindet, in dem Kinder üblicherweise ein eigenes Vertrauen auf den Bestand der Staatsangehörigkeit noch nicht entwickelt haben.[317] Einfachgesetzlich ist nunmehr in § 17 Abs. 3 StAG geregelt, dass diese Altersgrenze bei der Vollendung des fünften Lebensjahres liegt.[318] Dabei kommt es auf den Zeitpunkt der Rechtskraft der Feststellung des Nichtbestehens der Vaterschaft an.[319]

e) Pflicht zur Herausgabe von Personalausweis und Pass

191 Der Pass einer Person, die diesen unberechtigt besitzt, kann gem. § 13 Abs. 1 Nr. 1 PaßG sichergestellt werden. Gleiches gilt gem. § 29 Abs. 2 Nr. 1 PAuswG für einen Personalausweis.

f) Staatsangehörigkeitsausweis

192 Zur Rechtsklarheit ist zu empfehlen, einen Staatsangehörigkeitsausweis gemäß § 30 StAG zu beantragen.

g) Besondere Beratungshinweise

193 Vollmacht, Geburtsdatum des Kindes erheben, Akten der Vaterschaftsanfechtung prüfen.

---

313 Palandt/*Brudermüller*, § 1592 BGB Rn. 6.
314 Gesetz zur Ergänzung des Rechts der Anfechtung der Vaterschaft (BGBl. I S. 131), seit 1.6.2008 in Kraft.
315 BVerfG, B. v. 17.12.2013 – 1 BvL 6/10 – www.bverfg.de.
316 BVerfG, B. v. 24.10.2006 – 2 BvR 696/04 Rn. 11 – www.bverfg.de; GK-StAR/*Marx*, § 17 Rn. 169.
317 BVerfG, aaO Rn. 19 und 22; aA NK-AuslR/*Oberhäuser*, § 17 StAG, Rn. 23, der § 17 Abs. 2 und 3 StAG wegen Verstoßes gegen das Zitiergebot für verfassungswidrig hält.
318 Kritisch zur Sinnhaftigkeit einer Altersgrenze: NK-AuslR/*Oberhäuser*, § 17 StAG, Rn. 26 ff.
319 GK-StAR/*Marx*, § 17 Rn. 151.

3. Muster: Schreiben an die Staatsangehörigkeitsbehörde

▶ An die Staatsangehörigkeitsbehörde

Unter Vorlage einer beglaubigten Photokopie unserer Vollmacht zeigen wir an, dass wir das Kind Z anwaltlich vertreten. Ihr Schreiben vom ... liegt mir vor.

Namens und in Vollmacht des Kindes Z beantrage ich,

dem Kind Z wird ein Staatsangehörigkeitsausweis erteilt.

Zur Begründung trage ich vor:

Es ist zwar richtig, dass der die Staatsangehörigkeit gemäß § 4 Abs. 3 StAG bisher vermittelnde Mann die Vaterschaft erfolgreich angefochten hat. Diese Anfechtung hat familienrechtlich die Wirkung, dass die Vaterschaft von Geburt des Kindes an als nichtbestehend zu behandeln ist.

In staatsangehörigkeitsrechtlicher Hinsicht ist jedoch zu beachten, dass das Bundesverfassungsgericht (Beschl. v. 24.10.2006 – 2 BvR 696/04, InfAuslR 2007, 79 ff.) im Fall der Vaterschaftsanfechtung eines in einer Ehe mit einem deutschen Staatsangehörigen geborenen Kindes zwar entschieden hat, dass die Staatsangehörigkeit entfallen kann. Offen gelassen hatte das Bundesverfassungsgericht damals aber, ob dies auch für ältere Kinder gilt. Jedenfalls dann, so das Bundesverfassungsgericht, wenn das betroffene Kind sich in einem Alter befindet, in dem Kinder üblicherweise ein eigenes Vertrauen auf den Bestand ihrer Staatsangehörigkeit noch nicht entwickelt haben, beeinträchtige der Wegfall der Staatsangehörigkeit nicht die Funktion der Staatsangehörigkeit als verlässliche Grundlage gleichberechtigter Zugehörigkeit. In der Folge hat deshalb der Gesetzgeber in § 17 Abs. 2 und 3 S. 1 StAG für diese Fälle eine Fünfjahresgrenze eingeführt, jenseits derer die Staatsangehörigkeit des Kindes nicht verloren geht. Dabei ist entscheidungserheblich der Zeitpunkt der Rechtskraft der gerichtlichen Entscheidung, mit der das Nichtbestehen der Vaterschaft festgestellt wird.

Die Rechtskraft der Entscheidung über das Nichtbestehen der Vaterschaft trat hier erst nach Vollendung des fünften Lebensjahres des Kindes ein. Das Kind hat die deutsche Staatsangehörigkeit nicht verloren.

Somit ist das Kind Z nunmehr deutscher Staatsangehöriger und hat Anspruch auf einen Staatsangehörigkeitsausweis, solange die Voraussetzungen für eine Fortbestandsbescheinigung gemäß § 29 Abs. 5 StAG noch nicht erfüllt sind.

Aus all diesen Gründen kann eine Rückgabe der deutschen Papiere nicht in Betracht kommen.

...

Rechtsanwalt ◀

4. Fehlerquellen / Haftungsfallen

Die relevanten Fristen des § 17 StAG müssen genau berücksichtigt werden.

Stets muss auch geprüft werden, ob die Staatsangehörigkeit nicht auch über den anderen Elternteil vermittelt worden sein könnte. Im vorliegenden Sachverhalt ist das offensichtlich nicht der Fall, da die Mutter im Zeitpunkt der Geburt lediglich eine Duldung innehatte.

5. Weiterführende Hinweise

a) Fortfall der Niederlassungserlaubnis des relevanten Elternteils

197 Wird eine bei Geburt bestehende Niederlassungserlaubnis eines Elternteils mit Wirkung für die Vergangenheit widerrufen,[320] so entfällt damit eine wesentliche Voraussetzung für den Erwerb der Staatsangehörigkeit gemäß § 4 Abs. 3 StAG, wenn der andere Elternteil im Zeitpunkt der Geburt des Kindes nicht im Besitz einer Niederlassungserlaubnis oder einer anderen in § 4 Abs. 3 S. 1 Nr. 2 StAG genannten Rechtsposition war. Damit hätte das Kind die Staatsangehörigkeit nicht kraft Gesetzes erworben. Auch für diesen Fall sieht § 17 Abs. 3 StAG aber eine analoge Anwendung des Abs. 2 dieser Vorschrift vor. Danach berührt der Widerruf der Niederlassungserlaubnis des Elternteils die deutsche Staatsangehörigkeit des Kindes dann nicht, wenn das Kind bereits das fünfte Lebensjahr vollendet hat.[321]

b) Kein Anfechtungsrecht der Behörde

198 Nach dem mittlerweile für verfassungswidrig[322] erklärten Gesetz zur Ergänzung des Rechts der Anfechtung der Vaterschaft (BGBl. I S. 131) konnte auch der Staat eine anerkannte Vaterschaft von Amts wegen anfechten (§ 1600 Abs. 1 Nr. 5 BGB).[323] Das setzte gemäß § 1600 Abs. 3 BGB voraus, dass zwischen dem Kind und dem Anerkennenden keine sozial-familiäre Beziehung bestand oder im Zeitpunkt der Anerkennung oder des Todes des Anerkennenden bestanden hat und durch die Anerkennung rechtliche Voraussetzungen für die erlaubte Einreise oder den erlaubten Aufenthalt des Kindes oder eines Elternteils geschaffen wurden. Mit dieser Regelung wollte der Gesetzgeber auf die Rechtsunsicherheit reagieren, die sich aus den Versuchen ergaben, Vaterschaften, die bewusst wahrheitswidrig im kollusiven Zusammenwirken mit der Mutter nur zu dem Zweck angegeben werden, sonst nicht erreichbare ausländerrechtliche Vorteile zu erlangen. Diese sollten als rechtsmissbräuchliche „Scheinvaterschaften" ausländerrechtlich ignoriert und staatsangehörigkeitsrechtlich zurückgedrängt werden.[324]

c) Altfallregelung?

199 Da die Erklärung einer Norm als verfassungswidrig bereits nach ihr abgeschlossene Verfahren nicht rückwirkend erfasst, stellt sich die Frage, ob der Verlust der deutschen Staatsangehörigkeit kompensiert werden kann. Hierzu schlägt *Oberhäuser*[325] mit beachtlichen Argumenten vor, das Kind solle einen Antrag auf Ausstellung eines Staatsangehörigkeitsausweises stellen. Dieser dürfe ihm nicht unter Berufung auf eine verfassungswidrige Norm verweigert werden.

200 Nicht zuletzt besteht auch die Möglichkeit, die von der Behörde angefochtene Vaterschaft erneut anzuerkennen.[326]

---

320 Weitere Fallkonstellationen bei VAH-StAG Nr. 17.3.1; siehe auch NK-AuslR/*Oberhäuser*, § 17 StAG, Rn. 36.
321 Krit. *Marx*, InfAuslR 2009. 357, 360.
322 BVerfG, B. v. 17.12.2013 – 1 BvL 6/10 – www.bverfg.de.
323 Gesetz zur Ergänzung des Rechts der Anfechtung der Vaterschaft (BGBl. I S. 131), seit 1.6.2008 in Kraft; zu den verfassungsrechtlichen Bedenken; zu weiteren Einzelheiten siehe Vorauflage, § 8 Rn. 161 ff.
324 VGH BW, Beschl. v. 3.3.2005 – 13 S 3035/05, InfAuslR 2005, 258; OVG Sachsen-Anhalt, Beschl. v. 1.10.2004 – 2 M 441/04, InfAuslR 2006, 56 ff. mit Hinweis auf das Anfechtungsrecht des Kindes; *Siegfried*, InfAuslR 2006, 121 ff.
325 NK-AuslR/*Oberhäuser*, § 30 StAG, Rn. 4.
326 NK-AuslR/*Oberhäuser*, § 17 StAG, Rn. 40.

C. Rücknahme (§ 35 StAG)

I. Sachverhalt / Lebenslage

Beispiel: Zwei Ehen, zwei Frauen und drei Kinder 201
Herr P befürchtet, dass er und seine Familie die deutsche Staatsangehörigkeit verlieren werden. In seinem Einbürgerungsverfahren gemäß § 9 StAG hatte er verschwiegen, dass er nicht nur mit einer deutschen Staatsangehörigen verheiratet ist. Vielmehr war er bei dieser Eheschließung bereits mit einer Angehörigen seines Herkunftsstaates verheiratet, mit der er ein Kind, E, hatte. Beide Ehefrauen wussten nichts voneinander. Nach der eineinhalb Jahre nach der Einbürgerung erfolgten Scheidung von seiner deutschen Ehefrau hatte er den Familiennachzug seiner ausländischen Ehefrau und des gemeinsamen Kindes E erreicht. Im Jahr nach dem Familiennachzug adoptierten die Eheleute unter Beachtung aller deutschen Vorschriften einen damals vier Jahre alten Cousin der Ehefrau, C. Dessen Eltern waren im Herkunftsland umgekommen. Zweieinhalb Jahre später wurde die Ehefrau ihrerseits gem. § 9 StAG eingebürgert, das erste gemeinsame Kind E wurde – nachdem es den Verlust seiner Staatsangehörigkeit nachgewiesen hatte – mit ihr miteingebürgert. Kurz darauf kam ein zweites gemeinsames Kind, L, zur Welt. Anlässlich der Überprüfung der Dokumente zur Erstellung einer Geburtsurkunde für dieses letzte Kind entdeckte das Standesamt diesen Sachverhalt.
Herr P ist äußerst beunruhigt und wünscht eine sofortige Stellungnahme an die zuständige Behörde.

II. Prüfungsreihenfolge

1. Verfahrensstadium

Zunächst ist nur das Standesamt mit dem Sachverhalt befasst. Für die Prüfung der Rücknahme 202 der Einbürgerung und ihre Folgen für die Staatsangehörigkeit der Ehefrau und der Kinder ist das Standesamt nicht zuständig.

2. Zuständige Behörde

Für die hier in Betracht kommende Rücknahme der Einbürgerung ist die Staatsangehörigkeitsbehörde zuständig. Hier sind je nach Bundesland die verschiedenen Kompetenzzuweisungen zu beachten. Örtlich zuständig ist die Behörde, in deren Bereich der von der Rücknahme Betroffene seinen gewöhnlichen Aufenthalt hat.[327] 203

3. Voraussetzungen der Rücknahme

Die Rücknahme einer rechtswidrigen Einbürgerung ist ausschließlich gemäß § 35 StAG möglich.[328] Eine rechtmäßige Einbürgerung kann nicht widerrufen (§ 49 VwVfG) werden; das verbietet Art. 16 Abs. 1 S. 1 GG.[329] § 48 VwVfG ist neben dem mit Gesetz vom 5.2.2009[330] in das StAG aufgenommen § 35 StAG nicht (mehr) anwendbar. Der Gesetzgeber wollte mit § 35 StAG die jahrelangen Auseinandersetzungen um die Rücknahme der Staatsangehörig- 204

---

327 VAH-StAG Nr. 35.1; *Hailbronner/Renner/Maaßen*, § 35 Rn. 59.
328 VAH-StAG Nr. 35.1; *Hailbronner/Renner/Maaßen*, § 35 Rn. 6.
329 NK-AuslR/*Oberhäuser*, § 17 StAG, Rn. 21 mwN
330 BGBl.I Nr. 7 v. 11.2.2009, S. 158 ff.

keit[331] beenden und die verfassungsrechtlichen und verfassungsgerichtlichen Vorgaben umsetzen.[332]

Die Rücknahme setzt voraus:

- Nichtablauf der Fünfjahresfrist des § 35 Abs. 3 StAG
- Rechtswidrigkeit der Einbürgerung
- Vorliegen eines Rücknahmegrundes und
- Kausalität des Rücknahmegrundes für die Einbürgerung

Sind diese Merkmale erfüllt, ist die Behörde zu einer umfassenden Ermessensausübung[333] verpflichtet.

a) Frist

205 Die – absolut geltende[334] – Frist des § 35 Abs. 3 StAG beginnt mit der Einbürgerung, dh der Übergabe der Einbürgerungsurkunde an den Einbürgerungsbewerber (vgl. § 16 Satz 1 StAG).[335] Der Zeitpunkt der Kenntnis vom Rücknahmegrund ist nach dem klaren Wortlaut des Gesetzes ohne Bedeutung für den Fristbeginn.[336]

Die Rücknahme darf nur innerhalb der Frist erfolgen. Nach hier vertretener Auffassung bedeutet das, dass die Rücknahme innerhalb der Frist wirksam[337] geworden sein muss. Das setzt gem. § 43 Abs. 1 VwVfG eine Bekanntgabe[338] der Rücknahme an den Betroffenen voraus.[339] Bestandskraft der Verfügung innerhalb der Frist ist nicht erforderlich. Eine bloße Anhörung zu einer beabsichtigten Rücknahme innerhalb der Frist reicht nicht aus, wenn die Verfügung erst nach dem Ablauf der Frist erfolgt.[340]

b) Rechtswidrigkeit der Einbürgerung

206 Die Einbürgerung muss objektiv rechtswidrig[341] erfolgt sein. Eine bigamische Ehe ist – auch wenn sie nicht durch richterliche Entscheidung gemäß § 1313 BGB aufgelöst ist – im Rahmen des bei § 9 StAG bestehenden Restermessens als atypischer Sonderfall zu werten. Die Einbürgerung kann deshalb im Ermessenswege verweigert werden.[342]

c) Rücknahmegründe

207 Rücknahmegründe sind neben der arglistigen Täuschung, Drohung oder Bestechung auch vorsätzlich unrichtige oder unvollständige Angaben, die wesentlich für die Einbürgerung gewesen sind. Wegen der verfassungsgerichtlichen Festlegung,[343] dass die Rücknahme einer erschlichenen Einbürgerung nur bei Erwirkung durch „Täuschung oder vergleichbarem Fehl-

---

331 NK-AuslR/*Oberhäuser*, aaO, Rn. 1 mwN
332 BVerwG, Urt. v. 3.6.2003 – 1 C 19.02; BVerfG, Urt. v. 24.5.2006 – 2 BvR 669/04 – www.asyl.net – Rechtsprechungsdatenbank; *Hailbronner/Renner/Maaßen*, § 35 Rn. 2 ff. und 8 ff.; zahlreiche weitere Nachweise bei GK-StAR/*Marx*, § 35 Rn. 2.
333 GK-StAR/*Marx*, § 35 Rn. 109.
334 VAH-StAG Nr. 35.3; NK-AuslR/Oberhäuser § 35 Rn. 44.
335 GK-StAR/*Marx*, § 35 Rn. 132.
336 GK-StAR/*Marx*, § 35 Rn. 129; *Hailbronner/Renner/Maaßen*, § 35 Rn. 49.
337 *Hailbronner/Renner/Maaßen*, § 17 Rn. 14: „verfügt".
338 Gemäß § 41 VwVfG.
339 *Kopp/Ramsauer*, VwVfG § 43 Rn. 4: „vor Bekanntgabe liegt ein VA im Rechtssinn noch nicht vor".
340 BVerwG, Urt. v. 30.6.2008 – 5 C 32.07 – Rn. 15 (Bescheid vom 20.7.2004 nach Einbürgerung am 13.7.1999 zu spät); siehe auch BVerwG, Urt. v. 14.2.2008 – 5 C 4.07, beide in www.bverwg.de.
341 *Hailbronner/Renner/Maaßen*, § 35 Rn. 17.
342 Siehe § 8 A IV, insbes. Rn. 110.
343 BVerfG, Urt. v. 24.5.2006 – 2 BvR 669/94 – www.asyl.net – Rechtsprechungsdatenbank.

verhalten"³⁴⁴ zulässig ist, muss die zweite Alternative des § 35 Abs. 1 Hs. 2 StAG – vorsätzlich unrichtige oder unvollständige Angaben – restriktiv ausgelegt und angewandt werden.³⁴⁵ Insbesondere ist ein Verschulden erforderlich.

Bereits vor Inkrafttreten des § 35 StAG war anerkannt, dass das bewusste Verschweigen einer bigamischen Ehe und der Unterhaltspflichten für die daraus hervorgegangenen Kinder einbürgerungsrelevant ist.³⁴⁶ Nach verbreiteter Auffassung hat der Einbürgerungsbewerber diese Umstände von sich aus auch ohne ausdrückliche Aufforderung oder schriftliche Fragestellung den Behörden zu offenbaren.³⁴⁷ Insoweit ist jedoch Vorsicht geboten. Eine uferlose Angabepflicht kann es nicht geben. Enthält zB ein Vordruck bestimmte Anfragen nicht, kann die Unvollständigkeit der Angaben den Erlass des Verwaltungsaktes nicht bewirken.³⁴⁸ Hingegen wird man bei einer bewusst falsche Auskunft auf eine ausdrückliche Frage regelmäßig als arglistige Täuschung ansehen müssen.³⁴⁹

d) Kausalität

Die Einbürgerung muss durch das inkriminierte Verhalten **erwirkt** worden sein. Diese Kausalität muss sich auf die Rechtswidrigkeit der erfolgten Einbürgerung beziehen.³⁵⁰ Das ist bei den Angaben, die Anspruchsvoraussetzungen betreffen, leicht festzustellen. Dabei muss aber stets darauf geachtet werden, ob die behördlichen Ermittlungsdefizite oder die unzutreffende Rechtsansicht durch schuldhaftes Verhalten des Einbürgerungsbewerbers bedingt sind; nur dann hat der Einbürgerungsbewerber die Einbürgerung bewirkt.³⁵¹ Bei Ermessenseinbürgerungen müssen die Angaben Umstände betreffen, die bei der Ermessensausübung Gewicht hatten.

208

e) Beweislast

Während die Behörde die Beweislast dafür trägt, dass die für den Erlass des Verwaltungsaktes zugrunde gelegten tatsächlichen Voraussetzungen nicht vorgelegen haben, trägt andererseits der Begünstigte dann, wenn feststeht, dass er unlautere Mittel benutzt hat, die Beweislast dafür, dass der erwirkte Verwaltungsakt gleichwohl aus anderen Gründen rechtmäßig war.³⁵²

209

4. Ermessen

Bei der umfassenden Ermessensausübung muss beachtet werden, dass allein der Umstand, dass die Einbürgerung wegen des unkorrekten Verhaltens des Eingebürgerten erfolgte, nicht automatisch zu einer Ermessensreduzierung zulasten des Eingebürgerten führen kann.³⁵³ Zwar ist zu berücksichtigen, dass dem staatlichen Interesse an der Herstellung rechtmäßiger staatsangehörigkeitsrechtlicher Verhältnisse ein hoher Stellenwert zukommt. Aber es sind auch die privaten Interesse des Einbürgerten zu berücksichtigen, seine Integration im Bundes-

210

---

344 A.a.O. Rn. 51.
345 GK-StAR/*Marx*, § 35 Rn. 52.
346 Zahlreiche Nachweise bei NK-AuslR/*Oberhäuser*, § 35 StAG Rn. 21, Fn. 58.
347 *Hailbronner/Renner/Maaßen*, § 35 Rn. 33 mwN; aA GK-StAR/*Marx*, § 35 Rn. 64 f. mwN
348 GK-StAR/*Marx*, § 35 Rn. 76.
349 *Hailbronner/Renner/Maaßen*, § 35 Rn. 31.
350 GK-StAR/*Marx*, § 35 Rn. 95.
351 GK-StAR/*Marx*, § 35 Rn. 54.
352 GK-StAR/*Marx*, § 35 Rn. 85 mwN
353 NK-AuslR/*Oberhäuser*, § 35 StAG Rn. 41; *Hailbronner/Renner/Maaßen*, § 35 Rn. 42; GK-StAR/*Marx*, § 35 Rn. 129.

gebiet³⁵⁴ und gegebenenfalls drohende Staatenlosigkeit oder sonstige Belange, zB sein Amt als Beamter, seine Zulassung als Arzt sein Mandat als Abgeordneter.³⁵⁵

211 Nach dem Wortlaut des § 35 Abs. 2 StAG steht eine **drohende Staatenlosigkeit**³⁵⁶ der Rücknahme in der Regel nicht entgegen. Dies legt nahe, eine drohende Staatenlosigkeit nur bei atypischen Ausnahmefällen zu berücksichtigen.³⁵⁷ Nach *Hailbronner* ist ein Regelfall dann gegeben, wenn nach völkerrechtlichen Verlusttatbeständen Staatenlosigkeit eintritt.³⁵⁸ Andererseits wird auf die frühere Rechtsprechung des Bundesverwaltungsgerichts hingewiesen. Danach ergibt sich aus der Wertentscheidung der Verfassung, den Eintritt von Staatenlosigkeit nach Möglichkeit zu verhindern, dass dieser Umstand stets in die Ermessenserwägungen einzustellen ist. Deshalb muss auch unter der Geltung des § 35 Abs. 2 StAG das öffentliche Interesse an der Vermeidung von Staatenlosigkeit in die Interessenabwägung einbezogen werden, und zwar auch dann, wenn kein atypischer Ausnahmefall vorliegt.³⁵⁹

212 Das ergibt sich nach hier vertretener Auffassung auch aus der Rechtsprechung des EuGH. Aus den Entscheidungen „**Rottmann**"³⁶⁰ und „**Ruiz Zambrano**"³⁶¹ kann abgeleitet werden, dass auch beim Entzug der deutschen Staatsangehörigkeit Unionsrecht zu beachten ist.³⁶² Denn der Entzug der deutschen Staatsangehörigkeit ist stets auch ein Entzug der in Art. 20 AEUV geregelten Unionsbürgerschaft. Die Unionsbürgerschaft vermittelt nach hiesigem Verständnis der Entscheidung „Ruiz Zambrano" unionsrechtlichen Schutz unabhängig davon, ob von der Freizügigkeit Gebrauch gemacht worden ist. Danach ist im Rahmen einer Verhältnismäßigkeitsprüfung zusätzlich zu prüfen, ob dem Betroffenen für den Versuch Zeit gegeben werden muss, seine ursprüngliche Staatsangehörigkeit wiederzuerlangen.³⁶³ Allerdings hat der EuGH in dem kurz nach „Ruiz Zambrano" ergangenen **Urteil „McCarthy"**³⁶⁴ die Anwendung von Unionsrecht abgelehnt, weil die Betroffene – es ging um den Aufenthalt ihres drittstaatsangehörigen Ehemannes – noch nie das Recht ausgeübt hatte, sich in einem anderen Mitgliedstaat zu bewegen und aufzuhalten. Im Hinblick auf Art. 21 AEUV hebt das Gericht hervor, dass anders als im Falle „Ruiz Zambrano" – dort ging es um den Aufenthalt drittstaatsangehöriger Eltern von Kindern, die noch nie das Recht ausgeübt hatten, sich in einem anderen Mitgliedstaat zu bewegen und aufzuhalten – durch die Verweigerung eines Aufenthaltsrechts für ihren Ehemann Frau McCarthy nicht verpflichtet wäre, das Hoheitsgebiet der Union zu verlassen.³⁶⁵

5. Wirkungen

213 Gemäß § 35 Abs. 4 StAG erfolgt die Rücknahme mit Wirkung für die Vergangenheit.

---

354 GK-StAR/*Marx*, § 35 Rn. 109 mwN
355 VAH-StAG Nr. 35.1; *Hailbronner/Renner/Maaßen*, § 35 Rn. 43.
356 BVerfG, Urt. v. 24.5.2006 – 2 BvR 669/94 – www.asyl.net – Rechtsprechungsdatenbank, Rn. 55 ff.; zu Pakistan: OVG NRW Beschl. v. 22.6.2010 – 19 E 777/09 – www.nrw.justiz.de.
357 So auch VAH-StAG Nr. 35.2.
358 *Hailbronner/Renner/Maaßen*, § 35 Rn. 12.
359 *Hailbronner/Renner/Maaßen*, § 35 Rn. 48.
360 Urt. v. 2.3.2010 – C-135/08 – ZAR 2010, 143 mit Anm. *Tewocht*, siehe dazu auch unter weiterführenden Hinweisen, Rn. 197.
361 Urt. v. 8.3.2011 – C- 34/09 – www.asyl.net – Rechtsprechungsdatenbank; dazu *Gutmann*, InfAuslR 2011, 177 f.
362 *Tewocht*, ZAR 2010, 144 ff.
363 BVerwG, Urt. v. 11.11.2010 – 5 C 12.10 – www.bverwg.de.
364 Urt. v. 5.5.2011 – C-434/09 – www.asyl.net – Rechtsprechungsdatenbank.
365 A.a.O. Rn. 50.

Wegen der Rückwirkung des Verlustes der Staatsangehörigkeit müssen die Auswirkungen des Verlustes auf Dritte geprüft werden. Dabei regelt § 35 Abs. 5 StAG die Fälle, bei denen Dritte **durch Verwaltungsakt** begünstigt worden sind, also hauptsächlich der Miteinbürgerung des Ehepartners oder der Kinder (§ 10 Abs. 2 StAG, aber auch bei § 9 StAG). Hier ist für jeden Betroffenen eine eigene Ermessensausübung[366] erforderlich.

Nach den VAH-StAG[367] sind folgende schutzwürdige Belange besonders zu berücksichtigen:
- inzwischen erworbener eigenständiger Einbürgerungsanspruch
- Grad der Integration in Deutschland
- bei minderjährigen Kindern Beachtung des Kindeswohls.

Eine Rücknahme der Einbürgerung des „Stammberechtigten" hat also nicht automatisch eine Rücknahme der Einbürgerung des jeweiligen Dritten zur Folge.

Sorgfältig davon zu unterscheiden[368] sind die Fälle, in denen der Erwerb der Staatsangehörigkeit des Dritten **kraft Gesetzes** erfolgte, also hauptsächlich durch **Geburt gemäß § 4 Abs. 1 StAG**, aber auch durch **Adoption gemäß § 6 StAG**. Hier ist § 17 Abs. 2 StAG anzuwenden.[369] Danach bleibt die kraft Gesetzes erworbene Staatsangehörigkeit Dritter unbeeinträchtigt, sofern diese Dritten das fünfte Lebensjahr vollendet haben. Hiervon wiederum sind die Fälle des § 17 Abs. 3 StAG zu unterscheiden, bei denen sich Entscheidungen aufgrund anderer Gesetze – zB bei der Rücknahme der Niederlassungserlaubnis gemäß § 51 Abs. 1 Nr. 3 AufenthG – außerhalb des Staatsangehörigkeitsgesetzes automatisch auf die Staatsangehörigkeit dritter Personen auswirken;[370] auch hier gilt die Grenze der Vollendung des fünften Lebensjahres.

6. Adoption

Gemäß § 6 StAG[371] erwirbt das Kind, das im Zeitpunkt des Annahmeantrages das achtzehnte Lebensjahr noch nicht vollendet hat, die deutsche Staatsangehörigkeit mit der nach deutschen Gesetzen wirksamen Annahme als Kind durch einen Deutschen.

Die Altersgrenze für die Antragstellung ist absolut. Insoweit entscheidend ist der Zeitpunkt, in dem ein wirksamer und formgerechter Annahmeantrag beim Familiengericht eingereicht wird.[372] Hierzu ist gemäß § 1752 Abs. 2 BGB Voraussetzung, dass der Antrag von dem bzw. den Annehmenden persönlich gestellt und notariell beurkundet ist. Das Verfahren ist in §§ 186 ff. FamFG geregelt. Nach deutschem Sachrecht wird die Annahme gemäß § 197 Abs. 2 FamFG mit der Zustellung des Beschlusses des Familiengerichts wirksam; diese Zustellung kann ohne Schaden für den Erwerb der deutschen Staatsangehörigkeit auch nach Vollendung des achtzehnten Lebensjahres erfolgen.[373] Allerdings muss nach der Rechtsprechung des Bundesverwaltungsgerichts ein hinreichender verfahrens- und materiellrechtlicher Zu-

---

366 VAH-StAG Nr. 35.5; *Hailbronner/Renner/Maaßen*, § 35 Rn. 56 ff.
367 A.a.O.
368 *Hailbronner/Renner/Maaßen*, § 35 Rn. 58.
369 VAH-StAG Nr. 17.2.
370 ZB Rücknahme der Niederlassungserlaubnis nach § 51 Abs. 1 Nr. 3 AufenthG mit der Folge rückwirkenden Wegfalls des Erwerbs der Staatsangehörigkeit gem. § 4 Abs. 3 StAG oder Fortfall der Anerkennung der Vaterschaft; VAH-StAG Nr. 17.3.
371 IdF des Gesetzes zur Neuregelung des IPR v. 25.7.1986 (BGBl. I S. 1142).
372 BVerwGE 108, 216; 119, 111.
373 *Hailbronner/Renner/Maaßen*, § 6 Rn. 27.

sammenhang zwischen Antrag und der darauf erfolgenden Annahme bestehen. Dieser Zusammenhang besteht nach Auffassung des Bundesverwaltungsgerichts nur dann, wenn bei einem vor Vollendung des achtzehnten Lebensjahres gestellten Annahmeantrag der zur Fortsetzung des Verfahrens nach § 1768 BGB erforderliche Antrag spätestens bis zur Vollendung des 21. Lebensjahres gestellt worden ist und das Adoptionsverfahren von den Antragstellern sodann mit dem gebotenen Nachdruck betrieben wird.[374]

Eine nach deutschen Gesetzen wirksame Annahme als Kind setzt voraus, dass

- das maßgebliche anzuwendende Recht nach den deutschen Gesetzen einschließlich der Kollisionsnormen korrekt bestimmt wurde,[375]
- gegebenenfalls internationales Verfahrensrecht, etwa das Haager Übereinkommen vom 29.5.1993 über den Schutz von Kindern und die Zusammenarbeit auf dem Gebiet der internationalen Adoption,[376] beachtet wurde[377] und
- erforderlichenfalls die Anerkennung und die Wirkungen einer auf ausländischem Recht beruhenden Annahme eines minderjährigen Kindes im Inland geklärt wird.[378]

Eine Aufhebung[379] der Adoption kann nur mit Wirkung für die Zukunft[380] erfolgen, eine Nichtigkeit der Adoption wird nur in ganz außergewöhnlichen Ausnahmefällen angenommen.[381]

III. Besondere Beratungshinweise

216 Jeder Betroffene muss gesondert betrachtet werden. Wesentlich sind auch die zeitlichen Abläufe. Deshalb muss zunächst ohne Herantreten an die Behörden ein Zeitschema erstellt werden. Wenn man sich für eine Intervention entscheidet: Vollmacht, Akteneinsicht, erneutes Mandantengespräch und Schreiben an die zuständige Behörde.

IV. Muster: Schreiben an die Einbürgerungsbehörde

217 ▶ ...

[zuständige Einbürgerungsbehörde]

...

Staatsangehörigkeit

Herr ...

und Kinder

unter Vollmachtsvorlage zeigen wir an, dass wir die Eheleute ... und die Kinder ... anwaltlich vertreten. Im Zusammenhang mit der Ausstellung einer Geburtsurkunde für das am ... geborene Kind hatte sich das Standesamt auf den Standpunkt gestellt, dass Herr ... im Zeitpunkt seiner Eheschließung mit seiner früheren Frau, der deutschen Staatsangehörigen ..., bereits anderweitig, nämlich mit der Mutter des jetzt geborenen Kindes L, verheiratet war.

---

374 BVerwG, Urt. v. 19.2.2015 – 5 C 17.14 – www.bverwg.de.
375 *Hailbronner/Renner/Maaßen*, § 6 Rn. 19 f.
376 BGBl. 2001 II S. 1034.
377 *Hailbronner/Renner/Maaßen*, § 6 Rn. 21 ff.
378 Nach dem Gesetz über die Wirkungen der Annahme als Kind nach ausländischem Recht v. 5.11.2001 idF des Art. 68 des Gesetzes v. 17.12.2008, BGBl. I 2008, 2586; *Hailbronner/Renner/Maaßen*, § 6 Rn. 23.
379 §§ 1759, 1760, 1763 BGB.
380 § 1764 BGB.
381 *Hailbronner/Renner/Maaßen*, § 6 Rn. 27 mwN

Variante 1: Die Einbürgerung von Herrn ... liegt länger als fünf Jahre zurück

Wir weisen darauf hin, dass Herr ... die deutsche Staatsangehörigkeit nach wie vor innehat. Eine Rücknahme hat zu unterbleiben.

Dabei ist völlig unerheblich, ob Herr ... im Einbürgerungsverfahren vorsätzlich unvollständige oder gar unzutreffende Angaben gemacht hat. Selbst wenn dies der Fall gewesen wäre, kann sich Herr ... auf § 35 Abs. 3 StAG berufen. Danach darf die Rücknahme nur bis zum Ablauf von fünf Jahren nach der „Bekanntgabe" der Einbürgerung erfolgen. Ausweislich der Akten wurde die Einbürgerungsurkunde am ..., also vor über fünf Jahren, übergeben. Damit ist die Frist des § 35 Abs. 3 StAG erfüllt, und es scheidet eine Rücknahme der Einbürgerung aus. § 48 LVwVfG ist nicht anwendbar.

Mithin bleibt auch die deutsche Staatsangehörigkeit der Ehefrau und der Kinder unbeeinträchtigt.

Variante 2: Die Einbürgerung von Herrn ... liegt weniger als fünf Jahre zurück

Der beabsichtigten Rücknahme der Einbürgerung treten wir entgegen. Selbst wenn Herr ... vorsätzlich unvollständige oder unzutreffende Angaben gemacht hätte, könnte eine Rücknahme nur nach umfassender Ermessensausübung erfolgen. Zwar kommt grundsätzlich dem Interesse an der Herstellung rechtmäßiger staatsangehörigkeitsrechtlicher Verhältnisse ein hohes Gewicht zu. Es liegt jedoch auf der Hand, dass etwaige unkorrekte Angaben von Herrn ... nicht automatisch zur Rücknahme der Einbürgerung führen dürfen.

Dabei ist zu beachten, dass den Familienangehörigen die deutsche Staatsangehörigkeit belassen bleiben muss.

a) Für das von Herrn ... adoptierte über fünf Jahre alte Kind C ergibt sich aus § 17 Abs. 2 StAG, dass ein Verlust der deutschen Staatsangehörigkeit nicht eintreten kann. Zwar mag der Erwerb der deutschen Staatsangehörigkeit von Herrn ... auf vorsätzlich unvollständigen oder unzutreffenden Angaben beruhen – was allerdings von Seiten Herrn ... energisch bestritten wird. Dies kann dem Kind C jedoch nicht entgegengehalten werden. Denn es hat die deutsche Staatsangehörigkeit durch die Adoption kraft Gesetzes erlangt. Dies ergibt sich aus § 6 StAG. Anhaltspunkte für eine Fehlerhaftigkeit der Adoption sind weder ersichtlich, noch liegen sie vor. Da das Kind C mittlerweile über fünf Jahre alt ist, kann es die deutsche Staatsangehörigkeit nicht verlieren (vgl. *Hailbronner/Renner/Maaßen*, Staatsangehörigkeitsrecht, 5.Aufl. 2010, § 17 Rn. 14 f.).

b) Auch dem Kind E können die Angaben seines Vaters gegenüber den deutschen Behörden nicht entgegengehalten werden. Selbst wenn Herr ... unwahre Angaben gemacht hätte, ist bei dem Kind E im Rahmen der von Ihrer Behörde gemäß § 35 Abs. 5 StAG zu treffenden Ermessensentscheidung zu beachten, dass es in erster Linie über seine Mutter miteingebürgert worden ist. Angaben des Vaters schlagen also auf seine Einbürgerung nicht durch. Im Übrigen war es an den Erklärungen seines Vaters vollständig unbeteiligt. Im Hinblick auf den mit dem Verlust der deutschen Staatsangehörigkeit eintretenden Verlust der Unionsbürgerschaft wäre eine Rücknahme der deutschen Staatsangehörigkeit vollständig unverhältnismäßig (EuGH Urt. v. 2.3.2010 – C-135/08, Fall Rottmann – ZAR 2010,143 und Urt. v. 8.3.2011 – C-34/09, Fall Ruiz Zambrano – InfAuslR 2011, 179). Bei Verlust der deutschen Staatsangehörigkeit würde das Kind zudem staatenlos. Das kann nicht dem Kindeswohl entsprechen.

Zudem stellte ein Verlust der Staatsangehörigkeit im Vergleich zu seinem – von seinen Eltern adoptierten – Bruder, dem Kind C, einen durch nichts zu rechtfertigenden Gleichheitsverstoß dar. Auch deshalb ist das Ermessen Ihrer Behörde im Hinblick auf die Regelung des § 17 Abs. 2

StAG gleichheitskonform dahin auszuüben, dass dem über fünf Jahre alten Kind E die deutsche Staatsangehörigkeit nicht entzogen wird.

Dabei ist zu beachten, dass der Eintritt der Staatenlosigkeit keineswegs nur in atypischen Sonderfällen zu berücksichtigen ist, sondern nach der bisherigen Rechtsprechung des Bundesverwaltungsgerichts stets in die Ermessenserwägungen einzustellen ist (*Hailbronner/Renner/ Maaßen*, aaO, § 35 StAG Rn. 48).

c) Auch bezüglich der Ehefrau müsste Ihre Behörde gemäß § 35 Abs. 5 StAG eine selbstständige Ermessensentscheidung treffen. Frau ... war über die Ehe Ihres Mannes in Deutschland nicht informiert. Sie ist Mutter eines – adoptierten – deutschen Kindes, des Kindes C. Auch hier ist zu beachten, dass der Verlust der deutschen Staatsangehörigkeit zum Verlust der Unionsbürgerschaft führte und unverhältnismäßig wäre.

d) Behält Frau ... die deutsche Staatsangehörigkeit, so bleibt auch das gerade geborene Kind L deutsch.

e) Durch die Rücknahme der Einbürgerung von Herrn ... würden mithin verschiedene Staatsangehörigkeiten innerhalb der Familie entstehen. Der Grundsatz der einheitlichen Staatsangehörigkeit innerhalb einer Familie stellt aber ein mindestens ebenso hoch anzusetzendes öffentliches Interesse dar wie das Interesse an „rechtmäßigen" Verhältnissen.

Es wäre ein höchst merkwürdiges Ergebnis, wenn der Vater eines von ihm adoptierten Kindes die deutsche Staatsangehörigkeit verlöre, während das Kind die kraft Gesetzes von ihm erworbene deutsche Staatsangehörigkeit von Gesetzes wegen behält.

Die Rücknahme der Einbürgerung und die damit eintretende Staatenlosigkeit wären vollständig unverhältnismäßig.

...

Rechtsanwalt ◄

V. Fehlerquellen / Haftungsfallen

218 Stürmisches Vorpreschen vor Ablauf der Fristen der §§ 17 Abs. 2, 35 Abs. 3 StAG kann die Chance auf Erhalt der Staatsangehörigkeit zunichtemachen. Bei der Akteneinsicht ist besonderes Augenmerk auf die Dokumentation des Zeitpunktes der Übergabe der Einbürgerungsurkunde zu richten.

VI. Weiterführende Hinweise

1. Weitere Fallgestaltungen

219 Außer der Verheimlichung weiterer bestehender Ehen und zu versorgender Kinder sind ua die Täuschung über die Sicherung des Lebensunterhalts und über Straftaten oder Ermittlungsverfahren zu erwähnen. Auch falsche Angaben über das Bestehen einer ehelichen Lebensgemeinschaft („Scheinehe")[382] oder einer Vaterschaft („Scheinvaterschaft") können für die Rücknahme relevant sein. Geht man – wie hier[383] – davon aus, dass die Abgabe einer Loyalitätserklärung lediglich eine formale Einbürgerungsvoraussetzung ist, kann eine unwahre Erklärung allein und als solche auch keine Rücknahme der Einbürgerung bewirken.[384]

---

382 NK-AuslR/*Oberhäuser*, § 35 StAG Rn. 21 und Fn. 59.
383 Vgl. § 7 Rn. 111.
384 NK-AuslR/*Geyer*, § 10 StAG Rn. 11 und NK-AuslR/*Oberhäuser* § 17 StAG Rn. 22, jeweils mwN

2. Strafbarkeit der unrichtiger oder unvollständiger Angaben

Gemäß § 42 StAG wird mit Freiheitsstrafe bis zu fünf Jahren oder mit Geldstrafe bestraft, wer unrichtige oder unvollständige Angaben zu wesentlichen Voraussetzungen der Einbürgerung macht oder benutzt, um für sich oder einen anderen eine Einbürgerung zu erschleichen.

Die Vorschrift wurde mit Gesetz vom 5.2.2009 – in Kraft getreten am 12.2.2009[385] – eingeführt. Gemäß § 78 Abs. 3 Nr. 4 StGB beträgt die Verjährungsfrist fünf Jahre.

3. Aufenthalt nach Rücknahme?

Der Gesetzgeber hat die ausländerrechtlichen Folgen des Verlustes der Staatsangehörigkeit nicht ausdrücklich geregelt. Nach Auffassung des BVerwG[386] wird der früher bestehende unbefristete Aufenthaltstitel gemäß § 43 Abs. 2 VwVfG mit der Einbürgerung unwirksam und lebt nach Rücknahme der Einbürgerung nicht wieder auf. Dies ergebe sich vor allem aus der in § 38 AufenthG getroffenen Regelung, die bei Verlust der deutschen Staatsbürgerschaft mit Wirkung für die Zukunft nicht vorsieht, dass der alte Aufenthaltstitel automatisch wieder auflebt. Diese Wertung des Gesetzgebers verlange, Ausländer, deren Einbürgerung – etwa wegen einer vom Ausländer begangenen Täuschung – mit Wirkung für die Vergangenheit aufgehoben wird, nicht besser zu stellen.

§ 38 Abs. 1 bis 3 AufenthG regele allerdings der Sache nach alle Fälle des sonstigen Verlusts der Staatsangehörigkeit mit Wirkung für die Zukunft. Er ermögliche eine adäquate Berücksichtigung der Umstände des Einzelfalles auch in Fällen der Rücknahme der Einbürgerung mit Wirkung für die Vergangenheit. Die entsprechende[387] Anwendung der Vorschrift verhindere, dass es allein aufgrund der Rücknahme der Einbürgerung zu einer automatischen Aufenthaltsbeendigung ohne Prüfung der Verhältnismäßigkeit im Einzelfall kommen kann. Dies erlaube zwar nicht die Erteilung einer Niederlassungserlaubnis, ermögliche in besonderen Fällen aber die Erteilung einer Aufenthaltserlaubnis.

4. Verlust der Unionsbürgerschaft

Betrifft die Rücknahme der Einbürgerung einen Staatsangehörigen, der zuvor die Angehörigkeit eines Mitgliedstaates der Europäischen Union hatte,[388] sind – im Gegensatz zu einem Unionsbürger, der sein Freizügigkeitsrecht nicht ausgeübt hatte,[389] ist dies unstreitig – die gemeinschaftsrechtlichen Vorgaben zu beachten.[390] Wenn in dieser Konstellation – Fall „Rottmann"[391] – die Einbürgerung durch Täuschung erschlichen wurde, verstößt es grundsätzlich nicht gegen Unionsrecht – insbesondere Art. 17 EG (jetzt Art. 20 AEUV) –, wenn ein Mitgliedstaat einem Unionsbürger die durch Einbürgerung erworbene Staatsangehörigkeit wieder entzieht. Dabei ist aber stets zu beachten, dass die Rücknahmeentscheidung den Grund-

---

385 BGBl.I, Nr. 7 v. 11.2.2009, S. 158 ff.
386 Urt. v. 19.4.2011 – 1 C 2.10 und 1 C 16.10, beide in www.bverwg.de; hierzu kritisch GK-StAR/*Marx* § 35 Rn. 145 ff. und schon *Marx*, InfAuslR 2009, 303 ff.: Mit der Einbürgerung verliere der Titel zwar seine rechtliche Wirkung, aber das Regelungssubjekt „Ausländer" sei nicht für immer weggefallen, sondern nur für die Dauer des Besitzes der deutschen Staatsangehörigkeit; zum ARB-Status: *Marx*, InfAuslR 2009, 357, 360.
387 Keine direkte Anwendung; siehe auch AVwV zum AufenthG Nr. 38.0.4.
388 Diese Fälle dürften jetzt selten werden, weil gemäß § 12 Abs. 2 StAG die Staatsangehörigkeit eines Mitgliedstaates der EU beibehalten wird.
389 So Rn. 187.
390 GK-STAR/*Berlit* § 10 Rn. 55 am Ende.
391 BVerwG, Urt. v. 11.11.2010 – 5 C 12.10; EuGH, Urt. v. 2.3.2010 – C-135/08 – ZAR 2010, 143 mit Anm. *Tewocht*.

satz der **Verhältnismäßigkeit** wahrt.[392] Dies gilt gerade auch dann, wenn der Betroffene die Staatsangehörigkeit seines Herkunftsmitgliedstaates nicht wiedererlangt.[393] Aufgrund des Akzessorietätsprinzips in Art. 17 EG geht neben der erschlichenen nationalen Staatsbürgerschaft auch die nicht erschlichene Unionsbürgerschaft verloren. Dieser „**überschießende Rechtsverlust**" steht zwar einer Rücknahme nicht generell entgegen. Er kann aber im Einzelfall im Zusammenwirken mit der Bewertung der Schwere des vom Betroffenen begangenen Verstoßes, der Zeit, die zwischen der Einbürgerungsentscheidung und der Rücknahmeentscheidung vergangen ist, und der Möglichkeit für den Betroffenen, seine ursprüngliche Staatsangehörigkeit wiederzuerlangen,[394] dazu führen, dass die Rücknahme ausnahmsweise unverhältnismäßig ist. Die Beachtung des Grundsatzes der Verhältnismäßigkeit kann es unter Berücksichtigung sämtlicher relevanter Umstände im Einzelfall erforderlich machen, dass dem Betroffenen vor Wirksamwerden einer derartigen Entscheidung über die Rücknahme der Einbürgerung eine angemessene Frist eingeräumt wird, damit er versuchen kann, die Staatsangehörigkeit seines Herkunftsmitgliedstaats wiederzuerlangen; ob dies der Fall ist, hat allerdings das nationale Gericht zu beurteilen.[395] Dieser letztere Gesichtspunkt ist in § 35 StAG nicht angesprochen: Er ist jedenfalls bei ehemaligen Unionsbürgern zusätzlich zu beachten. Dass dies für jeden Entzug der deutschen Staatsangehörigkeit – also auch bei nicht ehemaligen Unionsbürgern – gilt, liegt nach der weiteren Entscheidung des EuGH „**Ruiz Zambrano**"[396] sehr nahe.[397]

5. Rechtsmittel

223 Soweit nach jeweiligem Landesrecht Widerspruch möglich ist, hat dieser aufschiebende Wirkung. Ist sofortige Vollziehung angeordnet, kann einstweiliger Rechtsschutz gemäß § 80 Abs. 5 VwGO beantragt werden.[398]

Die Anfechtungsklage hat ebenfalls aufschiebende Wirkung.

Die aufschiebende Wirkung des Rechtsmittels hat jedoch keinen Einfluss auf die Berechnung der Fristen des § 35 Abs. 3 StAG.

---

392 EuGH, aaO Rn. 59; deshalb zu kurz VAH-StAG Nr. 35.02.
393 EuGH aaO Rn. 57.
394 EuGH, aaO Rn. 56.
395 EuGH, aaO, Rn. 58.
396 Urt. v. 8.3.2011 – C-34/09 – www.asyl.net – Rechtsprechungsdatenbank.
397 *Tewocht*, Anmerkung zu EuGH, a.a.O; siehe jetzt aber auch EuGH, Urt. v. 5.5.2011 – C-434/09 – McCarthy.
398 *Hailbronner/Renner/Maaßen,* § 35 Rn. 60.

Teil 3
Asylrecht

§ 9 Antrag auf Asyl (§ 13 AsylG)

A. Asylantrag ohne Dublinrelevanz

I. Sachverhalt / Lebenslage

Der afghanische Staatsangehörige paschtunischer Volkszugehörigkeit M sucht mit seinem nur unzulänglich die deutsche Sprache beherrschenden Cousin anwaltlichen Rat, weil er Asyl beantragen will. Er erklärt, er sei mit dem Flugzeug von Kabul nach Teheran geflogen und von dort auf dem Landweg in die Türkei sowie anschließend nach Griechenland gereist. Von Athen aus sei er mit dem Flugzeug über den Flughafen Frankfurt am Main vor drei Tagen in das Bundesgebiet eingereist. Er komme aus einem Dorf bei Kandahar und sei von der Taliban bedroht worden, weil er von 2005 bis zum Abzug der internationalen Truppen mit diesen zusammen gearbeitet habe. Er habe einen Lastkraftwagen für eine afghanische Firma gefahren, die die internationalen Truppen in Kandahar mit Baumaterialien für die Erweiterung der Kaserne versorgt habe. Er habe zusammen mit anderen angestellten Lastkraftwagenfahrern die Aufträge der Firma ausgeführt. Seit etwa 2009 seien ihm gelegentlich Drohbriefe durch Kinder in der Nachbarschaft übermittelt worden. Zunächst habe er diese Bedrohungen nicht ernst genommen. Doch etwa sieben Monate vor der Ausreise hätten diese zugenommen und seien auch bedrohlicher geworden. Er habe sowohl Drohbriefe wie auch -anrufe erhalten. Aufgrund der Art und des Inhalts der Schreiben bzw. Telefongespräche habe es für ihn keinen Zweifel gegeben, dass die Absender bzw. Anrufer Talebs gewesen seien. Etwa drei Wochen vor der Ausreise sei er mit seinem Lastkraftwagen unterwegs gewesen, um Baumaterialien an die internationalen Truppen zu liefern. Plötzlich sei auf ihn geschossen worden. Die Angreifer hätten ihn jedoch verfehlt. Da er nicht weit von einem Kontrollposten der afghanischen Sicherheitskräfte entfernt gewesen sei, habe er dort zunächst Schutz gesucht und Anzeige erstattet. Die Sicherheitskräfte hätten ihm jedoch nicht helfen können. Er habe deshalb sofort beschlossen, Afghanistan zu verlassen, habe kurz seine Wohnung aufgesucht, die Ehefrau und seine drei Kinder mit nach Kabul genommen und sei von dort ausgereist. Seine Familie sei bei seinem Bruder in Kabul geblieben, wolle aber nachkommen.

II. Prüfungsreihenfolge

1. Erste Beratung des Mandanten

Das erste Beratungsgespräch kann für den Mandanten wie für den Anwalt nur eine vorläufige Orientierung über den Sachverhalt liefern und dem Mandanten Klarheit über den **Ablauf des Melde-, Verteilungs- und asylrechtlichen Feststellungsverfahrens** verschaffen. Hierbei ist zuallererst zu prüfen, ob der Asylantrag im Bundesgebiet geprüft werden wird. Zwar ist der Mandant über Griechenland in die Union eingereist, so dass an sich dieser Mitgliedstaat für die Behandlung des Asylantrags zuständig ist (Art. 13 Verordnung (EU) Nr. 604/2013). Seit Januar 2011 werden jedoch keine Asylsuchenden mehr an Griechenland überstellt. Vielmehr macht die Bundesrepublik von ihrem Selbsteintrittsrecht Gebrauch (Art. 3 Abs. 2 Verordnung (EG) Nr. 343/2003 bis zum 31.12.2013, seit 1.1.2014 Art. 17 Abs. 1 Verordnung (EU) Nr. 604/2013). Bei der Erörterung der Asylgründe wollen die Mandanten zumeist eine in Prozentzahlen ausgedrückte Einschätzung der Erfolgsaussichten ihres Asylantrags erhalten. Eine derartige Einschätzung darf ohne sorgfältige und erschöpfende Aufklärung des Sachverhaltes und präzise und erschöpfende Prüfung der Glaubhaftigkeit der Angaben des Mandanten nicht abgegeben werden. Überhaupt sollte man vermeiden, mit Prozentzahlen zu operieren. Die erwünschte Sicherheit kann man dem Mandanten auch durch überzeugende Sachaufklärung und offene Beratung vermitteln. Nur nach Vergewisserung darüber, dass die tatsächlichen Angaben des Mandanten glaubhaft und für eine asylrechtliche Statusanerkennung geeignet sind, darf man ungefähre Einschätzungen der Erfolgsaussichten abgeben.

3 Mit dem Mandanten ist ein neuer Beratungstermin zu vereinbaren, bei dem die Antragsbegründung besprochen und schriftlich vorbereitet wird. Dazu sollte man den Mandanten bitten, alle aus seiner Sicht wesentlichen Tatsachen und Umstände schriftlich festzuhalten und sich dadurch eine Gedächtnisstütze zu verschaffen. Da die Darlegungslast im Asylverfahren besonders streng ist, muss für **professionelle Sprachmittlung** Sorge getragen werden. Verwandte und andere nahestehende Personen sind regelmäßig zur Sprachmittlung für die Vorbereitung einer Asylbegründung nicht geeignet, da sie nicht unabhängig sind, zumeist nicht korrekt übersetzen und wegen der Kenntnisse der Lebensgeschichte des Mandanten eigenes, vor dem anwaltlichen Termin erlangtes Wissen in die Übersetzung der Antworten des Mandanten einflechten. Dadurch besteht die Gefahr, dass eine anwaltliche Prüfung der Stimmigkeit, Vollständigkeit und Erlebnisfundiertheit, also der Glaubhaftigkeit der Angaben des Mandanten misslingt, jedenfalls mit erheblichen Fehlern behaftet sein kann. Der Hinweis auf die finanzielle Notlage überzeugt nicht. Wer 5.000 EUR und mehr für die Flucht aufbringen kann, wird auch den Übersetzer und Rechtsanwalt angemessen, gegebenenfalls durch Unterstützung von Freunden und Verwandten finanzieren können.

4 Abschließend ist wegen der gebotenen **Beschleunigung des Verfahrens** sowie wegen der nachteiligen verfahrensrechtlichen Folgen einer nicht unverzüglichen Meldung als Asylsuchender nach Einreise (§ 20 Abs. 1 AsylG) ein zeitnaher weiterer anwaltlicher Besprechungstermin zu vereinbaren. Wenn der Mandant keinen Dolmetscher besorgen kann, muss auf seine Kosten ein geeigneter Dolmetscher durch den Anwalt hinzugezogen werden. Dem Mandanten ist der Ablauf des Asylverfahrens und insbesondere der Stellenwert der persönlichen Meldepflicht zwecks förmlicher Antragstellung bei der zuständigen Außenstelle des Bundesamtes für Migration und Flüchtlinge (§ 23 Abs. 1 AsylG) zu erklären. Da diese im Zeitpunkt der anwaltlichen Beratung noch nicht bekannt ist (vgl. § 22 Abs. 1, § 23 Abs. 1, § 46 AsylG), kann keine schriftliche Antragsbegründung an die zuständige Behörde gefertigt und übermittelt werden. Vielmehr muss die schriftliche Antragsbegründung vorbereitet und dem Mandanten mitgegeben werden. Dazu dient der weitere anwaltliche Beratungstermin. Allerdings verzögert sich derzeit die Antragstellung, weil von den beiden Optionen des § 23 Abs. 1 AsylG derzeit nur die zweite zugelassen wird, der Mandant also nach Meldung bei der für ihn zuständigen Aufnahmeeinrichtung nichtvon sich aus die dort gelegene für ihn zuständige Außensteller des Bundesamtes aufsuchen kann. Vielmehr muss er auf die Aufforderung der Aufnahmeeinrichtung warten, die ihm durch die zuständige Ausländerbehörde mitgeteilt wird, wenn er bereits – wie heute zumeist – vor der Antragstellung verteilt worden ist. In der Regel dauern heute die Wartezeiten auf den Termin nach § 23 Abs. 1 AsylG zwischen sechs und zwölf Monaten und mehr.

Selbstverständlich wollen die Mandanten auch Sicherheit über den weiteren Aufenthalt erlangen und äußern einen entsprechenden Wunsch. Inzwischen ist allgemein bekannt, dass Asylsuchende keinen Anspruch darauf haben, sich während des Asylverfahrens an einen bestimmten Ort aufzuhalten (vgl. § 55 Abs. 1 S. 2 AsylG). Der Mandant ist darauf hinzuweisen, dass erst seine **persönliche Meldung** bei einer **Aufnahmeeinrichtung** das gesetzliche Aufenthaltsrecht nach § 55 Abs. 1 AsylG und damit den asylverfahrensrechtlichen Abschiebungsschutz begründet (vgl. § 19 Abs. 1, § 22 Abs. 1 AsylG).[1] Deshalb sollte dem Mandanten ein anwaltliches Schriftstück oder ein handschriftlicher Vermerk auf der anwaltlichen Visitenkarte mitgegeben werden, in dem für den Fall einer polizeilichen Kontrolle darauf hingewiesen wird, dass ein Asylantrag vorbereitet wird und der Mandant Anspruch darauf hat, an die zuständigen Behörden weiter geleitet zu werden (vgl. § 19 Abs. 1 AsylG). Das gesetzliche Aufenthaltsrecht nach § 55 Abs. 1 S. 1 AsylG entsteht aber nicht erst mit der Meldung bei der nächstgelegenen Aufnahmeeinrichtung, sondern bereits mit der Meldung bei einer Ausländerbehörde oder einer allgemeinen Landespolizeibehörde. Da der Mandant aber bereits beim Anwalt Rat einholt, ist es nicht sinnvoll, ihn zunächst an eine Ausländer- oder allgemeine Polizeibehörde, sondern unmittelbar an die nächstgelegene Aufnahmeeinrichtung zu verweisen. Erstere leiten ihn ohnehin an diese weiter (§ 19 Abs. 1 AsylG). Nach Meldung als Asylsuchender bei einer dieser Behörden wird dem Mandanten ein Ankunftsnachweis (§ 63 a AsylG) ausgestellt. Die Bescheinigung über die Aufenthaltsgestattung darf nach dem Gesetz erst nach förmlicher Antragstellung bei der zuständigen Außenstelle des Bundesamtes erteilt werden (§ 63 Abs. 1 AsylG).

2. Akte anlegen

Wenn auch das erste Beratungsgespräch zunächst vorrangig der Orientierung des Mandanten dient, muss der Anwalt bereits in dieser Phase klären, ob er das Mandat übernimmt. Hat er erhebliche **Zweifel** an der **Glaubhaftigkeit** des Sachvorbringens, sollte er den Auftrag nicht annehmen. Verbleiben Zweifel, muss er sich klar werden, ob er das Mandat übernimmt. Man kann dem Mandanten auch verständlich machen, dass man zunächst mit einem professionellen Übersetzer die Glaubhaftigkeit der Angaben in einem weiteren Beratungsgespräch klären möchte. In diesem Fall bleibt im ersten Beratungsgespräch die Mandatsübernahme offen und sollte in dieser Phase noch keine Akte bzw. eine „schwebende Akte" angelegt oder der Vorgang ohne Aktenanlage in einer besonderen Ablage für schwebende Mandate abgelegt werden. Wer trotz erheblicher Zweifel an der Glaubhaftigkeit des Vorbringens das Mandat übernimmt, kann in schwierige und peinliche verfahrensrechtliche Situationen kommen.

Sofern im ersten Beratungsgespräch keine gravierenden Zweifel an der Glaubhaftigkeit der Angaben des Mandanten auftreten, sollte bereits jetzt zur wirksamen Kontrolle der Mandatsbearbeitung eine Akte angelegt werden. Wegen des anstehenden Verteilungsverfahrens und der häufig geringen Zuverlässigkeit der angegebenen Adressen, empfiehlt sich die Notierung von möglichst **mehreren Kontaktadressen** und telefonischen sowie elektronischen Verbindungen in der Akte. Da der behördliche Korrespondenzwechsel über die Kanzlei geführt wird, muss der Anwalt Sorge für die jederzeitige **Erreichbarkeit** des Mandanten tragen. Dies ist auch deshalb empfehlenswert, weil Mandanten gelegentlich untertauchen, ins Ausland reisen, den Kontakt abbrechen oder den Anwalt schlichtweg vergessen und der Rechtsanwalt in die-

---

[1] BayObLG NVwZ 1993, 811; OLG Köln NVwZ-Beil. 2003, 7, 8; *Marx*, AsylG, § 13.

sem Fall das Mandat nicht beenden kann. Bevor er in einem derartigen Fall der Behörde oder später dem Gericht mitteilt, dass der Kontakt zum Mandanten unterbrochen ist, muss er sich wegen der Folgen (§§ 33, 81 AsylG) sorgfältig vergewissern, ob der Mandant über Kontaktpersonen erreichbar ist.

8   Ist dies nicht der Fall, sollten zunächst die notierten Kontaktadressen abgefragt werden. Anschließend kann telefonisch die zuständige **Ausländerbehörde** um **Auskunft** über die aktuelle ladungsfähige Adresse des Mandanten gebeten werden. Bleibt auch diese Nachfrage erfolglos, ist eine **Meldeamtsnachfrage** durchzuführen. Erst nach Durchführung dieser Ermittlungen darf der Hinweis an die Behörde oder das Verwaltungsgericht gegeben werden, dass der Kontakt unterbrochen ist. Denn nach dem Hinweis wird das Bundesamt unverzüglich das Verfahren einstellen (§ 33 Abs. 1 S. 1 Nr. 2 AsylG). Einer vorherigen Betreibensaufforderung wie früher mit dem Inhalt, die ladungsfähige Adresse mitzuteilen, bedarf es hierzu im Verwaltungsverfahren nicht mehr. Anders ist dies im gerichtlichen Verfahren. In diesem bedarf es zur Ermittlung der aktuellen ladungsfähigen Adresse des Mandanten stets zunächst einer prozessleitenden Verfügung und einer anschließenden Betreibensaufforderung, bevor das Verfahren eingestellt werden kann (§ 81 AsylG). Bei Aktenanlage sollten dem Mandanten mehrere Vollmachten zur Unterzeichnung vorgelegt werden. Im Asylverfahren besteht Handlungsfähigkeit mit Erreichung der Volljährigkeit (§ 12 Abs. 1 AsylG). Bei minderjährigen unbegleiteten Asylsuchenden leitet das örtlich zuständige Jugendamt die Betreuung des Mandanten und auch die Einleitung der Vormundschaft ein. Mit diesem sollte kooperiert werden, damit später die Beauftragung für die anwaltliche Vertretung im Asylverfahren des Mandanten erfolgen kann. Unbegleitete minderjährige Flüchtlinge sind nicht in einer Aufnahmeeinrichtung, sondern jugendhilferecht unterzubringen (§ 42 a Abs. 1 SGB VIII).[2] Der Antrag wird schriftlich bei der Zentrale des Bundesamtes gestellt (§ 14 Abs. 2 S. 1 Nr. 2 AsylG). Für Minderjährige in Begleitung ihrer Eltern gilt dies nicht. Sie haben sich zusammen mit ihren Eltern in einer Aufnahmeeinrichtung zu melden. Für diese unterzeichnen die Eltern die Vollmacht.

3. Vorschuss

9   Üblicherweise wird in der anwaltlichen Vertretungspraxis mit Vorschüssen und Vergütungsvereinbarungen gearbeitet. Es bleibt dem Anwalt und dem Mandanten sowie dessen Verwandten überlassen, wie hoch die Vergütungssumme verabredet wird. Wer im Asylverfahren gewissenhaft arbeitet, insbesondere an der persönlichen Anhörung, die zumeist nicht am Ort der Kanzlei durchgeführt wird, teilnehmen will, kann den Auftrag nicht ohne Vereinbarung einer **angemessenen Vergütungssumme** übernehmen. Da nicht auszuschließen ist, dass dem Verwaltungs- ein Klageverfahren folgen wird, sollte dies mit dem Mandanten offen besprochen werden. Für die zweite Beratung empfiehlt es sich, auf die Notwendigkeit hinzuweisen, einen **Kostenvorschuss** in Höhe von etwa 600 EUR in bar zu zahlen. Nimmt der Anwalt auch an der persönlichen Anhörung teil und wird diese weit entfernt vom Kanzleiort durchgeführt, sollten vor der Anhörung insgesamt mindestens 1.000 EUR Vorschuss gezahlt worden sein. Die weitere Finanzierung kann man zunächst offen lassen. Die Vorschüsse sind jedoch vertraglich durch Abschluss einer Vergütungsvereinbarung abzusichern, da der Gegenstandswert im Asylrecht lediglich 5.000 EUR beträgt (vgl. § 30 RVG) und deshalb das Risiko besteht,

---

[2] OVG Hamburg, InfAuslR 2011, 256, 257; VG Leipzig, NVwZ-Beil. 1995, 422 VG Augsburg, InfAuslR 2015, 467, 468; *Marx*, AsylG, § 12 Rn 26.

dass der Mandat die geleisteten Beträge, soweit sie die gesetzlichen Gebühren übersteigen, zurückfordert. Generell ist darauf hinzuweisen, dass stets und darüber hinaus auch zu gegebenen Zeitpunkten – wie etwa vor der Begleitung zu einer Anhörung – auf angemessene Vorschussleistungen zu achten ist, da der Anwalt andernfalls zumeist seine Gebühren bzw. seine vertraglich vereinbarte Vergütung nicht erhalten wird.

4. Vorbereitung der Asylbegründung

Zu Beginn des weiteren Beratungstermins ist zunächst anhand der mitgebrachten schriftlichen Aufzeichnungen, gegebenenfalls ohne diese, eine sehr kritische und tiefreichende **Glaubhaftigkeitsprüfung** durchzuführen. Wird dem Mandanten erklärt, dass hiermit die Erfolgsaussichten seines Asylbegehrens optimal gesteigert werden sollen, wird er die für ihn nicht immer angenehme Befragungssituation verstehen und sich darauf einrichten. Angesichts der sehr strengen Darlegungslasten im Asylverfahren und des häufig fehlenden guten Glaubens in die vorgebrachten Asylgründe beim Bundesamt wie bei den Verwaltungsgerichten dürfen keine tatsächlichen Fragen offen bleiben. Selbst unwesentliche Details können durch die häufig auf Ablehnung eingestellte Behörde zu wesentlichen tragenden Entscheidungsgrundlagen hochstilisiert werden und dürfen deshalb nicht ungeklärt bleiben. Andererseits ist die Bandbreite dessen, was als Fehlerquellen verwendet werden kann, unendlich, so dass auch ein gewissenhafter und sachkundiger Verfahrensbevollmächtigter nicht alle möglichen Beweiswürdigungen vorhersehen kann. Die Anwältin bzw. der Anwalt hat deshalb gar keine andere Wahl, als darauf zu vertrauen, dass in den Entscheidungsstrukturen noch ein gewisses Maß an Redlichkeit und Fairness obwaltet. Zugleich sind die tragenden tatsächlichen Entscheidungsgrundlagen durch kritische Befragung des Mandanten zu durchleuchten und in der schriftlichen Antragsbegründung verständlich und plausibel sowie chronologisch aufzubereiten.

Die **Antragsbegründung** sollte im Beisein des Mandanten sowie des Übersetzers diktiert werden, da dieser auf diese Weise überprüfen kann, ob der Anwalt seine Aussagen richtig verstanden hat. Beim Diktat sollte lieber zu viel als zu wenig zurück gefragt werden, um zu verhindern, dass anwaltliche Vorannahmen ungeprüft zum Inhalt der Sachangaben des Mandanten werden und auf diese Weise den tatsächlichen Sachverhalt verfälschen.

Nach Fertigstellung des Schriftsatzes ist dieser dem Mandanten in einem umschlossenen Umschlag mit einem Begleitschreiben, in dem er über das asylrechtliche Meldeverfahren aufgeklärt wird, zu übergeben. Der Mandant ist ausdrücklich darauf hinzuweisen, dass er den Schriftsatz nur beim **Bundesamt** und deshalb erst dann abgeben darf, wenn er sicher ist, dass er bei der für ihn **zuständigen Außenstelle** des Bundesamtes angelangt ist. Wird dieser Hinweis versäumt, geben die Asylsuchenden den Briefumschlag in aller Regel bei der zuerst aufgesuchten Behörde, dh bei der Aufnahmeeinrichtung ab (vgl. § 22 Abs. 1 AsylG). Nach den Erfahrungen mit diesem seit dem 1.4.1993 bestehenden Verfahren besteht bei einem derartigen Verfahren eine hohe Wahrscheinlichkeit, dass die schriftliche Antragsbegründung nicht rechtzeitig vor der Anhörung zur Akte des Bundesamtes gelangt. Sobald der Mandant den Asylantrag bei der für ihn persönlich zuständigen Außenstelle des Bundesamtes gestellt hat, erhält der Anwalt durch diese eine Eingangsbestätigung. Es empfiehlt sich, erneut die schriftliche Antragsbegründung, die dem Mandanten überreicht wurde, auf schriftlichem Wege an die zuständige Außenstelle zu übermitteln. Jedenfalls sollte die Akte in kurzen periodischen

Zeitabständen überprüft werden und nach etwa zwei bis drei Wochen der Mandant oder die Kontaktpersonen angeschrieben werden, um zu überprüfen, ob der Asylantrag förmlich gestellt wurde und anschließend die schriftliche Antragsbegründung an die zuständige Außenstelle übersandt werden.

5. Vorbereitung der persönlichen Anhörung (§ 25 AsylG)

a) Klärung der anwaltlichen Begleitung zur Anhörung

13   Die persönliche Anhörung ist das **Herzstück des Asylverfahrens**.[3] Dementsprechend ist der Mandant angemessen vorzubereiten. Zumeist wird dies im zeitlichen Zusammenhang mit der Vorbereitung der Asylbegründung erfolgen. Anders als das Gesetz es vorschreibt, erfolgt heute die persönliche Anhörung mit Ausnahme von Antragstellern aus sicheren Herkunftsstaaten (§ 29 a AsylG) nicht im unmittelbaren zeitlichen Zusammenhang mit der Meldung beim Bundesamt (§ 25 Abs. 4 S. 1 AsylG). Vielmehr wird sie zumeist erst Monate nach der Antragstellung durchgeführt. Es kann daher ein weiterer Beratungstermin vereinbart werden, in dem der Mandant sehr sorgfältig auf die für ihn zentrale Station der Anhörung vorbereitet wird. Erachtet die Rechtsanwältin oder der Rechtsanwalt die Angaben des oder der Mandanten/in für glaubhaft, sollte eine Begleitung zur Anhörung vereinbart werden. Nur durch anwaltlichen Beistand während der Anhörung kann gewährleistet werden, dass jedenfalls ein Mindestmaß an korrekter, erschöpfender und sachgerechter Ermittlung die behördliche Sachverhaltsaufklärung leiten. Dem oder der Mandanten/in kann verständlich gemacht werden, dass die nicht unbeträchtlichen hierfür anfallenden anwaltlichen Kosten in eigenem Interesse aufgebracht werden sollten.

14   Sobald der Mandant die Aufnahmeeinrichtung aufgesucht hat (vgl. § 22 Abs. 1 S. 1 AsylG) und Klarheit darüber besteht, ob er dort bleiben oder einem anderen Bundesland zugewiesen wird, sollte – wie bereits erwähnt. Kontakt mit der zuständigen Außenstelle des Bundesamtes aufgenommen werden. Zuständig ist die Außenstelle, die in der für den Mandanten bestimmten Aufnahmeeinrichtung eingerichtet ist (§ 22 Abs. 1 S. 2, § 23 Abs. 1 AsylG). Für Staatsangehöriger aus sicheren Herkunftsstaaten, Folgeantragsteller, in Fällen, in denen der Betroffene die Behörden durch falsche Angaben oder Dokumente oder durch Verschweigen wichtiger Informationen oder durch Zurückhaltung von Dokumenten über die Identität oder Staatsangehörigkein getäuscht, Reisedokumente oder andere Identitätsnachweise mutwillig vernichtet hat, sich der erkennungsdienstlichen Behandlung verweigert oder aus schwerwiegenden Gründen der öffentlichen Sicherheit oder Ordnung (§ 54 Abs. 1 AufenthG) ausgewiesen wurde oder bei schwerwiegender Gefahr für die nationale Sicherheit oder öffentliche Ordnung wird er zur Durchführung des beschleunigten Verfahren in einer besondere Aufnahmeeinrichtung (§ 5 Abs. 5, § 30 a AsylG) eingewiesen. Das Bundesamt hat innerhalb einer Woche, nach vorheriger Durchführung der persönlichen Anhörung, die Sachentscheidung zu treffen. Andernfalls wird das Verfahren als normales fortgeführt (§ 30 a Abs. 2 AsylG). Auch wenn die Außenstellen im Falle der Direktanhörung den Verfahrensbevollmächtigten nicht zu laden brauchen, müssen sie diesem jedoch die Teilnahme an der Anhörung ermöglichen (vgl. § 14 Abs. 4 VwVfG). Zwar wird die Praxis der Direktanhörung in den allgemeinen Aufnahmeeinrichtungen seit langem nicht mehr geübt. Anders ist dies jedoch im beschleunigten Verfahren

---

3   BVerfGE 54, 341, 359 = EZAR 200 Nr. 1 = NJW 1980, 2641; BVerwG DVBl 1963, 145; Hess.VGH ESVGH 31, 259; OVG Hamburg InfAuslR 1983, 187.

(§ 30 a Abs. 2 AsylG). Die Außenstelle sollte mit Übermittlung der schriftlichen Antragsbegründung darauf hingewiesen werden, dass der Anwalt bzw. die Anwältin den Mandanten während der Anhörung vertreten wird und es deshalb sinnvoll ist, zwecks Absprache des Termins zur persönlichen Anhörung vorher Kontakt mit diesem bzw. dieser aufzunehmen. Wird dies versäumt, besteht eine hohe Wahrscheinlichkeit, dass der Mandant ohne anwaltlichen Beistand angehört wird. Die Außenstelle muss auch auf die Belastungen des Anwalts Rücksicht nehmen. Andererseits muss dieser flexibel sein und sich auf eine kurzfristige Terminierung einstellen.

Häufig gelangt der anwaltliche Begründungsschriftsatz nicht zur Akte des Bundesamtes. Die Erfahrungen in der Vergangenheit haben gezeigt, dass in derartigen Fällen der vom Bundesamt erforschte Sachverhalt nicht mehr wieder zu erkennen und mit dem vom Anwalt ermittelten Sachverhalt kaum identisch ist. Dies belegt, wie wichtig die anwaltlichen Bemühungen um Anwesenheit während der persönlichen Anhörung sind.

b) Ausübung des anwaltlichen Fragerechts

Der Asylsuchende muss sich selbst persönlich gegenüber dem Bundesamt erklären (vgl. § 25 Abs. 1 AsylG). § 14 Abs. 4 S. 2 VwVfG findet in Asylverfahren deshalb keine Anwendung. Das wichtigste Erkenntnismittel ist der Antragsteller selbst. Mit Rücksicht darauf kommt dem persönlichen Vorbringen und dessen Würdigung im Asylverfahren **gesteigerte Bedeutung** zu.[4] Der Asylsuchende befindet sich typischerweise in **Beweisnot**. Er ist als »Zeuge in eigener Sache« zumeist das einzige Beweismittel. Auf die Glaubhaftigkeit seiner Schilderung kommt es entscheidend an.[5]

Gleichwohl ist die anwaltliche Vertretung während der Anhörung unerlässlich, um auf Vollständigkeit, Widerspruchsfreiheit und Stimmigkeit der Angaben zu achten und zu diesem Zweck gegebenenfalls entsprechende Fragen an den Mandanten zu richten. Mit dem behördlichen Ermittler ist Verständigung darüber zu erzielen, wie das anwaltliche Fragerecht ausgeübt werden kann. Zumeist ermittelt das Bundesamt den Sachverhalt zunächst von sich aus in seiner Gesamtheit und lässt erst anschließend das anwaltliche Fragerecht zu. Sinnvoller und sachgerechter ist jedoch die Verständigung dahin, den Sachverhalt in bestimmte zeitliche und/oder inhaltliche Phasen bzw. Sachkomplexe einzuteilen und nach Abschluss einer jeden Phase das anwaltliche Fragerecht auszuüben.

Die Anwältin oder der Anwalt muss sich darüber bewusst sein, dass er/sie in einem sehr sensiblen politischen Bereich tätig ist und sollte mit diesem Bewusstsein flexibel auf behördliche Versäumnisse und Unzulänglichkeiten reagieren. Zu diesem Zweck muss der Mandant bereits bei der Vorbereitung der persönlichen Anhörung auf daraus folgende Anforderungen an den Sachvortrag vorbereitet werden. Was in der Anhörung protokolliert wird, bestimmt das weitere verfahrensrechtliche Schicksal des Mandanten, da die Verwaltungsgerichte den Mandanten häufig an dem, was dort schriftlich festgehalten wird, ungeachtet der gegen die Ermittlungspraxis des Bundesamtes vorgebrachten Kritik festhalten. Die Art der persönlichen Einlassung des Asylsuchenden, seine Persönlichkeit, insbesondere seine Glaubwürdigkeit

---

[4] BVerwGE 71, 180, 182 = InfAuslR 1985, 244 = BayVBl. 1985, 567; BVerwG NVwZ 1990, 171 = InfAuslR 1989, 349.
[5] BVerfGE 94, 166, 200 f. = EZAR 632 Nr. 25 = NVwZ 1976, 678.

spielen nach der Rechtsprechung bei der Würdigung und Prüfung der Tatsache, ob er gute Gründe zur Gewissheit der Behörde dargetan hat, eine entscheidende Rolle.[6]

c) Test auf die Glaubhaftigkeit, nicht auf die Glaubwürdigkeit

19 Die Glaubwürdigkeit der Person des Asylsuchenden ist jedoch kein sachgerechtes Erkenntnismittel, weil es keine Persönlichkeitseigenschaft „Glaubwürdigkeit" gibt. Dies ist eine Frage der freilich stets irrtumsanfälligen persönlichen Lebenserfahrung des Beurteilenden und des erforderlichen, guten Glaubens an die Legitimität von Fluchtgründen. Eine Person, die „glaubwürdig" erscheint kann ungewollt oder vorsätzlich nicht realitätsbezogene Angaben machen. Eine Person, die „unglaubwürdig" erscheint, kann den Tatsachen entsprechende, also glaubhafte und auch entscheidungserhebliche Angaben machen.

20 In der Verwaltungspraxis herrscht gleichwohl eine Tendenz vor, aus dem **persönlichen Verhalten des Asylsuchenden** alltagspsychologische Schlüsse auf die Glaubhaftigkeit seiner Angaben zu ziehen. Das Ausdrucksverhalten einer Person ist stark von seiner Persönlichkeit und seiner kulturellen Zugehörigkeit abhängig. Die Wahrnehmung und Interpretation dieses Verhaltens ist deshalb besonders anfällig für Missverständnisse, umso mehr wenn das persönliche Verhalten des Aussagenden von Rechtsanwendern interpretiert wird, deren kultureller Hintergrund nicht derselbe wie der des Beurteilenden ist.[7] Der unreflektierte Einfluss persönlicher Alltagstheorien, von Weltanschauungen und nicht hinterfragten „Lebenserfahrungen" führen vermehrt bei kulturfremden Personen zu Überschätzung der Unglaubhaftigkeit.

21 Deshalb sind die Angaben der Asylsuchenden in der Verwaltungspraxis anhand einer kriterienbezogenen Aussagenanalyse zu beurteilen und ist grundsätzlich auf das systemfremde Merkmal der persönlichen Glaubwürdigkeit weitgehend zu verzichten. Allerdings kann etwa bei Konvertiten für die Beurteilung der Ernsthaftigkeit des Glaubenswechsels die Glaubwürdigkeit des Betroffenen eine erhebliche Rolle spielen. Der Mandant ist auf diese spezifischen Besonderheiten der asylrechtlichen Sachaufklärung hinzuweisen, wird sie in aller Regel aber nicht verstehen und deshalb auch nicht entsprechend auf behördliche Vorbehalte reagieren können. Ist der Anwalt bei der Anhörung zugegen, kann er dem Mandanten insoweit wichtige Hilfestellungen vermitteln und diesen in für ihn fremder, als zumeist bedrohlich empfundener Umgebung ein gewisses Maß an psychischer Unterstützung vermitteln.

d) Belehrung des Mandanten über die verfahrensrechtliche Fürsorgepflicht des Bundesamtes

22 Ganz wesentlich ist es, dass der Mandant die Strukturen des asylrechtlichen Feststellungsverfahrens versteht. Zumeist sind die Asylsuchenden eingeschüchtert, meinen, auf jede Frage eine Antwort geben zu müssen, auch wenn sie das hierfür erforderliche Wissen nicht besitzen. Häufig herrscht die Vorstellung vor, die Behörde könnte durch Wohlverhalten von der Glaubhaftigkeit des Sachvorbringens überzeugt werden. Selbstverständlich ist ein „freches" Auftreten dem Verfahrensausgang nicht förderlich. Andererseits bleibt bei einer defensiven Verhaltensweise des Asylsuchenden der tatsächliche Sachverhalt im Dunkeln, da das Bundesamt oft am Sachvorbringen nicht interessiert ist und deshalb Nachfragen und Vorhalte unterlässt. Deshalb ist der Mandat offensiv auf seine Verfahrensrechte und die damit korrespondierenden behördlichen Verpflichtungen vorzubereiten.

---

6 BVerwG DVBl 1963, 145.
7 *Birck*, Traumatisierte Flüchtlinge, 2002, S. 121.

So hat das Bundesamt **Widersprüchen** im persönlichen Sachvortrag ebenso nachzugehen wie es auf **Vollständigkeit** des Sachvorbringens hinzuwirken hat.[8] Ergeben sich zwischen dem bisherigen Sachvortrag und dem Vorbringen in der Anhörung oder innerhalb des Sachvortrags in der persönlichen Anhörung Widersprüche in Ansehung entscheidungserheblicher Tatsachenkomplexe, sind diese an Ort und Stelle durch gezielte **Vorhalte** aufzuklären.[9] Die Behörde hat die Verfahrensherrschaft. Sie hat mögliche Widersprüche, Ungereimtheiten und sonstige Unklarheiten von Amts wegen aufzuklären. Wesentlich für eine verfahrensrechtlich einwandfreie Gestaltung der Anhörung im konkreten Einzelfall ist deshalb, dass der Antragsteller in einer seiner Person gemäßen Art und Weise zu Beginn der Anhörung über das ins Bild gesetzt wird, worauf es für ihn und die Entscheidung über sein Ersuchen ankommt, und dass der Bedienstete die Anhörung **loyal** sowie **verständnisvoll** führt.[10] Belehrungen haben in der Verwaltungspraxis indes eher standardisierten Charakter und werden regelmäßig schematisierend, nicht jedoch – ausgerichtet an den intellektuellen und sozio-kulturellen Voraussetzungen der einzelnen Asylsuchenden – einzelfallbezogen und während der Anhörung im Verwaltungsverfahren jeweils situationsbezogen gehandhabt.

e) Vorbereitung des Mandanten auf behördliche Ermittlungsdefizite

Nicht immer wird es möglich sein, dass der Anwalt/die Anwältin an der persönlichen Anhörung teilnimmt. Damit der Mandant ein Mindestmaß an Teilhabechancen beim behördlichen Ermittlungsprozess hat, ist er deshalb auf behördliche Verpflichtungen hinzuweisen und ihm sind die nachfolgenden Empfehlungen mitzuteilen. Auch dann, wenn der Anwalt an der Anhörung teilnimmt, ist der Mandant entsprechend zu belehren. Die Einhaltung dieser Empfehlungen kann dazu dienen, dass der Sachverhalt möglichst unverfälscht und korrekt ermittelt werden kann. Es ist die Pflicht des Einzelentscheiders, **Vorhalte** zu machen und auf Widersprüche hinzuweisen, nachdem der Antragsteller den Sachverhalt zusammenhängend dargestellt hat. Derartige Vorhalte dienen ja gerade dazu, einerseits dem Antragsteller Gelegenheit zu geben, Fehler und Erinnerungslücken zu überprüfen, sowie andererseits, tragfähige Entscheidungsgrundlagen zu schaffen. Das BVerfG hat hervorgehoben, dass bei gegebenem Anlass klärende und verdeutlichende Rückfragen zu stellen sind.[11] Unterbleiben derartige Vorhalte, obwohl diese sich dem Bundesamt hätten aufdrängen müssen, dürfen dadurch entstehende Ungereimtheiten und Unzulänglichkeiten in der Darstellung des Verfolgungs- und Fluchtgeschehens dem Antragsteller im Bescheid des Bundesamtes nicht zur Last gelegt werden, es sei denn, es handelt sich um derart wesentliche Fragen, dass man von einem durchschnittlich intellektuell veranlagten Asylsuchenden die Ausräumung derartiger Umstände aus eigener Initiative erwarten kann. Dies dürfte allerdings eher der Ausnahmefall sein. Daher ist die intellektuelle Unfähigkeit, einen Geschehensablauf im Zusammenhang zu schildern, sowohl bei der Sachverhaltsermittlung wie bei der Beweiswürdigung angemessen zu berücksichtigen.[12]

---

8 OVG Saarland InfAuslR 1983, 79; zur Würdigung von Widersprüchen s. BVerwG InfAuslR 1989, 349 = NVwZ 1990, 171 = Buchholz 402.25 § 1 AsylVfG Nr. 113; OVG MV AuAS 2000, 221; s. auch VG Meiningen NVwZ-RR 2000, 252.
9 Vgl. BVerfG (Kammer), InfAuslR 1991, 85; BVerfG (Kammer), InfAuslR 1992, 94, 95; BVerfG (Kammer), InfAuslR 1992, 231, 233; BVerfG (Kammer), InfAuslR 1999, 273, 278; BVerfG (Kammer), InfAuslR 2000, 254, 258.
10 BVerfGE 94, 166, 204 = EZAR 632 Nr. 25 = NVwZ 1996, 678.
11 BVerfGE 94, 166, 204 = EZAR 632 Nr. 25 = NVwZ 1996, 678.
12 Vgl. BVerwG InfAuslR 1989, 349 = NVwZ 1990, 171 = Buchholz 402.25 § 1 AsylVfG Nr. 113.

25 Die behördliche Vorhaltepflicht ist insbesondere deshalb unerlässlich, weil nach Ansicht der obergerichtlichen Rechtsprechung bei umfassender Vernehmung und Anhörung des Asylsuchenden das Verwaltungsgericht grundsätzlich nicht verpflichtet ist, auf sämtliche etwaigen Widersprüchlichkeiten der Darlegung des Verfolgungsvorbringens hinzuweisen. Vielmehr müsse der Asylsuchende in der Regel damit rechnen, dass die Darstellung in der behördlichen Anhörung in der mündlichen Verhandlung auf etwaige Widersprüchlichkeiten zu früherem Vorbringen überprüft werden wird.[13] Nach den gemachten Erfahrungen der vergangenen Jahre unterbleiben Vorhalte zu entscheidungserheblichen Umständen jedoch sehr häufig. Im schriftlichen Bescheid werden dem Asylsuchenden sodann angebliche Unstimmigkeiten, Ungenauigkeiten und Widersprüche in seinem Sachvorbringen entgegengehalten, ohne dass ihm in der Anhörung die Gelegenheit eingeräumt wurde, auf eine entsprechende gezielte Frage konkret Stellung hierzu nehmen zu können. Diese Gefahr erhöht sich zusätzlich, wenn nicht der die Anhörung leitende Ermittler, sondern – wie heute überwiegend üblich – ein anderer Bediensteter des Bundesamtes – oft sogar in derselben Außenstelle – die Sachentscheidung trifft. Es ist deshalb Aufgabe des anwesenden Verfahrensbevollmächtigten, die vom Bundesamt unterlassenen Vorhalte in der Anhörung zu machen. Diese werden anschließend in der Anhörungsniederschrift festgehalten.

26 Ein typischer, weit verbreiteter behördlicher Ermittlungsfehler folgt darüber hinaus aus der **unreflektierten Entgegennahme** von **mit Gewissheit vorgetragenen Erklärungen** der Asylsuchenden, die sachlogisch indes nur Mutmaßungen sein können. Nach den Erfahrungen mit der Verwaltungspraxis scheint es sich hier um ein strukturelles Defizit zu handeln. Asylsuchende differenzieren in aller Regel bei der Darlegung ihres Verfolgungs- und Fluchtgeschehens nicht zwischen positivem Wissen, also erlebnisfundierten Aussagen, und Mutmaßungen und Schlussfolgerungen. Vielmehr kleiden sie Wissen vom Hörensagen, tatsächliche Schlussfolgerungen, Einschätzungen eines möglichen Geschehensablaufs, Spekulationen und Mutmaßungen in die Form positiven Wissens (Rn 30). Es sind deshalb bei einem derartigen Sachvorbringen stets Vorhalte angezeigt.

6. Empfehlungen an den Mandanten für seinen Vortrag während der persönlichen Anhörung

27 Der oder dem Asylsuchenden sind seine Darlegungslasten während der persönlichen Anhörung wie folgt zu erläutern: Der Asylsuchende muss zunächst jeweils die Frage des behördlichen Ermittlers auf sich einwirken lassen, bevor er sie beantwortet. Ein häufiger Fehler im Asylverfahren besteht darin, dass mit der Antwort begonnen wird, bevor die Frage überhaupt zu Ende formuliert und übersetzt worden ist. Dies erschwert die Ermittlungen, kann aber auch zu gravierenden Widersprüchen führen.

28 Der Asylsuchende darf eine Frage nicht beantworten, deren Wortlaut oder Wortsinn er **nicht verstanden** hat. Gerade die häufig komplizierten Rechtsfragen im Asylrecht lassen den Sinn der gestellten Fragen für die Asylsuchenden häufig nicht deutlich werden. Es ist deshalb das gute Recht des Antragstellers, um Wiederholung und gegebenenfalls um Erläuterung der Frage zu bitten.

29 Der Asylsuchende muss bei seiner Antwort den mit der Frage angesprochenen wesentlichen Tatsachenkomplex **erschöpfend, konkret, lebensnah** und **detailreich** erläutern. Weniger we-

---

13 OVG Brandenburg EZAR 631 Nr. 50 = DÖV 2000, 300; HessVGH AuAS 2003, 176, 178.

sentliche Randkomplexe kann er kurz abhandeln. Das umgekehrte Verfahren ist nicht selten, aber unter allen Umständen zu vermeiden. Es drängt sich andernfalls der Eindruck auf, der Antragsteller weiche sensitiven Fragen aus und trage lediglich eine „Verfolgungslegende" vor.

Nicht überbetont werden kann, dass der Asylsuchende sich vor seiner Antwort selbst Rechenschaft darüber abgeben muss, ob er **positives Wissen** besitzt (eigener Erfahrungsbereich) oder **lediglich Mutmaßungen** über bestimmte Vorgänge und Ereignisse (Verfolgungsmotivationen, -muster und -praktiken, allgemeine Tatsachen) anstellen kann. Kleidet er Mutmaßungen in die Form bestimmter Tatsachen, wird er selbst bei Offensichtlichkeit des zugrunde liegenden Irrtums für das weitere Verfahren daran festgehalten (Rn 26), so dass häufig die Antragsablehnung und Klageabweisung wegen widersprüchlichen Sachvorbringens die Folge ist. 30

Im Hinblick auf örtliche, zeitliche und andere Tatsachen ist der Antragsteller zu möglichst **präzisen Angaben** verpflichtet. Andererseits sind unter allen Umständen entsprechende Festlegungen zu vermeiden, wenn das Erinnerungsvermögen diese nicht trägt. Zur Vorbereitung auf die Anhörung darf der Antragsteller für sich die wesentlichen Daten chronologisch schriftlich ordnen und die Notizen während der Anhörung als Erinnerungsstütze verwenden. Unzulässig ist hingegen das Ablesen von schriftlichen Erklärungen, nicht indes die Verwendung schriftlicher Notizen während der Anhörung. 31

Unterbricht der Ermittler die Darlegung eines prozesshaften Ereignisses, darf und muss der Antragsteller darauf insistieren, dass er den Hergang im **Gesamtzusammenhang** darstellen kann. Notfalls hat er auf Protokollierung seiner Rüge zu bestehen. Er hat nach der Unterbrechung den Ermittler darauf hinzuweisen dass es sein verfahrensrechtliches Recht und auch seine Pflicht ist, den Vorgang vollständig zu Ende zu erzählen. 32

Nach dem Ende der Befragung hat der Antragsteller gewissenhaft zu prüfen, ob **alle für ihn wesentlichen Umstände** zur Sprache gekommen sind. Da das Bundesamt die Verfahrensherrschaft hat, muss er zunächst die vom Ermittler gestellten Fragen beantworten. Je nach der fachlichen Qualifikation des Vorprüfers werden deshalb häufig wesentliche Tatsachenkomplexe nicht ermittelt. Die Verwaltungsgerichte bürden hierfür in aller Regel dem Antragsteller die Verantwortung auf. Deshalb ist es von ganz entscheidender Bedeutung, dass nach Beendigung der Befragung durch das Bundesamt sowie – nochmals – nach dem Verlesen und der Übersetzung des Protokolls gewissenhaft geprüft wird, ob alle erheblichen Umstände dargelegt worden sind. Gegebenenfalls ist schriftliche Ergänzung der Anhörungsniederschrift zu beantragen. 33

Die Anhörungsniederschrift (§ 25 Abs. 7 AsyG) hält die wesentlichen Angaben des Asylsuchenden fest. Aus der Natur der Sache heraus werden diese im Bürokratendeutsch zusammengefasst. Im Zweifel hat der Antragsteller darauf zu bestehen, dass seine Sichtweise und Formulierung **wortgetreu** festgehalten wird, weil er seinerseits durch die Gerichte in aller Regel an jeder Äußerung so festgehalten wird, wie sie schriftlich fixiert worden ist. Gegebenenfalls hat er auf schriftliche Niederlegung der Weigerung, seine Fassung zu protokollieren, zu bestehen. War der Rechtsanwalt während der Anhörung nicht zugegen, muss unverzüglich nach Übersendung des Protokolls mit dem Mandanten die Anhörung besprechen und müssen ebenso unverzüglich schriftlich Korrekturen und Ergänzungen vortragen werden. 34

§ 9 Antrag auf Asyl (§ 13 AsylG)

III. Muster

1. Antrag

35 Im asylrechtlichen Verwaltungsverfahren fordert nicht die Formulierung des Antrags, sondern die Antragsbegründung die anwaltliche Kunst heraus. Es ist offensichtlich, dass ein sich bei einer Aufnahmeeinrichtung meldender Asylsuchender einen Asylantrag stellen will. Bereits aus diesen Umständen (vgl. „auf andere Weise" in § 13 Abs. 1 AsylG) folgt deshalb das Antragsziel. Der Antrag ist der Asylbegründung in dem Schriftstück, dass der Anwalt dem Mandanten zur Vorsprache bei der Aufnahmeeinrichtung mitgibt, voranzustellen. Er lautet:

▶ „Unter Vollmachtsvorlage beantrage ich die Anerkennung als Asylberechtigter." ◀

36 Nach § 13 Abs. 2 S. 1 AsylG wird mit jedem Asylantrag sowohl die Zuerkennung des internationalen Schutzes (§ 1 Abs. 1 Nr. 2 AsylG), also die Zuerkennung der Flüchtlingseigenschaft (§ 3 Abs. 4 Hs. 1 AsyG) und des subsidiären Schutzes (§ 4 Abs. 1 S. 1 AsylG), wie auch die Asylanerkennung beantragt. Im Beispielsfall könnte an sich die Asylanerkennung ausgeschlossen werden (vgl. § 13 Abs. 2 AsylG), weil die Einreise auf dem Luftwege nicht nachgewiesen werden kann. Dies ist in der Praxis jedoch nicht üblich und hat auch keine nachteiligen Folgen. Im anschließenden Klageverfahren kann der Klageantrag immer noch von vornherein oder aber auch erst in der mündlichen Verhandlung auf die Zuerkennung der Flüchtlingseigenschaft und hilfsweise auf die Zuerkennung des subsidiären Schutzstatus eingeschränkt werden. Da das Bundesamt von Gesetzes wegen Abschiebungsverbote nach § 60 Abs. 5 und 7 AufenthG zu ermitteln und hierüber eine Entscheidung zu treffen hat (§ 24 Abs. 2, § 31 Abs. 3 AsylG), bedarf es keiner entsprechenden Antragstellung im Verwaltungsverfahren.

2. Begründung des Antrags

a) Muster: Begründung des Antrags

37 ▶ An das

Bundesamt für Migration und Flüchtlinge

– zuständige Außenstelle –

wird persönlich durch Antragsteller übergeben

Sehr geehrte Damen und Herren,

unter Vollmachtsvorlage beantrage ich die

Anerkennung als Asylberechtigter.

I.

Zunächst wird darauf hingewiesen, dass die nachfolgende Begründung lediglich die tatsächlichen Schlüsselelemente des Kernvorbringens beschreibt, ohne den Anspruch auf Vollständigkeit im Hinblick auf sämtliche erheblichen Sachverhaltselemente, auf die zeitliche Abfolge der dargelegten Ereignisse sowie auf sonstige tatsächliche Umstände zu erheben. Die nachfolgende Begründung soll die persönliche Anhörung vorbereiten, jedoch nicht ersetzen. Die Anhörung ist der Ort, an dem durch konkrete Befragung der genaue Sachverhalt aufzuklären ist. Auf die Glaubhaftigkeit der konkreten Schilderung des asylrechtlich erheblichen Sachverhalts während der persönlichen Anhörung kommt es entscheidend an (BVerfGE 94, 166, 200 f. = EZAR 632 Nr. 25 = NVwZ 1976, 678). Die Art der persönlichen Einlassung des Antragstellers während seiner persönlichen Anhörung, seine Persönlichkeit, insbesondere seine Glaubwürdigkeit spielen bei der Würdigung und Prüfung der Tatsache, ob er gute Gründe zur Gewissheit der Behörde dargetan hat, eine entscheidende Rolle (BVerwG DVBl 1963, 145). Dementsprechend kann durch das Gespräch zwischen dem Antragsteller und dem Einzelentscheider während der Anhörung am besten sichergestellt werden, dass der Sachverhalt umfassend aufgeklärt, die Stichhaltigkeit des Asylgesuchs überprüft und etwaigen Unstimmigkeiten oder Widersprüchen im Sachvorbringen auf der Stelle nachgegangen wird (Hess.VGH ESVGH 31, 259). Aus fehlenden Sachverhaltselementen, Ungenauigkeiten und etwaigen Ungereimtheiten in der nachfolgenden Begründung können deshalb für die Bewertung der Glaubhaftigkeit der Sachangaben des Antragstellers keine diesem nachteilige Schlussfolgerungen gezogen werden.

Dem Antragsteller wurde diese Gesetzeslage sowie die entsprechende Rechtsprechung im Rahmen des anwaltlichen Beratungsgesprächs erläutert. Er wurde ausdrücklich darauf hingewiesen, dass der anwaltliche Schriftsatz nur die Kernelemente seines asylrechtlichen Sachvorbringens beschreibt und deshalb in diesem nicht erwähnte Einzelheiten in der Anhörung von ihm vorzutragen sind, das Bundesamt andererseits aber von Amts wegen verpflichtet ist, entsprechend seiner amtlichen Untersuchungs- und verfahrensrechtlichen Fürsorgepflicht ihm erkennbare mögliche Widersprüche, Ungereimtheiten und sonstige Unklarheiten von Amts wegen aufzuklären und sich insbesondere nicht lediglich auf die Entgegennahme des Sachvorbringens beschränken darf. Der Antragsteller wurde darüber hinaus darüber belehrt, dass es wesentlich für eine verfahrensrechtlich einwandfreie Gestaltung der Anhörung ist, dass er nicht nur zu Beginn der Anhörung, sondern sachbezogen auch während der Anhörung je nach Sachlage in einer seiner Person gemäßen Art und Weise über das ins Bild gesetzt wird, worauf es für ihn und die Entscheidung über sein Ersuchen ankommt, und dass er deshalb darauf vertrauen darf, dass das Bundesamt die Anhörung **loyal** sowie **verständnisvoll** führt (s. zu den entsprechenden Amtspflichten BVerfGE 94, 166, 204 = EZAR 632 Nr. 25 = NVwZ 1996, 678). Der Antragsteller wurde insbesondere darüber belehrt, dass das Bundesamt ihm das Recht einzuräumen hat, zunächst den Sachverhalt von sich aus zusammenhängend darzustellen, und es die Pflicht des Bundesamtes ist, anschließend durch gezielte Nachfragen und Vorhalte den Sachverhalt im Einzelnen aufzuklären und den Antragsteller auf Widersprüche und Ungereimtheiten hinzuweisen.

II.

Der Antragsteller ist afghanischer Staatsagehöriger paschtunischer Volkszugehörigkeit). Er stammt aus dem Dorf ... bei Kandahar und war in dort bei einem afghanischen Unternehmen, das Baumaterialien an die internmationalen Truppen lieferte, als Lastkraftwagenfahrer angestellt. Etwa sieben Monate vor der Ausreise verstärkten sich die bereits seit 2009 gelegentlich überbrachten Drohungen durch die Taliban. Zunächst hatte der Antragsteller die Bedrohungen nicht ernst genommen, weil sie lediglich selten erfolgten und bis dahin auch keine ernsthaften Folgen zeitigten. Überbracht wurden seinerzeit die gelegentlichen Drohungen durch Jungen aus der Nachbarschaft. Sieben Monate vor der Ausreise nahmen die Bedrohungen jedoch ein erhebliches Ausmaß an und verschärften sich auch in ihrem Inhalt. Sie erfolgten sowohl schriftlich wie seit 2009, aber insbesondere auch telefonisch. Auf Vorhalt erklärt der Antragsteller, die telefonischen Bedrohungen hätten ihn über sein Mobiltelefon erreicht. Diese verwende er – wie in Afghanistan üblich – insbesondere zu beruflichen Zwecken. Hätte er sich eine neue PIN-Karte besorgt, hätte sich die neue Telefonnummer sehr schnell herumgesprochen, weil er diese zu beruflichen Zwecken häufig Dritten mitteilen müsse und deshalb nicht ausgeschlossen werden könne, dass die Taliban von ihr Kenntnis erlangen würden. Aufgrund des Inhalts der Bedrohungen und der weiteren Umstände ist der Antragsteller sich sicher, dass diese durch die Taliban ausgeübt wurden. Vorgeworfen wurde ihm insbesondere die „Unterstützung der Ungläubigen". Zu der Häufigkeit und dem Inhalt der einzelnen Bedrohungen in den letzten sieben Monaten vor der Ausreise wird der Antragsteller während der Anhörung vertiefende Erklärungen abgeben.

Etwa drei Wochen vor der Ausreise wurde auf den Antragsteller ein Attentat verübt. Er befand sich zu diesem Zeitpunkt mit seinem Lastkraftwagen, beladen mit Baumaterialien, auf dem Weg zur Kaserne der internationalen Truppen in Kandahar. Plötzlich wurde er von einem Toyota-Fahrzeug überholt. Aus dem Inneren des Fahrzeugs wurde auf das Führerhaus des Lastkraftwagens geschossen. Da der Antragsteller sich ducken musste, konnte er über die Angreifer keine näheren Beobachtungen machen. Der Antragsteller fuhr auf einer belebten Straße. Dies war wohl der Grund dafür, dass die Angreifer davon fuhren, nachdem sie auf das Führerhaus des Lastkraftwagens geschossen hatten, ohne sich zu vergewissern, ob ihr Angriff den erwünschten Erfolg gezeigt hatte. In unmittelbarer Nähe des Anschlagsortes befand sich ein Kontrollposten der afghanischen Sicherheitskräfte. Da der Antragsteller nicht verletzt worden war, gelang es ihm, diesen mit seinem Lastkraftwagen anzusteuern. Dort meldete er den Vorfall und bat um staatlichen Schutz. Die Sicherheitskräfte erklärten ihm, angesichts der Häufigkeit derartiger Angriffe in Afghanistan könnten sie ihn gegen eine Wiederholung nicht schützen.

Auf Frage erklärt der Antragsteller, für ihn habe kein Zweifel daran bestanden, dass die Taliban auf ihn geschossen hätten. Dafür spreche, dass ihm vorher ernsthafte Konsequenzen angedroht worden seien, wenn er seine Tätigkeit zugunsten der internationalen Truppen nicht einstelle. Deshalb habe er auch die Flucht ins Ausland beschlossen, nachdem er beim Kontrollposten habe feststellen müssen, dass der afghanische Staat ihn nicht wirksam habe schützen können. Er habe sofort seine Ehefrau und die drei gemeinsamen Kinder nach Kabul zu seinem Bruder gebracht und von dort seine Ausreise vorbereitet. Drei Wochen später sei er mit dem Flugzeug von Kabul nach Teheran geflogen und von dort über die Türkei auf dem Landwege nach Athen gereist. Von dort sei er mit dem Flugzeug über Frankfurt am Main in das Bundesgebiet eingereist.

Mit freundlichen Grüßen

Rechtsanwalt ◄

b) Erläuterungen
aa) Allgemeine Hinweise

38 Im Asylverfahren sollte mit Ausnahme der im ersten Abschnitt des Begründungsmusters vorgestellten Begründung **kein Muster für die Antragsbegründung** verwendet werden. Der Text in Abschnitt II dient lediglich als Anregung. Standardisierte Ausführungen schaden dem Mandanten, da sie den Verdacht fehlender Erlebnisfundiertheit der Angaben aufkommen lassen. Viele Kollegen verwenden gleichwohl Musterschriftsätze, in denen die allgemeine Situation im Herkunftsland des Mandanten ausführlich und standardisiert dem zumeist kurz und eher allgemein abgefassten individuellen Sachvortrag vorangestellt wird. Diese Herangehensweise ist in einem Verfahren, in dem es maßgeblich auf das individualisierte Kernvorbringen ankommt, unter allen Umständen zu vermeiden. Die allgemeine Situation im Herkunftsland hat das Bundesamt ohnehin von Amts wegen zu ermitteln und wird zumeist in Form von standardisierten Textbausteinen in den Bescheiden wieder gegeben. Entsprechend der eingeschränkten Darlegungslast sollte die Asylbegründung vorrangig den individuellen Erlebnisbereich und nur dann die allgemeinen Verhältnisse im Herkunftsland behandeln, wenn dies

zum Verständnis der erlebnisfundierten Angaben erforderlich erscheint. Generell sollte es Inhalt der anwaltlichen Strategie sein, die Glaubhaftigkeit der Angaben zum Kernvorbringen zum vorrangigen Gegenstand der Antragsbegründung zu machen. Rechtsausführungen sind im Verwaltungsverfahren entbehrlich, es sei denn, man will rechtsschöpferisch Neuland betreten.

Nach ständiger Rechtsprechung des BVerwG findet die Amtsermittlungspflicht ihre Grenze dort, wo das Sachvorbringen keinen tatsächlichen Anlass zu weiterer Sachaufklärung bietet.[14] Ein derartiger Anlass besteht insbesondere dann nicht, wenn der Antragsteller unter Verletzung der ihn treffenden Darlegungspflichten seine guten Gründe für eine ihn drohende Verfolgung nicht in »schlüssiger« Form – also mit genauen Einzelheiten und in sich stimmig – vorträgt.[15] Dabei ist jedoch zwischen **persönlichen Erlebnissen und Erfahrungen** des Antragstellers einerseits sowie den **allgemeinen Verhältnissen** im Herkunftsland des Asylsuchenden andererseits zu differenzieren. Danach trifft den Asylsuchenden im Hinblick auf seine persönlichen Erlebnisse eine Darlegungslast, welche den Untersuchungsgrundsatz begrenzt. Das Bundesamt braucht in keine Ermittlungen einzutreten, die durch das Sachvorbringen nicht veranlasst sind. Mit Blick auf die **allgemeinen Verhältnisse im Herkunftsland** ist der Asylsuchende dagegen in einer schwierigen Situation. Seine eigenen Kenntnisse und Erfahrungen sind häufig auf einen engeren Lebenskreis begrenzt und liegen stets einige Zeit zurück. Seine Mitwirkungspflicht würde überdehnt, wollte man auch insofern einen lückenlosen Tatsachenvortrag verlangen, der im Sinne der zivilprozessualen Verhandlungsmaxime schlüssig zu sein hätte. Insoweit muss es genügen, um dem Bundesamt zu weiteren Ermittlungen Anlass zu geben, wenn der Tatsachenvortrag des Antragstellers die **nicht entfernt liegende Möglichkeit** ergibt, dass ihm bei Rückkehr in seinen Herkunftsstaat Verfolgung droht.[16]

39

Im Beispielsfall kommt es wesentlich auf die Stimmigkeit und Vollständigkeit des individuellen Vorbringens an. Im Blick auf die allgemeine Situation hinsichtlich derjenigen in Afghanistan, die bis zum Abzug der internationalen Truppen für diese gearbeitet haben, hat das Bundesamt ohnehin eine feste Entscheidungspraxis, die allein durch einen Musterschriftsatz nicht beeinflusst werden kann. Notfalls ist auf eine zutreffende Anschauung der tatsächlichen Verfolgungssituation in Afghanistan im anschließenden Gerichtsverfahren durch Beantragung der Einholung eines Sachverständigengutachtens hinzuwirken oder es sind entsprechende Erkenntnisquellen, einschließlich Gerichtsentscheidungen, die zum Beweisthema tatsächliche Feststellungen enthalten in das Verfahren einzuführen. Damit der Beweisantrag nicht als unsubstanziert abgelehnt werden wird, bedarf es hierzu aber eines in sich stimmigen und erschöpfenden individualisierten Sachvorbringens. Auch wenn der Beweisantritt nicht voraussetzt, dass das Sachvorbringen insgesamt glaubhaft ist – wenn zB ein tatsächliches Element aus dem für unglaubhaft eingeschätzten Sachkomplex zum Gegenstand des Beweisantrags gemacht wird[17] –, neigen viele Gerichte bei unglaubhaftem Sachvorbringen gleichwohl dazu, den Beweisantritt wegen fehlender Substanziierung der Beweistatsache abzulehnen. Auch diese mögliche spätere prozessuale Situation hat der Anwalt bereits bei der Vertretung im Verwaltungsverfahren zu bedenken.

40

---

14 BVerwG NVwZ-RR 1990, 379, 380.
15 BVerwG DVBl 1963, 145 = ArchVR 1963, 367; BVerwG EZAR 630 Nr. 8; BVerwG NVwZ-RR 1990, 379, 380.
16 BVerwG InfAuslR 1982, 156; BVerwG InfAuslR 1983, 76; BVerwG InfAuslR 1984, 129; BVerwG DÖV 1983, 207; BVerwG BayVBl. 1983, 507; BVerwG InfAuslR 1989, 350.
17 *Marx*, AsylVfG, 8. Aufl., Vor § 78 Rn. 78 ff., mit zahlreichen Hinweisen auf die Rechtsprechung.

41 Die **Antragsbegründung** muss erschöpfend sein, dh alle **wesentlichen Umstände** des konkreten Sachverhalts darstellen. Werden wesentliche Umstände erst zu einem späteren Zeitpunkt im Verfahren vorgetragen, besteht eine hohe Wahrscheinlichkeit, dass über die prozessuale Figur des *„gesteigerten Vorbringens"* nicht nur die nachträglich vorgebrachten Umstände nicht geglaubt werden, sondern das gesamte Asylvorbringen in eine beweisrechtliche Schieflage gerät und als unglaubhaft eingestuft wird. Deshalb ist mit Nachdruck hervorzuheben, dass in der der persönlichen Anhörung vorangehenden anwaltlichen Beratung der Mandant umfassend zu befragen und auf die Folgen verspäteten Sachvorbringens hinzuweisen ist. Der Anwalt muss sich von der Glaubhaftigkeit der Angaben seines Mandanten überzeugen, wenn er diesem in der persönlichen Anhörung gezielte Fragen zu bestimmten Sachkomplexen stellen will. Andernfalls muss er damit rechnen, dass der Mandant mit der Antwort auf seine Frage weitere Widersprüche produziert.

42 Die Antragsbegründung sollte zwar konkret, detailliert und erlebnisfundiert abgefasst werden. Es empfiehlt sich aber stets der ausdrückliche **Hinweis** zu Beginn der Antragsbegründung, dass diese nur die **wesentlichen Aspekte** erfasst und lediglich die persönliche Anhörung zwar vorbereiten, aber nicht ersetzen soll (s. hierzu Teil I der Antragsbegründung, Rn. 37). Hier setzt die anwaltliche Kunst ein, nämlich einerseits zu vermeiden, dass das Sachvorbringen nicht konkret und fallbezogen erscheint, andererseits zu verhindern, dass durch eine zu hohe Detailgenauigkeit Widersprüche mit dem in der persönlichen Anhörung zu erwartenden Vorbringen auftreten. Es ist in der Verwaltungspraxis und Spruchpraxis der Verwaltungsgerichte ein beliebtes Spiel, aus dem Vergleich der anwaltlichen Begründung mit dem Protokoll der Anhörung Stoff für die Antragsablehnung bzw. Klageabweisung herauszuarbeiten. Diese Gefahr kann nicht vermieden, muss aber minimiert werden. Es ist die persönliche Anhörung, in der die Erlebnisfundiertheit der Angaben des Asylsuchenden ermittelt und überprüft werden. Dies kann nicht Aufgabe des anwaltlichen Begründungsschriftsatzes sein. Die Grenzziehung zwischen detailarmen und zu detaillierten Sachangaben ist gleichwohl schwierig zu ziehen.

43 Im Beispielsfall muss der Anwalt auf folgende **tatsächliche Aspekte** in der schriftlichen Begründung eingehen:

bb) Warum hat der Mandant zu Beginn der Bedrohungen diese nicht ernst genommen?

44 Erstrecken sich Bedrohungen über einen längeren Zeitraum, besteht das Risiko, dass das Bundesamt in der Beweiswürdigung davon ausgehen wird, dass diese aus objektiver Sicht nicht ernsthaft genug gewesen waren und der Antragsteller deshalb keine begründete Furcht vor Verfolgung darlegen kann. Der Antragsteller ist insoweit in einer schwierigen Lage. Einerseits trifft ihn hinsichtlich der Frage der Ernsthaftigkeit der Bedrohungen nur eine eingeschränkte Darlegungslast (Rn. 39). Andererseits muss er jedoch Anhaltspunkte dafür liefern, dass diese Bedrohungen tatsächlich stattgefunden haben. Insoweit kann er aber nur plausible Annahmen oder nachvollziehbare Vermutungen vorbringen.

45 Es kann durchaus sein, dass die Taliban zu Beginn der Bedrohungen noch keine festen Vorstellungen davon hatte, wie sie auf den Asylsuchenden reagieren wollten. Es kann aber auch sein, dass in dem Moment, in dem die Bedrohungen zahlreicher und ernsthafter wurden, in den persönlichen und beruflichen Lebensumständen des Asylsuchenden Änderungen eingetreten waren, die ihn aus Sicht der Taliban als gefährlicher als bis dahin erscheinen ließen. Möglich ist auch, dass die Taliban eine Strategieänderung vollzogen oder aber, dass sie geplant hatten, den Asylsuchenden und seinen Lastkraftwagen zu benutzen, um zB ein Bombenattentat in der Kaserne durchzuführen. Der Mandant muss daher gezielt nach sämtlichen denkbaren Möglichkeiten befragt werden. So kann es ja durchaus sein, dass in den telefonischen Gesprächen bestimmte Hinweise auf die Strategie und Motivation der Taliban gegeben worden waren.

Umso wichtiger ist die detaillierte und erlebnisfundierte Schilderung der Häufigkeit und des Inhalts der Bedrohungen sieben Monate vor der Ausreise. Mögen für die vorhergehende Phase auch Zweifel hinsichtlich der Ernsthaftigkeit der Bedrohungen nicht ausgeräumt werden können, ist eine erschöpfende, nachvollziehbare, in sich stimmige und konkrete Darlegung der einzelnen Bedrohungen geeignet, für diese Phase die Zweifel auszuräumen. Häufig bleiben die Mandanten im Blick auf die zeitlichen und sonstigen relevanten Umstände allgemein. Dies darf die Anwältin oder der Anwalt im Interesse des Mandanten nicht akzeptieren. Die beste Methode, um die Erlebnisfundiertheit der einzelnen Ereignisse zu überprüfen und entsprechend präsentieren zu können, besteht darin, den Mandanten zu bitten, die jeweiligen Ereignisse vor seinem geistigen Auge wie einen Film ablaufen zu lassen und entsprechend Bericht zu erstatten. 46

cc) Wieso ist der Mandant sich sicher, dass die Bedrohungen von der Taliban ausgingen?

Angesichts der unübersichtlichen Verhältnisse in Afghanistan muss besonderer Wert auf die Darlegung der Umstände gelegt werden, aus denen auf die Verfolger geschlossen werden kann. So können zB Bedrohungen und Geiselnahmen durch kriminelle Gruppierungen, interne Gegner innerhalb eines Stammes, Clans oder einer Volksgruppe oder durch oppositionelle Gruppierungen ausgeübt werden. In Herat zB sind Geiselnahmen durch kriminelle Gruppen zwecks Gelderpressung an der Tagesordnung, aber auch Bedrohungen durch die Taliban. Im Kerngebiet der Taliban, in Kandahar, spricht eher Vieles dafür, dass Bedrohungen von dieser ausgehen. Das gilt generell für die östlichen und südlichen Provinzen Afghanistans. Gehen die Bedrohungen von kriminellen Gruppierungen aus, dürfte es zumeist an einer Anknüpfung an Verfolgungsgründe (§ 3 b Abs. 1 AsylG) fehlen, weil Gelderpressung weder auf einen geschützten Status noch auf die politische Überzeugung zielen. Auch dürfte es in diesem Fall schwer fallen, eine im Zeitpunkt der mutmaßlichen Rückkehr nach Afghanistan anhaltende Gefahr eines ernsthaften Schadens (§ 4 Abs. 1 S. 2 AsylG) plausibel darzulegen. Anders ist dies bei Bedrohungen durch oppositionelle Gruppierungen. Hier zielen die Bedrohungen in aller Regel auf die von diesen unterstellte (§ 3 b Abs. 2 AsylG) politische Gesinnung und halten diese aus diesem Grund an. 47

Der Mandant ist deshalb gezielt nach den Umständen, Hinweisen und Tatsachen zu befragen, die schlüssig ergeben, dass die Bedrohungen durch die Taliban erfolgte. Insbesondere sind insoweit die telefonischen Gespräche von Bedeutung. Für die Bedrohungen durch die Taliban spricht im Beispielsfall die Tätigkeit des Mandanten für die internationalen Truppen, durch die diese ja 2002 besiegt wurden. Ferner spricht der Inhalt der Bedrohungen hierfür, nämlich der Vorwurf, die „Ungläubigen" zu unterstützen und der Umstand, dass kein Geld erpresst wurde. Allerdings kommt es auch vor, dass die Taliban Geld erpressen. Dass das Attentat auf den Mandanten von der Taliban verübt wurde, folgt aus dem vorangegangenen Gesamtkontext, wie auch daraus, dass er auf dem Weg zur Kaserne der internationalen Truppen war. 48

dd) Wie hat sich der Mandant nach dem Attentat verhalten?

49 Bei der Darlegung der Asylgründe ist besonderes Gewicht auf die Umstände zu legen, die auf einen akuten Verfolgungsdruck hinweisen. Beruft sich der Asylsuchende auf ein konkretes fluchtauslösendes Ereignis und verbleibt er anschließend gleichwohl noch länger in seiner gewohnten Umgebung, ohne dass weitere Risikofaktoren eintreten, wird dies im Rahmen der Beweiswürdigung regelmäßig zu seinen Lasten gewertet. Es ist deshalb sehr genau die Situation nach dem fluchtbestimmenden Ereignis aufzuklären. So kann es sein, dass der Betroffene sich nicht mehr aus dem Hause bewegt hat oder dass er bei Bekannten untergetaucht ist. Je länger er dem Zugriff der Verfolger ausgesetzt blieb, ohne dass dieser erfolgte, umso höher ist das Risiko, dass ein akuter Verfolgungsdruck verneint werden wird.

IV. Fehlerquellen / Haftungsfallen

50 Unbedingt zu vermeiden ist, die ersten anwaltlichen Beratungsgespräche zur Prüfung der Glaubhaftigkeit des Asylvorbringens ohne geeignete oder lediglich durch mehr oder weniger der deutschen Sprache mächtige Verwandte übersetzen zu lassen. Man mag sich bei Beratungsgesprächen über eine Umverteilung oder allgemeine ausländerrechtliche Fragen mit derartigen Sprachmittlungsmöglichkeiten zufrieden geben. Doch bei der anwaltlichen Ermittlung des asylrechtlichen Sachvorbringens gilt der Grundsatz, dass der Anwalt alle möglichen Beweiswürdigungsalternativen im nachfolgenden behördlichen und verwaltungsgerichtlichen Verfahren prüfen und deshalb auf professionelle Sprachmittlung bestehen muss.

51 In keinem Fall darf eine Mandantin oder ein Mandant darauf verwiesen werden, sich bei der nächsten Aufnahmeeinrichtung als Asylsuchender zu melden, wenn der Anwalt oder die Anwältin nicht zuvor das **asylrechtliche Sachvorbringen geprüft** und schriftlich in Form einer **Antragsbegründung festgehalten** und diese den Mandanten oder der Mandantin an die Hand gegeben hat. Wer sich als Anwalt so verhält, beraubt die Mandanten ihrer Verteidigungsmöglichkeiten und handelt den eigenen berufsethischen Grundsätzen zuwider. Wenn einmal die Anhörung schriftlich fixiert worden ist, können kaum noch Korrekturen und Vertiefungen in das Verfahren eingeführt werden. Eine schlecht gelaufene Anhörung – und in aller Regel laufen Anhörungen ohne zureichende anwaltliche Vorbereitung und nach Möglichkeit anwaltliche Begleitung schlecht – belastet das gesamte nachfolgende Verfahren und noch den sechsten Folgeantrag. Allerdings hat sich in den letzten Jahren die Verwaltungspraxis signifikant verändert, weil die einzelnen Verfahrensphasen sehr lang dauern. Nach der Meldung des Asylsuchenden und der förmlichen Asylantragstellung vergehen noch Monate, so dass in diesem Zeitraum die Antragsbegründung vorbereitet und nachgereicht werden kann. Ist der Mandant allerdings einem von der Kanzlei weit entfernten Ort zugewiesen worden, ist diese anwaltliche Verfahrensweise für den Mandanten mit erheblichen Aufwand verbunden. Bei Antragstellern aus sicheren Herkunftsstaaten (§ 29 a AsylG) wird allerdings regelmäßig die Direktanhörung im unmittelbaren zeitlichen Zusammenhang mit der Antragstellung bei der Außenstelle durchgeführt.

52 Besondere Sensibilität ist bei schriftsätzlichen Vorbereitungen, Ergänzungen und Vertiefungen angebracht. Gegenstand des prozessualen Tatsachenstoffs sind zunächst die **Anhörungsniederschrift** und die **Niederschrift** über die **mündliche Verhandlung**. Gleichwohl ist der besonnene und gewissenhafte Rechtsanwalt gut beraten, die persönliche Anhörung wie auch die mündliche Verhandlung in tatsächlicher Hinsicht erschöpfend vorzubereiten. Allerdings

schafft er mit jedem weiteren Sachvortrag eine weitere Vergleichsbasis für das Schüttelsieb „Glaubhaftigkeitsprüfung". Je mehr verschiedene Vergleichsbasen, umso höher das Risiko, dass der nicht gutgläubige Rechtsanwender nach Widersprüchen und Ungereimtheiten auch in Detailfragen sucht. Was wesentlich ist und was nicht, ist Gegenstand der Beweiswürdigung und nicht rügefähig. Andererseits ist der Anwalt gehalten, **Glaubhaftigkeitsbedenken** schriftlich auszuräumen, und es besteht die Gefahr, dass bei unzureichendem oder nicht erschöpfendem Sachvortrag die Angaben als unglaubhaft eingeschätzt werden. Ein Patentrezept für die Lösung dieses Dilemmas gibt es nicht. Der Anwalt bzw. die Anwältin muss sich des Risikos bewusst sein, dass er mit dem Schriftsatz weitere Vergleichsmöglichkeiten für die Glaubhaftigkeitsprüfung schafft und den Vortrag darauf einstellen. Deshalb darf er nur dann Detailfragen vertiefen, wenn er sich selbst die Überzeugung davon gebildet hat, dass der entsprechende Sachvortrag zutrifft. Ansonsten sollte man Detailfragen eher offen lassen und sich auf die zentralen Widersprüche konzentrieren.

V. Weiterführende Hinweise

1. Zum Inhalt und zur Reichweite der asylverfahrensrechtlichen Meldepflicht

Der Asylsuchende ist verpflichtet, eine Aufnahmeeinrichtung (§ 20 Abs. 1, § 22 Abs. 1 AsylG) und anschließend die für ihn als zuständig bestimmte Außenstelle des Bundesamtes (§ 23 Abs. 1 AsylG) aufzusuchen. Bei den Fallgruppen des § 30 a Abs. 1 AsylG erfolgt die Unterbringung in einer besonderen Aufnahmeeinrichtung. Es gibt keine verfahrensrechtliche Sanktionierung für die Unterlassung der Meldung bei den Grenzbehörden. § 13 Abs. 3 S. 1 AsylG erlegt dem Asylsuchenden die Verpflichtung auf, an der Grenze um Asyl nachzusuchen, sofern er nicht im Besitz der erforderlichen Einreisedokumente ist (s. auch Rn. 54 ff.). Aus dieser Vorschrift wird andererseits deutlich, dass das Gesetz anders als andere Rechtsordnungen keine Antragsfristen[18] kennt. Derartige Ausschlussfristen wären mit Art. 3 EMRK nicht vereinbar.[19] Allerdings kann eine nicht ausreichend begründete verzögerte Antragstellung nach der Einreise im Rahmen der Beweiswürdigung zulasten des Antragstellers bewertet werden. Das BVerfG hat jedoch ausdrücklich darauf hingewiesen, dass der historische Gesetzgeber mit der Regelung des § 13 Abs. 3 AsylG deutlich gemacht habe, dass ein Verfolgungsbegehren nicht allein deshalb als unglaubhaft eingestuft werden könne, weil es nicht unmittelbar bei der Einreise an der Grenze gestellt werde. Es sei daher nicht nachvollziehbar, wenn ein Gericht das Vorbringen zur Vorverfolgung einzig mit dem Verweis darauf als insgesamt unglaubhaft einstuft, weil es der Antragsteller nicht bereits bei seiner Einreise gegenüber der Grenzbehörde offenbart hat.[20]

2. Flughafenverfahren (§ 18 a AsylG)

Im Beispielsfall ist A nach seinen Behauptungen über den Flughafen Frankfurt am Main eingereist und hat sich dort nicht bei der Grenzschutzbehörde gemeldet. Dies ist – wie ausgeführt (Rn. 53) – unschädlich. Wäre bei der Grenzkontrolle aufgefallen, dass Pass und Visum gefälscht sind, hätte A sich gegenüber der Bundespolizei als Asylsuchender zu erkennen geben müssen (§ 18 a Abs. 1 S. 1 AsylG). Diese hätte ihn nach der grenzbehördlichen Befragung zur

---

18 Siehe hierzu BayVGH EZAR 632 Nr. 18, S. 2 = NVwZ-Beil. 1994, 4 = InfAuslR 1994, 72.
19 EGMR InfAuslR 2001, 57, 58 = NVwZ-Beil. 2001, 97 – *Jabari*.
20 BVerfG (Kammer), InfAuslR 2004, 406, 407 = NVwZ-RR 2004, 612.

Asylantragstellung an die Außenstelle des Bundesamtes am Flughafen weiterleiten müssen (§ 18 a Abs. 1 S. 3 AsylG). § 18 a Abs. 1 S. 1 AsylG bestimmt, dass das Verwaltungsverfahren vor der Einreise durchzuführen ist. Aus dem Gesamtzusammenhang der Regelungen von § 18 a AsylG (vgl. Abs. 3 S. 1, Abs. 4, 5 und 6) folgt, dass auch das gerichtliche Kontrollverfahren vor der Einreise durchzuführen ist. Grundgedanke der Vorschrift ist, dass Asylsuchenden, deren **Anträge** sich **von vornherein** als **aussichtslos** erweisen, bereits die **Einreise verweigert** wird, mit der Folge, dass sie unverzüglich unter Ausnutzung der Rückübernahmeverpflichtung des Abflug- oder Herkunftsstaates in diesen Staat zurückgebracht werden können.[21]

55 In seinem Urteil vom 14. Mai 1996 hatte das BVerfG hervorgehoben, dass das **Flughafenverfahren** nach § 18 a AsylG ebenso wie das reguläre Asylverfahren der Feststellung dient, ob dem Asylbewerber das in Art. 16 a Abs. 1 GG gewährleistete **Grundrecht zusteht**. Art. 16 a GG verheiße politisch Verfolgten Asyl und bestimme Voraussetzungen und Verfahrensweisen, unter denen das Grundrecht in Anspruch genommen werden könne. Der Gesetzgeber könne damit darauf reagieren, dass Asylrecht nicht nur massenhaft beantragt, sondern weithin auch ungerechtfertigt zum asylfremden Zweck der Einwanderung begehrt werde. Er dürfe deshalb verfahrenswirksame Vorkehrungen dafür treffen, dass der Staat mit dem ihm – zwangsläufig nicht unbeschränkt – zu Gebote stehenden Kräften die starke Inanspruchnahme des Asylrechts zeitgerecht bewältigen könne.[22]

56 Der Regelungsgehalt des § 18 a AsylG ist von der **Beschleunigungsmaxime** des Art. 16 a Abs. 4 S. 1 GG geprägt: Den Asylsuchenden wird zunächst die Einreise in das Bundesgebiet verweigert, ihr Asylbegehren wird unverzüglich geprüft und beschieden, wenn der dem Bundesamt unterbreitete Sachverhalt dies binnen zwei Tagen nach Asylantragstellung zulässt. Andernfalls wird dem Asylsuchenden die Einreise zur Durchführung seines Asylverfahrens gestattet (§ 18 a Abs. 6 Nr. 1, 2 AsylG). Damit wird es – entsprechend dem Zweck der Beschleunigungsmaxime – der Verwaltungspraxis ermöglicht, die Asylanträge, deren offensichtliche Unbegründetheit sich aufdrängt, von denjenigen zu trennen, bei denen eine Aussage über die Asyl- und internationale Schutzberechtigung eingehenderer Tatsachenfeststellungen und -würdigung bedarf. Es liegt auf der Hand, dass es sich bei diesen Verfahren um **eindeutige Sachverhaltskonstellationen** handeln muss. In derartigen Fällen wird die Einreiseverweigerung sofort vollzogen, es sei denn, der Asylsuchende macht fristgerecht von den ihm zustehenden Rechtsbehelfen Gebrauch. Das Flughafenverfahren ist damit nach Ansicht des BVerfG unter der Voraussetzung, dass bestimmte besondere verfahrensrechtliche Schutzvorkehrungen beachtet werden, mit der Verfassung vereinbar.[23]

57 § 13 Abs. 2 S. 1 AufenthG geht davon aus, dass eine Person erst eingereist ist, wenn sie die Grenze **überschritten** und die Grenzübergangsstelle (§ 13 Abs. 1 AufenthG) **passiert hat**. Wer sich **an der Grenze** aufhält, **will einreisen** (§ 15 Abs. 1 AufenthG). Demzufolge verwendet § 18 a Abs. 1 S. 1 AsylG auch den Begriff „einreisen wollen". Schutzbegehrende, die »über einen Flughafen einreisen wollen« und bei der Grenzbehörde um Asyl nachsuchen, sind damit noch nicht eingereist. Sie befinden sich im Transitbereich des Flughafens und damit zwar auf dem Hoheitsgebiet des Asylstaates. Im rechtlichen Sinne sind sie jedoch erst in dieses Ho-

---
21 *Giesler/Wasser*, Das neue Asylrecht, S. 30.
22 BVerfGE 94, 166, 199 f. = EZAR 632 Nr. 25 = NVwZ 1996, 678.
23 BVerfGE 94, 166, 195 = EZAR 632 Nr. 25 = NVwZ 1996, 678.

heitsgebiet eingereist, wenn sie die Grenzübergangsstelle passiert haben (§ 13 Abs. 1 AufenthG), ihnen also die Einreise zu gestatten ist. Damit ist eindeutig klargestellt, dass ein auf dem Flughafen um Asyl nachsuchender Antragsteller nicht eingereist ist. Das Sonderverfahren nach § 18 a AsylG ist damit der rechtlichen Gewährung der Einreiseerlaubnis vorgeschaltet. Dementsprechend legt auch das BVerfG besonderes Gewicht auf die Feststellung, dass es sich beim Flughafenverfahren um ein Verfahren **vor der Einreise** handelt.[24]

Der im Transitbereich befindliche Asylsuchende ist noch nicht **im Rechtssinne** eingereist. Der Raum der Bundesrepublik ist Ausländern, die ihn ohne entsprechende Reisedokumente erreichen, vor der Feststellung ihrer Asylberechtigung nicht zugänglich. Die Tatsache, dass sie sich bei ihrer Ankunft auf einem Flughafen schon auf deutschem Staatsgebiet befinden, ändert nichts daran, dass über die Einreisegewährung erst noch zu entscheiden ist. Damit weist das BVerfG das Konzept der »internationalen Zonen« – wie bereits andere ausländische Gerichte – zurück. Vielmehr gilt auch im Transitbereich des Flughafens innerstaatliches Recht. Das Refoulementverbot verbietet die Zurückweisung an der Grenze, es sei denn, der Staat verneint in einem internationalen Mindeststandards entsprechenden Verfahren die Flüchtlingseigenschaft des Schutzsuchenden.

Eine ganz andere Frage ist es jedoch, ob zugunsten der um Einreise an der Grenze nachsuchenden Asylsuchenden **deutsches Recht** gilt oder ob diese im **rechtlosen Raum** schweben. Dieses Rechtsproblem war früher insbesondere in **Frankreich** und den **Niederlanden** sehr umstritten. Es wurde mit der Berufung auf das **Konzept der internationalen Zonen** zu rechtfertigen versucht. Durch das in § 18 a AsylG geregelte Verwaltungs- und Gerichtsverfahren ist diese Frage für die Bundesrepublik verfahrensrechtlich eindeutig geregelt. Denn mit der Einführung eines Feststellungs- und Rechtsschutzverfahrens zugunsten der an der Grenze um Schutz suchenden Antragsteller bringt der Gesetzgeber unmissverständlich zum Ausdruck, dass er die Geltung des deutschen Rechts auch für Schutzbegehrende an seinen Grenzen anerkannt wissen will. Soweit das Verfahren allerdings **freiheitsentziehende Folgen** hat, hat die umstrittene Konzeption der internationalen Zonen aber auch für die Bundesrepublik Bedeutung.

3. Verteilungsverfahren

Asylsuchende, die unmittelbar zum Zwecke der Asylsuche einreisen und nicht im Besitz eines Aufenthaltstitels mit einer Gesamtgeltungsdauer von mehr als sechs Monaten sind, werden zunächst nach gesetzlich festgelegten Kriterien (§ 46 AsylG) auf ein bestimmtes Bundesland verteilt, ohne dass in dieser Verfahrensphase rechtliche Bindungen berücksichtigt werden. Durch die anschließende Zuweisungsverfügung nach § 50 Abs. 4 S. 1 AsylG wird der räumliche Geltungsbereich der Aufenthaltsgestattung innerhalb des zugewiesenen Bundeslandes auf den Bezirk der Ausländerbehörde beschränkt, in dem der Wohnort liegt (§ 56 Abs. 2 AsylG). Im Gegensatz zur früheren Verwaltungspraxis erfolgt die landesinterne Verteilung nicht mehr erst nach der Antragstellung bei der Außenstelle des Bundesamtes (§ 23 Abs. 1 AsylG), sondern bereits geraume Zeit vorher. Allerdings sind die Asylsuchenden aus sicheren Herkunftsstaaten (§ 29 a AsylG) und diejenigen, in Bezug auf die das Zuständigkeitsbestimmungsverfahren nach der Verordnung (EU) Nr. 604/2013 durchgeführt wird, sowie diejenigen, die

---

[24] BVerfGE 94, 166, 193, 199 = EZAR 632 Nr. 25 = NVwZ 1996, 678.

§ 9 Antrag auf Asyl (§ 13 AsylG)

einer besonderen Aufnahmeeinrichtung zugewiesen wurden, verpflichtet, bis zur Ausreise oder bis zum Vollzug der Abschiebungsandrohung oder -anordnung in der Aufnahmeeinrichtung zu bleiben (§ 47 Abs. 1 a, § 30 a Abs. 3 AsylG). In diesen Fällen entfällt also die landesinterne Verteilung. Die Zuweisungsverfügung ist Teil des Verteilungsverfahrens. Sie wird von der zuständigen Landesbehörde erlassen. Dies gilt nicht für die länderübergreifende Verteilung (§ 51 Abs. 2 AsylG). Nicht ausdrücklich geregelt ist das Verfahren der **nachträglichen Umverteilung**. Es ist aber anerkannt, dass ein Asylbewerber auch nach Erlass der Zuweisungsentscheidung im Wege der nachträglichen Umverteilung eine Veränderung der Aufenthaltsbestimmung beantragen kann.[25] Die Umverteilung kann einerseits allein im **öffentlichen Interesse** liegen.[26] Sie wird aber weitaus häufiger aufgrund besonders gelagerter individueller Interessen des Asylbewerbers beantragt.[27] Die Umverteilung steht grundsätzlich im behördlichen Ermessen und setzt eine Zustimmung der jeweils betroffenen Behörden voraus. Beantragt der Asylbewerber die Umverteilung, werden die maßgeblichen Gründe mit dem Antrag vorgebracht, so dass die Frage, ob das Recht auf Gehör zu gewähren ist, dahinstehen kann.

61 Nach § 50 Abs. 4 S. 5 AsylG ist bei der Zuweisungsentscheidung die Haushaltsgemeinschaft von **Ehegatten und ihren Kindern unter 18 Jahren** zu beachten. Es gilt darüber hinaus der weite Familienbegriff des § 26 Abs. 1 bis 3 AsylG). Auch verheiratete Kinder sind zu berücksichtigen. Die Berücksichtigung der Angehörigen im Sinne des § 26 Abs. 1 bis 3 AsylG steht **nicht im behördlichen Ermessen**, sondern ist **zwingend**.[28] Darüber hinaus ist eine **analoge Anwendung** von § 50 Abs. 4 S. 5 AsylG auch auf **eheähnliche Gemeinschaften**,[29] eingetragene lebenspartnerschaftliche Gemeinschaften (vgl. § 27 Abs. 2 AufenthG) und auf **Kinder**, die **nicht** aus einer **ehelichen Beziehung** hervorgegangen sind, angezeigt. Die Rechtsprechung berücksichtigt auch die **Mehrehe**, wenn sie im Herkunftsland als rechtswirksam geschlossene Ehe anerkannt worden ist.[30] Dagegen wird die Mehrehe nicht berücksichtigt, wenn sie erst im Bundesgebiet hergestellt werden soll, weil sich eine derartige Ehe nicht auf den Schutz von Art. 6 Abs. 1 GG berufen könne.[31] Die Kernfamilie und vergleichbare Gemeinschaften werden nur dann zwingend berücksichtigt, wenn das gemeinsame **Zusammenleben** angestrebt wird. Reisen die Familienangehörigen zusammen ein (§ 46 Abs. 3 S. 2 AsylG), kann der Wille zum gemeinsamen Zusammenleben ohne Weiteres unterstellt werden. Lebt ein Familienangehöriger bereits im Bundesgebiet, darf der Wille zur gemeinsamen Lebensführung nicht verneint werden; es sei denn, die Behörde hat konkrete hiergegen sprechende Umstände festgestellt.

62 Zwischen dem **Vormund** sowie seinem **Mündel** bestehen durch den Gesetzgeber fixierte **Sonderbeziehungen**, die den Rechtsbeziehungen ein ähnlich hohes Gewicht verleihen wie der Haushaltsgemeinschaft der Kernfamilie.[32] Die Vormundschaft beschränkt sich nicht nur auf die gesetzliche Vertretung des Mündels (§ 1793 S. 1 BGB), sondern umfasst die **gesamte elterliche Personensorge** für das Kind (§ 1793 S. 2; § 1800 in Verb mit § 1626 Abs. 2; §§ 1631–

---

[25] OVG NW EZAR 228 Nr. 7; VGH BW EZAR 228 Nr. 10; OVG Sachsen AuAS 2003, 225, 226 = NVwZ-Beil. 2003, 93.
[26] OVG NW EZAR 228 Nr. 7.
[27] VGH BW EZAR 228 Nr. 10.
[28] HessVGH ESVGH 39, 72.
[29] Dagegen VG Darmstadt, NVwZ-Beil. 2003, 23, 24.
[30] VG Darmstadt NVwZ-Beil. 2003, 23.
[31] VG Darmstadt, NVwZ-Beil. 2003, 23, 24; vgl. auch § 30 Abs. 4 AufenthG.
[32] HessVGH ESVGH 39, 225.

1633 BGB) sowie auch das **Umgangsrecht** mit einem minderjährigen Kind.[33] Mit der Ansicht, die Bestellung zum Vormund sei nur zu asylverfahrensrechtlichen Zwecken erfolgt, würde deshalb die Tragweite dieser Sonderbeziehungen verkannt.[34] Anders als im Falle der Kernfamilie und vergleichbarer Beziehungen wird man darüber hinaus nicht zwingend voraussetzen können, dass Vormund und Mündel zusammenleben müssen. Vielmehr kommt es darauf an, dass der Vormund seine gesetzlichen Pflichten sachgerecht wahrnehmen kann.

Nach § 51 Abs. 1 AsylG sind darüber hinaus „humanitäre Gründe von vergleichbarem Gewicht" zu berücksichtigen. Grundsätzlich ist anerkannt, dass die zuständige Behörde bei der Verteilung **gesundheitliche Gründe** zu berücksichtigen hat.[35] Beruft sich ein Asylbewerber darauf, weiterhin mit einem Verwandten im Sinne von § 26 Abs. 1–3 AsylG zusammenleben zu wollen, auf dessen Lebenshilfe er aus gesundheitlichen Gründen angewiesen ist und ist eine derartige Beziehung schlüssig dargetan und nachgewiesen, hat die Behörde ihrerseits die bei der Verteilung angewandten Kriterien, wie Nationalität, Geschlecht und Verfolgtengruppe bekannt zu geben,[36] um eine gerichtliche Überprüfung zu ermöglichen. Das öffentliche Interesse an der zügigen Verteilung von Asylbewerbern hat hinter dem geltend gemachten Interesse, vor nachhaltigen Gesundheitsschäden bewahrt zu bleiben, zurückzutreten. So hat die Behörde zu bedenken, dass die Herauslösung des Asylbewerbers aus den gewachsenen Bindungen das psychische Leiden verfestigen und verschlimmern sowie insgesamt zu einem bedrohlichen Krankheitszustand führen würde, der irreparabel wäre. Dem ausgesetzt zu sein, wäre eine Beeinträchtigung von ähnlichem Gewicht wie eine Trennung von Ehegatten und minderjährigen Kindern.[37] Besondere Bedeutung legt die Rechtsprechung bei **psychosomatischen Erkrankungen** auf die den Erkrankten stützende familiäre Betreuung. Auch wenn am bisherigen Aufenthaltsort eine ausreichende medizinische Versorgung gewährleistet sei, indes der Heilungsprozess durch die **Nähe von Familienangehörigen** erleichtert und verbessert werde, sei dies bei der Umverteilungsentscheidung zu berücksichtigen.[38] Eine psychosomatisch optimale Behandlung schließe in einem derartigen Fall das familiäre Umfeld mit ein, da gerade in diesem besonderen Fall das Alleinsein und die mangelnden Kontaktmöglichkeiten eine schlechte Prognose beinhalten. Auch die Betreuung durch ein Behandlungszentrum für **Folteropfer** kann zur Ermessensreduktion jedenfalls dann führen, wenn die Asylbewerberin durch wiederholt erlebte Folterungen schwere gesundheitliche Schäden erlitten und bereits eine sich voraussichtlich über längere Zeit hinziehende ärztliche Behandlung begonnen hat.[39]

4. Verfahrensrechtliche Funktion des Verfolgungsvorbringens

Herzstück des Verfahrens nach der GFK ist die **Aussage des Antragstellers**. Die Glaubhaftigkeit seiner Angaben soll nicht durch Widersprüche in nebensächlichen Aspekten in Frage ge-

---

33 VG Neustadt a.d.W., InfAuslR 2003, 37.
34 HessVGH ESVGH 39, 225.
35 HessVGH EZAR 228 Nr. 5 = NVwZ 1986, 148; HessVGH EZAR 228 Nr. 8; OVG Hamburg InfAuslR 1986, 97; VGH BW EZAR 228 Nr. 10 = NVwZ-RR 1989, 503; VG Leipzig NVwZ-RR 2000, 323, 324 = EZAR 228 Nr. 21, VG Lüneburg InfAuslR 1998, 43, 44; VG Lüneburg, Urt. v. 13. 10. 2004 – 1 A 271/04; VG Potsdam InfAuslR 1995, 259, 260; VG Düsseldorf, Urt. v. 6. 3. 1995 – 19 K 5358/94.A.
36 HessVGH, Beschl. v. 22. 4. 1986 – 10 TH 952/86.
37 OVG Hamburg InfAuslR 1986, 97; VG Leipzig NVwZ-RR 2000, 323, 324 = EZAR 228 Nr. 21, VG Lüneburg InfAuslR 1998, 43, 44.
38 VG Leipzig NVwZ-RR 2000, 323, 324 = EZAR 228 Nr. 21, VG Lüneburg InfAuslR 1998, 43, 44.
39 VG Potsdam InfAuslR 1995, 259; vgl. auch Art. 20 RL 2003/9/EG; Rn. 53.

stellt werden.⁴⁰ Da Furcht als subjektiver Tatbestand bei den einzelnen Personen unterschiedliche Ursachen hat und sich äußerlich kaum nachweisen lässt, wurde bei der Diskussion über den Flüchtlingsbegriff die Einführung eines **objektivierenden Kriteriums** für erforderlich erachtet. Andererseits wurde eine exakte Objektivität im Sinne eines allgemein gültigen Furcht-Niveaus für nicht realisierbar angesehen.⁴¹ Deshalb wurde für erforderlich erachtet, dass jeder **Einzelfall** hinsichtlich der Umstände, der psychologischen Veranlagung und Überempfindlichkeit sowie der Umgebung der Person zu würdigen sei.⁴² Auch das BVerwG sieht als Verfolgten an, wem im maßgeblichen Zeitpunkt gegenwärtig oder unmittelbar bevorstehend Verfolgung droht. Schutzbedürftig sei aber auch, wer in absehbarer Zeit mit gegen ihn gerichteten Maßnahmen ernsthaft rechnen müsse.⁴³ Ausdrücklich weist das BVerwG jedoch für die Beurteilung der Situation vor der Flucht den Begriff der subjektiven Verfolgungsfurcht zurück und insistiert darauf, dass insoweit eine objektiv bevorstehende Gefahr des Verfolgungseingriffs festzustellen ist.⁴⁴ Mit der Feststellung, dass die Vermutungen des Antragstellers zur Aufdeckung der Untergrundarbeit nicht in Zweifel zu ziehen seien und es deshalb nachvollziehbar sei, dass er um sein Leben fürchte, habe das Gericht allenfalls eine subjektive Verfolgungsfurcht festgestellt. Es müsse jedoch eine objektiv bevorstehende Gefahr des Verfolgungszugriffs dargelegt werden. Solange nicht feststehe, dass die Behörden von der Untergrundtätigkeit des Antragstellers Kenntnis erlangt hätten, sei daher lediglich eine latente Gefährdungslage, nicht aber eine beachtlich wahrscheinliche Verfolgungsgefahr festgestellt worden.⁴⁵

65 Hier lässt das BVerwG nicht einmal mehr die Sichtweise des objektivierten „vernünftig und besonnen denkenden Dritten"⁴⁶ gelten, sondern stellt für die Darlegung des akuten Verfolgungsdrucks unerfüllbare, am Ideal der objektiven Wahrheit ausgerichtete Beweisanforderungen auf. Früher hatte das BVerwG das Verhältnis des subjektiven Begriffs der Verfolgungsfurcht zum objektiven Gefahrenbegriff dahin umschrieben, dass es **nicht allein** darauf ankomme, ob eine bestimmte (objektive) **Tatsache** vom Asylsuchenden nur **subjektiv** als konkrete Bedrohung empfunden werde, sondern darauf, ob hierfür auch ausreichende **objektive Anhaltspunkte** bestünden, die bei einem vernünftig denkenden, besonnenen Menschen **ernsthafte Furcht vor politischer Verfolgung** hervorrufen könnten.⁴⁷ Diesen rudimentären, auf den verobjektivierten Dritten reduzierten Begriff der Verfolgungsfurcht gibt das BVerwG damit vollständig auf und ersetzt diesen durch den objektiven Gefahrenbegriff. Damit verfehlt es die Ratio des völkerrechtlichen Begriffs der Verfolgungsfurcht.

66 Der Begriff „Furcht" der Konvention – und damit auch der der Richtlinie 2011/95/EU (vgl. Art. 2 Buchst. d), Art. 4 Abs. 3 Buchst. c, Art. 5 Abs. 1 und 2, Art. 8 Abs. 1) – verweist auf ein subjektives Gefühl. Es wurde jedoch in Abgrenzung zum IRO-Statut durch den Zusatz „begründet" („well-founded") bewusst ein objektives Kriterium eingeführt. Der Antragsteller hat danach Anhaltspunkte darzulegen, um der Feststellungsbehörde die Entscheidung zu er-

---

40 *Hathaway*, The Law of Refugee Status, S. 83 – 85; s. hierzu ausführlich *Marx*, Handbuch zum Flüchtlingsschutz, 2012, § 28 Rn. 9 ff. Erläuterungen zur Richtlinie 2004/83/EG (Qualifikationsrichtlinie), § 21 bis § 24.
41 *Lieber*, Die neuere Entwicklung des Asylrechts im Völkerrecht und Staatsrecht, S. 105.
42 *Lieber*, aaO; *Sinha*, Asylum and International Law, S. 102.
43 BVerwG DÖV 1982, 41 = DVBl 1981, 1096.
44 BVerwGE 108, 84, 86 = EZAR 203 Nr. 12 = NVwZ 1999, 544 = InfAuslR 1999, 145.
45 BVerwGE 108, 84, 86 = EZAR 203 Nr. 12 = NVwZ 1999, 544 = InfAuslR 1999, 145.
46 BVerwGE 89, 162, 170 = EZAR 202 Nr. 22 = NVwZ 1992, 582; BVerwG, Buchholz 402.25 § 1 AsylVfG Nr. 147.
47 BVerwG InfAuslR 1989, 163.

möglichen, ob er „gute Gründe" hat, eine Verfolgung zu befürchten. Es ist mithin zu entscheiden, ob im Lichte der festgestellten Umstände des Einzelfalles der Antragsteller mit guten Gründen Verfolgung befürchten muss. Daher gewinnen die individuellen Verhältnisse, der Hintergrund der Person des Antragstellers, seine psychologische Verfassung und Sensibilität gegenüber seiner Umgebung ebenso Bedeutung wie objektive Faktoren. Was daher in einem Fall als „gute Gründe" angesehen wird, muss im anderen Fall dieses Urteil nicht rechtfertigen.[48] Das Schwergewicht liegt auf der Verfolgungsfurcht. Die subjektive Furcht des Flüchtlings ist begründet, wenn er eine in sich schlüssige Darstellung der seine Furcht auslösenden Gründe geben kann.[49] Maßgebend ist jedoch nicht allein die Furcht vor Verfolgung. Vielmehr muss diese begründet sein. Herzstück des Flüchtlingsbegriffs ist die Glaubhaftigkeitsprüfung der Angaben des Antragstellers. Es ist hier also nicht ein von der individuellen Situation losgelöst ermittelter und bewerteter objektiver Gefahrenbegriff Entscheidungsgrundlage. Deshalb wird die Objektivitätslehre der deutschen Rechtsprechung auch als unvereinbar mit dem Geist der Konvention angesehen.[50]

Demgegenüber stellt nach Ansicht des BVerfG Art. 1 A Nr. 2 GFK mit dem Begriff der „begründeten Furcht vor Verfolgung" zuallererst auf das **subjektive Moment der Verfolgungsfurcht** ab, für die allerdings gute Gründe gegeben sein müssten, während der verfassungsrechtliche Begriff der politischen Verfolgung von einer **objektiven Beurteilung der Verfolgungsgefahr** ausgehe. Der subjektive Bezug beschränke sich hierbei darauf, dass die **drohende** Verfolgung für den Einzelnen Anlass zur Flucht gewesen sein müsse.[51] Fraglich ist, ob damit das Verhältnis zwischen beiden Rechtsbegriffen zutreffend beschrieben worden oder ob nicht eine Annäherung beider Begriffe möglich ist. Der Antragsteller hat die Umstände, welche **für ihn** den akuten Verfolgungsdruck auslösen, schlüssig darzulegen. Dabei kann schon der bloße Sachvortrag zur Asylanerkennung führen. Auch bei der Anwendung des Flüchtlingsbegriffs nach Art. 1 A Nr. 2 GFK wird vorausgesetzt, dass die **subjektive Furcht** des Flüchtlings **objektivierbar** sein muss, um als begründet anerkannt werden zu können.[52] Der Schlüssel zum Verständnis liegt daher in der richtigen Zuordnung des subjektiven zum objektiven Tatbestand. Auch beim Flüchtlingsbegriff beruht die Entscheidung auf beiden Elementen.[53] Mit der Hervorhebung der „individuellen Lage" und der „persönlichen Umstände" bekräftigt auch Art. 4 Abs. 3 Buchst. c) RL 2011/95/EU diese Auffassung. Die Feststellungsbehörde muss davon überzeugt sein, dass der Antragsteller tatsächlich eine (subjektive) Furcht vor (objektiver) Verfolgung hegt. Furcht ist zwar ein subjektives Gefühl. Sie muss jedoch für die Zwecke der Feststellung der Flüchtlingseigenschaft begründet sein, also eine objektive Basis haben. Welcher Stellenwert jedem dieser beiden Elemente beizumessen ist, kann stark variieren. In Fällen, in denen keine subjektive Furcht zum Ausdruck gebracht wird, können die Umstände objektiv gesehen dennoch die Statusgewährung rechtfertigen, wenn unter den geschilderten Umständen jeder so gefährdet wäre, dass es unmaßgeblich ist, ob er Furcht empfindet.[54] Auch in den Fällen, in denen der Antragsteller selbst keine Furcht vor Verfolgung behauptet, jedoch

---

48 *Weis*, Du droit international 1960, 928, 970; *Prakash S. Sinha*, Asylum and International Law, S 102.
49 *Cox*, Brooklyn Journal of International Law 1984, S. 333, 340.
50 *Köfner/Nicolaus*, Grundlagen des Asylrechts in der Bundesrepublik Deutschland, Bd. 1, S. 167 ff.; *Cox*, aaO, S. 369; *van Krieken*, Torture & Asylum in: SIM Newsletter No. 13, 1986, 27, 31.
51 BVerfGE 54, 341, 358 = EZAR 200 Nr. 1 = NJW 1980, 2641 = JZ 1981, 804.
52 *Hyndman*, aaO, S. 149; *Kälin*, Das Prinzip des Non-Refoulement, S. 147.
53 *Robinson*, Convention relating to the Status of Refugees, S. 50 ff.; *Sinha*, Asylum and International Law, S. 102.
54 UNHCR, Auslegung von Art. 1 GFK, April 2001, S. 4.

Umstände vorträgt, die bei jedem verständigen Dritten geeignet sind, eine Furcht vor Verfolgung zu begründen,[55] ist der Asylantrag deshalb begründet. Bei der Prüfung sind „Referenzfälle" und das allgemeine politische Klima, das geeignet sein muss, in dem Asylsuchenden eine begründete Furcht vor Verfolgung hervorzurufen, zu berücksichtigen. Bei derartigen Fallkonstellationen ist es mithin gerechtfertigt, den vorgebrachten Sachverhalt aus Sicht des vernünftigen und besonnen denkenden Dritten zu bewerten.

68 Beruft der Antragsteller sich hingegen ausdrücklich auf eine **Furcht vor Verfolgung** und bezeichnet er hierfür die aus seiner Sicht maßgeblichen Gründe, sind diese zunächst aus **seiner Sicht** und nicht aus der des vernünftigen und besonnen denkenden Dritten zu beurteilen. Die deutsche Rechtsprechung hat jedoch von jeher das allgemein übliche Maß des in Verfolgerstaaten Hinzunehmenden zum Ausgangspunkt der Prüfung einer besonderen (subjektiven) Zwangslage gemacht. Dabei gerieten ihr allzu oft die aus individuellen Erlebnissen und Erfahrungen des Asylsuchenden resultierenden Besonderheiten seines Falles, die es für seinen Fall nachvollziehbar erscheinen lassen, dass er den Fluchtentschluss aus seinem Blickwinkel realisiert. So ist es für das BVerwG unerheblich, ob der Antragsteller eine sensible Person ist. Maßgebend sei vielmehr, ob „andere verständige Personen" unter denselben Umständen eine solche Furcht empfinden würden, dass ihnen im Heimatland ein weiterer Verbleib zuzumuten sei.[56] Ein „vernünftiger und besonnen denkender Dritter" werde bei Abwägung aller Umstände auch die besondere Schwere des befürchteten Eingriffs in seine Überlegung mit einbeziehen.[57] Insgesamt gesehen, müssten die für eine Verfolgung sprechenden Umstände nach ihrer **Intensität und Häufigkeit** von einem solchen **Gewicht** sein, dass sich hieraus bei objektiver Betrachtung für den Antragsteller die **begründete Furcht herleiten** ließe, selbst Opfer von Verfolgung zu werden.[58]

69 Dem hält das völkerrechtliche Schrifttum entgegen, damit werde das Konzept der begründeten Verfolgungsfurcht verfehlt.[59] Zunächst ist daher festzustellen, ob der Antragsteller Furcht vor Verfolgung geltend macht. Ausgehend hiervon ist anschließend den hierfür vorgebrachten Gründen nachzugehen. Das objektivierende Element des Flüchtlingsbegriffs ist Hilfsmittel, um die abgegebenen Erklärungen des Asylsuchenden zu bewerten.[60] Von den Feststellungsbehörden wird nicht verlangt, ein Urteil über die Verhältnisse im Heimatstaat zu treffen. Andererseits sind die Erklärungen des Asylsuchenden nicht abstrakt, sondern im Zusammenhang mit der für diese maßgebenden Hintergrundsituation zu bewerten. Ob die den akuten Verfolgungsdruck auslösenden Tatsachen und Umstände geeignet waren, bei dem Antragsteller eine Furcht vor Verfolgung auszulösen, kann nur dieser und nicht ein fiktiver Dritter beurteilen. UNHCR weist für diese Fallkonstellation ausdrücklich darauf hin, angesichts der persönlichen Umstände, der Überzeugung und der Aktivitäten des Antragstellers könne es auch dann, wenn die objektiven Umstände nicht unbedingt gravierend erscheinen und dies bei einer anderen Person unter denselben objektiven Verhältnissen keine Verfolgungsfurcht auslösen müsse, Anlass zu begründeter Furcht geben.[61]

---

55 BVerwGE 88, 367, 377 = EZAR 202 Nr. 21 = NVwZ 1992, 578 = InfAuslR 1991, 363.
56 BVerwG, Buchholz 402.22 Art. 1 GK Nr. 9.
57 BVerwGE 89, 162, 170 = EZAR 202 Nr. 22 = NVwZ 1992, 582; BVerwG, Buchholz 402.25 § 1 AsylVfG Nr. 147.
58 BVerwGE 88, 367, 378 = EZAR 202 Nr. 21 = NVwZ 1992, 578 = InfAuslR 1991, 363.
59 *Grahl-Madsen*, The Status of Refugees in International Law, Bd. 1, S. 181.
60 *Amann*, Die Rechte des Flüchtlings, S. 64.
61 UNHCR, Auslegung von Art. 1 GFK, April 2001, S. 4.

A. Asylantrag ohne Dublinrelevanz

Verfolgungsfurcht empfindet danach ein Antragsteller, der in einer konkreten Situation, so 70
wie er sie sehen durfte, Anlass hatte und weiterhin hat, Furcht vor Verfolgung zu hegen.
Maßgebend kann danach nicht sein, was der normalempfindliche Durchschnittsbürger angesichts der erlittenen oder drohenden Verfolgung zu Recht an Furcht empfunden hätte. Diese
objektive Betrachtungsweise muss vielmehr erweitert werden um das vom Antragsteller konkret bereits Erlebte und um das Wissen um Konsequenzen in vergleichbaren Fällen. So ist die
subjektive Furcht ausreichend, obwohl gegenüber derjenigen des Normalbürgers übersteigert,
wenn sie nachvollziehbar ist.[62] Jemand, der vor Jahren bereits einmal eine Verfolgung erlitten
hatte, kann etwa objektiv begründeten Anlass für eine ausgeprägtere subjektive Furcht haben
als jemand, der erstmals in Kontakt mit Verfolgern kommt.[63]

An die Prüfung der Verfolgungsfurcht schließt sich die **Prüfung der Wahrscheinlichkeit der** 71
Verfolgung an. Diese ist aus dem subjektiven Begriff der Verfolgungsfurcht zu entwickeln.[64]
Der Begründetheitstest der Konvention zielt auf die Wahrscheinlichkeit, die dafür spricht,
dass der Antragsteller für den Fall der Rückkehr in seinen Heimatstaat Verfolgung ausgesetzt
sein wird. Sofern hierfür eine gewisse Wahrscheinlichkeit spricht, ist seine Furcht wohlbegründet.[65] Eine begründete Furcht vor Verfolgung ist mithin anzunehmen, wenn es wahrscheinlich ist, dass der Asylsuchende im Falle der Rückkehr Verfolgungen ausgesetzt sein
wird. Im Flüchtlingsrecht geht es jedoch nicht lediglich um die bloße Abwägung verschiedener Risikofaktoren. Zutreffend wird darauf hingewiesen, dass im Flüchtlingsrecht insbesondere die irreparablen Folgen einer etwaigen fehlerhaften Entscheidung bei der Prognose besondere Berücksichtigung finden müssen. Dem Flüchtling fehlt anders als anderen Ausländern charakteristischerweise die Option der Rückkehr, so dass die Beweisregeln dem Schutzzweck des Flüchtlingsrechts verpflichtet sind und einer restriktiven oder den Begriff der Verfolgungsfurcht ausschließenden Anwendungspraxis entgegenstehen. Der Schutzzweck der
Konvention ist in sich selbst zureichender Grund, dem Antragsteller nicht die Beweislast aufzuerlegen („benefit of the doubts"), wenn er außerstande ist, objektiven Beweis zu führen,
die Glaubhaftigkeit seiner Angaben jedoch nicht in Frage stehen.[66] Dies wird auch durch
Art. 4 Abs. 5 Buchst. a) RL 2011/95/EU bekräftigt.

Die entscheidungserhebliche Frage bei der Prognoseprüfung ist, ob es **vernünftige Gründe für** 72
die Annahme gibt, dass der Antragsteller Gefahr läuft („reasonable chance"), wegen eines
Verfolgungsgrundes **verfolgt zu werden**. Demgegenüber ist es unerheblich, ob ihm diese Gefahr allein droht oder durch eine Vielzahl von Erkenntnismitteln untermauert wird.[67] Widerstreiten die Erkenntnismittel seinen Behauptungen, wird von ihm erwartet werden können,
dass er sich mit den gegen sein Sachvorbringen sprechenden Erkenntnissen auseinandersetzt
und darlegt, warum die in diesen enthaltenen allgemeinen Aussagen auf die spezifischen Besonderheiten seines Falles nicht zutreffen. Der Antragsteller hat mithin darzulegen, dass es in
seinem Fall „vernünftige Gründe" oder eine „ernsthafte Möglichkeit" für die Annahme gibt,

---

62 Asylrekurskommission (Schweiz), Asyl 1992/4, S. 71, 73.
63 Asylrekurskommission (Schweiz), EMARK 1993 Nr. 11.
64 *Jackman*, Well-Founded Fear of Persecution and other Standards of Decision-Making: A North American Perspective, S. 44.
65 *Grahl-Madsen*, The Status of Refugees in International Law, Bd. 1, S. 181.
66 *Goodwin-Gill*, The Determination of Refugee Status, in: The International Institute of Humanitarian Law, Yearbook 1985, 56, 66 f.; ebenso: UNHCR, Handbuch, Rn. 196 ff.
67 *Hathaway*, The Law of Refugee Status, S. 91 f.

dass er für den Fall der Rückkehr Verfolgung erleiden wird.[68] Die Konvention legt damit das Schwergewicht auf die besondere individuelle Situation des Asylsuchenden (Art. 2 Buchst. d), 4 Abs. 3 Buchst. a) RL 2011/95/EU) und beurteilt von hier aus – unter Berücksichtigung der allgemeinen politischen und rechtlichen Situation in seinem Herkunftsstaat[69] –, ob für den Eintritt der Verfolgungsgefahr eine „ernsthafte Möglichkeit" spricht. Entfernt liegende Möglichkeiten („remote possibilities") rechtfertigen das Urteil einer begründeten Furcht vor Verfolgung dagegen nicht.

5. Zusammenhangsklausel (Art. 9 Abs. 3 RL 2011/95/EU; § 3 a Abs. 3 AsylG)

73 Nach Art. 9 Abs. 3 RL 2011/95/EU muss zwischen der **Verfolgungshandlung** und den **Verfolgungsgründen** eine **Verknüpfung** bestehen (§ 3 a Abs. 3 AsylG).[70] In der deutschen Rechtsprechung wird diese Frage unter dem Gesichtspunkt der „asylerheblichen Merkmale" abgehandelt. Dabei ist es nach Art. 10 Abs. 2 RL 2011/95/EU für die Bewertung der Frage, ob die Furcht des Antragstellers vor Verfolgung begründet ist, unerheblich, ob er tatsächlich den geschützten Status innehat, der zur Verfolgung führt, sofern ihm dieser von den Verfolgern zugeschrieben wird (§ 3 b Abs. 2 AsylG). Es kommt damit für die Anwendung der Zusammenhangsklausel allein darauf an, ob aus deren Sicht die Verfolgungshandlung an Verfolgungsgründe anknüpft. Diese Auslegung steht in Übereinstimmung mit der internationalen Staatenpraxis und auch der deutschen Rechtsprechung. In der angelsächsischen Rechtsprechung wird insoweit das Auslegungsprinzip der *„imputed political opinion"* verwendet. Danach reicht es aus, dass die Verfolger ihre Maßnahmen deshalb gegen den Antragsteller richten, weil sie davon ausgehen, dass dieser abweichende politische Überzeugungen vertritt.[71]

74 Auch die deutsche Rechtsprechung erkennt an, dass es auf die Zuschreibung der geschützten Merkmale durch die Verfolger ankommt. Das BVerwG hatte bereits 1977 maßgeblich auf die **Sichtweise der Verfolgungsorgane** abgestellt und ausdrücklich seine bis dahin maßgebende Rechtsprechung aufgegeben, die davon ausging, dass der Verfolgte die vom Verfolgerstaat angenommene politische Überzeugung auch tatsächlich besitzen musste.[72] In einer späteren Entscheidung stellte das Gericht fest, Schutz gegenüber gezielter Verfolgung könne auch beanspruchen, wer persönlich nicht in einem der Schutzgüter der GFK betroffen sei. Der vermeintliche politische Gegner oder religiöse Abweichler werde genauso geschützt wie der tatsächliche.[73] Einschränkend hatte das BVerwG jedoch festgestellt, es müsse aus der Sicht des Verfolgenden um den Zugriff auf eine wirkliche oder vermeintliche politische Überzeugung oder ein sonstiges persönliches Merkmal gehen. Dort wo eine solche Überzeugung nicht vorhanden und dies dem Verfolgenden auch bekannt sei, komme grundsätzlich eine gegen persönliche Merkmale gerichtete politische Motivation nicht in Betracht.[74] Denkbar sei allerdings, dass der Verfolgende eine politisch motivierte Verfolgung ohne Rücksicht auf das Vorhandensein einer Überzeugung betreibe. Eine derartige Verfolgungssituation komme jedoch

---

68 *Hathaway*, The Law of Refugee Status, S. 96.
69 *Anker*, IJRL 1990, 257.
70 EuGH InfAuslR 2010, 188 (190), Rn. 64 = NVwZ 2010, 505 – Abdullah.
71 INS Gender Guidelines von 26.5.1996.
72 BVerwGE 55, 82, 84 f. = EZAR 201 Nr. 3 = NJW 1978, 2463.
73 Grundlegend BVerwGE 62, 123, 124 = EZAR 200 Nr. 6 = InfAuslR 1981, 218; bekräftigt: zB BVerwGE 75, 99, 106 = EZAR 200 Nr. 17 = InfAuslR 1986, 65; BVerwGE 81, 41, 42 = EZAR 201 Nr. 17 = NVwZ 1989, 774 = InfAuslR 1989, 169; BVerwGE 90, 127, 134 = EZAR 206 Nr. 7 = NVwZ 1992, 893 = InfAuslR 1992, 258; BVerwG NVwZ 1993, 193, 194.
74 BVerwGE 75, 99, 106 f. = EZAR 200 Nr. 17 = InfAuslR 1986, 65.

nur in Ausnahmefällen in Betracht. Sie setze ein in besonderem Maße unduldsames Regime voraus, das aufgrund einer alle Lebensbereiche umfassenden ideologisch einseitig ausgerichteten totalitären Struktur zu Überreaktionen neige.[75]

Demgegenüber ist nach der Rechtsprechung des BVerfG maßgebend, dass die **Verfolgungshandlung** den von ihr **Betroffenen** gerade **in Anknüpfung an geschützte Merkmale treffen** soll.[76] Daher dürften bei einem vom Verfolger gehegten Verdacht der Trägerschaft von geschützten Merkmalen die zur Aufklärung dieses Verdachts eingesetzten Mittel nicht als unerheblich qualifiziert werden.[77] Nach der Rechtsprechung des BVerfG ist es daher nicht erforderlich, dass der von einer Verfolgungshandlung Betroffene tatsächlich Träger eines verfolgungsverursachenden Merkmals ist. Maßgebend ist vielmehr allein eine objektive Betrachtungsweise. Auch wenn der Verfolgte nur vermeintlich Träger eines geschützten Merkmals ist, wie zB Sympathisant oder Unterstützer einer oppositionellen Organisation,[78] kann er in erheblicher Weise betroffen sein. Der Umstand, dass der Betroffene selbst mit den oppositionellen Bewegungen nichts zu tun hat, ändert an der Bewertung nichts, wenn die von den Behörden eingesetzten Mittel gegen ihn gerade dazu dienen, den offenbar gehegten Verdacht einer Zugehörigkeit zu einer oppositionellen Bewegung zu erhärten. Damit kann der Maßnahme ein an Verfolgungsgründe anknüpfender Charakter nicht von vornherein abgesprochen werden.[79]

Maßgebend für das Anknüpfen der Verfolgungshandlung an Verfolgungsgründe (Art. 9 Abs. 3 RL 2011/85/EU) ist damit **nicht die unmittelbare Verwirklichung der Verfolgungshandlung**. Vielmehr ist danach zu fragen, ob ihr nach ihrem inhaltlichen Charakter eine spezifische Zielrichtung innewohnt. Gleichwohl hält das BVerwG an seiner früheren Rechtsprechung fest und verlangt etwa bei Verfolgungen durch nichtstaatliche Akteure, dass den muslimischen Viehdieben bekannt gewesen sein müsse, dass der von ihnen misshandelte Betroffene der Glaubensgemeinschaft der Jeziden angehört habe.[80] Christen müssten unter großstädtischen Verhältnissen für Muslime als solche zu erkennen und aus diesem Grund Übergriffen ausgesetzt gewesen sein.[81] Ob politische oder religiöse Beweggründe vorlägen, ob also an geschützte Merkmale angeknüpft werde, sei jedoch allein davon abhängig, von welchen Beweggründen die nichtstaatlichen Akteure geleitet würden. Auf die Sicht des verantwortlichen Staates komme es daneben nicht mehr an.[82]

Die Ansicht, in etwaigen **Disziplinarmaßnahmen** könne keine Verfolgung gesehen werden, ist überholt. Auch eine Ahndung der unerlaubten Amtsniederlegung mit nur disziplinarischen Mitteln kann an geschützte Merkmale anknüpfen, wenn sie darauf gerichtet ist, den Betreffenden in Anknüpfung an geschützte Merkmale zu treffen. Dies ist etwa der Fall, wenn das **„Dorfschützersystem"** Instrument staatlicher Politik zur Verhinderung oder Schwächung der

---

75 BVerwGE 75, 99, 107 = EZAR 200 Nr. 17 = InfAuslR 1986, 65.
76 BVerfGE 80, 315, 335 =EZAR 201 Nr. 20 = NVwZ 1990, 151 = InfAuslR 1990, 21.
77 BVerfG (Kammer), InfAuslR 1991, 25, 28 = NVwZ 1821, 772; BVerfG (Kammer), InfAuslR 1993, 105, 107; BVerfG (Kammer), InfAuslR 1993, 142, 144.
78 BVerfG (Kammer), InfAuslR 1993, 105, 107; BVerfG (Kammer), NVwZ 1991, 772, 772 f. = InfAuslR 1991, 25; BVerfG (Kammer), InfAuslR 1992, 66, 69; BVerfG (Kammer), InfAuslR 1993, 142, 144.
79 BVerfG (Kammer), InfAuslR 1993, 142, 144.
80 BVerwGE 88, 367, 370 = EZAR 206 Nr. 5 = NVwZ 1992, 578 = InfAuslR 1991, 363.
81 BVerfG InfAuslR 1990, 211, 213.
82 BVerwG NVwZ 1984, 521; BVerwGE 85, 12, 19 = EZAR 202 Nr. 17 = InfAuslR 1990, 211, 213; BVerwGE 88, 367, 370 = EZAR 206 Nr. 5 = NVwZ 1992, 578 = InfAuslR 1991, 363.

Solidarität zwischen kurdischen Widerstandskämpfern und der übrigen kurdischen Bevölkerung ist. Der durch die Sanktionsandrohung bewirkte Zwang zum Verbleiben in dem möglicherweise freiwillig begründeten Amt eines Dorfschützers wird dann wegen der erzwungenen Distanz zu den politischen Zielen des kurdischen Separatismus erheblich.[83] Die Verfolgung knüpft in diesen Fällen also an den ethnischen oder politischen Status des kurdischen Antragstellers an.

78 Da es maßgeblich auf die **Zuschreibung der geschützten Merkmale durch die Verfolger** ankommt (§ 3 b Abs. 2 AsylG), ergeben sich besondere Ermittlungspflichten. Oft hat der Antragsteller keine Informationen darüber, welche Gründe die von ihm befürchtete Verfolgung hat. Man kann von ihm auch nicht erwarten, dass er seinen Fall insoweit selbst analysiert und eine detaillierte Darstellung der Verfolgungsgründe geben kann. Vielmehr ist es Aufgabe der Feststellungsbehörden, den Grund oder die Gründe für die befürchtete Verfolgung festzustellen.[84] Ist jemand Opfer einer falschen Verdächtigung durch Dorfschützer geworden, ist dies aufzuklären. Nur für den Fall, dass eine falsche Verdächtigung keine erhebliche Gefährdung des Betroffenen mit sich gebracht hat, kann darauf verzichtet werden.[85] Die Behörde hat daher stets sorgfältig die objektiven tatsächlichen und rechtlichen Verhältnisse im Herkunftsland des Asylsuchenden zu untersuchen. Von wesentlicher Bedeutung sind auch die konkreten Umstände des staatlichen Vorgehens sowie die praktische Handhabung von Sanktionsnormen.[86] So kann beispielsweise wegen der behaupteten Gefahr der **Folterbehandlung** die Annahme begründet sein, dass eine an sich unerhebliche Maßnahme in Wirklichkeit an ein geschütztes Merkmal anknüpft.[87] Zwar bewahrt das Asyl- und Flüchtlingsrecht nicht vor den Lasten und Beschränkungen, die ein autoritäres System seiner Bevölkerung **allgemein** auferlegt.[88] Diese Abgrenzungsdogmatik verkennt jedoch, dass Verfolgungshandlungen häufig Teil der allgemeinen Beschränkungen sein können und deshalb besondere Ermittlungspflichten Anwendung finden. Repressalien wie brutale Misshandlungen und Folterungen mögen zwar vor dem Hintergrund einer erheblichen Einschränkung der Freiheitsrechte in einem Staat zu sehen sein, unter der jeder Bürger zu leiden hat, zumal wenn er sich verdächtig gemacht hat. Damit kann jedoch nicht verneint werden, dass derartige Verfolgungshandlungen an ein geschütztes Merkmal anknüpfen.[89]

B. Antrag auf Asyl mit Dublinbezug

I. Sachverhalt / Lebenslage

79 Der irakische Staatsangehörige yezidischer Volks- und Religionszugehörigkeit M erscheint mit seinem im Bundesgebiet lebenden Bruder in der Kanzlei und erklärt im anwaltlichen Beratungstermin, dass er wegen seiner Religionszugehörigkeit von Arabern in seinem Herkunftsland misshandelt und bedroht worden sei und er in Deutschland Asyl beantragt habe. Auf anwaltliche Frage nach dem Reiseweg erklärt er, er sei mithilfe eines Fluchthelfers zusammen mit anderen yezidischen Landsleuten vom Irak über die Türkei nach Griechenland

---

83 BVerfG (Kammer), InfAuslR 1991, 81, 84; zum Dorfschützersystem s. auch BVerfG (Kammer), NVwZ-Beil. 1995, 18.
84 UNHCR, Handbuch, Rn. 66 f.
85 BVerfG (Kammer), InfAuslR 2002, 322.
86 BVerwGE 67, 195, 200 = EZAR 201 Nr. 5 = NVwZ 1983, 678; BVerwG EZAR 202 Nr. 11.
87 BVerfG (Kammer), InfAuslR 1991, 133, 135 = EZAR 224 Nr. 22.
88 BVerwG InfAuslR 1991, 133, 135.
89 BVerfG (Kammer), InfAuslR 1992, 66, 68.

gereist. Dort habe er keine Behörden kontaktiert. Von Athen aus sei er über Makedonien und Serbien nach Ungarn weitergereist. Beim Überqueren der serbisch-ungarischen Grenze sei er angehalten, festgenommen und unter Androhung von Gewalt erkennungsdienstlich behandelt worden. Man habe ihm dabei mehrere Blätter vorgelegt, die er habe unterschreiben müssen. Er habe erklärt, dass er in Ungarn keinen Asylantrag stellen, sondern zu seinem Bruder nach Deutschland weiterreisen und dort Asyl beantragen wolle. Zwar sei ein Dolmetscher für die arabische Sprache anwesend gewesen. Da er jedoch die arabische Sprache nur unzulänglich beherrsche, habe er diesen nicht gut verstanden. Der Dolmetscher habe aber die Erklärungen der Beamten ohnehin nicht übersetzt. Auf seine Frage, was er unterschreiben wolle, habe der Dolmetscher gesagt, er müsse unterschreiben. Nachdem er die Blätter unterschrieben habe, habe er Ungarn verlassen und weiterreisen dürfen. Er habe jetzt im Bundesgebiet Asyl beantragt. Aufgrund seiner Erlebnisse im Irak und auf der Flucht sei er traumatisiert. Sein Arzt habe bestätigt, dass er reiseunfähig sei. Nach Übernahme des Mandates beantragt der Anwalt Akteneinsicht und stellt fest, dass das Bundesamt Ungarn um die Übernahme des Mandanten gebeten hat. Eine Zustimmung Ungarns liegt vor. Die zuständige ungarische Behörde erklärt, der Mandant habe dort Asyl beantragt. Eine Abschiebungsanordnung ist noch nicht ergangen.

II. Prüfungsreihenfolge

1. Erste Beratung des Mandanten

Bei über 50 Prozent der ratsuchenden Mandanten liegt ein Fall vor, in dem nach der Verordnung (EU) Nr. 604/2013 (Dublin III-VO) ein anderer Mitgliedstaat für die Behandlung des Asylantrags zuständig ist. Den Mandanten ist dies häufig nicht bewusst. Ihr primäres Interesse besteht darin, über den Druck zu berichten, dem sie im Herkunftsland ausgesetzt waren und der sie dazu verlasst hatte, dieses zu verlassen und Schutz im Ausland zu suchen. Um den erforderlichen Aufbau des Vertrauensverhältnisses zum Mandanten nicht zu stören, sollte der Anwalt zunächst den Erzählfluss nicht unterdrücken. Bevor er jedoch das Gespräch hierüber mit dem Mandanten beginnt, ist es unabdingbar, dass er den Reiseweg aufklärt. Damit der Mandant nicht den Eindruck gewinnt, der Anwalt sei an seinen Verfolgungserlebnissen nicht interessiert, sollte ihm erklärt werden, welche Bedeutung der Reiseweg für die Behandlung seines Asylantrags hat. Häufig genügt ein Blick in den mitgeführten Pass. Ist in diesem ein Schengen-Visum eines anderen Mitgliedstaates eingetragen, ist dieser zuständig (Art. 12 Verordnung (EU) Nr. 604/2013).

Zumeist sind die Asylsuchenden jedoch nicht im Besitz eines Passes, sondern sind – wie hier – mithilfe von Fluchthelfern und gefälschten Reisedokumenten geflohen und weiter gereist. In diesem Fall muss der Reiseverlauf präzise und erschöpfend aufgeklärt werden. Im Beispielsfall ist der Mandant sowohl über Griechenland wie über Ungarn nach Deutschland gereist. Daher ist der Mandant darüber aufzuklären, welche Bedeutung diese beiden Mitgliedstaaten für seinen Asylantrag haben. Da die Einreise über Griechenland, mangels Kontaktaufnahme mit griechischen Behörden, nicht nachweisbar ist, hat das Bundesamt die ungarischen Behörden um Übernahme des Asylsuchenden ersucht. Im Beispielsfall müssen daher mit dem Mandanten die absehbaren erforderlichen Schritte besprochen werden.

2. Asylantragstellung

81 Im Beispielsfall hatte der Mandant bereits den Asylantrag gestellt. Sucht ein Mandant jedoch vor der Meldung als Asylsuchender die Anwältin oder den Anwalt auf und wird festgestellt, dass wahrscheinlich ein anderer Mitgliedstaat zuständig ist, sollte zunächst mit dem Mandanten beraten werden, ob er dort Asyl beantragen will. In diesem Fall empfiehlt es sich auch, kritisch die vorgebrachten Asylgründe zu prüfen. Stellt sich nämlich heraus, dass diese offensichtlich ohne jegliche Substanz sind, sollte mit dem Mandanten über die Rückkehr ins Herkunftsland gesprochen werden. Erfahrungsgemäß ist nahezu kein Asylsuchender bereit, diese Option in Erwägung zu ziehen. In diesem Fall sollte der Mandant über die Belastungen und Probleme informiert werden, die für ihn mit der Durchführung des Zuständigkeitsbestimmungsverfahrens und der wahrscheinlichen Überstellung in den zuständigen Mitgliedstaat verbunden sind. Ob unter diesen Voraussetzungen das Mandat übernommen werden soll, muss jede Anwältin bzw. jeder Anwalt für sich entscheiden.

82 Wird das Mandat übernommen und ist die Meldung als Asylsuchender noch nicht erfolgt, muss zunächst der Mandant beruhigt werden. Viele Asylsuchende befürchten nämlich, sie würden unmittelbar nach der Meldung als Asylsuchender in den zuständigen Mitgliedstaat abgeschoben werden. Der Mandant ist darauf hinzuweisen, dass das Zuständigkeitsbestimmungsverfahren erst nach der förmlichen Asylantragstellung (§ 23 Abs. 1 AsylG) eingeleitet und eine Abschiebung erst nach Erteilung der Zustimmung durch den ersuchten Mitgliedstaat und der erfolglosen Durchführung eines Eilrechtsschutzverfahrens (§ 34 a Abs. 2 AsylG iVm § 80 Abs. 5 VwGO) durchgeführt werden wird. Zuvor muss er sich in einer Aufnahmeeinrichtung als Asylsuchender melden (§ 20, § 22 Abs. 1 AsylG). Der Mandant ist darüber zu belehren, dass er von dort einer besonderen Aufnahmeeinrichtung zugewiesen werden wird, wenn er sich weigert, die erkennungsdienstliche Behandlung zu erdulden (§ 30 a Abs. 1 Nr. 6 AsylG). Ist die zuständige Aufnahmeeinrichtung bestimmt worden, vergehen bis zur Einleitung des Asylverfahrens und der förmlichen Asylantragstellung bei der dort eingerichteten Außenstelle des Bundesamtes zumeist noch Monate. Der Mandant sollte auch darüber belehrt werden, dass im Zusammenhang mit der Antragstellung wahrscheinlich unmittelbar die Reisewegbefragung durchgeführt und anschließend die Eurodac-Recherche erfolgen wird. Eine Anhörung zu den Asylgründen wird im Rahmen des Zuständigkeitsbestimmungsverfahrens nicht durchgeführt werden.

3. Vorbereitung der Asylantragstellung

83 Außer der sorgfältigen Ermittlung des Reiseverlaufs sind vor der Meldung als Asylsuchender und der anschließenden Asylantragstellung keine weiteren anwaltlichen Schritte erforderlich. Die Außenstelle des Bundesamtes für Migration und Flüchtlinge kann erst nach der förmlichen Asylantragstellung angeschrieben werden, da diese vorher nicht bekannt ist. Auch kann erst dann Akteneinsicht zum Zwecke der Überprüfung des Standes des Zuständigkeitsverfahrens beantragt werden. Es kommt nicht selten vor, dass die Mandanten erklären, sie wollten ihren Reiseweg verdunkeln und/oder ihren Reiseausweis vernichten, um den genauen Reiseverlauf nicht offenlegen zu müssen. In diesem Fall sind die Mandanten darauf hinzuweisen, dass die Mitgliedstaaten nach der Verordnung (EU) Nr. 603/2013 (**Eurodac-Verordnung**) verpflichtet sind, die Fingerabdruckdaten an die Zentralstelle zu übermitteln (Art. 9 Verordnung (EU) Nr. 603/2013) und das Bundesamt die Daten durch online-Zugriff herunterladen wird.

Möglich ist auch, dass die anderen Mitgliedstaaten wegen ausgestellter Visa angeschrieben werden.

Es nützt den Antragstellern daher nichts, ihren Reiseweg zu verschleiern. Aber nicht nur deswegen sollte sich der Anwalt nicht auf eine derart nutzlose und die Glaubwürdigkeit der Mandanten beschädigende Strategie einlassen. Vielmehr muss er damit rechnen, dass ihm möglicherweise Beihilfe zu einer Straftat (§ 26, § 27 StGB iVm § 84 AsylG) vorgeworfen werden wird, wenn er ungeachtet seiner Kenntnis der Tatsachen, das Sachvorbringen der Mandanten übermittelt. Regelmäßig folgen die Mandanten dem Rat des Anwalts und lassen von ihrem Vorhaben ab. Bleiben Sie dabei, sollte der Anwalt nicht die Version der Mandanten vortragen, sondern sich zunächst auf die Meldung zu den Akten beschränken. Er sollte dann aber einen Aktenvermerk anfertigen, um sich gegen mögliche strafrechtliche Ermittlungen abzusichern. Eine schriftliche Belehrung der Mandanten entsprechend dem Aktenvermerk sollte er unterlassen, da die Mandanten häufig derartige Schriftstücke bei der Meldung als Asylsuchender den Behörden vorlegen. Die bessere Verfahrensweise ist in derartigen Fällen jedoch, das Mandat erst gar nicht anzunehmen.

4. Meldung zu den Akten

Unabdingbar ist insbesondere in Dublinfällen die Akteneinsichtnahme, um sich über den Stand des Zuständigkeitsbestimmungsverfahrens zu informieren. Das Bundesamt übermittelt zumeist unverzüglich einen schriftlichen Abdruck der elektronischen Akte zum Verbleib in der Kanzlei. Wird bei Durchsicht der Akten festgestellt, dass das Ersuchen noch nicht gestellt worden ist, sollte schriftlich Stellung genommen werden. Zu diesem Zweck ist mit dem Mandanten die Niederschrift über die Reisewegbefragung (Art. 5 Verordnung (EU) Nr. 604/2013) zu besprechen. Diese Befragung ist in aller Regel unzulänglich und häufig fehlerhaft. Dementsprechend sind schriftliche Ergänzungen angezeigt. Zu bedenken ist, dass das Ersuchen ua mit den „sachdienlichen Angaben aus der Erklärung" des Asylsuchenden gestellt werden muss (Art. 21 Abs. 3, Art. 23 Abs. 4 Verordnung (EU) Nr. 604/2013), dh sowohl die Angaben während der Reisewegbefragung wie auch die nachträglichen ergänzenden Angaben des Mandanten hat das Bundesamt beim Ersuchen zu berücksichtigen. In der Verwaltungspraxis unterbleibt dies ausnahmslos.

Regelmäßig ist die Begründung des Ersuchens aber sehr kurz, insbesondere wenn das Bundesamt wie vorliegend zwei Einreisestaaten zur Auswahl hat. Vor der Erteilung der Zustimmung ist im Beispielsfall nicht bekannt gewesen, dass der Mandant in Ungarn mit der Unterschrift unter die ihm vorgelegten Vordrucke einen Asylantrag gestellt hat. Erfahrene Anwälte wissen jedoch, dass in Fällen, in denen bei der Einreise in östliche Mitgliedstaaten Vordrucke unterzeichnet werden, in aller Regel ein Asylantrag gestellt worden ist. Dieser Umstand ist deswegen von Bedeutung, weil durch Einreise in Griechenland das Zuständigkeitskriterium des Einreisestaates (Art. 13 Verordnung (EU) Nr. 604/2013) verbraucht ist. Denn es gibt immer nur einen Einreisestaat. Die kurzfristige Durchreise durch Makedonien und Serbien dauerte nicht länger als wenige Tage, so dass im Zeitpunkt der Einreise nach Ungarn die Dreimonatsfrist des Art. 19 Abs. 2 UAbs. 1 Verordnung (EU) Nr. 604/2013 nicht überschritten war und deshalb die durch die Ersteinreise in Griechenland begründeten Zuständigkeitskriterien weiterhin Wirkung entfalten.

87 Durch die Asylantragstellung ist Ungarn zwar nicht als Einreisestaat, aber nach Art. 3 Abs. 2 UAbs. 1 Verordnung (EU) Nr. 604/2003 als Mitgliedstaat, in dem zuerst der Asylantrag gestellt wurde, zuständig geworden. Der aufgezwungene Asylantrag verletzt zwar das Recht auf freie Selbstbestimmung und damit die Unantastbarkeit der menschlichen Würde (Art. 1 GRCh). Im deutschen Asylverfahren werden die Asylsuchenden mit einem derartigen Vortrag aber keinen Erfolg haben, weil das Bundesamt und die Gerichte davon ausgehen, dass der zuständige Mitgliedstaat regelmäßig die Grundrechte beachtet. Andererseits kann der Asylsuchende seine entsprechenden Behauptungen nicht belegen. Hätte der Mandant keinen Asylantrag in Ungarn gestellt, hätte die Zuständigkeit Griechenlands nicht durch Beweismittel (Art. 22 Abs. 3 Verordnung (EU) Nr. 604/2013) belegt werden können, weil er dort keine Behörden kontaktiert hatte. Aber auch die in sich stimmigen und nachvollziehbaren Erklärungen in Verbindung mit Beweismitteln (Fotos, die den Mandanten vor bekannten griechischen Sehenswürdigkeiten zeigen, Tickets etc) sind dem ersuchten Mitgliedstaat vorzulegen, damit er seine Zuständigkeit prüfen kann (Art. 21 Abs. 3 Verordnung (EU) Nr. 604/2013).

88 Im Beispielsfall war bereits die Zustimmung erteilt worden, so dass anwaltliche Interventionen zwecks sachgerechter Durchführung des Zuständigkeitsbestimmungsverfahrens nicht mehr möglich sind. Nach der Rechtsprechung des EuGH kommt es in einem derartigen Fall allein auf die Zustimmung des ersuchten Mitgliedstaates selbst dann an, wenn er nach den objektiven Zuständigkeitskriterien gar nicht zuständig ist.[90] Daher kann auch auf den ersuchten Mitgliedstaat nicht mehr eingewirkt werden, damit er bei Prüfung der Zuständigkeit den gesamten Reiseverlauf kennt. Ergibt sich bei der Akteneinsichtnahme, dass noch kein Ersuchen gestellt worden ist, sollte der Anwalt die zuständige Außenstelle anschreiben und die genauen Tatsachen zum Reiseverlauf sowie seine hierauf beruhende rechtliche Beurteilung mitteilen. Wird festgestellt, dass zwar bereits das Ersuchen gestellt, aber die Zustimmung noch nicht erteilt worden ist, macht es durchaus Sinn, die zuständigen Behörden des ersuchten Mitgliedstaates anzuschreiben und über den vollständigen Reiseverlauf zu informieren.

III. Muster: Klage und Eilrechtsschutzantrag gegen die Abschiebungsanordnung
1. Klage gegen die Abschiebungsanordnung

89 ▶ **Anfechtungsklage**

des/r

– Kläger/s –

Prozessbevollmächtigte/r:

gegen

Bundesrepublik Deutschland, endvertreten durch den Leiter der Außenstelle des Bundesamtes für Migration und Flüchtlinge in

– Beklagte –

wegen Asylrecht (Verordnung (EU) Nr. 604/2013

Unter Vollmachtsvorlage beantrage ich, den Bescheid des Bundesamtes für Migration und Flüchtlinge, Außenstelle ... vom ..., zugestellt am ...,

aufzuheben.

---

90 EuGH, NVwZ 2014, 208 (209) Rn. 60; hiergegen *Marx*, NVwZ 2014, 198.

Gegen die Übertragung auf den/die Einzelrichter/in bestehen keine Bedenken.
Der angefochtene Bescheid ist beigefügt.
Zur Begründung beziehe ich mich auf die Begründung im parallelen Eilrechtsschutzverfahren und mache die dortigen rechtlichen und tatsächlichen Ausführungen auch zum Gegenstand dieses Verfahrens. Eine Ausfertigung des Schriftsatzes vom heutigen Tag in diesem Verfahren ist beigefügt.
Rechtsanwalt ◄

2. Antrag auf Anordnung der aufschiebenden Wirkung

▶ **Eilrechtsschutzantrag gemäß § 34 a Abs. 2 Satz 1 AsylG in Verb. mit § 80 Abs. 5 VwGO**

des/r

– Antragsteller/s –

Prozessbevollmächtigte/r:

gegen

Bundesrepublik Deutschland, endvertreten durch den Leiter der Außenstelle des Bundesamtes für Migration und Flüchtlinge in

– Antragsgegnerin –

wegen Asylrecht (Verordnung (EU) Nr. 604/2013

Unter Bezugnahme auf die im Hauptsacheverfahren vorgelegte Vollmacht wird beantragt,

die aufschiebende Wirkung der Anfechtungsklage vom heutigen Tag gegen die Abschiebungsanordnung des Bundesamtes für Migration und Flüchtlinge, Außenstelle ..., vom ... gemäß § 34 Abs. 2 Satz 1 AsylG in Verb. mit § 80 Abs. 5 VwGO anzuordnen.

Die angefochtene Verfügung ist offensichtlich rechtswidrig. An einer offensichtlich rechtswidrigen Verfügung besteht kein sofortiges Vollzugsinteresse. Die offensichtliche Rechtswidrigkeit ergibt sich aus folgenden Umständen:

1. Die Ersuchensfrist ist abgelaufen, so dass die Bundesrepublik Deutschland für die Behandlung des Asylantrags des Antragstellers zuständig geworden ist (Art. 23 Abs. 2 Verordnung (EU) Nr. 604/2013). Der Antragsteller hat sich am 5.6.2015 bei der Erstaufnahmeeinrichtung in ... als Asylsuchender gemäß § 22 Abs. 1 AsylG gemeldet. Diese Aufnahmeeinrichtung leitete ihn mit Anordnung vom 5.6.2015 an die Aufnahmeeinrichtung in, in der sich die für den Antragsteller zuständige Außenstelle des Bundesamtes für Migration und Flüchtlinge befindet, weiter. Dort wurde er mit Verfügung vom 15.6.2015 dem Landkreis ... zugewiesen. Erst zum 5.10.2015 wurde der Antragsteller von der Außenstelle des Bundesamtes zur förmlichen Antragstellung (§ 23 Abs. 1 AsylG) geladen. Die Außenstelle registrierte an diesem Termin den Asylantrag des Antragstellers und führt am 7.10.2015 das persönliche Gespräch gemäß Art. 5 Verordnung (EU) Nr. 604/2013 und anschließend am selben Tag die Eurodacrecherche durch (Bl. 22 ff., 34 d.A.). Erst am 6.12.2015 wurde das Ersuchen auf Übernahme des Antragstellers an den Mitgliedstaat Ungarn gerichtet.

Damit hat das Bundesamt die Ersuchensfrist bei Weitem überschritten. Das Zuständigkeitsbestimmungsverfahren wird eingeleitet, sobald in einem Mitgliedstaat erstmals ein Antrag auf internationalen Schutz gestellt wird. Dieser gilt als gestellt, wenn den zuständigen Behörden ein vom Antragsteller eingereichtes, Formblatt oder ein behördliches Protokoll zugegangen ist (Art. 20 Abs. 1 und 2 Verordnung (EU) Nr. 604/2013). Da ein derartiger Antrag nur bei der zuständigen Außenstelle des Bundesamtes gestellt werden kann (§ 23 Abs. 1 AsylG) beginnt das Zuständigkeitsverfahren erst mit dem Zeitpunkt der förmlichen Antragstellung am 5.10.2015 zu laufen. Wird der Antrag bei einer anderen als der zuständigen Behörde gestellt, gewährleisten die Mitgliedstaaten jedoch, dass die Registrierung spätestens sechs Tage nach der Antragstellung erfolgt (Art. 6 Abs. 1 UAbs. 1 und 2 RL 2013/32/EU). Andere Behörden in diesem Sinne sind ua Polizei, Grenzschutz und Einwanderungsbehörden (Art. 6 Abs. 1 UAbs. 3 RL 2013/32/REU), also auch die Aufnahmeeinrichtung. Der Antragsteller hat sich am 5.6.2015 bei der Erstaufnahmeeinrichtung in ... als Asylsuchender gemeldet. Dies ist als Antragstellung im Sinne von Art. 6 Abs. 1 UAbs. 1 RL 2013/32/EU zu werten. Spätestens am 11.6.2015 hätte deshalb die förmliche Antragstellung nach § 23 Abs. 1 AsylG ermöglicht werden müssen. Ab diesem Tag begann damit das Zuständigkeitsbestimmungsverfahren und die Ersuchensfrist zu laufen. Das am 6.12.2015 gestellte Ersuchen wurde damit nahezu sechs Monate nach der Antragstellung und damit nicht innerhalb der Dreimonatsfrist des Art. 23 Abs. 2 UAbs. 2 Verordnung (EU) Nr. 604/2013 gestellt. Die Eurodac-Recherche wurde nicht unverzüglich nach der Meldung als Asylsuchender durchgeführt, so dass das Unverzüglichkeitsgebot nach Erwägungsgrund Nr. 17 Verordnung (EU) Nr. 603/2013 verletzt wurde. Selbst wenn man als Fristbeginn den 7.10.2015 zugrunde legen und damit die Zweimonatsfrist des Art. 23 Abs. 2 UAbs. 1 Verordnung (EU) Nr. 604/2013 Anwendung finden würde, darf, entsprechend dem das Zuständigkeitsbestimmungsverfahren beherrschende Beschleunigungsgebot, nicht bis zum letzten Tag des Fristablaufs zugewartet werden. Jedenfalls bezeichnet das Bundesamt keine nachvollziehbaren Gründe für die Verletzung des Beschleunigungsgebotes.

Da die Ersuchensfrist abgelaufen ist, ist die Zuständigkeit für die Behandlung des Asylantrags des Antragstellers auf die Bundesrepublik Deutschland übergegangen (Art. 23 Abs. 3 Verordnung (EU) Nr. 604/2013). Zwar geht die Rechtsprechung davon aus, dass der Asylsuchende sich nicht auf den Ablauf der Frist berufen könne. Im vorliegenden Verfahren kann diese Rechtsprechung jedoch deshalb keine Anwendung finden, weil in besonders gravierender Weise die Ersuchensfrist und damit auch das Beschleunigungsgebot verletzt wurde. Da dieses Prinzip einer Situation entgegenwirken soll, in der Grundrechte des Asylsuchenden verletzt werden (EuGH, NVwZ 2012, 417 (420 f.) Rn. 98, 108 ff. – N.S.; EuGH, NVwZ 2013, 129 Rn. 34 f. – Puid), hat der Ablauf der Ersuchensfrist auch subjektive Rechtswirkung.

2. Die Abschiebungsanordnung ist auch deshalb rechtswidrig, weil nach der überwiegenden Rechtsprechung in Ungarn systemische Mängel des Asylverfahrens und der Aufnahmebedingungen bestehen (wird ausgeführt). Da ein anderer zuständiger Mitgliedstaat nicht ersichtlich ist, ist die Bundesrepublik Deutschland zuständiger Mitgliedstaat (Art. 3 Abs. 2 UAbs. 3 Verordnung (EU) Nr. 604/2013).

3. Die Abschiebungsanordnung ist ferner auch deshalb rechtswidrig, weil inlandsbezogene Vollstreckungshemmnisse bestehen und aus diesem Grund die Abschiebung nicht alsbald durchgeführt werden kann. Nach § 34 a Abs. 1 Satz 1 AsylG darf die Abschiebungsanordnung nur erlassen werden, wenn feststeht, dass die Abschiebung durchgeführt werden kann. Der Antragsteller hat im Verwaltungsverfahren eine ärztliche Bescheinigung über seine Reiseunfähigkeit vorgelegt. Für die Antragsgegnerin stand damit fest, dass die Abschiebung nicht durchgeführt werden kann. Sie hätte daher auch die Abschiebungsanordnung nicht erlassen dürfen. ◄

IV. Fehlerquellen

91 Nach geltendem Recht sind Klage und Eilrechtsschutzantrag **innerhalb einer Woche** nach Zustellung zu erheben (§ 74 Abs. 1 Hs. 1 AsylG). Damit ist die frühere Rechtslage, die für den

Eilrechtsschutzantrag eine Wochenfrist und für die Klage eine Zweiwochenfrist vorsah, überholt. Nicht selten berechnen Anwälte die Frist ab dem Zeitpunkt, an dem ihrer Kanzlei der Bescheid zugestellt wurde. Das ist falsch und hat gravierende Folgen für den Mandanten. Nach § 31 Abs. 1 Satz 4 AsylG ist der Bescheid nämlich dem Betroffenen selbst zuzustellen. Der Bevollmächtigte erhält lediglich einen Abdruck der Entscheidung. Für die Fristnotierung ist deshalb das Datum der persönlichen Zustellung zu ermitteln und die Frist entsprechend zu berechnen und zu notieren.

Mit dem Klageantrag wird lediglich die Aufhebung der Abschiebungsanordnung beantragt. Die Klage ist grundsätzlich als **isolierte Anfechtungsklage** statthaft.[91] Zwar ist im Fall der Klage gegen die Versagung eines gebundenen begünstigenden Verwaltungsakts regelmäßig die dem Rechtsschutzbegehren des Klägers allein entsprechende Verpflichtungsklage die richtige Klageart mit der Konsequenz, dass das Verwaltungsgericht die Sache spruchreif zu machen hat.[92] Grundsätzlich gilt dieser Grundsatz auch im Asylverfahren, kann im Fall einer fehlerhaften Ablehnung des Asylantrags als unzulässig im Sinne von § 27 a AsylG jedoch grundsätzlich keine Anwendung finden, weil das Bundesamt im bisherigen Verfahren wegen des eingeschränkten Zwecks des persönlichen Gesprächs (Art. 5 Verordnung (EU) Nr. 604/2013) grundsätzlich noch nicht zur Sache angehört hat. Da das Bundesamt aber seine Zuständigkeit für die begehrte Prüfung verneint und dementsprechend auch entsprechende Ermittlungen unterlassen hat, liefe es grundsätzlich der Aufgabenverteilung zwischen Exekutive und Judikative zuwider, letzterer nunmehr allein die vollständige Aufklärungslast zu übertragen. Dies liefe darauf hinaus, dass das Verwaltungsgericht anstelle der Behörde selbst entscheiden würde. Hat das Bundesamt allerdings in der Sache angehört, mag eine andere prozessuale Betrachtung geboten sein.

92

Bei Berufung auf die Reiseunfähigkeit sind mehrere Fragen zu prüfen. Zunächst ist bei der Geltendmachung psychischer Krankheitsbeschwerden zu prüfen, ob in den vorgelegten fachärztlichen Stellungnahmen die Reiseunfähigkeit festgestellt wird. Bei derartigen Krankheitsbildern wird dies zumeist nicht festgestellt. Daher sollte dem Mandanten eine Schweigepflichtentbindungserklärung zur Unterzeichnung vorgelegt und der behandelnde Arzt um Prüfung dieses Gesichtspunktes gebeten werden. Häufig verhält sich eine fachärztliche Stellungnahme zur Suizidgefahr. Wird festgestellt, dass hierfür eine hohe Wahrscheinlichkeit für den Fall der Abschiebung besteht, ist diese auf Stimmigkeit und Nachvollziehbarkeit zu prüfen. Wird die Suizidgefahr lediglich nicht ausgeschlossen, reicht dies im Allgemeinen für das Eilrechtsschutzverfahren nicht aus. Anders als im Asylverfahren kann wegen der Reduzierung von zielstaatsbezogenen Gefahren auf systemische Schwachstellen (Art. 3 Abs. 2 UAbs. 2 Verordnung (EU) Nr. 604/2013) nicht argumentiert werden, durch den Vollzug der Abschiebung drohe eine Gesundheitsverschlechterung. Allerdings kann eine Übernahme der Zuständigkeit nach Art. 16 Abs. 1 Verordnung (EU) Nr. 604/2013 in Betracht kommen, wenn der Betroffene aufgrund seiner psychischen Erkrankung auf die Betreuung seines, sich rechtmäßig aufhal-

93

---

91 OVG SA, Urt. v. 2. 10. 2013 – 3 L 643/12; OVG NW, AuAS 2014, 118; VG Hamburg, Urt. v. 15. 3.2012 – 10 A 227/11; VG Düsseldorf, Urt. v. 15. 1.2010 – 11 K 9136/09.A; VG Karlsruhe, Urt. v. 3. 3. 2010 – A 4 K 4052/08; VG Trier, Urt. v. 18. 5.2011 – 5 K 198/11.TR; VG Wiesbaden, Urt. v. 2. 10. 2012 – 7 K 1278/11.WI.A; VG Braunschweig, Urt. v. 6. 12. 2012 – 1 A 125/11; VG Gießen, Urt. v. 24. 1. 2013 – 6 K 1329/12.GI.A – AuAS 2013, 144 [nur LS]; VG München, Urt. v. 19. 7.2013 – M 1 K 13.30169; VG Würzburg, Urt. v. 17. 12. 2013 – W 3 K 11.30312; VG Stuttgart, Urt. v. 28. 2. 2014 – A 12 K 383/14; aA VGH BW, AuAS 2012, 213, 217; VGH BW, Beschl. v. 5. 2. 2014 – A 3 S 2564/13.
92 BVerwGE 106, 171 (173)= NVwZ 1998, 861 = EZAR 631 Nr. 45 = AuAS 1998, 149.

tenden, Kindes, eines seiner Geschwister oder eines Elternteils angewiesen ist. Rechtmäßig ist auch der Aufenthalt von Asylbewerbern (§ 55 Abs. 1 AsylG).

94 Besonders hohe Verantwortung trägt der Rechtsanwalt, wenn er im Blick auf den möglichen Ablauf der Überstellungsfrist im Falle der Reiseunfähigkeit auf den Eilrechtsschutzantrag verzichtet. Dies kann deshalb von Vorteil sein, weil das Verwaltungsgericht zwar dem Eilrechtsschutzantrag stattgeben kann, aber erst nach Entscheidung in der Hauptsache die Überstellungsfrist zu laufen beginnt. Durch den Eilrechtsschutzantrag wird also der Beginn der Frist zeitlich hinausgeschoben. Verzichtet der Anwalt auf den Eilrechtsschutz, muss er die Vollstreckungsbehörde über die Reiseunfähigkeit unterrichten. Es muss aber hinreichend zuverlässig geklärt sein, dass die Reiseunfähigkeit länger als sechs Monate anhalten wird. Dies lässt sich etwa bei Übernahme des Mandats nach der Zustellung innerhalb der Wochenfrist zumeist nicht mit der erforderlichen Zuverlässigkeit klären. Darüber hinaus muss bedacht werden, dass umstritten ist, ob der Asylsuchende sich auf den Ablauf der Fristbestimmungen berufen kann, so dass nach Fristablauf weiterhin Rechtsunsicherheit bestehen wird.

V. Weitergehende Hinweise
1. Aufklärung des Reisewegs

95 Probleme bereiten die Fälle, in denen Asylsuchende auf ihrer Reise vom Herkunftsland ins Bundesgebiet **mehrere Mitgliedstaaten durchquert haben.** Geradezu typisch ist, dass sich das Bundesamt einen Mitgliedstaat aussucht und den übrigen Reiseverlauf unaufgeklärt lässt. Ein typischer Reiseverlauf ist zB nach der Einreise über Griechenland die Weiterreise über Makedonien und Serbien nach Ungarn[93] oder von Griechenland nach Italien. Nicht selten werden Flüchtlinge von den bulgarischen den türkischen Behörden übergeben und reisen von dort über einen anderen Mitgliedstaat erneut in das Unionsgebiet ein. In derartigen Fällen sucht sich das Bundesamt nicht Griechenland, sondern den nachfolgenden Einreisestaat aus, ohne den Reiseverlauf sorgfältig aufzuklären, richtet an diesen das Ersuchen und erlässt nach Zustimmung oder dem Ablauf der Zustimmungsfiktion (Art. 22 Abs. 7, Art. 25 Abs. 2 Verordnung (EU) Nr. 604/2013) die Abschiebungsanordnung in diesen Mitgliedstaat. Seit 2011 unterbleiben Überstellungen an Griechenland. Durch Einreise in diesen Staat ist aber das Einreisekriterium verbraucht und kann nicht erneut gegenüber zB Ungarn oder Italien in Anwendung gebracht werden, es sei denn, dort wurde nachweislich Asyl beantragt.

96 Probleme bereiten den Antragstellern aber in all diesen Fällen fehlende Beweismittel (Art. 22 Abs. 3, 23 Abs. 4 Verordnung (EU) Nr. 604/2013). Das Bundesamt hält sich an den Eurodac-Treffer. Griechenland speichert aber häufig die Ergebnisse der erkennungsdienstlichen Behandlung nicht in das System ein. Liegt eine Eintragung über eine erkennungsdienstliche Behandlung in Italien vor, wird dieser Staat als erster Einreisestaat behandelt. Nach Art. 21 Abs. 3 UAbs. 1, Art. 23 Abs. 4 Verordnung (EU) Nr. 604/2013 sind auch „persönliche Erklärungen dem Ersuchen beizufügen. Derartige Erklärungen werden im persönlichen Gespräch abgegeben, dienen also auch als Beweismittel im Aufnahme- und Wiederaufnahmeverfahren. Persönliche und in sich stimmige und nachvollziehbare Erklärungen können auch als Indizien im Sinne des Art. 22 Abs. 3 Buchst. b) ii) Verordnung (EU) Nr. 604/2013 gewertet werden. Der ersuchende Mitgliedstaat hat die Niederschrift des persönlichen Gesprächs (Art. 5

---

[93] So der Sachverhalt in: EuGH, NVwZ 2014, 208 (209) – *Abdullahi*.

Abs. 7), in dem der Reiseweg aufgeklärt wird, beizufügen. „Um das Verfahren zur Bestimmung des zuständigen Mitgliedstaats zu erleichtern" hat der Asylsuchende ein **subjektives Recht** auf persönliche Anhörung (Art. 5 Abs. 1), das zeitnah zu führen ist und den Zweck verfolgt, die für die sachgerechte Anwendung der Verordnung maßgebenden Umstände aufzuklären.

In diesem Zusammenhang ist die Rechtsprechung des EuGH zu berücksichtigen, der die unvollständigen Informationen des Ersuchten durch den ersuchenden Mitgliedstaat über den Reiseverlauf nicht gerügt hatte. Das Bundesamt informiert nicht über die Einreise in Griechenland, sondern versetzt den zweiten „Einreisestaat" in den Glauben, er sei der erste. Aufgrund dieser Täuschung stimmt dieser der Übernahme zu. So war der Sachverhalt in *Abdullahi* gelagert, der dem EuGH bekannt war, von diesem aber trotz des in *N.S.* beschworenen „gegenseitigen Vertrauens" der Mitgliedstaaten, auf dem das System beruhe,[94] nicht gerügt wurde. Aufgrund der weitreichenden Mitwirkungspflichten, welche die Verordnung (EU) Nr. 604/2013 Asylsuchenden gewährleistet, die sich insbesondere auf die Zuständigkeitsprüfung beziehen, besteht aber ein **subjektives Recht auf sachgerechte Zuständigkeitsprüfung**.[95] Das betrifft insbesondere auch die Zuständigkeitskriterien, die aus dem Verlauf der Reiseroute folgen. Der ersuchte Staat stimmt zu, wenn die für seine Zuständigkeit sprechenden Indizien kohärent, nachprüfbar und hinreichend detailliert sind (Art. 22 Abs. 5 Verordnung [EU] Nr. 604/2013)

Nach der alten Verordnung war unklar, ob im nationalen Rechtsbehelfsverfahren Einfluss auf die sachgerechte Durchführung der Zuständigkeitsprüfung genommen werden konnte. Dies hat der EuGH mit dem Hinweis, dass die Zuständigkeitskriterien die Beziehungen zwischen den Mitgliedstaaten regeln,[96] wohl verneint. Nach der geltenden Verordnung ist jedoch **wirksamer Rechtsschutz** einschließlich transparenter Verfahren unter Zulassung von Eilrechtsschutz (Art. 27 Abs. 3 Verordnung [EU] Nr. 604/2013) zu gewährleisten und folgt aus Art. 5 Abs. 1, dass das subjektive Recht des Asylsuchenden auf das persönliche Gespräch zur Ermittlung der Zuständigkeitskrititerien sich unmittelbar auf das bilaterale Zustimmungsverfahren bezieht. Daher darf dem Antragsteller für die Durchführung der Verordnung nicht ein **Recht auf Mitwirkung** an der Sachverhaltsaufklärung verwehrt werden. Auch die Generalanwältin Sharpstone hat darauf hingewiesen, dass die Rechte auf Information und das persönliche Gespräch nach Art. 4 und 5 Verordnung (EU) Nr. 604/2013 dem Antragsteller subjektive Rechte gewähren.[97] Andererseits ist dem ersuchenden Mitgliedstaat die Berufung auf das Prinzip gegenseitigen Vertrauens verwehrt, wenn er den ersuchten Staat täuscht, dessen Vertrauen in die Vollständigkeit und Richtigkeit des mit dem Ersuchen mitgeteilten Sachverhalts also missbraucht. Die mit der geltenden Verordnung verstärkten Mitwirkungsrechte des Einzelnen dienen daher auch dem Zweck, den ersuchten Staat vollständig über den Reiseverlauf zu informieren, um dadurch Täuschungshandlungen im gegenseitigen Rechtsverkehr der Mitgliedstaaten zu verhindern. Werden die Erklärungen des Einzelnen dem ersuchten Staat nicht vorgelegt, wird nicht nur das Vertrauen des Asylsuchenden, sondern auch das des ersuchten

---

94 EuGH, NVwZ 2012, 417 (419) Rn. 79 – *N.S.*
95 Marx, NVwZ 2014, 198 (199); Marx, AsylVfG, 8. Aufl, § 27a Rn. 13 f.
96 EuGH, NVwZ 2014, 208 (210) Rn. 56 – Abdullahi.
97 Generalanwältin *Eleanor Sharpstone*, Schlussanträge in der Rechtssache C-63/15 – *Ghezelbash* vom 17. März 2016 Rn 70.

Staates verletzt. Wird diesem also nicht der vollständige Reiseverlauf mitgeteilt, ist die Abschiebungsandrohung verfahrensfehlerhaft.[98]

2. Aufklärung des Betreuungsbedarfs (Art. 16 Abs. 1 Verordnung (EU) Nr. 604/2013)

99 Von Bedeutung ist auch die Aufklärung krankheitsbedingter oder sonstiger persönlicher oder familiärer Umstände und des aus Krankheiten oder vergleichbaren schutzbedürftigen Notlagen folgenden Betreuungsbedarfs (Art. 16 Abs. 1 Verordnung (EU) Nr. 604/2013). Der Antragsteller selbst ist häufig zu einem entsprechenden Vorbringen krankheitsbedingt nicht in der Lage. Die anfangs in der Aufnahmeeinrichtung durchgeführte ärztliche Kontrolle ist zumeist sehr oberflächlich und auf äußere gravierende Krankheitssymptome sowie ansteckende Krankheiten fixiert. Insbesondere psychische Erkrankungen bleiben daher oft ohne entsprechenden Hinweis unerkannt. Häufig werden diese auch nicht zur Kenntnis genommen und dem Antragsteller geraten nach der Verteilung aus eigener Initiative einen Arzt aufzusuchen. Um diesem Defizit abzuhelfen sieht die Aufnahmerichtlinie unmittelbar zu Beginn des Verfahrens eine von Amts wegen durchzuführende Bedarfsprüfung vor (Art. 22 Abs. 1 RL 2013/33/EU). Diese seit bereits nach der ursprünglichen Aufnahmerichtlinie und damit seit 2003 bestehende unionsrechtliche Verpflichtung wurde aber seit 2003 weder verfahrensrechtlich noch institutionell wirksam umgesetzt. Das Verwaltungsgericht hat die insoweit erforderlichen Umstände und Tatsachen im Eilrechtsschutzverfahren zu berücksichtigen und gegebenenfalls selbst aufzuklären. Dazu bedarf es aber des Anstoßes durch den anwaltlichen Schriftsatz. Daher sind dem Gericht eine ausführliche ärztliche Stellungnahme zum Grad der Erkrankung und der hierauf beruhenden Notwendigkeit der Betreuung einerseits und Nachweise über die Betreuungsbereitschaft von Verwandten im Sinne von Art. 16 Abs. 1 Verordnung (EU) Nr. 604/2013 andererseits vorzulegen.

100 Nach Art. 16 Abs. 1 der Verordnung wird der Mitgliedstaat, in dem sich der Antragsteller mit dem abhängigen Familienmitglied bzw. der von einem Familienmitglied abhängige Antragsteller bereits aufhält, im Regelfall zuständig. Auch der Betreuungsbedarf bereits hier lebender Verwandter ist daher aufzuklären. Dabei ist allerdings darzulegen, ob und unter welchen Umständen bislang die Betreuung sichergestellt wurde. Die hier lebenden Verwandten müssen sich „rechtmäßig" hier aufhalten. Ein gestatteter Aufenthalt ist rechtmäßig (§ 55 Abs. 1 Satz 1 AsylG). Sind die hier lebenden Verwandten krankheitsbedingt geduldet, findet das Selbsteintrittsrecht (Art. 17 Abs. 1 Verordnung (EU) Nr. 604/2013) Anwendung. Verwandte sind minderjährige und volljährige, verheiratete und ledige Kinder und Geschwister des Antragstellers oder ein Elternteil. Der bereits hier lebende Ehegatte ist kraft verfassungskonformer Anwendung (Art. 7 GRCh, Art. 2 Buchst. g) erster Gedankenstrich, Erwägungsgrund Nr. 14 und 15 Verordnung (EU) Nr. 604/2013) in den Anwendungsbereich von Art. 16 Abs. 1 der Verordnung einzubeziehen. Reisen die Ehegatten zusammen ein, findet ohnehin die allen anderen Kriterien übergeordnete Norm des Art. 11 Buchst. a) der Verordnung Anwendung. Sind die hier lebenden in Art. 17 Abs. 1 der Verordnung bezeichneten Verwandten verheiratet, spricht dies im besonderen Maße für die Betreuungsbereitschaft und -fähigkeit. Handelt es sich um entferntere Verwandte, ist Art. 17 Abs. 1 der Verordnung anwendbar.

101 Bei der humanitären Klausel handelt es sich um eine Regelanordnung, die nur bei atypischen Ausnahmetatbeständen durchbrochen werden darf. Sie ist also den anderen Kriterien, auch

---

[98] VG Lüneburg, InfAuslR 2014, 376.

dem Einreisekriterium übergeordnet. Ist durch ärztliche Nachweise der Betreuungsbedarf nachgewiesen, werden ohne Verletzung des Willkürverbots kaum Abweichungen zulässig sein. Bei betreuungsbedürftigen hier lebenden Verwandten mag dies im Einzelfall anders sein, wenn nicht überzeugend dargelegt wird, dass in der Vergangenheit die Betreuung nicht wirksam sichergestellt war. Auch die restriktive Rechtsauffassung bestreitet nicht den subjektiven Rechtscharakter der humanitären Klausel. War früher streitig, ob die humanitäre Klausel des Art. 15 Verordnung (EG) Nr. 343/2003 nur auf die Zusammenführung anwendbar war oder auch die Trennung der Angehörigen verhindern sollte, regelt nunmehr Art. 17 Abs. 2 Verordnung (EU) Nr. 604/2013 die *Zusammenführung* und Art. 16 sowohl die Zusammenführung wie auch die Vermeidung der Trennung. Dies beruht auf der Rechtsprechung des EuGH, der Art. 15 Abs. 2 Verordnung (EG) Nr. 343/2003 nicht nur auf die Zusammenführung, sondern auch auf die Fälle angewandt hat, in denen sich der Antragsteller bereits im unzuständigen Aufnahmemitgliedstaat befunden hatte.[99]

3. Ablauf der Fristen der Verordnung (EU) Nr. 604/2013

Hoch umstritten ist derzeit die verfahrensrechtliche Bedeutung des Ablaufs von Fristen, die in der Verordnung geregelt sind. Fristen sind nach der Antragstellung (Ersuchensfrist) wie auch nach Annahme des Ersuchens (Überstellungsfrist) zu beachten. Hält der Mitgliedstaat, in dem ein Asylantrag gestellt wurde, einen anderen Mitgliedstaat für zuständig, kann er im Aufnahmeverfahren so bald wie möglich, auf jeden Fall aber innerhalb von **drei Monaten**, im Fall einer Eurodac-Treffermeldung innerhalb von **zwei Monaten** nach der Antragstellung den anderen Mitgliedstaat ersuchen, den Antragsteller aufzunehmen (Art. 21 Abs. 1 UAbs. 1 und 2 Verordnung (EU) Nr. 604/2013). Die Frist beginnt mit der Antragstellung, also im Zeitpunkt der Meldung nach § 23 Abs. 1 AsylG. Wird ein Eurodac-Treffer (Art. 14 Verordnung [EU] Nr. 603/2013) gemeldet, ist das Ersuchen nach Erhalt dieser Meldung gem. Art. 15 Abs. 2 Verordnung (EU) Nr. 603/2013 innerhalb von zwei Monaten zu stellen (Art. 21 Abs. 1 UAbs. 2 Verordnung (EU) Nr. 604/2013). Wird das Ersuchen nicht innerhalb der jeweils maßgebenden Frist gestellt, ist der die Zuständigkeitsprüfung durchführende Mitgliedstaat für die Prüfung des Asylantrags zuständig (Art. 21 Abs. 1 UAbs. 3 Verordnung [EU] Nr. 604/2013). Im Wiederaufnahmeverfahren ist die Rechtslage identisch. Auch hier beträgt die Ersuchensfrist grundsätzlich drei Monate, im Falle eines Eurodac-Treffers zwei Monate und geht nach Fristablauf die Zuständigkeit auf den ersuchenden Mitgliedstaat über (Art. 23 Abs. 2 und 3 Verordnung [EU] Nr. 604/2013).

Die Überstellung aus dem ersuchenden in den ersuchten Mitgliedstaat erfolgt nach den innerstaatlichen Rechtsvorschriften des ersuchenden Staates nach Abstimmung der beteiligten Staaten, sobald dies praktisch möglich ist und spätestens **innerhalb einer Frist von sechs Monaten** nach Annahme des Aufnahme- oder Wiederaufnahmeersuchens durch den ersuchten Mitgliedstaat **oder** der endgültigen Entscheidung über einen Rechtsbehelf oder eine Überprüfung, wenn diese aufschiebende Wirkung (Art. 29 Abs. 1 UAbs. 1 Verordnung (EU) Nr. 604/2013) hat. Die Frist beginnt mit Annahme des Ersuchens,[100] also nicht erst mit der persönlichen Zustellung (§ 31 Abs. 1 Satz 4 AsylG). Teilweise geht die Rechtsprechung für den Fall des zwischenzeitlich durchgeführten erfolglosen Eilrechtsschutzverfahrens davon

---

99 EuGH, NVwZ-RR 2013, 69 (70) Rn. 31 – K.
100 Funke-Kaiser, in: GK-AsylVfG II – 27 a Rn. 192.

aus, dass die Frist erst mit Zustellung des zurückweisenden Beschlusses beginnt.[101] Diese Rechtsprechung überzeugt nicht. Die Klage gegen die Abschiebungsanordnung nach § 34 a Abs. 1 AsylG hat unionsrechtskonform keine aufschiebende Wirkung (§ 75 AsylG) mit der Folge, dass die Überstellungsfrist mit Annahme des Ersuchens zu laufen beginnt.[102] Die geltende Verordnung bestätigt diese Position, da Art. 27 Abs. 3 Verordnung (EU) Nr. 604/2013 in Buchst. a) ausdrücklich die Option nennt, dass Mitgliedstaaten dem Rechtsbehelf aufschiebende Wirkung beimessen können. Dies wäre nach nationalem Recht die Ausgangslage des § 80 Abs. 1 VwGO. Der Gesetzgeber hat aber die Option nach Buchst. c) in Anspruch genommen, wonach die Aussetzung der Durchführung einer Überstellungsentscheidung beantragt werden kann. Dem entspricht § 34 a Abs. 2 Satz 1 AsylG. Danach kann die aufschiebende Wirkung der Klage gegen die Abschiebungsandrohung nach § 80 Abs. 5 VwGO beantragt werden.

104 Dagegen wird eingewandt, die Überstellungsfrist im Falle eines zurückweisenden Eilrechtsbeschlusses beginne mit dessen Zustellung.[103] Begründet wird dies mit der nationalen Rechtslage, weil die Abschiebung nach § 34 a Abs. 2 Satz 2 AsylG bis zu einer gerichtlichen Entscheidung nicht zulässig sei.[104] Unionsrechtliche Vorschriften sind jedoch nach Maßgabe des Unionsrechts und nicht anhand nationaler Verfahrensvorschriften auszulegen. Art. 29 Abs. 1 Verordnung (EU) Nr. 604/2013 ordnet an, dass die Überstellungsfrist mit der endgültigen Entscheidung über einen Rechtsbehelf beginnt, wenn dieser gemäß Art. 27 Abs. 3 der Verordnung aufschiebende Wirkung hat. Die Anfechtungsklage gegen die Abschiebungsanordnung hat aber nicht entsprechend Art. 27 Abs. 3 Buchst. a) der Verordnung automatisch aufschiebende Wirkung. Vielmehr ist diese durch einen rechtlich selbstständigen Rechtsbehelf nach § 80 Abs. 5 VwGO entsprechend der unionsrechtlichen Vorgabe nach Art. 27 Abs. 3 Buchst. c) der Verordnung ausdrücklich zu beantragen. Dieser Rechtsbehelf entfaltet also als solcher noch keine aufschiebende Wirkung, sondern erst aufgrund einer gerichtlichen vorläufigen Entscheidung. Das nach nationalem Recht von Gesetzes wegen angeordnete Vollstreckungshemmnis (§ 34 a Abs. 2 Satz 2 AsylG) lässt sich nicht in einen unionsrechtlichen Rechtsbehelf, dem aufschiebende Wirkung zukommt, umdeuten.

105 Wird dem Eilrechtsschutzantrag stattgegeben, ist der Ausgang des Hauptsacheverfahrens abzuwarten. Wird in diesem die Klage abgewiesen, beginnt die Überstellungsfrist erst mit der endgültigen Entscheidung über die Klage zu laufen,[105] also im Falle der beantragten Berufungszulassung nach der Zurückweisung des Antrags bzw. nach Zustellung des abweisenden

---

101 VG Frankfurt (Oder), Beschl. v. 4. 7. 2014 – VG 6 L 376/14.A; VG Minden, AuAS 2015, 140 (143); VG Magdeburg, Beschl. v. 17. 3. 2015 – 9 B 229/15 MD; VGH BW, Urt. v. 29. 4. 2015 – A 11 S 121/15, Hemmung der Frist durch Eilrechtsschutzverfahren. Frist beginnt auch bei erfolglosem Eilrechtsschutzverfahren mit der Zustimmung aA OVG NW, AuAS 2014, 237; VG Arnsberg, Beschl. v. 20. 10. 2014 – 12 L 968/14.A; VG Oldenburg, Beschl. v. 21. 1. 2014 – 3 B 7136/13; VG Potsdam, Beschl. v. 13. 8. 2014 – VG 6 L 657/14.A; VG Hannover, Beschl. v. 21. 7. 2014 – 3 B 10472/14; VG Düsseldorf, Urt. v. 12. 1. 2015 – 11 K 1640/14.A.
102 OVG NW, AuAS 2014, 237 (238); VG Oldenburg, B. v. 21. 1. 2014 – 3 B 7136/13; VG Göttingen, B. v. 30. 6. 2014 – 2 B 86/14; VG Frankfurt am Main, B. v. 11. 7. 2014 – 8 K 156/14.F.A.; VG Potsdam, B. v. 18. 2. 2014 – VG 6 L 57/14; VG Minden, B. v. 7. 11. 2014 – 6 L 862/14.A; Marx, AsylVfG, 8. Aufl., § 27a Rn. 62 Rn. 95.
103 VGH BW, U. v. 27. 8. 2014 A 11 S 1285/14, UA, S. 23; VG Stuttgart, Urt. v. 8. 4.2010 – A 12 K 3445/09; VG Würzburg, B. v. 11. 6. 2014 – W 6 S 14.50065; VG Lüneburg, B. v. 30. 6. 2014 – 1 B 95/14; VG Frankfurt (Oder), B. v. 4. 7. 2014 – VG 6 L 376/14.A; Funke-Kaiser, in: GK-AsylVfG II – 27 a Rn. 227 f.
104 VG Frankfurt (Oder), B. v. 4. 7. 2014 – VG 6 L 376/14.A.
105 EuGH, NVwZ 2009, 139 (140)= InfAuslR 2009, 139 = EZAR NF 96 Nr. 2 Rn. 42, 46 – Petrosian; Hess. VGH, AuAS 2011, 269 (270); VGH BW, AuAS 20012, 213, 215; OVG SA, Urt. v. 2. 10. 2013 – 3 L 643/12; VG Oldenburg, Beschl. v. 21. 1.2014 – 3 B 7136/13; Funke-Kaiser, in: GK-AsylVfG II– 27 a Rn. 227; Filzwieser/Sprung, Dublin II-Verordnung, 3. Aufl., 2010, S. 165.

Berufungsurteils, wenn keiner Nichtzulassungsbeschwerde (§ 133 VwGO) eingelegt wird. Regelmäßig wird das Datum der Zustimmung in der Bescheidbegründung mitgeteilt. Im Zweifel ist das Zustimmungsdatum durch Akteneinsichtnahme festzustellen. Macht der ersuchende Mitgliedstaat von der zweimonatigen **Verschweigensfrist** im Annahmeverfahren (Art. 22 Abs. 7 Verordnung (EU) Nr. 604/2013) oder der einmonatigen im Wiederaufnahmeverfahren (Art. 25 Abs. 2 Verordnung (EU) Nr. 604/2013) Gebrauch, beginnt die Überstellungsfrist mit Ablauf dieser Frist. Antwortet der ersuchte Staat nicht, endet demnach die Überstellungsfrist nach Ablauf von acht bzw. sieben Monaten nach dem Zeitpunkt des Ersuchens.

Nicht nur über den Beginn der Überstellungsfrist herrscht in der Rechtsprechung Streit, sondern insbesondere auch über die subjektive Rechtswirkung des Fristablaufs mit der Folge, dass die Asylsuchenden derzeit nach Fristablauf, ungeachtet des von der Verordnung angeordneten Zuständigkeitsübergangs, im luftleeren Raum hängen oder das Bundesamt in Zweifelsfällen, ungeachtet des Fristablaufs und ohne Absprache mit dem an sich zuständigen Mitgliedstaat in Einzelfällen, konkrete Abschiebungsversuche durchführt. Obwohl die Verordnung klare Anweisungen für den Zuständigkeitsübergang bei Versäumnis von Fristen festlegt, wird dem Antragsteller das Recht abgesprochen, sich hierauf zu berufen.[106] Dagegen wird eingewandt, dass der Fristablauf einen subjektiven Anspruch auf Prüfung des Asylantrags begründet, wenn eine Überstellung nicht mehr möglich ist.[107] Die Rechtsprechung sieht sich aber auch nach *Abdullahi* nicht daran gehindert, für diesen Fall eine drittschützende Wirkung des Fristablaufs anzunehmen.[108] Die Position, die im Antrag auf Eilrechtsschutz keinen Rechtsbehelf sieht, dem aufschiebende Wirkung zukommt, geht zumeist wie selbstverständlich vom subjektiven Charakter dieser Vorschriften aus.[109] Dem Eilrechtsschutzantrag wird im Falle des Fristablaufs stattgegeben, ohne dass die Frage der subjektiven Rechtswirkung überhaupt erörtert wird. Demgegenüber verweist die Gegenmeinung auf *Abdullahi*. Der EuGH habe im Sinne eines »*acte clair*« entschieden, dass sämtliche nicht grundrechtlich aufgeladenen Zuständigkeitsnormen gerichtlich nicht durchgesetzt werden könnten.[110]

Abdullahi kann nicht jenseits vernünftiger Zweifel dahin ausgelegt werden, dass der EuGH allein auf objektive Zuständigkeitskriterien abstellt. *Abdullahi* gab schlichtweg keinen Anlass, die rechtlichen Wirkungen des Fristablaufs zu behandeln. Die Verordnung gewährleistet zur Durchsetzung des Grundrechts auf Asyl (Art. 18 GRCh) jedem Asylsuchenden ein Recht auf Prüfung seines Asylantrags in der Union (Art. 3 Abs. 1). Geht die Zuständigkeit nach Fristablauf auf den ersuchenden Mitgliedstaat über, kann dieses Recht nicht mehr gegenüber einem anderen, sondern nur noch gegenüber dem ersuchenden Mitgliedstaat geltend gemacht werden. Dagegen wird eingewandt, der Zuständigkeitsübergang könne solange nicht gerügt

---

106 *Berlit*, Anm. zu BVerwG, Beschluss vom 19. 3. 2014 – BVerwG 10 B 6.14, inj: jurisPR-BVerwG 12/2014.
107 VGH BW, Urt. v. 29. 4. 2015 – A 11 S 121/15; OVG NW, Urt. v. 16. 9. 2015 – 13 A 2159/14.A.
108 VG Hannover, B. v. 29. 1. 2014 – 1 B 200/14; VG Frankfurt am Main, B. v. 28. 3. 2014. 8 L 833/14.F.A.
109 VG Ansbach, U. v. 8. 10. 2014 – AN 10 K 14.30043; VG Regensburg, U. v. 10. 11. 2014 – Rn. 8 K 14.50078; VG Berlin, B. v. 5. 6. 2014 – VG 33 L 154.14 A; VG München, U. v. 24. 11. 2014 – M 4 K 14.30427; VG Arnsberg, U. v. 11. 12. 2014 – 12 K 906/14.A; VG München, U. v. 15. 12. 2014 – M 4 K 14.30365;VG Frankfurt am Main, B. v. 12. 12. 2014 – 9 L 2893/14.F.A; VG Aachen, U. v. 22. 12. 2014 – 99 K 3137/13.AVG Trier, U. v. 8. 1. 2015 – 2 K 925/14.TR; VG Düsseldorf, U. v. 12. 1. 2015 – 11 K 1640/14.A*Lehnert/Pelzer*, ZAR 2010, 41 (43); aA Hess.VGH, AuAS 2014, 248 (249), mit Verweis auf VGH BW, U. v. 16. 4. 1014 – 11 S 1721/13; OVG Rh-Pf, U. v. 21. 2. 2014 – 10 A 10656/13.
110 VGH BW, U. v. 26. 2. 2014 – A 3 S 698/13; VG Stuttgart, U. v. 28. 2. 2014 A 12 K 383/14; VG Berlin, B. v. 19. 3.2014 – VG 33 L 90.14 A.

werden, wie eine Überstellung zeitnah noch möglich sei.[111] Wenn der andere Mitgliedstaat trotz Fristablaufs der Überstellung zustimmt, könnte die Rechtsprechung des Gerichtshofs für diese Position sprechen. Bleibt diese Frage aber offen, würde dem Asylsuchenden das Recht genommen, seinen Anspruch auf Prüfung seines Asylantrags in der Union durchzusetzen. Das vom EuGH gerade auch in *Abdullahi* bekräftigte Beschleunigungsgebot, das auch die Interessen des Asylsuchenden schützt,[112] bliebe wirkungslos. Dem Asylsuchenden würde jegliches Recht genommen, seinen Anspruch auf Prüfung seines Asylantrags überhaupt durchzusetzen.

108 Aus diesem Zusammenhang der Vorschriften über den Fristablauf mit dem unionsrechtlich geregelten Anspruch auf beschleunigte Prüfung des Asylantrags, folgt, dass Antragsteller sich auf den Fristablauf berufen können. Um eine individuelle Wahl des zuständigen Mitgliedstaates geht es beim Fristablauf von vornherein nicht. Die Fristbestimmungen zielen vielmehr lediglich darauf ab, den schutzwürdigen Interessen des Asylsuchenden, dass sein Schutzgesuch nach Ablauf eines in der Verordnung geregelten Zeitraums, der durch das Zuständigkeitsbestimmungsverfahren bedingt ist, in angemessener Weise in der Sache geprüft wird, zur Geltung zu verhelfen. Steht ihm ein Anspruch auf sachliche Prüfung zu, begründet eine wegen eines Zuständigkeitsübergangs infolge Fristablaufs rechtswidrig gewordene Überstellung eine Verletzung von subjektiven Rechten, weil er andernfalls Gefahr läuft, bei Aufrechterhaltung des Bescheides sein Schutzbegehren in keinem Mitgliedstaat mehr zulässig anbringen zu können.[113] In diese Richtung deuten auch die Schlussanträge der Generalanwältin Sharpstone, die davon ausgeht, dass eine Überstellungsentscheidung sich negativ auf die Interessen eines Asylsuchenden auswirken kann und Art. 47 GRCh eine gerichtliche Kontrolle der Rechtmäßigkeit der Überstellungsentscheidung erfordert.[114] Sie bezieht dies zwar auf die Kriterien in Kapitel III der Verordnung. Ist die Überstellungsfrist jedoch abgelaufen, wird der ersuchende Mitgliedstaat zuständig und die Überstellungsentscheidung als Grundlage einer Überstellung rechtswidrig. Da dem Asylsuchenden eine Anrufung des Gerichts zwecks Überprüfung der Rechtmäßigkeit der ihn belastenden Überstellung nach der Verordnung nicht verwehrt werden darf, kann er sich demzufolge auch gegen die Überstellung nach Fristablauf gerichtlich verteidigen.

109 Für den Rechtsschutz bei Fristablauf ist folgendes zu bedenken: Ist das Klageverfahren gegen die Abschiebungsanordnung noch anhängig, hat das Verwaltungsgericht diese aufzuheben. Sollte das Bundesamt trotz Ablaufs der Überstellungsfrist die Vollstreckung einleiten, kann ein Abänderungsantrag nach § 80 Abs. 7 Satz 2 VwGO gestellt werden. Ist das Klageverfahren bereits abgeschlossen, ist Antrag auf Aufhebung der Abschiebungsanordnung beim Bundesamt zu stellen. Reagiert dieses nicht – wie zumeist derzeit –, ist Untätigkeitsklage mit dem Ziel zu erheben, das Bundesamt zur Aufhebung der Abschiebungsanordnung zu verpflichten. Die Anfechtungsklage dürfte unzulässig sein, da hinsichtlich der Abschiebungsanordnung ein rechtskräftiges Urteil vorliegt. Da das Bundesamt dem Antrag auf Aufhebung der Abschiebungsanordnung nicht stattgibt, ist der Asylsuchende durch eine rechtswidrig gewordene Abschiebungsanordnung in seinen Rechten verletzt und hat deshalb Anspruch auf gerichtlichen Rechtsschutz zwecks Beseitigung der Belastung. Leitet das Bundesamt ungeachtet dessen das

---

111 VGH BW, U. v. 27. 8. 2014 A 11 S 1285/14, UA, S. 23.
112 EuGH, NVwZ 2014, 208 (209) Rn. 53, 59 – Abdullahi.
113 VG Göttingen, B. v. 30. 6. 2014 – 2 B 86/14, mit Hinweis auf VGH BW, B. v. 6. 8. 2013 – 12 S 675/13.
114 *Eleanor Sharpstone*, Schlussanträge in der Rechtssache C-63/15 Rn 77 und 89 – *Ghezelbash*

Vollstreckungsverfahren ein, kann vorbeugender Vollstreckungsschutz nach § 123 VwGO erlangt werden.

4. Inlandsbezogene Vollstreckungshemmnisse wegen schwerwiegender Krankheitsgründe

Die Abschiebungsanordnung darf nicht erlassen werden, wenn inlandsbezogene Vollstreckungshemmnisse der Durchführung der Abschiebung entgegenstehen. Dies ist darin begründet, das sie erst erlassen werden darf, wenn feststeht, dass die Abschiebung durchgeführt werden kann (§ 34 a Abs. 1 Satz 1 AsylG). Die Abschiebungsanordnung – als Festsetzung eines Zwangsmittels – darf erst ergehen, wenn die Zulässigkeitsvoraussetzungen einer Abschiebung nach § 26 a oder § 27 a AsylG erfüllt sind. Denn sie ist die letzte Voraussetzung für die Anwendung des Zwangsmittels – hier der Abschiebung. Vor Erlass der Abschiebungsanordnung sind daher sowohl zielstaatsbezogene Aspekte wie auch der Abschiebung entgegenstehende inländische Vollstreckungshindernisse zu berücksichtigen. Dabei ist auch zu prüfen, ob die Abschiebung in den anderen Mitgliedstaat aus subjektiven, in der Person des Betroffenen liegenden Gründen – wenn auch nur vorübergehend – rechtlich oder tatsächlich unmöglich ist. Für diese Prüfung ist nicht die vollstreckende Behörde, sondern das Bundesamt zuständig.[115] Im Rahmen der Abschiebungsanordnung darf die Prüfungskompetenz nicht in zielstaats- und inlandsbezogene Hindernisse aufgespalten werden. Diese Rechtsfolgen können nicht durch Erlass einer Abschiebungsandrohung umgangen werden, die unter der Bedingung der Rechtmäßigkeit der Abschiebungsanordnung und den Fall des Nichteintritts dieser Bedingung gestellt wird. Eine derartige Verfügung leidet an hinreichender Bestimmtheit (§ 37 Abs. 1 VwVfG).[116]

Nach der Rechtsprechung ist deshalb im Eilrechtsschutzverfahren zu prüfen, ob die anordnende Behörde **schwerwiegende Krankheitsgründe**[117] in ihre Prüfung einbezogen hat. Regelmäßig beruhen die Hindernisse auf Gründen, die die **Reiseunfähigkeit** des Betroffenen zur Folge haben, insbesondere infolge **schwerwiegender psychischer Symptome**[118] oder einer **Risikoschwangerschaft**.[119] Für die Familienangehörigen folgt unter diesen Voraussetzungen aus Art. 6 Abs. 1 GG die Zuständigkeit der Bundesrepublik.[120] Da tatsächliche Abschiebungshindernisse in jedem Verfahrensstadium zu prüfen sind,[121] können sie nach Erlass der Abschiebungsanordnung mit dem Eilrechtsschutzantrag geltend gemacht werden.

Nach § 60 a Abs. 2 c AufenthG setzt ein Aussetzungsanspruch die **konkrete Gefahr** voraus, dass sich der **Gesundheitszustand** des Betroffenen durch die Abschiebung **wesentlich** oder gar **lebensbedrohlich verschlechtert** und diese Gefahr nicht durch bestimmte Vorkehrungen ausgeschlossen oder gemindert werden kann (§ 60 a Abs. 2 c Satz 2 AufenthG). Diese Vorausset-

---

115 BVerfG (Kammer), NVwZ 2014, 1511 (1512) Rn. 11; BVerfG (Kammer), B. v. 17. 9. 2014 – 2 BvR 991/14; BVerfG (Kammer), B. v. 17. 9. 2014 – 2 BvR 732/14; VGH BW, InfAuslR 2011, 310 (311); VGH BW, Beschl. v. 31.5.2011 – A 11 S 1523/11, openJur 2012, 64252, mit weiteren Hinweisen; OVG MV, Beschl. v. 29. 11. 2004 – 2 M 299/04; Nieders.OVG, Asylmagazin 2012, 254 (255); OVG Saarland, NVwZ-RR 2014, 621 (Ls.).
116 OVG Rh-Pf, U. v. 16. 7. 2014 – 10 A 10692/13.OVG.
117 VG Sigmaringen, Beschl. v. 9.01.2014 – A 4 K 2775/13; VG Sigmaringen, Beschl. v. 13.1.2014 – A 4 K 2827/13).
118 VG Weimar, B. v. 11. 12. 2009 – 7 E 20173/09 We; VG Düsseldorf, B. v. 4. 4.2013 – 27 L 2497/12.A; VG Düsseldorf, B.v. 30. 10. 2007 – 21 K 3831/07; VG Stuttgart, B. v. 8. 11. 2013 – A 3 K 4088/13; VG Stuttgart, U. v. 28. 2. 2014 – A 12 K 383/14; VG Meiningen, B. v. 23. 1. 2014 – 8 E 20250/13 Me.
119 Nieders.OVG, Asylmagazin 2012, 254 (256).
120 VG Sigmaringen, B. v. 9. 1. 2014 – A 4 K 2775/13; VG Sigmaringen, B. v. 13. 1. 2014 – A 4 K 2827/13.
121 BVerfG (Kammer), NVwZ 2014, 1511 (1512) Rn. 11; BVerfG (Kammer), B. v. 17. 9. 2014 – 2 BvR 991/14; BVerfG (Kammer), B. v. 17. 9. 2014 – 2 BvR 732/14.

zungen können nicht nur erfüllt sein, wenn und solange der Betroffene ohne Gefährdung seiner Gesundheit nicht transportfähig ist (**Reiseunfähigkeit im engeren Sinn**), sondern auch, wenn die Abschiebung als solche – außerhalb des Transportvorgangs – eine erhebliche konkrete Gesundheitsgefahr für den Betroffenen bewirkt (**Reiseunfähigkeit im weiteren Sinn**). Das dabei in den Blick zu nehmende Geschehen beginnt bereits mit der Mitteilung einer beabsichtigten Abschiebung gegenüber dem Betroffenen. Besondere Bedeutung kommt denjenigen Verfahrensabschnitten zu, in denen der Betroffene dem tatsächlichen Zugriff und damit auch der Obhut staatlicher deutscher Stellen unterliegt. Hierzu gehört das Aufsuchen und Abholen, das Verbringen zum Abschiebeort sowie eine etwaige Abschiebungshaft, ebenso wie der Zeitraum nach Ankunft am Zielort bis zur Übergabe des Betroffenen an die Behörden des Zielstaates. In diesem Zeitraum haben die zuständigen deutschen Behörden von Amts wegen in jedem Stadium der Abschiebung etwaige Gesundheitsgefahren zu beachten. In Einzelfällen kann dazu gehören, sicherzustellen, dass rechtzeitige Hilfe nach der Ankunft im Zielstaat verfügbar ist. Bestehen belastbare Anhaltspunkte für das Bestehen von Kapazitätsengpässen bei der Unterbringung rückgeführter Asylsuchender im zuständigen Mitgliedstaat, hat die vollstreckende Behörde dem angemessen Rechnung zu tragen. Dazu kann auch gehören, gemeinsam mit den zuständigen Behörden des anderen Mitgliedstaates sicherzustellen, dass Familien mit Kleinkindern nach der Rückführung eine gesicherte Unterkunft erhalten, um erhebliche konkrete Gesundheitsgefahren für die im besonderen Maße auf ihre Eltern angewiesenen Kinder auszuschließen.[122]

113 Auch wenn die Reiseunfähigkeit erst nach Erlass der Abschiebungsanordnung im fristgemäß eingeleiteten Eilrechtsschutzverfahren geltend gemacht wird, ist sie aufzuheben. Entsprechend ihres rechtlichen Charakters müssen die gesetzlichen Voraussetzungen nicht nur im Zeitpunkt des Erlasses, sondern gerade in dem des Vollzugs erfüllt sein. Andererseits ist zu bedenken, dass bei einem erfolgreichen Eilrechtsschutzantrag das inlandsbezogene Vollstreckungshemmnis im Zeitpunkt der mündlichen Verhandlung im Hauptsacheverfahren (§ 77 Abs. 1 AsylG) fortbestehen, also in diesem Zeitpunkt die krankheitsbedingte Reiseunfähigkeit andauern muss. Je nach Dauer kann der vorübergehende Charakter des Vollstreckungshindernisses zur Folge haben, dass die Überstellungsfrist abläuft und dadurch die Zuständigkeit für die Behandlung des Asylantrags auf die Bundesrepublik übergeht.

---

122 BVerfG (Kammer), NVwZ 2014, 1511 (1512) Rn. 13 ff.; BVerfG (Kammer), B. v. 17. 9. 2014 – 2 BvR 991/14; BVerfG (Kammer), B. v. 17. 9. 2014 – 2 BvR 732/14.

§ 10 Klage und Eilrechtsschutzantrag wegen Asylanerkennung, Flüchtlingsstatus und subsidiärer Schutz

A. Sachverhalt / Lebenslage

Beispiel: Ein „Brief" für einen „Terroristen"

Der iranische Staatsangehörige M lässt über einen Bekannten in der Kanzlei anrufen. M habe einen Brief vom Gericht erhalten. Der um Rat gebetene Rechtsanwalt, der am Telefon weder den Rechtscharakter des „Briefes" noch seine Herkunft klären, andererseits nicht noch am Tag des Anrufs einen Besprechungstermin vereinbaren kann, bittet darum, den „Brief" zwecks Prüfung noch am selben Tag in der Kanzlei abzugeben. Nach Abgabe des „Briefes" stellt der Rechtsanwalt fest, dass es sich bei dem „Brief" um eine Asylablehnung des Bundesamtes für Migration und Flüchtlinge handelt, die vor sechs Tagen ausgefertigt wurde. Ein Zustellungsnachweis wurde nicht abgegeben, obwohl bei dem Telefonanruf darum gebeten wurde. Der Rechtsanwalt bittet das Sekretariat, Adresse und Telefonnummer des Mandanten zu notieren. Laut Bescheid wird der Asylantrag des M als offensichtlich unbegründet abgelehnt, weil die dargelegten Aktivitäten des M im Iran für die Organisation Volksmodjaheddin Iran den Ausschlussgrund des § 3 Abs. 2 AsylG erfüllen. Die individuelle Einbindung des Antragstellers in die „terroristische Organisation Volksmodjaheddin Iran" sei als schweres nichtpolitisches Verbrechen zu definieren. Zugleich wurde die Abschiebung des M in den Iran angedroht und bestimmt, dass M das Bundesgebiet eine Woche nach Zustellung zu verlassen habe.

B. Prüfungsreihenfolge

I. Prüfung der Rechtsmittelfristen

1. Prüfungs- und Hinweispflichten

Da den abgegebenen Unterlagen **kein Zustellungsnachweis** beigefügt war und das Datum der Zustellung nicht an Ort und Stelle geklärt werden kann, muss der Rechtsanwalt zur **Vermeidung des Eintritts der Bestandskraft** des Bescheides noch am Tage der Abgabe der Unterlagen die gebotenen Maßnahmen einleiten, wenn er das Mandat annimmt. Will er unter diesen Umständen das Mandat nicht annehmen, ist er jedenfalls verpflichtet, die Kontaktperson des Mandanten darauf hinzuweisen, dass Klage und Eilrechtsschutzantrag noch am selben Tag **zur Niederschrift des Urkundsbeamten** des zuständigen Verwaltungsgerichts eingereicht bzw. gestellt werden können (vgl. § 81 Abs. 1 S. 2 VwGO). Ist absehbar, dass an diesem Tag die Geschäftsstelle des zuständigen Verwaltungsgerichtes nicht erreicht werden kann, hat der Rechtsanwalt die Kontaktperson darauf hinzuweisen, dass bei jeder Postagentur oder einer sonstigen Stelle mit Faxanschluss mit einfachen Worten unter Bezeichnung des Bescheides des Bundesamtes Rechtsmittel (Klage *und* Eilrechtsschutzantrag, Rn. 6) gegen diesen eingelegt werden müssen, soll der Eintritt der Bestandskraft und die Vollziehbarkeit der Abschiebungsandrohung verhindert werden. Er kann, wenn er das Mandat nicht übernehmen will, auch den eigenen Faxanschluss zur Verfügung stellen, muss jedoch die Kontaktperson darauf hinweisen, dass der durch den Bescheid Belastete das **Rechtsmittel eigenhändig unterzeichnen muss**.

In aller Regel wird in der anwaltlichen Praxis unter den aufgezeigten Umständen Klage und Eilrechtsschutzantrag fristwahrend eingereicht bzw. gestellt. Die Gerichtskosten sind frei (vgl.

§ 83 b AsylG). Das Risiko, dass der Anwalt seine durch Einlegung der Rechtsmittel veranlassten Kosten nicht eintreiben kann, ist hinzunehmen. Der Anwalt, der dieses Risiko nicht zu tragen bereit und willig ist, hat der offensichtlich rechtsunkundigen Kontaktperson die vorstehend aufgezeigten entsprechenden Schritte aufzuzeigen, um den Eintritt der Bestandskraft des Bescheides und seiner Vollziehbarkeit zu verhindern.

2. Im Zweifel sofortige Einlegung der erforderlichen Rechtsmittel

4 Übernimmt der Rechtsanwalt das Mandat, muss er noch **am selben Tag per Fax Klage erheben und Eilrechtsschutzantrag stellen.** Er kann mangels Kenntnis des Zustellungsdatums das präzise Datum der Zustellung nicht an Ort und Stelle klären. Unterlässt er unter diesen Umständen die sofortige Einlegung der gebotenen Rechtsmittel, kann er nachträglich keinen Wiedereinsetzungsantrag (vgl. § 60 VwGO) mit der Begründung stellen, ihm sei bei Mandatierung das Zustellungsdatum nicht bekannt gewesen und er habe erst die erforderlichen Ermittlungen zum Zustellungsdatum einleiten müssen. Vom gewissenhaften und rechtskundigen Prozessbevollmächtigten kann erwartet werden, dass er bei Unsicherheit über das Zustellungsdatum unverzüglich die erforderlichen Schritte einleitet, ganz abgesehen davon, dass in einem derartigen Fall eine hohe Wahrscheinlichkeit für ein unmittelbares Verschulden des Mandanten selbst spricht.

3. Klage- und Antragsfristen im Asylverfahren

5 Normalerweise beträgt die Klagefrist im Asylverfahren zwei Wochen nach Zustellung (vgl. § 74 Abs. 1 Hs. 1 AsylG). Ist der Antrag nach § 80 Abs. 5 VwGO innerhalb einer Woche zu stellen, ist auch die Klage innerhalb einer Woche zu erheben (vgl. § 74 Abs. 1 Hs. 2 AsylG). Anträge nach § 80 Abs. 5 VwGO sind innerhalb einer Woche nach Zustellung zu stellen (§ 36 Abs. 3 S. 1 AsylG). Wird der Asylantrag als offensichtlich unbegründet abgelehnt, beträgt die zu setzende Ausreisefrist eine Woche (§ 36 Abs. 1 AsylG). Aus dem Regelungszusammenhang dieser Vorschriften folgt, dass die **Klage** abweichend vom **Normalfall stets innerhalb einer Woche nach Zustellung** des Bescheides zu erheben ist, wenn die gesetzte Ausreisefrist eine Woche beträgt. Der Antrag nach § 80 Abs. 5 VwGO ist in einem derartigen Fall ebenfalls innerhalb einer Woche nach Zustellung des Bescheides zu stellen (§ 36 Abs. 3 S. 1 AsylG).

6 Anders als nach allgemeinem Verwaltungsprozessrecht kann der Eilrechtsschutzantrag nicht jederzeit, sondern nur innerhalb einer Woche nach Zustellung gestellt werden. Wird lediglich Klage innerhalb der Wochenfrist erhoben, jedoch kein Antrag nach § 80 Abs. 5 VwGO gestellt, ist zwar über die Klage eine Entscheidung herbeizuführen. Der Kläger hat jedoch nach Ablauf der Wochenfrist wegen Erlöschens der Aufenthaltsgestattung (§ 67 Abs. 1 Nr. 4 AsylG) und Eintritt der Vollziehbarkeit der Abschiebungsandrohung (§ 50 Abs. 2 AufenthG in Verb. mit § 34 Abs. 1 S. 1 AsylG) das Bundesgebiet zu verlassen und darf sich während des anhängigen Klageverfahrens nicht im Bundesgebiet aufhalten. Der Eilrechtsschutzantrag dient ja gerade der Sicherung des verfahrensbezogenen Aufenthaltsrechts während der Dauer des Klageverfahrens. Nur ausnahmsweise lässt die Rechtsprechung unter diesen Umständen den vorbeugenden Vollstreckungsschutz nach § 123 VwGO zu. Wird nur der Eilrechtsschutzantrag innerhalb der Woche gestellt, die Klage aber erst nach Ablauf der Wochenfrist eingereicht, ist die Klage verfristet und der Eilrechtsschutzantrag mangels Unzulässigkeit der Klage unzulässig.

4. Besondere anwaltliche Ermittlungspflichten

Die Folgen einer **Fristversäumnis** sind danach gravierend. Während des Anrufes konnte der Anwalt im Beispielsfall keine Klarheit darüber gewinnen, welche Maßnahmen einzuleiten sind. Asylsuchende bezeichnen „Behörden" ebenso häufig als „Gericht" wie sie Bedienstete des Bundesamtes als „Richter" bezeichnen. Der „Brief" des „Gerichtes" konnte ein klageabweisendes Urteil, ein Behördenbescheid oder auch nur eine Anhörungsmitteilung oder eine unverbindliche behördliche Anfrage sein. Da sich weder die Rechtsnatur des in Rede stehenden Dokumentes noch die ausstellende Behörde telefonisch klären lässt, bleibt nur der dringende Hinweis an den Mandanten oder die Kontaktperson, noch am selben Tag in der Kanzlei mit dem Dokument vorzusprechen. Stellt sich dann heraus, dass es um ein klageabweisendes Urteil geht und steht der Fristablauf unmittelbar bevor, kann auch von einem gewissenhaften Prozessbevollmächtigten nicht verlangt werden, dass er den Zulassungsantrag (§ 78 Abs. 4 AsylG) ohne Aktenkenntnis stellt und begründet. In diesem Fall trägt der Mandant das volle Risiko für seine verspätete Beauftragung.

Der sachkundige Anwalt wird bereits während des Anrufs zu klären versuchen, ob es sich um einen Behördenbescheid oder ein Gerichtsurteil handelt. Stellt er fest, dass es sich um ein Gerichtsurteil handelt, wird er zumeist Ermittlungen nach der bisherigen anwaltlichen Vertretung anstellen und für den Fall einer zu kurzen Frist auf diese verweisen. Kann er feststellen, dass es sich um einen Behördenbescheid handelt, sollte er Tenorierung und Datum der Zustellung noch am Telefon klären. Da die Tenorierung „offensichtlich unbegründet" auf dem Deckblatt des Bescheides sowohl hinsichtlich der Asylberechtigung wie auch der Zuerkennung der Flüchtlingseigenschaft, also doppelt, in Fettdruck hervorgehoben ist, kann auch dieser Gesichtspunkt zumeist relativ problemlos telefonisch geklärt werden, wenn die anrufende Kontaktperson im Besitz des Bescheides ist. Andernfalls ist sie um unverzügliche Kontaktaufnahme mit dem Mandanten und Klärung dieser Frage zu bitten.

Vorsicht ist bei der **telefonischen Ermittlung des Zustellungsdatums** geboten. Die Kontaktperson oder der Mandant radebrechen in aller Regel nur, vor wenigen Tagen sei der Bescheid übergeben worden. Ist dieser durch Niederlegung zugestellt worden, kann angesichts der Wochenfrist der § 36 Abs. 1, § 74 Abs. 1 Hs. 2 AsylG am Tag des Anrufs bereits die Frist ablaufen. Kann der Mandant bzw. die Kontaktperson wegen der räumlichen Entfernung nicht am selben Tag die Kanzlei aufsuchen, ist dringend zu empfehlen, per Fax noch am selben Tag den Bescheid an die Kanzlei zu übermitteln. Der Hinweis auf die schriftliche Rechtsmitteleinlegung unmittelbar an das Gericht ist nicht empfehlenswert, da die unkundigen Mandanten weder die entsprechende Faxverbindung kennen noch verstehen werden, dass sowohl Klage erhoben wie auch Eilrechtsschutzantrag gestellt werden müssen. Es bleibt dem angerufenen Rechtsanwalt deshalb nur der dringende Rat an den Anrufer, entweder mit den Unterlagen sofort in der Kanzlei vorzusprechen oder diese per Fax an die Kanzlei zu übermitteln. Der Anrufer ist auf die **gravierenden Folgen der Fristversäumnis hinzuweisen**, da er im Zeitpunkt des Anrufs zumeist ahnungslos ist und nicht damit rechnet, wie kurz die Fristen in Asylverfahren sind. Die Anwältin bzw. der Anwalt sollte zum eigenen Schutz einen Aktenvermerk über das geführte Telefongespräch anfertigen.

5. Fristnotierungen

10 Üblicherweise sind bei Mandatierung Fristen im Fristenkalender des Sekretariats wie des Anwalts vorzunehmen. Der Schwerpunkt im Beispielsfall liegt auf der Begründung des Eilrechtsschutzantrags, für den das Gesetz keine Begründungsfrist vorschreibt. Insoweit wird auf den nachfolgenden Checklistenpunkt „Klageeinreichung und Stellung des Eilrechtsschutzantrags" verwiesen. Im Übrigen ist dringend zu empfehlen, bei eingesandten oder persönlich abgegebenen rechtsmittelfähigen Bescheiden, für die bislang kein Mandat erteilt worden ist, unverzüglich das **Zustellungsdatum zu ermitteln** und sodann die Klagefrist mit Vorfrist sowie die Begründungsfrist mit Vorfrist im anwaltlichen Fristenkalender zu notieren und das Sekretariat ausdrücklich anzuweisen, in den Fristenkalender des Sekretariates entsprechende Fristen zu notieren.

II. Klageeinreichung und Stellung des Eilrechtsschutzantrags

1. Örtlich zuständiges Verwaltungsgericht

11 Der Rechtsanwalt kann keinen Fehler begehen, wenn er sich an der dem Bescheid des Bundesamtes angehefteten Rechtsbehelfsbelehrung orientiert und bei dem dort bezeichneten Gericht die Klage erhebt und den Eilrechtsschutzantrag stellt. Bei der örtlichen Zuständigkeit handelt es sich um eine von Amts wegen zu beachtende Prozessvoraussetzung.[1] Nach § 52 Nr. 2 S. 3 VwGO ist in Streitigkeiten nach diesem Gesetz und wegen Verwaltungsakten der Ausländerbehörde gegen Asylsuchende das Verwaltungsgericht örtlich zuständig, in dessen Bezirk der Asylantragsteller mit Zustimmung der zuständigen Ausländerbehörde entweder seinen Wohnsitz oder in Ermangelung dessen seinen Aufenthalt hat oder seinen letzten Wohnsitz oder Aufenthalt hatte. Ein Blick in die Bescheinigung über die Aufenthaltsgestattung (§ 63 AsylG) klärt diesen Gesichtspunkt.

12 Maßgebend für die Beurteilung der örtlichen Zuständigkeit des Gerichts ist der Zeitpunkt der Rechtshängigkeit, dh der Zeitpunkt des Eingangs der Klage beim Gericht.[2] Für die den Gerichtsstand begründende behördliche Zustimmung ist die Bescheinigung über die Aufenthaltsgestattung nach § 63 AsylG maßgebend.[3] Hat der Asylsuchende in einer Aufnahmeeinrichtung (§ 47 Abs. 1 S. 1, Abs. 1 a, § 30 a Abs. 3 AsylG) Wohnung zu nehmen, ist das Verwaltungsgericht örtlich zuständig, in dessen Bezirk sich die Aufnahmeeinrichtung befindet. Sind nach landesrechtlichen Vorschriften dieser Einrichtung Außenstellen und Gemeinschaftsunterkünfte zugeordnet, die im Bezirk eines anderen Verwaltungsgerichtes gelegen sind, ist nach der Rechtsprechung das Verwaltungsgericht örtlich zuständig, in dessen Bezirk sich die Aufnahmeeinrichtung befindet.[4]

13 Insbesondere in den Fällen, in denen während der Klagefrist eine **Zuweisungsentscheidung** (§§ 50 f. AsylG) erlassen wird, ist zu prüfen, welches Verwaltungsgericht örtlich zuständig ist. Die nachträgliche länderübergreifende Umverteilung bewirkt wegen des Grundsatzes perpetuatio fori keine Änderung in der gerichtlichen Zuständigkeit.[5] Entscheidend für die Bestimmung des Gerichtsstandes ist ausschließlich die Zustimmung der Ausländerbehörde, die in

---

1 BVerwG NVwZ-RR 1995, 300, 301.
2 BVerwG InfAuslR 1985, 149; BVerwG BayVBl. 1986, 504.
3 BVerwG BayVBl. 1986, 504; OVG Hamburg EZAR 611 Nr. 5.
4 VG Darmstadt, Beschl. v. 22.3.1994 – 1 E 31245/94.A (2); VG Frankfurt am Main, NVwZ-Beil. 2001, 95.
5 ThürOVG AuAS 1997, 24.

dem der Klageerhebung vorangegangenen Verteilungsverfahren im Hinblick auf den Kläger örtlich zuständige Ausländerbehörde geworden ist. Erklärt die für den Asylsuchenden zuständige Ausländerbehörde in einer über die Beantragung von Asyl ausgestellten Bescheinigung, eine Wohnsitznahme in der Gemeinde, in der sich der Asylsuchende tatsächlich aufhalte, sei erforderlich, liegt darin die maßgebliche behördliche Zustimmung auch dann, wenn sich der Asylsuchende nach einer vorangegangenen Zuweisungsentscheidung an einem anderen Ort aufhalten sollte.[6]

Maßgebend für das Vorliegen der die Gerichtszuständigkeit begründenden behördlichen Zustimmung ist im Übrigen der **Zeitpunkt der Erhebung der Klage**.[7] Wird der Asylkläger im Bezirk einer Ausländerbehörde aufgegriffen und dort in Untersuchungshaft genommen bzw. zum Zwecke der Haft in den Bezirk der Ausländerbehörde überstellt, ist regelmäßig davon auszugehen, dass dies mit dem Einverständnis der Ausländerbehörde erfolgt,[8] so dass die Zuständigkeit des Verwaltungsgerichts begründet wird, in dessen Bezirk der amtliche Gewahrsam durchgeführt wird. Es kommt damit auf die Zustimmung der Ausländerbehörde an, in deren Bezirk der Asylsuchende im Zeitpunkt der Klageerhebung seinen Wohnsitz oder Aufenthaltsort gehabt hat. Dagegen ist nicht die Zustimmung der früheren Ausländerbehörde maßgebend. Anders liegt der Fall, wenn der Asylsuchende unerlaubt den ihm zugewiesenen Aufenthaltsbereich verlässt und in einem anderen Bundesland aufgegriffen und zwecks Rückführung festgenommen wird. Hier ist das Verwaltungsgericht örtlich zuständig, in dessen Bezirk der Asylsuchende mit Zustimmung der Ausländerbehörde seinen Aufenthalt zu nehmen hat.[9]

2. Verweisungsantrag

Ist das in der Belehrung bezeichnete Gericht unzuständig, weil diese fehlerhaft oder der Mandant nach Zustellung, aber vor Klageerhebung in den Bezirk einer Ausländerbehörde zugewiesen worden ist, die nicht im Bezirk des in der Belehrung bezeichneten Gerichtes gelegen ist, kann nachträglich der **Verweisungsantrag** gestellt werden. Gemäß § 83 VwGO in Verb. mit § 17 b Abs. 1 S. 2 GVG bleiben nach Klageerhebung beim unzuständigen Gericht und dessen Verweisung des Rechtsstreits an das zuständige Gericht die Wirkungen der Rechtshängigkeit bestehen. Ist der Rechtsbehelf trotz ordnungsgemäßer Rechtsbehelfsbelehrung beim örtlich nicht zuständigen Verwaltungsgericht erhoben worden, ist gemäß § 17 Abs. 2 GVG Antrag auf Verweisung an das zuständige Verwaltungsgericht zu stellen. Dies gilt auch für das Eilrechtsschutzverfahren.[10] Die Verweisung erhält, auch wenn sie erst nach Ablauf der Rechtsmittelfrist erfolgt, die Rechtshängigkeit der Sache.[11] Diese Rechtsfolge ergibt sich unmittelbar aus dem Gesetz (vgl. § 83 VwGO in Verb. mit § 17 b Abs. 1 S. 2 GVG).

Die Klageerhebung bei einem unzuständigen Gericht ist danach unschädlich. Aus dem asylverfahrensrechtlichen Beschleunigungsziel folgt keine abweichende Regelung.[12] Anders ist der Fall zu beurteilen, in dem die Klage bei einem Gericht eingeht, an das sie nach dem Willen

---

6 BVerwG BayVBl. 1986, 504.
7 BVerwG BayVBl. 1986, 504.
8 HessVGH EZAR 611 Nr. 9.
9 VG Berlin InfAuslR 1994, 379, 380.
10 BayVGH NVwZ-RR 1993, 668; BayVGH NJW 1997, 1251 = NVwZ 1997, 577; OVG Berlin NVwZ-RR 1998, 464, 465; VG Berlin InfAuslR 1994, 379.
11 BGH NJW 1986, 2255; OVG Rh-Pf NVwZ-RR 1996, 181; OVG NW NJW 1996, 334 = AuAS 1995, 251.
12 BayVGH AuAS 2000, 137.

des Klägers nicht gerichtet ist. In diesem Fall ist eine wirksame Klageerhebung bei einem unzuständigen Gericht gerade nicht gegeben. Die schuldhafte Erhebung der Klage bei einem unzuständigen Gericht erhält danach die Rechtshängigkeit nicht.[13] Unterzeichnet der Rechtsanwalt die Klageschrift ohne zu bemerken, dass die Bürokraft die Bezeichnung des Gerichts eigenmächtig geändert hat, trägt er dafür die volle Verantwortung.[14] § 17 b Abs. 1 S. 2 GVG findet damit nur dann Anwendung, wenn die Klage bei einem Gericht eingeht, bei dem sie nach dem Willen des Klägers eingereicht werden sollte, dieses Gericht indes unzuständig ist.

17 Ebenso wenig erhalten bleibt die Rechtshängigkeit der Sache im Falle einer Klage, die zwar an das **zuständige Gericht adressiert**, jedoch bei einem **unzuständigen Gericht eingereicht** wird.[15] Zu den Organisationspflichten des Anwalts gehört es auch, für den Fall der Verhinderung von Angestellten, die mit wichtigen Aufgaben, wie etwa der Mitnahme fristwahrender Schriftsätze zur Aufgabe bei der Post, betraut sind, von vornherein durch geeignete organisatorische Maßnahmen, etwa durch Bestimmung von Vertretern, Vorsorge zu treffen.[16] Er muss insbesondere durch organisatorische Anweisungen Sorge dafür tragen, dass die für das angeschriebene Gericht zutreffende Telefaxnummer verwendet und anhand des Sendeberichtes eine entsprechende Kontrolle vorgenommen wird.[17]

18 Der Anwalt muss sein Büro so einrichten, dass auch mögliche Unregelmäßigkeiten und Zwischenfälle, sofern sie nicht außerhalb des Bereiches der vernünftigerweise anzustellenden Überlegungen liegen, kein Hindernis für die Wahrung der Frist bedeuten.[18] In diesem Fall ist das Gericht, bei dem das Schriftstück eingeht, obwohl es dort nicht eingehen sollte, zu einer prozessualen Behandlung weder verpflichtet noch überhaupt berechtigt, sondern allenfalls nur gehalten, die Eingabe zurückzusenden oder weiterzuleiten.[19] Die versehentliche Zuleitung an ein anderes als das angesprochene Gericht unterscheidet sich damit qualitativ nicht von einem sonstigen Irrläufer des Schriftstückes an einen beliebigen Dritten. Im Gegensatz zum Rechtsirrtum, der zur Anrufung des falschen Gerichts führt und den der Gesetzgeber nachsichtig behandelt, ist die versehentliche Zuleitung ebenso wenig fristunschädlich wie eine sonstige Nachlässigkeit bei der Übermittlung fristgebundener Schriftstücke.[20]

3. Vollmachtsvorlage
a) Keine Wirksamkeitsvoraussetzung

19 Zwar kann die Klage auch **ohne Vollmacht eingereicht** werden. Sie ist aber unverzüglich nachzureichen. Bei Mandatierung ist deshalb Sorge dafür zu tragen, dass der Mandant eine Vollmacht unterzeichnet bzw. nachreicht. § 67 Abs. 3 S. 1 VwGO bestimmt, dass der Bevollmächtigte eine schriftliche Vollmacht einzureichen hat. Hierbei handelt es sich um eine vom Gericht von Amts wegen zu beachtende Sachentscheidungsvoraussetzung, deren Nichtbeachtung zur Unzulässigkeit der Klage führt.[21] Für eine Zustellung an Bevollmächtigte reicht es danach nicht aus, dass tatsächlich ein Vertretungsverhältnis besteht. Vielmehr muss hinzu-

---

13 OVG Rh-Pf NJW 1981, 1005; OVG Rh-Pf NVwZ-RR 1996, 181 f.; VGH BW NJW 1988, 222; BayVGH AuAS 2000, 137.
14 OVG SA NVwZ-RR 2004, 385.
15 OVG NW NJW 1996, 334 = AuAS 1995, 251 f.
16 KG NJW 1995, 1434, 1435.
17 BVerwG NVwZ 2004, 1007, 1108.
18 KG NJW 1995, 434, 436.
19 So ausdrücklich OVG SA NVwZ-RR 2004, 385, 386.
20 OVG NW NJW 1996 334.
21 BFH NVwZ-RR 2000, 263.

kommen, dass das Gericht auch davon Kenntnis erlangt, dass ein Bevollmächtigter für das Verfahren bestellt ist.[22] Die schriftliche Vollmacht kann auch durch einen Vertreter unterzeichnet sein, in Bezug auf den die Voraussetzungen der Duldungsvollmacht vorliegen.[23]

Aus § 67 Abs. 3 S. 2 Hs. 1 VwGO folgt andererseits, dass die Wirksamkeit der Klage nicht von dem gleichzeitigen Nachweis der Vollmacht abhängig ist.[24] Der Umstand, dass eine Vollmacht weder zusammen mit dem Rechtsbehelf noch später nachgereicht worden ist, berechtigt das Gericht allein noch nicht, den Rechtsbehelf nach Ablauf einer gewissen Frist als unzulässig zurückzuweisen. Eine derartige Verfahrensweise verletzt das verfassungsrechtlich verbürgte Recht auf Gehör.[25] Das Gericht darf **keine Überraschungsentscheidungen** treffen.

Die § 67 Abs. 3 VwGO ergänzende Vorschrift des § 88 ZPO ist wegen des im Verwaltungsprozessrecht stark ausgeprägten Untersuchungsgrundsatzes in der Weise anzuwenden, dass beim Auftreten eines Rechtsanwaltes als Prozessbevollmächtigten eine Prüfung der Vollmacht von Amts wegen grundsätzlich nicht, wohl aber dann stattfindet, wenn besondere Umstände dazu Anlass geben, die Bevollmächtigung des Anwalts in Zweifel zu ziehen.[26]

b) Gerichtliche Hinweispflicht

Für die **gerichtliche Aufforderung**, eine Prozessvollmacht vorzulegen, ist im Allgemeinen ausreichend, dass diese **angefordert** wird.[27] Die Ausschlussfrist kann sofort nach Klageeingang gesetzt werden. Eine Frist von drei Wochen wird als nicht unangemessen angesehen.[28] Gerade im Hinblick auf die Möglichkeit einer Nachreichung muss dem Bevollmächtigten zu erkennen gegeben werden, dass die Vollmacht bisher nicht vorgelegt wurde, dies jedoch zur Beurteilung der Zulässigkeit des Rechtsbehelfs für erforderlich erachtet wird. Insbesondere bei rechtlich nicht vorgebildeten Bevollmächtigten kann es sich empfehlen, entsprechend der Vorschrift des § 67 Abs. 3 S. 2 Hs. 2 VwGO eine Frist zu setzen. Diese hat keine ausschließende Wirkung, sondern eine **gesteigerte Warnfunktion** in dem Sinne, dass nach Fristablauf mit der Entscheidung über die Zulässigkeit des Rechtsbehelfs nicht mehr zugewartet werden braucht.[29]

Legt der Prozessbevollmächtigte jedoch auch nach wiederholter gerichtlicher Erinnerung keine Vollmacht vor und stellt sich heraus, dass er den Rechtsbehelf lediglich **fristwahrend** im **vermuteten Interesse** des Auftraggebers erhoben hat, ist der Rechtsbehelf nach der Rechtsprechung des BVerwG mit der Folge abzuweisen, dass den Prozessbevollmächtigten die Kosten des Verfahrens aufzuerlegen sind.[30] Legt ein als Bevollmächtigter auftretender Rechtsanwalt trotz Fristsetzung und Hinweises auf die Folgen der Nichteinreichung der Vollmacht diese nicht vor, kann er sich nach Zustellung des Prozessurteils nicht darauf berufen, die im Verwaltungsverfahren vorgelegte Vollmacht habe seine Prozessvertretung mit abgedeckt.[31] Hat der Prozessbevollmächtigte Vollmacht vorgelegt, kann andererseits aus dem Schweigen des Klägers auf eine Aufforderung des Gerichts, wegen dessen Zweifel an der Bevollmächtigung

---

22 OVG NW NVwZ-RR 2002, 234, 235.
23 OVG NW NVwZ-RR 2004, 72.
24 BVerwG InfAuslR 1985, 166.
25 BVerwG InfAuslR 1985, 166.
26 BVerwG InfAuslR 1985, 166.
27 BVerwG InfAuslR 1985, 166.
28 BFH NVwZ-RR 2000, 263.
29 BVerwG InfAuslR 1985, 166.
30 BVerwG NJW 1960, 593; s. aber § 83 b AsylG: Im Asylrecht besteht Gerichtskostenfreiheit.
31 BSG NJW 2001, 2652 = NVwZ 2001, 1198 (Ls.).

hierzu Stellung zu nehmen, nicht auf einen Widerruf der einmal erteilten Vollmacht geschlossen werden.[32] Im Übrigen genügt die Bezugnahme auf eine dem Gericht bereits vorliegende Vollmacht, wenn diese Bestandteil der Akten eines anderen Spruchkörpers dieses Gerichts ist.[33]

c) Formelle Erfordernisse

24 Die schriftliche Vollmacht muss wie eine Willenserklärung im Sinne des § 126 BGB vom Auftraggeber **unterzeichnet** sein.[34] Im Rahmen dieser Vorschrift ist es anerkanntermaßen unerheblich, in welcher Reihenfolge Text und Unterschrift gesetzt werden. Demgemäß sind Blankounterschriften oder zunächst unvollständig ausgefüllte Vollmachtsformulare, denen zur Herstellung des Bezugs zum konkreten Rechtsstreit erst später ein Text vorangestellt wird, nach allgemeiner Ansicht formwirksam.[35] Ebenso reicht es aus, wenn der Prozessbevollmächtigte das Vollmachtsformular zwar unvollständig belässt, den notwendigen Bezug zum konkreten Rechtsstreit aber dadurch herstellt, dass er das Formular einem eingereichten Schriftsatz anheftet.[36]

25 Die Vollmacht – auch eine Blankovollmacht – muss stets den **Vertretungstatbestand präzis bezeichnen**. Es begegnet andererseits Bedenken, dass eine Vollmacht, die in einem Verfahren vorgelegt wird, das auf Verlängerung des Aufenthaltstitels gerichtet und mit dem Vermerk „Aufenthaltsrechtliche Angelegenheiten" bezeichnet ist, nicht als ordnungsgemäße Vollmacht behandelt wird.[37] Legt ein Bevollmächtigter eine Vollmacht, die umfassend auf die Bevollmächtigung „wegen Asylangelegenheiten, Aufenthaltsgestattung, Ausländerrecht" hinweist, nur im gegen die Ausländerbehörde gerichteten Eilrechtsschutzverfahren vor, nicht indes zugleich auch im asylrechtlichen Klageverfahren, wird in der obergerichtlichen Rechtsprechung vereinzelt für das Klageverfahren eine nicht ordnungsgemäße Bevollmächtigung angenommen.[38] Diese Rechtsprechung ist jedoch nicht mit dem Grundsatz, dass Verfahrensvorschriften so auszulegen und anzuwenden sind, dass sie ein Höchstmaß an effektivem Rechtsschutz sicherstellen (vgl. Art. 19 Abs. 4 GG), zu vereinbaren. Außerdem kann den Entscheidungsgründen nicht entnommen werden, ob vor Zustellung des Prozessurteils eine Warnung an den Bevollmächtigten ergangen war.

d) Blankovollmacht

26 Das Prozessrecht verbietet es nicht, dass der Auftraggeber seinem Rechtsanwalt mehrere **unterschriebene**, im Übrigen aber **unausgefüllte Vollmachtsformulare** übergibt und ihn ermächtigt, sie nach eigener Entscheidung von Fall zu Fall zu ergänzen – erst dadurch entsteht die konkrete Prozessvollmacht – und zu verwerten.[39] Auch eine bereits vor Jahren erteilte Vollmacht bleibt unter diesen Voraussetzungen wirksam.[40] Dementsprechend ist auch eine **undatierte Vollmacht wirksam**.[41] Gegebenenfalls ist eine unzureichend ausgefüllte Vollmachtsur-

---

32 BFH NVwZ-RR 1999, 280; BFH NVwZ-RR 2000, 192; BFH NVwZ 2002, 639, 640.
33 BFH NVwZ-RR 1998, 528.
34 BVerwG InfAuslR 1983, 309.
35 BVerwG InfAuslR 1983, 309; BFH NVwZ-RR 1997, 387, 388; BFH NVwZ 1998, 662, 663; BFH NVwZ-RR 2001, 347.
36 BFH NVwZ-RR 1997, 387, 388; BFH NVwZ-RR 2001, 347; BFH NVwZ 2002, 639, 640.
37 Vgl. HessVGH InfAuslR 2002, 76, 77.
38 OVG NW NVwZ-RR 2002, 234, 235.
39 BVerwG InfAuslR 1983, 309; BFH NVwZ 2002, 639, 640.
40 BFH NVwZ 1998, 662, 663; BFH NVwZ-RR 1999, 80; BFH NVwZ 2002, 639, 640.
41 BFH NVwZ 2002, 639, 640.

kunde im Zusammenhang mit dem eingereichten Schriftsatz auszulegen.⁴² Von dem Fall der **Blankovollmacht** zu unterscheiden ist der Fall, in dem der Verfahrensbevollmächtigte eine Vollmacht vorlegt, die einen Vertretungstatbestand bezeichnet, um den es im anhängigen Verfahren nicht geht.

III. Formelle Erfordernisse der Klageeinreichung und Antragstellung
1. Erfordernis der Schriftlichkeit der Rechtsmitteleinlegung

Klage und Eilantrag sind **schriftlich** beim Verwaltungsgericht zu erheben (§ 81 Abs. 1 VwGO). Klage und Eilantrag können in einem Schriftsatz zusammengefasst werden. Für die Einlegung des Rechtsmittels per Fax reicht es aus, dass eine Ausfertigung per Fax übermittelt wird und die weiteren je drei Ausfertigungen für Klage und Eilrechtsschutzantrag auf dem Postwege nachgereicht werden. Die Klageschrift muss vom Kläger oder dessen Verfahrensbevollmächtigten eigenhändig unterschrieben sein. Ist die Unterschrift nicht einmal andeutungsweise erkennbar, wie zB durch ein Handzeichen, ist das Erfordernis der Schriftform nicht gewahrt.⁴³ Dem Schriftformerfordernis genügt eine Unterschrift mittels **Faksimile-Stempel** nicht.⁴⁴ Dem Erfordernis der Schriftlichkeit kann jedoch auch ohne eigenhändige Namenszeichnung genügt sein, wenn sich aus **anderen Anhaltspunkten** eine der Unterschrift vergleichbare **Gewähr für die Urheberschaft** und den Willen ergeben, das Schreiben in den Rechtsverkehr zu bringen.⁴⁵

27

Entscheidend ist, ob sich dies aus dem bestimmten Schriftsatz allein oder in Verbindung mit den ihn begleitenden Umständen hinreichend sicher ergibt, ohne dass darüber Beweis erhoben werden müsste. Aus Gründen der Rechtssicherheit kann dabei nur auf die dem Gericht bei Eingang des Schriftsatzes erkennbaren oder bis zum Ablauf der Frist bekannt gewordenen Umstände abgestellt werden.⁴⁶ Werden Urheberschaft und Rechtsverkehrswille bereits aus dem bestimmten Schriftsatz ersichtlich, bedarf es keines weiteren fristgebundenen Vortrags. Dieser ist nur erforderlich, wenn erst aus begleitenden, dem Gericht nicht ohne Weiteres erkenntlichen Umständen Urheberschaft und Rechtsverkehrswille erschlossen werden können. Eine Heilung des Mangels der Unterschrift durch Vollziehung nach Ablauf der Rechtsbehelfsfrist ist nicht möglich.⁴⁷

28

Es widerspricht dem Grundsatz des fairen Verfahrens, wenn das Verwaltungsgericht erstmals vier Jahre nach Klageerhebung den Kläger, der seine Klageschrift nicht unterzeichnet hatte, danach befragt, ob er den Briefumschlag beschriftet habe, wenn dieser bei der gerichtlichen Geschäftsabwicklung vernichtet worden war.⁴⁸ Da der Briefumschlag einen Anhaltspunkt dafür hätte liefern können, ob dem Schriftlichkeitserfordernis trotz der fehlenden Unterschrift durch einen handschriftlichen Absendervermerk Genüge getan worden ist, darf die in die Sphäre des Gerichts fallende Vernichtung des Umschlags nicht dem Kläger angelastet werden.

29

---

42 BFH NJW 1998, 264; BFH NVwZ 2002, 639, 640.
43 EGH Hamm BRAK-Mitt. 4/1990, 249.
44 VG Darmstadt HessVGRspr. 1994, 6; VG Darmstadt HessVGRspr. 1994, 71; VG Wiesbaden HessVGRspr. 1994, 7; VG Wiesbaden HessVGRsp. 1995, 31, 32.
45 BVerwGE 30, 274, 277 ff.; BVerwGE 81, 32, 35; BVerwG NVwZ 1989, 555 = NJW 1989, 1175; BVerwG NJW 2003, 1544 = AuAS 2003, 102 = NVwZ 2003, 997 (Ls.); VGH BW ESVGH 39, 320.
46 BVerwG NJW 2003, 1544 = AuAS 2003, 102 = NVwZ 2003, 997 (Ls.), für die revisionsrechtliche Nichtzulassungsbeschwerde.
47 OVG NW NVwZ 1991, 582.
48 OVG Brandenburg AuAS 2000, 200.

Ihm darf daher eine eventuelle Verfristung der Klage nicht entgegen gehalten werden.[49] Es bedarf deshalb keines Wiedereinsetzungsantrags. Vielmehr ist die Klage wegen der in die Sphäre des Gerichts fallenden Nichtaufklärbarkeit des fristgemäßen Eingangs als fristgerecht eingegangen zu behandeln.

2. Bezeichnung des Klagegegenstandes

30 Die Klage muss den **Kläger**, den **Beklagten** und den **Gegenstand** des Klagebegehrens bezeichnen (§ 82 Abs. 1 S. 1 VwGO). Sie soll einen bestimmten Antrag enthalten (§ 82 Abs. 1 S. 2 VwGO). Genügt die Klage diesem Erfordernis nicht, kann der Vorsitzende oder der Berichterstatter dem Kläger für die Ergänzung eine Frist mit ausschließender Wirkung setzen (§ 82 Abs. 2 S. 1 VwGO). Nach der Rechtsprechung des BVerwG genügt es, wenn das Ziel des Klagebegehrens aus der Tatsache der Einlegung des Rechtsmittels allein oder in Verbindung mit den während der Rechtsmittelfrist abgegebenen Erklärungen erkennbar ist.[50] Im Asylprozess genügt es daher regelmäßig, dass sich nach dem gegebenenfalls sachdienlich durch Auslegung (vgl. § 86 Abs. 3, § 88 VwGO) zu ermittelnden Sinn des Klagebegehrens ergibt, dass der Kläger die Aufhebung des Bescheides und die Gewährung von Flüchtlingsschutz oder von Abschiebungsschutz begehrt. Nur in dem Fall, in dem das Begehren widersprüchlich ist, hat der Vorsitzende oder Berichterstatter den Kläger zur Klarstellung seines Begehrens aufzufordern. Erfolgt diese nicht innerhalb der gesetzten Frist, so ist die Klage endgültig unzulässig.[51]

31 Ergibt sich danach aus den Klageanträgen und den innerhalb der Rechtsmittelfrist eingereichten Unterlagen hinreichend deutlich das mit dem Klagebegehren verfolgte Ziel, dürfen erst in der mündlichen Verhandlung gestellte Anträge nicht als Klageänderungen, sondern müssen diese als auch noch nach Ablauf der Rechtsmittelfrist zulässige Klageerweiterungen behandelt werden.[52] Dass die sachgerechte Antragstellung nicht Voraussetzung für eine ordnungsgemäße Klageerhebung ist, ergibt sich aus § 82 Abs. 1 S. 2, Abs. 2 VwGO, wonach die Klage nur einen bestimmten Antrag enthalten „soll".[53]

32 In dem Antrag auf Verpflichtung zur Zuerkennung der Flüchtlingseigenschaft nach § 3 Abs. 4 Hs. 1 AsylG ist bei sachdienlicher Auslegung das Begehren auf Verpflichtung der Beklagten auf Gewährung dieses Schutzes enthalten. Die Asylberechtigung enthält als Kernelement die für den Flüchtlingsschutz maßgebenden Voraussetzungen. Beantragt der Kläger die uneingeschränkte Aufhebung des Bescheids des Bundesamtes, jedoch schriftsätzlich zugleich lediglich die Verpflichtung auf Asylanerkennung und stellt er erst in der mündlichen Verhandlung den Antrag auf Verpflichtung zur Zuerkennung der Flüchtlingseigenschaft (§ 3 Abs. 4 Hs. 1 AsylG) und auf Zuerkennung des subsidiären Schutzstatus (§ 4 Abs. 1 Satz 1 AsylG) sowie auf Feststellung von Abschiebungsverboten nach § 60 Abs. 5 und 7 AufenthG, ist die Klage in Ansehung der späteren Anträge nicht als verfristet anzusehen.[54] Nur dann, wenn der Kläger sein Begehren ausdrücklich auf die Zuerkennung der Flüchtlingseigenschaft (§ 3 Abs. 4 AsylG) oder auf Zuerkennung des subsidiären Schutzstatus (§ 4 Abs. 1 Satz 1 AsylG) oder auf

---

49 OVG Brandenburg AuAS 2000, 200.
50 BVerwGE 58, 299, 300 f., unter Hinweis auf BVerwGE 13, 94, 95.
51 BFH NVwZ-RR 1999, 815.
52 BFH NVwZ-RR 1998, 408.
53 OVG SH NVwZ 1992, 385.
54 OVG Hamburg, NVwZ-Beil. 1998, 44, 45 = AuAS 1998, 115.

Feststellung von Abschiebungsverboten (§ 60 Abs. 5 und 7 AufenthG) beschränkt, darf das Verwaltungsgericht über das Begehren nicht hinausgehen (vgl. § 88 VwGO).

Bei einer offenen, nicht auf die Anspruchgrundlagen verweisenden Formulierung, die aber eine uneingeschränkte Aufhebung des Bescheides und eine dem korrespondierende Formulierung um Gewährung umfassenden Schutzes enthält, kann das Begehren **sachdienlich ausgelegt** werden. Gegebenenfalls ist der Kläger nach § 82 Abs. 2 S. 1 VwGO zur Erläuterung aufzufordern. Der Kläger hat in diesem Fall zur Bestimmung des Klagegegenstandes substanziiert darzulegen, inwieweit der angefochtene Verwaltungsakt rechtswidrig ist und ihn in seinen Rechten verletzt.[55] Da im Asylprozess die Klage ohnehin innerhalb der Monatsfrist des § 74 Abs. 2 S. 1 AsylG zu begründen ist, wird sich eine prozessleitende Verfügung zumeist erübrigen. Vielmehr kann regelmäßig aus der Klagebegründung hinreichend konkret der Inhalt des Klagebegehrens ermittelt werden.

3. Bezeichnung der ladungsfähigen Anschrift des Klägers

Bei Mandatierung ist die aktuelle ladungsfähige Adresse des Klägers zu notieren bzw. Sorge dafür zu tragen, dass diese alsbald nachgereicht werden kann. Zur ordnungsgemäßen Klageerhebung und zur Bezeichnung des Klägers gehört grundsätzlich auch die Angabe der ladungsfähigen Adresse des Klägers, dh der Adresse, unter der er tatsächlich zu erreichen ist.[56] Die Pflicht zur Angabe der Wohnanschrift entfällt, wenn ihre Erfüllung unmöglich oder unzumutbar ist.[57] Aus der Nichtangabe der Anschrift des Klägers im Klagerubrum kann daher nicht ohne Weiteres ein fehlendes Rechtsschutzbedürfnis abgeleitet werden. Die Angabe, dass der Kläger jederzeit über seinen Prozessbevollmächtigten erreichbar ist, genügt dem bezeichneten Erfordernis jedoch grundsätzlich nicht.[58]

§ 82 Abs. 1 VwGO erfordert bei natürlichen Personen in der Regel die **Angabe der Wohnanschrift** und ihre Änderung. Die Wohnanschrift ist nur angegeben, wenn sie sich nicht bereits aus den Akten ergibt, sonstwie bekannt ist oder sich auf andere Weise ohne Schwierigkeiten ermitteln lässt. Erforderlichenfalls muss das Verwaltungsgericht dem Kläger einen Hinweis geben. Lebt der Kläger im Ausland, genügt die Angabe der Anschrift im Ausland.[59] Der Kläger muss nicht ausdrücklich benannt werden. Es genügt, wenn sich die Person des Klägers aus der Rechtsmittelschrift oder aus anderen dem Verwaltungsgericht innerhalb der Rechtsmittelfrist vorgelegten Unterlagen ergibt. Die Person des Rechtsmittelführers muss mithin innerhalb der Rechtsmittelfrist für das Gericht erkennbar werden.[60] Die Rechtsmittelschrift muss lediglich die Angabe enthalten, für wen und gegen wen das Rechtsmittel eingelegt wird.[61]

Nach der obergerichtlichen Rechtsprechung dient jedoch die Angabe der ladungsfähigen Adresse in der Klageschrift nicht nur der Individualisierbarkeit und Identifizierbarkeit des Klägers. Jedenfalls der Prozessbevollmächtigte müsse die ladungsfähige Adresse kennen. Sei

---

55 Vgl. BFH NVwZ-RR 1999, 815.
56 HessVGH NVwZ-RR 1996, 179, 180; OVG NW NVwZ-RR 1997, 390; BayVGH AuAS 2003, 164, 165.
57 BVerwG NJW 1999, 2608 = NVwZ 1999, 1107; s. aber BVerfG (Kammer), EZAR 630 Nr. 37 = InfAuslR 1999, 43 = NVwZ-Beil. 1999, 17.
58 BayVGH AuAS 2003, 164, 165; NdsOVG, NVwZ-Beil. 2003, 37; vgl. auch OVG NW AuAS 2002, 91, 92; ThürOVG InfAuslR 2000, 19, 20; VGH BW AuAS 1998, 119, 120.
59 BVerwGE 117, 380, 383 = EZAR 019 Nr. 19 = NVwZ 2003, 1275 = InfAuslR 2003, 324 = AuAS 2003, 182.
60 BGH NJW 1994, 1879.
61 BGH NJW 1994, 1879.

auch das nicht der Fall, verletze der Kläger eine ihm obliegende **prozessuale Mitwirkungspflicht**, auf die nicht anders als mit einer Prozessabweisung zu reagieren sei.[62] Die Pflicht zur Angabe der Wohnungsanschrift entfalle nur dann, wenn ihre Erfüllung unmöglich oder unzumutbar sei. Die maßgebenden Gründe für eine Ausnahme von der Verpflichtung zur Angabe einer ladungsfähigen Anschrift, etwa nur schwer zu beseitigende Probleme bei der Beschaffung der für die Angabe der Anschrift erforderlichen Informationen, sind dem Gericht innerhalb der Ausschlussfrist des § 82 Abs. 2 S. 2 VwGO mitzuteilen.[63] Insbesondere nach dem Vollzug der Zurückweisung des Asylklägers im Flughafenverfahren oder auch nach der Abschiebung in anderen Verfahren darf das Verwaltungsgericht keine unzumutbaren oder unerfüllbaren Anforderungen aufstellen.

37 Tritt der Asylsuchende im Asylverfahren unter **falschen Namen** auf, wird nach der Rechtsprechung der Bescheid auch dann wirksam zugestellt, wenn er an den Kläger unter seinen falschen Namen gerichtet wird. Voraussetzung für eine wirksame Bekanntgabe nach § 43 Abs. 1 S. 1 VwVfG sei lediglich, dass der Kläger als Adressat wirklich existiere, nicht hingegen, dass er nicht unter falschen Namen aufgetreten sei. Denn dies berühre seine tatsächliche Identität nicht. Auf diese allein komme es jedoch an.[64] Dementsprechend kann der Kläger unter dem Namen, den er dem Bundesamt angegeben hat und unter dem der Bescheid an ihn zugestellt worden ist, Klage erheben. Eine ganz andere Frage betrifft die Notwendigkeit, zur Durchsetzung des Klageanspruchs die Identitätstäuschung im Rahmen der Klagebegründung offen zu legen und die hierfür maßgeblichen Gründe plausibel und überzeugend darzulegen (vgl. auch § 30 Abs. 3 Nr. 2, § 78 Abs. 1 AsylG).

38 Entspricht die Klage den in § 82 Abs. 1 VwGO genannten Voraussetzungen nicht, hat der Vorsitzende oder Berichterstatter den Kläger zu der erforderlichen Ergänzung innerhalb einer bestimmten Frist aufzufordern.[65] Unterbleibt danach in der Klageschrift die Angabe der ladungsfähigen Adresse, darf das Verwaltungsgericht die Klage nicht ohne Weiteres als unzulässig abweisen, sondern hat gemäß § 87 b in Verb. mit § 82 Abs. 2 VwGO den Kläger unter Fristsetzung zur Bezeichnung der ladungsfähigen Adresse aufzufordern.[66]

IV. Begründungsfrist

1. Eilrechtsschutzantrag

39 Für den Eilrechtsschutzantrag enthält das Gesetz zwar strikte Fristen für die **Einlegung** des Antrags, nicht jedoch für dessen **Begründung** (s. aber Rn. 42). Abweichend vom allgemeinen Verwaltungsprozessrecht besteht für den einstweiligen Rechtsbehelf eine einwöchige Antragsfrist. Wegen § 74 Abs. 1 Hs. 2 AsylG ist auch die Klage innerhalb dieser Frist zu erheben. Wird kein einstweiliger Rechtsbehelf eingelegt, wird die Abschiebungsandrohung (§ 34 und § 35 AsylG) nach Ablauf der einwöchigen Ausreisefrist gemäß § 36 Abs. 1 AsylG vollziehbar. Die gegen die Abschiebungsandrohung gerichtete Anfechtungsklage hat keine aufschiebende Wirkung (§ 75 AsylG). Will der Antragsteller für das weitere Verfahren sein Verbleibsrecht sicherstellen, muss er deshalb binnen Wochenfrist einen Antrag auf Anordnung der aufschie-

---

62 OVG NW NVwZ-RR 1997, 390: BayVGH AuAS 2003, 164, 165.
63 BayVGH AuAS 2003, 164, 165.
64 BayVGH EZAR 210 Nr. 12.
65 BVerwG NJW 1999, 2608 = NVwZ 1999, 1107 (Ls.); BayVGH AuAS 2003, 164, 165.
66 OVG NW NVwZ-RR 1997, 390; BayVGH AuAS 2003, 164, 165.

benden Wirkung seiner Anfechtungsklage gegen die Abschiebungsandrohung nach § 80 Abs. 5 VwGO stellen (§ 36 Abs. 3 S. 1 AsylG).

Zwar ist nach der obergerichtlichen Rechtsprechung die **Umgehung der Wochenfrist** dadurch, dass nach deren Ablauf ein einstweiliger Anordnungsantrag nach § 123 VwGO gestellt wird, nicht zulässig.[67] Es ist jedoch zulässig, bei zweifelhafter Unanfechtbarkeit der Abschiebungsandrohung zur Verhinderung der Abschiebung, einen Eilrechtsschutzantrag gegen den Träger der zuständigen Ausländerbehörde zu richten.[68] Dabei darf das Gericht allerdings die Abschiebung nicht unter Hinweis auf eine verspätete Klage gegen die Asylablehnung aussetzen und dabei offen lassen, ob der gestellte Wiedereinsetzungsantrag voraussichtlich Erfolg haben wird.[69] Ist der Rechtsschutzantrag wegen Fristversäumnis zurückgewiesen worden, kann der Betroffene jedoch bei nachträglich, also **nach Ergehen des Beschlusses** eingetretenen **veränderten Umständen** einen **einstweiligen Rechtsschutzantrag** nach § 123 VwGO stellen.[70]

40

Im Hinblick auf den strengeren Prüfungsmaßstab nach § 36 Abs. 4 S. 1 AsylG und die in § 36 Abs. 4 S. 2 und 3 AsylG vorgesehenen Beschränkungen des Untersuchungsgrundsatzes ist der Antragsteller zu möglichst umfassendem und insbesondere unverzüglichem Vortrag gehalten (BT-Drs. 12/4450, S. 24). Daher sollten zur zweckentsprechenden Rechtsverteidigung bereits mit dem einstweiligen Rechtsschutzantrag sämtliche Tatsachen und Beweismittel angegeben werden. Mit späterem Sachvorbringen ist der Antragsteller zwar nicht präkludiert. Jedoch kann das Verwaltungsgericht unter den Voraussetzungen des § 36 Abs. 4 S. 3 AsylG ein nach § 25 Abs. 3 AsylG im Verwaltungsverfahren verspätetes Sachvorbringen auch im Eilrechtsschutzverfahren unberücksichtigt lassen. Wegen der Bedeutung des Asylrechts sollte das Verwaltungsgericht jedoch sehr zurückhaltend mit dieser Präklusionsvorschrift umgehen.

41

Obwohl nach dem Gesetz **keine fristgebundene Begründungsfrist** besteht, ist der sachkundige und gewissenhafte Verfahrensbevollmächtigte gut beraten, wegen der richterlichen Entscheidungsfrist (vgl. § 36 Abs. 3 S. 5 ff. AsylG) möglichst innerhalb der Antragsfrist den Antrag auch zu begründen bzw. um Fristverlängerung nachzusuchen. Da der Antragsteller bei Mandatierung im Besitz der Asylakte ist (vgl. § 36 Abs. 2 S. 1 AsylG), kann der Antrag auch begründet werden. Obwohl Bezugspunkt des Antrags lediglich das Offensichtlichkeitsurteil ist, sollte der Antrag innerhalb der einwöchigen Rechtsmittelfrist umfassend, nach Möglichkeit noch **intensiver wie eine Klagebegründung** begründet werden. Bei einer Klagebegründung kann bis zur mündlichen Verhandlung oder bis zum Ablauf der in einer prozessleitenden Verfügung nach § 87 b Abs. 2 VwGO gesetzten Frist jederzeit ergänzendes Sachvorbringen eingereicht werden. Bei unzulänglicher Begründung des Eilrechtsschutzantrags sind die Folgen irreparabel, weil die erstinstanzliche Entscheidung unanfechtbar ist (vgl. § 80 AsylG). Es muss deshalb innerhalb der Wochenfrist der Beratungstermin unter Zuziehung eines professionellen Dolmetschers durchgeführt und der Eilrechtsschutzantrag weitaus umfassender wie eine Klage begründet werden.

42

Im Hinblick auf die das Gericht betreffende Entscheidungsfrist des § 36 Abs. 3 S. 5 AsylG kann unterbliebener oder unvollständiger Sachvortrag einschneidende Rechtsfolgen haben. Auch kann die Präklusionswirkung nach § 36 Abs. 4 S. 2 AsylG eingreifen. Zwar hindert das

43

---

[67] OVG Hamburg AuAS 1993, 70, 71.
[68] BayVGH, NVwZ-Beil. 1994, 67 = AuAS 1994, 204.
[69] BayVGH, NVwZ-Beil. 1994, 67 = AuAS 1994, 204.
[70] VG Gießen AuAS 1993, 228.

Gesetz das Verwaltungsgericht nicht, bereits vor Ablauf der Frist nach § 36 Abs. 3 S. 5 AsylG zu entscheiden. Vielmehr geht diese Norm davon aus, dass die Entscheidung „innerhalb" von einer Woche nach Ablauf der einwöchigen Ausreisefrist getroffen werden „soll". Es spricht jedoch Vieles dafür, dem Antragsteller zur möglichst umfassenden Begründung seines Rechtsschutzbegehrens entgegen zu kommen und deshalb nicht unmittelbar nach Ablauf der Wochenfrist zu entscheiden. Gegebenenfalls ist das Verwaltungsgericht darauf hinzuweisen, dass der Antrag innerhalb der Frist nach § 36 Abs. 3 S. 5 AsylG begründet werden wird. Die nach altem Recht geltende einwöchige Rechtsbehelfsfrist, die jedoch nicht zugleich auch Begründungsfrist war, wurde in der obergerichtlichen Rechtsprechung ohne nähere Begründung als vereinbar mit Verfassungsrecht angesehen.[71]

2. Klage

a) Monatsfrist (§ 74 Abs. 2 S. 1 AsylG)

44 Nach § 74 Abs. 2 S. 1 AsylG sind die zur **Begründung dienenden Tatsachen und Beweismittel** binnen einer Frist von **einem Monat** nach Zustellung der Entscheidung anzugeben. Die Begründungsfrist knüpft damit nicht an die Klagefrist des § 74 Abs. 1 AsylG an. Vielmehr beginnen mit der Zustellung Rechtsbehelfs- und Begründungsfrist einheitlich zu laufen. Während die Klagefrist nach Ablauf von zwei Wochen (§ 74 Abs. 1 Hs. 1 AsylG) bzw. im Falle der Antragsablehnung als offensichtlich unbegründet von einer Woche (§ 74 Abs. 1 Hs. 2 AsylG) nach Zustellung endet, läuft die Begründungsfrist nach Ablauf eines Monats nach Zustellung einheitlich für alle Klagen – auch für die im Zusammenhang mit einem Eilrechtsschutzantrag nach § 36 Abs. 3 S. 1 AsylG erhobene Klage – ab (§ 74 Abs. 2 S. 1 AsylG).

b) Differenzierung zwischen subjektiven Erlebnissen und allgemeinen Verhältnissen

45 Zum **Umfang der Klagebegründung** differenziert die Gesetzesbegründung – wohl in stillschweigender Anknüpfung an die Rechtsprechung des BVerwG zum Umfang der Darlegungslast in Asylverfahren – zwischen den Mitwirkungspflichten des Asylsuchenden einerseits sowie den aus dem Untersuchungsgrundsatz (§ 86 Abs. 1 VwGO) folgenden gerichtlichen Verpflichtungen andererseits: Der Asylsuchende berufe sich regelmäßig auf Umstände, die in seinem persönlichen Lebensbereich liegen würden und daher nur von ihm selbst vorgetragen werden könnten. Auch die Beweismittel, die diese Umstände belegen könnten (insbesondere Zeugen und Urkunden), könnte vielfach nur der Kläger selbst benennen. Komme er seiner hieraus folgenden Mitwirkungspflicht nicht oder nur unzureichend nach, führe dies zu erheblichen Verfahrensverzögerungen. Dem solle durch die zwingende Begründungsfrist in § 74 Abs. 2 S. 1 AsylG Rechnung getragen werden.[72] Unberührt von dieser Darlegungspflicht bleibe der Untersuchungsgrundsatz nach § 86 Abs. 1 VwGO. Deshalb würden die Gerichte beispielsweise Ermittlungen über die allgemeine politische Lage im Herkunftsland des Asylklägers, soweit erforderlich, auch weiterhin von Amts wegen vornehmen müssen.[73]

46 Als generelle Faustregel zur Handhabung der fristgebundenen Begründungspflicht wird man daher sagen können, dass innerhalb der Begründungsfrist sämtliche den individuellen Lebensbereich des Asylklägers betreffende Tatsachen und Beweismittel anzugeben sind. Der Umfang der fristgebundenen Begründungsfrist wird insbesondere durch die den Asylkläger treffende

---

71 OVG Hamburg DÖV 1983, 648; OVG NW DÖV 1983, 648; VGH BW VBlBW 1983, 205.
72 BT-Drs. 12/2062, S. 40.
73 BT-Drs. 12/2062, S. 40.

Darlegungspflicht bestimmt: Der Asylsuchende braucht nur in Bezug auf die in seine **eigene Sphäre** fallenden Ereignisse und persönlichen Erlebnisse eine in sich stimmige und widerspruchsfreie Schilderung zu geben, die geeignet ist, seinen Anspruch lückenlos zu tragen.[74] Hinsichtlich der allgemeinen Umstände ist ein Asylsuchender oft in einer schwierigen Lage. Denn seine eigenen Kenntnisse und Erfahrungen sind häufig auf einen engeren Lebenskreis begrenzt und liegen zudem stets einige Zeit zurück.[75] Daher würde seine Mitwirkungspflicht auch im Blick auf den Umfang der Klagebegründung überdehnt, wollte man auch insofern einen Tatsachenvortrag verlangen, der seinen Anspruch lückenlos zu tragen vermöchte und im Sinne der zivilprozessualen Verhandlungsmaxime schlüssig zu sein hätte. Insofern muss es genügen, um das Gericht zu Ermittlungen zu veranlassen, wenn sich aus den vom Asylkläger vorgetragenen Tatsachen – ihre Wahrheit unterstellt – die nicht entfernt liegende Möglichkeit ergibt, dass ihm bei Rückkehr Verfolgung droht.[76]

Dies erfordert im Einzelnen insbesondere eine konkrete und detaillierte Auseinandersetzung mit den im angefochtenen Asylbescheid erhobenen Bedenken gegen die Glaubhaftigkeit der Sachangaben innerhalb der Begründungsfrist. Diese sind innerhalb dieser Frist nach Möglichkeit erschöpfend auszuräumen. Ausreichend ist aber, dass dem Grunde nach Tatsachen und Umstände vorgetragen werden, die geeignet sind, Glaubhaftigkeitsbedenken auszuräumen. Ergänzendes Sachvorbringen nach Fristablauf, das sich auf dem Grunde nach bereits vorgetragene Tatsachen bezieht, bleibt rechtlich zulässig. Das Vorbringen neuer Tatsachen und Beweismittel bleibt unberührt (§ 74 Abs. 2 S. 4 AsylG). Der Anknüpfungszeitpunkt hierfür ist das Fristende nach § 74 Abs. 2 S. 1 AsylG. Tatsachen und Beweismittel, die nach dieser Frist bekannt werden, können nachträglich vorgebracht werden und unterliegen keiner besonderen Fristbestimmung. 47

c) Spagat zwischen Detailgenauigkeit und Vermeidung verspäteten Vorbringens

Auch bei der Klagebegründung ist ebenso wie bei der erstmaligen Antragsbegründung (s. Rn. 49) eine besondere anwaltliche Kunst gefordert, nämlich einerseits zu vermeiden, dass das Sachvorbringen nicht konkret und fallbezogen erscheint, andererseits zu verhindern, dass durch eine zu hohe Detailgenauigkeit **Widersprüche** mit dem bisherigen Sachvorbringen und insbesondere mit dem in der mündlichen Verhandlung zu erwartenden Vorbringen auftreten können. Auch ist stets zu bedenken, dass bei nachträglichem Vorbringen der Einwand des verspäteten Sachvorbringens droht, weil häufig nicht zwischen Vertiefung bzw. Ergänzung bisherigen Sachvorbringens und gänzlich neuem Tatsachenstoff differenziert wird. 48

Auch hier ist die in der Spruchpraxis der Verwaltungsgerichte beliebte Vorgehensweise zu bedenken, aus dem **Vergleich** der anwaltlichen **Klagebegründung mit der Niederschrift der Anhörung** und gegebenenfalls weiteren schriftlichen Erklärungen des Mandanten Stoff für die Klageabweisung herauszuarbeiten. Diese Gefahr kann nicht vermieden, muss aber minimiert werden. Insbesondere bei der Angabe von **zeitlichen Daten** sollte der Anwalt sich ausdrücklich versichern, ob der Mandant über ein insoweit unzweideutiges Erinnerungsvermögen verfügt. In dem Fall, in dem der Mandant die Vielzahl der Daten genauso wie bisher angibt, sollte geprüft werden, ob der Mandant auswendig gelerntes Wissen wiedergibt. Im Zweifelsfall sollte man bei der Angabe von Daten relativ konkrete **Annäherungswerte** angeben. Dies 49

---

74 BVerwG EZAR 630 Nr. 8; BVerwG InfAuslR 1984, 129; 1989, 350.
75 BVerwG InfAuslR 1981, 156; BVerwG InfAuslR 1983, 76; BVerwG DÖV 1983, 207; BVerwG BayVBl. 1983, 507.
76 BVerwG InfAuslR 1981, 156; BVerwG InfAuslR 1983, 76; BVerwG DÖV 1983, 207; BVerwG BayVBl. 1983, 507.

wirkt glaubwürdiger als die exakte Wiedergabe von Daten, es sei denn, der Mandant kann hiervor Gründe bezeichnen, etwa weil die Festnahme am Geburtstag seiner Schwester durchgeführt wurde.

50 Zusammenfassend ist festzuhalten, dass innerhalb der Begründungsfrist vom Asylkläger sämtliche in seine **persönliche Erlebnissphäre fallenden Ereignisse** und Vorkommnisse, die Anlass zur Flucht gegeben hatten oder sich auf Aktivitäten im Bundesgebiet beziehen, erschöpfend und **detailliert darzulegen** sind. Da im angefochtenen Asylbescheid, insbesondere bei der Ablehnung als offensichtlich unbegründet häufig eine Reihe von Einwänden gegen die persönliche Glaubwürdigkeit bzw. die Glaubhaftigkeit der Sachangaben erhoben werden, ist eine konkrete Auseinandersetzung mit diesen nach Maßgabe der genannten Grundsätze erforderlich. Ausführungen zur allgemeinen politischen und rechtlichen Situation im Herkunftsland des Asylklägers bleiben jederzeit möglich. Dies trifft auch auf die zur Aufklärung der allgemeinen Situation im Herkunftsland dienenden Beweismittel zu. Insoweit ist das Gericht nach § 86 Abs. 1 VwGO ohnehin gehalten, von Amts wegen jede mögliche Aufklärung des Sachverhalts bis zur Grenze des Zumutbaren zu versuchen, sofern dies für die Entscheidung des Verwaltungsstreitverfahrens von Bedeutung ist.[77]

51 Häufig werden Glaubhaftigkeitsbedenken auch aus **Erkenntnissen zur allgemeinen Situation im Herkunftsland** abgeleitet. Hier reicht es aus, wenn in der Klagebegründung substanziiert der Hergang der Ereignisse darlegt wird, so wie der Kläger ihn erlebt hat. Ist dieses Sachvorbringen in sich schlüssig, kann nicht ohne Weiteres davon ausgegangen werden, dass die vom Bundesamt verwertete allgemein gehaltene Erkenntnisquelle die ihr beigemessene Aussagekraft hat. Erforderlichenfalls ist von Amts wegen aus Anlass des Sachvortrags weiter aufzuklären oder ist zu diesem Zweck Beweisantrag auf Einholung einer Sachverständigenauskunft zu stellen. Mit Blick auf die allgemeine Situation im Herkunftsstaat sind damit die Anforderungen an die Darlegungslast deutlich herabgestuft: Der Kläger muss die Tatsachen benennen, die dem Gericht Anlass geben sollen, die zur Bewertung seines individuellen Sachvortrags erforderlichen allgemeinen Zustände und Verhältnisse im Herkunftsland näher aufzuklären. Häufig wird die allgemeine Situation bereits hinreichend aufgeklärt sein, so dass es nur noch auf den „Glaubhaftigkeitstest" ankommt. Insbesondere in diesem Fall ist besondere Sorgfalt auf einen in sich stimmigen und dichten Vortrag über die individuellen Erlebnisse im Herkunftsland zu geben. In der Begründung sollte stets deutlich gemacht werden, aus welchen Gründen zu welchen allgemeinen Tatsachen und Umständen noch weitere Sachaufklärung für erforderlich erachtet wird. Aus der Rechtsprechung des BVerwG folgt, dass insoweit geringere Anforderungen an die Darlegungslast gestellt werden.

d) Vorbereitung von Beweisanträgen in der Klagebegründung

52 Sollen in der mündlichen Verhandlung Beweisanträge gestellt werden, sind diese nach Möglichkeit bereits in der schriftlichen Klagebegründung **schriftlich zu formulieren** und zu **substanziieren**. Das ersetzt allerdings nicht die förmliche Antragstellung in der mündlichen Verhandlung. Schriftlich vorformulierte Beweisanträge, die in der mündlichen Verhandlung nicht formell gestellt werden, lösen keine gerichtliche Bescheidungspflicht aus (vgl. § 86 Abs. 2 VwGO). Sie werden zwar als Beweisanregungen gewertet und können als solche die gerichtli-

---

[77] BVerfG InfAuslR 1990, 161; BVerwG DÖV 1983, 647 = InfAuslR 1983, 185 = BayVBl. 1983, 507; BVerwG InfAuslR 1984, 292.

che Sachaufklärungspflicht auslösen. Ihre Nichtbeachtung durch das Gericht begründet regelmäßig aber keine Gehörsverletzung und eröffnet deshalb nicht den Weg in die Berufung. Deshalb ist zur Wahrung des Rügerechts der schriftsätzlich vorformulierte Beweisantrag in der mündlichen Verhandlung zu Protokoll zu erklären.[78]

Denn die auf die unzulängliche gerichtliche Sachaufklärung gerichtete **Aufklärungsrüge** ist im Asylprozess grundsätzlich nicht gegeben.[79] Häufig kann aber nicht bereits innerhalb der Begründungsfrist der Beweisantrag schriftlich angekündigt werden, da noch weitere Ermittlungen angestellt werden müssen. Da Verletzungen der Klagebegründungsfrist regelmäßig nicht irreparable Folgen auslösen (s. nachfolgend), kann der Beweisantrag auch zu einem späteren Zeitpunkt, jedenfalls spätestens vor Ablauf der durch prozessleitende Verfügung (§ 87 b Abs. 2 VwGO) gesetzten Frist schriftlich angekündigt und substanziiert werden. 53

e) Rechtsausführungen sind fristungebunden

Rechtsausführungen sind **jederzeit möglich**. Denn das Gericht hat über das Klagebegehren nach seiner eigenen Rechtsauffassung zu entscheiden. Rechtsausführungen des Klägers zu materiellen und prozessualen Fragen haben daher lediglich anregende Funktion bzw. bereiten sie das Rechtsgespräch in der mündlichen Verhandlung (§ 104 Abs. 1 VwGO) vor. Dem entspricht es, dass sie jederzeit vorgetragen werden können. Für Ausführungen zu allgemeinen, die Situation im Herkunftsland betreffenden Rechtsfragen gelten diese Grundsätze zwar nicht. Diese unterliegen aber der eingeschränkten Begründungspflicht. 54

f) Prozessleitende Verfügung nach § 87 b Abs. 2 VwGO

Zwar kann die verspätete Klagebegründung **Präklusionsfolgen** auslösen. Nach § 74 Abs. 2 S. 2 AsylG gilt § 87 b Abs. 3 VwGO im Asylstreitverfahren entsprechend. Damit findet auch im Asylprozess die fakultative Präklusionsvorschrift des allgemeinen Verwaltungsprozessrechts Anwendung. Da die Klageverfahren jedoch noch immer eine beträchtliche Dauer in Anspruch nehmen, handelt es sich bei den Präklusionsregelungen des § 87 b Abs. 3 VwGO um ein stumpfes Schwert. Dies ergibt sich aus folgenden Überlegungen: 55

Das Verwaltungsgericht kann nach Maßgabe des § 74 Abs. 2 S. 1 AsylG verspätet vorgebrachte Erklärungen und Beweismittel nach § 87 b Abs. 3 S. 1 VwGO zurückweisen und ohne weiter Ermittlungen entscheiden, wenn 56

1. ihre Zulassung nach der freien Überzeugung des Gerichts die Erledigung des Rechtsstreits verzögern würde,
2. der Beteiligte die Verspätung nicht genügend entschuldigt und er
3. über die Folgen einer Fristversäumnis belehrt worden ist.

Ist die Verfügung nach § 87 b Abs. 3 VwGO nicht wirksam zugestellt worden, entfällt die Präklusionswirkung und darf auch ein verspätet gestellter Beweisantrag nicht abgelehnt werden.[80]

Nach § 87 b Abs. 3 S. 2 VwGO ist der **Entschuldigungsgrund** auf gerichtliches Verlangen **glaubhaft** zu machen. Die fakultative Präklusion findet jedoch keine Anwendung, wenn es mit geringem Aufwand möglich ist, den Sachverhalt auch ohne Mitwirkung der Beteiligten zu 57

---

[78] BVerwG InfAuslR 1990, 99, 100, *Dahm*; ZAR 2002, 227, 230; *Jacob*, VBlBW 1997, 41, 42.
[79] S. aber *Marx*, AsylVfG, 8. Aufl., § 78 Rn. 152 ff.
[80] HessVGH AuAS 1998, 204.

ermitteln (§ 87 b Abs. 3 S. 3 VwGO). Die Voraussetzungen für die Präklusion müssen kumulativ vorliegen, dh alle drei Voraussetzungen müssen zusammen erfüllt sein.[81] Daher tritt keine Präklusion ein, wenn das Gericht bei rechtzeitigem Vortrag auch nicht schneller entschieden hätte. Zutreffend wird deshalb darauf hingewiesen, dass es wegen der Vielzahl unbestimmter Rechtsbegriffe in Verbindung mit dem den Gerichten eingeräumten Ermessen nur selten zu einer Präklusion kommen dürfte. Denn es sei regelmäßig einfacher, zur Sache zu entscheiden, als die Zurückweisung im Einzelnen zu begründen.[82]

58 In Anbetracht der nach wie vor erheblichen **Bearbeitungszeiten** der Gerichte wird im Übrigen in aller Regel die Zulassung des verspäteten Sachvorbringens **keine verfahrensverzögernde Wirkung** haben. Überdies darf die Verzögerung nicht unerheblich sein, so dass nur geringfügige Fristüberschreitungen außer Betracht zu bleiben haben. Von vornherein unzulässig ist die Anwendung der Präklusionsregelungen, wenn es sich bei den schriftsätzlich oder in der mündlichen Verhandlung abgegebenen Erklärungen gar nicht um die Angabe von Tatsachen, sondern lediglich um die nachträgliche Erläuterung und Ergänzung solcher Tatsachen handelt, die bereits in der Klageschrift oder nachträglich innerhalb der Begründungsfrist des § 74 Abs. 2 S. 1 AsylG durch Wiederholung der Sachangaben aus dem Verwaltungsverfahren angegeben wurden. Denn § 74 Abs. 2 S. 1 AsylG begründet keine Pflicht des Asylklägers zu einer in jeder Hinsicht erschöpfenden Klagebegründung, sondern kennzeichnet lediglich die Grenze der richterlichen Pflicht zur Berücksichtigung des Tatsachenvortrags. Erläuterungen, Ergänzungen und Vertiefungen eines innerhalb der Begründungsfrist substanziierten Tatsachenvortrags sind deshalb grundsätzlich bis zur mündlichen Verhandlung zulässig.[83]

59 Ebenso können neue Tatsachen und Beweismittel uneingeschränkt, und ohne dass eine Frist zu beachten wäre, nach § 74 Abs. 2 S. 4 AsylG vorgebracht werden. „Neu" sind Umstände und Beweismittel, wenn sie erst **nach Ablauf der Begründungsfrist entstanden** sind (exilpolitische Aktivitäten, Konversion) oder wenn sie erst später bekannt werden. Der volle Nachweis für die Behauptung, dass die Tatsachen oder Beweismittel erst jetzt bekannt geworden sind, muss nicht erbracht werden. Insoweit genügt Glaubhaftmachung.

60 Nach § 87 b Abs. 3 S. 1 VwGO kann das Gericht unter den Voraussetzungen dieser Vorschrift verspätet vorgetragene Tatsachen und Beweismittel zurückweisen. Die Ausübung des Ermessens muss – wie das Vorliegen aller Voraussetzungen für eine Präklusion ohne Weiteres erkennbar oder nachvollziehbar dargelegt sein. Zwar kann die Begründung sich schon aus der Darlegung ergeben, dass die tatbestandlichen Voraussetzungen für eine Zurückweisung nach § 87 b Abs. 3 S. 1 VwGO vorliegen. Die Anforderungen an eine ausreichende Begründung entziehen sich indes einer generellen Festlegung. Sie hängen vielmehr von den Umständen des jeweiligen Einzelfalls ab, wobei der Begründungsbedarf regelmäßig mit dem Gewicht der Präklusionsfolgen für den Betroffenen steigen wird.[84]

61 Das Verwaltungsgericht hat im Blick auf § 87 b Abs. 3 S. 1 Nr. 1 VwGO stets zu prüfen, ob die Zulassung des Vorbringens nach seiner freien Überzeugung die **Erledigung des Rechtsstreits verzögern** würde. Dies erfordert eine plausible richterliche Prognose darüber, ob die

---

81 VGH BW EZAR 631 Nr. 37 = NVwZ-Beil. 1995, 44.
82 *Schenk* in: Hailbronner, AuslR, § 74 AsylG Rn. 43.
83 VGH BW EZAR 631 Nr. 37.
84 BVerwG NVwZ 2000, 1042, 1043.

Zulassung des Vorbringens die Erledigung des Rechtsstreits verzögern würde.[85] Ob die Versäumung der Klagebegründungsfrist den Rechtsstreit verzögert, beurteilt sich danach, ob der Prozess bei Zulassung des verspäteten Vorbringens länger dauern würde als bei dessen Zurückweisung. Ob der Rechtsstreit bei rechtzeitigem Vorbringen ebenso lange gedauert hätte, ist unerheblich, es sei denn, dies wäre offenkundig.[86] In Anbetracht der erheblichen Bearbeitungszeiten der Verwaltungsgerichte wird eine derartige Prognose wohl nur in Ausnahmefällen zutreffen, so dass § 87 b Abs. 3 VwGO im Asylprozess weitgehend wirkungslos bleibt.

Die Gerichte behelfen sich daher mit **prozessleitenden Anordnungen** nach § 87 b Abs. 2 VwGO insbesondere zur Vorbereitung auf die mündliche Verhandlung in den Fällen, in denen erst geraume Zeit nach Ablauf der Klagebegründungsfrist der Termin zur mündlichen Verhandlung bestimmt wird. Die Fristsetzung muss allerdings vom Vorsitzenden, dem Berichterstatter oder dem Einzelrichter verfügt und unterzeichnet werden. Wegen der erheblichen Tragweite einer solchen Verfügung bedarf es der ordnungsgemäßen Unterzeichnung und Zustellung.[87]

62

Vor der Zurückweisung des schuldhaft verspäteten Sachvorbringens hat das Verwaltungsgericht stets zu prüfen, ob die Verspätung nicht durch zumutbare und damit prozessrechtlich gebotene vorbereitende richterliche Maßnahmen vor der mündlichen Verhandlung (vgl. § 87 VwGO) ausgeglichen werden können.[88] Das folgt aus § 87 b Abs. 3 S. 3 VwGO, wonach die Ermächtigung zur Zurückweisung nicht gilt, wenn es mit geringem Aufwand möglich ist, den Sachverhalt auch ohne Mitwirkung der Beteiligten zu ermitteln. Denn ist eine Verzögerung der Erledigung des Rechtsstreits durch eine solche Maßnahme vermeidbar, dient die Zurückweisung nicht mehr der Verhinderung von Folgen säumigen Verhaltens der Beteiligten. Sie wirkt vielmehr einer Verzögerung entgegen, die erst infolge unzureichender richterlicher Verfahrensleitung droht. Obwohl der Beteiligte die erste Ursache für die Verzögerung gesetzt hat, ist es unter solchen Umständen mit rechtsstaatlichen Erfordernissen unvereinbar, an ihre Säumnis Sanktionen zu knüpfen, die sich als eine Versagung rechtlichen Gehörs auswirken.[89]

63

C. Muster

I. Muster: Klage und Antrag auf Wiederherstellung der aufschiebenden Wirkung

▶ Wird per Fax – ... – übermittelt

An das

Verwaltungsgericht ...

64

Klage und Eilrechtsschutzantrag

des/r ...

– Kläger/s/in und Antragsteller/s/in –

Prozessbevollmächtigte(r): ...

gegen

---

85 VGH BW EZAR 631 Nr. 37; s. auch BVerwG NVwZ 2000, 1042, 1043.
86 BVerwG NVwZ-RR 1998, 592, 593.
87 BVerwG NJW 1994, 746 = NVwZ 1994, 482 (Ls.).
88 VGH BW EZAR 631 Nr. 35 = NVwZ 1995, 816.
89 VGH BW EZAR 631 Nr. 35.

die Bundesrepublik Deutschland, endvertreten durch den Leiter der Außenstelle des Bundesamtes für Migration und Flüchtlinge in ...

– Beklagte und Antragsgegnerin –

wegen Asylrecht, internationalem Schutz

Unter Vollmachtsvorlage(n) erhebe(n) ich/wir die Klage(n) und beantrage(n):

Die beklagte Bundesrepublik Deutschland wird unter Aufhebung des Bescheides des Bundesamtes für Migration und Flüchtlinge, Außenstelle ... vom ..., zugestellt am ..., verpflichtet, festzustellen, dass – der (die) Kläger/in Asylberechtigte(r) ist (sind) – und die Flüchtlingseigenschaft zu zuerkennen (§ 3 Abs. 4 Hs. 1 AsylG);

hilfsweise,

dem/der Kläger/in subsidiären Schutz (§ 4 Abs. 1 Satz 1 AsylG) zuzuerkennen;

hilfsweise

festzustellen, dass Abschiebungsverbote nach § 60 Abs. 5 und 7 AufenthG im Blick auf den Iran bestehen.

Ferner wird der Antrag gestellt,

die aufschiebende Wirkung der Klage vom heutigen Tage gegen die Abschiebungsandrohung des Bundesamtes für Migration und Flüchtlinge vom ..., Außenstelle ... anzuordnen.

Gegen die Übertragung auf den/die Einzelrichter/im im Hauptsacheverfahren bestehen keine Bedenken.

Der angefochtene Bescheid ist beigefügt.

Ich beantrage Akteneinsicht.

Da mir der Verwaltungsvorgang nicht vorliegt, insbesondere die Anhörungsniederschrift nicht bekannt ist, bitte ich um

Verlängerung der Begründungsfrist bis zwei Wochen nach Gewährung der Akteneinsicht.

Für die mündliche Verhandlung wird ein Dolmetscher für die Sprache ... benötigt.

...

Rechtsanwalt ◄

II. Begründung des Klage- und Eilrechtsschutzantrags

Muster: Begründung des Klage- und Eilrechtsschutzantrags

▶ An das

Verwaltungsgericht ...

In dem

Verwaltungsstreitverfahren

M

gegen

Bundesrepublik Deutschland

12 K 32901/06.A(2)

begründe ich Klage und Eilrechtsschutzantrag:

Die Voraussetzungen des § 30 Abs. 4 AsylG liegen nicht vor. Zunächst ist festzuhalten, dass das Bundesamt gegen die vom Kläger und Antragsteller dargelegten Aktivitäten im Iran keine durchgreifenden Bedenken erhoben hat. Es ist danach davon auszugehen, dass der Kläger seit zehn Jahren in vielfältiger Weise die Volksmodjaheddin unterstützt hat und aufgrund der Festnahme seines Freundes Mohammad unmittelbar vor der Ausreise mit guten Gründen befürchten musste, dass dieser unter der Folter seinen Namen preisgegeben hatte und ihn deshalb ebenfalls unmittelbar Verfolgungsmaßnahmen der iranischen Behörden ereilen würden. Insoweit wird auf das detaillierte Sachvorbringen des Klägers während der persönlichen Anhörung im Verwaltungsverfahren hingewiesen.

Das Bundesamt erhebt gegen die entsprechenden Sachangaben des Klägers im angefochtenen Bescheid keine Bedenken, sondern lehnt den Antrag ausschließlich mit der Begründung ab, dass die dargelegten Aktivitäten des Klägers im Iran für die Organisation Volksmodjaheddin Iran den Ausschlussgrund des § 3 Abs. 2 Satz 1 Nr. 2 AsylG erfüllten. Die individuelle Einbindung des Klägers in die „terroristische" Organisation Volksmodjaheddin Iran sei als schweres nichtpolitisches Verbrechen im Sinne des § 3 Abs. 2 Satz 1 Nr. 2 AsylG zu definieren.

Mit dieser Begründung verletzt der angefochtene Bescheid das Gesetz. Es bestehen angesichts der Bescheidbegründung ernstliche Zweifel im Sinne des Art. 16 a Abs. 4 Satz 1 GG, weil erhebliche Gründe dafür sprechen, dass die Maßnahme einer rechtlichen Prüfung wahrscheinlich nicht standhält: Ein „schwerwiegendes" Verbrechen im Sinne des § 3 Abs. 2 Satz 1 Nr. 2 AsylG kann nur angenommen werden, wenn die zugrunde liegende Handlung eine langjährige Freiheitsstrafe nach sich zieht und diese durch eine „unmittelbare und persönliche Beteiligung des Asylsuchenden" geprägt ist. Ebenso finden nach Art. 12 Abs. 3 RL 2011/95/EU die Ausschlussgründe nur auf Personen Anwendung, die andere zu den in Art. 1 GFK genannten Straftaten oder Handlungen anstiften oder sich in sonstiger Weise daran beteiligen. Es muss danach stets eine konkrete Handlung vorliegen, die dem Betreffenden zur Last gelegt werden kann. Allein die bloße Zugehörigkeit zu einer als „terroristisch" eingestuften Organisation reicht hierfür nicht aus.

Bei einer Mitgliedschaft in gewaltbefürwortenden oder -anwendenden Organisationen wird nach Auffassung von UNHCR für die Anwendung von Art. 1 F Buchst. b) GFK, der Grundlage für den entsprechenden Ausschlussgrund in § 3 Abs. 2 Satz 1 Nr. 2 AsylG ist, vorausgesetzt, dass zusätzlich zur Mitgliedschaft schwerwiegende Gründe die Annahme begründen, dass der Asylsuchende eine „unmittelbare Verantwortung" für die Tat hat oder an der von anderen begangenen Handlung selbst „aktiv beteiligt" war (UNHCR, Determination of refugee status of persons connected with organizations or groups which advocate and/or practice violence, 1 June 1998, Nr. 16). Im Blick auf die Förderung oder Unterstützung terroristischer Handlungen sind also konkrete Anzeichen für eine unmittelbare Beteiligung des Asylsuchenden erforderlich. Ein Ausschluss ist unter keinen Umständen erlaubt, wenn er sich in einer konkreten Situation an einer derartigen Handlung beteiligt haben könnte, sein Beitrag aber in keinem unmittelbaren Zusammenhang zu dieser steht. Die bloße Mitgliedschaft und die dargelegten Aktivitäten des Klägers für die Volksmodjaheddin als solches erfüllen danach nicht den Tatbestand eines „schwerwiegenden nichtpolitischen Verbrechens" im Sinne von Art. 1 F Buchst. b) GFK. Das Bundesamt durfte deshalb den Antrag nicht als offensichtlich unbegründet ablehnen. Vielmehr hätte es dem Antrag stattgeben und dem Kläger den asylrechtlichen Status gewähren müssen. Darüber hinaus ist der angefochtene Bescheid auch deshalb rechtswidrig, weil das Bundesamt unabhängig davon, ob es den Asylantrag als solches ablehnt, Abschiebungsverbote nach § 60 Abs. 5 und 7 AufenthG hätte prüfen und feststellen müssen. Die Volksmodjahedin gehören nach allen Stellungnahmen und Auskünften zu den am schärfsten verfolgten Gegnern des iranischen Regimes. In einem internen Aktenvermerk der Leitung des Bundesamtes wird ausdrücklich erwähnt, dass eine den iranischen Behörden bekannt gewordene Verbindung zu den Modjahedin die Gefahr von Foltermaßnahmen nach sich zieht (Bl. 44/45 d.A.). Der Vortrag des Klägers, dass den iranischen Behörden seine Aktivitäten für diese Organisation bekannt geworden seien, wird im angefochtenen Bescheid nicht gewürdigt. Es ist deshalb für das Eilrechtsschutzverfahren von einem entsprechend glaubhaft gemachten Sachvorbringen auszugehen. Dementsprechend hätte das Bundesamt ein Abschiebungsverbot nach § 60 Abs. 5 AufenthG im Blick auf den Iran feststellen müssen und trotz Ablehnung des Asylantrags als offensichtlich unbegründet in der Abschiebungsandrohung den Iran nicht als Zielstaat der Abschiebung bezeichnen dürfen (vgl. § 59 Abs. 3 Satz 2 AufenthG).

...

Rechtsanwalt ◄

D. Fehlerquellen / Haftungsfallen
I. Erhöhte anwaltliche Sorgfaltspflicht bei telefonischer Kontaktanbahnung

66 Der geschilderte Beispielsfall ist ein im Blick auf die Kontaktanbahnung durch den Mandaten oder durch von diesem beauftragte Kontaktpersonen durchaus typischer Fall in der asylrechtlichen Beratungs- und Vertretungspraxis des Anwalts. Unsorgsamkeit bei der telefonischen Verständigung kann deshalb zu schwerwiegenden Folgen für den Mandanten führen. Dem Personal sind klare Anweisungen zu erteilen, derartige Anrufe stets an den Anwalt zwecks Aufklärung weiterzuleiten. Zumeist teilen die Mandanten nur mit, dass sie ein bestimmtes Schriftstück von der Post erhalten haben. Dass wegen der im Falle der Niederlegung bereits verstrichenen Zeit möglicherweise höchste Eile für die Einlegung des Rechtsmittels geboten ist, ist ihnen nicht bewusst. Hinzu kommt, dass der Mandat bei der Antragsablehnung als offensichtlich unbegründet auch nicht erkennt, dass sehr kurze Fristen zu beachten sind. Darüber hinaus muss der angesprochene Anwalt auch die vom Mandanten bzw. seiner Kontaktpersonen verwendeten Begriffe („Gericht" für „Behörde", „Brief" für „Bescheid") kritisch hinterfragen. Dieses Beispiel weist auf die spezifischen Strukturen für Fehleranfälligkeit bereits in der Anfangsphase der Mandatsübernahme in der asylrechtlichen Praxis hin.

II. Besonders sorgfältige Überprüfung des Zustellungsdatums

67 Häufig fehlt bei den in der Kanzlei abgegebenen Unterlagen der **Zustellungsvermerk**. Bedauerlicherweise vergessen viele Kanzleien auch die Anbringung des **Eingangsstempels** auf der für den Mandanten bestimmten Ausfertigung des Behördenbescheides oder gerichtlichen Urteils, so dass bei der Beauftragung, die Vertretung in der nächsten Instanz zu übernehmen, der nunmehr angesprochene Rechtsanwalt das Zustellungsdatum nicht überprüfen kann. Aufwändige Ermittlungen durch Rückruf bei der Kanzlei des bisherigen Verfahrensbevollmächtigten oder durch Aufforderung an den Mandanten, den notwendigen Zustellungsnachweis vorzulegen, können wegen der zeitlichen Dringlichkeit zumeist nicht angestellt werden. Einen ungefähren Anhalt für die Zustellung des Behördenbescheids liefert das Datum des **Ausfertigungsvermerks** auf der Rückseite des Bescheids sowie das zeitgleiche Datum des **Anschreibens des Bundesamtes**, mit dem der Bescheid übermittelt wird. In aller Regel ist der Bescheid am Datum des Ausfertigungsvermerks aus dem Verwaltungssekretariat der Außenstelle des Bundesamtes zur Post gegeben worden. Es empfiehlt sich aber bei derartigen Unklarheiten stets, das/die **Rechtsmittel noch am selben Tag per Fax abzusenden**.

III. Anwaltliche Sorgfaltspflichten bei der Diktatausführung und Ausgangskontrolle

Häufig wird in der anwaltlichen Praxis nicht sorgfältig geprüft, ob der Schriftsatz durch das Sekretariat der **anwaltlichen Weisung entsprechend abgefasst** worden ist. Da elektronische Formen der Übermittlung und die Verwendung von standardisierten Rechtsmittelanträgen auch in der anwaltlichen Praxis üblich sind, muss der Anwalt besonders sorgfältig die Ausführung der Diktatanweisung überwachen. Die Bearbeitung einer Klage- oder Rechtsmittelschrift gehört wegen der Bedeutung dieser Tätigkeit und wegen der inhaltlichen Anforderungen an einen solchen Schriftsatz zu den Tätigkeiten, die der Rechtsanwalt nicht seinem Büropersonal überlassen darf, ohne das Arbeitsergebnis auf Richtigkeit und Vollständigkeit selbst sorgfältig zu überprüfen. Von dieser Verpflichtung entbindet den Rechtsanwalt auch die Verwendung eines speziell für die Rechtsmitteleinlegung erarbeiteten Computer-Programms nicht.[90] Dessen richtiges Funktionieren setzt im konkreten Fall voraus, dass die Daten zutreffend eingegeben und bei der jeweiligen Maßnahme die richtigen Befehle ereilt werden. Mit der Möglichkeit eines Bedienungsfehlers muss der Rechtsanwalt rechnen und deshalb in einem solchen Fall den Inhalt der Klage- oder Rechtsmittelschrift eigenverantwortlich überprüfen.[91]

68

Stets ist bei der Unterzeichnung der Klageschrift zu überprüfen, ob das **richtige Verwaltungsgericht** im Schriftsatz bezeichnet worden ist. Das auf dem Klageantrag angegebene Verwaltungsgericht verkörpert den anwaltlichen Willen. Treten anschließend bei der Übermittlung beispielsweise Fehler dahin auf, dass der Schriftsatz an ein anderes als an das in der Klageschrift bezeichnete Verwaltungsgericht übermittelt wird oder die verwendete Faxverbindung falsch ist, trifft den Rechtsanwalt kein Verschulden, wenn er durch generelle schriftliche Anweisung an sein Sekretariat sichergestellt hat, dass ein Schriftsatz stets an den auf diesem angegebenen Adressaten sowie unter der zutreffenden, gegebenenfalls vorher zu ermittelnden Faxverbindung zu übermitteln ist. Der Rechtsanwalt muss nach der Rechtsprechung durch organisatorische Anweisungen (Internet-Recherchen) sicherstellen, dass die aktuelle **gerichtlichen Telefax-Nummern überprüft und korrigiert** werden. Diese Überprüfung ist Teil der gebotenen **Ausgangskontrolle**. Es hat insbesondere ein Abgleich der im Sendebericht ausgewiesenen Empfängernummer mit der im Büro des Rechtsanwaltes bekannten zutreffenden Telefaxnummer des Empfangsgerichts[92] sowie eine Überprüfung der übermittelten Blätter des Schriftstückes zu erfolgen (Rn. 71).

69

Generell erfordert eine wirksame Ausgangskontrolle, dass Vorkehrungen getroffen werden, die sicherstellen, dass die Fertigung und Absendung fristwahrender Schriftsätze in der Weise **überwacht** werden, dass Fristen erst dann im Fristenkalender gelöscht werden, wenn das fristwahrende Schriftstück unterzeichnet und postfertig gemacht bzw. entweder tatsächlich abgesendet worden ist oder zumindest sichere Vorsorge dafür getroffen wurde, dass es tatsächlich rechtzeitig hinausgeht.[93] Es empfiehlt sich deshalb, eine Frist im anwaltlichen Fristenkalender erst nach der Unterzeichnung des fertigen und für die Postversendung bestimmten Schriftsatzes zu streichen und darüber hinaus für das Büropersonal die generelle Anweisung zu erteilen, dass Fristen im Zentralkalender bzw. im Fristenkalender des Sekretariates

70

---

[90] BGH NJW 1995, 1499.
[91] BGH NJW 1995, 1499.
[92] KG MDR 2000, 1343.
[93] BGH NJW 1994, 1879 f.; KG NJW 1995, 1434, 1435; Nds.OVG NJW 1994, 1300, 1229, 1300.

erst gelöscht werden dürfen, wenn das durch den Rechtsanwalt unterzeichnete Schriftstück in den Postausgangskorb gelegt bzw. per Fax übermittelt worden ist. Ferner ist durch generelle Anweisungen anzuordnen, dass Briefsendungen, die im Postausgangskorb liegen, noch am selben Tag zur Post gegeben werden.

71 Zusätzlich zu hinreichend sicheren Ausgangskontrollen ist der bevollmächtigte Rechtsanwalt jedoch regelmäßig nicht verpflichtet, bei der Absendung fristwahrender Schriftsätze auch noch deren Eingang bei Gericht zu überwachen.[94] Er sollte aber durch generelle Anweisung sicherstellen, dass unmittelbar nach Absendung des Faxschreibens telefonisch beim Verwaltungsgericht **nachgefragt** wird, ob der Schriftsatz und auch sämtliche Seiten, insbesondere die mit der anwaltlichen Unterschrift versehene Seite des Schriftsatzes (Rn. 69), **eingegangen** ist, darüber ein Aktenvermerk angefertigt und dieser ihm zusammen mit der Akte sofort vorgelegt wird. Ist die telefonische Eingangskontrolle wegen Geschäftsschluss der Geschäftsstelle des Verwaltungsgerichtes nicht mehr am selben Tag möglich, sollte die Überprüfung am nächsten Tag vorgenommen werden, damit gegebenenfalls ein Wiedereinsetzungsantrag gestellt werden kann.

IV. Überflüssige Anträge

72 Es kommt in der anwaltlichen Praxis durchaus gelegentlich vor, dass auch bei einem einfach abgelehnten Asylantrag ein Antrag nach § 80 Abs. 5 VwGO gestellt wird, weil nicht ganz zu Unrecht der Verdacht besteht, im Asylbereich herrsche ausschließlich Ausnahmerecht. Da in diesem Fall die Klage aufschiebende Wirkung hat (vgl. § 75 Abs. 1 AsylG), fehlt dem **Eilrechtsschutzantrag** das Rechtsschutzbedürfnis. Die Stellung eines Eilrechtsschutzantrages ist aber **unschädlich** und auch wegen der **Gerichtskostenfreiheit** (§ 83 b AsylG) ohne nachteilige Folgen. Doch vermittelt es dem Verwaltungsgericht unmittelbar den Eindruck, es mit einem Anfänger oder Rechtsunkundigen zu tun zu haben und schwächt dadurch das anwaltliche Gewicht zulasten des Mandanten.

V. Bei qualifizierter Antragsablehnung stets Klage und Eilrechtsschutz binnen Wochenfrist

73 Gelegentlich wird in der anwaltlichen Praxis bei offensichtlich unbegründeter Ablehnung des Asylantrags nur die **Klage** eingereicht, nicht jedoch zugleich auch **Eilrechtsschutz** beantragt. Wegen der Fristgebundenheit des Eilrechtsschutzantrags (vgl. § 36 Abs. 3 S. 1 AsylG) hat die Versäumung eines derartigen Antrags **irreparable Folgen**. Ein Sicherstellung des vorläufigen Bleiberechts kann dann nur noch bei glaubhaft gemachten zielstaatsbezogenen Abschiebungsverboten oder inlandsbezogenen Vollstreckungshemmnissen (vgl. § 60 a Abs. 2 Satz 1, Abs. 2 c AufenthG) im Wege des Vollstreckungsschutzes nach § 123 VwGO erreicht werden. Umgekehrt fehlt für den Eilrechtsschutzantrag das Rechtsschutzbedürfnis, wenn keine Klage binnen Wochenfrist eingereicht wird (Rn. 5 f.).

VI. Wenn Verlängerung der Begründungsfrist offen, stets Eilrechtsschutzantrag binnen Wochenfrist begründen

74 Stets sollte auch im Antrag selbst um **Fristverlängerung** für die Antragsbegründung gebeten und bei Eingang der Eingangsverfügung überprüft werden, ob diese gewährt worden ist (Rn.

---

94 BVerfG NJW 1992, 38 = NVwZ 1993, 159 (Ls.).

39 ff.). Enthält die Eingangsverfügung keinen entsprechenden Vermerk oder ist absehbar, dass diese erst nach Beginn der richterlichen Entscheidungsfrist, also eine Woche nach Fristablauf (vgl. § 36 Abs. 3 S. 5 AsylG), zugestellt werden wird, ist telefonisch die Fristverlängerung zu beantragen. Wird diese auch trotz Glaubhaftmachung der Gründe für die beantragte Verlängerung und zugleich auch der Eilrechtsschutzantrag selbst abgelehnt, kann die Einlegung einer **Verfassungsbeschwerde** mit gleichzeitiger Beantragung des Erlasses einer einstweiligen Anordnung in Betracht kommen. Da das Bundesverfassungsgericht jedoch im Asylrecht nur in seltenen Fällen einstweiligen Rechtsschutz gewährt,[95] bedarf es einer sehr sorgfältigen und strengen Prüfung der Erfolgsaussichten eines derartigen Antrags. Kann die Fristverlängerung nicht rechtzeitig geklärt werden, sollte stets der Eilrechtsschutzantrag rechtzeitig begründet werden.

Das Vertrauen auf den Ablauf der richterlichen Entscheidungsfrist kann enttäuscht werden. Nach § 36 Abs. 3 S. 5 AsylG soll die Entscheidung innerhalb einer Woche nach Ablauf der Antragsfrist ergehen. Kann der Einzelrichter die einwöchige Entscheidungsfrist nicht einhalten, ist eine erstmalige Verlängerung um eine Woche durch Verlängerungsbeschluss der Kammer ohne besondere Begründung möglich (§ 36 Abs. 3 S. 6 AsylG). Wegen der Überlastung der Gerichte erachtet es die Rechtsprechung für zulässig, eine sofortige Fristverlängerung um »weitere Wochen« anzuordnen.[96] Die zweite und weitere Verlängerungen sind jedoch nach allgemeiner Ansicht nur bei schwerwiegenden Gründen zulässig, insbesondere wenn eine außergewöhnliche Belastung des Gerichts ein frühere Entscheidung nicht möglich macht (§ 36 Abs. 3 S. 7 AsylG). 75

Der Anwalt muss aber gegenwärtigen, dass es in der gerichtlichen Entscheidungspraxis für zulässig erachtet wird, die Entscheidung bereits vor Ablauf der richterlichen Entscheidungsfrist von einer Woche zu treffen. Es wird davon ausgegangen, dass die richterliche Entscheidungsfrist keine den Einzelnen begünstigende Rechtswirkung habe und auch keinen Vertrauenstatbestand begründe. Diese Ansicht ist zwar fragwürdig. Der Anwalt muss aber damit rechnen, dass die Entscheidung bereits einen Tag nach Ablauf der Antragsfrist nach § 36 Abs. 3 S. 1 AsylG erfolgen kann und deshalb entweder eine verbindliche Klärung der Verlängerung der Begründungsfrist vor Beginn der richterlichen Entscheidungsfrist erzielen oder vor deren Beginn – also innerhalb der einwöchigen Antragsfrist – den Antrag zugleich begründen. 76

VII. Überprüfung der gerichtlichen Eingangsverfügung

Zuweilen wird die **richterliche Eingangsverfügung** nicht überprüft. Dies kann zur Zurückweisung eines Wiedereinsetzungsantrags selbst dann führen, wenn den Anwalt an der Versäumung der Rechtsmittelfrist kein Verschulden trifft, weil in diesen Fällen das Fristversäumnis gar nicht bemerkt und die Stellung des Wiedereinsetzungsantrages unterlassen wird. Stellt der Anwalt den Wiedereinsetzungsantrag, nachdem er später im Rahmen der bei der Bearbeitung des Rechtsmittels angeordneten Wiedervorlage oder sonst wie das Fristversäumnis bemerkt, scheitert dieser mangels Überprüfung der gerichtlichen Eingangsverfügung am anwaltlichen Verschulden, wenn die Zweiwochenfrist des § 60 Abs. 2 Satz 1 Hs. 1 VwGO abgelaufen ist. Wird durch das Verwaltungsgericht der Eingang eines eingelegten Rechtsbehelfs schriftlich unter Angabe des Eingangsdatums bestätigt, hat daher der Anwalt durch allgemeine Weisung 77

---
95 BVerfGE 94, 166, 212 f. = EZAR 632 Nr. 25 = NVwZ 1996, 678.
96 VG Stuttgart, NVwZ-Beil. 1994, 23 = InfAuslR 1994, 247; aA *Leiner*, NVwZ 1994, 239.

anzuordnen, dass der Tag des Eingangs des fristwahrenden Schriftstücks beim Verwaltungsgericht auf der Eingangsverfügung vom Büropersonal vermerkt wird. Ferner muss er selbst anhand der gerichtlichen Eingangsbestätigung die Einhaltung der Rechtsmittelfrist überprüfen bzw. durch geeignete organisatorische Maßnahmen sicherzustellen, dass diese Überprüfung ordnungsgemäß durch Hilfskräfte vorgenommen wird.[97] Empfehlenswert ist aber stets auch die eigene anwaltliche Kontrolle.

78 Insbesondere dann, wenn der Rechtsanwalt den fristgebundenen Schriftsatz am letzten Tag der Frist übermittelt, unterliegt er einer erhöhten Sorgfaltspflicht und muss deshalb selbst beim Eingang der gerichtlichen Eingangsbestätigung überprüfen, ob die Frist gewahrt worden ist.[98] Mit dem Zugang der gerichtlichen Eingangsbestätigung beginnt regelmäßig die zweiwöchige Wiedereinsetzungsfrist zu laufen[99] und muss der Rechtsanwalt, den an der Versäumung der Rechtsmittelfrist kein Verschulden, insbesondere auch kein Organisationsverschulden, trifft, innerhalb dieser Frist den Wiedereinsetzungsantrag stellen und die Gründe für die unverschuldete Versäumnis innerhalb dieser Frist zugleich glaubhaft machen.

E. Weiterführende Hinweise

I. Erläuterungen zum Muster Klageerhebung und Eilrechtsschutzantrag

1. Formelle Anforderungen

79 Zur **Verfahrensvereinfachung** können Klageantrag und Eilrechtsschutzantrag in einem Schriftsatz **zusammengefasst** werden. Für die Fristwahrung reicht die Übermittlung einer unterzeichneten Ausfertigung per Fax aus. Da das Verwaltungsgericht für das Hauptsache- wie für das Eilrechtsschutzverfahren jeweils eine gesonderte Akte jeweils mit gesondertem Aktenzeichen anlegt, sind auf dem Postwege je drei Ausfertigungen zu übermitteln. Die auf dem Postwege übermittelten Ausfertigungen der Klage- und Antragsschrift müssen mit der per Fax übermittelten identisch sein. In dem Schriftsatz sollte zur Vermeidung des Eindrucks einer Doppelklage der Hinweis auf die Faxübermittlung vorgenommen werden. Werden dem Rechtsmittel Anlagen beigefügt, sind diese, bis auf den angefochtenen Bescheid und das Vollmachtsformular, in doppelter Ausfertigung beizufügen, damit die Beklagte Kenntnis von diesen erlangt.

80 Da das Bundesamt dem Verwaltungsgericht mit dem Nachweis der Zustellung unaufgefordert einen **vollständigen Verwaltungsvorgang** übermittelt (vgl. § 36 Abs. 2 S. 2 AsylG), muss bei qualifizierter Asylablehnung im Falle der Klageablehnung an sich der angefochtene Bescheid nicht beigefügt werden. Zur Verfahrensvereinfachung empfiehlt es sich jedoch, eine Ablichtung bereits der per Fax übermittelten Sendung beizufügen.

81 Da der Mandant eine Kopie des Verwaltungsvorgangs erhält (§ 36 Abs. 2 S. 1 AsylG), braucht bei offensichtlich unbegründeter Antragsablehnung keine Akteneinsicht beantragt werden. Bei einfach unbegründeter Antragsablehnung erhält der Mandant keinen Verwaltungsvorgang. Ihm wird zwar eine Ausfertigung der Anhörungsniederschrift (vgl. § 25 Abs. 7 AsylG) übermittelt. Häufig ist der Mandant jedoch nicht im Besitz der Niederschrift. Darüber hinaus kann der Verwaltungsvorgang wichtige Erkenntnisse enthalten, die dem Anwalt

---

[97] BGH NJW 1994, 458 f.; HessVGH NJW 1993, 748.
[98] BayVGH NJW 2000, 1131 = NVwZ 2000, 577.
[99] HessVGH NJW 1993, 748.

bei der anwaltlichen Beratung zwecks Klagebegründung bekannt sein müssen. Daher empfiehlt es sich, zusammen mit dem Antrag auf Akteneinsicht hinsichtlich der Begründungsfrist einen Verlängerungsantrag zu stellen.

2. Klageantrag

a) Asylberechtigung und Flüchtlingseigenschaft

Lehnt das Bundesamt den nach § 13 Abs. 1 AsylG gestellten Antrag auf Asylanerkennung und Zuerkennung der Flüchtlingseigenschaft ab, ist **Verpflichtungsklage** zu erheben.[100] Diese richtet sich gegen die Bundesrepublik Deutschland, endvertreten durch den Präsidenten des Bundesamtes bzw. den Leiter der zuständigen Außenstelle des Bundesamtes. Mit dem Klageantrag wird die Bundesrepublik Deutschland verpflichtet, den Kläger als Asylberechtigten anzuerkennen und ihm die Flüchtlingseigenschaft zuzuerkennen. Der auf Asylanerkennung zielende Antrag enthält – bei uneingeschränkter Anfechtung – immanent den auf internationalen Schutz und die Feststellung von Abschiebungsverboten nach § 60 Abs. 5 und 7 AufenthG zielenden Klageantrag.[101] Gegen die Ablehnung der abgeleiteten Statusberechtigung (§ 26 AsylG) ist ebenfalls Verpflichtungsklage auf Gewährung dieses Status zu erheben. Die Verpflichtungsklage kann auch in Form der fristungebundenen **Untätigkeitsklage** nach § 75 VwGO erhoben werden.[102] Das Verwaltungsgericht darf das Verfahren in diesem Fall nicht bis zu einer Entscheidung der Behörde aussetzen.[103] Die nachträgliche negative Entscheidung des Bundesamtes wird kraft Gesetzes bzw. von Amts wegen in das anhängige Verfahren einbezogen. Eines Klageantrags bedarf es nicht.[104] Dieser sollte jedoch gestellt werden,

82

Da die Zuerkennung der Flüchtlingseigenschaft nicht von einer Asylanerkennung abhängig ist,[105] sind beide Anspruchsgrundlagen prozessual selbstständig und damit isoliert voneinander durchsetzbar. Die Anerkennung als Asylberechtigter begründet wegen § 60 Abs. 1 Satz 2 AufenthG den Abschiebungsschutz nach § 60 Abs. 1 Satz 1 AufenthG.[106] Wird die Flüchtlingseigenschaft zuerkannt, jedoch nicht die Asylberechtigung und hiergegen Klage erhoben, wird die Zuerkennung der Flüchtlingseigenschaft bestandskräftig. Der Kläger befindet sich während des Asylprozesses in keiner anderen verfahrensrechtlichen Situation wie zu Beginn des Verwaltungsverfahrens. Er kann von vornherein entsprechend seiner Verfügungsbefugnis seinen Antrag auf die Zuerkennung der Flüchtlingseigenschaft gegenständlich beschränken (§ 13 Abs. 2 Satz 2 AsylG) und bis zur Sachentscheidung jederzeit den auf die Asylberechtigung gerichteten Antrag zurücknehmen, so dass das Bundesamt allein noch eine Entscheidung nach § 3 Abs. 4 Hs. 1 AsylG zu treffen hat (§ 31 Abs. 2 Satz 2 AsylG). Wird lediglich die Flüchtlingseigenschaft zuerkannt, genießt der Asylsuchende nach Eintritt der Unanfechtbarkeit die Rechtsstellung eines Flüchtlings (§ 3 Abs. 4 Hs. 1 AsylG). Verfolgt er mit der Verpflichtungsklage das Ziel der Gewährung der Asylberechtigung, bleibt ihm die bereits gewährte Rechtsstellung erhalten. Wird der Asylantrag voll umfänglich abgelehnt und verfolgt der Kläger zunächst beide Rechtsschutzziele, kann er jederzeit während des anhängigen Pro-

83

---

100 BVerfGE 54, 341 (360) = EZAR 200 Nr. 1 = InfAuslR 1980, 338; BVerwG, NVwZ 1982, 630.
101 OVG Hamburg, NVwZ-Beil. 1998, 44 (45) = AuAS 1998, 115.
102 VGH BW, EZAR 043 Nr. 12.
103 Hess.VGH, NvwZ-RR 201, 288.
104 VG Gießen, Beschl. v. 13.5.2013 – 7 K 2360/11.GI, mit Hinweisen.
105 BVerwGE 96, 24 (27) = EZAR 631 Nr. 29.
106 OVG NW, EZAR NF 98 Nr. 24.

zesses durch entsprechende teilweise Klagerücknahme den Streitgegenstand auf die Zuerkennung der Flüchtlingseigenschaft beschränken.

b) Subsidiärer Schutz (§ 4 Abs. 1 Satz 1)

84 Der subsidiäre Schutz nach § 4 Abs. 1 Satz 1 AsylG ist zwar nachrangig gegenüber der Zuerkennung der Flüchtlingseigenschaft (§ 31 Abs. 2 Satz 1 AsylG), bildet andererseits aber einen eigenständigen, vorrangig vor den verbleibenden nationalen Abschiebungsverboten des § 60 Abs. 5 und 7 AufenthG zu prüfenden Streitgegenstand.[107] Bei den Tatbeständen des § 4 Abs. 1 Satz 2 AsylG handelt es sich um einen einheitlichen, in sich nicht weiter teilbaren Streitgegenstand.[108] Begehrt der Kläger subsidiären Schutz und steht ihm zugleich ein nachrangiges nationales Abschiebungsverbot zu, muss er sich nicht auf dieses verweisen lassen. Auch wenn ihm aufgrund des nachrangigen Abschiebungsverbots ein Aufenthaltstitel nach § 25 Abs. 3 AufenthG erteilt wurde, hat er weiterhin Anspruch auf Gewährung subsidiären Schutzes.[109] Das gilt selbst dann, wenn der Kläger über ein nationales Abschiebungsverbot in den Besitz einer Niederlassungserlaubnis nach § 26 Abs. 4 AufenthG gelangt ist.[110]

85 Auch wenn der Kläger kein bestimmtes Rangverhältnis kenntlich macht, muss das Gericht – entsprechend der typischen Interessenlage des Schutzsuchenden – den Klageantrag dahin auslegen, dass primär über den subsidiären Schutz entschieden wird.[111] Nach gefestigter Rechtsprechung stehen die einzelnen Ansprüche nach dem erkennbaren Regelungszweck des AsylG und des AufenthG in einem bestimmten Rangverhältnis in dem Sinne, dass Schutz vor geltend gemachten Gefahren im Herkunftsland vorrangig auf der jeweils den umfassenderen Schutz vermittelnden Stufe zu gewähren ist..[112] Die nationalen Abschiebungsverbote bleiben unbeschieden, wenn subsidiärer Schutz durchgreift. Hat das Verwaltungsgericht das Anwachsen subsidiären Schutzes in Übergangsfällen nicht berücksichtigt und ist die Rechtshängigkeit dieses Teils des Streitgegenstands entfallen, kann dieses unbeschieden gebliebene Begehren beim Bundesamt geltend gemacht werden.[113]

c) Abschiebungshindernisse nach § 60 Abs. 5 und 7 AufenthG

86 Gegen die Verneinung von Abschiebungsverboten ist **Verpflichtungsklage** mit dem Inhalt zu erheben, die Bundesrepublik Deutschland zu verpflichten, festzustellen, dass Abschiebungsverbote nach § 60 Abs. 5 und 7 AufenthG in der Person des Klägers im Blick auf den betreffenden Zielstaat vorliegen. Wegen der Zielstaatsbezogenheit der Abschiebungsverbote ist anders als bei der Asylberechtigung und dem internationalen Schutz der betreffende **Zielstaat** zu bezeichnen. Für einen Antrag auf Verpflichtung der Ausländerbehörde, die Voraussetzungen

---

107 BVerwGE 134, 188 (190 f.) Rn. 9 = EZAR NF 66 Nr. 72 = InfAuslR 2010, 404; BVerwGE 131, 198 (201) Rn. 11 ff.; BVerwGE 136, 360 (365) Rn. 16 f. = EZAR NF 69 Nr. 7 = NVwZ 2010, 196; BVerwGE 137, 226 (229) Rn. 7 f. = InfAuslR 2010, 249.
108 BVerwGE 140, 319 (326) Rn. 10 = NVwZ 2012, 240; Hess.VGH, EZAR NF 66 Nr. 1, S. 4 f.; Hoppe, ZAR 2010, 164 (169).
109 BVerwGE 136, 360 (366) Rn. 17 f. = EZAR 69 NF Nr. 7 = InfAuslR 2010, 404.
110 BVerwG, NVwZ 2012, 454 Rn. 12 = EZAR NF 69 Nr. 12.
111 BVerwGE 137, 226 (230) Rn. 10 = InfAuslR 2010, 249; Hess.VGH, EZAR NF 66 Nr. 1, S. 4 f.
112 BVerwGE 104, 260 (262) = InfAuslR 1997, 420; bekräftigt BVerwGE 114, 16 (27) = InfAuslR 2001, 353 = EZAR 202 Nr. 31; BVerwGE 115, 111 (117) = EZAR 631 Nr. 52 = NVwZ 2002, 343; BVerwGE 115, 267 (272) = NVwZ 2002, 855; BVerwGE 116, 326 (328 f.) EZAR 631 Nr. 57 = NVwZ 2003, 356 = InfAuslR 2003, 74; BVerwG, Beschl. v. 24.5.2000 – BVerwG 9 B 144.00 – BVerwGE InfAuslR 2004, 43 (44); VGH BW, AuAS 2000, 190 (191); BVerwG, InfAuslR 2003, 74 (75) = AuAS 2003, 30; EZAR 631 Nr. 57 = NVwZ 2003, 356 = InfAuslR 2003, 74.
113 BVerwG, NVwZ 2012, 454 (455) Rn. 14 ff. = EZAR NF 69 Nr. 12, mit Verweis auf BVerwGE 95, 269 (274) = EZAR 230 Nr. 3 = NVwZ 1994, 497 = InfAuslR 1994, 196.

des § 60 Abs. 5 und 7 AufenthG förmlich festzustellen, fehlt das Rechtsschutzbedürfnis, wenn zuvor kein förmliches Asylbegehren beim Bundesamt geltend gemacht worden ist.[114]

Grundsätzlich darf sich das Verwaltungsgericht nach Durchführung eines Asylverfahrens in einem gegen das Bundesamt gerichteten Verfahren nicht der Prüfung entziehen, ob Abschiebungsverbote vorliegen. Dies gilt jedenfalls dann, wenn das Bundesamt darüber entschieden hat und es im gerichtlichen Verfahren hierauf ankommt.[115] Auch in Fällen, in denen wenig oder keine Aussicht besteht, den Betroffenen in absehbarer Zeit abschieben zu können, ist das Bundesamt ermächtigt und regelmäßig auch gehalten, eine Feststellung zu § 60 Abs. 5 und 7 AufenthG zu treffen und diesem damit eine gerichtliche Überprüfung einer derartigen Feststellung zu eröffnen.[116] Wegen § 25 Abs. 3 Satz 1 AufenthG besteht hierauf ein für das spätere aufenthaltsrechtliche Verfahren bedeutsamer Anspruch.[117]

87

Der lediglich auf die Asylberechtigung und den internationalen Schutz zielende Klageantrag enthält – bei uneingeschränkter Anfechtung – den auf § 60 Abs. 5 und 7 AufenthG gerichteten Klageantrag in sich.[118] Das Verpflichtungsbegehren ist sachdienlich dahin auszulegen, dass die Feststellung nur hinsichtlich des Staates oder der Staaten begehrt wird, für die eine negative Feststellung nach § 60 Abs. 5 und 7 AufenthG getroffen worden ist oder in Betracht kommt.[119] Ist der auf die Asylberechtigung oder die Zuerkennung des internationalen Schutzes gerichtete Klageantrag erfolgreich, wird die im angefochtenen Bescheid enthaltene Feststellung, dass Abschiebungsverbote nach § 60 Abs. 5 und 7 AufenthG nicht vorliegen, in aller Regel gegenstandslos.[120] Andererseits wird das nationale Abschiebungsverbot des § 60 Abs. 5 AufenthG in Bezug auf Art. 3 MRK nicht durch § 4 Abs. 1 Satz 2 Nr. 2 verdrängt.[121]

88

Während über den weitergehenden Schutz nur einheitlich entschieden werden kann, ist über die Abschiebungsverbote im Blick auf die einzelnen in Betracht kommenden Zielstaaten jeweils gesondert und gegebenenfalls mit unterschiedlichem Ergebnis zu entscheiden.[122] Deshalb darf das Verwaltungsgericht den Kläger nicht darauf verweisen, dass er die ihm in einem Staat seiner Staatsangehörigkeit drohenden Gefahren durch freiwillige Ausreise in den anderen Staat seiner Staatsangehörigkeit abwenden könne.[123] Das Verwaltungsgericht ist durch Antrag zu zwingen, ein Verpflichtungsurteil auszusprechen. Hebt es die Abschiebungsandrohung teilweise auf, weil hinsichtlich des Zielstaats Abschiebungsverbote vorliegen, ohne das Bundesamt zur Feststellung entsprechender Abschiebungsverbote zu verpflichten, hindert die Rechtskraft der Entscheidung nicht, in einem nachträglichen Verfahren festzustellen, dass keine Abschiebungsverbote bestehen.[124] Hebt das Bundesamt zwar die Abschiebungsandrohung auf, weigert es sich jedoch, die Feststellung zu treffen, dass ein Abschiebungsverbot besteht, ist der entsprechende Feststellungsanspruch mit der Verpflichtungsklage zu verfolgen.

89

---

114 VG Darmstadt, AuAS 2004, 256.
115 BVerwGE 118, 308 (311) = InfAuslR 2004, 43,= NVwZ 2004, 352 = AuAS 2004, 93.
116 BVerwG, AuAS 2008, 8 (10).
117 BVerwG, AuAS 2008, 8 (10).
118 OVG Hamburg, NVwZ-Beil. 1998, 44 (45) = AuAS 1998, 115.
119 BVerwG, AuAS 2002, 130 (131) = InfAuslR 2002, 284 = NVwZ 2002, 855; BVerwG, AuAS 2008, 8 (9).
120 BVerwGE 116, 326 (331) = EZAR 631 Nr. 57 = NVwZ 2003, 356 = InfAuslR 2003, 74.
121 BVerwGE 146, 12 (27) Rn. 36 = InfAuslR 2013, 242.
122 BVerwG, AuAS 2008, 8 (9).
123 BVerwG, AuAS 2008 8 (9), hier Nordkorea und Südkorea.
124 BVerwGE 115, 111 (114 ff.) = InfAuslR 2002, 205.

90 Der Klageantrag braucht lediglich den Normenzusammenhang des § 60 Abs. 5 und 7 AufenthG als solchen zu benennen. Es ist weder empfehlenswert noch werden die Gerichte durch § 88 VwGO daran gehindert, einen auf einzelne Absätze zielenden Antrag auf andere Regelungen des § 60 Abs. 5 und 7 AufenthG zu erstrecken. Deshalb ist das Verwaltungsgericht im Fall eines auf umfassenden verwaltungsgerichtlichen Rechtsschutzes gerichteten Klageantrags daran gehindert, lediglich eine Teilprüfung eines einzelnen Rechtsgrundes innerhalb des Prüfungsprogrammes des § 60 Abs. 5 und 7 AufenthG vorzunehmen.[125] Bei Abs. 5 und 7 von § 60 AufenthG handelt es sich um einen einheitlichen, in sich nicht weiter teilbaren Streitgegenstand.[126] Zwischen beiden Abschiebungsverboten kann nicht von vornherein eine wasserdichte Scheidewand errichtet werden. Das Verwaltungsgericht hat hingegen ebenso wie das Bundesamt im Urteil das jeweils infrage kommende Abschiebungsverbot des § 60 Abs. 5 oder 7 AufenthG anzugeben.

91 Der Verpflichtungsantrag auf Feststellung von Abschiebungsverboten ist **hilfsweise** zu stellen, wenn mit der Verpflichtungsklage zugleich die Asylberechtigung und die Zuerkennung internationalen Schutzes begehrt werden. Diese Ansprüche sowie der Anspruch auf Feststellung von Abschiebungsverboten bilden entweder eigenständige oder jedenfalls rechtlich abtrennbare Streitgegenstände und stehen nach dem erkennbaren Regelungszweck des AsylG und des AufenthG in einem **bestimmten Rangverhältnis** in dem Sinne, dass Schutz vor geltend gemachten Gefahren im Heimatstaat vorrangig auf der **jeweils den umfassenderen Schutz vermittelnden Stufe** zu gewähren ist. In der Rechtsprechung ist seit Langem anerkannt, dass es auch nach § 44 VwGO zulässig ist, mehrere Klagebegehren nicht nur kumulativ, sondern auch **eventualiter** (hilfsweise) in der Weise anhängig zu machen, dass das Verwaltungsgericht unter der auflösenden Bedingung eines Erfolges des Hauptantrags über den Hilfsantrag zu entscheiden hat. Dies hat zur Folge, dass ein Hilfsantrag, über den die Vorinstanz nicht zu entscheiden brauchte, weil sie dem Hauptantrag entsprochen hat, durch das Rechtsmittel des Beklagten gegen seine Verurteilung nach dem Hauptantrag ebenfalls und automatisch in der Rechtsmittelinstanz anfällt.[127]

92 Das Rechtsschutzbedürfnis für eine auf § 60 Abs. 7 AufenthG bezogene Klage entfällt, wenn und soweit eine ausländerrechtliche Erlasslage dem Kläger „einen vergleichbaren wirksamen Schutz vor Abschiebung vermittelt". Es kommt ausschließlich darauf an, ob der Erlass im maßgeblichen Zeitpunkt besteht und anwendbar ist.[128]

d) Zum Eilrechtsschutzantrag

93 Da die Anfechtungsklage gegen die Abschiebungsandrohung bei qualifizierter Asylablehnung **keine aufschiebende Wirkung** hat (vgl. § 75 AsylG) und das Bundesamt zusammen mit der Antragsablehnung die Abschiebungsandrohung nach §§ 34, 36 Abs. 1 AsylG erlässt, ist Eilrechtsschutz nach § 36 Abs. 3 S. 1 AsylG iVm § 80 Abs. 5 AsylG zu beantragen. Es gelten die prozessualen Spezialvorschriften des § 36 Abs. 3 und 4 AsylG und ergänzend § 80 VwGO.

---

125 BVerwG, Beschl. v. 24.3.2000 – BVerwG 9 B 144.00; BayVGH, NVwZ-Beil. 2002, 60.
126 BVerwGE 140, 319 (326) Rn. 16 = NVwZ 2012, 240.
127 BVerwGE 104, 260 (262) = InfAuslR 1997, 420 = NVwZ 1997, 1132 = AuAS 1997, 250.
128 BVerwGE 114, 379 = NVwZ 2001, 1420 = InfAuslR 2002, 48; OVG Sachsen, InfAuslR 2005, 85; OVG Sachsen, AuAS 2005, 149, 150; BayVGH, Beschl. v. 5.4.2004 – 6 ZB 04.30267; OVG NW, AuAS 2008, 233, 234.

II. Erläuterungen zur Begründung der Klage wie des Eilrechtsschutzantrags

1. Umfassender Begründungsaufwand in Ansehung individueller Aktivitäten und Verfolgungen

Der **Schwerpunkt der Klagebegründung** richtet sich gegen die Begründung des Bundesamtes, die Aktivitäten des Mandanten in der Organisation Volksmodjaheddin erfüllten den Tatbestand des § 3 Abs. 2 Satz 1 Nr. 2 AsylG. Mit erheblichen Bedenken wird hier eine Musterbegründung vorgestellt, weil dies dazu verführen kann, diese in der anwaltlichen Praxis dem eigenen Schriftsatz zugrunde zu legen. Davor ist zu warnen. Vielmehr ist gerade im Eilrechtsschutzverfahren eine sehr ausführliche Auseinandersetzung mit den konkreten Sachangaben zu den politischen Aktivitäten und den hiergegen gerichteten Verfolgungsmaßnahmen geboten. Deshalb darf man sich nicht auf die Bemerkung beschränken, entsprechende Bedenken gegen die Glaubhaftigkeit der Sachangaben seien nicht erhoben worden.

2. Asylausschlussgrund Art. 1 F GFK

Sofern das Verwaltungsgericht die **behördlichen Feststellungen** bestätigt, wird es die auf die Verpflichtung zur Asylanerkennung und Zuerkennung der Flüchtlingseigenschaft gerichtete Klage abweisen. Denn nach § 30 Abs. 4 AsylG ist der Asylantrag als offensichtlich unbegründet abzulehnen, wenn die Voraussetzungen des § 3 Abs. 2 AsylG vorliegen. Diese Vorschrift gibt den Wortlaut von Art. 12 Abs. 2 RL 2011/95/EU, Art. 1 F GFK wieder, jedoch ohne diese Normen ausdrücklich zu bezeichnen. § 3 Abs. 2 AsylG bezeichnet präzis die tatbestandlichen Voraussetzungen des Art. 1 F GFK. Für die Rechtsanwendung ist deshalb nicht § 3 Abs. 2 AsylG, sondern Art. 12 Abs. 2 RL 2011/95/EU, Art. 1 F GFK von vorrangiger Bedeutung.[129] Insoweit kommt es nicht primär auf die innerstaatlichen Auslegungsgrundsätze, sondern auf Unionsrecht und die in Art. 31 WÜV geregelten völkerrechtlichen Auslegungsregeln und damit insbesondere auf die Staatenpraxis (vgl. Art. 31 Abs. 3 Buchst. a WÜV) an.

3. Asylausschlussgrund Art. 1 F Buchst. b) GFK

Das Bundesamt begründet die Antragsablehnung als offensichtlich unbegründet damit, dass die individuelle Einbindung des Antragstellers in die „terroristische Organisation Volksmodjaheddin Iran" ein schweres nichtpolitisches Verbrechen darstelle. Damit verweist es auf die zweite Variante des § 3 Abs. 2 AsylG, der stillschweigend Art. 1 F Buchst. b GFK in Bezug nimmt. Ein „schweres nichtpolitisches Verbrechen" im Sinne dieser Vorschrift kann jedoch nur angenommen werden, wenn die zugrunde liegende Handlung eine langjährige Freiheitsstrafe nach sich zieht und diese durch eine „unmittelbare und persönliche Beteiligung des Asylsuchenden" geprägt ist.[130] Ebenso finden nach Art. 12 Abs. 3 RL 2011/95/EU die Ausschlussgründe nur auf Personen Anwendung, die andere zu den in Art. 1 GFK genannten Straftaten oder Handlungen anstiften oder sich in sonstiger Weise daran beteiligen.

4. Mitgliedschaft in gewaltbefürwortenden oder – anwendenden Organisationen

Bei einer Mitgliedschaft in gewaltbefürwortenden oder -anwendenden Organisationen wird für die Anwendung von Art. 1 F Buchst. b GFK vorausgesetzt, dass zusätzlich zur Mitglied-

---

129 *Marx*, ZAR 2002, 127, 132 ff.
130 Nr. 11 der Summary Conclusions – Exclusion from Refugee Status, Lisbon Expert Roundtable, Global Consultations on International Protection, 3–4 May 2000.

schaft schwerwiegende Gründe die Annahme begründen, dass der Asylsuchende eine »unmittelbare Verantwortung« für die Tat hat oder an der von anderen begangenen Handlung selbst »aktiv beteiligt« war.[131] Im Blick auf die Förderung oder Unterstützung terroristischer Handlungen sind also **konkrete Anzeichen für eine unmittelbare Beteiligung** des Asylsuchenden erforderlich. Ein Ausschluss ist unter keinen Umständen erlaubt, wenn der Betroffene sich in einer konkreten Situation an einer derartigen Handlung beteiligt haben könnte, sein Beitrag aber in keinem unmittelbaren Zusammenhang zu dieser steht[132] Die bloße Mitgliedschaft und die dargelegten Aktivitäten des Mandanten für die Volksmodjaheddin als solches erfüllen danach nicht den Tatbestand eines „schweren nichtpolitischen Verbrechens" im Sinne von Art. 1 F Buchst. b GFK. Das Bundesamt durfte deshalb den Antrag nicht als offensichtlich unbegründet ablehnen.

98 Die Praxis beruft sich zumeist auf die zweite der drei alternativen Varianten des § 3 Abs. 2 AsylG (vgl. auch § 25 Abs. 3 S. 2 Alt. 3 AufenthG). Dabei wird die Mitgliedschaft in einer Gewalt befürwortenden oder anwendenden Organisation als Teilnahme an einem schweren nichtpolitischen Verbrechen eingestuft. Diese Praxis zielt insbesondere auf die PKK und andere linke Organisationen aus der Türkei (zB DHKP-C, TKP/ML, Dev Sol) und die iranische Organisation Mudjaheddin-e-Khalq (MEK). Beruft sich die Behörde auf diesen Ausschlussgrund, müssen zusätzlich zur Mitgliedschaft schwerwiegende Gründe die Annahme begründen, dass der Antragsteller eine „unmittelbare Verantwortung" für die Tat hat oder an der von anderen begangenen Handlung selbst „aktiv beteiligt" war.[133] Im Blick auf die Förderung oder Unterstützung terroristischer Handlungen sind also konkrete Anzeichen für eine unmittelbare Beteiligung des Asylsuchenden erforderlich. Eine Anwendung der dritten Vorbehaltsvariante des § 3 Abs. 2 AsylG ist unter keinen Umständen erlaubt, wenn er sich in einer konkreten Situation an einer derartigen Handlung beteiligt haben könnte, sein Beitrag aber in keinem unmittelbaren Zusammenhang zu dieser steht.[134]

99 Mit diesem **internationalen Standard** steht die deutsche Rechtsprechung grundsätzlich in **Übereinstimmung.** Danach ist die Schutzversagung nicht erlaubt, wenn konkrete Aktivitäten zur Umsetzung der Einsicht, dass bestimmte Provinzen im Herkunftsland mit Gewalt losgelöst werden müssten, nicht festgestellt werden können.[135] Soweit allerdings ohne die Feststellung einer konkreten Beteiligung an der Tat allein aus der Funktionärstätigkeit oder der Unterstützung einer als terroristisch bezeichneten Organisation durch den Antragsteller der Terrorismusvorbehalt gegen diesen angewandt wird, bleibt sie unterhalb der hohen, für die Anwendung der Ausschlussgründe nach Art. 1 F GFK anzusetzenden Schwelle. Gegen eine der-

---

131 UNHCR, Determination of refugee status of persons connected with organizations or groups which advocate and/or practice violence, 1 June 1998, Nr. 16; hierzu auch EuGH, InfAuslR 2011, 40 Rn. 94 ff. = NVwZ 2011, 285 – B. und D.; *Marx*, InfAuslR 2012, 30.
132 UNHCR, Determination of refugee status of persons connected with organizations or groups which advocate and/or practice violence, 1 June 1998, Nr. 15: The exclusion provisions »do not in any way refer to a situation in which a person may have contributed towards the commission of the act in a less direct or more remote manner«.
133 EuGH InfAuslR 2011, 40 Rn. 94 ff. = NVwZ 2011, 285 – B. und D.; *Marx*, InfAuslR 2012, 30; UNHCR, Determination of refugee status of persons connected with organizations or groups which advocate and/or practice violence, 1 June 1998, Nr. 16.
134 Vgl. UNHCR, Determination of refugee status of persons connected with organizations or groups which advocate and/or practice violence, 1 June 1998, Nr. 15: The exclusion provisions „do not in any way refer to a situation in which a person may have contributed towards the commission of the act in a less direct or more remote manner".
135 BVerfG (Kammer), InfAuslR 1991, 257, 260 = EZAR 201 Nr. 23 = NVwZ 1992, 261.

artige Rechtsprechung ergeben sich Bedenken aus Art. 12 Abs. 3 RL 2011/95/EU sowie aus Art. 25 der UN-Charta.[136]

Nach Art. 12 Abs. 3 RL 2011/95/EU finden die Ausschlussgründe auf Personen Anwendung, die andere zu den entsprechenden Taten anstiften oder sich in sonstiger Weise daran beteiligen. Mit für die Bundesrepublik Deutschland verbindlicher Wirkung hat der Sicherheitsrat in der Resolution 1373 (2001) vom 28. September 2001 unter Nr. 3 f. den Ausschluss vom Flüchtlingsstatus ausdrücklich auf die *„Planung, Erleichterung* oder *Beteiligung an terroristischen Handlungen"* bezogen, also eine an äußere Handlungsformen anknüpfende individuelle Zurechnungskategorie vorausgesetzt. Ebenso erfordert der auf terroristische Unterstützungshandlungen zugeschnittene Versagungsgrund des § 5 Abs. 4 S. 2 AufenthG ein „sicherheitsgefährdendes Handeln." Eine Zugehörigkeit zu einer nicht näher bestimmten, begrifflich diffus bleibenden „terroristischen Vereinigung" oder gar nur deren „Unterstützung" erfüllt diese strengen Voraussetzungen nicht.

Nach der Rechtsprechung des BVerwG ist die Zugehörigkeit zu einer Organisation, die vorrangig der „Unterstützung von Gewalt durch die Mitgliedschaft" gilt, erheblich.[137] Dem hält das BVerfG einschränkend entgegen, dass die Gleichsetzung von Terrorismus und Gewalt unzulässig sei, wenn konkrete Aktivitäten zur Umsetzung der Einsicht, dass bestimmte Provinzen im Herkunftsland mit Gewalt losgelöst werden müssten, nicht festgestellt werden könnten.[138] Nach dem BVerwG kommt es jedoch zunächst darauf an, ob der Antragsteller die **innere Sicherheit der Bundesrepublik gefährdet**, weil er einer Organisation angehört, die nach vereinsrechtlichen Vorschriften verboten ist.[139] Entsprechende behördliche Feststellungen rechtfertigen jedoch nicht ohne Weiteres die Anwendung von § 3 Abs. 2 AsylG. Allein durch die bloße Mitgliedschaft werden die entsprechenden Voraussetzungen indes weder im einen noch im anderen Falle erfüllt. Vielmehr muss sich die von dieser ausgehenden Gefährdung in der Person des Betreffenden konkretisieren.

Ein schweres nichtpolitisches Verbrechen liegt danach regelmäßig nicht schon dann vor, wenn dieser sich für die Organisation etwa durch **Teilnahme an deren Aktivitäten** oder durch **finanzielle Zuwendungen** eingesetzt hat. Im Allgemeinen reicht es nach der Rechtsprechung jedoch aus, wenn der Antragsteller eine die Sicherheit des Staates gefährdende Organisation in qualifizierter Weise, insbesondere durch eigene Gewaltbeiträge oder als Funktionär, unterstützt. Durch eigene erhebliche Gewalttätigkeit oder -bereitschaft tritt er für die Ziele der Organisation ebenso ein wie durch die strukturelle Einbindung in die Organisation, etwa durch Ausübung einer aktiven Funktionärstätigkeit.[140]

Eine derartige Auslegung von § 3 Abs. 2 AsylG ist nach der Rechtsprechung des EuGH mit Art. 12 Abs. 3 RL 2011/95/EU vereinbar. Danach finden die Ausschlussregelungen auf Antragsteller Anwendung, die zu einer (konkreten) erheblichen Straftat anstiften oder auf ande-

---

136 BVerwGE 109, 1, 7 f. = EZAR 200 Nr. 35 = InfAuslR 1999, 470 = NVwZ 1999, 1346; BVerwGE 109, 12, 19 = InfAuslR 1999, 366 = NVwZ 1999, 1349; *Marx*, Handbuch zum Flüchtlingsschutz, 2012, § 35 Rn. 133 ff.
137 BVerwGE 67, 195, 201 = EZAR 201 Nr. 5 = NVwZ 1983, 678.
138 BVerfG (Kammer), InfAuslR 1991, 257, 260 = EZAR 201 Nr. 23 = NVwZ 1992, 261; s. auch NdsOVG InfAuslR 1998, 196, 199.
139 BVerwGE 109, 1, 5 = EZAR 200 Nr. 35 = InfAuslR 1999, 470 = NVwZ 1999, 1346 = AuAS 1999, 187; ausdrücklich dagegen: Hess. VGH, NVwZ-Beil. 2000, 102, 106; aA OVG Rh-Pf AuAS 2000, 102, für PKK; s. auch BVerfG (Kammer), NVwZ 2002, 709; BVerfG (Kammer), NVwZ 2002, 712; BVerfG (Kammer), NVwZ 2002, 711, alle zum vereinsrechtlichen, auf das PKK/ERNK bezogene Betätigungsverbot.
140 BVerwGE 109, 1, 7 f. = EZAR 200 Nr. 35 = InfAuslR 1999, 470 = NVwZ 1999, 1346 = AuAS 1999, 187.

re Weise an dieser beteiligt sind. Erforderlich ist eine Einzelfallwürdigung. Der Betroffene muss im fraglichen Zeitraum eine individuelle Verantwortung für die von der Organisation begangenen Handlungen gehabt haben.[141]

III. Voraussetzungen des Art. 33 Abs. 2 GFK (§ 60 Abs. 8 S. 1 AufenthG)

104 Der Ausschlussgrund des § 60 Abs. 8 S. 1 AufenthG lehnt sich an Art. 33 Abs. 2 GFK an (s. auch § 25 Abs. 3 Satz 3 AufenthG, Art. 17 Abs. 1 Buchst. d RL 2011/95/EU). Art. 33 Abs. 2 GFK hat Ultima-Ratio-Charakter.[142] Dies hat das BVerwG ausdrücklich für das verfassungsrechtliche Abschiebungsverbot festgestellt.[143] Zentral für die Anwendung von Art. 33 Abs. 2 GFK wie auch von § 60 Abs. 8 S. 1 AufenthG ist der dort verankerte spezifische Gefahrenbegriff. Danach muss der Antragsteller eine „Gefahr für die Sicherheit der Bundesrepublik Deutschland" darstellen. Die Behörden müssen nicht lediglich darlegen, dass der Flüchtling ein schwerwiegendes Verbrechen verübt hat, sondern darüber hinaus auch, dass sich hieraus eine **Gefahr für die Sicherheit des Staates** ergibt.[144] Es muss von der Behörde also die hinreichende Wahrscheinlichkeit eines Schadenseintritts dargetan werden und der drohende Schaden muss eine gewisse Schwere aufweisen.[145]

105 Die Rechtsprechung hat diesen Konnex zwischen dem **individuellen Verhalten** und den **Interessen des Aufenthaltsstaates** hervorgehoben. Danach ist unter der Sicherheit der Bundesrepublik nicht der – weitere – Begriff der öffentlichen Sicherheit im Sinne des allgemeinen Polizeirechts zu verstehen, sondern die innere und äußere Sicherheit des Staates. Diese umfasst den Bestand und die Funktionstüchtigkeit des Staates und seiner Einrichtungen. Das schließt den Schutz vor Einwirkungen durch Gewalt oder Drohung mit Gewalt auf die Wahrnehmung staatlicher Funktionen ein.[146] Es geht dabei insbesondere darum, mit den Mitteln des Polizeirechts zu verhindern, dass „gewalttätige Auseinandersetzungen zwischen verfeindeten Volksgruppen in die Bundesrepublik Deutschland verlagert und hier ausgetragen werden."[147]

106 Soweit mit dem präventiven Sicherheitsbegriff „terroristischen" Bedrohungen vorgebeugt werden soll, müssen diese auf den **Bestand und die Funktionsfähigkeit der Institutionen der Bundesrepublik** zielen. Aus Anlass des Verbotes eines exilkroatischen Vereins hob das BVerwG hervor, dass die Annahme gerechtfertigt gewesen sein müsse, dass der Verein bei gegebener Möglichkeit und Gelegenheit im Bundesgebiet entweder selbst Terroranschläge organisiert und den Tätern durch seine Funktionäre oder durch Mitglieder tatkräftig Hilfe geleistet oder sie nach vollbrachter Tat begünstigt hätte. Darüber hinaus hatten in dem entschiedenen Fall die Erkenntnisse über die Aktivitäten des Vereins die Annahme gerechtfertigt, dass dieser auch Terroranschläge gegen jugoslawische Einrichtungen oder Organe im Bundesgebiet, die zwar nicht von diesem organisiert gewesen, aber von kroatischen Nationalisten ver-

---

[141] EuGH InfAuslR 2011, 40 Rn. 98 = NVwZ 2011, 285 – B. und D.
[142] *Stenberg*, Non-Expulsion and Non-Refoulement, 1989, S. 227.
[143] BVerwGE 49, 202, 209 f. = EZAR 201 Nr. 2 = NJW 1976, 490; BVerwGE 109, 1, 4 = EZAR 200 Nr. 35 = NVwZ 1999, 1346 = InfAuslR 1999, 470.
[144] *Stenberg*, Non-Expulsion and Non-Refoulement, 1989, S. 227 ff.
[145] VG Stuttgart InfAuslR 2006, 78, 79.
[146] BVerwGE 109, 1, 4 = EZAR 200 Nr. 35 = NVwZ 1999, 1346 = InfAuslR 1999, 470; so schon BVerwGE 62, 36, 38 = EZAR 121 Nr. 3; BVerwG InfAuslR 1981, 173, 174; BVerwGE 96, 86, 91 = NVwZ 1995, 1127 = InfAuslR 1994, 405; BVerwG NVwZ 1995, 587.
[147] BVerwGE 109, 1, 7 = EZAR 200 Nr. 35 = NVwZ 1999, 1346 = InfAuslR 1999, 470; BVerwGE 49, 36, 42 = EZAR 103 Nr. 1 = NJW 1975, 2158, Verbot der politischen Betätigung gegen einen iranischen Studenten aus Anlass des Schah-Besuchs im Juni 1967; BVerwG NVwZ 1995, 587, 590, PKK-Verbot.

übt worden waren, mit allen mobilisierbaren Kräften unterstützt hatte und auch dadurch die innere Sicherheit der Bundesrepublik gefährdet gewesen war.[148]

Beim Verbot der palästinensischen Organisation GUPS hatte das BVerwG festgestellt, dass sich Anschläge arabischer Terrororganisationen gehäuft hätten und insbesondere nach dem Anschlag während der Olympischen Spiele in München 1972 mit weiteren Gewaltaktionen auf deutschem Boden hätte gerechnet werden müssen. Die GUPS habe die Gewalttaten palästinensischer Terroristen verherrlicht und ihre im Bundesgebiet lebenden Mitglieder zur Nachahmung solcher Taten aufgefordert und deshalb für die Bundesrepublik ein erhebliches Sicherheitsrisiko bedeutet. Die politische Tätigkeit der GUPS auch in der Bundesrepublik sei auf die Unterstützung der Tätigkeit der bewaffneten palästinensischen Organisationen einschließlich ihrer Terrorhandlungen nach Maßgabe der vorhandenen Möglichkeiten sowie auf Herstellung, Erhaltung und Steigerung der Fähigkeit und Bereitschaft ihrer Mitglieder zur Leistung einer solchen Unterstützung gerichtet gewesen.[149]

107

Nach dieser Rechtsprechung wird mit dem **präventiven Sicherheitsbegriff**, der auch für die Anwendung von § 60 Abs. 8 S. 1 AufenthG und Art. 33 Abs. 2 GFK maßgebend ist, ein enger Konnex zwischen terroristischen Aktionen im Ausland und terroristischen Aktivitäten im Bundesgebiet hergestellt. Sofern etwa Geldsammlungen, Kurierdienste oder die Unterkunftsgewährung zu beurteilen sind, müssen diese einen logistischen Bezug zu konkreten terroristischen Aktivitäten im Ausland aufweisen, etwa derart, dass nach einer durchgeführten terroristischen Aktion im Ausland den Tätern im Bundesgebiet Unterschlupf gewährt wird. Darüber hinaus müssen derartige **logistische Unterstützungshandlungen** im Rahmen einer Organisation ausgeführt werden, die im Bundesgebiet selbst terroristische Aktionen durchführt.

108

Für das Asylrecht hat das BVerfG den erforderlichen Zusammenhang zwischen Aktivitäten im Ausland und denen im Bundesgebiet dadurch hervorgehoben, dass es darauf abstellt, ob im Heimatland begonnene Aktivitäten im Bundesgebiet in den hier möglichen Formen fortgesetzt werden sollen.[150] Beschränkt sich hingegen der bewaffnete Kampf der Organisation auf die heimatliche Region, mag nach der Rechtsprechung zwar die logistische Mitwirkung des auch im Bundesgebiet tätigen Zweigs der Organisation innerstaatliche Auswirkungen haben und möglicherweise Belange der Bundesrepublik berühren. Eine Gefährdung der inneren Sicherheit der Bundesrepublik Deutschland ist darin jedoch nicht zu sehen.[151]

109

---

148 BVerwGE 55, 175, 184.
149 BVerwGE 62, 36, 39 f. = EZAR 121 Nr. 3; BVerwG InfAuslR 1981, 173, 174.
150 BVerfGE 81, 142, 152 = EZAR 200 Nr. 26 = NVwZ 1990, 453 = InfAuslR 1990, 167.
151 BVerwGE 96, 86, 94 = NVwZ 1995, 1127 = InfAuslR 1994, 405.

§ 11 Klage und Eilrechtsschutzantrag wegen Nichtdurchführung eines weiteren Asylverfahrens (Asylfolgeantrag nach § 71 AsylG)

A. Sachverhalt / Lebenslage

1 **Beispiel: Die zum Christentum konvertierte iranische Muslimin**
Die iranische Staatsangehörige Leyla A erscheint in der Kanzlei und übergibt einen Bescheid mit Umschlag. Mit dem Bescheid wird der Antrag auf Durchführung eines weiteren Asylverfahrens abgelehnt. Die von der Antragstellerin persönlich aufgesuchte Außenstelle des Bundesamtes für Migration und Flüchtlinge sei für die Bearbeitung des Antrags nicht zuständig, weil die für die Antragstellerin früher zuständige Außenstelle aufgelöst worden sei und sie deshalb den Antrag schriftlich bei der Zentrale des Bundesamtes in Nürnberg hätte stellen müssen. Unabhängig davon sei der Antrag aber auch unzulässig, weil der Folgeantrag erst acht Monate, nachdem die Antragstellerin die ersten Kontakte zur Glaubensgemeinschaft der Zeugen Jehovas aufgenommen hätte, gestellt worden sei. Es könne daher dahingestellt bleiben, ob der geltend gemachte Übertritt vom muslimischen Glauben zu dieser Glaubensgemeinschaft aus rein taktischen Gründen erfolgt sei. Aber auch wenn dies nicht der Fall sei, habe sich die Sachlage nicht zugunsten der Antragstellerin geändert. Es könne ihr zugemutet werden, ihren christlichen Glauben im Iran im privaten Bereich auszuüben. Die Mandantin weist darauf hin, dass sie vor sechs Wochen durch ihrer Glaubensgemeinschaft getauft worden sei und sie bereits auch zuvor wie auch danach wiederholt iranische Landsleute zum Eintritt in die Glaubensgemeinschaft der Zeugen Jehovas bewegt habe. Sie könne nicht anders, sie fühle sich aufgrund ihres Glaubens zum Missionieren gezwungen. Dabei sei sie auch einmal beschimpft und bedroht worden, man werde sie beim iranischen Generalkonsulat wegen ihres Verrats am islamischen Glauben melden. Ihre Mutter habe ihr bei einem Telefongespräch vor zwei Wochen mitgeteilt, dass Pasdaran sich bei ihr nach ihrer Tochter erkundigt hätten. Leyla A bittet um Einleitung der erforderlichen Schritte gegen den vorgelegten Bescheid wie auch darum, geeignete Schritte gegenüber der Ausländerbehörde einzuleiten, damit diese sie nicht ständig mit Abschiebung bedrohe, wenn sie nicht bald einen Pass vorlege.

B. Prüfungsreihenfolge

I. Prüfung der Rechtsmittelfristen

2 Da zusammen mit dem Bescheid der Umschlag abgegeben wurde, kann der Anwalt anhand des Umschlags **Art und Datum der Zustellung** überprüfen und die erforderlichen **Fristnotierungen** veranlassen und vornehmen. Wie in § 11 Rn. 10 ausgeführt sind im Fristenkalender des Sekretariats wie des Anwalts die erforderlichen Haupt- und Vorfristenfristen zu notieren. Hat das Bundesamt wie im Regelfall lediglich entschieden, dass kein Asylverfahren durchgeführt wird (§ 71 Abs. 1 S. 1 Hs. 2, Abs. 5 S. 1 AsylG), beträgt die **Klagefrist zwei Wochen nach Zustellung** und die **Begründungsfrist einen Monat nach Zustellung** (§ 74 Abs. 1 Hs. 1, Abs. 2 S. 1 AsylG). Hat das Bundesamt jedoch zugleich mit der Sachentscheidung eine Abschiebungsandrohung nach § 34 Abs. 1 S. 1 AsylG verfügt, hat es den Weg über § 71 Abs. 4 AsylG gewählt. In diesem Fall richtet sich das weitere Verfahren nach § 36 AsylG.

3 Da in diesem Fall zur **Erhaltung des vorläufigen Bleiberechts** der Antrag nach § 80 Abs. 5 VwGO innerhalb einer Woche zu stellen ist (§ 36 Abs. 3 S. 1 AsylG; s. auch § 11 Rn. 5 ff.), ist auch die Klage innerhalb einer Woche zu erheben (vgl. § 74 Abs. 1 Hs. 2 AsylG). Anders als

nach allgemeinem Verwaltungsprozessrecht kann der Eilrechtsschutzantrag nicht jederzeit, sondern nur innerhalb einer Woche nach Zustellung gestellt werden (§ 11 Rn. 39). Wird lediglich Klage innerhalb der Wochenfrist erhoben, jedoch kein Antrag nach § 80 Abs. 5 VwGO gestellt, ist zwar über die Klage eine Entscheidung herbeizuführen. Der Kläger hat jedoch nach Ablauf der Wochenfrist wegen Eintritt der Vollziehbarkeit der Abschiebungsandrohung (§ 50 Abs. 2 AufenthG iVm § 34 Abs. 1 S. 1 AsylG) das Bundesgebiet zu verlassen und darf sich während des anhängigen Klageverfahrens nicht im Bundesgebiet aufhalten. Der Eilrechtsschutzantrag dient ja gerade der Sicherung des verfahrensbezogenen Aufenthaltsrechts während der Dauer des Klageverfahrens. Nur ausnahmsweise lässt die Rechtsprechung unter diesen Umständen den vorbeugenden Vollstreckungsschutz nach § 123 VwGO zu. Wird nur der Eilrechtsschutzantrag innerhalb der Woche gestellt, die Klage aber erst nach Ablauf der Wochenfrist eingereicht, ist die Klage verfristet und der Eilrechtsschutzantrag mangels Rechtshängigkeit der Klage unzulässig. Da iranische Staatsangehörige, die ein erfolgloses Asylverfahren betrieben haben, in der Regel nicht im Besitz eines nationalen Passes sind und ohne Erklärung gegenüber dem zuständigen Generalkonsulat, nicht freiwillig ausreisen zu wollen, keine Heimreisedokumente erhalten, können sie wegen tatsächlicher Unmöglichkeit der Abschiebung (§ 60 a Abs. 2 S. 1 AufenthG) nicht abgeschoben werden.

II. Klageeinreichung und Stellung des Eilrechtsschutzantrags
1. Örtlich zuständiges Verwaltungsgericht

Der Rechtsanwalt kann keinen Fehler begehen, wenn er sich an der dem Bescheid des Bundesamtes **angehefteten Rechtsbehelfsbelehrung** orientiert und bei dem dort bezeichneten Gericht die Klage erhebt und gegebenenfalls den Eilrechtsschutzantrag stellt (§ 11 Rn. 11 ff.). Bei der **örtlichen Zuständigkeit** handelt es sich um eine **von Amts wegen** zu beachtende Prozessvoraussetzung.[1] Nach § 52 Nr. 2 S. 3 VwGO ist in Streitigkeiten nach dem AsylG und wegen Verwaltungsakten der Ausländerbehörde gegen Asylsuchende das Verwaltungsgericht örtlich zuständig, in dessen Bezirk der Asylantragsteller mit Zustimmung der zuständigen Ausländerbehörde entweder seinen Wohnsitz oder in Ermangelung dessen seinen Aufenthalt hat oder seinen letzten Wohnsitz oder Aufenthalt hatte. Maßgebend für die Beurteilung der örtlichen Zuständigkeit des Gerichts ist der Zeitpunkt der Rechtshängigkeit, dh der Zeitpunkt des Eingangs der Klage beim Gericht.[2]

Da die **räumlichen Beschränkungen des Erstverfahrens** fortgelten (vgl. § 71 Abs. 8 S. 1 AsylG), bleibt es damit bei den Zuständigkeiten des Erstverfahrens, es sei denn, die Mandantin wäre in der Zwischenzeit umverteilt (vgl. § 51 AsylG) worden. In diesem Fall ist das Verwaltungsgericht örtlich zuständig, in dessen Bezirk die Mandantin nunmehr mit Zustimmung der in der Zuweisungsentscheidung bezeichneten Ausländerbehörde ihren Wohnsitz hat. Allerdings werden Folgeantragsteller nach neuem Recht in besonderen Aufnahmeeinrichtungen untergebracht (§ 30 a Abs. 1 Nr. 4 AsylG), sodass sich hierdurch auch die Gerichtszuständigkeit ändert. Für die anwaltliche Beratungspraxis wesentlich war früher der Hinweis, dass für den Rechtsschutz in weiteren Verfahren nach Abschluss des Erstverfahrens stets dasselbe Verwaltungsgericht, das heißt, derselbe Einzelrichter zuständig blieb (§ 76 Abs. 4 S. 1 AsylG). Das düprfte sich nach neuem Recht ändern. Zu den weiteren Fragen der örtlichen Gerichts-

---
1 BVerwG NVwZ-RR 1995, 300, 301.
2 BVerwG InfAuslR 1985, 149; BVerwG BayVBl. 1986, 504.

zuständigkeit wie auch eines möglichen Verweisungsantrags sowie der Vollmachtsvorlage wird auf die entsprechenden Ausführungen in § 11 Rn. 11 ff. verwiesen.

2. Eilrechtsschutzantrag

6   Im Beispielsfall bedarf es keines Eilrechtsschutzantrages, da die Mandantin zwar vollziehbar ausreisepflichtig ist, die Abschiebungsandrohung wegen des fehlenden iranischen Reiseausweises jedoch tatsächlich nicht durchgeführt werden kann (vgl. § 60 a Abs. 2 Satz 1 AufenthG). Darüber hinaus ist das Bundesamt nach § 71 Abs. 5 S. 1 AsylG vorgegangen, da es keine Abschiebungsandrohung erlassen hat. Die Ausländerbehörde kann also jederzeit aus der im vorangegangenen Asylverfahren erlassenen Abschiebungsandrohung vorgehen, kann diese jedoch wegen des fehlenden Passes nicht vollziehen. Die Entscheidung, dass die Voraussetzungen nach § 51 Abs. 1 bis 3 VwVfG nicht vorliegen, bedeutet, dass der Aufenthalt bereits im Zeitpunkt der Stellung des Folgeantrags nicht gestattet war. Das gesetzliche Aufenthaltsrecht nach § 55 Abs. 1 S. 1 AsylG war ja bereits mit der Vollziehbarkeit der Abschiebungsandrohung aus dem Erstverfahren (§ 67 Abs. 1 Nr. 4 AsylG) bzw. mit der unanfechtbaren Ablehnung des Erstantrags (§ 67 Abs. 1 Nr. 6 AsylG) kraft Gesetzes erloschen. Durch die Folgeantragstellung war die Vollziehung lediglich kraft Gesetzes vorübergehend ausgesetzt (§ 71 Abs. 5 S. 2 Hs. 1 AsylG).

7   Mit der Sachentscheidung, kein weiteres Asylverfahren einzuleiten, erlischt das gesetzliche Abschiebungshindernis aus § 71 Abs. 5 S. 2 Hs. 1 AsylG und aktualisiert sich erneut die Ausreisepflicht. Einstweiliger Rechtsschutz kann hier nur über § 123 VwGO nach den Grundsätzen des **vorbeugenden Vollstreckungsschutzes** erlangt werden. Einem derartigen Antrag fehlte indes mangels Vorliegen eines Anordnungsgrundes (keine unmittelbar bevorstehende Abschiebungsgefahr) das Rechtsschutzbedürfnis. Beginnt die Ausländerbehörde im Beispielsfall in irgendeiner Verfahrensphase gleichwohl mit der Durchführung von Vollstreckungsmaßnahmen, kann der Antrag nach § 123 VwGO gestellt werden. Dieser ist nicht fristgebunden.

8   Probleme bereitet in derartigen Fällen die **Glaubhaftmachung des Anordnungsgrundes**, da einige Gerichte zur Erleichterung ausländerbehördlicher Vollstreckungsmaßnahmen eine sehr enge Auffassung vertreten. Vom Gericht ist Sorge dafür zu tragen, dass das auf § 123 VwGO beruhende Rechtsschutzverfahren effektiv gestaltet und insbesondere gewährleistet wird, dass bis zur gerichtlichen Entscheidung Abschiebungsmaßnahmen unterbleiben.[3] Zwar wird zur Begründung auf Erfahrungen in der Praxis verwiesen, wonach die Vollziehung auf eine telefonische Mitteilung des Verwaltungsgerichts unverzüglich abgebrochen werde, da die Ausländerbehörden sich ihrem Selbstverständnis nach insoweit lediglich als Vollzugsorgan des Bundesamtes betrachten.[4] Das bedeutet jedoch nicht, dass die Glaubhaftmachung des Anordnungsgrundes stets die **konkrete Einleitung** von Vollzugsmaßnahmen durch Festnahme und Transport des Asylsuchenden voraussetzt. Vielmehr reicht im Lichte des Gebotes der effektiven Rechtsschutzgewährung (Art. 19 Abs. 4 GG) zur Glaubhaftmachung die Darlegung aus, dass **ernsthafte Anhaltspunkte** die Befürchtung begründet erscheinen lassen, dass Vollzugsmaßnahmen eingeleitet werden. Ein insoweit wesentlicher Gesichtspunkt ist etwa die Tatsache, dass die Ausländerbehörde die notwendigen Reisedokumente bzw. Passersatzdokumente beschafft hat.

---

3   VGH BW, NVwZ-Beil., 2001, 8 = AuAS 2000, 238 = EZAR 632 Nr. 35.
4   VG Darmstadt, NVwZ-Beil. 1995, 31, 32 = JMBl. Hessen 1995, 38.

Anders wäre im Beispielsfall die prozessuale Situation, wenn das Bundesamt nach § 71 Abs. 4 AsylG vorgegangen wäre. Zur Wahrung des fristgebundenen Eilrechtsschutzes (vgl. § 36 Abs. 3 S. 1 AsylG), muss hier der Antrag nach § 80 Abs. 5 VwGO binnen Wochenfrist gestellt werden. Gelegentlich verneinen einige Verwaltungsgerichte aus dem allgemeinen verwaltungsprozessualen Gedanken der Darlegung des Rechtsschutzbedürfnisses in derartigen Fällen die Statthaftigkeit des Antrags. Dies ist jedoch wegen der Fristgebundenheit des Eilrechtsschutzantrages (vgl. § 71 Abs. 4 iVm § 36 Abs. 3 S. 1 AsylG) eine mit dem Gesetz nicht vereinbare Auffassung.

Für die Frage, ob das Bundesamt im Zusammenhang mit der Entscheidung, ein weiteres Verfahren nicht durchzuführen, eine **erneute Abschiebungsandrohung** erlassen muss, war früher die Frist von zwei Jahren nach § 71 Abs. 5 S. 1 Hs. 1 AsylG aF maßgebend. Da nach geltendem Recht diese Frist nicht mehr besteht, liegt es allein im pflichtgemäßen Ermessen des Bundesamtes, ob es nach § 71 Abs. 4 AsylG vorgeht und eine neue Abschiebungsandrohung erlässt, etwa weil begründete Zweifel an der Rechtmäßigkeit der Abschiebungsandrohung des Erstverfahrens bestehen. Liegen die Voraussetzungen des § 51 Abs. 1 bis 3 VwVfG nicht vor, prüft das Bundesamt nach pflichtgemäßem Ermessen, ob es gemäß § 36 Abs. 4 Hs. 1 iVm §§ 34 ff. AsylG die Abschiebungsandrohung erlässt. Diese ist mit einer einwöchigen Ausreisefrist zu verbinden (§ 36 Abs. 1 AsylG). Zwar bedarf es nach geltendem Recht grundsätzlich keiner erneuten Abschiebungsandrohung und kann das Bundesamt regelmäßig nach § 71 Abs. 5 AsylG vorgehen. Diese Vorschrift schließt den erneuten Erlass einer Abschiebungsandrohung jedoch keineswegs aus.[5]

3. Hinweis auf Mitwirkungspflichten bei der Passbeschaffung
a) Umfang der Passbeschaffungspflicht

Da die Mandantin um Einleitung der erforderlichen Schritte gegen die behördlichen Maßnahmen zur Passbeschaffung gebeten hat, ist sie auf die Rechtslage hinzuweisen. Die behördliche Weigerung, ein Asylverfahren durchzuführen, beseitigt das gesetzliche Abschiebungshindernis des § 71 Abs. 5 S. 2 Hs. 1 AsylG. Die Mandantin war ungeachtet dessen bereits nach Abschluss des Erstverfahrens verpflichtet, bei der Beschaffung der Heimreisedokumente **mitzuwirken** (vgl. § 82 Abs. 4 S. 1 AufenthG, § 15 Abs. 2 Nr. 6 AsylG). Dies kann auch zwangsweise durchgesetzt werden (vgl. § 82 Abs. 4 S. 2 AufenthG). Diese Mitwirkungspflichten bestanden auch während der Phase, in der die Abschiebung gesetzlich untersagt war. Nach § 15 Abs. 2 Nr. 6 AsylG ist der Asylsuchende gesetzlich verpflichtet, im Falle des Nichtbesitzes eines gültigen Passes oder Passersatzes an der Beschaffung eines Identitätsdokumentes mitzuwirken. Damit wird dem Asylsuchenden die Verpflichtung auferlegt, die **erforderlichen Anträge** bei seiner heimatlichen Auslandsvertretung zu stellen. Durch diese Mitwirkungspflicht soll erreicht werden, dass nach negativem Abschluss des Asylverfahrens die Rückführung des Antragstellers nicht wegen seiner fehlenden, Mitwirkung verzögert oder gar behindert wird.[6]

Gegenstand der Mitwirkungspflicht nach § 15 Abs. 2 Nr. 6 AsylG sind alle **Tat- oder Rechtshandlungen**, die zur **Beschaffung eines fehlenden Identitätsdokumentes** oder zur **Verlängerung seiner Gültigkeit** erforderlich sind und nur von dem Asylsuchenden persönlich vorgenommen werden können. Die Verpflichtung des Asylsuchenden, an der Beschaffung eines

---
5 OVG NW, NVwZ-Beil. 1997, 77, 78.
6 BT-Drs. 12/4450, S. 18.

Identitätsdokumentes mitzuwirken, beinhaltet auch, sich hierzu der Mithilfe Dritter, insbesondere Angehöriger, zu bedienen.[7] Zur Mitwirkungspflicht gehören nach der Rechtsprechung nicht nur die Fertigung von Lichtbildern und das Ausfüllen und eigenhändige Unterzeichnen eines Antragsformulars, sondern auch die persönliche Vorsprache bei der konsularischen Auslandsvertretung des Heimatstaates.[8] Hinzu tritt die Verpflichtung nach § 15 Abs. 2 Nr. 4 AsylG, dem behördlichen Verlangen nach Abgabe der erforderlichen Erklärungen nachzukommen, damit die Heimatbehörden unmittelbar an die zuständige Behörde den Pass oder Passersatz übersenden können.

b) Maßgebende Rechtsgrundlage

13 Die Ausländerbehörde kann sich in Fällen ehemaliger Asylbewerber für die **Passbeschaffungsanordnung** auf § 82 Abs. 4 AufenthG stützen.[9] Demgegenüber hält die Rechtsprechung die Ausländerbehörde darüber hinaus auch für befugt, sich für die Passbeschaffungsanordnung zusätzlich auf § 15 Abs. 2 Nr. 6 AsylG zu berufen.[10] Sie bezieht sich insoweit auf die Rechtsprechung des BVerwG. Dieses hat jedoch lediglich festgestellt, die Zuständigkeit des Bundesamtes ende mit dem Erlass der Abschiebungsandrohung nach § 34 AsylG. Die Abschiebung obliege den nach den allgemeinen ausländerrechtlichen Vorschriften zuständigen Ausländerbehörden.[11] Diese Rechtsprechung kann deshalb nicht als Beleg für die Annahme einer Zuständigkeit der Ausländerbehörden nach § 15 Abs. 2 Nr. 6 AsylG herangezogen werden. Ratio der weiten Auslegung des § 15 Abs. 2 Nr. 6 AsylG dürfte wohl die Absicht sein, auf die Passbeschaffungsanordnung durch die Ausländerbehörde im Zusammenhang mit einem Asylverfahren die rechtsverkürzenden Vorschriften des AsylG, insbesondere den Ausschluss der Beschwerdebefugnis (§ 80 AsylG), anwenden zu können.[12]

14 Ist die Aufenthaltsgestattung erloschen, wird die **Ausländerbehörde** für Maßnahmen zur **Durchsetzung der Ausreisepflicht** zuständig. Diese kann ihre Kompetenzen einschließlich der hierzu erforderlichen Zwangsanwendung aus § 82 Abs. 4 und § 48 Abs. 3 AufenthG herleiten. Für die Durchsetzung gelten mangels ausdrücklicher anderweitiger gesetzlicher Regelungen die allgemeinen länderrechtlichen Bestimmungen des Verwaltungsvollstreckungsrechts.[13] Der Erlass der Anordnung nach § 15 Abs. 2 Nr. 6 AsylG ist während der Dauer der Aufenthaltsgestattung grundsätzlich unzulässig. Daher kann nach allgemeiner Ansicht erst nach dem Erlöschen der Aufenthaltsgestattung die Anordnung ergehen.[14] Der gestellte Asylfolgeantrag hindert demgegenüber grundsätzlich nicht den Erlass der Passbeschaffungsanordnung.[15] Da die Ausländerbehörde nunmehr für die Passbeschaffungsanordnung zur Durchsetzung der Ausreisepflicht zuständig ist, kann diese ihre Maßnahmen auf § 82 Abs. 4 S. 1 AufenthG stützen. Gleichwohl kann es in Einzelfällen wegen des spezifischen Charakters der

---

7 BayObLG, NVwZ-Beil. 2001, 56.
8 VGH BW InfAuslR 1999, 287, 288; VG Chemnitz, NVwZ-Beil. 2000, 44, 45; s. aber hierzu Hess.VGH EZAR 060 Nr. 6 = Hess.VGRspr. 2002, 1.
9 VG Neustadt InfAuslR 2003, 116, 117 f.; VG Wiesbaden AuAS 2004, 273, 274; VG Weimar, Beschl. v. 4. 10. 2004 – 2 E 5889/04.
10 VGH BW InfAuslR 1999, 287, 288; VG Chemnitz, NVwZ 2000, 44; aA VG Neustadt InfAuslR 2003, 116, 117 f.; VG Wiesbaden AuAS 2004, 273, 274; VG Weimar, Beschl. v. 4.10.2004 – 2 E 5889/04.
11 BVerwG InfAuslR 1998, 15, 16.
12 Vgl. hierzu etwa Hess.VGH InfAuslR 2004, 259.
13 BayObLG, EZAR 605 Nr. 1.
14 VGH BW AuAS 1995, 116, 117; VGH BW InfAuslR 1999, 287, 290; VG Chemnitz, NVwZ-Beil. 2000, 44.
15 VGH BW InfAuslR 1999, 287, 288, 290; VG Chemnitz, NVwZ-Beil. 2000, 44, 45; VG Meiningen InfAuslR 2000, 151.

geltend gemachten Wiederaufgreifensgründe für den Betroffenen unzumutbar sein, bei den Behörden des Herkunftslandes zwecks Passbeschaffung vorzusprechen.

c) Praxis der iranischen Auslandsvertretungen

Im Falle des Iran werden durch die konsularischen Vertretungen jedoch keine Heimreisedokumente ausgestellt, wenn der Betroffene den hierfür erforderlichen Formantrag nicht aus freiem Willensentschluss stellt. Der iranische Staat legt sein Staatsangehörigkeitsrecht so aus, dass seine Staatsbürger nicht gegen ihren Willen zur Wiedereinreise gezwungen werden können, so dass die Auslandsvertretungen Ausreisedokumente ohne Abgabe einer Freiwilligenerklärung nicht ausstellen.[16] Die iranischen Auslandsvertretungen fordern deshalb eine auf einem freien Willensentschluss beruhende Erklärung des Betroffenen, dass er in sein Herkunftsland zurückkehren will und zu diesem Zweck Heimreisedokumente verlangt. Unabhängig hiervon haben iranische Antragsteller zur Erlangung eines Reiseausweises eine *„Kennkarte"* vorzulegen. Sind sie nicht im Besitz eines derartigen Dokumentes, können sie eine *„Ersatzkennkarte"* beantragen. Hierzu wird die Vorlage von Identitätsdokumenten mit Lichtbild verlangt. Ist die Vorlage nicht möglich, müssen sie mindestens zwei Zeugen benennen, die nicht mit ihnen verwandt sind und die sie noch aus dem Iran kennen. Können derartige Zeugen nicht benannt werden, wird die Ausstellung der „Ersatzkennkarte" und von Heimreisedokumenten verweigert.[17]

Es ist bedenklich, mittels Zwangsandrohung und Strafandrohung dem Betroffenen, der nicht zur Rückkehr in den Iran bereit ist, aufzugeben, er möge gegenüber den iranischen Behörden – wahrheitswidrig – versichern, dass er in den Iran zurückkehren wolle. Er darf nicht zur Beschleunigung der Abschiebung zur Abgabe einer falschen eidesstattlichen Versicherung aufgefordert werden.[18] Demgegenüber erachtet die überwiegende verwaltungsgerichtliche Rechtsprechung iranische erfolglose Asylsuchende für verpflichtet, die *„Freiwilligkeitserklärung"* abzugeben. Die Betroffenen seien nicht gezwungen, diese Erklärung als unwahre Behauptung oder als „Lüge" abzugeben. Die Freiwilligkeit könne vielmehr in dem Sinne erklärt werden, dass sie vollziehbar ausreisepflichtig seien und deshalb, um nicht zwangsweise abgeschoben zu werden, ihrer Ausreisepflicht nachkommen wollten. Eine derartige Erklärung sei nicht unwahr. Auch wenn die Erklärung nicht erzwungen werden könne, werde die Weigerung, sie abzugeben, jedoch nicht aufenthaltsrechtlich honoriert.[19] Es darf bezweifelt werden, dass die iranischen Auslandsvertretungen eine Erklärung, nicht zwangsweise abgeschoben zu werden, als die für erforderlich erachtete Erklärung, freiwillig in den Iran zurückkehren zu wollen,[20] anerkennen. Es ist deshalb bedenklich, mittels Zwangsandrohung den Betroffenen, der nicht zur Rückkehr in den Iran bereit ist, aufzugeben, er möge gegenüber den iranischen Behörden – wahrheitswidrig – versichern, dass er in den Iran zurückkehren wolle.[21] Der Betroffene darf

---

16 NiederOVG, NVwZ-Beil. 2003, 54, 55; KG InfAuslR 2000, 229; s. auch *Heinhold*, ZAR 2003, 218, 224.
17 VG Hannover, Urt. v. 20.6.2008 – 11 A 8034/06; siehe auch Nieders.OVG, AuAS 2009, 206 (207).
18 KG, InfAuslR 2000, 229 (229 f.); OLG Nürnberg, Urt. v. 16.1.2007 – 2 St OLG Ss 242/06; OLG Köln, NVwZ-RR 2007, 133; OLG München, Urt. v. 9.3.2010 – 4St RR 102/09; siehe auch *Heinhold*, ZAR 2003, 218 (224); *Göbel-Zimmermann*, ZAR 2005, 275 (280).
19 BVerwGE 135, 219 (223 f.) = NVwZ 2010, 918 = AuAS 2009, 74; Nieder. OVG, NVwZ-Beil. 2003, 54 (55); OVG Rh-Pf, NVwZ-RR 2007, 494 (Ls.); OVG NW, AuAS 2007, 221; OVG NW, InfAuslR 2009, 106 (108) = AuAS 2008, 208; VG Hannover, Urt. v. 20.6.2008 – 11 A 8034/06; krit. hierzu *Marx*, Aufenthalts-, Asyl- und Flüchtlingsrecht. Handbuch, 5. Aufl. 2015, S. 417.
20 So zum Inhalt der „Freiwilligkeitserklärung" Nieders.OVG, AuAS 2009, 206 (207).
21 KG InfAuslR 2000, 229, 229 f.; s. auch *Heinhold*, ZAR 2003, 218, 224.

11 § 11 Klage, Eilrechtsschutzantrag wegen Nichtdurchführung eines weiteren Asylverfahrens

nicht zur Beschleunigung der Abschiebung zur Abgabe einer falschen eidesstattlichen Versicherung aufgefordert werden.[22]

d) Bandbreite behördlicher Sanktionsmechanismen

17 An dieser Rechtslage scheitern in der Praxis behördliche Bemühungen zur Erlangung der Heimreisedokumente. Die Ausländerbehörden versuchen deshalb mit allen aus ihrer Sicht geeigneten Maßnahmen die Betroffenen zur Abgabe der Freiwilligenerklärung zu bewegen. Die **Beschäftigungserlaubnis** wird entzogen (vgl. § 33 Abs. 1 Nr. 2 BeschV). Es werden **Duldungsbescheinigungen** ausgestellt, die **nicht als Ausweisersatz gelten** (vgl. § 58 Nr. 2 AufentV). Nur wenn die Duldungsbescheinigung als Ausweisersatz (§ 58 Nr. 1 AufenthG) ausgestellt wird, entfällt die Strafbarkeit nach § 95 Abs. 1 Nr. 1 AufenthG). Demgegenüber hat das BVerwG gegen diese Praxis keine Bedenken.[23]

18 Nach § 95 Abs. 1 Nr. 1 AufenthG macht sich strafbar wer sich entgegen der in § 3 iVm § 48 Abs. 2 AufenthG geregelten Passpflicht im Bundesgebiet aufhält. Nach § 3 Abs. 1 AufenthG dürfen Ausländer sich im Bundesgebiet nur aufhalten, wenn sie einen anerkannten oder gültigen **Pass oder Passersatz** besitzen. § 48 Abs. 2 AufenthG bestimmt, dass ein Ausländer, der einen Pass weder besitzt noch in zumutbarer Weise erlangen kann, der Ausweispflicht mit der Bescheinigung über einen Aufenthaltstitel oder die Aussetzung der Abschiebung genügt, wenn sie mit den Angaben zur Person und einem Lichtbild versehen und als Ausweisersatz bezeichnet ist.

19 Da der Aufenthalt nach § 95 Abs. 1 Nr. 1 AufenthG nur dann nicht strafbar ist, wenn der Betroffene einen Ausweisersatz nach § 48 Abs. 2 AufenthG besitzt, machen sich Ausländer strafbar, die eine Duldungsbescheinigung besitzen, die nicht mit einem Ausweisersatz verbunden ist. Das BVerfG hat gegen diese Rechtslage keine Bedenken. Der Gesetzgeber habe den passlosen Aufenthalt als strafwürdige Verhaltensweise definiert. § 95 Abs. 1 Nr. 1 AufenthG sichere danach die Beachtung der Passpflicht einschließlich der innerstaatlich zu erfüllenden Ausweispflicht. Die Strafbarkeit müsse nicht deshalb entfallen, weil schon der bloße Duldungsanspruch dem Betroffenen ein Recht auf Gewährung eines Ausweisersatzes verliehen hätte. Ein solches Recht folge insbesondere nicht daraus, dass eine Duldung unabhängig von dem Mitführen von Identitätsdokumenten bei der Einreise oder der Mitwirkung an der Beschaffung von nötigen Ausweisdokumenten zu erteilen sei. Das Verfassungsrecht gebiete nicht, eine Duldungsbescheinigung zwingend in Form eines Ausweisersatzes zu erteilen. Auf die nachrangige Möglichkeit der Ausstellung eines Ausweisersatzes könne vielmehr nur dann zurückgegriffen werden, wenn die eigene Beschaffung eines Passes für den Betroffenen unzumutbar sei.[24]

20 Eine Strafbarkeit nach § 95 Abs. 1 Nr. 2 AufenthG entfällt demgegenüber, wenn ein **Duldungsanspruch** besteht.[25] Insoweit kommt es im Blick auf die Zumutbarkeit auf die Mitwirkungspflicht bei der Passbeschaffung nicht an. Aus dieser Rechtslage folgt, dass die Verweigerung der bezeichneten Mitwirkungspflichten nur dann zur Strafbarkeit und damit zur Aus-

---

[22] OLG Nürnberg, Urt. v. 16.1.2007 – 2 St OLG Ss 242/06, *Göbel-Zimmermann*, ZAR 2005, 275, 280; *Marx*, AAFR, S. 688.
[23] BVerwG 135, 219, 223 f. = NVwZ 2010, 918; Nieders. OVG NVwZ-Beil. 2003, 54, 55; OVG Rh-Pf NVwZ-RR 2007, 434; OVG NW InfAuslR 2009, 106, 108.
[24] BVerfG (Kammer), NVwZ 2006, 80, 81.
[25] BVerfG (Kammer), InfAuslR 2003, 185, 189 f. = AuAS 2003, 100; s. auch BVerfG (Kammer), NVwZ-Beil. 2001, 106 = EZAR 355 Nr. 27; BGH, Urt. v. 6.10.2004 – 1 StR 76/04; OLG SH, Beschl. v. 10.8.2004 – 1 Ss 87/04 (80/04).

weisungsmöglichkeit führt, wenn deren Erfüllung vom Betroffenen in zumutbarer Weise eingefordert werden kann. Ist der Folgeantrag der Mandantin wahrscheinlich erfolgreich, ist die Passbeantragung unzumutbar für sie und hat sie Anspruch auf die Ausstellung der Duldungsbescheinigung in Form des Ausweisersatzes nach § 58 Nr. 1 AufenthV.

e) Risiko der strafrechtlich relevanten anwaltlichen Beratung

Die Mandantin ist auf diese Rechtslage und darauf hinzuweisen, dass sie trotz des gestellten Folgeantrags und des Verwaltungsstreitverfahrens ihren Mitwirkungspflichten nachzukommen hat. Ein anwaltlicher Rat, wegen der wahrscheinlichen Abschiebungsgefahr für den Fall der Erlangung von Heimreisedokumenten, den Mitwirkungspflichten nicht nachzukommen, kann unter Umständen als **Anstiftung oder Beihilfe** zum illegalen Aufenthalt (§ 95 Abs. 1 Nr. 1 AufenthG) ausgelegt werden und zu einschneidenden strafrechtlichen und berufsrechtlichen Konsequenzen führen (s. auch § 10 Rn. 44 ff.). Denn darüber, ob der Folgeantrag im Hauptsacheverfahren wahrscheinlich Erfolg haben wird, lässt sich trefflich streiten. Die Mandantin muss deshalb auf ihre **Mitwirkungspflichten** wie auch auf die **wahrscheinlichen Folgen deren Nichterfüllung hingewiesen** werden.

21

Häufig wollen die Mandanten einen anwaltlichen Rat, wie sie sich gegenüber der Ausländerbehörde verhalten sollen, um ihrer Mitwirkungspflicht zu entgehen. Dies ist mit der notwendigen Bestimmtheit abzulehnen. Gleichwohl sollte man nicht erstaunt sein, wenn bereits am nächsten Tag oder später Beschwerde über die ausländerbehördlichen Passbeschaffungsmaßnahmen geführt werden wird, weil die Mandanten ungeachtet der anwaltlichen Belehrung in der irrtümlichen Annahme verharren, durch Klageeinreichung gegen den Bundesamtsbescheid seien sie ihrer entsprechenden Mitwirkungspflichten ledig geworden. Andererseits entfällt der sonst im Zusammenhang mit der Erlangung des Eilrechtsschutzes im Rahmen eines Folgeantrags verbundene erhebliche Stressaufwand und kann in Ruhe die Klagebegründung vorbereitet werden. Bei anderen Herkunftsländern sollte man sich eher nicht in einer derartigen Gewissheit wähnen. Zwar setzt die Abschiebung etwa in die Türkei regelmäßig die Ausstellung von Passersatzdokumenten durch das zuständige Generalkonsulat voraus. Abschiebungen werden jedoch auch durchgeführt, wenn der Betroffene im Besitz des Nüfus (Personalausweis) ist. Stets ist zu fragen, ob der Mandant im Besitz eines gültigen Passes ist bzw. diesen bei der Ausländerbehörde hinterlegt hat. Ist dies der Fall, besteht Abschiebungsgefahr und sind Eilrechtsschutzmaßnahmen erforderlich. Zur Glaubhaftmachung des Anordnungsgrundes sind jedoch vorher stets telefonische Ermittlungen bei der Vollstreckungsbehörde angezeigt.

22

4. Formelle Erfordernisse der Klageeinreichung und Antragstellung

a) Erfordernis der Schriftlichkeit der Rechtsmitteleinlegung

Klage und Eilantrag sind schriftlich beim Verwaltungsgericht zu erheben (§ 81 Abs. 1 VwGO; § 11 Rn. 27). Klage und Eilantrag können in einem Schriftsatz zusammengefasst werden. Für die Einlegung des Rechtsmittels per Fax reicht es aus, dass eine Ausfertigung per Fax übermittelt wird und die weiteren je drei Ausfertigungen für Klage und Eilrechtsschutzantrag auf dem Postwege nachgereicht werden. Die Klageschrift muss vom Kläger oder dessen Verfahrensbevollmächtigten eigenhändig unterschrieben sein.

23

b) Bezeichnung des Klagegegenstandes

24 Die Klage muss den **Kläger**, den **Beklagten** und den **Gegenstand des Klagebegehrens** bezeichnen (§ 82 Abs. 1 S. 1 VwGO). Sie soll einen bestimmten Antrag enthalten (§ 82 Abs. 1 S. 2 VwGO). Genügt die Klage diesem Erfordernis nicht, kann der Vorsitzende oder der Berichterstatter dem Kläger für die Ergänzung eine Frist mit ausschließender Wirkung setzen (§ 82 Abs. 2 S. 1 VwGO). Nach der Rechtsprechung des BVerwG genügt es, wenn das Ziel des Klagebegehrens aus der Tatsache der Einlegung des Rechtsmittels allein oder in Verbindung mit den während der Rechtsmittelfrist abgegebenen Erklärungen erkennbar ist.[26]

25 Im Asylprozess genügt es daher regelmäßig, dass sich aus dem gegebenenfalls sachdienlich durch **Auslegung** (vgl. § 86 Abs. 3, § 88 VwGO) zu ermittelnden Sinn des Klagebegehrens ergibt, dass der Kläger die Aufhebung des Bescheides und die Gewährung von Abschiebungsschutz begehrt. Nur in dem Fall, in dem das Begehren widersprüchlich ist, hat der Vorsitzende oder Berichterstatter den Kläger zur Klarstellung seines Begehrens auffordern. Erfolgt diese nicht innerhalb der gesetzten Frist, ist die Klage endgültig unzulässig.[27] Zur Ergänzung wird auf die Ausführungen in § 11 unter Rn. 30 bis 33 verwiesen.

c) Bezeichnung der ladungsfähigen Anschrift des Klägers

26 Zur ordnungsgemäßen Klageerhebung und zur Bezeichnung des Klägers gehört grundsätzlich auch die **Angabe der ladungsfähigen Adresse** des Klägers, dh der Adresse, unter der er tatsächlich zu erreichen ist.[28] Die Pflicht zur Angabe der Wohnanschrift entfällt, wenn ihre Erfüllung unmöglich oder unzumutbar ist.[29] Aus der Nichtangabe der Anschrift des Klägers im Klagerubrum kann daher nicht ohne Weiteres ein fehlendes Rechtsschutzbedürfnis abgeleitet werden. Zur Ergänzung wird auf die Ausführungen in § 11 unter Rn. 34 bis 38 verwiesen.

5. Begründungsfrist

27 Nach § 74 Abs. 2 S. 1 AsylG sind die zur Begründung dienenden Tatsachen und Beweismittel binnen einer Frist von einem Monat nach Zustellung der Entscheidung anzugeben. Die Begründungsfrist knüpft damit nicht an die Klagefrist des § 74 Abs. 1 AsylG an. Vielmehr beginnen mit der Zustellung Rechtsbehelfs- und Begründungsfrist einheitlich zu laufen. Während die Klagefrist nach Ablauf von zwei Wochen (§ 74 Abs. 1 Hs. 1 AsylG) bzw. im Falle der Antragsablehnung als offensichtlich unbegründet von einer Woche (§ 74 Abs. 1 Hs. 2 AsylG) nach der Zustellung endet, läuft die Begründungsfrist nach Ablauf eines Monats nach Zustellung einheitlich für alle Klagen – auch für die im Zusammenhang mit einem Eilrechtsschutzantrag nach § 36 Abs. 3 S. 1 AsylG erhobene Klage – ab (§ 74 Abs. 2 S. 1 AsylG). Zur Ergänzung wird auf die Ausführungen in § 11 unter Rn. 39 bis 44 verwiesen.

---

26 BVerwGE 58, 299, 300 f., unter Hinweis auf BVerwGE 13, 94, 95.
27 BFH, NVwZ-RR 1999, 815.
28 HessVGH NVwZ-RR 1996, 179, 180; OVG NW, NVwZ-RR 1997, 390; BayVGH AuAS 2003, 164, 165.
29 BVerwG NJW 1999, 2608 = NVwZ 1999, 1107; s. aber BVerfG (Kammer), EZAR 630 Nr. 37 = InfAuslR 1999, 43 = NVwZ-Beil. 1999, 17.

C. Muster einschließlich Begründung / Argumentationsmuster

I. Muster: Klageantrag wegen internationalem Schutz

▶ An das
Verwaltungsgericht ...

Klage und Eilrechtsschutzantrag

des/r

– Kläger/s/in und Antragsteller/s/in –

Prozessbevollmächtigte(r): ...

gegen

die Bundesrepublik Deutschland, endvertreten durch den Leiter der Außenstelle des Bundesamtes für Migration und Flüchtlinge in ...

– Beklagte und Antragsgegnerin –

wegen internationalem Schutz

Unter Vollmachtsvorlage(n) erhebe(n) ich/wir die Klage(n) und beantrage(n):
Die beklagte Bundesrepublik Deutschland wird unter Aufhebung des Bescheides des Bundesamtes für Migration und Flüchtlinge, Außenstelle ... vom ..., zugestellt am ..., verpflichtet, der/die Kläger/in die Flüchtlingseigenschaft zuzuerkennen (§ 3 Abs. 4 Hs. 1 AsylG);
hilfsweise,
den/der Kläger/in den subsidiären Schutzstatus (§ 4 Abs. 1 Satz 1 AsylG) zuzuerkennen;
hilfsweise festzustellen, dass Abschiebungsverbote nach § 60 Abs. 5 und 7 AufenthG im Blick auf den Iran vorliegen.
Gegen die Übertragung auf den/die Einzelrichter/in im Hauptsacheverfahren bestehen keine Bedenken.
Der angefochtene Bescheid ist beigefügt.
Ich beantrage Akteneinsicht.
Für die mündliche Verhandlung wird ein Dolmetscher für die Sprache Farsi benötigt.

...

Rechtsanwalt ◀

II. Muster: Begründung der Klage auf Verpflichtung zur Gewährung von internationalem Schutz

▶ An das
Verwaltungsgericht
In dem
Verwaltungsstreitverfahren
M.
gegen
Bundesrepublik Deutschland
... (Aktenzeichen)

begründe ich die Klage:

Der angefochtene Bescheid ist rechtswidrig und verletzt die Klägerin in ihren Rechten. Dies folgt aus folgenden Umständen:

1. Soweit die entscheidende Außenstelle des Bundesamtes auf ihre Unzuständigkeit verweist, hat sie in der Sache entschieden und damit diesem Umstand keine rechtlich erhebliche Bedeutung beigemessen.
2. Die Klägerin hat nicht die Fristvorschrift des § 51 Abs. 3 VwVfG verletzt, so dass das Bundesamt über den Antrag inhaltlich zu entscheiden hatte. Die Beklagte hat auch in der Sache entschieden. Im Übrigen ist festzustellen, dass ein Glaubensübertritt Ergebnis eines lang dauernden Prozesses ist, in Bezug auf den für den Fristbeginn kaum formale, situative Zeitpunkte festgesetzt werden können. Darüber hinaus hat die Klägerin vorgetragen, dass sie innerhalb der Frist des § 51 Abs. 3 VwVfG einen Konflikt mit einem iranischen Landsmann erlebt hat und zwei Wochen vor ihrer Antragstellung Erkundigungen im Iran gegen sie eingeholt wurden. Daher ist es überwiegend wahrscheinlich, dass aufgrund dessen ihr Glaubensübertritt im Iran bekannt geworden ist.
3. Das Werben der Klägerin für ihren Glauben durch Missionierung wird durch Art. 10 Abs. 1 Buchst. b) RL 2011/95/EU erfasst. Aus dem Anwendungsvorrang des Unionsrechtes ergibt sich, dass die einschränkende Auffassung der bisherigen deutschen Rechtsprechung bei der Auslegung und Anwendung der Richtlinie keine Bedeutung mehr hat und deshalb die Argumentation im angefochtenen Bescheid verfehlt ist. Nach Art. 10 Abs. 1 Buchst. b) RL 2011/95/EU umfasst der Begriff der Religion unter anderem die Teilnahme an religiösen Riten auch im öffentlichen Bereich. Entsprechend dem weiten Religionsbegriff der Richtlinie ist damit das Selbstverständnis des Einzelnen, dh seine subjektive Grundentscheidung für oder gegen eine bestimmte religiöse Anschauung, ebenso geschütztes Merkmal wie die Entscheidung, für diese auch öffentlich einzutreten. Das Missionieren ist eine „sonstige religiöse Betätigung" im Sinne der Richtlinie.
4. Der Einwand im angefochtenen Bescheid, es könne der Klägerin zugemutet werden, sich nach Rückkehr in den Iran einer öffentlichen Glaubenspraxis zu enthalten, ist unvereinbar mit Unionsrecht. Zunächst würdigt das Bundesamt nicht das Vorbringen der Klägerin, dass ihr Glaubensübertritt den iranischen Behörden wegen des Konfliktes mit dem iranischen Landsmann bekannt geworden ist. Die Klägerin hatte diesem Landsmann auf Frage ihren Namen mitgeteilt. Es ist überwiegend wahrscheinlich, dass dieser die Klägerin bei den iranischen Behörden gemeldet hat. Das ergibt sich insbesondere aus den Erklärungen der Pasdaran gegenüber der Mutter der Klägerin. Da mithin der Glaubensübertritt der Klägerin den iranischen Behörden bekannt geworden ist, kommt es auf die Frage der Reichweite des geschützten Bereichs der Religionsfreiheit und die hieraus folgenden prognoserechtlichen Folgerungen nicht mehr an.

Gleichwohl ist darauf hinzuweisen, dass für die Verfolgungsprognose der in Art. 10 Abs. 1 Buchst. b) RL2011/95/EU geschützte Bereich der Glaubenspraxis maßgebend ist. Es ist aufgrund der aus tiefer religiöser Überzeugung entspringenden religiösen Aktivitäten der Klägerin im Bundesgebiet davon auszugehen, dass sie ihre Glaubenspraxis in diesem Umfang auch im Iran fortsetzen wird. Die Richtlinie mutet der Klägerin angesichts ihrer von ernsthafter Überzeugung getragenen Glaubenspraxis ein Zurückfahren dieser Praxis in den Privatbereich nicht zu. Prognoserechtlich entscheidend ist allein, dass der Klägerin aufgrund ihrer individuellen religiösen Prägung und ihrer darauf beruhenden Glaubenspraxis im Bundesgebiet diese im Iran nicht aufgeben kann Dass die hier gezeigte religiöse Betätigung der Klägerin rein asyltaktischer Art ist, kann nicht unterstellt werden. Für eine derartige Prognose bedarf es stichhaltiger und nachprüfbarer Anhaltspunkte und trifft die Behörde insoweit die Beweislast. Diese sind vorliegend nicht festgestellt worden.

...

Rechtsanwalt ◀

III. Muster: Eilrechtsschutzantrag

▶ An das

Verwaltungsgericht ...

Eilrechtsschutzantrag

des/r ...

– Antragsteller/s/in –

Prozessbevollmächtigte(r): ...

gegen

die Bundesrepublik Deutschland, endvertreten durch den Leiter der Außenstelle des Bundesamtes für Migration und Flüchtlinge in ...

– Antragsgegnerin –

wegen Asylrecht

Unter Vollmachtsvorlage(n) wird beantragt:

die Antragsgegnerin im Wege der einstweiligen Anordnung gemäß § 123 VwGO zu verpflichten, der für die Abschiebung zuständigen Zentralen Ausländerbehörde beim Regierungspräsidium ... wie auch der für die ausländerbehördliche Behandlung des Antragstellers zuständigen Ausländerbehörde des Kreises ... mitzuteilen, dass ein Asylverfahren durchgeführt wird.

Es wird gebeten,

der Antragsgegnerin mitzuteilen, dass das Verwaltungsgericht davon ausgeht, dass die Antragsgegnerin der Zentralen Ausländerbehörde ... wie auch der Ausländerbehörde des Kreises ... mitteilt, dass bis zur Entscheidung des Verwaltungsgerichtes über den gestellten Eilrechtsschutzantrag nach § 123 VwGO von der Durchführung aufenthaltsbeendender Maßnahmen abgesehen wird (Stillhaltezusage).

Rechtsanwalt ◀

IV. Begründung des Eilrechtsschutzantrags

Weil gerade bei Eilrechtsschutzanträgen im Zusammenhang mit einem Folgeantrag die **Begründung** stets sehr **ausführlich konkret, lebensnah und sachbezogen** zu erfolgen hat, Musterbegründungen andererseits dazu verführen, Zuflucht zu standardisierten Ausführungen zu nehmen, wird hier auf eine Musterbegründung verzichtet. Vielmehr wird der Rat gegeben, sich inhaltlich an der Klagebegründung zu orientieren, in der Begründung selbst aber eine besonders hohe Sorgfalt walten zu lassen. Denn im Eilrechtsschutzverfahren im Zusammenhang mit § 36 Abs. 5 S. 2 Hs. 1 AsylG kann die Aussetzung der Abschiebung nur angeordnet werden, wenn „ernstliche Zweifel" an der Rechtmäßigkeit des angegriffenen Verwaltungsaktes bestehen.[30]

32 Entsprechend dem Gesamtzusammenhang der Regelungen des § 71 AsylG sind jedoch auch im Eilrechtsschutzverfahren Angaben und Feststellungen zum Asylbegehren zu berücksichtigen. Auch das BVerfG geht davon aus, dass im Rahmen der Erfolgsprüfung beim Folgeantrag im einstweiligen Rechtsschutzverfahren die Voraussetzungen für ein Offensichtlichkeitsurteil vorliegen müssen. Es muss insoweit mit der erforderlichen Richtigkeitsgewissheit festgestellt werden, dass die geltend gemachten Ansprüche eindeutig nicht bestehen.[31] Für die Darlegung des Anordnungsanspruchs im Eilrechtsschutzverfahren nach § 123 VwGO sollte eine Orientierung an diesen Kriterien erfolgen.

33 Danach ist **Gegenstand des Eilrechtsschutzverfahrens** zwar die interne Mitteilung nach § 71 Abs. 5 S. 2 Hs. 1 AsylG, beschränkt auf die Frage der sofortigen Vollziehbarkeit. Das BVerfG hat ausdrücklich festgestellt, dass das Verwaltungsgericht einstweiligen Rechtsschutz nur gewähren dürfe, wenn es keine „ernstlichen Zweifel" hat, dass die Voraussetzungen des § 71 Abs. 1 S. 1 iVm § 51 Abs. 1 bis 3 VwVfG nicht vorliegen.[32] Demgegenüber muss im normalen Eilrechtsschutzverfahren die gerichtliche Entscheidung unter Bedingungen erfolgen, unter denen bereits eine „**hohe Gewissheit**" besteht, dass mit der Zurückweisung des Antrags ein materieller Anspruch nicht verletzt wird.[33]

34 Lediglich „geringe Zweifel" reichen hierfür nicht aus. „Ernstliche Zweifel" liegen vielmehr vor, wenn erhebliche Gründe dafür sprechen, dass die Maßnahme einer rechtlichen Prüfung wahrscheinlich nicht standhält.[34] Die durch **doppelte Verneinung erfolgte Verschärfung des Prüfungsmaßstabes** im Folgeantragsverfahren rechtfertigt das BVerfG damit, dass der Antragsteller bereits ein Asylverfahren erfolglos durchlaufen habe, so dass sein verfassungsrechtlich gewährleistetes vorläufiges Bleiberecht in Abwägung mit den Belangen des Staates auch dann zurücktreten müsse, wenn die Voraussetzungen für ein Wiederaufgreifen des Verfahrens und eine erneute inhaltliche Sachprüfung nicht gegeben seien.[35]

D. Fehlerquellen / Haftungsfallen

I. Persönliche Vorsprache bei der zuständigen Außenstelle

35 Häufig wird versäumt, die Mandanten darauf hinzuweisen, dass der Folgeantrag erst aufgrund der **persönlichen Vorsprache** bei der für sie zuständigen Außenstelle des Bundesamtes wirksam gestellt werden kann (vgl. § 71 Abs. 2 S. 1 AsylG). Nach geltendem Recht ist das die Außenstelle, die der für den Antragsteller zuständigen besonderen Aufnahmeeinrichtung (§ 30 a Abs. 1 Nr. 4 AsylG) zugeordnet ist. Solange der Mandant dort nicht persönlich vorgesprochen hat, drohen Abschiebungsmaßnahmen, weil das gesetzliche Abschiebungshindernis des § 71 Abs. 5 S. 2 Hs. 1 AsylG nicht wirksam wird. Empfehlenswert ist, dass der Antragsteller zunächst die nächstgelegene Aufnahmeeinrichtung aufsucht, die anschließend ermit-

---

30 BVerfG (Kammer), InfAuslR 1999, 256, 259 = EZAR 632 Nr. 31 = NVwZ-Beil. 1999, 49; OVG Hamburg, EZAR 632 Nr. 34 = AuAS 2001, 10 = NVwZ-Beil. 2001, 9 (Ls.); VGH BW VBlBW 1997, 111, 112; VG Darmstadt, EZAR 632 Nr. 29.
31 BVerfG (Kammer), InfAuslR 1995, 342, 343.
32 BVerfG (Kammer), InfAuslR 1999, 256, 259.
33 BVerfGE 94, 166, 190 = NVwZ 1996, 678 = EZAR 632 Nr. 25.
34 BVerfGE 94, 166, 193 f.
35 BVerfG (Kammer), InfAuslR 1999, 256, 259.

telt, welche besondere Aufnahmeeinrichtung für ihn zuständig ist. Ist die früher zuständige Außenstelle inzwischen aufgelöst worden, ist der Folgeantrag schriftlich bei der Zentrale des Bundesamtes in Nürnberg zu stellen (§ 71 Abs. 2 Satz 3 Nr. 1 AsylG).

Wiederholt werden die Mandanten an die **ihrem Wohnort nächstgelegene Außenstelle** verwiesen. Dies muss nicht die zuständige Außenstelle sein, wenn sich etwa durch Umverteilung der Wohnsitz des Mandanten nach Abschluss des Erstverfahrens geändert hat. Telefonische Bemühungen, durch Kontaktaufnahme mit der zuständigen Außenstelle eine Zuständigkeitsänderung zu erreichen, scheitern am Gesetzeswortlaut (vgl. § 71 Abs. 2 S. 1 AsylG).

Häufig werden die Mandanten **ohne Begleitschreiben** an die zuständige Außenstelle verwiesen. Es muss damit gerechnet werden, dass das Bundesamt nach Vorsprache sofort über den Antrag entscheidet, da eine informatorische Befragung nicht zwingend ist (§ 71 Abs. 3 S. 2 AsylG). Wie auch bei der ersten Asylantragstellung (vgl. § 10 Rn. 14 f.) sollte deshalb dem Mandanten eine schriftliche Begründung des Folgeantrags mitgegeben und dieser darauf hingewiesen werden, diese bei der Außenstelle des Bundesamtes in der für ihn zuständigen besonderen Aufnahmeeinrichtung abzugeben. Der Rechtsanwalt kann die Außenstelle vor der Meldung des Mandanten bei dieser nicht schriftlich kontaktieren und die Antragsbegründung übermitteln, weil die persönliche Vorsprache vorgeschrieben ist und vorher keine Akte angelegt wird, der Schriftsatz also nicht zugeordnet werden kann.

36

II. Besondere Begründungspflicht zur zwischenzeitlichen Ausreise

Besondere Sorgfalt ist geboten, wenn Mandanten behaupten, sie seien nach Abschluss des Erstverfahrens **ausgereist** und **im Herkunftsland erneut verfolgt** worden. Nach der Rechtsprechung greift eine rein phänomenologische Betrachtungsweise Platz: Für die Beurteilung eines Asylantrags als Folgeantrag ist es unerheblich, ob der Antragsteller sich zwischen den Anträgen ununterbrochen im Bundesgebiet aufgehalten hat.[36] Jeder nach unanfechtbarem Abschluss des Erstverfahrens bzw. Rücknahme gestellte Asylantrag ist als Folgeantrag anzusehen. Weder ist ein zeitlicher Zusammenhang zum Erstverfahren erforderlich noch differenzieren die Sondervorschriften über den Folgeantrag danach, ob der Antragsteller nach Abschluss des ersten Verfahrens das Bundesgebiet verlassen hat oder nicht (vgl. § 71 Abs. 6 S. 1 AsylG).

37

Vielmehr knüpfen diese allein daran an, dass bereits früher ein Asylantrag gestellt worden war, der zurückgenommen oder unanfechtbar abgelehnt worden ist. Anknüpfungspunkt nach § 71 Abs. 1 S. 1 Hs. 1 AsylG ist damit allein, dass bereits eine **unanfechtbare Entscheidung** über ein vorangegangenes Asylbegehren **vorliegt**. Ob die Unanfechtbarkeit im Verwaltungsverfahren als Folge des nicht fristgemäß oder überhaupt nicht eingelegten Rechtsmittels oder als Folge einer rechtskräftigen Gerichtsentscheidung eingetreten ist, ist für die Anwendung der Vorschriften über den Folgeantrag unerheblich.

38

Sofern die **Rückkehr nicht zwangsweise durchgesetzt** worden ist oder der Mandant die Grenzübertrittsbescheinigung beim Grenzübertritt nicht abgegeben hat, **vermuten** die Behörden, dass er **nicht zurückgekehrt** ist. In diesem Fall besteht ein hohes Risiko für die Anordnung von **Abschiebungshaft** (vgl. § 71 Abs. 8 AsylG). Daher sollten nach Möglichkeit dem

39

---

36 BVerwGE 77, 323(324) = EZAR 224 Nr. 16 = NVwZ 1988, 258; so auch OVG Bremen InfAuslR 1986, 16; OVG NW, Urt. v. 16. 4. 1985 – 17 B 20798/84; VGH BW InfAuslR 1984, 249; BayObLG, NVwZ-Beil. 1998, 55; *Bell/von Nieding*, ZAR 1995, 119.

Schriftsatz Beweismittel (zB Zeugen, Urkunden etc) zum Beweis der Rückkehr ins Herkunftsland beigefügt werden.

40 Häufig liegt das erste Asylverfahren schon einige Jahre zurück und erwähnt der Mandant gegenüber dem Rechtsanwalt den früheren Aufenthalt im Bundesgebiet nicht. Auch dieser Antrag wird als Folgeantrag behandelt und es kann **ohne informatorische Befragung** entschieden werden, dass kein weiteres Asylverfahren durchgeführt wird, so dass Eilrechtsschutz zu beantragen ist. Aber auch im Eilrechtsschutzverfahren erfolgt keine persönliche Anhörung des Mandanten. Daher muss stets sorgfältig **geprüft** werden, ob der Mandant **bereits einmal in Deutschland war und einen Asylantrag gestellt** hat. Wird davon ausgegangen, dass er zurückgekehrt ist, wird regelmäßig die persönliche Anhörung durchgeführt (vgl. § 71 Abs. 3 S. 2 AsylG). Bei einem Jahre dauernden Zeitablauf kann regelmäßig eine **Rückkehr unterstellt** werden. Ist die Prognose allerdings fehlerhaft, drohen Ausweisung wegen illegalen Aufenthalts, eine Anklage aus diesem Grund und Abschiebungshaft.

III. Kein Folgeantrag anstelle des Abänderungsantrags

41 Häufig wählen Anwälte den Weg des **Folgeantrags**, um den mühsamen und risikoreichen Weg des Abänderungsantrags nach § 80 Abs. 7 S. 2 VwGO zu umgehen. In diesem Fall wird die Klage im noch anhängigen Erstverfahren zurückgenommen, um die Voraussetzungen für den Folgeantrag zu schaffen (vgl. § 71 Abs. 1 S. 1 AsylG). Diese anwaltliche Strategie begegnet in vielerlei Hinsicht rechtlichen Bedenken. Zunächst ist mit **Klagerücknahme über den bisherigen Tatsachenstoff unanfechtbar entschieden,** dieser also **verbraucht.** Der bisherige Sachverhalt, so wie er bis zur Klagerücknahme vorgetragen wurde, kann im Folgeantragsverfahren nicht mehr berücksichtigt werden. Nur soweit, wie zwischen dem Sachvorbringen im Folgeantragsverfahren und dem früheren Sachvorbringen, das im Erstverfahren als unglaubhaft gewertet wurde, ein sachlogischer Zusammenhang besteht, ist das frühere Sachvorbringen im Rahmen der Schlüssigkeitsprüfung zu berücksichtigen. Von einem glaubhaften und substanziierten Sachvortrag kann nämlich nur die Rede sein, wenn detailliert dargelegt wird, dass und weshalb der Vortrag im Erstverfahren doch zutraf.[37] Die Prüfung der Schlüssigkeit des neuen Sachvorbringens wird jedoch durch einen bösen Schein vergiftet, wenn das Erstverfahren ohne sachlich gerechtfertigten Grund beendet wurde.

42 Darüber hinaus kann dem Folgeantrag möglicherweise der **Einwand des groben Verschuldens** (vgl. § 51 Abs. 2 VwVfG) entgegen gehalten werden: Ergibt sich aus der zeitlichen Abfolge von der Zurückweisung des Eilrechtsschutzantrags im Erstverfahren, der Klagerücknahme und der anschließenden Folgeantragstellung, dass sich der Antragsteller planmäßig und mutwillig der Möglichkeit begeben hat, eine etwa eintretende, ihm günstigere Änderung der Sach- und Rechtslage nach unanfechtbarem Abschluss des Eilrechtsschutzverfahrens noch im Klageverfahren geltend zu machen, ist ihm grobes Verschulden im Sinne von § 51 Abs. 2 VwVfG vorzuwerfen.[38] Es kann deshalb nur geraten werden, neues Sachvorbringen im anhängigen Erstverfahren einzubringen und wegen der drohenden Abschiebungsgefahr den Abänderungsantrag zu stellen.

---

37 OVG NW, Beschl. v. 14.10.1997 – 25 A 1384/97.A.
38 HessVGH ESVGH 38, 118 = EZAR 224 Nr. 17.

E. Weiterführende Hinweise

I. Erläuterungen zum Klageantrags-Muster (Rn. 28)

Lehnt das Bundesamt den nach § 71 Abs. 1 AsylG gestellten Antrag auf Durchführung eines weiteren Asylverfahrens ab, richtet sich die hiergegen gerichtete **Klage** wie im Erstverfahren auf **Verpflichtung zur Asylanerkennung** und **Zuerkennung der Flüchtlingseigenschaft nach § 3 Abs. 4 Hs. 1 AsylG** sowie hilfsweise auf Zuerkennung des subsidiären Schutzstatus nach § 4 Abs. 1 Satz 1 AsylG sowie – wiederum hilfsweise – auf Feststellung von Abschiebungsverboten nach § 60 Abs. 5 und 7 AufenthG mit Blick auf das Herkunftsland des Mandanten. Der Aufhebungsantrag zielt auf die Entscheidung, kein weiteres Verfahren durchzuführen. Hat das Bundesamt nach § 71 Abs. 4 iVm § 34 Abs. 1 AsylG eine Abschiebungsandrohung verfügt, ist immanent im zugleich gestellten Aufhebungsantrag die Anfechtung der Abschiebungsandrohung nach § 34 AsylG enthalten. Die Klage richtet sich gegen die Bundesrepublik Deutschland, endvertreten durch den Präsidenten des Bundesamtes bzw. den Leiter der zuständigen Außenstelle des Bundesamtes. Der Klageantrag geht dahin, die Bundesrepublik Deutschland zu verpflichten, festzustellen, dass der Kläger Asylberechtigter ist, und ihm die Flüchtlingseigenschaft und hilfsweise subsidiären Schutz zuzuerkennen sowie hilfsweise nationale Abschiebungsverbote festzustellen. Der auf die Gewährung des Flüchtlingsschutzes zielende Antrag enthält – bei uneingeschränkter Anfechtung – immanent den auf § 60 Abs. 5 und 7 AufenthG zielenden Klageantrag.[39] Im Folgeantragsverfahren sollte keine Verpflichtung auf Asylanerkennung beantragt werden. Wie bereits unter § 11 Rn. 82 ausgeführt, ist zumeist bereits im Erstverfahren zur Vermeidung der Aufklärung des Reisewegs der Antrag auf Asylanerkennung nicht gestellt worden. Hinzu kommt, dass im Folgeantragsverfahren der Asylanerkennung zumeist § 28 Abs. 1 AsylG entgegenstehen dürfte. Der Verpflichtungsantrag auf Gewährung von Abschiebungsschutz nach § 60 Abs. 5 und 7 AufenthG ist hilfsweise zu stellen, wenn mit der Verpflichtungsklage zugleich die Zuerkennung der Flüchtlingseigenschaft begehrt wird. Zu den Einzelheiten wird auf die Erläuterungen in § 11 Rn. 82 bis 92 verwiesen.

Da das Bundesamt wegen der Weigerung, das Asylverfahren durchzuführen, keine Abschiebungshindernisse nach § 60 Abs. 5 und 7 AufenthG geprüft hat, ist hiergegen **hilfsweise Verpflichtungsklage** mit dem Inhalt zu erheben, die Bundesrepublik Deutschland zu verpflichten, festzustellen, dass Abschiebungsverbote nach § 60 Abs. 5 und 7 AufenthG in der Person des Klägers vorliegen. Das ist im Folgeantragsverfahren umso mehr angezeigt, weil die Klage wegen § 28 Abs. 2 AsylG möglicherweise lediglich im Blick auf § 60 Abs. 5 und 7 AufenthG Erfolg haben kann. Der lediglich auf § 3 Abs. 4 Hs. 1 AsylG zielende Antrag enthält jedoch – bei uneingeschränkter Anfechtung – den auf § 60 Abs. 5 und 7 AufenthG gerichteten Klageantrag in sich.[40]

Das **Verpflichtungsbegehren** ist sachdienlich dahin **auszulegen**, dass die Feststellung nur hinsichtlich des Staates oder der Staaten begehrt wird, für die eine negative Feststellung nach § 60 Abs. 5 und 7 AufenthG getroffen worden ist oder in Betracht kommt.[41] Bei den Abschiebungsverboten handelt es sich um zielstaatsbezogene Abschiebungsverbote, so dass in der gerichtlichen Tenorierung stets der Staat zu bezeichnen ist, in den nicht abgeschoben werden

---
[39] OVG Hamburg, NVwZ-Beil. 1998, 44, 45 = AuAS 1998, 115.
[40] OVG Hamburg, NVwZ-Beil. 1998, 44, 45 = AuAS 1998, 115.
[41] BVerwG AuAS 2002, 130, 131 = InfAuslR 2002, 284 = NVwZ 2002, 855.

darf (vgl. § 59 Abs. 3 S. 2 AufenthG). Es ist jedoch unschädlich und in der Praxis nicht üblich, dass im Klageantrag der Zielstaat bezeichnet wird. Der Verpflichtungsantrag auf Gewährung von Abschiebungsschutz nach § 60 Abs. 5 und 7 AufenthG ist hilfsweise zu stellen, wenn mit der Verpflichtungsklage zugleich die Asylanerkennung und die Zuerkennung der Flüchtlingseigenschaft und des subsidiären Schutzes begehrt werden. Zu den Einzelheiten wird auf die Erläuterungen in § 11 Rn. 88 bis 92 verwiesen.

46 Seit 1998 hat sich der Streit, ob im Asylantragsverfahren mit der Klage nur die Verpflichtung des Bundesamtes auf Durchführung des Verfahrens erreicht werden kann, erledigt. **Streitgegenstand des Klageverfahrens** ist vielmehr wegen der 1998 geklärten Rechtsprechung die **sachliche Ablehnung des Asylbegehrens**. Auf eine Verpflichtung des Bundesamtes gerichtete Verpflichtungsklagen, das Verfahren durchzuführen, sind sachdienlich dahin auszulegen, dass das Bundesamt zur Zuerkennung der Flüchtlingseigenschaft sowie hilfsweise auf subsidiären Schutz und hilfsweise auf Feststellung von Abschiebungsverboten nach § 60 Abs. 5 und 7 AufenthG verpflichtet wird.[42] Das BVerwG hat gegen die überwiegende Rechtsprechung entschieden, dass sich aus § 113 Abs. 5 S. 1 VwGO die Pflicht des Verwaltungsgerichtes ergebe, die Sache spruchreif zu machen und in der Sache durch zu entscheiden. Daher sei es grundsätzlich nicht zulässig, dass das Verwaltungsgericht bei rechtswidriger Verweigerung des begehrten Verwaltungsakts lediglich die Ablehnung aufhebe und der Behörde mit gewissermaßen zurückverweisender Wirkung die Prüfung und Feststellung der Anspruchsvoraussetzungen aufgebe. Vielmehr habe es die notwendigen Prüfungen und Feststellungen selbst vorzunehmen und sodann anschließend in der Sache zu entscheiden.[43]

47 Das Verwaltungsgericht müsse auch bei einem Wiederaufgreifensantrag (§ 51 Abs. 5 VwVfG) vor einer Zurückverweisung zur Ermessensausübung an das Bundesamt selbst prüfen und entscheiden, ob eine abschließende Entscheidung zugunsten oder zulasten des Asylsuchenden möglich sei. Die Frage, ob ein Festhalten an der früheren Versagung von Abschiebungsschutz zu schlechterdings unerträglichen Ergebnissen führen würde, insbesondere eine extreme Leibes- oder Lebensgefahr im Falle der Rückkehr zur Folge habe, das Ermessen also auf Null reduziert sei, habe deshalb das Verwaltungsgericht zu prüfen.[44] Demgegenüber hatte zuvor die überwiegende Rechtsprechung das Verwaltungsgericht nicht für befugt gehalten, in der Sache durch zu entscheiden. Die Folge dieser Rechtsprechung war, dass das Verwaltungsgericht, das die Zulässigkeitsvoraussetzungen nach § 71 Abs. 1 S. 1 AsylG iVm § 51 Abs. 1 bis 3 VwVfG anders beurteilte als das Bundesamt, nicht in der Sache durch entscheiden durfte. Vielmehr hatte es sich darauf zu beschränken, das Bundesamt zur Durchführung eines weiteren Asylverfahrens, also zu einer Entscheidung in der Sache zu verpflichten.[45]

---

42 BVerwGE 106, 171, 173 ff. = NVwZ 1998, 681, 682 = AuAS 1998, 149.
43 BVerwGE 106, 171, 173 = NVwZ 1998, 861, 862 = EZAR 631 Nr. 45 = AuAS 1998, 149.
44 BVerwG, Urt. v. 20.10.2004 – BVerwG 1 C 15.03.
45 BayVGH, NVwZ-Beil. 1997, 75; BayVGH, EZAR 212 Nr. 9; BayVGH, EZAR 630 Nr. 32; OVG NW, NVwZ-RR 1996, 549; OVG NW, NVwZ-Beil. 1997, 77(79); OVG Schleswig, Beschl. v. 7.6.1995 – 4 L 132/95; VG Freiburg AuAS 1996, 90, 91; VG Berlin, NVwZ-Beil. 1996, 96 = AuAS 1996, 225; VG Gießen, NVwZ-Beil. 1998, 62; VG Aachen, Urt. v. 2.3.1995 – 4 K 6543/94.A; VG Braunschweig, Urt. v. 20.1.1994 – 2 A 2346/93; VG Saarlouis, Beschl. v. 22.1.1995 – 1 F 71/95.A; VG Schleswig, Beschl. v. 8.9.1994 – 5 B 129/94; ebenso GK-AsylVfG/*Funke-Kaiser*, II – § 71 Rn. 177 f.; *Scherer*, VBlBW 1995, 175, 176; aA *Renner*, AuslR, § 71 AsylVfG Rn. 46.

II. Erläuterungen zur Klagebegründung

1. Zuständigkeitsfragen

Das AsylG unterscheidet zwischen der **persönlichen** Antragstellung bei der Außenstelle des Bundesamtes (§ 71 Abs. 2 S. 1 AsylG) und der **schriftlichen** Antragstellung (§ 71 Abs. 2 S. 2 und 3 AsylG). Im Hinblick auf die schriftliche Antragstellung ist der Antrag in den Fällen, in denen der Antragsteller im amtlichen Gewahrsam oder nachweislich am persönlichen Erscheinen gehindert ist (vgl. § 71 Abs. 2 S. 2 AsylG), bei der zuständigen Außenstelle und in den Fällen des § 71 Abs. 2 S. 3 AsylG (die früher zuständige Außenstelle ist aufgelöst, im Asylverfahren unterlag der Antragsteller nicht der Verpflichtung, in einer Aufnahmeeinrichtung zu wohnen) bei der Zentrale des Bundesamtes in Nürnberg zu stellen. Meldet sich der Antragsteller persönlich bei der Außenstelle, obwohl er an sich den Antrag schriftlich zu stellen hat, steht es nach der Verwaltungspraxis im Ermessen des Bundesamtes, ob die persönliche Antragstellung wirksam erfolgen kann. Für die anwaltliche Beratungspraxis wichtig ist, dass im Falle der persönlichen Meldepflicht der Antrag solange nicht wirksam gestellt worden ist, solange dieser nicht durch persönliche Vorsprache bei der zuständigen Außenstelle gestellt worden. Da der Folgeantragsteller verpflichtet ist, in einer besonderen Aufnahmeeinrichtung Wohnung zu nehmen (§ 30 a Abs. 1 Nr. 4 AsylG), wird durch die dort gelegene Außenstelle der Folgeantrag bearbeitet. Bis zur Meldung bei dieser ist auch die Abschiebung nicht kraft Gesetzes ausgesetzt (vgl. § 71 Abs. 5 S. 2 Hs. 1 AsylG). Dasselbe gilt für den Fall der schriftlichen Antragstellung, dh erst bei Nachweis der schriftlichen Antragstellung wird die gesetzliche Aussetzungsanordnung wirksam.

Nimmt die Außenstelle oder die Zentrale des Bundesamtes den schriftlich gestellten Antrag nicht entgegen, weil sie sich nicht für zuständig hält, ist der Folgeantrag nicht wirksam gestellt worden. Der Antragsteller muss unverzüglich – auch wegen der Dreimonatsfrist des § 51 Abs. 3 VwVfG – in der gesetzlich vorgesehenen Form seinen Antrag stellen, um sich auf das gesetzliche Abschiebungshindernis des § 71 Abs. 5 S. 2 Hs. 1 AsylG berufen zu können. Entsteht Streit über die Zuständigkeitsfrage, hat gegebenenfalls das Verwaltungsgericht im Rahmen eines einstweiligen Anordnungsverfahrens nach § 123 VwGO die Frage der Zuständigkeit der entsprechenden Außenstelle oder des Bundesamtes zu klären. Während dieses Verfahrens dürfte in analoger Anwendung von § 71 Abs. 5 S. 2 Hs. 1 AsylG von einem gesetzlichen Abschiebungshindernis auszugehen sein. In der Praxis kommen derartige Streitigkeiten nicht vor, weil gegebenenfalls telefonisch die Zuständigkeitsfrage vorgeklärt wird.

Die im Beispielsfall geschilderte Berufung auf Unzuständigkeit kommt in der Praxis nicht vor. Melden sich Antragsteller bei der unzuständigen Außenstelle, werden sie zurückgewiesen und an die zuständige besondere Außenstelle verwiesen, ohne dass der Antrag überhaupt entgegen genommen wird. Wird der Antrag unzulässigerweise schriftlich bei der Zentrale gestellt, wird der Schriftsatz mit dem Bemerken der Unzuständigkeit zurück gesandt. Im Beispielsfall hat die Behörde kein Ermessen ausgeübt. Sie hat darüber hinaus aber gleichwohl in der Sache entschieden, so dass von der Heilung des Zuständigkeitsmangels ausgegangen werden kann. Es handelt sich ja nicht um den Fall einer unzuständigen Behörde und damit um einen unheilbaren Zuständigkeitsfehler. Vielmehr entscheidet die Behörde Bundesamt.

2. Antragsfrist (§ 51 Abs. 3 VwVfG)

51 Der **Folgeantrag** muss nach § 51 Abs. 3 VwVfG innerhalb von **drei Monaten** nach Kenntnisnahme des Wiederaufgreifensgrund gestellt werden. Innerhalb dieser Frist müssen die Zulässigkeitsvoraussetzungen schlüssig dargelegt werden.[46] Die Antragsfrist **beginnt** mit dem Tag, an dem der Antragsteller **von dem Wiederaufnahmegrund positiv Kenntnis** erlangt hat (§ 51 Abs. 3 S. 2 VwVfG). Die Kenntnis muss sich auf die Tatsachen, die dem Grund für das Wiederaufgreifen zugrunde liegen, beziehen. Nicht erforderlich ist dagegen, dass der Antragsteller die Tatsachen rechtlich zuverlässig als Grund für das Wiederaufgreifen beurteilt. Vorauszusetzen ist jedoch, dass er zumindest in groben Umrissen die mögliche Erheblichkeit der Tatsachen für das Asylverfahren erkennt.[47] Nach allgemeiner Ansicht steht Kennenmüssen (Fahrlässigkeit) positiver Kenntnis nicht gleich. Auch grobe Fahrlässigkeit reicht nicht aus.[48] Ist der Antrag auf mehrere – in zeitlichen Abständen vorgebrachte – Wiederaufgreifensgründe gestützt, gilt für jeden Grund eine jeweils selbstständig zu berechnende Dreimonatsfrist.[49] Diese jeweils gesondert zu prüfende Ausschlussfrist gilt nicht nur im Verwaltungsverfahren, sondern auch für bei Gericht neu vorgebrachte Wiederaufgreifensgründe.[50]

52 Soweit sich indes der **Grund für das Wiederaufgreifen** aus **mehreren Einzelsachverhalten zusammensetzt**, die zu verschiedenen Zeitpunkten entstanden oder dem Antragsteller nicht zum selben Zeitpunkt bekannt geworden sind, ist eine differenzierende Betrachtungsweise geboten: Einzelne neue Tatsachen, die zur Antragsbegründung nachgeschoben werden, brauchen nach der Rechtsprechung des BVerwG – ausnahmsweise – nicht innerhalb der Antragsfrist vorgetragen werden, wenn sie lediglich einen bereits rechtzeitig geltend gemachten Wiederaufgreifensgrund bestätigen, wiederholen, erläutern oder konkretisieren, also nicht qualitativ neu sind, dh nicht aus dem Rahmen der bisher für das Wiederaufgreifen angeführten Umstände fallen und damit keinen neuen Wiederaufgreifensgrund – wie zB die Übernahme herausgehobener Funktionen in einer Exilorganisation, in der der Antragsteller bisher nur als einfaches Mitglied beteiligt oder untergeordnet tätig war – darstellen.[51]

53 Dieser Ansicht ist grundsätzlich zuzustimmen. Allerdings erscheint eine derart klare Trennung zwischen untergeordneten und herausgehobenen Aktivitäten häufig nicht ohne Weiteres möglich. Vielmehr kommt es bei solcherart Dauersachverhalten stets auf eine Gesamtbewertung aller vorgebrachten Umstände und Tatsachen an. Daher gilt folgendes: Handelt es sich um einen **kontinuierlich sich entwickelnden Dauersachverhalt**, kann **nicht auf den Zeitpunkt der erstmaligen Kenntnis** von der beginnenden Entwicklung für den Fristbeginn **abgestellt** werden.[52] Entsprechendes ist anzunehmen, wenn der veränderte Sachverhalt sich aus mehreren Einzelsachverhalten zusammensetzt, die isoliert für sich betrachtet, als asylrechtlich unerheblich erscheinen und ihre rechtliche Bedeutung erst aufgrund einer Gesamtschau gewinnen. In solchen Fällen eines sich entwickelnden Geschehens erscheint es sachgerecht, für den Fristbeginn den Zeitpunkt festzusetzen, ab dem der Antragsteller bei objektiver Betrachtungsweise von einer entscheidungserheblichen Veränderung der Lage in seinem Herkunftsstaat ausge-

---

46 HessVGH NVwZ-Beil. 2000, 93.
47 GK-AsylVfG/*Funke-Kaiser*, § 71 Rn. 121; *Mezger*, VBlBW 1995, 308, 309.
48 GK-AsylVfG/*Funke-Kaiser*, § 71 Rn. 121.
49 BVerwG NVwZ 1990, 788; BVerwG NVwZ 1993, 359; BVerwG NVwZ 1995, 388.
50 ThürOVG, NVwZ-Beil. 2003, 19, 21.
51 BVerwG NVwZ 1998, 861, 863 = EZAR 631 Nr. 45 = AuAS 1998, 149; so auch ThürOVG, NVwZ-Beil. 2003, 19, 20.
52 *Mezger*, VBlBW 1995, 308, 309 f.

hen konnte. Die erstmalige Kenntnis dürfte jedoch dann den Lauf der Frist in Gang setzen, wenn der entsprechende Sachverhalt für sich genommen, einen hinreichenden Anlass für einen Folgeantrag darstellt.[53]

Insbesondere bei **subjektiven Nachfluchtgründen** ist im Blick auf den Fristbeginn eine sorgfältige Gesamtbetrachtung der vorgetragenen einzelnen Aktivitäten geboten. Da es in der überwiegenden Mehrzahl der Sachverhalte um eine Abgrenzung zwischen besonders herausgehobenen exilpolitischen Tätigkeiten einerseits und jenen Aktionen andererseits geht, die auch in ihrer zusammenschauenden Bewertung über den Status des bloßen „Mitläufertums" nicht hinaus gelangen, ist evident, dass die einzelnen vorgebrachten Aktivitäten nicht isoliert, sondern im Rahmen einer Gesamtbewertung beurteilt werden müssen. Dies hat für den Fristbeginn maßgebende Bedeutung. Waren indes bereits im Erstverfahren subjektive Nachfluchtgründe vorgetragen worden, muss im Folgeantrag herausgearbeitet werden, inwiefern sich die nunmehr vorgetragenen Gründe qualitativ von den bereits als unerheblich gewerteten unterscheiden. Dies ist zB der Fall, wenn im Erstverfahren exilpolitische Aktivitäten in Gestalt der Teilnahme an Demonstrationen und anderen Veranstaltungen dargelegt wurden, im Folgeantrag jedoch unter Beweis gestellt wird, dass die Aktivitäten des Antragstellers einen *„Qualitätssprung"* erfahren haben, sich zB an die Demonstrationsteilnahme ein Hungerstreik anschließt oder aber der Asylsuchende eine andere Rolle einnimmt, zB bei einer Podiumsdiskussion nunmehr als Redner auftritt,[54] sich insgesamt also in besonders nachhaltiger und öffentlichkeitswirksamer Form für seine Organisation eingesetzt hat.[55]

54

Bei **exilpolitischen Aktivitäten** in Gestalt von dauerhaften Tatbeständen, wie etwa Mitgliedschaften in Vereinigungen oder Redakteurstätigkeiten, ist der Beginn der Frist nach § 51 Abs. 3 VwVfG, also der „Qualitätssprung", jedoch kaum zu ermitteln,[56] weil dieser sich in aller Regel prozesshaft entwickelt. Hier werden stets Aktivitäten innerhalb der Frist geltend gemacht werden können.[57] Andererseits können wegen des inneren Sachzusammenhangs vor Fristbeginn liegende Aktivitäten innerhalb eines in sich einheitlichen Gesamtzusammenhangs jedoch nicht unberücksichtigt bleiben. Vielmehr sind diese schon deshalb mit in die Bewertung einzubeziehen, weil es sich nur um jeweils unselbstständige Teile eines exilpolitischen Gesamtverhaltens handelt.[58]

55

Angewandt auf den Beispielsfall kann nicht in reduktionistischer Weise auf den Zeitpunkt der Kontaktanbahnung mit der Glaubensgemeinschaft der Zeugen Jehovas abgestellt werden. Insbesondere der Glaubensübertritt ist Ergebnis eines lang dauernden Prozesses, in Bezug auf den für den Fristbeginn kaum formale, situative Zeitpunkte bezeichnet werden können. Häufig wird man auf die Taufe abstellen können. Im Beispielsfall kann aber auch auf den Zeitpunkt des Konfliktes mit dem iranischen Landsmann abgestellt werden, weil hierdurch der Grund für das Bekanntwerden des Glaubensübertritts der Mandantin im Iran gesetzt wurde. In diesem Fall kann aber nicht nur der bezeichnete Vorfall in die Schlüssigkeitsprüfung einbe-

56

---

53 *Mezger*, VBlBW 1995, 308, 310.
54 *Mezger*, VBlBW 1995, 308, 310.
55 VG Koblenz, Urt. v. 19.5.2000 – 8K 3128/99.KO, bejaht für Tätigkeit im Zentralbüro der iranischen Volksmudschaheddin in Köln.
56 VG Hannover, Beschl. v. 12.2.1997 – 8 B 5976/96; VG Lüneburg InfAuslR 2000, 47.
57 BayVGH, Urt. v. 17.9.1997 – 8 ZB 97.31910.
58 BayVGH, NVwZ-Beil. 1997, 75, 76.

zogen werden. Vielmehr muss in diesem Zusammenhang der gesamte Prozess des Glaubensübertritts betrachtet werden.

3. Schlüssigkeit des Sachvorbringens

57 Im Beispielsfall weist das Bundesamt darauf hin, dass sich die Rechtslage nicht zugunsten der Mandantin geändert hat (vgl. § 51 Abs. 1 Nr. 1 VwVfG). Diese Feststellung betrifft die Schlüssigkeit des Folgeantrags. In der Sache hat es nicht entschieden. Auch das Verwaltungsgericht hat zunächst die Schlüssigkeit des verwaltungsrechtlichen Antrags zu prüfen und weist die Klage ab, wenn der Folgeantrag nicht schlüssig ist. Kann dies nicht gesagt werden, muss das Verwaltungsgericht die Sache spruchreif machen, dh durch entscheiden und auch die Glaubhaftigkeit und Erheblichkeit des neuen Sachvorbringens prüfen (Rn. 46 f.).

58 **Grundvoraussetzung für die Schlüssigkeitsprüfung** nach § 51 Abs. 1 Nr. 1 VwVfG ist ein **substanziierter und widerspruchsfreier Tatsachenvortrag**. Das BVerfG hat festgestellt, es reiche aus, wenn der Antragsteller eine Änderung der Sach- oder Rechtslage im Verhältnis zu der der früheren Asylentscheidung zugrunde gelegten Sachlage **glaubhaft** und **substanziiert** vorträgt.[59] Dagegen sei es für die Annahme eines **durchgreifenden Wiederaufnahmegrundes** nach § 51 Abs. 1 Nr. 1 VwVfG nicht erforderlich, ob der neue Sachvortrag im Hinblick auf das glaubhafte persönliche Schicksal des Antragstellers sowie unter Berücksichtigung der allgemeinen Verhältnisse im behaupteten Verfolgerstaat tatsächlich zutreffe, die Verfolgungsfurcht begründet erscheinen lasse und die Annahme einer asylrechtlich relevanten Verfolgung rechtfertige.[60] Lediglich wenn das Sachvorbringen zwar glaubhaft und substanziiert, jedoch von vornherein nach jeder vertretbaren Betrachtung ungeeignet sei, zur Statusberechtigung zu verhelfen, dürfe die Einleitung eines weiteren Asylverfahrens verweigert werden.[61]

59 Das **Beweismaß der Glaubhaftmachung** ist freilich auch entscheidungserheblich für die **inhaltliche Sachentscheidung,** so dass unklar ist, welchen Inhalt der Maßstab der Glaubhaftmachung im Rahmen der Schlüssigkeitsprüfung des Folgeantrags hat. Die Anforderungen an die Substanziierungspflicht, die bei der Begründetheit des Anspruchs zugrunde zu legen sind, können jedenfalls nicht im Rahmen der Schlüssigkeitsprüfung gefordert werden. Ob ein Sachvorbringen in sich stimmig und hinreichend konkretisiert ist, um eine individuelle asylerhebliche Verfolgungsgefahr annehmen zu können, ist Gegenstand der eigentlichen Sachprüfung.

60 Es reicht daher nach der Rechtsprechung für die schlüssige Darlegung einer veränderten Sachlage aus, dass sich aus dem substanziierten und glaubhaften Sachvorbringen ergibt, dass sich die im früheren Verfahren zugrunde gelegte **Sachlage tatsächlich geändert** hat. Daher kann nicht gefordert werden, dass sich zur Überzeugung des Bundesamtes die Sachlage tatsächlich verändert hat oder gar die Verfolgungsfurcht begründet ist.[62] Der schlüssige Sach-

---

59 BVerfG (Kammer), InfAuslR 1993, 229, 232; BVerfG (Kammer), NVwZ-RR 1994, 56; BVerfG (Kammer), EZAR 212 Nr. 11; so schon BVerfG (Kammer), InfAuslR 1989, 28; BVerfG (Kammer), EZAR 224 Nr. 22; BVerfG (Kammer), InfAuslR 1992, 122; BVerfG (Kammer), InfAuslR 1993, 300; BVerfG (Kammer), InfAuslR 1993, 304 = DVBl 1994, 38; BVerfG (Kammer), NVwZ 1992, 1083; ebenso BVerwG EZAR 224 Nr. 16 = NVwZ 1988, 258; BVerwG, Buchholz 402.25 § 14 AsylVfG Nr. 9; HessVGH ESVGH 38, 235; EZAR 25 Nr. 5; BayVGH, EZAR 225 Nr. 3; OVG Hamburg, NVwZ 1985, 512; OVG Hamburg InfAuslR 1986, 332; OVG Hamburg, EZAR 224 Nr. 14; VGH BW InfAuslR 1984, 249.
60 BVerfG (Kammer), InfAuslR 1993, 229, 232.
61 BVerfG (Kammer), InfAuslR 1993, 229, 232.
62 BVerfG (Kammer), InfAuslR 1993, 229, 232; GK-AsylVfG/*Funke-Kaiser*, § 71 Rn. 87.

vortrag setzt damit zum einen die glaubhafte und schlüssige Darlegung derjenigen Umstände voraus, die sich nach Abschluss des Erstverfahrens geändert haben.[63] Hierzu gehört auch ein auf die individuelle Situation des Asylsuchenden bezogenes Sachvorbringen. Lediglich pauschale und wenig konkretisierte sowie nicht nachvollziehbare allgemeine Schilderungen reichen nicht aus. Vielmehr wird man die Darlegung eines lebensnahen und in sich stimmigen Sachverhaltes unter Angabe von Einzelheiten sowie die Ausräumung im Erstverfahren aufgetretener Widersprüche und Ungereimtheiten erwarten können.

Im Blick auf die gegenüber den früheren Tatsachen veränderte Sachlage ist damit ein Unterschied zum Beweismaß der Glaubhaftmachung, wie es für die Sachentscheidung gefordert wird, kaum noch auszumachen. Man wird also vom Folgeantragsteller eine dichte und in sich stimmige Darlegung der Umstände erwarten können, die eine veränderte Sachlage ergeben. Andererseits findet im Rahmen der Schlüssigkeitsprüfung eine umfassende **Glaubwürdigkeitsprüfung**, soweit diese etwa das allgemeine Verhalten des Asylsuchenden und sonstige relevante Umstände einbezieht, nicht statt.[64]

Der Antragsteller hat darüber hinaus schlüssig darzulegen, inwiefern die veränderten tatsächlichen Umstände geeignet sind, eine ihm **günstigere Entscheidung** herbeizuführen.[65] Insoweit darf das Bundesamt jedoch lediglich prüfen, ob aufgrund der vorgebrachten veränderten tatsächlichen Umstände die **Möglichkeit** einer positiven Entscheidung des Bundesamtes besteht.[66] Es ist danach lediglich die Darlegung einer möglichen asylrechtlichen Relevanz[67] gefordert. Das BVerwG fordert etwa für die Verfolgungsprognose die überwiegende Wahrscheinlichkeit der drohenden Verfolgung. Hingegen reicht es für die Darlegung der allgemeinen Verhältnisse aus, wenn der Antragsteller Tatsachen vorträgt, aus denen sich – ihre Wahrheit unterstellt – hinreichende Anhaltspunkte für eine **nicht entfernt liegende Möglichkeit** von Verfolgung ergeben.[68] Man wird daher im Blick auf die individuellen Umstände und Tatsachen einen strengeren Maßstab anwenden können als er im Blick auf die sich daraus möglicherweise ergebenden, in den allgemeinen Verhältnissen begründeten Gefährdungen angezeigt ist.

Wendet man diese Grundsätze auf den Darlegungsumfang der veränderten Sachlage an, ist **zusammenfassend** festzuhalten: Der Antragsteller ist gehalten, einen in sich stimmigen und substanziierten, dh lebensnahen und detaillierten Tatsachenvortrag abzugeben, aus dem sich ergibt, dass sich im Blick auf seine Person die Sachlage gegenüber den tatsächlichen Feststellungen im Erstverfahren verändert hat. Die Angabe allgemeiner Umstände reicht mithin regelmäßig nicht aus, es sei denn, die veränderte allgemeine Sachlage lässt die Schlussfolgerung zu, dass aufgrund der im Erstverfahren getroffenen Feststellungen nunmehr eine Gefährdung des Antragstellers möglich erscheint. Darüber hinaus hat der Antragsteller die mögliche Rechtserheblichkeit der veränderten Umstände darzutun, damit beurteilt werden kann, ob diese geeignet sind, eine ihm günstigere Entscheidung herbeizuführen. Es reicht hierfür jedoch die Darlegung einer nicht entfernt liegenden Möglichkeit aus, dass im nachfolgenden Asylver-

---

63 *Mezger*, VBlBW 1995, 308, 309.
64 GK-AsylVfG/*Funke-Kaiser*, II – § 71 Rn. 91 f.; s. aber zur Kritik des Maßstabes der „Glaubwürdigkeit" § 10 Rn. 19–21.
65 *Mezger*, VBlBW 1995, 308, 309; *Hanisch*, DVBl 1983, 415, 420.
66 BVerfG (Kammer), InfAuslR 1995, 19, 21; VGH BW InfAuslR 1984, 249, 251.
67 BVerfG (Kammer), InfAuslR 1995, 19, 21.
68 BVerwG EZAR 630 Nr. 8; BVerwG InfAuslR 1984, 129.

fahren eine dem Antragsteller günstigere Entscheidung denkbar erscheint.[69] Ein strenger Maßstab würde insoweit bereits auf eine Gewissheitsprüfung hinauslaufen, was im Rahmen der Schlüssigkeitsprüfung nicht gefordert werden darf.

64 Die **Zweistufigkeit** des Verfahrens hat zur Folge, dass das Bundesamt zunächst eine **Schlüssigkeitsprüfung** durchzuführen hat. Hierbei hat es zu prüfen, ob der Antragsteller entsprechend seiner Darlegungslast fristgerecht und schlüssig, dh glaubhaft, substanziiert und in sich widerspruchsfrei eine veränderte Sach- und Rechtslage dargelegt hat und den Darlegungen darüber hinaus auch zumindest ein **schlüssiger Ansatz** für eine **mögliche Verfolgung** entnommen werden kann, was nicht der Fall ist, wenn die vorgetragenen Umstände von vornherein nach jeder vernünftigerweise vertretbaren Betrachtungsweise ungeeignet sind, zum begehrten Status zu verhelfen.[70] Hierbei wird es sich jedoch um besonders gelagerte Ausnahmefälle handeln. So ist zB im Rahmen der Schlüssigkeitsprüfung kein Raum für die Beurteilung der Frage, ob den als schlüssig dargelegten Verfolgungsbehauptungen rechtlich erhebliche Bedeutung zukommt.[71] Diese Frage ist vielmehr im Rahmen des weiteren Asylverfahrens zu prüfen und zu entscheiden. Zu weitgehend ist auch die Ansicht, im Rahmen der Schlüssigkeitsprüfung sei auch zu prüfen, ob aufgrund einer gefestigten obergerichtlichen Rechtsprechung oder eindeutiger und widerspruchsfreier Auskünfte und Stellungnahmen sachverständiger Stellen eine erhebliche Verfolgung aus dem geltend gemachten Anlass zu befürchten sei.[72]

65 Die **Anforderungen an die Darlegungslast** im Rahmen der Schlüssigkeitsprüfung sind weder identisch mit den für die qualifizierte Sachentscheidung maßgeblichen Kriterien noch darf überprüft werden, ob die Verfolgung zu befürchten ist. Ist der Folgeantrag nach Maßgabe dieser Grundsätze schlüssig, ist ein neues Asylverfahren einzuleiten. In einem weiteren Verfahrensschritt prüft das Bundesamt – und später auch das Verwaltungsgericht –, also im Anschluss an die Schlüssigkeitsprüfung, die Begründetheit des geltend gemachten Anspruchs, dh es hat zu prüfen, ob der neue Sachvortrag im Hinblick auf das glaubhafte persönliche Sachvorbringen des Antragstellers unter Berücksichtigung der allgemeinen Verhältnisse im Herkunftsstaat tatsächlich zutrifft, also die Verfolgungsfurcht begründet erscheinen lässt und deshalb die Annahme einer erheblichen Verfolgung rechtfertigt.[73]

4. Bisherige deutsche Rechtsprechung zur Frage der religiösen Verfolgung

66 Eine der umstrittensten Fragen in der asylrechtlichen Diskussion betraf die **Reichweite des Schutzes der Religionsfreiheit**. Nach Ansicht des BVerfG schützt das Asylrecht lediglich das „**religiöse Existenzminimum**". Dies setze zwar ein kommunikatives Element, voraus, nämlich die religiöse Kommunikation (gemeinsames Gebet, Gottesdienst). Diese müsse indes **abseits der Öffentlichkeit** stattfinden.[74] Politische Verfolgung liege daher nicht vor, wenn die die Religionsfreiheit unterdrückenden Maßnahmen der Durchsetzung des **öffentlichen Friedens** un-

---

69 Vgl. BVerfG (Kammer), InfAuslR 1993, 229, 232.
70 BVerfG (Kammer), InfAuslR 1993, 229, 232; BVerfG (Kammer), EZAR 212 Nr. 11; BayVGH, NVwZ-Beil. 1997, 75; HessVGH ESVGH 38, 235; OVG Hamburg, NVwZ 1985, 512; OVG Hamburg InfAuslR 1986, 332; OVG NW, NVwZ 1984, 329; VGH BW InfAuslR 1984, 249; VG Ansbach InfAuslR 1996, 374.
71 BVerfG (Kammer), EZAR 224 Nr. 22; BVerwG EZAR 224 Nr. 16; OVG Lüneburg, Beschl. v. 2.7.1987 – 11 OVG B 201/87; VGH BW InfAuslR 1984, 249.
72 OVG Hamburg, NVwZ 1985, 512.
73 BVerfG (Kammer), InfAuslR 1993, 304, 305 = DVBl 1994, 38; BVerfG (Kammer), EZAR 212 Nr. 11; BayVGH, NVwZ-Beil. 1997, 75; VG Ansbach InfAuslR 1996, 374, 376.
74 BVerfGE 76, 143, 159 = EZAR 200 Nr. 20 = NVwZ 1988, 237 = InfAuslR 1988, 87; zuletzt BVerwG InfAuslR 2004, 319, 320 = NVwZ 2004, 1000 = AuAS 2004, 125.

ter verschiedenen, in ihrem Verhältnis zueinander möglicherweise **aggressiv-intoleranten Glaubensrichtungen** dienten und zu diesem Zweck etwa einer religiösen Minderheit untersagt werde, gewisse Merkmale, Symbole oder Bekenntnisformen in der Öffentlichkeit zu verwenden, obwohl sie für die Minderheit identitätsbestimmend seien.[75]

Der rechtsdogmatische Grund für diesen Ansatz hat seine Wurzel im **Politikbegriff** der deutschen Rechtsprechung: „Politisch" werden an sich neutrale Maßnahmen dann, wenn sie gegen bestimmte geschützte persönliche Merkmale oder Eigenschaften des Betroffenen gerichtet sind. Weil und soweit der Staat bei der Bekämpfung des politischen Gegners bei dessen Rasse, Religion oder politischen Überzeugung, also in einem vorstaatlichen Bereich ansetzt, soll der Bedrängte Schutz finden.[76] Das Eindringen des Staates in diesen vorstaatlichen Bereich, mithin die Art und Weise seines Vorgehens gegenüber dem Einzelnen ist danach rechtsdogmatisch entscheidend für die Bestimmung des Umfangs des geschützten Bereichs der religiösen Grundentscheidung. Ob staatliche Maßnahmen das „**religiöse Existenzmimum**"[77] beeinträchtigen, kann nach der Rechtsprechung nur aus ihrer Qualität als ausgrenzende oder diskriminierende Verfolgung hergeleitet werden.

67

Die Frage, ob staatliche Maßnahmen die **metaphysischen Grundlagen menschlicher Existenz** zerstören, ist mithin abhängig davon, dass der Gläubige durch die ihm auferlegten Beschränkungen und Verhaltenspflichten als religiös geprägte Persönlichkeit in ähnlich schwerer Weise wie bei Eingriffen in die körperliche Unversehrtheit oder die physische Freiheit in Mitleidenschaft gezogen wird,[78] so dass er in eine **Notsituation** gerät, in der ein religiös ausgerichtetes Lebens und damit ein vom Glauben geprägtes „Personsein" nicht einmal mehr im Sinne eines „religiösen Existenzminimums" möglich ist.[79]

68

Dies trifft etwa für Maßnahmen zu, die darauf gerichtet sind, dass der Gläubige tragende Inhalte seiner Glaubensüberzeugung preisgibt und somit **seiner religiösen Identität** beraubt wird.[80] Ob dies der Fall ist, richtete sich nach der früheren deutschen Rechtsprechung weder nach der umfassend in Art. 4 Abs. 1 GG verankerten Religionsfreiheit[81] noch nach dem Selbstverständnis der Religionsgemeinschaft oder einzelner Gläubiger von der Bedeutung des Glaubenselements, das von dem staatlichen Eingriff betroffen ist.[82] Was ein einzelner Mensch oder eine Gruppe von Menschen aufgrund besonderer persönlicher Prädisponiertheit subjektiv als gravierenden Eingriff empfindet, musste nach der früheren Rechtsprechung des BVerwG diesen Charakter nicht auch objektiv tragen.[83] Den in diesem Sinne objektiven

69

---

75 BVerfGE 76, 143, 160 = EZAR 200 Nr. 20 = NVwZ 1988, 237 = InfAuslR 1988, 87; zur Unbeachtlichkeit von Sektion 298-B, 298-C PPC s. BVerwGE 92, 278, 280 = NVwZ 1993, 788 = EZAR 201 Nr. 24; BVerwG NVwZ 1993, 788, 789; BVerwG NVwZ 1994, 500; s. aber BVerfG (Kammer), InfAuslR 1992, 145, 148, zur Ermittlungstiefe.
76 BVerwGE 67, 184, 187 f. = NVwZ 1983, 674 = InfAuslR 1983, 228.
77 BVerfGE 76, 143, 158 = EZAR 200 Nr. 20 = NVwZ 1988, 237 = InfAuslR 1988, 87; BVerfGE 81, 58, 66 = EZAR 203 Nr. 5 = NVwZ 1990, 514 = InfAuslR 1990, 74; Begriff geprägt in BVerwGE 74, 31, 38 = EZAR 202 Nr. 7 = NVwZ 1986, 569.
78 BVerwGE 80, 321, 324 = EZAR 201 Nr. 16 = NVwZ 1989, 477 = InfAuslR 1989, 167, unter Hinweis auf BVerwGE 74, 31, 38 = EZAR 202 Nr. 7 = NVwZ 1986, 569; BVerwG, Buchholz 402.25 § 1 AsylVfG Nr. 67.
79 BVerwGE 74, 31, 38 = EZAR 202 Nr. 7 = NVwZ 1986, 569.
80 BVerwGE 80, 321, 324 = EZAR 201 Nr. 16 = NVwZ 1989, 477 = InfAuslR 1989, 167; BVerwGE 88, 367, 379 = EZAR 202 Nr. 21 = NVwZ 1992, 578 = InfAuslR 1991, 363.
81 BVerfGE 76, 143, 158 = EZAR 200 Nr. 20 = NVwZ 1988, 237 = InfAuslR 1988, 87; BVerwGE 87, 52, 58 = EZAR 201 Nr. 21 = NVwZ 1991, 337; s. aber noch BVerwGE 74, 31, 36 = EZAR 202 Nr. 7 = NVwZ 1986, 569.
82 BVerwGE 80, 321, 325 = EZAR 201 Nr. 16 = NVwZ 1989, 477 = InfAuslR 1989, 167; BVerwGE 85, 139, 147 EZAR 202 Nr. 18 = NVwZ 1990, 1175 = InfAuslR 1990, 312; BVerwGE 87, 52, 58 = EZAR 201 Nr. 21 = NVwZ 1991, 337.
83 BVerwGE 80, 321, 325 = EZAR 201 Nr. 16 = NVwZ 1989, 477 = InfAuslR 1989, 167.

Maßstab hatte das BVerfG wie folgt umschrieben: Das religiöse Existenzminimum gehört zu dem „unentziehbaren Kern der Privatsphäre", den der religiöse Mensch zu seinem Leben- und Bestehenkönnen als sittliche Person benötigt.[84]

5. Verfolgung wegen der Religion (Art. 10 Abs. 1 Buchst. b) RL 2011/95/EU

70 Nach Art. 10 Abs. 1 Buchst. b) RL 2011/95/EU umfasst der geschützte Status die Religion als **Glaube, Identität und Lebensform.** Geschützt ist die Möglichkeit, in Übereinstimmung mit religiösen oder atheistischen Grundsätzen leben zu können einschließlich an religiösen Riten teilzunehmen oder nicht teilzunehmen.[85] Die Weigerung einer Frau, den religiösen Gebräuchen zu folgen, kann unabhängig von ihrer tatsächlichen Überzeugung als Beweis für eine inakzeptable religiöse Gesinnung aufgefasst werden. Daher können bei **geschlechtsspezifischen Verfolgungen** Religion und politische Überzeugung nicht stets voneinander abgegrenzt werden.

71 Weil die Religionsfreiheit nach Maßgabe universeller Menschenrechtsstandards umfassend geschützt ist, ist weder eine Reduktion auf ein »religiöses Existenzminimum« noch der Ausschluss der **öffentlichen Glaubenspraxis** zulässig. Ein Verfolgungsgrund liegt daher auch dann vor, wenn der Verfolgung die öffentliche Glaubenspraxis (Missionieren, öffentliches Gebet und Werben für den Glauben) des Antragstellers zugrunde liegt.[86] Die frühere hiervon abweichende deutsche Rechtsprechung (Rn. 66 bis 69) ist damit überholt. Der Schwerpunkt der Auseinandersetzung hatte sich in diesem Zusammenhang aber auf die Frage verschoben, ob und unter welchen Voraussetzungen ein Verzicht auf die Glaubensbetätigung verlangt werden kann, wenn dadurch die Verfolgung abgewandt werden kann.

72 Zu dieser Frage, die sich nach der Rechtsprechung des BVerwG aber nur bei fehlender Vorverfolgung stellt, hat der EuGH festgestellt, dass vom Gläubigen nicht verlangt werden darf, dass er zur Abwendung der Verfolgung auf die Glaubenspraxis verzichtet.[87] Deshalb wird nicht vorausgesetzt, dass der Asylsuchende „seinen Glauben nach Rückkehr in sein Herkunftsland **tatsächlich** in einer Weise ausübt, die ihn der Gefahr der Verfolgung aussetzt. Vielmehr kann der bereits unter dem Druck der Verfolgungsgefahr erzwungene Verzicht auf die Glaubensbetätigung die Qualität einer Verfolgung erreichen". Dies gilt auch für die öffentliche Glaubenspraxis (Rn. 74).

73 Verfolgung kann bereits „in dem Verbot als solchem liegen". Es kommt daher auf das „tatsächliche künftige Verhalten des Asylbewerbers" und daran anknüpfende Eingriffe letztlich nicht an.[88] Diese durch das BVerwG aus der Rechtsprechung des EuGH gezogene Folgerung wird für die Zukunft weit in das Asylpraxis hineinstrahlen: Denn maßgebend für die An-

---

84 BVerfGE 81, 58, 66 = EZAR 203 Nr. 5 = NVwZ 1990, 514 = InfAuslR = 1990, 74.
85 Ausf. Marx, Handbuch zum Flüchtlingsschutz, 2. Aufl., 2012, S. 158 ff.
86 EuGH, NVwZ 2013, 1612 (1614) Rn. 63 – Y und Z, mAnm Marx, NVwZ 2012, 1615 = InfAuslR 2012, 444 = EZAR NF 62 Nr. 27.
87 EuGH, NVwZ 2013, 1612 (1615) Rn. 79 – Y und Z, mAnm Marx, NVwZ 2012, 1615 = InfAuslR 2012, 444 = EZAR NF 62 Nr. 27; Marx, Schutz der Religionsfreiheit im Flüchtlingsrecht, in: Grenzüberschreitendes Recht – Crossing Frontiers. Festschrift für Kay Hailbronner, Jochum ua (Hrsg.), 2013, S. 217 (222 f.); Dörig, Flüchtlingsschutz wegen Eingriffs in die Religionsfreiheit, in: Grenzüberschreitendes Recht – Crossing Frontiers. Festschrift für Kay Hailbronner, Jochum ua (Hrsg.), 2013, S. 43 f.; Dörig, NVwZ 2014, 106 (107).
88 BVerwGE 146, 67 (77), Rn. 26 = EZAR NF 62 Nr. 28 = NVwZ 2013, 936 = InfAuslR 2013, 300.

knüpfung an Verfolgungsgründen ist zugrunde liegende Recht auf Selbstbestimmung, sei es in religiöser, sexueller, politischer oder sonstiger Hinsicht.[89]

Wird bei Ermittlung der Glaubenspraxis im Bundesgebiet festgestellt, dass eine bestimmte Komponente der Glaubensbetätigung, nämlich die öffentliche, für das religiöse Selbstverständnis des Asylsuchenden wesentlich ist und unterliegen diejenigen im Herkunftsland, die öffentlich ihren Glauben ausüben, einer flüchtlingsrelevanten Verfolgung, kommt es auf die Frage des Verzichts auf diese Glaubensbetätigung nicht an. Konsequenz ist, dass der Antragsteller auch nicht nach seinem zukünftigen Verhalten gefragt werden darf, sofern nach den behördlichen Feststellungen die öffentliche, durch flüchtlingsrelevante Verfolgung unterdrückte Glaubensbetätigung für diesen wesentlich ist. Haben die zuständigen Behörden andererseits festgestellt, dass er **tatsächlich** auf die Glaubenspraxis verzichten wird, sind die für den Verzicht maßgebenden Gründe zu ermitteln, wenn ein Antragsteller auf Frage erklärt, dass er nach seiner Rückkehr seine Identität verbergen wird. Erklärt er, dass er seine tatsächlich gelebte Identität aus Furcht vor Verfolgung verbergen wird, ist seine Furcht begründet, beruht seine Furcht also auf einer objektiv festgestellten Gefahr. Nach der australischen Rechtsprechung wird die fundamentale Frage, ob ein Antragsteller begründete Furcht vor Verfolgung hat, nicht ermittelt, wenn lediglich gefragt wird, ob ein Antragsteller unter dem Druck von Verfolgung seine tatsächliche Identität verbergen, jedoch nicht zugleich auch geprüft wird, warum er sich so verhalten wird. Wird daher festgestellt, dass es nicht möglich ist, offen seine Identität auszuleben, weil andernfalls Verfolgung droht, begründen solcherart ernsthafte Konsequenzen bei einer Aufdeckung der tatsächlichen Identität eine Furcht vor Verfolgung.[90] 74

Die Verfolgung kann auch in Form schwerwiegender Diskriminierungen ausgeübt werden. Eine bestehende diskriminierende Gesetzgebung stellt für sich genommen keine Verfolgung dar, kann aber ein gewichtiges Indiz für religiöse Verfolgung sein. Insbesondere religiöse Verfolgungen können anhand des Kumulationsansatzes (§ 3 a Abs. 1 Nr. 2 AsylG) ermittelt werden (§ 3 a Rn. 12 ff.).[91] Maßgebend ist, ob der Antragsteller eine bestimmte Glaubensbetätigung lebt und ihm deshalb Verfolgung oder erhebliche Diskriminierung mit beachtlicher Wahrscheinlichkeit droht. Er muss darlegen, dass diese konkrete Glaubenspraxis »ein zentrales Element seiner religiösen Identität und in diesem Sinne für ihn unverzichtbar« ist. Diese innere Tatsache hat er entsprechend verwaltungsprozessualen Grundsätzen zur vollen Überzeugung des Gerichts (§ 108 Abs. 1 Satz 1 VwGO) darzulegen.[92] Er muss aber nicht „innerlich zerbrechen oder schweren seelischen Schaden" nehmen, wenn er auf seine Glaubenspraxis verzichten müsste. Vielmehr lässt sich die religiöse Identität als innere Tatsache aus dem Vorbringen sowie im Wege des Rückschlusses von äußeren Anhaltspunkten auf die innere Einstellung des Betroffenen feststellen.[93] 75

Um die Flucht in die nicht rügefähige Beweiswürdigung zu sperren, ist Sorgfalt auf die mit Verfahrensrügen angreifbaren Feststellungen zu den äußeren Anhaltspunkten zu legen. Dabei kann sich die Glaubwürdigkeitsprüfung aber nur auf die Frage beziehen, ob dem Betroffenen 76

---

89 *Marx*, InfAuslR 2013, 308 (309).
90 High Court of Australia [2003] HCA 71 Rn. 88 – Appellant S395/2002.
91 S. auch OVG NW, AuAS 2013, 91 (92).
92 BVerwGE 146, 67 (79) Rn. 30 = EZAR NF 62 Nr. 28 = NVwZ 2013, 936 = InfAuslR 2013, 300.
93 BVerwGE 146, 67 (79 f.) Rn. 31 = EZAR NF 62 Nr. 28 = NVwZ 2013, 936 = InfAuslR 2013, 300.

geglaubt wird, dass er ein durch seine religiöse Identität geprägtes Leben führt. Davon zu unterscheiden ist die Glaubhaftmachung der hierfür maßgebenden Tatsachen. Dies ist keine Frage der Glaubwürdigkeit, sondern eine nach den Kriterien der Schlüssigkeit und Stimmigkeit vorzunehmende Prüfung. Glaubhaft sind die individuellen Tatsachen der Glaubenspraxis (zB Gebet, Gottesdienst, Zugehörigkeit zu einer Glaubensgemeinschaft, Verbreitung des Glaubens) zu machen. Die hierfür erforderlichen Tatsachen sind stimmig, konkret und erlebnisfundiert darzulegen und bilden die Grundlage für die Prognoseprüfung.

6. Glaubensübertritt im Folgeantragsverfahren

77 Jeder Folgeantrag, der auf den Glaubensübertritt gestützt wird, bedarf einer **sorgfältigen Prüfung des individuellen Profils** und der **persönlichen Erfahrungen** des Antragstellers, seiner religiösen Glaubensrichtung, Identität oder Lebensform, deren Bedeutung für den Antragsteller, der Auswirkungen der Einschränkungen auf diesen, des Wesens seiner Rolle und Aktivitäten innerhalb der Religionsgemeinschaft, der Frage, ob der Verfolger hiervon Kenntnis erlangt hatte oder erlangen könnte und ob dies zu einer Behandlung führen könnte, die die Grenze zur Verfolgung überschreitet.[94] Der Einzelentscheider muss die entsprechenden Ermittlungen umsichtig führen und sich bewusst machen, dass Handlungen, die einem Außenstehenden trivial erscheinen mögen, innerhalb des Glaubens des Antragstellers eine zentrale Bedeutung haben können.[95]

78 Die **Überprüfung der Glaubhaftmachung** der vorgebrachten Tatsachen ist bei Anträgen aufgrund religiöser Verfolgung von zentraler Bedeutung. Allerdings ist eine umfassende Feststellung oder Überprüfung der Grundlagen oder Kenntnisse der Religion des Antragstellers nicht stets erforderlich oder angemessen. In jedem Fall sind bei Überprüfungen des Kenntnisstandes einer Religion die Umstände des Einzelfalles zu berücksichtigen, insbesondere weil die entsprechenden Kenntnisse je nach sozialem und wirtschaftlichem Hintergrund, Bildungsstand, Alter und Geschlecht der betroffenen Person sehr unterschiedlich gestaltet sein können.

79 Geringe Kenntnisse können durch **Nachforschungen** hinsichtlich der besonderen Praktiken der jeweiligen Religion in der betroffenen Region oder durch Untersuchung der subjektiven und persönlichen Umstände des Antragstellers aufgeklärt werden. So kann der in einer Gesellschaft vorherrschende Grad der Verfolgung einer Religionsgemeinschaft das Erlernen oder Ausüben der jeweiligen Religion für den Antragsteller ernsthaft erschweren. Selbst wenn dieser in einem repressiven Umfeld eine religiöse Erziehung erhalten hat, ist diese häufig nicht durch qualifizierte religiöse Führer vermittelt worden. Frauen wird häufig der Zugang zur religiösen Erziehung verwehrt. Hingegen können detaillierte Kenntnisse von Antragstellern erwartet werden, die sich als religiöse Führer darstellen oder eine umfassende religiöse Erziehung erhalten haben.[96]

80 Wird eine **Konversion als Nachfluchtgrund** geltend gemacht, ist eine sorgfältige und umfassende Überprüfung der Umstände und Ernsthaftigkeit der Konversion geboten. Zu ermitteln sind Wesen und Zusammenhang der im Herkunftsland ausgeübten und der im Aufenthaltsstaat angenommenen und praktizierten religiösen Überzeugung, eine etwaige Unzufriedenheit

---

94 UNHCR, Religiöse Verfolgung, S. 5.
95 UNHCR, Religiöse Verfolgung, S. 6.
96 UNHCR, Religiöse Verfolgung, S. 11 f.

mit der im Herkunftsland ausgeübten Religion, die Umstände der Entdeckung der jetzt angenommenen Religion, die Erfahrungen des Antragstellers mit Blick auf die neue Religion, seine seelische Verfassung und erhärtende Nachweise bezüglich der Einbindung des Antragstellers in die neue Religion. Dabei können die **besonderen Umstände des Aufnahmestaates** zusätzliche Nachforschungen nahe legen. Wenn beispielsweise von örtlichen Religionsgemeinschaften im Aufnahmeland systematische und organisierte Missionierungen durchgeführt werden, ist eine Überprüfung des Kenntnisstandes wenig hilfreich. Vielmehr muss der Rechtsanwender offene Fragen stellen und versuchen die Motivation für die Konversion sowie deren Auswirkungen auf das Leben des Antragstellers zu beleuchten.

Schließlich ist zu ermitteln, ob die **Behörden** des Herkunftslandes **Kenntnis von der Konversion erlangen** können und wie sie diese wahrscheinlich beurteilen werden.[97] Dabei ist jedoch bei glaubhaft gemachter ernsthafter Konversion zu unterstellen, dass der Asylsuchende sein im Bundesgebiet manifestiertes religiöses Engagement im Herkunftsland fortsetzen kann und deshalb der Frage nachzugehen, wie die Behörden des Herkunftslandes auf eine derartige individuelle Glaubenspraxis reagieren werden. Ein Verzicht auf die Glaubensbetätigung zwecks Abwendung der Verfolgung darf vom Antragsteller nicht verlangt werden (Rn. 72, 74).

81

In der Rechtsprechung ist anerkannt, dass der Übertritt von einem bestimmten Glauben zu einem anderen erhebliche Verfolgungen auslösen kann.[98] Soweit der Glaubenswechsel **vor der Ausreise** in Frage steht, kommt es darauf an, mit welchen Mitteln das im Heimatland herrschende Regime auf diesen Schritt reagiert. Das BVerfG hat den Umstand, dass ein Asylsuchender, der im Alter von sechs Jahren im Iran vom muslimischen zum chaldäisch-katholischen Glauben übergetreten war, vor seiner Ausreise unbehelligt blieb und auch seine Mutter ungefährdet in den Iran zurückgekehrt war, nicht ohne Weiteres als unerheblich gewertet: Ahnde eine ausländische Rechtspraxis, wie vorliegend für den Fall der Apostasie unterstellt, das religiöse Bekenntnis als solches und könne sich der Glaubensangehörige einer Bestrafung – hier der Todesstrafe – nur in der Weise entziehen, dass er seine Religionszugehörigkeit leugne und effektiv versteckt halte, sei ihm der elementare Bereich des religiösen Existenzminimums entzogen.[99] In der Praxis gewinnt der Glaubenswechsel regelmäßig als gewillkürter Nachfluchtgrund Bedeutung.

82

7. Wegfall des konventionsrechtlichen Schutzes im Asylfolgeantragsverfahren (§ 28 Abs. 2 AsylG)

Nach § 28 Abs. 2 AsylG kann in der Regel die Flüchtlingseigenschaft nicht zuerkannt werden, wenn der Antragsteller im Folgeantragsverfahren **gewillkürte Nachfluchtgründe** geltend macht. Das BVerwG geht davon aus, dass ein nach Verlassen des Heimatstaates erfolgter Glaubenswechsel einer gewillkürten autonomen Entscheidung des Asylsuchenden entspringt, auch wenn sich dieser möglicherweise durch „schicksalhafte" innere oder äußere Vorgänge und Motive dazu aufgerufen gefühlt habe. Für den Übertritt vom Islam zum christlichen Glauben als einen die mögliche Verfolgung auslösenden Umstand fänden deshalb die Einschränkungen der Nachfluchtrechtsprechung Anwendung. Hieraus folge, dass ein außerhalb

83

---

97 UNHCR, Religiöse Verfolgung, S. 12 f.
98 BVerfG (Kammer), NVwZ-Beil. 1995, 33 = InfAuslR 1995, 210 = AuAS 1995, 124; BVerwG,; Beschl. v. 1.3.1991 – BVerwG 9 B 309.90; VGH BW, Urt. v. 28.9.1990 – A 14 S 512/89; OVG NW, Urt. v. 21.5.1987 – 16 A 10425/86; VG Schleswig, Urt. v. 5.12.1991 – 5 A 699/90.
99 BVerfG (Kammer), NVwZ-Beil. 1995, 33 = InfAuslR 1995, 210 = AuAS 1995, 124.

des Heimatstaates vollzogener Wechsel der Religionsgemeinschaft und eine dadurch möglicherweise entstehende Verfolgungsgefahr nur dann Schutz begründen könne, wenn sich dieser Religionswechsel als Ausdruck und Fortführung einer schon im Heimatstaat vorhandenen und erkennbar betätigten festen Überzeugung darstelle. Dass die den Glaubenswechsel herbeiführende Entscheidung „innerster Überzeugung" entsprungen sei, sei unerheblich.[100]

84 Die Rechtsprechung wie auch § 28 Abs. 2 AsylG sind unvereinbar mit Art. 5 Abs. 2 RL 2011/95/EU. Nach Art. 5 Abs. 2 RL 2011/95/EU kann die begründete Furcht vor Verfolgung auf **Aktivitäten des Antragstellers seit Verlassen des Herkunftslandes** beruhen. Damit erkennt die Richtlinie in Übereinstimmung mit der internationalen Staatenpraxis und dem internationalen Standard subjektive „**Sur place**" – **Flüchtlinge** an. Danach kann eine Person zum Flüchtling „**sur place**" werden, zB wenn sie sich mit Personen assoziiert, die als Flüchtlinge anerkannt sind, oder wenn sie im Aufnahmeland ihre politische Überzeugung zum Ausdruck bringt.[101] Besonderer Bedacht ist in diesen Fällen auf die **Glaubwürdigkeit** des Antragstellers zu legen. In diesen Fällen ist es besonders wichtig, dass alle Einzelheiten sorgfältig auf die Wahrscheinlichkeit hin geprüft und analysiert werden, ob deswegen tatsächlich die Gefahr der Verfolgung droht. Eine der wichtigsten Überlegungen wird die Frage betreffen, ob das Verhalten den Behörden des Herkunftslandes zur Kenntnis gelangt ist oder gelangen könnte und wie diese die Handlungen des Antragstellers in Wahrheit beurteilen werden.[102]

85 In einigen Staaten, etwa im Vereinigten Königreich, in den Niederlanden und in Deutschland, wird in diesem Zusammenhang eine Prüfung des „guten Glaubens" des Antragstellers in seine Handlungen oder die Prüfung der Kontinuität seiner Handlungen im Vergleich zur Zeit vor der Ausreise für erforderlich erachtet.[103] Die Einschätzung dieser Elemente kann Bestandteil der Analyse sein und eine wichtige Information für die Statusentscheidung liefern. Sie ist jedoch nach Ansicht von UNHCR nicht entscheidend und kann auch nicht entscheidend sein. Vielmehr bleiben – wie in allen Fällen – die entscheidenden Faktoren der Statusentscheidung die Wahrscheinlichkeit, dass die befürchtete Verfolgung tatsächlich eintritt, die Schwere der Verfolgung und der dieser zugrunde liegende Verfolgungsgrund.[104]

86 Art. 5 Abs. 2 Hs. 1 RL 2011/95/EU stellt zunächst den allgemeinen Grundsatz auf, dass die begründete Verfolgungsfurcht auf **Aktivitäten des Antragstellers seit Verlassen des Herkunftslandes** beruhen kann und steht insoweit in Übereinstimmung mit dem internationalen Standard. Es sind deshalb alle Einzelheiten des vorgebrachten Sachverhalts sorgfältig auf die Wahrscheinlichkeit hin zu prüfen und zu analysieren, dass deswegen tatsächlich die Gefahr der Verfolgung droht, und die Frage zu beantworten, ob die dargelegten Aktivitäten den Behörden des Herkunftslandes zur Kenntnis gelangt sind oder gelangen könnten und wie diese wahrscheinlich beurteilt werden.[105] Spezifische Einschränkungen, wie sie teilweise in der Staatenpraxis üblich sind, enthält die Richtlinie damit nicht. Im Gegenteil, unter bestimmten Voraussetzungen geht die Richtlinie regelmäßig von einer begründeten Verfolgungsfurcht bei nachträglichen eigenen Aktivitäten des Antragstellers im Ausland aus, ohne automatisch den Flüchtlingsschutz zu versagen, wenn diese Voraussetzungen nicht vorliegen.

---

100 BVerwG, Beschl. v. 1.3.1991 – BVerwG 9 B 309.90; ebenso VGH BW, Urt. v. 28.9.1990 – A 14 S 512/89.
101 UNHCR, Handbuch, Rn. 96.
102 UNHCR, Handbuch, Rn. 96; UNHCR, Auslegung von Art. 1 GFK, April 2001, Rn. 34.
103 UNHCR, Auslegung von Art. 1 GFK, April 2001, Rn. 34.
104 UNHCR, Auslegung von Art. 1 GFK, April 2001, Rn. 34.
105 UNHCR, Handbuch, Rn. 96; UNHCR, Auslegung von Art. 1 GFK, April 2001, Rn. 34.

8. Unionsrechtliche Funktion des Kontinuitätsmerkmals

Nach Art. 5 Abs. 2 Hs. 2 RL 2011/95/EU kann die Furcht des Antragstellers vor Verfolgung insbesondere dann begründet sein, wenn die **Aktivitäten seit Verlassen** der Herkunftslandes Ausdruck und **Fortsetzung einer bereits im Herkunftsland bestehenden Überzeugung** oder Ausrichtung sind. Die Vermutungswirkung trägt insbesondere dem Auslegungsprinzip Rechnung, dass die individuelle Lage und die persönlichen Umstände des Antragstellers besonders in den Blick zu nehmen sind (Art. 4 Abs. 3 Buchst. c RL 2011/95/EU). Der Wortlaut der Konvention spricht für eine Regelvermutung, da zwischen der „begründeten" Furcht vor Verfolgung und den das Kontinuitätsmerkmal begründenden Aktivitäten im Ausland durch das Wort „insbesondere" ein unmittelbarer Zusammenhang hergestellt wird. Ebenso spricht die Begründung des Kommissionsentwurfs für eine Regelvermutung. Danach sind „**Sur place**" – Ansprüche leichter zu begründen, wenn es sich bei den Aktivitäten um das Kundtun von Überzeugungen handelt, die der Antragsteller bereits im Herkunftsland vertreten hat und weiterhin vertritt und deretwegen er Flüchtlingsschutz benötigt. Die „Kontinuität ist hierbei zwar nicht unbedingt eine Voraussetzung, sie ist jedoch ein **Indiz** auf die Glaubwürdigkeit" des Antragstellers.[106]

87

In der Staatenpraxis betrifft das Kontinuitätsmerkmal etwa Fälle, in denen bereits **vor der Ausreise latent vorhandene Gefährdungsrisiken** den **Ausreiseentschluss motiviert** haben mögen, diese sich nach der Ausreise derart **verschärfen**, dass dem Antragsteller eine **Rückkehr** in das Herkunftsland **nicht mehr zugemutet** werden kann.[107] In der Rechtsprechung bezeichnet in diesem Zusammenhang der Begriff der ausweglosen Lage einen Ausnahmetatbestand von der prinzipiellen Unerheblichkeit subjektiver Nachfluchtgründe.[108] Diese wird aber nur angenommen, wenn der Ausreiseentschluss seinen Grund in einer „latenten Gefährdungslage" hatte. Kann dies nicht festgestellt werden, bleibt es bei der prinzipiellen Unbeachtlichkeit subjektiver Nachfluchtgründe.

88

Derart schematisch und starr kann die Richtlinie nicht angewendet werden. Vielmehr findet eine Regelvermutung Anwendung, wenn der Antragsteller vor der Ausreise bestimmte politische Aktivitäten entwickelt und nach der Ausreise die Situation im Herkunftsland sich derart verändert hat, dass er aus begründeter Furcht vor Verfolgung wegen dieser Aktivitäten nicht dorthin zurückkehren kann. Dies setzt keine latente Gefährdungslage im Zeitpunkt der Ausreise voraus. Fehlt es an der Kontinuität, kann anders als nach der Rechtsprechung der Antragsteller dennoch eine begründete Furcht vor Verfolgung wegen seiner politischen Überzeugung haben.

89

Während danach die Kontinuität der vor der Ausreise des Antragstellers entfalteten Aktivitäten mit denen nach der Ausreise eine Regelvermutung der begründeten Furcht vor Verfolgung begründen, beim Fehlen des Kontinuitätsmerkmals aber gleichwohl die Verfolgungsfurcht begründet sein kann, kann nach der Rechtsprechung des BVerfG eine Asylberechtigung nur in Betracht gezogen werden, „wenn die selbstgeschaffenen Nachfluchttatbestände sich als Ausdruck und Fortführung einer schon während des Aufenthaltes im Heimatstaat vorhandenen und erkennbar betätigten festen Überzeugung darstellen, mithin als Konsequenz einer **dau-**

90

---

106 Kommissionsentwurf v. 12.9.2001, BR-Drs. 1017/01, S. 17.
107 *Hathaway*, The Law of Refugee Status, S. 34.
108 BVerwGE 80, 131, 134 = EZAR 200 Nr. 21 = NVwZ 1989, 264 = InfAuslR 1988, 337.

ernden, die eigene Identität prägenden und **nach außen kundgegebenen Lebenshaltung** erscheinen".[109]

91 Anknüpfend an diese Rechtsprechung stellt § 28 Abs. 1 S. 1 AsylG den **Grundsatz** der asylrechtlichen Unbeachtlichkeit von Nachfluchttatbeständen auf und lässt lediglich eng begrenzte **Ausnahmen** von diesem Grundsatz zu. Nicht zur Asylberechtigung führen danach jene Verfolgungstatbestände, die der Antragsteller **nach** Verlassen seines Herkunftslandes **aus eigenem Entschluss** geschaffen hat. Bei diesen Tatbeständen sei ein kausaler Zusammenhang zwischen Verfolgung und Flucht nicht gegeben. Der Verfolgungstatbestand werde – anders als bei den objektiven Nachfluchttatbeständen – vom Asylsuchenden selbst **aus eigenem Willensentschluss**, ohne dass ein Risiko damit verbunden wäre, hervorgerufen. Dies müsse zwar nicht notwendig dazu führen, derartige Tatbestände von vornherein und ausnahmslos von der Asylerheblichkeit auszuschließen. Ihre Anerkennung als rechtserheblicher Asylgrund könne aber nur für **Ausnahmefälle** in Betracht kommen, an die – mit Blick auf den Schutzbereich und Inhalt der Asylrechtsgarantie – ein besonders strenger Maßstab anzulegen sei. Dies gelte sowohl in **materieller** Hinsicht wie für die **Darlegungslast** sowie die **Beweisanforderungen**.[110]

9. Funktion von Art. 5 Abs. 3 RL 2011/95/EU

92 Art. 5 Abs. 3 RL 2011/95/EU stellt es den Mitgliedstaaten unbeschadet der GFK frei, festzulegen, dass ein Folgeantragsteller in der Regel nicht als Flüchtling anerkannt wird, wenn die Verfolgungsgefahr auf **Umständen** beruht, die er **nach Verlassen seines Herkunftslandes** geschaffen hat. Diese Vorschrift war im Kommissionsentwurf nicht enthalten. Dieser hatte demgegenüber eine Missbrauchsregelung vorgeschlagen, wonach nicht von einer begründeten Furcht vor Verfolgung auszugehen sei, wenn die in Rede stehenden Aktivitäten nachweislich und allein aufgenommen wurden, um die für die Beantragung des Flüchtlingsschutzes erforderlichen Voraussetzungen zu schaffen. Begründet wurde dieser Vorschlag mit der Erwägung, dass die Furcht davor, Verfolgung zu erleiden, nicht unbedingt allein deshalb unbegründet sein müsse, weil sie durch eigenes Zutun erzeugt worden sei. Lasse sich jedoch mit hinreichender Sicherheit nachweisen, dass der Antragsteller seit Verlassen des Herkunftslandes nur deshalb mit bestimmten Aktivitäten begonnen habe, weil er die erforderlichen Voraussetzungen für die Zuerkennung der Flüchtlingseigenschaft habe schaffen wollen, könnten die Mitgliedstaaten davon ausgehen, dass diese Aktivitäten in der Regel diese Eigenschaft nicht begründeten, und die Glaubwürdigkeit des Antragstellers in Zweifel ziehen. Sei indes mit hinreichender Sicherheit davon auszugehen, dass die Behörden des Herkunftslandes Kenntnis von den Aktivitäten des Antragstellers erlangt hätten und diese als Hinweis für eine konträre politische oder sonstige abweichende Meinung oder Verhaltensweise betrachteten, könne von einer begründeten Verfolgungsfurcht ausgegangen werden. Unter diesen Voraussetzungen hätten die Mitgliedstaaten dafür zu sorgen, dass der Antragsteller als schutzbedürftig anerkannt werde.[111]

93 Die Missbrauchsregelung des Art. 5 Abs. 3 RL 2011/95/EU bedeutet keine Verschärfung gegenüber der ursprünglich vorgeschlagenen Regelung: In Art. 8 Abs. 2 des Entwurfs wurde zunächst der Grundsatz aufgestellt, dass Aktivitäten seit Verlassen des Herkunftslandes eine be-

---

109 BVerfGE 74, 51, 66 = EZAR 200 Nr. 18 = NVwZ 1987, 311 = InfAuslR 1987, 56.
110 BVerfGE 74, 51, 65 f. = EZAR 200 Nr. 18 = NVwZ 1987, 311 = InfAuslR 1987, 56.
111 Kommissionsentwurf v. 12.9.2001, BR-Drs. 1017/01, S. 17 f., 48.

gründete Verfolgungsfurcht hervorrufen können. Für den Fall, dass diese nachweislich und allein aufgenommen werden, um die Voraussetzungen für die Schutzgewährung zu schaffen, wird von dem Grundsatz eine Ausnahme zugelassen. Nach der Begründung ist aber auch in diesem Fall der Flüchtlingsstatus zu gewähren, wenn die Aktivitäten des Antragstellers den Behörden des Herkunftslandes bekannt geworden sind und als ernsthafter Hinweis auf eine abweichende Überzeugung betrachtet werden. Art. 5 Abs. 2 RL 2011/95/EU formuliert den erwähnten Grundsatz und ordnet sogar eine Regelvermutung der begründeten Verfolgungsfurcht beim Nachweis des Kontinuitätsmerkmals an. Diese Regelvermutung war im Kommissionsentwurf nicht vorgesehen. Die Ausnahme vom Grundsatz wird in Art. 5 Abs. 3 RL 2011/95/EU wieder aufgegriffen und auf das Folgantragsverfahren eingeschränkt. Darüber hinaus werden die Mitgliedstaaten durch den einschränkenden Zusatz „unbeschadet der GFK" dazu angehalten, bei der Gestaltung der Ausnahmetatbestände die internationalen Verpflichtungen der GFK einzuhalten.

Abs. 2 und 3 von Art. 5 RL 2011/95/EU müssen im Gesamtzusammenhang gesehen werden: Nach Art. 5 Abs. 2 Hs. 1 RL 2011/95/EU kann die begründete Furcht vor Verfolgung auf **Aktivitäten des Antragstellers seit Verlassen** des Herkunftslandes beruhen. Derartige Aktivitäten können nach Art. 5 Abs. 3 RL 2011/95/EU in der Regel **nicht den Flüchtlingsstatus begründen**, wenn der Antragsteller einen **Folgeantrag** stellt. Unbeschadet dessen ist die GFK zu beachten. Art. 5 Abs. 3 RL 2011/95/EU enthält damit eine besondere verfahrensrechtliche **Vorkehrung gegen Missbrauchsfälle** und lässt auch wohl einen gewissen beweisrechtlichen Schematismus erkennen. Dieser ist indes mit der GFK unvereinbar. Bereits das Handbuch von UNHCR weist in Ansehung subjektiver Nachfluchtgründe auf das Gebot einer **sorgfältigen Untersuchung aller Umstände des Einzelfalls** hin. Später hat UNHCR erneut bekräftigt, dass derartige Gründe die Frage der Glaubwürdigkeit des Antragstellers aufwerfen würden, da nicht ausgeschlossen werden könne, dass mit diesen Aktivitäten eine bestimmte Absicht verfolgt werde. In solchen Fällen sei es besonders wichtig, dass alle **Einzelheiten** sorgfältig auf ihre **Wahrscheinlichkeit** hin geprüft und analysiert würden, dass deswegen tatsächlich die Gefahr der Verfolgung drohe.[112] In der öffentlichen Anhörung vor dem Innenausschuss des Deutschen Bundestages am 16. Januar 2002 wies UNHCR darauf hin, dass die GFK nicht zwischen Vor- und Nachfluchtgründen unterscheide, sondern den Zweck verfolge, Personen, deren Leben oder Freiheit aus den Gründen der Konvention gefährdet sei, zu schützen. Daher seien Personen, die außerhalb des Herkunftslandes allein deshalb aktiv würden, um ein Verfolgungsrisiko zu begründen, nicht notwendigerweise vom Flüchtlingsbegriff ausgeschlossen. Daher hält UNHCR § 28 Abs. 2 AsylG für unvereinbar mit der GFK.[113] Auch der Bundesrat hatte völkerrechtliche Bedenken gegen diese Vorschrift geltend gemacht.[114]

Die Richtlinie gewährt den Mitgliedstaaten Befugnisse nur „unbeschadet der GFK". Sie dürfen damit die Konvention nicht durch die Art und Weise der Behandlung von Nachfluchtgründen verletzen. Darauf weist auch die Begründung der im Kommissionsentwurf enthalte-

---

112 UNHCR, Auslegung von Art. 1 GFK, April 2001, Rn. 34.
113 UNHCR, Stellungnahme an den BT-Innenausschuss v. 14.1.2002, DB, 14. WP, Innenausschuss, Prot. Nr. 83, 14/674 I, S. 280; ebenso amnesty international, Stellungnahme an den BT-Innenausschuss v. 11.1.2002, DB, 14. WP, Innenausschuss, Prot. Nr. 83, 14/674 D, S. 235; *Marx*, Stellungnahme an den BT-Innenausschuss v. 1.1.2002, DB, 14. WP, Innenausschuss, Prot. Nr. 83, 14/674, S. 168.
114 BR-Drs. 921/1/01 v. 13.12.2001; BR-Drs. 921/01 v. 4.1.2002; *Duchrow*, ZAR 2002, 269, 272; *Duchrow*, ZAR 2004, 339, 342.

nen Missbrauchsregelung hin, die zwar die Einführung einer verschärften Darlegungsregelung für zulässig erachtete, aber ausdrücklich hervorhob, dass auch in der Absicht der Aufenthaltsverschaffung entfaltete Aktivitäten eine begründete Furcht vor Verfolgung zur Folge haben könnten. Mit dem einschränkenden Zusatz „unbeschadet der GFK" in Art. 5 Abs. 3 der Richtlinie ist dieser Begründung Rechnung getragen worden.

96 Der Begriff der begründeten Furcht vor Verfolgung bringt das Doppelerfordernis der persönlichen Glaubwürdigkeit und der glaubhaften, auf guten Gründen beruhenden Furcht des Antragstellers ins Spiel. **Herzstück der entsprechenden Prüfung** ist, ob die „subjektive" Furcht begründet ist, ob also hinreichend zuverlässige Tatsachen und Umstände das Urteil rechtfertigen, dass der Antragsteller ernsthaft mit der Möglichkeit der Verfolgung rechnen muss.[115] In diesem Zusammenhang auftretende Probleme können nicht in der abstrakten Weise wie mit der schematisierenden Regelung des Art. 5 Abs. 3 RL 2011/95/EU gelöst werden. Vielmehr sind sämtliche Umstände des Einzelfalles in den Blick zu nehmen einschließlich der Beziehung zwischen der befürchteten Verfolgung und dem Risiko ihrer Verwirklichung.[116] Weil die Manifestation oppositioneller Meinungen menschenrechtlich geschützt ist, ist die Fixierung auf gewillkürte Aktivitäten ohnehin nicht sachgerecht.[117]

III. Erläuterungen zum Eilrechtsschutzantrag

97 § 71 AsylG enthält keine klaren Regelungen zum **vorläufigen Rechtsschutz im Folgeantragsverfahren**. Nur für den Fall, dass das Bundesamt im Zusammenhang mit der ablehnenden Sachentscheidung über die Weigerung, ein weiteres Asylverfahren durchzuführen, eine Abschiebungsandrohung erlässt, enthält § 36 Abs. 4 Hs. 1 AsylG durch die in Bezug genommenen Verweisungsnormen eine klare Regelung. In diesen Fällen ist der vorläufige Rechtsschutz nach § 36 Abs. 3 und 4 AsylG, also in Form des Antrags nach § 80 Abs. 5 VwGO zu erlangen. Lehnt das Bundesamt dagegen die Durchführung eines weiteren Asylverfahrens ab, ohne eine erneute Abschiebungsandrohung zu erlassen, war die Form und die Ausgestaltung des Eilrechtsschutzes früher umstritten. Inzwischen sind die entsprechenden Fragen aber geklärt.

98 Liegen die Voraussetzungen nach § 51 Abs. 1 bis 3 VwVfG nicht vor und erlässt das Bundesamt keine Abschiebungsandrohung, regelt das Gesetz lediglich, dass die Abschiebung erst nach der entsprechenden Mitteilung des Bundesamtes an die Ausländerbehörde vollzogen werden darf. Ob diese Mitteilung Außenwirkung hat und ihr insbesondere Verwaltungsaktqualität zukommt, ist umstritten. Die herrschende Meinung geht davon aus, dass es sich bei der Mitteilung nach § 71 Abs. 5 S. 2 Hs. 1 AsylG um einen **verwaltungsinternen Mitwirkungsakt** handelt, dem keine Außenwirkung zukommt.[118] Allein die Rechtsnatur der Mitteilung nach § 71 Abs. 5 S. 2 Hs. 1 AsylG kann andererseits für die Gewährleistung effektiven Rechtsschutzes nicht maßgebend sein. Vielmehr geht auch die gesetzliche Begründung davon aus, dass nach einer derartigen Mitteilung Rechtsschutz über § 123 VwGO zu erlangen sei, weil es einer Verpflichtung des Bundesamtes bedürfe, der vollziehenden Ausländerbehörde

---

115 *Goodwin-Gill,* The Refugee in International Law, S. 41.
116 *Goodwin-Gill/Mc Adam,* The Refugee in International Law, 3. Aufl. 2007, S. 100 ff.
117 *Hathaway,* The Law of Refugee Status, S. 37.
118 VG Frankfurt am Main AuAS 1996, 142; VG Freiburg, 632 Nr. 32; NVwZ 1995, 197; VG Köln, EZAR 224 Nr. 25; VG Münster AuAS 1993, 143; VG Sigmaringen, NVwZ-Beil. 1996, 30; *Bell/von Nieding,* ZAR 1995, 119, 124; *Schütze,* VBlBW 1995, 346, 348.

mitzuteilen, dass vor einer erneuten Mitteilung nach § 71 Abs. 5 S. 2 Hs. 1 AsylG die Abschiebung nicht vollzogen werden dürfe.[119]

Folgt man der gesetzlichen Begründung, ist **effektiver vorläufiger Rechtsschutz** gegen die verwaltungsinterne Mitteilung über **§ 123 VwGO** zu erlangen. Bis zur Mitteilung untersagt das Gesetz den zwangsweisen Vollzug der Ausreiseverpflichtung (§ 71 Abs. 5 S. 2 Hs. 1 AsylG). Gibt das Verwaltungsgericht dem Antrag statt, aktualisiert sich das gesetzliche Abschiebungshindernis des § 71 Abs. 5 S. 2 Hs. 1 AsylG erneut. Deshalb ist in den Fällen der ablehnenden Sachentscheidung ohne gleichzeitigen Erlass der Abschiebungsandrohung vorläufiger Rechtsschutz nach § 123 VwGO gegen die Bundesrepublik, vertreten durch die zuständige Außenstelle des Bundesamtes, mit dem Inhalt zu beantragen, das Bundesamt im Wege der einstweiligen Anordnung zum Widerruf der Mitteilung an die Ausländerbehörde bzw. zur Unterlassung oder Rückgängigmachung einer Mitteilung zu verpflichten.[120]   99

Begründet wird diese Ansicht damit, dass das Bundesamt für die Prüfung der Zulässigkeitsvoraussetzungen nach § 51 Abs. 1 bis 3 VwVfG zuständig sei. **Gegenüber der Ausländerbehörde** erlange der Antragsteller im einstweiligen Rechtsschutzverfahren gegen das Bundesamt **mittelbar Abschiebungsschutz**.[121] Zwar sei der einstweilige Anordnungsantrag gegenüber dem Antrag nach § 80 Abs. 5 VwGO nur subsidiär, wenn in der Hauptsache die Anfechtungsklage gegeben sei. Aus der durch § 71 Abs. 5 S. 2 Hs. 1 AsylG ergehenden Mitteilung lasse sich jedoch eine Anfechtungssituation nicht herleiten.[122] Mit der Mitteilung entfalle zwar das Vollzugshemmnis und werde der Folgeantragsteller dadurch belastet. Voraussetzung für die Anordnung der aufschiebenden Wirkung sei jedoch stets das Vorliegen eines Verwaltungsaktes. Die hierfür erforderliche Regelung könne in dem formlosen Mitteilungsschreiben des Bundesamtes nach § 71 Abs. 5 S. 2 Hs. 1 AsylG nicht gesehen werden.[123]   100

Zwar droht durch das Bundesamt keine Abschiebung. Wegen der grundsätzlichen Trennung von sachentscheidender und vollziehender Behörde im Asylverfahren, ergeben sich jedoch besondere verfahrensrechtliche Konstellationen, wie gerade das Beispiel des § 71 Abs. 5 S. 2 Hs. 1 AsylG verdeutlicht. Abgesehen davon entfaltet ein gerichtlicher Beschluss gegen die Ausländerbehörde keine verfahrensrechtlichen Wirkungen in Ansehung der weiteren Gestaltung des Folgeantragsverfahrens. Es ist aber in den Antrag aufzunehmen, dass auf Veranlassung des Verwaltungsgerichtes das Bundesamt die Ausländerbehörde bittet, bis zu einer Entscheidung des Verwaltungsgerichtes vom Vollzug der Abschiebung abzusehen (*Stillhalteabkommen*).   101

---

119 BT-Drs. 12/4450, S. 27.
120 BVerfG (Kammer), InfAuslR 1999, 256, 259 = EZAR 632 Nr. 31 = NVwZ-Beil. 1999, 49; OVG Hamburg, EZAR 632 Nr. 34 = AuAS 2001, 10 = NVwZ-Beil. 2001, 9 (Ls.); OVG NW AuAS 2000, 107, 108 = EZAAR 632 Nr. 33; ThürOVG, EZAR 632 Nr. 32 = NVwZ-Beil. 2000, 38; VGH BW, NVwZ-Beil., 2001, 8 = AuAS 2000, 238 = EZAR 632 Nr. 35; OVG Berlin, Beschl. v. 28.1.1994 – OVG 8 S 383.93; VG Darmstadt, NVwZ-Beil. 1995, 31 = JMBl. Hessen 1995, 38; VG Darmstadt, EZAR 632 Nr. 29; VG Freiburg, NVwZ 1995, 197; VG Sigmaringen, NVwZ-Beil. 1996, 30; VG Berlin, Beschl. v. 4.8.1995 – VG 33 X 222/95; VG Frankfurt am Main, Beschl. v. 10.1.1996 – 10 G 32237/96.A(2); VG Münster, Beschl. v. 8.11.1994 – 1 L 1305/94.A; VG Würzburg, EZAR 632 Nr. 17; ähnlich: GK-AsylVfG/*Funke-Kaiser*, II – § 71 Rn. 182; *Renner*, AuslR, § 71 AsylVfG Rn. 49; aA VG Frankfurt am Main AuAS 1995, 190; VG Frankfurt am Main AuAS 1996, 142; VG Freiburg, NVwZ-RR 1995, 354; VG Kassel, NVwZ-Beil. 1995, 30; VG Köln, EZAR 224 Nr. 25; VG Aachen, Beschl. v. 8.3.1995 – 7 L 119/95.A; offen gelassen: VG Osnabrück, NVwZ-Beil. 1994, 61.
121 OVG NW AuAS 2000, 107, 108; VG Aachen, EZAR 632 Nr. 33.
122 VG Freiburg, NVwZ 1995, 197; VG Sigmaringen, NVwZ-Beil. 1996, 30.
123 VG Frankfurt am Main AuAS 1996, 142; VG Freiburg, NVwZ 1995, 197; VG Köln, EZAR 224 Nr. 25; VG Münster AuAS 1993, 143; VG Sigmaringen, NVwZ-Beil. 1996, 30; VG Berlin, Beschl. v. 4.8.1995 – CG 33 X 222/95; *Bell/von Nieding*, ZAR 1995, 119, 124.

102 **Antragsgegner** ist nicht die Ausländerbehörde, sondern die **Bundesrepublik Deutschland**, vertreten durch die zuständige **Außenstelle des Bundesamtes**. Da das Gesetz keine ausdrücklichen Regelungen zur Ausgestaltung des Eilrechtsschutzes enthält, sind auch keine Fristbestimmungen zu beachten. Jedoch ergibt sich aus der Natur der Sache, dass zur Verhinderung der Abschiebung möglichst unverzüglich Rechtsschutz zu beantragen ist. Wird das Bundesamt danach zum Widerruf der Mitteilung verpflichtet, ist die Ausländerbehörde an diesen Widerruf gemäß § 71 Abs. 5 S. 2 Hs. 1 AsylG gebunden.[124] Überwiegend geht die Rechtsprechung allerdings davon aus, dass ein Anordnungsgrund, also eine unmittelbar bevorstehende Abschiebung, auch für den gegen das Bundesamt gerichtete Antrag nach § 123 VwGO glaubhaft zu machen ist. Das bedeutet nicht, dass die Glaubhaftmachung des Anordnungsgrundes stets die konkrete Einleitung von Vollzugsmaßnahmen durch Festnahme und Transport des Asylsuchenden voraussetzt.

103 Vielmehr reicht im Lichte des Gebotes der effektiven Rechtsschutzgewährung (Art. 19 Abs. 4 GG) zur Glaubhaftmachung die Darlegung aus, dass ernsthafte Anhaltspunkte die Befürchtung begründet erscheinen lassen, dass Vollzugsmaßnahmen eingeleitet werden. Ein insoweit wesentlicher Gesichtspunkt ist etwa die Tatsache, dass die Ausländerbehörde die notwendigen Reisedokumente bzw. Passersatzdokumente beschafft hat. Ab diesem Zeitpunkt ist mit der Ausländerbehörde Kontakt aufzunehmen, um für die Glaubhaftmachung des Anordnungsgrundes die erforderlichen Informationen zu beschaffen. Hält die Behörde sich bedeckt, spricht eine Vermutung für die Vollzugsabsicht und reicht dies für die Glaubhaftmachung des Anordnungsgrundes aus.

104 Nach der Rechtsprechung kann zwar das durch einen Rechtsanwalt eingelegte eindeutige Rechtsmittel vom Verwaltungsgericht regelmäßig nicht umgedeutet werden.[125] Wegen der **Unanfechtbarkeit der erstinstanzlichen Eilrechtsentscheidung** (vgl. § 80 AsylG) können die zur Unzulässigkeit der Umdeutung eines Rechtsmittels bei anwaltlich vertretenen Verfahrensbeteiligten entwickelten Grundsätze jedoch nicht unbesehen übertragen werden.

105 Die Rechtsprechung mutet es insbesondere unter Berücksichtigung der Rechtsschutzgarantie des Art. 19 Abs. 4 GG einem Rechtsanwalt nicht zu, in Anbetracht der kurzen Bedenkzeit zwischen der Zustellung des Bescheides und dem Ende der gerichtlichen Antragsfrist umständliche Ermittlungen zur Wahl des richtigen Rechtsmittels zu unternehmen.[126] Dementsprechend hat die Gerichtspraxis auch bei anwaltlich vertretenen Asylsuchenden keine Bedenken, **von Amts wegen eine Umdeutung des einstweiligen Antrags** in Erwägung zu ziehen und gegebenenfalls entsprechend zu verfahren.[127] Jedenfalls erfordert es der verfassungsrechtlich gewährleistete Rechtsschutz nach Art. 19 Abs. 4 GG, dass das Verwaltungsgericht eine Änderung des Antrags anregt, bevor es diesen als unzulässig zurückweist.[128] Vertrauen auf einen derartigen gerichtlichen Hinweis sollte man jedoch nicht.

---

124 OVG NW AuAS 2000, 107, 108; VG Frankfurt am Main, Beschl. v. 10.1.1996 – 10 G 32237/95.A(2).
125 BVerwG NJW 1962, 883; OVG Bremen InfAuslR 1983, 84, 85; BayVGH NJW 1982, 1474.
126 VG Darmstadt, NVwZ-Beil. 1996, 55, 56.
127 So etwa ThürOVG, EZAR 632 Nr. 32 = NVwZ-Beil. 2000, 38; VG Sigmaringen, NVwZ-Beil. 1996, 30, 31; VG Osnabrück, NVwZ-Beil. 1994, 61, 62.
128 BVerfG (Kammer), InfAuslR 1999, 256, 259 = EZAR 632 Nr. 31 = NVwZ-Beil. 1999, 49; VG Osnabrück, NVwZ-Beil. 1994, 61, 62.

IV. Zweistufigkeit des Verwaltungsverfahrens beim Folgeantrag

Nach der obergerichtlichen Rechtsprechung gliedert sich das Folgeantragsverfahren in **drei Stufen**: Zunächst hat das Bundesamt die **Zulässigkeit des Folgeantrags** zu prüfen.[129] Ob der Antrag zulässig ist, ist abhängig davon, dass im Blick auf die begehrte Statusentscheidung die Voraussetzungen einer der in § 51 Abs. 1 VwVfG genannten Wiederaufnahmegründe vorliegen sowie der Antrag auch im Übrigen die Zulässigkeitsvoraussetzungen nach § 51 Abs. 2 und 3 VwVfG erfüllt. Im Rahmen der Zulässigkeitsprüfung wird mithin auf der ersten Stufe geprüft, ob der bezeichnete Wiederaufgreifensgrund zulässigerweise nach § 51 Abs. 1 VwVfG geltend gemacht werden kann, der Antragsteller ohne grobes Verschulden außerstande war, diesen im Erstverfahren einzuführen und ob er ihn fristgemäß nach § 51 Abs. 3 VwVfG vorgebracht hat.[130] Jedoch kann auch ein nach § 51 Abs. 1 bis 3 VwVfG unzulässiger Folgeantrag wegen Eingreifens von Abschiebungsverboten nach § 60 Abs. 5 und 7 AufenthG rechtliche Wirkungen entfalten. Den formellen Anforderungen entspricht der Antrag, sofern die Voraussetzungen nach § 51 Abs. 1 bis 3 VwVfG vorliegen, so dass die Bestandskraft durchbrochen und in eine erneute Sachprüfung im Umfang der geltend gemachten Wiederaufnahmegründe eingetreten, mithin ein „**weiteres Asylverfahren durchgeführt**" (vgl. § 71 Abs. 1 S. 1 AsylG) wird.

106

Das Verfahren wird also nach Prüfung der formellen Voraussetzungen von der ersten in die zweite Verfahrensstufe übergeleitet.[131] Anschließend ist auf der **zweiten Prüfungsstufe** zu prüfen, ob der berücksichtigungsfähige Sachvortrag insgesamt oder jedenfalls in Teilen schlüssig vorgetragen, mithin geeignet ist, eine Wiederaufgreifen zu rechtfertigen. Dabei genügt schon die *Möglichkeit einer günstigeren Entscheidung* aufgrund der geltend gemachten Wiederaufnahmegründe.[132] Sind diese Voraussetzungen gegeben, handelt es sich um einen zulässigen Folgeantrag. Abschließend tritt das Bundesamt bezogen auf die zulässigen Wiederaufnahmegründe in die dritte Verfahrensphase ein und prüft die materiellen Voraussetzungen der geltend gemachten Statusberechtigung.[133]

107

In der **dritten Verfahrensphase** erfolgt mithin die Prüfung und Entscheidung in der Sache. Allerdings wird in der Verwaltungspraxis eine präzise verfahrensrechtliche Abstufung zwischen Zulässigkeits- und Sachprüfung nicht vorgenommen. Wird im Folgeantragsverfahren der Status gewährt, kann weder dem Verfahrensablauf noch dem Bescheid selbst entnommen werden, ob eine derartige verfahrensrechtliche Abstufung durchgeführt worden ist. Eine Antragsablehnung erfolgt hingegen in aller Regel nicht in der Sache, sondern wegen Unzulässigkeit des Antrags, dh die Prüfung gelangt erst gar nicht in die zweite Stufe. Vielmehr wird festgestellt, dass kein weiteres Verfahren durchgeführt wird.

108

Die Rechtsprechung des BVerwG[134] verhält sich nicht zu diesem verwaltungsrechtlichen Problem, da sie ausschließlich auf die Verpflichtung des Verwaltungsgerichts, die Sache spruchreif zu machen, konzentriert ist und sich mit dem davor liegenden Verwaltungsverfahren nicht vertiefend befasst. Die verfahrensrechtliche Abschichtung wird durch die Rechtspre-

109

---

129 BayVGH, NVwZ-Beil. 1997, 75; BayVGH, Urt. v. 17.9.1997 – 8 ZB 97.31910.
130 ThürOVG, NVwZ-Beil. 2003, 19, 21.
131 BayVGH, NVwZ-Beil. 1997, 75; ThürOVG, NVwZ-Beil. 2003, 19, 21; so auch zum alten Recht BVerwGE 77, 323, 326 = EZAR 224 Nr. 16 = NVwZ 1996, 258.
132 ThürOVG, NVwZ-Beil. 2003, 19, 21.
133 ThürOVG, NVwZ-Beil. 2003, 19, 21; VG Lüneburg, NVwZ-RR 2004, 218.
134 Vgl. BVerwGE 106, 171 = NVwZ 1998, 681 = EZAR 631 Nr. 45 = AuAS 1998, 149.

chung des BVerwG andererseits aber nicht in Frage gestellt. Zwar geht das BVerwG davon aus, dass die Voraussetzungen der Statusberechtigung, nicht anders als die Zulässigkeitsvoraussetzungen nach § 51 Abs. 1 Nr. 1 bis Nr. 3 VwVfG, Tatbestandsvoraussetzungen für den Anspruch des Antragstellers darstellten, im Wege des Wiederaufgreifens seine Ansprüche durchzusetzen. Daraus folge, dass der für den geltend gemachten Anspruch auf die Statuszuerkennung rechtserhebliche Aspekt, ob das Asylverfahren wieder aufgenommen werden müsse, lediglich die Frage nach der Erfüllung der für die Durchbrechung der Bestandskraft des Erstbescheides erforderlichen Voraussetzungen der geltend gemachten Amnsprüche, nicht aber einen selbstständig neben diesen stehenden und eigenständig einklagbaren Wiederaufgreifensanspruch betreffe.[135]

110 Diese Ausführungen beziehen sich auf die verfahrensrechtliche Station der Zulässigkeitsprüfung des Antrags und die damit im Zusammenhang stehenden Rechtsschutzfragen, führen jedoch nicht zur Beseitigung des mehrstufigen Prüfungsverfahrens. Auch wenn allein das Bundesamt über beide Fragen entscheidet, führt diese verfahrensrechtliche Vereinheitlichung nicht zugleich auch zu einer inhaltlichen Verschmelzung der Wiederaufgreifensgründe mit den Asylgründen. Andernfalls besteht die Gefahr, dass bereits in die Zulässigkeitsprüfung die Prüfung der Begründetheit des geltend gemachten materiellrechtlichen Anspruchs vorverlegt und damit die Zulässigkeit des Folgeantrags von überhöhten Voraussetzungen abhängig gemacht wird.

111 Ausgehend hiervon hat das BVerfG festgestellt, dass eine präzise Differenzierung zwischen der „Beachtlichkeits- oder Relevanzprüfung" einerseits und der eigentlichen Sachprüfung andererseits geboten ist.[136] Verfassungsrechtlich nicht zu beanstanden sei es, wenn die Zulässigkeitsprüfung auf das beschränkt werde, was der Antragsteller vortrage.[137] Die Behörde sei nicht befugt, für die Prüfung der Wiederaufgreifensgründe andere als vom Antragsteller geltend gemachte zugrunde zu legen.[138]

V. Neue Beweismittel (§ 51 Abs. 1 Nr. 2 VwVfG)

1. Begriff des „neuen" Beweismittels im Sinne von § 51 Abs. 1 Nr. 2 VwVfG

112 In der anwaltlichen Beratungspraxis spielen neue Beweismittel eine erhebliche Bedeutung. Wegen der Gefahr, dass derartige Beweismittel als gefälscht gewertet werden können, ist insoweit besondere Vorsicht geboten. Das Bundesamt hat ein weiteres Asylverfahren einzuleiten, wenn der Antragsteller **neue Beweismittel** vorlegt, die (im Erstverfahren) eine ihm günstigere Entscheidung herbeigeführt haben würden (§ 71 Abs. 1 S. 1 AsylG iVm § 51 Abs. 1 Nr. 2 VwVfG). Während „**neue Tatsachen**" auf die nach der unanfechtbaren Erstentscheidung nachträglich eintretenden Ereignisse abzielen, beziehen sich demgegenüber „neue Beweismittel" auf bereits im Erstverfahren entschiedene Sachverhalte. Beweismittel hinsichtlich neuer Sachverhalte fallen nach dem Gesetzeswortlaut („herbeigeführt haben würden") nicht unter die neuen Beweismittel nach § 51 Abs. 1 Nr. 2 VwVfG. Der Beurteilung im Rahmen des § 51 Abs. 1 Nr. 2 VwVfG liegen damit stets „alte Tatsachen" zugrunde, hinsichtlich deren „neue Beweismittel" angegeben werden. Daraus folgt aber nicht zugleich, dass sich die Bedeutung

---
[135] BVerwGE 106, 171, 173 ff. = NVwZ 1998, 681, 682 = EZAR 631 Nr. 45 = AuAS 1998, 149.
[136] BVerfG (Kammer), EZAR 212 Nr. 11.
[137] BVerfG (Kammer), EZAR 212 Nr. 11.
[138] VG Stuttgart, Beschl. v. 23.6.1999 – A 6 K 11092/99.

des neuen Beweismittels auf die Geltendmachung des Beweisgegenstandes, also der neuen Tatsache, beschränken muss. Vielmehr bleibt daneben auch seine eigenständige Funktion als Beweismittel zu berücksichtigen.[139]

Die Regelung in § 51 Abs. 1 Nr. 2 VwVfG zielt also auf **neue Beweismittel für alte Tatsachen**. Darunter sind neben Beweismitteln, die während des anhängigen Erstverfahrens noch nicht existierten, auch solche Beweismittel zu verstehen, die zwar damals schon vorhanden waren, aber ohne grobes Verschulden des Antragstellers nicht oder nicht rechtzeitig beigebracht werden konnten.[140] Letzteres folgt auch aus § 51 Abs. 2 VwVfG, wonach neue Beweismittel vorrangig in das erste Verfahren einzuführen sind, sofern dies dem Antragsteller verfahrensrechtlich noch möglich war.[141] Demgegenüber ist § 51 Abs. 1 Nr. 1 VwVfG auf **neue Tatsachen** gemünzt. **Neue Beweismittel**, die sich auf **neue Tatsachen** beziehen, sind daher im Zusammenhang mit dem Wiederaufnahmegrund nach § 51 Abs. 1 Nr. 1 VwVfG geltend zu machen. Das neue Beweismittel darf darüber hinaus verfahrensrechtlich **nicht isoliert** behandelt werden. Vielmehr wird das Verwaltungsverfahren im Falle eines in zulässiger Weise geltend gemachten neuen Beweismittels in die Lage zurückversetzt, in der es sich vor Erlass der letzten Verwaltungsentscheidung befunden hat. Deshalb ist neben dem neuen Beweismittel der gesamte bis dahin entstandene Verfahrensstoff zu berücksichtigen.[142]

113

2. Länderspezifische Erkenntnismittel

Länderspezifische Gutachten von Sachverständigen oder sachverständigen Stellen können als neue Beweismittel angesehen werden. Im Grundsatz ist anerkannt, dass Sachverständigengutachten die Funktion neuer Beweismittel im Sinne des § 51 Abs. 1 Nr. 2 VwVfG haben können, sofern sie nach Abschluss des Erstverfahrens erstellt und neue, seinerzeit nicht bekannte Tatsachen verwerten und selbst auf neuen Tatsachen beruhen.[143]

114

Andererseits hat das BVerwG bezweifelt, ob ein nachträglich erstattetes Sachverständigengutachten überhaupt ein Wiederaufgreifen des Verfahrens rechtfertigen kann, diese Frage aber letztlich offen gelassen.[144] Die ober- und untergerichtliche Rechtsprechung ist dagegen weniger zurückhaltend und spricht **länderspezifischen Gutachten** sachinformierter Stellen und Personen die **Qualität neuer Beweismittel** zu.[145] So wird etwa ein nach Abschluss des Erstverfahrens erstelltes Gutachten des Bundesinnenministeriums zum Strafnachrichtenaustausch mit den türkischen Behörden in der obergerichtlichen Rechtsprechung als neues Beweismittel behandelt.[146] Ein nachträglich erstattetes Gutachten kann gewiss nicht die Sachlage verändern, wohl aber deren tatsächliche Aufklärung erleichtern. Länderspezifische Gutachten haben im Asylverfahren eine überragende Bedeutung. Die Verfasser derartiger Gutachten bekunden damit nicht eigene Wahrnehmungen, sondern teilen ihre Einschätzung der zukünftigen Entwicklung der Verfolgungssituation in einem bestimmten Land mit.[147] Ob jemand als verfolgt an-

115

---

139 BVerfG (Kammer), EZAR 212 Nr. 11.
140 BVerwG NJW 1985, 280; BVerwG NJW 1982, 2204 = DVBl 1982, 998; BVerwG NVwZ 1995, 388; BVerwG EZAR 201 Nr. 24; BVerwGE 95, 86, 90.
141 BVerfG NVwZ 1987, 487.
142 BVerwG NVwZ-RR 1993, 667.
143 BVerwGE 82, 272, 277; 95, 86, 90; BVerwG NVwZ 1995, 388, 389.
144 BVerwG EZAR 212 Nr. 6 = NVwZ 1989, 161.
145 OVG Berlin, Beschl. v. 12.6.1986 – OVG 8 S 207.86; VG Köln InfAuslR 1982, 313 = NVwZ 1983, 15; VG Stade, Beschl. v. 8.12.1982 – 5 VG 85/82; so auch GK-AsylVfG/*Funke-Kaiser*, § 71 Rn. 103.
146 OVG Rh-Pf, NVwZ-Beil. 2000, 84, 85.
147 BVerwG, Beschl. v. 18.1.1984 – BVerwG 9 CB 444.81.

zusehen ist, ist davon abhängig, ob die in die Zukunft gerichtete **Verfolgungsprognose** den Schluss hierauf rechtfertigt. Ohne länderspezifische Gutachten könnten Bundesamt und Verwaltungsgerichte in aller Regel eine derartige Prognose gar nicht treffen. Eine bestimmte Auskunfts- und Gutachtenlage ist deshalb regelmäßig für die Asylentscheidung ausschlaggebend.

116 Dies rechtfertigt es umgekehrt, bei einer nachträglich veränderten Erkenntnislage aufgrund neu bekannt gewordener Gutachten das **Verfahren wiederaufzugreifen.** Denn angesichts der überragenden prozessualen Bedeutung der Gutachten und Auskünfte im Asylverfahren wird bei einer nachträglich veränderten Auskunftslage die Überzeugungsgewissheit von der Richtigkeit der unanfechtbaren Erstentscheidung derart erschüttert, dass diese ohne erneute Überprüfung im Lichte der neuen Auskunftslage aus rechtsstaatlichen und verfassungsrechtlichen Gründen keinen Bestand mehr haben kann. Einzuräumen ist zwar, dass lediglich die in einem Gutachten vorgenommene abweichende Einschätzung bereits bekannter Tatsachen kein neues Beweismittel darstellt. Im Asylverfahren besteht jedoch die Besonderheit, dass die Sachverständigen ihre Feststellungen stets aus einer Vielzahl unterschiedlicher Informationsquellen erhalten und daher regelmäßig jeweils nur unterschiedliche Schattierungen und Aspekte einer komplexen Realität mitteilen.

117 Diese Besonderheit rechtfertigt es, im Asylverfahren grundsätzlich von einem **weiten Begriff des Beweismittels** auszugehen, sofern bestimmte qualitative Voraussetzungen wie Nachvollziehbarkeit, Zuverlässigkeit und Unvoreingenommenheit erfüllt sind. Die Richtigkeit der hier vertretenen Ansicht folgt auch daraus, dass das BVerwG Sachverständigengutachten und Beweismittel, die in anderen Verfahren eingeholt wurden, als **selbstständige und zulässige Beweismittel** behandelt.[148] Angesichts dieser Rechtsprechung zum asylspezifischen Beweisrecht ist die Zurückhaltung des BVerwG im Wiederaufnahmerecht in dieser Frage kaum nachvollziehbar.

118 Auch der asylrechtlichen **Rechtsprechung der Instanzgerichte** zu Tatsachenfragen kann im Übrigen eine neuen Beweismitteln gleichzuachtende verfahrensrechtliche Bedeutung beigemessen werden. Ein Wandel in der Rechtsprechung der Tatsacheninstanzen zu bestimmten länderspezifischen Verfolgungstatbeständen und Personengruppen beruht auf einer umfassenden und eingehenden Auswertung von neuen Erkenntnissen. So hat das BVerwG wiederholt darauf hingewiesen, dass das Gericht, wenn es sich nicht lediglich zur Bekräftigung seiner eigenen rechtlichen Schlussfolgerungen auf andere Gerichtsentscheidungen beruft, sondern sich auch auf **tatsächliche Feststellungen** anderer Gerichte bezieht, diese ordnungsgemäß in das Verfahren einzuführen hat.[149] Der Kläger kann sogar die Einführung ihm günstiger Gerichtsentscheidungen mit Blick auf die tatsächlichen Feststellungen im Wege des Urkundenbeweises beantragen.[150] Dies rechtfertigt es, tatsächliche Feststellungen anderer Gerichte im Wiederaufnahmerecht als Beweismittel anzusehen.

3. Ärztliche Stellungnahmen

119 Zwar wurden in der früheren Rechtsprechung Zweifel geäußert, ob ein **medizinisches Gutachten** ein Beweismittel darstellen könne, da es keine Tatsachen, sondern nur Ansichten und

---

148 BVerwG BayVBl. 1985, 377; BVerwG DVBl 1985, 577 = InfAuslR 1985, 147; BVerwG InfAuslR 1986, 74; BVerwG InfAuslR 1989, 351; BVerwG InfAuslR 1990, 97; BVerwG EZAR 630 Nr. 22.
149 BVerwGE 67, 83, 84; BVerwG InfAuslR 1984, 20; BVerwG InfAuslR 1985, 278; BVerwG DÖV 1986, 612; BVerwG NVwZ 1989, 249.
150 BVerwG InfAuslR 1990, 1619.

Bekundungen des Sachverständigen enthalte.[151] Diese vereinzelt gebliebene Rechtsprechung kann jedoch als überholt angesehen werden. Insbesondere die nunmehr vorherrschende Sensibilität gegenüber behaupteten **Folterungen** und **Traumatisierungen** haben in der Verwaltungs- und Gerichtspraxis eine deutliche Änderung bewirkt. So werden heute in der Rechtsprechung psychologische Gutachten als neue Beweismittel anerkannt.[152] In der Verwaltungspraxis wird ein psychologisches Gutachten als „neues Beweismittel" behandelt, wenn es auf neuen Tatsachen beruht oder wegen Sprachschwierigkeiten, fehlender Vertrauensbasis, fehlender Geldmittel sowie der Residenzpflicht nicht beigebracht werden konnte, vorausgesetzt, das Gutachten genügt wissenschaftlichen Anforderungen und enthält insbesondere die für die Überprüfung erforderlichen **Anknüpfungstatsachen**.[153] Auch das BVerfG misst in einem Flughafenverfahren dem **„Gesprächsprotokoll einer Psychologin"**, das gerade auf die Ausräumung der vom Gericht begründeten Glaubwürdigkeitszweifel und auf widerspruchsfreie Substanziierung des Sachvortrags zielt, einen Beweiswert bei.[154] Darüber hinaus kann auch der Rechtsprechung des EGMR entnommen werden, dass in dieser medizinische Gutachten zum Beweis der behaupteten Folterungen als erheblich bewertet werden.[155]

Umstritten ist, ob nur **Fachärzte oder auch Psychotherapeuten** die Stellungnahme für den Beweisantrag verfassen dürfen.[156] Das BVerwG hatte zunächst festgestellt, „regelmäßig" sei die Vorlage eines fachärztlichen Attests für den Beweisantritt erforderlich.[157] In einem Beschlussverfahren hat es später eher beiläufig erwähnt, ein nicht von einem Facharzt erstelltes Privatgutachten entspreche nicht den von ihm aufgestellten prozessualen Anforderungen.[158] Dies überzeugt nicht. Auf den gerichtlichen Gutachtenauftrag mag dies zwar zutreffen. Jedenfalls für das schlüssige Aufzeigen möglicher Anzeichen psychischer Beschwerden und deren verfahrensrechtlicher Auswirkungen verfügen Psychotherapeuten aber nicht minder wie Fachärzte über die erforderliche Sachkunde. Die Ausbildung von Psychotherapeuten dauert mindestens drei Jahre in Vollzeitform, in Teilzeitform fünf Jahre (§ 5 PsychThG). Hierfür wird der Nachweis eines abgeschlossenen Studiums der Psychologie, das das Fach Klinische Psychologie einschließt, vorausgesetzt. Ziel der Ausbildung zum Psychotherapeuten ist die „Vermittlung von Kenntnissen, Fähigkeiten und Fertigkeiten, die erforderlich sind, um in Diagnostik, Therapie und Rehabilitation von Störungen mit Krankheitswert, bei denen Psychotherapie indiziert ist, auf den wissenschaftlichen, geistigen und ethischen Grundlagen der Psychotherapie eigenverantwortlich und selbstständig zu handeln."[159]

120

---

151 BVerwGE 11, 124, 127; BayVGH DVBl 1978, 116.
152 VG Frankfurt am Main, NVwZ-Beil. 2002, 29, 30; VG München, NVwZ-RR 2002, 230, 231; VG Neustadt, NVwZ-Beil., 2001, 45, 46.
153 *Treiber*, Fallgruppen traumatisierter Flüchtlinge im Asylverfahren, S. 20; *Lösel/Bender*, Anforderungen an psychologische Gutachten, S. 187; *Haenel*, ZAR 2003, 18; *Birck*, Traumatisierte Flüchtlinge, S. 75 ff.; s. auch VG München, NVwZ-RR 2002, 230, 231, zu den Anforderungen an ein Gutachten.
154 BVerfG (Kammer), NVwZ-Beil. 1998, 9, 10).
155 EGMR, EZAR 933 Nr. 2 = NJW 1991, 3079 = InfAuslR 1991, 217 – *Cruz Varas*; EGMR, EZAR 933 Nr. 8 = NVwZ 2001, 301 = InfAuslR 2000, 321 – *T.I.*
156 S. hierzu *Marx*, Kommentar zum AsylVfG, 8. Aufl., Vor § 78 Rn. 145.
157 BVerwG E 129, 251 (255) = InfAuslR 2008, 142 = NVwZ 2008, 330 = AuAS 2008, 17; zustimmend VG Minden, Beschl. v. 13.3.2014 – 10 L 117/14.A.
158 BVerwG, Beschl. v. 26. 7.2012 – BVerwG 10 B 21.12; so auch BayVGH, Beschl. v. 27. 7.2010 – 11 ZB 10.30187; aA OG NW, InfAuslR 2009, 173 (174); OVG NW, AuAS 2009, 82 (83); offen gelassen VGH BW, InfAuslR 2011, 261 (262).
159 OVG NW, AuAS 2009, 82 (83).

121 Die Tatsacheninstanzen behandeln Arztberichte und Zeugenaussage von Psychotherapeuten als neues Beweismittel, wenn sich hieraus ergibt, dass die Antragstellerin traumatisiert und depressiv geprägt und deshalb selbst nicht in der Lage ist, zusammenhängend und ausführlich über die die Flucht auslösenden Ereignisse zu sprechen. Unter diesen Voraussetzungen könne aus dem Umstand, dass sie im früheren Verfahren nur sehr kurze und äußerst stereotyp wirkende Angaben gemacht habe, nicht auf deren fehlenden Wahrheitsgehalt geschlossen werden. Anstelle der persönlichen Angaben der Antragstellerin könnten deshalb die Angaben treten, die sie über den Arzt gemacht habe. Dabei sei auch zu bedenken, dass der Umstand, dass die Antragstellerin ihre Vergewaltigung durch türkische Sicherheitskräfte selbst nie ausdrücklich vorgetragen habe, seinen Grund darin habe, dass sie sich mit aller ihr noch zur Verfügung stehenden Kraft gegen die Erinnerung an dieses Ereignis zur Wehr setze.[160] Im Blick auf traumatische Ereignisse könne nicht der Nachweis im Sinne eines tatsächlichen Nachweises für jeden Punkt der Darstellung gefordert werden. Vielmehr sei zu bedenken, dass es nach wissenschaftlichen Erkenntnissen vielen Opfern von Folterungen aufgrund der erlittenen Traumatisierungen nicht möglich sei, in jedem Fall einen widerspruchsfreien, in sich schlüssigen und folgerichtigen Vortrag über tatsächliche Geschehensabläufe abzugeben. Bekannt sei, dass viele Folteropfer überhaupt nicht aussagen könnten oder wollten, weil der Drang nach totaler Verdrängung übermächtig sei. Bekannt sei darüber hinaus, dass Opfer von Folterungen und Vergewaltigungen eine »ungeheure Scham« empfänden und auch deshalb ihre Darlegungskompetenz begrenzt oder eingeschränkt sei.[161]

122 Nach der Rechtsprechung darf der Sachverständigenbeweis zur Erkrankung des Asylsuchenden nicht mit der Begründung abgelehnt werden, er habe die „Erkrankung nicht glaubhaft gemacht". „Eine Pflicht zur **Glaubhaftmachung,** etwa im Sinne von § 294 ZPO, besteht für den Beweisführer in dem vom Untersuchungsgrundsatz beherrschten Verwaltungsprozess regelmäßig ebenso wenig wie eine **Beweisführungspflicht".**[162] Allerdings gehört zur Substanziierung eines Antrags, der das Vorliegen einer behandlungsbedürftigen PTBS zum Gegenstand hat, angesichts der **Unschärfen des Krankheitsbildes** sowie seiner **vielfältigen Symptome** regelmäßig die Vorlage eines **gewissen Mindestanforderungen** genügenden fachärztlichen Attests. Aus diesem muss nachvollziehbar hervorgehen, auf welcher Grundlage der Facharzt seine Diagnose gestellt hat und wie sich die Krankheit im konkreten Fall darstellt. Dazu gehörten etwa Angaben darüber, seit wann und wie häufig sich der Patient in ärztlicher Behandlung befunden hat und ob die von ihm geschilderten Beschwerden durch die erhobenen Befunde bestätigt werden. Ferner muss das Attest Aufschluss über die **Schwere der Krankheit,** deren **Behandlungsbedürftigkeit** sowie den **bisherigen Behandlungsverlauf** (Medikation und Therapie) geben. Wird das Vorliegen einer PTBS auf traumatisierende Erlebnisse im Herkunftsland gestützt und werden die Symptome erst längere Zeit nach der Ausreise aus dem Herkunftsland vorgetragen, ist in der Regel auch eine Begründung dafür erforderlich, warum die Erkrankung nicht früher geltend gemacht worden ist.[163] Diese Kriterien werden auch auf

---

160 VG Stuttgart, Urt. v. 29.1.1999 – A 19 K 15345/97; ähnl. VG München, Urt. v. 5.5.1998 – M 21 K 96.53206.
161 VG München, Urt. v. 5.5.1998 – M 21 K 96.53206; ähnl. VG Ansbach, Urt. v. 17.3.2000 – AN 17 K 98.31944.
162 BVerwG, NVwZ 2007, 346 (347); BVerwGE 129, 251 (255)= InfAuslR 2008, 142 (143) = NVwZ 2008, 330 = AuAS 2008, 17; mit Hinweis auf BVerwG, InfAuslR 2002, 149; BVerwGE 109, 174 = InfAuslR 1999, 526.
163 BVerwG 129, 251 (255) = InfAuslR 2008, 142 = NVwZ 2008, 330 = AuAS 2008, 17; VGH BW, InfAuslR 261, 262; VGH BW, AuAS 2012, 211 (212) = NVwZ-RR 2012, 868 [Ls]; OVG NW, AuAS 2009, 82 (83); VG Saarlouis, AuAS 2013, 213 (215).

die Aufklärung der Gefahr der Retraumatisierung verbunden mit einer suizidalen Entwicklung angewandt.[164]

Dieser Rechtsprechung wird vorgehalten, sie komme einer vorweggenommenen Beweiswürdigung nahe, weil die Darstellung des Behandlungsverlaufs, der zugrundegelegten Testverfahren, die Trennung von Befund und Interpretation und die Wertung der beklagten Symptome Anforderungen bezeichneten, die erst an ein Gutachten gestellt werden dürften.[165] Nach der Rechtsprechung reicht es für die vom BVerwG geforderte Bezeichnung der Diagnosegrundlage aus, wenn Angaben zur zeitlichen Dauer und Intensität der Behandlung gemacht werden. Maßgebend ist, dass eine ausreichend lange und intensive Behandlung und dargelegt wird, wie sich aus ärztlicher Sicht die Erkrankung konkret auf den Asylsuchenden auswirkt und welche therapeutischen Maßnahmen durchgeführt wurden.[166] Soweit gefordert wird, dass die Stellungnahme nicht unbesehen ohne weitere Überprüfung, unter Verzicht auf eine eigenständige Exploration, unkritisch, ohne die erforderliche Distanz und nicht allein aufgrund der Aussagen des Asylsuchenden erstellt werden dürfe,[167] werden die Anforderungen überzogen. Im asylrechtlichen Erkenntnisprozess, in dem es um die Überprüfung des Wahrheitsgehalts der Angaben des Asylsuchenden geht, sind derartige Anforderungen unabdingbar. Ob jedoch eine psychische Erkrankung schwerwiegend ist und welche Folgen die Rückkehr in den Zielstaat hat, beruht nicht auf den Angaben des Asylsuchenden, sondern wird im Rahmen eigenverantwortlicher Diagnose des Facharztes oder Psychotherapeuten festgestellt. Empathie mit dem behandelten Erkrankten ist notwendige Bedingung für eine gelingende Heilbehandlung und schwächt nicht das fachärztliche Erkenntnisvermögen, solange die Diagnose plausibel erscheint.

4. Anforderungen an die Schlüssigkeitsprüfung

Im Blick auf die **Schlüssigkeitsprüfung** hat das BVerfG zur Konkretisierung der Darlegungslast hinsichtlich neuer Beweismittel ausdrücklich an seine Rechtsprechung zur Darlegungslast bei neuen Tatsachen angeknüpft und auch insoweit einen **glaubhaften** und **substanziierten** Sachvortrag gefordert.[168] Im Rahmen der Zulässigkeitsprüfung dürfe daher auch eine **Glaubwürdigkeitsprüfung** erfolgen,[169] wobei auch widersprüchliches Sachvorbringen im Erstverfahren im Rahmen der Zulässigkeitsprüfung berücksichtigt werden dürfe.[170] Nach § 51 Abs. 1 Nr. 2 VwVfG muss der Antragsteller darlegen, dass das neue Beweismittel im Erstverfahren eine für ihn günstigere Entscheidung herbeigeführt haben würde. Aus dem Antrag muss sich daher ergeben, dass das neue Beweismittel im Zusammenhang mit dem Sachvorbringen geeignet erscheint, dem Antrag zum Erfolg zu verhelfen.[171] Denn es ist Sache des Antragstellers, die Eignung des Beweismittels für eine ihm günstigere Entscheidung schlüssig darzulegen. Das Beweismittel muss geeignet sein, die Richtigkeit gerade derjenigen Feststellungen in Frage zu stellen, die für die Entscheidung im Erstverfahren tragend waren. Dies ist schlüssig vorzutragen. Unterlässt der Antragsteller dies, handelt die Behörde rechtmäßig,

---

164 BayVGH, Beschl. v. 27. 7.2010 – 11 ZB 10.30187.
165 Jacob, Asylmagazin 3/2010, 51 (57).
166 BayVGH, Beschl. v. 27. 7.2010 – 11 ZB 10.30187.
167 VGH BW, InfAuslR 2011, 761 (762).
168 BVerfG (Kammer), InfAuslR 1992, 122; so auch OVG NW, Urt. v. 14.10.1997 – 25 A 1384/97.A.
169 BVerfG (Kammer), InfAuslR 1992, 122, so auch OVG Rh-Pf, Urt. v. 6.7.1988 – 13 A 103/87.
170 OVG NW, Urt. v. 14.10.1997 – 25 A 1384/97.A.
171 BVerwG DVBl 1982, 998 = NJW 1982, 2204.

wenn sie dem Antrag nicht weiter nachgeht, sondern ihn als unzulässig ablehnt.[172] Zum schlüssigen Sachvortrag gehört damit die Bezeichnung des Beweismittels, mithin die Darlegung, dass das bezeichnete Erkenntnismittel die Überzeugung von der Existenz oder Nichtexistenz von Tatsachen begründen kann.[173]

125 Darüber hinaus ist schlüssig darzulegen, dass das **bezeichnete Beweismittel** für eine **günstigere Entscheidung** objektiv geeignet ist, die Richtigkeit der im Erstverfahren als tragend angenommenen Feststellung in Frage zu stellen. Es muss sich also auf eine **beweisbedürftige, insbesondere auch ausreichend substanziierte Tatsache** beziehen. An dieser Voraussetzung fehlt es zB, wenn das erste Asylbegehren nicht mangels Berücksichtigung des Beweismittels oder wegen fehlender Glaubhaftmachung der durch das Beweismittel zu belegenden individuellen Gründe des Asylsuchenden abgelehnt worden war, sondern aus anderen tatsächlichen oder rechtlichen Gründen. Wird zB im Folgeantrag lediglich eine Behauptung urkundlich belegt, die bereits im Erstverfahren als unerheblich oder unzureichend gewürdigt wurde, ist das neue Beweismittel nicht geeignet, eine dem Antragsteller günstigere Entscheidung herbei zu führen. Stehen die Ausführungen zur Bedeutung des angebotenen Beweismittels im Widerspruch zu den diesbezüglichen Sachangaben im Erstverfahren, ist der Folgeantrag unschlüssig.[174]

126 Demgegenüber ist der geltend gemachte Anspruch begründet, wenn feststeht, dass das neue Beweismittel tatsächlich eine dem Betroffenen günstigere Entscheidung herbeigeführt hätte.[175] Diese die Sachentscheidung betreffende Voraussetzung darf jedoch nicht bereits zum Maßstab der Schlüssigkeitsprüfung gemacht werden. Auch hier ist wie beim Wiederaufgreifensgrund nach § 51 Abs. 1 Nr. 1 VwVfG strikt zwischen der Schlüssigkeitsprüfung und der Begründetheitsprüfung zu unterscheiden. So ist etwa eine Auskunft des Bundesinnenministeriums zum Strafnachrichtenaustausch geeignet, eine dem Antragsteller günstigere Entscheidung herbeizuführen. Darauf, ob sie dem Antrag zum Erfolg verhilft, kommt es im Rahmen der Schlüssigkeitsprüfung nicht an.[176]

5. Erhöhte Sorgfalt bei der Prüfung von vorzulegenden Urkunden

127 Beim Urkundenbeweis ist im Rahmen der Schlüssigkeitsprüfung insbesondere auch zu überprüfen, ob eine Urkunde **offensichtlich gefälscht oder beweiswertlos**[177] ist. Deshalb sind entsprechende Darlegungen zur Echtheit der Urkunde geboten, sofern dies dem Antragsteller möglich ist. Ausdrücklich hat das BVerfG jedoch ausufernden Tendenzen der fachgerichtlichen Rechtsprechung entgegengehalten, dass die Prüfung des Beweiswertes einer vorgelegten Urkunde im Rahmen der Zulässigkeitsprüfung nicht überdehnt werden dürfe. Versuche der Folgeantragsteller, mittels Vorlage einer Urkunde Glaubwürdigkeitszweifel aus dem ersten Verfahren konkret auszuräumen, dürfe bei der Schlüssigkeitsprüfung der Beweiswert der Urkunde nicht mit dem bloßen Hinweis auf die (gerade zu widerlegenden) Glaubwürdigkeitszweifel verneint werden. Eine derartige Argumentation laufe erkennbar dem Sinn und Zweck des § 51 I Nr. 2 VwVfG zuwider.[178] Ungeachtet dessen ist vor Einleitung des Folgeantrags

---

172 BVerwG DVBl 1982, 998.
173 Vgl. BVerwGE 95, 86, 90; BVerwG NVwZ 1995, 388.
174 VG Stuttgart, Urt. v. 7.6.1994 – A 17 K 16348/93.
175 BVerwG NJW 1985, 281.
176 OVG Rh-Pf, NVwZ-Beil. 2000, 84, 85).
177 BVerfG (Kammer), InfAuslR 1992, 122; BVerfG (Kammer), InfAuslR 1991, 89, 92).
178 BVerfG (Kammer), InfAuslR 1992, 122.

eine strenge Prüfung der Echtheit der vorgelegten Urkunde angezeigt, um bösen Überraschungen vorzubeugen.

Allerdings sind auch bei **Verneinung des Beweiswertes** einer Urkunde hinreichend zuverlässige und für sich tragfähige Feststellungen geboten.[179] Im Rahmen der Schlüssigkeitsprüfung erfordert die Wertung, dass eine vom Antragsteller vorgelegte Urkunde „eindeutig gefälscht" ist, die für Tatsachenfeststellungen im Asylrecht maßgebende Verlässlichkeit.[180] Daran anknüpfend erkennt die Rechtsprechung den bloßen Einwand des Bundesamtes, dass wiederholt von einer nicht unerheblichen Anzahl von Asylbewerbern gefälschte Dokumente vorgelegt würden und diesen deshalb kein Beweiswert beigemessen werden könnte, nicht an. Lege der Antragsteller im Asylverfahren neue Dokumente vor, könne die Einleitung eines weiteren Verfahrens nur dann abgelehnt werden, wenn das vorgelegte Dokument selbst ganz offensichtlich gefälscht sei. Sei dies nicht der Fall, müsse ein neues Verfahren durchgeführt werden, in dessen Rahmen dann die Echtheit des Dokumentes und damit die Begründetheit des Antrags zu prüfen sei.[181]

128

Zur schlüssigen Darlegung der Geeignetheit des neuen Beweismittels wird man aber fordern können, dass der Antragsteller den **Übermittlungsweg der Urkunde** bezeichnet.[182] Darüber hinaus muss er schlüssig die Vorgänge und Ereignisse, auf die sich die Urkunde bezieht, darlegen. Stehen seine Ausführungen hierzu im Widerspruch zu den entsprechenden Sachangaben im Erstverfahren und räumt er den Widerspruch nicht überzeugend aus, kann der Folgeantrag als unschlüssig abgelehnt werden. Man wird dem Folgeantragsteller also stets die Gelegenheit einräumen müssen, etwaige insoweit auftretende Widersprüche überzeugend auszuräumen. Dabei wird man auch verschärfte Darlegungsanforderungen zugrunde legen können. Werden dementsprechende Erklärungen von der Behörde aber gar nicht zur Kenntnis genommen und die Schlüssigkeit allein mit dem Hinweis auf die Widersprüche zwischen den Angaben im Erstverfahren und im Folgeantrag verneint, wird das rechtliche Gehör des Antragstellers verletzt. Andererseits ist evident, dass das Beweismittel ungeeignet ist, wenn die vorgelegte Urkunde das Gegenteil dessen aussagt, was der Antragsteller selbst vorträgt. Generell ist jedoch festzuhalten, dass eine umfassende Würdigung von Urkunden im Rahmen der Schlüssigkeitsprüfung nicht stattfindet. Maßgebend ist allein deren Eignung für eine günstigere Entscheidung.[183]

129

---

179 BVerfG (Kammer), InfAuslR 1992, 122.
180 BVerfG (Kammer), InfAuslR 1991, 89, 92).
181 VG Meiningen AuAS 1997, 262 = NVwZ-Beil. 1997, 88 (Ls.).
182 OVG NW, EZAR 632 Nr. 5.
183 GK-AsylVfG/*Funke-Kaiser*, § 71 Rn. 110.

§ 12 Beweisantrag im Asylprozess

A. Sachverhalt / Lebenslage

1 Beispiel 1: Mandatsübernahme vor mündl. Verhandlung
Der russische Staatsangehörige tschetschenischer Volkszugehörigkeit X kommt in die Kanzlei und teilt mit, dass sein Asylantrag vom Bundesamt abgelehnt wurde und er nun ein Schreiben vom Gericht bekommen habe, worin ihm mitgeteilt werde, dass er zu einer mündlichen Verhandlung „eingeladen" sei. Dabei sei vermerkt, dass sein persönliches Erscheinen angeordnet sei. Er berichtet, dass er anwaltlich vertreten war. Mit seinem Anwalt sei er jedoch aus persönlichen Gründen in Streit geraten und dieser habe ihn sodann aus seiner Kanzlei geworfen. X berichtet davon, dass er aus Tschetschenien komme und vor seiner Flucht gefoltert wurde. Er sei im zweiten Tschetschenienkrieg im Widerstand aktiv gewesen und hätte als einfaches Mitglied einer kleinen Kampfgruppe seine Heimat gegen die Russen verteidigt.

Später hätte er sich dann von seiner Truppe gelöst und sich versteckt aufgehalten. Als er sich bei einem Freund aufgehalten habe, sei er bei einer Durchsuchung festgenommen und an einem ihm unbekannten Ort festgehalten worden. Dabei habe man ihn immer wieder danach gefragt, ob er gekämpft habe. Er sei schwer gefoltert worden. Nach zwei Monaten wäre er durch Verwandte freigekauft worden. Die Verwandten hätten ihm dann auch zur Flucht nach Deutschland verholfen. Nun bekämen seine Verwandte jeden zweiten Tag Besuch von den Leuten von Kadyrow und würden gefragt, wo er sich aufhalte.

Das Bundesamt habe seinen Antrag mit der Begründung abgelehnt, dass die Folter und die Haft nicht der Auslöser für die Flucht gewesen seien. Weiter zeige die Tatsache, dass er freigekauft werden konnte, dass die Sicherheitskräfte nicht davon ausgingen, von dem Antragsteller weitere Informationen bekommen zu können und schließlich, dass er nicht als Gegner, von dem eine besondere Gefahr ausgehe, eingestuft würde. Ansonsten wäre er nicht freigelassen worden. Seine Festnahme sei vielmehr als eine unstatthafte, wenngleich nicht unübliche Geldbeschaffungsmaßnahme anzusehen. Bezüglich seiner aktiven Beteiligung an Kampfhandlungen hätte es Amnestieregelungen gegeben, weshalb er auch deshalb keine Verfolgung zu fürchten hätte. Die Folter wäre zwar bedauernswert, aber üblich, so dass sie jedem drohen könne und ihn nicht aus der Allgemeinheit hervorheben würde.

Beispiel 2: Mandant traumatisiert
Mandant aus dem Iran wurde gefoltert und verdächtigt, im Widerstand aktiv gewesen zu sein. In seiner Anhörung beim Bundesamt hatte der Mandant jedoch verschwiegen, dass er in Haft war, da er auf keinen Fall über die erlebte Folter und Erniedrigung sprechen wollte. Das Bundesamt hatte die Flüchtlingsanerkennung abgelehnt, da die Schilderungen vage und widersprüchlich seien und keine Verfolgung im Heimatland stattgefunden hätte. Erst nach mehreren Monaten nach seiner Ablehnung durch das Bundesamt begibt sich der Mandant in ärztliche Hilfe. Dort wird eine posttraumatische Belastungsstörung diagnostiziert. Erst im Klageverfahren wird vorgebracht, dass der Kläger inhaftiert und gefoltert worden sei. Dazu wird eine Stellungnahme des behandelnden Therapeuten eingereicht.

Beispiel 3: Mandant als Journalist drangsaliert
Mandant erklärt vor dem Bundesamt in seiner Anhörung, dass er eine Woche lang in Mardin durch türkische Sicherheitskräfte festgehalten und gefoltert wurde. Er sei Journalist und habe zu Ölverkäufen der IS in die Türkei recherchiert. Dabei habe er sich auch in den Bergen aufgehalten. Daraufhin sei er von Sicherheitskräften festgehalten worden und gefoltert worden.

Sie hätten von ihm wissen wollen, was für Informationen er hätte. Vor seiner Flucht nach Deutschland hielt er sich noch für einige Wochen in Istanbul auf. Er habe erfahren, dass die Sicherheitskräfte seine Eltern aufgesucht hätten, nach ihm gefragt hätten und diesen mitgeteilt hätten, er würde wegen Terrorismus gesucht.

B. Prüfungsreihenfolge

I. Fristenprüfung

Auch im Falle eines bereits anhängigen verwaltungsgerichtlichen Verfahrens ist bei Annahme eines Mandats zunächst zu prüfen, ob besondere Fristen zu beachten sind. Es ist dem Verwaltungsgericht grundsätzlich gem. § 87b VwGO (nähere Ausführungen zu § 87b VwGO siehe unter § 10 Rn. 55-63) erlaubt, eine Frist zu bestimmen, bis zu der zu bestimmten Vorgängen Tatsachen anzugeben, Beweismittel zu bezeichnen oder Urkunden oder andere bewegliche Beweismittel anzugeben sind.[1] Teilt der Mandant mündlich nicht mit, ob eine „Einladung" zu Gericht unter Fristsetzung erfolgte, ist es zunächst unumgänglich, dass dem Anwalt die Ladung vorgelegt wird. Wenn sich daraus ergibt, dass das Gericht eine prozessleitende Verfügung nach § 87b Abs. 2 Nr. 1 VwGO erlassen hat, ist diese Frist einzuhalten und im Fristenbuch einschließlich Vorfrist zu notieren. Vor Ablauf dieser Frist sind dann sämtliche beweiserheblichen Fragen mit dem Mandanten zu klären.

II. Mandatierung

Zur Vertretung des Mandanten ist es notwendig, dass dieser eine Vollmacht unterzeichnet. § 67 Abs. 3 S. 1 VwGO bestimmt, dass der Bevollmächtigte eine schriftliche Vollmacht einzureichen hat. Hierbei handelt es sich um eine vom Gericht von Amts wegen zu beachtende **Sachentscheidungsvoraussetzung**, deren Nichtbeachtung nach vorheriger gerichtlicher Warnung zur **Unzulässigkeit der Klage** führt.[2] Weitere Ausführungen zur Mandatsannahme siehe § 9 Rn. 2-12.

Wurde der Mandant bereits von einem anderen Anwalt vertreten, scheint diese Vertretungsvollmacht aber nicht mehr zu bestehen, ist zunächst mit dem Mandanten zu klären, ob das **Mandatsverhältnis ordnungsgemäß gekündigt** wurde. Im Zweifelsfall sollte der vorher mandatierte Anwalt angeschrieben werden und ihm gegenüber die Übernahme des Mandanten angezeigt werden. Sollte der Mandant keine Unterlagen aus seinem Verfahren eingereicht haben, kann es hilfreich sein, für einen ersten Überblick die Handakte des zuvor mandatierten Anwalts einzusehen. Dabei ist jedoch zu berücksichtigen, dass der Anwalt gem. § 50 Abs. 3 BRAO die Herausgabe der Handakte verweigern kann, solange er nicht wegen seiner Gebühren und Auslagen befriedigt ist.

III. Vorbereitung mündliche Verhandlung

Der Asylprozess ist in hohem Maße von der subjektiven Einschätzung des Gerichts abhängig. Dabei steht der Kläger im Zentrum der Beweiswürdigung. Den Angaben des Klägers und deren Glaubhaftigkeit sowie der Glaubwürdigkeit der Person kommt in aller Regel ausschlagge-

---

[1] Zu den umfassenden Voraussetzungen für ein § 87b- Frist für das Verwaltungsgericht siehe Bay. VGH, Beschl. v. 25.8.2006 – 1ZB 04.30718 – juris.
[2] BFH, Beschl. vom 12. Februar 1999 – III B 29/98 – juris.

§ 12 Beweisantrag im Asylprozess

bende Bedeutung für den Ausgang des Verfahrens zu. Angesichts dieser starken subjektiven auf die Beweiswürdigung zielenden Komponente des Asylverfahrens findet der Beweisantrag im Asylprozess oft nur wenig Beachtung. Dazu kommt, dass das Gericht im Asylprozess in der Regel auf eine Vielzahl von beigezogenen Erkenntnissen zu bestimmten Herkunftsländern zurückgreifen kann und dies auch Praxis ist. Der Beweisantrag wird meist mit den Erkenntnismitteln des Gerichts abgeglichen und lediglich dann als relevant erachtet, wenn er an neuen Erkenntnissen ansetzt.

6   Dennoch ist der Beweisantrag im Asylprozess von erheblicher, oft unterschätzter Bedeutung. **Strategisches Ziel** des Anwalts kann dabei sein, mit einem Beweisantrag das Signal auszusenden, dass ein **ernsthaftes Verfolgungsschicksal** vorliegt. Wesentliche Funktion des Beweisantrags im Asylprozess dürfte jedoch aus anwaltlicher Sicht sein, die Voraussetzungen für eine **Gehörsrüge** zu schaffen, um dadurch den Zugang zur nächsten Instanz zu ermöglichen. Es ist notwendig darauf hinzuweisen, dass im Asylprozess der Zugang zur Berufungsinstanz im Vergleich zum allgemeinen Verwaltungsprozessrecht weitaus beschränkter ist. Der Zulassungsgrund der ernstlichen Zweifel an der Richtigkeit des Urteils, wie im allgemeinen Verwaltungsprozess möglich (vgl. § 124 Abs. 2 Nr. 1 VwGO), ist im Asylprozess ausgeschlossen. Zwar besteht neben der Gehörsrüge noch die Möglichkeit der **Grundsatz- und Divergenzrüge** (vgl. § 78 Abs. 3 Nr. 1 u. 2 AsylG). Beide sind jedoch in der Regel für die Klägerseite weniger erfolgsträchtig.

7   Das Bundesverfassungsgericht hat in zahlreichen Entscheidungen darauf hingewiesen, dass ein Übergehen von Beweisanträgen ein Verfahrensverstoß darstellt. Art. 103 Abs. 1 GG gebietet die Berücksichtigung erheblicher Beweisanträge. Eine unrechtmäßige Zurückweisung eines Beweisantrags ist ein Verfahrensfehler im Sinne von § 78 Abs. 3 Nr. 3 AsylG in Verbindung mit § 138 Abs. 3 VwGO.[3] Dabei ist zu bedenken, dass das Verwaltungsgericht tatsächliches und rechtliches Vorbringen des Klägers zur Kenntnis zu nehmen, in Erwägung zu ziehen und in seiner Entscheidung zu verarbeiten hat. Es ist jedoch nicht gehalten, sich mit jedem Vorbringen in den Entscheidungsgründen ausdrücklich zu befassen.[4]

8   Ein Verstoß gegen Art. 103 GG liegt erst dann vor, wenn besondere Umstände deutlich ergeben, dass im Einzelfall das Vorbringen eines Beteiligten entweder überhaupt **nicht zur Kenntnis** genommen oder doch bei der Entscheidung **ersichtlich nicht erwogen** worden ist.[5] Anhand der Rechtsprechung des Bundesverfassungsgerichts sind bereits die engen Grenzen für einen erfolgreichen Beweisantrag im Asylprozess zu erkennen.

9   Auch wenn die persönliche Anhörung des Asylsuchenden im Verwaltungsverfahren das Fundament jedes Asylverfahrens ist,[6] ist in der anwaltlichen Praxis häufig erst die mündliche Verhandlung vor dem Verwaltungsgericht die entscheidende Phase des Asylprozesses. Denn für den Asylsuchenden besteht häufig vor der Asylantragstellung und der Anhörung keine Möglichkeit, anwaltlichen Rat einzuholen.[7] Dementsprechend ist die mündliche Verhandlung von erheblicher Bedeutung und muss daher umfassend und rechtzeitig vorbereitet werden. Dazu

---

3 BVerfG – 2 BvR 1245/84 – 8.5.1991 – juris; InfAuslR 1992, 63, 65.
4 BVerfGE 96, 205, 216.
5 BVerfGE 27, 248, 251.
6 BVerfG, Beschl. v. 2.7.1980 – 1 BvR 147/80 – juris.
7 Vgl. § 25 Abs. 4 AsylG: „Bei einem Ausländer, der verpflichtet ist, in einer Aufnahmeeinrichtung zu wohnen, soll die Anhörung in zeitlichem Zusammenhang mit der Asylantragstellung stattfinden. Einer besonderen Ladung des Ausländers oder seines Bevollmächtigten bedarf es nicht." Es ist davon auszugehen, dass dies auch bezweckt wird, um dem

ist es für den Anwalt notwendig, rechtzeitig vor der mündlichen Verhandlung mit der **Sachverhaltsermittlung** zu beginnen. Er muss zu diesem Zweck die **Akte einsehen** und insbesondere die **Anhörungsniederschrift** mit dem Mandanten besprechen. In aller Regel halten die Verwaltungsgerichte die Asylsuchenden an den dort festgehaltenen Angaben zu den Asylgründen fest und beurteilen auf dieser Grundlage spätere Äußerungen auf ihre Glaubhaftigkeit. Als wesentliche Vorprüfung ist zu klären, ob der Sachverhalt umfassend vorbereitet und geklärt ist. Es sollte so rechtzeitig damit begonnen werden, dass es nicht notwendig ist, in den Tagen vor der mündlichen Verhandlung Beweisanträge vorzubereiten. Denn häufig sind für das Stellen eines Beweisantrags weitere Ermittlungen notwendig.

Prinzipiell muss die Verhandlung so vorbereitet werden, dass der Klageerfolg nur noch von der **informatorischen Befragung** des Mandanten durch das Gericht abhängig ist. Die Glaubhaftigkeit des Vorbringens eines Asylsuchenden ist vor allem davon abhängig, ob dieses für das Gericht glaubhaft erscheint. Wenn es nur auf diese Einschätzung des Gerichts ankommt, verringern sich für den Anwalt die Möglichkeiten, das Gericht durch das Stellen von Beweisanträgen zu beeinflussen. Auf der anderen Seite liegt dem Gericht häufig eine Flut von Erkenntnissen in der Erkenntnisliste vor, weshalb es oftmals nicht einfach ist, eine entscheidungserhebliche Beweisfrage mit den Erkenntnismitteln des Gerichts eindeutig zu beantworten. Steuerungsmöglichkeiten bestehen für den Anwalt insoweit, als er durch die Beantragung eines Sachverständigengutachtens auf die Ermittlung des Sachverhalts Einfluss nehmen kann. Individuelle Tatsachen können mit dem Zeugenbeweis oder mit dem Urkundenbeweis aufgeklärt werden. Der Zeugenbeweis kann zum Beispiel von großer Bedeutung sein, wenn dem Asylsuchenden vom Bundesamt die Vorverfolgung nicht geglaubt wird und der Zeuge aus eigenem nicht vom Mandanten erlangtes Wissen zu Vorfluchttatbeständen bekunden kann. 10

Beweisanträgen kommt daher so große Bedeutung im Verwaltungsprozess zu, da durch sie der **Zugang zur nächsten Instanz** über die **Verletzung des rechtlichen Gehörs** ermöglicht wird, insbesondere dann, wenn die **Nichtberücksichtigung eines erheblichen Beweisangebots** im materiellen oder Prozessrecht keine Stütze findet.[8] 11

Die praktische Relevanz der Frage, ob die prozessrechtswidrige Ablehnung eines Beweisantrages eine Verletzung des Anspruchs auf Gewährung rechtlichen Gehörs darstellt, beruht darauf, dass nach der herrschenden Meinung nur die Gehörsverletzung, nicht aber jede andere Verletzung der gerichtlichen Sachaufklärungspflicht gem. § 78 Abs. 3 Nr. 3 AsylG iVm § 138 Nr. 3 VwGO die Zulassung der Berufung begründet.[9] 12

1. Verzicht auf mündliche Verhandlung

Gemäß § 101 Abs. 2 VwGO kann das Gericht **mit Einverständnis der Beteiligten** ohne mündliche Verhandlung entscheiden. Wird ein Beweisantrag vor oder zusammen mit dem Verzicht auf die mündliche Verhandlung gestellt, muss er nicht vorab entschieden werden. 13

Asylsuchenden keine Möglichkeit der Vorbereitung zu geben. Zu beachten ist jedoch Art. 5 Abs. 1 S. 2 RL 2003/9/EG (Aufnahmerichtlinie) wonach innerhalb einer angemessenen Frist von höchstens 15 Tagen nach Asylantragstellung dem Antragsteller Informationen über Rechtsbeistand gegeben werden müssen.

8 BVerfGE 50, 32, 36; 65, 305, 307; 69, 145, 48; BVerfG InfAuslR 1993, 349, 353 – st. Rspr.
9 Eine Aufklärungsrüge wird jedoch teilweise auch im Asylprozess für zulässig erachtet, wenn das Gericht Beweisanregungen oder schriftlich angekündigte Beweisanträge eines Beteiligten ohne Begründung ablehnt, vgl. *Höllein*, ZAR 1989, 109, 113.

14 Von einem Verzicht auf die mündliche Verhandlung ist dringend abzuraten, da insbesondere im Asylprozess in der mündlichen Verhandlung oftmals zum ersten Mal die Möglichkeit besteht, eine faire Anhörung durchzuführen.

2. Entscheidung durch Gerichtsbescheid

15 Ähnliches gilt für eine Entscheidung durch Gerichtsbescheid gem. § 84 VwGO. Ein schriftsätzlich angekündigter Beweisantrag, der nach Ankündigung des Gerichts per Gerichtsbescheid zu entscheiden, gestellt wird, löst keine Bescheidungspflicht aus, da der Beweisführer die mündliche Verhandlung beantragen kann (§ 84 Abs. 2 Nr. 4 VwGO). Der **Antrag auf Durchführung der mündlichen Verhandlung geht der Gehörsrüge vor**, da durch die Beantragung der mündlichen Verhandlung noch eine Möglichkeit besteht, rechtliches Gehör zu erhalten.[10]

IV. Vorbesprechung mit Mandanten

16 Vor der mündlichen Verhandlung ist es notwendig, auf der Grundlage der Akte – nach Akteneinsicht – diese mit dem Mandanten vorzubesprechen. Zunächst ist es wichtig, dass der Asylsuchende sämtliche Unterlagen, die er von seinem Asylverfahren hat, zum Anwalt mitbringt. Auch wenn der Mandant umfassend zu dem Verfahren berichten kann, ist es unbedingt erforderlich, den Akteninhalt zu erfahren. Da Mandanten häufig nicht rechtskundig sind, dürfen ihre Berichte über Verfahrensverlauf und Sachstand nicht ungeprüft übernommen werden.

17 Bevor mit dem Mandanten die mündliche Verhandlung vorbereitet werden kann, ist beim Verwaltungsgericht **Akteneinsicht** zu beantragen. Dies gilt auch, wenn der Mandant bereits einige der wesentlichen Unterlagen wie das Anhörungsprotokoll oder den Bescheid vorweisen kann, weil in der Akte auch die vorgelegten Dokumente des Mandanten (zB Ausweise) oder auch Erkenntnisse des Auswärtigen Amtes aufgeführt sind.

C. Muster

1. Antrag auf Akteneinsicht

a) Muster: Antrag auf Akteneinsicht

18 ▶ In dem Verwaltungsrechtsstreit

... / Bundesrepublik Deutschland

– VG ... –

wird unter Vorlage der anwaltlichen Vollmacht die Vertretung von ... angezeigt. Gegenüber dem bisherigen Verfahrensbevollmächtigten ist der Auftrag im Innenverhältnis beendet worden. Ich beantrage

Akteneinsicht.

Abschrift anbei.

...

Rechtsanwalt ◀

---

10 VGH Kassel, Beschl. vom 04. August 2000 – 12 UZ 2595/00 – juris.

b) Erläuterungen zum Muster: Antrag auf Akteneinsicht

Es gibt Verwaltungsgerichte, die die Gerichtsakte und die Beiakte nicht an den Rechtsanwalt übersenden wollen, sondern nur die **Akteneinsicht auf der Geschäftsstelle** anbieten. Eine Ausnahme wird dabei auch in Fällen gemacht, in denen dem Anwalt das Aufsuchen des Gerichts wegen des entfernten Sitzes der Kanzlei nicht zugemutet werden kann. Ein solches Verhalten des Gerichts muss nicht hingenommen werden, da der Anwalt als Organ der Rechtspflege durchaus vertrauenswürdig ist.[11] Dementsprechend kann mit folgendem Schriftsatz die Übersendung beantragt werden.

2. Antrag auf Akteneinsicht und -übersendung

a) Muster: Antrag auf Akteneinsicht und -übersendung

▶ In dem Verwaltungsrechtsstreit

– VG 1 ... –

habe ich Ihr Schreiben vom ... dankend erhalten, weise aber darauf hin, dass ich Akteneinsicht durch Aktenübersendung beantragt habe und Sie diesen Antrag nicht beschieden haben.

Ich bitte darum, mir die Akten nunmehr zur Einsichtnahme in meine Kanzleiräume zu übersenden. Ordnungsgemäße Aufbewahrung und unverzügliche Rücksendung stelle ich sicher.

Vorsorglich weise ich darauf hin, dass der Versand der Akten gemäß § 100 Abs. 2 S. 2 VwGO in Ihrem Ermessen steht. Im Hinblick auf Ihre Ermessensausübung bitte ich folgendes zu berücksichtigen:

Nach § 1 BRAO ist der Rechtsanwalt unabhängiges Organ der Rechtspflege ebenso wie die Gerichte und Staatsanwaltschaften. Diesen werden auf Anforderung die Akten durch das Gericht übersandt und diese werden nicht auf eine Akteneinsicht in den Räumen der Behörde verwiesen. Eine Ungleichbehandlung der Organe der Rechtspflege wäre willkürlich. Das Bundesverfassungsgericht führt zum Aktenversand an Bevollmächtigte im verwaltungsgerichtlichen Verfahren aus:

„Die Aktenüberlassung in die Geschäfts- oder Wohnräume hat in Verwaltungsstreitverfahren vor allem den Zweck, Chancengleichheit zwischen dem Prozessbevollmächtigten und der beteiligten staatlichen Stelle – ursprünglich zwischen Verteidiger und Staatsanwaltschaft in der als Vorbild dienenden Regelung von § 147 Abs. 4 StPO – herzustellen. Denn die Durchsicht der Akten auf der Geschäftsstelle kann nur bei sehr einfach gelagerten Sachverhalten zur Vorbereitung weiterer prozessualer Schritte genügen. Weitere Zwecke sind Arbeitserleichterung, Ermöglichung des Einsatzes von Hilfskräften und eigener bürotechnischer Hilfsmittel sowie Zeit- und Kostenersparnis. Das Recht auf ungestörte Akteneinsicht dient zugleich der Rechtspflege in deren Interesse eine gute Vorbereitung des Verfahrens durch die Prozessbevollmächtigten liegt. Bei der grundsätzlichen Beschränkung der Akteneinsicht auf den Ort >Gericht< handelt es sich daher um eine Ausnahmeregelung: ... . Der Gesetzgeber hat daher von dieser generellen Beschränkung die Rechtsanwälte ausgenommen. Er geht davon aus, dass die Rechtsanwälte aufgrund ihrer von gesetzlichen Pflichten geprägten Stellung innerhalb der Rechtspflege wegen des für sie geltenden Disziplinarrechts sowie der Aufsicht durch die Rechtsanwaltskammer im Umgang mit überlassenen Akten besonders zuverlässig sind." (BVerfG, Beschl. v. 12.2.1998, 1 BvR 272/97, AnwBl 1998, 410 f. = NVwZ 1998, 836).

---

[11] Anderes gilt dagegen für die Akteneinsicht im gerichtlichen Verfahren des vorläufigen Rechtsschutzes, bei dem gem. § 82 AsylG Akteneinsicht nur auf der Geschäftsstelle gewährt wird, es sei denn, es ist ausgeschlossen, dass sich das Verfahren dadurch verzögert (zur Wahrung des Rechts auf Akteneinsicht ist dabei jedoch gem. § 36 Abs. 2 S. 1 AsylG den Beteiligten mit dem Bescheid eine Kopie des Inhalts der Akte zu übermitteln).

Im Interesse einer sachgerechten und gewissenhaften Vorbereitung des asylrechtlichen Verfahrens und zur Vermeidung unnötiger Prozesse dürfte der Versand der Akte auch im Interesse des Gerichtes liegen.
Ihrer baldigen Rückantwort sehe ich entgegen.

...

Rechtsanwalt ◄

b) Erläuterungen zum Muster: Antrag auf Akteneinsicht und -übersendung

20 Akteneinsicht (zumeist bei Klageerhebung) ist auch dann noch **vor der mündlichen Verhandlung** zu nehmen, wenn eine anwaltliche Vertretung bereits im Asylverfahren bestanden hat, da die Gerichtsakte darauf zu untersuchen ist, ob sich ihr Hinweise entnehmen lassen auf das Vorgehen des Gerichts oder zusätzliche Informationen, die das Bundesamt eingeholt hat oder gewichtige Informationen, die dem Bundesamt vorliegen. Allerdings ist dabei zu bedenken, dass eine Aktenübersendung in die Kanzlei kurz vor der Verhandlung meist nicht gewährt wird.

21 Nach der Mandatsannahme und während des verwaltungsgerichtlichen Verfahrens, ist zunächst darauf zu achten, ob bezüglich der Ladung zur mündlichen Verhandlung durch das Gericht eine Frist gem. § 87 b VwGO gesetzt wurde. Dann gilt es, die Frist zu notieren und unverzüglich den Mandanten einzuladen, um das weitere Vorgehen zu besprechen.

22 Zur Vorbereitung der mündlichen Verhandlung ist der Mandant erneut auf die **Glaubhaftigkeit seiner Angaben** und auf die **Glaubwürdigkeit seiner Person** zu befragen (antizipierter Glaubwürdigkeitstest). Dazu ist ein weiterer Gesprächstermin mit dem Asylsuchenden auszumachen. Insbesondere, wenn das Mandat erst im verwaltungsgerichtlichen Verfahren erteilt wird, ist eine intensive Vorbesprechung mit dem Mandanten unumgänglich. Auch hierbei ist von anwaltlicher Seite darauf zu achten, dass ein Sprachmittler anwesend ist, dem auch das rechtliche Vokabular vertraut ist.[12] Ebenso ist darauf zu achten, dass keine Verwandten des Mandanten als Dolmetscher fungieren sollten, da sich dadurch der Mandant gehemmt fühlen könnte. Darüber hinaus übersetzen Verwandte den Gesprächsverlauf oft nicht wortgetreu, sondern filtern unbewusst aufgrund eigener Vorkenntnisse bestimmtes Wissen in die Antworten des Mandanten ein. Der Anwalt kann dies nicht bemerken und erhält dadurch nicht die für die weitere Entwicklung von Prozessstrategien unabdingbare Gewissheit, wie weit er sich auf die Erzählungen seines Mandanten einlassen kann. Da oftmals zwischen der Erstanhörung und der Vorbereitung auf die mündliche Verhandlung vor dem Verwaltungsgericht erhebliche Zeit verstreichen kann, ist es auch für den Asylsuchenden ratsam, sich die Erlebnisse noch einmal vor Augen zu führen.

23 Dabei ist daran zu denken, dass nur das zum Gegenstand eines Beweisantrags gemacht werden kann, was der Asylsuchende in der mündlichen Verhandlung von sich aus erwähnt. Insbesondere in Fällen in denen Folter oder traumatische Erlebnisse eine Rolle spielen, kann bereits die Vorbereitung schwierig sein, da der Anwalt kein Psychologe ist, der mögliche Reaktion vorhersehen kann. Auf der anderen Seite ist es unumgänglich, auch die traumatischen Erlebnisse anzusprechen und aufzuklären, um zu vermeiden, dass nicht besprochene Erlebnisse in der mündlichen Verhandlung zum ersten Mal zur Sprache kommen. Sollte der Asylsuchen-

---

12 Dies gilt selbst dann, wenn der Mandant bereits über Deutschkenntnisse verfügt, da das rechtliche Vokabular nicht vorauszusetzen ist.

de aufgrund seines Traumas in therapeutischer Behandlung sein, empfiehlt sich eine Absprache mit dem Therapeuten oder der Therapeutin. Denn Gerichte werten sehr häufig Vorbringen als gesteigert, wenn es erst sehr spät eingeführt wird oder keine genügende Erklärung dafür besteht.

Es ist empfehlenswert, in der Vorbesprechung der Verhandlung mit kritischem Blick das Vorbringen des Mandanten zu hinterfragen. Dabei sollte jedoch dem Asylsuchenden der **Zweck des Hinterfragens deutlich gemacht** werden. Wichtig ist auch für das kritische Hinterfragen des Vorbringens dem Mandanten zu erklären, dass dies zur Vorbereitung auf die Befragung des Gerichts dient, da ansonsten das Vertrauensverhältnis Schaden erleiden könnte, wenn nämlich der Mandant die Auffassung gewinnen sollte „sein Anwalt" glaube ihm nicht. 24

Da der Asylsuchende in der mündlichen Verhandlung alle wesentlichen Umstände und Tatsachen darlegen muss, ist der persönliche Vortrag durch den Asylsuchenden unverzichtbar. Weil es für die Beweisaufnahme stets auf die Entscheidungserheblichkeit der Beweistatsachen ankommt und diese substanziiert vorgetragen sein müssen ist das individuelle Sachvorbringen von größter Bedeutung. 25

Vorbereitung am Beispiel 1 (siehe Rn. 1): Bei der **Vorbesprechung der mündlichen Verhandlung** mit dem Mandanten ist zunächst anhand des **Anhörungsprotokolls** des Bundesamtes der **Geschehensablauf, der zur Flucht geführt hat,** zu rekonstruieren. Dabei ist das weitere Vorbringen im Laufe des Verfahrens zu berücksichtigen. Anhand dieser Unterlagen ist der Mandant zu befragen, um festzustellen, ob sich aus seinem Vorbringen **Änderungen oder Widersprüche** zu seinem ursprünglichen und weiterem Vorbringen ergeben. Dabei ist besondere Sorgfalt auf einen in sich stimmigen und dichten Vortrag über die individuellen Erlebnisse im Herkunftsland zu geben. Ergeben sich Widersprüche in dem vorbereitenden Gespräch zu den Ausführungen im Protokoll, sind diese sehr sorgfältig aufzuklären und zu recherchieren, wie diese Widersprüche entstanden sind und wie sie sich erklären lassen. 26

Es ist mit dem Mandanten zu erörtern und zu klären, wie seine Beteiligung an dem ersten Tschetschenienkrieg ausgesehen hat. Sollte er im Krieg Befehlsverantwortung gehabt haben und in seinem Verantwortungsbereich **Kriegsverbrechen oder Verbrechen gegen die Menschlichkeit** verübt worden sein, kann er von der Zuerkennung des Flüchtlingsschutzes gem. § 3 Abs. 1 AsylG nach § 3 Abs. 2 AsylG ausgeschlossen werden. Für den Ausschluss ist Voraussetzung, dass schwerwiegende Gründe die Annahme rechtfertigen, dass der Mandant ein Verbrechen gegen den Frieden, Kriegsverbrechen oder Verbrechen gegen die Menschlichkeit begangen hat. Dazu kann ausreichen, dass ihm ein solches Verbrechen infolge einer Unterstützungshandlung zugerechnet wird.[13] 27

Es ist wichtig, den Mandanten darauf aufmerksam zu machen, dass er in der mündlichen Verhandlung detailliert erläutern muss, wie viel Zeit verstrichen ist zwischen seiner Freilassung und seiner Flucht aus Tschetschenien. Das Bundesamt hat in dem Bescheid Zweifel an dem Zusammenhang von Verfolgung und Flucht geäußert. Nach dem Bundesverwaltungsgericht muss sich die Ausreise bei objektiver Betrachtung nach ihrem äußeren Erscheinungsbild als eine unter dem Druck erlittener Verfolgung stattfindende Flucht darstellen. In dieser Hinsicht kommt der zwischen Verfolgung und Ausreise verstrichenen Zeit maßgebliche Bedeu- 28

---

13 BVerwG, Urt. v. 19.11.2013 – 10 C 26/12 – juris.

tung zu.¹⁴ Grundsätzlich dürfte es zwar nicht schwer fallen, zu erklären, dass nach einer Haft eine Flucht ins Ausland organisiert werden muss und Zeit in Anspruch nimmt, jedoch sollten in Bezug auf diese Zeitspanne genauere Angaben über den zwischenzeitlichen Aufenthalt erfolgen.

29 Da das Bundesamt annimmt, dass sich durch das „Freikaufen" eines Häftlings in Tschetschenien zeigt, dass der **Verfolgerstaat kein Interesse an dem Asylsuchenden** mehr habe, ist genau zu erläutern, wie das „Freikaufen" gelungen ist. In der Regel geschieht dies, indem Gefängnispersonal bestochen wird, ohne dass daraus zwingend gefolgert werden kann, dass der Staat mangels Verfolgungsinteresse die Person entlässt. In der Regel ist davon auszugehen, dass außer dem Bestochenen niemand von dem „Freikauf" erfährt. Dieser tatsächliche Gesichtspunkt ist aufzuklären und gegebenenfalls zum Gegenstand eines Sachverständigenbeweises zu machen.

30 Der Hinweis, dass der Asylsuchende keine Verfolgung in Tschetschenien zu fürchten habe, da es Amnestieregelungen in der Russischen Föderation gebe, dürfte durch den Mandanten nicht erläutert zu werden brauchen, da es nicht sein eigenes Erleben betrifft und darüber hinaus immer Stichtagsregelungen bei Amnestien von tschetschenischen Kämpfern gegolten haben, weshalb der Mandant nicht mehr unter eine solche Regelung fallen dürfte.

31 Dem Hinweis des Bundesamtes, dass die Sicherheitskräfte kein Interesse an dem Mandanten gehabt hätten, da er sonst nicht hätte freigekauft werden können, kann entgegen gehalten werden, dass er im Widerspruch zu einer Entscheidung des Bundesverfassungsgerichts steht. Danach sind bei Folter, Misshandlungen und Haft bereits Anhaltspunkte für eine asylrelevante Verfolgung gegeben.¹⁵ Dementsprechend kann aufgrund der Indizwirkung der Folter und Misshandlung des Mandanten nicht ohne Weiteres davon ausgegangen werden, dass keine Verfolgung vorliegt.

D. Mündliche Verhandlung

32 Die mündliche Verhandlung ist **Ausfluss des rechtlichen Gehörs im Prozess**. Auch wenn Art. 103 Abs. 1 GG nicht ausnahmslos die Durchführung einer mündlichen Verhandlung erfordert, vermittelt es doch das Recht innerhalb einer mündlichen Verhandlung Gehör zu finden. Ebenso ist vom Schutzgedanken des Art. 103 GG umfasst, sich von einem rechtskundigen Prozessbevollmächtigten vertreten zu lassen.¹⁶

33 Die mündliche Verhandlung ist der beste Zeitpunkt, um dem Gericht zu verdeutlichen, dass das Asylgesuch zu Unrecht abgelehnt wurde. Es ist darauf hinzuweisen, dass in der Vorbereitung auf die mündliche Verhandlung, aber auch in der mündlichen Verhandlung selbst, auf die Sprachbarrieren zu achten ist. Zwar ist im gerichtlichen Verfahren gem. § 55 VwGO iVm § 185 GVG ein **Dolmetscher** hinzuzuziehen, wenn unter Beteiligung von Personen verhandelt wird, die der deutschen Sprache nicht mächtig sind. Auch wenn diese Vorschrift insbesondere im Asylprozess wichtig und notwendig ist, können dadurch nicht die strukturellen Probleme und Defizite vermieden oder kompensiert werden. Das Übersetzen einer mündlichen Verhandlung mit unterschiedlichen Beteiligten ist eine außergewöhnlich anspruchsvolle Aufgabe,

---

14 BVerwG, Beschl. vom 13. November 2003 – 1 B 260/03 – juris.
15 BVerfG, Beschl. v. 22.1.1999 – BvR 86/97.
16 BVerwG NVwZ 1989, 857, 858; BVerwG, Beschl. v. 22.1.1993 – 10 B 3/92 – juris.

die eine hohe Professionalität voraussetzt. **Fehler des Dolmetschers** oder **Missverständnisse** sind nur sehr **eingeschränkt korrigierbar** und können vom Anwalt während der Verhandlung zumeist auch mangels der erforderlichen Sprachkenntnisse nicht erkannt werden. Fehlerhafte oder unvollständige Übersetzungen sind in der Regel nicht nachzuweisen, sofern kein weiterer Dolmetscher der mündlichen Verhandlung beiwohnt. Nachträgliche Korrekturen oder Ergänzungen begegnen häufig dem Verdacht, sie dienten nicht der Richtigstellung, sondern der nachträglichen, wahrheitswidrigen Ergänzung des Vorbringens, um die Voraussetzungen des Asylanspruchs zu erfüllen.

Ein häufiges Problem kann darin bestehen, dass der Dolmetscher nicht den Dialekt oder Akzent des Asylsuchenden spricht. Daher sollte der Anwalt bereits vor der mündlichen Verhandlung den Asylsuchenden darauf aufmerksam gemacht haben, dass er dem Anwalt Bescheid geben soll, wenn die Kommunikation mit dem Dolmetscher nicht richtig funktioniert. Doch auch der Anwalt sollte von sich aus in der mündlichen Verhandlung zu Protokoll geben, wenn er Anhaltspunkte dafür sieht, dass Verständigungsschwierigkeiten zwischen Dolmetscher und Asylsuchendem bestehen.[17]

1. Fragerecht des Prozessbevollmächtigten

Die Basis für einen erfolgreichen Beweisantrag ist die mündliche Verhandlung. Auch wenn die Verhandlungsleitung durch den Vorsitzenden geschieht, besteht durch das Fragerecht in Verbindung mit dem Protokoll eine wirksame Möglichkeit aus Sicht des Anwalts, Einfluss auf den Verlauf der Verhandlung auszuüben.

Der Idealfall einer mündlichen Verhandlung im Asylprozess ist der einer konstruktiven Atmosphäre, in der der Vorsitzende bzw. Einzelrichter das gesamte Verfolgungsgeschehen noch einmal vollständig abhandelt. Der Anwalt wie auch der Vorsitzende kann dann in der Befragung des jeweils anderen intervenieren und Fragen stellen, wenn es sachdienlich und einvernehmlich geschieht. Aber auch dabei ist für den Anwalt darauf zu achten, dass der gesamte Sachverhalt durch den Mandanten dargestellt wird und nicht aus Freude über die gute Zusammenarbeit ein erheblicher Teil vergessen wird. Es kommt durchaus vor, dass der Vorsitzende einen freundlichen, konstruktiven Verhandlungsstil pflegt, das Urteil dann jedoch wenig flüchtlingsfreundlich ist (nach dem alten Richterspruch: Freundlich im Umgang, hart in der Entscheidung). Alle wesentlichen Ausführungen sind in das Protokoll aufzunehmen. Denn nur das Vorbringen des Asylsuchenden, das auch in der mündlichen Verhandlung abgegeben wird, kann zum Gegenstand eines Beweisantrags gemacht werden.

Wenn der Idealfall einer konstruktiven Atmosphäre nicht besteht, ist es notwendig, vom Fragerecht offensiv Gebrauch zu machen. Denn der Asylsuchende muss in der mündlichen Verhandlung sein individuelles Vorbringen möglichst widerspruchsfrei, lebensnah und stimmig darstellen. Durch das Zurückweisen einer Frage, kann auch das rechtliche Gehör eines Beteiligten verletzt werden und insoweit ein Verfahrensfehler vorliegen. Mitunter kommt es auch vor, dass Gerichte keine Befragung des Asylsuchenden in der mündlichen Verhandlung durchführen, weil sie davon ausgehen, dass eine ausreichende Tatsachenermittlung bereits im Rahmen des Asylverfahrens erfolgt ist. Eine solche Situation ist für den Anwalt konfliktträchtig,

---

17 Häufig werden Asylklagen mit der Begründung abgelehnt, dass die Angaben in der mündlichen Verhandlung im Vergleich zu denen beim Bundesamt erheblich gesteigert wären, selbst wenn Hinweise gegeben sind, dass Verständigungsschwierigkeiten zwischen Dolmetscher und Antragsteller bestanden.

da sich der Anwalt in der Regel sein Fragerecht erkämpfen muss, in dem er das Gericht um Genehmigung bittet.

38 Es gibt Gerichte, die gestatten **während ihrer Befragung keine Fragen durch den Anwalt**. Dies ist grundsätzlich zulässig. Haben sie dem Anwalt das Fragerecht erteilt, dürfen sie indes nicht mehr in die Befragung eingreifen, es sei denn sie lassen während ihrer Befragung ebenso einzelne anwaltliche Fragen zu. Das Gericht darf nicht die Befragung eines vollständigen Sachverhaltskomplexes durch das Stellen von Zwischenfragen unmöglich machen. In besonders extremen Fällen kann in einem solchen Fall ein Befangenheitsantrag gestellt werden. Ebenso ist es unzulässig, dem Anwalt kein Fragerecht zuzugestehen und über jede einzelne Frage per Beschluss über die Zulässigkeit zu entscheiden.

2. Reichweite des Fragerechts

39 In der **VwGO** ist das **Fragerecht nicht geregelt**. Dementsprechend ist in Bezug auf das Fragerecht wie im Beweisrecht auf die **entsprechenden Regelungen der StPO** zurückzugreifen.[18] Das bedeutet jedoch nicht, dass der Anwalt zu jedem Zeitpunkt der Verhandlung das Recht hat von seinem Fragerecht Gebrauch zu machen. Denn § 103 VwGO bestimmt, dass die Leitung der Verhandlung durch den Vorsitzenden erfolgt. Das in § 240 StPO statuierte Fragerecht gestattet dem Prozessbevollmächtigten, Fragen zu stellen. Obschon der Vorsitzende an keine Reihenfolge gebunden ist, ist es seine Aufgabe, sachdienliche Fragen zur rechten Zeit zuzulassen.[19] Wenn jedoch der Vorsitzende das Fragerecht eingeräumt hat, kann er es nicht ohne sachlichen Grund wieder entziehen, solange der Anwalt sein Recht sach- und prozessordnungsgemäß ausübt, da der Anwalt die Gelegenheit haben muss, seine Fragen im Zusammenhang zu stellen.[20]

40 In der asylrechtlichen Praxis ist es häufig der Fall, dass sich nach der Befragung durch den Vorsitzenden ein vollkommen anderes Bild vom Verfolgungsschicksal ergibt, als es sich in der Vorbereitung ergeben hat. Dementsprechend muss dann der Anwalt durch die Ausübung seines Fragerechts erneut den Themenkomplex erfragen dürfen, ohne dass es dabei zu einer Intervention des Vorsitzenden und zum Entzug des Fragerechts kommen darf. Das Bundesverwaltungsgericht hat festgestellt, dass die Befragung von Asylsuchenden mit erheblichen Problemen verbunden ist und diese von verschiedenen Stellen Hinweise erhalten, deren Bedeutung sie nicht verstehen und deren mögliche Auswirkungen sie nicht übersehen, von denen sie sich aber gleichwohl beeinflussen lassen.[21] Dementsprechend muss dem Anwalt das Recht zugestanden werden, **Tatsachenkomplexe**, die **bereits durch den Vorsitzenden abgehandelt** wurden, **erneut zur Sprache zu bringen** und durch Vorhalte an den Asylsuchenden aufgetretene Widersprüche und Ungereimtheiten auszuräumen. Dem Gericht ist es zwar durchaus möglich, verbliebene Widersprüche unter Hinweis auf die intellektuellen Fähigkeiten des Asylsuchenden als unerheblich zu werten.[22] Da eine solche Einschätzung jedoch in den Bereich der richterlichen Überzeugungsbildung fällt, kann der Prozessbevollmächtigte nur durch sachgerechte Fragen die tatsächliche Grundlage für die Überzeugungsbildung des Gerichts erarbei-

---

18 Vgl. BVerfG, Beschl. vom 18. Januar 1990 – 2 BvR 760/88 – juris; BVerwG DÖV 1983, 647; BVerwG DVBl 1983, 1001.
19 BGH NJW 1969, 437, 438.
20 OLG Hamm StV 1993, 462.
21 BVerwG, Beschl. vom 21. Juli 1989 – 9 B 239/89 – juris.
22 BVerwG, Beschl. vom 21. Juli 1989 – 9 B 239/89 – juris.

ten. Dabei ist jedoch zu beachten, dass die Beweiswürdigung des Gerichts nicht rügefähig ist, sondern nur der Weg dorthin.

Die Ausübung des Fragerechts hat in der Praxis ein bedeutendes Gewicht. Ist die Verhandlung jedoch von einem kooperativen Stil des Gerichts geprägt, kann das Fragerecht mitunter zurücktreten, da das Gericht in Zusammenarbeit mit den Beteiligten bereits die wesentliche Sachverhaltsermittlung vornimmt. Entsteht jedoch der Eindruck, dass die Sachverhaltsermittlung des Gerichts nur unzureichend ist oder ein Bild des Fluchtgeschehens entsteht, das nicht mit dem tatsächlichen Bild übereinstimmt, darf der Anwalt auch den Konflikt mit dem Gericht nicht scheuen. Dazu kann der Anwalt Themenkomplexe im Gesamtzusammenhang erneut erfragen, um so das tatsäcliche Geschehen zu ermitteln. Auch die Wiederholung von bereits gestellten Fragen ist dabei zulässig. Es ist das Recht des Anwalts Aussagen, die bereits in der mündlichen Verhandlung gemacht wurden, durch Vorhalte zu überprüfen. Dazu ist es nötig, die Vorhalte zu konkretisieren, da dann das Gericht eine Frage nicht mehr zurückweisen darf. Das Gericht kann in der Regel nur dann eine Frage zurückweisen, wenn sie nicht sachdienlich ist. Allerdings kann das Gericht die Sachdienlichkeit erst beurteilen, wenn es die Antwort gehört hat.[23] Insofern dürften die Möglichkeiten des Vorsitzenden, eine Frage zurückzuweisen, begrenzt sein. Die Zurückweisung einer Frage in einer solchen Situation dürfte darüber hinaus eine Verletzung des rechtlichen Gehörs darstellen. Eine Beschränkung der Aussage des Asylsuchenden auf Teilbereiche oder zu Fragen seines Bevollmächtigten beschneidet das Recht, Stellung zu verschiedenen Tatsachenkomplexen zu geben. 41

Auch in Anbetracht des **Amtsermittlungsgrundsatzes** und des Umstandes, dass das Gericht das Recht zu kennen hat, darf das Recht der Beteiligten, sich mit ihren eigenen Vorstellungen über die anzustellenden Ermittlungen und über die zu beantwortenden Fragen zu Wort zu melden, nicht beschnitten werden. Eine insoweit verständige und sachgerechte Prozessführung wird in vielen Asylverfahren ohne anwaltliche Hilfe nicht zu bewältigen sein.[24] 42

Da die Aussage des Asylsuchenden oftmals das einzige Beweismittel ist, kommt seinen Aussagen gesteigerte Bedeutung zu. Dementsprechend muss dem Rechtsanwalt ein effektives Fragerecht eingeräumt werden, das nicht prozessordnungswidrig eingeschränkt werden darf. 43

a) Zurückweisung von Fragen

Die Zurückweisung von Fragen durch den Vorsitzenden ist nur dann zulässig, sofern sie **ungeeignet sind oder nicht zur Sache gehören** (gem. § 240 Abs. 2 StPO). Ungeeignet sind Fragen, die in tatsächlicher Hinsicht nichts zur Wahrheitsfindung beitragen können oder aus rechtlichen Gründen nicht gestellt werden dürfen. Denkbar wäre beispielsweise, die einfache Wiederholung einer Frage ohne Erkenntnisgewinn als ungeeignet anzusehen. Aber auch dabei ist zu beachten, dass es zu den täglichen Erfahrungen des Gerichts gehört, dass bereits gemachte Aussagen nach Vorhalt bestimmter Umstände eingeschränkt und berichtigt werden.[25] 44

Selbst wenn der Anwalt einzelne unzulässige Fragen stellen sollte, rechtfertigt dies nicht ohne Weiteres, das Fragerecht insgesamt zu entziehen. Stellt der Anwalt neben einzelnen unzulässigen Fragen ebenfalls zulässige Fragen, ist die Entziehung nur zulässig, wenn aus dem Zusammenhang deutlich wird, dass der Fragesteller keine zulässigen Fragen mehr hat und er zuvor 45

---

23 BGH NStZ, 1984, 133, 134.
24 BVerfG, Besch. v. 19.1.1994 -2 BvR 2003/93 – juris.
25 BGH NStZ 1981, 71.

vom Gericht verwarnt worden ist. Die Entziehung des Fragerechts kann jedoch immer nur für bestimmte Abschnitte der Befragung gelten.[26]

46 Das Fragerecht muss auch die Möglichkeit umfassen, das **Erinnerungsbild des Klägers durch Fragen wieder wach zu rufen**, auch wenn die Frage für die Sachverhaltsaufklärung nicht in direkter Form relevant ist. Die Beurteilung, die das Gericht vornimmt, ob eine gestellte Frage für das Verfahren relevant ist, richtet sich dabei nicht nach dem Maßstab der Entscheidungserheblichkeit, der für die Ablehnung von Beweisanträgen nach § 244 Abs. 3 S. 2 StPO gilt. Denn das Gericht kann sich erst dann ein Urteil bezüglich der Frage bilden, wenn es die Antwort gehört hat.[27] Der Maßstab zur Beurteilung der Frage ist daher, ob die Frage zur Sachverhaltsaufklärung beitragen kann.

b) Funktion des Protokolls

47 Durch den umfassenden Gebrauch des Fragerechts soll das Ziel erreicht werden, ein **stimmiges Bild des Fluchtgeschehens** und der dazugehörenden Tatsachen herauszubilden. Dazu ist das Fragerecht ein wesentlicher Faktor. Sollte der Richter aufgrund der mündlichen Verhandlung zu einer anderen Wertung der Glaubhaftigkeit des Vortrags und der Glaubwürdigkeit des Asylsuchenden kommen, besteht die Gefahr, dass auch die Möglichkeiten der Berufung eingeschränkt sind, da es dann mitunter an der Entscheidungserheblichkeit beispielsweise einer Grundsatzberufung fehlen kann.[28] In einem solchen Fall kommt dem Protokoll der mündlichen Verhandlung entscheidungserhebliche Funktion zu. Denn durch das Fragerecht versucht der Anwalt, den Sachverhalt möglichst umfassend und widerspruchsfrei zu ermitteln. Es wäre jedoch nicht genug, wenn der Anwalt es hierbei bewenden lassen würde.

48 Die prozessuale Aufgabe des Anwalts ist es, falsche gerichtliche Ermittlungen und Bewertungen, die das Gericht bezüglich der Aussagen seines Mandanten machen könnte, zu antizipieren und mit geeigneten prozessualen Maßnahmen dagegen vorzugehen. Dabei handelt es sich um eine der schwierigsten Aufgaben des Anwalts im Prozess. Der Anwalt muss bereits im Verlauf der mündlichen Verhandlung jeweils die einzelnen **prozessualen Schritte bedenken und einleiten**, die **später der Gehörsrüge zum Erfolg verhelfen** können. Um die Möglichkeit einer Gehörsrüge zu schaffen, muss er darauf achten, dass entscheidungserhebliche Erklärungen des Mandanten und erhebliche Prozesshandlungen zu Protokoll genommen werden.

49 Zunächst muss der Anwalt dafür sorgen, dass die entscheidungserheblichen Angaben seines Mandanten vollständig, richtig und darüber hinaus auch **alle erheblichen Prozesshandlungen protokolliert** werden. Erst danach kann der Anwalt versuchen, mithilfe eines Beweisantrags, ungeklärte Tatsachenfragen aufzuklären. Viele Gerichte neigen dazu, in prozessordnungswidriger Weise, Beweisanträge pauschal wegen unglaubhafter Angaben des Asylsuchenden abzulehnen. Da jedoch die Kenntnisnahme und Beachtung der für die mündliche Verhandlung vorgeschriebenen Förmlichkeiten nur durch das Protokoll bewiesen werden kann (§ 105 VwGO iVm § 165 S. 1 ZPO), muss der Anwalt die Verletzung dieser Förmlichkeiten rügen und protokollieren lassen (§ 160 Abs. 4 S. 1 ZPO). Bei nicht vollständiger Protokollierung

---

26 BGH MDR 1973, 371, 372.
27 BGH NStZ 1984, 133, 134.
28 Dabei gilt jedoch die Einschränkung, dass nur die Unglaubhaftigkeit insgesamt die Zurückweisung des Beweisantrags rechtfertigt. Bezieht sich die Annahme des Gerichts darauf, dass ein Teil des Vorbringens unglaubhaft ist, wie zum Beispiel die Einreise, wäre die Ablehnung des Beweisantrags mit der Begründung der Unglaubhaftigkeit nicht gerechtfertigt.

der Angaben des Asylsuchenden ist zu bedenken, dass die spätere Beweiswürdigung unabhängig von den abgegebenen Erklärungen und Einlassungen erfolgen kann, weil der Anwalt deren Inhalt nicht belegen kann. Nur das Protokoll erbringt die Beweiskraft im Hinblick auf die tatsächlichen Äußerungen während der mündlichen Verhandlung (§ 165 ZPO). Auch wenn in der Regel die Gerichte meist vollständig die Angaben des Asylsuchenden während der mündlichen Verhandlung protokollieren, besteht dazu keine gesetzliche Verpflichtung.

Wie das Bundesverfassungsgericht betont hat, kommt der Aussage des Asylsuchenden als Zeuge in eigener Sache besondere Bedeutung zu[29] (anders als sonst im Prozessrecht). Das bedeutet jedoch nicht, dass ohne ausdrücklichen Hinweis die Angaben des Klägers protokolliert werden müssen. Grundsätzlich genügt die lapidare Formel, dass die Sach- und Rechtslage erörtert wurde. In der Regel wird der Kläger in der mündlichen Verhandlung nur informatorisch angehört, eine Parteivernehmung hat im Asylprozess nur subsidiäre Bedeutung. Für die Möglichkeit der **Zulassung der Berufung** bedeutet dies, dass der Anwalt insbesondere **darauf achten** muss, **welche Vorgänge und Äußerungen seines Mandanten in das Protokoll aufgenommen** werden müssen. Das Gericht kann hingegen auch solche Angaben dem Urteil zugrunde legen, die nicht protokolliert worden sind.[30]

c) Antrag auf Protokollierung

Um zu verhindern, dass der Zulassungsantrag mangels Darlegung der entsprechenden tatsächlichen Grundlagen für die Konkretisierung der Beweisfrage oder wegen fehlender Entscheidungserheblichkeit abgelehnt wird, muss der Anwalt deshalb überlegen, ob und in welchem Umfang er von seinem Recht Gebrauch macht, dass bestimmte Vorgänge oder Äußerungen des Mandanten sowie bedeutsame Prozesshandlungen in das Protokoll aufgenommen werden. Die Rechtsprechung zwingt den Anwalt dazu, die erforderlichen Anträge zu stellen, um alle aus seiner Sicht entscheidungserheblichen Angaben des Mandanten im Protokoll festzuhalten. Dementsprechend muss der Anwalt **stets beantragen**, dass die möglicherweise **entscheidungserheblichen Angaben** des Mandanten **protokolliert** werden. Der Antrag kann nur abgelehnt werden, wenn es auf die Äußerung nicht ankommt. Der zurückweisende Beschluss ist ins Protokoll aufzunehmen (§ 160 Abs. 4 S. 3 ZPO) und schriftlich zu begründen.[31] Folge ist, dass die Äußerung des Asylsuchenden, deren Protokollierung das Gericht abgelehnt hat, seiner Entscheidung nicht zugrunde gelegt werden darf. Denn was nicht entscheidungserheblich ist, kann die Klageabweisung nicht tragen. Wird es dennoch zur Grundlage der Abweisung herangezogen, kann die Gehörsrüge begründet sein. Da die Gerichte eine derartige schrittweise Erkämpfung der Vollständigkeit des Protokolls zumeist zu verhindern trachten, sollte in konfrontativen prozessualen Situationen der Antrag auf Parteivernehmung gestellt werden. In diesem Fall ist die Aussage des Asylsuchenden wortgetreu zu protokollieren.

E. Beweisantrag

I. Allgemeines

Nach der VwGO besteht für das Gericht die Pflicht, den **Sachverhalt** zu **erforschen** (vgl. § 86 Abs. 1 S. 1 VwGO). Das bedeutet, dass auch ohne Beweisantrag das Gericht die Pflicht hat,

---

29 BVerfGE 94, 166, 200.
30 OVG NW, Beschluss vom 20. April 1995 – 4 A 4913/94.A – juris.
31 OVG NW, Beschluss vom 20. April 1995 – 4 A 4913/94.A – juris.

den entscheidungserheblichen Sachverhalt aufzuklären. Dennoch muss ein in der mündlichen Verhandlung gestellter Beweisantrag Beachtung finden. § 86 Abs. 2 VwGO bestimmt, dass ein in der mündlichen Verhandlung gestellter Beweisantrag nur durch Gerichtsbeschluss abgelehnt werden kann und, dass dieser zu begründen ist. Dies ist Folge des Anspruchs auf rechtliches Gehör, da die Nichtberücksichtigung eines erheblichen Beweisantrags gegen Art. 103 Abs. 1 GG verstößt, wenn sie im Prozessrecht keine Stütze mehr findet.[32]

53 Jeder Beteiligte kann einen Beweisantrag stellen, so dass auch der Asylsuchende selbst einen Beweisantrag stellen könnte. Als Beweisantrag ist eine Willenserklärung des Beteiligten zu verstehen, dass das Gericht über eine bestimmte Tatsache (Beweisthema) mit einem bestimmten Beweismittel Beweis erhebt.[33]

54 **Beweisanträge** können grundsätzlich **nur auf Tatsachen**, nicht auf Rechtsfragen gerichtet sein.[34] Jedoch ist die Auslegung und Anwendung ausländischen Rechts durchaus des Beweises zugänglich, da dabei der Sachverhalt aufgeklärt werden soll und nicht reine Rechtsfragen behandelt werden.[35] Da der Beweisantrag in der VwGO nur in Ansätzen geregelt ist, ist nach der Rechtsprechung § 244 Abs. 3 und 4 StPO analog anzuwenden.[36]

55 Es ist darauf hinzuweisen, dass nach dem Bundesverwaltungsgericht die **Aufklärungspflicht** des Gerichts dort **endet**, wo die **Mitwirkungspflicht** der Prozessbeteiligten **beginnt** oder zumindest dann, wenn durch die Beteiligten keine weiteren tatsächlichen Anhaltspunkte für eine weitere Aufklärungspflicht genannt werden.[37] Das Bundesverfassungsgericht hat bezüglich der Aufklärungspflicht des Verwaltungsgerichts darauf hingewiesen, dass im Asylrechtsstreit grundsätzlich intensiver aufzuklären sei als in anderen Verfahren und sich dabei auf den verfassungsrechtlichen Prüfungsmaßstab, das Asylgrundrecht berufen hat.[38]

II. Förmliche Antragstellung in der mündlichen Verhandlung

56 Gemäß § 96 Abs. 1 S. 1 VwGO erhebt das Gericht Beweis in der mündlichen Verhandlung. Einen in der mündlichen Verhandlung gestellten Beweisantrag muss das Gericht, wenn es ihm nicht folgen will, durch Gerichtsbeschluss, der zu begründen ist, ablehnen (§ 86 Abs. 2 VwGO). Das bedeutet, dass ein **schriftsätzlich gestellter Beweisantrag** in der **mündlichen Verhandlung** förmlich **wiederholt** werden muss.[39] Zwar ist davon auszugehen, dass der Vorsitzende gem. § 86 Abs. 3 VwGO die Pflicht hat, darauf hinzuwirken, dass Formfehler nicht begangen werden und insofern nachzufragen hätte, wenn ein schriftsätzlich vorgetragener Beweisantrag in der mündlichen Verhandlung nicht gestellt wird. Bei anwaltlich vertretenen Klägern ist diese Hinweispflicht jedoch eingeschränkt.[40] Der anwaltlich vertretene Kläger verliert deshalb sein Rügerecht, wenn der Beweisantrag nicht in der mündlichen Verhandlung

---

32 BVerfGE 69, 145, 148, BVerfG, Beschl. v. 30.1.1985 – 1 BvR 1324/87.
33 *Leipold* in: Stein-Jonas, ZPO-Kommentar, § 284 Rn. 31.
34 BVerwG, Urt. v. 25.6.1986 – 6 C 98.83.
35 BVerwG, Beschluss vom 28. Juni 1990 – 9 B 15/90 – juris, Buchholz 402.25 § 1 AsylVfG Nr. 127 EzAR 610 Nr. 28; BVerfG AuAS1996, 3; DVBl 1996, 196–197; NVwZ 1996, Beilage 3, 19-20; BVerfG, Beschl. vom 27. Oktober 1995 – 2 BvR 384/95 – juris (betrifft die Frage wie das iranische Strafgesetzbuch im Sinne des Korans auszulegen ist, wozu das Auswärtige Amt nicht hinreichend sachverständig ist).
36 BVerwG InfAuslR 1983, 253; BVerwGE 71, 38.
37 BVerwG, Beschl. vom 26. Oktober 1989 – 9 B 405/89 – juris; BVerwG InfAuslR 1983, 76.
38 BVerfG, Beschl. vom 03. März 2000 – 2 BvR 39/98 – juris.
39 OVG Nds. 3.7.2006 – 5 LA 347/04.
40 BVerwG InfAuslR 1983, 328.

gestellt wird.⁴¹ Schriftsätzlich angekündigte Beweisanträge gelten prozessual als Beweisanregungen und sind vom Verwaltungsgericht im Rahmen seiner Aufklärungspflicht (§ 86 Abs. 1 VwGO) zu beachten. Die Aufklärungsrüge kann allerdings nur unter besonderen Voraussetzungen im Asylprozess als Gehörsrüge geltend gemacht werden.

Ein **Rügeverlust** tritt gleichfalls ein, wenn ein Beweisantrag ohne Begründung abgelehnt wurde und dies wiederum nicht in der mündlichen Verhandlung gerügt wurde.⁴² Denn daran schließt sich die Pflicht des Rechtsanwalts an, **Gegenvorstellung** zu erheben. Es verhält sich jedoch anders, wenn der schriftsätzlich angekündigte Antrag in der mündlichen Verhandlung nicht wiederholt wird, das Gericht sich jedoch in seinen Entscheidungsgründen mit dem Beweisantrag auseinandersetzt. In einem solchen Fall bleibt das Rügerecht gleichfalls erhalten.⁴³ 57

Es ist dringend darauf zu achten, dass der Beweisantrag, der in der mündlichen Verhandlung gestellt wird, protokolliert wird. Sollte der Antrag keine Aufnahme in das Protokoll finden, droht der Verlust des Rügerechts, da allein das **Protokoll** die **volle Beweiskraft des ordnungsgemäß gestellten Beweisantrags** erbringt.⁴⁴ Ist die Protokollierung unterblieben, ist die Protokollberichtigung zu beantragen, da nach § 105 VwGO iVm § 160 Abs. 3 Nr. 2 ZPO nur das Protokoll die volle Beweiskraft bezüglich der förmlichen Stellung des Beweisantrags bietet. 58

III. Keine hilfsweise Antragstellung

Nur wenn der Beweisantrag in der mündlichen Verhandlung unbedingt gestellt wird, muss der Antrag in der Verhandlung gem. § 86 Abs. 2 VwGO beschieden werden. Eine **hilfsweise Antragstellung** löst **keine förmliche Entscheidungspflicht** in der mündlichen Verhandlung aus. Ausreichend ist für diese ihre Würdigung in den Entscheidungsgründen des Urteils. Mit dem unbedingt gestellten Beweisantrag verfolgt der Antragsteller das Ziel, schon vor Erlass des Urteils die Auffassung des Gerichts über die Erheblichkeit eines Beweisthemas kennen zu lernen, um sich darauf für seinen Vortrag und möglicherweise weitere Beweisanträge und Prozesserklärungen einstellen zu können.⁴⁵ Um seine weiteren prozessualen Schritte zu überlegen, ist es von Bedeutung, die Einschätzung des Gerichts bezüglich der Beweiserhebung zu erfahren.⁴⁶ 59

Allerdings verliert der Beteiligte nicht notwendigerweise sein Rügerecht, wenn er den Beweisantrag nur hilfsweise stellt. Er verliere zwar die Vorteile des § 86 Abs. 2 VwGO, nicht jedoch in jedem Fall sein Rügerecht.⁴⁷ 60

Auch eine **Beweisanregung bedarf keiner Bescheidung**, da hierbei eine Entscheidung durch den Kläger nicht verlangt wird, sondern in das Ermessen des Gerichts gestellt wird. Jedoch ist eine Beweisanregung insoweit beachtlich, als sie sich auf entscheidungserhebliche Umstände bezieht. Dann muss sie im Rahmen des rechtlichen Gehörs vom Gericht zur Kenntnis genommen und berücksichtigt werden. Etwas anderes gilt in dem Fall, in dem das Gericht aus prozessökonomischen Gründen die hilfsweise Antragstellung anregt und zusichert, das Gericht 61

---

41 BVerwG, U. vom 27. Juli 1983 – 9 C 541/82 – juris.
42 Vgl. BVerwG, Beschl. v. 16.1.1980 – I B 528.79.
43 BVerwG, U. vom 21. November 1989 – 9 C 53/89 – juris.
44 BVerwGE 21, 184, 185; BVerwG, Beschl. v. 30.11.1976 – VII B 103.76.
45 *Dahm*, ZAR 2002, 229.
46 Dies gilt selbst für den Fall, dass der Richter aufgrund der fortgeschrittenen Zeit höflich darum bittet, den Antrag nur hilfsweise zu stellen.
47 Sächsisches OVG NJW 2005, 474.

werde – sofern es im Rahmen der Beratung zur Auffassung gelangen sollte, dass der geltend gemachte Klageanspruch nicht durchgreift- den Beweisantrag behandeln. Dann verlieren die Beteiligten ihr Rügerecht nicht. Eine derartige gerichtliche **Anregung** sollte aber **zwecks Nachweises protokolliert** werden. Zwar kann der darin liegende Gehörsverstoß grundsätzlich nur dann gerügt werden, wenn die Beteiligten darauf drängen, dass die Ablehnung des Beweisantrags in der Verhandlung vor Erlass des Urteils begründet wird.[48] Eine Ausnahme ist insoweit aus den genannten Gründen für die auf Anregung des Gerichts gestellten hilfsweisen Anträge zu machen. Dabei ist zu beachten, dass derartige Anregungen protokolliert werden müssen.

IV. Inhaltliche Anforderungen an den Beweisantrag

1. Substanziierung des Beweisantrags

62 Die **inhaltliche Anforderung** an den Beweisantrag ist die **hinreichende Substanziierung.** Nur ein Beweisantrag, der hinreichend substanziiert ist, löst die gerichtliche Bescheidungspflicht gem. § 86 Abs. 2 VwGO aus.[49] Das Gebot, ordnungsgemäß gestellten Beweisanträgen nachzugehen, greift ausnahmsweise dann nicht, wenn das das Asylbegehren stützende Vorbringen in sich so unschlüssig und widersprüchlich ist, dass ein sachliches Substrat für eine Beweiserhebung zu einzelnen Elementen des Vorbringens fehlt.[50] Neben dem schlüssigen Vorbringen sind daher dementsprechend im Beweisantrag die rechtlich erheblichen Beweistatsachen, die durch das Beweismittel zu erwarten sind, darzulegen, damit das Gericht in der Lage versetzt wird, die Tauglichkeit des Beweismittels zu beurteilen. Dabei muss klar sein, auf welche Tatsachen es sich in Bezug auf das Beweismittel bezieht.

63 Zweck des Konkretisierungserfordernisses der Beweistatsache ist, dass das Gericht vor einer Beweiserhebung prüfen muss, ob die **Tatsachen erheblich** sind oder ob in Bezug auf sie **Ablehnungsgründe** bestehen. Die konkrete Benennung von Tatsachen dürfte dem Anwalt nur dann schwer fallen, wenn er selbst den Sachverhalt noch nicht genügend durchdrungen hat. Aufgrund der Mitwirkungspflichten des Klägers wäre es unzulässig, Beweistatsachen zu nennen, die das Gericht noch erforschen müsste.[51]

64 Voraussetzung für die **genügende Substanziierung** ist, dass die Beweistatsachen **individualisierbar und konkret** sind. Sie müssen sich erkennbar auf den Asylsuchenden beziehen. So ist beispielsweise bei einem Beweisantrag auf Vernehmung eines Zeugen im Einzelnen darzulegen, welche Bekundungen über konkrete Wahrnehmungen von dem Zeugen zu erwarten sind, so dass das Gericht in die Lage versetzt wird, die Tauglichkeit des Beweismittels zu beurteilen. Es genügt nicht, bei Angabe des Beweisthemas lediglich die Tatbestandsvoraussetzungen für die Anerkennung als Asylberechtigter zu wiederholen und damit eine Beweisaufnahme anzustreben, die, nach Einschätzung des Bundesverwaltungsgerichts letztlich nur zu einer Verzögerung des Verfahrens führen würde.[52] Auf der anderen Seite ist es für ein Gericht unzulässig, einen Beweisantrag mit der Begründung abzulehnen, die behauptete oder unter

---

[48] BVerwG NVwZ 1989, 555.
[49] BVerfG, Beschl. v. 8.5.1991 – 2 BvR 1245/84.
[50] BVerwG, Beschl. vom 26. Oktober 1989 – 9 B 405/89 – juris; BVerwG, Beschl. v. 9.9.1997 – 9 B 412/97.
[51] BVerwG NVwZ-RR 1991, 118.
[52] BVerwG, U. vom 08. Februar 1983 – 9 C 598/82 – juris.

Beweis gestellte Tatsache wäre unwahrscheinlich.[53] **Untauglich** wäre ein Beweisantrag etwa dann, wenn beispielsweise die Vernehmung eines Zeugen beantragt wird, allein zu Tatsachen aus dem Lebensbereich des Klägers selbst.[54]

Ohne die Konkretisierung des Beweisthemas wird **keine Pflicht** des Gerichts **zur Beweiserhebung** ausgelöst. Zwar gelten bei dem Antrag, ein Sachverständigengutachten zu einem bestimmten Thema zu erheben, im Vergleich zum Zeugenbeweis geringere Anforderungen an die Substanziierungspflicht – dort gilt lediglich eine summarische Bezeichnung der zu begutachtenden Punkte. Völlig pauschale Angaben genügen dazu jedoch nicht. Der Antrag muss wenigstens Inhalt und Ziel der vom Gutachter zu beantwortenden Fragen hervortreten lassen, um dem Tatsachengericht überhaupt Überlegungen zu ermöglichen, ob Punkte vorliegen, die – aus seiner materiellrechtlichen Sicht – der Klärung durch ein Gutachten bedürfen.[55] 65

Ausgeschlossen ist insbesondere, dass das Gericht sich für die Annahme nicht ausreichender Substanziierung der Verfolgung mit bloßen **„Zweifeln" an der Glaubwürdigkeit** des Klägers begnügt. Solchen Zweifeln ist vielmehr – sofern nicht gerade das unter Beweis gestellte Sachvortragselement unschlüssig ist – durch Beweiserhebung nachzugehen.[56] Ebenso verletzt die Ablehnung des Beweisantrags als nicht glaubhaft gemacht in der Regel das Recht auf Gehör, da bei Zweifeln gerade eine Beweiserhebung zur Klärung beitragen soll[57] und Glaubhaftmachung der Maßstab für das Endurteil, nicht aber für den Beweisbeschluss ist, so dass eine derartige Begründung das Verbot der Beweisantizipation verletzt. 66

Zur **Schlüssigkeit des Vorbringens** gehört, dass der Beteiligte einen Sachvortrag schildert, der zusammenhängend und in sich stimmig, im Wesentlichen widerspruchsfrei ist. Nach dem Bundesverwaltungsgericht muss ein Verwaltungsgericht nicht in die Beweiserhebung eintreten, wenn ein solcher Sachvortrag nicht gegeben ist, da ansonsten das Klagevorbringen seinem Inhalt nach keinen Anlass gebe, einer hieraus abgeleiteten Verfolgungsgefahr näher nachzugehen.[58] Der Ablehnungsgrund des unschlüssigen, nicht widerspruchsfreien Vortrags ist jedoch nach dem Bundesverwaltungsgericht restriktiv anzuwenden. In dem durch das Bundesverwaltungsgericht entschiedenen Fall hatte der Kläger selbst den wesentlichen Grund für seine Verfolgung bestritten. Daher war nicht zu erkennen, auf welche Verfolgungstatbestände er sich überhaupt berufen wollte.[59] 67

2. Unzulässigkeit des Ausforschungsbeweis und Beweisermittlungsantrag

Ein Beweisantrag kann vom Verwaltungsgericht abgelehnt werden, wenn er lediglich auf die **Ausforschung bestimmter Tatsachen** gerichtet ist. Um einen Ausforschungsantrag handelt es sich dann, wenn **willkürliche, aus der Luft gegriffene Behauptungen** aufgestellt werden, für die es keine tatsächlichen Anhaltspunkte gibt oder wenn Behauptungen aufgestellt werden, für deren Wahrheitsgehalt nicht wenigstens eine gewisse Wahrscheinlichkeit spricht. Es muss sich dabei um Behauptungen handeln, die aufs Geratewohl gemacht, gleichsam „ins Blaue" aufgestellt werden, mit anderen Worten aus der Luft gegriffen sind und sich deshalb als 68

---
53 BVerwG, U. vom 08. Februar 1983 – 9 C 598/82 – juris.
54 BVerwG, U. vom 08. Februar 1983 – 9 C 598/82 – juris.
55 BVerwG, U. vom 16. Oktober 1984 – 9 C 558/82 – juris.
56 BVerfG, Beschl. v. 27.2.1990 – 2 BvR 186/89.
57 BVerfG InfAuslR 1990, 199.
58 BVerwG, Beschluss vom 26. Oktober 1989 – 9 B 405/89 – juris.
59 BVerwG, Beschl. vom 26. Oktober 1989 – 9 B 405/89 – juris.

Rechtsmissbrauch darstellen.⁶⁰ Bei der Annahme von Willkür ist jedoch Zurückhaltung angebracht, wobei diese in der Regel nur bei Fehlen jeglicher Anhaltspunkte gegeben sind und deshalb auf die Fälle zu begrenzen sind, in denen der Beweisantrag darauf abzielt, sich durch willkürliche Behauptungen Beweistatsachen oder Beweismittel durch Nachforschungen zu beschaffen, um sie anschließend im Verfahren zu benutzen. Beispielsweise dürfte nicht als Ausforschungsbeweise gewertet werden, wenn bei einem Antrag auf Zeugenbeweis, nur der Name des Zeugen bekannt ist, nicht jedoch seine genaue Anschrift. Ausreichend ist, wenn sichergestellt ist, dass die Person kontaktiert werden kann. Ebenso wenig dürfte es sich um einen Beweisermittlungsantrag handeln, wenn sich der Antrag nicht auf konkrete, den Kläger betreffende Prognosetatsachen bezieht, sondern unter substanziierter Angabe konkreter Referenzfälle eine Gefährdung abgeschobener Asylsuchender darlegt.⁶¹

3. Asylspezifische Besonderheiten der Substanziierungspflicht

69 Für den Beweisantrag im Asylprozess gibt es keine feste Dogmatik. Grundsätzlich ist von der Grundannahme auszugehen, dass ein ordnungsgemäßer Beweisantrag sich aus **Beweisthema** und **Beweismittel** zusammensetzt. Der Asylprozess hat eine Besonderheit, da es für den Asylsuchenden generell schwierig ist, Beweise, die seine Verfolgung belegen, beizubringen, da bei der Flucht in der Regel keine Gelegenheit besteht, bereits das Asylverfahren vorzubereiten.

70 Insbesondere ist es schwierig, Beweismittel in Bezug auf **allgemeine Zusammenhänge** über die **politischen und rechtlichen Verhältnisse** in seiner Heimat zu beschaffen. Auf der anderen Seite besteht, wie oben beschrieben, das Problem, dass es nicht ausreicht, einen Beweisantrag mit dem Hinweis auf allgemeine Tatsachen zu erheben. Die Beweisnot des Asylsuchenden im Asylprozess führt dazu, dass bei Beweisanträgen zur Aufklärung der allgemeinen Verhältnisse im Herkunftsland besonders große Zurückhaltung des Gerichts im Hinblick auf den Einwand des unzulässigen Beweisermittlungsantrags geboten ist. Denn für die Darlegung allgemeiner Tatsachen im Herkunftsland des Asylsuchenden verlangt das BVerwG nicht einen lückenlosen, also schlüssigen Tatsachenvortrag im Sinne der zivilprozessualen Verhandlungsmaxime. Gefordert werden kann lediglich, damit zu weiteren Ermittlungen Anlass besteht, dass der Tatsachenvortrag die nicht entfernt liegende Möglichkeit ergibt, dass Verfolgung droht.⁶² Es ist daher ausreichend, wenn der Beweisantrag substanziiert beachtliche Gründe für das Vorliegen der Beweistatsache benennt, ohne diese aber als sicher zu behaupten.

71 Nicht ausreichend ist hingegen, wenn ein Zeuge benannt wird, der zu Handlungen vernommen werden soll, die er selbst nicht erlebt hat, da er sich an einem anderen Ort befunden hat, wenn im Beweisantrag nicht dargelegt wird, wie der Zeuge Kenntnis von den Handlungen erlangt hat. Ist nicht plausibel, warum der Zeuge Kenntnisse haben soll, handelt es sich um einen Beweisermittlungsantrag.⁶³ Ein bloßer Beweisermittlungsantrag liegt aber nicht bereits dann vor, wenn der Asylsuchende entsprechend seiner strengen Darlegungspflicht die seine Verfolgungsfurcht begründenden individuellen Tatsachen und Umstände dargelegt hat und das Verwaltungsgericht diese für unwahrscheinlich ansieht, weil diese seiner Ansicht nach durch die Erkenntnisse nicht getragen werden. Hier ist das **Rechtsgespräch** zu suchen und das

---

60 BGH NJW 1991, 2707, 2709.
61 VGH BW, Beschl. v. 14.1.1997 – A 13 S 2325/96, AuAS 1997, 127, 128.
62 BVerwG InfAuslR 1982, 156.
63 BVerwG, Beschl. v. 20. Juli 1998 – 9 B 10/98 – juris.

Verwaltungsgericht zu veranlassen, die entsprechenden Erkenntnismittel einzuführen. Ergibt sich aus den Erkenntnismitteln nicht zuverlässig, dass die allgemeinen Verhältnisse dem Sachvorbringen entgegenstehen, ist dem Beweisantrag nachzugehen oder sind die entsprechenden Angaben als wahr zu unterstellen.

Insgesamt ist darauf zu achten, dass zwischen den unterschiedlichen Darlegungslasten und Beweisanforderungen differenziert wird. Eine **strenge Darlegungslast** trifft den Asylsuchenden für die Tatsachen, die seiner **individuellen Erlebnissphäre** entstammen. Für **allgemeine Prognosetatsachen** muss er lediglich Tatsachen und Umstände angeben, die seine **Verfolgung** als **möglich** erscheinen lassen. Diese Unterscheidung ist von erheblicher Bedeutung, da sie in der Praxis von Gerichten häufig nicht beachtet werden. So besteht keine Beweisregel, dass widersprüchlicher Vortrag bereits als solcher zur Unglaubwürdigkeit des Asylbewerbers führt.[64]

Zumeist wird der Anwalt in der mündlichen Verhandlung durch das Verwaltungsgericht im Unklaren gelassen, ob das Gericht dem Vortrag des Asylsuchenden folgt oder ob es Widersprüche im Vortrag erkennt. Daher sollte der Anwalt das **Rechtsgespräch** mit dem Gericht suchen. Ergibt sich daraus, dass das Verwaltungsgericht aufgrund seiner Kenntnis der allgemeinen Verhältnisse im Herkunftsland des Asylsuchenden den individuellen Vortrag des Asylsuchenden für unglaubhaft hält, sind die Erkenntnismittel im Einzelnen konkret und einzelfallbezogen zu erörtern. Gegebenenfalls ist darüber hinaus die Einholung eines weiteren Sachverständigengutachtens zu beantragen. Ist die Erkenntnislage in einem bestimmten Punkt unklar, reicht es aus, wenn dargelegt wird, dass das mit der Beweisfrage zur Aufklärung gestellte Geschehen möglich ist. Lehnt das Verwaltungsgericht den Beweisantrag ab, weil es die individuellen Angaben des Asylsuchenden für unauflösbar widersprüchlich ansieht, sind im Rahmen der anschließenden Gegenvorstellung die einzelnen Begründungselemente zu behandeln und ist gegebenenfalls darzulegen, dass im Hinblick auf bestimmte Begründungselemente die Darlegungslast hinsichtlich der allgemeinen Verhältnisse überspannt worden und das Verwaltungsgericht deshalb zu falschen Schlüssen in Ansehung der vorgetragenen individuellen Angaben des Asylsuchenden gekommen ist. Anschließend ist dann durch einen weiteren Beweisantrag zur Aufklärung der entsprechenden Beweistatsache zu versuchen, den falschen Schlüssen entgegenzuwirken.

4. Muster zu Beispiel 1 (siehe Rn. 1): Beweisantrag auf Einholung eines Sachverständigengutachtens

▶ ...

Es wird beantragt,

zum Beweis der Tatsache, dass Personen, die, wie der Kläger, auf Seiten des tschetschenischen Widerstands während des zweiten Tschetschenienkrieges gegen russisches Militär und russische Sicherheitskräfte mit Waffengewalt gekämpft haben, für den Fall der Rückkehr nach Russland deshalb mit überwiegender Wahrscheinlichkeit Inhaftierung oder vergleichbare Repressalien zu befürchten haben, eine Auskunft von amnesty international und der Gesellschaft für bedrohte Völker einzuholen.

Der Kläger hat, wie in der mündlichen Verhandlung ausgeführt, auf Seiten der tschetschenischen Truppen während des zweiten Tschetschenienkrieges gekämpft. Dabei hat er detailliert geschildert,

---

64 OVG M-V, U. v. 13. April 2000 – 3 L 51/99 – juris.

wie er in der Gruppe unter dem Kommandeur ... seine Heimat verteidigt hat und dabei Kampfgefährten durch russische Sicherheitskräfte gefangen genommen wurden.

Die Beweistatsache ist nicht bereits erwiesen, denn in den Erkenntnismitteln wird nur im Allgemeinen festgestellt, dass sich aus einem Engagement in der Tschetschenienfrage eine Rückkehrgefährdung ergeben kann. Die Erkenntnismittel, insbesondere die amtlichen Auskünfte verhalten sich zu der Beweistatsache sehr allgemein und enthalten zur Bewertung des konkreten Klägervorbringens keine hinreichend zuverlässigen Aussagen. Damit fehlt dem Verwaltungsgericht die eigene Sachkunde, um die Beweisfrage beantworten zu können. Darüber hinaus werden Berichte einer russischen Menschenrechtsorganisation beigelegt, in denen von besonderen Bemühungen der russischen Sicherheitskräfte berichtet wird, Personen zu finden, die auf Seiten des tschetschenischen Widerstandes gekämpft haben. Die Beweistatsache ist auch entscheidungserheblich, da die Gefahr der Inhaftierung oder vergleichbare Repressalien anerkanntermaßen rechtserheblich sind.

...

Rechtsanwalt ◀

5. Muster zu Beispiel 2 (siehe Rn. 1): Beweisantrag auf Einholung eines Sachverständigengutachtens wegen PTBS

▶ ...

Es wird beantragt,

durch Einholung eines psychologischen/psychiatrischen Gutachtens zu klären, dass der Kläger

1. an einer posttraumatischen Belastungsstörung leidet und
2. durch diese Erkrankung eine naheliegende und konkrete Suizidgefahr für den Kläger sowie eine erweiterte Suizidgefahr besteht sowie
3. seine Erkrankung mit hoher Wahrscheinlichkeit durch Folterungen entstanden sind.

Begründung:

In Bezug auf die Erkrankung des Klägers an einer posttraumatischen Belastungsstörung wurden Stellungnahmen vom ... und vom ... von zwei Therapeuten vom Psychosozialen Zentrum eingereicht. Die erste Stellungnahme wurde aufgrund von drei diagnostischen Sitzungen von jeweils 3,5 Stunden durchgeführt. Dabei wurde festgestellt, dass der Kläger an einer schweren, chronifizierten posttraumatischen Belastungsstörung leidet. In einer weiteren Stellungnahme wird umfassend zur Glaubhaftigkeit der Darstellungen des Klägers vorgetragen. Die Glaubhaftigkeit der Darstellungen wird als sehr hoch eingeschätzt. Dies wird an den Kriterien Detailreichtum, Kongruenz, Konstanz sowie Verhaltensweisen und Begleiterscheinungen (starke Unruhe und Zittern, Übelkeit und starke körperliche Schmerzen während und nach dem Erzählen der Folterungen) dargelegt.

Dazu wird weiter ausgeführt (vgl. S. ...): „Die Beobachtungen des Therapeuten und die Angaben des Klienten hinsichtlich der Schwere der Symptomatik stimmen überein. Die Änderungen im Behandlungszeitraum entsprechen der klinischen Erwartungswahrscheinlichkeit und müssen als Hinweis auf die Echtheit der Störung gedeutet werden. Es ergeben sich daher keine gravierenden Einwände gegen die Echtheit der Störung. Bei Herrn Y liegt demnach eine traumabedingte Erkrankung vor, die nach unserem Ermessen mit an Sicherheit grenzender Wahrscheinlichkeit auf die geschilderten Folterungen seiner Person zurückzuführen sind. Es ergeben sich keine Hinweise auf eine herabgesetzte Validität der explorierten Darstellungen."

...

Rechtsanwalt ◀

Erläuterungen zur Darlegung PTBS: Soll ein Sachverständigengutachten hinsichtlich des Bestehens einer PTBS eingeholt werden, ist regelmäßig die Vorlage eines gewissen Mindestanforderungen genügenden fachärztlichen Attestes erforderlich, aus dem sich nachvollziehbar ergeben muss, auf welcher Grundlage der Facharzt seine Diagnose gestellt hat und wie sich die Krankheit im Einzelnen darstellt. Dazu gehören etwa Angaben darüber, seit wann und wie häufig sich der Patient in ärztlicher Behandlung befunden hat und ob die von ihm geschilderten Beschwerden durch die erhobenen Befunde bestätigt werden. Weiter sollte das Attest Aufschluss über die Schwere der Krankheit, deren Behandlungsbedürftigkeit sowie den bisherigen Behandlungsverlauf (Medikation und Therapie) ergeben.[65]

6. Muster zu Beispiel 3 (siehe Rn. 1): Beweisantrag auf Auskunft Auswärtige Amt

▶ ...

Es wird beantragt,

zum Beweis der Tatsache, dass der Kläger ein Journalist ist, der in der Türkei für die Zeitung X. arbeitet und von Sicherheitskräften in Mardi festgesetzt wurde und dort gefangen gehalten wurde und gegen den wegen Terrorismus ermittelt und gesucht wird, eine Auskunft des Auswärtigen Amtes einzuholen.

Es besteht aufgrund der vom Kläger geschilderten Tatsachen sowie aufgrund der Tatsache, dass die türkischen Sicherheitskräfte noch im März ...20... bei den Eltern des Klägers sich nach dessen Aufenthaltsort erkundigten, Grund zu der Annahme, dass der Kläger in der Türkei per Haftbefehl oder Fahndungsausschreibung gesucht wird. Aus dem Lagebericht des Auswärtigen Amtes ergibt sich, dass Rückkehrer, wenn sie abgeschoben wurden, nach Ankunft in der Türkei einer Routinekontrolle unterzogen werden, die einen Abgleich mit dem Fahndungsregister nach strafrechtlich relevanten Umständen und eine eingehende Befragung beinhalten kann. Das Beweismittel ist entscheidungserheblich, da sich bei Bestätigung der Beweistatsache ergibt, dass dem Kläger bei seiner Rückkehr (erneute) Verfolgungsmaßnahmen bzw. Verhaftung drohen.

Rechtsanwalt ◀

Erläuterungen zu Auskünften des Auswärtigen Amtes: Auskünfte des Auswärtigen Amtes sind keine Sachverständigengutachten, sondern selbstständige Beweismittel, die im Wege des Freibeweises vom Gericht verwertet werden können.[66] Die Regelungen über die Einholungen von Sachverständigengutachten sind daher nicht unmittelbar auf sie anwendbar. Eine Erläuterung von schriftlichen Auskünfte durch den Verfasser wäre daher von den Beteiligten in der mündlichen Verhandlung nicht zu verlangen.[67] Auskünfte, die in einem anderen Rechtsstreit verwendet wurden, können im Wege des Urkundenbeweises verwertet werden.[68] Bei der Sachverhaltsermittlung im Herkunftsland ist jedoch darauf zu achten, dass es zu keiner unkontrollierten und unumkehrbaren Preisgabe sensibler Informationen aus der Intimsphäre an

---

65 BVerwG, Urt. v. 11.9.2007 – 10 C 8.07, NVwZ 2008, 330-333; InfAuslR 2008, 142–147.
66 BVerwG, Beschl. vom 09. März 1984 – 9 B 922/81 – juris.
67 BVerwG, U. vom 22. Januar 1985 – 9 C 52/83 – jurisf.
68 BVerwG, Beschl. vom 31. Juli 1985 – 9 B 71/85 – juris.

beliebige Dritte kommt. Andernfalls ist die Sachverhaltsermittlung unverhältnismäßig und verletzt das Recht auf informationelle Selbstbestimmung.[69]

V. Fehlerquellen beim Beweisantrag im Asylprozess

1. Kurzfristige Vorbereitung des Beweisantrags / Widersprüchlicher Vortrag und Erheblichkeit

77 Das Gericht kann einen Beweisantrag ablehnen, wenn es die Angaben des Asylsuchenden für nicht glaubhaft hält, da es dann auf die unter Beweis gestellte Tatsache nicht ankommt.[70] Die Gründe, die zur fehlenden Glaubhaftigkeit des Vorbringens herangezogen werden, müssen sich jedoch auf den **Kern des Vorbringens** stützen und die Widersprüche müssen so erheblich sein, dass sie auch nicht durch die angebotene Beweiserhebung ausgeräumt werden können. Dementsprechend ist bei einem Beweisantrag darauf zu achten, dass die **tatsächliche Grundlage** für den Beweisantrag **aufgeklärt** ist, das heißt, der Rechtsanwalt muss die auf die Glaubhaftigkeit der in der mündlichen Verhandlungen gemachten Angaben des Mandanten geachtet und gegebenenfalls durch **Ausübung des Fragerechts Unstimmigkeiten und Unzulänglichkeiten ausgeräumt** haben und das **Rechtsgespräch** mit dem Gericht gesucht haben, um herauszufinden, ob das Gericht den Sachverhalt für ausreichend aufgeklärt hält. Für ein mögliches Zulassungsverfahren ist dabei darauf zu achten, dass die Erörterungen mit dem Gericht **protokolliert** worden sind.

2. Erkenntnismittelliste

78 Die Erkenntnismittelliste ist für die erfolgreiche **Beantragung der Einholung eines Sachverständigengutachtens** von großer Bedeutung. Insbesondere dann, wenn die Erkenntnismittelliste aus kaum zählbaren Gutachten und Auskünften besteht, ist die Gefahr groß, dass sich der Anwalt nicht die Mühe macht, sich die beim Gericht gelagerten Erkenntnisse näher anzuschauen. Zwar ist es in der mündlichen Verhandlung noch möglich, in einem solchen Fall das Gericht um **Konkretisierung der Erkenntnismittel** zu bitten, die für das Verfahren wichtig sind. Sollten sich dabei jedoch erhebliche Erkenntnisse befinden, die der Anwalt nicht kennt, kann er bei einem ablehnenden Beschluss bezüglich seines Antrags nicht adäquat reagieren. Daher ist es unerlässlich, sich vor der mündlichen Verhandlung mit den Erkenntnissen des Gerichts vertraut zu machen. Selbst wenn der Anwalt nicht am Ort des Gerichts sitzt, bestehen durchaus Möglichkeiten durch das Internet, Zugriff auf die wesentlichen Gutachten der Erkenntnismittelliste zu erhalten.[71] Auch das Bundesamt bietet einen Service, wesentliche Erkenntnisse wie Lageberichte aus dem Verfahren an den Prozessvertreter in elektronischer Form zuzusenden. Allerdings ist dazu notwendig, beim Bundesamt Angaben zu dem Fall zu machen wie die Nennung des Aktenzeichens und eine vom Bundesamt zuzuordnende Email-Adresse zu verwenden.

3. Verzicht auf mündliche Verhandlung?

79 Es gibt Gerichte, die bei den Beteiligten anregen, auf die mündliche Verhandlung gem. § 101 Abs. 2 VwGO zu verzichten. Ein Verzicht auf die mündliche Verhandlung bringt nicht nur

---

69 BVerfG, Beschl. vom 26. Januar 2005 – 2 BvR 1899/04 – juris.
70 VGH Mannheim AuAS 1994, 56, 57; VGH Baden-Württemberg, Beschl. vom 16. März 1990 – A 14 S 28/89 – juris.
71 Im Internet über www.asyl.net (Ländermaterialien →, Länderrechtsprechung → Rechtsprechungsdatenbank → Aufsätze) oder www.ecoi.net (Herkunftsländerinformationen).

die Gefahr mit sich, dass ein Beweisantrag, der vor oder zusammen mit dem Verzicht auf die mündliche Verhandlung gestellt wurde, vom Gericht nicht entschieden werden muss. Mit dem Verzicht auf die mündliche Verhandlung raubt sich der Prozessbevollmächtigte die Möglichkeit, die **Einschätzung des Gerichts kennenzulernen** und es durch die Verhandlung und das Stellen von Beweisanträgen in seiner Entscheidungsfindung zu beeinflussen. Dennoch muss sich das Gericht in seiner Entscheidung auch mit einem nur schriftsätzlich gestellten Beweisantrag auseinandersetzen. Es entfällt jedoch die Möglichkeit, eine Vorabentscheidung zu erhalten, auf die die Beteiligten noch reagieren können, wenn auf die mündliche Verhandlung verzichtet wird.[72]

4. Hilfsweise Antragstellung

Ein lediglich hilfsweise oder vorsorglich gestellter Beweisantrag braucht nach § 86 Abs. 2 VwGO **nicht entschieden** zu werden. Daher ist es im Hinblick auf die Zulassung der Berufung notwendig den Beweisantrag unbedingt in der mündlichen Verhandlung zu stellen, damit das Gericht noch innerhalb der mündlichen Verhandlung eine Entscheidung darüber treffen muss (s. auch § 12 Rn. 59-61). Bei der hilfsweisen Beantragung handelt es sich lediglich um eine Beweisanregung. Die prozessordnungsrechtswidrige Ablehnung dieses Antrags kann zwar im allgemeinen Verwaltungsrecht mit der Aufklärungsrüge angegriffen werden. Diese Möglichkeit ist jedoch im Asylprozess nicht gegeben. Allerdings kann eine unterlassene gerichtliche Aufklärung unter bestimmten Bedingungen ein Gehörsverstoß darstellen. 80

5. Schriftlicher Beweisantrag, der nicht gestellt wird

Das Gericht muss nur dann mit einem Gerichtsbeschluss über einen Beweisantrag entscheiden, wenn er in der mündlichen Verhandlung gestellt worden ist. Daher muss ein vorher schriftsätzlich gestellter **Beweisantrag** in der mündlichen Verhandlung **förmlich wiederholt** werden, es sei denn das Gericht erhebt bereits von Amts wegen Beweis. Wird der Beweisantrag nicht in der Verhandlung gestellt, verlieren die Beteiligten in der Regel ihr Rügerecht.[73] 81

6. Unterlassene Gegenvorstellung / weitere prozessuale Verteidigungsmöglichkeiten

Zur Geltendmachung einer Gehörsrüge ist es erforderlich, sich im Rahmen der gegebenen **prozessualen Möglichkeiten Gehör zu verschaffen.**[74] Zwar fällt die Pflicht zur Gewährung des rechtlichen Gehörs in den gerichtlichen Verantwortungsbereich, und es besteht auch keine anerkannte generelle Pflicht der Verfahrensbeteiligten, mögliche Verfahrensverstöße des Gerichts durch Hinweise oder Nachfragen abzuwenden. Dennoch kann sich ein Verfahrensbeteiligter nicht auf die Verletzung seines Anspruchs auf rechtliches Gehör berufen, wenn er prozessual nicht die Möglichkeiten ausschöpft, die ihm zur Verfügung stehen. Dementsprechend ist je nach Art der Gehörsverletzung jedenfalls darzulegen, welche prozessualen Möglichkeiten im erstinstanzlichen Verfahren zur Verfügung standen. Zu erwarten ist in dieser Hinsicht, dass die Beteiligten einen Beweisantrag stellen, wenn aus ihrer Sicht entscheidungserhebliche Tatsachenkomplexe aufklärungsbedürftig sind. Im Falle der Beweisablehnung muss der Anwalt in der mündlichen Verhandlung nach Abgabe der gerichtlichen Begründung 82

---

72 BVerwG, Beschluss vom 10. April 1992 – 9 B 142/91 – juris.
73 Wird jedoch der schriftsätzlich angekündigte Beweisantrag in der mündlichen Verhandlung nicht gestellt und setzt sich das Gericht in den Entscheidungsgründen dennoch mit dem Beweisantrag auseinander, bleibt das Rügerecht erhalten.
74 BVerwG, Beschl. v. 13.1.2000 – 9 B 2/00 (st. Rspr.).

Gegenvorstellung erheben und in diesem Rahmen ausführen, welche prozessualen Schritte noch unternommen wurden oder dass keine zulässigen Verteidigungsmöglichkeiten mehr bestanden haben. Diese Ausführungen müssen zum Nachweis zu Protokoll erklärt werden.

83 Zu den **prozessualen Verpflichtungen** des Verfahrensbeteiligten, der eine Verfahrensverletzung im Berufungsverfahren geltend machen will, gehört es darüber hinaus, dass er gegebenenfalls darlegt, dass er sein **Rügerecht nicht verloren** hat. Denn die Verletzung einer Verfahrensvorschrift kann im Antragsverfahren nicht mehr gerügt werden, wenn der Beteiligte gem. § 173 VwGO in Verbindung mit § 295 Abs. 1 ZPO sein Rügerecht verloren hat. Danach verliert ein Verfahrensbeteiligter das Rügerecht, wenn er auf die Befolgung der verletzten Verfahrensvorschrift verzichtet oder wenn er in der mündlichen Verhandlung den **Verfahrensmangel nicht gerügt** hat, obgleich er zu dieser Verhandlung erschienen war und ihm dieser Verfahrensmangel bekannt war oder bekannt sein musste. Von einer Rüge im Sinne von § 295 Abs. 1 ZPO ist nur dann zu sprechen, wenn eindeutig zum Ausdruck gebracht worden ist, der vom Verfahrensverstoß Betroffene werde sich mit dem Verfahrensverstoß nicht abfinden. Eine Schriftform ist dazu nicht nötig, sowie das Fehlen eines die Rüge betreffenden Vermerks in der Verhandlungsniederschrift unschädlich ist, wenn nachweisbar eine Rüge erhoben wurde.[75]

F. Erläuterungen zum Muster „Beweisantrag zur Einholung eines Sachverständigengutachtens" (Rn. 4) – Darlegung der Tatsachenfrage, über die Beweis erhoben werden soll

I. Präzise Formulierung der Beweisfrage

84 Auch bei einem Beweisantrag auf Einholung eines Sachverständigengutachtens ist es notwendig, sich die Grundlage für den Beweisantrag deutlich zu machen. Im Kern der Ermittlungen stehen die individuellen Verhältnisse und Lebensumstände des Asylsuchenden. Dementsprechend dienen Erkenntnismittel zu den allgemeinen Verhältnissen im Herkunftsland dazu, die Glaubhaftigkeit der Aussagen des Asylsuchenden zu überprüfen. Da die allgemeinen Erkenntnismittel häufig zur Überprüfung der individuellen Angaben nicht ausreichend sind, kann mit einem Beweisantrag auf Einholung eines Sachverständigengutachtens die Glaubhaftigkeit der individuellen Angaben des Asylsuchenden gestützt werden.

85 Bei der Beantragung der Einholung eines Sachverständigengutachtens ist jedoch zu beachten, dass in der Regel die Gerichte eine Vielzahl von Erkenntnismitteln zu den allgemeinen politischen Verhältnissen im Herkunftsland haben. Es ist zu unterscheiden zwischen der erstmaligen Beantragung eines Sachverständigengutachtens und der Einholung eines weiteren Sachverständigengutachtens. Aufgrund der Vielzahl der in der Regel bei Gerichten vorliegenden Erkenntnisse zu Herkunftsländern, dürfte die erstmalige Beantragung eher die Ausnahme sein.

II. Beweisantrag erstmalige Einholung eines Sachverständigengutachtens

86 Bei der erstmaligen Einholung eines Sachverständigengutachtens ist es für den Beweisantritt ausreichend, die zu begutachtenden Punkte zu bezeichnen (§ 403 ZPO). Durch diese Vorschrift wird zur **Beweiserleichterung** berücksichtigt, dass der Beweispflichtige in der Regel

---

[75] BVerwG NJW 1989, 601; *Marx*, AsylVfG, § 78 Rn. 390.

Schwierigkeiten haben dürfte, Informationen zum Herkunftsland des Mandanten zu erhalten. Daher wird keine wissenschaftliche, sachverständige Substanziierung verlangt. Die Ablehnung des Beweisantrags ist nur dann zulässig, wenn die unter Beweis gestellte Tatsache so ungenau bezeichnet ist, dass ihre Erheblichkeit nicht beurteilt werden kann oder wenn sie zwar in das Gewand einer bestimmt aufgestellten Behauptung gekleidet ist, jedoch gleichsam „ins Blaue" aufgestellt worden ist. Willkür liegt jedoch erst dann vor, wenn jegliche, tatsächliche Anhaltspunkte dabei fehlen.[76]

Darüber hinaus fordert das Bundesverwaltungsgericht für die Darlegung allgemeiner Tatsachen im Herkunftsland in ständiger Rechtsprechung zwar keinen lückenlosen, schlüssigen Vortrag im Sinne der zivilprozessualen Verhandlungsmaxime, jedoch als Voraussetzung für die Notwendigkeit weiterer Ermittlungen, dass der Tatsachenvortrag die nicht entfernt liegende Möglichkeit ergebe, dass Verfolgung drohe.[77]

III. Beweisantrag auf Einholung eines weiteren Gutachtens

Zunächst ist die **Tatsachenfrage**, über die Beweis erhoben werden soll, möglichst präzis zu schildern. Voraussetzung dafür ist, dass dem Gericht bezüglich der Tatsachenfrage keine eigenen Erkenntnisse vorliegen. Denn das Gericht kann den Antrag auf Einholung eines Gutachtens ablehnen, wenn es die Beweisfrage aus eigener Sachkunde beantworten kann.[78]

Vor der Beantragung des Sachverständigenbeweises ist ebenfalls zu prüfen, ob die Antwort auf die Beweisfrage möglicherweise in anderen Verfahren oder anderen Erkenntnisquellen zu finden ist. Sollte es der Fall sein, ist die Beiziehung dieser Quellen im Wege des **Urkundenbeweises** (§ 173 VwGO iVm § 424 ZPO) mit der Folge zu beantragen, dass das Verwaltungsgericht diese bei der Entscheidung zu berücksichtigen hat.[79]

Die grundsätzliche Pflicht zur Beiziehung der benannten Erkenntnisquellen besteht auch deshalb, weil für die Feststellung genereller Tatsachen erst durch die Vielzahl von möglicherweise unterschiedlichen Erkenntnisquellen ein vollständiges und objektives Bild über die vergangene, gegenwärtige und zukünftige Situation in einem möglichen Verfolgerstaat gewonnen werden kann.[80]

IV. Ermessensverdichtung

Für den Erfolg eines Beweisantrags auf Einholung eines weiteren Sachverständigengutachtens ist Voraussetzung, dass das Gericht Zweifel an den bereits vorliegenden Erkenntnismitteln hat und sie fehlerbehaftet sind. Nicht ausreichend ist hingegen, wenn andere Gutachten zu abweichenden Ergebnissen der Erkenntnisse des Gerichts kommen. Es liegt grundsätzlich im Ermessen des Gerichts, ob es neben den bereits vorliegenden Erkenntnisquellen weitere gutachterliche Äußerungen einholen will. Eine Verpflichtung hierzu besteht nicht schon dann, wenn ein Verfahrensbeteiligter vorliegende Äußerungen oder Erkenntnisquellen inhaltlich für unzutreffend hält und sich für diese Einschätzung auf bereits vorliegende abweichende Gutachten beruft oder Gutachter bezeichnet, die möglicherweise zu anderen Einsichten gelangen

---

76 BGH NJW 1991, 2707, 2709.
77 ZB BVerwG InfAuslR 1982, 156; 1983, 76.
78 BVerwG AuAS 2001, 263, 264; BVerwG, Beschl. vom 11. Februar 1999 – 9 B 381/98 – juris (st. Rspr.).
79 BVerwG, U. vom 21. November 1989 – 9 C 53/89 – juris.
80 BVerwG, U. vom 20. März 1990 – 9 C 91/89 –, BVerwGE 85, 92-96.

können. Maßgebend ist vielmehr, ob die der Entscheidung tatsächlich zugrunde gelegten Auskünfte in sich widersprüchlich sind, ob sich aus ihnen selbst Zweifel an der Sachkunde oder der Unparteilichkeit des Gutachters ergeben oder ob es eines besonderen Fachwissens bedarf, das bei den bisherigen Gutachtern nicht oder nur unzureichend vorhanden war, über das andere Gutachter aber verfügen.[81]

V. Darlegung der veränderten Sachlage

92 Dem Beweisantrag ist hingegen nachzugehen, wenn eine veränderte tatsächliche Sachlage vorliegt oder die vorliegenden **Gutachten von überholten tatsächlichen Voraussetzungen ausgehen**. Da im Asylrecht die gegenwärtige Verfolgungsbetroffenheit ausschlaggebend ist, können nichtaktuelle Gutachten nicht den nötigen Grad an Verlässlichkeit vermitteln. Die gerichtlichen Ermittlungen sind auf der Grundlage hinreichend aktueller Erkenntnisquellen zu führen.[82] Führt das Verwaltungsgericht veraltete Erkenntnismittel in das Verfahren ein, so verletzt es das rechtliche Gehör der Verfahrensbeteiligten, wenn es im Urteil dennoch aktuelle Erkenntnisquellen verwendet, ohne diese zuvor so in das Verfahren eingeführt zu haben, dass die Beteiligten sich dazu äußern konnten.[83] Stützt sich der Beweisantrag auf neuere Entwicklungen, die das Gericht nicht aufgrund der verfügbaren Erkenntnismittel substanziiert beurteilen kann, muss es weiter aufklären. Dabei handelt es sich auch nicht um die Einholung eines weiteren Gutachtens, sondern um die erstmalige Beurteilung eines Sachverständigengutachtens.[84]

93 In der mündlichen Verhandlung ist mit dem Gericht an dieser Stelle zu erörtern, inwieweit die allgemeinen Verhältnisse für die Entscheidung im konkreten Verfahren von Bedeutung sind. Dazu ist in einem Rechtsgespräch (vgl. § 104 VwGO) mit dem Gericht zu erörtern, inwieweit die Sachfragen im Lichte der eingeführten Erkenntnismittel bezüglich des Vorbringens des Klägers aufgeklärt sind oder ob bestimmte Angaben des Klägers zur weiteren Aufklärung Anlass bieten. Zwar ist nach gerichtlicher Auffassung in einem Rechtsgespräch aus dem Anspruch auf rechtliches Gehör kein Anspruch darauf abzuleiten, dass die verwendeten Erkenntnisse zum Gegenstand eines Rechtsgesprächs gemacht werden.[85] Das Gericht kann jedoch nicht verweigern, gem. § 104 Abs. 1 VwGO im Rahmen der Erörterungspflicht das Rechtsgespräch über offene tatsächliche Fragen zu führen. Verweigert das Gericht unter Hinweis auf das Beratungsgeheimnis den Rechtsdiskurs und stützt es später die Klageabweisung auf tatsächliche Angaben des Asylsuchenden in der Verfahrensphase vor der mündlichen Verhandlung, ohne diesen in der Verhandlung auf die gerichtlichen Zweifel an der Glaubhaftigkeit der entsprechenden Angaben hinzuweisen, verletzt es das rechtliche Gehör. Unter diesen Voraussetzungen ist die Gehörsrüge regelmäßig unter dem prozessualen Gesichtspunkt der Überraschungsentscheidung begründet. Voraussetzung dazu ist jedoch, dass der Rechtsmittelführer das Rechtsgespräch über aus Sicht des Gerichts möglicherweise für entscheidungserheblich angesehene offene Fragen beantragt hat und gegenüber dem Gericht zum Ausdruck gebracht hat, dass er selbst offene Fragen nicht erkennen konnte.[86] Ausschlaggebend dafür ist

---

81 BVerwG, U. vom 21. November 1989 – 9 C 53/89 – juris.
82 BVerwG, Beschl. v. 11.6.1996 – B 141.96.
83 OVG Brandenburg, Beschl. vom 28. März 2002 – 4 A 783/01.AZ – juris.
84 BVerwG EZAR 610 Nr. 32.
85 OVG NRW, Beschl. v. 17.2.2004 – 15 A 3405/02.A.
86 *Marx*, AAFR, § 12 Rn. 33.

VI. Darlegung der fehlenden eigenen Sachkunde des Verwaltungsgerichts

Bei einem **Antrag auf Einholung eines weiteren Sachverständigengutachtens** ist zu berücksichtigen, ob das Gericht anhand der bereits vorliegenden Erkenntnisse und Gutachten die entscheidungserhebliche Frage durch **eigene Sachkunde** beantworten kann. Denn wenn das Verwaltungsgericht den Beweisantrag aus eigener Sachkunde ablehnt, muss es nachvollziehbar im Beweisablehnungsbeschluss oder zumindest in der Sachentscheidung begründen, **woher es diese Sachkunde hat**.[88] Schöpft das Gericht seine besondere Sachkunde aus vorhandenen Erkenntnismitteln, so muss der Verweis hierauf dem Einwand der Beteiligten standhalten können, dass in diesen Erkenntnismitteln keine, ungenügende oder widersprüchlichen Aussagen zur Bewertung der aufgeworfenen Tatsachenfragen enthalten sind. Beim Beweisantrag auf Einholung eines Sachverständigengutachtens ist daher darzulegen, dass sich dem Gericht eine weitere Beweisaufnahme aufdrängen muss, weil die vorliegenden Gutachten den ihnen obliegenden Zweck nicht erfüllen können, dem Gericht die zur Feststellung des entscheidungserheblichen Sachverhalts erforderliche Sachkunde zu vermitteln, weil sie in sich widersprüchlich, unklar oder unvollständig sind oder weil sich aus ihm selbst Zweifel an der Sachkunde oder der Unparteilichkeit des Gutachters ergeben, oder dass die Beweisfrage eine ganz besonders schwierige Fachfrage betrifft, die ein spezifisches Fachwissen erfordere, das bei dem in Anspruch genommen Gutachter nicht vorausgesetzt worden ist, über das der benannte Gutachter jedoch verfüge.[89] Zwar sind die Schlüsse, die das Verwaltungsgericht aus den eingeführten oder eingeholten Auskünften zieht, rechtlich in der Regel nicht angreifbar, da sie eine Frage der Beweiswürdigung sind. Wenn das Gericht jedoch einen Antrag auf Einholung eines Sachverständigengutachtens ablehnt, obwohl es sich ihm hätte aufdrängen müssen, wird das rechtliche Gehör der Beteiligten verletzt, sofern die beantragte Beweiserhebung eine entscheidungserhebliche Beweisfrage betrifft.[90]

VII. Ordnungsgemäße Einführung der Erkenntnisse und Rügeerfordernis

Das Gericht muss im gerichtlichen Verfahren **auf die Erkenntnisse hinweisen** und diese **ordnungsgemäß einführen**. Durch die allgemein übliche Übersendung der Erkenntnisliste werden sie jedoch noch nicht zum Gegenstand des Verfahrens, sondern das Gericht muss in geeigneter Weise die Verfahrensbeteiligten darüber unterrichten, welche Erkenntnisse im Einzelnen in der Entscheidung verwertet werden sollen.[91] Weiter muss aus dem Protokoll oder anders nachprüfbar hervorgehen, dass das Gericht die Beteiligten darauf hingewiesen hat, dass bestimmte, auch bereits früher mitgeteilte Erkenntnisgrundlagen vom Gericht verwendet werden. Dem Tatbestand des Urteils muss entnommen werden können, welche Erkenntnisquellen tatsächlich zum Gegenstand des Verfahrens gemacht worden sind, wobei die verwendeten Erkenntnismittel jedoch nicht im Einzelnen bezeichnet im Urteilstatbestand aufgeführt werden

---

87 BVerfG, Beschl. vom 18. Januar 1990 – 2 BvR 760/88 – juris.
88 BVerwG, Beschl. vom 11. Februar 1999 – 9 B 381/98 – juris (st. Rspr.).
89 BVerwG EZAR 630 Nr. 22; BVerwG DVBl 1985, 577.
90 HessVGH InfAuslR 1997, 133, 134.
91 OVG Lüneburg, Beschl. vom 30. Mai 1996 – 12 L 2401/96 – juris; VGH Kassel, InfAuslR 1994, 245.

müssen.[92] In der Regel dürfte die Praxis der Gerichte, die Erkenntnismittellisten den Verfahrensbeteiligten zuzusenden und in der Verhandlung zum Gegenstand zu machen, nicht zu beanstanden sein. Bei speziellen Fragen, wie zum Beispiel die medizinische Versorgungslage, dürfte jedoch eine allgemeine Bezugnahme auf die Erkenntnismittelliste nicht ausreichend sein.[93] Es wird jedoch weiterhin verlangt, dass ein anwaltlich vertretener Asylsuchender sich im Rahmen der prozessualen Möglichkeiten Gehör bezüglich des bemängelten Vorgehens des Gerichts verschafft. Er müsste daher das Verhalten des Gerichts in der mündlichen Verhandlung rügen und auf Konkretisierung drängen, um die Möglichkeit aufrecht zu erhalten, eine Verletzung des rechtlichen Gehörs zu rügen.[94]

VIII. Antrag auf Ladung des Sachverständigen

96 Es ist gesetzlich vorgesehen, dass die Ladung des Sachverständigen durch die Beteiligten beantragt werden kann (§ 98 VwGO; §§ 402, 397 ZPO). Dazu sind die konkreten **Gründe** mitzuteilen, die die **Ladung notwendig** machen. Dabei genügt es, wenn dem Antrag entnommen werden kann, in welche Richtung eine weitere Aufklärung herbeigeführt werden soll. Es kann von den Beteiligten nicht verlangt werden im Vorhinein dem Gericht konkrete Fragen mitzuteilen, die an den Sachverständigen gerichtet werden sollen. Das Ziel der Sachverständigenladung ist die Vorverlegung und unmittelbare Fragestellung der Beteiligten, deren eine sich aus der Beantwortung der anderen ergeben kann.[95] Es kommt jedoch nicht darauf an, dass das Gericht das Sachverständigengutachten für erläuterungsbedürftig hält.[96] Das Recht der Beteiligten, die Ladung von Sachverständigen zur mündlichen Erläuterung ihres Gutachtens zu verlangen, gilt auch dann, wenn das Gutachten in anderen Verfahren erstattet und im anhängigen Prozess im Wege des Urkundenbeweises beigezogen worden ist. Allerdings ist dies in der Rechtsprechung umstritten.[97]

G. Echtheitsüberprüfung von Urkunden (§ 96 Abs. 1 S. 2 VwGO, §§ 438 ZPO)

97 Häufig präsentieren Mandanten Briefe, Haftbefehle oder ähnliche **Urkunden**, mit denen sie ihre Verfolgung belegen wollen. Zweifel an der Echtheit der Urkunde sind häufig nicht grundlos. Insbesondere wenn es zuvor an einem konkreten Sachvorbringen zu dem Verfolgungsgeschehen fehlt, auf das sich die Urkunde bezieht, werden die Zweifel verstärkt. Liegt die Urkunde bereits im Verfahren vor, ist es notwendig, durch Beweisantrag auf Einholung eines Sachverständigengutachtens die **Echtheit der Urkunde überprüfen** zu lassen.[98] Nach Auffassung des OVG Münster ist das Gericht nicht verpflichtet von sich aus auf Zweifel an der Echtheit der vorgelegten Urkunde hinzuweisen.[99] Auch wenn das Risiko einer derartigen Beweisaufnahme erheblich ist, gehört es zu den prozessualen Pflichten, hierauf hinzuwirken. Denn erfahrungsgemäß hat die sachverständige Erkenntnis, dass die Urkunde nicht echt ist, negative Auswirkungen auf die Beurteilung der Glaubwürdigkeit des Asylsuchenden. Allerdings weist die Vorlage einer „gefälschten Gerichtsladung" nicht zwingend darauf hin, dass

---

92 OVG Bautzen, Beschl. v. 8.11.1995 – A 4 S 432/94.
93 VGH München, Beschl. v. 27.7.2006 – 8 ZB 06.30606.
94 BVerwG, Beschl. v. 13.1.2000 – 9 B 2/00.
95 BVerwG NJW 1984, 2645, 2646.
96 VGH Mannheim AuAS 1997, 224, 225.
97 BVerwG NJW 1986, 3221; aA VGH Mannheim AuAS 1997, 224, 225; HessVGH NVwZ-Beilage 1999, 2326.
98 BVerwG NJW 1996, 1533.
99 OVG Münster InfAuslR 1997, 270; aA OVG Hamburg AuAS 1993, 81, 82.

die Sachangaben des Asylsuchenden unzutreffend sein müssen.[100] Der Beteiligte darf jedoch bei sich aufdrängenden Zweifeln an der Echtheit der Urkunde diesen Umstand nicht in der Schwebe lassen, sondern muss geeignete prozessuale Schritte einleiten. Dies ist insbesondere deshalb erforderlich, weil ansonsten die Klage wegen der Vorlage gefälschter Beweismittel mit der Folge des sofortigen Eintritts der Unanfechtbarkeit als offensichtlich unbegründet gem. § 78 Abs. 1 AsylG abgewiesen werden kann.[101]

I. Anforderungen an Beweisantrag

Im Antrag auf Einholung eines Sachverständigengutachtens muss der **Inhalt der Urkunde ausreichend dargelegt** werden. Weiter muss die **Erheblichkeit** des Inhalts der Urkunde dargelegt sowie der **Übermittlungsweg** beschrieben werden. Da Fälschungshinweise insbesondere auch aus der Art der Zustellung des Dokuments durch die Behörden des Herkunftslandes abgeleitet werden, sind daher präzise Angaben notwendig. Das Gericht kann, wenn es eigene Sachkunde besitzt, die Frage der Echtheit der Urkunde nach eigenem Ermessen prüfen. Ob die eigene Sachkunde ausreicht, hat das Gericht nach Ermessen zu entscheiden, es muss jedoch darlegen, woher es die eigene Sachkunde besitzt.[102] Wenn keine offensichtlichen Fälschungsmerkmale vorliegen, dürfte dem Gericht in der Regel die eigene Sachkunde fehlen. 98

Nach dem Bundesverfassungsgericht handelt das Gericht jedoch grundsätzlich rechtswidrig, wenn es den Antrag auf Einholung eines Sachverständigengutachtens zur Prüfung der Echtheit einer vorgelegten Urkunde mit dem Hinweis auf eine zum Gegenstand des Verfahrens gemachte, von einem anderen Gericht eingeholte amtliche Auskunft ablehnt, der zufolge die Übergabe von Haftbefehlen an Verwandte Gesuchter unüblich ist.[103] Denn es ist in der Regel nicht zulässig, allein aus Indizien wie zB den Hintergrund der vom Beschwerdeführer vorgetragenen Asylgründe oder des Verhaltens im Prozess sowie inhaltlichen Ungereimtheiten auf die Fälschung einer vorgelegten Urkunde zu schließen. Auch die Hinweise auf Fälschungsmerkmale in den amtlichen Lageberichten sind lediglich Indizien, welche der Führung des Gegenbeweises offen stehen. Der Gegenbeweis kann beispielsweise dadurch geführt werden, dass zur Substanziierung des Antrags auf Echtheitsprüfung ein Gutachten zur Echtheit der vorgelegten Urkunde als Privatgutachten vorgelegt wird. Ergeben sich daraus konkrete Anhaltspunkte, die Zweifel an der Sachkunde des Auswärtigen Amtes aufwerfen, ist dem Antrag nachzugehen. 99

Auch darf das Gericht einen Beweisantrag auf Prüfung einer vorgelegten fremdsprachigen Urkunde nicht mit der Begründung ablehnen, dass es an einer Übersetzung fehle, sondern müsste in einem solchen Fall die Beibringung einer Übersetzung anordnen.[104] Zumindest gilt dies dann, wenn der wesentliche Inhalt der Urkunde mitgeteilt wurde und dargelegt wurde, dass sich daraus entscheidungserhebliche Sachverhalte bzw. rechtliche Folgerungen ergeben. Das Gericht ist in einem solchen Fall von Amts wegen verpflichtet, eine Übersetzung herbeizuführen, wenn die Urkunde für das Verfahren von Bedeutung sind.[105] Vorgelegte **Urkunden zur Staatsangehörigkeit** oder zur **Identität** des Asylsuchenden sind auf Antrag stets auf ihre Echt- 100

---

100 OVG Lüneburg, Beschl. v. 6.11.1998 – 12 L 3962/98, Asylmagazin 1-3/1999, S. 29.
101 Vgl. BVerfG InfAuslR 1991, 133; InfAuslR 1990, 199.
102 OVG Münster, Beschl. vom 29. Oktober 2001 – 8 A 3664/01.A – juris.
103 BVerfG, Beschl. vom 19. Juli 1990 – 2 BvR 2005/89 – juris,.
104 BVerwG, Beschl. vom 08. Februar 1996 – 9 B 418/95 – juris.
105 BVerfG, Beschl. vom 25. August 1986 – 2 BvR 823/86 – juris.

heit zu überprüfen, da die Frage der Staatsangehörigkeit im Asylprozess stets ein entscheidungserheblicher Umstand ist.[106]

II. Muster: Beweisantrag auf Einholung eines Sachverständigengutachtens zur Echtheitsprüfung einer Urkunde

101 ▶ ...

Es wird beantragt,
die Echtheit des vorgelegten Urteils des Berufungsgerichtes Tunis durch Einholung einer sachverständigen Auskunft des Gutachters ... zu überprüfen.
Das Verwaltungsgericht hat eine amtliche Auskunft zu dem von dem Kläger im Antrag näher bezeichneten Urteil eingeholt. In dieser wird festgestellt, die deutsche Botschaft habe über Vertrauensanwälte erfahren, dass gegen den Kläger unter dem angegebenen Aktenzeichen kein Verfahren durchgeführt worden sei.

Eigene Ermittlungen über einen Sachverständigen (siehe Anlage) haben ergeben, dass das Berufungsgericht in Tunis sowohl als Berufungsgericht wie auch – bei politischen Delikten – als erstinstanzliches Gericht zuständig ist und ein entsprechender Vermerk bei der Angabe des Aktenzeichens bei Ermittlungen erforderlich ist. Dies wird auch durch die in der Anlage beigefügten Auskünfte des Deutschen Orient Instituts bestätigt. Daher drängen sich Zweifel an der Sachkunde der deutschen Botschaft auf. Da erwartet werden kann, dass derart einfach gelagerte Tatsachen über Vertrauensanwälte korrekt ermittelt werden können, fehlt es an der hinreichenden Gewähr, zuverlässigen Aufschluss über die Beweistatsache durch eine schriftliche Anfrage an das Auswärtige Amt erlangen zu können. Hingegen verfügt der bezeichnete Sachverständige über zahlreiche Kontakte zu Rechtsanwälten in Tunis und hat bereits in anderen gerichtlichen Verfahren zuverlässige Stellungnahmen abgegeben. Da nach den insoweit bislang vom Gericht nicht in Zweifel gezogenen Behauptungen des Klägers der gegen ihn erhobene Strafvorwurf auf manipulierten Tatsachen beruht (vgl. BVerfGE 63, 197 (209)) ist die Beweistatsache auch entscheidungserheblich. Daran ändert angesichts der nach den Erkenntnismitteln bekannten Gefahr von Misshandlungen bei strafrechtlichen Ermittlungen auch der Einwand aus § 60 Abs. 8 AufenthG nichts (vgl. § 60 Abs. 2 und 5 AufenthG und Art. 3 EMRK).

... ◀

H. Zeugenbeweis (§ 96 Abs. 1 S. 2 VwGO, §§ 373–401 ZPO)

I. Funktion des Zeugenbeweis im Asylprozess

102 Um das individuelle Vorbringen des Asylsuchenden zu stützen, kommt insbesondere der Zeugenbeweis in Betracht. Das Bundesverfassungsgericht hat ausdrücklich darauf hingewiesen, dass insbesondere die Vernehmung von Zeugen und die Anhörung des Asylsuchenden selbst in Frage kommen, um die behauptete Verfolgungsgefahr verlässlich überprüfen zu können.[107] Der Zeugenbeweis ist im Asylprozess ein zulässiges und **selbstständiges Beweismittel**.[108]

103 Im Asylprozess wird häufig davon ausgegangen, dass der Zeugenbeweis durch die individuelle Wahrnehmung von Tatsachen, die Schwierigkeiten wahrgenommene Tatsachen zu erinnern

---

106 VGH Mannheim EZAR 631 Nr. 35; BVerwG InfAuslR 1990, 238; *Marx*, Handbuch zur Asyl- und Flüchtlingsanerkennung, § 71 Rn. 17 ff.
107 BVerfGE 54, 341, 359.
108 BVerwG, Beschl. vom 15. Februar 1984 – 9 CB 149/83 – juris.

und die mögliche Voreingenommenheit des Zeugen, eher ein unsicheres Beweismittel ist. Dennoch kann der Zeugenbeweis eine wichtige Stütze für die Aussage des Asylsuchenden sein. Im Prozess ist darauf zu achten, dass die prozessualen Voraussetzungen für den Antrag auf Zeugenvernehmung sehr genau beachtet werden.

Im Asylprozess ist vorrangig der **Zeugenbeweis über äußere Tatsachen** von Bedeutung. Der Zeuge berichtet über seine eigenen, konkreten Wahrnehmungen. Im Gegensatz zum Sachverständigen bekundet der Zeuge nur über vergangene Tatsachen oder Wahrnehmungen und urteilt nicht über diese Tatsachen. Die Schlussfolgerungen, die der Zeuge aus den Wahrnehmungen zieht, bilden keinen Teil der Zeugenaussage. 104

II. Geeignetheit des Zeugenbeweises

Nach der Rechtsprechung muss das Gericht dem Beweisantrag **nicht nachgehen**, wenn er **schlechthin untauglich** ist. Unter diesem Gesichtspunkt kann jedoch nur unter eng begrenzten Umständen in besonders gelagerten Ausnahmefällen von einer beantragten Zeugenvernehmung abgesehen werden, etwa dann, wenn es sich um Bekundungen aus dem Lebensbereich des Klägers handelt, zu denen dieser selbst keine hinreichenden Angaben gemacht hat.[109] 105

Das rechtliche Gehör wird verletzt, wenn einem formgerecht und hinreichend substanziierten Antrag, Zeugenbeweis zu erheben, nicht nachgegangen wird, ohne dass dies im materiellen oder im Prozessrecht eine Stütze findet. Bei der Erhebung des Zeugenbeweises steht dem Verwaltungsgericht **kein Ermessen** zu. Es kann einen zulässigen Zeugenbeweisantrag grundsätzlich nicht wegen mangelnder Erfolgschancen, wegen Unwahrscheinlichkeit der unter Beweis gestellten Tatsache oder Voreingenommenheit eines Zeugen ablehnen, ohne gegen das Verbot der Vorwegnahme der Beweiswürdigung zu verstoßen. Eine Ausnahme gilt dabei nur für den Fall des unauflöslich widersprüchlichen Verfolgungsvorbringens.[110] Wird mit dem Zeugenbeweisantrag das Verfolgungsschicksal eines Dritten unter Beweis gestellt, ist die Tauglichkeit des Beweismittels nur dann hinreichend dargelegt, wenn erkennbar wird, inwieweit die Verfolgung des Dritten Rückschlüsse auf eine Verfolgung des Beweisführers gestattet.[111] 106

Auf eine unzulässige Beweisermittlung ist der Antrag auf Vernehmung des Sachbearbeiters Asyl und Dolmetschers, die die Bundesamtsanhörung durchgeführt haben gerichtet, wenn er nur pauschal Verständigungsschwierigkeiten bei der Anhörung belegen soll, aber nicht im Einzelnen bezeichnet ist, welche konkreten Angaben nicht zutreffend verstanden oder übersetzt worden sind, und keine nachvollziehbaren Gründe dafür angegeben sind, aus welchen Gründen die in aller Regel abgezeichneten Protokollerklärungen, es sei nicht zu Verständigungsschwierigkeiten gekommen, unzutreffend sei.[112] 107

III. Vernehmung eines im Ausland lebenden Zeugen

Bei einem Beweisantrag auf Vernehmung eines im Ausland lebenden Zeugen ist zu unterscheiden zwischen einem Zeugen, der im **Herkunftsland** des Asylsuchenden lebt und dem in einem **Drittstaat** lebenden Zeugen. Nach der ständigen Rechtsprechung des Bundesverwaltungsgerichts ist die Vernehmung eines im Herkunftsland lebenden Zeugen schlechthin un- 108

---

109 BVerwG, U. vom 08. Februar 1983 – 9 C 598/82 – juris.
110 BVerwG, U. vom 08. Februar 1983 – 9 C 598/82.
111 BVerwG, Beschl. vom 09. Mai 1983 – 9 B 14737/82 – juris.
112 OVG Bremen, Beschl. v. 4.3.1996 – 2 B 227/95.

tauglich, da sie zur Wahrheitsfindung nicht beitragen kann, weil einer solchermaßen gewonnenen Aussage ein so hohes Maß an nicht klärbaren Zweifeln an ihrer Glaubwürdigkeit innewohnt, dass sie als Beweismittel schlechthin unverwertbar wäre.[113] Dies erscheint nachvollziehbar allein aufgrund der Tatsache, dass dadurch der in aller Regel verfolgende auch der vernehmende Staat wäre.

109 Die Vernehmung eines im Drittstaat lebenden Zeugen kann nicht ohne Weiteres abgelehnt werden.[114] Wenn der Beteiligte den im Drittstaat lebenden Zeugen als Präsenzzeugen zur mündlichen Verhandlung anbietet, ist dieser bei formell und inhaltlich ordnungsgemäßem Beweisantritt vom Gericht zu vernehmen. Ansonsten ist der Zeuge im Wege des Rechtshilfeersuchens zu vernehmen. Eine unmittelbare Zustellung der Ladung im Ausland scheidet aus, da dies als Souveränitätsverletzung des Aufenthaltsstaates angesehen wird. Die Zustellung richtet sich nach dem Haager Zustellungsübereinkommen.

IV. Unerreichbarkeit des Zeugen

110 Allein der Umstand, dass der Beteiligte in der mündlichen Verhandlung die ladungsfähige Adresse des benannten Zeugen nicht angeben kann, macht das Beweismittel nicht unerreichbar.[115]

Prüfungsschema:

1. Darlegung bestimmter, konkreter Tatsachen, die in das Wissen des Zeugen gestellt werden. Unzulässig sind insoweit unsubstanziierte vage Behauptungen.
2. Darlegung der Entscheidungserheblichkeit der Beweistatsachen. Betreffen die Tatsachen den Asylsuchenden unmittelbar selbst oder handelt es sich um Tatsachen, die einen Dritten betreffen, der in vergleichbarer Situation wie der Asylsuchende ist?
3. Darlegung, ob es sich um eigene, persönliche Wahrnehmungen des Zeugen oder um Tatsachen handelt, die dieser von Dritten erfahren hat.
4. Darlegungen, auf welche Weise der Zeuge die unter Beweis gestellten Tatsachen erfahren hat.
5. Genaue Bezeichnung des Zeugen.

V. Muster: Beweisantrag auf Zeugenvernehmung

111 ▶ ...

Es wird beantragt, zum Beweis der Tatsache,

dass der Kläger vor seiner Ausreise im Gefängnis Seydnaya in Syrien inhaftiert war,

den vor dem Gerichtssaal wartenden Zeugen ... zu vernehmen.

Das Erscheinen des Zeugen war schriftsätzlich vor Ablauf der durch prozessleitende Verfügung gemäß § 87 b Abs. 2 VwGO gesetzten Frist angekündigt worden. Darüber hinaus war innerhalb dieser Frist der Beweisantrag substanziiert worden. Der Zeuge war zusammen mit dem Kläger von 1997–1999 im Gefängnis Seydnaya in Syrien inhaftiert und hat aufgrund seiner Aktivitäten in der kommunistischen Partei in Syrien im Verwaltungsverfahren Flüchtlingsschutz nach § 60 Abs. 1 AufenthG erhalten. Eine Kopie des Flüchtlingsausweises wird beigelegt.

---

113 BVerwG NJW 1989, 678.
114 VGH München, Beschl. v. 11.8.1989 – 19 CZ 89.30977.
115 BVerwG, U. vom 23. Februar 1994 – 1 D 65/91 –, BVerwGE 103, 70–80.

Das Gericht hat in der mündlichen Verhandlung bezweifelt, dass der Kläger Mitglied der kommunistischen Partei in Syrien gewesen ist und aufgrund dieser Tatsache inhaftiert war. Der Zeuge wird bekunden, dass er den Kläger während seiner Haftzeit kennen gelernt hat und daher bestätigen kann, dass die Aussagen des Klägers hinsichtlich seiner Haft zutreffen. Er wird weiter bestätigen, dass der Kläger in Haft eine schwere Lungenentzündung hatte, durch die ihm Haftverschonung gewährt worden war.

... ◀

VI. Weiterführende Hinweise

Mit dem Zeugen sollte der Anwalt vorher gesprochen haben, um selbst beurteilen zu können, inwieweit ein Beweisantrag sinnvoll ist. Oft werden durch den Mandanten aus der Not heraus Zeugen angeboten, die das relevante Geschehen nur vom Hörensagen kennen. Dabei ist in einem Gespräch auch vorher abzuklären, ob ein möglicher Zeuge etwas wesentlich Entscheidendes beitragen kann.

Auch beim Zeugenbeweisantrag ist es notwendig, dass er grundsätzlich förmlich in der mündlichen Verhandlung zu stellen ist. Wenn die Vernehmung des angebotenen Zeugen lediglich schriftsätzlich vor der mündlichen Verhandlung beantragt wird, ist es bei Nichtberücksichtigung nicht möglich, dies als Gehörsverletzung geltend zu machen. Denn anders als die Zivilprozessordnung[116] enthält die Verwaltungsgerichtsordnung mit § 86 Abs. 2 VwGO eine Regelung über das Verfahren für die Ablehnung von Hauptbeweisanträgen, der entnommen werden kann, dass Beweisanträge grundsätzlich förmlich in der mündlichen Verhandlung zu stellen sind, wenn dem Beweisantragsteller daran gelegen ist, dass es das Gericht besonders begründet, falls eine entsprechende Beweiserhebung unterbleibt.[117]

---

116 *Greger* in: Zöller, ZPO, 29. Aufl. 2012, Rn. 8 a vor § 284.
117 Bay VGH München, Beschl. v. 17.9.2009 – 2 ZB 07.30063.

§ 13 Zulassungsantrag (§ 78 Abs. 4 AsylG)

A. Gehörsrüge (§ 78 Abs. 3 Nr. 3 AsylG iVm § 138 Nr. 3 VwGO)

I. Allgemeines

1 Für die Erhebung der Gehörsrüge im Verfahren empfiehlt sich zunächst das Vorgehen nach folgendem **Prüfungsschema**:

1. Darlegung der den Gehörsverstoß begründenden Tatsachen und Umstände unter Durchdringung des bisherigen Prozessstoffs in systematischer und nachvollziehbarer Weise.
2. Darlegung, dass alle verfügbaren und zumutbaren prozessualen Möglichkeiten im erstinstanzlichen Verfahren ausgeschöpft wurden.
3. Darlegung der Umstände, die belegen, dass kein Rügeverlust eingetreten ist.
4. Darlegung, dass das angefochtene Urteil auf dem Gehörsverstoß beruht.
5. Darlegung, dass das nicht berücksichtigte Sachvorbringen aus der rechtlichen Sicht des Verwaltungsgerichts entscheidungserheblich ist.

II. Sachverhalt / Lebenslage

2 **Beispiel 1: Überraschungsentscheidung**
Das Verwaltungsgericht hört den Kläger während der mündlichen Verhandlung im Rahmen der informatorischen Befragung ausführlich an. Der Kläger schildert über zwei Stunden zusammenhängend von sich aus seine politischen Aktivitäten und hiergegen gerichtete Verfolgungen im Herkunftsland sowie die Umstände seiner Flucht. Das Verwaltungsgericht beschränkt sich auf einige ergänzende Fragen und protokolliert anschließend die Aussagen des Klägers. Der Kläger hatte ausweislich des Protokolls beim Bundesamt zu seiner Flucht ausgesagt, dass er keine Möglichkeit zur Mitnahme seiner Papiere (wie Geburtsurkunde) gehabt habe. Am Abend des 13.12.2005 sei sein Arbeitskollege zu ihm nach Hause gekommen und habe ihm gesagt, dass der Kläger von drei oder vier Leuten in Zivil bei seiner Arbeitsstätte erwartet werde und dorthin kommen solle. Sie wollten mit ihm ein Gespräch führen. Der Kläger habe dann erneute Schwierigkeiten befürchtet, oder noch Schlimmeres und habe Geld und Kleidung genommen und sei per Anhalter in die Hauptstadt gefahren, wo er sich kurze Zeit aufgehalten habe, um seine Ausreise zu organisieren.

Im Urteil erhebt das Verwaltungsgericht eine Reihe von erheblichen Zweifeln gegen die Glaubhaftigkeit der Angaben des Klägers. Dies begründet es damit, dass die Ausführungen des Klägers zu wesentlichen tatsächlichen Gesichtspunkten nicht schlüssig seien, der allgemeinen Lebenserfahrung widersprächen und weder konkret, detailliert noch lebensnah seien. So sei es insbesondere unglaubhaft, weshalb es dem Kläger nicht auch möglich gewesen wäre, seine Papiere und insbesondere seine Geburtsurkunde mitzunehmen, nachdem er schon in der Lage gewesen sei, Geld und Kleidung in die Hauptstadt mitzunehmen. Auch hätte er sich Papiere und Geburtsurkunde noch in die Hauptstadt nachbringen lassen können.

Beispiel 2: psychische Erkrankung
Das Verwaltungsgericht zeigt in der mündlichen Verhandlung, dass es Zweifel an dem Vorbringen des Klägers hinsichtlich der erlittenen Folter und der Gefangenschaft hat. Der in der mündlichen Verhandlung gestellte Beweisantrag, ein Sachverständigengutachten bezüglich einer posttraumatischen Belastungsstörung einzuholen, wird durch das Verwaltungsgericht abgelehnt, da es den maßgeblichen, klägerischen Vortrag für nicht glaubhaft halte. Zuvor

waren Stellungnahmen der behandelnden Therapeuten des Klägers eingereicht worden, in dem bestätigt wird, dass der Kläger unter einer posttraumatischen Belastungsstörung leide, die er durch Kriegserlebnisse und Folter erlitten habe.

Beispiel 3: geeignete Beweise
Der Kläger stammt aus der Türkei und ist Kurde. Von Ende 2002 bis Anfang 2004 habe er insgesamt 15 Monate Wehrdienst geleistet. Der Kläger hat angegeben, er habe viele Probleme in der Türkei gehabt und sei dann in die Berge gegangen. Er sei pro-kurdischer Partisan und sympathisiere mit den Guerillas. Deshalb sei er vom Militär mehrfach in Gewahrsam genommen und misshandelt worden. Das Verwaltungsgericht wies die Klage ab. Es hat dazu ausgeführt, der Kläger habe ein individuelles politisches Verfolgungsschicksal nicht glaubhaft dargelegt. Seine Angaben bei der Anhörung beim Bundesamt sowie in der mündlichen Verhandlung vor dem Verwaltungsgericht ließen nicht darauf schließen, dass ihm im Falle einer Rückkehr in die Türkei politische Verfolgung drohe. Sein Vorbringen sei hinsichtlich seiner politischen Betätigung und Überzeugung wenig nachvollziehbar. Die Umstände seiner Flucht in die Berge und die dortigen Vorkommnisse blieben im Dunkeln. Es bestünden erhebliche Zweifel, ob sich der Kläger in der Türkei über seine anti-türkische Einstellung hinausgehend überhaupt in irgendeiner Weise politisch engagiert habe. Zwar sei sein Vorbringen zu seiner Tätigkeit an der elterlichen Tankstelle nicht völlig unglaubhaft. Unglaubwürdig sei der Vortrag des Klägers, mehrere Tage festgehalten und gefoltert worden zu sein. Das Gericht habe sich nicht die Überzeugung verschaffen können, dass der Kläger über eigenes Erleben berichtet habe. Sein Vortrag, wonach er sich der PKK in den Bergen angeschlossen habe, sei nach Auffassung des Gerichts frei erfunden.

B. Prüfungsreihenfolge

I. Zulassungsantrag § 78 Abs. 4 AsylG

Gegen das Urteil des Verwaltungsgerichts ist die Berufung nur zulässig, wenn sie vom Berufungsgericht **auf Antrag zugelassen** wird (§ 78 Abs. 2 S. 1 AsylG). Zwar verstößt eine solche Einschränkung des Instanzenzugs nicht gegen Art. 19 Abs. 4 GG, es verbietet sich jedoch eine Auslegung und Anwendung dieser Rechtsnorm, welche die Beschreitung des eröffneten (Teil-) Rechtsweges in einer unzumutbaren, aus Sachgründen nicht mehr zu rechtfertigenden Weise erschwert.[1] Durch die Antragstellung wird die Rechtskraft des verwaltungsgerichtlichen Urteils gehemmt (§ 78 Abs. 4 S. 5 AsylG).

3

II. Frist

Der Zulassungsantrag ist binnen **eines Monats nach Zustellung** des Urteils beim Verwaltungsgericht zu stellen (vgl. § 78 Abs. 4 S. 1 AsylG). Innerhalb der Frist sind auch die Zulassungsgründe darzulegen. Im Gegensatz zur Berufungsbegründungsfrist sieht das Gesetz keine Möglichkeit der Fristverlängerung vor. Als gesetzliche Frist kann sie nicht durch richterliche Verfügung verlängert werden (§ 57 Abs. 2 VwGO iVm § 224 Abs. 2 ZPO).[2] Dies gilt ebenso in den Fällen, in denen der Kläger im verwaltungsgerichtlichen Verfahren nicht anwaltlich

4

---

1 BVerfG EZAR 633 Nr. 24; BVerfG InfAuslR 1995, 126, 128.
2 BVerwGE 34, 351, 352.

vertreten war und nach Urteilszustellung ein Bevollmächtigter die Vertretung anzeigt und Akteneinsicht beantragt[3] (vgl. zum Fristversäumnis § 10 Rn. 7-9)

III. Anwaltszwang

5 Für das **asylrechtliche Antragsverfahren zur Berufungszulassung** besteht Anwaltszwang (§ 67 Abs. 1 Satz 1 VwGO). Stellt der Asylsuchende selbst den Antrag auf Zulassung der Berufung wird die Entscheidung in der Regel rechtskräftig, da mangels anwaltlicher Vertretung der Antrag unzulässig ist. Es ist jedoch unbeschadet von § 67 Abs. 1 Satz 2 VwGO zulässig, für das Berufungszulassungsverfahren innerhalb der Antragsfrist ohne Rechtsanwalt einen Antrag auf **Bewilligung von Prozesskostenhilfe** zu stellen. Der Antrag muss allerdings in groben Zügen erkennen lassen, weshalb das angefochtene Urteil für falsch angesehen wird. Die präzise Bezeichnung des Zulassungsgrundes kann nicht verlangt werden. Der Antrag auf Bewilligung von Prozesskostenhilfe ist Nachweis für das fehlende Verschulden des Antragstellers an der Versäumnis der Antragsfrist.[4] Durch den im Rahmen der Bewilligung beigeordneten Rechtsanwalt ist anschließend innerhalb der Frist des § 60 Abs. 2 S. 1 VwGO der Antrag auf Wiedereinsetzung zu stellen. Dabei ist glaubhaft zu machen, dass es dem Asylsuchenden innerhalb der Frist nach § 78 Abs. 4 S. 1 AsylG nicht möglich war, einen Rechtsanwalt mit der Vertretung im Berufungszulassungsverfahren zu beauftragen.[5] Die Wiedereinsetzungsfrist beginnt mit der Übernahme der Prozessvertretung durch den Prozessbevollmächtigten.

IV. Antragstellung beim Verwaltungsgericht

6 Der **Zulassungsantrag** ist nach § 78 Abs. 4 S. 2 AsylG beim **Verwaltungsgericht** zu stellen. Die Antrags- und Begründungsfrist nach § 78 Abs. 4 S. 2 AsylG ist nicht gewahrt, wenn der Antrag fristgerecht beim Berufungsgericht eingeht.[6] Es wird allgemein davon ausgegangen, dass keine Verpflichtung des Berufungsgerichts besteht, einen bei ihm eingegangenen Zulassungsantrag fristwahrend an das zuständige Verwaltungsgericht weiterzuleiten oder den Antragsteller auf die geltenden Verfahrensbestimmungen hinzuweisen. Der Anwalt ist jedoch auf der sicheren Seite, wenn er bezüglich des zuständigen Gerichts den Vorgaben der Rechtsbehelfsbelehrung folgt.

V. Gehörsrüge

7 Die Gehörsrüge setzt einen **erheblichen Darlegungsaufwand** voraus. Der Gehörsrüge kommt im Asylprozess eine besondere Bedeutung zu. Die Erfolgsaussichten der **Grundsatz-** und **Divergenzrüge** sind demgegenüber als gering einzuschätzen. Angesichts der Vergemeinschaftung des Asylrechts durch die Richtlinie RL 2011/95/EU (Qualifikationsrichtlinie) mag dies für die absehbare Zukunft aber anders zu beurteilen sein. Eine Gehörsrüge kann, wenn sie gut begründet ist, wegen der überragenden Bedeutung des rechtlichen Gehörs gem. Art. 103 Abs. 1 GG zum Erfolg führen.

---

3 BVerwG NJW 1990, 1313.
4 OVG Hamburg, NVwZ-RR 2001, 548.
5 BVerwG NVwZ-RR 2000, 59, 60.
6 VGH Kassel AuAS 1996, 232; OVG Schleswig, U. vom 22. Februar 1995 – 2 L 6/95 – juris.

VI. Voraussetzungen der Gehörsrüge

Die Rüge der Verletzung rechtlichen Gehörs muss hinreichend deutlich zum Ausdruck bringen, durch **welche Verfahrensweisen** des Gerichts im Einzelnen der Anspruch auf **rechtliches Gehör verletzt** worden ist. Die Feststellung, wann im Einzelnen davon ausgegangen werden kann, dass das Verwaltungsgericht in prozessordnungswidriger Weise Sachvorbringen nicht zur Kenntnis genommen hat, ist im Einzelfall häufig schwierig zu treffen. Geht das Verwaltungsgericht jedoch auf den wesentlichen Kern des Tatsachenvortrags eines Beteiligten zu einer Frage, die für das Verfahren von zentraler Bedeutung ist, in den Entscheidungsgründen nicht ein, so lässt dies auf die Nichtberücksichtigung des Vortrags schließen, sofern er nicht nach dem Rechtsstandpunkt des Gerichts unerheblich oder aber offensichtlich unsubstanziiert ist.[7] Es ist insbesondere verpflichtet, das ihm unterbreitete Vorbringen der Verfahrensbeteiligten umfassend zur Kenntnis zu nehmen und bei der Entscheidungsfindung in Erwägung zu ziehen. Aus der fehlenden Erörterung von Teilen des Vorbringens muss mithin der Schluss gezogen werden können, dass diese nicht erwogen worden sind. Dies ist der Fall, wenn Tatsachen oder Tatsachenkomplexe übergangen werden, deren Entscheidungserheblichkeit sich aufdrängt.[8]

Bei der **Darlegung** der Voraussetzungen der Gehörsrüge ist zu bedenken, dass das Verwaltungsgericht tatsächliches und rechtliches Vorbringen der Beteiligten zwar zur Kenntnis zu nehmen, in Erwägung zu ziehen und in seiner Entscheidung zu verarbeiten hat. Es ist jedoch nicht gehalten, sich mit jedem Vorbringen in den Entscheidungsgründen **ausdrücklich zu befassen**.[9] Ein Verstoß gegen Art. 103 Abs. 1 GG ist deshalb erst dann anzunehmen, wenn besondere Umstände deutlich ergeben, dass im Einzelfall das wesentliche Vorbringen eines Beteiligten entweder überhaupt nicht zur Kenntnis genommen oder doch bei der Entscheidung ersichtlich nicht erwogen worden ist.[10]

Bei der Darlegung der Gehörsrüge sind die Tatsachen zum Beweisthema herauszuarbeiten und darzulegen, dass insoweit ein **substanziierter Sachvortrag abgegeben** worden war. Darüber hinaus ist darzulegen, dass dieser Sachvortrag vom Gericht nicht zur Kenntnis genommen wurde und nicht in Erwägung gezogen wurde.

Weiter ist in dem Zulassungsantrag darzulegen, dass im erstinstanzlichen Verfahren die dem **Berufungsführer zur Verfügung stehenden prozessualen Möglichkeiten ausgeschöpft wurden**. Denn nur unter diesen Voraussetzungen kann eine Gehörverletzung mit Erfolg gerügt werden.[11] Die Regelungen und Grundsätze, welche die Möglichkeit des Verfahrensbeteiligten zur Stellungnahme sichern und ausformen, haben diskurssichernde Funktion. Es ist zwar grundsätzlich Aufgabe des insoweit „vorleistungspflichtigen" Gerichts rechtliches Gehör zu gewähren. Bei sich abzeichnenden Gehörsverstößen, die im Verantwortungsbereich des Gerichts liegen, sind jedoch gegebene und sich aufdrängende Möglichkeiten, sich Gehör zu verschaffen, durch die Beteiligten zu nutzen, um den drohenden Gehörsverstoß abzuwenden. Die Anforde-

---

7 BVerfGE 86, 133, 146.
8 BVerwG, Beschl. vom 01. Oktober 1993 – 6 P 7/91 – juris.
9 BVerfGE 13, 132, 149; BVerwG NVwZ-RR 1994, 298.
10 BVerfGE 47, 182.
11 BVerfGE 74, 220, 225; BVerwG InfAuslR 1984, 89, 90; BVerwG EZAR 610 Nr. 25.

rungen, was ein Prozessbeteiligter zur Wahrung seines Anspruchs auf rechtliches Gehör zu tun hat, dürfen dabei allerdings nicht überspannt werden.[12]

12 Nach herrschender Meinung wird von dem Beteiligten die substanziierte Darlegung gefordert, was noch vorgetragen worden wäre oder wie er sich zu bestimmten Umständen geäußert hätte, die das Gericht seiner Entscheidung zugrundegelegt hat, wenn ihm ordnungsgemäß rechtliches Gehör gewährt worden wäre.[13]

13 Die Gehörsrüge ist nur dann begründet, wenn dargelegt wird, dass durch die **Nichtberücksichtigung des Vortrags entscheidungserhebliches Sachvorbringen nicht zur Kenntnis genommen** worden ist.

14 Es ist umstritten, ob die Gehörsrüge erfordert, dass weitere Darlegungen zur Ursächlichkeit der Gehörsverletzung vorzutragen sind.[14] Maßgeblich für das Beruhenserfordernis ist, dass es auf den übergangenen Vortrag nach der Rechtsansicht des Verwaltungsgerichts entscheidungserheblich ankommen muss.[15] Umstritten ist, ob die schlüssige Bezeichnung der Gehörsverletzung auch die Darlegung erfordert, dass der unterdrückte oder unterbliebene Sachvortrag möglicherweise zu einer anderen Entscheidung des Verwaltungsgerichts geführt hätte. Sind jedoch die einzelnen Voraussetzungen der Gehörsverletzung und die Entscheidungserheblichkeit dargelegt worden, beruht das Urteil auf der Gehörsverletzung. Haben die Verfahrensbeteiligten unter konkreter Auseinandersetzung mit der Begründung des Verwaltungsgerichts dargelegt, dass sie bei ausreichender Gewährung rechtlichen Gehörs im Einzelnen Tatsachen vorgetragen hätten, die der Wertung ihrer Angaben als widersprüchlich entgegenstehen, ist die Gehörsrüge schlüssig dargelegt.

VII. Muster

1. Muster zu Beispiel 1 (siehe Rn. 2): Zulassungsantrag Gehörsrüge

15 ▶ An das

Verwaltungsgericht ...

In dem Verwaltungsstreitverfahren

...

gegen Bundesrepublik Deutschland

Az. ...

beantrage ich,

gegen das Urteil des Verwaltungsgerichts die Berufung zuzulassen (§ 78 Abs. 4 AsylG).

Die Berufung ist zuzulassen, weil dem Kläger das rechtliche Gehör versagt worden ist (§ 78 Abs. 3 Nr. 3 AsylG iVm § 138 Nr. 3 VwGO).

Das rechtliche Gehör ist verletzt worden, weil das Gericht ohne vorherigen Hinweis Anforderungen an den Sachvortrag gestellt hat, mit denen auch ein gewissenhafter und kundiger Prozessbeteiligter auch unter Beachtung der Vielfalt vertretbarer Rechtsauffassungen nach dem bisherigen Prozessverlauf nicht zu rechnen brauchte.

---

12 BVerfG AuAS 1995, 177, 178.
13 BVerwG, Beschl. vom 03. August 1994 – 6 B 31/94 – juris; BVerwG InfAuslR 1998, 219, 220.
14 Dagegen BVerwGE 34, 77 (79), dafür OVG Brandenburg, AuAS 2004, 59.
15 BVerfG, NVwZ 2006, 684, 686.

Das Verwaltungsgericht verletzt mit dem als entscheidungserheblich gewerteten, aber nicht vorgehaltenen Umstand, dass der Kläger seine Papiere und Geburtsurkunde nicht mitgenommen hat, unter dem prozessualen Gesichtspunkt der unzulässigen Überraschungsentscheidung das rechtliche Gehör des Klägers. Die Wertung im verwaltungsgerichtlichen Urteil, der Kläger sei unglaubwürdig, weil er vor dem Bundesamt ausgesagt habe, dass er auf der Flucht keine Möglichkeit zur Mitnahme der Papiere gehabt habe, überraschte den Kläger. Denn mit einer derartigen Wertung war nach dem bisherigen Prozessverlauf nicht zu rechnen.

Der Kläger hatte angegeben, dass er aufgrund einer Warnung vor einer „Befragung" durch Zivilbeamte durch einen Arbeitskollegen, erneut Haft oder Verhöre befürchtet hatte und daraufhin sein Geld und seine Kleidung genommen hatte und geflohen sei. Laut Protokoll hat das Verwaltungsgericht die über zwei Stunden dauernde Aussage des Klägers aufgenommen, ohne den Kläger darauf hinzuweisen, dass er entsprechend seiner Mitwirkungspflicht zu dem tatsächlichen Geschehen Stellung nehmen muss. Der Kläger musste auch nicht damit rechnen, dass weitere Äußerungen zu diesem Gesichtspunkt von ihm erwartet wurden, da er zu diesem Themenkomplex in der mündlichen Verhandlung ausweislich der Verhandlungsniederschrift detailliert berichtet hatte. Das Verwaltungsgericht übersieht auch, dass eine vor den Sicherheitsorganen eines Landes fliehende Person nach der Lebenserfahrung zwar daran denkt, Kleider und Geld mitzunehmen, kaum aber an seine Geburtsurkunde. Wenn das Verwaltungsgericht aber gleichwohl deshalb Zweifel an der Glaubhaftigkeit der Sachangaben des Klägers insgesamt aus dem Umstand ableitet, dass er seine Geburtsurkunde vergaß, so hätte es dem Kläger Gelegenheit geben müssen, sich hierzu zu äußern. Hätte der Kläger vorhersehen können, dass das Verwaltungsgericht Zweifel an seinem Vorbringen hegt, hätte es diesen auf den tatsächlichen Grund für diese Zweifel hinweisen müssen. Der Kläger hätte dann die genaueren Umstände seiner spontanen Flucht schildern können und warum es ihm dabei nicht möglich war, die Papiere und die Geburtsurkunde mitzunehmen.

Weil diese spezifische Beweiswürdigung den Kläger überrascht, konnte er in der mündlichen Verhandlung keine geeigneten prozessualen Gegenmaßnahmen treffen. Aufgrund dieser Verfahrensweise wird der Anspruch des Klägers auf Gewährung rechtlichen Gehörs verletzt. Der Kläger hätte die nachträglich vom Gericht erhobenen Zweifel ausräumen und durch geeignete prozessuale Vorkehrungen auf eine entsprechende gerichtliche Aufklärung hätte hinwirken können.

Der Gehörsverstoß ist auch entscheidungserheblich. Denn nach der Rechtsansicht des Verwaltungsgerichtes kommt dem unterlassenen Sachvortrag entscheidungserhebliche Bedeutung zu.

Das angefochtene Urteil beruht auch auf der Gehörsverletzung, da mangels gerichtlichen Hinweises ein weiterer Vortrag des Klägers zu anspruchstragenden Tatsachen, die die Zweifel des Gerichts hätten ausräumen können, abgeschnitten wurde. Im Übrigen kann nicht ausgeschlossen werden, dass das Verwaltungsgericht eine für den Kläger günstigere Entscheidung hätte treffen können, hätte es diesem durch die prozessual gebotene Form des Vorhalts Gelegenheit gegeben, in der mündliche Verhandlung die Zweifel des Gerichts durch konkrete Schilderung der erforderlichen Tatsachen auszuräumen.

...

Rechtsanwalt ◄

2. Muster zu Beispiel 2 (siehe Rn. 2): Zulassungsantrag Gehörsrüge PTBS

16 ▶ In dem Verwaltungsstreitverfahren

...

gegen die Bundesrepublik Deutschland

Az. ...

beantrage ich,

gegen das Urteil des Verwaltungsgerichts die Berufung zuzulassen (§ 78 Abs. 4 AsylG).

Die Berufung ist zuzulassen, weil dem Kläger das rechtliche Gehör versagt worden ist (§ 78 Abs. 3 Nr. 3 AsylG iVm § 138 Nr. 3 VwGO).

Es liegt ein Berufungszulassungsgrund gemäß § 78 Abs. 3 Nr. 3 AsylG iVm § 138 VwGO vor, da gegen den Grundsatz der Gewährung rechtlichen Gehörs verstoßen wurde, indem das Gericht den Beweisantrag auf Seite ... des Protokolls vom ... hinsichtlich des Vorliegens einer PTBS ablehnte. Auf der Grundlage der Stellungnahmen vom ... und vom ... hätte das Gericht hinsichtlich des Klägers weiter Beweis erheben müssen. Hierzu stellte das Bundesverwaltungsgericht im Beschluss vom 11.9.2007 fest, dass zur Substantiierung eines Sachverständigenbeweisantrags, der das Vorliegen einer behandlungsbedürftigen PTBS zum Gegenstand hat, angesichts der Unschärfen des Krankheitsbildes sowie seiner vielfältigen Symptome regelmäßig die Vorlage eines gewissen Mindestanforderungen genügenden fachärztlichen Attests gehört. Aus diesem muss sich nach dieser Rechtsprechung nachvollziehbar ergeben, auf welcher Grundlage der Facharzt seine Diagnose gestellt hat und wie sich die Krankheit im konkreten Fall darstellt. Dies ist hier der Fall: Die Psychiaterin X und der Psychologische Psychotherapeut Y haben in den Stellungnahme die Anamnese dargelegt und sind ausweislich Punkt III im Gespräch mit dem Kläger auf die traumatischen Ereignisse in dessen Biografie eingegangen. Unter Punkt 4 und 5 wird ausgeführt, wie sich die Krankheit im Einzelnen darstellt. Die Stellungnahme soll nach den Maßstäben des Bundesverwaltungsgerichts, (aaO) auch Angaben dazu enthalten, seit wann und wie häufig sich der Patient in ärztlicher Behandlung befunden hat. Hierzu wird in der Stellungnahme ausgeführt. Weiter führt die Psychiaterin aus, dass die vom Kläger geschilderten Beschwerden durch die erhobenen Befunde bestätigt werden, und trifft eine Aussage über die Schwere der Erkrankung unter Punkt 4 und 5. Es wird festgestellt, dass eine PTBS vorliegt und dass im Fall einer Rückkehr von einer Reaktualisierung und damit wesentlichen Verschlimmerung der traumatogenen Symptomatik auszugehen ist. Hinsichtlich des Verlaufs der Erkrankung trägt der Kläger durch Vorlage eines Attests von Dr. Z vom ... weiter vor, dass der Kläger sich seit dem ... in seiner fachärztlichen Behandlung befindet. Zu den verschriebenen Medikamenten wurde, wie im Protokoll vom ... aufgenommen, eine Bescheinigung des Hausarztes über die verschriebenen Medikamente vorgelegt.

Somit entsprechen die vorgelegten Stellungnahmen des Facharztes und des Psychotherapeuten den vom Bundesverwaltungsgericht aufgestellten inhaltlichen Anforderungen an die Substantiierung. Bei der Begründung zur Ablehnung des Beweisantrags, weil die Angaben des Klägers mangels eines glaubhaft dargelegten Anlassgeschehens nicht geglaubt werden, handelt es sich um eine Beweisantizipation, die im Prozessrecht keine Stütze hat.

Auch die Beklagte hat in ihrem Schriftsatz vom ... aufgrund des klägerischen Schriftsatzes vom ... angeregt, „den Vorschlag des Klägervertreters aufzugreifen und zu erweitern, mit einem neutralen Fachgutachten Beweis zu erheben, ob der Kläger an einer posttraumatischen Belastungsstörung leidet, und im Fall einer Bejahung dessen festzustellen, welche auslösenden Faktoren, bezogen auf die Russische Föderation, maßgebend waren oder, bezogen auf seinen Aufenthalt in Deutschland, maßgebend sind."

Das Verwaltungsgericht hat die Klage in Bezug auf Abschiebungsschutz nach Maßgabe des § 60 Abs. 7 S. 1 AufenthG mit der Begründung abgewiesen, dass es von dem Vorliegen und der Schwere einer PTBS im Sinne von bei einer Rückkehr drohenden Gesundheitsgefährdungen sich nicht zu überzeugen vermochte, da es an einem glaubhaft dargelegten Anlassgeschehen auch unter Berücksichtigung der eingereichten Bescheinigungen mangeln würde. Der beantragten Beweisaufnahme bedürfe es hier jedenfalls nicht.

Auf die Beweisanregung der Beklagten vom ... geht das Gericht in seinem Urteil nicht ein.

In Bezug auf die Erkrankung des Klägers an einer posttraumatischen Belastungsstörung wurden Stellungnahmen vom ... und vom ... von zwei Therapeuten eingereicht. Die erste Stellungnahme wurde aufgrund von drei diagnostischen Sitzungen von jeweils 3,5 Stunden durchgeführt. Dabei wurde festgestellt, dass der Kläger an einer schweren, chronifizierten posttraumatischen Belastungsstörung leidet. In einer weiteren Stellungnahme vom ... wird umfassend zur Glaubhaftigkeit der Darstellungen des Klägers vorgetragen. Die Glaubhaftigkeit der Darstellungen wird als sehr hoch eingeschätzt. Dies wird an den Kriterien Detailreichtum, Kongruenz, Konstanz sowie Verhaltensweisen und Begleiterscheinungen (starke Unruhe und Zittern, Übelkeit und starke körperliche Schmerzen während und nach dem Erzählen der Folterungen) dargelegt (vgl. S. ... der Stellungnahme vom ...).

Dazu wird weiter ausgeführt (vgl. S. ...): *„Die Beobachtungen des Therapeuten und die Angaben des Klienten hinsichtlich der Schwere der Symptomatik stimmen überein. Die Änderungen im Behandlungszeitraum entsprechen der klinischen Erwartungswahrscheinlichkeit und müssen als Hinweis auf die Echtheit der Störung gedeutet werden. Es ergeben sich daher keine gravierenden Einwände gegen die Echtheit der Störung. Bei Herrn K liegt demnach eine traumabedingte Erkrankung vor, die nach unserem Ermessen mit an Sicherheit grenzender Wahrscheinlichkeit auf die geschilderten extrem traumatischen Kriegserlebnisse sowie die Folterungen seiner Person zurück zu führen sind. Es ergeben sich keine Hinweise auf eine herabgesetzte Validität der explorierten Darstellungen."*

In der mündlichen Verhandlung wurde aufgrund der vorgelegten Stellungnahmen folgender Beweisantrag gestellt:

„Wie bereits vorgetragen und aus den beigebrachten Stellungnahmen ersichtlich, ist der Kläger aufgrund seiner posttraumatischen Belastungsstörung in therapeutischer Behandlung. Sollten die beigebrachten Stellungnahmen für die Glaubhaftmachung für das Vorbringen und die Erkrankung des Klägers als nicht ausreichend erachtet werden, werden wir in der mündlichen Verhandlung beantragen, durch Einholung eines psychologischen/psychiatrischen Gutachtens zu klären, dass der Kläger

1. *an einer posttraumatischen Belastungsstörung leidet und*
2. *durch diese Erkrankung eine nahe liegende und konkrete Suizidgefahr für den Kläger sowie eine erweiterte Suizidgefahr besteht sowie*
3. *seine Erkrankung mit hoher Wahrscheinlichkeit durch Folterungen entstanden sind.*

Die Ablehnung des Beweisantrags stellt eine Verletzung des rechtlichen Gehörs dar. Die Ablehnung des Beweisantrags findet im Prozessrecht keine Stütze. Es wurde durch den Beweisantrag das Vorliegen einer PTBS und die Glaubhaftmachung des Verfolgungsgeschehens, unter Beweis gestellt.

Das Verwaltungsgericht hat den Beweisantrag im Wesentlichen mit der Begründung abgelehnt, es halte den maßgeblichen, klägerischen Vortrag für nicht glaubhaft. Vorliegend wurde ausweislich der eingereichten psychologischen Stellungnahmen die inkonsistente Aussage des Klägers zu 1) gerade mit medizinisch-psychologischen Erwägungen begründet. Dazu war in den klägerischen Schriftsätzen direkt Bezug genommen worden. Das Gericht ist inhaltlich auf diese Erwägungen mit keinem Wort eingegangen. Durch das Nicht-Eingehen des Gerichts auf die fachlichen Ausführungen bezüglich des glaubhaften Vorbringens des Klägers zeigt das Gericht, dass es den Sachvortrag entgegen Art. 103 Abs. 1 GG nicht zur Kenntnis genommen hat. Darüber hinaus fehlt eine prozessrechtlich haltbare Begründung dafür, aus welchen Gründen (insbesondere kraft welcher Fach- und Sachkompetenz) das Gericht meinte, sich über die fachliche Einschätzung der Therapeuten hinwegsetzen zu können. Eine Auseinandersetzung mit den Erwägungen der Therapeuten fehlt.

Auch das Bundesverfassungsgericht hat in einer Entscheidung vom 27.9.2007 – 2 BvR 1612/07 – festgestellt, dass die Auffassung eines Verwaltungsgerichts die Ausführungen des Beschwerdeführers seien unglaubhaft und das vorgelegte Gutachten sei auch nur als Anknüpfungstatsache für weitere Ermittlungen und Beweiserhebungen unverwertbar, verfassungsrechtlich nicht haltbar sei.

(Vgl. BA S. ...) „*Das Verwaltungsgericht hätte sich mit den Ausführungen im Gutachten zur Glaubhaftigkeit, namentlich zu den beobachteten vegetativen Reaktionen, der sprunghaften Schilderung und der Übereinstimmung zwischen Erlebnisschilderung und beobachteten affektiven Regungen und dem aus diesen Umständen gezogenen Schluss auf den hohen Wahrheitsgehalt der Einlassungen des Beschwerdeführers beschäftigen und darlegen müssen, weshalb dieser Ansatz entweder für sich betrachtet bereits nicht weiter führt oder es trotz der Ausführungen weiterhin von der Unglaubhaftigkeit des Vorbringens überzeugt ist.*"

Die Beweiserhebung war auch entscheidungserheblich. Der Kläger hat anhand der Stellungnahmen vom ... und ... substantiiert vorgetragen, dass eine Erkrankung vorliegt und dadurch das Verfolgungsgeschehen und die Folter glaubhaft gemacht.

Damit liegt ein Verfahrensfehler vor, der auch erheblich ist für die Entscheidung. Das angefochtene Urteil beruht auch auf der Gehörsverletzung. Wäre das Gericht dem Beweisantrag nachgegangen, wäre es möglicherweise zu einem anderen Urteil gekommen.

...

Rechtsanwalt ◄

3. Muster zu Beispiel 3 (siehe Rn. 2): Zulassungsantrag Gehörsrüge

▶ In dem Verwaltungsstreitverfahren

...

gegen die Bundesrepublik Deutschland

Az. ...

beantrage ich,

gegen das Urteil des Verwaltungsgerichts die Berufung zuzulassen (§ 78 Abs. 4 AsylG).

Die Berufung ist zuzulassen, weil dem Kläger das rechtliche Gehör versagt worden ist (§ 78 Abs. 3 Nr. 3 AsylG iVm § 138 Nr. 3 VwGO).

Es liegt ein Zulassungsgrund gemäß § 78 Abs. 3 Nr. 3 AsylG iVm § 138 VwGO vor, da gegen den Grundsatz der Gewährung rechtlichen Gehörs verstoßen wurde, indem das Gericht den Beweisantrag bezüglich der Suche des Klägers durch Sicherheitsbehörden ablehnte. Mit Schriftsatz vom ... sowie in der mündlichen Verhandlung stellte der Kläger den Beweisantrag zum Beweis der Tatsache, dass der Kläger in der Türkei wegen Terrorverdachts gesucht wird, eine Auskunft des Auswärtigen Amtes einzuholen. Der Beweisantrag wurde wie folgt begründet:

„Es besteht aufgrund der vom Kläger geschilderten Tatsachen sowie aufgrund der Tatsache, dass die türkischen Sicherheitskräfte noch im März 20xx bei den Eltern des Klägers sich nach dessen Aufenthaltsort erkundigten, Grund zu der Annahme, dass der Kläger in der Türkei per Haftbefehl oder Fahndungsausschreibung gesucht wird. Aus dem Lagebericht des Auswärtigen Amtes vom ... ergibt sich, dass Rückkehrer, wenn sie abgeschoben wurden, nach Ankunft in der Türkei einer Routinekontrolle unterzogen werden, die einen Abgleich mit dem Fahndungsregister nach strafrechtlich relevanten Umständen und eine eingehende Befragung beinhalten kann. Das Beweismittel ist entscheidungserheblich, da sich bei Bestätigung der Beweistatsache ergibt, dass dem Kläger bei seiner Rückkehr (erneute) Verfolgungsmaßnahmen bzw. Verhaftung drohen.

Das Gericht lehnte den Beweisantrag mit Beweisbeschluss vom ... ab mit der Begründung, das Beweismittel sei ungeeignet, weil es sich nicht um eine konkrete Prüfung eines Vorgangs handele. Vielmehr könne eine Nachfrage des Auswärtigen Amtes schlimmstenfalls Nachfluchtgründe auslösen.

Hinsichtlich des Beschlusses erhob der Kläger mit Schriftsatz vom ... zutreffende Gegenvorstellung.

Zulässig und grundsätzlich geeignet zur Beweiserhebung sind Beweisanträge, das Gericht möge über eine bestimmte Tatsache (Beweisthema) mit einem bestimmten Beweismittel Beweis erheben (Marx, AsylVfG, 8. Auflage, § 78 Rn. 58). Dass es sich bei dem Beweisthema um einen Vorgang handeln müsse, ist hier nicht bekannt. Es ist auch nicht nachvollziehbar, worauf die Begründung des Gerichts zur Ablehnung des Beweisantrags rechtlich abzielt oder gestützt ist. Der seitens des Klägers gestellte Beweisantrag hat eine bestimmte Tatsache (Beweisthema) zum Gegenstand, nämlich die Tatsache, dass der Kläger in der Türkei durch die Sicherheitsbehörden wegen angeblichen Terrorverdachts gesucht wird. Bei diesem Beweisthema handelt es sich im Sinne der Anforderungen an einen Beweisantrag um eine bestimmte (konkrete) Tatsache, zu deren Beweis mit dem im Beweisantrag angegebenen bestimmten Beweismittel Beweis erhoben werden kann.

Der Beweisantrag wurde ausweislich des Beweisantrags auch hinreichend substantiiert.

Die Entscheidungserheblichkeit des Beweisantrags ergibt sich bereits aus der oben zitierten Begründung des Beweisbeschlusses.

Hinsichtlich der vom Gericht im Urteil vom ... zu seinem Beweisbeschuss weiter ausgeführten Begründung, ist Folgendes vorzutragen:

Soweit das Gericht ausführt, dass nicht einmal eine gewisse Wahrscheinlichkeit für den Wahrheitsgehalt der vom Kläger unter Beweis gestellten Behauptung spreche, so beruht diese Einschätzung auf einer gerichtlichen Beweiswürdigung, die wesentliche Tatsachenkomplexe des Verfahrens außer Acht lässt und insofern ebenfalls einen Gehörsverstoß darstellt.

Zur Substantiierung seines Beweisantrags führte der Kläger im Schriftsatz vom ... wie oben zitiert aus, dass der Kläger bereits von türkischen Sicherheitskräften inhaftiert und gefoltert worden sei. Weiterhin führte er aus, dass türkische Sicherheitskräfte noch im März ...20xx bei den Eltern des Klägers sich nach dessen Aufenthaltsort erkundigten.

Zu dieser Tatsache hatte der Kläger ebenfalls Beweis angetreten. Das Gericht lehnte den diesbezüglichen Beweisantritt mit der Begründung der Wahrunterstellung ab. Bei Wahrunterstellung der Tatsache, dass die Eltern des Klägers die Tante telefonisch darüber informiert haben, dass türkische Sicherheitskräfte noch im März sich bei den Eltern des Klägers nach dessen Verbleib erkundigten, kann jedoch nicht zulässigerweise entgegen der als wahr unterstellten Tatsache angenommen werden, dass noch nicht einmal eine gewisse Wahrscheinlichkeit für den Wahrheitsgehalt der von ihm unter Beweis gestellten Tatsache spreche.

Rechtsanwalt ◄

C. Fehlerquellen

I. Allgemeine Funktion und Fallstricke der Zulassungsrügen

18 Die Zulassungsrügen haben unterschiedliche Funktion. **Grundsatz-** und **Divergenzzulassung** zielen auf die **Wahrung der Rechtseinheit und der Fortbildung des Rechts** im Interesse der Allgemeinheit; lediglich die Verfahrensrüge (wie die Gehörsrüge) dient über die verwaltungsgerichtliche Kontrolle auch der Einzelfallgerechtigkeit. Der Gesetzgeber hat insbesondere davon abgesehen, den Zulassungsgrund der tatsächlichen und rechtlichen Schwierigkeiten in den Katalog der Zulassungsgründe des § 78 Abs. 3 AsylG aufzunehmen und damit bewusst in Kauf genommen, dass die materielle Richtigkeit der verwaltungsgerichtlichen Entscheidung nicht umfassend oder zumindest doch in Fällen offenkundiger Unrichtigkeit oder einer Verkennung von Bedeutung und Tragweite des Art. 16 a Abs. 1 GG zur berufungsgerichtlichen Prüfung gestellt werden kann. Die rechtspolitisch hingenommene Konsequenz ist damit, dass auch fehlerhafte erstinstanzliche Entscheidungen in Rechtskraft erwachsen.[16]

II. Möglicher Rügeverlust

19 Zieht das Gericht die Akte eines Dritten bei und wird dies ausweislich des Protokolls in der mündlichen Verhandlung ausdrücklich angesprochen, kann der Betroffene nicht mit Erfolg rügen, ihm sei das rechtliche Gehör dadurch versagt worden, dass er vergeblich auf eine Mitteilung des Gerichts über die Beiziehung der Akte gewartet habe.[17] Auf der anderen Seite löst der allgemein gehaltene Hinweis des Gerichts auf die ihm vorliegenden Informationsquellen keine Pflicht der Verfahrensbeteiligten aus, sich um eine Konkretisierung dieser Quellen zu bemühen.[18]

III. Unklare Darlegung

20 Ein häufiger Grund für die Ablehnung eines Zulassungsantrags ist die **mangelhafte Darlegung der Zulassungsrüge**. Eine umfangreiche Antragsbegründung entspricht den Anforderungen an eine klare, verständliche und überschaubare Darlegung dann nicht, wenn die Ausführungen zu den Zulassungsgründen in unübersichtlicher, ungegliederter, kaum auflösbarer Weise mit Einlassungen zu für das Zulassungsverfahren nicht erheblichen Fragen vermengt sind. Ein Zulassungsantrag wird nur dann Erfolg haben, wenn er übersichtlich und systematisch die wesentlichen Tatsachen darlegt, aus denen sich die Gehörsverletzung ergibt. Dabei ist darauf zu achten, dass das Vorbringen zu den einzelnen Zulassungsgründen aufbereitet und strukturiert wird.

---

16 VGH Mannheim, Beschl. vom 13. Oktober 1988 – 13 S 703/88 – juris.
17 OVG Hamburg, AuAS 1993, 80 (81.).
18 BVerwG InfAuslR 1984, 89 (90.).

IV. Fehler bei der Tatsachenfeststellung oder Beweiswürdigung

Das Recht auf Gehör gibt dem Beteiligten grundsätzlich keine Handhabe gegen Fehler des Gerichts bei der Tatsachenfeststellung oder bei unzureichender Verwertung des Tatsachenmaterials. Ein Fehler bei der Sachverhaltsermittlung betrifft wie die unrichtige Auslegung von Gesetzen den inneren Vorgang der richterlichen Rechtsfindung, nicht den äußeren Verfahrensgang. Eine Einflussnahme auf die richterliche Beurteilung der zugrundeliegenden Tatsachen ist daher nur durch Stellung von Anträgen in der mündlichen Verhandlung möglich. Fehler in der Beweiswürdigung können nur dann mit der Gehörsrüge angegriffen werden, wenn wesentlicher **Prozessstoff in tatsächlicher Hinsicht ungewürdigt geblieben oder falsch bewertet worden** ist. Der Erfolg einer Gehörsrüge ist jedoch von weiteren Voraussetzungen abhängig. Es muss darüber hinaus dargelegt werden, dass nach der Rechtsansicht des Verwaltungsgerichts der nicht berücksichtigte Tatsachenstoff entscheidungserheblich war, alle verfügbaren und zumutbaren prozessualen Möglichkeiten ausgeschöpft wurden und das angefochtene Urteil auf der Gehörsverletzung beruht.

21

V. Mehrere tragende Gründe

Es ist nicht unüblich, dass ein Urteil **kumulativ oder alternativ auf unterschiedliche Gründe** gestützt wird. Dabei ist im Zulassungsantrag darauf zu achten, dass **gegen sämtliche Begründungen ein Zulassungsgrund geltend zu machen** ist. Werden nicht für sämtliche tragende Gründe des Urteils Zulassungsgründe vorgebracht, ist die dargelegte Gehörsverletzung nicht entscheidungserheblich. Daher müssen sämtliche für das Urteil tragenden Gründe angegriffen werden.

22

D. Weiterführende Hinweise

I. Unterschied zwischen § 78 Abs. 3 und § 124 Abs. 2 VwGO

Die Berufung gegen ein ablehnendes Urteil im Asylverfahren ist nur dann zulässig, wenn sie **vom Berufungsgericht auf Antrag zugelassen** wird (§ 78 Abs. 2 S. 1 AsylG). Dabei handelt es sich gegenüber den allgemeinen verwaltungsprozessualen Vorschriften der §§ 124, 124 a VwGO um eine spezialgesetzliche Regelung. § 78 Abs. 2 bis 5 AsylG enthalten gegenüber §§ 124, 124 a VwGO weitaus engere Regelungen für den Rechtsmittelführer. Die Berufungszulassungsgründe im Asylverfahren sind den drei Revisionszulassungsgründe des § 132 Abs. 2 VwGO teilweise nachgebildet worden (§ 78 Abs. 3 AsylG). Die auf die unzulängliche gerichtliche Sachaufklärung gerichtete Aufklärungsrüge ist im Asylprozess grundsätzlich nicht rügefähig, kann aber im Einzelfall in Form der Gehörsrüge durchgreifen.[19] Die Zulassungsentscheidung bedarf keiner Begründung (§ 78 Abs. 5 S. 1 AsylG). Die Sprungrevision gegen ein Urteil der Verwaltungsgerichts ist ausgeschlossen (§ 78 Abs. 2 S. 2 AsylG).

23

Bei § 78 **AsylG** handelt es sich um eine **abschließende Sonderregelung,** die die allgemeine Vorschrift des § 124 VwGO als lex specialis verdrängt und ihre Anwendung ausschließt.[20] Da jedoch § 78 AsylG bezüglich der Berufungsbegründung keine Sonderregelung enthält, ist § 124 a Abs. 6 VwGO auch in Asylstreitigkeiten anwendbar. Das bedeutet, dass innerhalb von einem Monat nach Zustellung des Zulassungsbeschlusses ein Schriftsatz zur Berufungs-

24

---

19 Siehe hierzu im Einzelnen *Marx*, AsylVfG, § 78 Rn. 152 ff.
20 VGH Mannheim, Beschl. vom 08. April 1997 – A 16 S 1048/97 – juris.

begründung eingereicht werden muss.[21] Es kann allerdings ein Verlängerungsantrag gestellt werden.

II. Nicht ordnungsgemäß eingeführte Erkenntnismittel

25 Der Anspruch auf rechtliches Gehör nach Art. 103 Abs. 1 GG gebietet den Gerichten, nur solche Tatsachen und Beweisergebnisse einschließlich Presseberichten und Behördenauskünften zu verwerten, die von einem Verfahrensbeteiligten oder vom Gericht – im Einzelnen bezeichnet – **zum Gegenstand des Verfahrens gemacht** worden sind und zu denen sich die Beteiligten äußern konnten.[22]

26 Um die hinreichende Gewährung rechtlichen Gehörs sicherzustellen, reicht es in der Regel aus – wenn keiner der Beteiligten widerspricht – wenn das Gericht den Beteiligten eine **Liste der von Amts wegen einzuführenden Erkenntnismittel** übersendet. Der Beteiligte ist gehalten, durch Ausschöpfung der ihm zur Verfügung stehenden prozessualen Mittel rechtliches Gehör zu erlangen, etwa indem er die **nähere Konkretisierung** der vom Gericht für möglicherweise entscheidungserheblich gehaltenen Erkenntnismittel **verlangt**.[23] Das Verwaltungsgericht kann sich jedoch nicht darauf berufen, dass die Verarbeitung tatsächlicher Informationen in einem Erkenntnisprozess in die normativ bestimmte und deshalb dem Gericht vorbehaltene Antwort auf die Frage nach dem Bestehen einer Verfolgung münde und erst die wertende Erkenntnis im Urteil ein volles Bild über die Zusammenhänge liefere.[24] Denn hierbei wird außer Betracht gelassen, dass die Sammlung und Sichtung der tatsächlichen Grundlagen der Entscheidung ihrer wertenden Würdigung abtrennbar vorausgeht und dass Art. 103 Abs. 1 GG den Beteiligten eines gerichtlichen Verfahrens gewährleistet, auf diesen der richterlichen Beurteilung zugrundeliegenden Verfahrensschritt, insbesondere durch Stellung von Anträgen, sachgerecht und effektiv Einfluss nehmen zu können. Die tatsächlichen Grundlagen, auf die das Gericht seine Entscheidung zu stützen gedenkt, muss es offen legen, bevor das Urteil ergeht.[25]

27 Eine **Gehörsverletzung** liegt bei der **fehlerhaften Einführung** von Erkenntnismitteln jedoch nur dann vor, wenn das angefochtene Urteil **hierauf beruht**, es also nicht ausgeschlossen werden kann, dass der Rechtsmittelführer ohne diesen Verfahrensfehler im Einzelnen noch spezifiziert vorgetragen und gegebenenfalls weiteren Beweis angetreten hätte. Die Anforderungen an die Darlegung dürfen hierbei jedoch nicht überspannt werden. Ausreichend ist, dass ohne den gerügten Verfahrensverstoß Äußerungen des Beteiligten zu den verwerteten Erkenntnissen Einfluss auf die angefochtene Entscheidung gehabt haben könnten. Legt daher der Beteiligte im Zulassungsantrag umfangreiches Erkenntnismaterial und dokumentierte Einzelfälle vor, die der entscheidungserheblichen Würdigung des Gerichts entgegenstehen, erscheint es nicht ausgeschlossen, dass das Gericht zu anderen tatrichterlichen Feststellungen gelangt wäre.[26]

---

21 BVerwG, U. vom 30. Juni 1998 – 9 C 6/98 –, BVerwGE 107, 117-123.
22 BVerfG, Beschl. vom 2. März 1993 – 2 BvR 2075/92 – juris.
23 BVerwG InfAuslR 1994, 89, 90.
24 BVerfG AuAS 1993, 21, 22.
25 BVerfG, Beschl. vom 18. Februar 1993 – 2 BvR 1869/92 – juris.
26 Vgl. BVerfG, Beschl. vom 18. Februar 1993 – 2 BvR 1869/92 – juris.

E. Grundsatzrüge (§ 78 Abs. 3 Nr. 1 AsylG)

Für die Erhebung der Grundsatzrüge empfiehlt sich die Beachtung des folgenden Prüfungsschemas:

1. Bezeichnung der Grundsatzfrage
2. Darlegung der Klärungsbedürftigkeit
3. Darlegung der Verallgemeinerungsfähigkeit
4. Darlegung der Entscheidungserheblichkeit

I. Sachverhalt / Lebenslage

Beispiel: Grundsätzliche Bedeutung, religiöse Überzeugung, Qualifikationsrichtlinie

Das Verwaltungsgericht weist die asylrechtliche Klage ab. Der Rechtsanwalt beantragt daraufhin die Zulassung der Berufung wegen grundsätzlicher Bedeutung.

Der Kläger, ein pakistanischer Staatsangehöriger, begehrt die Feststellung der Flüchtlingseigenschaft durch die Beklagte. Zur Begründung der Klage hatte der Kläger vorgetragen, er gehöre von Geburt an der Religionsgemeinschaft der Ahmadis an. Er sei in Pakistan vor seiner Ausreise nicht verfolgt worden, stamme jedoch aus einer Familie, die den Glauben lebe. Er fürchte bei Rückkehr nach Pakistan, dass er für die Ausübung seines Glaubens bestraft würde. Da er zu große Angst vor einer Bestrafung hätte, könne er seine Religion in Pakistan nicht mehr ausüben.

Im angefochtenen Urteil geht das Gericht davon aus, dass die vom Kläger geltend gemachte Verfolgungsgefahr zutreffend als Furcht vor einem Eingriff in die Religionsfreiheit gewertet worden sei. Ahmadis drohe in Pakistan die Gefahr einer Inhaftierung und Bestrafung nicht schon wegen ihrer bloßen Zugehörigkeit zu der Glaubensgemeinschaft als solche. Die Verwirklichung der Gefahr hänge vielmehr von dem willensgesteuerten Verhalten des einzelnen Glaubensangehörigen ab: der Ausübung seiner Religion mit Wirkung in der Öffentlichkeit. In solchen Fällen bestehe der unmittelbar drohende Eingriff einer Verletzung der Freiheit, die eigene Religion entsprechend der geltenden Glaubensregeln und dem religiösen Selbstverständnis des Gläubigen zu praktizieren, weil der Glaubensangehörige seine Entscheidung für oder gegen die öffentliche Religionsausübung nur unter dem Druck der ihm drohenden Verfolgungsgefahr treffen könne. Er liege hingegen nicht in der Verletzung der erst im Fall der Praktizierung bedrohten Rechtsgüter (zB Leib, Leben, persönliche Freiheit).

Etwas anderes gelte dann, wenn der Betroffene seinen Glauben im Herkunftsland bereits praktiziert habe und ihm schon deshalb – unabhängig von einer willensgesteuerten Entscheidung über sein Verhalten in der Zukunft – unmittelbar die Gefahr zB einer Inhaftierung und Bestrafung drohe. Eine derartige Vorverfolgung sei jedoch nicht festgestellt worden. Der Prognose, dass der Kläger im Fall einer Rückkehr nach Pakistan einer ihn kollektiv treffenden Verfolgungsgefahr ausgesetzt sei, liege ein fehlerhafter Wahrscheinlichkeitsmaßstab zu Grunde.

Die Gefahr einer verfolgungserheblichen Verletzungshandlung müsse dem Kläger mit beachtlicher Wahrscheinlichkeit drohen. Der Maßstab der beachtlichen Wahrscheinlichkeit setze voraus, dass bei einer zusammenfassenden Würdigung des zur Prüfung gestellten Lebenssachverhalts die für eine Verfolgung sprechenden Umstände ein größeres Gewicht besäßen und deshalb gegenüber den dagegen sprechenden Tatsachen überwögen. Dabei sei eine „qualifizierende" Betrachtungsweise im Sinne einer Gewichtung und Abwägung aller festgestellten Umstände und ihrer Bedeutung anzulegen. Es komme darauf an, ob in Anbetracht dieser Umstände bei einem vernünftig denkenden, besonnenen Menschen in der Lage des Betroffenen Furcht vor Verfolgung hervorgerufen werden könne. Vorliegend komme es für die Prognoseentscheidung darauf an, ob dem Kläger eine Verletzungshandlung im Sinne von Art. 9 Abs. 1 lit. a der Richtlinie 2011/95/EU drohe und ob er berechtigterweise befürchten müsse, dass ihm im Fall einer strafrechtlich verbotenen öffentlichen Religionsausübung in Pakistan mit beachtlicher Wahrscheinlichkeit eine schwere Rechtsgutsverletzung drohe, insbesondere die Gefahr, an Leib, Leben oder Freiheit verletzt, strafrechtlich verfolgt oder einer unmenschlichen oder erniedrigenden Behandlung oder Bestrafung unterworfen zu werden.

Aus den herbeigezogenen Erkenntnismitteln ergebe sich nicht, dass die Ausübung religiöser Riten in einer Gebetsstätte der Ahmadis bereits als öffentliche Betätigung gewertet und strafrechtlich sanktioniert werde.

Der Kläger habe nicht darzustellen vermocht, dass die Praktizierung des Glaubens in der Öffentlichkeit – wie sie in Pakistan gegen strafrechtliche Verbote verstoßen würde – für den Kläger zur Wahrung seiner religiösen Identität besonders wichtig sei. Die konkrete Glaubenspraxis müsse für den Einzelnen ein zentrales Element seiner religiösen Identität und in diesem Sinne für ihn unverzichtbar sein. Es reiche nicht aus, dass der Asylbewerber eine enge Verbundenheit mit seinem Glauben habe, wenn er diesen – jedenfalls im Aufnahmestaat – nicht in einer Weise lebe, die ihn im Herkunftsstaat einer Verfolgung aussetzen würde. Jedenfalls müsse er gewichtige Gründe dafür haben, warum er seinen Glauben in Deutschland nicht in einer von ihm als unverzichtbar empfundenen Weise ausübe. Die religiöse Identität als innere Tatsache lasse sich nur aus dem Vorbringen des Asylbewerbers sowie im Wege des Rückschlusses von äußeren Anhaltspunkten auf die innere Einstellung des Betroffenen feststellen. Dafür sei das religiöse Selbstverständnis eines Asylbewerbers grundsätzlich sowohl vor als auch nach der Ausreise aus dem Herkunftsland von Bedeutung.

II. Prüfungsreihenfolge

30 Siehe unter Gehörsrüge, § 13 Rn. 3-14.

III. Muster: Zulassungsantrag Grundsatzrüge

31 ▶ An das

Verwaltungsgericht ...

In dem Verwaltungsstreitverfahren

gegen Bundesrepublik Deutschland

Az. ...

beantrage ich,

gegen das Urteil des Verwaltungsgerichts die Berufung zuzulassen (§ 78 Abs. 4 AsylG).

Die Berufung ist zuzulassen, weil die Rechtssache grundsätzliche Bedeutung in rechtlicher Hinsicht hat (§ 78 Abs. 3 Nr. 1 AsylVfG). Im Berufungsverfahren wird die grundsätzliche Rechtsfrage[27] einer Klärung zuzuführen sein,

„ob Art. 9 Abs. 1 lit. a iVm Art. 10 Abs. 1 lit. B der Richtlinie 2011/95/EU (Qualifikationsrichtlinie) dahin gehend auszulegen ist, dass eine schwerwiegende Verletzung der durch Art. 10 Abs. 1 GR-Charta und Art. 9 Abs. 1 EMRK garantierten Religionsfreiheit und damit eine Verfolgungshandlung gem. Art. 9 Abs. 1 lit. a der Richtlinie anzunehmen ist, wenn religiöse Betätigung oder Verhaltensweisen, die von einer Glaubenslehre, zu der sich der Kläger aktiv bekennt, vorgeschrieben und zentraler Bestandteil derselben sind oder die sich auf die religiöse Überzeugung des Klägers im Sinne einer besonderen Wichtigkeit für dessen religiöse Identität stützen, in dem betreffenden Herkunftsland strafbewehrt verboten ist, oder

ob es erforderlich ist, dass ein sich zu einer bestimmten Glaubenslehre aktiv bekennender Antragsteller darüber hinaus nachweist, dass die von dieser Glaubenslehre als zentraler Bestandteil vorgeschriebenen religiösen Betätigungen oder Verhaltensweisen, die in seinem Herkunftsland eine bei Strafe verbotene Glaubensbetätigung darstellen, für ihn zur Wahrung seiner religiösen Identität „besonders wichtig" und in diesem Sinne „unverzichtbar sind."

Begründung:

Nach Überzeugung des Gerichts hat der Kläger, ein pakistanischer Staatsangehöriger, im Falle seiner Rückkehr nach Pakistan aufgrund seiner Religionszugehörigkeit keine staatlichen Willkürmaßnahmen zu erwarten. Denn er habe nicht nachgewiesen, dass es für seine religiöse Überzeugung unverzichtbar sei, öffentlich seine Religion zu leben und für seine Religion zu missionieren. Eine solche Beschränkung wäre ihm auch zumutbar. Daher könne er die Feststellung der Voraussetzungen des § 3 Abs. 1 AsylG im Hinblick auf Pakistan in Anknüpfung an seine Religionszugehörigkeit nicht beanspruchen.

Die oben bezeichnete Rechtsfrage ist klärungsfähig und auch bedürftig, da sie im Hinblick auf die Auslegung und Anwendung von Art. 9 Abs. 1 lit. A iVm Art. 10 Abs. 1 lit. b RL 2011/95/EU voraussichtlich die Einholung einer Vorabentscheidung im revisionsgerichtlichen Verfahren erforderlich machen wird. Die Auslegung von EU-Richtlinien kann nur durch den EuGH verbindlich vorgenommen werden. Da Vorabentscheidungen bei Titel IV des EG-Vertrages nur durch die innerstaatliche Instanz, deren Entscheidungen mit Rechtsmitteln nicht mehr angegriffen werden können, getroffen werden können, ist im Asylprozess bei umstrittenen Auslegungsfragen der Weg zum Bundesverwaltungsgericht zu diesem Zweck zu eröffnen. Dies bedeutet, dass deshalb auch die Berufung zuzulassen ist. Bei der oben bezeichneten Frage handelt es sich um die Auslegung einer Bestimmung der Richtlinie, zu der sich der EuGH bislang noch nicht geäußert hat.

Dem Kläger droht nach der Rückkehr in sein Herkunftsland Verfolgung aus religiösen Gründen, weil bei einer Fortsetzung seiner nach den Feststellungen des Verwaltungsgerichtes auf einer gefestigten religiösen Überzeugung beruhenden Aktivitäten in Pakistan bei Berücksichtigung der dort herrschenden Verhältnisse beachtlich wahrscheinlich ist, dass die öffentliche Glaubensbetätigung eines Ahmadis in Pakistan Verfolgung nach sich zieht.

Der Kläger ist der die Auffassung, dass eine schwerwiegende Verletzung der durch Art. 10 Abs. 1 GR-Charta und Art. 9 Abs. 1 EMRK garantierten Religionsfreiheit und damit eine Verfolgungshandlung gemäß Art. 9 Abs. 1 lit. a RL 2011/95/EU anzunehmen ist, wenn religiöse Betätigungen oder

---

[27] Fall nachgebildet OVG Sachsen, B. v. 13.3.2015 -1A 349/13.A, juris.

Verhaltensweisen, die von einer Glaubenslehre, zu der sich der Kläger aktiv bekennt, vorgeschrieben und zentraler Bestandteil derselben sind oder sich auf die religiöse Überzeugung des Klägers stützen, in dem betreffenden Herkunftsland strafbewehrt verboten sind. Dies träfe auf den Kläger zu, auch wenn dieser bisher keine individuell gegen ihn gerichtete Verfolgungshandlung in Pakistan erlebt hat.

Der Kläger ist Angehöriger der Glaubensgemeinschaft der Ahmadiyya und hat seine Religion in seinem Herkunftsstaat Pakistan praktiziert. Ein integraler Bestandteil seiner Glaubensrichtung besteht darin, den Glauben auch unter Nicht-Ahmadis zu verbreiten. In Pakistan werden Ahmadis als „Nicht-Muslime" angesehen. Ihnen ist es nach sec. 298-C des Pakistanischen Strafgesetzbuchs (Pakistan Penal Code [Act XLV of 1860] – PPC) unter Androhung einer Freiheitsstrafe bis zu drei Jahren und Geldstrafe verboten, den Anspruch zu erheben, Moslems zu sein, ihren Glauben als Islam zu bezeichnen, ihn zu predigen, zu verbreiten oder andere aufzufordern, diesen Glauben anzunehmen. Ferner kann nach sec. 295-C PPC mit dem Tode oder lebenslanger Freiheitsstrafe und Geldstrafe bestraft werden, wer den Namen des Propheten Mohammed verunglimpft.

Den Ahmadis ist es untersagt, öffentliche Versammlungen sowie religiöse Treffen und Konferenzen abzuhalten, namentlich auch solche Veranstaltungen, auf denen öffentlich gebetet wird. Es wird ihnen aber nicht generell unmöglich gemacht, sich in ihren Gebetshäusern zu versammeln.

Den Ahmadis ist jedes Werben für ihren Glauben mit dem Ziel, andere zum Beitritt zu ihrer Glaubensgemeinschaft zu bewegen, strikt untersagt. Zuwiderhandlungen werden regelmäßig strafrechtlich verfolgt.

Das Bundesverwaltungsgericht hat in Urteil vom 20. Februar 2013 – 10 C 21.12 – die Auffassung vertreten, dass es entsprechend der Grundsatzfrage für die Annahme einer subjektiven Verfolgungsbetroffenheit des Klägers nicht ausreiche, dass er als Angehöriger der Glaubensgemeinschaft der Ahmadiyya den vorstehenden Strafandrohungen für die Ausübung seines Glaubens unterworfen sei, sondern festgestellt werden müsse, dass es für den Kläger „zur Wahrung seiner religiösen Identität" besonders wichtig sein müsse, seinen Glauben öffentlich und damit in einer in Pakistan strafrechtlich relevanten Form auszuüben. Dies ergebe sich aus dem in dieser Sache ergangenen Urteil des Gerichtshofs vom 5. September 2012 – Rs. C-71/11 und C-99/11, Rn. 70.

Die vom Bundesverwaltungsgericht in Bezug genommenen Ausführungen des Gerichtshofs, es sei ein relevanter Gesichtspunkt, ob die beanstandete Einschränkung der Religionsfreiheit für den Antragsteller „zur Wahrung seiner religiösen Identität besonders wichtig" sei, sind jedoch nicht in der soeben dargelegten restriktiven Weise zu verstehen, sondern dahin gehend, dass selbst dann, wenn die von der Einschränkung betroffene religiöse Praxis kein zentraler Bestandteil der Glaubensgemeinschaft des Antragstellers ist, es sich gleichwohl um eine Verfolgungshandlung gemäß Art. 9 Abs. 1 lit. a RL 2011/95/EU handeln kann, wenn für einen Antragsteller festgestellt wird, dass eine besondere Wichtigkeit für die Wahrung der religiösen Identität vorliegt. Wenn der EuGH (Urt. v. 5. September 2012 aaO) ausgeführt hat, dass diese besondere Wichtigkeit für die Wahrung der religiösen Identität zu eine subjektiven Verfolgungsbetroffenheit führen kann, „selbst wenn" es sich um die Befolgung einer religiösen Praxis handelt, die keinen zentralen Bestandteil für die betreffende Glaubensgemeinschaft darstellt (Rn. 70), bedeutet dies, dass es gerade keiner gesonderten Feststellung der subjektiven „besonderen Wichtigkeit für die religiöse Identität" bedarf, wenn es sich – wie hier – um Einschränkungen der religiösen Praxis handelt, die zentraler Bestandteil der entsprechenden Glaubenslehre sind.

Das Bundesverwaltungsgericht hat in seinem Revisionsurteil ausgeführt, dass sich eine hinreichende Verfolgungsgefahr für den Kläger ergäbe, wenn „das Missionieren prägend für seine (religiöse) Identität" sei, und deshalb aufgeklärt werden müsse, wie der Kläger sich in Pakistan im Einzelnen betätigt habe. Der Senat geht dagegen davon aus, dass es sich bei der Verbreitung des Glaubens auch unter Nicht-Ahmadis („Missionieren") um eine zentralen Bestandteil der Glaubensrichtung der Ahmadiyya handelt, so dass diese Betätigung für die religiöse Identität eines diesen Glauben praktizierenden („aktiven") Ahmadis stets prägend ist und es besonderer Anhaltspunkte für die Annahme bedarf, dass zentrale Bestandteile einer Glaubenslehre, zu der sich ein Antragsteller aktiv bekennt, für diesen ausnahmsweise keine besondere Wichtigkeit für seine religiöse Identität besitzen. Im Hinblick auf die auch vom Bundesverwaltungsgericht nicht in Abrede gestellte besondere Gefährlichkeit des „Missionierens" von Ahmadis in Pakistan lässt das Fehlen von Feststellungen zu einer „Missionierungstätigkeit" nach Auffassung allenfalls den Schluss zu, dass die vorhandenen Strafvorschriften ihren repressiven Zweck erreicht haben.

Die Auffassung des Bundesverwaltungsgerichts führt, obwohl der EuGH in seinem Urteil vom 5. September 2012 – Rs. C-71/11 und C-99/11 – ausdrücklich ausgeführt hat, dass es grundsätzlich irrelevant ist, dass ein Antragsteller die Gefahr einer Verfolgungshandlung durch Verzicht auf bestimmte religiöse Betätigungen vermeiden könnte (Rn. 79), im Ergebnis dazu, dass Antragsteller, die keine individuelle Vorverfolgung glaubhaft machen können, auf die Gefahrvermeidung durch Verzicht auf entsprechende Betätigungen verwiesen werden. Dies ist jedoch nicht mit Art. 9 Abs. 1 RL 2011/95/EU vereinbar (vgl. OVG Sachsen U. v. 18. September 2014 – A 1 A 348/13 –, im Anschluss an VGH BW, Urt. v. 12. Juni 2013 – A 11 S 757/13 –, juris Rn. 114).

Klärungsbedürftig ist nach alledem, dass es für den Asylsuchenden nicht erforderlich ist nachzuweisen, dass die von seiner Glaubenslehre als zentraler Bestandteil vorgeschriebenen religiösen Betätigungen oder Verhaltensweisen, die in seinem Herkunftsland eine bei Strafe verbotene Glaubensbetätigung darstellen, für ihn zur Wahrung seiner religiösen Identität „besonders wichtig" und in diesem Sinne „unverzichtbar" sind. Eine derartige Vorgehensweise ist mit Art. 9 Abs. 1 lit. a iVm Art. 10 Abs. 1 lit. b RL 2011/95/EU unvereinbar. Demgegenüber verwendet das Verwaltungsgericht im angefochtenen Urteil den Maßstab des Nachweises der Unverzichtbarkeit der Betätigung für die religiöse Identität. Das Gemeinschaftsrecht wie auch die Genfer Flüchtlingskonvention wollen die Religionsfreiheit auch im Zusammenhang mit dem Flüchtlingsschutz umfassend gewährleisten. Wird im Herkunftsland trotz religiöser Überzeugung unterdrückt oder darauf verzichtet, um einer drohenden Bestrafung zu entgehen, darf dies nicht zur Versagung der Statusgewährung führen, sondern muss im Gegenteil zu dessen Feststellung führen. Für die Verfolgungsprognose darf daher nicht geprüft werden, ob ein Verzicht auf die religiöse Betätigung im Rahmen der religiösen Identität zumutbar ist.

Verallgemeinerungsfähigkeit:

Die aufgezeigte Rechtsfrage ist angesichts der besonders umstrittenen Frage des Schutzbereichs der Religionsfreiheit im Flüchtlingsrecht auch für eine Vielzahl von Asylverfahren von Bedeutung und deshalb verallgemeinerungsfähig (BVerwG NJW 1988, 664).

Rechtsanwalt ◄

F. Fehlerquellen

I. Einzelfallwürdigung statt Grundsatzrüge

32 Der Antrag darf im Hinblick auf einen **ausfüllungsbedürftigen Gesetzesbegriff** nicht lediglich das in der Gesetzesbestimmung enthaltene Tatbestandsmerkmal zum Gegenstand des Antragsvorbringens machen. Denn dessen Vorliegen kann nur im Wege der Tatsachenermittlungs- und Subsumtionsprozesses bejaht und verneint werden, betrifft mithin eine nicht rügefähige Einzelfallwürdigung. Vielmehr muss zweifelsfrei dargelegt werden, ob im Zusammenhang mit dem unbestimmten Gesetzesbegriff eine bestimmte Rechtsfrage der obergerichtlichen Klärung zugeführt werden soll.

33 So genügt etwa die Behauptung, die für die Verfolgungsprognose maßgeblichen Verhältnisse stellten sich anders dar, als das Verwaltungsgericht angenommen hat, nicht den Darlegungsanforderungen an die Grundsatzrüge.

II. Überholtes, auslaufendes oder ausgelaufenes Recht

34 Rechtsfragen, die sich aufgrund von auslaufendem, ausgelaufenem oder aufgehobenen Recht oder aufgrund von Übergangsvorschriften stellen, sind einer grundsätzlichen Klärung in Form einer Grundsatzrüge **nicht zugänglich**.[28]

35 Im vorliegenden Beispielsfall ist das allerdings nicht der Fall, da es sich ja gerade um neues Recht handelt. Jedoch kann eine auf ausgelaufenes Recht zielende Frage klärungsbedürftig bleiben, wenn sich bei der gesetzlichen Bestimmung, die der außer Kraft getretenen Vorschrift nachgefolgt ist, die streitigen Fragen in gleicher Weise stellen.[29] **Grundsätzliche Bedeutung** kann ebenfalls eine Rechtsfrage behalten, wenn die zu klärende Frage **nachwirkt**, weil noch eine **erhebliche Zahl von Fällen zu entscheiden** ist, für die es auf diese Frage ankommt oder weil die außer Kraft getretene Vorschrift nach einer **Übergangsregelung** für einen **nicht überschaubaren Personenkreis** der Sache nach **fort gilt** und dies von **allgemeiner Bedeutung** ist.[30] Für das Vorliegen einer solchen Sachlage ist der Antragsteller jedoch darlegungspflichtig. Es müssen Anhaltspunkte für eine erhebliche Anzahl von Altfällen dargetan und ersichtlich sein.[31]

III. Ist die Grundsatzfrage tragend?

36 Ist das angegriffene Urteil auf eine **weitere selbstständig tragende Begründung** gestützt, hinsichtlich deren ein Zulassungsgrund nicht (erfolgreich) geltend gemacht wurde, scheidet eine Zulassung wegen grundsätzlicher Bedeutung mangels Klärungsbedürftigkeit der aufgeworfenen Frage aus. Bei einer kumulativen Mehrfachbegründung ist jede der selbstständig tragenden Begründungen für sich zu würdigen und kann im Einzelfall die Zulassung der Berufung aus jeweils einem anderen Grund rechtfertigen.[32] Liegt nämlich nur für eine der mehreren selbstständig tragenden Begründungen ein Zulassungsgrund vor, dann kann diese Begründung hinweg gedacht werden, ohne dass sich am Entscheidungsergebnis etwas ändert.[33]

---

[28] BVerwG InfAuslR 1993, 321, 322; BVerwG, Beschl. vom 20. Dezember 1995 – 6 B 35/95 – juris.
[29] BVerwG, Beschl. v. 26.2.2002 – 6 B 63.01; OVG Sachsen AuAS 2005, 149–150.
[30] GK-AsylVfG/*Berlit*, § 78 Rn. 130.
[31] BVerwG, Beschl. vom 20. Dezember 1995 – 6 B 35/95 – juris.
[32] Vgl. zur Revisionszulassung *Pietzner* in: Schoch/Schmidt-Aßmann/Pietzner, VwGO, § 132 Rn. 53 mwN.
[33] BVerwG, Beschl. v. 28.2.2006 – 4 BN 5.06; VGH München, Beschl. v. 3.1.2006 – 9 ZB 05.30959.

G. Weiterführende Hinweise

I. Bezeichnung der Grundsatzfrage

1. Verständlicher Antrag

Die Begründung eines Zulassungsantrags muss eine Sichtung und rechtliche Durchdringung des Streitstoffes durch den Prozessbevollmächtigten und ein Mindestmaß der Geordnetheit des Vortrags erkennen lassen. Dabei verlangt das Darlegen – das schon nach dem allgemeinen Sprachgebrauch im Sinne von „erläutern" und „erklären" zu verstehen ist, ein **Mindestmaß an Klarheit, Verständlichkeit und Übersichtlichkeit** der Ausführungen. Gerade dies ist einer der Gründe dafür, dass der Zulassungsantrag dem **Anwaltszwang** unterliegt. Welche Anforderungen dabei im Einzelnen zu stellen sind, ist nach den jeweiligen Umständen zu beurteilen. Ein umfangreicher Antrag entspricht jedenfalls dann nicht den formellen Erfordernissen, wenn die Ausführungen zu den Zulassungsgründen in unübersichtlicher, ungegliederter, unklarer und kaum auflösbarer Weise mit Einlassungen zu irreversiblen oder für das Beschwerdeverfahren sonst unerheblichen Fragen vermengt sind.

37

2. Tatsächliche Grundsatzfragen

Die Grundsatzberufung erstreckt sich auch auf **ungeklärte Tatsachenfragen**. Nach dem Bundesverwaltungsgericht umfasst der Zulassungsgrund der grundsätzliche Bedeutung auch solche Fälle, in denen sich die grundsätzliche Bedeutung der Rechtssache allein aus den verallgemeinerungsfähigen Auswirkungen ergibt, die die in der Berufungsentscheidung zu erwartende Klärung von Tatsachenfragen haben wird.[34]

38

Es reiche zwar nicht aus, dass der Einzelfall überdurchschnittliche Schwierigkeiten aufweist. Es sei jedoch zu bedenken, dass in Asylverfahren geltend gemachte Verfolgungserlebnisse nach ihren Ursachen, ihren Erscheinungsformen, dem betroffenen Personenkreis sowie den Verfolgungsauswirkungen häufig von zahlreichen Asylsuchenden in übereinstimmender oder doch sehr ähnlicher Form geschildert würden, insbesondere in den zahlreichen Fällen von Gruppenverfolgungen. Daher liege es im Interesse sowohl der Allgemeinheit als auch des individuellen Rechtsschutzes, dass zur Klärung der in tatsächlicher Hinsicht über den Einzelfall hinausgehenden Fragen zu den generellen Verhältnissen in den Herkunftsstaaten der Weg in die zweite Instanz freigegeben werde. Dem Berufungsgericht falle dabei insbesondere die Aufgabe zu, innerhalb seines Gerichtsbezirks auf eine einheitliche Beurteilung gleicher oder ähnlicher Sachverhalte hinzuwirken sowie zu einer einheitlichen Beurteilung vom Vorhandensein und vom Erkenntniswert bestimmter, die Herkunftsländer betreffender Erkenntnisquellen beizutragen.[35]

39

Die Rechtsprechung stellt im Allgemeinen sehr hohe Anforderungen an die Darlegung einer Grundsatzfrage. Problematisch bei der Tatsachenfrage ist, dass es in der Natur der Sache liegt, dass Geschehensabläufe sich in tatsächlicher Ausformung voneinander unterscheiden und darüber hinaus die Abgrenzung zur Einzelfallwürdigung zumeist eine Gratwanderung darstellt.

40

---

34 BVerwGE 70, 24, 25.
35 BVerwG, Beschl. v. 18.1.1984 – 9 CB 444.81.

3. Darlegung einer Rechtsfrage

41 Die **rechtliche Grundsatzfrage** kann eine Frage des materiellen wie des prozessualen Rechts wie auch des asylspezifischen Ausländerrechts zum Gegenstand haben. Wegen der Zulassung der Grundsatzberufung wegen Tatsachenfragen ist jedoch stets präzis herauszuarbeiten, ob allein eine Rechtsfrage oder eine Tatsachenfrage zum Gegenstand gemacht wird. Werden beide Fragen zusammen zur Prüfung gestellt, sind jeweils die für die Rechtsfrage und für die Tatsachenfrage maßgeblichen Voraussetzungen konkret herauszuarbeiten. Bezüglich einer Rechtsfrage ist darauf zu achten, dass **nicht lediglich ein ausfüllungsbedürftiges Tatbestandsmerkmal** zum **Gegenstand der Rüge** gemacht wird, da Einzelfallwürdigungen nicht rügefähig sind. Es muss dargelegt werden, ob zum Beispiel in Zusammenhang mit einem unbestimmten Rechtsbegriff eine bestimmte Rechtsfrage der obergerichtlichen Klärung zugeführt werden soll.

42 Nach dem Niedersächsischen Oberverwaltungsgericht hat eine Rechtssache jedoch nur dann eine derartige Bedeutung im Sinne von § 78 Abs. 3 Nr. 1 AsylVfG, wenn in Bezug auf die Rechtslage eine **unmittelbar aus dem Gesetz nicht beantwortbare**, bisher **höchstrichterlich oder obergerichtlich noch nicht beantwortete konkrete Frage** aufgeworfen und erläutert wird, warum diese im Interesse der Einheitlichkeit der Rechtsprechung oder einer bedeutsamen Fortentwicklung des Rechts der obergerichtlichen Klärung bedarf. Eine Rechtsfrage ist dabei nicht immer schon dann als ungeklärt anzusehen, wenn zu ihr noch keine berufungs- oder revisionsgerichtliche Rechtsprechung vorliegt. Der Klärungsbedarf hängt in solchen Fällen von dem Gewicht der Zweifel ab, die gegen die vom Verwaltungsgericht gegebenen Antworten (fort)bestehen. Dem Rechtsmittelsystem des Asylverfahrensrechts liegt die Vorstellung zugrunde, dass die jeweils aufgeworfenen Rechtsfragen grundsätzlich in erster Instanz sachgerecht und hinreichend beantwortet werden und es einer obergerichtlichen Klärung nur unter engen Voraussetzungen bedarf. Ist die vom Verwaltungsgericht zu der Rechtsfrage vertretene Ansicht überzeugend begründet und bestehen daran keine vernünftigen Zweifel – etwa in Form ebenfalls plausibler Entscheidungen anderer Verwaltungsgerichte im jeweiligen Gerichtsbezirk, die zu einem abweichenden Ergebnis gelangen -, kann danach ein vom Oberverwaltungsgericht durchgeführtes Berufungsverfahren nicht zur Rechtseinheit oder Rechtsfortbildung beitragen, weil beides nicht in Frage steht.[36]

4. Darlegung einer Tatsachenfrage

43 Bei der Grundsatzrüge bezüglich einer Tatsachenfrage, ist die **konkrete Tatsachenfrage aufzuwerfen**, zu erläutern und zu **erklären**, warum die aufgeworfene Frage **grundsätzliche Bedeutung** hat. Weiter muss der Antrag erkennen lassen, in welcher Hinsicht und mit welchem Ziel eine weitere Klärung der tatsächlichen Verhältnisse im Herkunftsstaat des Klägers in dem anzustrebenden Berufungsverfahren erreicht werden soll.[37] Dabei sind insbesondere auch Änderungen der allgemeinen politischen Verhältnisse im Herkunftsstaat des Asylsuchenden in den Blick zu nehmen, wenn sie für die rechtliche Beurteilung des geltend gemachten Anspruchs maßgeblich sein können und für die Entscheidung des Verwaltungsgerichts maßgeblich wa-

---

36 OVG Lüneburg, Beschl. v. 4.8.2006 – 7 LA 115/06.
37 VGH Kassel, Beschl. v. 27.6.1997 – 13 UZ 2109/97.A.

ren. Die Einschätzung des Gerichts zu diesen veränderten Entwicklungen ist dann jedenfalls in Grundzügen darzutun und substanziiert in Zweifel zu ziehen.[38]

Das BVerwG hat entschieden, dass allein aus einem Hinweis auf eine Reihe von Gerichtsentscheidungen, in denen für die ethnische Gruppe, der der Kläger angehört, die Gefahr einer politischen Verfolgung bejaht worden ist, noch nicht folge, dass sich aus einer möglichen Abweichung eine rechtsgrundsätzliche Bedeutung ergibt. Denn Beurteilungen, die die Verfolgungsgefahr für eine ethnische Gruppe in einer bestimmten historischen Situation unterschiedlich einschätzen, können alle beanstandungsfrei sein.[39] Auch wenn sich aus einer solchen Konstellation keine rechtsgrundsätzliche Bedeutung ergeben muss, ist jedoch regelmäßig der Zulassungsgrund der Grundsatzberufung tatsächlicher Art gegeben. 44

II. Darlegung der Klärungsbedürftigkeit der Grundsatzfrage

Im Antrag ist darzulegen, welche konkrete und **in ihrer Bedeutung über den Einzelfall hinausgehende** Frage tatsächlicher Art im Berufungsverfahren geklärt werden soll. Klärungsbedarf entsteht nicht schon dann, wenn sich die Rechtsprechung noch gar nicht mit der bezeichneten Frage befasst hat, sondern nur dann, wenn sich eine Rechts- oder Tatsachenfrage nur durch Durchführung eines Hauptsacheverfahrens beantworten lässt.[40] Es ist deshalb darzulegen, dass in einem künftigen Berufungsverfahren anhand des konkreten Rechtsstreits Grundsatzfragen entschieden werden können, die sich anhand der Rechtsprechung des BVerfG sowie des BVerwG oder der obergerichtlichen Rechtsprechung nicht ohne Weiteres beantworten lassen.[41] Mangels Klärungsbedarfs ist die Versagung der Berufungszulassung aber nur gerechtfertigt, wenn eine grundsätzliche Frage zweifelsfrei beantwortet werden kann, nicht jedoch schon dann, wenn bestimmte, mit dieser in Zusammenhang stehende Tatsachen offenkundig sind.[42] 45

Rechtsfragen können bereits durch das angegriffene Urteil des Verwaltungsgerichts selbst geklärt sein, wenn die von dem Verwaltungsgericht zu den Rechtsfragen vertretene **Rechtsansicht überzeugend begründet** ist und vernünftige Zweifel an der Richtigkeit dieser Rechtsansicht weder bezeichnet noch sonst durch Urteile anderer Gerichte in Zweifel gezogen oder gewichtige Argumente im Schrifttum erkennbar sind. Die Berufungszulassung kann dann deswegen nicht zur Rechtseinheit oder -fortbildung beitragen, weil die Rechtseinheit nicht erkennbar gefährdet ist und kein Bedarf an Rechtsfortbildung besteht. 46

Mit Blick auf eine **widersprüchliche Auskunftslage** ist nach der obergerichtlichen Rechtsprechung die grundsätzliche Bedeutung einer Tatsachenfrage nur dann dargelegt, wenn besondere Umstände vorgetragen werden. Denn grundsätzlich ist eine widersprüchliche Auskunftslage im Rahmen der Sachverhaltsermittlung und -bewertung zu würdigen. Ohne Hinzutreten weiterer Umstände stellt diese deshalb keinen Zulassungsgrund unter dem Gesichtspunkt der grundsätzlichen Bedeutung dar.[43] Insbesondere ist danach **darzulegen, in welcher Weise ein Berufungsverfahren zusätzliche Erkenntnisquellen aufschließen würde**, welche die behauptete widersprüchliche Auskunftslage in verallgemeinerungsfähiger Weise einer grundsätzlichen 47

---

38 VGH Mannheim, Beschl. v. 9.6.1997 – A 16 S 1693/97.
39 BVerwG NVwZ 1988, 263.
40 VGH Kassel EZAR 633 Nr. 30.
41 VGH Kassel AuAS 1993, 9.
42 BVerfG NVwZ Beilage 1996, 10.
43 VGH München, Beschl. v. 9.4.1987 – 25 CZ 87.30311.

Klärung näher bringen könnte. Eine solche Einschränkung ist durchaus zweifelhaft, da nach dem BVerfG eine Ablehnung eines Zulassungsantrags nur dann gerechtfertigt ist, wenn eine grundsätzliche Frage zweifelsfrei beantwortet werden kann und nicht bereits dann, wenn eine bestimmte mit dieser im Zusammenhang stehende Tatsache offenkundig ist.[44]

III. Darlegung der Verallgemeinerungsfähigkeit der Grundsatzfrage

48 Eine grundsätzliche Klärung ist nur zu erwarten, wenn in dem künftigen Berufungsverfahren über den Einzelfall hinausgehend Fragen rechtlicher oder tatsächlicher Art einer Klärung zugeführt werden können. In Asylrechtsstreitigkeiten umfasst die Grundsatzberufung auch solche Fälle, in denen sich die grundsätzliche Bedeutung der Rechtssache allein aus den verallgemeinerungsfähigen Auswirkungen ergibt, die die in der Berufungsentscheidung zu erwartende Klärung von Tatsachenfragen haben wird. Fehler bei der Rechtsanwendung im Einzelfall ergeben jedoch auf der anderen Seite regelmäßig keine Veranlassung zur Klärung der aufgeworfenen Frage.

49 In der Regel wird in der obergerichtlichen Rechtsprechung die Verallgemeinerungsfähigkeit der Grundsatzfrage verneint, wenn lediglich zwei Bezugsfälle aus dem Herkunftsland des Antragstellers angegeben werden.[45] Diese Rechtsprechung bezieht sich jedoch nur auf länderspezifische Tatsachenfragen und ist nicht auf Rechtsfragen anwendbar. Rechtsfragen können unabhängig vom Herkunftsstaat des Antragstellers sein und eine Vielzahl von Fällen aus den unterschiedlichsten Herkunftsländern betreffen.

IV. Darlegung der Entscheidungserheblichkeit

50 Die Grundsatzfrage muss **anhand des konkreten Einzelfalles einer Klärung zugeführt werden können**, also **entscheidungserheblich** sein. Die grundsätzliche Bedeutung einer Rechts- und Tatsachenfrage kann daher nur dann zur Zulassung der Berufung führen, wenn die Frage, so wie sie mit dem Antrag aufgeworfen wird, für das angefochtene Urteil entscheidungserheblich gewesen ist. An der Entscheidungserheblichkeit fehlt es, wenn die für die aufgeworfene Grundsatzfrage maßgeblichen tatsächlichen Voraussetzungen im konkreten Rechtsstreit gar nicht vorliegen. Wenn beispielsweise die ablehnende Entscheidung des Verwaltungsgerichts darauf beruht, dass der Kläger zu einer bestimmten Gruppe nach Überzeugung des Gerichts nicht gehört und sein Vorbringen unglaubhaft ist, ist die Frage unerheblich, ob die Gruppe, der er vorgibt anzugehören, einer Gruppenverfolgung ausgesetzt ist.

51 Ist das angefochtene Urteil auf mehrere selbstständig tragende Begründungen gestützt, ist nach allgemeiner Rechtsauffassung zur Darlegung der Entscheidungserheblichkeit der aufgeworfenen Grundsatzfrage im Einzelnen auszuführen, dass im Hinblick auf jede dieser Urteilsbegründungen ein Zulassungsgrund vorliegt.[46] Bestehen daher mehrere selbstständig tragende Gründe, muss der Berufungsführer die tragenden Entscheidungsgründe mit prozessualen Maßnahmen angreifen, da die Entscheidungserheblichkeit nur dargelegt ist, wenn im Blick auf jeden die Entscheidung selbstständig tragenden Grund beachtliche Zulassungsgründe vorgetragen werden.

---

44 BVerfG NVwZ Beilage 1996, 10.
45 OVG Münster, Beschl. v. 13.10.1989 – 16 B 21695/89.
46 BVerwG, Beschl. vom 26. Oktober 1989 – 9 B 405/89 – juris.

Rechtsfragen, die sich aufgrund von ausgelaufenen oder aufgehobenem Recht oder aufgrund von Übergangsvorschriften stellen, können nur dann noch grundsätzliche Bedeutung haben, wenn noch eine erhebliche Anzahl von Fällen zu entscheiden sind, für die es auf diese Frage ankommt.[47]

V. Grundsätzliche Bedeutung durch Divergenz

Eine Grundsatzrüge kann auch dann in Betracht kommen, wenn die angegriffene verwaltungsgerichtliche Entscheidung **von der Rechtsprechung des Oberverwaltungsgerichts eines anderen Bundeslandes, des Bundesverwaltungsgerichts, des Gemeinsamen Senats der obersten Gerichtshöfe des Bundes oder des Bundesverfassungsgerichts abweicht und auf dieser Abweichung beruht.** Voraussetzung ist dabei, dass die aufgeworfenen Frage durch das dem Verwaltungsgericht **übergeordnete Oberverwaltungsgericht noch nicht entschieden** wurde und daher die Zulassung der Berufung wegen Abweichens von einer Entscheidung des im Instanzenzug übergeordneten Oberverwaltungsgerichts nicht in Betracht kommt.[48] Es gelten dabei dieselben Anforderungen an den Antrag, wie bei der Zulassung der Berufung wegen Divergenz im Sinne des § 78 Abs. 3 Nr. 2 AsylVfG.

Bei der **Divergenzzulassung** handelt es sich um einen **Unterfall der Grundsatzzulassung.**[49] Kommt mangels einer bislang vorliegenden Entscheidung des dem Verwaltungsgericht übergeordneten Oberverwaltungsgerichts keine Divergenzzulassung, sondern nur die Zulassung wegen grundsätzlicher Bedeutung in Betracht, ist die abweichende Entscheidung zu bezeichnen. Darüber hinaus ist der abstrakte Grundsatz, von dem abgewichen worden sein soll, unter Durchdringung des Prozessstoffs aufzuarbeiten.[50]

---

47 BSG, U. vom 28. Oktober 1975 – 9 RV 452/74 –, SozR 1500 § 92 Nr. 2.
48 OVG Weimar, Beschl. vom 17. Juni 1997 – 3 ZKO 217/97 – juris.
49 BVerwGE 70, 24, 27.
50 OVG Weimar, Beschl. v. 5.9.1996 – 3 ZO 577/96, weiterführende Hinweise zur Divergenz siehe: *Marx*, AsylVfG, § 78 Abs. 3 Nr. 2.

Stichwortverzeichnis

Die Angaben verweisen auf die Paragrafen des Buches (**fette Zahlen**) sowie die Randnummern innerhalb der einzelnen Paragrafen (magere Zahlen).
Beispiel: § 9 Rn 10 = **9** 10

Abänderungsantrag **5** 59, **9** 109, **11** 41
Abschiebung
– Kosten **6** 23, 27
– Rechtsfolgen **6** 7
– Sperrwirkung **6** 42
– unbegleiteter minderjähriger Ausländer **5** 33
Abschiebungsandrohung **10** 39, **11** 3, 6, 13
– erneute **11** 10
Abschiebungsandrohung, Antrag auf Wiederherstellung der aufschiebenden Wirkung der Klage, Antrag (Muster) **10** 64
Abschiebungsandrohung, Begründung des Klage- und Eilrechtsschutzantrags (Muster) **10** 65
Abschiebungsanordnung **9** 109 f
Abschiebungsanordnung, Klage und Eilrechtsschutzantrag (Muster) **9** 89
Abschiebungshindernis **9** 36, **10** 32, **11** 46
– rechtliches **3** 15, 169, 172
Abschiebungstermin **3** 2
Abschiebungsverbote
– gerichtliche Entscheidungspflicht **10** 87
Abschiebungsverbote, nationale **10** 84
– Antragstellung, hilfsweise **10** 91
– Klageantrag **10** 90
– prozessuale Gestaltung **10** 89
Abschiebungsverbote, zielstaatsbezogene
– Zuständigkeit, behördliche **10** 86
Abstammung **8** 146 f, 187
Adoption **7** 180, **8** 215
Adresse, ladungsfähige **11** 26
Akte, elektronische Reisewegbefragung **9** 85

Akteneinsicht **12** 18 f
– Zustimmung des ersuchten Mitgliedstaates **9** 85
Akteneinsicht (Muster) **3** 37, 50
Akteneinsicht, Antrag (Muster) **12** 18
Akteneinsicht, Antrag auf **10** 81
Akteneinsicht und Aktenübersendung, Antrag (Muster) **12** 19
Aktenlage **9** 7
– mehrere Kontaktadressen **9** 7
Aktenvermerk **9** 84, **10** 71
Allgemeine Verwaltungsvorschriften **7** 19 f, **8** 9 f, 13
Altersvorsorge **2** 53 ff
– angemessene **2** 65
– Minderjährige **2** 55
– Privilegierung **2** 34
Amtsermittlungspflicht **9** 39
Anfechtungsklage
– isolierte **9** 92
Anhörung **9** 37
– anwaltliches Fragerecht **9** 17
– Darlegungslast **9** 18
– persönliche **9** 13, 17, 64
– Protokoll **9** 34, 52
Anhörungsschreiben **5** 30 f
Anhörungsschreiben bei beabsichtigter Ausweisung, Stellungnahme (Muster) **5** 30
Anknüpfungstatsachen **11** 119
Ankunftsnachweis **9** 5
Anordnung
– Anordnungsgrund **4** 43 f, 70, **11** 7, 8, 103
– der sofortigen Vollziehung **3** 61, 71
– einstweilige gem. § 123 VwGO **4** 14, 41 ff, 48, 52, 66 f, 70

Antrag auf Verlängerung 5 79 f
Antrag nach § 123 VwGO
– Hängebeschluss 5 81 ff
Antrag nach § 80 Abs. 5 VwGO 5 38 f
– bei Ablehnung des Verlängerungsantrags 5 107
– bei Ausweisung 5 106, 108 f, 111, 112
– Frist 5 43 f
– Stillhaltezusage 5 81 ff
Antrag nach § 80 Abs. 7 VwGO 5 58 f
Antragsbegründung 9 3 ff, 4, 11, 38, 51
– Ausführungen, standardisierte 9 38
– Beratungsgespräch, anwaltliches 9 3
– „gesteigertes" Vorbringen 9 41
– Sprachermittlung, professionelle 9 3
Antragsstellung
– schriftliche 11 48
– unverzügliche 9 4
Antragstellung 9 5
Antragstellung (verspätete), Klage und Eilrechtsschutzantrag (Muster) 2 7
Anwaltlichen Verhaltens, Strafbarkeit des 9 84
Anwaltsgebühren 6 22
Anwaltshonorar
– Ausweisung 5 42
– Ausweisungssache 5 25, 26, 27
Apostille 3 17
ARB 1/80
– Ausweisungsschutz 5 133
Asylantrag (Muster) 9 37
Asylberechtigte
– Ausweisung 5 11
Asylgründe, antizipierte Vorprüfung 9 81
Aufenthalt
– gewöhnlicher 7 7, 48, 151
– nach Rücknahme der Einbürgerung 8 221
– rechtmäßiger 7 5 ff, 48, 8 4, 6 f, 148
– unrechtmäßiger 5 30
– Unterbrechung 7 47 ff, 8 17, 112, 156 f
Aufenthaltsbefugnis, Zeiten der 7 14

Aufenthaltsdauer
– als Voraussetzung der Einbürgerung 7 3
– bei besonderen Integrationsleistungen 7 52
– bei deutschsprachigen Einbürgerungsbewerbern 8 16
– bei Deutschverheirateten 8 86 f, 111 f
– bei Ermessenseinbürgerung 8 14 ff
– bei miteinzubürgernden Kindern 7 199 f, 8 96
– bei staatsangehörigkeitsrechtlich Schutzbedürftigen 8 16, 132
– bei Teilnahme am Integrationskurs 7 52, 8 16
Aufenthaltserlaubnis 1 83, 2 2 ff, 14, 20, 22 ff, 29, 45, 67
– Ablauf der Geltungsdauer 2 29
– Antrag 1 83
– arbeitsmarktliche Verfestigung 4 36
– Beschäftigung 4 35
– Erlaubnisfiktion 2 20
– Erlöschen 2 67
– nachträgliche Befristung 3 79
– Passpflicht 2 21, 27
– türkische Staatsangehörige 3 97
– Verlängerung 2 14, 22 ff, 45
– verspäteter Verlängerungsantrag 2 4 ff
– Zwecke, sonstige 4 34
Aufenthaltserlaubnis gem. § 34 Abs. 1 AufenthG, Widerspruch gegen Versagung der Verlängerung (Muster) 3 117
Aufenthaltserlaubnis nach der Trennung vom Ehepartner, Eilrechtsschutzantrag bzgl Widerspruch gegen Befristung, (Muster) 3 85
Aufenthaltserlaubnis, Widerspruch gegen Befristung (Muster) 3 84
Aufenthaltsgestattung 9 60
– Zeiten der 7 39 ff, 8 15
Aufenthaltsgestattungsbescheinigung 9 5
Aufenthaltstitel
– Erlöschen 3 131
– Rücknahme 3 59 ff
– Wiedereinreisefrist 3 133 f, 138 ff

– wiederholte Kurzaufenthalte im Ausland **3** 144
Aufenthaltstitel zum Ehegattennachzug im Inland, Antrag (Muster) **1** 83
Aufklärungspflicht, Einholung Sachverständigenbeweis **12** 74
Aufklärungsrüge **10** 53, **13** 21
Aufnahmeeinrichtung **9** 5, 51, 53
Aufnahmeeinrichtung, besondere **9** 60, **11** 35, 48
Aufnahmeeinrichtung, besonderesbeschleunigtes Verfahren **9** 14
Aufschiebende Wirkung **5** 40, 41, 42
– Ausweisung **5** 104 f, 110
– bei Ausweisung **5** 39
– Ende **5** 112
Aufwachsen im Inland **8** 165
– Unterbrechung des gewöhnlichen Aufenthalts **8** 172
Ausländerbehörde **9** 5
Ausländische Staatsangehörigkeit
– Nachweis des Verlustes **8** 179
Ausländische Verurteilungen zu Strafen
– Berücksichtigung im Einbürgerungsverfahren **7** 191
Ausreise **6** 24, 33, 51
– zwischenzeitlich **11** 37
Ausreisefrist **2** 10, **10** 39, **11** 10
– Grenzübertrittsbescheinigung **2** 8, 10
Ausreisepflicht **2** 5, **5** 157 ff
– Grenzübertrittsbescheinigung **2** 5
– vollziehbare **2** 5, 10
Aussagenanalyse, kriterienbezogene **9** 21
Ausschlussfrist **10** 22
Ausschlussgrund **10** 95
Außenstelle des Bundesamtes **9** 53, **11** 102
– am Flughafen **9** 54
– zuständige **9** 12
Aussetzung der Abschiebung, Antrag (Muster) **1** 10

Aussetzung der Abschiebung und Erteilung der Aufenthaltserlaubnis, Antrag (§ 25 a Abs. 1, Abs. 2 S. 3 AufenthG) (Muster) **1** 133
Auswärtiges Amt, Beweisantrag auf Auskunft (Muster) **12** 76
Ausweisdokument **1** 3, 74
– Reiseausweis für Flüchtlinge **1** 74
Ausweisersatz **11** 17
Ausweisung **5** 56 f, 93, 94, 138
– Abwägung **5** 71
– Abwägungsentscheidung **5** 18 ff, 19, 20
– anerkannter Flüchtling **5** 11
– Anfechtungsklage **5** 69
– Anordnung Sofortvollzug **5** 106, 108 f, 111
– Antrag auf Wiederherstellung der aufschiebenden Wirkung **5** 46 ff
– Anwaltshonorar **5** 25, 26, 27
– ARB 1/80 **5** 124 ff
– Assoziationsratsabkommen **5** 117, 129 ff
– Assoziationsratsabkommen Türkei **5** 11
– Asylberechtigte **5** 11, 121 ff
– aufschiebende Wirkung **5** 40, 104 f
– aus Gründen der Generalprävention **5** 72 f
– Ausweisungsrecht, neues **5** 118 ff
– Befristungsentscheidung **5** 113
– Checkliste für Mandantengespräch **5** 28
– Erstberatung **5** 24
– EU-Daueraufenthalt **5** 126 f
– EU-Daueraufenthaltsberechtigte **5** 11
– EU-Freizügigkeit **5** 12
– Fehlerquellen **5** 134
– Flüchtling **5** 117, 121 ff, 129 ff
– geduldeter Aufenthalt **5** 34
– Gefahrenprognose **5** 92
– Kriterien **5** 29
– privilegierte Personen **5** 117
– privilegierte Personen nach § 53 Abs. 3 **5** 11
– Prüfung Ausweisungsinteresse **5** 14
– Prüfung Bleibeinteresse **5** 15, 17

- Prüfungsschema 5 13 ff, 130 f
- Rechtsfolgen 6 7
- Rechtsmittel 5 101 ff, 6 33
- Rechtsprechung, frühere 5 85
- Rechtstreue 5 23
- Sofortvollzug 5 46 ff
- Sperrwirkung 6 24
- Status 5 83 f
- türkische Staatsangehörige 5 124
- Überprüfung, gerichtliche 5 9
- Umstände, berücksichtigungsfähige 5 9
- unbegleiteter minderjähriger Ausländer 5 30, 32
- Unionsbürger und Familienangehörige 6 48
- Vergleich 5 74, 75 ff, 76 ff
- während des Asylverfahrens 5 128
- wegen Sozialhilfebezugs 5 30
- Wirkung 5 86 f

Ausweisung, beabsichtigte eines anerkannten Flüchtlings, Stellungnahme (Muster) 5 132

Ausweisungsbescheid
- Rechtsmittel 6 8
- Rücknahme 6 42, 44
- Rücknahme Unwirksamkeit 6 41
- Überprüfung Rechtmäßigkeit 6 35
- Unwirksamkeit 6 48

Ausweisungsbescheid, Begründung der Klage (Muster) 5 70

Ausweisungsbescheid, Klageantrag gegen (Muster) 5 68

Ausweisungsbescheid, Sofortvollzugsanordnung, Antrag nach § 80 Abs. 5 VwGO (Muster) 5 38

Ausweisungsbescheid, Sofortvollzugsanordnung, Begründung des Antrags nach § 80 Abs. 5 VwGO (Muster) 5 45

Ausweisungsgrund
- Verbrauch 6 35

Ausweisungsrecht
- neues (seit Januar 2016) 5 6 ff
- Verschärfung 2016 5 21 ff.

Ausweisungssache
- Anwaltshonorar 5 42

Ausweisungssachen, Abänderungsantrag nach § 80 Abs. 7 S. 2 VwGO (Muster) 5 8

Ausweisungssachen, Beschwerde gegen Beschluss nach § 80 Abs. 5 VwGO (Muster) 5 64

Ausweisungssachen, Einlegung Beschwerde gegen Beschluss nach § 80 Abs. 5 VwGO (Muster) 5 61

Ausweisungssachen gegen ARB-Berechtigten, Klagebegründung (Muster) 5 133

Ausweisungssachen, Klage und Eilantrag nach § 80 Abs. 5 1. Alt. 1 VwGO (Muster) 5 55

Ausweisungssachen, Vergleich mit Ausländerbehörde (Muster) 5 75

Ausweisungsschutz 5 132
- ARB 1/80 5 133

Ausweisungstatbestand 6 33

Ausweisungsverfügung 6 8
- Widerspruch 5 35

Ausweisungsverfügung, Widerspruch (Muster) 5 35

BAFöG 7 127

Bedarfsprüfung 9 99

Befangenheitsantrag 12 38

Befristung
- bei Unionsbürgern und Familienangehörigen 6 50
- Klage 6 41
- örtliche Zuständigkeit 6 21, 24
- türkische Arbeitnehmer 6 39
- Unionsbürger und Familienangehörige 6 39

Befristung der Sperrwirkung des § 11 Abs. 1 AufenthG, Widerspruch gegen Entscheidung (Muster) 6 30

Befristung, Vergleich mit Ausländerbehörde (Muster) 6 31

Befristungsantrag **6** 8, 23, 28
– Unionsbürger und Familienangehörige **6** 40
Befristungsantrag an die Ausländerbehörde (Muster) **6** 23
Befristungsbescheid
– Klagebegründung **6** 42
Befristungsbescheid, Begründung (Muster) **6** 42
Befristungsbescheid, Klageantrag gegen (Muster) **6** 41
Befristungsentscheidung
– Einvernehmen **6** 28
– Straftaten **6** 30
Befristungsentscheidung, Widerspruch (Muster) **6** 28, 30
Befristungsverfahren
– Fristberechnung **6** 11
Begründungsfrist **10** 44, 59, **11** 27
Beibehaltungsgenehmigung **8** 158, 180
Beistandsgemeinschaft **3** 158, 160
Beiziehung von Erkenntnismitteln **12** 89 f
Bekenntnis zur freiheitlichen demokratischen Grundordnung **7** 83 ff, 110 ff, 181 f, **8** 51 f, 91
– Textverweis **7** 88, **8** 56
Beratungsgespräch, anwaltliches **9** 3 f, 37, 50, **11** 21
– Risiko anwaltlichen strafrechtlichen Verhaltens **9** 43, **11** 21
Berechtigte nach Assoziationsratsabkommen
– Ausweisung **5** 11
Berufung **10** 52
Beschäftigungserlaubnis **4** 49, **11** 17
– Anfechtungssituation **4** 64
– Ermessen **4** 50, 51
– Klage **4** 69 f
– Passpflicht **4** 50
– Regelungscharakter **4** 57 ff
– Versagung **4** 68
– Verwaltungsakt **4** 59 ff
– § 4 Abs. 2 S. 3 **4** 51

Beschäftigungserlaubnis aufgrund von § 32 BeschV, vorläufiger Rechtsschutz bei Versagung (Muster) **4** 70
Beschäftigungserlaubnis aufgrund von § 32 BeschV, Widerspruch gegen Versagung (Muster) **4** 68
Beschäftigungserlaubnis bei der Ausländerbehörde, Antrag (Muster) **4** 49
Beschäftigungserlaubnis nach § 32 BeschV, Verpflichtungsklage auf Erteilung einer (Muster) **4** 69
Beschäftigungserlaubnis nach § 4 Abs. 2 S. 3 AufenthG, vorläufiger Rechtsschutz bei Versagung (Muster) **4** 52
Beschäftigungserlaubnis, Verpflichtungsklage auf Erteilung (Muster) **4** 51
Beschäftigungserlaubnis, Widerspruch gegen Versagung (Muster) **4** 50
Bescheidungsurteil
– Antrag **4** 16
Bescheinigung über den Fortbestand der Niederlassungserlaubnis gem. § 51 Abs. 2 S. 3 AufenthG, Antrag (Muster) **2** 71
Beschleunigungsmaxime **9** 56
Beschwerde
– Begründung **5** 62, 64
– Frist **5** 62
– gegen Beschluss nach § 80 Abs. 5 VwGO **5** 62
Beschwerde gegen Eilbeschluss **5** 65 ff
– Einlegung **5** 61
Bestandsschutz des Staates **10** 105
Betäubungsmitteldelikte **6** 30
Betreibensaufforderung **9** 8
Betretenserlaubnis **6** 21
Betreuungsgemeinschaft **3** 158, 160
Beurteilungszeitpunkt **6** 43
Beweisanregung **10** 52, **12** 56, 61, 80

Beweisantrag 10 52
- förmliche Antragsstellung 10 52
Beweisantragsmuster
- Einholung Sachverständigenbeweis zur Echtheitsprüfung Urkunde 12 100
- Zeugenvernehmung 12 111
Beweisantritt, Anforderungen an den 11 122
Beweisermittlungsantrag 12 68, 70 f
Beweiskraft des Scheidungsurteils 3 64
Beweislast 9 71
- bei der Rücknahme der Einbürgerung 8 209
Beweismittel 10 45
- neue 11 112
Beweisnot 9 16
Blankovollmacht 10 25
Bleiberecht, vorläufiges 11 3
Boultif/Üner-Kriterien 5 16, 29
Bundesamt für Migration und Flüchtlinge 7 149, 8 132, 9 4, 12
Bundespolizei 9 54
Checkliste für Mandantengespräch
- Ausweisung 5 28
Christen 9 76
Darlegungslast 9 27, 11 91
- eingeschränkte 9 38
- Folgeantrag 11 65
- strenge 9 10
Darlegungspflicht 9 39, 10 45
Daueraufenthaltsberechtigter 5 150 ff
Deutschkenntnisse 1 56
- ausreichende 2 35 ff
- Privilegien 2 37 ff, 47 ff
Deutsch-Test für Zuwanderer 7 59, 8 33
DHKP-C 10 98
Direktanhörung 9 14, 51
Disziplinarmaßnahme 9 77
Divergenzrüge 13 51 f
Doppelehe 8 107

Doppelte Staatsangehörigkeit
- Freizügigkeit 5 84
Dorfschützersystem 9 77
Dublinverfahren 9 85, 88
- Anfechtungsklage, isolierte 9 92
- Antragsfrist im Eilrechtsschutzverfahren 9 91
- Asylantragstellung im anderen Mitgliedstaat 9 86
- Beschleunigungsgebot 9 107
- Betreuungsbedarf 9 99 f
- Beweismittel 9 87
- Eilrechtsschutz 9 104
- Eilrechtsschutzantrag 9 94
- Einreisestaat 9 86
- Fristablauf 9 102
- humanitäre Klausel 9 101
- Klagefrist 9 91
- mehrere Einreisestaaten 9 95
- persönliches Gespräch 9 96
- Prüfkriterien 9 87
- Regelanordnung 9 101
- Reiseunfähigkeit 9 93 f
- Täuschung des ersuchten durch den ersuchenden Mitgliedstaat 9 98
- Überstellungsfrist 9 102 f, 104
- Verwandtenbegriff 9 100
- Vollstreckungshemmnis 9 104
- Zuständigkeitsprüfung 9 97
- Zustellung, persönliche 9 91
Duldung 4 55 ff
- Arbeitsmarktzugang 4 56 ff
- Ausschlusstatbestand 4 56, 76 ff
- Berufsausbildung 4 55, 69 f
- Bescheinigung 11 17
- bevorstehende Eheschließung 3 11, 17
- Durchsetzung des Umgangsrechts 3 164 f
- Eilrechtsschutz 3 173
- Ermessen 4 79
- Grenzübertrittsbescheinigung 4 75
- Risikoschwangerschaft 3 22
- Schwangerschaft 3 162
- Vaterschaftsanerkennung 3 162
- Versagungsgrund 4 77

- Wartezeit 4 56, 74
- Zeiten der 7 42, 8 15

Duldung derAufnahmeeinrichtung, besondere 9 82

Duldungsverlängerung, Antrag (Muster) 1 81

Durchschnittsbürger 9 70

Echtheitsprüfung 12 99 f
- von Urkunden 1 61

Eheähnliche Gemeinschaft 9 61

Ehefähigkeitszeugnis 3 1, 15

Ehegattennachzug 3 29 ff
- Angaben zum Trennungszeitpunkt 3 64 f, 67
- Befragung 3 29
- Befristung der Aufenthaltserlaubnis 3 39
- Beweislast 3 29
- Deutschkenntnisse 3 32, 53
- eigenständiges Aufenthaltsrecht 3 76 ff, 85, 87 ff
- Ermittlungsmethoden 3 29
- Erwerbstätigkeit 3 40
- mit deutschem Staatsangehörigen 6 28, 31
- Nachzugsalter 3 53
- Nachzugsvoraussetzungen 3 44 ff, 52 ff
- Niederlassungserlaubnis 3 41, 58
- Sicherung des Lebensunterhaltes 3 34, 45 ff
- Visumserfordernis 3 54

Ehegattennachzug bei Verdacht der Scheinehe, Verpflichtungsklage wegen Ablehnung des Visumantrages (Muster) 3 36

Eheliche Lebensgemeinschaft
- Ermittlungsmethoden 3 75
- Prüfung 3 29 ff, 72 ff
- vorübergehende Trennung 3 74
- Wohnungsbesichtigung 3 75

Eheschließung 1 75 ff, 3 17, 6 33
- Deutschkenntnisse 1 77
- Eheanmeldung 1 75
- Mitteilung des Standesamts 3 13

- Nachweis der Staatsangehörigkeit 3 18
- Verpflichtungsklage 3 19
- Vorlage des Passes 3 20 f
- Vorwirkung 1 75, 3 10
- Weigerung des Standesamtes 3 19
- Wirksamkeit 7 178

Eilrechtsschutz
- Abschiebungstermin 3 180
- Ausweisung 5 39
- Begründung 3 7, 10 42
- Begründung des Eilrechtsschutzantrags 10 10
- Dolmetscher 10 42
- Eilrechtsschutzantrag 3 2 ff, 6, 16, 61, 68, 70, 78, 84, 86, 103, 117, 120, 149 f, 184, 5 46 ff, 104 f, 10 4, 6, 39, 42, 11 6
- Fristverlängerung 10 42
- Hängebeschluss 2 8
- Stillhaltezusage 2 10
- Umdeutung 11 104
- Verfahren 11 32
- Vorwegnahme der Hauptsache 3 8

Eilrechtsschutzantrag gem. § 34 a Abs. 2 S. 1 AsylG (Muster) 9 90

Eilrechtsschutzrechtsantrag (Muster) 11 30

Einbürgerung (isolierte), Schreiben an Mandanten (Muster) 7 161

Einbürgerung, Ablehnung, Widerspruch (Muster) 8 44

Einbürgerung unter Hinnahme von Mehrstaatigkeit, Widerspruch gegen die Ablehnung (Muster) 8 127

Einbürgerungsantrag 7 31
- Form 8 73
- Frist bei Scheidung von deutschem Ehegatten 8 72
- Nachweis 8 74
- Zurückstellung 8 3

Einbürgerungsantrag (Muster) 8 99

Einbürgerungsantrag, Zurückstellung der Entscheidung, Schreiben an die Einbürgerungsbehörde (Muster) 8 19

Einbürgerungsbehörde, Stellungnahme (Muster) 7 23
Einbürgerungsbehörde, Widerspruchschreiben (Muster) 7 76
Einbürgerungsbewerber
– mit deutschem Ehegatten 8 63 ff
– unter 23 7 134 f, 183
– zwischen 16 und 18 7 210
Einbürgerungsverfahren 7 30 ff
Einbürgerungszusicherung 7 33, 78, 115 ff
– Bindungswirkung 7 117 ff
– Rechtsmittel 7 120
– Rechtsnatur 7 116
Einbürgerungszusicherung, Klage auf Feststellung des Bestandes (Muster) 7 124
Einbürgerungszusicherung, Klage auf Verpflichtung zur Erteilung (Muster) 7 104
Einführung von Erkenntnismitteln 12 95, 13 25
Eingangsstempel 10 67
Eingangsverfügung 10 77
Einordnung in die deutschen Lebensverhältnisse 8 84 ff
Einreise
– an der Grenze 9 53
– Dokumente 9 53
– Sperre 4 8
– unrechtmäßige 5 30
Einreise- und Aufenthaltsverbot, Befristung, Antrag an Ausländerbehörde (Muster) 6 40
Einreisestaat 9 80
Einreiseverweigerung 6 7, 27
Einstellung des Verfahrens 9 8
Einzelrichter 11 5
Elterngeld 7 127
Elternteil, nichteheliches 3 147 ff
– ausländisches Kind 3 167 ff
– deutsches Kind 3 151 ff, 160 f
– Erziehungsbeitrag des Vaters 3 158

– Kleinkind 3 172, 175
Entlassung aus der Staatsangehörigkeit
– ältere Menschen 7 168
– bei Deutschverheirateten 8 83
– Bemühungen 7 150
– erhebliche Nachteile 7 169
– Gebühren 7 165
– Länderliste 7 164, 8 131
– mehrstufiges Verfahren 7 149
– nach Erwerb der deutschen Staatsangehörigkeit durch Geburt 8 158
– Verweigerung 7 147 ff, 165 ff, 8 131
– Wehrpflicht 7 166
Entscheidungserheblichkeit 12 25, 46 f, 51, 110, 13 8, 26, 48 f
Entscheidungsfrist 10 43
– richterliche 10 75
Entziehung des Fragerechts 12 45 ff
Erkenntnismittel 12 71, 73, 78, 92 ff
Erkennungsdienstliche Behandlung 9 82
Erkrankung, psychische 11 122
Erlaubnis zum Daueraufenthalt-EG 2 79
Ermessen
– Ausübung bei der Einbürgerung 8 8 ff
– Ausübung bei der Miteinbürgerung 7 197 ff, 211
– bei Deutschverheirateten 8 92 f
– bei Unterbrechung des Aufenthalts 8 17
– gerichtliche Kontrolle 8 12
Ermessensausweisung 6 42
Ermessensreduzierung auf Null 6 42
Ermessensverdichtung 12 91
Ernsthafte Möglichkeit 9 72
Ernstliche Zweifel 11 31, 12 6
Erörterungspflicht 12 93
Erreichbarkeit des Mandanten 9 7
Ersuchensfrist 9 102
Erteilung einer Aufenthaltserlaubnis (§ 25 Abs. 5 AufenthG), Antrag (Muster) 3 172

Erteilung einer Aufenthaltserlaubnis,
  Antrag (§ 25 a Abs. 1,
  Abs. 2 S. 3 AufenthG), Antrag (Muster)
  1 133
Erteilung einer Niederlassungserlaubnis,
  Antrag (Muster)   2 43
Erteilung einer Niederlassungserlaubnis für
  minderjährige Ausländer, Antrag
  (Muster)   2 59
Erwerbstätigkeit § 18 AufenthG   4 1 ff, 2
– Aufenthaltstitel   4 2
– Berufsausbildung, qualifiziert   4 3 f
– Einreise   4 6
– Ermessen   4 16
– Fachkräfte   4 4
– Visum   4 7, 13
Erwerbstätigkeit § 21 AufenthG
– Finanzierung   4 20
– freier Beruf   4 30 f
– Regelwerte   4 21
– regionales Bedürfnis   4 20
– selbstständige   4 20 ff, 28 ff
– wirtschaftliches Interesse   4 20
Erwerbstätigkeit § 4 Abs. 2 S. 3 AufenthG
– Ermessen   4 52
Erwerbstätigkeit § 4 Abs. 3 S. 3 AufenthG
– Ermessen   4 47 f
EU-Daueraufenthalt
– Ausweisung   5 126 f
EU-Daueraufenthaltsberechtigte
– Ausweisung   5 11
Eurodac-Verordnung   9 83
Europäische Menschenrechtskonvention
  (EMRK)   6 21, 30
EWG/Türkei   5 11
EWR-Staatsangehörige   6 39
Exilorganisation   11 52
Exilpolitische Aktivitäten   11 55
– Qualitätssprung   11 55
Facharzt   11 120
Faksimilestempel   10 27
Faktischer Inländer   6 30

Falscher Name   10 37
Familiäre Lebensgemeinschaft   3 151, 158
– Nachweis   3 156
Familiennachzug
– außergewöhnliche Härte   3 166
– zu Flüchtlingen   3 55 f
– zu subsidiär Schutzberechtigten   3 55 f
– Zumutbarkeit gemeinsamer Rückkehr
  ins Herkunftsland   3 176
Fax   6 19
Fehlerquellen
– Ausweisung   5 134
– Ausweisungssache   5 79 ff
Feierliches Bekenntnis   7 34, 109
Feststellung der deutschen
  Staatsangehörigkeit, Antrag (Muster)
  8 151
Feststellung der Staatsangehörigkeit
  8 141 ff
Feststellungsinteresse   6 42
Feststellungsklage   3 129, 134, 136
Fiktionsbescheinigung   1 67
Fiktionswirkung   3 184
– Duldungsantrag   3 3
– Zeiten der   7 43
Flüchtling   4 50
Flüchtling, anerkannter
– Ausweisung   5 11, 132
Flüchtlingsanerkennung   9 36
Flüchtlingsbegriff   9 66
Flüchtlingseigenschaft   10 32
Flüchtlingsschutz   10 32
Flüchtlingsstatus
– Widerruf   5 135 ff, 138
Flughafenverfahren   9 54, 10 36
Folgeantrag   11 35, 41, 46, 48, 51, 114 f,
  127
– Abschiebungsandrohung   11 97
– amtlicher Gewahrsam   11 48
– Antragsfrist   11 51
– Beweismaß der Glaubhaftmachung
  11 59

- Beweismittel, neue **11** 112
- Darlegungslast **11** 65
- Dauersachverhalt **11** 53
- Eilrechtsbeschlusses, Wirkung des stattgebenden **11** 99
- einstweiliger Antrag, Umdeutung **11** 105
- Gutachten, medizinisches **11** 119
- Instanzgerichte, Rechtsprechung **11** 118
- Mitwirkungsakt, verwaltungsinterner **11** 98
- neue Beweismittel für alte Tatsachen **11** 113
- Schlüssigkeitsprüfung **11** 58, 64, 125
- schriftliche Antragsstellung **11** 48
- Stillhalteabkommen **11** 101
- Streitgegenstand des Klageverfahrens **11** 46
- Tatsachen, neue **11** 112
- Trennung der Beachtlichkeits- von der Sachprüfung **11** 126
- Verwaltungsverfahren, Zweistufigkeit **11** 106
- Vollstreckungshemmnis, gesetzliches **11** 99
- vorläufiger Rechtsschutz **11** 97
- Wiederaufgreifensgrund **11** 52
- Zulässigkeitsprüfung **11** 110
- Zweistufigkeit des Verfahrens **11** 64

Folgeantrags, Begriff des **11** 37

Folterung **9** 78, **11** 119

Fortbestand der deutschen Staatsangehörigkeit
- Antrag **8** 163 f

Fortgesetzte Duldung (§ 60 a AufenthG), Antrag nach § 25 a (§ 25 b) (Muster) **1** 133

Fragenkatalog **7** 112, **8** 52, 61 ff

Fragerecht **12** 35 ff
- anwaltliches **9** 16

Freiheitlich Demokratische Grundordnung **7** 83 ff, 92

Freiheitsstrafe **6** 20

Freiwilligenerklärung **11** 15

Freizügigkeit **6** 42
- bei doppelter Staatsangehörigkeit **5** 84

Freizügigkeitsberechtigte
- Ausweisung **5** 12

Freizügigkeitsrecht **5** 141 ff

Freizügigkeitsrichtlinie 2004/38/EG **5** 161

Fristnotierung **10** 10, **11** 2

Fristverlängerung **10** 74

Fristversäumnis **10** 7, 77

Funktionärstätigkeit **10** 103

Funktionärstätigkeit in terroristischer Vereinigung **10** 99

Fürsorgepflicht, verfahrensrechtliche **9** 37

Geburtsurkunde **3** 189 ff, **8** 139, 145
- Verpflichtungsklage **3** 192

Gefährdung eines Grundinteresses der Gesellschaft **5** 150 ff

Gefahrenbegriff **10** 104

Gegenstandswert im Einbürgerungsverfahren **7** 35, 159

Gegenvorstellung **12** 57, 73, 81, 82

Gehörsrüge **12** 6, 15, 21, 48, 51, 82, 93, **13** 3 ff

Gehörsrüge PTBS, Zulassungsantrag (Muster) **13** 16

Gehörsrüge, Zulassungsantrag (Muster) **13** 15, 17

Generalprävention **5** 155
- Ausweisung **5** 72 f

Gericht
- örtliche Zuständigkeit **5** 157 ff

Gerichtliche Aufklärungspflicht **12** 12, 55 f

Gerichtsbescheid **12** 15

Gerichtskosten **10** 3

Gerichtskostenfreiheit **10** 72

Geschwisterkind eines deutschen Kindes (§ 4 Abs. 3 StAG), Antrag (Muster) **3** 183

Gewahrsam, amtlicher **11** 48

Stichwortverzeichnis

Gewährung von internationalem Schutz, Begründung der Klage (Muster) **11** 29
Gewaltbefürwortende Organisation **10** 65, 97
Glaubenspraxis
– öffentliche **11** 71, 74
– Verzicht **11** 72
Glaubenspraxis, öffentliche **11** 29
Glaubensübertritt **11** 29, 77
– Glaubhaftmachung **11** 78
Glaubenswechsel **9** 21
Glaubhaftigkeit **9** 19
– des Sachvorbringens **9** 6
– von Angaben **9** 3
Glaubhaftigkeitsbedenken **9** 52, **10** 47, 51
Glaubhaftigkeitsprüfung **9** 10, 52
Glaubhaftigkeitstest **10** 51
Glaubhaftmachung
– Anordnungsanspruch **3** 13
– Anordnungsgrund **3** 12
Glaubwürdigkeit **9** 19, 21, **11** 96
Glaubwürdigkeitsprüfung **11** 61, 124
Grenzkontrolle **9** 54
Grenzübertrittsbescheinigung **2** 10, **4** 75
Grundrecht auf Asyl **9** 107
Grundsatzrüge, Zulassungsantrag (Muster) **13** 31
Grundsicherung für Arbeitsuchende **7** 127, **8** 27
GUPS **10** 107
Gutachten
– Beweisantritt **11** 120
– Facharzterfordernis **11** 120
– länderspezifisches **11** 114 f
– medizinisches **11** 120
Haft
– Antrag auf Verlängerung der AE **5** 95
– Gefangenenbesuche **5** 94
– Kontakt, telefonischer **5** 94
– Recht auf Teilnahme an der mündlichen Verhandlung vor dem VG **5** 96 ff

– Verwandtenbesuche **5** 93
Handlungsfähigkeit **7** 28, 87, **8** 4, 23, 69
Hängebeschluss **3** 70, **5** 41, 42
Häusliche Lebensgemeinschaft **3** 160
Hilfsweise Antragstellung **12** 71, 73, 75, 93
Hinweis auf den Erwerb der deutschen Staatsangehörigkeit durch Geburt **8** 139 ff
Honorar
– Vereinbarung **6** 22, 45
Identitätstäuschung **10** 37
Illegale Einreise **6** 52
Illegaler Aufenthalt **6** 33, 52
Informatorische Befragung **11** 40
Integrationskurs **7** 52, 66
Interkulturelle Differenzen **9** 20
Internationale Zonen, Konzept **9** 57
Internationaler Reiseausweis nach der Genfer Flüchtlingskonvention **7** 157 ff, **8** 132
Internationaler Schutz, Klageantrag (Muster) **11** 28
Internet **6** 19
Inzidentprüfung der Ausweisung **5** 66 f
Iran **11** 15
Iraner, ausreisepflichtige **11** 3
Jeziden **9** 76
Kadek **9** 37
Kenntnisse der Rechts- und Gesellschaftsordnung **7** 64, 112, 120, 181 f, **8** 53
Kernfamilie **9** 61
Kernvorbringen **9** 37
Kind
– isolierte Einbürgerung **7** 143
Kindergeld **7** 127
Kindernachzug **3** 98 ff
– alleiniges Sorgerecht **3** 107

613

Stichwortverzeichnis

- ausländische Sorgerechtsentscheidungen 3 107
- besondere Härte 3 108
- eigenständiges Aufenthaltsrecht 3 113 ff, 127
- Nachzugsalter 3 101 ff
- Nachzugsvoraussetzungen 3 104 ff
- Niederlassungserlaubnis 3 121 ff
- verspäteter Verlängerungsantrag 3 120 f

Kindernachzug, Verpflichtungsklage und Eilantrag gegen Ablehnung der Erteilung (Muster) 3 102

Klage
- gegen Ausweisungsbescheid 5 68
- gegen Bescheid über Verlust des EU-Freizügigkeitsrechts 5 156 f
- örtliche Zuständigkeit 6 43

Klageanträge, asylprozessuale 10 82
- Rangverhältnis 10 85

Klagebegehren 10 30, 11 24

Klagebegründung 10 33
- Ausweisung 5 70
- Umfang 10 45
- Verlängerungsantrag 10 81

Klagebegründungsfrist 10 53

Klagefrist
- im Asylverfahren 10 5

Klagegegenstand 10 33
- Bezeichnung 10 30

Klagerubrum 10 34

Klagerücknahme 11 41

Klageschrift 10 27, 35, 11 23
- formelle Erfordernisse 11 23
- Individualisierbarkeit, Kläger 10 36
- Rechtsmittelführer, Person 10 35
- Schriftformerfordernis 10 27
- Wohnanschrift, Angabe 10 35

Klärungsbedürftigkeit 13 26, 34

Köln
- Silvesternacht 5 21 f

Kongra-Gel 9 37

Kontaktanbahnung 10 66

Kontinuitätsmerkmal
- Funktion im Unionsrecht 11 87
- Regelvermutung der Begründetheit 11 87

Konventionsvorbehalt 11 93, 95

Konversion als Nachfluchtgrund 11 80

Konvertiten 9 21

Kostenvorschuss 9 9

Landesinterne Umverteilung gem. § 50 AsylG, Antrag (Muster) 1 84

Lebenspartner 8 114

Lebensunterhalt 1 5 ff, 37 ff, 57, 78, 2 44, 54, 74, 7 121, 135, 209
- Ausnahmen 1 58 ff
- BaföG 1 57
- Erteilung der Niederlassungserlaubnis 2 54
- Krankenversicherung 1 7, 38
- Nachweis 2 74
- Prognose 2 44
- Verpflichtungserklärung 1 6
- Wohnraum 1 39

Legalisation 1 61, 3 17
- Verfahren 1 61

Loyalitätserklärung 7 97, 110 ff, 112, 181, 8 51 f, 91
- unwahre 8 219

Mandant
- in Haft 5 88

Mandantengespräch
- bei Inhaftierung 5 88

Mandatsannahme 10 2

Maßregel der Sicherung und Besserung
- Altfälle 7 193
- Berücksichtigung im Einbürgerungsverfahren 7 186, 8 4

Mehrehe 9 61

Mehrstaatigkeit 7 144 ff, 8 108
- Europaratsübereinkommen zur Verringerung der Mehrstaatigkeit und die Wehrpflicht von Mehrstaatern 7 144

- Hinnahme von Mehrstaatigkeit
  7 145 ff, 165 ff, 8 115 ff, 132, 133 f, 158
- vorübergehende Hinnahme von
  Mehrstaatigkeit 8 136

Meldeamtsnachfrage 9 8

Meldedaten
- Nachweis gewöhnlichen Aufenthalts
  8 173

Meldepflicht, persönliche 9 4, 35, 11 48

Meldung als Asylsuchender 9 5

Migrationsrisiko 1 40

Minderjährige
- Handlungsfähigkeit 3 100, 5 31

Minderjährigen, anwaltliche Vertretung des
  9 8

Minderjähriger Ausländer, unbegleiteter
- Abschiebung 5 33

Missbrauchsregelung 11 93

Missionierung 11 29

Misstrauen, institutionalisiertes 9 10

Miteinbürgerung, Klage auf Verpflichtung
  (Muster) 7 203

Miteinbürgerung von Ehegatten und
  Kindern 7 175 ff, 176, 8 95 ff
- Sprachkenntnisse 7 194 ff, 212 f

Mitwirkungspflichten 10 45

Mündel 9 62

Musterschriftsatz 9 38

Mutmaßungen 9 30

Nachfluchtgründe 11 93
- gewillkürte 11 83
- subjektive 11 54, 94

Nachsichtgewährung 3 134

Nebenbestimmung 4 37
- Erwerbstätigkeit 4 39, 61
- Rechtsmittel 4 39

Neubescheidung eines
  Einbürgerungsantrags, Klage auf
  Verpflichtung (Muster) 8 58

Nichtstaatliche Akteure, Verfolgung durch
  9 76

Niederlassungserlaubnis 2 34 ff
- Ausschlussgründe bei Kindern 3 126
- Erlöschen 2 69, 3 145
- für Kinder 3 121 ff
- gemäß § 23 Abs. 2 AufenthG 7 157
- Sprachkenntnisse 2 35
- Widerruf 8 197

Niederlassungserlaubnis, Feststellungsklage
  bzgl des Fortbestands (Muster) 3 134

Niederlassungserlaubnis gem. § 123
  VwGO, Antrag (Muster) 3 135

Objektivitätslehre der Deutschen
  Rechtsprechung 9 66

Öffentliche Gesundheit
- Gefährdung 6 40

Optionspflicht 8 160 ff
- altes Recht bis 20.12.2014 8 182
- Altfälle 8 184
- Berufsausbildung 8 175
- „erster Hinweis" 8 177
- Härtefall 8 176
- Schulabschluss 8 175
- Übergangsfälle 8 183
- „zweiter Hinweis" 8 178

Organisationspflicht, anwaltliche 10 18, 68

Örtliche Zuständigkeit 10 11, 11 4

Parteivernehmung 12 51

Pass, Ablauf der Gültigkeit 7 51

Passbeschaffung 11 11

Passpflicht 2 21, 27

Personensorge 8 110
- elterliche 9 62

Persönliche Antragsstellung 11 48

PKK 7 94, 107, 9 37, 78, 10 98

Politikbegriff der Deutschen
  Rechtsprechung 11 67

Posttraumatische Belastungsstörung
  11 122

Präklusionsfolgen 10 55

Präklusionswirkung 10 43

Prognoseprüfung 9 72

Protokollvollständigkeit 12 51
Prozesskostenhilfe 6 22, 45
Prozessleitende Anordnungen 10 62
Prüfungsschema
- Ausweisung 5 13 ff
Prüfungsschema Gehörsrüge 13 1
- Grundsatzrüge 13 26
- Zeugenvernehmung 12 110
Psychosomatische Erkrankungen 9 63
Psychotherapeut 11 120
PTBS 12 75

Qualifikationsrichtlinie 13 29
Qualifizierte Berufsausbildung 1 135

Reasonable chance 9 72
Rechtsfragen 12 54, 13 32, 40, 47, 50
Rechtsgespräch 12 71, 73, 77, 93
Rechtsmittel 4 62 ff
- aufschiebende Wirkung 4 63
- Ausweisung 5 101 ff
- bei der Ermessenseinbürgerung 8 30, 45, 116
- bei Streit um den Bestand der Einbürgerungszusicherung 7 120, 125
- bei Weigerung des Standesbeamten auf die deutsche Staatsangehörigkeit hinzuweisen 8 140
- gegen die Ablehnung des Einbürgerungsantrags 7 57, 77, 82, 105, 140
- gegen die Verweigerung eines Staatsangehörigkeitsausweises 8 144
- Landesrecht 4 72
- Rücknahme der Einbürgerung 8 223
Rechtsmittelbelehrung 10 11
Rechtsmitteleinlegung, Schriftlichkeit 10 27
Rechtsmittelfrist 10 31
Rechtsschutz, vorbeugender 9 109
Rechtsschutz, vorläufig 4 40 ff, 41, 66
Rechtsschutzbedürfnis 6 33, 10 34
Regelanfrage beim Verfassungsschutz 7 100, 8 54

Regelfall 6 30
Reisedokumente, gefälschte 9 80
Reiseweg 9 83, 10 82
Religion 13 29
Religion, Begriff der 11 70
Religionsfreiheit 11 66, 82
Religiöse Abweichler 9 74
Religiöse Verfolgung
- Kontinuitätserfordernis 11 90
- Kriterien 11 85
- unionsrechtlicher Ansatz 11 86
Religiöses Existenzminimum 11 66
Remonstration 1 45 f, 53, 4 13
- Bescheid 3 25, 28
Remonstrationsschreiben (Muster) 1 48
Remote possibilities 9 72
Retraumatisierung 12 75
Richtlinie 2004/38/EG 6 39
Richtlinienumsetzungsgesetz 4 31
Risiko anwaltlichen strafrechtlichen Verhaltens 11 21
- Anstiftung 11 21
- Beihilfe 11 21
- Mitwirkungspflicht 11 21
Rücknahme der Einbürgerung 8 201 ff
- Ermessen 8 210 ff
- Frist 8 205
- Gründe 8 207
- Wirkungen auf Dritte 8 213 f
- zuständige Behörde 8 203
Rücknahme der Einbürgerung, Schreiben an die Einbürgerungsbehörde (Muster) 8 217
Rücknahme der Niederlassungserlaubnis und Ausweisung gegen „Scheinehe", Anfechtungsklage und Antrag nach § 80 Abs. 5 VwGO (Muster) 3 67
Rügerecht 12 56 ff, 60 f, 83
Sachaufklärungspflicht 12 12
Sachentscheider, fehlende Identität mit Ermittler 9 25
Sachverständigenbeweis 12 29, 89

Sachverständigengutachten, Beweisantrag auf Einholung (Muster) **12** 74

Sachverständigengutachten wegen PTBS, Beweiseintrag auf Einholung (Muster) **12** 75

Sachverständigengutachten zur Echtheitprüfung einer Urkunde, Beweiseintrag auf Einholung (Muster) **12** 101

Sachvorbringen, ergänzendes **10** 47

Sachvorbringen, verspätetes **10** 63

Scheidung, Einbürgerung nach **7** 206, **8** 64

Scheinehe (vorgetäuschte Ehe) **7** 198, **8** 105, 219

Scheinvaterschaft (vorgetäuschte Vaterschaft) **7** 198, **8** 187, 188, 219

Schengener Informationssystem (SIS) **6** 7, 23, 27

Schengen-Staaten **6** 27

Schlüssigkeit des Folgeantrags **11** 57

Schlüssigkeitsprüfung **11** 58, 64, 124

Schreiben an die Behörde (Muster) **8** 167

Schreiben an die Einbürgerungsbehörde (Staatsangehörigkeitsausweis für ein Kind) (Muster) **8** 217

Schulbesuch
– Optionspflicht **8** 174

„schwebende" Mandate **9** 6

Schweres nicht politisches Verbrechen **10** 96

Sicherheit
– äußere **10** 105
– Begriff **10** 105
– innere **10** 105

Sicherheitsanfragen **1** 86

Sicherheitsbegriff, präventiver **10** 108

Sicherheitsrat **10** 100

Sicherung des Lebensunterhalts
– Bedarfssätze SGB II **3** 46
– Elterngeld **3** 46
– Freibetrag gem. § 30 Abs. 2 SGB II **3** 47, 50
– Kindergeld **3** 46
– Kinderzuschlag **3** 46
– Unterhaltsverpflichtungen Dritter **3** 45
– Werbungskosten gem. 11 Abs. 2 S. 2 SGB II **3** 47

Sichtvermerk, Klageantrag auf Erteilung (Muster) **1** 49

Silvesternacht
– Köln **5** 21 f

Silvesternacht Köln **5** 22

Sitzungsprotokoll **6** 47

Sofortvollzug
– bei Ausweisung **5** 106, 108 f, 111

Sofortvollzugsanordnung
– Ausweisung **5** 39
– Begründung **5** 45 f

Sorgerecht **3** 151, 161
– deutsches Kind **3** 160 f

Sorgfaltspflicht, erhöhte **10** 78

Sozial-familiäre Beziehung **8** 188, 191

Sozialhilfe **7** 127, **8** 27
– Hilfe in besonderen Lebenslage **7** 128

Sperrwirkung **1** 12, 91
– Einreiseverbot **1** 12
– offensichtlich unbegründete Asylantragstellung **1** 91

Spezialprävention **5** 155, 160

Sprachkenntnisse **7** 33 ff, 52, 58 ff, **8** 31 ff
– Altfälle **7** 80 ff, 201 ff, 212 f
– Ausnahmen **7** 69, **8** 34 f
– bei Analphabeten **8** 35
– bei der Ermessenseinbürgerung **8** 33 ff
– bei Deutschverheirateten **8** 89 f
– bei Minderjährigen **7** 68, 194, 213, **8** 97
– gerichtliche Überprüfung **7** 71 f, **8** 41
– Nachweis **7** 63 ff, **8** 38
– und Bekenntnis/Loyalitätserklärung **7** 112

Sprachtest **7** 66

Spruchreife 11 57
Staatenlosigkeit
– Drohende 8 211
Staatsangehörigkeit 6 6
Staatsangehörigkeitsausweis 8 141, 192
Staatsangehörigkeitsbehörde, Schreiben
  (Muster) 8 194
Standstillklausel 5 139
Stellenbeschreibung 4 53
Stillhaltezusage 2 8, 5 41 f
Strafaussetzung 5 91
Strafbarkeit 6 52
– falsche oder unrichtige Angaben im
  Einbürgerungsverfahren 8 220
Straftat
– Berücksichtigung im
  Einbürgerungsverfahren 7 186 ff, 8 4,
  24
– gegen sexuelle Selbstbestimmung 5 21,
  22
Streitwert 5 114, 6 43
Streitwerttabelle 5 114, 6 43
Studierende 7 45
Studium 1 54
– Bewerbung 1 55
– Deutschkenntnisse 1 56
– Zulassungsbescheid 1 55
Subsidiärer Schutz 10 84
Suizidgefahr 9 93, 12 75
Sur place-Flüchtling 11 84, 87
Suspensiveffekt 2 8
Sympathisant 9 75

Tatsachen, neue 10 47
Tatsachenfragen 13 36, 39, 46 f
Telefax 6 19
Terroranschlag 10 106
Terrorismus 10 104
Terrorismus, individuelle Zurechnung
  10 100
Terroristische Aktivitäten 10 109
TKP/ML DevSol MEK 10 98

Tod des Ehegatten 8 113
Todesstrafe 11 82
Transitbereich des Flughafens 9 57
Traumatisierung 11 119
Trennung der Eheleute 8 106
Türkische Staatsangehörige
– Ausweisung 5 124 ff
Übergangsvorschrift 6 42
Überraschungsentscheidung 10 20, 12 93,
  13 15
Überstellungsfrist
– Dublinverfahren 9 102 f, 104
Umdeutung eines Rechtsschutzantrages
  3 3
Umgangsrecht 3 158, 163 f, 169, 9 62
Umverteilung
– länderübergreifende 10 13
– nachträgliche 9 60
Unbegleitete Minderjährige 9 8
Unbegleiteter minderjähriger Ausländer
– Vertretung 5 32
Ungeeignete Frage 13 7, 29
Unionsbürger 6 6
Unionsbürgerschaft
– Verlust 8 222
Untätigkeitsklage 6 39, 10 82
Unterhaltsfähigkeit 7 121, 8 4, 26 f
Unterkommen 8 4, 25
Unterkunftszuschuss 7 126
Unterstützer 9 75
Unterstützungshandlung, logistische
  10 108
Untersuchungsgrundsatz 10 45
Untersuchungsgrundsatzes, Umfang des
  9 24
Urkunde
– Echtheit 11 127
– gefälschte 11 128
Urkundenbeweis 12 10, 89, 96
– Darlegungsanforderungen 11 129
– Übermittlungsweg 11 129

Vaterschaft 8 187
- Anfechtung durch die Behörde 8 189
- rechtliches Abschiebungshindernis 3 173, 182
Vaterschaftsanerkennung 3 162, 8 147
- strafrechtliche Relevanz 3 193 f
- Voraussetzung 3 185
- Wirksamkeit 3 186
Vaterschaftsanfechtung 3 179 ff, 188, 8 185 ff, 188
- Behörde 8 198
Verbrechen, schweres nichtpolitisches 10 102
Vereinigung, terroristische 10 101
Verfahrensbeschleunigung 9 4
Verfahrensmangel 12 83
Verfassungsbeschwerde 10 74
Verfassungsfeindliche Aktivitäten 7 84, 92 ff, 113
- Abwendung von 7 84, 87, 98, 108
- Unterstützung 7 94
Verfolgungsdruck, akuter 9 65
Verfolgungsfurcht 9 65, 67, 68, 11 96
- objektivierendes Element 9 69
Verfolgungsgefahr 9 67
Verfolgungsgründe 9 73, 76
Verfolgungshandlung 9 73, 75
Vergewaltigung
- Beweisführung 11 121
Vergleich 6 8, 28, 31
- Ausweisung 5 74, 75 ff
- Ausweisungssache 5 76 ff
Vergleichsangebot der Ausländerbehörde in Ausweisungssachen, Stellungnahme (Muster) 5 74
Vergütungssumme, angemessene 9 9
Vergütungsvereinbarung 6 22, 9 9
Verhandlung, mündliche
- persönliches Erscheinen 5 97 ff
- Recht auf Teilnahme bei Haft 5 96 ff
Verhandlungsmaxime, zivilprozessuale 10 46

Verlängerung der Aufenthaltserlaubnis, Antrag (Muster) 2 26
Verlängerung der Aufenthaltserlaubnis des nicht sorgeberechtigten Vaters eines deutschen Kindes, Ablehnung, Klage und Eilantrag (Muster) 3 158
Verlängerung einer Aufenthaltserlaubnis (verspätet), Antrag (Muster) 2 6
Verlängerung einer Aufenthaltserlaubnis mit Zweckwechsel, Antrag (Muster) 1 66
Verlängerungsantrag
- Fiktionswirkung 2 4
Verlust der Staatsangehörigkeit 8 185 ff
Verlust des EU-Freizügigkeitsrecht, Klage gegen Feststellungsbescheid (Muster) 5 156
Verlust des EU-Freizügigkeitsrechts, Begründung der Klage gegen den Bescheid (Muster) 5 160
Verlustfeststellung 5 156 f, 6 42
Verpflichtungserklärung 3 114
Verpflichtungsklage 10 82, 86
- hilfsweise 11 44
- örtliche Zuständigkeit 3 5
Versagung der Duldung bei bevorstehender Eheschließung, Eilantrag (Muster) 3 15
Versagung der Duldung für nicht sorgeberechtigtes Elternteil eines ausländischen Kindes, Eilantrag gem. § 123 VwGO (Muster) 3 173
Versagung der Verlängerung der Aufenthaltserlaubnis gem. § 34 Abs. 1 AufenthG, Antrag nach § 80 Abs. 5 VwGO (Muster) 3 118
Verschweigensfrist 9 105
Verteilungsverfahren 9 60
Verteilungsverfahrens, Wegfall des 9 60
Vertrauensanwalt 3 17
Verwaltungsgericht, Prüfungsumfang beim Folgeantrag 11 47
Verwaltungsverfahren, Zweistufigkeit 11 106

Verzicht auf mündliche Verhandlung
  12 13 f, 79
Visa-Informationssystem (VIS)   1 20
Visum   1 2, 30, 4 13
 – Annullierung   1 25
 – Antrag   4 13
 – Aufhebung   1 25
 – Ausländerbehörde   4 9
 – Ausnahmen   1 31, 64, 70
 – einheitliches   1 23, 30
 – Erwerbstätigkeit   4 7, 13, 25 f
 – Flughafentransitvisum   1 30
 – Klage   3 26 ff, 4 13 ff
 – mit räumlich beschränkter Gültigkeit
   1 23, 30
 – nationales Visum   1 30, 34
 – Remonstration   1 23, 45
 – Rückkehrbereitschaft   1 23
 – Schengen-   1 30
 – Schengen-Visum   1 2 ff
 – Teilnahme an Gerichtstermin   6 21
 – Versagungsgrund   6 22
 – Zustimmung der Ausländerbehörde
   6 32
 – Zweckwechsel   1 64, 68
Visum zum Zweck der Erwerbstätigkeit,
  Antrag (Muster)   4 11
Visum zum Zweck der selbstständigen
  Erwerbstätigkeit, Antrag (Muster)   4 26
Visum zur Erwerbstätigkeit,
  Verpflichtungsklage wegen Erteilung
  (Muster)   4 12
Visumantrag, Schriftsatz zur Einreichung
  (Muster)   1 14
Visumantrag zum Familiennachzug, Klage
  wegen Ablehnung wegen fehlender
  Sicherung des Lebensunterhalts (Muster)
  3 49
Visumverfahren   6 11
 – Besuchsaufenthalt, Rückkehrbereitschaft
   6 31
Völkerrechtliche Vereinbarung   4 29 f
Volksmodjaheddin   10 65, 96
Vollmacht   6 24, 10 19, 24

Vollmachtsformular   10 24
Vollstreckung, Absehung, Nachholung
  6 20
Vollstreckungshemmnisse   9 110
Vollstreckungsschutz, vorbeugender   10 6,
  11 7
Vorabzustimmung   3 175, 4 9, 12 f
Vorabzustimmung zur Erleichterung eines
  Visums nach § 21 AufenthG, Antrag
  (Muster)   4 25
Vorhaltepflicht   9 23, 24, 25
Vorläufige Anwendungshinweise,
  Bindungswirkung   7 19
 – und Ermessensausübung   8 10 f
Vormund   9 62
Vorrangprüfung   4 18, 36
Vorschuss   9 9
Vorsprache, persönliche   11 35
Vorwegnahme der Hauptsache   4 42
Wahl der Staatsangehörigkeit bei
  Volljährigkeit   8 158
Wahrscheinlichkeit der Verfolgung   9 71
Warnfunktion   10 22
 – formelle Erfordernisse   10 24
Wartezeit auf die Antragstellung   9 4
Widerruf
 – der Asylberechtigung   7 149, 8 132
 – der Flüchtlingseigenschaft   7 149, 8 132
Widerspruch   6 28, 30
 – Ausweisungsverfügung   5 35
 – Kostenerstattung   5 37
 – Rücknahme   6 29
Widerspruchsverfahren
 – aufschiebende Wirkung   3 61
 – Ausschluss bei Versagung der Duldung
   3 4
 – Ausschluss im Visumverfahren   3 25
 – Ausschluss je nach Bundesland   3 60
 – Ausweisung   5 36
Wiedereinreisefrist
 – Passverlust im Ausland   3 142
 – Verlängerungsantrag   3 138 ff

Wiedereinsetzungsfrist 10 78
Wiederherstellung der aufschiebenden Wirkung, Klage und Antrag (Muster) 10 64
Wiederkehroption 6 8, 30
Wiedervorlage 10 77
Wissen, positives 9 30
Wochenfrist 10 9, 11 3
Wohngeld 7 121, 127
Wohnraum 1 39, 78, 2 60
– ausreichender 3 48
– Nachweis 2 60
Wohnung 8 4, 25
Wohnverpflichtung in der Aufnahmeeinrichtung bis zum Vollzug 9 60
Zeitpunkt
– entscheidungserheblicher 7 36, 73, 79, 8 13
– für die Prognose der Verfassungstreue 8 55
Zentrale Ausländerbehörde zur Mitteilung (Muster) 11 30
Zertifikat Deutsch 7 52, 59 ff, 8 33

Zeuge im Ausland 12 109
Zeugenbeweis 12 10, 68, 102 ff
Zeugenvernehmung, Beweisantrag (Muster) 12 111
Zielorganisation 10 103
Zulassungsantrag
– Antragsfrist 13 3
Zurückweisen, Frage 12 44 ff
Zusammenhangklausel 9 73
Zuständigkeit
– Ausländerbehörde 4 62
– Verwaltungsgericht 4 15
Zustellungsdatum 10 10
Zustellungsnachweis 10 2
Zustellungsvermerk 10 67
Zustimmung 4 2
– Ausländerbehörde 4 9
– BA nach § 39 4 2, 18
Zuweisungsentscheidung 10 13
Zuweisungsverfügung 9 60
Zwangsheirat
– Rückkehrrecht 3 146
Zweite Ausländergeneration 6 30
– Ausweisung 5 74, 75 ff